4/e

데이터
마이닝

4/e

데이터 마이닝

실용적인 머신러닝 기술

IAN H. WITTEN
EIBE FRANK
MARK A. HALL
CHRISTOPHER J. PAL 지음

김성준 옮김

i!i
에이콘

| 지은이 소개 |

이안 위튼Ian H. Witten

뉴질랜드 와이카토 대학교University of Waikato의 컴퓨터과학과 교수이며 뉴질랜드의 디지털 도서관 연구 프로젝트를 지휘했다. 관심사는 정보 검색, 머신러닝, 텍스트 압축, 데모 주도 프로그래밍이다. 영국 캠브리지 대학교University of Cambridge에서 수학으로 석사학위를 받았으며 캐나다 캘거리 대학교University of Calgary에서 컴퓨터 과학 석사, 잉글랜드의 에식스 대학교University of Essex에서 전기공학 박사학위를 받았다. 지금은 ACM과 뉴질랜드 왕립학회의 회원으로 활동 중이다. 디지털 도서관, 머신러닝, 텍스트 압축, 음성 합성 및 신호 처리, 컴퓨터 타이포그래피 등 다방면에 논문을 발행했다. 가장 최근의 책은 『Managing Gigabytes』(1999) 및 『Data Mining』(2000)이다.

아이베 프랭크Eibe Frank

뉴질랜드에서 사모아인 배우자와 두 명의 사랑스런 소년들과 같이 살고 있지만 원래 독일 출신으로 칼스루에 대학교University of Karlsruhe에서 컴퓨터과학으로 첫 학위를 받았다. 그 후 이안 위튼의 지도하에 박사 학위를 취득하려고 뉴질랜드로 이주했으며 와이카토 대학교의 컴퓨터과학 강사로 일하면서 학업을 마쳤다. 현재는 와이카토 대학교의 부교수로 재직 중이다. 자바 프로그래밍의 얼리어답터로서 이 책에 설명된 WEKA 소프트웨어의 토대를 마련했다. 머신러닝 및 데이터 마이닝의 논문 및 출판에 많은 기여를 했으며 이 분야에 많은 콘퍼런스와 저널로부터 추천됐다.

마크 홀Mark A. Hall

와이카토 대학교에서 컴퓨팅 및 수리과학으로 학위를 받았고 컴퓨터 과학으로 박사 학위를 취득했다. 와이카토 대학교에서 학생 및 강사를 거쳐 현재는 오픈소스 비즈니스 인텔리전스 소프트웨어 회사인 펜타호Pentaho의 소프트웨어 개발자 및 데이터 마이닝 컨설턴트로 일하고 있다. 이 책에서 설명된 WEKA 소프트웨어의 핵심 기여자다. 머신러닝 및 데이터 마이닝에 관한 많은 기사를 발표했으며 이 분야의 콘퍼런스, 저널의 심사위원이기도 하다.

크리스토퍼 팔 Christopher J. Pal

캐나다 몬트리올 대학교Université de Montréal의 몬트리올 학습 알고리듬 연구소 및 몬트리올 공과대학교Polytechnique Montréal 컴퓨터 및 소프트웨어 공학과 부교수로 재직 중이다.

| 옮긴이 소개 |

김성준(cheuora@gmail.com)

삼성 SDS 그룹통합추진팀에서 워크플로 제작 업무로 IT를 시작했다. 이후 후지 제록스 코리아Fuji Xerox Korea, 네이버 재팬Naver Japan(現 LINE)을 거쳤고 지금은 삼성 청년 소프트웨어 아카데미(SSAFY)에서 교육생들을 대상으로 프로젝트 컨설턴트로 활동하고 있다.

데이터 마이닝이라는 용어는 2000년도 초반에 잠깐 유행을 했었다. 당시에는 데이터를 어떻게 잘 모을까에 집중을 했었는데(지금 생각해 보면 이 개념이 데이터 레이크 등으로 이어진 것 같다) 분석 등에 대해서는 마땅한 도구가 없었던 것 같다.

사실 분석 방법은 옛날부터 나이브 베이즈와 같이 고전적인 방법들이 많이 있었는데 수 많은 데이터에 적용시킬 방법이 없었던 것 같다. 그래서 2000년도 초반에 잠깐 데이터 마이닝이라는 분야가 나왔다가 다시 가라앉았던 기억이 있다.

R이나 파이썬과 같은 언어들이 나오면서 다양한 수학적 연산이 쉽게 가능해졌다. 이에 따라 다시 예전에는 적용에 엄두도 못 냈던 과거의 방법들이 라이브러리로 구현되면서 데이터 마이닝 분야도 다시 활기를 띠기 시작했다.

파이썬도 이제 다양한 라이브러리를 제공한다. 하지만 이 라이브러리들을 언제 써야 하는지 그리고 데이터에 유실 등의 문제가 발생하면 어떻게 대처해야 하는지를 모르는 경우가 많다.

이 책은 데이터 분석의 '기본'을 토대로 방향을 제시해 주는 책이다. 데이터 분석, 신경망 등에 대한 기본을 알려 주는 책들은 연일 쏟아지지만 문제가 발생할 때의 해결, 좀 더 나은 성능 개선 등을 알려 주는 책은 별로 없기 때문에 이 책이 더 빛이 나는 게 아닐까 싶다.

이 책을 만나게 해준 에이콘출판사에 감사를 드린다.

에이콘출판의 기틀을 마련하신 故 정완재 선생님 (1935-2004)

| 차례 |

제1부   데이터 마이닝의 소개

01   데이터 마이닝… 이게 다 뭐죠?   39

제2부   고급 머신러닝 기술

07 인스턴스 기반 및 선형 모델의 확장   341

컴퓨팅과 커뮤니케이션의 융합으로 사회는 많은 정보를 창출하기 시작했다. 그러나 대부분의 정보는 원시 형태인 데이터이며, 기록된 사실을 기반으로 데이터^{data}가 특정지어지면 정보는 데이터의 기초가 되는 패턴 또는 예상의 집합이 된다. 데이터베이스에는 막대한 양의 정보^{information}가 들어 있다. 이 정보는 잠재적으로 중요하지만 아직 밝혀지지 않았거나 설명되지 않은 정보다. 우리의 임무는 그것을 밖으로 이끌어 내는 것이다.

데이터 마이닝$^{data\ mining}$은 묵시적이면서 사전에 알려지지 않고 잠재적으로 유용할 정보를 데이터로부터 추출하는 작업이다. 이에 대한 아이디어는 자동으로 데이터베이스를 검색해 패턴이나 규칙성을 찾는 컴퓨터 프로그램을 구축하는 것이다. 강력한 패턴이 발견되면 이는 일반화를 거쳐 향후 데이터에 대한 정확한 예측에 사용될 수 있다. 물론 문제가 있을지도 모르고, 모든 패턴이 다 쓸모 있는 것은 아니다. 어떤 것들은 사용된 특정 데이터셋에서 우연을 가장한 가짜일 것이다. 그리고 실제 데이터는 불완전하며 일부는 왜곡되고 일부는 누락된다. 발견된 모든 것은 정확하지 않으며 모든 규칙에 예외가 있고 어떤 규칙도 적용되지 않는 경우가 있기도 하다. 알고리듬은 불완전한 데이터에 대처하고 정확하지 않지만 유용한 규칙을 추출할 수 있을 만큼 강력해야 한다.

머신러닝$^{machine\ learning}$은 데이터 마이닝의 기술적 기반을 제공한다. 데이터베이스의 원시 데이터에서 정보를 추출하는 데 사용되며, 다시 말하면 이상적으로는 이해할 수 있는 형식으로 표현되고 다양한 목적으로 사용될 수 있다. 이 과정은 추상화 중 하나이며 데이터 및 나쁜 점까지 모두 취하고 그 기반이 되는 구조를 추론한다. 이 책은 데이터의 구조적 패턴을 찾고 가능한 경우 이를 정리하고자 실제 데이터 마이닝에 사용되는 머신러닝의 도구와 기술에 관한 것이다.

상업적 관심을 받고 있는 급성장하는 신기술들이 그렇듯이 머신러닝의 사용은 기술적

(때로는 인기 있는) 언론에서 엄청난 과대 광고로 둘러싸여 있다. 데이터의 바다에서 학습 알고리듬을 느슨하게 설정해 밝혀 낼 수 있는 비밀에 대한 과장된 보고서를 쉽게 찾을 수 있다. 그러나 머신러닝에는 마법, 숨겨진 힘, 연금술따위는 없다. 그 대신 원시 데이터에서 유용한 정보를 추출할 수 있는 간단하고 실용적인 기술의 식별 가능한 무엇이 있을 뿐이다. 이 책은 그 간단하고 실용적인 기술을 설명하고 작동 방식을 보여 준다.

많은 애플리케이션에서 머신러닝을 통해 예제로부터 구조적 정보를 얻을 수 있다. 발견된 정보의 종류는 예측, 정보, 이해에 사용될 수 있다. 일부 데이터 마이닝 애플리케이션은 예측에 중점을 두며, 과거에 일어난 일의 정보를 제공하는 데이터에서 새로운 상황에서 일어날 일을 예측하고, 종종 새로운 사례의 분류를 추측한다. 그러나 우리는 '학습'의 결과가 예제를 분류하는 데 사용할 수 있는 구조의 실제 정보가 되는 애플리케이션에도 동일하게(어쩌면 더 많이) 관심이 있다. 이 구조적 정보는 예측뿐 아니라 해당 정보를 쉽게 이해하도록 만든다. 대부분 경험상 사용자가 얻은 인사이트는 실제 데이터 마이닝 애플리케이션에서 중요하며 실제로 이는 고전적인 통계 모델링을 넘어선 머신러닝의 주요 장점 중 하나다.

이 책은 다양한 머신러닝 방법을 설명한다. 기본 아이디어가 어떻게 동작하는지를 간단한 구조를 통해 설명했기 때문에 교육적으로도 동기 부여가 될 것이다. 실용적인 내용도 담고 있고 이것들은 오늘날 애플리케이션에서 사용되는 실제 시스템들이다.

이 책의 아이디어를 소프트웨어로 구현해 놨다. 이는 WEKA Waikato Environment for Knowledge Analysis[1]라고 하며 www.cs.waikato.ac.nz/ml/weka에서 자바Java 환경에서 사용할 수 있다. WEKA는 이 책에서 다루는 대부분의 기술을 완전하고 산업적으로 강력하게 구현했다. 여기에는 예시 코드와 머신러닝 작업 구현이 포함되며 관련된 메커니즘의 이해를 돕고자 설계된 깔끔한 여분의 구현을 제공한다. 또한 실제 데이터 마이닝 또는 연구에 사용할 수 있는 완전하게 작동하는 학습 구조의 워크벤치workbench를 제공한다. 마지막으로 자바 클래스 라이브러리 형태의 프레임워크가 포함돼 있어 임베디드 머신러닝을 사

---

1   weka는 뉴질랜드에서만 발견되는 날지 못하는 호기심 많은 새의 이름이기도 하다.

용하는 애플리케이션과 새로운 학습 체계의 구현까지 지원한다.

이 책의 목적은 데이터 마이닝에 사용되는 머신러닝을 위한 도구와 기술을 소개하는 것이다. 이 책을 읽고 나면 이러한 기술이 무엇인지 이해하고 그 강점과 적용 가능성을 이해하게 될 것이다. 자신의 데이터로 실험하려는 경우 WEKA 소프트웨어를 사용해 쉽게 수행할 수 있다. 그러나 WEKA는 결코 유일한 선택이 아니다. 예를 들어 무료로 사용할 수 있는 통계 컴퓨팅 환경 R에는 많은 머신러닝 알고리듬이 포함돼 있다. 파이썬Python 프로그래밍 언어를 좋아하는 사람들은 사이킷런scikit-learn이라는 인기 있는 라이브러리를 쓸 수 있다. 아파치 스파크Apache Spark와 같은 분산 컴퓨팅을 위한 최신 '빅 데이터' 프레임워크에는 머신러닝에 대한 지원이 포함된다. 실제로 머신러닝을 배포하기 위한 많은 옵션이 있다. 이 책은 소프트웨어별 구현 세부 사항을 탐구하지 않고 기본적인 학습 알고리듬을 설명한다. 또한 WEKA 소프트웨어에서 논의한 알고리듬을 찾을 수 있는 위치를 표시하며, 고차원 데이터에서 이른바 '딥러닝deep learning'이라는 다른 머신러닝 소프트웨어를 간략하게 소개한다. 그러나 대부분의 소프트웨어 관련 정보는 부록으로 넘어간다.

이 책은 서점에 진열된 책에 담긴 실용적인 접근 방식과 머신러닝에 대한 교과서적이고 원칙 중심적인 설명 사이의 간격을 줄여 준다(이 책에 대한 간략한 설명은 1장, '데이터 마이닝… 이게 다 뭐죠?' 끝에 있는 참고 문헌 절에 나와 있다). 간격은 다소 넓으며, 머신러닝 기술을 생산적으로 적용하려면 작동 방식을 이해해야 한다. 이것은 맹목적으로 적용하고 좋은 결과를 기대할 수 있는 기술이 아니다. 다른 문제는 다른 기술을 낳지만 주어진 상황에 어떤 기술이 적합한지는 거의 확실하지 않으며 가능한 솔루션의 범위를 알아야 한다. 그리고 우리는 매우 광범위한 기술을 다룬다. 다른 도서와 달리 이 책은 특정 상용 소프트웨어나 접근 방식을 고려하지 않았기 때문에 가능했다. 이 책에는 많은 수의 예제가 있지만, 이 예제들은 쉽게 따를 수 있을 만큼 충분히 작은 예시적인 데이터셋을 사용한다. 실제 데이터셋은 너무 커서 이를 표시할 수 없다(일반적으로 회사 기밀이기도 하다). 우리의 데이터셋은 실제 대규모 실제 문제를 설명하는 것이 아니라 다양한 기술의 기능, 작동 방식, 적용 범위를 이해하는 데 도움이 되도록 선택됐다.

이 책은 현재 머신러닝 관행의 기본 원리와 아이디어에 관심이 있고 기술적으로 잘 알고 있는 일반 독자를 대상으로 한다. 또한 이 새로운 기술에 익숙해져야 하는 정보 전문가와 머신러닝이 무엇을 포함하는지 자세한 기술적 이해를 얻으려는 모든 사람에게 관심을 끌 것이다. 정보 시스템 실무자, 프로그래머, 컨설턴트, 개발자, 데이터 과학자, 정보 기술 관리자, 사양 작성자, 특허 심사관, 호기심 많은 사람, 학생, 교수 등 다양한 사용자를 위해 작성됐다. 주요 머신러닝 기술이 무엇인지, 무엇을 하고, 어떻게 사용되며, 어떻게 작동하는지 설명하는 많은 예제를 읽어 보기 바란다. 여기에는 '방법'과 함께 실질적으로 지향적이며 알고리듬과 종종 의사 코드가 포함된다. 실제 데이터 마이닝에 관련된 모든 사람은 설명된 정보로부터 직접 아이디어를 얻을 것이다. 이 책은 머신러닝에 대한 과장 광고의 근간이 되는 현실을 파악하고 실용적이고 비학문적이며 소박한 접근 방식을 찾는 사람들을 대상으로 한다. 이 책 대부분에서 특정한 이론적 또는 수학적 지식을 요구하지 않았다. 그러나 주제가 성숙함에 따라 점점 복잡해지는 트렌드를 반영해 9장, '확률적 방법' 및 10장, '딥러닝'에 실질적인 이론적 자료를 포함시켰다. 이는 최근의 실용적인 기술, 특히 딥러닝을 완전히 이해하는 데 필요하기 때문이다.

이 책은 기초를 이해하는 데 관심이 있는 독자와 더 깊이 있는 정보를 원하는 사람들이 아이디어를 이용할 수 있도록 계층적으로 구성돼 있으며, 다루는 기술의 자세한 내용도 함께 소개된다. 머신러닝을 사용하는 사람이 자신이 사용하는 알고리듬이 어떻게 작동하는지에 대해 어느 정도 알고 있어야 한다고 생각한다. 데이터 모델은 해석하는 사람만큼만 우수하며, 그 사람은 기술의 강점과 한계를 이해하고자 모델이 어떻게 생성되는지 알아야 한다. 그러나 모든 사용자가 알고리듬의 세부 사항을 깊이 이해할 필요는 없다.

이 책은 두 부분으로 나뉘어 머신러닝 방법을 연속적인 세부 수준으로 설명한다. 1부에서는 데이터 마이닝을 위한 머신러닝을 소개한다. 독자는 처음 세 장을 읽음으로써 최상위 수준의 기본 아이디어를 배운다. 1장, '데이터 마이닝… 이게 다 뭐죠?', 예를 통해 머신러닝이 무엇인지, 어디에서 사용할 수 있는지 설명한다. 또한 실제 애플리케이션을 제공한다. 2장, '입력 – 콘셉트, 인스턴스, 속성' 및 3장, '출력 – 지식의 표현'은 관련된 다양한 종류의 입력 및 출력 또는 지식 표현을 다룬다. 다양한 종류의 출력은 다양한 스타일의 알고리듬을 지시하며 4장, '알고리듬 – 기본 방식'은 머신러닝의 기본 방법을 설명하며 이해하기 쉽도록 단순화했다. 여기에서 관련된 원칙은 복잡한 세부 사항이나 까다로운 구현 문제에 관여하지 않고 다양한 알고리듬으로 전달된다. 특정 데이터 마이닝 문제에 머신러닝 기술을 적용하는 데 진전을 이루려면 얼마나 잘하고 있는지 측정할 수 있어야 한다. 5장, '신뢰성 – 학습에 대한 평가'를 통해 독자는 머신러닝에서 얻은 결과를 평가하고 성능 평가와 관련된 복잡한 문제를 해결할 수 있다.

2부에서는 데이터 마이닝을 위한 고급 머신러닝 기술을 소개한다. 가장 낮고 가장 상세한 수준인 6장, '트리와 규칙' 및 7장, '인스턴스 기반 및 선형 모델의 확장'은 머신러닝 알고리듬 수행의 핵심적인 이슈를 세부적으로 잘 드러내 주며, 실무에 적용 시 필요한 복잡성을 내포하고 있다(하지만 몇 가지 알고리듬에 필요한 무거운 수학적 장치는 생략한다). 많은 독자가 이러한 세부 정보를 무시하고 싶어 할 수 있지만, 머신러닝 구조의 대부분 작업은 이 레벨에서 구현된다. 8장, '데이터 변환'은 머신러닝에 대한 입력 및 출력 엔지니어링과 관련된 실제 주제(예: 속성 선택 및 이산화)에 대해 설명한다. 9장, '확률적 방법' 및 10장, '딥러닝'은 각각 머신러닝 및 딥러닝의 확률적 방법을 설명한다. 11장, '지도 및 비지도 학습을 넘어서'에서는 준지도 및 다중 인스턴스 학습을 살펴보고, 12장, '앙상블 학습'에서는 다양한 학습 기술의 결과물을 결합한 '앙상블 학습' 기술을 다룬다. 13장, '응용 영역, 그 너머의 세계'는 미래를 내다본다.

이 책은 실제 머신러닝에 사용되는 대부분의 방법을 설명한다. 그러나 실제 데이터 마이닝에는 거의 적용되지 않기 때문에 강화 학습은 다루지 않는다. 유전자 알고리듬도 마찬가지다. 왜냐하면 이것은 머신러닝에만 국한되지 않는 최적화 기술이기 때문이다. 주류 데이터 마이닝 애플리케이션에서 일반적으로 사용되지 않기 때문에 관계 학습 및 유도 논리 프로그래밍도 마찬가지도 배제했다.

부록은 9장 및 10장의 자료 이해에 필요한 몇 가지 수학적 배경을 다룬다. 또 다른 부록에서는 1부 및 2부에 설명된 대부분의 아이디어를 구현하는 WEKA 데이터 마이닝 워크벤치를 소개한다. 개념적 자료를 사용 방법의 실제적인 측면에서 명확하게 분리하고자 이를 실었다. 1부 및 2부의 각 장 끝에는 관련 WEKA 알고리듬을 소개한다. 이를 무시하거나 책을 읽으면서 같이 확인하거나 이론적 배경의 이해 없이 데이터 분석을 바로 해

보고 싶으면 WEKA 부록으로 바로 건너뛸 수도 있다.

업데이트 이력과 내용

이 책의 1판을 1999년에, 2판과 3판을 2005년과 2011년에 집필했으며, 이제 2016년 5월에 네 번째 판을 마무리하고 있다. 지난 수십 년 동안 상황은 정말 많이 변했다. 자료의 기본 핵심은 동일하지만 업데이트하고 새로운 자료를 추가할 수 있는 기회를 최대한 활용했으며 그 결과 변경 사항을 반영하고자 책의 크기가 두 배로 늘어났다. 물론 수정해야 할 오류, 공개적으로 사용할 수 있는 정오표 파일(http://www.cs.waikato.ac.nz/ml/weka/book.html)도 있었다.

2판

2판의 주요 변경 사항은 WEKA 머신러닝 워크벤치의 모든 자료를 포함하는 책 끝의 별도 부분이었다. 이로 인해 책의 주요 부분이 워크벤치와 독립적으로 기술될 수 있었다. 그 당시 초판의 널리 사용되는 인기 기능인 WEKA는 대화형 그래픽 사용자 인터페이스 또는 3개의 개별 대화형 인터페이스의 형태로 완전히 새로운 모습을 확보해 훨씬 쉽게 사용할 수 있었다. 주요 기능은 메뉴 선택 및 양식 작성을 사용해 WEKA의 모든 시설에 액세스할 수 있는 'Explorer'다. 나머지는 스트리밍 데이터 처리를 위한 구성을 설계할 수 있는 Knowlegde Flow 인터페이스와 데이터셋에 대해 다른 매개 변수 설정을 사용해 선택한 머신러닝 알고리듬을 실행하는 자동화된 실험을 설정하는 실험자로서 성능을 수집하며, 통계 및 결과에 대한 유의성 테스트를 수행한다. 이러한 인터페이스는 머신러닝 실무자가 되기 위한 기준을 낮췄고 두 번째 판에는 사용 방법의 전체 설명이 소개돼 있다.

또한 여기에 많은 새로운 자료를 간략하게나마 언급했으며 규칙 학습 및 비용에 민감한 평가에 대한 내용을 확장했다. 대중적인 요구에 따라 신경망에 대한 정보를 추가했는데, 퍼셉트론과 밀접하게 관련된 윈나우^{Winnow} 알고리듬, 다층 퍼셉트론과 역전파 알고리듬, 논리 회귀도 포함됐다. 커널 퍼셉트론과 방사형 기저 함수 네트워크를 모두 사용해 비선형 결정 경계를 구현하는 방법을 설명하고 회귀를 위한 지원 벡터 머신도 포함했다. 독자의 요청과 이와 관련한 WEKA의 새로운 기능에 대한 응답으로 베이지안 네트워크에 대한 새로운 내용을 통합했다. 네트워크를 기반으로 분류기를 학습하는 방법과 AD 트리를 사용해 효율적으로 구현하는 방법도 설명돼 있다.

지난 5년(1999~2004)은 텍스트에 대한 데이터 마이닝이 큰 관심을 모았으며 이는 WEKA의 문자열 속성, 도큐먼트 분류를 위한 다항 베이즈[muitinomial bayes] 및 텍스트 변환에 반영됐다. 또한 인스턴스 공간 검색을 위한 효율적인 데이터 구조, 즉 최근접 이웃을 효율적으로 찾고 거리 기반 클러스터링을 가속화하기 위한 kD-트리[kD-tree] 및 볼 트리[ball tree]를 설명했다. 경쟁 검색[race search] 및 서포트 벡터 머신 사용과 같은 새로운 속성 선택 체계를 설명했다. 가법 회귀[additive regression], 가산 로지스틱 회귀, 로지스틱 모델 트리 및 옵션 트리와 같은 모델을 결합하는 새로운 방법, 또한 공동 훈련[cotraining] 및 공동 EM[co-EM] 방법을 포함해 분류를 개선하고자 라벨이 없는 데이터를 사용하는 최근 개발 사항을 다뤘다.

3판

3판에서는 2판을 철저히 편집하고 수많은 새로운 방법과 알고리듬을 포함해 최신 버전으로 업데이트했다. WEKA와 책은 밀접하게 연결됐으며 WEKA의 모든 내용이 책에서 다뤄졌다. 또한 훨씬 더 많은 참고 문헌을 포함시켜 초판에 있는 참고 문헌의 수를 거의 세 배로 늘렸다.

사용이 훨씬 쉬워졌을 뿐만 아니라 WEKA는 지난 10년 동안 인식할 수 없을 정도로 성장했으며 데이터 마이닝 기능에서 엄청나게 성숙했다. WEKA는 비교할 수 없는 범위의 머신러닝 알고리듬 및 관련 기술을 통합했다. 이 성장은 부분적으로 이 분야의 발전에 의해 촉진됐으며 부분적으로 사용자 주도 및 수요 주도였다. 이를 통해 실제 사용자가 무엇을 원하는지 알았으며, 이를 이 책에 많이 포함시키려 노력했다.

3판에 추가된 자료의 몇 가지 주요 내용은 다음과 같다. 웹 마이닝에 대한 절이 포함됐으며, 윤리에 따라 익명화 된 데이터에서 개인을 '재식별reidentified'할 수 있는 방법에 대한 토론이 포함됐다. 기타 추가 사항에는 다중 인스턴스 학습 기술, 대화형 비용 편익 분석에 대한 새로운 자료, 비용 복잡성 정리, 확장된 접두사 트리를 사용해 데이터셋의 압축 버전을 주메모리에 저장하는 고급 연관 규칙 알고리듬, 커널 리지 회귀kernel ridge regression, 확률적 경사 하강법 및 계층적 클러스터링 방법, 부분 최소 제곱 회귀, 저수지 샘플링, 단일 클래스 학습, 다중 클래스 분류 문제를 중첩된 이분법의 앙상블로 분해, 클래스 확률 교정과 같은 새로운 데이터 변환을 추가했다. 앙상블 학습 기술의 새로운 정보를 추가했으며 랜덤화 vs. 배깅, 회전 포레스트rotate forest, 데이터 스트림 학습 및 웹 마이닝의 새로운 내용도 추가됐다.

4판

4판의 주요 목적 중 하나는 딥러닝 주제에 대한 포괄적인 자료를 추가해서 이미지 및 음성 처리와 같은 영역에서 방대한 데이터 리소스의 출현으로 가능해진 새로운 개발, 그리고 서버 팜 및 그래픽 처리 장치를 포함하는 방대한 컴퓨팅 리소스의 반영이었다. 그러나 딥러닝 기술은 이론과 실제의 강력한 조합을 기반으로 해야 하며, 더 엄격한 이론 자료를 포함해 달라는 요청도 받았다.

이러한 요청은 책에서 이론의 역할을 다시 생각하게 만들었다. 이를 악물고 이론적 내용을 포함한 2개의 새로운 장을 추가했는데 10장, '딥러닝'은 딥러닝 자체를 다루며, 그 앞의 9장, '확률적 방법'은 다른 많은 새로운 알고리듬을 이해하는 데 필요한 확률적 방법의 원칙적인 이론적 배경을 제공한다. 많은 독자가 이 모든 이론을 무시하고 싶어 하지 않을 것임을 알고 있으며, 나머지 책은 의도적으로 훨씬 단순한 수학적 수준으로 남겨졌다고 확신한다. 그러나 이 추가된 이론적 기반은 연구 세계에서 빠르게 발전하는 기술을 이해하고자 하는 독자에게 몇 가지 중요 자료를 제공한다.

WEKA의 개발은 이에 발맞춰 진행됐다. 이제 널리 사용되는 R 통계 컴퓨팅 언어, 분산 컴퓨팅을 위한 스파크^{Spark} 및 하둡^{Hadoop} 프레임워크, 스크립팅을 위한 파이썬 및 그루비^{Groovy} 언어, 스트림 지향 학습을 위한 MOA 시스템과 같은 다른 언어 및 시스템에 접근하고 통합하는 방법을 제공한다. 이러한 포괄적이고 빠르게 진화하는 시스템을 인쇄된 책에 도큐먼트화하는 것이 불가능하고 바람직하지 않다는 점을 인식하고, 일련의 개방형 온라인 과정인 Data Mining with WEKA, More Data Mining with WEKA, Advanced Data Mining with WEKA를 만들었으며 책과 함께 제공된다(https://weka.waikato.ac.nz).

4판에는 수많은 다른 업데이트 및 추가 사항과 문헌에 대한 훨씬 더 많은 참조가 포함돼 있으며 이것으로 충분하다고 생각한다. 직접 뛰어들어 보기 바란다.

감사의 말

감사의 말을 쓸 때가 가장 기분이 좋다. 많은 사람이 우리를 도왔고 우리는 그들에게 감사할 수 있는 기회를 기쁘게 생각한다. 이 책은 뉴질랜드 와이카토 대학교^{University of Waikato} 컴퓨터 과학과의 머신러닝 연구 프로젝트에서 발간됐다. 프로젝트 초기에 존 클리어리^{John Cleary}, 샐리 조 커닝험^{Sally Jo Cunningham}, 매트 험프리^{Matt Humphrey}, 린 헌트^{Lyn Hunt}, 보브 맥퀸^{Bob McQueen}, 로이드 스미스^{Lloyd Smith}, 토니 스미스^{Tony Smith}와 같은 교직원들로부터 많은 격려와 도움을 받았다. 또한 나중에 합류한 마이클 마요^{Michael Mayo}와 로버트 듀런트^{Robert Durrant}와의 커뮤니케이션을 통해 큰 도움을 받았다. 수년 동안이 프로젝트를 이끌었던 제프 홀름스^{Geoff Holmes}와 WEKA 소프트웨어의 다양한 측면에 많은 도움을 준 베른하르트 파링거^{Bernhard Pfahringer}에게 특별히 감사드린다. 여기에서 머신러닝 프로젝트에 참여한 모든 사람이 우리의 아이디어에 기여했다. 특히 초기 학생인 스티브 가너^{Steve Garner}, 스튜어트 잉글리스^{Stuart Inglis} 및 크레이그 네빌매닝^{Craig Nevill-Manning}이 성공이 불확실하고 상황이 어려울 때 프로젝트를 시작하는 데 도움을 준 것을 언급하고 싶다.

이 책의 아이디어를 구현한 WEKA 시스템은 이 책의 중요 부분을 구성한다. 저자가 고안하고 주로 에이브 프랭크^{Eibe Frank}, 마크 홀^{Mark Hall}, 피터 로이트만^{Peter Reutemann}, 렌 트리그^{Len Trigg}에 의해 설계 및 구현됐지만 와이카토의 머신러닝 실험실의 많은 사람이 상당한 기여를 했다. 이 책의 초판 이후 WEKA 팀은 많이 커졌으며 너무 많은 사람이 기여해 모든 사람을 일일이 기억하는 게 어려울 정도가 됐다. WEKA에 여러 패키지에 기여한 크리스 베컴Chris Beckham, 베이즈 네트Bayes net 패키지 및 기타 많은 기여를 한 렘코 보카에르트Remco Bouckaert, 다중 인스턴스 학습 방법 구현에 기여한 린 동Lin Dong, 많은 데이터베이스 관련 측면에 기여한 데일 플레처Dale Fletcher, 커트 드리센스Kurt Driessens에게도 대해 감사를 전한다. 가우시안 프로세스 회귀 구현, 다중 인스턴스 필터링 작업에 기여한 제임스 파울즈James Foulds, 정보 병목 클러스터링에 기여한 안나 후앙Anna Huang, 기능 선택 작업에서의 마르틴 괴틀라인Martin Gütlein, 단일 클래스 분류기에 기여한 캐스린 헴프스토크Kathryn Hempstalk, 나열하기에는 너무 많은 공헌을 한 아쉬라프 키브리야Ashraf Kibriya 및 리처드 커크비Richard Kirkby, 탄력적 순회귀elastic net regression를 구현한 니킬 키쇼어Nikhil Kishore, 논리 모델 트리의 닐스 랜드버Niels Landwehr, Knowledge Flow 인터페이스의 모든 아이콘을 만든 치청 라우Chi-Chung Lau, K^* 구현을 한 아브델라지즈 마후이Abdelaziz Mahoui, 커널 필터링 구현을 한 조너던 마일스Jonathan Miles, 연관 규칙 마이닝에 슈테판 무터Stefan Mutter, 수많은 기타 기여에 대한 맬컴 웨어Malcolm Ware, 트리 학습자의 구현에 대한 하이지안 쉬Haijian Shi, 로지스틱 모델 트리의 속도 향상에 대한 작업의 마르크 섬너Marc Sumner, 최소 제곱 평균 회귀least-median-of-squares regression의 토니 보일Tony Voyle, 페이스Pace 회귀의 용 왕Yong Wang 및 M5′의 원래 구현의 벤저민 웨버Benjamin Weber, 다중 인스턴스 학습 패키지인 JRip, Logistic Regression의 신 수Xin Xu 그리고 다른 많은 공헌, 헌신적인 업무를 해주신 모든 분과 와이카토 그룹 외부에서 WEKA에 기여한 많은 분께 진심으로 감사를 전한다.

우리가 남반구의 먼 (그러나 매우 예쁜) 구석에 있는 동안 우리 부서를 방문한 방문객들은 사운드보드 역할을 하고 우리의 사고를 발전시키는 데 중요한 역할을 해줬다. 모두 감사의 말을 전한다. 특히 몇 달 동안 우리를 방문한 롭 홀트Rob Holte, 칼 구트윈Carl Gutwin, 러셀 베일Russell Beale에 대해 언급하고 싶다. 데이비드 아하David Aha는 비록 며칠밖에 안 왔지만 프로젝트의 초기 단계에서 많은 도움을 줬으며 그의 열정과 격려로 훌륭한 서비스를 수행했다. 그리고 카이 밍 팅Kai Ming Ting은 이 책의 많은 주제에 대해 2년 동안 우리와 함께 일했으며 우리를 머신러닝의 주류로 끌어들이는 데 도움을 줬다. 비교적 최근 방문자로는 아리에 벤데이비드^{Arie Ben-David}, 카를라 브로들리^{Carla Brodley}, 그레고리 버틀러^{Gregory Butler}, 슈페판 크라머^{Stefan Kramer}, 요하네스 슈나이더^{Johannes Schneider}, 얀 반 레인^{Jan van Rijn}, 미칼리스 블라코스^{Michalis Vlachos} 및 우리 부서에서 강연한 사람들이 많다. 특히 우리가 통합한 세 번째 버전의 초안에 대한 자세한 피드백을 준 앨버트 비펫^{Albert Bifet}에게 감사를 전한다.

와이카토의 학생들은 프로젝트 개발에 중요한 역할을 했다. 그들 중 많은 사람이 위의 WEKA 기여자 목록에 있지만 다른 방식으로도 기여했다. 초기에 제이미 리틴^{Jamie Littin}은 파급 효과 규칙과 관계형 학습을 연구했다. 브렌트 마틴^{Brent Martin}은 인스턴스 기반 학습 및 중첩된 인스턴스 기반 표현을 연구했다. 머레이 피페^{Murray Fife}는 관계형 학습의 노예가 됐고, 나디카 마다파타지^{Nadeeka Madapathage}는 머신러닝 알고리듬을 표현하기 위한 기능적 언어의 사용을 연구했다. 캐스린 헴프스토크는 단일 클래스 학습을, 리처드 커크비는 데이터 스트림을 연구했다. 가비 슈미드버거^{Gabi Schmidberger}는 밀도 추정 트리를, 란 후앙^{Lan Huang}은 개념 기반 텍스트 클러스터링을, 알료나 메델얀^{Alyona Medelyan}은 키 프레이즈 추출에 대한 작업을 했다. 최근에 펠리페 브라보^{Felipe Bravo}는 트위터^{Twitter}의 감정 분류에 대해, 미 리^{Mi Li}는 빠른 클러스터링 방법^{fast clustering method}에 대해, 팀 레아다르트^{Tim Leathart}는 중첩된 이분법의 앙상블에 대해 작업했다. 다른 대학원생들, 특히 텍스트 마이닝에 대해 우리와 함께 일한 고든 페인터^{Gordon Paynter}, 잉잉 웬^{YingYing Wen}, 제인 브레이^{Zane Bray}, 콴 선^{Quan Sun}과 샤오펭 유^{Xiaofeng Yu} 등도 다양한 방식으로 우리에게 영향을 미쳤다. 동료인 스티브 존스^{Steve Jones}와 말리카 마후이^{Malika Mahoui}도 이러한 프로젝트와 기타 머신러닝 프로젝트에 광범위한 기여를 했다. 우리는 또한 닐스 바이트만^{Nils Weidmann}을 포함한 프라이부르크^{Freiburg}로부터의 방문 학생들로부터 많은 것을 배웠다.

이안 위튼은 캘거리에서 그의 이전 학생들, 특히 브렌트 크로척^{Brent Krawchuk}, 데이브 멀스비^{Dave Maulsby}, 송 판^{Thong Phan} 및 탄자 미트로빅^{Tanja Mitrovic}의 성장을 도왔던 것을 인정하고 싶다. 이들은 모두 교수진 브루스 맥도널드^{Bruce MacDonald}, 브레인 게인스^{Brian Gaines}, 캘거리^{Calgary}의 데이비드 힐^{David Hill}, 캔터베리 대학교^{University of Canterbury}의 존 안드레애^{John Andreae}와 마찬가지로 머신러닝에서 초기 아이디어를 개발하는 데 도움을 줬다.

에이브 프랭크는 카를스루에 대학교University of Karlsruhe의 전 감독자인 클라우스 페터 후버Klaus-Peter Huber에게 빚을 지고 있으며, 머신러닝의 매력에 그를 감염시켰다. 에이브는 여행을 통한 캐나다의 피터 터니Peter Turney, 조엘 마틴Joel Martin, 베리 드 브루인Berry de Bruijn, 독일의 루크 드 래트Luc de Raedt, 크리스토프 헬마Christoph Helma, 크리스티안 커스팅Kristian Kersting, 슈테판 크라머, 울리히 뤼케르트Ulrich Rückert, 아쉬윈 스리니바산Ashwin Srinivasan과의 교류를 통해 영향을 많이 받았다.

마크 홀은 그의 논문이 원래 주제에서 머신러닝의 영역으로 옮겨졌을 때 이를 인내심 있게 지켜본 현재 미주리 주립대학교Missouri State University에 있는 그의 전 감독자 로이드 스미스에게 감사하고 있다. 수년 동안 와이카토 대학교의 머신러닝 그룹에 참여했거나 방문한 많은 다양한 사람은 귀중한 통찰력과 자극적인 토론에 대해 특별한 감사를 받을 자격이 있다.

크리스 팔은 4판 작성에 참여하게 해준 공동 저자에게 매우 감사했다. 그의 가족은 그에게 이런 집필의 시간을 허락했다. 그는 뉴질랜드로 갈 수 있게 안식년을 제공한 몬트리올 공과대학교Polytechique Montre'al에 감사를 표한다. 그가 뉴질랜드에 있는 동안 와이카토 대학교 컴퓨터 과학과에서 그를 초빙했다. 그는 또한 다른 많은 사람 사이에서 프렌던 프레이Brendan Frey, 조프 힌턴Geoff Hinton, 요슈아 벤조Yoshua Bengio, 샘 로위스Sam Roweis, 앤드루 맥컬럼Andrew McCallum 및 찰스 서튼Charles Sutton을 포함해 여러 멘토, 학계 가족, 공동 저자, 동료들에게 감사를 표한다. 특히 딥러닝에 대한 교육적 관점에 대해 휴고 라로셀Hugo Larochelle에게 감사를 표한다. 크리스는 또한 몬트리올 러닝 알고리듬 연구소MILA, Montre'al Institute for Learning Algorithms의 그의 친구와 동료, 테아노Theano 개발 팀 그리고 머신러닝 연구를 위한 훌륭한 환경을 만드는 데 도움을 준 모든 현재 및 이전 학생들에게 감사를 표하며, 특히 이번 판의 새 챕터 초안에 대해 훌륭한 피드백을 제공한 크리스 베컴에게 감사를 전한다.

모건 카우프만Morgan Kaufmann의 찰리 켄트Charlie Kent와 팀 피츠Tim Pitts는 이 책을 만들기 위해 열심히 노력했으며, 프로덕션 편집자인 니키 카터Nicky Carter는 이 과정을 매우 순조롭게 진행했다. 우리 연구에 매우 귀중한 역할을 한 신중하게 수집된 데이터셋을 제공한

캘리포니아 대학교 어바인 캠퍼스University of California, Irvine의 머신러닝 데이터베이스 저장소의 사서들에게도 감사를 전한다.

우리의 연구는 뉴질랜드 연구, 과학 및 기술 재단과 뉴질랜드 마즈든 기금Marsden Fund의 왕립 학회에서 자금을 지원했다. 와이카토 대학의 컴퓨터 과학과는 온갖 방식으로 우리를 아낌없이 지원해 왔으며, 마크 애펄리Mark Apperley의 지도력과 따뜻한 격려에 많은 빚을 지고 있다. 두 저자가 캐나다 캘거리 대학교University of Calgary를 방문하는 동안 초판의 일부가 작성됐으며 컴퓨터 과학 부서의 지원과 우리가 실험한 머신러닝 코스에서 인내심 있는 학생들의 긍정적이고 도움이 되는 태도에 감사를 표한다. 두 번째 판의 일부는 캐나다의 Informatics Circle of Research Excellence의 지원을 받아 남부 앨버타에 있는 레스브리지 대학교University of Lethbridge에서 작성됐다.

마지막으로 무엇보다도 가족과 파트너에게 감사를 전한다. 팸Pam, 안나Anna, 니키Nikki는 모두 집에 작가가 있다는 의미를 너무 잘 알고 있었지만('다시는 안 돼!') 이안Ian이 계속해서 책을 쓰도록 했다. 줄리Julie는 에이브Eibe가 머신러닝 실험실에서 한밤중에 불을 밝힐 때도 언제나 지원했으며 임모Immo와 올리그Ollig는 흥미로운 전환을 제공했다. 버나뎃Bernadette 역시 많은 도움을 줬으며 샬롯Charlotte, 루크Luke, 자크Zach, 카일Kyle, 프란체스카Francesca의 결합된 소음 출력을 마크가 집중할 수 있는 수준으로 유지하도록 관리했다. 우리는 캐나다, 영국, 독일, 아일랜드, 뉴질랜드, 사모아 출신이다. 뉴질랜드는 우리를 하나로 모아 이 일을 할 수 있는 이상적이고 목가적인 장소를 제공했다.

오탈자

한국어판의 정오표는 에이콘출판사의 도서정보 페이지 http://www.acornpub.co.kr/book/data-mining-4e에서 볼 수 있다.

문의사항

한국어판에 관한 질문은 에이콘출판사 편집 팀(editor@acornpub.co.kr)이나 옮긴이의 이메일로 문의하길 바란다.

제1부

데이터 마이닝의 소개

01

데이터 마이닝… 이게 다 뭐죠?

체외 수정은 여성의 난소에서 몇 개의 난자를 수집해, 배우자 또는 기증자의 정자와 수정한 후 여러 개의 배아를 생산하는 작업을 의미하며, 이들 중 몇 개가 선택돼 여성의 자궁으로 재이식된다. 문제는 이 배아들 중 '최상'의 것을 고르는 일이다. 최상의 것이어야 이식 후 생존율이 높아진다. 최상을 고르는 기준은 배아의 약 60가지의 기록된 특징, 즉 형태, 난모세포, 모낭, 정자 샘플의 특징에 기초한다. 이 특징의 수는 너무 많아 배아 연구자가 이 특징들을 동시에 평가하고 배아가 살아 있는 태아로의 성장이 성공했는지 여부를 기록한 과거 데이터와 평가 결과를 연계시키는 것은 쉬운 작업은 아니다. 잉글랜드의 연구 프로젝트에서 머신러닝이 과거 배아에 대한 기록들과 관련 결과의 학습을 통해 이런 선택을 하는 데 사용할 수 있을지에 대한 연구가 진행돼 왔다.

뉴질랜드의 낙농업 종사자들은 매년 힘든 결정을 해야 한다. 어떤 소들을 남기고 어떤 소들을 도축장으로 보내야 되는지의 결정이다. 일반적으로 목장 내 소들 중 1/5에 해당하는, 우유 생산량이 줄어들기 시작하는 소들이 매년 우유 생산 시즌이 끝나면 도축된다. 각 소의 번식과 우유 생산에 대한 기록들이 이 결정에 사용된다. 다른 요소로서는 나이(보통 소들의 우유 생산 가용 연령은 8세까지다)나 질병 이력, 난산 이력, 이상한 습관(사람을 발로 차거나 울타리를 뛰어넘는 습관 등), 다음 해에도 송아지 무리에 포함되는지 판단 결과 등이 있다. 수백만 마리 소들의 약 700여 가지의 특징들이 매해 기록되고 있다. 머신러닝은 성공한 낙농업자들은 어떤 팩터factor들을 주로 고려하는지에 대한 연구를 하는 데 활용돼 왔으며, 이는 단지 결정의 자동화뿐만 아니라 결정에 대한 노하우를 다른 낙농업자에게 전파하는 목적도 있다.

삶과 죽음, 유럽부터 극지방, 가족과 비즈니스까지, 머신러닝은 데이터에서 새로운 정보를 마이닝하는 기술로 급성장하고 있으며 많은 사람이 주목하기 시작했다.

1.1 데이터 마이닝과 머신러닝

우리는 엄청난 데이터와 함께 살고 있다. 우리의 삶과 함께하는 데이터는 계속 늘어나고 있으며, 끝이 보이지 않을 것 같다. 우리 곁에 언제나 있는 컴퓨터는 우리가 버렸던 삶의 데이터들을 쉽게 저장하게 해준다. 값싼 로컬 및 온라인 저장 매체들 때문에 우리는 이들 데이터를 갖고 해야 할 결정들을 종종 미루곤 한다. 쉽게 정보를 얻고 저장하기 쉽기 때문이다. 널리 퍼져 있는 전자기기들이 우리가 뭘 결정했는지, 슈퍼마켓에서 무엇을 골랐는지, 우리의 금융 성향이 무엇인지, 우리의 수입, 지출은 어떻게 되는지를 기록하고 있다. 우리가 세상을 휩쓸고 다닐 때 이 모든 흔적이 데이터베이스에 남는다. 월드 와이드 웹은 이런 정보들로 넘쳐난다. 그러는 동안에도 우리의 모든 선택은 기록되며 이것들은 모두 개인의 선택에 관련된 것이다. 이 선택들은 모두 셀 수 없을 만큼 산업 및 경제와 맞물려 있다.

우리는 데이터 생성과 여기에서 파생되는 이익의 차이를 증명할 것이다. 많은 조직은 이 기회를 잡아 왔지만, 이런 잠재력을 열어 줄 도구들(여기서 설명될 도구들)은 누구에게나 열려 있다. 모든 데이터의 밑바닥에는 우리가 지금까지 유용하게 써먹지 못하거나 밝혀내지 못한 정보들이 존재한다.

이 책은 데이터의 패턴에 관한 것이다. 데이터의 패턴은 새로운 개념은 아니다. 인류는 아마도 삶이 시작되면서 데이터의 패턴을 찾아왔을 것이다. 사냥꾼들은 동물들의 이동 패턴을, 농부들은 식물의 성장 패턴을, 정치가들은 유권자들의 의견 패턴을, 사랑꾼들은 자신의 상대방 반응에 대한 패턴을 찾아왔다. 과학자들의 역할은 실제 세상이 어떻게 움직이는지를 다루는 패턴을 발견하고자 데이터들을 이해하고, 이들을 이론화시켜 새로운 상황에서 어떤 전개가 펼쳐질지 예측하는 것이다. 기업가들의 역할은 이런 기회, 즉 수익 사업으로 이어질 수 있는 행동에 대한 패턴을 찾아내고 이를 이용하는 것이다.

데이터 마이닝에서 데이터는 컴퓨터에 의해 저장되고 검색된다. 이는 그렇게 새로운 기술은 아니다. 경제학자, 통계학자, 기상학자, 커뮤니케이션 공학자들은 자동적으로 검색, 식별, 검증되고 예측에 사용되는 데이터의 패턴으로 작업을 해왔다. 새로워진 게 있다면 엄청나게 늘어난 데이터 패턴 취득 방법들이다. 최근 몇 해 동안 고삐 풀린 데이터 베이스의 성장은 소비자들의 선택과 같은 활동들을 모조리 데이터베이스화시켰고, 이 때문에 새로운 비즈니스 기술의 최전선에 데이터 마이닝이 등장하게 됐다. 전 세계의 데이터베이스의 크기는 20개월마다 두 배가량 증가되는 것으로 나타났다. 이런 측정치가 정확할지는 모르겠지만, 어느 정도 증가 추세는 감을 잡을 수 있지 않을까 생각한다. 데이터가 차고 넘치고, 컴퓨터가 검색을 맡아 수행하는 게 일반화되면서 데이터 마이닝에 대한 기회도 늘어났다. 세상이 점점 복잡해지고 이에 대한 데이터가 늘어나면서 데이터 마이닝이 이런 데이터의 늪에서 우리를 구해 줄 희망이 돼 버렸다. 지능적으로 분석된 데이터는 많은 가치를 지닌다. 새로운 인사이트insight를 줄 수 있으며 상업적 시장commercial setting에서 더 나은 경쟁력을 갖출 수 있다.

데이터 마이닝은 데이터베이스에 이미 존재하는 데이터를 분석해 문제를 해결하는 기술이다. 오래된 예제로서 경쟁이 치열한 시장에서의 까다로운 고객의 충성도를 생각해 보자. 고객 특성에 따른 고객의 구매(선택) 정보는 이 문제에 대한 열쇠다. 이전 고객의 행동 패턴을 분석해 이탈 가능성이 있는 고객과 충성도를 유지할 가능성이 있는 고객의 구별되는 특성을 식별할 수 있다. 이런 특성이 한번 정해지면 현재 이탈할 것 같은 고객을 특정할 때 사용될 수 있다. 전체 고객을 모두 관리하기보다는 이들 그룹을 특수 관리하는 것이 더 적은 비용이 들기 때문이다. 더 나아가서 기업이 제공하는 다른 서비스에 지금은 이용하지 않고 있지 않은 누구를 타깃으로 특별 조건 및 프로모션을 제공해야 더 끌릴 수 있을까를 분석하는 데에도 동일한 기술을 적용할 수 있다. 오늘날 무한 경쟁, 고객 중심, 서비스 중심 경제에서 데이터는 비즈니스 성장에서 원천 동력이다.

데이터 마이닝은 데이터 패턴을 찾는 프로세스로 정의된다. 프로세스는 반자동화 또는 자동화 형태여야 한다. 발견된 패턴은 이점(예를 들어 경제적 이점)과 연계돼야 한다. 데이터에 대해서는 걱정하지 마라. 충분히 존재한다.

그리고 어떻게 이런 패턴들이 전달될까? 유용한 패턴들을 통해 새로운 데이터에 대한 중요한 예측을 할 수 있다. 패턴은 크게 2가지 방향으로 분류된다. 하나는 내부를 알 수 없는 블랙박스 패턴, 또 하나는 패턴의 구조가 들여다보이는 화이트박스 패턴이다. 둘 다 모두 훌륭한 예측 결과를 보여 준다고 가정하겠다. 차이가 있다면 마이닝된 패턴이 수행되고, 증명되고, 방향결정에 활용될 수 있는 구조의 관점을 나타내는지 여부다. 이러한 패턴들을 '구조적'이라고 하는데 이 패턴들이 결정의 구조를 명시적으로 표현하기 때문이다.

이 책의 대부분은 검색 및 데이터의 구조적 패턴 표현을 위한 기술들에 관한 것이며, 블랙박스 방식이 더 적절한 애플리케이션들이 있는데, 이는 상황에 따라 블랙박스 방식이 더 정확한 예측결과를 만들어 내기 때문이다. 이에 대해서도 다룰 것이다. 우리가 다루는 많은 기술의 대부분은 머신러닝이라는 영역에서 개발돼 왔다.

구조적 패턴 명시

구조적 패턴structural pattern이란 무엇일까? 어떻게 이를 기술할까? 무슨 형태로 입력을 받을까? 이에 대해 무미건조한 정의보다는 예시를 통해 답변을 할 것이다. 1장의 후반부에 많은 예제를 언급할 것이며 우선 어떤 느낌인지 하나만 살펴보자.

표 1.1에 있는 콘택트 렌즈 데이터를 보도록 하자. 여기에는 안경사가 소프트 렌즈, 하드 렌즈 또는 콘택트 렌즈 불가 중 하나의 처방을 하려 한다는 가정하에서 조건이 주어져

표 1.1 콘택트 렌즈 데이터

나이	안경 처방	난시	눈물 생성률	추천 렌즈
정상	근시	아니오	감소	미추천
정상	근시	아니오	정상	소프트 렌즈
정상	근시	예	감소	미추천
정상	근시	예	정상	하드 렌즈
정상	원시	아니오	감소	미추천
정상	원시	아니오	정상	소프트 렌즈
정상	원시	예	감소	미추천
정상	원시	예	정상	하드 렌즈
노안 전단계	근시	아니오	감소	미추천
노안 전단계	근시	아니오	정상	소프트 렌즈
노안 전단계	근시	예	감소	미추천
노안 전단계	근시	예	정상	하드 렌즈
노안 전단계	원시	아니오	감소	미추천
노안 전단계	원시	아니오	정상	소프트 렌즈
노안 전단계	원시	예	감소	미추천
노안 전단계	원시	예	정상	미추천
노안	근시	아니오	감소	미추천
노안	근시	아니오	정상	미추천
노안	근시	예	감소	미추천
노안	근시	예	정상	하드 렌즈
노안	원시	아니오	감소	미추천
노안	원시	아니오	정상	소프트 렌즈
노안	원시	예	감소	미추천
노안	원시	예	정상	미추천

있다. 나중에 더 개별 항목들이 무엇을 의미하는지 설명하겠다. 표의 각 행은 하나의 예시 데이터다. 이 정보의 구조적 기술은 다음과 같이 표현될 수 있다.

```
If tear production rate = reduced then recommendation = none
Otherwise, if age = young and astigmatic = no then recommendation = soft
```

구조적 기술은 반드시 이와 같이 표현될 필요는 없다. 여기서 사용된 결정 트리 기술법은 추천 결과에 따라 만들어져야 될 일련의 결정들을 정의하는, 많이 쓰이는 또 다른 표현 방식이다.

이 예제는 매우 간단한 편이다. 우선 가능한 모든 값의 조합이 표에 나와 있다. 표는 24개의 행과 3개로 나눈 나이 구분, 그리고 각각 2개 값을 갖고 있는 시력 처방, 난시 여부, 눈물 생성률^{tear production rate}을 갖고 있다($3 \times 2 \times 2 \times 2 = 24$). 이 규칙은 데이터로부터 정규화를 하지 않았으며 그냥 요약한 수준이다. 대부분 학습 상황에서는 입력값으로 주어진 예제 세트는 완전하지 않으며 이를 보완하려면 작업의 일부를 새로운 예시로부터 일반화시켜야 한다.

표에서 눈물 생성률이 '감소^{reduced}'인 행 일부를 생략하고 아래 규칙을 계속 적용한다고 생각해 보자.

```
If tear production rate = reduced then recommendation = none
```

이 규칙은 정규화를 통해 생략된 데이터들을 정확히 채워 줄 수 있다. 두 번째로 이 예제에서 값들은 모든 기능에 대해 정의된다. 실세계에서의 데이터셋은 예를 들어 측정이 안 된 경우나 유실된 경우 등이 발생해 빈 값이 들어갈 수 있다. 세 번째로 앞에서 기술한 규칙이 데이터에 '노이즈' 또는 오류로 인해 분류기 생성 시에 사용될 데이터를 잘못 분류하는 일도 발생한다.

머신러닝

입력과 출력에 대한 아이디어를 살펴봤으면 다음으로 머신러닝을 살펴보자. 러닝^{learning}이란 무엇일까? 이는 철학적인 질문이다. 이 책은 좀 더 실용적인 부분에 집중하겠지만 시작하기에 앞서 이 질문을 조금 생각해 보는 시간을 갖는 게 이해에 도움이 될 것 같다.

'러닝'의 사전적 의미는 아래와 같다.

- 학습, 경험, 또는 가르침을 통한 지식의 습득
- 관찰 또는 정보를 통해 깨달음을 얻음
- 기억에 저장하는 것

- 확신을 얻거나 알게 되는 것
- 지도를 받는 것

이 뜻들은 컴퓨터 관점에서 본다면 다소 맞지 않다. 처음 2개는 컴퓨터가 러닝을 달성했는지 판단하기가 어렵다. 어떻게 컴퓨터가 지식을 얻었는지 알 수 있을까? 당신은 그냥 질문을 할 수 없을 것이다. 설령 할 수 있다고 해도 이는 컴퓨터의 학습 능력을 테스트하는 것이 아니라 질문에 대답하는 능력을 테스트하는 게 될 것이다.

'~을 안다'는 것을 어떻게 알 수 있을까? 컴퓨터가 인식을 하는지 또는 의식을 할 수 있는지에 대한 모든 질문은 지금도 뜨거운 철학적 이슈다.

그다음 3개는 인간의 언어로 무엇을 나타내는지 알 수 있지만 거의 '기억에 저장하는 것'과 '지도를 받는 것'은 머신러닝에서 의미하는 것에는 크게 미치지 못하는 것 같다. 너무 수동적이고 컴퓨터를 통해 이런 작업들이 이미 '진부하다는' 것을 알았기 때문이다. 그 대신에 우리가 관심이 있는 것은 새로운 상황에서의 성능의 개선, 적어도 잠재적 성능의 개선이다. 여러분은 '무언가를 기억에 새로이 저장하기'나 '무언가를 새롭게 배우는 것'을 새로운 지식을 새로운 상황에 적용할 수 없는 상태에서도 가능하다. 이에 대한 어떤 이익의 제공 없이 가능한 것이다.

앞에서 데이터 마이닝을 '많은 데이터에서 패턴의 발견을 위한 자동, 또는 반자동 프로세스이며 발견된 패턴은 사용 가능해야 한다'로 운영적으로 정의했다. 이 정의는 머신러닝을 위한 다음과 같은 방식, 즉 '미래에 더 나은 수행을 하기 위한 방식으로 수행 과정을 변화할 때 배우는 것'으로 공식화할 수 있다.

이 정의는 학습을 지식보다는 '성과'에 연결시킨다. 수행 과정을 관찰하고 과거의 그것과 비교해 학습을 테스트할 수 있다. 이는 훨씬 더 객관적인 정의다. 만족스럽다.

하지만 여전히 문제는 존재한다. 학습의 개념은 유동적이다. 미래에 더 잘 할 수 있기 위한 방식으로 행동을 바꾸지만, 아직 이를 갖고 실제로 '배웠다'라고 말하지는 않는다. '편한 실내화' 예를 한번 보자. 실내화가 여러분의 발 모양에 대해 학습을 하는 것일까? 실내화가 그 본연의 역할을 하려면 길들여져야 할 것이다. 이를 '학습'했다고 하지는 않는다. 일상 언어로서 이를 생각 없는 학습으로 정의되는 '훈련'을 했다고 한다. 우리는 동물과 식물까지도 훈련시키며 조금 과장하면 그 대상은 실내화와 같은 생물이 아닌 것에까지 적용한다. 하지만 '학습'은 다르다. 학습은 '생각'을 전제조건으로 한다. 학습은 목적을 갖고 있다. 배우는 주체는 뭔가 의도가 있어야 한다. 이것이 포도 넝쿨이 격자시렁을 감고 올라가는 것을 '학습'으로 부르지 않고 '훈련'을 했다고 하는 이유다. 목적 없는 학습은 훈련에 가깝다. 다시 말하면 학습은 배우는 자의 목표이고 반면에 훈련은 가르치는 자의 목표다.

따라서 학습의 두 번째 정의를 자세히 살펴보면 컴퓨터에 이를 적용할 때 문제가 있다. 무엇이 실제로 학습됐는지를 결정하려면 일단 그 의도가 무엇인지를 봐야 하며, 실제 목적이 결과에 포함됐는지도 봐야 한다. 제작물이 의도적으로 행동할 수 있는지는 명확하지 않다. 따라서 기계에 이를 적용할 때 개념은 모호해진다. '학습'의 진짜 의미에 대한 철학적인 논의는 '의도'와 '목적'이 무엇을 의미하는지에 대한 논의와 비슷하며 어려운 논제이기도 하다. 심지어 법정에서도 이 '의도'를 찾고자 고군분투한다.

데이터 마이닝

다행히도 이 책에서 소개하는 머신러닝 기술들은 이런 개념적인 문제들은 다루지 않는다. 여기서 다룰 기술들은 '학습'이란 무엇인지와 같은 특정 철학적 관점은 배제한 '머신러닝'이다. 데이터 마이닝은 실용적인 주제로서 이론적인 것이 아니라 실용적인 의미에서의 학습을 내포한다. 여기서는 데이터 패턴을 찾는 것이 관심사이며 이렇게 찾아진 패턴은 우리에게 인사이트insight를 주거나 좀 더 정확하고 빠른 의사 결정에 도움을 준다. 데이터의 항목들은 예를 들어 이탈한 충성 고객들 항목, 또는 콘택트 렌즈의 처방이 가능한 특정한 상황 등의 형태를 취하며 그 결과는 특정 고객의 충성도가 바뀔지에 대한 예측 또는 주어진 환경에서 어떤 콘택트 렌즈가 처방될지에 대한 예측의 형태가 될 것이다.

많은 러닝 기술은 학습한 것에 대한 구조적 명시를 요구하는데 이 결과는 상당히 복잡하며, 앞에서 설명한 규칙, 또는 뒤에서 설명될 결정 트리와 같은 형태로 표현된다. 결과는 사람들이 보고 내용을 알 수 있는 형태여야 하며, 다시 말하면 새로운 예측을 위한 기초 자료로 판독할 수 있다는 것이다.

경험상 많은 머신러닝 애플리케이션에서 데이터 마이닝을 하려면 가시적인 지식 구조가 필요하며 구조적 명시는 새로운 예제를 만나면 잘 수행할 수 있는 능력과 더불어 중요하게 여겨진다.

사람들은 보통 예측보다는 지식을 얻으려 데이터 마이닝을 한다. 데이터로부터 지식을 얻는 작업은 할 수만 있다면 확실히 나쁘지는 않은 것이다. 어떻게 하는지 알고 싶다면 계속 읽기 바란다.

1.2 예제: 날씨 예측 및 기타

이 책은 예제를 통한 '학습'에 관련된 책이며 많은 관련 예제를 다룰 것이다. 그중에는 표준 데이터셋이 있고 이를 반복적으로 다룰 것이다. 표준 이외의 데이터셋은 다른 이슈를 다룰 때 사용될 것이며, 학습 방법을 고려하면 다양한 문제에 접근하는 흥미롭고 교육적인 내용이 될 것이다. 사실 다른 데이터셋으로의 작업 요구는 중요해 100개 이상의 예제 문제에 포함된 말뭉치들이 같이 수집됐고, 이를 통해 동일한 문제 세트에 다른 알고리듬들을 적용해 테스트 및 비교할 수 있다.

1장에서 보여 주는 예제들은 비현실적으로 단순화된 것이다. 실전에서는 수천의, 수십만의, 수백만의 개별 사례가 존재한다. 하지만 알고리듬이 어떻게 구성되고 동작하는지 설명할 때에는 모든 세부 사항을 이해할 수 있을 만큼 작으면서 본질을 포착할 수 있는 간단한 예제들이 필요하다. 1장에서는 이런 간단한 예제들로 작업을 할 것이며 의도적으로 '학문적인' 이 예제들이 어떤 방식으로 작업이 수행되고 있는지 쉽게 알려 줄 것이다. 실제 실무에서 사용되는 학습 기술들 중 일부를 1.3절에서 다루며 이 책에서 언급하는 많은 다른 기술은 1장의 끝에 있는 '심화 자료' 부분에서 소개한다.

실생활에서 나올 수 있는 또 다른 문제는 소유권 문제다. 아무도 자기들의 고객 정보와 그들이 어떤 제품을 선택했는지에 대한 데이터베이스를 당신이 데이터 마이닝 애플리케이션의 동작 및 세부 사항을 이해할 수 있도록 공유하지 않을 것이다. 기업 데이터는 가치 있는 자산으로, 이의 가치는 이 책에서 기술된 것과 같은 머신러닝 기술의 발전으로 기하급수적으로 높아져 왔다. 하지만 우리는 이런 작업들이 어떻게 동작하는지 이해하고, 실제 운영 데이터로 작업을 할 수 있도록 세부적으로 파악하는 데 관심이 있다. 이것이 여기서 사용된 예제들이 비현실적으로 단순한 이유다. 그렇다고 예제들이 극도로 단순화된 것은 아니다. 데이터들은 실제 데이터에서 발췌된 것들이다.

날씨 예제

날씨 예제는 머신러닝 방법의 설명을 위해 반복적으로 언급될 간단한 데이터셋이다. 어떤 미지의 게임을 하기 적당한 날씨인지에 관심이 있다고 가정을 해보자. 일반적으로 데이터셋에서의 예제들은 '속성'이라는 값에 의해 그 특징이 표현된다. 이 사례에서는 기상, 온도, 습도, 바람이라는 4개의 속성이 있다. 결과는 게임을 할 수 있냐 없냐다.

표 1.2와 같은 형태는 4개의 모든 속성이 수치가 아닌 속성값으로 값을 갖고 있다. Outlook(일기예보)은 'Sunny(맑음)', 'Overcast(흐림)', 'Rainy(비)'를, Temperature(온도)는 'Hot(더움)', 'Mild(온화함)', 'Cool(서늘함)', Humidity(습도)는 'High(높음)', 'Normal(보통)', Windy(바람)는 'True/False(참/거짓)'다. 이 값들은 36개의 조합(3 × 3 × 2 × 2 = 36) 결과를 생성하며 이 중 14개가 입력 예시로 제공된다.

```
If outlook = sunny and humidity = high    then play = no
If outlook = rainy and windy = true       then play = no
If outlook = overcast                     then play = yes
If humidity = normal                      then play = yes
If none of the above                      then play = yes
```

위 규칙들은 첫 번째 규칙을 적용해 보고 적용이 안 되면 두 번째, 그래도 적용이 안 되면 그다음으로 적용돼야 한다. 이런 순서대로 해석되도록 만든 규칙 세트를 **결정 리스트** decision list라고 한다. 결정 리스트로 해석되는 규칙들은 표에 있는 모든 예를 정확하게 분류하는 반면, 사실상 문맥에서 벗어난 몇몇 규칙들은 부정확한 결과를 낸다. 예를 들어 if

표 1.2 날씨 데이터

Outlook	Temperature	Humidity	Windy	Play
Sunny	Hot	High	False	No
Sunny	Hot	High	True	No
Overcast	Hot	High	False	Yes
Rainy	Mild	High	False	Yes
Rainy	Cool	Normal	False	Yes
Rainy	Cool	Normal	True	No
Overcast	Cool	Normal	True	Yes
Sunny	Mild	High	False	No
Sunny	Cool	Normal	False	Yes
Rainy	Mild	Normal	False	Yes
Sunny	Mild	Normal	True	Yes
Overcast	Mild	High	True	Yes
Overcast	Hot	Normal	False	Yes
Rainy	Mild	High	True	No

humidity = normal then play = yes라는 규칙은 예제들 중 하나를 잘못 가져온다(어떤 것인지 확인해 보라). 규칙 세트의 의미는 어떻게 해석되느냐에 따라 달라진다. 그리 놀라운 일도 아니다.

표 1.3은 좀 더 복잡한 데이터 형태를 보여 준다. Temperature와 Humidity가 수치로 속성이 표현된다. 이는 전자의 경우와 같이 단순한 일치 여부의 등호 테스트equality test가 아니라 이러한 속성과 관련된 부등호 테스트inequality test를 만들어야 한다는 것을 의미한다. 이를 '수치 속성 문제numeric-attribute problem'라 하며, 이 예제의 경우에는 속성이 수치와 다른 것이 섞여 있어 '복합 속성 문제mixed-attribute problem'라고 한다.

첫 번째 규칙은 아래와 같다.

```
If outlook = sunny and humidity > 83 then play = no
```

이와 같은 수치를 포함하는 규칙을 적용하려면 다소 복잡한 과정이 필요하다.

지금까지 본 규칙은 분류 규칙classification rule이다. 분류 규칙은 예시들을 분류해 게임 플레이가 가능한지 여부를 판단한다. 마찬가지로 분류를 무시하고 다른 속성값을 강하게 연관시키는 규칙만 찾는 것도 가능하다. 이를 연관 규칙association rule이라 부른다.

표 1.3 수치 속성의 날씨 데이터

Outlook	Temperature	Humidity	Windy	Play
Sunny	85	85	False	No
Sunny	80	90	True	No
Overcast	83	86	False	Yes
Rainy	70	96	False	Yes
Rainy	68	80	False	Yes
Rainy	65	70	True	No
Overcast	64	65	True	Yes
Sunny	72	95	False	No
Sunny	69	70	False	Yes
Rainy	75	80	False	Yes
Sunny	75	70	True	Yes
Overcast	72	90	True	Yes
Overcast	81	75	False	Yes
Rainy	71	91	True	No

많은 연관 규칙은 표 1.2의 날씨 데이터로부터 도출할 수 있다. 몇 개를 보면 다음과 같다.

```
If temperature = cool              then humidity = normal
If humidity = normal and windy = false  then play = yes
If outlook = sunny and play = no   then humidity = high
If windy = false and play = no     then outlook = sunny
                                        and humidity = high.
```

주어진 데이터에 대해 이 규칙들은 100% 일치하며 이 규칙으로 예외 없이 예측이 가능하다. 처음 2개는 데이터셋 중 4개의 예시에 적용될 수 있다. 그다음 규칙은 3개의 예시, 네 번째는 2개의 규칙에 적용된다. 그리고 다른 수많은 규칙이 있는데 사실 2개 또는 그 이상의 날씨 데이터 예시들에 적용될 수 있는 60개에 가까운 연관 규칙들이 있으며, 이 데이터상으로는 모두 정확하다. 만일 100% 미만의 정확도를 갖는 규칙을 찾는다면 더 많은 규칙이 나올 것이다. 분류 규칙과는 달리 연관 규칙은 어떤 속성이라도 '예측'할 수 있고, 심지어 2가지 이상을 예측할 수 있기 때문에 너무나 많이 존재한다. 예를 들어 네 번째 규칙에서 Outlook은 Sunny이고 Humidity는 High라고 예측한다.

콘택트 렌즈: 이상화된 문제

콘택트 렌즈 데이터는 처방할 콘택트 렌즈의 종류 및 환자의 주어진 정보를 보여 준다. 먼저 이 데이터는 예시를 위한 데이터임을 알려 둔다. 이 때문에 문제들을 '상당히' 단순화시켰으며 이것으로 실제 처방을 하면 안 된다.

표 1.1의 첫 번째 열column은 환자들의 나이를 보여 준다. 참고로 노안presbyopic이란 중년이 되면 발생하는 원시의 일종이다. 두 번째 열은 안경 처방을 보여 준다. 근시는 가까운 거리만 잘 보이는 시력이고 원시는 가까운 거리는 잘 안 보이는 시력을 의미한다. 세 번째 열은 환자의 난시astigmatic 여부를 나타내며 네 번째는 눈물 생성률tear production rate을 나타낸다. 눈물 생성률은 중요한 변수이며 눈물이 콘택트 렌즈의 윤활 역할을 하기 때문이다. 마지막 열은 하드 렌즈, 소프트 렌즈, 미추천으로 분류되는 추천 결과를 보여 준다. 이 속성값들의 모든 가능한 조합이 표 1.1에 나타나 있다.

이 정보들로부터 얻은 규칙의 샘플이 그림 1.1에 나타나 있다. 이는 다소 큰 규칙 세트이지만, 모든 예를 정확하게 분류한다. 이 규칙들은 완벽하며 상상할 수 있는 모든 경우에 대해 처방전을 제공한다. 하지만 실제 상황에서는 이런 일이 발생하지 않는다. 때로는 규칙이 적용되지 않는 상황이 발생하기도 하고, 다른 경우 둘 이상의 규칙이 적용될 수 있으므로 추천 결과가 상충된다. 때때로 확률이나 가중치는 규칙 자체와 연관돼 어떤 것

```
If tear production rate = reduced then recommendation = none.
If age = young and astigmatic = no and tear production rate = normal
   then recommendation = soft
If age = pre-presbyopic and astigmatic = no and tear production
   rate = normal then recommendation = soft
If age = presbyopic and spectacle prescription = myope and
   astigmatic = no then recommendation = none
If spectacle prescription = hypermetrope and astigmatic = no and
   tear production rate = normal then recommendation = soft
If spectacle prescription = myope and astigmatic = yes and
   tear production rate = normal then recommendation = hard
If age = young and astigmatic = yes and tear production rate = normal
   then recommendation = hard
If age = pre-presbyopic and spectacle prescription = hypermetrope
   and astigmatic = yes then recommendation = none
If age = presbyopic and spectacle prescription = hypermetrope
   and astigmatic = yes then recommendation = none
```

그림 1.1 콘택트 렌즈 데이터 규칙

은 다른 것보다 더 중요하거나 더 신뢰할 수 있다는 것을 나타낼 수 있다.

이 기능을 수행할 수 있는 더 소규모의 규칙 세트가 존재한다면 그것을 쓰는 것이 낫다. 왜 그럴까? 이런 종류의 질문들이 주로 이 책에서 다뤄질 것이다. 여기서의 예제들은 문제 영역에 대해 '완전한' 세트를 형성하기 때문에 규칙들은 주어진 정보를 간결하게 요약한다. 일반화를 포함하지 않더라도 이는 상당히 유용한 스킬이다. 사람들은 일반적으로 새로운 사례를 예측하기보다는 데이터 구조에 대한 인사이트를 얻고자 머신러닝을 사용한다. 사실 머신러닝 연구의 두드러지고 성공적인 분야는 엄청난 양의 체스 게임의 데이터를 활용할 수 있는 크기로 줄이려는 시도로부터 시작됐다. 여기서 선택된 데이터 구조는 규칙 세트가 아닌 결정 트리였다.

그림 1.2에서는 콘택트 렌즈에 대한 데이터의 구조 표현structural description이 결정 트리로 돼 있다. 결정 트리는 간결하고 직관적인 표현을 제공하며 더 쉽게 시각화할 수 있다는 장점이 있다(하지만 이런 장점에도 표 1.1에서 주어진 규칙 세트에서 2개의 예시를 잘못 분류한다[1]). 이 결정 트리는 처음에 눈물 생성률의 측정으로 시작하며 2개의 하위 브랜치는 눈

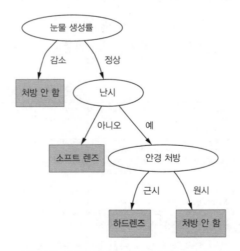

그림 1.2 콘택트 렌즈 데이터를 위한 결정 트리

---

1   표 1.1 중에서 Age 부분은 3개의 선택지로 커버를 하지 못하고 안경 처방 부분도 3개의 선택지가 분리돼 있다. - 옮긴이

물생성률의 상정된 출력과 일치한다. 만일 눈물 생성률이 감소하면(왼쪽 브랜치) 출력은 'none'이 된다. 눈물 생성률이 '정상'이라면(오른쪽 브랜치) 다음 단계인 '난시' 테스트로 넘어간다. 공교롭게도 이 트리에서는 어떤 테스트 결과가 나와도 콘택트 렌즈의 모든 추천 사례에 귀결된다. 머신러닝의 결과를 어떻게 하면 좀 더 자연스럽고 이해하기 쉽게 만들지는 3장, '출력 – 지식의 표현'에서 알아볼 것이다.

아이리스: 전형적인 수치 데이터셋

1930년대 중반에 R.A 피셔R.A. Fisher라는 유명한 통계학자가 세미나에 아이리스 데이터셋을 발표했는데 머신러닝 분야에서 가장 논쟁이 뜨거웠던 유명한 데이터셋이었다. 이 데이터셋은 50가지의 아이리스 예제들이 3가지 타입setosa, versicolor, virginica으로 분류돼 있으며 세부 내용은 표 1.4를 참조하기 바란다. 각 예제들은 꽃받침 길이, 꽃받침 폭, 꽃잎의 길이, 꽃잎의 폭으로 이뤄진 총 4가지 속성을 갖고 있다. 앞에서의 예제들과는 달리 여기는 모두 수치로 이뤄진 값들로 구성돼 있다.

이 데이터셋으로부터 추출할 수 있는 규칙 세트는 아래와 같을 것이다.

```
If petal-length < 2.45 then Iris-setosa
If sepal-width < 2.10 then Iris-versicolor
If sepal-width < 2.45 and petal-length < 4.55 then Iris-versicolor
If sepal-width < 2.95 and petal-width < 1.35 then Iris-versicolor
If petal-length ≥2.45 and petal-length < 4.45 then Iris-versicolor
If sepal-length ≥5.85 and petal-length < 4.75 then Iris-versicolor
If sepal-width < 2.55 and petal-length < 4.95 and petal-width < 1.55 then
    Iris-versicolor
If petal-length ≥2.45 and petal-length<4.95 and petal-width<1.55 then
    Iris-versicolor
If sepal-length ≥6.55 and petal-length < 5.05 then Iris-versicolor
If sepal-width < 2.75 and petal-width < 1.65 and sepal-length < 6.05
    then Iris-versicolor
If sepal-length ≥5.85 and sepal-length < 5.95 and petal-length < 4.85
    then Iris-versicolor
If petal-length ≥5.15 then Iris-virginica
If petal-width ≥1.85 then Iris-virginica
If petal-width ≥1.75 and sepal-width < 3.05 then Iris-virginica
```

```
If petal-length ≥4.95 and petal-width < 1.55 then Iris-virginica
```

규칙이 상당히 복잡하다. 이런 규칙에 대해서는 3장에서 이를 어떻게 압축할 것인지 살펴본다.

CPU 성능: 수치 예측 개요

앞에서의 아이리스 예제는 속성들이 수치이지만 결과는 수치가 아닌 분류가 된다. 반면 표 1.5는 속성뿐만 아니라 결과도 수치로 표현되는 데이터의 예시다. 이 데이터는 제반 특성을 기반으로 컴퓨터의 연산력을 보여 준다. 각 행은 209가지의 다른 컴퓨터 설정 중에서 1개를 나타낸다.

연속적 예측^{continuous prediction}을 다루는 전형적인 방법은 결과를 적절한 가중치를 가진

표 1.4 아이리스 데이터

	꽃받침 길이	꽃받침 너비	꽃잎 길이	꽃잎 너비	유형
1	5.1	3.5	1.4	0.2	Iris setosa
2	4.9	3.0	1.4	0.2	I. setosa
3	4.7	3.2	1.3	0.2	I. setosa
4	4.6	3.1	1.5	0.2	I. setosa
5	5.0	3.6	1.4	0.2	I. setosa
...					
51	7.0	3.2	4.7	1.4	Iris setosa
52	6.4	3.2	4.5	1.5	I. setosa
53	6.9	3.1	4.9	1.5	I. setosa
54	5.5	2.3	4.0	1.3	I. setosa
55	6.5	2.8	4.6	1.5	I. setosa
...					
101	6.3	3.3	6.0	2.5	Iris setosa
102	5.8	2.7	5.1	1.9	I. setosa
103	7.1	3.0	5.9	2.1	I. setosa
104	6.3	2.9	5.6	1.8	I. setosa
105	6.5	3.0	5.8	2.2	I. setosa
...					

표 1.5 CPU 성능 데이터

	Cycle Time(ns)	MainMemory (Kb)		Cache (KB)	Channels		Performance
		Min	Max		Min	Max	
	MYCT	MMIN	MMAX	CACH	CHMIN	CHMAX	PRP
1	125	256	6000	256	16	128	198
2	29	8000	32,000	32	8	32	269
3	29	8000	32,000	32	8	32	220
4	29	8000	32,000	32	8	32	172
5	29	8000	16,000	32	8	16	132
...							
207	125	2000	8000	0	2	14	52
208	480	512	8000	32	0	0	67
209	480	1000	4000	0	0	0	45

* MYCT: 머신 사이클 타임(machine cycle time)
* MMIN: 최소 메인 메모리(minimum main memory)
* MMAX: 최대 메인 메모리(maximum main memory)
* CACH: 캐시 메모리(cache memory)
* CHMIN: 단위별 최소 채널 수(minimum channels)
* CHMAX: 단위별 최대 채널 수(maximum channels)
* PRP: 알려진 상대 성능(published relative performance)

특성 값들의 선형 식으로 나타내는 것이다.

$$PRP = -55.9 + 0.0489MYCT + 0.0153MMIN + 0.0056MMAX$$
$$+ 0.6410CACH - 0.2700CHMIN + 1.480CHMAX$$

(축약된 변수명들은 표의 두 번째 행에 있다). 이런 형태의 식을 '선형 회귀식'이라고 하며, 가중치를 정하는 과정을 '선형 회귀'라고 한다. 이는 통계 분야에서 자주 쓰이는 방법이며 4장에서 다룰 것이다. 기본 회귀 방법으로 비선형적 관계를 다룰 수는 없지만 다양한 변형 방식이 존재하며 이는 나중에 이 책에서 만나 볼 것이다. 그리고 3장, '출력 – 지식의 표현'에서 수치를 예측하는 데 사용되는 다른 출력을 연습할 것이다.

아이리스와 CPU 성능 데이터에서 모든 속성은 수치 값을 갖는다. 하지만 실무에서는 수치 데이터와 비수치 데이터가 혼재되는 경우가 빈번하다.

노동 교섭: 좀 더 실제적인 문제로…

표 1.6의 노동 교섭 데이터셋은 1987년부터 1988년까지의 캐나다 노동 교섭 계약 결과를 요약한 것이다.

여기에는 적어도 500명분의 실제 비즈니스에 적용된 동의서 및 조직 인사 관련 정보들이 있다(간호사, 선생님, 대학 교직원, 경찰관 등등). 각 사례는 하나의 계약과 연관되며 결과는 이 계약이 수용 가능할지의 여부다. 수용 가능한 계약이라 함은 노측과 사측 모두 동의하는 계약임을 의미한다. 수용 불가 계약은 한쪽 당사자가 수용하지 않아 무산된 것이거나 전문가들의 견해로 볼 때 너무 한쪽의 이익으로만 부풀려진 것을 의미한다.

데이터셋에는 40가지의 예제가 있다(여기에 더해 17개의 테스트 목적의 추가 예제가 있다). 다른 표와는 달리 표 1.6에서 예제들은 세로로(열로) 기술된다. 만일 가로로(행으로) 기술된다면 이 표는 여러 페이지가 필요할 것이다. 이 표를 보면 많은 값이 불명이거나 빠져 있

표 1.6 노동 교섭 데이터

속성	타입	1	2	3	⋯	40
기간	(Number of years	1	2	3		2
첫 번째 해 임금 상승률	Percentage	2%	4%	4.3%		4.5
두 번째 해 임금 상승률	Percentage	?	5%	4.4%		4.0
세 번째 해 임금 상승률	Percentage	?	?	?		?
생계비 지수의 상승에 따른 임금 인상	{None, tcf, tc}	None	Tcf	?		None
주당 근무 시간	(Number of hours)	28	35	38		40
연금	{None, ret-allw, empl-cntr}	None	?	?		?
지급 준비율	Percentage	?	13%	?		?
교대 근무 보충	Percentage	?	5%	4%		4
교육 수당	{Yes, no}	Yes	?	?		?
법정 공휴일	(Number of days)	11	15	12		12
휴가	{Below-avg, avg, gen}	Avg	Gen	Gen		Avg
장애로 인한 장기 결속 지원	{Yes, no}	No	?	?		Yes
치과 치료 기여금	{None, half, full}	None	?	Full		Full
장례 지원	{Yes, no}	No	?	?		Yes
건강 계획 기여금	{None, half, full}	None	?	Full		Half
계약 내용	{Good, bad}	Bad	Good	Good		Good

으며 이런 경우는 물음표('?')로 채워져 있다.

이 데이터셋은 이제까지 본 데이터셋보다 더 현실적이다. 빠진 값들이 많으며 이것들 때문에 정확한 분류 작업이 어려워 보인다.

그림 1.3은 이 데이터셋에 대한 2개의 결정 트리를 보여 준다. 그림 1.3A는 단순 버전 이다(데이터가 정확히 나타나지는 않는다). 예를 들어 실제로는 'Good'인 계약을 이 예측에서 는 'Bad'로 예측할 수 있다는 것이다. 그림 1.3(A)는 직관적으로는 말이 된다. 첫해의 임 금 인상률이 작으면(2.5% 이하) 이는 (피고용인에게) 나쁜 계약으로 판단된다. 임금 인상률 이 이보다 크다면 법정 공휴일이 10일 이상일 경우에 좋은 계약이 된다. 만일 법정 공휴 일이 이보다 더 작다면 첫해의 임금 인상률이 매우 클 경우에(4% 이상) 이 또한 좋은 계약 이 된다.

그림 1.3(A)는 직관적으로는 말이 된다. 첫해의 임금 인상률이 작으면(2.5% 이하) 이는 (피고용인에게) 나쁜 계약으로 판단된다. 임금 인상률이 이보다 크다면, 법정 공휴일이 10 일 이상일 경우는 좋은 계약이 된다. 만일 법정 공휴일이 이보다 더 작다면, 첫해의 임금 인상률이 매우 크다면(4% 이상) 이 또한 좋은 계약이 된다.

그림 1.3(B)은 동일한 데이터셋을 표현하지만 좀 더 복잡하다. 왼쪽 브랜치branch 쪽을 자세히 보자. 얼핏 보면 그렇게 직관적이지는 않다. 만일 주당 근무 시간이 36시간을 초

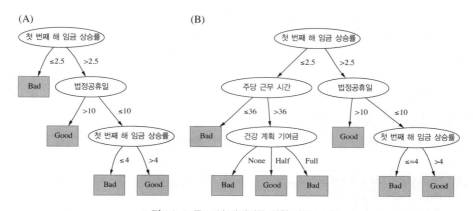

그림 1.3 노동 교섭 데이터를 위한 결정 트리

과하면 건강 계획 기여금이 Half인 경우 좋은 계약으로 판단한다. 건강 계획 기여금이 판단에 적용되는 것은 적절하나 이것이 None이거나 Full일 경우 나쁜 계약으로 판단되는 것은 이상하다. 하지만 여기에서는 어느 정도 말이 되는 게 '좋은' 계약의 의미가 노동 '모두' 합의한 것이기 때문이다. 아마도 이 구조는 합의를 얻고자 이뤄져야 했던 절충안을 반영했을 것이다. 이런 식으로 결정 트리의 각 파트의 의미에 대해 세부적으로 살펴보는 것은 데이터를 파악하고 근본적인 문제에 접근하는 좋은 방법이다.

사실 그림 1.3(B)쪽이 1.3(A)보다 데이터셋 훈련을 더 정확하게 할 수 있다. 하지만 좋은 계약 여부를 파악하는 데 이런 정확성이 필수 사항은 아니다. 그림 1.3(B)가 데이터 분류 시에는 좀 더 정확할지 모르지만 훈련 데이터에 너무 '오버피팅overfitting'이 됐을지도 모른다. 그림 1.3(A)는 1.3(B)의 일부 브랜치를 발췌하면 얻어질 수 있으며 이는 6장, '트리와 규칙'에서 자세히 살펴본다.

콩 분류: 고전적 머신러닝 완성

과거의 머신러닝의 성공적 사례로서 자주 거론되는 것이 콩soybean 질병 분류 규칙이다. 이 데이터는 콩 질병의 기술에 대한 의문으로부터 시작됐다. 여기에는 680여 가지의 예시가 있으며 각 예시는 서로 다른 질병을 나타낸다. 각 개체는 35가지 속성값을 측정하며 각 속성은 분류된 값들을 갖고 있다. 예시들은 전문 식물학자들의 처방으로 라벨링됐는데 19개의 질병 카테고리로 분류됐으며 여기에는 듣기에도 무서운 디아포르테 줄기 동고병diaporthe stem canker, 리족토니아 뿌리 썩음병rhizoctonia root rot, 세균성 마름병 등이 포함돼 있다.

표 1.7에는 각 속성과, 속성이 가질 수 있는 값들, 하나의 특정 개체에 대한 샘플 기록이 제공된다. 이 속성들은 읽기 쉽게 각 다른 카테고리에 대치된다.

데이터를 통해 알 수 있는 2개의 예시 규칙을 보자.

```
If leaf condition = normal and
   stem condition = abnormal and
   stem cankers = below soil line and
```

```
   canker lesion color = brown
then
   diagnosis is rhizoctonia root rot

If leaf malformation = absent and
   stem condition = abnormal and
   stem cankers = below soil line and
   canker lesion color = brown
then
   diagnosis is rhizoctonia root rot
```

이 규칙들은 머신러닝에 대한 사전 지식(때로는 도메인 지식으로 불리는)의 내재된 규칙을 잘 보여 준다. 사실 차이는 두 규칙 표기의 차이는 leaf condition = normal과 leaf malformation = absent뿐이다. 이제 이 도메인에서 leaf condition이 normal일 때 leaf malformation은 반드시 absent가 돼야 한다. 그래야 이 조건들 중 하나가 다른 쪽에서 특별한 사례로 발생하기 때문이다. 만일 첫 번째 규칙이 true이면 두 번째 규칙 역시 true다. 두 번째 규칙이 작용을 하는 때는 leaf malformation이 absent이지만 leaf comdition이 normal이 아닌 경우인데 예를 들어 leaf malformation 이외의 형상이 나타난 경우다. 이 규칙은 그냥 무심히 읽으면 잘 이해되지 않는다.

1970년대 후반 이 문제에 대해 연구원들은 다른 질병 카테고리를 위한 규칙과 마찬가지로 300가지의 훈련 예제를 통해 이에 대한 진단 규칙이 머신러닝 알고리듬에 의해 만들어질 수 있다는 것을 알았다. 이 훈련 예제들은 사례들의 말뭉치corpus로부터 선별된 것이며 예제들 간의 연관도는 상당히 떨어져 있다. 훈련을 하면서 식물 병리학자와의 인터뷰를 진행해 전문가의 내용을 이 규칙에 집어넣었다. 놀랍게도 컴퓨터로 생성된 규칙들은 나머지 사례에서 전문가 집단이 생성한 규칙들보다 더 뛰어났다. 컴퓨터 생성 규칙의 정확도는 97.5%였지만 전문가 집단 생성규칙의 정확도는 72%였던 것이다. 게다가 학습 알고리듬은 전문가 집단의 규칙을 능가하는 규칙들을 발견했을 뿐만 아니라 같은 전문가들도 이 결과에 감명을 받아 알고리듬으로 발견된 규칙을 자기 것 대신에 채택했다고 한다.

표 1.7 콩 데이터

	속성	값의 개수	값 예시
환경	발생 시기(Time of occurrence)	7	6월
	강수	3	이상
	온도	3	보통
	수확 이력	4	작년과 동일
	우박 피해	2	있음
	피해 지역	4	흩어져 있음(scattered)
	척박함(severity)	3	척박
	작물의 키	2	보통
	작물의 생장	2	비정상
	종자 관리	3	곰팡이 방지
	발아	3	80% 미만
종자	상태	2	보통
	곰팡이의 생장	2	없음
	변색	2	없음
	크기	2	보통
	시듦	2	없음
열매	열매 꼬투리 상태	3	보통
	과일 얼룩	5	–
잎	상태	2	비정상
	잎의 반점 크기	3	–
	노란잎 점광	3	없음
	잎의 반점 간격	3	–
	찢어짐	2	없음
	기형	2	없음
	잎 곰팡이	3	없음
줄기	상태	2	비정상
	휨	2	예
	지고병(枝枯病)	4	토양선 위쪽에 있음
	지고(枝枯)의 색깔	3	–
	줄기에 열매를 맺는 몸체	2	존재함
	줄기의 썩은 부분	3	딱딱하고 마름
	균사체	2	없음
	내부 변색	3	없음
	균핵	2	없음
뿌리	상태	3	정상
진단		19	디아포르트 지고병

1.3 현장 적용 애플리케이션

지금까지 다뤘던 예시들은 생산 시스템이 아니었으며 대부분 장난감 문제[2]였다. 이것들은 대부분 이해할 수 있는 크기의 것들로 선택된 것이며 나중에 이 책에서 이것들로 작업을 할 것이다. 그럼 실무에서는 어떻게 해야 할까? 여기 실세계에서 적용되는 애플리케이션의 사례들이 있다.

다음에 보여 주는 사례들은 머신러닝 사용에서의 성능적인 면을 강조하는 경향이 있는데 여기에서 '성능'은 새로운 예제들을 만났을 때 잘 작동하는 것을 의미한다. 이 책은 또한 데이터로부터 추론된 결정 구조decision structure로부터 정보를 얻기 위한 머신러닝 시스템의 사용도 다룬다. 높은 확률의 예측을 하는 것만큼 기술의 활용이 중요하다고 생각한다. 하지만 아직 현장 적용 시 잘 드러나지 않는 경향이 있을 것이다. 왜냐하면 이 러닝 기술의 결과는 보통 목적에 활용될 애플리케이션 시스템이 아니기 때문이다. 그럼에도 아래 3가지 예에서는 이해하기 쉬운 결정 구조가 성공적인 애플리케이션 채택의 핵심임을 보여 준다.

웹 마이닝

월드 와이드 웹상의 정보 마이닝은 방대한 애플리케이션 영역이다. 검색 엔진 회사들은 웹 페이지 내에 있는 하이퍼링크들을 조사해 웹 사이트의 '프레스티지prestige'를 만든다. 사전에서는 '프레스티지'를 '성공이나 영향을 통해 달성된 최상의 위치'라고 정의한다.

구글에서 처음 도입돼 현재는 많은 다른 검색 엔진에서 차용되고 있는 '페이지 랭크PageRank'라는 메트릭metric은 웹 페이지의 순위를 측정하는 데 사용된다. 많은 사이트에서 여러분의 웹 사이트로 링크를 달면 프레스티지는 올라간다. 링크를 포함한 페이지 자체의 프레스티지가 높으면 역시 링크된 페이지의 프레스티지도 올라간다.

---

2   toy problem: 어떤 개념이나 제안을 설명하고자 사용하는 간단한 문제, 또는 복잡한 문제를 간단하게 만든 문제 – 옮긴이

이 정의를 보고 있으면 웹 페이지 간의 프레스티지가 서로 물고 물리는 관계처럼 보이지만 작동에는 문제가 없다. 검색 엔진은 페이지 순위(다른 페이지 간)를 사용해 검색 결과를 표시하기 전 웹 페이지의 순서를 정렬한다.

검색 엔진이 웹 페이지 순위를 매기는 또 다른 방법으로는 질의^{query}-도큐먼트 쌍의 훈련 세트에 기초한 머신러닝을 사용하는 것이다. 이는 질의 내의 검색어를 포함하는 페이지 및 이 페이지들이 질의에 얼마나 연관이 있는지에 대한 사람의 판단을 포함한다. 그 다음으로 학습 알고리듬이 페이지 및 질의를 위한 훈련 데이터를 분석하고 관련된 판단을 예측하게 된다. 각 페이지마다 질의 검색어에 따라 일련의 기능 값들이 계산된다. 예를 들어 title 태그에 나타나는지, 도큐먼트의 URL에 나타나는지, 도큐먼트 내에 나타나는 빈도수는 얼마나 되는지, 이 도큐먼트에 링크되는 하이퍼링크 앵커 텍스트의 빈도수는 얼마나 되는지 등이다. 다중 질의에서는 2개의 다른 검색어가 하나의 페이지에서 얼마나 근접해 있는지 등이 될 것이다. 여기에는 사용할 수 있는 많은 기능이 있으며 통상적인 랭킹 학습 알고리듬이 수백, 수천 개의 기능을 사용한다.

검색 엔진은 웹 콘텐츠를 마이닝한다. 또한 여러분이 관심 있을 만한 광고를 뿌려 주고자 질의(여러분이 입력한 검색어)도 마이닝한다. 광고는 사용자가 클릭할 때 광고주로부터 발생하는 실제 강력한 수익이다. 검색 엔진 회사들은 모든 클릭을 기록하는 데 결과에 대한 클릭이 검색 엔진의 품질 향상에 사용된다. 온라인 서점은 '이 책을 구매한 사람이 같이 구매한 책'을 추천하고자 구매 데이터베이스를 마이닝하며 이는 여러분에게 개인화된 맞춤 추천을 제공한다. 영화 사이트는 여러분 및 다른 사람이 이전에 선택한 영화 정보를 기반으로 영화를 추천한다. 그들의 추천에 따라 사용자들이 다시 웹 사이트로 돌아온다면 이 추천은 성공한 것이다.

SNS와 다른 개인 데이터의 경우도 있다. 우리는 자기 표현 시대에 살고 있으며 사람들은 그들만이 갖고 있는 생각들을 블로그와 트위터에서 사진, 음악, 영화 감상평, 독서평, 소프트웨어, 신제품 사용기, 호텔 후기, SNS상의 삶의 형태로 공유한다. 사람들은 이런 활동들이 익명으로 이뤄진다고 생각할 것이다. 하지만 반드시 그렇지는 않다(1.6장 참고). 웹 마이닝으로 인해 거대한 상업적 이익 관계가 존재하는 것이다.

판단과 관련된 결정

대출을 신청할 때 관련 재정적 정보 및 개인 정보 관련 질문지를 받는다. 이 정보들은 신청자에게 대출을 해줄지 판단하는 데 사용된다. 이 결정은 보통 두 단계로 진행된다. 첫 번째로 통계적인 방법으로 '대출 승인' 또는 '대출 불가'를 결정한다. 이제 남은 것은 좀 더 어려운 단계로서 사람이 개입해야 한다. 예를 들어 대출 회사가 질문지의 답변에 기초한 통계적 결정 방법을 사용했다고 하자. 신청자들은 기입한 값들이 기준치를 넘으면 승인이 되지만 두 번째 기준(대출 담당자의 판단)을 넘지 못하면 거절된다. 대출 거절 사유 중 첫 번째 기준의 미달이 전체의 90%를 차지하고 나머지 10%는 대출 담당자의 결정에 의존한다. 대출자들의 대출금 상환 여부를 과거 데이터로부터 알아보면, 경계에 걸렸지만 대출이 허가된 대출 신청자들의 50% 가까이가 상환을 못한 것으로 드러났다. 이러면 그냥 경계선에 있는 신청자들은 무조건 거절을 하면 될 것 같지만, 신용 전문가들은 상환 가능성만 신뢰성 있게 파악할 수 있다면 이런 고객들은 재정 상태가 계속 변동하는 특징이 있기 때문에 잘만 하면 충성 고객이 될 수 있다고 지적한다. 결국 부실 채무를 싫어하는 회계 파트와 사업성을 생각해야 하는 영업 임원의 시각 사이에서 적절한 타협이 이뤄져야 한다.

　머신러닝으로 들어가 보자. 입력값은 경계선에 있는 신청자 관련 1,000개의 트레이닝 예제이며 상환이 완료됐거나 변제를 못한 경우가 섞여 있다. 각 훈련 예제는 나이, 현재 직장의 재직 연수, 현재 주소의 거주 연수, 현재 은행의 거래 연수, 다른 신용카드 소유 여부 등 20개의 속성들이 질문지로부터 추출돼 있다. 머신러닝 방법은 독립적으로 선택된 테스트 세트 내에서 경계에 있는 경우의 2/3에 대한 예측을 수정하는 작은 단위의 분류 규칙을 만들 때 사용됐다. 이런 규칙들은 대출 관련 결정의 성공률을 개선할 뿐만 아니라 신청자들에게 대출 결정에 대한 배경을 설명하기에도 유용했다. 이 프로젝트는 약간의 개발만 진행된 실험적인 것이었지만 결과에 대해서는 신용대출 회사도 결과로 도출된 규칙들에 만족했다.

이미지 선별

위성 기술이 처음 나왔을 때 환경 공학자들은 환경 재해로부터 조기 경보를 올리고 불법 투기를 막고자 위성 사진으로부터 기름 유출을 찾으려는 시도를 해왔다. 레이더 위성은 날씨에 상관없이 밤낮으로 해안가를 모니터링한다. 기름 유출은 위성 사진에서 날씨와 바다 상태에 따라 크기와 모양이 바뀌는 어두운 영역으로 나타난다. 그런데 문제는 이런 어두운 영역이 기름 유출뿐만 아니라 강풍 지역 등의 날씨의 영향으로도 나타난다는 것이다. 이런 영역을 선별하는 것은 전문가가 이미지 내에 있는 어두운 영역들을 하나하나 봐 가며 수작업으로 구분할 수밖에 없었다.

후속 수동 처리를 위해 이미지를 선별할 수 있는 재해 감지 시스템이 개발됐다. 목적, 적용 영역 및 지리적 특성이 서로 다른 전 세계 다양한 사용자(정부 기관 및 기업)를 타깃으로 한 이 시스템은 개별 상황에 맞게 사용자 정의가 가능하다. 시스템은 머신러닝을 통해 기름 유출인지 아닌지를 학습할 수 있으며 오탐false alarm과 발견되지 않은 기름 유출의 트레이드오프tradeoff를 사용자가 컨트롤할 수 있다. 분류기를 먼저 생성하고 필드에 배포하는 다른 머신러닝 애플리케이션과는 달리 이 시스템에서는 러닝 체계 자체가 배포된다.

입력은 위성 레이더로부터 직접 픽셀 이미지로 받고 색깔 있는 경계선으로 표시된 기름 유출 추적 구역 이미지가 출력된다. 먼저 표준 이미지 처리 동작이 이미지를 정규화시킨다. 그러면 의심스러운 검은 부분들이 식별된다. 이때 각 영역으로부터 수십 개의 특성들이 도출되는 데 주요 특성으로는 크기, 형태, 면적, 밀도, 날카로움, 경계의 들쭉날쭉함, 다른 지역과의 근접성, 지역 주변의 배경 정보 등이 있다. 마지막으로 표준 머신러닝 기술이 결과 속성 벡터에 적용된다(이런 명시적 특성 추출 단계를 생략할 수 있는데 이는 10장, '딥러닝'에서 논의할 것이다).

당시에 몇몇 문제에 부딪혔는데 하나는 훈련 데이터의 부족이었다. 기름 유출은 (운 좋게도) 상당히 드물게 발생하며 이를 수동으로 분류하는 작업은 상당히 고된 일이었다. 또 다른 문제는 불균형적인 특성이다. 훈련 데이터의 많은 어두운 부분 중에서 아주 작은 부분만이 실제 오일 유출이다. 세 번째 문제는 각 예시들이 보통 배치로 그룹화되고 이는 각 이미지 내에서 단일 배치로 표현되는데 배경 특성이 배치마다 달라진다. 마지막 문제는 결과의 품질^{performance}은 필터로 작용하며 사용자들에게 다양한 오탐율^{false-alarm rate}을 쉽게 조정할 수 있는 방법을 제공해야 한다는 것이다.

전력 수요 예측

전력 공급 사업에서는 향후 전력 수요 예측이 상당히 중요하다. 만일 각 시간별, 일자별, 월별, 계절별, 연도별 최소 및 최대치 전력 수요 예측량이 정확하다면 전력 공급 업체는 운용 준비금 설정, 정비 일정, 연료 재고 관리 등의 분야를 여유 있게 운영할 수 있다.

자동화된 수요 예측 시스템은 십수 년간 이틀 뒤의 전력 수요를 예측하고자 주요 전력 공급 업체에서 운용돼 왔다. 먼저 할 일은 잘 정립된 이전 15년 동안의 데이터 수집 및 활용이다. 이 모델은 연간 기초 부하, 부하의 주기, 휴일의 영향 3가지로 구성돼 있다. 기초 부하를 정규화하고자 이전 연도들의 데이터들을 매시간 읽어 들인 것과 해당 연도의 평균 부하의 차를 해당 연도의 표준 편차로 나눠 표준화시켰다. 전력 부하는 아침에는 수요의 최저치를, 정오 및 오후에는 수요의 최대치를 갖는 일일 주기, 주말에는 수요치가 상대적으로 적은 주간 주기, 여름 및 겨울에는 냉, 난방으로 인해 높은 수요 치를 보여 주는 연간 주기 등 3가지 기초 주기를 갖고 있다. 추수감사절, 크리스마스, 새해 첫날 같은 주요 공휴일에 평소 수요량보다 눈에 띄는 변화를 보여 주며 각각은 과거 15년 이상 동안의 각 공휴일 데이터의 시간별 데이터로 평균화시켜 모델링된다. 콜럼버스의 날과 같은 상대적으로 덜 주목받는 공휴일들은 학교 공휴일 등과 같이 취급을 하며 일일 패턴 데이터에 상쇄시킨다. 이런 모든 효과는 1년 동안의 수요를 일반적인 날의 순서로 재구성하고, 휴일을 재구성한 결과에 순서에 맞게 배치하고 수요의 변별화^{denormalizing}를 통해 전체적인 수요 성장 현황을 보여 준다.

지금까지 수요 모델은 정적 모델이었다. 과거 데이터에서 수동으로 만들어지며 연간 '정상'인 기후 조건들을 암묵적으로 가정했다. 마지막 단계는 이전 데이터로부터 현재 상황과 가장 유사한 것을 찾고, 그날의 정보를 예측 변수로 사용해 기상 조건을 예측하는 것이었다. 예측 결과는 정적 수요 모델에 추가 수정분으로 다뤄진다. 뛰는 값을 방지하고자 가장 유사한 8일 치의 데이터를 배치시키고 추가된 수정 값들로 평균화한다. 데이터 베이스에는 실제 수요와 정적 모델에 의해 예측된 수요의 차이, 그리고 3개 지역 기상 센터에서 15년 동안 기록한 온도, 습도, 풍속, 구름 형태의 데이터가 들어 있다. 선형 회귀 분석을 사용해 이러한 관측치가 수요에 미치는 상대적 영향을 결정하고, 상관 계수를 적용해 가장 유사한 날짜를 찾는 데 사용되는 거리 함수를 적용시켰다.

그 결과 시스템은 사람이 예측하는 것과 동일한 결과를 냈지만, 결과를 내기까지 시간은 훨씬(몇 초 만에 나오기도 함) 빨랐다. 관리자는 시뮬레이션된 날씨 변화에 대한 수요 예측의 민감도를 분석하고 시스템이 날씨 조절에 사용한 '가장 비슷한' 날짜에 대해 조사를 할 수 있다.

진단

진단diagnosis 시스템 역시 고유의 전문가 영역 시스템이다. 장인(匠人) 수행 방식이 전문가 영역에서는 잘 적용되지만, 노동 집약적인 수행 방식이 필요한 경우에는 머신러닝이 의외로 유용할 수 있다.

모터나 발전기와 같은 전기 동력 기계들의 유지 보수는 선제적 방어 예방책 덕분에 고장으로 인한 작업 정지를 막을 수 있다. 기술자들은 주기적으로 각 장치들을 점검하며 어디를 손봐야 할지를 찾고자 각 장치의 다양한 곳의 진동 발생을 측정한다. 이때 주로 발생하는 오류들은 축 얼라이먼트 오류, 기계의 헐거움, 베어링 불량, 수평이 맞지 않는 펌프unbalanced pump 등이다. 어떤 화학 공장에서는 작은 소형 펌프에서부터 초대형 터보 발전기까지 1,000개 이상 서로 다른 장치들을 사용하며 이것들은 20년 이상 경력의 전문가에 의해 진단되곤 했다. 결함은 다양한 장치가 연결돼 있는 부분에서 진동을 측정해 찾으며 푸리에 분석Fourier analysis을 사용해 기본 회전 속도에서의 각 고조파harmonic에서 3가지 각기 다른 방향으로 존재하는 에너지를 체크한다. 이 정보들은 측정의 한계 및 기록 절차로 인해 많은 노이즈를 갖고 있어 진단 결과가 나오기까지는 전문가의 연구가 필요하다. 이런 전문가를 통한 시스템 측정 규정이 일부 상황에서 도출됐지만, 도출 프로세스는 다른 유형의 기계 장비들에 여러 번 반복돼야 한다. 그래서 머신러닝 방법이 연구됐다.

전문가 진단과 함께 측정 세트로 구성된 600개의 결함들은 20여 년의 경험을 고스란히 반영한다. 이 중 절반은 여러 가지 이유로 폐기돼야 하며 남은 데이터는 훈련을 위해 사용된다. 이 훈련의 목적은 오류가 존재함을 밝히는 것이 아니라 발견된 오류의 종류를 진단하는 것이다. 따라서 오류가 없는 사례를 포함시킬 필요는 없다. 이때 측정된 속성들은 로우 레벨의 속성들이며 중간자에 의해 변환돼야 한다. 다시 말해 기본 속성 관련 기능들은 전문가의 협의를 통해 정의되며, 인과 관계의 도메인 지식을 구체화시킨다. 도출된 속성들은 진단 규칙 세트를 만들기 위한 실행 알고리듬을 통해 수행된다. 기본적으로 전문가들은 이 규칙 세트들을 불신하는데 이 결과물에 그들의 경험이나 지식들이 반영되지 않았기 때문이며 전문가들에게는 통계적 증거로 충분한 설명이 되지 않았다. 좀 더 깊이 있는 지식이 이 규칙 세트에 반영돼야 했던 것이다. 결과적으로 이 규칙들이 다소 복잡해졌지만 전문가들은 자신들의 기계공학적 지식의 관점에 비춰 정의할 수 있었기 때문에 결과를 마음에 들어 했다. 규칙의 3분의 1이 자신이 써 왔던 규칙과 일치한다는 사실에 만족했고 다른 규칙들로부터 새로운 통찰력을 얻어서 또 기뻐했다.

결과물의 품질은 전문가들이 직접 도출한 것보다 학습한 결과가 조금 더 좋았으며 이 결과는 바로 화학 공장에서 승인 후 사용됐다. 결과는 머신러닝의 승리였지만 이 시스템이 승인된 이유는 좋은 결과가 아니라 도메인 전문가들이 러닝의 결과물을 인정했기 때문이다.

마케팅과 세일즈

데이터 마이닝이 가장 활발하게 적용되는 응용 분야는 마케팅과 세일즈일 것이다. 이 분야와 관련된 양질의 데이터 대부분은 기업들이 갖고 있다. 이 적용 영역에서는 사후 예측이 주요 관심사이며 의사 결정과는 무관한 경우가 많다.

앞에서 이미 변덕스러운 고객의 충성도 문제를 통해 이탈 고객 중 다시 충성 고객 가능성이 있는 사람들에게 서비스를 제공해 충성도를 높일 수 있는 과제를 언급한 적이 있다.

은행은 데이터 마이닝에 있어서 얼리 어답터였으며 이는 신용 평가 부분에서 머신러닝 덕을 톡톡히 봤기 때문이다. 현재 데이터 마이닝은 개인의 뱅킹 패턴의 변화나 심지어 다른 은행을 선택하게 될 수도 있는 라이프스타일의 변화를 감지함으로써 고객 이탈을 줄이는 데 사용되고 있다. 예를 들어 주요 업무를 전화로 해결하는 고객의 평균 이상 집단은 전화 응대가 늦으면 드러날 수 있다. 데이터 마이닝은 11월과 12월 홀리데이 시즌을 제외하고는 신용카드로 현금 서비스를 거의 받지는 못하지만, 신뢰성 및 수익성이 있는 고객들과 같은 새로운 서비스가 적합한 집단을 결정할 수 있다.

다른 분야를 보자. 모바일 스마트폰 회사들은 언제나 해약과의 전쟁을 진행 중인데 이때 새로운 서비스에 도움이 될 만한 패턴들을 찾고, 고객 베이스를 유지하고자 서비스들을 홍보한다. 기존 고객 유지를 위해 제공되는 추가 서비스는 비용이 들어가는데 데이터 마이닝은 타깃 고객 중 누가 비용 대비 이익을 가장 많이 낼지를 정확히 집어 준다.

장바구니 분석market basket analysis은 수퍼마켓 계산 데이터와 같이 거래에서 함께 발생하는 경향이 있는 그룹을 찾기 위한 연관 기법을 사용하는데, 이는 많은 소매상에게 데이터 마이닝에 사용할 수 있는 유일한 판매 정보 소스다. 예를 들어 계산 데이터의 자동 분석 결과는 맥주를 구매한 사람들이 감자칩을 같이 구매한다는 사실을 발견하지 못할 수도 있고 하필 이게 수퍼마켓 운영자 관점에서는 상당히 중요한 데이터일 수 있다(비록 이를 위해 데이터 마이닝까지 필요하지는 않겠지만). 또는 목요일에 고객들이 기저귀와 맥주를 함께 구매한다는 사실이 나올 수도 있는데, 이것은 어린 부모들이 집에서 주말을 보낼 때 있을 수 있는, 어느 정도 이치에 맞는 결과다. 이러한 정보들은 매장 배치 계획이나 묶음 판매 항목, 단독 판매일 때 유효한 쿠폰 제공 등 여러 용도로 사용될 수 있다.

개별 고객의 소비 이력을 파악할 수 있다는 것은 엄청난 부가가치를 갖다 준다. 할인 또는 '특별회원loyalty' 카드는 소매상들이 모든 구매자의 개별 성향을 파악하게 도와주는데, 이런 데이터의 값어치는 할인으로 떨어져 나가는 금액보다 가치가 크다. 고객들의 소비 이력은 과거 구매 패턴 분석을 가능하게 하며, 이를 통해 특가 상품 정보를 잠재 고객에게 우편으로 발송할 수 있다. 그리고 개인화된 쿠폰의 경우는 계산대에서 즉시 구매 아이템에 따라 선별 출력돼 다음 구매 시에 사용할 수 있게 한다. 수퍼마켓들은 치솟는 물가 속에 살고 있지만 당신만은 슈퍼마켓에서 제공하는 개인화된 쿠폰 등을 통해 그렇지 않게 느끼면서 평소에는 잘 사지 않는 물건들을 구매하기를 원한다.

다이렉트 마케팅은 데이터 마이닝이 활약할 수 있는 또 다른 인기 분야다. 대량 우편 홍보는 많은 비용이 들고 낮은 응답률(하지만 응답된 결과는 상당히 유용한)을 보인다. 더 작은 표본으로부터 프로모션을 지원하고 동일한, 또는 근접한 효과를 낼 수 있는 무언가가 있다면 이는 상당히 유용할 것이다. 상용으로 이용할 수 있는 데이터는 우편번호에 근거해 각 인접 가구의 특성을 나타내는 인구통계학적 정보와 기존 고객에 대한 정보를 연계해 어떤 종류의 사람들이 어떤 아이템을 살 수 있는지 예측할 수 있게 한다. 이 모델은 사람들이 응답 엽서를 다시 보내거나 더 자세한 정보를 얻고자 800으로 시작하는 번호로 전화하는 내용에 적용해 볼 수 있다. 쇼핑몰 소매점과는 달리 우편 홍보 회사들은 개별 고객에 대한 구매 이력을 이미 갖고 있으며, 이 이력 데이터를 바로 활용해 새로운 구매 제안 같은 것을 데이터 마이닝을 통해 해볼 수 있다. 대상 캠페인은 제품을 원하는 사람들에게만 제안함으로써 비용을 절감하고 번거로움을 줄일 수 있다.

다른 애플리케이션

머신러닝 애플리케이션은 셀 수도 없이 많다. 지금까지 언급한 영역 이외에 무엇이 더 있는지 간단히 보고 머신러닝이 커버하는 영역을 파악하도록 하자.

정교한 제조 공정은 간혹 파라미터를 통해 조정할 때가 있다. 천연 가스에서 중질유 crude oil의 분리는 석유 정제에 필요한 사전 작업이며 이런 분리 공정의 제어는 다소 복잡하다. 브리티시 페트롤륨BP, British Petroleum은 이를 위한 파라미터 생성 규칙에 머신러닝을 사용했다. 이 규칙으로 파라미터를 설정하면 사람이 하면 하루 걸릴 것을 10분이면 완료한다. 웨스팅하우스Westinghouse는 핵 연료봉을 제작하는 과정에서 문제에 맞닥뜨렸으며 제작 과정 제어를 위한 규칙 생성에 머신러닝을 사용했다. 머신러닝의 도입으로 웨스팅하우스는 연 1,000만 달러(1984년 기준)를 절감할 수 있었다고 한다. 테네시 프린팅 Tennessee printing의 R.R 도넬리R.R. Donnelly는 잘못된 파라미터 설정으로 인한 문제를 줄이고자 로토그라버^{rotogravure} 인쇄기의 제어에 동일한 아이디어를 적용해 매년 500점 이상이었던 불량품을 30점 이하로 줄였다.

고객 지원 및 서비스 분야에서 대출, 마케팅, 세일즈 애플리케이션의 조정^{adjustication}에 대해 살펴봤다. 또 다른 사례는 고객이 전화기에 대한 문제를 알렸을 때 회사에서는 어떤 기술자를 할당할지 결정해야 할 때 발생했다. 벨 애틀란틱^{Bell Atlantic}은 1991년에 이를 위한 전문가 시스템을 만들었는데 이는 1999년도에 머신러닝을 사용한 규칙들을 적용한 버전으로 교체됐다. 이를 통해 오판으로 발생하는 손실을 줄여 연 1,000만 달러를 절감했다.

과학 관련 애플리케이션에서도 사례는 많다. 생물학에서는 머신러닝이 새로운 게놈마다 수천 개의 유전자를 찾는 데 사용되고 약학 분야에서는 화학적 특성뿐 아니라 3차원 구조를 분석해 약의 예상 효과를 예측하며 이런 활동은 병에 맞는 약물을 찾는 시간을 줄여 주며 비용을 절감시킨다. 천문학에서 머신러닝은 너무 희미해서 육안으로 볼 수 없는 천체의 자동 목록 작성 시스템을 개발하는 데 이용돼 왔고, 화학에서는 자기 공명 스펙트럼^{spectrum}에서 미지의 유기 화합물 구조를 예측하는 데 이용돼 왔다. 이러한 모든 애플리케이션에서 머신러닝 기법(또는 기술이라 해야 할까?)은 일정 수준의 결과 이상을 달성했는데 인간 전문가와 대등하거나 그 이상이다.

자동화는 지속적 모니터링을 포함한 상황을 감안한다면 반길 만한 기술이며 주로 시간이 많이 필요하거나 지루한 반복적인 작업에 사용된다. 기름 유출 감시 시스템 같은 환경 적용 영역은 이미 앞에서 다뤘다. 이들 영역에 비해 결과의 중요도가 그리 높지 않은 것도 있는데 예를 들어 머신러닝으로 사용자의 과거 선택에 따른 TV 프로그램 선호도를 예측하고 시청자들에게 채널을 추천하는 시스템 등이다. 생명과 관련된 것도 있다. 중환자실 환자는 활동일 주기^{circadian rhythm}, 약물 등으로 설명할 수 없는 변수들의 변화를 감지하고자 모니터링되며 이상이 감지되면 경보가 울린다. 마지막은 취약한 네트워크에 연결된 컴퓨터 시스템이고 이 때문에 점점 사이버 보안에 관심이 높아지고 있다. 여기에서도 머신러닝은 비정상적 동작 패턴을 인식하는 데 사용된다.

1.4 데이터 마이닝 프로세스

이 책은 데이터 마이닝을 위한 머신러닝 기법에 관한 책으로, 실전용 데이터 마이닝 적용 영역을 다루고 있다. 비즈니스 환경에서 성공적으로 마이닝을 성공하려면 이 책에서 다루지 않는(아니 못하는) 중요 측면을 이해해야 한다.

그림 1.4는 CRISP–DM^{Cross Industry Standard Process for Data Mining} 참조 모델에서 정의한 데이터 마이닝 프로젝트의 라이프사이클을 보여 준다. 데이터 마이닝을 적용하기 전에 이를 통해 무엇을 얻을 것인지 먼저 이해해야 한다. 이 단계가 '비즈니스의 이해'다.

'비즈니스의 이해' 단계에서는 비즈니스의 목적, 요구 사항을 조사하고 이를 달성하고자 데이터 마이닝을 적용하는 게 맞을지를 결정하며 어떤 데이터를 수집해야 전개 가능한 모델로 발전시킬 수 있을지 정의한다. 다음 단계인 '데이터의 이해'에서는 초기 데이터셋을 설정하고 이것이 향후 처리에 적합한지를 체크한다. 데이터의 품질이 좋지 않으면 좀 더 설득력 있는 영역에서 새로운 데이터를 수집해야 한다. 이 단계에서 얻어지는 데이

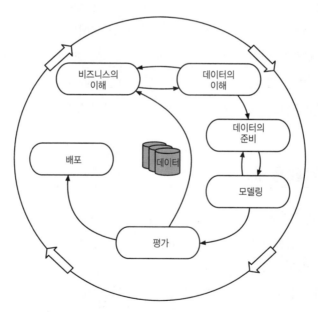

그림 1.4 데이터 마이닝의 라이프사이클

터에 대한 인사이트에 따라 비즈니스 상황을 재고할 수도 있다. 이때 데이터 마이닝 목적을 재검토해야 할까?

이후 세 단계(데이터 준비, 모델링, 평가)는 이 책에서 다루는 것들이다. 준비는 원시 데이터를 처리해 머신러닝 알고리듬이 모델을 만들 수 있도록 하는 단계인데, 이상적인 모델은 데이터에 내재된 정보에 대한 구조 표현이다. 처리 과정 중에는 빌드 활동이 포함되기도 하는데 많은 프로세싱 도구가 데이터 형태의 변형을 위해 데이터 내부 모델을 빌드하기 때문이다. 사실 데이터 준비와 모델링은 같이 진행되며 반복 작업은 불가결하다. 모델링 중 얻은 결과는 전처리 기법 선택에 영향을 미치는 새로운 인사이트를 제공한다.

다음 단계는 평가 단계다. 이 단계는 잘 나가는 데이터 마이닝 애플리케이션에는 모두 포함되는 단계이며 중요성은 아무리 강조해도 지나치지 않다. 데이터에서 추론된 구조 표현이 예측값을 갖는가, 아니면 단순히 거짓 정규성을 반영하는가? 이 책은 머신러닝에서 만들어진 모델의 예측 정확성의 많은 측정 기법을 설명한다. 만일 평가 단계에서 모델이 형편없다고 판명되면 프로젝트 전체를 다시 고려해야 할 수도 있고, 비즈니스 목적 및 데이터 수집 방법의 전환을 위해 비즈니스 이해 단계로 되돌아갈 수도 있다. 반면에 모델의 정확도가 충분히 높다면 다음 단계인 실제 '배포'로 넘어간다. 배포는 더 큰 소프트웨어 시스템과의 통합을 의미하며, 프로젝트의 소프트웨어 엔지니어가 관리해야 한다. 이 단계에서는 모델링 기법의 구현 세부 사항이 중요하다. 예를 들어 모델을 소프트웨어 시스템에 끼워 넣으려면 그 시스템에 맞는 다른 프로그래밍 언어로 재구축해야 할 것이다.

1.5 머신러닝과 통계

머신러닝과 통계의 차이는 무엇일까? 이 분야에서 상업적 이익(및 과대 광고)이 폭발적으로 증가하는 것을 씁쓸하게 바라보는 냉소주의자들은 데이터 마이닝을 통계와 마케팅의 결합으로 보는 경향이 있다. 사실 머신러닝과 통계 사이의 구분선을 찾아서는 안 되는데 데이터 분석 기법과 통계 사이에는 연속성(다차원적 연속성)이 존재하기 때문이다. 어떤 것들은 표준 통계학 강좌에서 가르치는 기술에서 유래하고, 어떤 것들은 컴퓨터 과학에서 생겨난 머신러닝 종류들과 더 밀접하게 연관돼 있다. 역사적으로 양 진영은 서로 다른 전통을 갖고 있다. 그래도 가장 다른 점 하나를 얘기하라고 하면 통계는 가설의 검증에 초점을 둬 왔고 반면에 머신러닝은 가용한 가설을 통한 검색과 같이 일반화의 프로세스 형성에 좀 더 기울어져 있다. 하지만 이는 엄청난 과잉 단순화다. 통계는 단순한 가설 검증 이상의 의미를 가지며 검색을 수행하지 않은 머신러닝 기법들도 많다.

과거에는 많은 유사한 구조가 머신러닝과 통계에서 동시에 발전됐다. 그중 하나가 결정 트리[decision tree]다. 1980년대 중반에 캘리포니아 내 대학들에 재직 중인 4명의 통계학자들이 『Classification and regression trees』라는 책을 발표했고, 1970년대를 걸쳐 1980년대 초반에는 호주의 머신러닝에서 저명한 연구자인 J. 로스 퀸란[J. Ross Quinlan]이 예시 데이터로부터 분류 트리를 유추하는 시스템을 개발했다. 이 별개의 두 프로젝트가 예시 데이터로부터 상당히 유사한 트리를 도출했다. 각 연구자들은 훨씬 후에야 서로의 작업에 대해 알게 됐으며, 특히 후자에서는 분류에 최근접 이웃[nearest-neighbor] 기법이 사용됐다. 분류 회귀 트리 기법 및 최근접 이웃법은 머신러닝 연구자들 사이에 가장 많이 사용되고 있는 것들이며, 둘 다 분류 작업의 성능을 개선시키며 컴퓨팅 관점에서 효율성을 높여 준다. 이 두 기법은 4장, '알고리듬 – 기본 방식'에서 자세히 다룬다.

하지만 이제 두 관점(통계, 머신러닝)은 하나로 합쳐지고 있다. 이 책에서 검토할 기술들은 많은 통계적 사고를 포함하고 있다. 시작부터 초기 예시 데이터의 구축 및 정제 시에 표준 통계 기법이 적용되는데 데이터의 시각화, 속성의 선택, 특이 데이터 삭제 등이 있다. 많은 러닝 알고리듬이 규칙이나 트리를 구성할 때 통계적 테스트를 사용하며 '과잉' 모델은 특정 사례의 세부 사항에 너무 많이 의존한다는 점에서(이미 노동 교섭 문제에서 설명한 2개의 결정 트리를 참고하자) 그리 쓰이지 않는다. 통계적 테스트는 머신러닝 모델의 확인 및 머신러닝 알고리듬의 평가에 사용된다. 데이터 마이닝의 실무 기술로 통계를 많이 다룰 것이다.

1.6 검색으로서의 일반화

러닝 문제의 시각화 방법 중 하나는(그리고 다른 통계적 접근법과는 구별되는) 데이터에 적합한 개념 표현 공간을 통해 검색을 상상해 보는 것이다. 검색으로서의 일반화는 머신러닝에 있어서 강력한 도구이지만, 이 책에서 기술된 실무적인 계획을 이해하는 데 필수 요소는 아니다.

명확성을 위해 개념 표현(러닝의 결과)이 1.2절의 날씨 문제에서 주어진 규칙과 같이 표현된다고 가정하자(다른 개념 기술 언어들이 모두 그렇게 동작하지만). 그리고 모든 가용한 규칙 세트를 나열해 보고 그중 작업에 적합한 하나를 고른다고 해보자. 끝이 없는 작업처럼 보이는가? 처음에는 그렇게 보이는데 이는 가용 규칙에 대한 경우의 수가 무한대에 가깝기 때문이다. 하지만 실제 적용할 수 있는 규칙은 분명 한정돼 있다. 먼저 각 개별 규칙은 최대 속성 크기보다 크지 않으며 각 속성에 대해 적어도 하나의 항^{term}이 있다. 표 1.2의 날씨 데이터의 경우에는 4개의 항이 포함된다. 가능한 규칙의 수가 유한하기 때문에 이에 따른 규칙 세트의 수는 매우 크기는 하지만 유한하다. 하지만 우리는 이렇게 많은 규칙을 포함하는 세트에는 관심이 거의 없다. 사실 세트가 있다는 것보다 예시가 있다는 게 더 의미 있는데 이는 각 예시마다 하나 이상의 규칙이 존재한다는 것을 예상하기는 어렵기 때문이다. 따라서 고려할 사항을 보다 더 작은 규칙 집합으로 제한하면 문제는 상당히 줄어들게 된다(줄어들더라도 여전히 방대하지만 말이다).

표 1.3의 날씨 문제 두 번째 버전에서는 가능한 개념 표현$^{concept\ description}$의 수가 무한하기 때문에 이에 따른 위험이 더 심각한 것으로 보인다. 왜냐하면 이 규칙들은 숫자를 포함하고 있기 때문이다. 이 숫자들이 실수이면 원칙적으로는 하나하나 셀 수 없다. 그러나 곰곰이 생각해 보면 문제는 다시 사라지는데 숫자들은 실제로 예제에서 나타나는 숫자 값들에서 중단점^{breakpoint}을 나타내기 때문이다. 예를 들어 표 1.3의 '온도'라는 속성을 생각해 보자. 여기에는 64, 65, 68, 69, 70, 71, 72, 75, 80, 81, 83, 85까지 총 12개의 다른 값이 존재하며 온도를 포함하는 규칙을 위한 중단점을 13곳에 만들 수 있다. 결론적으

로 문제는 무한대가 아니다.[3]

이에 규칙 세트의 일반화 과정은 거대하나 유한한 공간에 대한 검색으로 간주될 수 있다. 원칙적으로 표현들을 나열해 보고 그중 예시에 맞지 않는 것을 제거하는 것으로 문제를 해결할 수 있다. 이때 예시에 노이즈가 없다는 것으로 가정한다. 정상적인 예시에서는 일치하지 않는 모든 표현을 제거하는 반면 그렇지 못한 예시에서는 일치하는 것도 제거된다. 각 예시에서 나머지 표현 세트는 축소되거나 그대로 유지된다. 하나만 남아 있으면 그것은 목표에 대한 표현, 즉 목표 개념이다.

수 개의 표현이 남아 있다면 이것들은 어떤 대상을 분석하고자 사용될 수 있다는 것을 의미한다. 남은 표현들에 일치하는 어떤 대상은 목표에 매칭되도록 분류돼야 하며, 만일 실패하면 목표 개념에서 벗어난 것으로 분류된다. 분류할 대상이 일부 표현에만 매칭되고 다른 것에는 매칭되지 않는다면 모호성이 있다는 것이다. 이 경우 해당 대상에 대한 분류가 공개되면 대상을 잘못된 방법으로 분류한 규칙 세트는 삭제되고 나머지 표현 세트는 축소될 수 있다.

여러 표현이 남아 있는 경우에도 알 수 없는 개체를 분류하는 데 사용할 수 있다. 나머지 모든 설명과 일치하는 알 수 없는 개체는 대상과 일치하는 것으로 분류된다. 표현과 일치하지 않는 경우 대상 개념을 벗어난 것으로 분류돼야 하며 일부 표현과 일치하지만 다른 표현과 일치하지 않는 경우에만 모호성이 있다고 간주한다. 이 경우 알 수 없는 객체의 분류가 밝혀지면 객체를 잘못된 방식으로 분류한 규칙 세트가 거부되기 때문에 나머지 표현 세트는 줄어든다.

개념 공간 조사

러닝 프로세스를 검색의 시각으로 바라보는 것은 좋은 접근 방법이다. 하지만 검색 공간은 유한함과 동시에 상당히 방대하며, 이 공간의 값들을 하나하나 다 조사해 보는 것

---

3 이 얘기는 결국 13개의 구간으로 예시 데이터를 나누고 각 구간별 대표값(여기에서는 breakpoint로 표현)을 취해 규칙을 만든다는 얘기다. 이 방식을 동등분할(equivalent partioning)이라고도 한다. – 옮긴이

은 상당히 부적절한 방법이다. 날씨 예제에서는 각 규칙당 $4 \times 4 \times 3 \times 3 \times 2 = 288$의 가능 경우가 존재한다. Outlook(일기예보) 속성에는 'Sunny(맑음)', 'Overcast(흐림)', 'Rainy(비)' 그리고 어디에도 맞지 않는 경우까지 포함해 4가지 경우가 존재한다. 마찬가지로 Temperature(온도)에도 4가지, Windy(바람), Humidity(습도)에는 3가지, Play(게임 가능 여부)는 2가지가 있다. 만일 규칙 세트가 14개의 규칙을 포함하도록 제한하면(트레이닝 세트에는 14개의 예시가 있기 때문) 약 2.7×10^{34}개[4]의 가능 규칙 세트가 생긴다. 이 경우들을 하나하나 다 확인하기는 불가능하다.

확인 작업을 진행할 수 있는 방법이 있기는 하지만 여전히 심각한 문제는 남아 있다. 실무에서는 이렇게 하나의 표현으로 귀결되는 경우는 거의 없다. 예시들이 처리 완료 후에도 많은 표현이 실행 중이거나 디스크립터(표현 실행자)가 삭제된다. 전자는 '정확한' 경우를 제외하고 모든 가능한 표현을 제거하기에는 예시들이 충분히 커버하지 못하는 경우에 발생한다. 실제로 사람들은 종종 단일 '최상의' 표현을 원하며 이를 위해 남은 표현 세트에서 최상의 것을 선택하고자 몇 가지 다른 기준을 적용해야 한다. 후자는 표현 언어가 실제 개념을 잘 전달하지 못하거나 예시 데이터에 존재하는 노이즈 때문에 발생한다. 예시가 할당된 클래스, 또는 속성값 내의 오류로 인해 '잘못된' 분류를 포함하는 경우 '공간'으로부터 정확한 표현이 제거될 가능성이 높다. 그 결과, 남은 표현 세트는 없어진다. 이 상황은 무엇보다 예시들에 노이즈가 존재할 때 발생하는 것과 비슷하며 인위적인 상황을 제외하고는 불가피하게 발생한다.

검색으로서의 일반화를 바라보는 또 다른 관점은 표현을 확인하고 맞지 않는 것을 쳐내는 게 아니라 표현의 언덕을 올라가며 사전에 정의된 매치 조건에 따라 예시 세트와 가장 잘 매치되는 것을 찾는 것이다. 이것이 가장 실질적인 머신러닝이 동작하는 방법이다. 하지만 전제 공간을 철저히 검색하는 것은 때로는 실질적이지 못하다. 많은 실제 알고리듬은 휴리스틱 검색을 포함하고 있어 가장 최적의 표현을 찾았다고 보장하지는 못한다.

---

4 $288^{14} \simeq 2.7 \times 10^{34}$ – 옮긴이

편향

일반화를 개념 공간에서의 검색으로 바라보는 시각은 머신러닝에서 가장 중요한 결정이 다음과 같음을 알 수 있다.

- 개념 표현 언어
- 검색 공간 내의 순서
- 특정 훈련 데이터로의 오버피팅을 피하는 방법

이 3가지 특성들은 보통 검색 편향bias으로 불리며, 각각 '언어 편향language bias', '검색 편향search bias', '오버피팅 회피 편향overfitting-avoidance bias'으로 불린다. 개념을 표현할 언어를 선택하고, 가능한 표현 수행을 위한 특정 방법을 찾고, 개념이 단순화 작업이 필요한 시점이 언제인지 결정하는 것으로 러닝 구조를 편향시킨다.

언어 편향

언어 편향에서 가장 중요한 질문은 개념 표현 언어가 보편적인지 또는 이 언어가 학습되는 개념에 어떤 제약을 가하는지의 여부다. 모든 가능한 예시 세트를 고려하면 개념이라는 것은 하위 집합으로 나뉘는 분류를 의미한다. 날씨 예제에서 모든 날씨에 대한 조건을 반영한다면 '게임 가능 여부play'라는 개념은 가능한 날씨 조건의 하위 집합이다. '범용' 언어는 예시에서 모든 가능한 하위 집합을 표시할 수 있는 언어를 의미한다. 실제로 가능한 예시의 집합은 보통 방대하며 이 점에서 우리의 관점은 이론적으로 될 수밖에 없다.

만일 개념 표현 언어가 논리 또는 분리(논리 및 접속사)를 포함하는 문구를 허용한다면 모든 하위 집합을 나타낼 수 있다. 만일 표현 언어가 규칙 기반이면 분리disjunction는 분리 규칙을 사용해 구현할 수 있다. 예를 들어 아래와 같은 한 개의 개념 표현으로 예시를 체크하는 경우를 생각해 보자.

```
If outlook = overcast and temperature = hot and humidity = high
   and windy = false then play = yes
If outlook = rainy and temperature = mild and humidity = high
   and windy = false then play = yes
```

```
If outlook = rainy and temperature = cool and humidity = normal
   and windy = false then play = yes
If outlook = overcast and temperature = cool and humidity = normal
   and windy = true then play = yes
...
If none of the above then play = no
```

이것은 관찰된 긍정적인(play=yes) 예들을 기록하고 나머지는 모두 부정적(play=no)이라고 가정한다(특별한 개념 표현은 아니다). 각 긍정 예시들은 자체적으로 규칙을 가지며 여기서 개념은 규칙의 분리다. 또는 이와는 반대로 각각의 부정적인 예시에 대한 자체적인 규칙, 즉 똑같이 부정적인 예시들에 대해서도 생각해 볼 수 있다. 이 2가지 경우 모두 개념 표현은 일반화를 수행하지 않는다. 오리지널 데이터의 기록일 뿐이다.

반면에 분리가 허락되지 않은 경우에는 일부 가능한 개념(예시의 세트)들은 나타나지 않을 수 있다. 이런 경우 머신러닝 구조는 좋은 결과를 내기 어려울 수 있다.

또 다른 종류의 언어 편향은 사용된 특정 분야의 지식에서 비롯된다. 예를 들어 결코 일어날 수 없는 속성들의 조합이 만들어지는 경우가 있는데 이런 경우는 하나의 속성이 다른 속성을 포함할 때 발생하며 앞의 콩 예제가 바로 이런 경우다. 그렇다면 속성값의 중복되거나 불가능한 조합을 포함하는 개념을 고려하는 것은 무의미할 것이다. 분야의 전문 지식이 검색의 대상 공간을 줄이는 데 사용되지만 특화된 기술 역시 여기에 필요하다. 지식은 힘이다. 작은 힌트라도 검색 대상 공간을 드라마틱하게 줄일 수 있다.

검색 편향

실제 데이터 마이닝 문제들에서는 데이터에 적절한 선택적 개념 표현들이 많으며, 문제는 목적에 가까운 '최적의' 것을 찾는 것이다. 여기서 '적절한fit'이라는 통계적 용어를 사용하며 가장 합리적으로 데이터에 적절한 최적의 표현을 찾는다. 하지만 때로는 모든 대상 영역을 검색하는 게 불가능해 이런 경우 이 표현이 최적인지를 확신할 수는 없다. 따라서 검색 프로시저는 휴리스틱이며, 최적화된 최종 결과에 대한 보장은 없다. 이 사실은 많은 편향 발생의 여지를 주고 있으며 다른 휴리스틱 검색 편향이 다른 방법으로 검색을 할 수 있다.

예를 들어 각 단계에서 최적의 규칙을 찾고자 검색 알고리듬으로 '탐욕greedy' 알고리듬을 채용하고 이를 규칙 세트에 추가하는 경우가 있다. 하지만 진짜 최적의 규칙은 이를 통해 최적이라고 발견된 규칙과 다를 수 있다. 또는 결정 트리를 구축할 때 특정 속성을 사용하는 초기에 분할하려고 한 계획은 나중에 해당 노드 아래에서의 트리가 어떻게 구축돼 가는지를 볼 때 고려되지 않을 수도 있다. 이 문제를 위해 파기할 수 없는 계획을 세우지 않고, 대신 몇 가지 대안(숫자가 빔의 너비beam width인 경우)을 병행하는 빔 서치beam search가 사용될 수 있다. 이는 러닝 알고리듬을 다소 복잡하게 만들 수 있으나 탐욕 검색이 갖고 있는 근시안적인 단점을 피할 수 있다. 물론 빔의 너비가 충분히 크지 않으면 이런 근시안적인 단점은 없어지지 않는다. 이 문제의 해결을 위한 몇 가지 복잡한 검색 알고리듬들이 또 있다.

상위 레벨이면서 더 일반적인 종류의 검색 편향은 일반화된 표현을 갖고 검색을 시작했는지 또는 특정 예시로 시작해 이의 일반화로 이어지는 작업으로 시작했는지에 관련이 있다. 전자를 '특정화general-to-specific' 검색 편향, 후자는 '일반화specific-to-generic' 검색 편향이라고 한다. 많은 러닝 알고리듬이 빈 결정 트리empty decision tree 또는 보편적인 규칙general rule으로 시작해 예시에 맞도록 이를 특정화하는 과정을 따르는 '특정화' 검색 편향을 채용하고 있다. 인스턴스 기반 방법은 특정한 예시에서 시작하며 동일한 클래스 내 인접 예제들의 처리에 대한 일반화가 어떻게 될 수 있는지 살펴본다.

오버피팅 회피 편향

오버피팅 회피 편향은 때로는 검색 편향의 일종으로 취급되기도 한다. 하지만 이런 경우는 나중에 특별 사례로 다룰 예정이어서 일단 검색 편향과는 구분 짓겠다. 앞에서 언급했던 분리 문제를 다시 상기해 보자. 문제는 분리가 허용되면 데이터 요약만 하는 쓸모 없는 개념 표현이 허용돼 버리며 금지된다면 일부 개념은 학습할 수 없다는 점이다. 이 문제의 해결을 위해서는 보통 가장 단순한 개념 표현으로부터 대상 개념 공간 검색을 시작해 점점 더 복잡한 것으로 변경 검색하는데 이를 단순 우선 오더링^{simplest-first-ordering}이라고 한다. 이 방법은 단순한 개념 표현에 편향되는 경향이 있다.

단순 우선^{simplest-first} 검색을 사용해 충분한 복잡도를 갖는 개념 표현까지 도달할 때 멈추는 것은 오버피팅을 회피하기 위한 가장 좋은 방법이다. 이를 전방 프루닝^{forward pruning} 또는 사전 프루닝^{prepruning}이라고 부르는데 복잡도가 높은 표현들이 도달되기 전에 제거되기 때문이다. 이와 반대되는 개념으로는 후방 프루닝^{backward pruning} 또는 사후 프루닝^{postpruning}이 있다. 후방 프루닝은 먼저 데이터와 가장 잘 맞는 표현을 찾아서 이를 좀 더 간단하게 정리한다. 이 작업은 필요 없는 작업이 아니다. 단순한 이론에 도달하는 가장 좋은 방법은 복잡한 이론을 찾아 이를 단순화시키는 것이다. 전방 또는 후방 프루닝 모두 오버피팅 회피 편향들이다.

요약하면, 비록 학습 문제에 있어서 검색으로서의 일반화는 좋은 접근 방법이며 편향은 실제적으로 이를 실행할 수 있게 하는 유일한 방법이다. 각각의 다른 학습 알고리듬들은 각기 다른 편향들로의 검색 영역과 연결된다. 이로부터 재미있는 사실을 알 수 있는데 어떤 표현 언어와 편향들은 원하는 결과를 제공하지만 어떤 것들은 원하지 않는 결과를 제공한다. 보편적인 '최적'의 학습 방법은 없다.

1.7 데이터 마이닝과 윤리

데이터 마이닝을 위한 데이터 사용, 특히 데이터가 개인 정보를 다루는 것이라면 윤리^{ethic} 문제를 생각해야 하며 데이터 마이닝을 실행하는 수행자 입장에서는 특정 애플리케이션을 둘러싼 윤리 이슈를 인지해 이 문제에 대한 책임을 인식해야 한다.

개인 정보 영역에서의 데이터 마이닝은 주로 누가 대출을 받는지 누가 특혜를 받는지 등등을 구분하는 데 이용된다. 특정 종류의 구분(인종, 성별, 종교)은 비윤리적이거나 불법이다. 하지만 실제 상황은 그리 간단하지는 않다. 모든 것은 해당 정보가 어떻게 사용되느냐에 달려 있다. 의학적 처방을 위한 성별이나 인종 정보는 분명히 윤리적 범위에 들어간다. 하지만 동일한 정보가 대출 정보 등에 사용된다면 얘기는 달라진다. 그리고 민감한 정보를 제거했다고 하더라도 인종이나 성별에 연관된 흔적이 남아 모델을 구성할 때 이것이 반영될 수 있다. 예를 들어 특정 인종들이 모여 사는 구역이 있을 수 있는데, 우편번호 데이터를 사용 시 인적 관련 정보들을 배재했다고 해도 특정 구역을 가리키는 우편번호가 모델 구성 시 반영돼 버릴 수 있다.

재식별

재식별reidentification이라 불리는 기술이 때로는 데이터 익명화에 명쾌한 인사이트를 준다. 예를 들어 미국인의 85% 이상이 다섯 자리 우편번호, 생년월일, 성별의 3가지 정보만을 사용해 공개 데이터로부터 식별될 수 있는 것으로 나타났다. 우편번호를 모른다 해도 절반 이상의 미국인들이 사는 도시, 생년월일, 성별로 구분될 수 있다. 메사추세츠 주에서 1990년대 중반의 직장인들의 병원 기록을 발표했을 때 주지사는 성명, 주소, 주민등록번호 등 식별 정보를 모두 삭제해 익명화가 이뤄졌다고 공표했다. 하지만 사람들이 건강 정보(진단 및 처방 포함)를 메일로 받아 봤을 때 소스라치게 놀랐다.

기업들이 선의로 익명의 자료를 공개하는 일은 자칫 많은 개인 정보들을 쉽게 노출시킬 수 있다는 것을 알게 됐다. 2006년에는 어느 한 인터넷 서비스 기업이 2,000만 명의 사용자에 대한 사용자 검색 기록을 리서치 커뮤니티에 전달했다. 검색 기록은 모든 개인 정보를 제거해 익명화가 됐었다(제공 측에서는 그렇게 믿었다). 하지만 곧 뉴욕타임스The New York Times의 저널리스트들은 사용자 번호 4417749(이들은 공개 전에 해당 사용자의 허가를 얻었다)에 대한 실제 개인 정보를 찾을 수 있었다. 저널리스트들은 해당 사용자가 사용한 검색어를 분석했는데 사용자의 마을에 있는 정원사에 대한 검색어, 그 사용자와 동일한 이름을 갖고 있는 공공데이터베이스 정보 등을 연관시켜 알아냈다.

두 달 뒤 넷플릭스에서 영화 평점(1부터 5점) 관련 데이터 10억 건을 날짜만 남겨 놓고 공개했다. 그런데 놀랍게도 이 데이터 내 모든 영화에 평점을 매긴 사람을 식별하는 게 가능했다. 예를 들어 대략적으로 데이터베이스에 있는 사람이 6개의 영화 등급과 평가 시기를(약 2주 이내) 알고 있다면 데이터베이스에 있는 평가자 중 99%의 사람을 식별할 수 있다. 약 3일 안에 2개의 영화 평가를 했다면 70%의 평가자가 누군지 식별된다. 여러분의 친구 또는 경쟁자에 대한 사소한 정보라도 이를 근거로 그들이 넷플릭스에서 영화들의 평가 기록을 찾을 수 있는 것이다.

서비스에서 여러분이 자신의 관련 정보를 정말로 삭제하면 사용할 여지가 있는 사소한 정보도 남기지 않는 게 도리다.

개인 정보의 사용

개인 정보의 제공 여부를 판단하기 전에 대부분의 경우는 어떻게 이것이 쓰이고 무엇을 위해 쓰일지, 무결성과 기밀성을 보장받고자 어떤 절차를 거치는지, 이 정보가 제공되면 어떤 결과가 나타날지, 그리고 발생할 수 있는 수정에 대한 권한 문제 등을 생각해 본다. 이런 문제들에 대한 정보가 수집되면 법률적인 언어가 아닌, 그들이 이해할 수 있는 쉬운 말로 개인 당사자들에게 전달돼야 한다.

데이터 마이닝 기술의 잠재력은 데이터 저장소 내의 콘텐츠가 데이터가 원래 수집됐던 때 상정됐던 것 이상으로 영향력을 줄 수 있다는 데 있다. 이는 심각한 문제를 일으키는 데 어떤 데이터가 수집되는지 그리고 어떤 목적으로 사용될지에 따른 조건을 정해야 한다. 데이터의 소유권만 넘겨받았다면 원래 데이터의 목적과 다른 용도로 사용해도 무방할까? 분명히 명시적으로 수집된 개인 정보는 그렇지 않다. 하지만 일반적인 상황에서라면 이는 복잡해진다.

데이터 마이닝에서 놀라운 일이 발생하고 있다. 예를 들어 프랑스의 주요 소비자 단체 중 한 곳은 빨간 자동차를 가진 사람들이 자동차 대출금을 연체할 가능성이 더 높다는 것을 발견했다고 보도됐다. 이 '발견'은 구체적으로 무엇을 발견한 것일까? 어떤 정보가 여기에 사용됐을까? 어떤 조건하에서 정보가 수집됐을까? 사용하는 데 윤리적인 문제는 없었을까? 분명 보험회사들은 과거에 했던 관습에 의거해 사람들을 분류하고 있지만(예를 들어 젊은층은 좀 더 많은 금액을 자동차 보험액으로 징수) 이런 관습은 관련된 통계에만 의존하지는 않으며 '상식'이 가미된다. 다시 말하면 발견된 결과가 빨간 자동차를 고르는 사람의 종류에 대해 어떤 의미를 갖는지, 아니면 불손한 것으로 판단돼 버려야 하는 것인지는 순전히 통계적인 기준보다는 세상의 지식에 근거한 사람의 판단이 필요한 문제인 것이다.

데이터가 주어졌으면 누가 여기에 접근할 수 있는지, 어떤 목적으로 이 데이터가 수집됐는지, 데이터를 이용해 만들 수 있는 결과의 법적 범위가 어디까지인지를 알아봐야 한다. 실제 데이터 마이닝에서 윤리적 시각으로 이 문제들을 접근하면 곤란한 문제가 발생할 수 있다. 이를 위해 관련 데이터의 종류 및 오랫동안 진화했지만 정보 전문가들은 알 수 없는 표준을 다루는 데 익숙한 커뮤니티의 기준을 고려해야 한다. 예를 들어 도서관 커뮤니티에서는 독자들의 사생활이 신성하게 보호되는 권리라는 것을 알고 있는가? 만일 대학 도서관에 전화를 걸어 누가 이러이러한 책을 빌려갔는지 물어 본다면 도서관에서는 알려 주지 않을 것이다. 이는 어떤 성난 교수가 보조금 신청에 절실히 필요한 책이 대출 중이라면 대출한 학생이 그 책을 포기하도록 압력을 넣는 것을 막아 준다. 이는 또한 대학 윤리위원회 위원장의 의심스러운 독서 취향에 대한 조사를 막아 주기도 한다. 디지털 도서관을 짓는 사람들은 이런 개인 정보에 대한 민감성을 잘 모른 채 데이터 마이닝 시스템에 이의 분석을 맡기고 개인 성향을 분석해 추천 서비스를 만든다. 심지어 이를 출판사에 팔기도 한다.

더 큰 이슈

데이터 사용에 대한 커뮤니티 기준에 추가해, 데이터를 갖고 결과를 만들 때 논리와 과학적인 기준을 추가해야 한다. 결과가 공개됐을 때(빨간 자동차를 가진 사람들이 좀 더 신용 위험도가 높다는 것 등) 순수하게 통계적인 주장 이외의 것으로 뒷받침될 수 없는 한 주의 사항을 추가해야 한다. 핵심은 데이터 마이닝은 모든 프로세스에서 사용되는 도구에 불과하다는 것이다. 다른 정보를 참조해 결과를 내는 것도 사람이 하고 적용 활동도 결국 사람이 한다.

데이터 마이닝은 또 다른 의문을 불러일으킨다. 이것은 좀 정치적인 성질의 것인데 실제로 사회적 자원이 투입되고 있느냐는 것이다. 앞에서 계산대에서 구매 상품을 분석해 구매한 물품 사이의 관계를 분석하는 슈퍼마켓의 구매 패턴(장바구니 분석)에 대한 데이터 마이닝 영역을 언급했다. 분석 결과 정보는 어떤 용도로 사용해야 할까? 슈퍼마켓의 매니저는 맥주와 감자칩을 가까이 배치해 소비자들이 쉽게 함께 구매하게 해야 할까? 아니면 이 둘을 멀리 떨어트려 배치함으로써 소비자는 불편할 수 있겠지만, 가게에 있는 시간을 늘림으로써 또 다른 구매를 하게 해야 할까? 또 가장 고급인 기저귀를 맥주 코너 옆에 배치해 기저귀의 종류에 대해 잘 모르는 아빠들에게 비싼 기저귀를 사게 할 것인가? 그리고 기저귀 외에 값비싼 육아 용품을 배치하면 어떨까?

물론 첨단 기술을 사용하는 사람이라면 누구나 자신이 하고 있는 분야의 지혜를 고려해야 한다. 만일 데이터가 기록된 사실로 정의된다면 정보는 데이터의 기초가 되는 패턴의 집합, 또는 기대치다. 이런 기대치가 쌓이면 그 결과를 지식이라고 정의할 수 있으며 이 지식에 가치value의 개념이 추가되면 지혜라고 할 수 있다. 여기서는 더 깊게 언급을 하지 않겠지만 생각해 볼 가치는 있다.

1장의 앞부분에서 봤듯이 이 책에서 언급된 기술들은 삶에 필요한 심오한 결정을 하는 데 사용될 수 있다.

1.8 심화 자료 및 참고 문헌

본문의 흐름이 끊기는 것을 막으려고 모든 참조는 각 장의 끝에 모아 났다. 이 첫 번째 참고 자료 절에서는 1장에서 다룬 자료들과 관계된 자료와 책들을 기술한다. 오프닝에서 언급한 체외수정 연구는 옥스퍼드 대학교Oxford University 컴퓨팅 연구소에서 수행됐으며, 소의 선별에 대한 연구는 뉴질랜드 와이카토 대학교 컴퓨터 과학부에서 수행됐다.

날씨 예제는 Quinlan(1986)이 만들었고 현재 머신러닝의 구조 설명에 널리 쓰이고 있다. 1.2절에서 언급된 말뭉치 예제는 Lichman(2013)이 만들었다. 콘택트 렌즈 예제는 Cendrowska(1987)가 만들었으며 Cendrowska는 4장, '알고리듬 – 기본 방식'에서 만날 PRISM 규칙 러닝 알고리듬을 만들기도 했다. 아이리스 데이터셋은 초기 통계 자료 논문에 게재된 것이다(Fisher, 1936). 노동 교섭 데이터는 Industrial Relations Information Service(BLI, 1988)에서 발행한 캐나다 노동부의 출판물 『Collective bargaining review』 에서 발췌했으며 콩 예제는 Michalski & Chilausky(1980)에서 처음으로 언급됐다.

1.3절에서 애플리케이션의 일부는 머신러닝 및 규칙 수행을 다루는 우수한 논문들에서 다뤄지며(Langley & Simon, 1995) 실제 사용되는 애플리케이션의 또 다른 출처는 「머신러닝 저널Machine Learning Journal」(Kohavi & Provost, 1988)의 특별호다. Chakrabarti(2003)는 웹 마이닝 기술에 대해 훌륭한 책을 썼으며 Liu(2009)도 『Web data minig』 책을 썼다. 대출 회사 예제는 Michie(1989)가 자세히 기술했으며 기름 유출 예제는 Kubat, Holte & Matwin(1998)로부터 가져왔다. 발전 수요 예측 예제는 Jabbour, Riveros, Landsbergen & Meyer(1988)로부터, 발전 설비의 유지보수 관련 예제는 Saitta & Neri(1998)로부터 가져왔다. 1.3절에서 언급된 다른 프로젝트(비용절감 사례 및 관련 문헌 참조 포함)에 대한 자세한 설명은 앨버타 머신러닝 센터Alberta Ingenuity Centre for Machine Learning의 웹 사이트에 나와 있다. Luan(2002)은 고등 교육에서의 머신러닝 애플리케이션에 대해 기술했으며 Dasu, Koutsofios & Wright(2006)는 성공적인 데이터 마이닝에 대해 발표했다. 『머신러닝 저널』 에서는 데이터 마이닝과 다른 문제들이 섞여 있는 사례에 대해 발표하고 있다(Lavrac 외, 2004).

'맥주와 기저귀' 얘기는 유명하다. 「런던 파이낸셜 타임스London's Financial Times」(1996. 2. 7) 의 기사에서 "데이터 마이닝이 어떤 성과를 거둘 수 있는지에 대한 대표적인 사례는 육아 용품(기저귀 등) 브랜드와 맥주 브랜드 사이의 강한 연관성을 발견한 미국의 대형 슈퍼마켓 체인 사례다. 대부분 육아 용품 구매 고객들은 맥주도 같이 구매한다. 세계 최고의 가설들은 이 조합이 어렵다고 생각하지만 데이터 마이닝은 그것이 존재한다는 것을 보여줬고 소매점들은 제품을 가까이 배치함으로써 효과를 볼 수 있었다"라고 기술했다. 하지만 결국 이는 하나의 사례에 불과한 것으로 보이며 Power(2002)가 이 사례를 추적했다.

Shearer(2000)은 그림 1.4에서 묘사된 Cross Industry Standard Process for Data Mining(CRISP-DM)을 포함한 데이터 마이닝을 연구했다.

1.5절에 언급된 『Classification and regression trees』는 Breiman, Friedman, Olshen,

Stone(1984)이 저술했으며 Quinlan(1993)은 독자적으로 파생됐지만 유사한 내용을 일련의 논문에서 기술했다.

데이터 마이닝과 관련된 첫 책은 1991년도에 나왔으며(Piatetsky-Shapiro & Frawley, 1991) 이는 1980년대 후반에 열린 데이터베이스 워크숍에서 발표된 논문집이었다. 제대로 된 출판물(Fayyad, Piatetsky-Shapiro, Smyth, Uthurusamy, 1996)은 1994년도 워크숍에서 나왔다. 이후 데이터 마이닝에 관한 비즈니스 지향 서적들이 쏟아져 나왔으며, 주로 사용 방법의 기초가 되는 기술들에 대한 피상적인 지식만으로 데이터 마이닝을 실행할 수 있는 실질적인 측면에 초점을 맞췄다. 이 내용들은 기술 응용에 있어서 영감을 주는 귀중한 것들이다. 예를 들어 유럽의 시스템 및 데이터베이스 컨설팅 회사인 사일로직Syllogic의 Adriaans & Zantige(1996)는 데이터 마이닝에 대한 소개를 했다. 펜실베이니아 기반 회사의 Berry & Linoff(1997)는 데이터 웨어하우징과 데이터 마이닝에 전문성이 있었으며 마케팅, 세일즈, 고객지원 등을 위한 데이터 마이닝 기술들의 훌륭한 예시 및 리뷰를 제공했다. IBM의 서로 다른 5개국 연구소의 Cabena, Hadjinian, Stadler, Verhees, Zanasi(1998)는 실세계에서 적용할 수 있는 많은 데이터 마이닝 프로세스를 제시했다. Dhar & Stein(1997)은 데이터 마이닝에 대한 비즈니스적 관점을 제시했으며 여기에는 관련된 많은 기술에 대한 대중적인 리뷰가 포함돼 있다. Groth(1998)는 데이터 마이닝 소프트웨어의 개발자로 데이터 마이닝을 간략히 소개한 후 데이터 마이닝 소프트웨어 제품에 대한 광범위하면서도 깊이 있는 리뷰를 했다. 이 책에서는 그 회사 제품의 데모 버전이 들어 있는 CD-ROM이 포함돼 있다. Weiss & Indurkhya(1998)는 '빅 데이터'라고 불리는 것으로부터 예측할 수 있는 다양하고 광범위한 통계적 기술들에 눈을 돌렸다. Han, Kamber, Pei(2011)는 데이터베이스 관점에서 데이터 마이닝을 다뤘으며, 특히 거대한 관계형 데이터베이스에 초점을 맞췄고 또한 복합 형태의 데이터 마이닝도 다뤘다. Hand, Manilla, Smyth(2001)는 유명한 국제 저자 그룹에서 데이터 마이닝에 관한 서적을 발간했다. 마지막으로 Nisbet, Elder, Miner(2009)는 데이터 마이닝 애플리케이션과 통계 분석에 대한 실용서를 만들었다.

반면에 머신러닝과 관련된 책들은 실용적인 분야보다는 대학 교재 중심으로 학문 중심의 발전을 했다. Mitchell(1997)은 다양하고 많은 머신러닝 기법을 소개한 책을 썼으며, 여기에는 이 책에서는 다루지 않을 악명 높은 유전자 알고리듬 및 강화 학습refinforcement learning도 포함돼 있다. Langley(1996)도 머신러닝 관련 뛰어난 책을 썼다. 앞에서 언급한 Quinlan(1993)의 책에서 이미 C4.5라 불리는 특정 학습 알고리듬particular learning algorithm 에 대해 다뤘지만(이는 4장과 6장에서 다룰 것이다) 이는 머신러닝 관련 문제 해결 기술들 대한 좋은 출발점이 될 수 있다. 통계적 관점으로 봤을 때 가장 훌륭한 머신러닝 서적 은 Hastie, Tibshirani, Friedman(2009)이 쓴 서적일 것이다. 이 책은 상당히 이론 지향 적이며, 적절하고 명료한 표현으로 이해하기 쉽게 쓰였다. 확률론적 관점에서 머신러 닝을 다룬 책으로는 Murphy(2012)의 책이 있다. Russell & Norvig(2009)의 『Artificial intelligence: A modern approach』는 머신러닝과 데이터 마이닝 관련 많은 정보를 다룬 고전적 교과서이며 세 번째 판을 추천한다.

패턴 인식Pattern recognition은 머신러닝과 밀접한 연관이 있는 주제이며 동일한 기술들이 많이 쓰인다. 패턴 인식(Duda, Hart 1973)의 내용을 계승한 Duda, Hart, Stork(2001)의 두 번째 판을 추천한다. Ripley(1996)과 Bishop(1995)의 책에서는 패턴 인식에 신경망을 도 입했으며, Bishop은 최근까지 『Pattern recongnition and machine learning』(2006)을 저 술하기도 했다. 데이터 마이닝과 신경망은 IBM 출신의 Bigus(1996)가 먼저 다뤘으며 여 기에서는 그가 개발한 IBM Neural Network Utility Product가 사용됐다. 딥러닝에 관련 된 가장 최근의 서적은 Coodfellow, Bengio, Courville(2016)의 서적이다.

벡터 머신과 커널 기반 러닝 지원은 머신러닝 분야에서 중요한 토픽이다. Cristianini & Shawe-Taylor(2000)는 훌륭한 입문서를 만들었으며, 생물정보학, 텍스트 분석, 이미지 분석에서의 패턴 인식용 애플리케이션을 통한 추가 알고리듬, 커널, 솔루션을 다루기 위 한 후속 작업들도 진행했다(Shawe-Taylor & Cristianini, 2004). Schölkopf & Smola(2002)는 벡터 머신과 관련된 커널 기반 관련 실용적인 입문서를 제공했다.

익명화에 대한 함축와 함께 재식별reidentification이라는 새로운 영역의 기법에 대해서는 Ohm(2009)의 서적을 추천한다.

02

입력 - 콘셉트, 인스턴스, 속성

머신러닝 체계에 대한 문제를 탐구하기 전에 이를 위한 입력이 가질 수 있는 다양한 형태와 3장에서 생산될 수 있는 다양한 종류의 출력을 살펴보겠다. 어떤 소프트웨어 시스템에서도 입력과 출력이 무엇인지 이해하는 것은 중요하며, 머신러닝도 예외는 아니다.

입력input은 콘셉트, 인스턴스, 속성값으로 구성된다. 학습돼야 할 것들을 콘셉트 디스크립션concept description으로 부른다. 콘셉트의 아이디어, 말 그대로 첫 아이디어는 정확할 수 없으며 여기에 '그렇다, 그렇지 않다'를 논하는 데 시간을 들이지는 않겠다. 학습 과정의 결과는 이해되고 논의되고 논쟁이 될 수 있다는 점에서, 그리고 실제 사례에 적용될 수 있다는 점에서 어떤 의미에서 우리가 찾고자 하는 것은 이상적으로 이해할 수 있는 콘셉트 디스크립션이다. 2.1절에서는 서로 다른 러닝 예제들의 차이점을 설명하는데 차이점들은 실제 데이터 마이닝에서 상당히 중요한 위치를 차지한다.

머신(학습자)에게 주어지는 정보는 일련의 인스턴스 형태를 취한다. 1장에서 보여 준 예제들은 모두 무엇일까? 각 인스턴스는 학습해야 할 콘셉트들의 개별적이면서 독립적인 예제다. 물론 원시 데이터들 중에서 개별적이면서 독립적으로 표현하기 어려운 것들에 대해서도 알고 싶어 할 것이다. 배경 지식도 입력에 참작돼야 한다. 원시 데이터가 뭉쳐 있어 개별 인스턴스로 쪼개지지 못할 수도 있다. 그리고 데이터가 단일 시퀀스(시간 시퀀스로 불리는)로 돼 있어 의미 있는 단위로 쪼개지지 않을 수도 있다. 이 책은 간단하면서도 실용적인 데이터 마이닝 방법을 다루며 정보의 형태가 개별적 예시의 형태로 제공되는 상황에 초점을 맞춘다. 그리고 다중 인스턴스를 포함한 러닝 예시들이 있는 다소 복잡한 시나리오도 살짝 소개할 것이다.

각 인스턴스는 해당 인스턴스의 여러 면을 측정하는 속성값으로 특징지어진다. 속성 종류는 많이 있지만 보통 머신러닝에서는 수치, 명사, 카테고리를 주로 다룬다.

마지막으로 입력 정보를 텍스트 파일로 표현하고자 데이터 마이닝에 대한 입력값 준비와 간단한 포맷, 즉 이 책에서 사용되는 WEKA 시스템에서 사용되는 형식의 도입을 검토한다.

2.1 콘셉트란?

데이터 마이닝 애플리케이션에서는 크게 4가지 서로 다른 러닝 스타일이 있다. 분류 학습에서는 학습 구조가 보이지 않는 예제들을 분류하는 방법을 배울 수 있는 일련의 예제들과 함께 제공된다. 연관 학습에서는 특정 클래스 값을 예측하는 것뿐만 아니라 기능 간의 연관성도 찾는다. 클러스터링에서는 서로 소속돼 있는 예시 그룹들을 찾는다. 수치 예측numeric prediction에서는 예측 결과가 분산 클래스discrete class가 아니라 수치의 수량이 예측된다. 수행될 학습의 종류에 상관없이 학습돼야 할 것들을 콘셉트라 부르며, 학습 구조에 의해 만들어지는 출력물을 콘셉트 디스크립션concept description이라고 부른다.

1장에 나오는 대부분의 예제들은 모두 분류에 관한 문제들이었다. 날씨 데이터(표 1.2, 1.3)는 게임을 할지 말지를 각 경우에서 판단하는 일련의 날씨 데이터를 보여 줬다. 표 1.1에서의 콘택트 렌즈 데이터 예제는 새로운 환자에게 어떤 렌즈를 정확히 추천할 수 있을 것인지에 대한 문제다. 여기서는 모든 가능한 속성들의 조합이 데이터에서 제공되기 때문에 주어진 데이터의 요약 방법을 학습하는 것이다. 표 1.4에서의 아이리스 데이터의 목적은 새로운 아이리스 꽃이 꽃받침의 길이, 너비, 그리고 꽃잎의 길이와 너비에 따라 setosa인지, versicolor인지, virginica인지 결정하는 방법을 학습하는 것이었다. 표 1.6의 노동 교섭 문제에서는 새로운 교섭 계약이 받아들여질지 여부를 계약기간 1년차, 2년차, 3년차에서의 생활물가 반영 임금 인상률을 기반으로 결정하는 문제였다.

이 책 전반에서 예시와 클래스는 일대일의 관계로 가정한다. 하지만 개별 예시들과 클래스가 일대다 관계의 시나리오도 존재한다. 기술적인 용어로 이들을 '다중 라벨링 인스턴스multilabeled instance'라고 부른다. 이를 쉽게 다루는 방법은 하나의 다중 라벨 인스턴스를 몇 개의 다른 클래스로 보는 것이며, 이러면 인스턴스와 클래스를 일대일 관계로 다룰 수 있는데 여기에서 문제는 인스턴스가 클래스에 속하느냐의 여부다.

분류 학습은 때로는 지도 학습supervised learning으로 불리는데 어떻게 보면 각 훈련 예시들의 실제 결과를 제공하는 방식의 '지도supervised'하에서 계획이 진행되기 때문이다. 날씨에 따라 게임을 할 수 있을지의 판단, 콘택트 렌즈 추천, 노동 계약 수용 여부의 판단이 이에 속하며, 각 결과를 해당 예시의 클래스라고 부른다. 분류 학습이 성공 여부는 실제 분류를 알 수 있지만 기계(머신러닝의 주체)가 사용할 수 없는 독립된 일련의 테스트 데이터로부터 학습된 콘셉트 디스크립션의 실행으로 판단할 수 있다. 테스트 데이터의 성공률은 그 콘셉트가 얼마나 잘 학습됐는지 보여 주는 객관적인 지표다. 하지만 실제 많은 데이터 마이닝 애플리케이션에서 성공한 학습은 규칙이나 결정 트리decision tree와 같이 학습된 디스크립션이 실제 사용자에게 얼마나 받아들여지냐에 의한 주관적인 판단이 지배한다.

1장에 나오는 대부분의 예제는 특정 클래스가 존재하지 않는 연관 학습association learning에 동일하게 사용될 수 있다. 여기서 해결하려는 문제는 '흥미 있는' 데이터에서 구조structure를 찾아내는 일이다. 날씨 데이터의 연관 규칙 일부가 1.2절에서 주어졌었다. 연관 규칙은 분류 규칙과 2가지 면에서 다른데, 하나는 클래스뿐 아니라 속성을 '예측'할 수 있다는 것이고, 다른 하나는 한 번에 여러 개의 속성을 예측할 수 있다는 것이다. 이 때

표 2.1 아이리스의 데이터 클러스터링

	꽃받침 길이	꽃받침 너비	꽃잎 길이	꽃잎 너비
1	5.1	3.5	1.4	0.2
2	4.9	3.0	1.4	0.2
3	4.7	3.2	1.3	0.2
4	4.6	3.1	1.5	0.2
5	5.0	3.6	1.4	0.2
...				
51	7.0	3.2	4.7	1.4
52	6.4	3.2	4.5	1.5
53	6.9	3.1	4.9	1.5
54	5.5	2.3	4.0	1.3
55	6.5	2.8	4.6	1.5
...				
101	6.3	3.3	6.0	2.5
102	5.8	2.7	5.1	1.9
103	7.1	3.0	5.9	2.1
104	6.3	2.9	5.6	1.8
105	6.5	3.0	5.8	2.2
...				

문에 분류 규칙보다는 훨씬 많은 연관 규칙이 존재하며, 이 늪에 빠지지 않도록 주의해야 한다. 이런 이유로 연관 규칙은 종종 특정 최소수의 예시(데이터셋의 80%)에 제한되며 정확도는 특정 정확도(95%)보다 크게 되도록 한다. 그래도 여전히 많은 양이며 규칙들이 의미가 있는지의 여부에 대한 판단을 위해 직접 체크해 봐야 한다. 연관 규칙들은 보통 수치가 아닌 속성만을 포함하므로 아이리스 데이터셋과 같은 곳에서 연관 규칙들을 찾지는 않을 것이다.

특별히 지정된 클래스가 없다면 자연스럽게 묶일 수 있는 아이템을 그룹화하는 '클러스터링'이 사용된다.[1] 표 2.1과 같이 아이리스의 종류type 정보가 빠진 아이리스 데이터셋

---

[1] 머신러닝에서 얘기하는 클래스와 클러스터의 차이는 학습 데이터의 사용 유무의 차이다. 클래스는 학습 데이터를 사용해 분류한 결과이고 클러스터는 학습 데이터가 없는 경우 분석해야 할 대상을 특정 기준으로 분류한 것이다. – 옮긴이

을 생각해 보자. 여기서 150가지의 사례들은 3가지 아이리스 종류로 분류될 수 있다. 해야 할 일은 이 클러스터를 찾고 여기에 각 사례를 할당하는 것이다. 아울러 새로운 사례를 받으면 적절한 클러스터에도 할당해야 한다. 그리고 하나 이상의 어떤 아이리스 종류는 하위 종류를 갖고 있을 것이며 이렇게 되면 3개 이상의 클러스터에 데이터가 할당될 것이다. 클러스터링의 성공 여부는 때로는 실제 사용자에게 얼마나 결과가 유용했는지 주관적으로 측정된다. 이는 분류 학습의 두 번째 단계에서 적용할 수 있으며 여기에서 어떻게 새로운 인스턴스들이 클러스터에 위치해야 하는지에 대한 지능적인 디스크립션이 규칙에 학습된다.

수치 예측은 분류 학습으로부터 변형된 것이며 여기에서 결과는 카테고리가 아닌 수치 값으로 나타난다. CPU 성능 문제는 이에 대한 좋은 예다. 또 다른 예는 날씨 분석의 또 다른 버전인 표 2.2이며, 여기에서는 게임 가능 여부가 아니라 얼마 동안(단위: 분) 게임을 할 수 있는가를 얘기하고 있다. 다른 머신러닝의 상황과 마찬가지로 수치 예측 문제의 경우 새로운 인스턴스에 대한 예측값은 학습된, 그리고 어떻게 수치 결과와 속성들이 연계되는지 표현되는 디스크립션의 구조보다 중요도가 떨어지는 경우가 많다.

2.2 예제에는 무엇이 있을까?

머신학습 구조의 입력값은 일련의 인스턴스들이다. 이 인스턴스들은 분류되거나 합쳐지거나 클러스터링될 것이다. 이를 지금은 '예제examples'라고 부르지만 이제부터 이를 좀 더 특별하게 입력값의 참조를 위한 '인스턴스'라 부르겠다. 표준 시나리오에서 각 인스턴스는 개별적이고 독립적인 학습돼야 할 콘셉트의 예시 데이터다. 인스턴스는 일련의 사전 정의된 속성들의 값에 의해 특징지어진다. 이는 1장에서 언급된 모든 샘플 데이터셋(날씨, 콘택트 렌즈, 아이리스, 노동교섭, 문제들)의 경우였다. 각 데이터셋은 인스턴스 대 속성으로 구성된 매트릭스matrix로 표현되는데 데이터베이스database에 있는 항목들은 단일 관계 또는 플랫 파일(단순 텍스트 파일)이다.

표 2.2 수치 클래스로 표현된 날씨 데이터

Outlook	Temperature	Humidity	Windy	Play-time
Sunny	85	85	False	5
Sunny	80	90	True	0
Overcast	83	86	False	55
Rainy	70	96	False	40
Rainy	68	80	False	65
Rainy	65	70	True	45
Overcast	64	65	True	60
Sunny	72	95	False	0
Sunny	69	70	False	70
Rainy	75	80	False	45
Sunny	75	70	True	50
Overcast	72	90	True	55
Overcast	81	75	False	75
Rainy	71	91	True	10

입력 데이터를 일련의 개별 인스턴스로 표현하는 일은 실제 데이터 마이닝에서 자주 발생한다. 하지만 이는 해결하려는 문제를 제한적으로 공식화formulating하는 방법이며, '이유'의 리뷰에 좀 더 시간을 할애하는 게 좋다. 해결하려는 문제들은 때로는 분리된, 개별 인스턴스보다는 객체 간의 연관 관계를 내포하고 있다. 가계도family tree가 주어지고 이를 통해 '자매sister' 관계를 학습하는 경우를 생각해 보자. 직계 가족(및 그들의 성별)들이 가계도의 어느 한 부분에 위치할 것이다. 이 가계도가 러닝 프로세스의 입력값이며, 인물과 그들의 성별이 목록으로 같이 주어져야 할 것이다.

관계

그림 2.1은 이 가계도의 일부를 보여 주며 2개의 테이블은 자매 관계를 조금 다른 방식으로 표현한다. 테이블 세 번째 열의 'yes'는 두 번째 열에 있는 사람이 첫 번째 열에 있는 사람의 자매임을 의미한다(사실 이는 예시를 위해 임의적으로 설정한 것이다).

먼저 주목해야 할 것은 왼쪽 테이블의 세 번째 열에 있는 수많은 'no'들이다. 여기에는

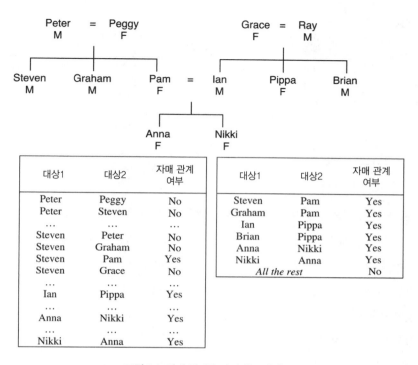

대상1	대상2	자매 관계 여부
Peter	Peggy	No
Peter	Steven	No
…	…	…
Steven	Peter	No
Steven	Graham	No
Steven	Pam	Yes
Steven	Grace	No
…	…	…
Ian	Pippa	Yes
…	…	…
Anna	Nikki	Yes
…	…	…
Nikki	Anna	Yes

대상1	대상2	자매 관계 여부
Steven	Pam	Yes
Graham	Pam	Yes
Ian	Pippa	Yes
Brian	Pippa	Yes
Anna	Nikki	Yes
Nikki	Anna	Yes
All the rest		No

그림 2.1 자매 관계를 나타내는 가계도

12명이 있고 12 × 12 = 144쌍의 조합이 발생한다. 하지만 모든 쌍이 자매 관계는 아니다. 오른쪽 테이블은 동일한 내용이지만 자매 관계가 'yes'인 것만 모은 것이며 여기 나와 있는 항목 외에는 모두 'no'로 간주한다. 오른쪽 테이블과 같이 긍정적인 결과만 모으고 나머지는 부정적인 결과로 간주하는 것을 '닫힌 세계 가정closed world assumption'이라고 한다. 사실 이는 이론 학습에 자주 등장하지만 실생활의 문제 해결에는 그렇게 적당하지는 않다.

그림 2.1에서 나오는 테이블들은 모두 가계도가 없으면 쓸모가 없다. 이 가계도는 표 형태로 나타나 있고 그 일부가 표 2.3에 나와 있다. 이제 해결해야 될 문제는 2가지 관계로 표현된다. 하지만 이 테이블들은 개별 인스턴스 세트를 포함하지 않는데 자매 관계의 이름, 부모 1, 부모 2 열에 있는 값들이 가계도 관계 행을 참조하지 않기 때문이다. 두 테

표 2.3 가계도

이름	성별	부모1	부모2
Peter	남자	?	?
Peggy	여자	?	?
Steven	남자	Peter	Peggy
Graham	남자	Peter	Peggy
Pam	여자	Peter	Peggy
Ian	남자	Grace	Ray

이블들을 하나로 합쳐 단일 인스턴스 세트로 만들 수 있으며 이를 표 2.4에 나타냈다.

우리는 결국 관계 문제를 인스턴스 형태로 바꿨으며 각각은 학습해야 할 콘셉트의 개별적인 예시들이다. 물론 인스턴스들은 실제로는 독립돼 있지 않고 테이블의 다른 열들과 수많은 관계들이 있지만, 최소한 자매 관계라는 콘셉트에 있어서는 독립적이다. 대부분 머신러닝 구조는 3.6절에서 다루겠지만 여전히 이런 종류의 데이터를 다루는 데 어려움을 안고 있다. 하지만 적어도 해결해야 할 문제들은 적절한 형태로 변경됐다. 자매 관계를 나타내는 규칙은 아래와 같다.

```
If second person's gender = female
   and first person's parent1 = second person's parent1
   then sister-of = yes.
```

이 예제는 어떻게 여러분이 가계도에서 서로 다른 노드 간에 관계를 가져오는지와 이를 개별 인스턴스로 변형하는 방법을 보여 준다. 데이터베이스 용어로 2개의 관계를 취해 하나로 결합join하는 것, 이른바 '역정규화denormalization'라는 평탄화 과정이다. (유한개의) 관계에서 (유한개의) 세트에 이 작업은 항상 가능하지만 역정규화는 독립된 인스턴스로 합쳐져야 할 일련의 행들을 만들어 내기도 한다.

표 2.4의 구조는 둘 간의 관계를 기술하는 데 사용될 수 있다. 더 많은 쌍의 관계를 기술하려면 더 큰 테이블이 필요하다. 최대 인원을 미리 특정하지 않는 경우는 더 심각한 문제를 일으킨다. 만일 핵가족(부모와 자식만으로 구성된 가족)의 콘셉트를 학습하려면 가능

표 2.4 자매 관계도

대상1				대상2				자매 관계
이름	성별	부모1	부모2	이름	성별	부모1	부모2	여부
Steven	남자	Peter	Peggy	Pam	여자	Peter	Peggy	Yes
Graham	남자	Peter	Peggy	Pam	여자	Peter	Peggy	Yes
Ian	남자	Grace	Ray	Pippa	여자	Grace	Ray	Yes
Brian	남자	Grace	Ray	Pippa	여자	Grace	Ray	Yes
Anna	여자	Pam	Ian	Nikki	여자	Pam	Ian	Yes
Nikki	여자	Pam	Ian	Anna	여자	Pam	Ian	Yes
그 외 나머지								No

한 최대 인원수는 제일 큰 핵가족의 크기에 따라 달라지며, 가능한 최대 인원을 예상해 본다고 해도(10명? 20명?) 실제 최댓값은 가계도를 스캔해 보지 않은 이상 알 수 없다. 그럼에도 유한한 관계의 유한한 세트가 주어지면 적어도 원칙에 있어서는 사람들의 모든 조합에 대해 하나의 행을 포함하는 새로운 '상관 관계'를 형성할 수 있으며, 이것이 얼마나 많은 사람이 들어 있는지에 관계없이 사람들 사이의 관계를 표현하는 데 충분하다. 그러나 컴퓨팅 및 스토리지 비용은 엄청나게 비쌀 것이다.

역정규화의 또 다른 문제점은 원래의 데이터베이스 구조를 반영한 완전한 가짜 데이터에 규칙을 생성한다는 것이다. 예를 들어 고객들과 그들의 구매 물품과의 관계가 저장된 데이터베이스가 있다고 생각해 보자. 관계의 구성은 하나의 물품과 이 물품의 공급자 그리고 공급자의 주소를 포함한다. 데이터베이스 내에 존재하는 이 관계들을 검색하는 데이터 마이닝 도구는 맥주를 구매하는 고객들은 감자칩을 같이 구매한다는 사실을 발견할 것이며 이 결과는 슈퍼마켓 매니저의 관점에서는 중요한 사실이 된다. 하지만 공급자의 주소는 결과에 같이 뜰 것이며 매니저는 이에 전혀 관심이 없다. 이는 마치 '중요'한 것을 발견한 플랫 파일에서 발견한 것 같지만 원래는 데이터베이스 구조에 명시돼 있기 때문에 그냥 같이 나온 것이다.

많은 추상적 컴퓨팅 문제가 일련의 실제 입력 예시들이 유한하지만 그 관계들은 유한하지 않은 문제들을 포함한다. '트리 구조'와 같은 콘셉트는 관계도에서 상당히 긴 경로를 가질 수 있으며 인류, 작게는 가계도를 보면 유한한 크기이지만 여기서 파생되는 문제들은 무한한 데이터를 만들어 낸다. 난해하게 들릴지 모르지만 이런 상황은 리스트 프로세싱list processing과 논리 프로그래밍logic programming과 같은 영역에서는 자주 발생하는 일이며, 유도 논리 프로그래밍inductive logic programming이라는 이름으로 머신러닝의 하위 분야에서 다뤄진다. 컴퓨터 과학자들은 가능 예제들이 무한대인 이런 상황을 재귀 기법recursion을 써서 다루고 있다. 예를 들어

```
If person1 is a parent of person2
    then person1 is an ancestor of person2
If person1 is a parent of person2
    and person2 is an ancestor of person3
    then person1 is an ancestor of person3
```

은 두 사람이 아무리 멀리 위치해 있어도 작동하는 'ancestor'에 대한 단순한 재귀적 정의다. 유도 논리 프로그래밍 기법은 이와 같은 유한한 일련의 표 2.5와 같은 인스턴스들과 같은 재귀적 규칙을 학습할 수 있다.

실제 이 기법을 사용할 때의 문제점은 노이즈 데이터를 효과적으로 대응하지 못한다는 점이며, 인위적으로 만들어진 데이터셋 이외에는 사용할 수 없을 정도로 느리다는 것이다. 이 때문에 이 책에서는 다루지 않을 것이다.

다른 예시 데이터의 형태

지금까지 봐 왔듯이 일반적인 관계들은 상당한 난제를 안고 있으며 이 책은 더 이상 이를 다루지 않을 것이다. 그래프와 트리 같은 구조적인 예시 데이터들은 조금은 특별하게 지역, 또는 전역적인 특징의 추출 및 이의 속성화를 통해 독립적인 인스턴스들과 매핑되는 관계를 나타내는 경우로 볼 수 있다. 마찬가지로 일련의 아이템들은 '속성'으로 표시되는 고정된 속성 세트 관점에서의 집합, 또는 각 항목들로 기술해 처리할 수 있다. 다행히도 대부분 실제 데이터 마이닝에서 처리해야 할 문제들은 일련의 인스턴스로 나타낼 수 있으며, 각 인스턴스는 학습해야 할 콘셉트의 예시 데이터가 된다.

어떤 경우에는 개별 인스턴스를 콘셉트의 예제 데이터로 삼는 대신 각 개별 예제 데이터는 동일한 속성으로 기술되는 일련의 인스턴스를 구성한다. 이 '다중 인스턴스' 설정은 실제 중요한 일부 영역에서 사용된다. 그중 하나가 활성 약물 분자의 특성 추론에 관한 것이다. 여기에서 활성activity은 약물 분자가 표적 분자의 '결합 부위'에 얼마나 잘 결합하는지를 나타내는데, 문제는 약물 분자가 결합을 회전시켜 다른 모양을 취할 수 있다는 것이다. 이러한 모양 중 하나만 실제 결합 부위에 결합하고 원하는 효과를 내면 양성으로 분류된다. 하지만 어떤 모양으로 결합되는지는 알 수 없다. 반면에 약물 분자가 결합에 실패하면 음성이다. 이 경우에서 다중 인스턴스는 결합되는 모양의 집합이 되며 전체 집합은 양성 또는 음성으로 분류된다.

다중 인스턴스 문제는 관련 데이터베이스가 연계join될 때 종종 자연적으로 발생하는 데, 다시 말하면 두 번째 테이블로부터의 일부 행이 타깃 테이블 같은 행으로 연계될 때다. 예를 들어 테이블에 저장된 사용자 세션의 정보들을 활용해 사용자들을 컴퓨터 전문가와 초보자로 나누는 것을 생각해 보자. 타깃 테이블에는 분류와 사용자 ID 정보만 있다. 두 테이블을 연계시키면 하나의 플랫 데이터가 만들어지지만 개별 사용자와 관련된 행은 독립적이지 않다. 분류는 사용자 단위로 수행되므로 동일한 사용자와 연관된 인스턴스 집합은 학습을 위한 단일 예시 데이터로 봐야 한다.

다중 인스턴스 러닝의 목표는 여전히 콘셉트 디스크립션의 생성이지만 그 작업은 더 어려운데, 이는 러닝 알고리듬이 각 훈련 예제에 관한 불완전한 정보와 싸워야 하기 때문이다. 러닝 알고리듬은 각각의 예시들을 단일 확정 속성 벡터의 관점에서 보기보다는 속성 벡터의 집합으로 본다. 집합의 어떤 항목이 예제 데이터 분류에 영향을 주는지 알았다면 문제는 쉬워질 것이지만 이것도 반드시 그럴지는 알 수 없다.

일부 특별한 러닝 알고리듬이 이 다중 인스턴스 문제를 해결하고자 개발됐다. 이는 4장에서 다룰 예정인데 해결해야 할 문제들을 독립 인스턴스로 구성된 단일 테이블로 변형시킴으로써 표준 머신학습 구조에 적용할 수 있다. 4장에서는 이를 수행하는 몇 가지 방법을 다룰 것이다.

요약하면 데이터 마이닝 스키마를 위한 입력은 독립적 인스턴스로 구성된, 학습돼야 할 콘셉트의 테이블 형태로 전달된다. 이로 인해 데이터베이스 마이닝보다는 파일 마이닝을 얘기해야 한다는 비난도 있다. 연관 데이터는 플랫 파일flat file보다 더 복잡하다. 유한한 관계들의 유한한 집합은 종종 많은 비용이 들기도 하지만 항상 단일 테이블 형태로 바뀔 수 있다. 더욱이 역정규화는 데이터에 거짓 정규를 발생시킬 수 있어 학습 구조를 적용하기 전에 이와 같은 결과물에 대한 데이터를 확인하는 것은 필수다. 잠재적으로 무한개인 콘셉트의 경우는 이 책의 범위를 벗어나지만 재귀 기법으로 다룰 수는 있다. 마지막으로 몇몇 중요한 현실 세계의 문제는 다중 인스턴스 형식으로 표현되는데 여기서 각각의 예시는 실제 분리된 일련의 인스턴스다.

표 2.5 또 다른 관계

대상1				대상2				자매 관계 여부
이름	성별	부모1	부모2	이름	성별	부모1	부모2	
Peter	남자	?	?	Steven	남자	Peter	Peggy	Yes
Peter	남자	?	?	Pam	여자	Peter	Peggy	Yes
Peter	남자	?	?	Anna	여자	Pam	Ian	Yes
Peter	남자	?	Peggy	Nikki	여자	Pam	Ian	Yes
Pam	여자	Peter	?	Nikki	여자	Pam	Ian	Yes
Grace	여자	?	?	Ian	남자	Grace	Ray	Yes
Grace	여자	?	?	Nikki	여자	Pam	Ian	Yes
다른 예시 데이터들								Yes
그 외 나머지								No

2.3 속성에는 무엇이 있나?

머신러닝의 입력을 제공하는 각 인스턴스는 특징feature이나 속성attribute의 집합으로 사전 정의된 값들에 의해 만들어진다. 인스턴스는 날씨, 콘택트 렌즈, 아이리스, CPU 성능 예에서 보여 준 테이블의 행row에 해당되며, 속성은 열column에 해당한다(노사 교섭 데이터는 예외적이다. 여기서는 인스턴스가 열에 들어갔으며 속성이 행에 들어갔는데 이는 순전히 공간적인 문제 때문이었다).

고정된 특징들의 집합을 사용하는 것은 실제 데이터 마이닝에서 일반적으로 고려해야할 문제에 또 다른 제약을 가한다. 다른 인스턴스들이 서로 다른 특징을 가진다면 어떻게할 것인가? 인스턴스가 이동 수단에 관한 것이라면 '바퀴 수'는 많은 육상 이동 수단(자동차 등)에 적용될 수 있지만 배에는 적용될 수 없으며, '돛 수'는 반대로 배에만 적용되며 자동차 등에는 적용할 수 없을 것이다. 이에 대한 표준적 대응책은 속성별 가능한 특징을 만들고 다른 속성에는 적용될 수 없는 특징일 경우에는 '(다른 속성에) 무관한 값'이라는 특별한 표식flag을 붙이는 것이다. 유사한 상황이 하나의 특징(말하자면 배우자의 이름)이 다른 특징의 값(기혼, 미혼)에 종속되는 경우에도 발생한다.

측정 인스턴스를 위한 속성의 값은 속성이 참조하는 양적 척도가 된다. 수치 속성과 명목 속성nominal attribute과의 차이는 크다. 연속 속성이라고도 하는 수치 속성은 실수 또는 정수 값으로 수치를 측정한다. '연속continuous'이라는 단어는 이 맥락에서 일상적으로 남용되는 경향이 있다. 정수 값 속성은 수학적 의미에서는 분명 연속적이지 않다. 명목 속성은 미리 지정된 유한한 가능한 속성들의 집합의 값을 취하며 범주형categorical이라고도 한다. 이는 또한 통계학 책에서는 명목nominal, 순서ordinal, 구간interval, 비율ratio로 말하는 '측정 레벨'이라는 용어를 사용한다.

명목 속성은 심벌symbol과는 다른 속성을 가진다. 값 자체는 라벨이나 이름을 나타내며(그래서 '명목'이라고 한다) 명목에 해당하는 단어 nominal은 영어 name에 해당하는 라틴어에서 왔다. 예를 들어 날씨 데이터에서의 'outlook' 속성이 sunny(맑음), overcast(흐림), rainy(비)의 값을 갖고 있는데 이 세 값들 사이에 순서, 거리 척도distance measure 등의 관계는 전혀 없다. 이 값들을 서로 더하거나 곱하거나 크기를 비교하는 행위는 무의미하다. 이런 속성을 이용해 만든 규칙은 같은가 틀린가만 테스트를 할 것이며 아래와 같이 표기될 수 있을 것이다.

```
outlook : sunny    → no
          overcast → yes
          rainy    → yes
```

순서 속성은 다른 속성들 간의 순위를 나타낸다. 하지만 순위에 원칙이 있은 있어도 값들 간의 거리^{distance}에 원칙은 없다. 예를 들어 날씨 데이터의 온도 속성은 'hot(더움)', 'mild(온화함)', 'cool(서늘함)'이라는 값을 갖고 있다. 이 값들은 순서를 정할 수 있다.

hot > mild > cool 또는 hot < mild < cool

어떤 순서를 따를 것인지는 정의하기 나름이며 유지만 제대로 해주면 문제는 없다. 중요한 것은 mild가 hot과 cool 사이에 있다는 것이다. 이 속성은 두 값의 비교에는 문제는 없지만 두 값을 더하거나 차이를 구하는 경우 문제가 발생한다. hot과 cool이라는 값의 차이와 mild와 cool과의 값의 차이를 비교할 수는 없기 때문이다. 이런 속성을 반영한 규칙은 아래와 같은 비교를 포함한다.

```
temperature = hot → not
temperature < hot → yes
```

명목과 순서 속성 간의 차이는 항상 직관적이거나 분명하지 않다는 점에 주목하라. 예를 들어 날씨 데이터 중 'outlook' 속성을 보자. 이 속성은 논쟁의 여지가 있는데 이 속성의 값들은 순서를 갖고 있다고 말할 수 있을지도 모른다. 'overcast'는 날씨가 궂어짐에 따라 아마 sunny(맑음)와 rainy(비)의 중간 어디쯤에 위치할 것이다.

구간^{interval} 속성은 단순히 순서뿐만 아니라 단위를 사용해 얼마나 차이가 있는지를 나타낸다. 가장 좋은 예는 단순히 hot, cool, mild로 표현한 것보다 섭씨로 표현한 온도 데이터일 것이다. 46℃와 48℃의 차이와 22℃와 24℃의 차이는 분명하게 비교할 수 있기 때문이다. 또 다른 예는 날짜다. 1939년과 1945년과의 차이(6년)나 1939년과 1945년의 평균 연도(1942년)은 정확하게 구할 수 있다. 하지만 1939년과 1945년을 더한 결과(3884)나 1939년의 3배(5817)는 의미가 없는데 연도를 구하는 데 사용되는 기준년(0년)은 과거부터 많이 바뀌었기 때문이다(아이들은 때때로 기원전 300년도에 살았던 사람들은 당시 연도를 어떻게 불렀는지 궁금해 한다).

비율 속성은 측정 최소 기준을 정해 이를 사용해 측정하는 값을 나타낸다. 예를 들어 한 오브젝트에서 다른 오브젝트까지의 거리를 측정할 때 기준이 되는 오브젝트들 간의 거리를 기준으로 설정하고 이를 사용해 다른 오브젝트들 간의 거리를 기준의 비율로 표현한다. 비율 양은 실수로 나타내며 이는 모든 수학적 연산이 허용됨을 의미한다. '기준 거리의 3배'라 표현하든지 한 영역의 데이터를 얻고자 한 거리를 다른 거리의 곱으로 표현할 수도 있다.

하지만 '내재적으로inherently' 정의된 기준이 있는지에 대한 질문은 과학적 지식, 즉 문화적 관계에 따라 달라진다. 예를 들어 다니엘 파렌하이트Daniel Fahrenheit는 온도의 하한선을 알지 못했으며 그가 만든 척도는 단순히 특정 기준 범위를 일정한 구간으로 나눈 것이었다. 하지만 현대에서는 온도를 절대 0도(캘빈 온도이며 영하 −273℃)에 기반해 비율 척도로 보고 있다. 하지만 기원후 0년이나 빅뱅 이후 0년과 같이 문화적으로 정의된 기준점 이후의 시간 측정은 비율 척도가 아니다. 심지어 돈의 기준(흔히 이것이 저것보다 2배의 비용이 더 든다고 말하는 기준)조차도 지속적으로 신용카드를 사용하는 우리에게는 명확하게 정의되지 않을 수도 있다.

많은 실제 데이터 마이닝 시스템들은 4개의 측정 레벨 중에서 명목 속성과 순서 속성 2개를 사용한다. 명목 속성은 때로는 범주형categorical, 열거형enumerated, 이산형discrete 속성이라고도 한다. 열거형은 범주형 데이터 유형을 나타내고자 컴퓨터 과학에서 사용하는 표준 용어다. 그러나 이 용어를 엄격하게 정의하자면(즉 자연수와 일대일 대응하는) 머신러닝 맥락에서 특별히 암시되지 않는 순서를 의미한다.

이산형 역시 순서의 의미를 내포하는데 연속적인 수치들을 이산화하기 때문이다. 순서 속성은 종종 수치 데이터 또는 연속 데이터로 코딩되지만 수학적 연속성을 의미하지는 않는다. 명목 척도nominal scale의 특별한 형태 중 하나는 이분법dichotomy이며 종종 참, 거짓으로 지정되거나 날씨 데이터와 같이 예, 아니오로 지정되는 경우가 이에 속한다. 이러한 속성을 부울boolean이라고 한다.

머신러닝 시스템은 속성에 관한 다른 정보들을 폭넓게 쓸 수 있다. 예를 들어 범위적으로 올바른 비교 또는 표현식으로 검색을 제한하고자 범위 고려 사항을 사용할 수 있다. 순환 순서circular ordering는 고려되는 테스트의 순서에 영향을 미칠 수 있는데, 예를 들어 주기적인 상황인 일day 속성에 대한 테스트는 다음 날, 전날, 다음 주 평일, 다음 주의 같은 날을 반복적으로 포함한다. 부분적 순서partial ordering, 즉 일반화 또는 전문화 관계는 실제 상황에서 자주 발생한다. 이러한 종류의 정보를 종종 메타데이터metadata 또는 데이터의 데이터라고도 한다. 그러나 데이터 마이닝에 사용되는 실제 스키마는 메타데이터를 고려할 여지가 거의 없지만 향후 빠르게 발전할 가능성이 있다.

2.4 입력 데이터의 준비

데이터 마이닝에서 입력 데이터의 준비는 데이터 마이닝 전체 프로세스 중에 상당 부분을 차지한다. 이 책은 데이터 준비에 관한 책은 아니지만 여러분이 데이터 준비의 복잡성에 어느 정도 대응할 수 있도록 느낌만을 주려고 한다. 이에 따라 특정 입력 파일 포맷의 하나인 부록 B에서 소개한 WEKA 시스템에서 사용되는 속성 관계 파일 포맷ARFF, Attribute-Relation File Format을 살펴볼 것이다. 그리고 나서 데이터셋을 ARFF 포맷으로 변환 시에 발생하는 이슈를 살펴보는데 여기에는 몇 가지 주의해야 할 포인트가 있다. 과거 경험에 따르면 실제 데이터의 품질이 실망할 정도로 낮은 경우가 많으며 '데이터 클리닝data cleaning'이라 불리는 작업을 통해 이를 보완할 수 있었다.

데이터를 하나로 모으기

데이터 마이닝 문제 해결을 시작하려면 우선 하나의 인스턴스로 데이터를 한데 모아야 한다. 가계도 예제를 설명할 때 역정규화의 필요성을 이미 설명했다. 가계도 예제는 데이터 마이닝의 기초를 설명하지만 이 인위적이고 독립적인 예제는 실제 실행되는 데이터 마이닝의 느낌을 전달하기에는 부족하다. 실제 비즈니스에서는 각기 다른 부분에서 데이터를 한데 모아야 하며 독립적이지 않다. 예를 들어 마케팅 연구 데이터는 판매 부서, 고객 청구 부서, 고객 서비스 부서로부터 각각 모아야 한다.

다른 부서로부터 데이터를 모으는 작업은 많은 도전에 직면한다. 깊은 원칙의 문제가 아니라 끔찍한 현실의 문제들이다. 부서마다 서로 다른 기록 보관 스타일, 서로 다른 규칙, 서로 다른 시간대, 서로 다른 데이터 집계 단계, 서로 다른 기본 키를 사용하고 서로 다른 종류의 에러를 발생시킨다. 데이터는 조합되고 모아지고 정리돼야 한다. 회사 단위의 데이터베이스를 통합하는 것을 데이터 웨어하우징data warehousing이라고 한다. 이때 사용되는 저장소인 데이터 웨어하우스는 부서 단위를 뛰어넘어 회사 또는 조직 데이터에 대한 단일 접근 포인트를 제공한다. 또한 데이터 웨어하우스는 사업적 결정을 알리고자 사용될 수 있는 수단을 위한 과거 데이터를 저장하는 곳이기도 하다. 데이터들이 데이터 웨어하우스로 이동을 시작했다는 것은 조직이 부서 수준에서 일상적 운영을 지원하고자 사용하는 조각난 정보들이 통합될 때 막대한 전략적 가치를 가질 수 있다는 사실을 인식했다는 것이다. 분명 데이터 웨어하우스의 존재는 데이터 마이닝의 훌륭한 사전 수행자의 역할을 하며, 만일 없다면 데이터 웨어하우징을 포함한 많은 단계에서 마이닝을 위한 데이터 준비에 많은 시간을 허비해야 한다.

데이터 웨어하우스에 필요한 데이터를 찾을 수 없다면 여러분은 조직 밖으로 문제 해결을 위한 데이터를 찾으러 나서야 한다. 예를 들어 1장에 있는 전력 부하 예측 예제에서는 날씨 데이터가 필요했으며 인구 통계 데이터는 마케팅 및 세일즈에 필요하다. 이런 데이터를 때로는 '오버레이 데이터overlay data'라고 부르며 보통 조직에서는 잘 수집되지 않아 데이터 마이닝에서는 넘어야 할 장벽으로 인식된다. 이 데이터 역시 수집된 데이터와 같이 수집, 정리돼야 한다.

또 다른 많은 질문 중의 하나는 데이터를 수집할 때 어느 정도로 수집해야 하는지다. 낙농업자가 언제 소를 팔아야 하는지 결정하는 문제에서는 하루에 두 번 자동 착유기가 기록하는 착유 기록의 수집이 필요하다. 마찬가지로 전화 통화 기록의 원시 데이터는 통신 회사들이 고객 행동 분석을 위해서 그렇게 많이 쓰이지 않으며, 활용을 위해서는 데이터가 고객 레벨로 분류 및 집계돼야 한다. 연체료를 월별, 또는 분기별로 집계하려고 하는가? 합계의 적절한 유형과 수준을 선택하는 것은 매우 중요하다.

많은 이슈가 얽혀 있기 때문에 한 번에 적절하게 수집하기는 어려울 것이다. 이것이 데이터의 수집, 통합, 정제 등 일반 준비 과정이 오래 걸리는 이유다.

ARFF 포맷

이제 데이터셋을 표현하는 표준 방식인 ARFF 포맷을 살펴보자. 여기에서 볼 것은 정규 버전regular version이지만 XRFF라 부르는 변형된 버전도 있으며, 이는 이름에서 알 수 있듯이 ARFF 헤더와 XML 형태로 인스턴스 정보로 이뤄져 있다.

그림 2.2는 표 1.3의 날씨 데이터를 ARFF 파일로 보여 준다. % 기호로 시작하는 행은 주석 부분이다. 파일 첫 부분의 주석은 관계의 이름(날씨)과 속성을 정의한 블록(Outlook,

```
% ARFF file for the weather data with some numeric features
%
@relation weather

@attribute outlook { sunny, overcast, rainy }
@attribute temperature numeric
@attribute humidity numeric
@attribute windy { true, false }
@attribute play? { yes, no }

@data
%
% 14 instances
%
sunny, 85, 85, false, no
sunny, 80, 90, true, no
overcast, 83, 86, false, yes
rainy, 70, 96, false, yes
rainy, 68, 80, false, yes
rainy, 65, 70, true, no
overcast, 64, 65, true, yes
sunny, 72, 95, false, no
sunny, 69, 70, false, yes
rainy, 75, 80, false, yes
sunny, 75, 70, true, yes
overcast, 72, 90, true, yes
overcast, 81, 75, false, yes
rainy, 71, 91, true, no
```

그림 2.2 날씨 데이터의 ARFF 파일

Temperature, Humidity, Windy, Play)을 설명한다. 명목 속성들 다음에는 각 속성들이 쓸 수 있는 값들이 뒤따르며 이 값들은 중괄호로 묶여 있다. 값에는 공백 문자가 허용되는데 이렇게 되면 값들은 항상 인용 부호 안에 있어야 한다. 수치 값들은 'numeric'이라는 키워드로 선언된다.

날씨 예제는 다른 속성값들을 통해 게임 가능 여부를 판단하는 문제이지만, 분류 속성 class attribute은 데이터 파일에서 보이지 않는다. ARFF는 단순히 데이터셋만 제공하며 어떤 속성들이 예측돼야 하는지까지는 정의하지 않기 때문이다. 이는 얼마나 각 속성이 다른 속성으로부터 예측될 수 있는지 조사하고자 결합 규칙을 찾거나 클러스터링하고자 동일한 파일이 사용될 수 있다는 것을 의미한다.

속성 정의는 '@data' 라인 이후 데이터셋의 속성 정의로 시작된다. 인스턴스는 라인별로 기술됐으며 각 속성의 값들은 콤마로 구분돼 있다. 만일 값이 비어 있다면 해당 부분은 물음표로 표시된다(이 예제에서는 빠진 값이 없다). ARFF에서의 속성 사양을 사용하면 모든 속성에 대한 합법성 여부를 확인할 수 있으며 ARFF 파일을 읽어 들이는 프로그램은 이 검사를 자동으로 수행한다.

날씨 데이터로 예시되는 명목 및 수치 속성뿐만 아니라 ARFF 형식에는 string 속성, 날짜 속성, 연관값relation-valued 속성의 3가지 추가 속성 유형이 있다. string 속성에는 텍스트 값이 있다. '설명description'이라고 부를 문자열 속성이 있다고 가정하면 해당 속성은 아래와 같이 정의된다.

```
@attribute description string
```

인스턴스 데이터에서는 따옴표 내에 있는 캐릭터 문자열을 포함시킨다(문자열 내에 쿼테이션 마크를 입력하려면 표준 규칙인 각 쿼테이션 마크 앞에 백 슬래시('\')를 붙인다). 문자열은 문자열 테이블 내에 저장된다. 따라서 같은 캐릭터를 갖고 있는 2개의 문자열은 동일한 것으로 취급된다.

문자열 속성의 가용 길이는 매우 길며 도큐먼트 하나를 포함할 수 있을 정도다. 텍스트 마이닝을 위한 문자열 속성을 사용하려면 이를 자유자재로 다룰 수 있어야 한다. 예를 들어 문자열 속성은 많은 경우 수치 속성으로 변경해야 할 수 있다. 이와 관련된 내용은 8.3절에서 다룬다.

날짜 속성은 특정 포맷으로 만들어진 문자열이며 아래와 같이 정의된다(today라는 속성의 정의).

```
@attribute today date
```

WEKA는 ISO-8601에 따른 날짜와 시간의 조합 포맷인 yyyy-MM-dd'T'HH:mm:ss 형태를 사용하며 네 자리 연도, 두 자리 월과 일을 사용하며, T 다음에는 두 자리의 시간, 분, 초가 붙는다.[2] 파일의 데이터 섹션에서 date는 날짜 및 시간의 해당 문자열 표현으로 지정된다(예: 2004-04-03T12:00:00). 이 형식은 비록 문자열로 기술되지만 날짜는 입력 파일이 읽힐 때 수치 타입으로 변환된다. 날짜는 또한 내부적으로 다른 포맷으로도 변환되는데 데이터 파일 내 절대 타임스탬프absolute timestamp를 취득해 이를 시간 또는 날짜로 변경해 일정 주기로 데이터 파일의 동작을 감지할 수 있다.

연관값 속성은 다른 타입의 속성과는 다른데 이는 ARFF 포맷에서 보여질 다중 인스턴스 문제를 다루기 때문이다. 관계 속성relation attribute의 값은 인스턴스의 분리된 집합이다. 이 속성은 관계형relational이라는 이름과 타입으로 정의되며 뒤에는 참조된 인스턴스의 구조를 나타내는 중첩 속성 블록nested attribute block이 온다. 예를 들어 연관값 속성인 'bag'이 있다고 가정해 보자. 이 속성의 값은 날씨 데이터와 동일 구조인 데이터셋을 갖고 있으나 '게임 가능 여부play' 속성만 없다. 이 속성은 아래와 같이 표기될 수 있을 것이다.

```
@attribute bag relational
    @attribute outlook {sunny, overcast, rainy}
    @attribute temperature numeric
    @attribute humidity numeric
    @attribute windy {true, false}
@end bag
```

---

2   WEKA에는 특수 문자를 속성 정의에 포함시켜 일반 문자열과 구분되는 날짜 속성을 정의하기 위한 메커니즘이 있다.

```
% Multiple instance ARFF file for the weather data
%
@relation weather

@attribute bag_ID { 1, 2, 3, 4, 5, 6, 7 }
@attribute bag relational
    @attribute outlook { sunny, overcast, rainy }
    @attribute temperature numeric
    @attribute humidity numeric
    @attribute windy { true, false }
@end bag
@attribute play? { yes, no }

@data
%
% seven "multiple instance" instances
%
1, "sunny, 85, 85, false\nsunny, 80, 90, true", no
2, "overcast, 83, 86, false\nrainy, 70, 96, false", yes
3, "rainy, 68, 80, false\nrainy, 65, 70, true", yes
4, "overcast, 64, 65, true\nsunny, 72, 95, false", yes
5, "sunny, 69, 70, false\nrainy, 75, 80, false", yes
6, "sunny, 75, 70, true\novercast, 72, 90, true", yes
7, "overcast, 81, 75, false\nrainy, 71, 91, true", yes
```

그림 2.3 날씨 데이터의 다중 인스턴스 ARFF 파일

@end bag은 중첩 속성 블록의 끝을 나타낸다. 그림 2.3은 날씨 데이터상의 다중 인스턴스 문제 대응을 위한 ARFF 파일을 나타낸다. 이 경우 각 예시는 식별 값$^{identifier\ value}$으로 이뤄져 있고, 이 식별 값은 원시 날씨 데이터 및 클래스 라벨로 이뤄진 연속된 인스턴스로 구성된다. 속성의 각 값들은 '\n'으로 분리된(이는 개행을 의미한다) 2개의 날씨 인스턴스로 캡슐화돼 있는 문자열이다. 이는 이틀 동안 진행되는 게임에 적합할지도 모르겠다. 정해지지 않는 기간 동안 지속되는 게임에서 유사한 데이터셋이 사용될 수 있을 것이다 (어떤 크리켓 게임은 3~5일이 걸린다). 하지만 여기서 주의할 점은 주어진 인스턴스 안에서 순서^{order}를 학습하는 다중 인스턴스는 일반적으로 중요도가 떨어진다는 점이다. 알고리듬은 크리켓 게임이 적어도 하루는 날씨가 맑고, 하루라도 비가 오지 않는다면 열릴 수 있다는 것은 학습할 수 있다. 하지만 어떤 날씨들이 계속돼야 게임을 할 수 있는지의 학습은 어렵다.

희소 데이터

때로는 대부분 속성이 모든 인스턴스에 대해 0의 값을 갖는 경우가 있다. 예를 들어 장바구니 데이터는 슈퍼마켓 소비자들의 구매 정보를 기록한다. 슈퍼마켓에서 소비자들의 쇼핑 규모가 얼마나 클지는 모르겠지만 소비자들이 슈퍼마켓에 있는 모든 물품을 구매하는 경우는 없을 것이다. 이 경우 장바구니 데이터를 보면 소비자가 구매한 항목만 수량이 있고 가게가 구비하고 있는 나머지 항목들은 모두 수량이 '0'일 것이다. 이 데이터는 열과 행이 각각 소비자와 구매 항목을 의미하는 행렬로 나타낼 수 있고 이런 행렬을 '희소^{sparse} – 일부 항목을 제외한 모든 값이 0' 행렬이라고 한다. 또 다른 예시는 텍스트 마이닝에서도 찾을 수 있는데 이때 인스턴스는 텍스트 도큐먼트가 된다. 여기에서 행과 열은 각각 도큐먼트와 단어를 의미하며 수치는 얼마나 자주 특정 단어가 특정 도큐먼트에 나타나는가를 의미한다. 대부분 도큐먼트들은 특정 단어를 거의 포함하고 있지 않으므로 대부분 항목들은 0이 된다.

이 희소 행렬의 모든 아이템을 다 기술하는 것은 실용적이지 못하다. 예를 들어 아래와 같은 데이터가 있다면

```
0, X, 0, 0, 0, 0, Y, 0, 0, 0, "class A"
0, 0, 0, W, 0, 0, 0, 0, 0, 0, "class B"
```

0이 아닌 속성은 속성 수치 및 값을 기술함으로써 아래와 같이 표현할 수 있다.

```
{1 X, 6 Y, 10 "class A"}
{3 W, 10 "class B"}
```

각 인스턴스는 중괄호에 묶여 있고 0이 아닌 속성들의 인덱스 수치(인덱스는 0부터 시작)와 그 값으로 구성돼 있다. 희소 데이터 파일은 동일한 '@relation' 및 '@attribute' 태그를 갖고 있고 다음으로 '@data' 행이 온다. 하지만 데이터 섹션 부분이 다르며 그 표기를 앞에서 보여 준 기술 방법으로 기술한다. 여기에서 기술되지 않은 부분들은 모두 0임을 주의하라. 이들은 '빠진' 값이 아니다! 모르는 값인 경우에는 물음표(?)로 표기를 한다.

속성 타입

ARFF 포맷은 명목 및 수치$^{nominal\ and\ numeric}$ 2가지 데이터 타입을 허용한다. 즉 문자열 속성과 날짜 속성은 때때로 워드 벡터$^{word\ vector}$와 같은 수치 형태로 변환되지만 사실상 각각 명목 및 수치 타입이다. 연관값 속성은 수치나 명목 속성 같은 기본 속성을 갖고 있는 독립적인 인스턴스 집합을 갖고 있다. 어떻게 2개의 기본 타입이 사용되는 학습 구조에 따라 다르게 해석될까? 예를 들어 많은 스키마가 수치 속성을 순서 척도$^{ordinal\ scale}$로 취급하고 값 간의 크기 비교에만 사용되지만, 때로는 비율 척도$^{ratio\ scale}$로 취급하고 거리를 계산하는 데 사용되기도 한다. 이들을 데이터 마이닝에 활용하기 전에 어떻게 머신학습 구조가 동작하는지 이해해야 한다.

만일 학습 구조가 수치 속성을 다룰 때 비율 척도 값으로 취급하면 정규화 문제가 발생한다. 속성은 종종 가장 큰 값으로 모든 값을 나누거나 모든 값에서 최솟값을 빼고 최댓값과 최솟값 사이의 범위(차이)로 나눠 고정된 범위(일반적으로 0에서 1까지)에 있도록 정규화시킨다. 또 다른 정규화 방법은 속성값들의 통계적 평균 및 표준 편차를 구하고 각 값들에서 평균값과의 차를 구하고 이를 다시 표준 편차로 나누는 것이다. 이런 과정을 '통계 변수의 표준화$^{statical\ variable\ standardizing}$'라고 하며 평균이 0이고 표준 편차가 1인 값들의 집합이 생성된다.

인스턴스 기반 및 회귀 방법과 같은 일부 학습 구조는 속성값을 기반으로 두 인스턴스 간의 '거리'를 계산하기 때문에 비율 척도만 처리한다. 만일 실제 척도가 순서^{ordinal}라면 수치형 거리 함수가 정의돼야 한다. 거리 함수 정의 방법 중 하나는 두 단계 거리를 적용하는 것인데 두 팩터의 거리가 존재하면 1로 나타내고, 두 팩터의 위치가 같으면 0으로 나타내는 것이다. 이 방법의 장점은 어떤 명목적 수량 속성도 수치로 표현할 수 있다는 것이다. 하지만 이는 너무 단순한 기술이며 실제 두 인스턴스 간의 차이 정도는 알기 어렵다. 또 다른 방법은 각 명목 속성별로 합성 이진 속성$^{systhetic\ binary\ attribute}$을 생성하는 것이다. 이는 7.3절에서 수치 예측을 위한 트리 사용을 설명할 때 다시 언급할 것이다.

때로는 척도^{scale}와 명목 속성 간 훌륭한 매핑이 나오기도 한다. 예를 들어 우편번호는 지리적 좌표로 표시될 수 있는 지역과 매핑된다. 전화번호 중 지역번호 역시 마찬가지이며 여러분들이 어디에 사는지도 의미한다. 학생의 학번 앞의 두 자리는 보통 그 학생의 입학 연도를 의미한다.

명목 값이 수치로 변환되는 경우는 실제 데이터셋에서 자주 있는 일이다. 예를 들어 정수형 식별자는 어느 '부서 코드part number'를 의미하기도 하며 이 경우는 수치 비교를 위한 수치는 아닐 것이다. 이런 경우 이 식별자는 수치적 의미보다는 명목적 의미가 있다고 특정시키는 게 중요하다.

서수형 특성을 마치 명목적 속성인 것처럼 다룰 수 있고 어떤 머신학습 구조는 명목적 요소만 다룬다. 예를 들어 콘택트 렌즈 문제에서 나이age 속성은 명목적 속성으로 다뤄지며 규칙은 아래를 포함해 생성할 수 있다.

```
If age = young and astigmatic = no
    and tear production rate = normal
    then recommendation = soft
If age = pre-presbyopic and astigmatic = no
    and tear production rate = normal
    then recommendation = soft
```

여기서 나이age는 다음 규칙을 따르는 순서ordinal형 속성이다.

```
young < pre-presbyopic < presbyopic
```

만일 서수형으로 다룰 거라면 두 규칙은 하나로 합쳐질 수 있다 .

```
If age <= pre-presbyopic and astigmatic = no
    and tear production rate = normal
    then recommendation = soft
```

이렇게 바꾸는 게 똑같은 결과를 내더라도 더 간단하고 만족스럽다.

유실값

실전에서 만나는 대부분의 데이터셋은 표 1.6의 노사 교섭 데이터와 같이 유실값missing

value들을 포함하고 있다. 유실값은 양수 값만 나와야 할 데이터 필드에 음수 값이 들어 있거나 0이 올 수 없는 부분에 0이 오는 경우와 같이 보통 범위 밖의 값을 의미한다. 명목적 속성에서의 유실값은 빈 값이나 대시(−) 같은 값일 것이다. 때로는 다른 종류의 유실값이 감지되기도 하며(미기록, 알 수 없음, 불규칙한 값 등) 이는 −1이나 −2와 같은 음수 값으로 대체되기도 한다.

유실값은 한번 진지하게 고민해 봐야 한다. 이 유실값은 여러 가지 이유로 발생하는데 잘못된 측정 장비로 인한 경우도 있고 데이터 수집 중 실험 설계 변경 및 유사하지만 동일하지는 않은 여러 데이터셋이 원인일 수 있다. 설문 응답자가 일부 항목(나이, 수입 등)에 답변을 거부할 때도 발생할 수 있다. 고고학에서 발굴된 두개골의 일부가 손상돼 어떤 값들이 측정되지 않을 수도 있다. 생물학에서는 식물이나 동물이 데이터 수집을 위한 측정을 마치기 전에 죽어 버릴 수 있다. 이런 사항들은 어떤 의미를 갖고 있을까? 두개골의 손상이 굉장히 중요한 의미를 갖고 있을까? 아니면 자주 발생하는 일이 아니어서 그냥 넘어가도 될 것인가? 식물들이 먼저 죽어 버리면 어떻게 해야 할까?

대부분 머신학습 구조는 일부 인스턴스들의 유실값(대부분 알려지지 않은 값들일 것이다)에 대해서는 큰 의미는 없다는 묵시적인 가정을 전제로 한다. 하지만 이 유실값이 발생하는 이유가 있을 것이다. 아마도 특정 테스트를 수행하지 않거나 사용할 수 있는 증거에 따라 결정을 내린 것일 수 있다. 이는 단순히 값이 누락됐다는 사실보다 더 의미 있는 정보를 갖다준다. 이 경우 테스트되지 않은 값들이 다른 가능한 값으로 기록하거나 데이터 집합의 다른 속성으로 기록하는 것이 더 적절할 것이다. 앞 예제들이 보여 준 바와 같이 데이터를 능숙하게 다루는 사람만이 손실된 특정 값이 중요한 의미를 갖는지 또 단순히 유실값으로 코딩돼야 하는지 여부를 판단할 수 있다. 물론 몇 가지 유실값의 패턴이 보인다면 그것은 조사가 필요한 일이 일어나고 있다는 명백한 증거다.

만일 다른 유실값이 운영자가 특정 측정을 의도적으로 하지 않았다는 것을 의미한다면 이는 단순히 값이 알 수 없음unknown이라는 것보다 더 큰 의미를 전달한다. 예를 들어 의학 데이터베이스 분석가들은 어떤 상황에서는 검사 결과에 관계없이 의사가 결정한 검사만으로 진단할 수 있다는 사실을 발견했다. 그러면 유실값들의 기록은 모두 진단을 위해 필요하게 된다. 실제값들은 완전히 무시될 수 있는 것이다.

부정확한 값

불량 속성 및 그 값에 대해 데이터 마이닝 파일을 주의 깊게 확인하는 것이 중요하다. 마이닝에 사용되는 데이터들은 모두 우리의 목적을 위해 수집된 데이터는 아니다. 원시 데이터가 수집될 때 모든 영역이 다 중요하지는 않으며 이런 영역들은 확인에서 제외되거나 빈 값으로 처리된다. 이런 값들은 데이터의 원래 목적에 영향은 주지 않으며 이를 수정하는 데 노력을 쏟는 것은 무의미하다. 하지만 마이닝을 위해 같은 데이터베이스를 사용한다면 누락이나 에러는 커다란 의미를 갖기 시작한다. 예를 들어 은행은 고객들의 연령을 실제로 알 필요는 없다. 따라서 은행의 데이터베이스 중 고객의 연령 필드는 부정확하거나 빈 값들로 채워질 가능성이 많다. 하지만 연령은 마이닝된 규칙에서 중요한 역할을 할 수도 있다.

데이터셋에서의 입력 에러typographic error는 부정확한 값inaccurate value으로 엉뚱한 결과를 이끈다. 가끔 명목적 속성의 값의 철자가 틀려서 이 속성의 전혀 또 다른 값이 생성되기도 한다. 또는 만일 철자는 틀리지 않았지만 'Pepsi'와 'Pepsi Cola'의 관계처럼 같은 사물의 다른 이름일 경우도 있다. 분명히 ARFF와 같은 지정된 형식의 핵심은 내부적인 일관성을 체크하는 데 있다. 하지만 원시 데이터 파일에서 발생하는 에러들은 전환 과정에서 그대로 남아 데이터 마이닝에 사용되는 파일로 흘러간다. 따라서 각 속성들이 취할 가용값들의 리스트는 신중하게 검증돼야 한다.

수치 속성에서의 입력 또는 측정 에러는 일반적으로 그래프로 표시해 감지할 수 있는 이상 수치outlier를 유발하며 때때로 이 값들은 다른 데이터들이 갖고 있는 패턴에서 많이 벗어난다. 하지만 이 값들은 찾기 어려운 경우가 있으며, 특히 도메인 지식이 없으면 더욱 그렇다.

데이터 복제duplicate data도 다른 종류의 에러를 유발한다. 대부분 머신러닝 도구들은 복제된 데이터를 사용해도 서로 다른 결과를 내놓는데 이는 반복repetition 회수의 증가가 결과에 영향을 미치기 때문이다.

　사람들은 가끔 개인 데이터를 데이터베이스에 집어넣을 때도 일부러 에러를 발생시킨다. 그들은 제공한 정보가 정크 메일을 뿌리고 있는 광고 대행사에 판매되는지 염려된다면 일부러 주소의 철자를 약간 바꿀 수도 있다. 또한 과거에 보험이 거부된 적이 있다면 보험 신청 시 이름 철자를 바꿀 수도 있다. 엄밀한 컴퓨터 데이터 입력 시스템은 종종 말도 안 되는 우회적 방법이 필요하다. 한 외국인이 미국에서 자전거를 빌리는 얘기를 들어보자. 외국에서 왔기 때문에 그는 우편번호가 없다. 컴퓨터에서는 끈질기게 우편번호 입력을 요구하고 있다. 난처한 점원은 지금 이 자전거 빌리는 곳의 우편번호를 입력하게 한다. 이런 일이 빈번히 발생한다면 앞으로의 데이터 마이닝 프로젝트는 사는 곳이 자전거 빌리는 곳인 사람들의 클러스터를 주목할 것이다. 이와 비슷하게 슈퍼마켓의 계산원은 때로는 고객이 자신의 '구매자 카드$^{\text{buyer card}}$'를 제공하지 않을 때 계산원 자신의 것을 사용해 계산원의 계정에 신용 포인트를 적립하거나 사용할 수 없는 할인을 적용한다. 이런 사정을 잘 알아야만 관련 시스템적 오류를 설명할 수 있다.

　마지막으로 데이터는 낡기 마련이다. 환경의 변화에 따라 많은 아이템이 변한다. 예를 들어 메일링 리스트(이름, 주소, 전화번호 등등)는 자주 바뀐다. 여러분은 어떤 데이터가 최신 데이터인지 생각해야 한다.

데이터

분류 스키마의 실제 적용에서 한 클래스가 다른 클래스보다 훨씬 더 널리 퍼지는 경우가 매우 많다. 예를 들어 아일랜드의 날씨 예측을 할 때 내일 날씨는 비^{rainy}의 가능성이 맑음^{sunny} 보다 높을 것이다. 이 두 값이 다른 속성의 예측과 관련된 정보와 함께 클래스 속성을 형성하는 데이터셋이 주어져도 속성값에 관계없이 비가 올 때를 예측하면 뛰어난 정확도를 얻을 수 있다. 그러나 사실 수치적으로까지 정확한 예측을 하는 것은 매우 어렵다 (1.3절에서의 이미지 선별 예제를 생각해 보자. 많은 검은 영역이 훈련 데이터로 제공되지만 아주 일부분이 기름 유출로 인한 영역이다).

다른 속성의 값에 관계없이 모든 인스턴스에 대해 동일한 클래스 값이 예측되는 경우 정확도가 99%라고 가정하자. 어떤 정교한 규칙도 이보다 더 좋을 수 없다. 나머지 1%를 예측하기 위한 더 좋은 방법이 있는 것은 사실이지만 그렇게 하면 99% 결과 중 일부에 오류를 발생시킬 수 있다. 보통 1%를 위한 방법은 99%의 결과를 위해 희생된다.

데이터로부터의 주된 결과가 항상 관심을 끌진 않는다. 다시 말하면 원시 정확도, 즉 적중한 예측의 비율로 측정된 값이 항상 성공의 기준이 되지 않는다는 것이다. 실제로는 다른 비용이 2가지 유형의 오류와 연계될 수 있다. 만일 선제적인 측정이 가능하다면 결국은 일어나지 않을 방사능 재난(또는 방사능 사망)을 예측하기 위한 비용은 만만치 않을 것이지만, 이 사건이 실제 일어난다면 이를 복구하기 위한 비용은 예측하기 위한 비용의 수천 배가 될 것이다. 이 책에서는 평가, 분류, 학습을 살펴볼 때 이 '비용'을 같이 고려할 것이다.

데이터의 파악

데이터의 파악은 누가 대신해 주지 않는다. 명목 속성값들의 분산 히스토그램을 보여 주는 도구와 수치 속성값들을 보여 주는 그래프(아마 인스턴스 수치를 단순히 순서 정렬을 했거나 그래프화시켰을 것이다)는 데이터 파악에 상당히 도움이 된다. 이런 데이터의 가시화는 데이터에서 에러로 보이는 이상 값들 또는 9999년 또는 −1킬로그램과 같은 비정상적인 값들의 코딩을 해야 되는 이상한 규칙들의 식별을 도와준다. 이상 징후, 유실값, 수치 수량보다는 범주를 나타내는 정수의 중요성 등을 설명하고자 도메인 전문가와 상담할 필요가 있다. 하나의 속성과 다른 속성 간 또는 각 속성과 클래스 값 간의 페어와이즈 조합 pairwise plot3 역시 데이터의 파악에 도움이 된다.

데이터 정제data cleaning는 노동집약에 시간이 걸리는 작업이지만 데이터 마이닝을 위해서는 반드시 필요하다. 방대한 데이터셋 앞에서 작업자들은 때때로 포기를 한다. 데이터

---

3 item1=[value1, value2,...], item 2=[value3, value4,...], item3=[...]이 있는 경우 모든 조합을 구하는 게 아니라 두 쌍 간의 조합만을 구해 결과를 도출하는 방법 – 옮긴이

를 전부 체크하지 말고 대신에 일부 인스턴스들을 샘플링해 이를 주의 깊게 체크해 보라. 그 결과에 상당히 놀랄 것이다. 데이터를 들여다보는 데 시간을 쓴다면 시간을 잘 쓰는 것이다.

2.5 심화 자료 및 참고 문헌

Pyle(1999)은 데이터 마이닝의 사전 준비에 대한 훌륭한 가이드를 제공했다. 여기에서 그는 데이터웨어 하우징과 그에 수반되는 문제를 다뤘다. Kimball과 Ross(2002)는 입문서로서 최고의 가이드를 제공했다. Cabena 등(1998)은 데이터의 준비가 데이터 마이닝 애플리케이션 작업의 60%를 차지한다고 추정했으며 관련 문제들에 대해 일부를 발표했다.

유한 및 무한 관계를 다루는 귀납적 논리 프로그래밍 영역은 Bergadano와 Gunetti (1996)에 의해 연구됐다. 속성에 대한 '측정 레벨'은 Steven(1946)에 의해 다뤄졌으며 이는 SPSS(Nie, Hull, Jenkins, Steinbrenner, & Bent, 1970)와 같은 통계 패키지의 매뉴얼에 잘 기술돼 있다.

다중 인스턴스 학습 설정과 동기를 부여한 약물 반응 예측 문제는 Dietterich, Lathrop 및 Lozano-Perez(1997)에 의해 도입됐다. 2.1절의 시작 부분에서 언급한 다중 라벨 인스턴스 문제에 대해 Read, Pfahringer, Holmes 및 Frank(2009)는 표준 분류 알고리듬을 사용해 이를 해결하기 위한 몇 가지 접근 방식을 논의했다.

03

출력 - 지식의 표현

이 책에서 소개하는 많은 기술을 사용해 데이터에서 구조적 패턴^{structural pattern}의 디스크립션을 쉽게 뽑아낼 수 있다. 이런 기술들을 살펴보기 전에 먼저 구조적 패턴이 어떻게 표현되는지를 알아야 한다. 머신러닝에 의해 도출되는 이 패턴들을 표현하는 방법은 여러 가지가 있으며 각 패턴들은 데이터로부터의 출력 구조 참조에 사용될 기술의 종류에 영향을 준다. 여러분이 출력을 어떻게 표현할 것인지 이해한다면 출력이 어떻게 생성되는지 이해하는 데 큰 도움이 된다.

1장에서 머신러닝에 대한 많은 예제를 살펴봤다. 예제에서의 결과들은 결정 트리, 분류 규칙^{classification rules} 형태였고 이 2가지는 머신러닝에서 주로 사용하는 결과 형태. 지식^{knowledge}은 이 2가지 형태가 담기에는 너무 방대해 2가지 형태로 이를 출력하려면 결과 구조가 실제 머릿속에서 기대하는 것과는 많이 다를 것이다. 이는 이 2가지 형태 이외에 러닝 방식이 만들어 내는 결과 구조를 언급할 수 있는 정의가 필요함을 의미한다. 예외를 정의할 수 있는 더 복잡한 종류의 규칙과 다른 인스턴스의 속성값 간의 관계를 표현할 수 있는 규칙이 있다. 어떤 문제들은 수치형 클래스를 갖고 있으며(1장에서 언급했듯이) 이들을 다룰 전형적인 방법은 선형 모델이다. 선형 모델은 이진 분류에서도 차용이 될 수 있으며 또한 수치 예측을 위해 특별한 형태의 결정 트리를 개발할 수도 있다. 인스턴스 기반의 표현 방법은 속성값을 핸들링하는 규칙보다는 인스턴스 그 자체에 더 초점을 둔다. 결국 일부 학습 구조는 인스턴스의 클러스터를 생성한다. 이런 다른 지식의 표현이 2장에서 소개된 다양한 종류의 러닝 문제들과 비슷하다.

3.1 표

머신러닝의 출력을 표현하는 가장 간단하고 기본적인 방법은 입력과 동일한 형식으로 만드는 것이다. 예를 들어 표 1.2는 날씨 데이터의 결정 테이블decision table이다. 여기서 그냥 적당한 날씨 조건을 찾아 게임이 가능한지만 찾아보면 된다. 동일한 과정이 수치 예측에서도 사용될 수 있다. 이런 경우 이 구조를 때로는 회귀 테이블regression table이라고 한다. 중요한 것은 회귀나 결정 테이블의 제작은 속성들을 조정할 수 있다는 것이다. 예를 들어 온도가 결정과 무관할 경우 해당 속성이 빠진 더 작고 압축된 표가 더 나은 지침이 될 수 있다. 여기서 문제는 물론 빠져도 결괏값에 무관한 속성인지를 파악하는 일이다. 속성의 선택은 8장, '데이터 변환'에서 다룰 것이다.

3.2 선형 모델

또 다른 간단한 표현 방법 중 하나는 '선형 모델linear model'이다. 이는 결과가 속성값들의 합이며, 합을 구하기 전 각 속성에 가중치를 적용할 수 있다. 여기에 트릭으로 우리가 원하는 결과와 비슷한 값에 대해 더 높은 가중치를 둘 수도 있다. 이때 입력과 출력(속성값들)은 모두 수치 값numeric value이 된다. 통계학자들은 수치적 예측을 하는 과정을 '회귀regression'라고 부르며, '선형 회귀 모델linear regression model'은 이런 종류의 모델과는 다른 용

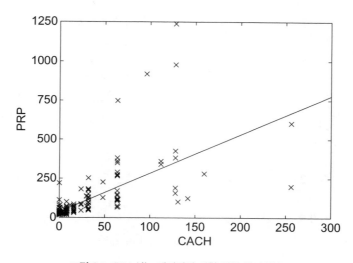

그림 3.1 CPU 성능 데이터에 대한 선형 회귀 함수

어다. regression이라는 단어가 '역행'이라는 뜻으로 자주 쓰이는데 여기에서는 '회귀'라는
의미로 사용하겠다.

선형 모델은 2차원 모델의 시각화에 가장 쉬운 방법이며 데이터셋이 표시된 평면에
직선을 긋는 작업이다. 그림 3.1은 1장에서 나왔던 CPU 성능 측정 데이터(표 1.5 참조)
에 나타난 직선을 보여 주며 여기에서 입력값은 캐시cache뿐이다. 클래스 속성인 성능
performance은 세로축에, 캐시는 가로축에 표현되고 있으며 둘 다 수치 속성이다. 직선은
'가장 최적인' 예측 방정식을 나타내며 수식으로 표현하면 아래와 같다.

$$PRP = 37.06 + 2.47CACH$$

테스트 인스턴스가 주어지면 관찰된 캐시 값을 이 식에 대입해 성능을 예측할 수 있다.
이 식은 편향(37.06)과 캐시에 대한 가중치(2.47)로 이뤄져 있다. 물론 선형 모델은 이런
형태보다 더 복잡하게 전개될 수 있으며 여기에서 핵심은 훈련 데이터에 맞도록 각 속성
의 가중치와 편향을 어떻게 적절히 찾느냐다.

선형 모델은 또한 이진 분류 과제에서도 적용될 수 있다. 이 경우 직선은 모델을 2개

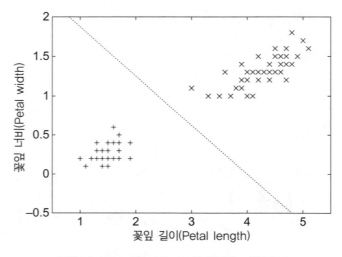

그림 3.2 setosas와 versicolors를 구분하는 선형 경계

의 클래스로 나누면서 생기며, 이는 어떤 결정 조건이 하나의 클래스에서 다른 클래스로 변경되는 경계를 의미한다. 이런 특성의 직선을 결정의 경계decision boundary라고도 부른다. 그림 3.2는 아이리스 데이터에서 setosas와 versicolors를 나누는 결정의 경계를 보여 주고 있다. 이 경우에서 데이터를 위한 입력은 꽃잎의 크기와 너비를 입력값으로 받고 있으며 직선은 이 속성들을 두 속성으로 분리하고 있다. 경계선은 아래 식으로 표현할 수 있다.

$$2.0 - 0.5\text{PETAL\_LENGTH} - 0.8\text{PETAL\_WIDTH} = 0$$

앞에서와 마찬가지로 테스트 인스턴스가 주어지면 관찰된 속성들의 값을 위 식에 넣어서 예측값을 만들 수 있다. 결과를 체크해 값이 0 이상인 경우(여기에서는 sentosa인 경우)와 0보다 작은 경우(여기에서는 versicolor인 경우)로 판단할 수 있다. 모델은 더 복잡하게 다중 속성으로 확장될 수 있으며 이 경우 경계는 인스턴스 영역에서 고차원적 평면 또는 '초평면hyperplane'이 된다. 여기에서 해야 할 작업은 가중치의 적정한 값을 찾아 이 초평면에 의해 적절하게 분류되게 하는 것이다.

그림 3.1 및 3.2에서의 직선들은 각기 기울기 및 위치가 다르게 표현된다. 다시 말

해 가중치가 서로 다르다. 그림 3.1에서의 가중치는 '최소 제곱 선형 회귀least squares linear regression'라는 방법에 의해 구해진 것이며, 반면에 그림 3.2의 경우는 퍼셉트론 훈련 규칙에 의해 찾아진 것이다. 2가지 모두 4장, '알고리듬 – 기본 방식'에서 다룰 예정이다.

3.3 트리

독립된 일련의 인스턴스로부터 학습된 문제들에 대한 분할 정복divide-and-conquer 접근법은 자연스럽게 '결정 트리decision tree'라는 형태로 이어진다. 이미 노사 교섭 문제(그림 1.3)나 콘택트 렌즈(그림 1.2)의 데이터셋을 통해 이런 형태를 접했었다. 결정 트리의 노드들은 특정 속성의 검사를 포함하는데 방법은 상수와 속성의 변수를 비교한다. 리프 노드leaf node는 리프에 도달하는 모든 인스턴스에 적용되는 분류, 분류 집합 또는 가능한 모든 분류에 대한 확률 분포를 제공한다. 알지 못하는 인스턴스를 분류하고자 이어지는 노드에서 검사된 속성의 값을 따라 트리를 따라 내려가게 되며 리프가 인스턴스에 도달하면 리프에 할당된 클래스에 따라 분류된다.

노드에서 검사 되는 속성이 명목 속성nominal attribute인 경우 자식들의 개수는 일반적으로 가능한 속성값들의 개수가 된다. 이런 경우 각 가능한 값들에 하나의 브랜치branch가 있으므로 동일한 속성이 다시 검사되는 일은 없다. 때때로 속성값들은 2개의 서브셋subset으로 나뉘며 이에 따라 트리 내 하위 브랜치는 2개가 생긴다. 이런 경우 해당 속성은 하나의 경로에서 두 번 검사된다.

속성이 수치인 경우에 검사는 사전에 정의된 상수보다 크냐 작냐를 비교하게 되며 2개의 결과로 나뉘게 된다. 결과가 3개로 나뉘는 경우도 있는데 만일 유실값이 자체적으로 속성값으로 취급되는 경우 세 번째 브랜치가 생성된다. 정수형 속성에 대한 다른 선택지가 미만less than, 같음equal to, 초과greater than가 되는 경우에도 그렇다. 실수형 속성에 대한 선택지에서 같음equal to은 그리 의미 있는 옵션은 아니어서 단일 값이 아닌 간격에 대해 다시 검사해 범위보다 작은, 범위 내, 범위보다 큰 선택지로 나누는 경우도 있다. 수치 속성은 트리의 꼭대기부터 리프까지 내려가며 여러 번 검사를 한다. 이 부분은 6.1절의 수치 속성 부분에서 다시 다룰 것이다.

유실값은 분명한 문제를 드러낸다. 노드 하나가 손실된 속성을 검사할 때 어떤 브랜치를 취해야 할지 분명하진 않다. 때로는 2.4절에서 언급했듯이 유실값은 자체적으로는 속성값으로 취급된다. 만일 이것이 경우의 수에 포함하지 않는다면 유실값들을 속성이 가질 수 있는 또 다른 값으로 취급하기보다는 좀 더 특별한 방법으로 취급해야 한다. 단순한 방법으로는 각 브랜치들로 내려가는 훈련 세트에서의 요소 개수를 기록하고, 검사할 인스턴스가 손실된 것으로 나타나면 가장 인기 있는 브랜치의 값을 사용하는 것이다.

좀 더 세련된 방법은 정책적으로 해당 인스턴스를 분할해 각 부분을 브랜치로 내리고 거기에서부터 자체적으로 다시 하위 서브 트리의 리프까지 내려가는 것이다. 분할은 0과 1 사이의 수치적 가중치를 사용해 이뤄지며 브랜치에 대한 가중치는 해당 브랜치를 따라 내려가는 인스턴스 훈련의 횟수에 비례해 선택되며 모든 가중치의 합은 1이 된다. 가중치가 적용된 인스턴스는 하위 노드에서 더 분할될 수 있다. 결국 인스턴스로부터 분할된 각 부분은 최종 리프까지 각자 도달할 것이며 각 리프 노드에서의 결과는 리프까지 흘러간 가중치를 사용해 재조합돼야 한다. 이 역시 6.1절에서 다시 다룰 것이다.

지금까지 노드에서 상수와 속성값을 비교해 데이터를 분할하는 결정 트리를 살펴봤으며 이는 일반적인 접근 방법이다. 2차원상에서 2개의 입력값으로 이를 시각화하면 하나의 상수와 하나의 속성값의 비교가 데이터를 해당 속성 축에 평행하게 분할하는 것을 알수 있다. 하지만 여기에는 또 다른 가능성이 있다. 어떤 트리에서는 2개의 속성값을 서로 비교하고 다른 트리는 여러 속성의 일부 함수를 계산하기도 한다. 예를 들어 3.2절에서의 초평면을 사용하면 축에 평행하지 않고 비스듬한oblique 분할 결과를 얻을 수 있다. 기능 트리functional tree 역시 리프 노드에서의 선형 모델과 마찬가지로 비스듬한 분할 결과를 얻을 수 있으며 이는 예측 작업에 사용된다. 또한 트리의 일부 노드가 다른 속성에 대한 대체 분할을 지정할 수도 있다. 이는 속성이 데이터를 분류하는 데 (똑같이) 유용할 경우 사용할 수 있다. 이런 노드를 옵션 노드option node라고 하며 알 수 없는 인스턴스를 분류할 때 옵션 노드로부터 나오는 브랜치들이 따라온다. 이는 인스턴스가 하나 이상의 리프로 끝나며 다양한 예측을 제공한 다음 일부 방식(다수결 투표 등)으로 결합된다.

데이터셋에 대한 결정 트리를 수동으로 구축하는 것은 유익하고 재미있을 수 있다. 이를 효율적으로 하고자 데이터를 시각화해 어떤 것이 최상의 속성인지 그리고 어떤 검사가 더 적정한지 결정할 수 있는 좋은 방법이 필요하다. 부록 B에서 기술된 WEKA Explorer는 User Classifier라는, 사용자가 직관적으로 결정 트리를 만들 수 있는 도구를 제공하며 2개의 선택된 속성에 대한 데이터 플롯을 표현한다.[1] 클래스를 적절히 분산시키는 한 쌍의 속성을 찾았을 때 이를 산재된 플롯 데이터를 잇는 다각형을 그려 분리할 수 있다.

예를 들어 그림 3.3A는 사용자는 아이리스 3가지 클래스(versicolor, virginica, setosa)가 있는 데이터셋을 다루고 있으며, 꽃잎의 길이 및 넓이라는 2가지 속성을 갖고 이 클래스들을 적절히 분리한다. 그 클래스 중 하나(I. versicolor)를 분리하고자 수동으로 사각형을 그린다. 그러면 사용자에게는 결정 트리 화면이 그림 3.3B처럼 보인다. 왼쪽 리프 노드는 주로 1가지 유형의 아이리스를 포함하며(I.versicolor이며 virginica가 일부 노이즈로 포함됨) 오른쪽 리프 노드는 2가지 유형(I. setosa 및 virginica이며 versicolor가 일부 노이즈로 포함됨)을 포함한다. 사용자들은 오른쪽 리프 노드를 선택해 다른 사각형(아마 다른 속성 쌍에 기반할)으로 더 잘게 나누면서 작업을 진행할 것이다[2](그림 3.3A는 생각보다 잘 나눠졌다).

우리가 작업해 온 결정 트리들은 수치 예측보다는 카테고리 예측을 위해 설계된 것들이다. 표 1.5의 CPU 성능 예제와 같이 수치의 예측을 하려면 동일한 종류의 트리가 사용될 수 있지만, 각 리프의 값은 자신에 해당하는 모든 훈련 세트 수치의 평균을 포함할 것이다. 수치가 예측되는 것이기 때문에 평균 수치가 리프에 존재하는 결정 트리를 회귀 트리regression tree라고도 한다.

그림 3.4A는 회귀 방정식을, 그림 3.4B는 회귀 트리를 보여 준다. 트리에서의 리프들은 리프에 도달하는 인스턴스의 출력 평균치를 나타내는 값들이다. 트리는 회귀 방정식

1　User Classifer는 WEKA를 바로 설치할 때에는 같이 들어 있지 않으며 Package Manager를 통해 별도로 설치해야 한다. WEKA GUI Chooser에서 메뉴바 중 Tools ⟩ Package Manager를 실행하고 User Classifier로 검색해 설치한다. – 옮긴이

2　이 화면은 WEKA GUI Chooser에서 Explorer를 선택한 다음 Open file 버튼으로 WEKA 폴더 내 data 폴더 중 iris.2D.arff 파일을 선택하고, Explorer에서 Classify 탭을 선택한 뒤 Classifier를 trees ⟩ User Classifier로 선택하고 분석을 실행하면 해당 창이 뜬다. – 옮긴이

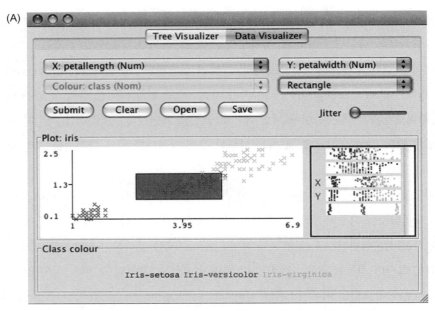

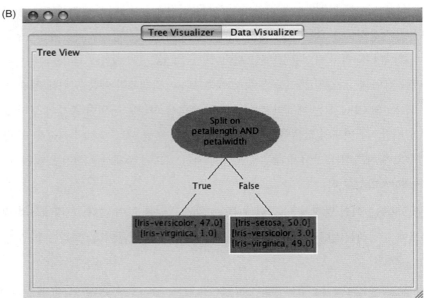

그림 3.3 결정 트리의 구축 (A) 꽃잎 길이와 꽃잎 넓이를 포함한 사각형 검사 영역 생성 (B) 결정 트리 결과

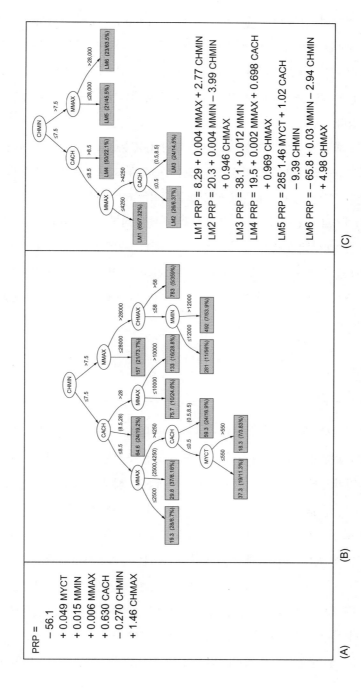

그림 3.4 CPU 성능 데이터 모델 (A) 선형 회귀, (B) 회귀 트리, (C) 모델 트리

(A)

PRP =
   − 56.1
   + 0.049 MYCT
   + 0.015 MMIN
   + 0.006 MMAX
   + 0.630 CACH
   − 0.270 CHMIN
   + 1.46 CHMAX

(B)

(C)

LM1 PRP = 8.29 + 0.004 MMAX + 2.77 CHMIN
LM2 PRP = 20.3 + 0.004 MMIN − 3.99 CHMIN
   + 0.946 CHMAX
LM3 PRP = 38.1 + 0.012 MMIN
LM4 PRP = 19.5 + 0.002 MMAX + 0.698 CACH
   + 0.969 CHMIN
LM5 PRP = 285 1.46 MYCT + 1.02 CACH
   − 9.39 CHMIN
LM6 PRP = − 65.8 + 0.03 MMIN − 2.94 CHMIN
   + 4.98 CHMAX

보다 더 크고 복잡하며, 만일 예측 수치와 실제 CPU 성능 측정 수치 사이에서 발생한 오류 절댓값들의 평균을 계산하면, 이 결과가 회귀 트리보다 회귀 방정식의 경우가 훨씬 더 크다는 것을 알게 된다. 회귀 트리의 정확도가 더 높은데 이는 단일 선형 모델은 이 문제에서 데이터를 표현하지 못하기 때문이다. 하지만 그 방대한 크기로 인해 회귀 트리를 해석하기는 쉽지 않다.

회귀 방정식과 회귀 트리를 조합할 수 있다. 그림 3.4C는 리프들이 단일 예측값이 아닌 선형 표현식, 다시 말하면 회귀 방정식을 포함하는 경우를 보여 준다. 이를 모델 트리 model tree라 부른다. 그림 3.4C는 6개의 리프에 존재하는 6가지의 선형 모델을 포함하며 LM1부터 LM6까지로 이름을 붙였다. 모델 트리는 선형 회귀 또는 회귀 트리보다 더 정교한 표현인 선형 '패치'를 통해 연속 함수처럼 행동한다. 모델 트리가 회귀 트리보다 더 작으며 활용하기 좋고 훈련 시 발생하는 평균 에러 값도 더 작다(하지만 5장, '신뢰성 – 학습에 대한 평가'에서 훈련 세트에서의 에러 평균치 측정이 모델 성능 관점에서 항상 좋은 평가 방법은 아니라는 것을 볼 것이다).

3.4 규칙

규칙은 결정 트리에서 자주 사용되는 선택지이며 이미 콩, 아이리스, 콘택트 렌즈, 날씨 데이터셋 예제를 통해 경험했다. 규칙의 선행 또는 사전 조건은 결정 트리 노드에서의 테스트와 비슷한 일련의 테스트이며, 이의 결과 또는 결론은 해당 규칙에 의해 커버되는 인스턴스에 적용되는 클래스를 제공하거나 클래스상에서의 확률 분포를 제공한다.

규칙의 선행 또는 전제 조건은 결정 트리 내 노드에서의 테스트와 마찬가지로 일련의 테스트들이며, 결과 또는 결론은 해당 규칙이 적용되는 인스턴스에 적용되는 클래스나 클래스를 제공하거나 클래스에 걸쳐 확률 분포를 제공한다. 보통 사전 조건들은 논리 연산자 AND로 연결되며 모든 테스트는 규칙이 시작되면 실패는 없어야 한다. 하지만 일부 규칙의 형태에서 사전 조건은 단순 연결자로 연결된 것이 아닌 논리 표현식으로 기술된다. 종종 개별 규칙들이 논리적으로 OR 연결이 된 것으로 생각한다. 만일 어떤 규칙 하나가 적용되는 경우 결과에 할당된 클래스(또는 확률 분포)가 인스턴스에 적용되지만 서로 다른 결론을 갖고 있는 규칙들이 적용되면 충돌이 발생한다. 이는 뒤에서 다시 다룰 것이다.

분류 규칙

일련의 분류 규칙classification rule을 결정 트리에서 직접 읽어 들이는 것은 어렵지 않다. 각리프당 하나의 규칙이 생성되기 때문이다. 규칙의 선행자는 루트부터 리프까지 걸쳐 있는 모든 노드에 대한 조건을 포함하며, 그 규칙의 결과는 리프에 할당된 클래스가 된다. 이 절차는 실행 순서에 무관하다는 점에서 다소 분명한 규칙을 생성한다. 하지만 보통 결정 트리로부터 '바로 읽어 들인' 규칙은 필요 이상으로 복잡하며, 트리로부터 '파생된' 규칙은 보통 중복 검사를 피하고자 정리된다.

결정 트리가 세트 내 서로 다른 규칙들 간의 분리를 쉽게 표현할 수 없기 때문에 일반

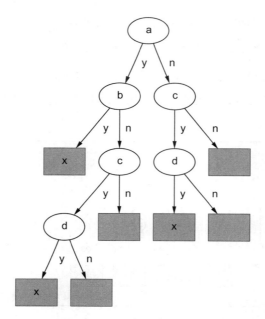

그림 3.5 단순 분리를 위한 결정 트리

적인 규칙 세트들의 트리 전환은 바로 이뤄지지는 못한다. 이에 대한 좋은 예시는 아래와 같이 규칙이 동일한 구조이지만 다른 속성을 갖고 있을 경우다.

```
If a and b then x
If c and d then x
```

이제 이 대칭 관계를 깨고 루트 노드를 위한 단일 테스트를 선택해야 한다. 여기에서 만일 a를 먼저 선택한다면 두 번째 규칙이 실제로 그림 3.5와 같이 두 번 반복돼야 한다. 이를 '하위 트리 복제 문제replicated subtree problem'라 부른다.

하위 트리 복제 문제는 상당히 중요하며 몇 가지 예제들을 좀 더 보자. 그림 3.6은 $x = 1$ 또는 $y = 1$이지만 동시에 이를 만족시키지 않는 경우 출력 a를 나타내는 배타적 논리합(exclusive or – XOR) 함수를 나타낸다. 이를 트리로 나타내려면 먼저 하나의 속성으로 분할해야 가운데에 표시된 것과 같은 구조로 이어진다. 하지만 규칙으로 나타내면 오른쪽과 같이 속성 관점에서 문제의 진정한 대칭성을 충실하게 반영할 수 있다.

이 예제에서 규칙은 트리보다는 간결하지는 않다. 사실 규칙들은 분명히 트리로부터 읽어 들인 것들이다. 하지만 규칙이 트리보다 더 간결한 경우가 있는데, 특히 다른 규칙들에 정의되지 않는 경우들을 커버하는 '기본default' 규칙을 갖는 경우에 그렇다. 예를 들어 그림 3.7에서의 규칙의 영향을 파악하고자 4가지 속성(x, y, z, w이며 각각은 1, 2 또는 3의 값을 가질 수 있다)은 오른쪽과 같은 트리가 필요하다. 각 작은 회색 삼각형은 실제로 3레

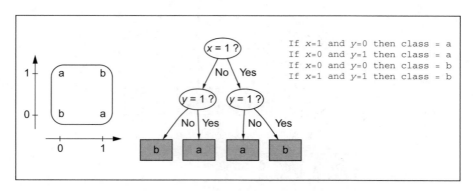

그림 3.6 배타적 논리합(exclusive or) 문제

```
If x=1 and y=1 then class = a
If z=1 and w=1 then class = a
Otherwise class = b
```

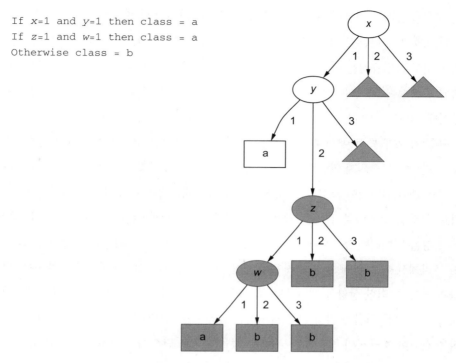

그림 3.7 하위 트리가 복제된 결정 트리

벨의 회색으로 표시된 하위 트리를 포함해야 한다(다소 극단적인 하위 트리 문제 예시다). 이는 단순한 콘셉트에 비해 상당히 복잡한 디스크립션이다.

규칙이 많이 쓰이는 이유 중 하나는 각 규칙이 개별적인 지식의 '너겟nugget'[3]을 표시하는 것처럼 보이기 때문이다. 그리고 규칙의 경우는 다른 규칙에의 간섭 없이 새로운 규칙을 기존 규칙 세트에 추가할 수 있는 반면, 트리 구조에서의 추가는 전체 트리의 재구성이 필요하다. 하지만 이런 독립성이 어떤 경우에는 환상에 불과한데 이는 규칙 세트가 어떻게 수행되는지 보여 주는 질문을 무시하기 때문이다. 규칙이 순서대로 '결정 목록'으로 해석돼야 하는 경우 개별적으로 그리고 문맥에서 벗어난 일부 규칙이 부정확할 수 있다

---

3   여기서는 '가치 있는 것'으로 해석할 수 있지만 원문의 비유를 살리려 그대로 놔뒀다. – 옮긴이

는 사실을 앞서 설명했다. 반면에 해석 순서가 중요하지 않다면 다른 규칙들이 동일한 인스턴스에 대해 다른 결과를 도출할 때 무엇을 해야 할지 분명하지 않다. 이런 상황은 결정 트리로부터 규칙을 바로 읽어 들인 경우에는 일어날 수가 없는데 이는 규칙 구조에 포함된 중복성이 해석의 모호함을 방지하기 때문이다. 하지만 규칙이 이와 다른 방식으로 생성될 때는 발생한다.

규칙 세트가 특정 예제에서 다중 분류multiful classifiaction를 지원하면 하나의 솔루션만으로는 결론이 도출되지 않는다. (이를 위한) 다른 방법으로는 훈련 데이터에서 얼마나 규칙들이 호출되는지 세어 보고 그중 가장 빈번히 호출되는 것으로 선택하는 것이다. 이런 전략은 근본적으로 다른 결과를 가져올 수 있다. 인스턴스가 분류를 위한 규칙이 실패되는 상황을 맞이하면 또 다른 문제가 발생할 수 있다. 다시 말하지만 이는 결정 트리나 결정 트리에서 바로 읽어 들인 규칙에서는 발생할 수 없으며 일반적인 규칙 세트에서 발생하기 쉽다. 이러한 상황을 해결하는 방법 중 하나는 그런 예들은 분류 대상에서 제외하는 것이며 또 다른 하나는 가장 자주 발생하는 클래스를 기본값으로 선택하는 것이다. 각 규칙은 간단하며 규칙의 집합들은 믿을 수 없을 정도로 단순해 보이지만 추가 정보가 없는 규칙 집합만 고려한다면 어떻게 해석해야 하는지 명확하지 않다.

규칙이 부울 클래스(yes 또는 no)로 이어지고 하나의 결과(예를 들어 yes)만 출력하는 경우 상황은 특히 간단해진다. 이 상황은 어떤 인스턴스가 yes 클래스에 없다면 no 클래스에 속해 있다고 단정할 수 있는 폐쇄형 세계의 형태를 보여 준다. 이런 경우에서는 규칙들끼리는 충돌할 수 없으며 규칙의 해석 시에 발생할 수 있는 모호성도 사라진다. 따라서 어떤 해석 전략도 동일한 결과를 내놓을 것이다. 이런 일련의 규칙들은 논리 표현식으로 표현될 수 있으며 이를 '분리형 정규형disjunctive normal form'이라고 부르는데, 즉 연결된 (ANDed) 조건의 분리(OR)를 뜻한다.

이는 사람들에게 규칙은 다루기 어렵지 않다고 유혹할 수 있는 매우 특별한 사례이며, 여기에서의 각 규칙들은 새롭고 독립적이며 바로 분리 작업에 사용될 수 있는 정보처럼 보인다. 하지만 이는 부울 형태로의 출력에서만 적용할 수 있으며 폐쇄형 세계를 전제로 한다. 그리고 이러한 제약들은 실제 세계에서 적용하기에는 비현실적이다. 규칙들을 일관적으로 만들어 내는 머신러닝 알고리듬은 다중 클래스 상황에서 순서가 지정된 규칙 세트를 생성하고 모듈화의 가능성을 희생하는 데 수행 순서가 중요하기 때문이다.

연관 규칙

연관 규칙^{association rule}은 클래스뿐만 아니라 모든 속성을 예측할 수 있다는 점을 제외하면 분류 규칙과 다르지 않으며 이를 통해 속성의 조합도 예측할 수 있다. 또한 연관 규칙은 분류 규칙처럼 같은 집합으로 함께 사용하기 위한 것이 아니다. 서로 다른 연관 규칙은 데이터셋의 기초가 되는 서로 다른 정규성을 표현하며 보통 예측 대상이 각각 다르다.

작은 데이터셋으로부터 수많은 연관 규칙들을 뽑아낼 수 있기 때문에 우리의 관심은 가능한 범위로 가장 많은 인스턴스로의 적용과 적용된 인스턴스상에서 가능한 범위의 높은 정확도에 맞춰져 있다. 연관 규칙의 커버리지는 올바른 예측을 보여 준 인스턴스의 개수이며 이를 가끔은 '서포트^{support}'라고 부른다. 정확도(때로는 신뢰도라고 부르기도 한다)는 정확히 예측에 성공한 인스턴스의 개수 대비 적용된 인스턴스의 비율로 나타낸다. 예를 들어 아래 규칙을 보자.

```
If temperature = cool then humitidy = normal
```

여기에서 커버리지는 온도는 cool(서늘함)이며 습도는 normal(정상)인 일수다(표 1.2에서는 4개). 그리고 정확도는 습도가 normal인 날들을 갖는 온도가 cool인 날의 비율이다(여기에서는 100%). 보통 최소 커버리지와 정확도를 정의하고 커버리지와 정확도가 둘 다 지정된 최솟값 이상인 규칙을 찾는 것이 일반적이다. 날씨 데이터 예제에서는 커버리지와 정확도가 각각 2와 95%인 58개의 규칙이 있다(총 인스턴스 수의 백분율로 커버리지를 지정하는 게 더 편할 수 있다).

다중 결과를 예측하는 연관 규칙은 좀 더 신중해야 한다. 예를 들어 표 1.2에서의 날씨 데이터에서 아래 규칙이 있었다.

```
If windy = false and play = no then outlook = sunny
```

```
                              and humidity = high.
```

이는 단지 아래 2개의 개별 규칙을 간결하게 이은 표현이 아니다.

```
If windy = false and play = no then outlook = sunny
If windy = false and play = no then humidity = high
```

이것은 최소 커버리지와 정확도 수치를 초과한다는 의미 이외에 더 많은 것을 내포한다. 앞의 규칙은 바람이 불지 않고 게임을 할 수 없으면 맑음 예보와 높은 습도의 예시 수가 지정된 최소 커버리지 수치만큼 된다는 것을 뜻한다. 또한 이는 바람이 불지 않고, 게임을 할 수 없는 날의 비율로 표현될 수 있는 일수가 적어도 최소 정확도라는 것을 뜻하기도 한다. 이는 또한 규칙

```
If humidity = high and windy = false and play = no then outlook = sunny
```

을 포함한다는 것을 의미하는데 이 규칙은 앞 규칙과 동일한 커버리지를 갖고 있기 때문이다. 정확도는 적어도 원래 규칙과 동일하거나 높은데 이는 높은 습도와 바람이 불지 않고 게임을 할 수 없는 일수가 분명 바람이 불지 않고 게임을 할 수 없는 일수보다 작기 때문이다. 이것이 정확도를 높인다.

지금까지 봐 왔듯이 특정 연관 규칙 사이에는 연관 관계가 있으며 어떤 규칙들은 다른 규칙을 포함하기도 한다. 생성되는 규칙들의 수를 줄이려면 몇 가지 규칙들이 서로 관계를 갖고 있는 경우 가장 강력한 것만 사용자에게 나타내는 것도 하나의 방법이다. 위 예제의 경우 첫 번째 규칙만 출력돼야 한다.

예외 상황을 갖는 규칙

다시 분류 규칙으로 돌아와서 이를 자연스레 확장해 본다면 예외 상황을 허용하는 쪽이 될 것이다. 그렇다면 규칙 세트의 수정은 전체 세트의 재구성보다는 기존 규칙들의 예외 표현을 위한 수정이 된다. 앞에서의 아이리스 예제를 생각해 보자. 표 3.1에서 제공되는

표 3.1 새로운 아이리스 품종

꽃받침 길이	꽃받침 너비	꽃잎 길이	꽃잎 너비	유형
5.1	3.5	2.6	0.2	?

차원에서 새로운 종류의 꽃이 발견됐고 전문가가 이 종류를 I. sentosa 인스턴스에 포함된다고 진단을 내렸다고 가정해 보자. 만일 이 꽃이 1장에서와 같은 규칙으로 분류됐다면 이 규칙들 중 2가지에 의해 분류의 오류가 발생할 것이다.

```
If petal-length ≥ 2.45 and petal-length < 4.45 then Iris-versicolor
If petal-length ≥ 2.45 and petal-length < 4.95 and petal-width < 1.55
    then Iris-versicolor
```

이 규칙들은 새로운 인스턴스가 정확히 다뤄질 수 있도록 수정돼야 한다. 하지만 이 규칙들에서 단순히 속성-값 테스트의 경계 조건을 바꾸는 것만으로는 충분하지 않을 수 있는데 규칙 세트를 생성하고자 사용된 규칙의 경우에도 분류 오류가 발생할 수 있기 때문이다. 규칙 세트를 고치는 것은 쉬운 일은 아니다.

기존 규칙들의 검사를 조정하는 것 대신에 전문가와의 상의를 통해 새롭게 발견된 꽃이 왜 이를 위반하는지 설명하고 의견을 들어 이를 관련 규칙을 확장하는 데 사용할 수 있을 것이다. 예를 들어 2개의 규칙 중 첫 번째 규칙은 새로운 I. sentosa를 I. versicolor로 잘못 분류할 것이다. 경계 조건을 바꾸는 것 대신에 예외 상황을 만들어 대응할 수 있다.

```
If petal-length ≥ 2.45 and petal-length < 4.45 then Iris-versicolor
    EXCEPT if petal-width < 1.0 then Iris-setosa
```

이 규칙은 꽃이 꽃잎 길이$^{petal-length}$가 2.45cm와 4.45cm 사이이면 I. versicolor이지만 예외적으로 꽃잎 너비$^{petal-width}$가 1.0cm보다 작으면 I.sentosa라고 판단한다.

물론 예외의 예외를 둘 수 있고 이 예외에 또 예외를 둘 수도 있어서 트리 형태로 구조가 만들어지기도 한다. 이 구조는 기존 규칙 세트를 점진적으로 변경하는 데 사용될 뿐만 아니라 전체 개념을 처음으로 설명할 때 사용될 수 있다.

```
Default: Iris-setosa                                                        1
except if petal-length ≥ 2.45 and petal-length < 5.355                      2
          and petal-width < 1.75                                            3
      then Iris-versicolor                                                  4
          except if petal-length ≥ 4.95 and petal-width < 1.55             5
                  then Iris-virginica                                       6
                  else if sepal-length < 4.95 and sepal-width ≥ 2.45       7
                         then Iris-virginica                                8
      else if petal-length ≥ 3.35                                          9
            then Iris-virginica                                           10
                except if petal-length < 4.85 and sepal-length < 5.95     11
                        then Iris-versicolor                               12
```

그림 3.8 아이리스 데이터의 규칙

그림 3.8은 앞에서의 아이리스 데이터를 올바르게 분류하는 규칙 세트를 보여 준다. 이 규칙들을 바로 이해하기는 어렵다. 이들을 하나하나 따라가 보자. 기본 출력은 I.sentosa이며 첫 행에 이를 표시하고 있다. 이 데이터셋에서 각 유형의 예시는 50개이므로 기본값 선택은 다소 임의적이다. 일반적으로 가장 빈번하게 나타나는 결과를 기본값으로 선택한다.

다음에 나타나는 규칙들은 기본값에 대한 예외 상황을 기술한다. 첫 번째 if … then 절(2~4행)은 I.versicolor에 대한 분류 조건을 제공한다. 하지만 여기에는 2가지 예외가 존재하며(5~8행) 이는 잠시 후에 다룰 것이다. 만약 2~3행의 조건절이 실패하면 9행의 else절로 넘어가며 여기에서는 기본값에 대한 두 번째 예외 상황이 기술돼 있다. 9행의 조건에 걸리면 분류 결과는 Iris-virginica가 된다. 그런데 여기에 다시 예외가 있다(11~12행).

다시 5~8행의 예외 부분으로 돌아가 보자. 5행 및 7행의 조건절에 걸리면 4행의 I.versicolor 결과를 오버라이드한다. 이 상황이 발생하면 둘 다 같은 I.virginica를 도출한다(6행 및 8행). 10행의 I.virginica 결과를 오버라이드하는 마지막 예외인 11행 및 12행에서는 11행에서의 조건에 걸리면 I.versicolor로 분류를 한다.

의미가 분명하게 읽힐 때까지 이 규칙들을 수 분 동안 숙고해야 할 것이다. 익숙해질 때까지 시간이 걸리겠지만 excepts와 if … then … else 구문의 순서를 파악하는 데 친숙해져야 한다. 보통 사람들은 종종 규칙, 예외 및 예외에 대한 예외 측면에서 실제 문제를 생각하므로 이런 방법이 복잡한 규칙 세트를 표현하는 좋은 방법이 되는 경우가 종종 있다. 하지만 이 규칙 표현 방법에서의 핵심은 확장이 용이하다는 것이다. 비록 전체 규칙 세트가 이해하기에는 다소 어렵지만 개별 결론, 개별 then 구문들은 규칙 및 예외 상황에서 고려될 수 있다. 이에 반해 결정 목록에서는 개별 규칙의 정확한 영향을 정의하고자 모든 우선 규칙을 리뷰해야 한다. 이 지역 속성은 큰 규칙 세트를 이해하는 데 중요하다. 심리적으로 데이터에 익숙한 사람들은 예외 구조에서 하나의 결론을 볼 때 사례의 특정 집합 또는 사례의 종류를 생각하며, 이 사례들 중 하나가 결론에 대한 예외로 판명되면 이를 전달하기 위한 예외를 추가하기는 어렵지 않다.

default … except if … then … 구조가 논리적으로 if … then … else와 동일하며 여기서 else는 무조건적이며 기본값이 무엇을 했는지 정의한다. 물론 무조건적 else는 기본값이다(앞의 규칙에는 무조건적 else가 없다는 점에 유의하라). 논리적으로 예외 기반 규칙들은 정규 if … then … else 구문으로 간결하게 작성될 수 있다. 예외의 관점에서 공식화를 통해 얻은 것은 논리적이지 않고 심리적이다. 여기서는 초기에 발생하는 기본값과 검사가 예외보다 더 광범위하게 적용된다고 가정한다. 이것이 도메인에 대해 참^{true}이고, 사용자가 그것이 타당하다고 느낀다면 (일반적인) 규칙 관점의 표현과 (희귀한) 예외들은 표현은 다르지만, 논리적으로 동등한 구조보다 쉽게 이해될 것이다.

보다 표현적인 규칙

규칙의 조건이 상수에 대한 속성값의 검사를 포함한다고 암시적으로 가정했다. 하지만 이는 이상적이지는 않다. 구체적인 예시를 위해 다양한 모양과 크기의 블록 세트 8개가 그림 3.9와 같이 있다고 가정하자. 이 블록들을 '세우는' 법을 학습하려 한다. 이는 전형적인 standing 클래스와 lying 클래스로 구성된 2-class 문제다. 4개의 색칠한 블록은 콘셉트에서 양성$^{positive - standing}$이며 칠하지 않은 블록은 음성$^{negative - lying}$이다. 러닝 알고리듬에서 주어지는 정보는 각 블록의 너비^{widht}, 높이^{height}, 면의 개수$^{number\ of\ sides}$다. 훈련 데이터는 표 3.2와 같다.

이 데이터로 추출할 수 있는 관례적 규칙 세트는 다음과 같다.

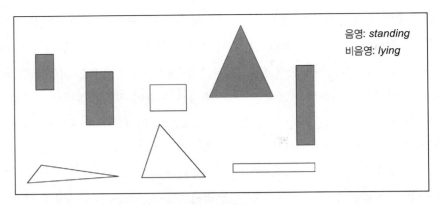

음영: *standing*
비음영: *lying*

그림 3.9 모양 문제

표 3.2 모양 문제에서의 훈련 데이터

너비	높이	면의 개수	클래스
2	4	4	Standing
3	6	4	Standing
4	3	4	Lying
7	8	3	Standing
7	6	3	Lying
2	9	4	Standing
9	1	4	Lying
10	2	3	Lying

```
if width ≥ 3.5 and height < 7.0 then lying
if height ≥ 3.5 then standing
```

여기에서 여러분들은 3.5라는 값이 너비의 결정 값으로 된 게 궁금할 것이다. 이는 3.5
가 가장 얇은 lying 블록의 너비인 4와 높이가 7 미만인 가장 두꺼운 standing 블록의 너
비, 즉 3 사이의 중간이기 때문이다. 또한 7이 높이의 결정 값인데 이는 가장 높은 lying
블록의 높이 6과 너비가 3.5 이상인 가장 짧은 standing 블록의 높이 8의 중간이기 때문
이다. 콘셉트의 경계를 구분하는 값 사이의 중간값을 결정값으로 잡는 것이 일반적이다.

이 두 규칙이 이 예제에서는 잘 작동하지만 그렇게 좋은 규칙은 아니며 많은 새로운 블록이 추가되면 적용될 수 없으며(예를 들어 너비가 1, 높이가 2인 경우) 규격에는 맞지만 규칙에는 맞지 않는 블록이 추가되기 쉬워진다.

8개의 블록을 분류하면 아마도 'standing 블록은 너비보다 높이가 더 큰 것'이라는 점을 알 것이다. 이 규칙은 속성값을 상수와 비교하지 않고 속성을 서로 비교한다.

```
if width > height then lying
if height > width then standing
```

실제의 높이 및 너비 속성값은 중요치 않고 단지 비교의 결과가 중요하다.

많은 머신학습 구조는 속성 간의 관계를 고려하지는 않는데 이를 위한 비용이 상당히 들기 때문이다. 이를 개선하는 한 가지 방법은 2개의 기본 속성이 같은지 여부를 나타내는 추가 보조 속성을 두거나 수치 속성인 경우 차이를 제공하는 것이다. 예를 들어 'is widht < height?'라는 부울 속성을 표 3.2에 추가할 수 있다. 이런 속성은 데이터 공학 프로세스의 일부로서 자주 발생한다.

겉보기에 다소 작은 추가 개선이지만 이를 통해 지식의 표현이 상당히 크게 확장할 수 있는데 이는 인스턴스의 역할을 명시적으로 만드는 방식으로 규칙을 표현하면 된다.

```
if width(block) > height(block) then lying(block)
if height(block) > width(block) then standing(block)
```

이는 확장 기능이 아닌 것처럼 보일 수 있지만 인스턴스가 쪼개질 수 있다면 확장이 된다. 예를 들어 블록이 쌓인 집합을 'tower'라고 한다면 제일 꼭대기에 있는 블록이 'stainding' 블록이라는 사실은 논리식으로 다음과 같이 표현될 수 있다.

```
if height(tower.top) > width(tower.top) then standing(tower.top)
```

여기에서 tower.top은 최상단의 블록을 참조하는 데 사용된다. 지금까지 아무것도 얻어진 건 없다. 하지만 tower.rest가 tower 최상단을 제외한 나머지를 의미한다면 tower가 모두 standing 블록으로 구성됐다는 것을 나타내는 규칙은 다음과 같다.

```
if height(tower.top) > width(tower.top) and standing(tower.rest)
    then standing(tower)
```

분명히 추가된 조건 stainding(tower.rest)은 나머지 블록들이 standing으로 구성돼 있는 경우에만 참^{true}인 재귀적 표현이다. 이는 동일한 규칙의 재귀 프로그램에서 체크될 것이다. 물론 다음과 같은 추가 규칙을 추가해 재귀가 적절하게 '하향식'이 되도록 해야 한다.

```
if tower = empty then standing(tower.top)
```

이와 같은 규칙 세트들을 로직 프로그램$^{logic\ program}$이라 부르며, 특히 머신러닝에서는 인덕티브 로직 프로그래밍$^{inductive\ logic\ programming}$이라 부른다. 이 책에서는 이 정도로만 다룰 것이다.

3.5 인스턴스 기반 표현

가장 단순한 형태의 러닝은 단순 암기, 또는 암기 학습이 될 것이다. 훈련 인스턴스 세트가 기억되면 새로운 인스턴스를 만날 때마다 메모리 내의 훈련 인스턴스를 검색해 가장 비슷한 인스턴스를 찾는다. 이때 문제가 되는 것은 '비슷한'의 의미를 어떻게 해석하느냐다. 이를 짧게 설명해 보겠다. 먼저 비슷하다고 하지만 이는 일련의 인스턴스로부터 추출한 '지식'에 대한 전혀 다른 표현 방법이라는 것에 주의하라. 그냥 인스턴스 자체를 저장하고 새 인스턴스를 클래스화된 인스턴스와 연결해 동작하는데 새 인스턴스의 클래스는 기존 클래스들에게는 알려지지 않은 클래스들이다. 규칙 생성을 시도하는 대신 예제들 자체에서 직접 작업을 한다. 이 방법을 인스턴스 기반 러닝$^{instance-based\ learning}$이라 부른다. 어떻게 보면 모든 다른 러닝 과정이 '인스턴스 기반'인데 이는 초기 정보의 훈련을 항상 인스턴스 세트로 시작하기 때문이다. 하지만 인스턴스 기반 표현$^{Instance-based\ representation}$은 무엇을 배웠는지 나타내고자 규칙 세트나 결정 트리를 참조하고 저장하는 것보다 인스턴스 자체를 사용한다는 게 차이점이다.

인스턴스 기반 러닝에서 모든 실제 작업은 훈련 세트가 처리 완료될 때보다는 새로운 인스턴스를 분류하게 되면 종료된다. 어떻게 보면 이 방식과 지금껏 봐온 다른 것들과의 차이는 '러닝'이 발생한 시점일 것이다. 인스턴스 기반은 천천히 반응하며 가능한 한 실제 작업들을 길게 끄는 반면, 다른 방법들은 빠르며 데이터를 보는 즉시 일반화시킨다. 인스턴스 기반 분류에서는 각 새로운 인스턴스를 거리 메트릭을 사용해 기존에 있는 것들과 측정 및 비교해 가장 가까운 인스턴스를 찾아 그 클래스에 새로운 인스턴스를 할당시킨다. 이를 최근접 이웃nearest-neighbor 분류법이라고 한다. 때로는 하나 이상의 최근접 이웃이 사용되며 가장 가까운 k개의 이웃이 포진된 클래스(또는 클래스가 수치인 경우 거리 가중치의 평균)가 새 인스턴스에 할당되는데 이를 KNN K-Nearest-Neighbor 방법이라고 한다.

두 예시 사이의 거리를 구하는 것은 예시들이 하나의 수치 속성만 갖고 있다면 간단하며 단지 두 값의 차이만 구하면 된다. 하나가 아닌 수 개의 수치 속성들을 갖고 있는 경우도 간단하며, 이 경우 표준 유클리드 거리Euclidean distance가 사용된다. 하지만 이는 속성들의 표준화 및 균등한 가중치를 전제로 하는 것이며, 러닝에서 주요 문제 중의 하나는 이 가중치가 중요도에 따라 다르다는 점이다.

명목 속성이 존재하면 해당 속성 내 값들 사이의 '거리'를 제시해야 한다. 값들이 만약 빨간색, 녹색, 파란색이라면 이 값들 사이의 거리란 무엇일까? 보통 값이 동일하면 거리는 0이 되며 다르면 1이 된다. 따라서 빨간색과 빨간색 사이의 거리는 0이 되며 빨간색과 녹색 사이는 1이 된다. 하지만 좀 더 정교한 표현 방법이 있다면 사용하는 게 좋을 것 같다. 예를 들어 더 많은 색상을 통해 색조의 수치화를 통해 노란색을 녹색이나 황토색보다 주황색에 가깝다고 판단할 수 있다.

어떤 속성은 다른 것보다 더 중요할 수 있는데 이런 경우에 그 속성은 가중치를 거리에 뒤 반영한다. 훈련 세트에서 적정한 가중치를 찾아 반영하는 것은 인스턴스 기반 러닝에서 핵심 문제다.

모든 훈련 인스턴스를 저장하는 것은 그렇게 필요치 않거나 바람직하지 않을 수도 있다. 우선 이는 최근접 이웃 방식을 견딜 수 없을 정도로 느리게 만들 수도 있다. 그다음으론 비현실적으로 많은 스토리지가 필요할지도 모른다. 일반적으로 속성 공간에서 어떤 영역은 클래스 입장에서 더 안정적이며, 이 영역에서는 몇 가지 견본exemplar만 필요하다. 예를 들어 클래스의 안쪽에 있는 예시들의 필요 개수가 클래스 경계 근처의 개수보다 훨씬 낮을 것으로 예상할 수 있다. 어떤 인스턴스를 취하고 어떤 것을 버려야 할지 정하는 것 역시 인스턴스 기반 러닝에서 또 다른 핵심 문제다.

인스턴스 기반 표현에서의 장애물은 드러나게 학습 구조를 만들지 않는다는 것이다. 어떤 의미에서 이것은 이 책의 시작 부분에서 제시한 '학습'의 개념에 위배된다. 인스턴스는 실제로 데이터의 패턴을 '설명'하지 않는다. 하지만 인스턴스는 거리 메트릭과 결합해 한 클래스를 다른 클래스와 구분할 수 있는 공간의 경계를 만든다. 예를 들어 두 클래스 각각의 단일 인스턴스가 주어지면 최근접 이웃 규칙은 인스턴스를 연결하는 선의 수직 이등분선을 따라 인스턴스 공간을 효과적으로 분할한다.

각 클래스에 몇 개의 인스턴스가 주어지면 공간은 한 클래스의 인스턴스를 다른 클래스 중 하나에 결합하는 선택된 선의 수직 이등분선들의 집합에 의해 나뉜다. 그림 3.10A는 채워진 점(●)을 비워진 점(○)으로부터 분리하는 구각형nine-side polygon을 보여 준다. 이 구각형을 그리는 작업은 최근접 이웃 방식의 묵시적인 작업이다.

훈련 인스턴스가 폐기되면 결과로써 각 클래스의 일부 중요한 예시만 저장한다. 그림 3.10B는 최근접 이웃 결정에 실제로 사용되는 예들을 보여 준다. 다른 것(연한 회색)은 결과에 영향을 주지 않기 때문에 버려도 되며 남은 예시들은 일종의 명시적인 지식 표현 역할을 한다.

어떤 인스턴스 기반 표현은 더 나아가 명시적으로 인스턴스를 일반화시키는데 보통 이

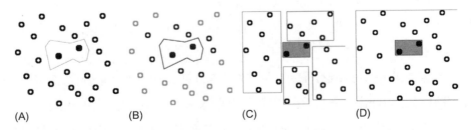

(A) (B) (C) (D)

그림 3.10 인스턴스 공간에서의 다양한 분할 방법

는 동일한 클래스 내 가까운 예시를 포함하는 직사각형 영역의 생성을 통해 이뤄진다. 그림 3.10C는 생성할 수 있는 직사각형 영역을 나타낸다. 이 사각형 중 하나의 안쪽에 떨어지는 언노운^{unknown} 예시들이 있다면 인접 클래스로 할당될 것이며, 모든 사각형에 속하지 않는 영역에 떨어지는 것들은 일반적으로 최근접 이웃 규칙의 적용을 받는다.

물론 이는 다른 결정 경계를 최근접 이웃 규칙으로부터 생성하며 이는 그림 3.10A의 다각형을 직사각형 위에 겹치는 모습이다. 직사각형 내에 있는 다각형 영역만 선택되며 직사각형의 경계를 따른다.

인스턴스 공간에서의 직사각형 일반화는 경계의 상, 하에 대한 숫자 변수들을 테스트하고 사이의 영역을 선택하는 특별한 형태의 조건 규칙과 같다. 사각형의 다른 차원은 AND 연산으로 연결된 다른 속성들 테스트에 해당된다. 테스트로 맞는 직사각형 영역을 선택하면 일반적으로 규칙 기반 머신러닝 체계에서 생성된 규칙보다 훨씬 더 보수적인 규칙이 생성되는데, 이는 영역의 각 경계에 대해 해당 경계에 있는 (또는 바로 내부에) 실제 인스턴스가 있기 때문이다. $x < a$와 같은 테스트(여기서 x는 속성값이며, a는 상수)는 전체 공간의 절반을 포함하며 x가 아무리 크더라도 a보다 작은 한 적용된다. 인스턴스 공간에서 사각형 생성 시 조금 보수적으로 접근해도 되는데, 만일 모든 사각형 영역 밖에서 새로운 예시를 만난다면 최근접 이웃 메트릭으로 대체할 수 있기 때문이다. 규칙 기반 방법을 사용하면 규칙이 적용되지 않는 경우 예시들이 분류되지 않거나 기본 분류로 할당된다. 좀 더 보수적인 규칙의 장점은 비록 불완전하지만 이 경우가 모든 사례를 커버하는 규칙 세트들보다 더 명쾌하다는 것이다. 마지막으로 영역들이 서로 겹치지 않도록 하는 것은 최대 하나의 규칙을 하나의 예시에 적용해 규칙 기반 시스템의 또 다른 어려움(여러 규칙이 적용될 때 수행할 작업)을 제거한다.

좀 더 복잡한 형태의 일반화는 다른 사각형 안쪽에 사각형 생성을 허용하는 형태다. 그러면 영역은 그림 3.10D와 같이 기본적으로는 하나의 클래스이지만 내부에는 다른 클래스가 존재하게 된다. 내부 영역 자체가 다른 클래스(아마 외부 영역의 원래 클래스가 될 것이다)의 자체 내부 영역을 포함할 수 있도록 중첩 형태를 허용할 수 있으며 이는 3.5절에서 규칙의 예외 그리고 예외의 예외를 허용하는 것과 유사하다.

예시 공간상에 있는 경계의 관점에서 인스턴스 기반 러닝의 시각화 기술의 작은 위험성을 짚고 넘어가야 한다. 그 위험성이란 속성이 명목 속성보다는 수치 속성이라는 묵시적인 가정을 의미한다. 만약 명목 속성이 가질 수 있는 다양한 값이 선을 따라 위치한다면 이 선의 세그먼트를 포함하는 일반화는 의미가 없게 되며, 각 테스트는 속성의 하나의 값 또는 모든 값(또는 값들의 임의의 하위 집합)을 포함한다. 그림 3.10의 예제들을 몇 가지 차원으로 확장하는 것은 상상하기 쉽지만 명목 속성을 포함하는 규칙들이 다차원 인스턴스 공간에서 어떻게 보일지 상상하는 것은 쉽지 않다. 많은 머신러닝은 수많은 속성들을 포함하며 고차원 공간으로 확장이 될 때 우리의 예측은 빗나가는 경우가 많다.

3.6 클러스터

분류가 아닌 클러스터cluster가 학습이 되면 결과물은 인스턴스가 어떻게 클러스터에 매핑되는지 보여 주는 다이어그램 형태가 된다. 가장 단순한 경우는 각 인스턴스에 클러스터 번호를 연관시키는 것이며, 그림 3.11A에서 보여 주는 바와 같이 인스턴스를 2차원으로 배치하고 공간을 각 클러스터를 보여 주도록 분할하는 모습으로 나타낼 수 있다.

어떤 클러스터링 알고리듬은 하나의 인스턴스가 다수의 클러스터에 매핑되는 것을 허용해, 이 경우 다이어그램은 2차원으로 배치되고 각 클러스터를 표현하는데 하위 세트가 오버래핑된다. 이를 벤 다이어그램Ven diagram이라고 하며 그림 3.11B가 이를 나타낸다.

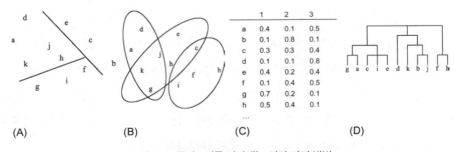

그림 3.11 클러스터를 나타내는 여러 가지 방법

일부 알고리듬은 인스턴스와 클러스터를 범주가 아닌 확률적으로 연결한다. 이 경우 모든 인스턴스에 대해 각 클러스터에 속하는 확률 또는 클러스터 멤버 단계가 존재하며 이는 그림 3.11C에 나타냈다. 이 특별한 관계는 확률적이므로 각 예시의 숫자들의 합은 1이 된다. 하지만 항상 그런 것은 아니다. 또 다른 알고리듬은 클러스터의 계층적 구조를 출력한다. 인스턴스 공간의 최상위 레벨은 수 개의 클러스터로 나뉘며 각 클러스터는 다시 하위 클러스터들로 나뉜다. 이 경우 그림 3.11D에서와 같은 구조가 사용되며 여기에서 하위 레벨에서의 조합이 상위 레벨에서의 조합보다 더 밀집돼 있다. 이런 다이어그램을 덴드로그램dendrogram이라고 하는데 뜻은 트리 다이어그램tree diagram과 동일하나(그리스어로 dendron은 tree를 의미한다), 클러스터링에서는 좀 더 이국적인 버전이 좀 더 선호되는데 아마 생물학적 종species이 클러스터링 기법의 주요 응용 분야이기 때문일 것이다. 고대 언어는 생물학적 명명에 자주 사용된다.

클러스터링에는 종종 각 인스턴스를 소속 클러스터에 할당하는 결정 트리 또는 규칙 세트를 추론하는 단계가 뒤따른다. 그러면 클러스터링 작업은 구조적 디스크립션으로 가기 위한 한 단계에 불과하게 된다.

3.7 심화 자료 및 참고 문헌

지식의 표현은 고전적인 인공지능의 주요 논제이며 초기 작업은 Brachman과 Levesque (1985)의 논문들에 의해 광범위하게 다뤄졌다. 인덕티브 로직 프로그래밍 영역과 관련 논제들은 Raedt(2008)의 저서인 『Logical and relational learning』에서 잘 다루고 있다.

우리는 각기 다른 규칙 간의 충돌을 다루는 문제들을 언급했다. 이를 위한 다양한 방법들을 '충돌 해결 전략conflict resolution strategies'이라 부르며 규칙 기반 프로그래밍 시스템에서의 사용을 위해 발전됐다. 이 내용들은 Brownstown, Farrell, Kant, Martin(1985)의 저서에서 기술돼 있다. 하지만 이들은 학습된 것보다는 손으로 만든 규칙 세트들을 위해 만들어졌다. 큰 데이터셋을 위한 예외 사항을 포함한 손으로 만든 규칙 세트들의 사용에 대해서는 Gaines와 Compton(1995)에 의해 연구됐고 Richards와 Compton(1998)은 고전적 지식 엔지니어링의 대안으로서의 이들의 역할을 설명한다.

　콘셉트 표현의 다양한 형태에 대해 예시로부터 추론된 머신러닝 방법을 기술한 논문에서 정보는 찾을 수 있으며, 이는 4장, '알고리듬 – 기본 방식'의 '참고 문헌 및 읽을거리' 및 6장, '트리와 규칙' 및 7장, '인스턴스 기반 및 선형 모델의 확장'에서의 '토론' 절에서 언급할 것이다. 마지막으로 확률 분포 형태의 콘셉트의 표현을 위한 가시적 모델은 9장, '확률적 방법'에서 설명할 것이다.

04

알고리듬 - 기본 방식

지금까지 어떻게 입력과 출력이 표현될 수 있는지를 봤으며, 이제 러닝 알고리듬 자체를 봐야 할 시간이 왔다. 4장에서는 실제 데이터 마이닝에 사용되는 기술 속의 기본 아이디어를 설명한다. 너무 깊은 주제들(개선된 알고리듬, 가능한 최적화 실제 일어날 수 있는 복잡도)은 다루지 않을 것이다. 이런 주제들은 2부에서 머신러닝 및 데이터 전환에 대한 심도 있는 주제와 함께 다룰 것이다. 이 심도 있는 이슈들을 통해 특정 데이터셋을 분석할 때 어떤 일이 일어나는지 알 수 있다.

4장에서는 기본 개념을 살펴본다. 교육 경험상, 단순한 아이디어가 가장 잘 작동하며 실제 데이터셋 분석 시 이 '단순한 것 먼저simplisy-first' 원칙을 강하게 추천한다. 어떤 데이터셋에서는 속성 하나만이 모든 역할을 하며 나머지는 무관하거나 역할이 미미할 수 있다. 또 다른 데이터셋에서는 속성들이 독립적으로 동등하게 최종 결과에 기여하기도 한다. 또 어떤 데이터셋은 단순히 몇 개의 속성만을 포함한 단순 논리 구조를 가질 수도 있으며 또 다른 데이터셋은 서로 다른 클래스로의 인스턴스 할당에 대한 몇 가지 독립적인 규칙이 존재할 수 있다. 어떤 데이터셋은 서로 다른 속성의 하위 세트 간의 의존성을 나타낼 수 있으며 또 어떤 데이터셋은 수치 속성에 대한 선형 의존성을 포함할 수 있으며 이 경우에서 중요한 것은 적절한 가중치가 반영된 속성값의 총합이다. 어떤 데이터셋에서는 인스턴스 공간의 특정 지역이 인스턴스 간의 거리에 의해 다뤄질 수 있으며 또 어떤 데이터셋에서는 어떠한 클래스도 주어지지 않을 수 있다(이를 비지도 학습이라고 한다).

가능한 데이터셋에서는 발생할 수 있는 다양한 종류의 구조들이 있고, 데이터 마이닝 도구는 아무리 좋은 도구라도 구조의 클래스 하나를 찾는 활동 때문에 다른 종류의 정규화를 놓칠 수 있다. 그 결과 알기 쉬운 구조 대신 기괴하고 불투명한 분류 구조가 된다.

위에서 기술된 각각 다른 종류의 8개의 데이터셋 예제들은 밑에 깔려 있는 콘셉트를 보여 주는 각기 다른 머신러닝 구조에 매핑된다. 8장의 각 절에서는 이런 스키마들을 차례로 살펴보며, 마지막 절에서는 여러 개의 인스턴스로 이뤄져 있는 다중 인스턴스 문제들을 간단하게 다루는 방법을 소개한다.

4.1 기본 규칙 추론

일련의 인스턴스로부터 분류 규칙을 찾는 가장 쉬운 방법이 있으니 이를 1R 또는 1-rule('원룰'이라고 읽는다)이라고 한다. 이 방법은 하나의 특정 속성을 테스트하는 규칙 세트 형태의 단일 레벨 결정 트리를 생성한다. 1R은 데이터의 구조를 상징화하기에 좋은 규칙들과 종종 같이 수행되는 간단한 방법이며 때로는 이런 단순한 방법이 놀라울 정도의 정확도를 띠기도 한다. 이는 아마도 많은 실제 세계에 깔려 있는 데이터셋이 기본적이고, 하나의 속성만으로도 해당 속성의 클래스를 정확히 정의하기에 충분하기 때문일 것이다. 모든 이벤트에서는 '단순한 것 먼저simplest thing first' 전략이 좋은 접근법이다.

기본 아이디어는 이렇다. 먼저 단일 속성 및 이에 대한 브랜치를 테스트할 규칙을 생성한다. 각 브랜치는 속성의 서로 다른 값들과 매칭된다. 각 브랜치에 가장 적합한 분류가 무엇인지는 분명한데 훈련 데이터에서 가장 자주 발생하는 클래스를 사용하면 된다. 그러면 규칙의 오류 발생률을 쉽게 정의할 수 있는데 훈련 데이터에서 발생하는 오류 사

```
For each attribute,
  For each value of that attribute, make a rule as follows:
    count how often each class appears
    find the most frequent class
    make the rule assign that class to this attribute-value.
  Calculate the error rate of the rules.
Choose the rules with the smallest error rate.
```

그림 4.1 1R을 위한 의사 코드

레의 수, 다시 말해 주요 클래스^majority class에 속하지 않는 인스턴스를 카운트하기만 하면
된다.

각 속성은 각기 다른 규칙 세트들을 생성하며 모든 속성값은 하나의 규칙에 매핑된다.
각 속성의 규칙 세트들의 오류 발생률을 측정하고 발생률이 제일 작은 것을 선택한다. 그
게 끝이다! 그림 4.1은 이 알고리듬을 의사 코드로 나타내고 있다.

1R이 어떤 방식으로 동작하는지 보고자 표 1.2의 날씨 데이터를 생각해 보자(앞으로 알
고리듬 동작 방식을 설명하고자 이를 자주 거론할 것이다). 마지막 열인 Play(게임 가능 여부)를 분
류하고자 1R은 4가지 규칙 세트를 각 속성에 하나씩 맞춰 사용한다. 이 과정이 표 4.1에
나타나 있다. 별표(*)는 2개의 출력 가능 값 사이의 랜덤 선택을 의미한다. 전체적으로 규
칙 세트에 대한 전체 오류 수와 함께 각 규칙에 대한 오류 수가 제공된다. 1R은 오류 수
를 가장 적게 발생시키는 속성을 선택하는데 여기서는 첫 번째와 세 번째가 된다. 두 규
칙 세트 묶음을 임의로 쪼개 하나만 선택을 해보자.[1]

```
outlook : sunny → No
          overcast → Yes
          rainy → Yes
```

날씨 데이터를 위한 Play가 지정되지 않았다는 것에 주목했다. 이에 따르면 날씨가 흐
리거나 비가 오면 게임은 실행되지만, 맑은 날에는 실행되지 않는다. 아마 이는 실내 스
포츠일 경우가 아닐까 생각한다.

놀랍게도 이의 단순함에 비해 1R은 비교 작업을 뛰어난 러닝 구조로 수행한다. 단일

---

1   여기서는 표 4.1의 첫 번째 행을 임의 선택했다. - 옮긴이

표 4.1 날씨 데이터에서 각 속성의 평가

	속성	규칙	오류	오류 합계
1	Outlook	Sunny → no	2/5	4/14
		Overcast → yes	0/4	
		Rainy → yes	2/5	
2	Temperature	Hot → no*	2/4	5/14
		Mild → yes	2/6	
		Cool → yes	1/4	
3	Humidity	High → no	3/7	4/14
		Normal → yes	1/7	
4	Windy	False → yes	2/8	5/14
		True → no*	3/6	

속성을 테스트하는 규칙들은 때로는 더 복잡한 구조에 대한 실행 가능한 대안이 되며, 보다 정교한 러닝 구조로 진행하기 전에 기본 성능을 설정하는 '단순한 것 먼저' 방법론을 강력히 권장한다. 하지만 이 방법은 불가피하게 복잡한 어려운 결과물을 만든다.

유실값 및 수치 속성

매우 초보적인 러닝 구조이지만 1R은 유실된 값과 수치 속성을 모두 다루며 그 방법은 간단하면서도 효과적이다. '유실missing'은 또 다른 속성값으로 다뤄지며, 다시 말해 날씨 데이터 중 'outlook' 속성에 유실값이 포함되면 이 속성 세트에서 일기예보에는 가능한 클래스 값들(Sunny, Overcast, Rainy)에 네 번째로 '유실missing'이 추가된다.

간단한 분산discretization 기법을 사용해 수치 속성들을 명목 속성으로 바꿀 수 있다. 먼저 훈련 예제들을 수치 속성값들에 따라 정렬시킨다. 그러면 일련의 클래스 값들이 만들어진다. 예를 들어 날씨 데이터(표 1.3)의 수치 버전을 온도 값을 기준으로 정렬할 때 다음과 같이 된다.

64	65	68	69	70	71	72	72	75	75	80	81	83	85
Yes	No	Yes	Yes	Yes	No	No	Yes	Yes	Yes	No	Yes	Yes	No

분산은 구분자를 둬 이 결과를 분할한다. 그 하나의 예로서 클래스 값이 변하는 지점에 구분자를 두면 아래와 같다.

Yes	No	Yes Yes Yes	No No	Yes Yes Yes	No	Yes Yes	No

구분자에 해당하는 값을 예제 값들의 중간값으로 선택하고 그 값들인 64.5, 66.5, 70.5, 72, 77.5, 80.5, 84를 위치시킨다. 그러나 이 중 72인 경우가 문제가 되는데 그 앞 및 뒤의 온도 값이 72로 동일하지만 다른 클래스로 구분되기 때문이다. 이에 대한 간단한 대응책은 72에 해당하는 경곗값을 73.5로 이동시켜 결과가 No가 주요 클래스인 혼합 구간을 만드는 것이다.

또 하나의 심각한 문제는 이 방식이 많은 양의 카테고리를 만든다는 점이다. 1R 방식은 여러 범주로 분할되는 속성에 자연적으로 끌리게 되는데 이는 데이터셋을 많은 클래스로 분할하고 인스턴스들이 분할된 파티션에서의 동일한 클래스가 주요 클래스가 되도록 하기 때문이다. 사실 제한 사례[2]는 각 인스턴스(예를 들어 '식별 코드identification code' 속성은 해당 인스턴스를 바로 집어내는 역할을 한다)에 대한 서로 다른 값을 갖는 속성이며 이를 통해 훈련 세트의 오류율을 0으로 만들 수 있는데 이는 각 파티션이 하나의 인스턴스만 갖고 있기 때문이다. 물론 고도로 분기되는 속성들은 일반적으로 새로운 예제를 만나면 잘 동작하지 않으며 실제로 식별 코드 속성은 훈련 세트 이외의 경우에는 어떤 정확한 예제도 가져오지 못할 것이다. 이런 현상을 오버피팅overfitting이라고 하며 이미 1장, '데이터마이닝… 이게 다 뭐죠?'에서 오버피팅 편향을 언급한 적이 있다. 앞으로 이 문제는 주기적으로 만날 것이다.

1R에서 오버피팅은 속성에 가능한 값이 많을 때 발생하는 경향이 있다. 결과적으로 수치 속성을 분산시킬 때 각 파티션 내 주요 클래스의 수에 최소 개수 제한이 부과된다. 이 제한값을 예를 들어 3이라고 하자. 이 제한은 앞의 두 파티션을 제외한 모든 파티션을 제거한다. 이를 대신해 새로운 파티셔닝 프로세스는 세 번의 yes(주요 클래스)가 나오는 것을

---

2   원문에서는 limiting case로 돼 있으나 의미에 맞게 의역했다. – 옮긴이

확인하기 시작한다.

```
Yes    No    Yes    Yes |    Yes    ...
```

하지만 다음 예제도 yes이므로 첫 번째 파티션에 이를 포함시켜도 문제는 없다. 이는 다음 부분으로 이어진다.

```
Yes  No  Yes  Yes  Yes | No  No  Yes  Yes  Yes | No  Yes  Yes  No
```

여기에서 각 파티션은 마지막을 제외하면 최소 3개의 주요 클래스(yes)를 포함하고 있다. 보통 마지막 파티션은 최소 수보다 항상 작다. 파티션의 경계는 다른 클래스들 사이에 정해진다.

인접 클래스가 앞의 2개 파티션과 같이 동일한 주요 클래스를 가질 때마다 두 파티션은 규칙 세트의 의미에 영향 없이 하나로 합쳐질 수 있다. 최종 분산은 다음과 같다.

```
Yes  No  Yes  Yes  Yes  No  No  Yes  Yes  Yes | No  Yes  Yes  No
```

이는 다음과 같은 규칙 세트를 만든다.

```
temperature : ≤77.5 → yes
              >77.5 → no
```

두 번째 규칙은 임의 선택을 포함했으며 실제로 no가 선택됐다. 만일 yes가 대신 선택됐다면 위와 같은 규칙의 분리는 의미 없을 것이다. 그리고 예제가 보여 주듯이 묶음의 분리를 쉽게 하고자 인접 카테고리를 사용하는 게 좋다. 사실 이 규칙은 훈련 세트에서 5개의 오류를 발생시키며 앞의 Outlook의 경우보다 덜 정확하다. 동일한 절차로 Humidity에 대한 다음 규칙이 적용된다.

```
humidity: ≤82.5 → yes
          >82.5 and ≤95.5 → no
          >95.5 → yes
```

이 규칙은 훈련 세트에서 3개의 오류만 발생시키며 표 1.3의 데이터에 적용한 '1-rule' 방식에서 가장 효과적인 규칙 세트다.

마지막으로 수치 속성이 유실값들을 갖고 있다면 이를 위한 별도의 카테고리가 추가되며 동일한 분산 절차가 속성값이 정의된 인스턴스에 적용된다.

4.2 간단한 확률 모델링

1R은 결정의 근거로 단일 속성을 사용하며 각 속성 중 가장 효과적인 것을 고르게 돼 있다. 1R 외에 다른 간단한 기법으로는 모든 속성을 사용해 이 속성들이 서로 독립적이고 동등한 가중치, 그리고 클래스 할당을 통해 결정하는 방법이 있다. 물론 이는 현실적이지는 않은데, 실제 데이터셋에서 속성은 동일한 가중치나 독립성을 갖고 있지 않기 때문이다. 하지만 이 방법은 실제로 잘 작동한다.

표 4.2는 속성값 쌍이 Play에 대한 각 값(yes 또는 no)이 발생하는 횟수를 계산해 얻은 날씨 데이터의 요약을 보여 준다. 예를 들어 표 1.2에서 Outlook이 Sunny인 5가지 예제 중에서 2가지가 play = yes, 3가지는 play = no다. 새로운 테이블의 첫 번째 행에 있는 셀에서는 단순히 이의 발생 빈도만이 기입돼 있으며 마지막 열의 play는 yes와 no의 총 발생 횟수가 적혀 있다. 표 아래쪽은 분수 또는 확률로 나타낸 동일한 정보가 들어 있다. 예를 들어 Play가 yes인 9일 동안 이틀이 Outlook이 Sunny였다면 분수로는 2/9가 된다. Play에 대해서는 분수가 다른데 play의 yes 및 no의 비율값이 된다.

이제 새로운 데이터를 만났다고 가정해 보자. 그 데이터 값들은 표 4.3에 기술돼 있다. 표 4.2의 5개 항목(Outlook, Temperature, Humidity, Windy, Play)이 yes 또는 no가 될 가능성을 다루며 모두 동일한 가중치를 갖고 독립적이라고 가정할 것이다. 이 예제들을 표 4.2에 대입해 yes가 나올 가능성을 구하면 아래와 같다.

$$yes가 나올 가능성 = 2/9 \times 3/9 \times 3/9 \times 3/9 \times 9/14 = 0.0053$$

위 식에서 분수들은 표 4.3의 데이터를 표 4.2의 yes인 경우에 대입해 가져온 값들이

표 4.2 날씨 데이터 개수 및 확률

Outlook	Yes	No	Temperature	Yes	No	Humidity	Yes	No	Windy	Yes	No	Play	Yes	No
Sunny	2	3	Hot	2	2	High	3	4	False	6	2		9	5
Overcast	4	0	Mild	4	2	Normal	6	1	True	3	3			
Rainy	3	2	Cool	3	1									
Sunny	2/9	3/5	Hot	2/9	2/5	High	3/9	4/5	False	6/9	2/5		9/14	5/14
Overcast	4/9	0/5	Mild	4/9	2/5	Normal	6/9	1/5	True	3/9	3/5			
Rainy	3/9	2/5	Cool	3/9	1/5									

표 4.3 새로운 예제 데이터

Outlook	Temperature	Humidity	Windy	Play
Sunny	Cool	High	True	?

며 마지막 9/14는 전체 예제 중에 게임 가능 여부가 yes인 날의 비율을 의미한다. 이와 유사하게 no의 가능성도 구해 보면 다음과 같다.

$$no가 나올 가능성 = 3/5 \times 1/5 \times 4/5 \times 3/5 \times 5/14 = 0.0206$$

이 결과는 새로운 데이터의 예측 결과가 no가 나올 가능성(0.0206)이 yes가 나올 가능성(0.0053)보다 더 크다는 것을 뜻한다. 이를 확률 식으로 총합이 1이 되도록 정규화하면 다음과 같다.

$$yes의\ 확률 = \frac{0.0053}{0.0053 + 0.0206} = 20.5\%$$

$$no의\ 확률 = \frac{0.0206}{0.0053 + 0.0206} = 79.5\%$$

이 간단한 방법은 조건 확률의 베이즈^{Bayes} 규칙을 기반으로 한다. 베이즈 규칙에 의하면 가설 H와 이에 대한 증거^{evidence} E가 있다면 다음과 같다.

$$P(E|H) = N! \times \prod_{i=1}^{k} \frac{P_i^{n_j}}{n_j!} \tag{4.1}$$

여기에서 $P(A)$는 이벤트 A의 확률을 의미하며, $P(A|B)$는 다른 이벤트 B의 조건하에서의 A의 확률을 뜻한다. 가설 H는 Play(게임 가능 여부)가 yes가 되는 경우이며 이때 $P(H|E)$는 20.5%로 나타난다. 이는 앞에서 계산한 식과 같다. 증거 E는 새로운 예제 데이터에 대한 속성의 특정 조합이며 여기서는 표 4.3과 같이 Outlook = Sunny, Temperature = Cool, Humidity = High, Windy = True의 경우가 된다. 이 증거의 속성들이 서로 독립적이라고 가정하면 조합 후의 확률은 이 확률 값들의 곱으로 표현할 수 있다. 이 4가지의 증거를 각각 E_1, E_2, E_3, E_4라고 하자. 각각 서로에 영향을 주지 않고 독립

적이라고 가정하면(주어진 클래스) 확률에 대한 조합은 각 확률의 곱과 같다.

$$P(yes|E) = \frac{P(E_1|yes) \times P(E_2|yes) \times P(E_3|yes) \times P(E_4|yes) \times P(yes)}{P(E)} \tag{4.2}$$

분모에 대해선 걱정하지 않아도 된다. *yes*와 *no* 가능성의 합을 1로 정규화하면 마지막 단계에서 분모는 없어진다. 마지막의 $P(yes)$는 *yes*가 어떤 증거 E 없이 발생할 확률, 즉 어떤 특정한 날이 아닌 모든 날에서 발생하는 조건이며 이를 가설 H의 사전 확률prior probability이라고 부른다. 이 경우에서 우선 확률은 9/14인데 14개의 훈련 예제 중 9개가 play = yes가 되기 때문이다.

표 4.2에서의 분수값들로 위 식을 치환하면 아래와 같이 된다.

$$P(yes|E) = \frac{2/9 \times 3/9 \times 3/9 \times 3/9 \times 9/14}{P(E)}$$

앞에서 이에 대한 계산을 했다. 다시 말하지만 $P(E)$는 정규화 작업에서 없어진다.

이 방법을 나이브 베이즈Naïve Bayes라고 부르는데 이는 베이즈Bayes의 규칙을 기반으로 '순진하게naïvely' 독립성을 가정하기 때문이며, 각 이벤트들이 독립적일 때의 확률을 곱할 때만 유효하다. 실제로 속성들이 독립적이라는 가정(주어진 클래스)은 확실히 단순하기는 하다. 세련되지 못한 이름에도 불구하고 나이브 베이즈는 실제 데이터셋으로 테스트 시 잘 작동하며, 특히 8장, '데이터 변환'에서 소개되는 일부 속성의 선택 절차에서 중복되고 독립적이지 않은 속성을 제거할 때 유용하게 사용된다.

특정 속성값이 모든 클래스 값과 연계돼 훈련 세트에서 나타나지 않으면 상황은 심각하게 흘러간다. 예를 들어 훈련 데이터에서 'Outlook = Sunny'은 항상 Play의 'no'와 연계돼 있다고 가정해 보자. 새로운 데이터 중 'Outlook = Sunny'에 만일 'yes'가 주어졌으면 $P(outlook = sunny | yes)$는 0이 될 것이며, 이는 위 예제에서 다른 확률은 아무리 수가 크더라도 이 값을 곱하기 때문에 *yes*의 최종 확률도 역시 0이 될 것이다. 0의 확률은 다른 확률들을 무력화시키며 이는 별로 좋은 아이디어는 아니다. 하지만 이런 버그bug는 빈

도로부터의 확률 계산 방법을 통한 가벼운 조정으로 쉽게 잡힌다.

예를 들어 표 4.2의 상위 부분은 'Play = yes'인 동안 'Outlook = Sunny'는 2개 예시를, 'Outlook = Overcast'는 4개, 'Outlook = Rainy'는 3개, 그리고 하위 부분은 발생 확률을 보여 주는데 각각 2/9, 4/9, 3/9가 된다. 대신에 1을 각 분자에 더하고 분모에는 3을 더해 확률값들을 각각 3/12, 5/12, 4/12를 만든다. 이 과정을 통해 확률이 0인 속성이 발생해도 이를 0이 아닌 값으로 만들어 준다. 이런 기법을 라플라스 추정기$^{Laplace\ estimator}$라고 부르는데 18세기 프랑스의 수학자인 피에르 라플라스$^{Pierre\ Laplace}$가 고안했다. 이 방법은 잘 작동하며 분자에 1이 아니라 다른 값이 더해질 수도 있다. 더해지는 작은 상수를 μ라고 하면 앞의 과정은 아래의 식으로 표현될 수 있다.

$$\frac{2+\mu/3}{9+\mu}, \quad \frac{4+\mu/3}{9+\mu}, \quad \frac{3+\mu/3}{9+\mu}$$

앞에서 계산한 경우에서는 μ가 3이 되는 경우이며 위 식에선 각 초깃값에 1/3씩 가중치를 효율적으로 분배했다. μ값이 커진다는 의미는 앞의 훈련 세트의 새로운 예제 데이터들에 비해 중요도가 커진다는 뜻이며 반면에 작아지면 중요도가 낮아진다는 뜻이다. 최종적으로는 μ를 3으로 동등하게 나누기보다는 일반화를 시켜 아래와 같이 쓸 수 있다.

$$\frac{2+\mu p_1}{9+\mu}, \quad \frac{4+\mu p_2}{9+\mu}, \quad \frac{3+\mu p_3}{9+\mu}$$

이때 p_1, p_2, p_3의 합은 1이 되며 이 세 숫자는 각각 Sunny, Overcast, Rainy에 대한 Outlook 속성값의 사전 확률이 된다.

가상의 데이터를 위한 의사 카운트^{pseudocount}를 사용해 매개 변수를 조정하는 이 기법은 확률적 프레임워크를 사용해 정당화시킬 수 있다. 각 파라미터(이 경우에서는 3개의 숫자)가 확률 분포와 연관이 있다고 생각해 보자. 이 개념을 베이지안 공식$^{Bayesian\ fomulation}$이라고 하며 9장, '확률적 방법'에서 좀 더 자세히 다룰 것이다. '사전^{prior}' 분포는 처음 정보들의 중요도를 나타내며, 훈련 세트로부터 새로운 증거^{evidence}가 들어오면 이들은 해당 정보를 고려한 '사후posterior' 분포로 바뀐다. 만일 사전 분포가 디리클레Dirichlet[3] 분포라는 특별한 형태를 띤다면 사후 분포도 동일한 형태를 띤다. 디리클레 분포는 부록 A.2를 참고하기 바란다.

요지는 위 예의 일반화를 통해 사후 분포의 평균값이 사전 분포에서 계산된다는 것이다. 따라서 이런 휴리스틱 조정 기법은 파라미터의 평균이 0이 아닌 값으로 디리클레 사전 분포 사용과 연결되고 파라미터를 위한 업데이트된 추정치처럼 사후 분포 평균에서 값을 취하기 때문에 이론적으로는 문제가 없다.

이 베이지안 공식은 엄격한 이론적 틀에서 파생된다는 이점이 있지만, 실용적인 관점에서 보면 사전 확률을 어떻게 할당하는지 지정하는 데 도움을 주지는 않는다. 실제로 파라미터 추정에서 0 값을 피하는 한 충분한 수의 훈련 인스턴스가 주어지면 사전 확률은 거의 차이가 없으며, 일반적으로 모든 카운트를 0 대신 1로 초기화한 라플라스 추정기를 사용해 빈도를 추정한다.

유실값과 수치 속성

나이브 베이즈의 진정한 장점 중의 하나는 유실값들이 있어도 전혀 문제가 되지 않는다는 것이다. 예를 들어 Outlook의 값들이 표 4.3에서 유실이 됐다고 가정하면 계산은 그냥 유실 부분만 빼고 하면 된다.

$$yes의\ 발생\ 가능성 = 3/9 \times 3/9 \times 3/9 \times 9/14 = 0.0238$$
$$no의\ 발생\ 가능성 = 1/5 \times 4/5 \times 3/5 \times 5/14 = 0.0343$$

계산된 두 수는 각각 앞에서 계산된 것보다 더 큰데 이는 분수 하나가 없어졌기 때문이다. 하지만 이는 문제가 되지 않는데 두 사례 모두에서 분수가 빠졌고 결괏값들은 이후에 정규화 과정을 거칠 것이기 때문이다. 이 과정은 yes와 no를 각각 41% 및 59%로 계산

---

3   페터 디리클레(Peter Gustav Lejeune Dirichlet, 1805~1859): 독일의 수학자. 소수 분포에 대해 디리클레의 정리, 페리에 급수의 정리, 경계치 문제 등 수론(數論), 해석학 등 다양한 분야에 공헌했다. 현재 사용되는 함수의 개념을 제창했다. – 옮긴이

한다.

훈련 인스턴스에서 값이 누락된 경우 빈도수에 포함되지 않으며 확률 비율은 총 인스턴스 수가 아니라 실제로 발생하는 값들의 개수를 기반으로 한다.

수치들은 보통 이것들이 '정규^{normal}', 또는 '가우시안' 확률 분포를 가진다는 가정하에 다뤄진다. 표 4.4는 표 1.3에서의 수치들을 활용한 날씨 데이터의 요약을 보여 준다. 명목 속성의 경우 앞에서처럼 r개수를 계산하고 수치 속성의 경우 발생하는 값을 나열한다. 그 후에 명목 속성에서 한 것처럼 개수를 확률로 정규화하는 대신에 각 클래스 및 명목 속성의 평균 및 표준 편차를 계산한다. yes인 경우 온도의 평균값은 73이며, 표준 편차는 6.2다. 여기서 평균은 산술 평균, 즉 값의 합을 값들의 개수로 나눈 것이고, 표준 편차는 먼저 표본 분산을 구하고자 각 값에서 평균을 빼고 결과를 제곱한 다음 이들을 모두 더하고 이를 값의 개수보다 1만큼 적은 값으로 나눈다. 이 '표본 분산'을 찾고 나면 표준 편차를 구하고자 이 값의 제곱근을 구한다. 이 방법이 평균과 표준 편차를 구하기 위한 표준 방법이다('1만큼 적은'은 샘플의 자유도 수와 관련이 있는데 이는 통계적 개념이며 여기까지는 다루지 않겠다).

평균 μ 그리고 표준 편차를 σ라 할 때 정규 분포에서의 확률 밀도 함수를 조금 어렵게 표현하면 아래와 같다.

$$f(x) = \frac{1}{\sqrt{2\pi}\sigma} e^{-\frac{(x-\mu)^2}{2\sigma^2}}$$

너무 어려워할 것 없다. 온도가 66일 경우 게임이 yes라고 가정을 한다면 여기에 $x = 66$, $\mu = 73$, $\sigma = 6.2$를 대입하기만 하면 된다. 이 경우 확률 밀도 함수에 대입해 보면 다음과 같다.

$$f(temperature = 66|yes) = \frac{1}{\sqrt{2\pi} \cdot 6.2} e^{-\frac{(66-73)^2}{2 \cdot 6.2^2}} = 0.0340$$

동일한 방식으로 습도가 90일 경우 게임 가능 여부가 yes인 확률 밀도는 다음과 같다.

$$f(humidity = 90|yes) = 0.0221$$

표 4.4 요약 통계가 포함된 날씨 데이터

Outlook	Yes	No	Temperature	Yes	No	Humidity	Yes	No	Windy	Yes	No	Play	Yes	No
Sunny	2	3		83	85		86	85	False	6	2		9	5
Overcast	4	0		70	80		96	90	True	3	3			
Rainy	3	2		68	65		80	70						
				64	72		65	95						
				69	71		70	91						
				75			80							
				75			70							
				72			90							
				81			75							
Sunny	2/9	3/5	Mean(평균)	73	74.6	Mean	79.1	86.2	False	6/9	2/5		9/14	5/14
Overcast	4/9	0/5	Std dev(표준편차)	6.2	7.9	Std dev	10.2	9.7	True	3/9	3/5			
Rainy	3/9	2/5												

160

표 4.5 새로운 날씨 데이터

Outlook	Temperature	Humidity	Windy	Play
Sunny	66	90	True	?

이벤트 하나에 대한 확률 밀도 함수는 확률과 밀접한 연관이 있지만 확률과 동일한 의미는 아니다. 온도가 연속 척도$^{\text{continuous scale[4]}}$인 경우 온도가 정확히 66일 경우(또는 63.1415926과 같은 다른 값)의 확률은 0에 가깝다. 밀도 함수 $f(x)$의 원래 의미는 수량이 x근처의 작은 영역에 존재하는 확률을 의미하며, 예를 들어 $x - \varepsilon/2$과 $x + \varepsilon/2$ 사이에 있을 확률이 $\varepsilon \cdot f(x)$라는 것이다. 이런 밀도 값을 사용할 때 정확도 수치 ε를 고려해야 한다고 생각할 수도 있지만 반드시 그럴 필요는 없다. 동일한 ε가 확률이 계산될 때 따르거나 취소되는 yes와 no의 발생 가능성은 동일하게 나타난다.

표 4.5의 데이터의 새로운 데이터를 사용해 확률을 계산해 보면 다음과 같다.

$$Yes의 \ 발생 \ 가능성 = 2/9 \times 0.0340 \times 0.0221 \times 3/9 \times 9/14 = 0.000036$$
$$no의 \ 발생 \ 가능성 = 3/5 \times 0.0279 \times 0.0381 \times 3/5 \times 5/14 = 0.000137$$

이를 사용해 각각의 확률을 구해 보면 다음과 같다.

$$yes의 \ 발생 \ 확률 = \frac{0.000036}{0.000036 + 0.000137} = 20.8\%$$

$$no의 \ 발생 \ 확률 = \frac{0.000137}{0.000036 + 0.000137} = 79.2\%$$

이 모습은 앞에서 표 4.3의 데이터를 적용해 계산된 확률과 매우 비슷하다. 이는 온도와 습도가 각각 66과 90인 경우가 이전에 'Cool'과 'High'로 기술된 경우와 유사한 확률을 갖고 있기 때문이다.

정규 분포 가정을 통해 나이브 베이즈의 구분자를 쉽게 확정해 수치 속성을 처리할 수

---

4   자료의 간격이 일정한 척도를 의미하며 등간 척도, 비율 척도가 이에 속한다. – 옮긴이

있다. 수치 속성값들이 누락된 경우 평균 및 표준 편차 계산은 존재하는 값만을 근거로 진행된다.

도큐먼트 분류를 위한 나이브 베이즈

머신러닝에서 또 하나의 중요 영역은 도큐먼트 분류다. 여기에서 각 인스턴스는 도큐먼트가 되며 인스턴스의 클래스는 도큐먼트의 주제가 된다. 도큐먼트는 뉴스 아이템이 될수 있으며 이 경우 클래스는 '국내 뉴스', '해외 뉴스', '금융 뉴스', '스포츠' 등이 나올 것이다. 도큐먼트는 안에 포함되는 단어들을 통해 특성이 파악된다. 도큐먼트 분류를 머신러닝에 적용하는 방법 중 하나는 존재하거나 빠진 단어들을 부울 속성으로 접근하는 것이다. 나이브 베이즈는 이 방식의 영역에 많이 쓰이는 기술이며 빠르고 정확한 결과를 보여준다.

하지만 이는 도큐먼트의 카테고리 지정에 유용한 각 단어의 발생 횟수를 고려하지는 않는다. 대신에 도큐먼트를 단어 주머니a bag of words 개념으로 볼 수 있는데 주머니는 도큐먼트 내 단어들의 세트를 의미한다. 하나의 단어는 세트 안에서 여러 번 나타나며 다른 단어들도 마찬가지다(기술적인 관점에서 세트는 각 멤버들을 한 번씩만 포함시키는데 주머니는 반복되는 요소들을 가질 수 있다). 단어 빈도word frequency는 수정된 나이브 베이즈인 다중 명목multinominal 나이브 베이즈라 불리는 기법을 적용해 다룰 수 있다.

n_1, n_2, ..., n_k를 단어 i가 도큐먼트 내에 나타나는 횟수라고 하고 P_1, P_2, ..., P_k를 카테고리 H에 있는 모든 도큐먼트의 샘플링 시 단어 i가 얻어지는 확률이라고 하자. 그리고 도큐먼트 내에서 단어의 위치나 정황context으로부터 확률은 독립적이라고 가정하자. 이 가정은 도큐먼트에서의 다항 분포multinomial distribution로 이어진다. 이 분포를 위해, 주어진 클래스 H의 도큐먼트 E에서 확률은(다시 말하면 베이즈 규칙에서 확률을 계산하기 위한 공식 $P(E|H)$는) 다음과 같다.

$$P(E|H) = N! \times \prod_{i=1}^{k} \frac{P_i{}^{n_i}}{n_i!}$$

여기서 $N = n_1 + n_2 \cdots + n_k$는 도큐먼트에서 나타나는 단어들의 수다. 팩토리얼을 한 이유는 단어 주머니 모델에 따라 각 단어의 발생 순서가 중요하지 않다는 사실을 설명하기 위함이다. P_i는 카테고리 H와 관련된 모든 도큐먼트 훈련의 텍스트에서 단어 i의 상대적 빈도를 계산해 추정된다. 실제로는 길이가 E와 동일한 도큐먼트를 생성하는 카테고리 H의 확률에 대한 항들이 추가될 수 있으나 이 부분은 모든 클래스들이 동일하다고 가정돼 보통은 생략된다.

예를 들어 단어집^{vocabulary}에 *yellow*, *blue* 2개 단어만 있고 특정 도큐먼트 클래스 H는 $P(yellow \mid H) = 75\%$, $P(blue \mid H) = 25\%$라고 가정하자(이 H라는 클래스를 아마 황록색$^{yellowish\ green}$ 도큐먼트라고 부를 수 있을 것이다). 내용이 *blue yellow blue*이고 길이 $N = 3$인 도큐먼트 E가 있다고 가정하자. 여기에서 가능한 단어 주머니는 4가지다.[5] 먼저 하나는 {*yellow yellow yellow*}의 경우이며 앞 공식에 의해 계산되는 확률은 다음과 같다.

$$P(\{yellow\ yellow\ yellow\} \mid H) = 3! \times \frac{0.75^3}{3!} \times \frac{0.25^0}{0!} = \frac{27}{64}$$

나머지 3개 경우도 확률을 계산하면 다음과 같다.

$$P(\{blue\ blue\ blue\} \mid H) = \frac{1}{64}$$

$$P(\{yellow\ yellow\ blue\} \mid H) = \frac{27}{64}$$

$$P(\{yellow\ blue\ blue\} \mid H) = \frac{9}{64}$$

E는 마지막 사례에 해당하며 (단어 주머니에서 단어 순서는 중요하지 않다는 것을 상기하라) 따라서 이 황록색 도큐먼트 모델이 나올 확률은 9/64, 또는 14%다. 또 다른 클래스(이를 H'라고 하자) $P(yellow \mid H') = 10\%$이고 $P(blue \mid H') = 90\%$인 청록색$^{bluish\ green}$ 도큐먼트의 예를 들어 보자. 이 모델 적용 시 E가 나올 확률은 24%다.

만일 2개의 클래스만 존재한다면 이는 E가 청록색 도큐먼트란 의미일까? 반드시 그렇

5　4개의 근거는 페어와이징 조합을 적용해서다. http://www.pairwise.org/ 참조 - 옮긴이

지는 않다. 앞에서 베이즈 규칙에서는 각 가설의 사전 확률을 고려해야 한다고 했다. 만일 청록색 도큐먼트의 경우가 황록색 도큐먼트의 경우보다 두 배 더 자주 나온다는 사실을 안다면 이는 14~24%의 차이를 극복하고 황록색 클래스에 균형을 맞추는 팁이 될 수 있다.

확률 공식에서의 팩토리얼은 실제 계산할 필요는 없는데 이는 (모든 클래스에서 동일하게) 정규화 과정에서 없어지기 때문이다. 하지만 공식에는 여전히 많은 작은 확률의 곱이 포함되며 이는 규모가 큰 도큐먼트에서는 언더플로^{underflow}를 유발할 수 있다. 이런 경우를 회피하고자 확률 대신 확률의 로그 값을 사용할 수 있다.

다항식의 나이브 베이즈 공식에서 도큐먼트의 클래스는 도큐먼트 내부의 단어들뿐만 아니라 단어들이 나타나는 빈도로도 정의된다. 보통 이 방법은 보통 나이브베이즈 도큐먼트 모델보다 잘 작동하는데 특히 대용량 도큐먼트에서 잘 작동한다.

참고

나이브 베이즈는 확률적 지식을 표현, 사용, 학습하는 데 명확하고 간단한 접근 방식을 제공하며 주목할 만한 결과를 내놓는다. 사람들은 나이브 베이즈의 대항마로서 그리고 뛰어난 플랫폼으로서 많은 데이터셋을 위한 더 정교한 분류기를 찾는다. 교훈은 항상 간단한 것부터 먼저 해봐야 한다는 것이다. 오랜 노력 끝에 사람들은 결국 정교한 학습 방법을 사용해 좋은 결과를 얻을 수 있었지만 나중에는 1R 및 나이브 베이즈와 같은 간단한 방법이 오히려 더 효과가 있다는 것을 알았다. 이 간단한 방법들이 분류 문제에 효과가 있는 첫 번째 이유는 분류 정확도를 극대화시키는 데 정확한 확률 추정(수치)을 요구하지 않기 때문이다. 결과가 될 클래스가 가장 큰 확률을 받는 것만으로 충분하다.

나이브 베이즈가 적용되기 어려운 데이터셋은 많이 있으며, 그 이유를 찾는 것은 어렵지 않다. 속성들은 주어진 클래스 내에서 독립적인 것처럼 다뤄지기 때문에 중복 속성을 추가하면 바로 러닝 프로세스를 왜곡시키기 때문이다. 극단적인 예로 날씨 데이터에 온도와 동일한 데이터를 갖는 속성을 추가한다면 온도 속성의 영향은 두 배가 될 것이며 이는 최종 결과에 상당한 영향을 미칠 것이다. 이런 속성들을 10개 더 추가한다면 결과는 온도 하나만으로도 좌지우지하게 된다. 속성 간의 종속성은 불가피하게 나이브 베이즈의 효과를 감소시킨다. 하지만 이는 결정 프로세스 내에서 속성 하위 집합을 사용해 개선할 수 있으며 사용할 속성을 신중하게 선택할 수 있게 한다. 자세한 내용은 8장, '데이터 변환'에서 다룰 것이다.

수치 속성을 위한 정규 분포 가정은 여기서 설명한 공식에서도 알 수 있듯이 나이브 베이즈의 또 다른 제약 사항이다. 많은 기능이 실제로는 단순하게 정규 분포를 따르지는 않으며, 다른 분포를 사용할 수도 있다. 정규 분포가 마법의 지팡이는 아니다. 특정 속성이 다른 분포를 따를 가능성이 있다는 것이 파악됐다면 해당 분포에 대한 표준 추정 절차를 대신 써도 된다. 정규를 따르지는 않은 것 같지만 실제 분포를 모르는 경우 해당 속성값에 대해 특정 분포를 가정하지 않은 '커널 밀도 추정' 절차가 있다. 이것 이외에 또 다른 방법은 그냥 데이터를 이산화^{discretize}하는 것이다.

나이브 베이즈는 매우 간단한 확률 모델이며 더 정교한 모델은 9장, '확률적 방법'에서 다룰 것이다.

4.3 분할 정복: 결정 트리의 구축

결정 트리 구축 문제는 재귀적으로 표현할 수 있다. 먼저 루트 노드에 위치할 속성 하나를 선택한다. 다음에 속성이 가질 수 있는 값들로 브랜치를 만든다. 이렇게 하면 예제 집합이 속성의 모든 값에 대해 하나씩 하위 집합으로 분할된다. 이제 프로세스가 실제 브랜치까지 도달하는 이 인스턴스들만을 사용해 각 브랜치를 따라 반복적으로 수행된다. 항상 노드에 있는 모든 인스턴스가 동일한 분류를 가진다면 트리의 이 부분은 더 이상 진행되지 않는다.

이제 남은 것은 서로 다른 클래스로 주어진 예제 세트에서 어떻게 어떤 속성들을 분리할지 결정하는 것이다. 다시 한번 날씨 데이터를 예로 들어 보면 각 분할마다 4가지의 확률이 있으며 가장 상위 레벨에서 그림 4.2와 같이 각 확률은 트리를 만든다. 이 중 어떤 것이 최상의 선택일까? 각 리프에 *yes* 또는 *no* 클래스의 개수가 적혀 있다. *yes*나 *no* 하나만 있는 클래스의 경우에는 더 이상 분리되지 않으며 재귀적으로 트리를 타고 내려가는 프로세스는 종료될 것이다. 여기서는 크지 않은 트리를 찾기 때문에 가능한 한 이런 프로세스 종료가 빨리 일어나기를 바란다. 각 노드의 순도^{purity}를 측정했다면 가장 순도가 높은 자식 노드를 생성하는 속성을 선택할 수 있다. 잠깐 시간을 내어 그림 4.2를 보고 어떤 속성이 최선의 선택인지 한번 생각해 보라.

사용할 순도의 측정은 '정보^{information}'라고 부르며 측정의 단위는 비트^{bit}다. 트리의 노드와 연계해 비트는 새로운 인스턴스인 *yes* 또는 *no*로 분류돼야 되는지를 판단하고자 필요한 정보의 예상량을 나타낸다. 컴퓨터 메모리에서 사용되는 '비트'와는 달리 정보의 예상량은 일반적으로 비트 분수(엔트로피 값)로 돼 있으며 가끔 1보다 작을 수도 있다. 여기서

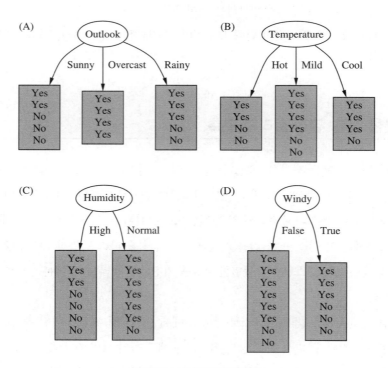

그림 4.2 날씨 데이터의 트리들

166

는 각 노드의 *yes* 및 *no*의 수로 계산되며 실제 계산 모습은 곧 보여 줄 것이다.

하지만 미리 어떻게 쓰이는지를 잠깐 설명하겠다. 그림 4.2의 첫 번째 트리를 계산하면 각 노드의 *yes*와 *no*의 수는 각각 [2,3], [4,0], [3,2]이며 각 노드의 정보 값은 다음과 같다.[6]

$$\text{Info}([2, 3]) = 0.971 \text{ bits}$$
$$\text{Info}([4, 0]) = 0.0 \text{ bits}$$
$$\text{Info}([3, 2]) = 0.971 \text{ bits}$$

이제 이들의 평균 정보의 값을 구할 것이며 이때 각 브랜치를 따라 내려가는 인스턴스의 수를 고려한다. 5가 첫 번째와 세 번째로 내려가며 4가 두 번째로 내려간다.

$$\text{Info}([2, 3], [4, 0], [3, 2]) = (5/14) \times 0.971 + (4/14) \times 0 + (5/14) \times 0.971$$
$$= 0.693 \text{ bits}$$

이 평균 값은 정보의 양을 표현하며 정보는 새로운 인스턴스의 클래스를 정의하는 데 필요하다고 여기는 것이다. 이는 그림 4.2A의 트리 구조와 같이 주어진다.

그림 4.2의 트리 구조가 처음 생기기 전에 루트의 훈련 예제는 9개의 *yes*와 5개의 *no* 노드로 이뤄져 있고 값이 다음과 같은 정보와 연동돼 있다.

$$\text{Info}([9, 5]) = 0.940 \text{bits}$$

따라서 그림 4.2A의 트리는 다음과 같이 정보 획득[Gain]을 계산한다.[7]

$$\text{Gain}(outlook) = \text{info}([9, 5]) - \text{info}([2, 3], [4, 0], [3, 2]) = 0.940 - 0.693$$
$$= 0.247 \text{ bits}$$

이는 Outlook 속성에 브랜치를 생성했을 때의 정보 값으로 해석될 수 있다.

이후 방법은 쉽게 추측할 수 있다. 각 속성에 대해 정보 획득을 계산하고 가장 많은 정보를 얻은 속성으로 분리한다. 그림 4.2의 경우에는 다음과 같다.

---

6 왜 이렇게 되는지는 뒤에 이어지는 '정보 계산' 부분을 참고하자. - 옮긴이
7 결국 이전의 엔트로피 평균과 이후 엔트로피 평균의 차이를 계산한 것이다. - 옮긴이

$$\text{Gain}(outlook) = 0.247 \text{ bits}$$
$$\text{Gain}(temperature) = 0.029 \text{ bits}$$
$$\text{Gain}(humidity) = 0.152 \text{ bits}$$
$$\text{Gain}(windy) = 0.048 \text{ bits}$$

이에 따라 Outlook을 트리의 루트를 분할하는 속성으로 선택한다. 다행히도 이는 여러분의 직관으로 선택할 경우의 결과와 일치한다. 이 선택은 1개의 자식 노드의 리프가 완전히 순수(여기서는 모두 *yes*, 또는 *no*인 경우)하게 되는 유일한 선택이며, 다른 속성에 비해 상당한 이점을 제공한다. Humidity는 차선의 선택이 되는데 정보 획득 값이 두 번째로 크기 때문이다(정보 획득 가능성이 두 번째).

여기부터 재귀적으로 반복한다. 그림 4.3은 Outlook이 'Sunny'일 때 도달한 노드로부터 브랜치를 추가로 만들 가능성을 보여 준다. 분명히 Outlook을 추가로 분할하더라도 새로운 것은 나타나지 않을 것이다. 따라서 다른 3개의 속성까지만 고려 대상으로 한다. 각 속성에서 차례대로 얻는 정보는 다음과 같다.

$$\text{Gain}(temperature) = 0.571 \text{ bits}$$
$$\text{Gain}(humidity) = 0.971 \text{ bits}$$
$$\text{Gain}(windy) = 0.020 \text{ bits}$$

Humidity의 정보 취득 값이 제일 크기 때문에(0.971) Humidity 속성을 구분 속성으로 선택한다. Humidity 이후에는 더 이상 하위 노드를 만들 필요가 없다. 이미 *yes*와 *no*가 완벽히 구분돼 있기 때문이다. 따라서 이 브랜치는 여기서 종료된다.

이런 방식을 재귀적으로 모든 브랜치에 적용하면 그림 4.4와 같은 형태로 나타나게 된다. 이상적으로는 모든 리프 노드가 순도 100%일 때(즉 각각이 동일한 클래스만 남을 때) 프로세스는 종료된다. 하지만 실제로는 이렇게 안 될 가능성이 있는데 다른 클래스의 2개의 예제를 포함하는 훈련 세트를 종료시킬 수 있는 게 없기 때문이다. 결론은 데이터를 더 이상 분리할 수 없을 때 프로세스를 종료하며 정보 취득 값이 0인 경우에도 종료한다. 정보 취득을 조건으로 종료하는 게 조금 더 보수적일 수 있는데 정보 취득 값이 0인 데이터가 동일한 클래스 분포를 나타내는 하위 집합으로 분할될 수 있는 경우가 발생하기 때문이다.

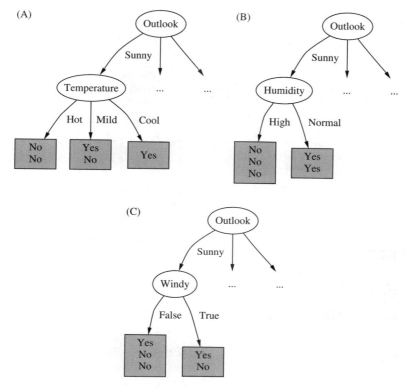

그림 4.3 날씨 데이터의 트리 확장[8]

정보의 계산

이제 서로 다른 분할을 평가하는 기초인 '정보'를 어떻게 측정하는지 설명하겠다. 이 절에서는 기본 사상을 기술하고 다음 절에서 보통 큰 수를 갖고 속성에서의 분할 선택 편향을 측정하고자 만들어지는 컬렉션을 갖고 연습을 해본다.

yes 및 *no*를 일정 수 갖고 있는 주어진 예제 클래스의 정의에 필요한 정보의 양을 계산하고자 세부 공식을 돌려보기 전에 수량을 예측할 수 있는 속성의 첫 번째 종류를 다음과

---

8   하위 노드의 브랜치 노드 값은 표 1.3을 참조해 가져온다. 예를 들어 (A)트리의 하위 노드가 '온도'의 경우 표 1.3에서 일기예보가 '맑음(sunny)'이고 온도가 '더움(Hot)'인 경우는 2개 경우가 있고 모두 결과가 No가 된다. 각각 맑음이면서 온화함의 경우는 No, Yes가 되며 맑음이면서 서늘함이면 모두 결과가 Yes가 된다. – 옮긴이

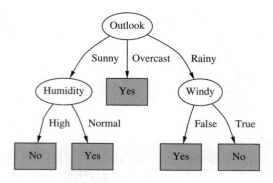

그림 4.4 날씨 데이터의 결정 트리 최종

같이 가정한다.

1. *yes*나 *no*의 수가 둘 다 0일 때 정보는 0이다.

2. *yes*나 *no*의 수가 같을 때 정보는 최대치다.

그리고 측정은 다중 클래스 상황에서도 가능해야 한다(2-클래스의 상황만 적용돼서는 안 된다).

정보의 측정은 결정을 세울 때 얻어지는 정보의 양과 연관되며 결정의 성격을 고려하면 좀 더 세부적인 정보의 속성들이 얻어진다. 결정은 단일 단계, 또는 여러 단계에서 일어날 수 있으며 포함되는 정보의 양은 양쪽 모두 동일하다. 예를 들어

$$\text{Info}([2,3,4])$$

에 포함되는 결정은 두 단계에서 만들어질 수 있다. 먼저 아래 사례가 첫 번째 사례인지 아니면 다른 두 사례 중의 하나인지를 결정한다.

$$\text{Info}([2,7])$$

그리고 만일 두 사례 중 하나라면 그 다른 하나는 다음과 같다.

$$\text{Info}([3,4])$$

가 될 것이다.

일부 사례에서는 명시적인 결정이 첫 번째 사례인 경우 두 번째 결정까지 만들 필요는 없다. 이를 고려하면 다음과 같은 식이 나온다.

$$\text{Info}([2,3,4]) = \text{info}([2,7]) + (7/9) \times \text{info}([3,4])$$

물론 이 특정 숫자들에는 특별한 것은 없으며 비슷한 관계가 실제값들에 관계없이 유지돼야 한다. 따라서 위 리스트에 조건을 더 추가할 수 있다.

3. 정보들은 앞에서 나타냈던 다단계 속성을 따라야 한다.

놀랍게도 이러한 모든 속성을 충족하는 함수는 하나뿐이며 이를 정보 값 또는 엔트로피entropy라고 한다.

$$\text{Entropy}(p_1, p_2, \ldots, p_n) = -p_1 \log p_1 - p_2 \log p_2 \ldots - p_n \log p_n$$

음의 부호가 붙은 이유는 분수 p_1, p_2, ..., p_n의 로그값들이 음수이며 엔트로피는 실제로 마이너스 값이다. 일반적으로 이들 로그는 밑수가 2가 되며 이에 엔트로피의 단위를 컴퓨터에서 사용되는 비트와 비슷한 비트bit로 부른다.

엔트로피 공식의 변수 p_1, p_2, ...는 분수 형태로 표현된다. 따라서 다음과 같다.

$$\text{Info}([2,3,4]) = \text{entropy}(2/9, 3/9, 4/9)$$

따라서 다단계 결정 속성은 일반적으로 다음과 같이 표현할 수 있다.

$$\text{Entropy}(p, q, r) = \text{entropy}(p, q+r) + (q+r) \cdot \text{entropy}\left(\frac{q}{q+r}, \frac{r}{q+r}\right)$$

여기에서 $p + q + r = 1$이다.

로그 함수의 작동 방식 때문에 개별 분수들을 계산할 필요 없이 정보 측정을 계산할 수 있다.

$$\text{Info}([2, 3, 4]) = -2/9 \times \log 2/9 - 3/9 \times \log 3/9 - 4/9 \times \log 4/9$$
$$= [-2 \log 2 - 3 \log 3 - 4 \log 4 + 9 \log 9]/9$$

이는 정보 측정이 일반적으로 실제 측정되는 방법이다. 따라서 그림 4.2의 첫 번째 트리에서 첫 번째 노드의 정보 값은 다음과 같다.

$$\text{Info}([2, 3]) = -2/5 \times \log 2/5 - 3/5 \times \log 3/5 = 0.971 \text{ bits}$$

이는 앞에서 언급한 내용과 동일하다.

상위 브랜치 속성

일부 속성이 큰 값을 갖고 있고 여기로부터 많은 하위 노드를 갖고 있는 다중 분기가 발생하면 정보 취득 계산에 문제가 발생한다. 이 문제는 예를 들어 극단적인 사례이지만 데이터셋에서 각 인스턴스에 대해 속성이 다른 값을 가질 때(예를 들어 식별 코드 속성 같은) 잘 이해될 수 있다.

표 4.6은 추가 속성을 이용해 날씨 데이터를 보여 주고 있다. ID를 사용한 브랜치들은 그림 4.5처럼 나타날 수 있다. 이 속성의 주어진 값을 사용해 클래스를 확정하는 데 요구되는 예상 정보는 다음과 같다.

$$\frac{1}{14}(\text{info}([0, 1]) + \text{info}([0, 1]) + \text{info}([1, 0]) + \cdots + \text{info}([1, 0]) + \text{info}([0, 1]))$$

이 값은 0이 되는데 14개의 모든 항이 0이 나오기 때문이다. 그렇게 놀라울 일은 아니다. 식별 코드 속성은 인스턴스를 정의하는데 이는 표 4.6에서처럼 모호함 없이 깔끔하게 분류돼 있다. 결과적으로 이 속성의 정보 취득은 루트에서의 정보 취득이며 이때 $\text{Info}([9, 5]) = 0.940\text{bits}$가 된다. 이는 다른 속성에서의 정보 취득 값들보다 큰 값이며 ID 코드는 이에 따라 분할 기준 속성으로서 선택된다. 식별 코드상의 브랜칭은 알지 못하는 인스턴스의 클래스를 예측하는데 그렇게 좋지는 않다.

정보 취득의 측정 방식의 문제점은 가능한 값이 큰 속성을 선호하는 경향이 있다는 것

표 4.6 식별 코드가 있는 날씨 데이터

식별 코드	Outlook	Temperature	Humidity	Windy	Play
a	Sunny	Hot	High	False	No
b	Sunny	Hot	High	True	No
c	Overcast	Hot	High	False	Yes
d	Rainy	Mild	High	False	Yes
e	Rainy	Cool	Normal	False	Yes
f	Rainy	Cool	Normal	True	No
g	Overcast	Cool	Normal	True	Yes
h	Sunny	Mild	High	False	No
i	Sunny	Cool	Normal	False	Yes
j	Rainy	Mild	Normal	False	Yes
k	Sunny	Mild	Normal	True	Yes
l	Overcast	Mild	High	True	Yes
m	Overcast	Hot	Normal	False	Yes
n	Rainy	Mild	High	True	No

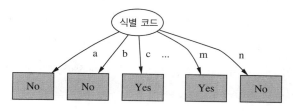

그림 4.5 식별 코드 속성에 대한 트리

이다. 이를 보완하고자 취득 비율$^{\text{gain ratio}}$이라는 것이 널리 쓰인다. 취득 비율은 클래스의 모든 정보를 무시하고 데이터셋을 분할하는 자식 노드의 크기 및 수량을 고려해 만들어진다. 그림 4.5의 상황에서 모든 정보의 값은 1이 된다. 따라서 분할의 정보 값은 다음과 같다.

$$\text{Info}([1,\ 1,\ ...,\ 1]) = -1/14 \times \log 1/14 \times 14$$

이는 동일한 분수 값인 1/14가 14번 반복되기 때문이다. 결과는 log 14, 또는 3.807bits 가 된다. 이는 상당히 높은 편인데 분할의 정보 값이 할당된 분기를 결정하는 데 필요한

bit 수이고 분기가 많을수록 값이 커지기 때문이다. 취득 비율은 원 정보 취득 값을 나눠 계산하며 이 경우에는 0.940을 속성의 정보 값 3.807로 나눈 0.247이 ID 코드에 대한 취득 비율 값이 된다.

그림 4.2의 날씨 데이터 트리로 돌아와서 Outlook의 데이터셋을 사이즈가 각각 5, 4, 5인 하위 세트로 분할하고 따라서 고유의 정보 값은 다음과 같다.

$$Info([5, 4, 5]) = 1.577$$

이는 하위 세트에 포함된 클래스를 전혀 고려하지 않은 결과다. 이미 살펴본 바와 같이 고유 정보 값은 ID 코드와 같은 상위 브랜치의 속성에서 더 크다. 앞에서도 언급했지만 이는 취득 비율의 계산을 위해 고유 정보 값으로 나눠 정보 취득 값을 보정할 수 있다.

그림 4.2 트리에 대한 계산 결과는 표 4.7에 요약돼 있다. Outlook은 여전히 높은 결과를 보여 주지만 Humidity가 데이터를 3개가 아닌 2개 하위 집합으로 분할하기 때문에 더 가까운 경쟁자가 된다. 이 예제에서 ID 코드 속성은 (취득 비율이 0.247) 4가지 속성들보다 여전히 선호되지만 도입 시의 이점은 상당히 감소한다. 실제 구현에서는 이런 필요 없는 속성에 대한 분할을 방지하고자 애드혹 테스트[ad hoc test]가 사용될 수 있다.

불행히도 일부의 경우에서 취득 비율의 보정은 과보정[overcompensate]을 일으키며, 속성의 고유 정보가 다른 속성보다 더 낮다는 이유로 선호하는 속성으로 편향될 수 있다. 표준 수정은 해당 속성에 대한 정보 취득이 조사된 모든 속성의 평균 정보 취득 이상이면 취득 비율을 최대화하는 속성을 선택하는 것이다.

표 4.7 그림 4.2의 트리에 대한 취득 비율 계산

Outlook		Temperature		Humidity		Windy	
정보:	0.693	정보:	0.911	정보:	0.788	정보:	0.892
취득: 0.940−0.693	0.247	취득: 0.940−0.911	0.029	취득: 0.940−0.788	0.152	취득: 0.940−0.892	0.048
분할 정보: info([5,4,5])	1.577	분할 정보: info([4,6,4])	1.557	분할 정보: info([7,7])	1.000	분할 정보: info([8,6])	0.985
취득 비율: 0.247/1.577	0.156	취득 비율: 0.029/1.557	0.019	취득 비율: 0.152/1	0.152	취득 비율: 0.048/0.985	0.049

여기에서 기술한 기본 정보 취득 알고리듬을 ID3이라고 부른다. 취득 비율 기준을 포함한 ID3의 일련의 개선 작업은 C4.5라는 결정 트리 구성을 위한 실용적이고 영향력 있는 시스템에서 효과를 발휘한다. 추가 개선 사항에는 수치 속성, 유실값, 노이즈 데이터를 처리하는 방법이 포함되며 이들은 6.1절에서 설명한다.

4.4 커버링 알고리듬 – 구축 규칙

지금까지 본 결정 트리 알고리듬은 분할 정복devide-and-conqure에 기반한 분류 방법이었다. 이는 하향식top-down으로 동작하고 각 단계별로 클래스를 최적으로 분할할 속성을 재귀적으로 찾아가며 분할의 결과인 하위 문제들을 처리한다. 이 전략은 필요시 분류 규칙 세트로 변경되는 결정 트리를 생성하며 이 방식이 효율적인 규칙을 만들어 낸다 해도 변환에 필요한 리소스는 결코 작지 않다.

또 다른 접근법으로는 각 클래스를 차례대로 취해 클래스 안에 있는 모든 인스턴스를 커버하는 방법을 찾고 동시에 클래스에 없는 인스턴스를 배제하는 방법이 있다. 이를 커버링covering 접근법이라 하는데 각 단계에서 일부 인스턴스를 '커버하는' 규칙을 정의하기 때문이다. 본질적으로 이 커버링 접근 방식은 결정 트리보다는 규칙 세트에 가깝다.

커버링 방식은 그림 4.6A와 같은 인스턴스의 2차원 공간에 쉽게 시각화할 수 있다. 먼저 a를 커버하는 규칙을 만든다. 규칙에서 첫 테스트는 가운데 그림처럼 공간을 수직으로 분할한다. 이는 먼저 다음과 같은 규칙을 만든다.

```
If x > 1.2 then class = a
```

하지만 이 규칙은 a뿐만 아니라 b도 상당수 같이 커버된다. 그래서 세 번째 다이어그램과 같이 공간을 수평으로 추가 분할하는 새로운 테스트가 이 규칙에 추가된다.

```
If x > 1.2 and y > 2.6 then class = a
```

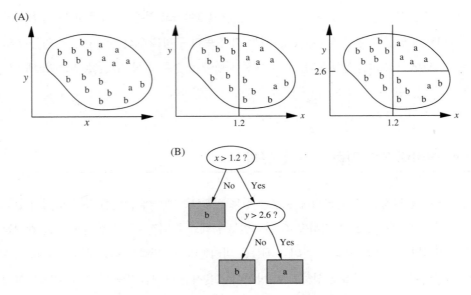

그림 4.6 커버링 알고리듬 (A) 인스턴스 커버링 (B) 동일한 문제의 결정 트리

이는 1개의 a를 빼고는 모든 a를 다루는 규칙이다. 이대로 규칙을 사용하는 게 적절할 수도 있지만 빠진 1개의 a를 커버하려면 아마도 다른 규칙이 필요할 것이다.

```
If x > 1.4 and y < 2.4 then class = a
```

같은 방법으로 b를 커버하는 2개의 규칙이 만들어진다.

```
If x ≤ 1.2 then class = b
If x > 1.2 and y ≤ 2.6 then class = b
```

마지막 남은 a가 이 규칙에 의해 잘못 커버돼 버린다. 제외해야 하는 경우 두 번째 규칙에 더 많은 테스트를 추가해야 하며 추가된 테스트에서 제외되는 b를 포함하기 위한 추가 규칙이 더 필요하다.

규칙 VS 트리

하향식 분할 및 정복 알고리듬은 적어도 표면적으로는 커버링 알고리듬과 매우 유사한 방식으로 동일한 데이터에서 작동한다. 먼저 x 속성을 사용해 데이터셋을 분할하고 동일한 위치($x = 1.2$)에서 분할을 종료하게 된다. 하지만 커버링 알고리듬은 단일 클래스를 다루는 데만 관련이 있는 반면, 분할은 두 클래스 모두를 고려하는데 왜냐하면 분할 정복 알고리듬은 모든 클래스에 적용될 단일 콘셉트 디스크립션을 생성하기 때문이다. 두 번째 분할도 역시 같은 위치에서 일어날 수 있으며($y = 2.6$) 그림 4.6B로 이어진다. 이 트리는 규칙 세트와 정확히 일치하며 이 경우 커버링 알고리듬과 분할 정복 알고리듬 간 효과의 차이는 없다.

하지만 많은 경우, 표현의 명확도 측면에서 규칙과 트리 사이에는 차이가 있다. 예를 들어 3.4절에서의 하위 트리 복제 문제를 설명할 때 규칙은 대칭이 될 수 있는 반면, 트리는 먼저 분할을 위해 반드시 하나의 속성을 골라야 하고 이는 동일한 규칙 집합보다 훨씬 더 큰 트리로 이어질 수 있다는 데 주목했다. 다른 차이는 다중 클래스의 경우에서 결정 트리 분할은 모든 클래스를 고려하고 분할의 순도를 최대치로 만들려고 하는 반면, 규칙 생성 방식은 하나에 한 클래스만 집중하며 다른 클래스에는 어떤 일이 일어나는지 관여하지 않는다.

단순 커버링 알고리듬

커버링 알고리듬covering algorithm은 테스트를 구성 중인 규칙에 추가하면서 진행하며 항상 정확도가 최대인 규칙을 만들려고 한다. 반면에 분할 정복 알고리듬은 테스트를 구성 중인 트리에 추가하면서 진행하며 클래스 간의 분할을 항상 최대화하려고 한다. 각각은 동등하게 분할할 속성을 찾는 과정을 포함하지만 최적의 속성에 대한 조건은 다르다. ID3과 같은 분할 정복 알고리듬이 정보 취득 값이 제일 큰 속성을 찾는 반면, 지금 설명할 커버링 알고리듬은 원하는 분류의 가능성을 최대화하는 속성값 쌍을 찾는다.

그림 4.7은 모든 인스턴스, 부분적으로 만들어진 규칙, 새로운 항목new term이 추가된

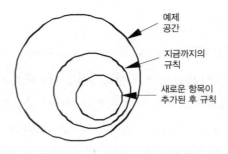

그림 4.7 커버링 알고리듬의 연산 시 인스턴스 공간

후의 동일한 규칙을 포함하는 공간을 보여 주는 상황을 나타낸다. 새로운 항목은 규칙의 커버리지를 제한한다. 아이디어는 가능한 한 많은 클래스의 인스턴스를 포함하며, 가능한 한 많은 다른 클래스의 인스턴스를 제외하는 것이다. 새로운 규칙이 총 t개의 인스턴스를 커버한다고 가정하고, p를 해당 클래스에 포함되는 예제들이라고 하면 $t - p$가 포함되지 않는 클래스, 즉 규칙에 의해 생성된 오류다. 그 후 p/t 비율을 최대화시키는 새로운 항목을 선택한다.

예제가 이해하는 데 도움이 될 것이다. 예제를 표 1.1의 콘택트 렌즈 문제로 바꾸어 보자. 3개의 클래스(하드 렌즈[hard], 소프트 렌즈[soft], 미추천[none]) 각각을 포함하는 규칙을 만들 것이다. 먼저 규칙을 찾는 것으로 시작한다.

```
If ? then recommendation = hard
```

새로운 기호인 '?'은 아래 9개의 항목을 의미한다.

나이 = 정상	2/8
나이 = 노안 전단계	1/8
나이 = 노안	1/8
안경 처방 = 근시	3/12
안경 처방 = 원시	1/12
난시 = no	0/12
난시 = yes	4/12
눈물 생성률 = 감소	0/12
눈물 생성률 = 정상	4/12

178

오른쪽의 숫자들은 해당 선택으로 구분된 '정확한' 인스턴스의 비율을 보여 준다. 이 경우 '정확한'의 의미는 하드 렌즈의 추천율이다. 예를 들어 '나이 = 정상'은 8개의 인스턴스를 선택하며, 그중 2개는 하드 렌즈를 추천한다는 뜻이다. 따라서 첫 번째 분수 값은 2/8가 된다(이를 추적하려면 표 1.1의 콘택트 렌즈 데이터를 다시 체크해야 한다). 가장 큰 값인 4/12를 선택하고 리스트에서 일곱 번째와 마지막 선택 중에 임의로 선택해 규칙을 만든다.

```
If astigmatism = yes then recommendation = hard
```

이 규칙은 그렇게 정확하지 않다. 12개 중에 4개만 정확히 커버하며 이는 표 4.8에 나타나 있다. 이를 추가로 수정한다.

```
If astigmatism = yes and ? then recommendation = hard
```

여기서 ?는 아래 7개의 항목을 의미한다.

나이 = 정상	2/4
나이 = 노안 전단계	1/4
나이 = 노안	1/4
안경 처방 = 근시	3/6
안경 처방 = 원시	1/6
눈물 생성률 = 감소	0/6
눈물 생성률 = 정상	4/6

(다시 표 4.8의 항목들을 체크) 마지막 항목이 명확한 승자이며, 6개 중 4개의 인스턴스를 커버하면서 규칙에 상응한다.

```
If astigmatism = yes and tear production rate = normal
   then recommendation = hard
```

여기서 멈출까? 그래도 될 것 같다. 하지만 정확한 규칙의 경우에는 얼마나 복잡해지는지 한번 얘기해 보자. 표 4.9는 이제까지 만들어진 규칙으로 커버되는 사례들을 보여 준다. 다음으로 추가될 항목은 아래와 같다.

표 4.8 난시 = Yes에 대한 콘택트 렌즈 데이터

나이	안경 처방	난시	눈물 생성률	추천 렌즈
정상	근시	Yes	감소	추천 안 함
정상	근시	Yes	정상	하드 렌즈
정상	원시	Yes	감소	추천 안 함
정상	원시	Yes	정상	하드 렌즈
노안 전단계	근시	Yes	감소	추천 안 함
노안 전단계	근시	Yes	정상	하드 렌즈
노안 전단계	원시	Yes	감소	추천 안 함
노안 전단계	원시	Yes	정상	추천 안 함
노안	근시	Yes	감소	추천 안 함
노안	근시	Yes	정상	하드 렌즈
노안	원시	Yes	감소	추천 안 함
노안	원시	Yes	정상	추천 안 함

나이 = 정상	2/2
나이 = 노안 전단계	1/2
나이 = 노안	1/2
안경 처방 = 근시	3/2
안경 처방 = 원시	1/2

여기서는 첫 번째 항목과 네 번째 항목 사이를 선택해야 한다. 지금까지는 분수들을 수 치로서 다뤘다. 하지만 여기서는 수치가 같더라도(둘 다 1로 평가됨) 커버리지는 서로 다르 다. 하나는 2개의 정확한 인스턴스를 선택하지만 다른 것은 3개를 선택한다. 수치가 같 은 경우 더 큰 범위의 규칙을 선택해 제공한다.

```
If astigmatism = yes and tear production rate = normal
    and spectacle prescription = myope then recommendation = hard
```

이는 주어진 콘택트 렌즈 문제에서의 규칙 중 하나이며, 오직 네 건의 하드 렌즈 추천 중에 세 건만 커버한다. 따라서 이 세 건을 인스턴스 세트로부터 삭제하고 다시 시작, 또 다른 규칙을 찾는다.

```
If ? then recommendation = hard
```

표 4.9 *astigmatism = yes*이고 *tear production rate = normal*인 경우의 콘택트 렌즈 데이터

나이	안경 처방	난시	눈물 생성률	추천 렌즈
정상	근시	Yes	정상	하드 렌즈
정상	원시	Yes	정상	하드 렌즈
노안 전단계	근시	Yes	정상	하드 렌즈
노안 전단계	원시	Yes	정상	추천 안 함
노안	근시	Yes	정상	하드 렌즈
노안	원시	Yes	정상	추천 안 함

동일한 과정을 적용하면 'age = normal'인 경우가 첫 번째 시도에서 최적의 선택임을 알 수 있다. 이때 커버리지는 1/7이 되는데 분모가 7이 되는 이유는 3개의 인스턴스가 오리지널 세트로부터 삭제돼 모두 21개의 인스턴스가 남았기 때문이다. 두 번째 시도에서는 'astigmatism = yes'가 최적의 선택인데 커버리지는 1/3이다. 세 번째는 'tear production rate = normal'이 되며 이때 커버리지는 1/1이다.

```
If age = normal and astigmatism = yes
   and tear production rate = normal then
   recommendation = hard
```

이 규칙은 실제로 2개의 인스턴스의 오리지널 세트를 커버하는데 하나는 앞 규칙에서 커버된다(사실 이것만으로도 충분한데 추천 결과가 모두 같기 때문이다).

이제 모든 하드 렌즈의 경우들이 커버됐다. 다음 단계는 소프트 렌즈를 동일한 과정으로 수행시키는 것이다. 기본 규칙 역할을 하는 규칙 세트를 찾지 않으면 결국 규칙은 '추천 안 함^{none}'에 대해 생성되며 여기에서는 마지막에 남을 필요가 없는 결과에 대한 규칙들은 제외된다.

지금까지 설명한 내용들을 규칙 구축에 대한 PRISM 방식이라고 한다. 이 방식은 정확한 또는 '완벽한' 규칙만을 생성한다. 이는 정확도 공식 p/t를 통해 규칙에 대한 성공 여부를 판별한다. 결과가 100% 이하인 모든 규칙은 '부정확한' 규칙들이며 이 규칙들에서는 사례들을 실제로는 갖고 있지 않은 문제의 클래스로 할당한다. PRISM은 완벽해질 때

```
For each class C
  Initialize E to the instance set
  While E contains instances in class C
    Create a rule R with an empty left-hand side that predicts class C
    Until R is perfect (or there are no more attributes to use) do
      For each attribute A not mentioned in R, and each value v,
        Consider adding the condition A=v to the LHS of R
        Select A and v to maximize the accuracy p/t
          (break ties by choosing the condition with the largest p)
      Add A=v to R
    Remove the instances covered by R from E
```

그림 4.8 기본 규칙 학습자를 위한 의사 코드

까지(정확도가 100%) 각 규칙에 단서를 계속 붙여나간다. 이에 대한 요약이 그림 4.8에 나타나 있다. 바깥 루프는 클래스를 반복해 각 클래스에 대한 규칙을 차례로 생성한다. 여기에서 매번 전체 예제를 다시 초기화한다. 그런 후에 이 규칙들을 위한 클래스를 생성한 후 예제들을 클래스에 더 이상 남는 게 없을 때까지 세트에서 삭제한다. 규칙을 생성할 때마다 빈 규칙으로 출발해(모든 예제들을 커버하며) 테스트를 추가하면서 요구되는 클래스의 예제들만 커버될 때까지 제약을 걸어간다. 각 단계에서 가장 유망한 테스트를 선택하고, 즉 규칙의 정확도를 최대로 만드는 것으로 선택한다. 마지막으로 최대의 커버리지 테스트를 선택하고 관계를 끊어 버린다.

규칙 VS 결정 리스트

특정 클래스에 대해 만들어진 규칙rule, 즉 바깥 루프가 빠진 그림 4.8의 알고리듬을 생각해 보자. 이러한 규칙이 생성되는 방식을 보면 순서대로 해석되도록 의도된 것으로 보인다. 즉 결정 리스트decision list로 규칙이 적용될 때까지 차례로 테스트한 다음 이를 사용하는데 이는 새로운 규칙에 의해 커버되는 인스턴스가 규칙이 완료되자마자 인스턴스 세트로부터 제거되기 때문이다(그림 4.8의 마지막 행 참고). 따라서 후속 규칙은 커버되지 못한 인스턴스들에 대해 만들어진다. 이를 위해 규칙을 차례대로 확인해야 할 것처럼 보이지만 그럴 필요는 없다. 이 클래스에 대해 생성된 모든 후속 규칙은 동일한 효과를 가지며 모두 동일한 클래스를 예측한다고 가정한다. 이는 실행 순서는 문제가 되지 않는다는 의

미다. 이 인스턴스를 커버하는 규칙이 발견되면 문제의 클래스가 예측되거나 이러한 규칙이 발견되지 않으면 이 문제의 클래스로는 예측이 불가능하다.

이제 알고리듬의 개괄로 다시 돌아가자. 각 클래스는 순서대로 체크되고 이 클래스에 있는 인스턴스들을 다른 것들과 구분하기 위한 규칙들이 생성되며 한 클래스의 규칙과 다른 클래스의 규칙 사이에는 순서가 정해져 있지 않다. 따라서 생성된 규칙들은 임의로 실행될 수 있다.

3.4절에서 언급했듯이 순서에 무관한 규칙들은 '지식'에 대한 독립적 가치를 가짐으로써 모듈화를 좀 더 쉽게 할 수 있다. 하지만 이의 단점은 규칙끼리의 충돌이 발생하면 어떻게 적용해야 하는지 불분명하다는 것이다. 이렇게 규칙들이 생성되면 테스트 예제는 중첩돼 분류가 될 것인데, 즉 다른 클래스에 적용되는 규칙을 만족시킬 수 있으며 다른 테스트 예제들은 분류 대상에서 빠져 버릴 수 있다. 모호한 경우에 결정을 내리는 간단한 방법은 예측된 분류로부터 가장 많은 훈련 예제가 있는 분류를 선택하거나, 예측된 분류가 없는 경우에는 전체적으로 가장 많은 훈련 예제가 있는 카테고리를 선택하는 것이다. 결정 리스트에서는 이러한 어려움이 일어나진 않는데 결정 리스트에서는 순서에 따라 해석되며 하나의 규칙 적용되는 즉시 정지되기 때문이며 기본 규칙을 마지막에 추가하면 모든 테스트 인스턴스가 분류될 수 있다. 6.2절에서 볼 수 있듯이 약간 다른 방법을 사용하면 다중 클래스 사례에 대해 양질의 결정 리스트를 생성할 수 있다.

PRISM 같은 방식은 분리 정복separate and conquer 방식으로도 기술될 수 있다. 먼저 클래스에서 많은 인스턴스를 커버하는 규칙을 정의하고(그리고 클래스에 없는 것들은 제외시킨다) 커버된 인스턴스들은 분리를 하는데, 이는 이미 규칙에 의해 처리가 될 것이기 때문이다. 그리고 남은 것들에 대해 동일한 프로세스를 다시 진행시킨다. 이는 분할 정복divide and conquer 방식과 대비되는데 '분리separate'의 단계가 작업이 진행됨에 따라 인스턴스 세트가 지속적으로 축소되기 때문이다.

4.5 마이닝 연관 규칙

연관 규칙association rule은 분류 규칙과 비슷하다. 규칙의 우변에서 일어날 수 있는 표현식들에 대해 분리 정복 방식의 규칙 유도 프로시저rule induction procedure를 수행해 동일한 방식으로 찾을 수 있다. 하지만 우변의 가능한 모든 속성 및 값뿐만 아니라 때로는 단일 연계 규칙도 하나의 속성보다 더 값을 예측한다. 이 규칙을 찾고자 우변의 모든 가능한 속성의 조합과 그 값들로 한 번씩은 규칙 유도 프로시저를 수행해야 한다. 그러나 가능한 값이 있는 속성이 우변에 나타날 수 있을 뿐만 아니라 단일 연관 규칙은 종종 하나 이상의 속성값을 예측한다. 이러한 규칙을 찾으려면 우변에서 가능한 모든 값의 조합과 함께 가능한 모든 속성 조합에 대한 규칙 유도 프로시저를 한 번씩 실행해야 한다. 그러면 엄청난 수의 연관 규칙이 생성되며 이를 커버리지(올바르게 예측된 인스턴스 수) 및 정확도(규칙이 적용된 인스턴스의 수에 비례해 표현된 수)에 근거해 정리를 해야 하는데 이런 방식은 쉽지가 않다(3.4절에서 언급했듯이 때때로 커버리지를 서포트support로, 정확도는 컨피던스confidence으로 부른다).

대신에 높은 커버리지의 연관 규칙에만 관심이 있다는 사실에 집중한다. 당분간 규칙의 좌, 우변의 차이를 무시하고 미리 지정된 최소 커버리지의 속성값 쌍의 조합을 찾는다. 이를 프리퀀트 아이템 세트frequent-item-set라 하는데 속성값이 여기에서 아이템이 된다. 이 용어는 장바구니 물가 분석에서 나왔는데 아이템들은 쇼핑 카트에 있는 물건들이고, 슈퍼마켓 매니저는 구매와 이들 간에 연관성을 찾는다.

아이템 세트

표 4.10의 첫 번째 열은 표 1.2에서의 날씨 데이터에 대한 개별 아이템을 오른쪽의 데이터셋에서 나타난 횟수로 보여 준다. 이는 단일 아이템 세트다. 다음 단계는 이들 단일 아이템으로 쌍을 만들어 2종two-item 세트를 만든다. 물론 동일 속성의 서로 다른 값으로 쌍을 만들 때 주의할 점은 따로 없다(예를 들어 'Outlook = Sunny'와 'Outlook = Overcast'로 적용할 때). 이는 실제로 어떤 인스턴스에서도 일어나지 않기 때문이다.

184

표 4.10 커버리지 2 이상의 날씨 데이터 아이템 세트

	1-아이템 세트		2-아이템 세트		3-아이템 세트		4-아이템 세트	
1	Outlook = sunny	5	Outlook = sunny temperature = mild	2	Outlook = sunny temperature = hot humidity = high	2	Outlook = sunny temperature = hot humidity = high play = no	2
2	Outlook = overcast	4	Outlook = sunny temperature = hot	2	Outlook = sunny temperature = hot play = no	2	Outlook = sunny humidity = high windy = false play = no	2
3	Outlook = rainy	5	Outlook = sunny humidity = normal	2	Outlook = sunny humidity = normal play = yes	2	Outlook = overcast temperature = hot windy = false play = yes	2
4	Temperature = cool	4	Outlook = sunny humidity = high	3	Outlook = sunny humidity = high windy = false	3	Outlook = rainy temperature = mild windy = false play = yes	2
5	Temperature = mild	6	Outlook = sunny windy = true	2	Outlook = sunny humidity = high play = no	2	Outlook = rainy humidity = normal windy = false play = yes	2
6	Temperature = hot	4	Outlook = sunny windy = false	3	Outlook = sunny windy = false play = no	3	Temperature = cool humidity = normal windy = false play = yes	2
7	Humidity = normal	7	Outlook = sunny play = yes	2	Outlook = overcast temperature = hot windy = false	2		
8	Humidity = high	7	Outlook = sunny play = no	3	Outlook = overcast temperature = hot play = yes	3		
9	Windy = true	6	Outlook = overcast temperature = hot	2	Outlook = overcast humidity = normal play = yes	2		
10	Windy = false	8	Outlook = overcast humidity = normal	2	Outlook = overcast humidity = high play = yes	2		
11	Play = yes	9	Outlook = overcast humidity = high	2	Outlook = overcast windy = true play = yes	2		
12	Play = no	5	Outlook = overcast windy = true	2	Outlook = overcast windy = false play = yes	2		
13			Outlook = overcast windy = false	2	Outlook = rainy temperature = cool humidity = normal	2		
⋮			⋮		⋮			
38			Humidity = normal windy = false	4	Humidity = normal windy = false play = yes	4		
39			Humidity = normal play = yes	6	Humidity = high windy = false play = no	2		
40			Humidity = high windy = true	3				
⋮			⋮					
47			Windy = false play = no	2				

최소 커버리지 2로 연관 규칙을 찾는다고 가정한다. 따라서 2개보다 작은 인스턴스를 커버하는 아이템 세트는 폐기한다. 이렇게 하면 47개의 쌍 아이템 세트가 남고 그 일부가 노출 횟수와 함께 두 번째 열에서 보인다. 다음 단계는 3개의 아이템 세트를 생성하는 것이며 커버리지가 2 이상인 것은 39개가 된다. 여기에서는 4개의 아이템 세트가 6개 있으며, 5개의 아이템인 것은 없다. 이 데이터의 경우 적용 커버리지가 2 이상인 5개의 아이템 집합은 반복되는 인스턴스에서만 할당할 수 있다. 테이블에서의 첫 번째 행은, 예를 들어 Outlook = Sunny가 5일이었고 그중 2일이 Temperature = High, 사실 모두 Humidity = High 그리고 Play = no였다.

연관 규칙

어떻게 이런 아이템 세트를 효과적으로 만드는지 설명할 것이다. 하지만 그전에 얘기는 마무리 지어야겠다. 모든 아이템 세트가 원하는 커버리지로 생성될 때 다음 단계는 각각을 최소 정확도를 만족시키는 규칙 또는 규칙 세트로 바꾸는 것이다. 어떤 아이템 세트는 하나 이상의 규칙을 만든다. 어떤 것은 안 만들 수도 있다. 예를 들어 커버리지 4를 갖는 3종 세트가 있다고 하자.

```
humidity = normal, windy = false, play = yes
```

이 세트는 7개의 규칙을 만든다 .

If humidity = normal and windy = false then play = yes	4/4
If humidity = normal and play = yes then windy = false	4/6
If windy = false and play = yes then humidity = normal	4/6
If humidity = normal then windy = false and play = yes	4/7
If windy = false then humidity = normal and play = yes	4/8
If play = yes then humidity = normal and windy = false	4/9
If − then humidity = normal and windy = false and play = yes	4/14

오른쪽 분수들은 3가지 조건이 모두 참인 경우의 수(커버리지)를 선행 조건이 참인 경우

의 수로 나눈 것이다. 분수로 표현됐기 때문에 정확도(비율)를 의미하기도 한다. 정의된 최소 정확도를 100%라고 가정하면 이러한 규칙 중 첫 번째 규칙만 최종 세트에 포함된다. 분수의 분모는 표 4.10의 선행 표현antecedent expression을 찾아 쉽게 얻을 수 있다(일부는 표에서 보이지 않음). 위의 최종 규칙의 선행에서는 조건이 없으며 분모는 데이터셋의 총 인스턴스 수가 된다.

표 4.11은 날씨 데이터의 최소 커버리지는 2이고 최소 정확도는 100%인 최종 규칙을 보여 주며 커버리지순으로 정렬돼 있다. 58개의 규칙이 있으며 3개 항목이 커버리지가 4이며, 5개가 커버리지 3, 50개가 커버리지 2다. 결과적으로 7개만이 2개의 조건을 갖고 있으며 둘 이상의 조건이 있는 것은 없다. 첫 번째 규칙은 앞에서 기술한 아이템 세트로부터 구해진다. 때때로 몇 가지 규칙들은 동일한 아이템 세트에서 구해지는데 예를 들어 규칙 9, 10, 11은 표 4.10의 여섯 번째 행으로부터 구해진다.

```
temperature = cool, humidity = normal, windy = false, play = yes
```

이의 커버리지는 2다. 이 아이템의 하위 세트 3개 역시 커버리지 2다.

```
temperature = cool, windy = false
temperature = cool, humidity = normal, windly = false
temperature = cool. windy = false, play = yes
```

이를 통해 정확도가 100%인 규칙 9, 10, 11이 나온다.

규칙을 효율적으로 생성하기

이제 연관 규칙 생성에 대해 좀 더 최소 커버리지 및 정확도의 정의를 통해 구체적인 알고리듬을 생각해 볼 것이다. 이를 위해서는 두 단계가 필요하다. 하나는 지정된 최소 커버리지를 갖는 아이템 세트를 먼저 생성하고, 각 아이템 세트로부터 지정된 최소 정확도를 갖는 규칙을 정의한다.

첫 번째 단계는 주어진 최소 커버리지를 갖는 단일 아이템 세트 생성으로(표 4.10에서 첫

표 4.11 날씨 데이터의 연관 규칙

	연관 규칙			커버리지	정확도(%)
1	Humidity = normal windy = false	⇒	Play = yes	4	100
2	Temperature = cool	⇒	Humidity = normal	4	100
3	Outlook = overcast	⇒	Play = yes	4	100
4	Temperature = cool play = yes	⇒	Humidity = normal	3	100
5	Outlook = rainy windy = false	⇒	Play = yes	3	100
6	Outlook = rainy play = yes	⇒	Windy = false	3	100
7	Outlook = sunny humidity = high	⇒	Play = no	3	100
8	Outlook = sunny play = no	⇒	Humidity = high	3	100
9	Temperature = cool windy = false	⇒	Humidity = normal play = yes	2	100
10	Temperature = cool humidity = normal windy = false ⇒	⇒	Play = yes	2	100
11	Temperature = cool windy = false play = yes	⇒	Humidity = normal	2	100
12	Outlook = rainy humidity = normal windy = false	⇒	Play = yes	2	100
13	Outlook = rainy humidity = normal play = yes	⇒	Windy = false	2	100
14	Outlook = rainy temperature = mild windy = false	⇒	Play = yes	2	100
15	Outlook = rainy temperature = mild play = yes	⇒	Windy = false	2	100
16	Temperature = mild windy = false play = yes	⇒	Outlook = rainy	2	100
17	Outlook = overcast temperature = hot	⇒	Windy = false play = yes	2	100
18	Outlook = overcast windy = false	⇒	Temperature = hot play = yes	2	100
19	Temperature = hot play = yes	⇒	Outlook = overcast windy = false	2	100
20	Outlook = overcast temperature = hot windy = false	⇒	Play = yes	2	100

표 4.11 날씨 데이터의 연관 규칙(계속)

	연관 규칙			커버리지	정확도(%)
21	Outlook = overcast temperature = hot play = yes	⇒	Windy = false	2	100
22	Outlook = overcast windy = false play = yes	⇒	Temperature = hot	2	100
23	Temperature = hot windy = false play = yes	⇒	Outlook = overcast	2	100
24	Windy = false play = no	⇒	Outlook = sunny humidity = high	2	100
25	Outlook = sunny humidity = high windy = false	⇒	Play = no	2	100
26	Outlook = sunny windy = false play = no	⇒	Humidity = high	2	100
27	Humidity = high windy = false play = no	⇒	Outlook = sunny	2	100
28	Outlook = sunny temperature = hot	⇒	Humidity = high play = no	2	100
29	Temperature = hot play = no	⇒	Outlook = sunny humidity = high	2	100
30	Outlook = sunny temperature = hot humidity = high	⇒	Play = no	2	100
31	Outlook = sunny temperature = hot play = no	⇒	Humidity = high	2	100
…	…	…	…		
58	Outlook = sunny temperature = hot	⇒	Humidity = high	2	100

번째 열) 진행하며 그 후 이를 사용해 2종 세트(두 번째 열), 3종 세트(세 번째 열)순으로 생성한다.

각 연산은 각 세트에서의 아이템 개수를 세기 위해 데이터셋의 검사를 포함하며, 검사 후에 남은 아이템 세트들은 해시hash 테이블(빠른 검색을 지원하는 데이터 저장 표준)에 저장된다. 단일 아이템 세트로부터 2종 세트 후보군이 생성되며 이들을 검사하면서 각 2종 세트들의 커버리지를 계산한다. 마지막에 최소 커버리지 이하의 후보 세트들은 테이블에서 삭제된다. 2종 세트 후보들은 모든 단일 아이템 세트들의 쌍으로 구성돼 있는데 2종 세트는 이를 구성하는 단일 아이템 세트가 최소 커버리지를 갖지 않는다면 최소 커버리지를 가질 수 없기 때문이다. 3종 세트 역시 2종 하위 세트 모두가 최소 커버리지를 가져야 역시 최소 커버리지를 가진다. 4개 아이템 세트 역시 마찬가지다.

예제를 보면 어떻게 후보 아이템 세트가 생성되는지 이해가 쉬울 것이다. 5개의 3종 세트가 있다고 가정하자. 각 아이템을 (A, B, C), (A, B, D), (A, C, D), (A, C, E), (B, C, D)라고 하자. A는 'Outlook = Sunny' 같은 항목이다. 처음 2개 아이템의 묶음인 (A, B, C, D)가 4개 아이템 세트의 후보가 되는데 이는 다른 하위 3개 아이템 세트인 (A, C, D)와 (B, C, D)가 최소 커버리지보다 크기 때문이다. 만일 3종 세트들이 리스트에 들어 있는 것처럼 사전순으로 정렬된다면 그냥 처음 2개 멤버들이 같은 쌍만 고려하면 된다. 예를 들어 (A, C, D) 및 (B, C, D)는 고려하지 않는데 이는 (A, B, C, D)는 (A, B, C) 및 (A, B, D)로부터 생성 가능하며, 이 2개가 최소 커버리지를 갖는 3종 세트가 아니라면 (A, B, C, D)는 4개 아이템 세트의 후보가 될 수 없다. 이는 (A, B, C)와 (A, B, D) 쌍 및 (이는 이미 설명했음) (A, C, D)와 (A, C, E) 쌍을 남긴다. 두 번째 쌍으로부터는 (A, C, D, E)가 만들어질 수 있으며 이의 3종의 하위 세트는 최소 커버리지를 갖지 않으므로 폐기한다. 해시 테이블로 이를 관리할 수 있다. 단순히 세트로부터 각 아이템을 차례대로 삭제하며 남은 3종 세트가 해시 테이블에 남아 있는지 체크한다. 이 예제에서는 후보 4개 아이템 세트 (A, B, C, D) 하나밖에 없다. 이것이 실제로 최소 커버리지를 갖는지는 데이터셋 내의 인스턴스를 체크해서 알 수밖에 없다.

두 번째 단계는 각 아이템 세트를 취해 이로부터 규칙을 뽑아내며 이 규칙들이 각각 최소 정확도를 만족하는지 체크한다. 우변에 단일 테스트가 있는 규칙만 찾으면 규칙의 결과로써 각 조건들을 체크하고 관계 규칙의 정확도를 얻고자 해시 테이블로부터 가져온 아이템 세트로부터 이를 삭제하고 전체 아이템의 커버리지를 해시 테이블에서 얻어진 하위 세트의 커버리지로 나누면 된다. 결과적으로 여러 테스트가 포함된 연관 규칙에도 관심이 있다는 점을 감안할 때 이는 아이템 집합의 각 하위 세트를 우변으로 옮기고 나머지 집합은 선행 항목으로 남기는 작업으로 여겨질 수 있다.

이 무차별 대입 방법brute-force method은 아이템 세트의 크기에 따라 가능한 하위 세트의 수가 기하급수적으로 증가하기 때문에 아이템 세트가 작지 않으면 계산량이 커지게 된다. 하지만 여기에 방법이 있다. 3.4절에서 연관 규칙을 설명할 때 다음과 같은 이중 결과double-consequent 규칙은 주어진 최소 커버리지 및 정확도를 만족한다.

```
If windy = false and play = no
   then outlook = sunny and humidity = high
```

따라서 단일 결과single-consequent 규칙들은 동일한 아이템 세트로부터 나오며 역시 다음을 유지해야 한다.

```
If humidity = high and windy = false and play = no
   then outlook = sunnt
If outlook = sunny and windy = false and play = no
   then humidity = high
```

반대로, 하나 또는 다른 단일 결과 규칙들이 유지되지 않으면 이중 결과 규칙들을 고려할 이유는 없어진다. 이는 단일 결과 규칙들이 이중 결과 규칙의 후보가 되는, 이중 결과 규칙이 삼중 결과 규칙의 후보가 되는 방법을 보여 준다. 물론 각 후보 규칙들은 최소 정확도 이상 되는지 해시 테이블을 통해 체크돼야 한다. 이는 보통 무차별 대입 방법보다 훨씬 적은 규칙만 확인하면 된다. 실제 n 결과 규칙에서 후보 $(n + 1)$ 결과 규칙을 구축하는 이 방법은 앞에서 설명한 실제 n 아이템 세트에서 후보 $(n + 1)$ 아이템 세트를 구축하는 것과 실제로 동일하다는 점이 흥미롭다.

그림 4.9는 마이닝 프로세스 연관 규칙의 두 파트를 위한 의사 코드를 보여 준다. 그림 4.9A는 어떻게 충분한 커버리지를 갖는 모든 아이템들을 찾는지 보여 준다. 실제 수행에서는 최소 커버리지(또는 서포트)가 사용자가 정할 수 있는 값으로 지정된다. 그림 4.9B는 앞에서의 알고리듬으로 찾은 특정 아이템 세트에 대해 어떻게 충분 커버리지를 만족하는 모든 규칙을 찾는지 보여 준다. 실제로는 최소 정확도(또는 컨피던스)는 사용자 정의 파라미터에 의해 정의된다.

(A)

```
Set k to 1
Find all k-item sets with sufficient coverage and store them in hash table #1
While some k-item sets with sufficient coverage have been found
    Increment k
    Find all pairs of (k-1)-item sets in hash table #(k-1) that differ only in
    their last item
    Create a k-item set for each pair by combining the two (k-1)-item sets
    that are paired
    Remove all k-item sets containing any (k-1)-item sets that are not in the
    #(k-1)hash table
    Scan the data and remove all remaining k-item sets that do not have
    sufficient coverage
    Store the remaining k-item sets and their coverage in hash table #k,
    sorting items in lexical order
```

(B)

```
Set n to 1
Find all sufficiently accurate n-consequent rules for the k-item set and
    store them in hash table #1, computing accuracy using the hash tables
    found for item sets
While some sufficiently accurate n-consequent rules have been found
    Increment n
    Find all pairs of (n-1)-consequent rules in hash table #(n-1) whose
    consequents differ only in their last item
    Create an n-consequent rule for each pair by combining the two (n-1)-
    consequent rules that are paired
    Remove all n-consequent rules that are insufficiently accurate, computing
    accuracy using the hash tables found for item sets
    Store the remaining n-consequent rules and their accuracy in hash table
    #k, sorting items for each consequent in lexical order
```

그림 4.9 (A) 충분한 커버리지를 갖는 모든 아이템 세트 찾기, (B) k 아이템 세트에 충분한 정확도를 갖는 모든 규칙 찾기

특정 데이터셋에 대해 모든 규칙을 찾고자 두 번째 파트에서의 프로세스가 첫 번째 파트의 알고리듬을 사용해 수행된다. 두 번째 파트의 코드는 첫 번째 파트에서 만들어진 해시 테이블에의 접속이 필요함을 주의하라. 해시 테이블에는 자주 검색되는 아이템들이 각 커버리지 값과 함께 저장돼 있다. 이를 통해 그림 4.9B는 앞에서의 알고리듬을 이용해 검색된 특정 아이템에 대해 충분한 정확도를 갖는 모든 규칙을 어떻게 찾는지 보여준다. 여기에서도 최소 정확도(또는 컨피던스)는 사용자 정의 파라미터에 의해 정의될 수 있다.

측정 데이터셋에 대한 모든 규칙을 찾고자 두 번째 파트의 프로세스를 첫 번째 파트의

알고리듬을 사용해 모든 아이템 세트에 적용시킨다. 주의할 것은 첫 번째 파트에서 만들어진, 자주 검색되는 아이템 세트들을 찾을 수 있는 해시 테이블을 두 번째 파트의 코드가 필요로 한다는 점이다. 이런 방식으로 그림 4.9B의 알고리듬은 모든 원 데이터를 다시 뒤질 필요가 없는데 이 해시 테이블에 있는 정보로 정확도를 구할 수 있기 때문이다.

연관 규칙은 때로는 대량의 데이터셋에서 구해야 하며 이때 효율적인 알고리듬이 큰 역할을 한다. 지금까지 설명했던 방법들은 각기 다른 사이즈의 아이템 세트에 대한 데이터셋을 검사하는 하나의 경로만 만든다. 때로는 데이터셋의 사이즈가 메인 메모리에 담기엔 너무 커서 디스크에 저장해야 한다. 이 때문에 한 번에 2개의 연속 사이즈의 아이템 세트를 체크하는 작업의 횟수를 줄여야 한다. 예를 들어 2개 아이템 한 세트가 만들어지면 세트 내의 실제 아이템 수를 세기 위한 인스턴스 세트를 거치기 전에 모든 3종 세트들이 만들어질 수 있다. 어떻게 보면 3종 세트들이 필요 없이 만들어지지만 전체 데이터셋을 거치는 횟수는 줄어들게 된다.

실제로 연관 규칙의 생성을 위한 계산량은 정해진 최소 커버리지에 따라 달라진다. 정확도로부터는 덜 영향을 받는데 이는 데이터셋을 통과하는 경로의 수에 영향을 주지 않기 때문이다. 많은 경우 앞서 정의된 최소 정확도 레벨의 최대 가능한 커버리지를 갖는 규칙의 개수(예를 들어 50개)를 얻으려고 한다. 이를 얻는 방법 중의 하나는 조금 높은 특정 커버리지로 시작해 이를 서서히 낮추는 것이며, 각 커버리지 값에 대해 전체 규칙 검색 알고리듬을 재실행하며 원하는 규칙 수들이 나올 때까지 반복한다.

이 책 전체에서 사용하는 표 입력 형식, 특히 ARFF 포맷에 기반한 형식은 연관 규칙 문제에 대해 비효율적이다. 연관 규칙은 속성이 가끔 바이너리인 경우(있다, 없다로 구분되는 경우) 사용되며 대부분 주어진 인스턴스와 연관된 속성값들은 '없다'다. 이는 2.4절에서 설명한 희소데이터sparse data를 나타내며 적용할 연관 규칙 검색에 대해 동일한 알고리듬이 사용된다.

4.6 선형 모델

결정 트리 및 규칙에서 살펴본 방법은 명목 속성에서 가장 자연스럽게 잘 작동한다. 이 방법은 수치 테스트를 바로 결정 트리, 또는 규칙 유도 체계에 통합하거나 명목 속성으로 미리 구분함으로써 수치 속성으로 확장될 수 있다. 이는 6장, '트리와 규칙' 및 8장, '데이터 변환'에서 자세히 다룰 것이다. 하지만 수치 속성, 즉 3.2절에서 소개한 선형 모델^{linear}model을 통해 가장 자연스럽게 작동을 할 방법이 있는데 여기에서 더 살펴보겠다. 이 방법은 좀 더 복잡한 방법에 대한 컴포넌트나 시작점을 만들어 주는데 이는 나중에 좀 더 알아보기로 하겠다.

선형 회귀

출력이나 클래스가 숫자 형식이라면, 그리고 모든 속성이 수치로 돼 있다면, 선형 회귀^{Linear regression}를 고려하는 게 자연스럽다. 선형 회귀는 통계의 주요 방법 중 하나이며, 미리 결정된 가중치로 클래스를 선형 조합으로 표현하는 방법이다.

$$x = w_0 + w_1a_1 + w_2a_2 + \cdots + w_ka_k$$

여기에서 x는 클래스를, a_1, a_2, ..., a_k는 속성값을, w_0, w_1, w_2, ..., w_k는 가중치를 의미한다.

가중치는 훈련 데이터로부터 얻어진다. 여기에서의 표기법은 다소 복잡한데 각 트레이닝 인스턴스에 대한 속성값들을 표현할 수 있는 방법이 필요하기 때문이다. 첫 번째 인스턴스는 클래스를 갖는데 이를 $x^{(1)}$이라고 하면 이 속성값들은 $a_1^{(1)}$, $a_2^{(1)}$, ..., $a_k^{(1)}$이 되며 여기서 위첨자는 인스턴스의 첫 번째 예제임을 나타낸다. 이 방법은 항상 값이 1인 추가 속성 a_0을 가정할 때 표기에 편리하다.

첫 번째 인스턴스의 클래스 예측값은 아래와 같다.

$$w_0a_0^{(1)} + w_1a_1^{(1)} + w_2a_2^{(1)} + \cdots + w_ka_k^{(1)} = \sum_{j=0}^{k} w_ja_j^{(1)}$$

이는 클래스에 대한 실제값이 아닌 예측값인데 흥미로운 것은 이 실제값과 예측값과의 차이다. 최소 제곱 선형 회귀$^{\text{leats-squares linear regression}}$ 방법은 계수 w_j(그중 $k + 1$이 있음)를 선택해 모든 훈련 인스턴스에 걸친 차이의 제곱의 합을 최소화시킨다. n개의 훈련 인스턴스가 있다고 하고 그중 i번째를 위 첨자 (i)로 표기하겠다. 차이를 제곱해 합을 구하는 식은 다음과 같다.

$$\sum_{i=1}^{n} \left(x^{(i)} - \sum_{j=0}^{k} w_j a_j^{(i)} \right)^2$$

여기에서 괄호 안의 수식은 i번째 인스턴스의 실제 클래스와 예측된 클래스의 차이다. 여기에서 계수를 적절히 선택해 제곱의 합을 최소화해야 한다.

다소 방대해 보이지만 최소화 기술은 적절한 수학적 지식만 있으면 그렇게 어렵지는 않다. 충분한 예(대략적으로 말하면 속성보다 더 많은 예)가 주어지면 차이의 제곱의 합을 최소화하고자 가중치를 고르는 것은 어렵지 않다. 작업은 매트릭스의 역산이 필요하지만, 이는 패키지 소프트웨어로 쉽게 할 수 있다.

수학적인 부분들이 정리되면 그 결과는 훈련 데이터에 기초한 가중치 수치 집합이 되며 이를 통해 새로운 인스턴스의 클래스를 예측하게 된다. 이에 대한 예제는 앞에서 CPU 성능 데이터에서 확인했으며 실제 가중치 값은 그림 3.4A에서 나타냈다. 이 공식은 새로운 테스트 인스턴스의 CPU 성능을 예측하는 데 쓸 수 있다.

선형 회귀는 수치 속성의 예측에 단순하면서도 효과가 좋은 방법이며, 통계 애플리케이션에서 수십 년간 널리 사용됐다. 물론 기본 선형 모델이 갖고 있는 선형성에 의한 단점도 있다. 만일 데이터의 분포가 선형을 띠지 않는다면 최적의 직선은 적어도 평균의 제곱 편차로 해석될 것이다. 이는 최적의 직선으로 해석될 수 없다. 하지만 선형 모델은 복잡한 학습 방법의 기본으로서는 훌륭한 시작점이다.

선형 분류: 논리 회귀

선형 회귀는 수치 속성의 도메인 분류에서 쉽게 사용될 수 있다. 물론 분류에서는 선형 회귀만 쓸 수 있는 게 아니다. 이 기술의 핵심은 각 클래스에 회귀를 적용해 훈련 클래스와 같으면 1로, 다르면 0으로 분류하는 것이며, 그 결과는 클래스에 대한 선형 표현linear expression이 된다. 그런 다음 미지의 클래스 테스트 예제를 주고 각 형 표현의 값들을 계산하고 그중 가장 큰 값을 선택한다. 이를 선형 회귀와 사용하면 이런 방법을 때로는 다중 응답 선형 회귀multiresponse linear regression라고 한다.

다중 응답 선형 회귀를 이해하는 방법 중 하나는 이를 각 클래스의 멤버십 함수와 비슷하게 접근하는 것이다. 멤버십 함수는 클래스에 포함되는 경우는 1, 다른 인스턴스에 속하면 0을 돌려준다. 새로운 인스턴스가 주어지면 각 클래스에 대한 멤버십을 계산해 가장 큰 것을 선택한다.

이 다중응답 선형 회귀는 실무에서 괜찮은 결과를 보여 준다. 하지만 여기에는 2가지 결점이 있는데 하나는 여기에서 생성되는 멤버십 값들은 0부터 1 범위를 벗어날 수 있다는 점이다. 두 번째는 최소 제곱 회귀least square regression는 오류가 통계적으로 독립된 항목일 뿐만 아니라 동일한 표준 편차 정규 분포를 따른다고 가정하며, 이런 가정은 우리는 0, 1 값만 보기 때문에 이 방법이 분류 문제에 적용될 때 노골적으로 위반이 된다.

논리 회귀logistic regression 기법은 이러한 문제에서 벗어나게 한다. 목표가 초과될 때 직접 0 및 1의 값을 근사화해 확률 값들의 리스크를 높이는 것 대신 목표 변수로의 변환에 근거해 선형 모델을 구축한다.

먼저 2-클래스만 있다고 가정하자. 논리 회귀는 선형 함수에 의해 정확하게 근사화되지 못하는 원 목표 변수

$$\Pr[1|a_1, a_2, \ldots, a_k]$$

를 아래 함수로 대체한다.

$$\log[\Pr[1|a_1, a_2, \ldots, a_k]/(1 - \Pr[1|a_1, a_2, \ldots, a_k])$$

이 함수의 결괏값은 더 이상 0과 1 사이의 간격으로 제한되지는 않지만, 음의 무한대와 양의 무한대 사이로 간격이 정해질 수 있다. 그림 4.10A는 이 변환 함수의 그래프를 나타내며 이를 로짓 변환logit transformation이라고도 한다.

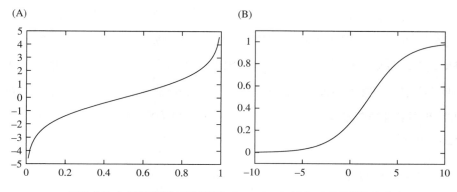

그림 4.10 논리회귀: (A) 로짓 변환(logit transform), (B) 논리 회귀 함수의 예

변환된 변수들은 선형 회귀에 의해 생성된 변수처럼 선형 함수에 의해 근사화된다. 결과 모델은 다음과 같다. 여기서 w는 가중치를 의미한다.

$$\Pr[1|a_1, a_2, \ldots, a_k] = 1/(1 + \exp(-w_0 - w_1 a_1 - \cdots - w_k a_k))$$

그림 4.10B는 위 함수에서 2개의 가중치 $w_0 = -1.25$, $w_1 = 0.5$가 적용된 일차원상의 예제다.

선형 회귀와 같이 가중치는 훈련 데이터와 잘 맞는 값이어야 한다. 선형 회귀는 에러의 제곱 값을 사용해 잘 맞는지를 측정한다. 논리 회귀에서는 로그-가능성$^{log-likelyhood}$이 대신 쓰인다. 로그 가능성은 아래와 같이 주어진다.

$$\sum_{i=1}^{n}(1 - x^{(i)})\log(1 - \Pr[1|a_1^{(i)}, a_2^{(i)}, \ldots, a_k^{(i)}]) + x^{(i)}\log(\Pr[1|a_1^{(i)}, a_2^{(i)}, \ldots, a_k^{(i)}])$$

여기에서 $x^{(i)}$는 0 또는 1이 된다.

가중치 w_i는 로그 가능성을 최대치로 만들어 주는 값으로 선택해야 한다. 여기에는 몇 가지 방법이 있는데 가장 간단한 것은 로그 가능성 값이 최대치로 수렴할 때까지 가중치가 적용된 최소 제곱 회귀 문제들의 시퀀스를 반복해 푸는 것이다. 이는 몇 번의 반복으로 금방 구해진다.

논리 회귀를 다른 클래스에도 적용하도록 일반화를 하려면 그중 한 방법으로 논리 회귀를 독립적으로 각 클래스에서 수행해 다중 응답 선형 회귀를 앞에서 설명한 방식으로 진행하는 것이다. 하지만 불행히도 확률 결과의 합은 보통 1이 되지 않는다. 이로 인해 공동 최적화 문제joint optimization problem가 발생하며 이에 대한 효과적인 대응 방법이 있다.

분류를 위한 선형 함수의 사용은 인스턴스 공간에서 쉽게 시각화할 수 있다. 2-클래스의 논리 회귀에 대한 결정 경계decision boundary는 예측 확률이 0.5에 걸쳐 있다. 즉 다음과 같다.

$$\Pr[1|a_1, a_2, \ldots, a_k] = 1/(1 + \exp(-w_0 - w_1 a_1 - \cdots - w_k a_k)) = 0.5$$

이는 다음 조건일 때 발생한다.

$$-w_0 - w_1 a_1 - \cdots - w_k a_k = 0$$

이는 속성값에서의 선형 방정식이기 때문에 경계는 인스턴스 공간의 평면 또는 초평면hyperplane이 된다. 단일 초평면으로 분리될 수 없는 점들의 집합을 시각화하기는 어렵지 않으나 이 점들의 집합을 논리 회귀로 정확하게 구분할 수는 없다.

다중 응답 선형 회귀도 마찬가지 문제가 있다. 각 클래스는 훈련 데이터로부터 계산된 가중치 벡터를 받는다. 특정 클래스의 쌍pair에 초점을 맞춰 보자. 클래스 1에 대한 가중치 벡터는 다음과 같다.

$$w_0^{(1)} + w_1^{(1)} a_1 + w_2^{(1)} a_2 + \cdots + w_k^{(1)} a_k$$

클래스 2에 대해서도 위 첨자만 바뀌고 구조는 동일하다. 클래스 1의 가중치가 클래스 2보다 더 크다면 인스턴스는 더 큰 클래스 1로 할당될 것이다.

$$w_0^{(1)} + w_1^{(1)} a_1 + \cdots + w_k^{(1)} a_k > w_0^{(2)} + w_1^{(2)} a_1 + \cdots + w_k^{(2)} a_k$$

다시 이 식을 재구성해 아래의 조건을 만족하면 클래스 1로 할당된다.

$$(w_0^{(1)} - w_0^{(2)}) + (w_1^{(1)} - w_1^{(2)}) a_1 + \cdots + (w_k^{(1)} - w_k^{(2)}) a_k > 0$$

이것이 속성값에서의 선형 부등식이 되며 두 클래스 간의 경계는 초평면이다.

퍼셉트론을 사용한 선형 분류

논리 회귀는 훈련 데이터의 확률을 최대화해 정확한 확률 추정치를 생성하려고 한다. 물론 정확한 확률 추정은 정확한 분류로 이어진다. 하지만 모델의 유일한 목적이 클래스의 라벨을 예측하는 것이라면 확률 추정을 수행할 필요는 없으며, 이는 다른 클래스와 관련된 인스턴스들을 분리하는 초평면을 알아내어 구할 수 있다(2개의 클래스만 있다고 가정하자). 만일 데이터가 초평면으로 완벽하게 2개로 분리될 수 있다면 이를 선형적으로 분리 가능하다$^{linearly\ separable}$고 말한다. 데이터가 선형적으로 분리할 수 있다면 분리하는 초평면을 찾는 알고리듬은 매우 간단해진다.

이렇게 선형적으로 분리하는 알고리듬을 퍼셉트론 러닝 규칙$^{perceptron\ learning\ rule}$이라고 한다. 자세히 보기 전에 먼저 초평면 수식을 체크하면 다음과 같다.

$$w_0a_0 + w_1a_1 + w_2a_2 + \cdots + w_ka_k = 0$$

여기에서 a_1, a_2, ..., a_k는 속성값들이며 w_0, w_1, ..., w_k는 가중치다. 각 값은 초평면을 정의한다. a_1, a_2, ...가 항상 값으로 1인 추가 속성인 a_0에 의해 확장됐다고 가정할 것이다(선형 회귀에서 이미 다룬 방법이다). 이 확장은 편향^{bias}이라고 부르며 더 이상 합계에 상수의 추가는 필요 없다는 것을 뜻한다. 이 합계가 0보다 크면 첫 번째 클래스로, 0보다 작으면 두 번째 클래스로 예측한다. 가중치에 대한 값을 찾기 원하며 이를 통해 초평면에 의한 훈련 데이터의 분리가 정확한지를 알 수 있다.

그림 4.11A는 분리를 위한 초평면을 찾기 위한 퍼셉트론 러닝 규칙을 보여 준다. 알고리듬은 완전한 솔루션을 찾을 때까지 반복하며 이는 초평면이 존재하는 동안만, 다시 말하면 데이터가 선형적으로 분리 가능한 동안만 작동할 것이다.

각 이터레이션은 모든 훈련 인스턴스를 거치게 된다. 잘못 분류된 인스턴스를 만난다면 초평면의 파라미터들이 변경되고 잘못 분류된 인스턴스는 초평면 근처로 이동하게 되거나 초평면을 지나 정확한 위치를 찾게 된다. 만일 인스턴스가 첫 번째 클래스에 속한다면 속성값을 가중치 벡터에 더할 것이고, 두 번째 클래스에 속한다면 가중치 벡터에서 뺄 것이다.

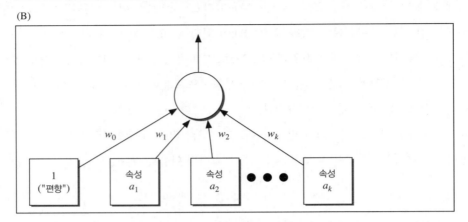

(A)

```
Set all weights to zero
Until all instances in the training data are classified correctly
  For each instance I in the training data
    If I is classified incorrectly by the perceptron
      If I belongs to the first class add it to the weight vector
      else subtract it from the weight vector
```

(B)

1
("편향")

속성
a_1

속성
a_2

● ● ●

속성
a_k

w_0 w_1 w_2 w_k

그림 4.11 퍼셉트론: (A) 러닝 규칙 (B) 신경망으로서 표현

이것이 왜 동작하는지 보려면 첫 번째 클래스와 연관된 인스턴스 a가 추가된 이후의 상황을 보도록 하자.

$$(w_0 + a_0)a_0 + (w_1 + a_1)a_1 + (w_2 + a_2)a_2 + \cdots + (w_k + a_k)a_k$$

이는 a에 대한 출력이 아래만큼 증가한다는 뜻이다.

$$a_0 \times a_0 + a_1 \times a_1 + a_2 \times a_2 + \cdots + a_k \times a_k$$

이 값은 항상 양수가 된다. 따라서 초평면이 인스턴스 a의 분류에 대해 올바른 방향으로 옮겨졌다. 거꾸로 두 번째 클래스에 속한 인스턴스가 잘못 분류됐으면 출력 값은 감소하며 다시 초평면을 정확한 방향으로 이동시킨다.

이 수정은 점진적으로 이뤄지며 앞에서의 수정 결과에 영향을 줄 수 있다. 하지만 데이터가 선형적으로 분리 가능하다면 알고리듬이 유한개의 이터레이션iteration으로 수렴된다는 것을 알 수 있다. 물론 데이터가 선형적으로 분리되지 않는다면 알고리듬은 종료된다.

따라서 실제로 이 방법이 적용되려면 이터레이션의 상한선이 필요하다.

초평면이 만드는 결과를 **퍼셉트론**perceptron이라고 하며 이는 신경망neural network의 조상 격이다(신경망은 7.2절의 '딥러닝'에서 다시 볼 것이다). 그림 4.11B는 노드와 가중치 있는 에지 edge 그래프로 퍼셉트론을 표현해 '신경neural'의 '네트워크'로 이미지화를 하고 있다. 여기 에는 2개의 노드 층이 있는데 바로 입력층과 출력층이다. 입력층은 모든 속성에 하나씩 대응하는 노드들을 갖고 있으며 여기에 값이 항상 1로 세팅되는 편향 노드가 추가된다. 출력층은 단일 노드로 구성되며 입력층의 모든 노드들은 이 출력층에 연결돼 있다. 모든 연결에는 가중치가 적용되며 이 가중치는 퍼셉트론 러닝 규칙에 의해 찾아지는 수치다.

인스턴스가 퍼셉트론에 던져질 때 그 속성값들은 입력층을 '활성'시킨다. 이 값들은 가 중치가 곱해져서 출력 노드에서 하나로 합쳐진다. 가중치가 반영된 수치들의 합이 0 이 상이면 출력 신호는 1이 되며 이는 첫 번째 클래스에 속함을 의미한다. 그렇지 않고 −1 이 나오면 두 번째 클래스에 속함을 의미한다.

윈나우를 사용한 선형 분류

선형 분리 문제를 위한 초평면을 찾는 방법으로 퍼셉트론 알고리듬만 있는 것은 아니다. 바이너리 속성의 데이터셋에 대해서는 그림 4.12A에서 보는 바와 같이 **윈나우**Winnow라는 것이 있다. 두 알고리듬의 구조는 매우 비슷하며 윈나우도 퍼셉트론처럼 잘못 분류된 인 스턴스를 만나면 가중치 벡터만 업데이트한다.

두 방법의 차이점은 가중치를 업데이트하는 방법에 있다. 퍼셉트론 규칙은 더하는 메 커니즘을 채용하고 있어 가중치 벡터에 인스턴스 속성 벡터를 더해(또는 빼서) 업데이트 를 한다. 하지만 윈나우는 곱하는 메커니즘을 채용하고 있어 각 가중치에 사용자 정의 파 라미터 α(또는 이의 역수)를 곱해 업데이트를 한다. 속성값 a_i는 0 또는 1인데 작업 전제 조 건이 바이너리 데이터이기 때문이다. 속성값이 0이면 가중치는 바뀌지 않는데 최종 결정 값에 영향을 미치지 않기 때문이다. 1인 경우에는 속성이 결정 값에 긍정적인 영향을 미 치면 곱해지는 값은 α가 되며 그렇지 않으면 $1/\alpha$가 된다.

(A)

```
While some instances are misclassified
  for every instance a
    classify a using the current weights
    if the predicted class is incorrect
      if a belongs to the first class
        for each aᵢ that is 1, multiply wᵢ by α
        (if aᵢ is 0, leave wᵢ unchanged)
      otherwise
        for each aᵢ that is 1, divide wᵢ by α
        (if aᵢ is 0, leave wᵢ unchanged)
```

(B)

```
While some instances are misclassified
  for every instance a
    classify a using the current weights
    if the predicted class is incorrect
      if a belongs to the first class
        for each aᵢ that is 1,
          multiply wᵢ⁺ by α
          divide wᵢ⁻ by α
        (if aᵢ is 0, leave wᵢ⁺ and wᵢ⁻ unchanged)
      otherwise
          multiply wᵢ⁻ by α
          divide wᵢ⁺ by α
        (if aᵢ is 0, leave wᵢ⁺ and wᵢ⁻ unchanged)
```

그림 4.12 윈나우 알고리즘: (A) 조정 안 된 버전 (B) 조정된 버전

또 다른 차이는 선형 함수 내에 있는 임계값 역시 사용자 정의 파라미터라는 것이다. 이 임계치를 θ라고 하고, 다음의 경우에만 클래스 1로 분류할 것이다.

$$w_0a_0 + w_1a_1 + w_2a_2 + \cdots + w_ka_k > \theta$$

곱해지는 값 α는 1보다 커야 하며, w_i는 시작할 때 상수로 놓는다.

이제까지 기술한 알고리듬들은 음의 가중치를 허용하지 않았으며 도메인에 따라 다르지만 이것이 장애물이 될 수도 있다. 하지만 조정된 윈나우$^{Balanced\ Winnow}$라는 버전은 이 음의 가중치를 허용한다. 이 버전에서는 2개의 가중치 벡터를 각 클래스마다 도입한다. 아래의 경우 인스턴스를 클래스 1로 분류할 것이다.

$$(w_0^+ - w_0^-)a_0 + (w_1^+ - w_1^-)a_1 + \cdots + (w_k^+ - w_k^-)a_k > \theta$$

그림 4.12B는 조정된 알고리듬을 나타낸다.

202

원나우는 데이터셋에서의 관련 특징에서 매우 효과적이므로 속성에 효율적인 학습자라고도 알려져 있다. 다시 말하면 데이터셋이 많은 (바이너리) 특징을 갖고 있고 서로 연관 관계가 없다면 이는 좋은 알고리듬의 후보가 된다. 원나우와 퍼셉트론 알고리듬 모두 새로운 인스턴스를 지속적으로 처리해야 하는 환경에서 사용할 수 있는데 이는 점진적으로 새로운 인스턴스를 만날 때 콘셉트 디스크립션을 업데이트하기 때문이다.

4.7 인스턴스 기반 러닝

인스턴스 기반 러닝에서는 훈련 예제들이 그대로 저장되며 거리 함수는 훈련 세트 중 어떤 멤버가 미지의 테스트 인스턴스에 가장 가까운지 결정하는 데 사용된다. 한번 최근접 훈련 인스턴스가 정해지면 테스트 인스턴스에 대한 클래스가 예측된다. 여기서 문제는 거리 함수의 정의인데 이는 속성이 수치라면 그렇게 어렵지 않게 된다.

거리 함수

거리 함수^{distance function}엔 여러 가지가 있지만 인스턴스 기반에서 많이 사용되는 것은 유클리드 거리 함수다. 속성값 $a_1^{(1)}$, $a_2^{(1)}$, ..., $a_k^{(1)}$를 갖는 인스턴스와 속성값 $a_1^{(2)}$, $a_2^{(2)}$, ..., $a_k^{(2)}$를 갖는 인스턴스 사이의 거리는 다음과 같이 정의된다.

$$\sqrt{(a_1^{(1)}-a_1^{(2)})^2 + (a_2^{(1)}-a_2^{(2)})^2 + \cdots + (a_k^{(1)}-a_k^{(2)})^2}$$

거리를 계산할 때 실제로 스퀘어 루트^{square root}를 구할 필요는 없으며 제곱의 합으로 바로 비교된다. 유클리드 거리를 대체할 만한 방법으론 맨해튼^{Manhattan} 또는 시티 블록^{city-block} 메트릭이 있는데, 두 속성의 차의 제곱이 아닌 차의 절댓값의 합으로 거리를 구한다. 그 외 거리를 구하는 방법들은 두 제곱보다 더 높은 제곱수를 적용해 얻는다. 제곱수가 높을수록 작은 차이가 눈에 띄게 벌어져 구분이 쉬워진다. 일반적으로 유클리드 거리는 훌륭한 절충안이지만 다른 특수한 상황에서는 그 외의 측정법이 더 나을 수도 있다. 핵심은 실제 인스턴스와 어떤 거리를 둔다는 것이 무엇을 의미하는지 이해하는 것이다. 예를 들어 거리의 두 배라는 것은 어떤 의미일까?

차이 속성은 척도의 차이에서 측정된다. 따라서 만일 유클리드 거리 공식이 바로 사용된다면 일부 속성의 영향은 더 큰 측정 척도를 갖고 있는 것에 의해 완전히 작아져 버릴 것이다. 따라서 이를 아래 공식으로 0과 1 사이 값으로 정규화한다.

$$a_i = \frac{v_i - \min v_i}{\max v_i - \min v_i}$$

여기서 v_i는 실제 속성 i의 값이며 최대 및 최소는 훈련 세트 내 모든 인스턴스로부터 구한다.

이 공식은 속성값들이 숫자임을 전제로 한다. 여기에서 두 인스턴스 속성값들의 차이는 수치적인 차이이며 거리 함수를 산출하고자 제곱을 하고 더하고 한 것이 바로 이 차이값이다. 명목 속성에 대한 값들은 수치보다 기호로 돼 있으며 그 값의 차이는 값이 같으면 0으로, 같지 않으면 1로 본다. 값이 0 아니면 1이기 때문에 이 경우 별도의 스케일링은 필요 없다.

유실값을 다루는 일반적인 방법은 다음과 같다. 명목 속성의 경우 유실된 부분은 다른 부분에 비해 상당히 다르다고 가정한다. 따라서 비교하려는 두 속성 중 어느 하나가 유실되거나 둘 다 유실됐다면 또는 두 값이 다르다면 둘 사이의 거리는 1이 된다. 둘 사이의 거리가 0이라면 두 값이 유실값이 아니면서 동일하다는 것을 의미한다. 수치 속성의 경우 두 속성값이 유실값이라면 마찬가지로 거리는 1이 된다. 하지만 하나의 값만 유실값이라면 거리는 종종 다른 값(정규화된) 크기 또는 1에서 이 값을 뺀 결과와 비교해 더 큰 값이 된다. 이는 값들의 유실이 있다면 거리는 가능한 한 큰 값으로 잡는다는 의미다.

최근접 이웃의 효율적 검색

인스턴스 기반 러닝이 간단하고 효과적이라 해도 가끔 실행 속도가 느리다. 훈련 세트 중 어떤 구성원이 가장 미지의 테스트 인스턴스와 거리가 가까운지를 계산하려면 모든 훈련 세트 구성원에 대해 거리를 계산해 가장 작은 값을 취하는 게 제일 분명한 방법이다. 이 과정은 훈련 인스턴스 수에 선형적이다. 다시 말하면 단일 예측에 걸리는 시간은 인스턴스 수에 비례한다. 전체 테스트 세트를 처리하는 데 걸리는 시간은 훈련 및 테스트 세트에서 만들어지는 인스턴스 수에 비례한다.

트리 형태의 훈련 세트 구성은 최근접 이웃을 찾는 데 좀 더 효과적이지만 어떻게 하는지는 분명하지 않다. 가장 적절한 트리 구조는 kD-트리인데 이는 점들의 집합을 k차원 공간에 저장하기 때문이다. k는 속성의 수다.

그림 4.13A는 $k = 2$인 경우 예제를 보여 주고 있으며 그림 4.13B는 트리를 구성하는 초평면과 그것이 나타내는 4개의 훈련 인스턴스를 보여 주고 있다. 이 초평면들은 결정을 위한 경곗값이 아님에 주의하라. 결정은 나중에 최근접 이웃 기반으로 만들어진다. 첫 번째 분할은 수평(h) 분할이며 점 (7,4)를 지난다(이 점은 트리의 루트 노드다). 왼쪽 브랜치는 더 이상 분할되지 않는데 점 (2,2) 하나만 있기 때문이며 이 노드가 리프 노드가 된다. 오른쪽 브랜치는 점 (6,7)에서 수직(v)으로 분할한다. 이 점의 오른쪽에 하위는 없으며 왼쪽 하위는 점 (3,8)을 포함한다. 예제가 보여 주듯이 각 영역은 하나의 점만 존재한다(또는 점이 없다). 하위 브랜치, 즉 그림 4.13A에서 루트로부터 2개의 자식은 같은 레벨에서 만들

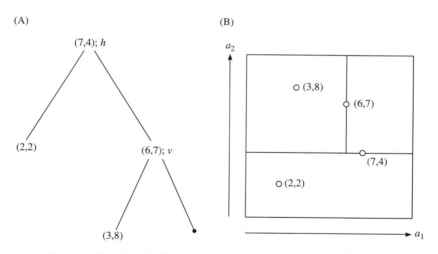

그림 4.13 4개의 훈련 인스턴스에 대한 kD-트리: (A) 트리 (B) 인스턴스와 이의 분할

어질 필요는 없다. 훈련 세트에서의 모든 점들은 단일 노드와 연결되며 그 절반 이상은 리프 노드^{leaf node}다.

그러면 데이터셋을 위한 kD-트리를 어떻게 만들까? 새로운 훈련 예제들이 추가되면 효율적으로 업데이트는 될까? 이 기법이 어떻게 최근접 이웃 계산을 빠르게 만들까? 우선 마지막 질문부터 살펴보자.

주어진 대상 지점의 가장 가까운 이웃을 찾으려면 루트에서 아래 방향으로 트리를 따라 대상이 포함된 영역을 찾는다. 그림 4.14는 그림 4.13B와 같은 영역을 보여 주지만 인스턴스가 조금 더 존재하며 경계가 하나 더 추가됐다. 대상은 트리 내의 인스턴스 중 하나가 아닌 것은 별표(☆)를 해 나타냈다. 대상을 포함하는 영역의 리프 노드는 검은색으로 칠했다. 예제에서 보여 주듯이 이는 반드시 대상의 최근접 이웃은 아니지만, 첫 추정점으로서는 나쁘지 않다. 특히 더 가까운 이웃은 그림 4.14의 점선 원 안에 있어야 한다. 존재 여부를 확인하려면 먼저 가까운 이웃이 형제 노드에 있을 수 있는지 확인한다. 검은 노드의 형제 노드는 그림 4.14와 같이 음영 처리가 돼 있으며 원은 이 부분과 겹치지 않는다. 따라서 형제 노드는 인접 이웃을 가질 수 없다. 다시 부모 노드로 이동해 부모 노드의 형제 노드를 체크한다(여기에서는 수평 분할 위쪽 전부다). 이 경우는 원이 이 영역과 겹치는 부분이 있기 때문에 조사해야 한다. 이를 조사하고자 먼저 부모의 자식이 있는지 보고 그 자식들이 원과 겹치는지 체크하고(왼편은 겹치지 않지만, 오른편이 겹친다) 근접한 점이 있는지 조사해 본다(여기서는 있다).

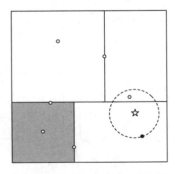

그림 4.14 kD-트리를 사용한 별(☆)로부터 최근접 이웃 검색

보통의 경우 이 알고리듬은 모든 점의 전수 조사 방식보다 더 빨리 최근접 이웃을 찾는다. 초기 추정 최근접 이웃을 찾는 데 관련된 작업은(그림 4.14의 검은 점) 트리가 균형이 잡힌well balanced 경우에는 노드 수 n개 대비 로그 $\log_2 n$로 주어지는 트리의 깊이에 따라 달라진다. 이것이 실제로 최근접 이웃인지 확인하기 위한 역추적 작업량은 트리와 초기 추정이 얼마나 잘 됐는지에 달려 있다. 하지만 트리가 잘 구축돼 각 노드가 길쭉한 직사각형이 아닌 정사각형으로 나뉜다면 노드 수가 로그로 표현될 수 있다(데이터셋에 있는 속성 수가 그렇게 크지 않다면 말이다).

훈련 예제 세트에 대해 어떻게 좋은 트리를 구축할 것인가? 문제는 분할할 첫 번째 훈련 인스턴스와 분할 방향을 선택하는 것으로 귀결된다. 한 번 이것이 가능해지면 초기 분할의 자식 노드들에 반복적으로 적용함으로써 전체 트리 구성이 가능해진다.

분할의 적합한 방향을 찾으려면 각 축을 따라 데이터 점들의 분산을 개별적으로 계산하고 분산이 가장 작은 축을 선택해 그에 수직인 분할 초평면을 만든다. 초평면에 적합한 위치를 찾으려면 해당 축을 따라 중앙값을 찾아 그 점을 선택하면 된다. 이렇게 하면 분할은 가장 큰 확산 방향에 수직이 되면서 각 사이드의 중심에 위치하게 된다. 그러면 균형이 잡힌 트리가 만들어진다. 직사각형 영역을 피하려면 각 단계에서 가장 큰 확산 차원이 선택되기 때문에 다른 축을 따라 계속 분할하는 게 제일 좋다. 하지만 데이터 점들의 분산이 편중됐다면 중앙값이 여러 개의 분할을 만들 것이고 이에 따라 정사각형이 아닌 직사각형의 영역이 만들어질 것이다. 더 나은 방법으로는 중앙값 대신에 평균값을 취하는 방법이 있다. 비록 이 방법으로는 균형 잡힌 트리를 만들기는 어렵지만, 이어지는 분할에 대한 선택을 다른 방향으로 할 가능성이 높기 때문에 만들어지는 영역은 정사각형에 가깝게 된다.

다른 머신러닝에 비해 인스턴스 기반 러닝의 장점은 새로운 예제들이 언제라도 추가될 수 있다는 점이다. kD-트리 사용 시 이 장점을 유지하고자 새로운 데이터 포인트data point를 점진적으로 업데이트할 수 있게 해야 한다. 이를 위해 어떤 리프 노드가 새로운 포인트를 갖고 있는지 정의하고 이의 사각형 영역을 찾는다. 만일 비어 있다면 여기에 새로운 포인트를 할당하면 된다. 비어 있지 않다면 이 사각형을 가장 긴 차원을 따라 정사각형에 가깝도록 분할한다. 이 간단한 휴리스틱은 일련의 데이터 포인트들이 추가될 때 트리의 균형 유지나 만들어지는 사각형 영역이 최근접 이웃 검색에의 최적화를 보장하지는 않는다. 이를 위해 트리를 수시로 재구성하는 방법도 있다(트리의 깊이가 기존 깊이의 2배 정도 됐을 때 수행한다).

지금까지 살펴본 kD-트리는 최근접 이웃 검색에 최적인 데이터 구조이지만 아직 완벽하진 않다. 데이터셋의 편중이 트리의 균형과 정사각형 영역과의 충돌을 야기시킨다. 더 중요한 것은 모퉁이 때문에 사각형(심지어 정사각형도) 최적의 영역 형태는 아니라는 점이다. 그림 4.14의 점선으로 그려진 원 영역이 더 커진다면, 그래서 검은색의 인스턴스가 대상으로부터 더 멀어진다면, 이는 사각형 영역의 우측 상단 모퉁이와 만날 것이며, 그렇다면 오른쪽 상단의 사각형 영역(훈련 중인 인스턴스가 문제의 모퉁이에서 멀리 떨어져 있음에도)도 조사해야 한다. 모서리 부분은 애매한 영역이다.

이에 대한 해결책은 사각형이 아닌 원을 영역으로 사용하는 것이다. 이웃 원은 사각형과는 달리 인접 부분은 겹치게 될 수 있다. 하지만 이는 문제가 되지 않는 게 kD-트리 최근접 이웃 알고리듬은 분리되는 영역과는 무관하기 때문이다. 볼 트리ball tree라는 이 구조는 데이터 포인트를 커버하는 k차원의 볼ball을 정의하고 이를 트리에 배치한다.

그림 4.15A는 16개의 트레이닝 인스턴스를 겹친 원들의 패턴으로 구성된 이차원 공간에 배치한 것을 보여 주며 그림 4.15B는 이 원들로부터 파생된 트리 구조를 보여 준다. 트리에서 표현된 원들은 트리 레벨마다 다른 점선으로 표현돼 있으며 작은 원들은 회색 음영으로 처리돼 있다. 트리의 각 노드는 볼을 나타내며 각 노드는 동일한 규칙이 적용돼 점선으로 그려졌거나 회색으로 음영 처리가 돼 있어서 어떤 레벨의 볼인지 알기 쉽다. 트리에 대한 이해를 돕고자 각 노드에 존재하는 예상 데이터 포인트들의 수를 적었다.

하지만 주의해야 할 것은 반드시 볼이 나타내는 공안 영역 내에 떨어지는 포인트 수와 일치할 필요는 없다는 것이다. 각 레벨의 영역은 때로는 겹치지만 겹치는 영역에 속하는 데이터 포인트들은 겹치는 볼 중 하나에만 할당된다(다이어그램에는 어떤 볼인지 보여 주지 않는다). 그림 4.15B에서의 포인트 수 대신 실제 볼 트리에서의 노드들은 볼의 중심과 반지름 값을 저장한다. 리프 노드들은 그냥 포인트 수를 저장한다.

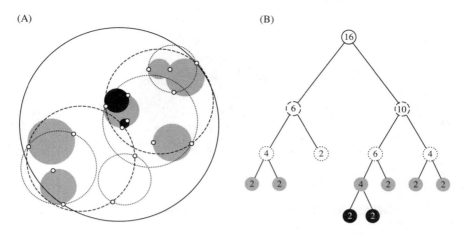

그림 4.15 16개의 훈련 인스턴스에 대한 볼 트리 (A) 속성과 볼 (B) 트리

볼 트리를 통해 주어진 대상에 대한 최근접 이웃을 찾으려면 루트부터 목표 대상이 포함된 리프 노드까지 하향식으로 트리를 탐색하며 볼에서 목표점과 가장 가까운 포인트를 찾는다(만일 볼에 인스턴스가 없다면 가장 가까이 있는 다른 볼을 선택한다). 이는 최근접 이웃으로부터 목표점까지 거리의 상한선을 제시한다. 그다음부터는 kD-트리와 같이 형제 노드를 탐색한다. 목표점으로부터 형제 노드까지의 거리가 반지름을 넘고 현재의 상한선을 넘는다면 이는 인접 포인트를 가질 수는 없다. 그렇지 않으면 트리를 더 내려가서 형제 노드를 검사해야 한다. 그림 4.16에서 목표는 별표로 돼 있는 부분이며 검은 점이 우리가 알고 있는 최근접 이웃이다. 회색 영역 내의 모든 콘텐츠는 배제될 수 있는데 이 영역 중심과 목표까지의 거리는 너무 멀기 때문이다. 현재 상한선보다 더 가까운 포인트를 포함할 수 있는 볼을 검사하면서 트리를 루트부터 재귀적으로 백업을 진행한다.

볼 트리는 하향식으로 만들어지며 kD-트리와 마찬가지로 기본 목표는 데이터 포인트 세트를 포함해 볼을 2개로 분할하는 좋은 방법을 찾는 것이다. 실제로는 2개의 포인트만 포함하고 있는 리프 볼까지 이를 수행할 필요는 없는데 미리 정해 놓은 최소 수에만 도달하면 되며 kD-트리도 마찬가지다. 가능한 분할 방법은 다음과 같다. 볼의 중심에서 가장 먼 지점을 선택한 다음 첫 번째 지점에서 가장 먼 두 번째 지점을 선택한다. 볼의 모든

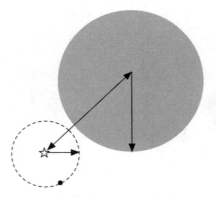

그림 4.16 목표 점(별) 및 현재 최근접 이웃에 근거해 전체 볼(회색)을 배제

데이터 포인트를 두 임시 클러스터 중심 중 가장 가까운 곳에 할당한 다음 각 클러스터의 중심과 그것이 나타내는 모든 데이터 포인트를 나타내는 데 필요한 최소 반경을 계산한다. 이 방법은 n개의 데이터 포인트를 포함하는 볼을 분할하는 비용이 n에 선형 관계라는 장점이 있다. 더 밀도 있는 볼을 만드는 정교한 알고리듬이 있지만 여기에는 더 많은 연산이 필요하다. 새로운 훈련 인스턴스를 만났을 때 볼 트리를 구성하거나 점진적으로 업데이트를 하는 진전된 알고리듬은 다루지 않는다.

참고

최근접 이웃 인스턴스 기반 학습은 간단하면서도 어떤 경우에는 뛰어난 성과를 보인다. 구조에서 나이브 베이즈 방법처럼 각 속성이 결정 결과에 정확히 동일한 영향을 미친다고 설명했다. 또 다른 문제는 노이즈가 많이 낀 견본들이 데이터베이스에 손상을 쉽게 준다는 것이다. 이에 대한 해결책 중 하나는 k-최근접 이웃$^{k\text{-nearest neighbor}}$ 전략을 사용하는 것이다. 여기서 k개의 고정된 최근접 이웃들(예를 들어 k는 5개라고 해보자)이 위치하고 주요 방식을 통해 테스트 인스턴스의 클래스를 결정하는 데 같이 사용된다(주의할 것은 앞에서 k를 속성 개수를 표현하는 데 사용했는데 이는 여기서의 k와 다른 의미다). 노이즈 데이터로부터 데이터베이스를 보호하는 또 다른 방법은 신중하게 선택적으로 견본을 취하는 것이다.

7.1절에서 설명한 처리 방식의 개선들은 이런 단점을 해결한다.

최근접 이웃 방식은 수십 년 전부터 사용되기 시작했으며, 통계학자들은 1950년대 초에 k-최근접 이웃 구조를 분석했다. 훈련 인스턴스 수가 많으면 가장 가까운 이웃을 2개 이상 사용하는 게 직관적이지만 인스턴스가 적다면 분명 위험한 방법이다. $k/n \rightarrow 0$이 되는 방식으로 k와 인스턴스 수 n이 모두 무한대가 되면 오류 확률이 이론적으로 최소에 근접함을 알 수 있었다. 최근접 이웃 법은 1960년대 초에 분류 체계로 채택됐으며 거의 반 세기 동안 패턴 인식 분야 등에 널리 사용됐다.

최근접 이웃 분류는 데이터 구조 자체가 훨씬 일찍 개발됐음에도 kD-트리가 적용되기 전까지는 느리기로 악명이 높았다. 실제로 이러한 트리는 공간의 차원이 증가하면 비효율적이 되고 속성 수가 상대적으로 적을 때만 가치가 있다. 볼 트리는 상당히 최근에 개발된 기법으로 메트릭 트리metric tree라고 불리는 일반적인 구조의 한 인스턴스다.

4.8 클러스터링

클러스터링clustering 기술은 예측할 클래스가 없는 경우보다는 인스턴스를 자연스럽게 나눌 그룹이 없는 경우에 적용된다. 이러한 클러스터는 생각하건대 인스턴스가 그려지는 도메인에서 작동하는 일부 메커니즘을 반영한다. 이 메커니즘은 일부 인스턴스가 나머지 인스턴스보다 서로 더 강한 유사성을 갖게 하는 메커니즘이다. 클러스터링에서는 당연하겠지만 지금까지 고려한 분류 및 연관 학습 방법들과 다른 기술들이 필요하다.

3.6절에서 보았듯이 클러스터링 결과를 표현하는 데 다양한 방법이 있다. 식별된 그룹은 서로 배타적일 수 있다. 모든 인스턴스는 1개당 하나의 그룹에 속하며 겹칠 수도 있는데 이는 인스턴스가 여러 개의 그룹에 속하는 경우다. 또는 인스턴스가 확률론적 probabilistic일 수도 있는데 인스턴스가 특정 확률로 각 그룹에 속하는 경우다. 또는 인스턴스가 계층적hierarchical일 수도 있는데 인스턴스를 최상위 수준에서 그룹으로 대충 나누고 각 그룹을 더 세분화해 개별 인스턴스까지 내려갈 수 있다. 실제로는 이러한 가능성 중에서 선택하는 작업은 특정 클러스터링 현상의 기초가 되는 메커니즘의 특성에 따라 결정

돼야 한다. 하지만 이런 메커니즘들은 거의 알려지지 않았기 때문에(결국 클러스터의 존재 자체를 발견하려고 하는 것이므로) 실용적인 이유로도 이런 선택은 사용할 수 있는 클러스터링 툴을 활용해 이뤄진다.

먼저 숫자 영역에서 작동하는 알고리듬을 검사하고 분리된 클러스터로 인스턴스를 분할한다. 인스턴스 기반 학습의 기본 최근접 이웃 방식과 마찬가지로 이 방법도 수십 년 동안 사용돼 온 간단하며 사용하기 쉬운 기술이다. 알고리듬은 k-means로 알려져 있으며 이에 대한 변형된 버전이 많이 개발됐다.

기본 공식에서 초기 k개의 데이터 포인트들은 초기 클러스터 중심을 나타내고자 선택되고 모든 데이터 포인트는 가장 가까운 곳에 할당된다. 각 클러스터에 있는 포인트들의 평균값은 새로운 클러스터의 중심을 형성하고자 계산되며 클러스터의 변화가 없을 때까지 계속 반복한다. 이 과정은 클러스터의 수를 미리 알고 있는 경우에만 동작한다. 그러면 자연스럽게 이런 의문이 들 것이다. '어떻게 k값을 선택할까?'

종종 클러스터의 수에 대해서는 주어지지 않으며 클러스터링이라 함은 이 개수를 알아내는 것도 포함한다. 따라서 여기서는 클러스터 수를 미리 알 수 없는 경우의 수행 작업을 논의할 것이다.

일부 기술은 $k = 2$인 알고리듬을 전체 데이터셋에 적용한 다음 각 클러스터 내에서 재귀적으로 반복해 계층적 클러스터를 생성한다. 여기서는 '집합agglomeration'을 통해 계층적 클러스터를 만드는 기술을 살펴볼 것이다. 즉 개별 인스턴스들로부터 시작해 순차적으로 클러스터에 이들을 결합시킨다. 이 방법은 1980년대 후반에 개발됐으며 Cobweb(명목 속성의 경우) 및 Classit(수치 속성의 경우)이라는 한 쌍의 시스템으로 구현됐다. 둘 다 인스턴스의 계층적 그룹화와 함께 카테고리 유틸리티라고 하는 클러스터의 '품질'을 측정한다.

반복 거리 기반 클러스터링

고전적 클러스터링 기법은 k-means다. 이는 먼저 찾는 클러스터 수를 미리 지정하는데 이것이 파라미터 k가 된다. 그런 다음 k개의 점들이 클러스터를 중심으로 무작위로 선택된다. 모든 인스턴스는 보통의 유클리드 거리 메트릭에 따라 가까운 클러스터 중심에 할당된다. 다음으로 각 클러스터에 있는 인스턴스의 중심 또는 평균을 계산한다. 이것이 'means(평균)'가 의미하는 것이다. 이 중심은 해당 군집의 새로운 중심값으로 간주된다. 마지막으로 전체 프로세스는 새로운 클러스터 센터에서 반복된다.

반복은 동일한 데이터 포인트가 각 반복 라운드로부터 각 클러스터에 할당될 때까지 계속되며 이 단계에서 중심이 안정화돼 이동되지 않을 때까지 계속된다.

그림 4.17은 15개의 인스턴스와 2개의 수치 속성이 있는 간단한 데이터셋의 산점도를 기반으로 이 프로세스가 작동하는 방식의 예를 보여 준다. 4개 열의 각각은 k-means 알고리듬의 1회 반복에 해당한다. 이 예에서 3개의 클러스터가 있다고 가정하면 $k = 3$으로 설정된다. 처음에는 왼쪽 상단에 서로 다른 기하학적 모양의으로 표시된 3개의 클러스터 중심이 무작위로 배치된다. 그런 다음 플롯plot에서 인스턴스는 각 인스턴스에 대해 가장 가까운 클러스터 중심을 찾아 임시로 할당되는데 이게 첫 번째 반복의 결과다. 아직은 클러스터링이 좀 제멋대로 된 것 같은데 이는 클러스터 중심이 무작위였기 때문이다. 핵심은 방금 생성된 할당을 기반으로 중심을 업데이트하는 것이다. 다음 반복에서는 두 번째

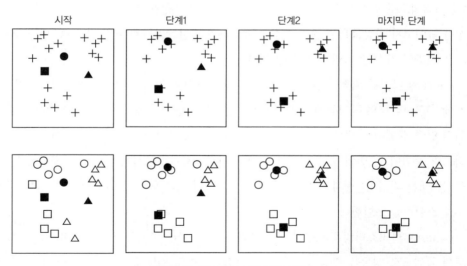

그림 4.17 반복 거리 기반 클러스터링

열의 위쪽 플롯을 얻고자 각 클러스터에서 할당된 인스턴스를 기반으로 클러스터의 중심이 다시 계산된다. 그런 다음 인스턴스를 새로운 중심에 다시 할당해 아래의 플롯을 얻는다. 아까보다는 더 진보된 클러스터를 얻었지만 여전히 중심과 클러스터의 중심은 일치하지 않는다. 또한 삼각형 하나가 여전히 동그라미로 잘못 클러스터링돼 있다.

따라서 중심의 재계산과 인스턴스 재할당이라는 두 단계를 다시 반복해야 한다. 이렇게 하면 그럴듯하게 보이는 Step2가 생성된다. 그러나 최상위 클러스터의 중심은 여전히 이전 인스턴스 할당을 기반으로 하기 때문에 업데이트를 해야 한다. 다음 및 마지막 할당을 다시 계산하면 모든 인스턴스가 동일한 클러스터 중심에 할당된 상태로 남음을 알 수 있다. 알고리듬이 수렴된 것이다.

이 클러스터링 방법은 간단하면서 효과적이다. 클러스터의 중심을 센터로 선택하면 클러스터의 각 점에서 중심까지의 총 거리 제곱이 최소화한다는 것을 쉽게 증명할 수 있다. 반복이 안정화되면 각 점이 가장 가까운 클러스터의 중심에 할당되므로 결국 최소화된 거리 제곱이 얻어진다. 하지만 이 값은 지역 최솟값이며, 전역으로 최솟값이라는 보장은 없다. 최종 클러스터는 초기 클러스터의 중심에 매우 민감하다. 초기 무작위 선택의 작은 변화에서 완전히 다른 결과가 발생할 수 있다. 사실 이는 모든 실제 클러스터링 기술이다. 전역적으로 최적의 클러스터를 찾는 것은 거의 불가능하다. 전역 최솟값을 찾을 가능성을 높이고자 사람들은 종종 초깃값을 달리하면서 알고리듬을 여러 번 실행시키고 가장 좋은 결과인 최소 총 거리 제곱을 선택한다.

k-means 방법이 최적의 클러스터링 검색에 실패하는 경우는 자주 발생한다. 2차원 공간에서 직사각형의 꼭지점에 배열된 4개의 인스턴스를 생각해 보자. 이 상황에서는 짧은 면의 양쪽 끝에서 발생하는 2개의 클러스터를 생각할 수 있다. 그런데 이 2개의 초기 클러스터 중심이 긴 변의 중간 지점에 있다고 가정하자. 이 구성은 안정적인 구성이다. 두 클러스터는 각각 긴 변과 짧은 변의 차이가 얼마나 큰지에 관계없이 긴 변의 양쪽 끝에 두 인스턴스를 포함한다.

k-means 클러스터링은 종종 '시드seed'라는 초기 클러스터 중심을 신중하게 선택함으로써 극적으로 성능을 향상시킬 수 있다. 임의의 시드 세트로 시작하는 대신에 여기 더

나은 방법이 있다. 균일한 확률 분포로 전체 공간에서 무작위로 초기 시드를 선택한다. 그런 다음 첫 번째 시드와 거리의 제곱에 비례하는 확률로 두 번째 시드를 선택한다. 각 단계에서 이미 선택된 가장 가까운 시드로부터 거리의 제곱에 비례하는 확률로 다음 시드를 선택한다 k-means++라 불리는 이 방법은 무작위 시드를 사용하는 원래 알고리듬보다 속도 및 정확도를 모두 향상시킨다.

더 빠른 거리 계산

k-means 클러스터링 알고리듬은 보통 수차례의 재귀가 필요하며 각 재귀에서는 클러스터를 결정하고자 모든 인스턴스에서 k클러스터 중심의 거리를 찾는다. 그런데 이 거리를 찾는 속도를 빠르게 하는 간단한 근사치를 구하는 법이 있다. 예를 들어 가장 가까운 클러스터의 중심을 선택해 임의의 초평면 분할을 사용하는 대신 데이터셋을 투영하고 선택한 축을 따라 절단할 수 있다. 그러나 이는 필연적으로 클러스터의 품질에 손상을 준다.

속도를 높이는 더 좋은 방법이 있다. 가장 가까운 클러스터 중심을 찾는 것은 인스턴스 기반 학습에서 최근접 이웃을 찾는 것과 크게 다르지 않다. 동일한 효율적인 솔루션(kD-트리 및 볼 트리)을 사용할 수 있을까? 그렇다! 실제로 k-means의 각 재귀에서 모든 데이터 포인트가 함께 처리되는 반면 인스턴스 기반 러닝 테스트 인스턴스는 개별적으로 처리되기 때문에 훨씬 더 효율적인 방식으로 적용될 수 있다.

먼저 모든 데이터 포인트에 대해 kD-트리 또는 볼 트리를 구성한다. 이는 클러스터링 과정 전체에 정적으로 유지된다. k-means를 반복할 때마다 군집 중심 세트가 생성되며 모든 데이터 포인트를 조사해 가장 가까운 중심에 할당해야 한다. 포인트를 처리하는 방법 중 하나는 리프에 도달할 때까지 루트에서 트리를 타고 내려간 다음 리프의 개별 포인트를 확인해 가장 가까운 클러스터의 중심을 찾는 것이다. 그러나 더 높은 내부 노드가 나타나는 영역은 전적으로 단일 클러스터 중심의 도메인 내에 속할 수 있다. 이 경우 해당 노드 아래의 모든 데이터 포인트를 한 번에 처리할 수 있다.

결국 이런 훈련의 목적은 포함된 포인트들의 중심을 계산해 클러스터 중심에 대한 새로운 위치를 찾는 것이다. 중심은 클러스터에 있는 포인트의 실행 벡터의 합과 지금까지 얼마나 되는가를 카운트해 계산할 수 있다. 마지막에는 서로 나눠 중심을 찾으면 된다. 트리의 각 노드에 해당 노드 내 포인트의 벡터 합계와 포인트 수를 저장한다고 가정하자. 전체 노드가 단일 클러스터 범위 안에 있는 경우 해당 클러스터의 누계는 즉시 업데이트될 수 있다. 그렇지 않은 경우 트리 아래로 재귀 진행을 시켜 노드 내부를 체크한다.

그림 4.18은 그림 4.15와 동일한 인스턴스와 볼 트리를 보여 주지만 2개의 클러스터 중심은 검은색 별 표시로 돼 있다. 모든 인스턴스가 가장 가까운 중심에 할당되기 때문에 공간은 그림 4.18A와 같이 굵은 선으로 나뉠 수 있다. 그림 4.18B의 트리 루트에서 시작해 벡터 합에 대한 초깃값과 각 클러스터에 대한 개수를 사용하며 모든 초깃값은 0이다.

재귀적으로 트리를 내려가며 수행한다. 노드 A에 도달하면 그 안에 있는 모든 포인트들은 클러스터 1로 묶인다. 따라서 클러스터 1의 합과 카운트는 노드 A에 대한 합과 카운트로 업데이트될 수 있으며 더 이상 진행될 필요는 없다. 노드 B로 다시 돌아가면 볼이 클러스터 사이의 경계에 걸쳐 있으므로 포인트를 개별적으로 검사해야 한다. 노드 C에 도달하면 완전히 클러스터 2에 속하며 다시 클러스터 2를 즉시 업데이트할 수 있다. 여기서 더 이상 나아갈 필요는 없다. 트리는 그림 4.18B에서 점선으로 표시된 경계까지만 체

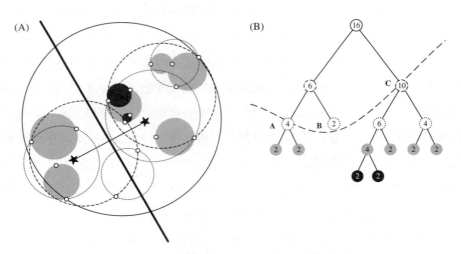

그림 4.18 볼 트리 (A) 두 클러스터의 중심 및 이의 분리선 (B) 관련 트리로 표현

크되며 장점은 아래 노드를 열 필요가 없다는 것이다. 다음으로 클러스터 중심은 변경될 것이며 상황은 변경될 수 있다.

클러스터 수의 선택

k-means를 사용하고 있지만 클러스터 수를 처음부터 모른다고 가정하자. 한 가지 해결책은 다양한 가능성을 시도해 보고 어떤 것이 가장 좋은지 확인하는 것이다. 이를 위한 간단한 전략은 주어진 최솟값(예를 들어 $k = 1$)에서 시작해 고정된 최댓값까지 작업하는 것이다. 주의할 것은 훈련 데이터에서 전체 제곱 거리 기준에 따른 '최상'의 클러스터링은 항상 데이터 포인트 만큼의 클러스터를 선택하는 것이다. 많은 클러스터를 발생시키는 방법에 불이익을 주려면 5.10절에서 나올 최소 디스크립션 길이(MDL, Minimum Description Length)와 같은 기준을 적용할 수 있다.

또 다른 가능 선택지는 몇 개의 클러스터를 찾는 것으로 시작해 분할할 가치가 있는지 정의하는 것이다. $k = 2$를 선택하고 끝날 때까지 k-means 클러스터링을 실행한 다음 각 클러스터 분할을 고려한다. 초기 양방향 클러스터링이 다시 되돌릴 수 없는 것으로 간주되고 분할이 각 컴포넌트에 대해 독립적으로 검사되면 계산 시간이 상당히 단축된다. 클러스터를 분할하는 한 가지 방법은 새로운 시드seed를 만들고, 가장 변화가 큰 방향으로 클러스터 중심에서 한 표준 편차를 두고 반대 방향으로 같은 거리에 두 번째 시드를 만드는 것이다(이 방법이 너무 느리면 클러스터를 묶고 있는 박스와 임의의 방향에 비례하는 거리를 선택한다). 그런 다음 2개의 새로운 시드를 사용해 클러스터의 포인트에 k-means를 적용한다.

클러스터를 임시로 분할한 경우 분할을 유지해야 할까 아니면 원 클러스터를 그대로 가져가는 게 그럴듯할까? 모든 포인트의 클러스터 중심까지의 제곱 거리의 총합을 생각하는 것은 좋은 방법이 아니다. 이는 2개의 하위 클러스터들에 대해 더 작아질 수 있다. 추가 클러스터를 만들면 감내해야 할 부분이 발생하며 이는 MDL 기준에 대한 작업이다. 이 원칙을 적용해 2개의 새로운 클러스터 중심을 지정하는 데 필요한 정보와 각 포인트를 지정하는 데 필요한 정보가 원래의 중심 및 그에 대한 모든 포인트를 지정하는 데 필요한 정보를 초과하는지 확인할 수 있다. 그렇다면 새 클러스터링은 비생산적이므로 버려야 한다.

분할이 유지되면 각 새 클러스터를 추가로 분할해 보라. 이 분할은 의미가 있는 분할이 남지 않을 때까지 계속 진행한다.

이 반복적인 클러스터링 프로세스를 kD-트리 또는 볼 트리 데이터 구조와 결합해 추가적인 구현 효율성을 얻을 수 있다. 그런 다음 트리에서 루트부터 아래로 내려가면서 작업해 데이터 포인트에 도달한다. 클러스터 분할을 고려할 때 전체 트리는 고려할 필요가 없으며 클러스터를 포함하는 데 필요한 부분만 보면 된다. 예를 들어 그림 4.18A(굵은 선 아래)에서 왼쪽 아래 클러스터를 분할할지 여부를 결정하려면 노드 C는 이와 무관하기 때문에 노드 A와 B만 고려하면 된다.

계층적 클러스터링

초기 클러스터 쌍을 형성하고 각 클러스터를 재귀적으로 분할할 가치가 있을지를 판단하는 작업의 결과물은 덴드로그램dendrogram이라는 이진 트리 결과물이 생성된다. 사실 그림 3.11D에서 덴드로그램을 봤었으며(일부 브랜치가 3개 방향이었다) 동일한 정보가 세트와 하위 세트의 벤다이어그램으로 표현될 수 있었다. 구조가 계층적hierarchical이라는 제약은 하위 세트가 서로를 포함할 수 있지만 교차는 할 수 없다는 것을 뜻한다. 어떤 경우에는 각 세트에 있는 클러스터 간의 불일치 정도에 대한 척도가 존대한다. 그런 다음 각 노드의 높이는 자식 간의 비유사성에 비례해 만들어질 수 있다. 이를 통해 계층적 클러스터링을 쉽게 해석할 수 있는 다이어그램이 만들어진다.

클러스터의 계층적 구조를 만들기 위한 하향식의 대안으로서 통합agglomerative 클러스터링이라는 상향식bottom-up이 있다. 이 아이디어는 수년 전에 제안됐으며 최근에 다시 인기를 얻고 있다. 기본 알고리듬은 간단하며 필요한 것은 두 클러스터 사이의 거리(또는 유사성)만 알면 된다. 각 인스턴스를 자신의 오른쪽에 있는 클러스터로 간주하고, 가장 가까운 두 클러스터를 찾아 하나로 합친 다음 클러스터가 하나만 남을 때까지 이 작업을 계속 진행한다. 합친 기록은 덴드로그램이라는 계층적 클러스터 구조를 만든다.

거리 측정 방법에는 여러 가지가 있다. 하나는 가장 가까운 두 구성원 사이의 거리를 클러스터 간의 거리로 삼는 것이다. 이를 통해 단일 연결 클러스터 알고리듬이 생성된다. 이 측정은 한 쌍의 클러스터에서 가장 가까운 두 구성원만 고려하므로 프로시저는 비정상값에 민감할 수밖에 없다. 새 인스턴스 하나만 추가돼도 전체 클러스터링 구조가 근본적으로 바뀔 수 있기 때문이다. 또한 클러스터의 지름을 구성원 사이의 가장 큰 거리로 정의하면 단일 연결 클러스터링이 가장 큰 지름의 클러스터를 생성해 버릴 수도 있다. 또다른 척도는 최솟값 대신 클러스터간의 최댓값을 취하는 것이다. 두 클러스터는 합집합의 모든 인스턴스가 비교적 유사한 경우에만 가까운 것으로 간주된다(종종 완전 연결 방법 complete-linkage method이라고도 한다). 비정상값에 역시 민감한 이 방법은 직경이 작은 콤팩트한 클러스터를 찾는다. 하지만 일부 인스턴스는 나머지 자체 클러스터보다 다른 클러스터에 훨씬 더 가깝다고 판단한다.

클러스터 구성원 간의 최소 및 최대 거리 중간의 절충안을 채용한 측정법도 있다. 하나는 k-means 알고리듬과 같이 구성원의 중심으로 클러스터를 표현하고 중심 간의 거리(중심 연결 centroid-linkage 방법)를 사용하는 것이다. 이는 인스턴스가 다차원 유클리드 공간에 위치하고 중심의 개념이 명확할 때에는 잘 작동하지만, 인스턴스 간의 페어와이즈 pairewise 유사성 측정만 있으면 그렇지 않은데 이는 중심이 인스턴스가 아니고 둘 사이의 유사성을 정의하는 게 불가능할 수 있기 때문이다. 또 다른 방법으로는 두 클러스터의 각 구성원 쌍 간의 평균 거리를 계산하는 것이다(이를 평균 연결 방법 average-linkage method이라고도 한다). 작업이 많아 보이지만 어차피 최대 또는 최솟값을 찾으려면 모든 쌍별 거리를 계산해야 하므로 평균을 내는 것은 그리 많은 추가 부담이 아니다. 이 두 방법 모두 기술적 결함이 있는데 결과가 거리를 측정하는 수치 척도에 따라 달라진다. 최소 및 최대 거리 측정은 관련된 사이 거리의 '순서'에만 의존하는 결과를 만든다. 반대로 중심 기반 및 평균 거리 클러스터링의 결과는 상대적 순서를 유지하더라도 단순한 변환으로 변경될 수 있다.

그룹 평균 클러스터링 group-average clustering이라는 또 다른 방법은 병합된 클러스터의 모든 구성원 간의 평균 거리를 사용한다. 이것은 앞에서의 '평균' 방법과는 조금 다른데 원 클러스터에의 평균 쌍이 같이 포함되기 때문이다. 마지막으로 와드^{Ward}의 클러스터링 방법은 두 군집을 융합하기 전과 후에 중심으로부터 인스턴스 거리의 제곱 합의 증가분을 계산한다. 이 아이디어는 각 클러스터링 단계에서 제곱 거리의 증가를 최소화하는 것이 포인트다.

이 모든 방법은 클러스터가 잘 분리되고 정리돼 있다면 동일한 계층적 클러스터링을 만든다. 하지만 그렇지 않으면 전혀 다른 결과를 만들 수 있다.

계층적 클러스터링 예제

그림 4.19는 통합 계층적 클러스터링의 예제를 보여 주고 있다(이 시각화는 FigTree(http://tree.bio.ed.ac.uk/software/figtree/)를 통해 만들었다). 여기에서는 데이터셋이 각기 다른 종류의 동물 50개의 예제를 갖고 있는데 돌고래부터 몽구스, 기린부터 랍스터까지 다양하다. 여기에는 1개의 수치 속성(다리 개수이며 0부터 6의 값을 원래는 갖고 있으나 [0,1]로 조정됐음)과 깃털 유무, 난생 여부, 독성 유무 등 거리 계산에서 0과 1로 계산될 15가지의 부울 속성이 있다.

그림 4.19에서는 표준 덴드로그램 및 폴라 플롯$^{polar\ plot}$ 2가지 종류의 다이어그램을 보여 준다. 그림 4.19A와 B는 통합 클러스터로부터의 출력을, 그림 4.19C 및 D는 동일한 2가지 방법으로 다른 통합 클러스터를 플로팅한 결과를 보여 준다. 차이점은 최상단의 쌍은 완전 연결 측정$^{complete-linkage\ measure}$을 사용해 생성됐고 아래 쌍은 단일 연결 측정을 사용해 생성됐다는 것이다. 단일 연결 방법이 트리의 상당히 낮은 레벨에서 직경이 큰 클러스터를 만드는 반면에 완전한 연결 방법은 조밀한 클러스터를 생성하는 경향이 있다.

4가지 방법 모두에서 덴드로그램에 있는 각 노드의 높이는 인스턴스 간의 유클리드 거리로 측정되는 자식 간의 비유사성에 비례한다. 그림 4.19A 및 C 아래에 수치 척도가 제공된다. 루트에서 리프까지의 총 비유사성^{dissimilarity}은 전자가 최대 거리를 포함하고 있기

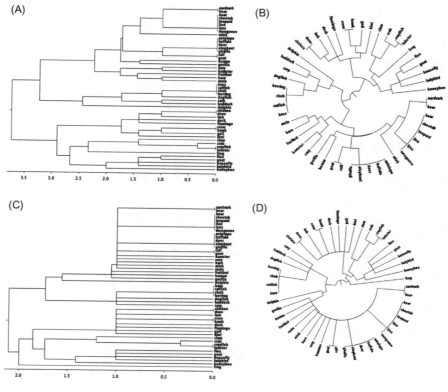

그림 4.19 계층적 클러스터 화면

때문에 아래의 단일 연결 방법보다 위의 완전 연결 방법에서 훨씬 더 크며, 후자는 각 클러스터의 인스턴스 간 최소 거리다. 첫 번째 사례에서 전체 비유사성은 인스턴스 간 가능한 최대 거리인 3.75보다 낮다. 14번과 15번 속성 사이 차이는 $\sqrt{14} \approx 3.74$ 정도다. 두 번째의 부울 속성 차이는 2보다($\sqrt{4}$ 보다) 조금 더 크다.

완전 연결 방식(그림 4.19A)에 대해 많은 요소가 비유사성 1에서 연결되며 이는 단일 부울 속성에서의 차이에 해당한다. 단 한 쌍만이 제일 작은 비유사성을 갖는데 바로 crap과 crayfish 쌍이며 단지 다리 개수만 다르다(상대 척도로 보면 4/6와 6/6이 된다). 다른 비유사성은 $\sqrt{2}$, $\sqrt{2}$, $\sqrt{4}$ 등이 되며 2, 3, 4 부울 속성의 차이에 해당한다. 클러스터 간 최소 거리를 사용하는 단일 연결 방식(그림 4.19C)에서는 비유사성 1로 더 많은 요소들이 서로 결합한다.

어떤 표현 방식(표준 덴드로그램과 폴라 플롯 중)이 더 유용할까는 사용자 취향이다. 처음에는 좀 어색할지 모르지만 폴라 플롯이 좀 더 공간을 고르게 분산시킨다.

점진적 클러스터링

k-means 알고리듬이 수렴될 때까지 반복을 통해 모든 데이터셋을 검색하고 계층적 방법 hierarchical method이 통합의 각 단계에서 지금까지 존재하는 모든 클러스터를 검사하는 데 반해 다음으로 작업할 클러스터링 방법은 인스턴스별로 점진적으로 검토를 진행하는 방법이다. 모든 단계에서 클러스터링은 전체 데이터셋을 나타내는 루트 노드와 리프 노드에서의 인스턴스로 트리 구조를 형성한다. 처음에 트리에는 루트만 존재한다. 인스턴스가 차례로 추가되면서 트리는 각 단계에서 적절히 업데이트된다. 업데이트는 단순히 새로운 인스턴스를 나타내는 리프를 적절한 위치에 추가하는 것일 수도 있고 새로운 인스턴스로부터 영향을 받는 트리의 일부분을 근본적으로 재구성할 수도 있다. 어떻게, 어디에 업데이트를 할까에 대한 핵심은 카테고리 유틸리티category utility라 불리는 수량으로서, 이를 통해 전반적인 인스턴스 분할의 품질을 측정한다. 카테고리 유틸리의 세부적 고려 방법은 잠시 뒤로 미루고 먼저 클러스터링 알고리듬이 어떻게 동작하는지부터 살펴보겠다.

진행 절차는 예제에서 잘 보여 주고 있는데 먼저 친숙한 날씨 데이터를 예제로 사용할 것이며 Play 속성만 여기서 제외토록 하겠다. 진행 상황 추적을 위해 14개의 인스턴스에 각각 a, b, c, ..., n(표 4.6과 같이)을 라벨링하고 각 라벨에 yes 또는 no 클래스를 포함시킨다(두 인스턴스 클래스가 별도의 카테고리에 속해야 한다고 가정할 이유는 거의 없다). 그림 4.20은 클러스터링 절차 전반에 걸쳐 두드러진 포인트의 상황을 보여 준다.

처음에 새 인스턴스가 구조로 흡수되면 전체 최상위 클러스터 아래에 인스턴스는 각각 고유한 하위 클러스터를 형상한다. 각각의 새 인스턴스는 각 기존의 리프에 임시로 할당되고 최상위 레벨 노드의 자식들의 결과 세트의 카테고리 유틸리티를 평가해 리프가 새 인스턴스에 적합한 '호스트'인지 확인한다. 처음 5개 인스턴스에서는 이런 호스트가 없다. 카테고리 유틸리티 측면에서 각 인스턴스에 대해 새로운 리프를 형성하는 게 좋다. 여섯 번째 인스턴스에서는 결국 클러스터를 형성하는 이유를 찾을 수 있으며, 새로운 인스턴스 f를 호스트인 e와 결합시킨다. 표 4.6을 보면 다섯 번째와 여섯 번째 인스턴스가 실제로 매우 유사하며 Windy 속성(및 여기서는 무시된 Play 속성)만 다르다. 다음 예제인 g는 동일한 클러스터(Outlook에서만 f와는 다르다)에 할당된다. 이는 클러스터링 절차의 또 다른 호출이 포함돼 있다. 먼저 g는 루트의 5개 자식 중에서 어느 것이 가장 좋은 호스트인지 확인하고자 평가된다. 가장 오른쪽에 있는 것으로 밝혀졌고 이미 클러스터다.

그런 다음 루트에서 클러스터링 알고리듬을 호출하고 두 하위 항목을 평가해 더 나은 호스트를 만드는지 확인한다. 이 경우 카테고리 유틸리티 측정에 따르면 새로운 인스턴스를 오른쪽에 하위 클러스터로 추가하는 게 가장 좋다.

이런 맥락으로 계속 진행한다면 트리의 재구성이 필요할 일이 없어지며 최종 클러스터는 완전히 예제의 순서에 의존할 것이다. 이를 피하고자 재구성을 위한 규정이 있으며 그림 4.20에 표시된 다음 단계에서 인스턴스 h가 추가될 때 작동하는 것을 확인할 수 있다. 이 경우 2개의 기존 노드가 단일 클러스터로 병합되며 새 인스턴스 h가 추가되기 전에 노드 a와 d가 병합된다. 이를 수행하기 위한 방법은 병합할 모든 노드 쌍을 체크하고 각 쌍의 클러스터 유틸리티를 평가하는 것이다. 그러나 이는 계산적으로 많은 비용이 들며 새 인스턴스가 추가될 때마다 수행되는 경우에는 많은 반복 작업도 필요하다.

그 대신에 특정 레벨의 노드에서 적절한 호스트를 검색할 때마다 첫 번째로 일치하는 노드(해당 레벨에서 분할에 대해 가장 큰 카테고리 유틸리티를 생성하는 노드)와 두 번째 일치하는 노드가 기록된다. 가장 일치하는 노드는 새 인스턴스의 호스트를 형성한다. (새 인스턴스가 자체 클러스터에서 더 나은 경우가 아니라면) 그러나 새 인스턴스를 호스트에 넣는 작업을 설정하기 전에 두 번째로 일치하는 것의 병합을 고려해야 한다. 이 경우 a는 기본 호스트이고 d가 두 번째가 된다. a와 d와의 병합을 평가할 때 결과적으로 h가 추가되기 전 다섯 번째 계층 버전이 형성된다. 그런 다음 새로 병합된 노드에서 h의 배치를 고려해야 하며 그림

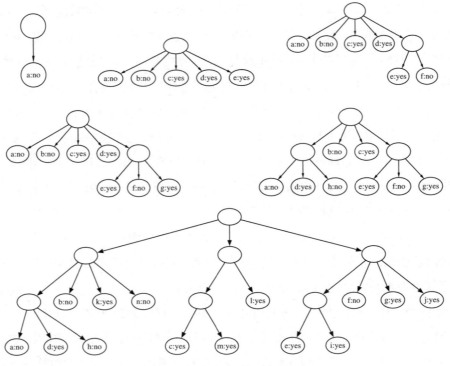

그림 4.20 날씨 데이터의 클러스터링

과 같이 오른쪽에 하위 클러스터로 만드는 것이 가장 좋다.

  병합과 반대되는 '분할' 작업도 같이 구현된다. 최상의 호스트가 식별되고 병합에 이익이 없다고 판명될 때마다 호스트 노드의 분할을 고려한다. 분할은 병합, 노드 가져오기, 자식 노드로의 대체 등과 정확히 반대되는 효과를 갖는다. 예를 들어 그림 4.20의 네 번째 계층에서 맨 오른쪽 노드를 분할하면 e, f, g가 한 단계 위로 올라가서 a, b, c, d의 형제 노드가 된다. 병합 및 분할은 예제들의 잘못된 순서로 인해 발생하는 결과를 바로잡고자 트리를 재구성하는 점진적 방법을 제공한다.

  14개의 모든 예제에 대한 최종 계층 구조는 그림 4.20의 마지막에 나와 있다. 3개의 주요 클러스터가 있으며 각 클러스터는 자체 하위 클러스터로 세분화된다. 게임하기/게임 안 하기play/don't play의 구분이 실제로 데이터의 고유한 특징을 나타내는 경우 각 결과에 대해 단일 클러스터 형성이 될 것이다. 비록 (매우) 관대한 눈이 yes 인스턴스들이 함께 그룹화되고자 낮은 레벨에서 작은 경향들을 파악할 수는 있지만 이와 같은 깨끗한 구조는 관찰되지 않는다.

수치 속성에 대해 정확히 동일한 방식이 적용된다. 카테고리 유틸리티는 또한 이 속성 값들의 추정된 평균 및 표준 편차에 기반해 정의된다. 자세한 것은 카테고리 유틸리티 절에서 다룰 것이다. 하지만 주목해야 할 문제 하나가 있는데 특정 노드에 대한 속성의 표준 편차를 추정할 때 노드가 하나의 인스턴스만 포함한다면 그 값은 0이 될 것이며 그럴 경우가 그렇지 않은 경우보다 더 많다는 점이다. 불행히도 0의 분산은 카테고리 유틸리티 공식에서 무한대의 결과를 가져온다. 간단한 경험적 해결책으로는 각 속성에 최소한의 분산을 부과하는 것이다. 완벽하게 정밀한 측정은 없기 때문에 논란의 여지는 있겠지만 이런 방법이 합리적이라고 주장할 수 있다. 이 값이 단일 표본single sample에서의 측정 오차를 의미하며 명료성acuity이라고 불린다.

그림 4.21 아이리스 데이터셋의 일부에 대한 점진적 알고리듬incremental algorithm에 의해 생성된 계층적 클러스터링(30개 인스턴스, 각 클래스 10개)이 최상위에 표시된다. 최상위 레벨에는 2개의 클러스터(즉 전체 데이터셋을 나타내는 단일 노드의 하위 클러스터)가 있다. 첫 번째 것은 virginicas와 versicolors, 두 번째 것은 setosas가 들어 있다. setosas 자체는 2개의 하위 클러스터로 나눌 수 있으며, 하나는 4개의 품종을, 다른 하나는 6개의 품종을 갖고 있다. 다른 최상위 클러스터는 3개의 하위 클러스터로 나뉘며 각각 상당히 복잡한 구조를 가진 3개의 하위 클러스터로 분할된다. 첫 번째 및 두 번째 모두 versicolors를 갖고 있으며 한 가지 예외를 제외하고는 각 사례에 virginica만 포함하고 세 번째 것은 virginica만 포함한다. 이는 아이리스 데이터의 상당히 만족스러운 군집화를 보여 주며, 3개의 속屬, genera이 인위적이지 않고 자연스럽게 데이터의 차이를 보여 준다. 그러나 이 결과는 좋은 분리를 얻고자 인위적으로 명료성이 높은 파라미터로 실험을 했기 때문에 다소 낙관적인 결과다.

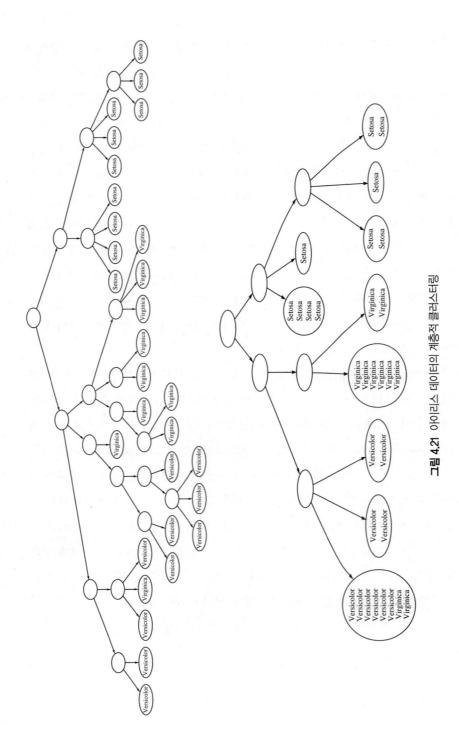

그림 4.21 아이리스 데이터의 계층적 클러스터링

226

이 체계에 의해 생성된 클러스터링에는 모든 인스턴스에 대해 하나의 리프를 포함한다. 이는 어떻게 보면 특정 데이터셋의 오버피팅에 해당되는 모든 합리적인 크기의 데이터셋에 대해 굉장히 큰 계층적 구조를 생성한다. 이에 따라 커지는 것을 억제하기 위한 '컷오프cut off'라는 파라미터가 사용된다. 어떤 인스턴스들은 자식 노드의 형성이 어려울 정도로 다른 인스턴스들과 충분히 유사한 것으로 간주되기도 하는데 이 파라미터는 유사성 임계값을 컨트롤한다. 컷오프는 카테고리 유틸리티의 관점에서 설정된다. 새로운 노드의 추가에 의한 카테고리 유틸리티의 증가가 충분히 작을 때 노드는 컷오프된다.

그림 4.21B는 동일한 아이리스 데이터이지만 컷오프가 적용돼 클러스터링된 것을 보여 준다. 많은 리프 노드가 몇 개의 인스턴스를 갖고 있는데 이들은 컷오프된 부모 노드들의 자식들이다. 아이리스를 세 종류로 나누면 조금 더 쉽게 일 수 있는데 이는 이 계층 구조의 일부는 컷오프에 의해 억제됐기 때문이다. 다시 말하지만 이런 컷오프 파라미터에 대한 실험을 통해 이 결과를 얻었고 사실 정교화된 컷오프 파라미터는 훨씬 덜 만족스러운 클러스터를 낳는다.

전체 아이리스 데이터셋 150개 인스턴스를 사용하면 유사한 클러스터링이 얻어진다. 하지만 결과는 예제의 순서에 의해 달라진다. 그림 4.21은 입력 파일에서 아이리스의 3가지 종류를 번갈아가며 얻은 것이다. 모든 sentosas가 먼저 나타나고, 모든 versicolor, 모든 virginica순으로 나타난다면 클러스터 결과는 매우 불만족스러울 것이다.

카테고리 유틸리티

이제 카테고리 유틸리티, 다시 말해 인스턴스의 파티션들을 클러스터로 할당할 때의 전반적인 품질 지수가 어떻게 측정되는지 알아보자. 5.9절에서 MDL 측정이 원칙적으로 어떻게 클러스터링의 품질을 평가하는 데 사용되는지 볼 것이다. 카테고리 유틸리티는 MDL 기반은 아니지만 일종의 2차 유실 함수와 유사하며 이는 조건부 확률에 좌우된다.

카테고리 유틸리티의 정의는 다소 복잡하다.

$$CU(C_1, C_2, \ldots, C_k) = \frac{\sum_{\ell} P(C_\ell) \sum_i \sum_j (P(a_i = v_{ij} | C_\ell)^2 - P(a_i = v_{ij})^2)}{k}$$

여기서 C_1, C_2, ..., C_k는 k클러스터를 의미하며 바깥의 합계(시그마 기호)는 이 클러스터에 대해 이뤄지는 것이다. 다음으로 안쪽의 첫 번째 합계는 속성 a_i(i번째 속성)에 대한 것이며 변수로서 v_{i1}, v_{i2}, ...를 갖고 있다. 이 변수들은 j에 대한 합계로서 다뤄진다. 확률 자체는 모든 인스턴스의 합계로 얻어짐에 주의하라. 따라서 여기에는 하위 단계의 합계가 포함돼 있다.

이 공식은 시간을 내서 살펴보면 상당히 의미가 있다. 클러스터를 갖는다는 것의 핵심은 해당 클러스터에 있는 인스턴스의 속성값을 예측하는 데 이점이 있다는 것이다. 즉 $P(a_i = v_{ij})$보다 $P(a_i = v_{ij} | C_\ell)$은 클러스터 C_ℓ에 대한 속성 a_i가 값 v_{ij}를 가질 확률을 더 잘 표현하는데 이는 인스턴스가 있는 클러스터까지 고려하기 때문이다. 이 값이 이상하다면 클러스터가 잘 작동하지 않는다는 얘기다. 따라서 이 측정에서 계산하는 것은 다중 합계 내에서 확률 제곱의 차이의 관점에서 의미가 있는 값이다. 이것은 표준 차이 제곱 지표 squared-difference metric와는 다르며 표준 제곱 차이 방식은 차이를 먼저 구하고 제곱을 하는 것이며(대칭 결과를 생성) 여기서 설명한 것은 제곱을 먼저 하고 차이를 구하는 방식(대칭 결과를 만들지 않음)이기 때문이다. 확률 제곱 간의 차이는 내부 이중 합산에서 모든 속성과 가능한 모든 값에 대해 합산된다. 그런 다음 확률에 의해 가중치가 부여된 모든 클러스터에 대해 외부 합계에서 계산된다.

k에 의한 전체 나눗셈은 제곱 차이가 이미 카테고리에 합산됐기 때문에 이 방법의 적용은 조금 어렵다. 이는 본질적으로 오버피팅을 방지하는 카테고리 유틸리티에 대한 '클러스터당' 수치를 제공한다. 반면에 적절한 인스턴스를 합산해 확률이 도출되기 때문에 각 인스턴스를 자체 클러스터에 배치하면 최상의 카테고리 유틸리티를 얻을 수 있다. 그런 후에 속성 a_i가 실제로 카테고리 C_ℓ에서의 단일 인스턴스에 대해 갖는 값에 대한 $P(a_i = v_{ij} | C_\ell)$의 값은 1이 될 것이고 모든 다른 값에 대해서는 0이 될 것이다. 따라서 카테고리 유틸리티의 분자 부분은 다음과 같이 정리된다.

$$n - \sum_i \sum_j P(a_i = v_{ij})^2$$

여기서 n은 속성의 총 개수를 의미한다. 이 값이 분자 부분이 가질 수 있는 최대치이며 따라서 k로 추가로 나누는 것이 아니라면 둘 이상의 구성원을 포함하는 클러스터를 만드는 것은 의미가 없다. 이 추가 팩터는 기본적인 오버피팅 방지 휴리스틱overfitting-avoidance heuristic으로 보일 수 있다.

이 카테고리 유틸리티 공식은 명목 속성에만 적용된다. 하지만 분산 값이 주어진 평균 μ 및 표준 편차 σ로 표준을 따른다는 가정하에 수치 속성의 확장에도 쉽게 응용될 수 있다. 속성 a에 대한 확률 밀도 함수는 다음과 같다.

$$f(a) = \frac{1}{\sqrt{2\pi}\sigma} \exp\left(-\frac{(a-\mu)^2}{2\sigma^2} \right)$$

속성-값의 확률의 제곱의 합을 선형analog으로 표현하면 다음과 같다.

$$\sum_j P(a_i = v_{ij})^2 \Leftrightarrow \int f(a_i)^2 da_i = \frac{1}{2\sqrt{\pi}\sigma_i}$$

여기서 σ_i는 a_i의 표준 편차다. 따라서 수치 속성에 대해 데이터로부터의 표준 편차를 추정하는데 클러스터 내부(σ_i')와 데이터 전체에 대한 클러스터(σ_i)를 사용한다. 이를 사용한 카테고리 유틸리티에서 사용하면 다음과 같다.

$$CU(C_1, C_2, \ldots, C_k) = \frac{1}{k} \sum_\ell P(C_\ell) \frac{1}{2\sqrt{\pi}} \sum_i \left(\frac{1}{\sigma_i'} - \frac{1}{\sigma_i} \right)$$

이제 위에서 언급한 표준 편차 추정치가 0일 때 발생하는 문제가 분명해진다. 표준 편차 0은 무한대의 카테고리 유틸리티 값을 발생시킨다. 각각에의 명료성acuity 속성에 미리 지정된 최소 분산을 부가하는 것이 이에 대한 해결책이다.

참고

지금까지 제시된 많은 개념과 기술들은 확률적 설정에 쉽게 적용되며 여기서 클러스터링 작업은 확률 밀도의 추정 작업으로 볼 수도 있다. 9장, '확률적 방법'에서는 클러스터링을 다시 살펴보고 각 클러스터에 대해 서로 다른 확률 분포 혼합 모델을 기반으로 통계 클러스터링을 하나씩 조사한다. k-means처럼 인스턴스를 분리된 클러스터로 분할하지 않고 대신 확률적으로 클래스에 할당한다. 기본 기술을 설명하고 AutoClass라는 포괄적인 클러스터링 스키마의 동작 구조를 그릴 것이다.

여기서 언급한 클러스터링 방식(계층적 그리고 점진적 클러스터링)은 서로 다른 종류의 결과를 만들어 낸다. 모두 테스트 세트 형태로 새로운 데이터를 가져와 훈련 세트를 분석해 발견된 클러스터에 따라 분류할 수 있다. 그리고 이 방식들은 시각화 및 추론할 수 있으며 클러스터링을 설명할 수 있는 명시적 정보 구조를 생성하는 유일한 방법이다. 다른 알고리듬은 고차원이 아닐 경우에 인스턴스 공간에서 시각화할 수 있는 클러스터를 만든다.

클러스터링 방식을 사용해 훈련 세트의 인스턴스에 클러스터 번호로 라벨을 붙일 경우 라벨이 붙은 세트를 사용해 규칙 또는 결정 트리 학습자를 훈련시킬 수 있다. 결과인 규칙, 또는 트리가 클래스의 명시적인 디스크립션 역할을 한다. 확률적 클러스터링은 동일한 목적으로 사용될 수 있으나 각 인스턴스가 다중 가중치 라벨을 갖거나 규칙 또는 결정 트리 학습자가 가능한 한 많은 가중치가 있는 인스턴스를 대응해야 할 경우는 그럴 수 없다.

클러스터링의 또 다른 쓰임새는 유실될 수 있을 값들을 채우는 것이다. 예를 들어 인스턴스 자체의 클래스 분포와 다른 예제의 알 수 없는 속성값을 기반으로 특정 인스턴스의 미지의 속성값을 통계적으로 추정할 수 있다. 9장, '확률적 방법'에서 이런 유형의 아이디어를 다시 다룰 것이다.

4.9 다중 인스턴스 학습

2장, '입력 – 콘셉트, 인스턴스 속성'에서 다중 인스턴스 학습multi-instance learning을 소개했으며 데이터의 예제들이 몇 가지 다른 인스턴스를 구성했었다. 이런 예제들을 '주머니bag'라 불렀다(이는 한 번 이상 나타날 수 있는 특정 요소의 세트를 제외한 세트와 동일한 개념이었으며 반면에 중복은 포함할 수 없다). 지도 다중 학습supervised multi-instance learning에서 클래스 라벨은 각 주머니와 연관이 있으며 주머니에 있는 인스턴스로부터 참조될 수 있는 클래스를 정의하는 방법의 정의가 학습 목표다. 진보된 알고리듬들이 이런 문제들을 대응하고자 만들어져 왔다면 이 방법은 '심플 퍼스트simplisity first' 방법이 생각보다 좋은 결과를 보여 주는 것을 증명한다. 이 방법은 입력 데이터를 단일 인스턴스의 학습 문제로 변환하는 방식으로 처리를 하고 표준 학습 방식(4장에서 계속 얘기했던 방식들)을 적용한다. 그 2가지 방식을 아래에서 설명하고자 한다.

입력의 집계

주머니에 있는 인스턴스의 '요약' 정보의 값(평균, 모드, 최대, 최소)들을 계산하고 이를 새 속성으로서 추가해 다중 인스턴스 문제를 단일 인스턴스 문제로 바꿀 수 있다. 각 '요약' 인스턴스는 파생된 주머니의 클래스 라벨을 유지한다. 새 주머니를 분류하고자 동일한 프로세스가 사용된다. 단일 집계 인스턴스single aggregated instance가 주머니에 있는 인스턴스 요약 속성으로 작성된다. 놀랍게도 다중 인스턴스 학습의 필요성을 촉발시킨 오리지널 약물 활동 데이터셋original drug activity dataset의 경우에는 각 주머니에서 속성의 최소 및 최댓값만을 사용해 특수 목적의 다중 인스턴스 학습자와 필적할 수 있는 결과를 얻을 수 있으며 이 결과는 지원 벡터 머신 분류기(7.2절 참조)와 결합된다. 이 방법이 갖고 있는 하나의 걸림돌은 계산할 요약 통계 값이 문제에 따라 달라진다는 것이다. 하지만 다른 요약 통계의 조합을 체크하는 것과 관련한 추가 계산 비용은 요약 프로세스가 학습 알고리듬에 의해 처리되는 인스턴스 수가 더 적다는 사실로 상쇄된다.

출력의 집계

각 주머니의 인스턴스를 집계하는 대신 다른 접근법으로, 주머니를 구성하는 오리지널 인스턴스로부터 직접 분류기^{classifier}를 학습하는 방법이 있다. 이를 위해 주어진 주머니에 있는 인스턴스들은 모두 주머니의 클래스 라벨이 할당된다. 분류 시에 주머니에 있는 예측할 각 인스턴스에 대해 예측 결과가 만들어지고 이 결과들이 주머니 전체에 대한 예측으로 이어지고자 특정 형태로 집계된다. 이를 위한 방법 중 하나로 예측을 다양한 클래스 라벨에 대한 투표^{vote}로 처리하는 것이다. 분류자가 클래스 라벨에 확률을 할당할 수 있는 경우 평균을 계산해 주머니의 클래스 라벨에 대한 전체 확률의 분포를 산출할 수 있다. 이 방식은 인스턴스를 독립적으로 처리하고 예측된 클래스 라벨에 영향을 준다.

여기에 문제가 하나 있는데 훈련 데이터의 주머니들은 서로 다른 개수의 인스턴스를 가질 수 있다는 것이다. 이상적으로는 각 주머니는 학습된 최종 모델에서 동일한 영향도를 가져야 한다. 만약 학습 알고리듬이 인스턴스 레벨의 가중치를 할당할 수 있다면 주머니의 크기에 반비례해 주머니에 있는 각 인스턴스에 가중치를 주어야 한다. 만약 주머니가 n개의 인스턴스를 갖고 있고 각 인스턴스에 $1/n$의 가중치를 할당하는 것은 주머니의 클래스 라벨과 동등하게 인스턴스가 기여를 하며 각 가방에 총 가중치 1을 부여함을 뜻한다.

다중 인스턴스 문제를 다루는 두 방법 모두 주머니에서의 인스턴스가 적어도 하나가 긍정^{positive}이면 주머니도 긍정이라는 지도 다중 인스턴스 학습의 원래 가정을 무시한다. 대신 주머니의 각 인스턴스가 라벨에 동등하게 기여하도록 만드는 것이 표준 학습 알고리듬이 적용되는 핵심 요소다. 그게 어렵다면 주머니의 라벨을 결정할 핵심적인 '특별한' 인스턴스를 찾아야 한다.

4.10 심화 자료 및 참고 문헌

1R 구조는 Holte(1993)에 의해 제안 및 연구됐지만 이것이 머신러닝 '방법'을 의도해 만든 것은 아니었다. 당시 머신러닝의 구조를 평가하고자 사용되는 대부분의 데이터셋에 깔려

있는 아주 간단한 구조와 단순한 데이터셋에 적용하기 위한 고출력 추론 유도 구조를 사용하는 것은 마치 빈대를 잡으려 초가삼간을 태우는 것과 같음을 보여 주려는 것이었다. 간단한 규칙만으로 충분한 효과가 있는데 굳이 복잡한 결정 트리를 사용할 이유는 없지 않는가?

베이즈Bayes는 18세기 영국의 철학자였으며 1763년에 학술지 「Philosophical Transactions of the Royal Society of London」에 게재한 'Essay towards solving a problem in the doctrine of chances'라는 논문에서 확률 이론을 정립했으며, 그의 이름을 딴 규칙은 지금까지 확률 이론의 주춧돌이 되고 있다. 실제 베이즈 규칙의 적용상 어려운 점은 사전 확률prior probabilities의 적용이다. 특정 데이터셋을 사용하면 나이브 베이즈에 대한 사전 확률은 충분히 예측하기 쉬워지며 이를 통해 베이지안 방식을 학습에 적용할 수 있게 됐다.

나이브 베이즈는 이 방식이 의존하고 있는 독립적 가정을 어겼을 때에도 분류 작업에서 잘 작동한다는 사실은 Domingos & Pazzani(1997)에 의해 연구됐다. 하지만 이런 가정은 큰 걸림돌이었으며 이 독립성을 가정하지 않고도 베이즈 규칙을 적용하는 방법이 만들어졌다. 이 모델을 베이지안 네트워크Bayesian network(Heckerman, Geiger, & Chickering, 1995)라 부르며 이는 9.2절에 소개했다.

베이지안 기법은 머신러닝 연구자들(Langley, Iba, & Thompson, 1992 등)이 사용하기 전에는 패턴 인식 분야에서 20여 년 동안 쓰여 왔으며(Duda & Hart, 1973), 머신러닝 분야에서는 주로 중복 속성을 가진 데이터셋(Langley & Sage, 1994) 및 수치 속성(John & Langley, 1995)에 사용됐다. 나이브 베이즈 라벨은 이의 단순함을 파악하지 않으면 사용하기 어렵기 때문에 잘 사용되지 않지만 적절한 상황에서는 이를 사용하는 게 효과적이다. 특히 텍스트 분류에 유용한 다항multinomial 나이브 베이즈 모델은 McCallum & Nigam(1998)에 의해 연구됐다.

4장에서 기술된 기본 ID3 프로시저를 만든 퀸란(Quinlan, 1986)은 결정 트리에 대한 고전 논문을 작성했다. C4.5에 있는 개선들을 포함한 광범위한 방식의 디스크립션description of the method은 퀸란의 저서(Quinlan, 1993)에도 언급됐으며 이는 C 언어로 작성된 C4.5 시스템 전체 리스팅을 제공한다. Prism은 켄드로스카(Cendrowska, 1987)에 의해 개발됐으며 콘택트 렌즈 데이터셋도 같이 소개했다.

연관 규칙은 머신러닝 문헌이 아닌 데이터베이스 문헌에서 주로 소개된다. 여기서 강조되는 것은 많은 양의 데이터를 다루는 것이지 제한된 데이터셋에서의 정교한 테스트 및 평가 알고리듬이 아니라는 것이다. 4장에서 소개된 알고리듬은 아프리오리[Apriori] 방식으로 아그라왈[Agrawal]과 그의 조력자들(Agrawal, Imielinski, & Swami, 1993a, 1993b; Agrawal & Srikant, 1994)에 의해 개발됐다. 연관 규칙 마이닝 관련 설문은 Chen, Jan, Yu(1996)에서 찾을 수 있다.

선형 회귀는 대부분의 표준 통계 교과서에서 다뤄지며 특히 Lawson & Hanson(1995)에서 광범위하게 다뤄졌다. 분류에 대한 선형 모델의 사용은 1960년대에 큰 인기를 누렸다. 닐슨(Nilsson, 1965)이 그 당시의 대표적인 인물인데 선형 함수가 0보다 큰지 여부를 판별하는 LTU[Linear Threshold Unit]라는 판별 함수를 정의했다. 또한 선형 함수의 집합으로 선형 머신[linear machine]을 정의했는데 각 클래스에 대해 하나씩, 알 수 없는 예제에 대한 값들을 비교해 예측 클래스로서 가장 큰 값이 선택되도록 정의했다.

아주 예전에 퍼셉트론은 근본적인 한계가 있음을 보여 주는 책(Minsky & Papert, 1969)의 출판으로 인해 사람들의 관심 밖에 있었다. 그러나 복잡한 선형 함수 시스템은 7.2절과 10장, '딥러닝'에 설명된 신경망의 형태로 최근 몇 년 사이에 부활했다. 윈나우[Winnow] 알고리듬은 닉 리틀스톤[Nick Littlestone]이 그의 박사학위 논문(Littlestone, 1988, 1989)에서 처음 소개했다. 다중 응답 선형 분류기는 12장, '앙상블 학습'(Wolpert, 1992 참고)에 기술된 다른 학습 알고리듬들의 출력을 결합하는 '스태킹[stacking]'이라는 연산에서 애플리케이션을 만들어 냈다.

Fix & Hodges(1951)는 최근접 이웃 방법의 분석을 수행했으며, Johns(1961)가 이를 분류 문제에 처음으로 사용했다. Cover & Hart(1967)는 대량의 데이터셋으로부터 고전적 이론 결과를 얻었으며 에러 확률은 이론적 최솟값의 두 배를 넘지 않았다. Devroye, Györfi, Lugosi(1996)는 k-최근접 이웃은 $k/n \rightarrow 0$인 큰 k와 n에 대해 점근적으로 최적임을 보여 줬다. 최근접 이웃 방법은 Ahn(1992)의 작업을 통해 머신러닝에서 많이 쓰이게 됐으며 인스턴스 기반 학습은 노이즈가 있는 견본들의 가지치기 작업 및 가중치와 결합될 수 있으며 결과 방식이 다른 학습 방식과 비교해 잘 수행됨을 보여 줬다. 이는 7장, '인스턴스 기반 및 선형 모델의 확장'에서 다시 다룰 것이다.

kD-트리 데이터 구조는 Friedman, Bentley, Finkel(1977)에 의해 개발됐다. 4장에서 했던 설명들은 Omohundro(1987)와 함께 머신러닝 분야를 개척한 앤드류 무어[Andrew Moore]의 박사학위 논문(Moore, 1991)을 밀접하게 따르고 있다. Moore(2000)는 후에 좀 더 개선된 수천 개의 속성들을 다룰 수 있는 볼 트리의 구축 방법을 기술했다. 여기의 볼 트리 예제들을 카네기멜론 대학교의 알렉산더 그레이[Alexander Gray]의 강의 노트에서 가져왔다.

k-means 알고리듬은 고전적인 기법이며 많은 디스크립션과 이의 변형들이 존재한다(예를 들어 Hartigan, 1975). 이의 변형인 k-means++는 초기 시드를 선별적으로 해 중요한 개선을 도출했다. 이는 최근인 2007년 Arthur & Vassiliskii(2007)에 의해 처음 소개됐다. 4장에서 설명한 반복적으로 클러스트를 분할해 분할된 부분이 가치가 있는 것인지 보면서 적절한 k값을 찾기 위한 k-means의 변경법은 Moore & Pelleg(2000)의 X-means 알고리듬을 따랐다. 하지만 MDL 대신에 이들은 베이즈 정보 기준[Bayes Information Criterion](Kass & Wasserman)이라 불리는 확률 구조를 사용했다. 계층적 클러스터링을 위한 효과적인 응집 방법은 Day & Edelsbrünner(1984)에 의해 개발됐으며 그 아이디어들은 그들의 최근 저서들에 담겨 있다(Duda 등, 2001; Hastie 등, 2009). 병합 및 분할 작업을 기반으로 하는 점진적 클러스터링 프로시저는 명목 속성에 대해 Cobweb이라는 시스템에 도입됐으며(Fisher, 1987), 수치 속성에 대해서는 Classit이라는 속성이 도입됐다(Gennari, Langley, & Fisher, 1990). 둘 다 카테고리 유틸리티 기반의 측정에 기반을 두고 있다(Gluck & Corter, 1985).

계층적 클러스터링 방식은 BIRCH[Balanced Iterative Reducing and Clustering using Hierarchies]라고도 불리며 특히 대량의 다차원 데이터셋을 위해 개발됐다. 여기에서는 입력-출력 비용의 효율적인 운영이 필요하다(Zhang, Ramakrishnan, & Livny, 1996). 다차원 메트릭 포인트를 점진적이면서 동적으로 클러스터링해 주어진 메모리 및 시간 제약 내에서 최상의 클러스터링을 찾는다. 일반적으로 데이터의 단일 스캔으로 좋은 클러스터링을 찾은 다음 추가 스캔으로 개선 작업을 한다.

표준 단일 인스턴스 학습자standard single instance learners를 적용해 주머니 레벨bag-level의 데이터를 요약, 다중 인스턴스 문제를 처리하는 방법은 Gärtner, Flach, Kowalczyk, Smola(2002)에 의해 서포트 벡터 머신을 활용해 적용됐다. 출력을 집계하는 다른 접근 방식은 Frank & Xu(2003)에 의해 발표됐다.

4.11 WEKA 수행

WEKA 애플리케이션에서는 다음과 같은 기능들을 제공한다.

- Inferring rudimentary rules: OneR
- Statistical modeling

    NaiveBayes 및 NaiveBayesMultinomial을 포함한 각종 변형 버전
- 결정 트리: Id3(simpleEducationalLearningSchemes 패키지에 있음)
- 결정 규칙: Prism(simpleEducationalLearningSchemes 패키지에 있음)
- 연관 규칙: Apriori
- 선형 모델

    SimpleLinearRegression, LinearRegression, Logistic(regression)

    Winnow(Winnow 패키지에 있음)
- 인스턴스 기반 학습

    IB1(simpleEducationalLearningSchemes 패키지에 있음)
- 클러스터링

    SimpleKMeans

    Cobweb(Classit을 포함)

    HierarchicalClusterer(다양한 링크 함수를 사용한 계층적 클러스터링)
- 다중 인스턴스 학습

    SimpleMI, MIWrapper(multi-InstanceLearning에서 사용 가능)

05

신뢰성 - 학습에 대한 평가

평가^{evaluation}는 실제 데이터 마이닝 프로세스에서 핵심 부분이다. 데이터로부터 구조를 추론하는 방법에는 여러 가지가 있다. 이미 많은 방법을 접했고 이 책의 나머지 부분에서는 더 많은 개선과 새로운 방법을 보게 될 것이다. 하지만 특정 문제에 어떤 방법을 쓸 것인지 결정하고자 다른 방식들이 어떻게 잘 동작하는지 평가하고 서로 비교하는 시스템적인 무언가가 필요하다. 하지만 평가는 얼핏 보기에도 그렇게 간단해 보이지는 않는다.

문제는 무엇일까? 훈련 세트가 있으며 다른 방식들이 여기에 얼마나 잘 작동하는지는 볼 수 있다...가 아니다. 곧 알게 되겠지만 훈련 세트의 성과는 독립된 테스트 세트의 성과를 나타내는 좋은 지표는 아니다. 얻을 수 있는 데이터에 관계없이 실험을 기반으로 실제 성과의 한계를 예측할 수 있는 방법이 필요하다.

방대한 양의 데이터가 제공된다면 문제는 되지 않는다. 대규모 훈련 세트를 기반으로 모델을 만들고 이를 다른 대규모 테스트 세트에 적용하는 것이다. 데이터 마이닝에는 특히 마케팅, 영업, 고객 지원 애플리케이션에서 '빅데이터'가 포함되기도 하지만 라벨이 지정된 데이터, 품질 데이터가 결여된 경우가 많다. 1장, '데이터 마이닝… 이게 다 뭐죠?'에서 언급된 기름 유출^{oil slick} 문제는 훈련 데이터로 사용되기 전에 수작업으로 찾아내고 표시를 해야 했다. 이는 정말 숙련되고 노동 집약적인 프로세스다. 신용카드 신청에서도 적절한 유형의 훈련 예제는 1,000개에 불과했다. 발전소 전기 공급 데이터는 15년 전, 약 5,000일 전으로 거슬러 올라갔지만 15일의 크리스마스와 추수감사절 그리고 4일의 2월 29일과 대통령 선거일이 전부였다. 전기 기계 진단 애플리케이션은 20년의 기록 및 경험을 활용할 수 있었지만 이를 통해 사용 가능한 오류 사례는 300건에 불과했다. 마케팅 및 영업 애플리케이션에는 분명 빅데이터가 포함되지만 다른 분야의 애플리케이션은 그렇지 못하며 훈련 데이터를 종종 전문 인력에 의존한다. 항상 공급이 부족하다.

제한된 데이터를 기반으로 성과를 예측하는 문제는 흥미롭다. 이제 이와 관련된 많은 기술을 살펴보자. 그중 하나인 반복 교차 검증^{repeated cross-validation}은 제한된 데이터 상황에서의 가장 실용적인 방법일 것이다. 주어진 문제에 대해 서로 다른 머신러닝의 성능을 비교하는 것은 쉽지 않은 또 다른 문제다. 명백한 차이가 나타나더라도 우연한 효과로 인한 것이 아닌지 확인하려면 통계 테스트가 필요하다.

지금까지 예측 결과가 테스트 인스턴스를 정확하게 분류하는 능력이라고 암묵적으로 가정했다. 그러나 일부 상황에서는 클래스 자체보다 클래스 확률을 예측하는 게 필요하며 다른 상황에서는 명목 값이 아닌 수치를 예측하는 것이 필요하다. 즉 이들 경우에는 각각 다른 방법이 필요하다. 그런 다음은 비용 문제를 살펴본다. 대부분의 실제 머신러닝에서의 오분류에 의해 발생되는 오류 비용은 오류의 유형에 따라 달라진다. 머신러닝을 수행하고 성능을 평가할 때 이런 비용을 종종 고려해야 한다. 다행히 알고리듬 내부와 씨름하지 않고 대부분의 학습 계획을 비용에 반영시키는 간단한 기술이 있다. 마지막으로 평가의 전체 개념은 놀라운 철학적 사상과 연결돼 있다. 2,000년 동안 철학자들은 과학 이론을 평가하는 방법에 대한 질문에 토론을 해왔으며 여기에서 본질적으로 얻어지는 것은 데이터의 '이론'이기 때문에 머신러닝에 의해 둘의 초점이 맞아떨어진다.

5.1 훈련 및 테스팅

분류 문제의 경우에는 오류율$^{\text{error rate}}$ 측면에서 분류기^{classifier}의 성능을 측정하는 것은 당연한 과제다. 분류기는 각 인스턴스의 클래스를 예측하며 올바른 경우 성공으로 간주한다(그렇지 않으면 당연히 오류다). 오류율은 전체 인스턴스 집합에서 발생한 오류의 비율이며 분류기의 전반적인 성능 지표가 된다.

물론 여기서 관심 분야는 이전 데이터에 대한 과거의 성과가 아니라 새로운 데이터에 대한 미래의 예측이다. 훈련 세트에서 각 인스턴스의 분류를 이미 알고 있으므로 이를 훈련에 사용할 수 있다. 보통 이런 분류에는 관심을 두지 않으며 목적이 예측이 아니라 데이터 정리인 경우에도 마찬가지다. 따라서 문제는 이전 데이터의 오류율이 새 데이터의 오류율의 지표가 될 수 있겠냐는 것이다. 대답은 '아니오'이지만 학습 과정에서 분류기를 훈련시키고자 이전 데이터를 사용한 경우는 아니다.

이는 놀라운 사실이며 또한 매우 중요하다. 훈련 세트에서의 오류율은 미래 성과의 좋은 지표가 될 수 없다. 이는 분류기가 매우 동일한 훈련 데이터에서 학습됐기 때문이며 해당 데이터를 기반으로 한 성능 추정치는 끔찍하게 낙관적일 수 있다.

이미 노사 관계 데이터셋에서 이에 대한 예를 봤다. 그림 1.3B는 훈련 데이터에서 직접 생성됐으며 그림 1.3A는 브랜치의 가지치기 과정을 통해 얻어졌다. 전자는 분류기를 훈련시키는 데 사용된 데이터에서 더 정확하지만 훈련 데이터에 오버피팅이 될 수 있기 때문에 독립적인 테스트 데이터에서는 성능이 떨어질 수 있다. 훈련 데이터의 오류율에 따르면 첫 번째 트리는 두 번째 트리보다 더 좋아 보인다. 하지만 이것이 독립된 테스트 데이터에 반드시 잘 동작하리라는 보장은 없다.

훈련 데이터의 오류율은 훈련 인스턴스를 이들로부터 구성된 분류기로 다시 대입해 계산되기 때문에 재대입 오류$^{\text{resubstitution error}}$라고도 한다. 새 데이터에 대한 실제 오류율의 신뢰할 수 있는 예측자^{predictor}는 아니지만 그럼에도 알아두면 유용한 경우가 많다.

새로운 데이터에 대한 분류기의 성능을 예측하려면 분류기 형성에 영향을 주지 않는 데이터셋에 대한 오류율을 평가해야 한다. 이 독립적인 데이터셋을 테스트 세트라고 한다. 훈련 데이터와 테스트 데이터는 모두 잠재하는 문제의 대표성을 띠는 샘플이라고 가정한다.

어떤 경우에는 테스트 데이터가 학습 데이터와 본질적으로 다를 수 있다. 예를 들어 1.3절의 신용 위험 문제를 생각해 보자. 은행이 뉴욕과 플로리다 지점에서의 훈련 데이터를 갖고 있고 이러한 데이터셋 중 하나에 대해 훈련된 분류기가 네브래스카의 새 지점에 얼마나 잘 수행되는지 알고 싶다고 가정하자. 뉴욕에서 훈련된 분류기를 평가하기 위한 테스트 데이터로 플로리다 데이터를 사용하고 플로리다에서 훈련된 분류기를 평가하려면 뉴욕의 데이터를 사용해야 한다. 훈련 전에 두 데이터셋이 합쳐졌다면 이에 대한 성능은 완전히 다른 상태에 있는 미래의 데이터 성능을 나타내는 좋은 지표는 아닐 것이다.

분류기 생성 시에는 테스트 데이터를 사용하지 않는 것이 중요하다. 예를 들어 일부 학습 계획은 두 단계로 구성돼 있어 하나는 기본 구조를 제시하고 두 번째는 해당 구조와 관련된 매개 변수를 최적화한다. 두 단계에서는 별도의 데이터셋이 필요할 수 있다. 또는 훈련 데이터에 대한 몇 가지 학습 계획을 시도한 다음 새로운 데이터셋에서 평가해 어떤 것이 가장 효과적인지 확인할 수 있다. 그러나 이 데이터는 미래의 오류율 추정치를 결정하는 데에는 사용할 수 없다. 이러한 상황에서 사람들은 종종 3가지 데이터셋(훈련 데이터셋, 검증 데이터셋, 테스트 데이터셋)을 얘기한다. 훈련 데이터는 분류기를 만들고자 하나 이상의 학습 계획에서 사용된다. 그런 다음 테스트 데이터를 사용해 최종의 최적화된 방법의 오류율을 계산한다. 3가지 세트는 각각 독립적으로 선택돼야 한다. 검증 세트는 최적화 또는 선택 단계에서 좋은 성능을 얻고자 훈련 세트와는 달라야 하며, 테스트 세트는 실제 오류율의 신뢰할 수 있는 추정치를 얻고자 두 세트와 모두 달라야 한다.

오류율이 결정되면 테스트 데이터가 학습 데이터에 얹혀 실제 사용을 위한 새로운 분류기를 생성할 수 있다. 여기에는 아무 문제가 없다. 실제로 적용될 분류자를 생성하는 데 사용되는 데이터의 양을 최대화하는 방법일 뿐이다. 잘 작동하는 학습 계획으로 예측 성능이 저하되지 않아야 한다. 또한 검증 데이터가 사용되면(아마도 사용하기에 가장 좋은 유형의 학습 계획을 결정하고자) 학습 데이터에 다시 얹혀서 해당 학습 계획을 다시 훈련시켜 데이터 사용을 극대화할 수 있다.

많은 데이터를 사용할 수 있다면 문제는 없다. 여기서는 대량의 샘플을 가져와 훈련에 사용한다. 그런 다음 또 다른 독립된 다른 데이터의 대량 샘플을 가져와 테스트한다. 두 샘플이 모두 대표성을 가진다면 테스트 세트의 오류율은 향후 성능에 대해 좋은 지표로 사용될 수 있다. 일반적으로 훈련 샘플이 클수록 분류기가 더 우수해지지만 특정 양의 훈련 데이터를 초과하면 점차 얻는 결과가 감소하기 시작한다. 그리고 테스트 샘플이 클수록 오류 추정치가 더 정확해진다. 5.2절에서 볼 수 있듯이 오차 추정의 정확도는 통계적으로 정량화할 수 있다.

실제 문제는 사용할 수 있는 방대한 양의 데이터를 구할 수 없을 때 발생한다. 많은 상황에서 훈련 데이터는 수동으로 분류돼야 하며 오류 추정치를 얻으려면 테스트 데이터도 마찬가지로 분류돼야 한다. 이것은 훈련, 검증, 테스트에 사용할 수 있는 데이터의 양을 제한하며 제한된 데이터셋을 어떻게 최대한 활용하느냐가 이슈가 된다. 이 데이터셋에서 테스트를 위해 일정량이 보류되고(홀드아웃^{holdout} 절차라고 한다) 나머지는 훈련에 사용된다(필요한 경우 일부는 검증을 위해 따로 설정된다). 여기에는 딜레마가 있다. 좋은 분류기를 찾고자 가능한 한 많은 데이터를 훈련에 쓰려고 한다. 또한 오류 추정치를 얻고자 테스트에 많은 데이터를 쓰고 싶어 한다. 5.3절 및 5.4절은 이 딜레마를 처리하고자 많이 사용되는 방법을 검토한다.

5.2 성능의 예측

테스트 세트상의 분류기의 오류를 측정하고 오류율을 25% 정도 얻었다고 생각해 보자. 실제로 5.2절에서는 오류율보다는 성공률을 얘기할 예정이어서 이를 성공률 75%로 말할 것이다. 이는 단지 추정치다. 목표 집단의 실제 성공률에 대해 무엇을 말할 수 있을까? 물론 추정치는 75%에 가깝겠지만 얼마나 가까운가? 5% 이내? 10% 이내? 이는 테스트 세트의 크기와 관련이 있다. 똑같은 75%라고 해도 1만 개의 테스트 세트의 값과 100개의 테스트 세트의 값은 신뢰도가 다르다(당연히 1만 개가 더 신뢰도가 높다). 하지만 '얼마나' 높은가?

이 물음에 답하려면 통계적 추론이 필요하다. 통계학에서 성공하거나 실패하는 일련의 독립 이벤트를 베르누이 프로세스Bernoulli process라고 한다. 고전적 예제로서 동전 던지기coin tossing가 있다. 각 던지기는 독립적인 이벤트이며, 항상 앞면을 예측한다고 하자. 그리고 '앞면'이 나오면 성공이며 '뒷면'은 실패로 간주하자. 동전은 편향돼 있지만 어디가 얼마의 확률로 편향돼 있는지는 모른다고 하자. 테스트로 100번을 던져서 75번이 앞면이 나왔다면 이 상황은 앞에서의 상황과 매우 유사하게 된다. 진정한 성공 확률이 이것일까? 진짜 성공 확률(하지만 알려지지 않은)이 p인 베르누이 프로세스(편향된 동전)가 있다고 상상해보라. N번 시행 중 S번 성공했다고 가정하자. 이때 성공률은 $f = S/N$이 된다. 문제는 이것이 진정한 성공률 p와 어떤 관계가 있느냐는 것이다.

이 질문에 대한 답은 신뢰 구간confidence interval으로 표현된다. 즉 p는 어떤 특정 신뢰도를 가진 어떤 특정 구간 내에 있다. 예를 들어 $S = 750$회의 성공이 $N = 1000$번의 시도에서 나왔다고 하면 이는 성공률이 75%여야 함을 의미한다. 하지만 75%에 얼마나 가까울까? 80%의 신뢰도에서 실제 성공률은 73.2%에서 76% 사이에 있다. 만일 $S = 75$회의 성공이 $N = 100$회의 시도에서 나왔다면 실제 성공률은 75%여야 하지만 실험 횟수가 작기 때문에 p에 대한 80%의 신뢰 구간이 더 넓어져 69.1%과 80.1% 사이로 늘어난다.

이 수치는 정성적으로 보이는데 어떻게 정량적으로 도출을 할까? 다음과 같이 추론한다. 성공률 p인 단일 베르누이의 실행 시 평균과 분산은 각각 p 및 $p(1 - p)$이다. 만일 N번의 시도가 베르누이 프로세스에서 수행됐다면 예상 성공률 $f = S/N$은 동일한 평균 p에 대한 랜덤 변수이며 분산은 N에서 $p(1 - p)/N$으로 감소한다. 큰 N에 대해서 이 랜덤 변수의 분산은 정규 분포에 가까워진다. 여기까지가 통계적 부분의 전부이며 이들이 어떻게 도출됐는지까지는 설명하지 않을 것이다.

평균이 0인 랜덤 변수 X가 폭 $2z$의 특정 신뢰 범위 내에 있을 확률은 다음과 같다.

$$P(-z \leq X \leq z) = c$$

정규 분포의 경우 c값과 해당 z값이 대부분 통계 교과서 뒤에 인쇄된 표로 제공된다. 하지만 이 표는 보통의 표보다 약간 다른 형식을 띤다. X가 범위 밖에 있을 것이라는 전제하에 범위 위쪽 부분에 대해서만 데이터를 제공한다.

$$P(X \geq z)$$

이를 단측 확률$^{one\text{-}tailed\ probability}$이라고 부르며 이는 위쪽 '꼬리^{tail}'만 참조하기 때문이다. 정규 분포는 좌우 대칭이므로 아래쪽 꼬리 확률은 다음과 같이 된다.

$$P(X \leq -z)$$

표 5.1에서는 예제를 보여 준다. 다른 정규 분포표처럼 이는 랜덤 변수 X가 0의 평균 및 1의 분산을 가진다고 가정한다. 또는 z가 '평균의 표준 편차'로 측정된다고 할 수 있다. 따라서 공식 $P(X \geq z) = 5\%$라는 것은 X가 평균보다 1.65 표준 편차 위로 벗어날 가능성이 5% 임을 의미한다. 분포는 대칭이기 때문에 X가 평균(위 또는 아래)에서 1.65 표준 편차를 초과할 가능성은 10%가 된다. 이를 식으로 표현하면 아래와 같다.

$$P(-1.65 \leq X \leq 1.65) = 90\%$$

여기서 해야 할 것은 랜덤 변수 f를 0의 평균과 단위 분산을 갖도록 줄이는 것이다. 평균 p를 빼고 이를 표준 편차 $\sqrt{p(1-p)/N}$으로 나눈다. 이를 식으로 나타내면 다음과 같다.

$$P\left(-z < \frac{f-p}{\sqrt{p(1-p)/N}} < z\right) = c$$

여기서 이제 신뢰 한계를 찾기 위한 절차가 등장한다. 특정 신뢰도 수치 c가 주어지면 이에 해당하는 z 값은 표 5.1을 참조하기 바란다. 이 표를 사용하고자 먼저 1에서 c를 빼고 이를 반으로 나눈다. 따라서 예를 들어 $c = 90\%$라면 테이블 왼쪽 열은 5%의 값을 찾으면 된다. 중간 신뢰 수준$^{intermiedate\ confidence\ level}$에 선형 보간을 사용할 수 있으며 그런 다음 이전 식의 부등식을 등식으로 바꾸어 p에 대한 수식을 찾는다.

마지막 단계는 이차 방정식을 푸는 것이다. 어렵지는 않지만 결과는 상당히 복잡한 형태로 신뢰한계를 표현시킨다.

표 5.1 정규 분포에 대한 신뢰 한계

$P(X \geq z)(\%)$	z
0.1	3.09
0.5	2.58
1	2.33
5	1.65
10	1.28
20	0.84
40	0.25

$$p = \left(f + \frac{z^2}{2N} \pm z\sqrt{\frac{f}{N} - \frac{f^2}{N} + \frac{z^2}{4N^2}} \right) \Big/ \left(1 + \frac{z^2}{N} \right)$$

위 식에서 ±의 의미는 신뢰의 상한 및 하한을 나타내는 p에 대한 2개의 값을 제공한다. 수식이 다소 복잡해 보이지만 특정 경우에서는 간단하게 정리된다.

이 식을 앞에서 언급한 경우에 활용해 보자. $f = 75\%$, $N = 1000$, $c = 80\%$(따라서 $z = 1.28$)에서 구간은 p에 대해 [0.732, 0.767]이 나오고 동일한 신뢰 레벨에서 $N = 100$인 경우 구간은 [0.691, 0.801]이 된다. 주의할 점은 정규 분포 가정은 N이 충분히 클 때에만 유효하다(말하자면 $N > 100$). 따라서 $f = 75\%$, $N = 10$의 경우는 신뢰 한계 [0.549, 0.881]로 이어진다. 이 경우에는 적당한 보정 요소가 필요하다.

5.3 교차 검증

이제 훈련과 테스트를 위한 데이터의 양에 제한이 있을 때 어떻게 해야 할지 생각해 보자. 홀드 아웃hold-out 방법은 테스트를 위해 일정량을 묶어 두고 나머지는 훈련에 사용하는 방법이다(필요한 경우엔 유효성 검사를 위해 일부를 따로 설정). 실제로 데이터의 1/3은 테스트용으로, 나머지 2/3는 훈련용으로 사용하는 게 일반적이다.

데이터가 생각하는 용도로 꼭 맞아떨어지진 않는다. 훈련(또는 테스트)에 사용된 샘플이 대표성을 띠지 않을 수도 있다. 보통은 샘플이 대표성을 띠는지 알기 어렵지만 간단한 검사법이 하나 있다. 전체 데이터셋의 각 클래스는 훈련 및 테스트 세트에서 적절한 비율로 표시돼야 한다. 운이 좋지 않아 특정 클래스의 모든 예제가 훈련 세트에서 생략된 경우 해당 데이터에서 학습한 분류기가 해당 클래스의 예제에서 잘 수행될 것이라고 기대할 수 없으며, 어떤 인스턴스도 훈련 세트에 들어가지 않기 때문에 테스트 세트는 과도하게 나타나 상황이 더 악화될 수 있다. 대신 각 클래스가 훈련 및 테스트 세트 모두에서 올바르게 표현됨을 보장하는 랜덤 샘플링이 수행되는지 확인해야 한다. 이 프로시저를 계층화stratification라고 하며 계층화된 홀드 아웃stratified holdout을 얘기할 것이다. 일반적으로 이는 수행 가치는 있지만 계층화는 훈련 및 테스트 세트에서 고르지 않은 표현에 대한 기본 보호 장치만 제공한다.

홀드 아웃을 위해 선택한 특정 샘플로 인해 발생하는 편향을 완화하는 일반적인 방법은 전체 프로세스, 훈련 및 테스트를 여러 번 다른 랜덤 샘플로 반복하는 것이다. 각 반복에서 데이터의 특정 비율(예를 들어 2/3)이 계층화와 함께 훈련을 위해 랜덤으로 선택되고 나머지는 테스트를 위해 사용된다. 각 반복마다의 오류율은 전체 오류율을 산출하고자 평균화된다. 이것은 오류율 추정의 '홀드 아웃 반복repeated holdout'이라고 한다.

단일 홀드 아웃 프로시저에서 테스트 및 훈련 데이터의 역할을 바꾸는 것도 고려할 수 있다. 즉 테스트 데이터로 시스템을 훈련시키고 훈련 데이터로 테스트해 두 결과의 평균을 내어 훈련 및 테스트 세트에서 고르지 않은 표현으로부터의 영향을 줄인다. 안타깝게도 이는 훈련 및 테스트 데이터가 각각 50:50으로 있을 때만 이상적으로 작동하며 실제로는 그렇지 못하다. 테스트 데이터를 희생하더라도 데이터의 절반 이상을 훈련에 사용하는 것이 좋다. 그러나 이런 단순한 변형(앞의 역할 바꾸기)은 교차 검증cross validation이라는 중요한 통계 기법의 기초를 형성한다. 교차 검증에서는 겹fold 혹은 데이터 파티션의 고정된 수를 정해야 한다. 이 수를 3으로 결정했다고 하자. 데이터는 거의 동일한 크기로 삼등분될 것이다. 각 등분은 차례로 테스트에 사용되며 나머지는 훈련에 사용될 것이다. 이는 2/3는 훈련에, 1/3은 테스트에 사용하며 이 과정을 세 번 반복한다. 과정이 끝나면 모든 인스턴스들이 한 번씩 테스트에 사용된다. 이를 삼중 교차 검증이라고 하며 계층화(종종 그렇듯이)가 적용되면 이는 삼중 계층화 교차 검증이 된다.

단일 고정 데이터 샘플에서 학습 기술의 오류율을 예측하는 표준적인 방법은 계층화된 10중 교차 검증을 사용하는 것이다. 데이터는 무작위로 10개의 부분으로 나뉘며 각 클래스는 전체 데이터셋과 거의 동일한 비율로 나타난다. 각 파트가 차례대로 홀드 아웃되고 학습 구조가 나머지 9/10의 데이터로 훈련된다. 그러면 오류율은 홀드 아웃 세트에서 계산된다. 따라서 학습 프로시저는 총 10번 서로 다른 학습 세트(각각은 공통점이 많음)에서 실행된다. 마지막으로 10개의 오류 추정치를 평균해 전체 오류 추정치를 산출한다.

왜 10회인가? 다양한 학습 기술을 사용해 다양한 데이터셋에 대한 광범위한 테스트를 통해 10이라는 숫자는 오류를 가장 잘 추정할 수 있는 적절한 겹fold수이며 이를 뒷받침하는 이론적인 근거도 있다. 이러한 주장이 결코 진리는 아니지만 10중 교차 검증이 실질적인 표준으로 자리 잡았다. 테스트에서도 계층화를 사용하면 결과는 약간 상향되는 것으로 나타났다. 따라서 제한된 데이터만 사용해야 하는 상황에서 표준 평가 기법은 계층화된 10중(겹) 교차 검증이다. 계층화나 10겹을 정확히 나눌 필요는 없다. 10개로 '거의' 동일하게 나누면 충분하며 다양한 클래스 값이 적절한 비율로 표현되면 된다. 더욱이 매직 넘버 10은 상황에 따라 다를 수 있다. 5겹 또는 20겹도 거의 비슷한 효과를 낸다.

데이터가 제한된 경우 단일 10중 교차 검증만으론 신뢰할 수 있는 오류 추정치를 얻지 못할 수 있다. 동일한 학습 체계와 데이터셋을 사용하는 서로 다른 10중 교차 검증은 종종 다른 결과를 생성하는데 이는 겹fold 자체 선택 시 랜덤 변수의 효과 때문이다. 계층화는 이런 변수를 줄여 주지만 확실히 제거하지는 못한다. 제한된 데이터로 정확한 오류 추정치를 찾을 때 교차 검증 프로세스를 10회(즉 10회의 10중 교차 검증) 반복하고 결과의 평균을 구하는 것이 표준 과정이다. 이는 전체 데이터셋의 9/10만큼에 대한 학습 알고리듬을 100회 수행하는 것을 포함한다. 좋은 성능을 얻는 것은 계산 집약적인 작업이다.

5.4 다른 추정법

10중 교차 검증은 제한된 데이터에서 학습 구조의 오류율을 추정하는 표준적인 방법이다. 신뢰할 만한 결과를 위해서는 10중 교차 검증을 10회 반복한다. 하지만 이를 대체할 만한 다른 많은 방법들이 있는데 그중 2가지인 리브 원 아웃leave one out 교차 검증과 부트스트랩bootstrap을 소개한다.

리브 원 아웃

리브 원 아웃 교차 검증은 간단하게 말하면 n중 교차 검증이며 여기서 n은 데이터셋의 인스턴스 수다. 각 인스턴스는 차례로 제외되고 나머지 모든 인스턴스에 대해 학습 구조가 훈련된다. 이는 나머지 인스턴스상의 정확도에 의해 판단된다(성공 또는 실패, 1 또는 0). 데이터셋의 각 구성원에 대해 하나씩 모든 n개의 판단 결과가 평균화되고 이 값이 최종 오류 추정치를 나타낸다.

이 절차는 2가지 면에서 흥미롭다. 먼저 각 경우에 가능한 많은 양의 데이터가 사용되므로 분류기의 정확도가 높아진다. 두 번째는 프로시저가 결정론적deterministic이다. 즉 랜덤 샘플링이 포함돼 있지 않아 매번 같은 결과를 얻기 때문에 10번씩 반복하거나 할 필요가 없다. 전체 학습 절차를 n회 실행해야 한다면 이는 보통 데이터의 규모가 대규모라면 높은 계산 비용이 들고 실행이 어렵게 된다. 그럼에도 리브 원 아웃은 작은 데이터셋에서 최대한 값을 짜내고 가능한 한 정확한 추정치를 얻게 해주는 효과가 있는 것 같다.

하지만 계산 비용을 제외하고 생각해도 리브 원 아웃 교차 검증에도 단점은 있다. 본질적으로 계층화를 할 수 없으며 더 안 좋은 것은 비계층화nonstratified 샘플을 '보장'한다는 것이다. 계층화는 각 클래스로부터 정확한 비율로 예제를 가져와 테스트 세트로 할당하는 작업을 포함한다. 그런데 테스트가 단일 예제만 포함한다고 하면 이것이 불가능해진다. 이로 인해 발생할 수 있는 문제의 극단적인 예는 두 클래스 각각의 인스턴스 수가 정확히 동일한 완전 랜덤 데이터셋을 들 수 있다. 유도자inducer가 할 수 있는 최선의 방법은 실제 오류율이 50%인 과반수 클래스를 예측하는 것이다. 하지만 리브 원 아웃의 각 겹에서 테스트 인스턴스와 반대되는 클래스가 다수이므로 예측은 항상 부정확한 것으로 계산되며 예측되는 오류율은 100%가 된다.

부트스트랩

다음으로 설명할 방법은 부트스트랩bootstrap으로 이는 대체 샘플링의 통계적 절차를 기반으로 한다. 이전에는 훈련 또는 테스트 세트에서 샘플을 가져올 때마다 대체 없이 추출됐는데, 다시 말하면 한 번 선택한 동일한 인스턴스를 다시 선택할 수가 없었다. 이는 축구팀을 선택하는 것과 비슷한데 여기서도 동일한 사람을 두 번 축구팀에 선택할 수 없다. 하지만 데이터 인스턴스는 사람과는 다르다. 대부분 학습 구조는 동일한 인스턴스를 두 번 사용할 수 있으며 훈련 세트에 두 번 들어가면 그 결과에도 차이가 있다(여러분이 수학의 고수라면 같은 물체가 두 번 이상 나타날 수 있는 경우 이에 대해 '세트'라고 하면 안 된다는 것을 알게 될 것이다).

부트스트랩의 기본 아이디어는 훈련 세트를 만들고자 대체 데이터셋을 샘플링하는 것이다. 0.632부트스트랩이라는 특정 변수를 아직은 자세히 설명하지 않을 것이다(이유는 곧 알게 된다). 이를 위해 n개의 인스턴스로 구성된 데이터셋은 n개의 인스턴스로 구성된 또 다른 데이터셋을 제공하고자 교체를 통해 n번 샘플링된다. 이 두 번째 데이터셋의 일부 요소는(거의 확실하게) 반복되기 때문에 원래 데이터셋에는 선택되지 않은 인스턴스들이 있어야 한다. 이를 테스트 인스턴스로 사용할 것이다.

훈련 세트에 대해 특정 인스턴스가 선택되지 않을 가능성은 얼마나 될까? 매번 선택될 확률은 $1/n$이므로 선택되지 않을 확률은 $1 - 1/n$이 될 것이다. 충분한 수의 선택 기회 n번의 확률은 각 횟수의 확률을 곱한다. 그러면 그 결과식은 다음과 같이 표현될 것이다.

$$\left(1 - \frac{1}{n}\right)^n \approx e^{-1} = 0.368$$

(여기에서 e는 오류율이 아닌, 자연 로그에 기초한 2.7183을 의미한다.) 이 식은 특정 인스턴스가

통틀어 한 번도 선택되지 않을 가능성을 뜻한다. 따라서 충분히 큰 데이터셋에 대해 테스트 세트는 36.8%의 인스턴스를 포함할 것이며 훈련 세트에서는 63.2%를 포함할 것이다 (이제 0.632의 의미를 알 것이다). 일부 인스턴스들은 훈련 세트에서 반복될 것이며 원래 데이터셋과 동일한 총 크기 n이 된다.

훈련 세트에 대해 학습 시스템을 훈련시키고 테스트 세트에 대한 오류를 계산해 얻은 수치는 실제 오류율보다 더 높은 추정치가 될 것이다. 왜냐하면 훈련 세트의 크기는 n이지만 그럼에도 인스턴스를 63% 정도밖에 포함하지 못하며 이 값은 예를 들어 90%가 10 중 교차 검증에 사용되는 경우와 비교하면 많은 편은 아니기 때문이다. 이를 보완하고자 테스트 세트 오류율을 훈련 세트의 재대체^{resubstitution} 오류율과 결합시킨다. 앞에서 말했듯이 재대체 수치는 실제 오류보다 매우 낮은 낙관적인 수치를 제공하며 그 자체를 오류 수치로 사용하면 안 된다. 그러나 부트스트랩 절차는 이를 테스트 오류율과 결합해 다음과 같이 최종 추정치 e를 제공한다.

$$e = 0.632 \cdot e_{\text{test instances}} + 0.368 \cdot e_{\text{training instances}}$$

그런 다음 훈련 세트에 대한 다른 대체 샘플을 사용해 전체 부트스트랩 절차를 여러 번 반복하고 결과의 평균을 구한다.

부트스트랩 절차는 훈련 세트에 대한 다른 대체 샘플로 수차례 반복되며, 나온 결과들의 평균을 낸다. 부트스트랩은 매우 작은 데이터셋의 오류를 추정하는 가장 좋은 방법이다. 그러나 리브 원 아웃 교차 검증과 같이 특수한 상황에서 발생할 수 있는 단점이 있다. 실제로 그 특수한 상황이란 위에서 언급한 동일한 크기의 두 클래스를 가진 완전한 랜덤 데이터셋이며 실제 오류율은 모든 예측 규칙에 대해 50%다. 하지만 훈련 세트를 기억한 구조는 100% 완벽한 재치환^{resubstitution} 스코어를 제공하므로 $e_{\text{training instances}} = 0$과 0.632 부트스트랩이 0.368의 가중치와 혼합해 전체 오류율을 31.6%로 만들며(0.632×50% + 0.368×0%), 이는 너무 낙관적이어서 오해의 소지가 있는 결과다.

5.5 하이퍼파라미터 선택

많은 학습 알고리듬에는 동작을 최적화하고자 조정할 수 있는 파라미터가 있다. 이를 선형 회귀 모델의 계수coefficient 같은 기본 파라미터와 구분하고자 '하이퍼파라미터 hyperparameter'라고 부른다. 예를 들어 k-최근접 이웃 분류기에서 이웃 수를 나타내는 데 사용하는 파라미터 k가 있다. 일반적으로 테스트 세트에서 최상의 성능은 데이터의 특성에 맞게 이 하이퍼파라미터 값을 조정해 얻을 수 있다. 그러나 실망스럽게도 최상의 k를 얻으려면 테스트 데이터의 성능값을 사용하지 않는 것이 매우 중요하다! 테스트 데이터에서의 선택은 동일한 데이터에서 얻은 성능 스코어에 자동으로 낙관적 편향optimistic bias이 끼어들기 때문이며 앞으로의 새로운 데이터에 대한 성능은 예상보다 나쁠 가능성이 매우 높다.

그럼 무엇을 해야 할까? 5장의 앞부분에서 언급했듯이 방법은 원래 훈련 세트를 더 작게 훈련 세트와 검증 세트로 분할하는 것이다(분할은 보통 무작위로 수행된다). 그런 다음 축소된 훈련 세트에서 서로 다른 하이퍼파라미터 값으로 알고리듬을 여러 번 수행시키고 결과 모델이 각각 검증 세트에서 평가된다. 검증 세트에서 최상의 성능을 제공하는 하이퍼파라미터 값이 결정되면 원래의 전체 훈련 세트에서 해당 하이퍼파라미터 값으로 알고리듬을 실행시켜 최종 모델이 만들어진다. 테스트 데이터는 여기에 전혀 관여하지 않는다. 최종 모델이 수정된 후에만 테스트 데이터를 사용해 보이지 않는 새로운 데이터에 대한 모델의 성능 추정치를 얻을 수 있다. 기본적으로 테스트 데이터는 최종 성능 스코어를 설정하기 위해 한 번만 사용할 수 있다.

이는 여러 훈련 및 테스트 분할과 함께 교차 검증과 같은 방법을 사용할 때에도 적용된다. 하이퍼파라미터 선택은 훈련 세트만을 기반으로 해야 한다. 교차 검증 내에서 위의 파라미터 선택 프로세스를 여러 번 적용할 때 각 겹fold에 대해 한 번씩 하이퍼파라미터 값이 겹마다 조금씩 다를 수 있지만 이는 중요하지 않다. 하이퍼파라미터 선택은 모델 학습 전체 과정 중 일부이며 이러한 모델은 일반적으로 겹마다 다르다. 즉 교차 검증으로 평가되는 것은 하나의 특정 모델이 아니라 학습 과정이다.

하이퍼파라미터 선택 프로세스에는 단점이 있다. 원 훈련 데이터가 작고 교차 검증에 훈련 겹이 간혹 있는 경우 검증 세트를 분리하면 훈련에 사용할 수 있는 세트의 크기가 더더욱 줄어든다. 그리고 평가 세트 역시 작아질 것이다. 이는 하이퍼파라미터 선택의 신뢰성이 없다는 뜻이다. 이는 5장의 앞부분에서 본 단순 홀드 아웃 추정의 문제와 유사하며 동일한 해결 방법이 적용되는데 바로 교차 검증을 사용하는 것이다. 이는 학습 알고리듬에 대한 최종 성능 추정치를 얻고자 사용되는 '외부' 교차 검증의 각 겹에 대한 하이퍼파라미터의 최상의 값을 결정하고자 이른바 '내부' 교차 검증이 적용된다.

이러한 종류의 중첩 교차 검증 프로세스는 비용이 많이 들며, 특히 평가하려는 하이퍼파라미터의 각 값에 대해 내부 교차 검증을 실행해야 한다는 점을 고려할 때 더더욱 비용은 많이 든다. 게다가 여러 하이퍼파라미터를 사용하게 되면 상황은 더욱 악화된다. 그리드 검색을 사용해 최상의 파라미터 값을 찾는 경우 2개의 하이퍼파라미터와 10×10 그리드, 즉 100개의 내부 교차 검증이 필요하며 이는 외부 교차 검증의 각 겹에 대해 수행돼야 한다. 내부 및 외부 교차 검증 모두에 10개의 겹이 사용된다고 가정하면 학습 알고리듬은 $10 \times 10 \times 100 = 10000$회가 실행돼야 한다. 그런 다음보다 안정적인 성능 추정치를 얻고자 외부 교차 검증을 10회 반복할 수 있다.

다행히도 프로세스는 여러 컴퓨터에서 분산 처리가 가능하지만 적어도 위와 같은 구성으로는 실행이 어려울 수도 있다. 이 때문에 내부 교차 검증을 위해 더 적은 수의 겹을 사용하는 것이 일반적이다.

5.6 데이터 마이닝 구조의 비교

종종 같은 문제에 대해 2가지 다른 학습 구조를 비교해 어느 것을 사용하면 더 나은지 비교해야 한다. 이는 간단한 문제로 보이며 교차 검증(또는 다른 적절한 추정 절차)을 사용해 오류를 추정하고 여러 번 반복시켜 추정치가 제일 작은 것을 선택하면 된다. 이 방법은 실제 많은 애플리케이션에서 충분하게 작동한다. 특정 데이터셋에서 한 구조가 다른 구조보다 더 낮은 추정 오류를 갖고 있다면 할 수 있는 최선의 방법은 전자의 구조 모델을 사용하는 것이다. 그러나 이 차이는 단순히 추정 오류의 차이에서 오는 것일 수도 있으며 어떤 경우에는 특정 문제에 대해 하나의 구조가 다른 구조보다 '정말로' 더 나은지를 결정하는 것은 중요한 문제가 된다. 이는 머신러닝 연구자들의 표준 과제다. 새로운 학습 알고리듬이 제안되면 제안자는 당면한 문제에 대한 최신 기술이 향상됐음을 보여 주고 관찰된 개선이 추정 과정에서 우연한 효과가 아님을 입증해야 한다.

이는 주어진 테스트 세트 오류율에서 실제 성능을 예측하려고 할 때 이전에 만났던 신뢰 한계를 기반으로 하는 통계 테스트에 대한 작업이다. 데이터가 무제한으로 있다면 훈련에 많은 양을 사용하고 대규모 독립 테스트 세트에서 성능을 평가해 이전과 마찬가지로 신뢰 한계를 얻을 수 있다. 그러나 차이가 중요한 것으로 판명되면 이것이 실험experiment에 기반이 되는 특정 데이터셋 때문이 아니라는 것을 확인해야 한다. 여기서 결정하고자 하는 것은 도메인에서 추출할 수 있는 가능한 모든 훈련 및 테스트 데이터셋에서 한 구조가 평균적으로 다른 구조보다 좋은지 나쁜지다. 훈련 데이터의 양은 당연히 성능에 영향을 미치기 때문에 모든 데이터셋은 동일한 크기여야 한다. 실제로 학습 곡선을 얻고자 다른 크기로 실험을 반복할 수 있다.

지금은 일단 데이터 공급이 무제한이고 명확성을 위해 교차 검증을 사용해 오류 추정치를 구한다고 가정한다(반복 교차 검증과 같은 다른 추정치도 동일하게 실행할 수 있다). 각 학습 구조에 대해 동일한 크기의 여러 데이터셋을, 그리고 교차 검증을 사용해 각 데이터셋에 대한 추정치를 얻고 이의 평균을 계산할 수 있다. 각 교차 검증 실험은 서로 다른 독립적인 오류 추정치를 산출한다. 여기서 관심이 있는 것은 동일한 크기의 가능한 모든 데이터셋에 대한 평균 정확도와 이 평균이 한 구조 또는 다른 구조에서 더 큰지 여부다.

이 관점에서 샘플 세트의 평균(도메인에서 샘플링한 다양한 데이터셋에 대한 교차 검증 추정치)이 다른 평균보다 훨씬 큰지 또는 훨씬 작은지 확인하려고 한다. 이것은 t-test 또는 스튜던트의Student's t-test로 알려진 통계 장치에 대한 작업이다. 동일한 교차 검증 실험을 두 학습 방식에 모두 사용해 각 데이터셋에 대해 일치하는 결과 쌍을 얻을 수 있기 때문에 더 민감한 t-test 버전(paired t-test라고 한다)이 사용될 수 있다.

이를 위해 표기법이 필요하다. 샘플 $x_1, x_2, ..., x_k$는 하나의 학습 구조를 이용해 연속적인 10중 교차 검증을 통해 얻은 것이고, 두 번째 샘플 세트 $y_1, y_2, ..., y_k$는 다른 학습 구조를 사용해 연속적인 10중 교차 검증을 통해 얻은 것이다. 각 교차 검증 추정은 서로 다른 데이터셋을 사용해 생성된다(그러나 모든 데이터셋은 동일한 크기이고 동일한 도메인에 있다). 두 구조에 정확히 동일한 교차 검증 파티션이 사용돼 x_2 및 y_2와 같이 동일한 교차 검증 분할을 사용해 x_1 및 y_1이 얻어지면 최상의 결과를 얻을 수 있다. 첫 번째 샘플 세트의 평균을 $\bar{x}$로 표시하고, 두 번째 세트의 평균을 $\bar{y}$로 표시하고, $\bar{x}$와 $\bar{y}$가 크게 다른지 확인하려 한다.

충분한 샘플이 있는 경우 독립 샘플 세트$(x_1, x_2, ..., x_k)$의 평균$(\bar{x})$은 샘플 자체의 기본 분포에 관계없이 정규(즉 가우스) 분포를 갖는다. 평균 μ의 실제값을 호출하라. 정규 분포의 분산을 알았다면 0 평균을 갖도록 줄일 수 있고 샘플$(\bar{x})$에 대한 평균이 주어지면 μ에서의 신뢰 한계를 얻을 수 있다. 그러나 분산은 알려져 있지 않으며 이를 얻을 수 있는 유일한 방법은 샘플 세트에서 이를 추정하는 것이다.

이는 그렇게 어렵지 않다. $\bar{x}$의 분산은 샘플 $x_1, x_2, ..., x_k$에서 계산된 분산을 k로 나누어 추정할 수 있다(이를 σ_x^2라고 하자). 이 $\bar{x}$의 분포를 아래 식을 사용해 0의 평균 및 단위 분산으로 줄일 수 있다.

$$\frac{\bar{x} - \mu}{\sqrt{\sigma_x^2/k}}$$

분산을 '추정'해야 한다는 사실로 상황이 조금 바뀐다. 분산은 추정치일 뿐 정규 분포가 없다(k값이 크면 정규 분포가 될 수 있지만). 대신 $k - 1$ 단계의 자유도를 갖는 스튜던트 분포Student's distribution란 게 있는데 이는 앞에서 주어진 정규 분포에 대한 신뢰 테이블이 아닌 스튜던트 분포의 신뢰 구간 테이블을 사용해야 한다는 것을 뜻한다. 자유도 9(평균 평균 10회의 교차 검증을 한다면 나올 정확한 수)를 위해 적절한 신뢰 한계는 표 5.2에 나와 있다.

표 5.1과 표 5.2를 비교해 보면 스튜던트 분포 쪽이 조금 더 보수적이다(주어진 신뢰도에 대한 간격이 더 넓음). 이는 분산을 추정해야 함으로써 발생하는 추가 불확실성을 반영한다. 서로 다른 자유도에 대해 서로 다른 표가 필요하며 자유도가 100을 초과하는 경우 신뢰 한계는 정규 분포 신뢰 한계와 매우 가까워진다. 표 5.1과 마찬가지로 표 5.2의 수치는

표 5.2 자유도 9에서 스튜던트 분포에 대한 신뢰 한계

Pr($X \geq z$)(%)	z
0.1	4.30
0.5	3.25
1	2.82
5	1.83
10	1.38
20	0.88

'단측one-sided' 신뢰 구간에 대한 것이다.

동일한 수의 샘플 k개의 평균인 평균 $\bar{x}$와 $\bar{y}$가 동일한지 여부를 결정하고자 해당 관측치 간의 차이 값인 $d_i = x_i - y_i$를 사용한다. 관측한 값은 쌍을 이루기 때문에 사용에 문제는 없다. 이 차이의 평균은 단순히 두 평균값의 차이인 $\bar{d} = \bar{x} - \bar{y}$일 뿐이며 평균과 마찬가지로 자유도가 $k - 1$인 스튜던트 분포를 가진다. 평균이 같으면 차이는 0이 되며 이를 귀무가설null hypothesis이라고 한다. 평균값이 크게 다르면 차이도 0에서 크게 멀어질 것이다. 따라서 신뢰 수준에 대해 실제 차이가 신뢰 한계를 초과하는지 확인할 것이다.

먼저 차이를 0의 평균 및 t통계라고 부르는 단위 분산으로 줄인다.

$$t = \frac{\bar{d}}{\sqrt{\sigma_d^2/k}}$$

여기서 σ_d^2는 서로 다른 샘플의 분산이다. 그런 다음 신뢰 레벨을 정하는데 보통 5%나 1%가 실제로 쓰인다. 이 신뢰 한계로부터 만일 k가 10이라면 표 5.2를 통해 z가 결정된다. k가 10이 아니라면 질문에 사용된 k값에 대한 스튜던트 분포 신뢰 테이블이 사용된다. 여기에는 양측 검증two-tailed test이 바람직한데 x의 평균이 y보다 클지, 또는 그 반대일지 미리 알 수 없기 때문이다. 따라서 1% 테스트에 대해서 표 5.2에서 0.5%에 해당하는 값을 참조한다. 위 공식에 따른 t의 값이 z보다 크다면 또는 $-z$보다 작다면 이 평균이 동일하고 해당 데이터 사이즈에 대한 도메인에서의 두 학습 과정에 실제로 차이가 있다고 결론을 내린 귀무가설을 버린다.

이러한 절차에 대해 2가지 봐야 할 것이 있다. 하나는 기술적인 부분이다. 관측치가 쌍으로 떨어지지 않는다면 어떻게 될까? 즉 어떤 이유로 동일한 데이터셋에서 각 학습 계획의 오류를 평가할 수 없다면 어떻게 될까? 각 구조에 대한 데이터셋의 수가 심지어 같지 않다면 어떻게 될까? 이런 조건은 다른 누군가가 구조 중의 하나를 평가했고 특정 도메인 및 데이터 사이즈(또는 이들의 평균과 분산)에 대한 몇 가지 다른 추정치를 내놓았을 때 일어날 수 있고 여기서는 이들과 다른 학습 구조와 비교하려고 한다. 그러면 쌍이 아니면서 정규화된 t-test를 사용해야 한다. 차이의 평균값인 $\bar{d}$를 취하는 대신 평균의 차이, 즉 $\bar{x} - \bar{y}$를 사용한다. 물론 의미는 전자와 같다. 차이의 평균은 바로 평균의 차이다. 하지만 차이 $\bar{d}$에 대한 분산은 같지 않다. 만일 샘플 x_1, x_2, ..., x_k에 대한 분산이 σ_x^2이고 샘플 y_1, y_2, ..., y_k에 대한 분산이 σ_y^2라고 하면 다음과 같이 된다.

$$\frac{\sigma_x^2}{k} + \frac{\sigma_y^2}{\ell}$$

이 되며 이는 평균 분포의 분산에 대한 좋은 추정치가 된다. 이 분산(또는 이의 제곱근)은 앞에서 주어진 t-통계의 분모로 사용해야 한다. 스튜던트 신뢰도 표를 참조하는 데 필요한 자유도는 보수적으로 취해야 하며 두 샘플의 자유도의 최솟값으로 정해진다. 본질적으로 관측치가 쌍을 이룬다는 사실을 알면 분산에 대한 더 나은 추정치와 더 엄격한 신뢰 한계를 만든다.

두 번째 관찰은 기본적으로 데이터가 무제한으로 존재해 적절한 크기의 여러 독립적인 데이터셋을 사용할 수 있다는 가정과 관련된다. 실제로는 일반적으로 제한된 크기의 단일 데이터셋만 있다. 그럼 무엇이 수행될 수 있을까? 데이터를 하위 세트(10개 정도)로 분할하고 각각에 대해 교차 검증을 수행할 수 있다. 그러나 전체 결과는 학습 구조가 특정 크기(원 데이터셋의 1/10)에 적합한지 여부만 알려 준다. 또 원본 데이터는 재사용할 수 있다. 예를 들어 각 교차 검증에 대해 데이터셋의 다른 랜덤화를 시켜 사용한다.

하지만 교차 검증 추정치의 결과는 독립적인 세트를 기반으로 하지 않기 때문에 결과도 독립적이지 않다. 이것은 실제로는 그렇지 않은데도 이 차이가 중요한 의미를 갖는 것으로 판단될 수 있음을 뜻한다. 샘플 수 k, 즉 교차 검증 실행 횟수를 늘리는 것만으로도

t-통계의 값이 무한대로 증가하기 때문에 결국 명백한 차이가 발생한다.

이러한 문제를 회피하고자 표준 t-test의 다양한 수정이 제안됐지만 모두 휴리스틱이고 이론적 정당성이 부족한 것이 현실이다. 실제로 잘 동작하는 것으로 보이는 것은 '수정된 리샘플링 t-test^corrected resampled t-test'다. 교차 검증 대신 홀드 아웃 방법을 반복하고 동일한 데이터셋의 다른 랜덤 분할에서 k번 반복해 두 학습 구조에 대한 정확한 추정치를 얻는다고 가정하자. 매번 n_1 인스턴스는 훈련에 사용되고 n_2는 테스트에 사용되며 차이 d_i는 테스트 데이터에 대한 성능에서 계산된다. 수정된 리샘플링 t-test은 수정된 통계량을 사용한다.

$$t = \frac{\bar{d}}{\sqrt{\left(\frac{1}{k} + \frac{n_2}{n_1}\right)\sigma_d^2}}$$

이는 정확히 표준 t-통계 방식과 동일하다. 이 공식을 좀 더 자세히 들여다보면 단순히 k를 증가시켜 t를 증가시킬 수 없다. 교차 검증의 반복과 동일한 수정된 통계가 필요하고, 이는 홀드 아웃 반복의 특별한 형태이며 여기에서는 '하나의' 교차 검증에 대한 개별 테스트 세트는 오버랩되지 않는다. 10중 교차 검증이 10번 반복되면 $k = 100$, $n_2/n_1 = 0.1/0.9$ 그리고 σ_d^2는 100개의 차이에 근거한다.

5.7 확률의 예측

5장 전체를 통해 최종 목표는 예측의 성공률을 최대화하는 데 있다고 전략적으로 가정했었다. 각 테스트 인스턴스의 출력은 해당 인스턴스의 실제값과 일치하면 '정확', 일치하지 않으면 '부정확'이 되며 중간 지점은 없다(명백한 흑백 논리다). 대부분의 상황에서 이는 적절한 관점이며 학습 구조가 실제로 적용될 때 예측이 정확한지 여부가 성공의 척도로 사용될 것이다. 이는 때로는 $0 - 1$ 유실 함수^loss function라고 불린다. 여기서 '유실^loss'은 예측이 틀리면 0이고 예측이 맞으면 1이 된다. '이익'이라는 용어가 좀 더 정확하지만 '유실'이라는 용어가 일반적으로 사용된다.

다른 상황은 이렇게 극단적이지 않다. 대부분 학습 구조들은 각 예측과 확률을 연계시킬 수 있다(나이브 베이즈 구조가 그렇다). 이것이 정확성 여부를 판단하는 데 좀 더 자연스러운데, 예를 들어 99%의 확률로 예측이 맞는다는 것은 51% 확률의 예측보다 가중치를 더 많이 둘 수 있다. 그리고 2개의 클래스가 있는 경우 아마도 후자는 51%의 확률로 예측된 잘못된 결과보다 그렇게 차이가 있지는 않을 것이다. 예측 확률을 고려하는 것이 적절한가는 애플리케이션에 따라 달라진다. 궁극적인 목적이 실제 결과에 대한 예측뿐이고 이에 대한 평가 및 보상이 없다면 확률을 사용하는 것은 적절치 않아 보인다. 하지만 예측이 추가 프로세싱(예를 들어 사람에 의한 평가, 비용 분석, 2단계 학습 프로세스로의 입력 등)이 적용되는 경우 예측 확률 사용이 적절한 경우라 할 수 있다.

제곱 유실 함수

단일 인스턴스에 대해 k개의 가능한 결과 또는 클래스가 있다고 가정하고 주어진 인스턴스에 대한 학습 구조가 클래스에 대한 확률 벡터 $p_1, p_2, ..., p_k$와 같이 주어진다고 가정하자(여기서 확률의 합은 1이 된다). 해당 인스턴스의 실제 결과는 가능 클래스 중의 하나가 될 것이다. 그러나 표현 시에는 클래스의 i번째 컴포넌트가 벡터 형태인 $a_1, a_2, ..., a_k$로 나타내는 게 편리한데 여기서 i는 실제 클래스이며 값은 1이 되며 나머지는 0이 된다. 페널티 값으로 이 상황을 벡터 p와 벡터 a 간의 유실 함수 형태로 표현할 수 있다.

확률적 예측을 평가하는 데 자주 사용되는 기준은 제곱 유실 함수다.

$$\sum_j (p_j - a_j)^2$$

이는 단일 인스턴스에 대한 것임을 주의하라. 합계는 가능한 결과의 합이며 다른 인스턴스 간의 합은 아니다. a값들 중 1개만 1이고 나머지는 0이기 때문에 합계는 잘못된 예측에 대한 p_j^2의 기여도 및 정확한 1개에 대한 $(1 - p_i)^2$를 포함한다. 결과적으로 다음과 같이 정리될 수 있다.

$$1 - 2p_i + \sum_j p_j^2$$

여기서 i는 정확한 클래스를 의미한다. 테스트 세트가 여러 개의 인스턴스를 가질 때 유실 함수는 이들 모두의 합이다.

이는 흥미로운 이론적 사실인데 실제 클래스가 확률적으로 생성된 상황에서 제곱 유실 함수에서의 최솟값을 찾는다면 가장 좋은 전략은 다른 결과들의 실제 확률 p를 선택하는 것이다. 즉 $p_i = P(\text{class} = i)$가 된다. 만일 참^{true}일 확률을 알고 있다면 이 값은 p에 대한 최적의 값이 될 것이다. 그렇지 않으면 제곱 유실 함수를 최소화하려는 시스템은 $P(\text{class} = i)$에 대한 최적의 추정을 p_i의 값으로 하도록 권장한다.

이것은 상당히 보기 쉽다. 참일 확률을 p_1^*, p_2^*, ... p_k^*로 표기하면 $p_i^* = P(\text{class} = i)$가 된다. 테스트 인스턴스에서 제곱 유실 함수의 예상 값은 아래와 같이 정리된다.

$$E\left[\sum_j (p_j - a_j)^2\right] = \sum_j (E[p_j^2] - 2E[p_j a_j] + E[a_j^2])$$
$$= \sum_j (p_j^2 - 2p_j p_j^* + p_j^*) = \sum_j ((p_j - p_j^*)^2 + p_j^*(1 - p_j^*))$$

첫 번째 단계는 예측치를 합계로 전달해 제곱을 확장한다. 두 번째 단계에서 p_j는 상수이며 a_j의 예측값은 p_j^*가 된다. 더욱이 a_j는 0 또는 1이기 때문에 $a_j^2 = a_j$와 그 예측치 역시 p_j^*가 된다. 세 번째 단계는 바로 산술이다. 합계 결과를 최소화시키고자 $p_j = p_j^*$를 선택해 제곱 항이 없어지게 하면 남는 것은 실제 클래스를 다루는 실제값의 분포에 대한 분산만 남게 된다.

제곱된 오류의 최소화는 예측 분야에서 오랜 역사를 갖는다. 현재는 제곱 유실 함수가 최적 확률 추정을 선택하도록 예측자를 만들거나 오히려 실제 확률에서 최상의 추측을 할 수 있는 예측자를 선호한다. 더욱이 제곱 유실 함수는 여기서는 다루지 않을 유용한 이론적 속성을 갖고 있다. 이러한 모든 이유로 확률적 예측 상황에서 성공의 기준으로 자주 사용된다.

정보 유실 함수

확률적 예측을 평가하는 데 자주 사용되는 또 다른 기준은 정보 유실 함수$^{\text{informational loss}}$ ^{function}이며 다음과 같이 표현된다.

$$-\log_2 p_i$$

여기서 i번째 예측이 맞는 예측이다. 이것은 실제로 4.6절에 설명된 로지스틱 회귀에 의해 최적화된 로그 가능성 함수log-likelyhood function의 음수와 동일하다(나머지 상수modulo constant 인자로서 로그에 기초해 정의된다). 이 식은 확률 분포 p_1, p_2, ..., p_k에 대한 실제 클래스 i를 표현하는 데 필요한 정보(비트 단위)를 나타낸다. 다시 말하면 확률 분포가 주어졌고 누군가 실제로 발생한 클래스가 어떤 클래스인지 의사소통을 해야 했다면 이 비트 수가 바로 그들이 정보를 인코딩하는 데 필요한 수다(이는 효과적으로 인코딩했다는 가정이며 물론 더 많은 비트 수를 사용할 수 있다). 확률은 항상 1보다 작기 때문에 그 로그 값은 항상 음수가 된다. 이 때문에 앞에 붙은 음의 부호는 결과를 양수로 만든다. 예를 들어 각 클래스의 확률이 동일한 두 클래스 상황(head 또는 tail)에서 $-\log_2 1/2 = 1$이기 때문에 헤드 발생은 1비트가 전송된다

실제 확률이 p_1^*, p_2^*, ... p_k^*인 경우 정보 유실 함수의 기댓값은 다음과 같다.

$$-p_1^* \log_2 p_1 - p_2^* \log_2 p_2 - \ldots - p_k^* \log_2 p_k$$

제곱 유실 함수와 마찬가지로 이 식은 $p_j = p_j^*$을 통해 최소화되며 이 경우 표현식은 실제 분포의 엔트로피가 된다.

$$-p_1^* \log_2 p_1^* - p_2^* \log_2 p_2^* - \ldots - p_k^* \log_2 p_k^*$$

따라서 정보 유실 함수는 실제 확률을 알고 있는 예측자에게 보상을 하며 최선의 추측을 내놓지 않는 예측자에게는 내놓도록 만든다.

정보 유실 함수의 한 가지 문제는 실제로 발생하는 이벤트에 0의 확률을 할당하면 함수의 값이 무한대가 돼 버린다는 것이다. 이는 도박을 할 때 모든 것을 잃어버리는 것과 같으며 정보 유실 기능하에서 작동하는 좋은 예측자는 결과에 0의 확률을 할당하지 않는다. 이는 예측의 기반이 되는 결과에 대한 정보가 없을 때 문제를 야기한다. 이 문제를 제로 프리퀀시 문제zero frequency problem라고도 하며 앞서 나이브 베이즈에 대해 논의한 라플라스 추정기와 같은 다양한 솔루션이 제안됐다.

참고

여러분이 확률 예측을 평가하는 작업 중에 있다면 2가지 유실 함수 중 어떤 것을 사용해야 할까? 이런 의문을 갖는 것은 좋은 것이며 사실 이에 대한 일반적으로 합의된 정답은 없다. 한마디로 취향에 따라 다르다. 둘 다 유실 함수에 해당하는 기본 작업을 수행하고 실제 확률을 정확하게 예측할 수 있는 예측자에게 최대치의 보상을 제공한다. 그러나 여러분이 결정을 하는 데 도움이 될 수 있는 2가지 객관적인 사실이 있다.

제곱 유실 함수는 실제로 발생한 사건에 할당된 확률뿐만 아니라 다른 확률도 고려한다. 예를 들어 클래스가 4개가 있는 상황에서 실제로 발생한 클래스에 40%를 할당하고 나머지를 세 클래스에 분배했다고 가정하자. 제곱 유실은 이전에 제곱 유실 함수에 대해 주어진 표현식에서 발생하는 p_j^2의 합으로 인해 분포 방식이 달라진다. 60%가 세 클래스에 균등하게 분배된 경우 유실이 가장 작으며 불균등한 분배는 제곱의 합을 증가시킨다. 반면 정보 유실 함수는 실제로 발생한 클래스에 할당된 확률에만 의존한다. 다가올 특정 이벤트에 대해 돈을 걸 경우 다른 이벤트의 잠재적 승률에 신경쓸 일은 없을 것이기 때문이다.

실제로 발생하는 클래스에 아주 작은 확률을 할당하면 정보 유실 기능이 엄청나게 패널티를 받는다. 확률이 0인 경우 최대 페널티는 무한대다. 반면 제곱 유실 함수는 이보다는 약하며 다음 식에 의해 최대 2를 넘지 않는다.

$$1 + \sum_j p_j^2$$

마지막으로 정보 유실 함수를 지지하는 사람들은 MDL^{Minimum Description Length} 원칙이라고 하는 학습에서 성능 평가의 일반적인 이론을 지적한다. 이들은 구조가 학습하는 양은 정보의 비트 단위로 측정할 수 있으며 유실을 측정하는 데 동일한 단위를 사용하면 2가지를 강력한 방식으로 결합할 수 있다고 주장한다. 이는 5.10절에서 다시 설명하겠다.

5.8 비용의 계산

지금까지 논의된 평가는 잘못된 결정, 잘못된 분류에 의해 발생되는 비용을 고려하지 않았다. 오류 비용을 고려하지 않고 분류율을 최적화하면 종종 이상한 결과가 발생한다. 어떤 경우는 머신러닝을 사용해 농장의 각 젖소가 발정 상태에 있는 정확한 날짜, 또는 '열 상태'를 확인했다. 젖소들은 귀에 있는 전자 태그로 식별됐으며 우유량, 화학 성분(첨단 착유기에 의해 자동으로 기록), 착유 순서와 같은 다양한 속성들이 사용됐다. 젖소는 일반 짐승이며 발정과 같은 비정상적인 상황을 제외하고는 동일한 순서로 착유장에 도착해 착유를 진행한다. 현대의 낙농업에서는 젖소가 언제 준비됐는지를 아는 게 매우 중요하다. 동물들은 인공 수정으로 수정되며 주기를 놓치면 불필요하게 분만을 지연시켜 합병증을 유발한다. 초기 실험에서 머신러닝 계획은 각 젖소가 발정 상태에 있지 않다고 완고하게 예측했다. 인간과 마찬가지로 소도 월경 주기가 약 30일이므로 이 'null' 규칙은 시간의 97%의 확률로 정확하다. 이는 모든 농업 영역에서 인상적인 정확도다. 물론 원했던 것은 '발정 중이 아닌' 상황보다 '발정 중'의 상황을 더 정확하게 예측하는 규칙이었다. 두 종류의 오류에 대한 비용은 달랐다. 분류 정확도에 의한 평가는 오류 비용은 동일함을 암묵적으로 가정한다.

오류 비용이 다르게 발생하는 예로서 대출 결정 문제가 있다. 채무 불이행자에게 대출하는 비용은 채무 이행자에게 대출을 거부하는 사업 유실 비용보다 훨씬 크다. 그리고 기름 유출 감지 문제에서 환경을 위협하는 실제 유출 감지 실패 비용이 오경보 비용보다 훨씬 크다. 그리고 전력 예측 문제에서는 오지 않는 폭풍에 대비한 발전기의 가동 비용이 준비되지 않은 상태에서 폭풍을 맞을 때의 가동 비용보다 훨씬 적다. 그리고 진단에서는 결함이 없는 것으로 판명된 기계의 문제를 잘못 식별하는 비용은 문제를 간과하는 비용보다 작다. 또한 홍보용 우편물에서는 응답이 없는 가정에 스팸 메일을 보내는 비용은 응답 가능성이 높은 가정에 보내지 않은 비용보다 훨씬 적다. 이 모든 예제는 1장, '이게 다 뭐죠?'에서 소개된 예시들이다. 사실 서로 다른 종류의 오류에 대한 비용이 동일한 경우는 거의 없다.

표 5.3 2-클래스 예측 문제의 서로 다른 결과

실제 클래스		예측 클래스	
		Yes	No
	Yes	True Positive	False Negative
	No	False Positive	True Negative

yes 또는 *no*, 대출 승인 또는 대출 거부, 기름 유출 또는 정상 상태 등등과 같은 2-클래스 문제에서 단일 예측의 가능 결과는 표 5.3에서 보여 주듯 4가지로 나타난다. TP[True Positive1], TN[True Negative2]은 맞는 분류다. FP[False Positive3], FN[False Negative4]는 잘못 측정된 분류이다. TP율[TP rate]이란 TP값을 전체 맞는 분류의 수(TP + FN)로 나눈 것이며 FP율[FP rate]은 FP값을 전체 틀린 분류들(FP + TN)으로 나눈 값이다. 전체 성공률은 맞는 분류를 전체 분류 수로 나눈 값이다.

$$\frac{TP + TN}{TP + TN + FP + FN}$$

결국 오류율은 1에서 이 값을 빼면 구해진다.

다중 클래스 예측에서 테스트 세트의 결과는 종종 각 클래스에 대한 행과 열이 있는 2차원 혼동 행렬[confusion matrix]로 표시된다. 각 행렬의 요소는 실제 클래스가 행이고 예측 클래스가 열인 테스트 예제의 수를 보여 준다. 바람직한 결과는 주 대각선 아래의 큰 숫자와 작은, 이상적으로는 0의 비대각선 요소에 해당한다. 표 5.4A는 3가지 클래스가 있는 수치 예제를 보여 준다. 이 경우 테스트에는 200개의 인스턴스(행렬이 있는 9개 숫자의 합)가 있고 그중 88 + 40 + 12 = 140개가 올바르게 예측되므로 성공률은 70%가 된다.

하지만 이것이 공정한 척도가 될까? 얼마나 많은 합의가 '우연히' 일어났다고 예상하는가? 이 예측자는 총 120개의 *a*, 60개의 *b*, 20개의 *c*를 예측한다. 세 클래스의 수를 똑같

---

1   실제 True인 정답을 True로 예측 – 옮긴이
2   실제 False인 정답을 False로 예측 – 옮긴이
3   실제 False인 정답을 True로 예측 – 옮긴이
4   실제 True인 정답을 False로 예측 – 옮긴이

표 5.4 두 클래스 간 예측의 다른 결과: (A) 실제 (B) 예상

(A) 실제 클래스		a	b	c	total	(B) 실제 클래스		a	b	c	total
		예측 클래스						**예측 클래스**			
	a	88	10	2	100		a	60	30	10	100
	b	14	40	6	60		b	36	18	6	60
	c	18	10	12	40		c	24	12	4	40
	total	120	60	20			total	120	60	20	

이 예측하는 랜덤 예측자가 있다면 어떻게 될까? 대답은 표 5.4B에 나와 있다. 첫 번째 행은 테스트 세트 중 100개의 a를 전체 비율로 나누고 두 번째 및 세 번째 행에서는 다른 두 클래스에 대해 동일한 작업을 수행한다. 물론 이 행렬의 행 및 열의 합계는 이전과 동일하다. 인스턴스 수는 변경되지 않았으며 랜덤 예측자가 실제 예측자와 동일한 수의 a, b, c의 수를 예측하도록 했다.

랜덤 예측자는 60 + 18 + 4 = 82 인스턴스를 정확한 것으로 예측한다. 카파 통계^{Kappa} ^{statistics}라고 하는 이 측정값은 성공한 예측에서 이 값을 빼서 완벽한 예측 변수에 대한 총계의 비율로 예상 수치를 도출한다. 즉 200 − 82 = 118에서 140 − 82 = 58의 추가 성공이 도출되며 카파 통계 값은 49.2%가 된다. 카파 통계의 최대치는 100%이며, 열 합계가 동일한 랜덤 변수 예측 변수에 대한 기대 값은 0이다. 요약하면 카파 통계는 데이터셋 예측 및 관찰된 분류 간의 일치를 측정하는 데 사용되며 우연히 발생되는 일치를 보정한다. 그러나 일반 성공률과 마찬가지로 비용은 고려하지 않는다.

비용에 민감한 분류

만일 비용을 알고 있다면 결정 과정에서의 비용적 분석에 사용될 수 있다. 혼동 행렬이 표 5.3과 같은 2-클래스의 경우 두 종류의 오류(FP와 FN)는 서로 다른 비용을 갖게 된다. 마찬가지로 2가지 유형의 올바른 분류는 다른 이점을 가질 수 있다. 2개의 클래스 유형에서 비용은 2 × 2 행렬의 형태로 요약될 수 있는데 여기에서 대각선 요소들이 2가지 유형의 올바른 경우를 나타내고 대각선이 아닌 나머지들은 2가지 유형의 오류를 나타낸다.

표 5.5 기본 비용 행렬: (A) 2-클래스인 경우 (B) 3-클래스인 경우

		예측 클래스						예측 클래스		
(A)		Yes	No		(B)			a	b	b
실제	Yes	0	1		실제	a		0	1	1
클래스	No	1	0		클래스	b		1	0	1
						c		1	1	0

표 5.5A와 5.5B는 각 값들이 단순히 오류 숫자만 있는 2-클래스 및 3-클래스의 경우에 대한 기본 비용 행렬을 보여 준다. 오분류의 비용은 모두 1이 된다.

비용 행렬의 고려는 성공률을 결정당 평균 비용(더 긍정적으로 생각하면 이익)으로 대체한다. 여기서는 그렇게 하지 않겠지만 의사 결정 과정에 대한 완전한 비용 분석은 훈련 데이터 수집 비용을 포함해 머신러닝 도구 사용 비용과 모델 사용 비용, 또는 테스트 인스턴스에 대한 속성을 결정하는 비용을 포함해 생성되는 결정 구조를 생각할 수 있다. 만일 모든 비용을 알고 있다면, 그리고 비용 메트릭스에 나타난 4개의 다른 결과들이 투영됐다면(말하자면 교차 검증을 사용한다면) 이러한 종류의 비용 분석을 하기는 쉬워진다.

비용 행렬이 주어지면 각 테스트 인스턴스를 위한 모델의 예측에 대한 관련 비용 행렬 요소들의 합으로 주어진 테스트 세트상의 특정 학습 모델의 비용을 계산할 수 있다. 여기서 예측 시 비용은 무시되지만 평가할 때는 이를 고려한다.

모델이 각 예측과 관련된 확률을 결과로 보여 주는 경우 예측의 예상 비용을 최소화하도록 조정할 수 있다. 특정 테스트 인스턴스상의 각 결과에 대한 예측 확률의 세트가 주어지면 가장 가능성이 높은 결과를 선택한다. 그 대신에 모델은 가장 작은 예측 오분류 비용의 클래스를 예측할 수 있다. 예를 들어 3-클래스 모델의 상황에서 모델이 클래스 a, b, c를 테스트 확률이 p_a, p_b, p_c인 테스트 인스턴스에 할당하고 해당 비용 행렬은 표 5.5B를 따른다고 가정해 보자. 모델이 a를 예측했다면 예측에 드는 예상 비용은 행렬의 첫 번째 열 [0, 1, 1]과 확률 벡터 $[p_a, p_b, p_c]$의 곱으로 얻어지며 결과는 $p_b + p_c$, 또는 $1 - p_a$가 되는 데 이는 세 확률의 합이 1이 되기 때문이다. 비슷하게 다른 두 클래스의 예측 비용은 $1 - p_b$ 그리고 $1 - p_c$가 된다. 이 비용 행렬에서 예상 비용이 가장 낮은 예측을

선택하는 것은 확률이 가장 높은 예측을 선택하는 것과 같다. 다른 비용 행렬을 사용하는 경우 결과는 달라질 수 있다.

우리는 나이브 베이즈와 같은 학습 구조가 확률을 결과로 만든다고 가정해 왔다. 그런데 결과가 일반적인 확률이 아니라면 대부분의 분류기가 쉽게 이의 계산을 위해 사용될 수 있다. 예를 들어 결정 트리에서 테스트 인스턴스에 대한 확률 분포는 해당 리프에 있는 클래스의 분포일 뿐이다.

비용에 민감한 학습

어떻게 비용을 고려하지 않은 채 만들어진 분류기가 비용에 민감한 예측을 위해 사용되는지 봤다. 이 경우 비용은 훈련 시에는 고려되지 않았고 예측 시에 사용됐다. 비용을 고려하는 또 다른 방법은 이와 반대의 방법인데 훈련 시에 비용을 고려하고 예측 시에는 비용을 고려하지 않는 것이다. 원칙적으로는 분류기가 학습 알고리듬에 의해 비용 행렬에 맞게 조정이 되면 더 나은 성능이 얻어진다.

2-클래스의 상황에서 비용에 민감한$^{cost\ sensitive}$ 학습 구조를 만드는 간단하고 일반적인 방법이 있는데 yes와 no 인스턴스에 다른 비율로 훈련 데이터를 생성하는 것이다. no인 스턴스를 인위적으로 10씩 증가시키고 이를 통해 만들어진 데이터셋을 훈련에 사용한다고 가정해 보자. 학습 구조는 오류의 수를 줄이려고 하며 이런 경향이 no 인스턴스상 오류를 피하도록 조정된 결정 구조에 영향을 줄 것인데, 이는 오류 발생 시 10배의 페널티를 받기 때문이다. no 인스턴스의 비율을 원래대로 가져가는 데이터를 테스팅에 사용하면 yes 인스턴스상의 그것보다 더 적은 오류가 발생할 것이며(즉 FN보다 더 적은 FP) 이는 FP가 FN보다 10배 더 많은 가중치를 갖기 때문이다. 훈련 세트에서의 인스턴스 비율을 변경하는 것은 비용에 민감한 분류기를 만들기 위한 일반적인 기술이다.

훈련 인스턴스의 비율을 변경하는 방법 중 하나는 데이터셋의 인스턴스를 복제하는 것이다. 하지만 많은 학습 구조가 인스턴스의 가중치를 허용하고 있다(3.3절에서 언급했듯이 이는 유실값 처리의 일반적인 기술이다). 인스턴스 가중치는 일반적으로 1로 주어진다. 비용에 민감한 분류기를 만들고자 가중치는 두 종류의 오류인 FP, FN의 비용에 비례하도록 주어질 수 있다.

리프트 차트

실제로 정확한 비용은 누구도 거의 알 수 없으며 따라서 사람들은 여러 가지 시나리오를 생각하고 싶어 할 것이다. DM^{Direct Mailing} 사업을 하고 있고 100만 가구를 대상으로 프로모션 제안을 대량 발송할 계획을 갖고 있다고 가정해 보자. 물론 이 메일의 대부분은 답장이 없을 것이다. 이전 경험을 기반으로 보통 답장을 한 비율은 0.1%(1,000명이 답장을 보냄)라고 하자. 데이터 마이닝 도구를 사용할 수 있고, 이 도구는 알려진 정보인 가구수, 그리고 응답률(답장을 보낸 비율)이 0.4%(400명 응답자)로 예측되는 하위 그룹 10만 개를 식별할 수 있다고 가정하자. 그렇다면 전체를 다 보내는 것보다는 이 10만 가구에만 메일을 보내도록 제한하는 게 더 이익일 수 있다. 이는 제안의 각 응답에서 얻은 내용에 따라 발송 비용이 달라진다. 마케팅 용어에서는 응답률의 증가를 (여기에서 응답률의 증가는 4가 된다) 리프트 팩터^{lift factor}라고 한다. 비용을 알고 있다면 특정 리프트 팩터가 내포하는 이익 비용^{payoff}을 결정할 수 있다.

   하지만 다른 가능성도 확인하고 싶을 것이다. 다른 파라미터 세팅의 동일한 데이터 마이닝 구조에서는 응답률이 0.2%(800명 응답자)인 40만 가구를 인식할 수도 있을 것이며 이 경우 리프트 팩터는 2가 된다. 이것이 더 이익이 되는 경우인지는 포함된 비용을 계산해 봐야 한다. 속성값을 찾는 데 필요한 정보 수집을 포함해 모델을 만들고 사용하는 비용을 고려해야 할 수도 있다. 결국 모델 개발 비용이 매우 비싸다면 대량 메일 발송이 타깃을 정해 발송하는 것보다 비용면에서 더 효율적일 수도 있다.

   각 테스트 인스턴스 멤버로부터 예측 클래스의 확률을 출력하는 학습 구조가 주어지면(나이브 베이즈가 그렇듯) 여러분의 할 일은 긍정 인스턴스에서 높은 비율을 차지하는 테스트 인스턴스의 하위 세트를 찾는 것이며 이 비율은 전체 테스트에서도 높아야 한다. 이를 위해 인스턴스는 *yes*의 예측 확률에 대한 내림차순으로 정렬돼야 한다. 그런 다음 주

표 5.6 리프트 차트(lift chart)를 위한 데이터

순위	예측	실제	순위	예측	실제
1	0.95	Yes	11	0.77	No
2	0.93	Yes	12	0.76	Yes
3	0.93	No	13	0.73	Yes
4	0.88	Yes	14	0.65	No
5	0.86	Yes	15	0.63	Yes
6	0.85	Yes	16	0.58	No
7	0.82	Yes	17	0.56	Yes
8	0.80	Yes	18	0.49	No
9	0.80	No	19	0.48	Yes
10	0.79	Yes	…	…	…

어진 크기의 긍정 인스턴스의 최대 가능 비율의 샘플을 찾고자 맨 위부터 시작해 목록에서 필요한 인스턴스 수를 읽어라. 각 테스트 인스턴스의 클래스를 알고 있는 경우 샘플에 포함된 긍정의 인스턴스 수를 세고 성공 비율을 얻고자 샘플 크기로 나누고 리프트 팩터를 결정하고자 전체 테스트 세트에 대한 성공 비율로 나눠서 리프트 팩터를 계산할 수 있다.

표 5.6은 120 인스턴스로 이루어진 작은 데이터셋의 예제를 보여 주는데 이 중 60개가 *yes*의 응답을 갖고 있으며 전체 성공 비율은 50%다.

인스턴스는 *yes* 응답의 예측 확률에 대한 내림차순으로 정렬돼 있다. 첫 번째 인스턴스는 학습 구조가 긍정적일 가능성이 가장 높다고 생각하는 것이며, 두 번째 인스턴스는 그다음으로 가장 가능성이 높은 것이다. 확률들의 수치는 중요하지 않다. 순위를 눈여겨보자. 각 순위에서 인스턴스의 실제 클래스가 주어졌다. 따라서 학습 구조는 항목 1과 항목 2에 대해서는 옳았으며(실제로 긍정적 결과) 항목 3에 대해서는 잘못됐다. 이는 부정적으로 판명됐다. 이제 크기가 10인 가장 유망한 샘플을 찾고 있었지만 실제 클래스가 아니라 예측된 확률만 알고 있다면 가장 좋은 방법은 상위 10개 순위 인스턴스에서 고르는 것이다. 이들 중 8개는 긍정적이므로 샘플의 성공 비율은 80%로 약 2.4의 리프트 팩터에 해당한다.

관련된 다른 비용을 알고 있다면 각 샘플 크기에 대해 계산하고 가장 이익이 많은 것

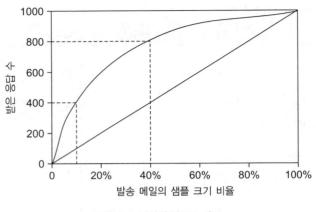

그림 5.1 가상의 리프트 차트

을 선택할 수 있다. 그러나 다양한 가능성을 시각적으로 나타내는 것이 단일 '최적' 결정을 제시하는 것보다 더 잘 보여 주는 경우가 많다. 다른 크기의 샘플에 대해 작업을 반복하면 그림 5.1과 같은 리프트 차트$^{lift\ chart}$를 그릴 수 있다. 가로축은 가능한 총 발송 메일의 비율로 샘플 크기를 보여 준다. 세로축은 받은 응답의 수를 보여 준다. 왼쪽 하단과 오른쪽 상단은 각각 발송 메일이 전혀 없는 경우(받은 응답이 0건) 및 모든 발송 메일에 응답을 받은 경우(받은 응답이 1,000건)임을 보여 준다. 대각선은 크기가 다른 랜덤 샘플에 대한 예상 결과를 제공한다. 그러나 여기서는 랜덤 샘플을 선택하지 않고 데이터 마이닝 도구에 따라 긍정적인 응답을 생성할 가능성이 높은 인스턴스를 선택한다. 이는 확률 순서로 정렬된 인스턴스 리스트의 해당 퍼센트에 대한 실제 응답을 합산해 만들어진 위쪽 부분에 해당한다. 앞서 설명한 2가지 특정 시나리오는 400명의 응답자를 산출하는 10% 발송 메일과 800명의 응답자를 산출하는 40% 발송 메일로 표시된다.

위 차트에서 여러분은 아마 왼쪽 상단 영역에 들기를 원할 것이다. 가장 최상의 경우는 발송 메일 1,000건에 대해 1,000건의 응답이 오고 응답을 보낸 가정으로부터 100% 성공률을 보이는 것이다. 이름에 걸맞은 선택 절차를 사용하면 대각선 위쪽으로 유지된다. 그렇지 않으면 랜덤 샘플링보다 더 나쁜 응답이 표시된다. 따라서 다이어그램의 작동 부분은 위쪽 삼각형이며 왼쪽 상단으로 갈수록 좋은 방향이다.

그림 5.2는 다양한 비용 시나리오를 대화 방식으로 탐색할 수 있는 시각화를 보여 준다('비용/이익 분석기'라고도 하며 부록 B에 설명된 WEKA 워크 벤치의 일부를 구성하고 있다). 여기에서는 실제 DM 데이터셋에서 나이브 베이즈 분류기에 의해 생성된 예측 결과를 표시한다. 이 예시에서는 47,706개의 인스턴스가 훈련에 사용됐고 추가로 47,706개의 인스턴스가 테스트에 사용됐다. 테스트 인스턴스는 발송 메일에 대한 응답 예상 확률에 따라 순위가 매겨졌다. 그래프는 왼쪽에는 리프트 차트가, 오른쪽에는 샘플 크기에 대해 표시된 총비용(또는 이익)이 표시된다. 왼쪽 아래에는 혼동 행렬confusion matrix이 있으며 오른쪽 하단에는 비용 행렬cost matrix이 있다. 부정확하거나 올바른 분류에 관련된 비용 또는 이익 값을 행렬에 입력해 위 곡선 모양에 영향을 줄 수 있다. 중간에 있는 수평 슬라이더를 사용하면 순위 목록에서 선택한 인구의 비율을 변경할 수 있다. 또는 재현율 레벨(샘플에 포함될 긍정의 비율)을 조정하거나 여기에서 발송 메일에 대한 응답에 해당하는 긍정 등급의 확률에 대한 임계값을 조정해 샘플 크기를 결정할 수 있다. 슬라이더가 움직이면 큰 십자 표시가 두 그래프의 해당 지점을 나타낸다. 선택한 샘플 크기와 관련된 총비용 또는 이익은 동일한 크기의 랜덤 메일 발송에 대한 예상 응답과 함께 오른쪽 하단에 표시된다.

그림 5.2A의 비용 행렬에서 0.50달러(우편비용)는 응답자와 관련이 있으며 응답자에게는 15.00달러의 혜택(우편 비용을 뺀 후)이 있다. 이러한 조건하에서 나이브 베이즈 분류기를 사용하면 전체 모집단에게 메일을 보내는 것보다 더 큰 수익을 내는 잠재 고객 순위 목록의 하위 집합이 없다. 그러나 약간 더 높은 우편 비용은 상황을 극적으로 바꾸는데 그림 5.2B는 0.80달러로 인상됐을 때 어떤 일이 발생하는지 보여 준다. 응답자당 동일한 수익 15.00달러를 가정할 때 인구의 상위 46.7%에게 우편을 보내면 최대 4,560.60달러의 수익이 달성된다. 이 상황에서 동일한 크기의 랜덤 표본은 99.59달러의 유실을 얻는다.

ROC 곡선

리프트 차트는 유용한 도구로서 마케팅에 널리 사용된다. 이는 또 ROC 곡선이라 불리는

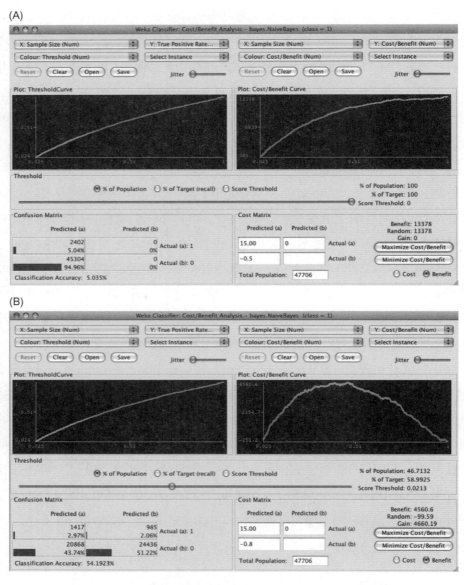

그림 5.2 메일 비용이 (A) 0.50달러 (B) 0.80달러인 경우 각각 DM의 예상 이익 분석

데이터 마이닝 구조를 평가하는 데 사용되는 시각적 기술과 깊은 연관이 있는데, ROC 곡선은 동일한 상황에서 사용되며 학습자는 긍정인 부분이 많은 테스트 인스턴스의 샘플을 선택하려 한다.

ROC는 Receiver Operating Characteristic의 약자로서 노이즈가 있는 채널에서 적중률과 잘못된 알람 비율 간의 균형을 나타내고자 신호 감지에 사용되는 용어다. ROC 곡선은 클래스의 분포 또는 오류 비용에 상관없이 분류기의 성능을 그려 준다. 이 곡선은 수평축의 '거짓 긍정$^{FP, \text{False Positive}}$' 비율에 대해 수직축의 '실제 긍정$^{TP, \text{True Positive}}$' 비율을 표시한다. TP는 샘플에 들어 있는 긍정의 수이며, 전체 긍정 중의 백분율로 표현된다(TP율 = 100 ×TP/(TP + FN)). FP는 샘플에 들어 있는 부정의 수이며 전체 부정 중의 백분율로 표현된다(FP율 = 100 × FP /(FP + TN)). 세로축은 백분율로 표시된다는 점을 제외하면 리프트 차트와 동일하다. 수평축은 샘플 크기가 아닌 부정의 수로 약간 다르다. 그러나 긍정인 비율이 0.1%와 같이 매우 작은 다이렉트 마케팅 상황에서는 샘플의 크기와 포함된 부정의 수 사이의 차이는 무시할 정도여서 ROC 곡선과 리프트 차트는 매우 유사하게 보인다. 리프트 차트와 마찬가지로 왼쪽 상단 코너에 있을수록 좋다.

그림 5.3은 표 5.6의 테스트 데이터 샘플에 대한 ROC 곡선(톱니 모양의 선) 예제를 보여 준다. 표를 한번 따라가 보면 원점에서 2개(2 긍정), 1개(1 부정), 5개(5 긍정), 1개(부정), 1개,

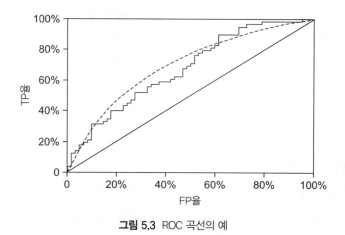

그림 5.3 ROC 곡선의 예

1개, 2개 등으로 이동한다. 각 포인트는 순위 목록의 특정 위치에 선을 그리고 그 위에 있는 *yes*와 *no*의 개수를 세고 각각 수직 및 수평으로 이를 플로팅한다. 더 큰 샘플에 해당하는 목록에서 더 아래로 이동하면 긍정과 부정의 수가 모두 증가한다.

그림 5.3의 ROC 곡선(톱니바퀴 모양의 선)은 테스트 데이터의 특정 샘플에 밀접하게 의존하게 된다. 이 의존성을 교차 검증으로 어느 정도 완화시킬 수 있다. 각기 다른 *no*의 개수, 즉 가로축에 따른 각 위치는 해당 *no*의 개수를 포함할 수 있는 최상위 인스턴스들만 취하고 포함된 *yes*의 개수를 카운트한다. 마지막으로 교차 검증에서 각 겹의 평균값을 낸다. 그 결과는 그림 5.3에서의 부드러운 곡선으로 나타냈다. 실제로 이러한 곡선은 일반적으로 그렇게 매끄럽게 보이지는 않는다.

이는 ROC 곡선을 만드는 방법 중의 하나일 뿐이다. 간단한 방법으로는 실제 클래스 라벨과 함께 모든 다양한 테스트 세트(10중 교차 검증에서는 10개의)에 대해 예측된 확률을 모아 이 데이터를 기반으로 단일 순위 리스트를 생성하는 것이다. 이 리스트는 서로 다른 훈련 세트에서 구축된 분류기의 확률 추정치가 모두 동일한 크기의 랜덤 샘플 데이터를 기반으로 한다고 가정한다. 어떤 방법이 더 바람직한지는 분명하지 않다. 하지만 수행의 난이도는 후자가 훨씬 더 낮다.

만일 학습 구조가 정렬을 허락하지 않는다면 앞에서 기술한 바와 같이 먼저 이를 비용에 민감한 것으로 만들 수 있다. 10중 교차 검증의 각 겹에서 다른 비용 비율의 선택에 대한 인스턴스에 가중치를 주고, 가중치가 반영된 세트의 구조를 훈련시키고, 테스트 세트의 TP와 FP의 개수를 세고 결과를 ROC축에 플로팅한다(테스트 세트에 가중치가 반영됐는지 여부는 중요하지 않은데 ROC 다이어그램에서의 축들은 각각 true(긍정률)와 FP의 백분율로 표현되기 때문이다).

다른 학습 구조를 사용해 얻은 ROC 곡선을 살펴보는 것도 도움이 된다. 예를 들어 그림 5.4에서 방법 A는 작고 집중된 샘플을 찾는 경우에 탁월하다. 즉 그래프의 왼쪽 방향으로 작업하는 경우 탁월하다.

분명 TP의 40%만 커버하려는 경우 FP가 20% 이상인 방법 B가 아닌 약 5%의 FP율을 제공하는 방법 A를 선택해야 한다. 그러나 대규모 샘플을 생각한다면 방법 B가 탁월하

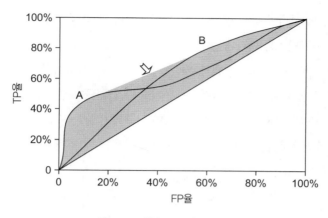

그림 5.4 두 학습 구조의 ROC 곡선

다. TP의 80%를 포함하는 경우 B는 방법 A의 80%에 비해 60%의 FP율을 제공한다. 음영 부분은 두 곡선의 컨벡스 헐$^{convex\ hull}$이라 부르며 항상 컨벡스 헐 위쪽 경계에 있는 지점에서 작업해야 한다.

컨벡스 헐에 있는 방법 A, 방법 B도 아닌 중간 영역은 어떨까? 방법 A와 방법 B를 결합하고 적절한 랜덤 확률로 사용하면 음영 영역 어디에서나 얻을 수 있다는 것은 놀라운 사실이다. 이를 확인하고자 true와 FP율인 tA 및 fA를 제공하는 방법 A를 위한 특정 확률 기준을 선택하고 t_B 및 f_B를 제공하는 방법 B에 대해 또 다른 컷오프를 선택한다. 이 두 확률 p 및 q의 랜덤 구조를 사용한다면 이때 $p + q = 1$이며 $p \cdot t_A + q \cdot t_B$와 $p \cdot f_A + q \cdot f_B$의 FP율 및 true를 얻을 것이다. 이는 점 (t_A, f_A)와 (t_B, f_B) 사이의 직선상에 있는 점들을 나타내며, p와 q값을 바꾸어 가며 이 두 점 사이의 선을 따라가 볼 수 있다. 이를 통해 전체 음영 영역이 전부 도달될 수 있다. 이 방법은 특정 구조가 컨벡스 헐에 있는 점을 생성하는 경우에만 단독으로 사용돼야 한다. 그렇지 않으면 컨벡스 헐에 있는 점에 해당되는 분류기 조합을 사용하는 것이 좋다.

재현율–정밀도 곡선

사람들은 다양한 영역에서 리프트 차트와 ROC 곡선으로 표현된 근본적인 절충안과 씨름을 해왔다. 정보 검색이 좋은 예다. 질의가 주어지면 웹 검색 엔진은 질의와 관련된 것으로 추정되는 도큐먼트를 나타내는 적중 목록을 생성한다. 100개의 도큐먼트를 찾는 시스템 중 40개가 관련이 있는 시스템과 400개가 있는 다른 시스템이 80개가 관련된 도큐먼트를 찾는 시스템을 비교한다. 어떤 게 더 나을까? 답은 이제 분명하다. 이는 관련 없는 검색 결과인 FP의 상대 비용, 관련은 있지만 검색되지 않는 도큐먼트인 FN에 따라 다르다. 정보 검색 연구자들은 재현율과 정밀도라고 부르는 매개 변수를 정의했다.

$$\text{재현율} = \frac{(\text{검색된 관련 있는 도큐먼트들의 개수})}{(\text{전체 관련 있는 도큐먼트들의 개수})}$$

$$\text{정밀도} = \frac{(\text{검색된 관련 있는 도큐먼트들의 개수})}{(\text{검색된 모든 도큐먼트들의 개수})}$$

예를 들어 표 5.6의 *yes*와 *no*의 리스트는 검색된 도큐먼트들의 순위 리스트를 나타내며, 관련된 도큐먼트인지의 여부 그리고 전체 컬렉션이 모두 40개의 관련 도큐먼트를 갖고 있다면 '10에서의 재현율'은 상위 10개 도큐먼트를 다시 불러내는 비율(재현율)이 8/40 = 20%이 되며 반면 '10의 정밀도'는 8/10 = 80%가 된다. 정보 검색 연구자들은 축이 다르기 때문에 곡선이 쌍곡선이고 원하는 운영 지점이 오른쪽 상단을 향해 있다는 점을 제외하고, 서로 다른 수의 검색된 도큐먼트에서 서로 다른 개수에 대해 상호 플로팅하는 재현율−정밀도 곡선을 사용한다.

참고

표 5.7에는 동일한 기본 절충안을 평가하기 위한 여러 다른 방법을 요약했다. TP, FP, TN, FN은 각각 TP, FP, TN, FN의 개수를 의미한다.

여러분은 높은 비율의 *yes* 인스턴스와 높은 커버리지의 *yes* 인스턴스가 있는 인스턴스 세트의 선택을 하려 할 것이다. 더 작은 커버리지를 사용해 비율을 (보수적으로) 늘릴 수 있고, (자유롭게) 비율을 희생시켜 커버리지를 늘릴 수 있다. 서로 다른 기술들은 서로 다른 절충안을 제공하며 그래픽 차트에서 다른 선으로 나타낼 수 있다.

표 5.7 FP 대 FN의 절충안을 평가하고자 사용하는 다양한 측정치

	도메인	측정 대상	축
리프트 차트	마케팅	TP vs 하위 세트 크기	TP 수 vs 하위 세트 크기 = $\dfrac{TP + FP}{TP + FP + TN + FN} \times 100\%$
ROC 곡선	통신	TP율 vs FP율	TP율인 $tp = \dfrac{TP}{TP + FN} \times 100\%$ FP율인 $fp = \dfrac{FP}{FP + TN} \times 100\%$
재현율 정밀도 곡선	정보 검색	재현율 vs 정밀도	재현율은 위의 TP율인 tp와 같음 정밀도 = $\dfrac{TP}{TP + FP} \times 100\%$

사람들은 또한 성과를 특정 짓는 단일 측정 방식을 자주 찾는다. 정보 검색에 자주 사용되는 2가지 방식 중 하나는 3-포인트 평균 재현율[3-point average recall]로서 20%, 50%, 80%의 재현율 값에서 얻은 평균 정밀도를 제공하며 또 하나는 11-포인트 평균 재현율[11-point average recall]로서 0%, 10%, 20%, 30%, 40%, 50%, 60%, 70%, 80%, 90%, 100%의 재현율 값에서 얻은 평균 정밀도를 제공한다. 정보 검색에서 또 쓰이는 것은 F-측정[F-measure]으로 이는 다음과 같이 정의된다.

$$\frac{2 \times 재현율 \times 정밀도}{재현율 + 정밀도} = \frac{2 \cdot TP}{2 \cdot TP + FP + FN}$$

다른 도메인마다 다른 용어가 사용된다. 예를 들어 의료진들은 진단 검사의 민감도[sensitivity]와 특이성[specificity]에 대해 얘기한다.

민감도는 테스트 결과가 양성인 질병이 있는 사람의 비율, 즉 tp를 참조한다. 특이도는 테스트 결과가 음성인 질병이 없는 사람들의 비율, 즉 $1 - fp$를 참조한다. 때로는 이들의 결과는 전체를 측정할 때 사용된다.

$$sensitivity \times specificity = tp(1 - fp) = \frac{TP \cdot TN}{(TP + FN) \cdot (FP + TN)}$$

마지막으로 우리의 오랜 친구인 성공률은 다음과 같다.

$$\frac{TP + TN}{TP + FP + TN + FN}$$

ROC 곡선을 단일 수량으로 요약하고자 사람들은 곡선 아래 영역을 사용한다. 간단히 말하면 영역이 클수록 좋은 모델이기 때문이다. 이 영역은 또한 분류기가 랜덤으로 선택된 긍정 인스턴스를 랜덤으로 선택된 부정 인스턴스 위의 순위에 올릴 확률로서 해석해도 좋다. 비용과 클래스 분포를 알 수 없고 모든 상황을 처리하고자 하나의 구조를 선택해야 하는 경우 이러한 측정이 유용할 수 있지만 단일 숫자로 절충안을 찾을 수 없다. 절충안은 리프트 차트, ROC 곡선 및 재현율 정밀도 다이어그램과 같은 2차원 표현으로만 찾을 수 있다.

ROC 곡선 아래 영역을 계산하고자 여러 가지 방법이 사용된다. 기하학적 해석에 해당하는 하나는 여러 개의 사다리꼴을 곡선 아래에 끼워 넣고 그 면적을 합산해 대략적으로 추측하는 것이다. 또 다른 방법은 분류자가 랜덤으로 선택한 긍정의 인스턴스를 무작위로 선택한 다음 부정의 인스턴스 위에 매길 확률을 계산하는 것이다. 이는 맨 휘트니$^{Mann-Whitney}$ U 통계 또는 보다 구체적으로 U 통계의 ρ 통계를 계산해 달성할 수 있다. 이 값은 긍정 클래스의 예측 확률의 내림차순으로 정렬된 시험 인스턴스 목록을 쉽게 얻을 수 있다. 각 긍정 인스턴스에 대해 부정 인스턴스의 수를 카운트한다(긍정 인스턴스와 부정 인스턴스가 순위가 같을 경우 카운트를 1/2 증가). U 통계량은 단순한 이 카운트의 총합이다. ρ 통계는 U를 테스트 세트의 긍정 및 부정 인스턴스 수(즉 모든 긍정 인스턴스 수가 부정 인스턴스 수 이상일 경우 발생하는 U의 값)로 나눠 구한다.

정밀 재현율 곡선 아래 영역은 특히 정보 검색 영역에서 일부 실무자가 선호하는 대안 요약 통계다.

비용 곡선

ROC 곡선 및 그 연관 그래프들은 다양한 시나리오에 걸쳐 서로 다른 분류기들 사이의 절충점을 찾아가는 데 유용하다. 그러나 오류 비용이 알려진 상황에서 머신러닝 모델을 평가하는 데는 적합하지 않다. 예를 들어 고정 비용 행렬과 클래스 분포에 대한 분류기의 예상 비용을 읽어 내기는 쉽지 않다. 또한 서로 다른 분류자의 적용 범위를 쉽게 결정할 수 없다. 예를 들어 그림 5.4의 두 ROC 곡선 사이의 교차점에서는 어떤 비용과 분류기 A가 분류기 B를 능가하는지 구분하기 어렵다.

비용 곡선cost curve은 단일 분류기가 클래스 분포의 변화에 따라 성능이 어떻게 변화하는지 보여 주는 다른 종류의 그래프다. 한 클래스를 골라 나머지 클래스에 대해 평가함으로써 멀티클래스 문제를 항상 2개의 클래스 문제로 만들 수 있지만 이들은 2-클래스 문제에서 잘 작동한다.

그림 5.5A는 클래스 중 하나의 확률에 대한 예상 오차를 나타낸다. 시험 세트를 다른 방법으로 다시 샘플링함으로써 이 확률을 조정하는 것을 생각할 수 있다. 두 클래스를 +와 −로 표시한다. 대각선은 두 극단적 분류기의 성능을 보여 준다. 하나는 항상 +를 예측해 데이터셋에 +인스턴스가 없으면 1의 예상 오류 값을 제공하며 모든 인스턴스가 +이면 0을 제공한다. 다른 하나는 항상 −를 예측해 반대 성능을 제공한다. 수평 점선은 항상 틀린 분류기의 성능을 나타내고 x축은 항상 올바른 분류기를 나타낸다. 물론 실제로는 이들 중 어느 것도 실현 가능성은 없다. 좋은 분류기는 오류율이 낮기 때문에 여러분이 원하는 위치는 가능한 한 다이어그램 하단이 될 것이다.

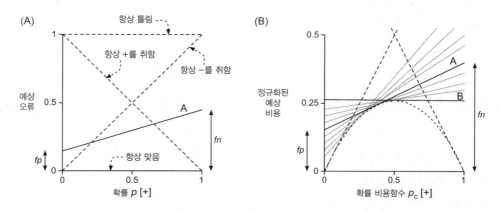

그림 5.5 확률 임계치 변화의 효과: (A) 오류 곡선 (B) 비용 곡선

A로 표시된 선은 특정 분류기의 오류율을 나타낸다. 특정 테스트 세트에서 성능을 계산하는 경우 FP 속도 fp는 부정의 예시에만 포함하는 테스트 세트의 하위 샘플($P(+) = 0$)에서 예상되는 오류이고 FN 속도 fn은 긍정의 예시에만 포함되는 하위 샘플($P(+) = 1$)에서 오류로 나타난다. 이 값들은 왼쪽과 오른쪽에서 가로채 온 값들이다. 그림에서 $P(+)$가 약 0.2보다 작으면 예측자 A가 항상 −를 예측하는 극단 분류기에 의해 과수행^{outperformed}을 하는 반면, 약 0.65보다 크면 다른 극단 분류기가 더 낫다는 것을 바로 알 수 있다.

지금까지 우리는 비용을 고려하지 않았거나 오히려 모든 오류가 동일한 기본 비용 행렬을 사용했다. 비용을 고려하는 비용 곡선은 매우 유사하지만(진짜 유사하지만) 축이 다르다. 그림 5.5B는 동일한 분류기 A에 대한 비용 곡선을 보여 준다(현재는 편의를 위해 수직 스케일이 확대됐고 회색선은 무시했음을 유의하자). 확률 비용 함수에 대해 A를 사용하는 예상 비용을 그림으로 나타내는데 이는 $P(+) = 0$일 때 0, $P(+) = 1$일 때 1인 동일한 극단성을 유지하는 $P(+)$의 왜곡된 버전이다. 인스턴스는 실제 −일 때 +의 예측 비용을 $C[-|+]$로 나타내며 그 역은 $C[+|-]$가 된다. 그런 다음 그림 5.5B의 축들은 다음과 같다.

$$\text{정규화된 예상 비용} = fn \times P_C(+) + fp \times (1 - P_C(+))$$

$$\text{확률 비용 함수}\ P_C(+) = \frac{P(+)C[-|+]}{P(+)C[-|+] + P(-)C[+|-]}$$

정확한 예측은 비용이 들지 않는다고 가정한다. 즉 $C[+|+] = C[-|-] = 0$이다. 이런 가정이 없으면 공식은 다소 복잡해진다.

정규화된 예상 비용의 최대치가 가질 수 있는 값은 1이다. 즉 이는 '정규화' 때문이다. 비용 곡선이 좋은 점 중의 하나는 그래프 왼쪽 오른쪽의 극단적 비용 값들이 각각 fp, fn이라는 점이며, 이는 오류 곡선을 위한 것이고 따라서 어떤 분류기에 대해서도 오류 곡선을 쉽게 그릴 수 있다.

그림 5.5B는 분류기 B도 보여 주고 있고 이 분류기의 예상 비용은 이 범위에 걸쳐서는 동일하다. 즉 FP와 FN의 비율이 같다. 볼 수 있는 것과 같이 이는 확률 비용 함수가 약 0.45를 넘어가면 분류기 A를 능가하며^{outperform} 비용을 알면 클래스 분포 측면에서 이것

이 무엇에 해당하는지 쉽게 알 수 있다. 다른 등급 분포를 포함하는 상황에서 비용 곡선을 사용하면 한 분류기가 다른 분류기를 능가하는 시기를 쉽게 알 수 있다.

어떤 상황에서 유용할 수 있을까? 젖소가 언제 발정 상태에 있을지 예측하는 예제로 돌아가서 30일 주기 또는 1/30 이전 확률은 크게 다를 것 같지 않다(유전적 대변화 제외). 그러나 특정 무리는 주어진 주기에 발정에 도달할 가능성이 있는 소의 비율이 다를 수 있으며 아마도 달의 모양과 맞물릴 수도 있다. 그러면 다른 분류기의 각기 적절한 시간대가 있을 것이다. 기름 유출 예제에서 데이터의 일괄 처리는 서로 다른 유출 확률을 가질 수 있다. 이런 상황에서 비용 곡선은 어떤 분류기를 언제 사용할 것인지 표시하는 데 도움이 될 수 있다.

리프트 차트, ROC 곡선 또는 재현율─정밀도 곡선의 각 점은 일반적으로 나이브 베이즈와 같은 방법에 대한 다른 임계값을 사용해 얻은 분류기를 나타낸다. 비용 곡선은 각 분류기를 직선으로 나타내며, 분류기의 집합은 파라미터가 잘 선택된 경우 해당 유형의 분류기가 얼마나 잘 작동될 수 있는지를 보여 주는 하한 값을 갖는 곡선을 그릴 것이다. 그림 5.5B는 몇 개의 회색 선으로 이를 나타낸다. 프로세스가 계속되면 점선 포물선은 쓸려 없어질 것이다.

분류기 B의 작동 영역은 약 0.25의 확률 비용에서 0.75의 확률 비용까지 다양하다. 이 영역 밖에서 분류기 B는 점선으로 표시된 분류기보다 성능이 더 뛰어나다. 이 범위 내에서 분류기 B를 사용하고 그 아래 및 위에 있는 적절한 분류기를 사용하기로 정했다고 가정하자. 포물선의 모든 점은 확실히 이 구조보다는 낫다. 하지만 '얼마나' 나은가? ROC 곡선에서 이러한 질문에 답하기는 어렵지만 비용 곡선에서는 어렵지 않다. 확률 비용 값이 약 0.5인 경우 성능 차이를 무시할 수 있고 약 0.2 미만이고 0.8 이상이면 거의 감지할 수 없다. 가장 큰 차이는 확률 비용 값 0.25부터 0.75에서 발생하며 가능한 최대 비용 수치의 0.04 또는 4%다.

5.9 수치 예측의 평가

여기서 설명한 모든 평가 측정은 수치 예측보다는 분류와 관련이 있었다. 성능 평가, 홀드 아웃 방법, 교차 검증을 위해 훈련 세트가 아닌 독립적인 세트를 사용하는 기본 원칙은 수치 예측에도 그대로 적용된다. 그러나 오류율에서 제공하는 기본 품질 측정은 여기서는 맞지 않다. 오류는 단순히 존재 여부가 아니라 수치의 크기에 따라 평가가 달라진다.

표 5.8에 요약된 몇 가지 대체 측정 방법을 사용해 수치 예측의 성공 여부를 평가할 수 있다. 테스트 인스턴스의 예측값은 여기서 p_1, p_2, ..., p_n이며 실제값은 a_1, a_2, ..., a_n이다. 여기서 p_i는 앞 절에서의 그것과 전혀 다른 의미라는 것에 주목하라. 앞에서는 특정 예측이 i번째 등급에 속할 확률을 의미했으며 여기서는 i번째 테스트 인스턴스에 대한 예측값

표 5.8 수치 예측을 위한 성능 측정 방법

평균 제곱 오차	$\dfrac{(p_1-a_1)^2 + \cdots + (p_n-a_n)^2}{n}$
루트 평균 제곱 오차	$\sqrt{\dfrac{(p_1-a_1)^2 + \cdots + (p_n-a_n)^2}{n}}$
평균 절대 오차	$\dfrac{|p_1-a_1| + \cdots + |p_n-a_n|}{n}$
상대 제곱 오차	$\dfrac{(p_1-a_1)^2 + \cdots + (p_n-a_n)^2}{(a_1-\overline{a})^2 + \cdots + (a_n-\overline{a})^2}$ 이 공식과 다음 2가지에서 $\overline{a}$는 훈련 데이터에 대한 평균값이다.
루트 상대 제곱 오차	$\sqrt{\dfrac{(p_1-a_1)^2 + \cdots + (p_n-a_n)^2}{(a_1-\overline{a})^2 + \cdots + (a_n-\overline{a})^2}}$
상대 절대 오차	$\dfrac{|p_1-a_1| + \cdots + |p_n-a_n|}{|a_1-\overline{a}| + \cdots + |a_n-\overline{a}|}$
상관 계수	$\dfrac{S_{PA}}{\sqrt{S_P S_A}}$, 여기에서 $S_{PA} = \dfrac{\sum_i (p_i - \overline{p})(a_i - \overline{a})}{n-1}$, $S_P = \dfrac{\sum_i (p_i - \overline{p})^2}{n-1}$, $S_A = \dfrac{\sum_i (a_i - \overline{a})^2}{n-1}$ (여기서 $\overline{a}$는 테스트 데이터의 평균값)

을 나타낸다.

평균 제곱 오차는 가장 일반적으로 사용되는 주요 값이다. 때때로 제곱근을 사용해 예측 값 자체와 동일한 차원을 제공한다. 많은 수학적 기법(4장에서 설명한 선형 회귀와 같은)은 평균 제곱 오차를 사용한다. 평균 제곱 오차는 수학적으로 다룰 수 있는 가장 다루기 쉬운 것이기 때문이다. 쉽다는 것은 수학자의 관점에서 '잘 작동한다'를 의미한다. 하지만 이를 성능 척도로 간주하고 있다. 모든 성능 측정은 계산하기 쉽기 때문에 평균 제곱 오차의 특별한 이점이 없어진다. 문제는 '이것이 당면한 작업에 적절한 척도인가?'다.

루트 평균 절대 오차$^{root\ mean\text{-}squared\ error}$는 부차적인 대안으로서의 방법이다. 부호를 고려하지 않고 개별 오차의 크기를 평균화하라. 평균 제곱 오차는 특이치(예측 오차가 다른 것보다 큰 인스턴스)의 효과를 과장하는 경향이 있지만 절대 오차는 이런 경향이 없다. 모든 크기의 오차는 크기에 따라 균등하게 처리된다.

때로는 절대적인 오차가 아니라 상대적인 오차가 중요하다. 예를 들어 10%의 오차가 500개의 예측에서 50개의 오류이든 2개의 예측에서 0.2의 오류이든 상관없이 똑같이 중요한 경우 절대 오차의 평균은 무의미하다. 이런 경우는 상대 오차가 적절하다. 이 효과는 평균 제곱 오차 계산 또는 절대 오차 계산에서 상대오차를 반영해 계산된다.

표 5.8의 상대 제곱 오차$^{relative\ squared\ error}$는 앞과는 매우 다른 것을 보여 준다. 오차는 단순 예측 변수가 사용됐을 때의 오차와 연관이 있다. 문제의 단순 예측 변수는 a로 표시된 훈련 데이터의 실제 평균값이다. 따라서 상대 제곱 오차는 총 제곱 오차를 취하고 기본 예측자의 총 제곱 오차로 나눠 정규화한다.

다음 설명할 것은 '상대 절대 오차$^{relative\ absolute\ error}$'라는 영광스러운 이름이며 동일한 종류의 정규화를 사용하는 전체 절대 오차다. 이 3가지 상대 오차 측정에서 오차의 평균값을 예측하는 단순 예측자의 오차에 의해 정규화된다.

표 5.8의 최종 항목은 a와 p 사이의 통계적 상관 관계를 측정하는 상관 계수$^{correlation\ coefficient}$다. 상관 계수의 범위는 완벽하게 상관된 결과의 경우의 1부터 상관이 없는 경우는 0, 완전한 마이너스 상관이 있는 경우는 −1까지다. 물론 합리적인 예측 방법에 대해서는 마이너스 값이 발생하지 않는다. 상관 관계는 척도에 독립적이기 때문에 특정 예측

세트를 사용하는 경우 모든 예측에 상수 팩터$^{constant\ factor}$를 곱하고 실제값이 변경되지 않는 상태로 남아 있으면 오류가 변경되지 않는다는 점에서 다른 측정값과 약간 다르다. 이 팩터는 분자의 S_{PA}의 모든 항과 분모의 S_P의 모든 항에 나타나므로 상쇄된다(정규화에도 불구하고 상대 오차 수치에는 해당되지 않는다. 모든 예측에 큰 상수를 곱하면 예측값과 실제값의 차이가 크게 변경되고 백분율 오차도 변경된다). 좋은 성능은 상관 계수의 큰 값을 가져오는 반면 다른 방법은 오류를 측정하기 때문에 좋은 성능은 작은 값으로 표시된다는 점에서도 다르다.

어떤 상황에서 이러한 조치가 적절한지는 애플리케이션 자체를 연구해야만 결정할 수 있는 문제다. 최소화하려는 문제는 무엇인지, 여러 종류의 오류에 대한 비용은 얼마인지 종종 결정하기 쉽지 않다. 제곱 오차 측정값과 루트 오차 측정값은 큰 불일치를 작은 것보다 훨씬 더 많이 가중시키는 반면 절대 오차 값은 그렇지 않다. 루트(루트 평균 제곱 오차)를 사용하면 예측되는 양과 동일한 차원을 갖도록 수치를 줄일 수 있다. 상대 오차 수치는 출력 변수의 기본 예측 가능성 또는 예측 불가능성을 보상하려고 한다. 평균값에 상당히 가까운 경향이 있는 경우 예측이 좋을 것으로 예상하고 상대 수치가 이를 보상한다. 그렇지 않으면 어떤 상황의 오류가 다른 상황보다 훨씬 큰 경우 첫 번째 상황의 수량이 본질적으로 더 가변적이므로 예측하기가 더 어려울 수 있기 때문이다.

다행히도 대부분의 실제 상황에서 어떤 오류 측정값을 사용하더라도 최상의 수치 예측 방법이 여전히 최상이다. 예를 들어 표 5.9는 교차 검증을 사용해 측정된 주어진 데이터셋에 대한 4가지 다른 숫자 예측 기법 결과를 보여 준다. 방법 D는 5가지 메트릭 모두에서 제일 결과가 좋다. 각 오류 측정값에 대해 가장 작은 값과 가장 큰 상관 계수를 갖는다. 방법 C는 방법 D 다음으로 좋다. A와 B의 성능은 논쟁의 여지가 있다. 상관 계수가

표 5.9 4개 예측 모델의 성능 측정

	A	B	C	D
루트 평균 제곱 오차	67.8	91.7	63.3	57.4
평균 절대 오차	41.3	38.5	33.4	29.2
루트 상대 제곱 오차	42.2%	57.2%	39.4%	35.8%
상대 제곱 오차	43.1%	40.1%	34.8%	30.4%
상관 계수	0.88	0.88	0.89	0.91

같고 평균 제곱 및 상대 제곱 오차에 따라 A가 B보다 낮고 절대 및 상대 절대 오차의 경우는 그 반대다. 제곱 연산이 특이치에 주는 추가 강조extra emphasis가 이 경우 차이점을 설명할 수 있다.

수치 예측을 포함하는 2가지 다른 학습 구조를 비교할 때 5.5절에서 개발한 방법론이 여전히 적용된다. 유일한 차이점은 유의성 테스트significant test를 수행할 때 성공률이 적절한 성능 측정값(예를 들어 루트 평균 제곱 오차)으로 대체된다는 것이다.

5.10 MDL 원칙

머신러닝에 의해 학습되는 것은 예제를 나타내는 일종의 도메인 '이론'이며, 도메인에 대한 새로운 사실, 즉 보이지 않는 인스턴스의 클래스를 발생시킬 수 있다는 점에서 예측되는 이론이다. 이론은 오히려 거창한 용어다. 우리는 단지 예측 모델의 의미에서만 이론을 사용하고 있다. 따라서 이론은 결정 트리 또는 일련의 규칙들로 구성될 수 있다. 이론은 그것보다 더 '이론적'일 필요는 없다.

과학에는 오랜 전통이 있는데 같은 값이면 단순한 이론이 복잡한 이론보다 더 바람직하다는 것이다. 이것은 중세 철학자 윌리엄 오브 오컴William of Occam의 이름을 따서 오컴의 면도기Occam's Razor로 알려져 있다. 오컴의 면도기는 이론에서의 철학적 털을 깎는다. 이 이론은 최고의 과학적 이론은 모든 사실을 설명하는 가장 작은 이론이라는 생각이다. 아인슈타인이 말했듯이 '모든 것은 가능한 간단하게 만들어야 하지만 더 단순하면 안 된다.' 물론 '같은 값이면…'이라는 문구에는 꽤 많은 것들이 숨겨져 있고 특정 이론이 정말로 그 근거가 되는 모든 사실을 '설명한다'고 할지는 객관적으로 평가하기 어려울 수 있다. 이것이 과학에서의 논쟁 포인트다.

우리의 경우는 머신러닝에서 대부분의 이론들이 오류를 범한다. 그리고 배운 것이 이론이라면 그것이 만드는 오류는 이론의 예외와 같다. 모든 것이 같은 값이라는 것을 보장하는 한 가지 방법은 예외에 내재된 정보의 '단순성'이 판단될 때 그 판단이 이론의 일부로 포함되도록 주장하는 것이다.

몇 가지 예외가 있는 불완전한 이론을 상상해 보자. 모든 자료가 이론에 의해 설명되는 것은 아니지만 대부분은 설명이 가능하다. 우리가 하는 일은 단지 예외를 이론과 연결하고 이들을 명시적으로 예외로서 정의하는 것이다. 이 새로운 이론은 더 크다. 즉 모든 데이터를 설명할 수 없는 것에 대해 상당히 정당하게 지불해야 하는 대가다. 그러나 이론의 단순함이(우아하다고 하기에는 너무 나갔나?) 원래 이론 중 더 포괄적이고 정확하며 거대하고 이상야릇한 이론에 비해 모든 것을 제대로 설명하지 못한다는 사실을 능가하기에 충분하다.

예를 들어 코페르니쿠스^{Copernicus}가 프톨레마이오스의 주전원 이론^{Ptolemaic theory of epicycle}을 정교하게 다듬은 것과 같이 케플러^{Kepler}의 3가지 행성 운동 법칙이 알려진 데이터를 아주 잘 설명하지 못했다면 이것이 좀 덜 복잡했다는 이점이 있어서 작지만 분명한 부정확성을 정당화했을 것이다. 케플러는 자신의 이론이 순수한 원형 운동이 아닌 '타원'에 기초를 두고 있어 자신의 미적 감각을 위반했음에도 불구하고 간결한 이론을 갖는 것에 대한 이점을 잘 알고 있었다. 그는 이것을 다음과 같이 비유했다. "나는 아우게이아스의 마구간^{Augean Stable5}에서 원과 나선형의 천문학을 치우고 내 뒤에 똥 한 수레를 남겨 놓았다."

MDL^{Minimum Description Length} 원칙이란 데이터 본체에 가장 적합한 이론은 크기와 이론에 관련된 예외를 명시하는 데 필요한 정보의 양을 최소화(가장 적은 똥 수레)한다는 입장을 취하는 이론이다. 통계적 추정 이론에서 이것은 다양한 매개 변수 피팅^{fitting} 문제에 성공적으로 적용됐으며, 머신러닝에서는 다음과 같이 적용된다. 일련의 인스턴스가 주어지면 학습 구조는 이론을 추론한다. 이는 너무 간단해 '이론'이라고 불릴 가치도 없다. 커뮤니케이션의 비유를 통해 인스턴스가 잡음 없는 채널을 통과한다고 생각해 보자. 이들 사이에서 발견된 유사성은 간결한 코딩을 위해 사용될 수 있다. MDL 원칙에 따르면 가장 좋은 이론은 이론이 만들어진 예제의 라벨과 함께 이론의 전달에 필요한 비트 수를 최소화하는 것이다.

---

5 그리스 로마 신화에서 헤라클레스는 12가지 모험을 했는데 그중 하나가 아우게이아스의 마구간을 청소하는 일이었다. 그 마구간에는 3,000마리의 소가 있었는데 30년간 청소를 한 적이 없었다. 헤라클레스는 알페이오스 강과 페네이오스 강의 물을 마구간으로 끌여들여 단 하룻만에 청소를 끝냈다. – 옮긴이

이제 5.7절에서 소개한 정보 유실 함수와의 연결이 나타나야 한다. 이 함수는 이론에 의해 만들어진 확률론적 예측을 고려해 인스턴스 클래스 라벨을 전송하는 데 필요한 비트 수를 기준으로 오차를 측정한다. MDL 원리에 따르면 복잡성에 대한 전체적인 수치를 얻기 위한 적절한 인코딩을 위해 비트로 이뤄진 이론의 '크기'를 추가해야 한다. 그러나 MDL 원칙은 이론이 형성된 곳(즉 훈련 인스턴스 – 시험 세트가 아닌)으로부터 구성된 예제를 전달하는 데 필요한 정보를 참조한다. 오버피팅 문제는 인코딩에 더 많은 비트가 필요하다는 이유로 오버피팅이 단순한 것에 비해 불이익을 받을 것이라는 복잡한 이론이 있기 때문에 피한다. 한 극단에서는 훈련 세트에서 오류가 발생하지 않는 매우 복잡하고 잘 짜인 이론이 있다. 다른 극단에서는 훈련 세트를 전송할 때 전혀 도움이 되지 않는 단순한 이론인 null 이론이 있다. 그리고 그 중간 복잡성의 이론들은 불완전하고 훈련 세트에 대한 정보의 전송을 통해 수정될 필요가 있는 확률론적 예측을 만든다. MDL 원칙은 이러한 모든 가능성을 동등한 입장에서 비교해 어느 것이 최선인지를 확인하는 수단을 제시한다. 우리는 성배^{Holy Grail}, 즉 훈련 세트에서만 작동하며 별도의 시험 세트가 필요하지 않은 평가 구조를 발견했다. 그러나 우리가 보게 될 것처럼 악마는 디테일에 있다.

학습 구조가 훈련 세트 E 예제에 기초해 일정한 수의 비트 $L(T)$를 인코딩(L은 길이를 의미)해야 하는 이론 T를 고안한다고 가정하자. 클래스 라벨을 정확히 예측하는 것에만 관심이 있으므로 E는 훈련 세트의 클래스 라벨 컬렉션을 의미한다고 가정한다. 이 이론에 따르면 훈련 세트 자체는 일정한 비트 수인 $L(E|T)$로 인코딩할 수 있다. $L(E|T)$는 사실 훈련 세트의 모든 구성원에 대해 합산한 정보 유실 함수에 의해 주어진다. 그렇다면 이론과 훈련 세트의 총 디스크립션의 길이는 다음과 같다.

$$L(T) + L(E|T)$$

MDL 원칙은 합계를 최소화하는 이론 T를 추천한다.

MDL 원리와 기본 확률론 사이에는 주목할 만한 연관성이 있다. 훈련 세트 E가 주어지면 우리는 '가장 가능성이 높은' 이론 T, 즉 사후 확률^{posteriori probability} $P(T|E)$, 다시 말

하면 예제를 확인한 후에 확률을 최대화하는 이론을 찾는다. 베이즈의 조건부 확률 규칙, 4.2절에서 확인한 바로 그 법칙은 다음과 같다.

$$P(T|E) = \frac{P(E|T)P(T)}{P(E)}$$

음의 로그를 양변에 취하면 다음과 같다.

$$-\log P(T|E) = -\log P(E|T) - \log P(T) + \log P(E)$$

확률을 최대화하는 것은 음의 로그를 최소화하는 것과 같다. 이제(5.7절에서 봤듯이) 무언가를 코딩하는 데 필요한 비트 수는 확률의 음의 로그일 뿐이다. 또한 최종 항인 $\log P(E)$는 학습 방법이 아닌 훈련 세트에만 의존한다. 따라서 확률 $P(T|E)$를 최대화하는 이론을 선택하는 것은 최소화하는 이론을 선택하는 것과 같다.

$$L(E|T) + L(T)$$

다시 말하면 MDL 원칙이다!

훈련 세트를 확인한 후 이론의 사후 확률을 최대화하는 개념과의 놀라운 일치는 MDL 원칙에 대한 신뢰를 제공한다. 그러나 원칙이 실제로 적용될 때 문제가 어디에서 발생하는지도 지적한다. 베이즈의 규칙을 직접 적용하는 데 있어서 어려움은 이론에 적합한 사전 확률 분포 $P(T)$를 찾는 것이다. MDL 공식에서 이것은 이론 T를 가장 효율적인 방법으로 비트로 코딩하는 방법을 찾는 것으로 해석된다. 코딩에는 여러 가지 방법이 있으며 이들 모두는 인코더와 디코더에 의해 공유돼야 하는 전제에 의존한다. 그 이론이 일정한 형태를 취할 것이라는 것을 미리 알고 있다면 그 정보를 이용해 효율적으로 인코딩할 수 있다. T를 어떻게 인코딩할 것인가? 악마는 디테일에 있다.

$L(E|T)$를 얻고자 T에 대해 E를 인코딩하는 것은 좀 더 간단해 보인다. 앞에서 이미 정보 유실 함수를 다뤘다. 그러나 실제로 훈련 세트의 한 멤버를 차례로 인코딩하면 세트가 아닌 '시퀀스'를 인코딩하는 것이다. 특정 순서로 훈련 세트를 전송할 필요는 없으며 필요한 비트 수를 줄이려면 이를 사용할 수 있어야 한다. 종종 이것은 단순히 $\log n$과의 차로

근사화된다(여기서 n은 E의 항목 수). 이는 훈련 세트의 특정 순열을 지정하는 데 필요한 비트 수다(그리고 이는 모든 이론에 대해 동일하기 때문에 실제로 다음 사이의 비교에 영향을 주지 않는다). 그러나 개별 오류의 빈도를 사용해 오류를 코드화하는 데 필요한 비트 수를 줄일 수 있다. 물론 오류를 코딩하는 데 사용되는 방법이 더 정교할수록 애초에 이론의 필요성이 줄어들기 때문에 이론의 정당성 여부는 오류가 코딩되는 방법에 따라 어느 정도 좌우된다. 디테일, 디테일이다.

5.10절을 철학적 관점에서 시작했던 대로 끝을 맺는다. 복잡한 이론보다 단순한 이론을 선호하는 오컴의 면도날이 첫 번째 원칙에서 증명할 수 있는 것이 아니라 철학적 입장이나 '공리axiom'의 지위를 갖고 있다는 점을 높이 평가할 필요가 있다. 그것이 자명해 보일지 모르지만 이것은 우리의 교육과 우리가 살고 있는 시대의 기능이다. 단순함에 대한 선호는 절대적이기보다는 특정한 문화일 수도 있다.

그리스 철학자 에피쿠로스[6]는 거의 정반대의 정서를 표현했다. 그의 다중 해설 원칙 principle of multiple explanations은 여러 설명이 동등하게 일치한다면 그것들을 함께 사용함으로써 더 높은 수준의 정밀도를 달성할 수 있을지도 모른다는 것에 근거해 "만약 둘 이상의 이론이 데이터와 일치한다면 그것들을 모두 보관하라"고 조언하고 있다. 어쨌든 일부 이론을 폐기하는 것은 비과학적일 것이다. 이는 모든 증거를 보관해 견실한 예측을 제공하는 인스턴스 기반 학습을 떠올리게 하며 실제로 복수의 설명을 함께 사용해 예측력을 얻는 배깅bagging과 부스팅boosting(이 둘은 12장, '앙상블 학습'에 설명한다)과 같은 의사 결정 결합 방식으로 반향을 일으킨다.

5.11 클러스터링에의 MDL 원칙 적용

MDL 원칙에 대해 한 가지 좋은 점은 다른 평가 기준과는 달리 광범위하게 다른 상황에 적용될 수 있다는 것이다. 앞서 봤듯이 어떤 의미에서는 베이즈의 규칙과 동등한 개념에

---

6   Epicurus: 좋은 음식과 포도주를 즐기고, 관능적인 쾌락을 최고의 선으로 주장함 – 옮긴이

서 이론에 대한 코딩 구조를 고안하는 것은 그들에게 사전 확률 분포를 할당하는 것과 다름없지만 코딩에 대한 구조는 직관적인 사전 확률보다 훨씬 구체적이고 생각하기 쉽다. 이를 설명하고자 MDL 원칙을 클러스터링에 적용하는 방법에 대해 코딩 세부 사항을 입력하지 않고 간략하게 설명하겠다.

클러스터링을 본질적으로 평가하기는 어려워 보인다. 분류 학습이나 연관 학습은 성공에 객관적인 기준을 갖고 있는 반면에 테스트 사례에 대한 예측은 옳거나 그름이다. 클러스터링에는 다르다. 유일한 현실적인 평가는 학습 결과(클러스터링)가 애플리케이션 동작 상황에서 유용한지의 여부다(단지 클러스터링뿐만 아니라 모든 유형의 학습에 해당한다는 점을 지적할 필요가 있다).

그럼에도 클러스터링은 디스크립션 길이 관점에서 평가할 수 있다. 클러스터-학습 기법이 훈련 세트 E를 k개의 클러스터로 나눈다고 가정한다. 이러한 클러스터가 자연스러운 클러스터라면 이를 사용해 E를 보다 효율적으로 인코딩할 수 있다. 최상의 클러스터링은 가장 효율적인 인코딩을 지원한다.

주어진 클러스터링과 관련해 E의 인스턴스를 인코딩하는 한 가지 방법은 클러스터의 모든 인스턴스에 대한 각 속성의 평균값인 클러스터 센터의 인코딩으로 시작하는 것이다. 그런 다음 E의 각 인스턴스에 대해 클러스터가 속한 클러스터($\log_2 k$ 비트)와 클러스터 중심에 대한 속성값을 전송한다(아마도 중심으로부터 각 속성값의 차이). 평균과 차이 측면에서 볼 때 이 설명은 숫자 속성을 전제로 하고 숫자를 효율적으로 코딩하는 방법에 대한 까다로운 질문을 제기한다. 명목 속성은 유사한 방식으로 처리될 수 있다. 각 클러스터에 대해 속성값에 대한 확률 분포가 있으며 분포는 클러스터마다 다르다. 코딩 문제는 더 간단하다. 속성값은 데이터 압축의 표준 작업인 관련 확률 분포와 관련해 코딩된다.

데이터가 매우 강력한 클러스터링을 보여 주는 경우 이 기술은 클러스터 없이 E의 요소를 단순히 전송하는 것보다 디스크립션 길이가 더 짧다. 그러나 보여 주는 클러스터링이 그다지 강하지 않은 경우는 디스크립션 길이가 더 증가할 가능성이 높다. 속성값에 대한 클러스터에 특화된 분포를 전송하는 오버헤드는 그것이 속해 있는 클러스터와 관련된 각 훈련 인스턴스를 인코딩함으로써 얻은 이점을 상쇄하는 것 이상이다. 여기에서 보다 정교한 코딩 기술이 도입된다. 클러스터 센터와 통신이 되면 클러스터에 특화된 확률 분포를 관련 인스턴스와 함께 전송할 수 있다. 인스턴스 자체는 확률 분포를 정의하는 데 도움이 되고 확률 분포는 인스턴스를 정의하는 데 도움이 된다. 여기서는 코딩 기술을 더 이상 다루지 않을 것이다. 요점은 적절하게 적용된 MDL 공식이 클러스터링 평가를 지원하기에 충분히 유연할 수 있다는 점이다. 그러나 실제로 만족스럽게 수행하는 것은 쉽지 않다.

5.12 모델 선택을 위한 평가 세트 사용

MDL원칙은 주어진 데이터셋에 대한 모델의 적절한 복잡성을 결정하는 데 사용할 수 있는 이른바 모델 선택 기준의 한 예다. 모델에 불필요한 구조를 추가하면 오버피팅이 발생해 결과적으로 예측 성능이 저하될 수 있다. 반대로 불충분한 모델 복잡성은 훈련 데이터의 정보를 완전히 이용할 수 없음을 의미하며 이 모델은 적합하지 않을 것이다. MDL 원칙과 같은 모델 선택 기준은 올바른 복잡성을 추측하기 위한 도구로 사용될 수 있다.

고전적인 통계 선택 문제는 주어진 데이터셋으로부터 데이터에 대한 선형 회귀 모델에서 사용할 속성의 하위 집합을 결정하는 것이다(선형 회귀와 같은 간단한 기술에서도 오버피팅은 발생한다). 그러나 학습 알고리듬은 모델에 추가할 구조를 선택해야 하기 때문에 머신러닝에서 이 문제는 어디에나 있다. 예를 들어 결정 트리에서 하위 트리 잘라내기, 가장 가까운 이웃 분류기에서 유지할 인스턴스 수 결정, 인공 신경망에서 계층 수 및 크기 선택 등이 있다.

MDL 원칙과 유사한 많은 모델 선택 전략이 존재하며 다양한 이론적 접근 방식과 이에 상응하는 기본 가정을 기반으로 하고 모두 동일한 전략을 따른다. 훈련 데이터에 대한 예측 성능은 모델의 복잡성과 균형을 이룬다. 목표는 그 균형점을 찾는 것이다. 성공 여부는 기본 가정이 당면한 문제에 적합한지 여부에 달려 있는데 이는 실제로 알기는 어렵다. 좋은 소식은 새로운 데이터에 대한 예측 성능을 극대화할 모델 복잡성을 추측하는 간단한 대안 접근 방식이 있다는 것이다. 하이퍼파라미터 튜닝을 위해 5.5절에서 했던 것처럼 모델 선택을 위한 검증 세트를 사용할 수 있다. 또는 데이터셋이 작은 경우 교차 검증 또는 부트스트랩을 사용할 수 있다.

5.13 심화 자료 및 참고 문헌

신뢰도 테스트의 통계적 근거는 대부분 통계 서적에서도 잘 다뤄지며 정규 분포 및 스튜던트 분포 표도 같이 제공한다(우리는 Wild와 Seber(1995)의 훌륭한 교과서를 사용하며 여러분이 이를 구할 수 있다면 강력하게 추천한다). '스튜던트Student'는 1899년 아일랜드 더블린에 있는 기네스 양조장에서 화학자 직책을 받고 품질관리를 위한 작은 샘플을 처리하기 위한 t-test를 고안한 윌리엄 고셋William Gosset이라는 통계학자의 필명이다. 수정되고 리샘플링된 t-test는 Nadeau & Bengio(2003)에 의해 제안됐다. 교차 검증은 표준 통계 기법이며 머신러닝에의 적용은 Kohabi(1995a)에 의해 부트스트랩과 비교되며 광범위하게 조사됐다. 부트스트랩 기술 자체가 철저히 다뤄진 것은 Efron & Tibshirani(1993)에 의해서였다.

카파Kappa 통계는 Cohen(1960)에 의해 도입됐다. Ting(2002)은 2-클래스 학습 구조를 비용에 민감하게 만들고자 5.8절에 제공된 알고리듬을 다중 클래스 사례로 일반화하는 경험적 방법을 연구했다. 리프트 차트는 Berry & Linoff(1997)에 의해 기술됐다. 신호 탐지 이론에서 ROC 분석의 사용은 Egan(1975)에 의해 다뤄진다. 이 연구는 진단 시스템의 동작을 시각화하고 분석하고자 확정됐으며(Swets, 1988) 의학에서도 사용된다(Beck & Schultz 1986). Provest & Fawcett(1997)은 ROC 분석에 대한 아이디어를 머신러닝 및 데이터 마이닝에 도입해 관심을 끌었다. Witten, Moffat, Bell(1999b)은 정보 검색 시스템에서 재현율 및 정밀성의 적용을 설명한다. F-측정은 van Rijsbergen(1979)에 의해 기술됐다. Drummond & Holte(2000)는 비용 곡선을 도입하고 그 속성을 연구했다.

MDL 원칙은 Rissanen(1985)에 의해 공식화됐다. 케플러의 3가지 행성 운동 법칙의 발견과 그에 대한 의구심은 Koestler(1964)에 의해 기록됐다.

에피쿠로스의 다중 설명 원리는 Li & Vitanyi(1992)가 Asmis(1984)를 인용해 언급했다.

제2부

고급 머신러닝 기술

지금까지 몇 가지의 머신러닝 방법을 살펴봤으며 실제 데이터 마이닝 문제들을 통해 이들을 어떻게 평가할지도 학습했다. 이제 좀 더 강력한 고급 머신러닝 알고리듬을 만날 차례다. 우리의 목표는 고급 머신러닝 알고리듬을 개념적 수준과 상당한 기술적 세부상을 모두 설명해 발생하는 이슈들을 여러분들이 완전히 이해하고 핵심을 구현할 수 있게 하는 것이다.

여기에는 4장, '알고리듬 – 기본 방식'에서 기술된 방법들과는 실제적인 차이들이 있으며 실생활에서의 많은 문제들에 대한 결과가 예술적 경지에 도달하려면 좀 더 정교한 알고리듬이 요구되지만 원리는 동일하다. 입력과 출력, 지식의 표현도 마찬가지다. 하지만 알고리듬은 조금 복잡한데, 예를 들어 수치 속성이나 유실값(대부분이 해결해야 할 과제들이다)이나 노이즈가 있는 데이터를 다루고자 확장을 해야 할 수도 있다.

4장에서는 어떻게 기본 규칙을 참조할지에 대한 설명으로 시작했으며 개연적probabilistic 모델링과 결정 트리를 수행했다. 그런 다음 규칙 유도rule induction로 돌아와 연관 규칙, 선형 모델, 인스턴스 기반 학습과 클러스터링, 다중 인스턴스 학습에서의 최근접 이웃 방법으로 이어갔다. 2부에서는 이들 주제를 좀 더 발전시키고 새로운 방법도 만나볼 것이다.

2부의 시작격인 6장, '트리 및 규칙'에서는 C4.5 시스템에 대해 설명한다. C4.5 시스템은 결정 트리 유도와 함께 획기적인 결정 트리 프로그램이며 머신러닝 작업 방법이다.

6장에서 결정 트리 귀납과 함께 가장 널리 사용되는 머신러닝의 작업자 중 하나인 획기적인 결정 트리 프로그램 C4.5 시스템을 배울 것이다. 다음으로 결정 규칙 유도를 설명한다. 아이디어는 간단하지만 실제로는 예술적 경지의 결정 트리만큼이나 어렵다. 대부분의 고성능 규칙 유도 도구들은 초기 규칙 집합을 찾은 다음 복잡한 최적화를 통해 개별 규칙을 폐기하거나 조정해 같이 더 잘 작동하게 한다. 또 노이즈가 존재하는 상황에서 학습의 기초가 되는 아이디어를 설명한 다음, 복잡한 휴리스틱을 피하면서 부분 결정 트리 형성을 통해 작동하는 체계를 살펴볼 것이다. 이어서 3.4절에서 설명한 예외를 포함한 규칙을 생성하는 방법을 간략히 살펴보고 학습 연관 규칙을 위한 데이터 구조를 빠르게 살펴볼 것이다.

7장, '인스턴스 기반 및 선형 모델의 확장'에서는 인스턴스 기반 모델 및 선형 모델을 확장한다. 선형 모델과 인스턴스 기반 학습을 혼합한 서포트 벡터 머신의 도입으로 선형 모델에 대한 관심이 다시 되살아나고 있다. 서포트 벡터 머신은 각 클래스로부터 '서포트 벡터support vector'라는 작은 수의 중요 경계 인스턴스를 선택하고 이들을 가급적 확실하게 구별시킬 수 있는 선형 판별 함수를 생성한다. 이 인스턴스 기반 접근법은 선형 경계의 현실화를 통해 선형 경계를 넘어서 2차원, 3차원 등의 고차원 결정 경계를 다룰수 있게 한다. 동일한 기술이 4.6절에서 언급됐던 퍼셉트론에서도 적용돼 복잡한 결정 경계 및 최소 제곱 회귀 분석least squares regression을 구현할 수 있다. 퍼셉트론 확장에 대한 놀라운 기술들은 다층 '신경망neural networks'으로도 이어진다. 이런 모든 아이디어를 7장에서 다룬다.

7장에서는 4.7절에서 소개된 최근접 이웃 방법을 개발하는 고전적 인스턴스 기반 학습자도 기술하고 명시적 일반화를 수행하는 강력한 대체 방법도 소개한다. 7장의 마지막에서는 수치 예측에 대한 선형 회귀를 3.3절에서 소개된 트리 형태를 통해 좀 더 정교한 프로시저로 확장하고 수치 예측에 대한 인스턴스 기반 전략인 국소 회귀locally weighted regression를 설명한다.

8장, '데이터 변환'에서는 머신러닝의 개선을 위한 데이터 변환을 논의한다. 먼저 원활한 학습을 위한 머신러닝으로의 입력 처리 기술들을 살펴볼 것이다. 여기서는 유의미한 속성, 수치 속성의 분산, 차원 감소를 위한 데이터 투영, 텍스트 데이터로부터의 학습, 대량 데이터셋에서의 효과적인 샘플링, 이상 탐지와 같은 기술을 이용한 데이터 클린징 등을 언급하며 이때 다중 클래스 분류 문제를 2개의 클래스 문제로의 변환 및 정확도를 높이기 위한 클래스 추정 확률의 조정을 고려할 것이다.

9장, '확률적 방법'에서는 4장에서 소개된 나이브 베이즈 방법을 넘어선 확률적 모델링 접근법을 소개한다. 먼저 확률적 접근법의 기본을 형성하는 최대 가능성 측정maximum likelihood estimation과 같은 기본 개념을 리뷰한다. 그런 다음 베이지안 네트워크Baysian network를 살펴본다. 베이지안 네트워크는 내부 의존성을 갖고 있는 데이터셋의 수용으로 나이브 베이즈 방법을 가급적 덜 '순진naïve'하게 만들어 준다. 다음으로 확률 분포들의 혼합을 데이터셋으로 맞춤에 따라 어떻게 확률적 시각에서 클러스터링이 비춰질지를 생각해 본다. 이는 본질적으로 밀도 추정의 한 형태다. 또한 데이터셋의 분포를 모델링하기 위한 커널 밀도 추정 접근 방식의 대안도 논의한다.

앞부분의 짧은 기본 리뷰를 제외하고 9장의 앞부분은 많은 수학적 지식이 필요하지는 않는다. 하지만 9장의 나머지 부분들은 수학적 접근이 필요하다. 베이지안 방법을 정말로 생각해 보기 전에 미지의 변수(명시적으로 데이터셋에 포함되지 않은 숨겨진 속성)로 모델을 피팅하는 일반적인 접근 방법을 살펴볼 것이다. 다음의 큰 주제는 팩터 그래프factor graph 등과 같은 그래픽 모델을 이용해 확률 분포를 표현하는 방법이며 여기서는 확률적 주성분 분석과 마르코프 랜덤 필드, (확률적) 잠재 의미 분석, 잠재 디리클레 할당(텍스트 데이터 작업시 가장 잘 알려진 모델)을 접하게 될 것이다. 또한 효과적으로 sum-product 및 max-product 알고리듬을 사용해 트리 구조 그래프 모델에 대한 확률을 계산하는 방법도 보게 될 것이다.

지금까지 이 책에서 소개한 대부분의 기술은 예측 정확도의 최대화 및 사용하기 쉬운 모델의 생성이라는 2개의 목표를 갖고 있다. 하지만 10장, '딥러닝'은 이를 깨고 명시적으로 모델링 정확도의 최대화에 집중한다. 해석 가능한 모델의 생성을 통한 통찰의 제공하지 않는 것이다. 여기서 '딥러닝'의 영역으로 들어간다. 딥러닝은 아주 복잡한 인공 신경망 학습을 아이디어로 하며 이 아이디어는 데이터셋의 잠재돼 있는 패턴의 추상적 표현을 점진적으로 끄집어낸다.

하이퍼 파라미터 튜닝, 데이터 증강, 사전 훈련을 포함한 딥 네트워크의 훈련 및 평가의 세부 사항을 조사하기 전에 일반적으로 사용되는 손실 함수 및 활성화 함수를 포함한 전방위 딥 네트워크의 요소들을 살펴볼 것이다. 다음으로는 컨볼루션 신경망이라 불리는 특정 타입의 전방위 네트워크를 소개할 것이다. 컨볼루션 신경망은 가중치 공유를 통해 학습해야 할 파라미터들의 수를 상당히 줄여 준다. 또 여기서는 오토인코더autoencoder 및 볼츠만 머신Boltzmann machines이 언급되는데 이들은 비지도 학습을 위한 네트워크 모델이며 순차적 데이터를 위해 설계된 재귀 네트워크다. 10장은 딥러닝 방법의 구현에 대한 몇 가지 조언으로 마무리한다.

이 책의 초점은 머신러닝을 위한 지도 학습 기술에 맞춰져 있지만 또한 클러스터링 및 연관 규칙 마이닝의 형태로 비지도 학습을 다루고 있다. 하지만 여기에는 전통성은 떨어지지만 다른 학습 방법들이 있다. 사실 이미 4장, '알고리듬 – 기본 방식'의 다중 인스턴스 학습(비록 주머니 기반 예제에서 지도 학습의 형태로 해석되기는 했지만)에서 다뤘었다. 8장에서는 다중 인스턴스 러닝에 대해 4장보다는 더 고급인 기술들을 다뤘다. 또한 지도 학습과 비지도 학습의 조합으로 만들어진 반지도 학습semisupervised learning에도 살펴볼 것이다. 반지도 학습은 좀 더 정확한 분류 및 수치 예측 모델 학습과 관련이 있지만 라벨은 없는 데이터를 조사하는 데 도움을 준다.

실제 적용에서의 정확도를 최대로 끌어올리려고 복수개의 모델의 조합을 사용해 볼 수 있다. 실제 경험에 따르면 모델의 앙상블은 예측 정확도의 마지막 한 방울을 짜내고자 종종 필요하다. 12장, '앙상블 학습'에서는 다양한 앙상블 학습의 방법들이 소개되는데 여기에는 배깅bagging, 부스팅boosting, 유명한 랜덤 포레스트의 변형을 포함한 랜덤화randomization를 소개한 후 부스팅이 어떻게 통계적 모델 구축 접근법인 가법 회귀additive regression의 한 형태로 해석되는지 보여 준다.

앙상블 기법의 주요 단점은 해석 가능성이 낮다는 것이다. 하지만 교대 결정 트리alternating decision tree 및 연관 트리related tree 기반 접근 방식은 높은 정확도와 통찰을 제공한다. 마지막으로 정확도를 최대치로 올리고자 다양한 모델 세트들의 조합에 대한 직관적 방법인 스태킹stacking을 알아본다.

13장, '애플리케이션, 그 너머의 세계'에서는 머신러닝 애플리케이션의 개요와 전망을 기술한다. 대량의 데이터셋 및 데이터 스트림을 논의하고, 도메인 지식의 적용을 생각해 보며 테스트 마이닝, 웹 마이닝, 컴퓨터 비전, 음성 인식, 자연어 처리와 같은 애플리케이선 영역의 개요를 설명한다. 그런 다음 악의가 있는 교사와 학습하는 적대적 학습 시나리오를 간략하게 논의한다. 마지막으로 머신러닝이 우리 생활에 미치는 모습을 상상해 본다.

소재의 특성상 이 책의 2부는 1부와 접근 방식이 다르다. 각 장은 독립적으로 읽을 수 있다. 각 장은 참고 도서와 참고 연구 문헌을 포함하고 있다.

06

트리와 규칙

결정 트리 학습자는 빠르고 정확한 출력을 제공하기 때문에 머신러닝의 실제로 많은 응용프로그램에서 사용되고 있다. 6장에서는 실제 데이터셋의 요구 사항에 대처할 수 있을 만큼 강력하고 다재다능한 결정 트리 학습을 만드는 방법을 설명한다. 수치 속성 및 유실값을 처리하는 방법과 데이터에서 실제로 충분한 지원을 받지 못하는 트리 부분을 제거하는 방법도 보여 준다. 여기서는 결정 트리 학습을 위한 고전적인 C4.5 알고리듬에서 이러한 문제가 어떻게 해결되는지를 기반으로 하지만, 더 강력한 프루닝pruning 전략을 구현하고자 유명한 CART 결정 트리 학습자가 교차 검증을 사용하는 방법도 살펴볼 것이다.

또 하나 살펴볼 주제는 규칙 학습이다. 적절하게 구현되면 런타임에 다소 높은 비용으로 결정 트리 학습의 이점을 공유하고 종종 더 간결한 분류 모델을 생성한다. 놀랍게도 규칙은 실제로 결정 트리보다 인기가 많지 않다. 아마도 규칙 학습 알고리듬이 상당히 휴리스틱하고 인공지능 커뮤니티 외부에서도 자주 고려되는 대상이 아니었기 때문일 것이다. 4장의 내용을 기초로 어떻게 학습 전략을 만드는지 살펴볼 것이다. 이렇게 만들어진 학습 전략은 과적합 가능성이 적고 유실값 및 수치 속성들의 처리 방법, 좋은 규칙을 선택하고 제거하는 방법을 포함한다. 간결하고 정확한 규칙 세트를 생성하는 것은 간결하고 정확한 결정 트리를 배우는 것보다 더 어렵다. 이를 달성하기 위한 2가지 전략을 논의할 것이다. 하나는 규칙 세트의 전역 최적화global optimization를 기반으로 하고 다른 하나는 부분적으로 성장하고 정리된 결정 트리에서 규칙을 추출하는 것에 기반한다. 또한 예외가 있는 규칙 세트를 사용해 학습된 지식을 나타낼 때의 이점도 같이 살펴본다.

6.1 결정 트리

우리가 세부적으로 개발할 첫 번째 머신러닝 체계인 C4.5 알고리듬은 4.3절에서 설명된 결정 트리를 생성하기 위한 간단한 분할 정복 알고리듬divide and conquer algorithm에서 파생된 것이다. 실제 문제에 사용하기 전에 여러 방법으로 확장해야 하는데 먼저 수치 속성을 처리하는 방법과 그 후 유실값을 처리하는 방법을 고려해야 한다. 그런 다음 설명한 대로 기본 분할 정복 알고리듬에 의해 구성된 트리가 훈련 세트에서 잘 수행되지만 일반적으로는 그것에 오버피팅되고 독립적인 테스트 세트에 잘 일반화되지 않기 때문에 결정 트리의 프루닝 관련 문제를 살펴본다. 그런 다음 결정 트리를 분류 규칙으로 변환하는 방법을 생각해 보고 C4.5 알고리듬 자체에서 제공하는 옵션을 검토한다. 마지막으로 분류 및 회귀 트리를 학습하고자 유명한 CART시스템에서 구현된 다른 방법의 프루닝 전략을 살펴본다.

수치 속성

4.3절에서 설명한 방법은 모든 속성이 명목일 때만 작동하는 반면, 대부분의 실제 데이터는 일부 수치 속성numeric attribute이 포함돼 있다. 이를 처리하고자 알고리듬을 확장하는 것은 그리 어렵지 않다. 수치 속성일 경우 가능성을 양방향 또는 이진 분할binary split로 제

한한다.

몇 가지 수치(표 1.3)가 있는 날씨 데이터 버전을 사용한다고 가정하자. 첫 번째 분할에 대해 온도를 고려할 때 관련된 온도 값은 다음과 같다.

64	65	68	69	70	71	72	75	80	81	83	85
Yes	No	Yes	Yes	Yes	No	No	Yes	No	Yes	Yes	No
						Yes	Yes				

(반복되는 값은 하나로 합쳐졌다.) 중단점에 대해 가능한 위치는 11개뿐이다. 중단점이 동일한 클래스의 항목을 분리할 수 없는 경우는 8개다. 각각에 대한 정보 취득은 일반적인 방법으로 계산할 수 있다. 예를 들어 테스트 온도^{temperature} < 71.5는 4개의 *yes*와 2개의 *no*를 생성하는 반면 온도 > 71.5는 5개의 *yes*와 3개의 *no*를 생성하므로 테스트 정보 값$^{information\ value}$은 다음과 같다.

$$\text{Info}([4, 2], \ [5, 3]) = (6/14) \times \text{info}([4, 2]) + (8/14) \times \text{info}([5, 3]) = 0.939 \text{ bits}$$

개념^{concept}의 경계를 구분하는 값 사이의 중간에 숫자 임계값을 배치하는 것이 일반적이지만 정교한 정책을 채택하면 얻게 되는 것이 있다. 예를 들어 가장 간단한 형태의 인스턴스 기반 학습이 개념 사이의 구분선을 사이 공간의 중간 지점에 두지만 가장 가까운 2가지 예시 이상을 포함하는 다른 방법이 제안됐음을 아래에서 볼 수 있다.

분할 정복 방법을 사용해 결정 트리를 생성할 때 분할할 첫 번째 속성이 선택되면 해당 속성을 분할하는 최상위 트리 노드가 생성되고 알고리듬은 각 하위 노드에서 반복적으로 진행된다. 각 수치 속성에 대해 각 하위 노드의 인스턴스 하위 집합이 해당 속성의 값에 따라 다시 정렬돼야 할 것으로 보인다. 실제로 이것이 결정 트리를 유도하는 프로그램이 일반적으로 사용하는 방법이다. 그러나 부모 노드의 정렬 순서를 사용해 각 자식에 대한 정렬 순서를 도출할 수 있기 때문에 실제로 다시 정렬할 필요는 없다. 따라서 저장 공간을 희생시켜 구현 속도를 높일 수 있다. 다음과 같이 정렬 순서(이번에는 중복 포함)가 있는 날씨 데이터의 온도 속성을 생각해 보자.

64	65	68	69	70	71	72	72	75	75	80	81	83	85
7	*6*	*5*	*9*	*4*	*14*	*8*	*12*	*10*	*11*	*2*	*13*	*3*	*1*

각 온도 값 아래의 이탤릭체 숫자는 해당 값을 가진 인스턴스 수를 나타낸다. 따라서 인스턴스 번호 7은 온도 64, 인스턴스 6은 온도 65와 매치된다. Outlook 속성의 최상위 수준에서 분할하기로 결정했다고 가정하고 'Outlook = Sunny'에 대한 하위 노드를 고려하자. 실제로 이 예보 값을 가진 예시는 1, 2, 8, 9, 11이 있다. 만일 이탤릭체로 돼 있는 시퀀스(위 표에서 7, 6, 5, 9...를 의미) 예제 세트와 함께 저장되는 경우(각 수치 속성에 대해 다른 시퀀스가 저장돼야 함) 즉 인스턴스 7은 6에 대한 포인터를 포함하고 인스턴스 6은 인스턴스 5를 가리키고 인스턴스 5는 인스턴스 9를 가리키는 형태. 그런 다음 Outlook = Sunny 예시를 순서대로 읽는 것은 어려운 것은 아니다. 필요한 것은 표시된 순서대로 인스턴스를 스캔하고 각각에 대한 Outlook 속성을 확인, 적절한 값으로 기록하는 것이다.

9	8	11	2	1

따라서 각 수치 속성에 따라 해당 하위 집합의 정렬 순서를 인스턴스들의 각 하위 세트들과 같이 저장함으로써 반복 정렬을 피할 수 있다. 정렬 순서는 처음에 각 수치 속성에 대해 결정돼야 한다. 이후에는 정렬할 필요가 없어진다.

4.3절에서 설명된 대로 결정 트리가 명목 속성을 테스트할 때 속성의 가능한 각 값에 대해 브랜치branch가 작성된다. 그러나 수치 속성에 대한 분할을 바이너리binary로 제한했다. 이것은 수치 속성과 명목 속성 사이의 중요한 차이를 만드는데, 일단 명목 속성으로 분기한 후에는 그것이 제공하는 모든 정보를 사용한 반면 수치 속성에 대한 연속 분할은 계속해서 새로운 정보를 얻을 수 있다. 명목 속성은 트리의 루트에서 리프까지 모든 경로에서 한 번만 테스트를 할 수 있는 반면 수치 속성은 여러 번 테스트할 수 있다. 단일 수치 속성에 대한 테스트가 함께 위치하지 않지만 경로를 따라 흩어져 있을 수 있기 때문에 복잡하고 이해하기 어려운 트리가 생성될 수 있다. 만들기는 어렵지만 더 읽기 쉬운 트리를 생성할 대안은 트리의 단일 노드에서 여러 다른 상수에 대해 테스트해 수치 속성에 대

한 다중 테스트를 허용하는 것이다. 조금 쉽지만 효과는 떨어지는 솔루션은 8.2절에 설명된 대로 속성을 미리 구분하는 것이다.

유실값

결정 트리 구축 알고리듬의 다음 개선 사항은 유실값에 대한 것이다. 누락된 값은 실제 데이터셋에서 자주 발생한다. 2장, '입력 – 콘셉트, 인스턴스, 속성'에서 설명했듯이 이를 처리하는 방법 중의 하나는 속성의 또 다른 가능한 값으로 대체해 처리하는 것이다. 속성의 누락이 중요한 의미를 가질 경우에 이 방법을 쓰는 게 적합하며 이때는 추가 조치가 필요 없다. 그러나 특정 인스턴스에 누락된 속성값이 있다는 사실에 큰 의미가 없다면 더 정교한 솔루션이 필요하다. 일부 값이 누락된 이런 경우를 그냥 무시하고 넘어가고 싶지만 솔루션을 실행하기에는 걸림돌이 되는 경우가 많으며, 유실값이 있는 인스턴스는 종종 많은 정보를 제공한다. 값이 누락된 속성이 결정에 영향을 거의 미치지 않는 경우가 있으며 이런 인스턴스도 다른 인스턴스만큼 가치가 있다.

첫 번째 문제는 테스트할 속성 중 일부에 누락이 있는 인스턴스에 결정 트리가 생성된 후 어떻게 적용하냐는 것이다. 이는 3.3절에서 해결책을 설명했다. 여기에는 개념적으로 인스턴스를 조각으로 분할하고 숫자 가중치 체계를 사용하고, 해당 분기로 내려가는 훈련 인스턴스 수에 비례해 각 분기로 일부를 전송하는 작업이 포함된다. 결국 인스턴스의 다양한 부분이 각 리프 노드에 도달하게 되며 이러한 리프 노드에서의 결정 값은 리프의 가중치가 반영돼야 한다.

훈련에 적용되기 때문에 첫 번째 질문에 선행하는 두 번째 질문은 분할 속성이 선택되면 어떻게 훈련 세트를 분할해 각 하위 노드에 대한 결정 트리 형성 절차를 반복적으로 적용하는지다. 동일한 가중치가 절차에 적용되며 관련 속성값이 누락된 인스턴스는 알려진 인스턴스가 다양한 분기로 내려가는 것과 같은 비율로 개념적으로 각 분기에 대해 하나씩 분할된다. 4.3절에 설명된 계산은 부분 인스턴스에서도 적용될 수 있다. 정수 카운트 대신 가중치는 두 취득 수치를 계산할 때 사용된다. 물론 다른 속성의 값도 알 수 없는 경우 인스턴스는 하위 노드에서 추가로 분할될 수 있다.

프루닝

전체 확장된 결정 트리에는 종종 불필요한 구조가 포함돼 있으며 일반적으로 적용하기 전에 단순화 작업을 한다. 이제 결정 트리에 대한 프루닝 작업을 살펴볼 때다.

완전 트리를 구축하고 나중에 프루닝을 함으로써 사전 프루닝(전방 프루닝forward pruning)보다는 사후 프루닝(후방 프루닝backward pruning) 전략을 채택한다. 사전 프루닝에는 트리 구축 과정에서 하위 트리 개발을 중단할 시기를 결정하는 것이 포함된다. 이는 나중에 하위 트리를 개발하는 모든 작업을 피할 수 있기 때문에 매우 관심이 가는 부분이다. 그러나 사후 프루닝도 몇 가지 이점이 있다. 예를 들어 두 속성이 개별적으로 기여할 수는 없지만 결합될 때 강력한 예측자powerful predictor가 되는데, 다시 말하면 두 속성값의 올바른 조합은 상당히 유용한 반면 개별적으로 분리하면 그렇지 않은 일종의 조합 잠금 효과combination-lock effect다. 대부분의 결정 트리 빌더는 사후 프루닝을 한다.

사후 프루닝을 위해 2가지 다소 다른 작업인 '하위 트리 교체' 및 '하위 트리 올리기'를 도입한다. 각 노드에서 학습 구조는 하위 트리 교체, 하위 트리 올리기 또는 하위 트리를 프루닝하지 않은 상태로 둘 것인지의 여부를 결정할 수 있다. 하위 트리 교체는 디폴트 프루닝 작업이며 이를 먼저 살펴볼 것이다. 기본 아이디어는 몇 개의 하위 트리를 선택하고 이를 단일 리프들로 교체하는 것이다. 예를 들어 그림 1.3B의 전체 트리 중 2개의 내부 노드와 4개의 리프를 갖고 있는 하위 트리가 단일 리프인 'bad'로 교체됐다. 이는 만일 원래 트리가 앞에서 언급한 결정 트리 알고리듬으로 만들어졌다면 훈련 세트의 정확도를 감소시키는 원인이 되는데 이는 모든 리프가 순수pure해질 때까지 계속 트리를 빌드하기 때문이다(또는 모든 속성이 체크될 때까지 빌드한다). 그러나 독립적으로 선택한 테스트 세트의 정확도는 높일 수 있다.

하위 트리 교체가 구현되면 리프에서 루트로 거꾸로 올라간다. 그림 1.3 예제에서 (b)의 전체 하위 트리는 한 번에 대체되지 않는다. 먼저 건강 복지 혜택health plan contribution 하위 트리의 하위 노드 3개를 단일 리프 노드로의 교체를 고려한다. 이 교체를 수행하기로 했다면 그 방법은 뒤에서 곧 설명하겠다. 그런 다음 계속해서 리프에서 작업을 해주면서 현재 2개의 하위 노드만 있는 주당 작업 시간^{working hours per week} 하위 트리를 단일 리프 노드로 교체하는 것을 고려한다. 그림 1.3의 예제에서 이 교체 작업은 실제로 이뤄졌는데 이는 (b)의 전체 하위 트리가 bad로 표시된 단일 리프 노드로 교체된 것이다. 마지막으로 임금 인상 1년차 하위 트리에서 2개의 하위 노드를 단일 리프 노드로의 교체를 고려할 것이다. 이 경우 아직 결정이 이뤄지지 않았으므로 그림 1.3A와 같이 남아 있다. 이제 이런 결정이 실제로 어떻게 이뤄지는지 볼 것이다.

두 번째 프루닝 작업인 하위 트리 올리기 작업은 더 복잡하며 항상 수행할 가치가 있다고 말하기는 어렵다. 그러나 영향력 있는 결정 트리 구축 시스템 C4.5에서 사용되기 때문에 여기에서 설명하겠다. 그림 1.3 예제에서는 하위 트리 생성이 발생하지 않으므로 그림 6.1의 예제를 사용해 설명한다. 여기에서는 그림 6.1A의 프루닝을 검토하고 그 결과를 그림 6.1B에 나타낸다. C에서 아래로 내려가는 전체 하위 트리가 B하위 트리를 대체하고자 '올라갔다.' B와 C의 하위들은 리프로 표시되지만 전체 트리를 의미할 수도 있음에 주의하라. 물론 이 올리기 작업을 수행하는 경우 4와 5로 표시된 노드의 예제를 C로 향하는 하위 트리로 재분류해야 한다. 이것이 해당 노드의 하위들이 '(프라임^{prime})'이 붙어

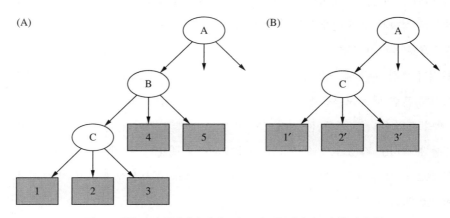

그림 6.1 하위 트리 올리기의 예제. 노드C가 B를 대체하고자 '올라갔다'

표시되는 이유다. 다시 말하면 원래 하위인 1, 2, 3과 같지 않지만 원래 4와 5에 의해 커버되는 예제들을 포함함으로써 차이가 있다는 것을 나타내고자 1′, 2′, 3′으로 표기한다.

하위 트리 올리기는 잠재적으로 시간이 많이 걸리는 작업이다. 실제 구현에서는 일반적으로 가장 인기 있는 브랜치의 하위 트리를 올리는 정도로 제한된다. 즉 B에서 C로 가능 지점의 훈련 예제가 B에서 노드 4로 가는 브랜치 또는 B에서 노드 5로 가는 브랜치보다 더 많은 경우 그림 6.1에 설명된 '올리기'를 고려한다. 그렇지 않으면, 예를 들어 노드 4가 B의 주요 하위 노드라면 노드 4를 올려 B를 대체하고 노드 5의 예제들 뿐만 아니라 C에 따른 모든 예제들을 새 노드로 재분류하는 것으로 고려해야 할 것이다.

오류율의 추정

2가지 프루닝 작업에 대해서는 여기까지다. 이제 내부 노드를 리프로 교체할 것인지(하위 트리를 교체할 것인지), 내부 노드를 그 하위 노드 중 하나로 교체할 것인지(하위 트리를 올리기 위한 것인지)에 대한 결정 문제다. 문제 해결을 합리적으로 해결하려면 독립적으로 선택한 테스트 세트가 주어진 특정 노드에서 예상할 수 있는 오차율을 추정해야 한다. 내부 노드뿐만 아니라 리프 노드에서도 오류를 추정해야 한다. 만약 추정치를 갖고 있다면 단순히 하위 트리의 추정 오차를 제안된 대체 브랜치의 추정 오차와 비교함으로써 특정 하위 트리를 대체할지 올릴지를 분명히 알 수 있을 것이다. 올리고자 제안된 하위 트리의 오류를 추정하기 전에 현재 노드의 형제 노드 아래에 있는 예제(그림 6.1의 4와 5의 예제)는 일시적으로 올리기 위한 트리로 재분류돼야 한다.

트리가 특정 훈련 세트를 위해 급하게 만들어졌기 때문에 프루닝 작업을 하지 않을 수 있으므로 훈련 세트 오류를 오류 추정치로 간주해도 소용이 없다. 오류 추정치를 도출하는 방법 중의 하나는 표준 검증 기법standard verification technique이다. 원래 제공된 데이터의 일부를 보류하고 각 노드의 오류를 추정하기 위한 독립 테스트 세트로 사용하는 것이며 이를 축소된 오류 프루닝reduced-error pruning이라고 한다. 이는 실제 트리가 적은 데이터를 기반으로 한다는 단점을 갖고 있다.

이에 대한 대안은 훈련 데이터 자체에 기초해 오류를 어느 정도 추정해 보는 것이다. 이것이 C4.5가 하는 일이며, 여기서 이 방법을 설명할 것이다. 일부 통계적 추론에 근거한 휴리스틱이지만 통계적 기초가 다소 약하다. 하지만 실제로 효과는 좋은 것으로 알려졌다. 아이디어는 각 노드에 도달하는 일련의 인스턴스를 고려해서 그 노드를 나타내고자 다수의 클래스가 선택됐다고 가정하는 것이다. 그러면 전체 인스턴스 개수 중 일정 수의 '오류' E가 전체 인스턴수 개수 N으로부터 나올 것이다. 이제 노드에서 실제 오류 확률은 q이고 N개의 인스턴스는 파라미터 q를 가진 베르누이 프로세스에 의해 생성되며 그중 E는 오류로 판명된다고 가정하자.

이것은 5.2절의 홀드 아웃holdout 방법에서 고려했던 것과 거의 같은 상황이며, 여기서 특정한 관찰된 성공률이 주어진 실제 성공 확률 p에 대한 신뢰 구간을 계산했다. 하지만 여기에는 2가지 차이가 있다. 하나는 사소한 것인데 우리는 성공률 p보다는 오류율 q를 알고 있다. 이 둘의 관계는 단순히 $p + q = 1$이다. 두 번째는 중요한 것이며 E와 N의 값은 훈련 데이터에서 측정되는 반면, 5.2절에서는 독립된 시험 데이터를 고려하고 있었다. 이러한 차이 때문에 추정치를 신뢰 범위로 명시하기보다는 신뢰 상한선을 사용해 오차율을 다소 비관적으로 추정한다.

관련 수학적 정보는 이전과 동일하다. 특정 신뢰도 c(C4.5에서 사용되는 기본 수치는 $c = 25\%$)가 주어지면 신뢰 한계에 대해 다음과 같은 관계를 발견하게 된다.

$$\Pr\left[\frac{f - q}{\sqrt{q(1-q)/N}} > z\right] = c$$

여기에서 N은 샘플의 개수를, $f = E/N$은 관찰된 오류율, q는 실제 오류율이다. 이전과 마찬가지로 이는 q에 대한 신뢰 상한으로 이어진다. 이제 노드에서 오류율 e에 대한(비관적) 추정치로 신뢰 상한을 사용한다.

$$e = \frac{f + \frac{z^2}{2N} + z\sqrt{\frac{f}{N} - \frac{f^2}{N} + \frac{z^2}{4N^2}}}{1 + \frac{z^2}{N}}$$

주의할 점은 신뢰 상한을 얻고자 분자의 제곱근 앞에 +기호를 쓴다는 점이다. 여기서 z는 신뢰도 c에 해당하는 표준 편차 값이며 c = 25%인 경우 z = 0.69다.

이 모든 것이 어떻게 동작하는지 보고자 그림 1.3의 노사 협상 결정 트리를 다시 보도록 하자. 그중 눈에 띄는 부분을 리프에 도달하는 훈련 예제의 수를 추가해 그림 6.2에 나타냈다. 위의 공식을 25% 신뢰도, 즉 z = 0.69와 함께 사용한다.

E = 2, N = 6, f = 0.33인 왼쪽 하단의 리프를 고려하자. 이 수치를 공식에 대입시키면 신뢰 상한이 e = 0.47로 계산된다. 즉 이 리프에 대해 훈련 세트 오류율(33%)을 사용하는 대신 47%의 비관적 추정치를 사용한다. 2-클래스 문제에 대해 오류율을 50%가 초과되도록 하는 것은 아주 좋지 않은 경우임을 감안할 때 실제로 이는 비관적이다. 하지만 E = 1 과 N = 2인 인접 리프의 상황은 더 좋지 않은데 e = 0.72가 되기 때문이다. 세 번째 리프는 첫 번째 리프와 e값이 같다. 다음 단계는 이 세 리프에 대한 오차 추정치를 예제 수 비율인 6:2:6을 반영시켜 0.51이라는 결합된 오류 추정 값을 생성한다. 이제 부모 모드인 건강 복지 혜택에 대한 오류 추정치를 고려한다. 여기에는 9개의 나쁜 예제들과 5개의 좋은 예제들이 포함되므로 훈련 세트의 오류율은 f = 5/14가 된다. 이러한 값에 대해 위 공식은 e = 0.46의 비관적 오류 추정치를 산출한다. 이는 세 하위 결합 오류 추정치보다 작

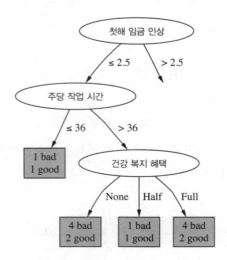

그림 6.2 노사 협상 결정 트리의 프루닝

306

기 때문에 프루닝을 시킨다.

다음 단계는 주당 작업 시간$^{working\ hours\ per\ week}$에 대해서다. 이 노드에는 이제 둘 다 리프인 하위 브랜치가 있다. $E = 1$ 및 $N = 2$인 첫 번째에 대한 오류 추정치는 $e = 0.72$이고 두 번째의 경우 방금 본 것처럼 $e = 0.46$이다. 이를 2:14의 적절한 비율로 결합하면 작업 시간 노드에 대한 오류 추정치보다 높은 값이 되므로 하위 트리가 제거되고 리프 노드로 대체된다.

이 예에서 얻은 추정 오류 수치는 경험적 접근일 뿐이며 신뢰 상한의 사용, 정규 분포의 가정, 그리고 훈련 세트의 통계가 사용되는 사실 등 여러 가지 불안정한 가정에 기초하기 때문에 적절하게 취해져야 한다. 그러나 오류 공식의 정성적 동작은 정확하며 실제로도 합리적으로 작동하는 것 같다. 필요한 경우 25%로 설정한 기본 신뢰 수준을 조정해 더 만족스러운 결과를 얻을 수도 있다.

결정 트리 유도의 복잡도

프루닝 작업을 수행하는 방법을 배웠으므로 마침내 결정 트리 유도의 모든 핵심 측면을 다뤘다. 이제 결정 트리 유도의 계산 복잡성을 살펴본다. 표준 순서 표기법을 사용할 것이다. $O(n)$은 n과 함께 최대 선형으로 증가하는 양을 나타내고 $O(n^2)$는 n과 함께 최대 2차적으로 증가하는 양을 나타낸다.

훈련 데이터 인스턴스와 m 속성이 n개 포함돼 있다고 가정하자. 트리의 크기에 대해 어느 정도 추정할 필요가 있으며 그 깊이가 $\log n$ 즉 $O(\log n)$ 정도라고 가정할 것이다. 이는 n개의 리프가 있는 나무의 표준 성장률이다. 단 그것이 '무성한^{bushy}' 상태를 유지하고 아주 길고 끈적끈적한 브랜치 몇 개로 변하지 않는다는 가정 아래다. 대부분의 인스턴스가 서로 다르다고 암묵적으로 가정하고 있으며 m 속성이 인스턴스를 구별할 수 있을 만큼 충분한 테스트를 제공한다는 점에 주의하라.

예를 들어 몇 개의 바이너리 속성이 존재한다면 이들을 많은 인스턴스만 구별시키고 트리의 특정 지점을 지나 성장하게 할 수 없으므로 '한계에 있는' 분석은 무의미하게 된다.

첫 번째 영역에서의 트리 구축에 들어가는 계산 비용은 아래와 같다.

$$O(mn \log n)$$

트리의 모든 노드에서 한 속성에 대해 수행된 작업량을 고려하라. 물론 각 노드에서의 모든 예제가 고려될 필요는 없다. 하지만 트리의 가능 깊이에서 전체 n개 인스턴스 세트 전체를 고려해야 한다. 그리고 트리에는 $\log n$개의 다른 깊이가 있기 때문에 이 속성 하나에서의 일의 양은 $O(n \log n)$이 된다. 각 노드의 모든 속성을 고려하면 전체 일의 양은 $O(mn \log n)$이 된다.

이 추론은 몇 가지 가정을 만든다. 일부 속성이 수치numeric인 경우 정렬해야 하지만 초기 정렬이 완료되고 적절한 알고리듬이 사용되면 각 트리 깊이에서 다시 정렬을 할 필요가 없다(이는 앞에서 설명한 것이다). 초기 정렬은 $O(n \log n)$ 연산을 최대 m개의 속성 각각에 대해 사용한다. 따라서 위 복잡성 수치는 변경되지 않는다. 속성이 명목 속성이며 각 트리 노드에서 모든 속성을 고려할 필요가 없다. 트리에서 더 많이 사용되는 속성은 재사용할 수 없기 때문이다. 그러나 속성이 수치인 경우 재사용할 수 있으므로 모든 트리 수준에서 고려해야 한다.

다음으로 하위 트리 교체에 의한 프루닝 작업이다. 먼저 모든 트리 노드에 대해 오류 추정을 해야 한다. 개수가 적절하게 유지되는 경우 트리의 노드 수는 선형이 된다. 그런 다음 각 노드를 교체해야 한다. 트리에는 각 인스턴스마다 하나부터 최대 n개의 리프가 있다. 이진 트리의 경우 각 속성이 수치이거나 값이 2개인 경우 최대 $2n - 1$개의 노드를 제공한다. 다중 방향 브랜치는 내부 노드의 수를 줄이는 데만 사용된다. 따라서 하위 트리 교체의 복잡성은 다음과 같다.

$$O(n)$$

마지막으로 하위 트리 리프팅은 하위 트리 교체와 동일한 기본 복잡성을 갖는다. 그러나 리프팅 작업 중에 인스턴스를 다시 분류해야 하므로 추가 비용이 발생하게 된다. 전체 프로세스 동안 각 인스턴스는 리프와 루트 사이의 모든 노드에서 재확립돼야 한다. 즉 $O(\log n)$ 횟수만큼 반복돼야 한다. 이는 총 재분류 횟수를 $O(n \log n)$으로 만든다. 그리고 재분류는 단일 작업이 아니다. 루트 근처에서 발생하는 작업은 $O(\log n)$ 연산을 수행하며 평균 깊이 중 하나는 이의 절반을 차지한다. 따라서 하위 트리 리프팅의 전체 복잡도는 다음과 같다.

$$O(n(\log n)^2)$$

모든 연산을 반영하면 결정 트리 유도의 전체 복잡도는 다음과 같다.

$$O(mn \log n) + O(n(\log n)^2)$$

트리에서 규칙으로

3.4절에서 언급했듯이 각 리프에 대한 규칙을 생성하고 루트에서 해당 리프까지의 경로에서 발생한 모든 테스트를 결합해 결정 트리에서 직접 규칙 세트를 읽을 수 있다. 이것은 실행되는 순서가 중요하지 않다는 점에서 분명한 규칙을 생성하지만 규칙 자체가 필요 이상으로 복잡하다.

앞에서 설명한 예상 오류율은 규칙을 정리하는 데 필요한 정확한 메커니즘을 제공한다. 특정 규칙이 주어지면 해당 규칙의 각 조건을 임의로 제거해 삭제된 것으로 간주한다. 이제 규칙이 적용되는 훈련 예제를 찾아내고 여기에서 새 규칙의 오류율에 대한 비관적인 추정치를 계산한다. 이것을 오리지널 규칙에 대한 비관적 추정과 비교한다. 새 규칙이 더 나은 경우 해당 조건은 삭제하고 계속해서 삭제할 다른 조건을 찾는다. 제거할 경우 개선할 조건이 남아 있지 않으면 규칙을 그대로 둔다. 이러한 방식으로 모든 규칙을 정리한 후 중복 항목이 있는지 확인하고 규칙 세트에서 제거해야 한다.

이는 규칙에서 중복 조건을 감지하는 탐욕 접근법greedy approach이며 최상의 조건 집합이 제거된다는 보장은 없다. 이를 위한 개선 작업은 모든 조건의 하위 집합을 고려하는 것이지만 일반적으로 엄청나게 많은 비용이 든다. 또 다른 해결책은 애닐링annealing 시뮬레이션이나 유전자 알고리듬 같은 최적화 기술을 사용해 규칙의 최상의 버전을 선택하는 것이다. 그러나 단순한 탐욕 솔루션greedy solution은 아주 좋은 규칙 세트를 생성하는 것 같다.

탐욕 접근법을 사용하더라도 문제는 계산 비용이다. 삭제 후보군이 되는 모든 조건에 대해 모든 교육 인스턴스에서 규칙의 효과를 다시 평가해야 한다. 이는 트리에서 규칙 생성이 매우 느린 경향이 있음을 의미하며 6.2절 '분류 규칙'은 먼저 결정 트리를 형성하지 않고 분류 규칙을 직접 생성하는 훨씬 더 빠른 방법을 설명한다.

C4.5: 선택과 옵션

C4.5는 기본적으로 '트리에서 규칙으로' 절에서 설명한 대로 작동한다. 기본 신뢰도 값은 25%로 설정돼 있으며 대부분 잘 작동한다. 테스트 세트에 있는 프루닝된 트리의 실제 오류율이 예상 오류율보다 훨씬 높은 것으로 밝혀지면 더 낮은 값으로 변경해야 한다. 이 경우 더 과감한 프루닝이 발생한다. 거의 모든 훈련 예제가 동일한 결과를 위한 테스트를 제거하는 효과가 있는 또 다른 중요 파라미터가 있다. 이런 테스트는 종종 거의 사용되지 않으며 결과적으로 테스트는 최소 인스턴스 수가 2개 이상인 경우가 아니면 결정 트리에서 받아들여지지 않는다. 이 최솟값의 기본값은 2이지만 조정할 수 있으며 노이즈가 많은 데이터의 작업 시에는 늘려야 한다.

C4.5의 또 다른 경험적 방법은 수치 속성에 대한 후보의 분할이 특정 최소 인스턴스 수를 잘라낸 경우에만 고려된다는 점이다. 그 특정 개수는 현재 노드에서 클래스당 평균 인스턴스 수의 최소 10% 또는 25개 중 더 작은 것을 선택한다(그러나 위의 최솟값인 기본값 2도 적용된다).

WEKA 소프트웨어에 구현된 C4.5의 버전 중 하나인 C4.5 릴리즈 8은 수치 속성 분할에서의 정보 취득에 대한 MDL 기반의 조정이 포함돼 있다. 구체적으로 설명하면 특정 수치 속성에서 S개의 후보 분할이 현재 분할을 고려 중인 노드에 있다고 하면 $\log 2(S)/N$ 만큼 정보 취득에서 차감되며 여기서 N은 노드에서의 인스턴스 개수를 의미한다. 이런 경험 기반은 오버피팅을 방지하기 위함이다. 차감 후의 정보 취득 값이 음수가 나올 수도 있으며 정보 취득 값이 양수가 없다면(사전 프루닝의 형태) 트리의 성장은 멈추게 될 것이다. 이를 여기서 언급하는 것은 사후 프루닝이 꺼져 있어도 프루닝이 된 나무를 얻게 되는 경우가 있기 때문이다.

마지막으로 C4.5는 실제 두 값 사이의 중간에 수치 속성에 대한 분할 포인트를 배치하지 않는다. 분할이 한번 정해지면 전체 훈련 세트는 잠정 분할 지점을 초과하지 않는 해당 속성에 대한 최댓값을 찾고자 검색되며 이 결과가 실제 분할 포인트가 된다. 이는 시간 복잡도에 2차 항 $O(n^2)$를 추가하는데 이는 위에서 무시한 모든 노드에서도 발생할 수 있기 때문이다.

비용 복잡도 프루닝

위에서 언급했듯이 C4.5의 사후 프루닝 방법은 불안정한 통계적 가정을 기반으로 하며 가끔은 충분히 프루닝을 하지 않는 것으로 판명됐다. 반면에 이 방법은 매우 빠르며 따라서 실제로는 많이 사용된다. 하지만 많은 적용 영역에서 좀 더 간결한 결정 트리를 얻고자 계산의 노력을 좀 더 들여야 한다. 실험에 따르면 C4.5의 프루닝 방법은 마지막 결과 트리에 불필요한 추가 구조를 만들 수 있다. 인스턴스가 추가되더라도 독립 테스트 데이터상 성능 향상에 영향을 미치지 않지만 훈련 데이터에 더 추가될 때 트리 크기는 계속 증가한다. 이런 경우 CART에서 제공하는 더 보수적인 **비용 복잡도 프루닝**cost-complexity pruning 방법이 더 적절할 수 있다.

비용 복잡도 프루닝은 첫 번째 하위 트리의 프루닝이 그 트리 사이즈에 관련돼 훈련 데이터상 에러의 최소 증가로 이어진다는 아이디어에 기반한다. 오류의 증가는 α의 양으로 측정하는데 이는 관련 하위 트리의 리프당 평균 오류 증가로 정의된다. 프루닝이 진행될 때 이 값을 모니터링함으로써 알고리듬은 연속적으로 더 작은 트리 시퀀스를 생성한다. 각 이터레이션iteration에서 이 알고리듬은 현재 버전의 트리 나머지 하위 트리 중에서 가장 작은 α 값을 나타내는 모든 하위 트리를 프루닝한다.

결과 시퀀스에서의 각 후보 트리는 하나의 특정 임계값 α_i에 해당한다. 문제는 '어떤 트리가 최후의 분류 모델로서 선택돼야 하나?'다. 가장 예측이 맞을 것 같은 트리를 정하고자 비용 복잡도 프루닝은 오류율을 추정하기 위한 홀드 아웃 세트를 사용하거나 데이터에 제한이 있다면 교차 검증을 도입한다.

홀드 아웃 세트 사용은 간단하다. 하지만 교차 검증은 교차 검증의 k겹의 훈련에 대해 프루닝된 트리의 시퀀스에서 관찰된 α 값을 전체 데이터셋에 대한 트리의 시퀀스에서 가져온 α에 연계시키는 문제에 노출된다. 이 값들은 일반적으로 다르다. 이 문제는 먼저 전체 데이터셋으로부터 트리 i에 대한 α_i 및 α_{i+1}의 기하학적 평균을 계산해 해결한다. 그런 다음 교차 검증의 각 k겹에 대해 평균보다 작지만 그중에서 가장 큰 α를 나타내는 트리가 선택된다. k겹에서 나온 이 트리에 대한 오류 추정의 평균은 해당 테스트 데이터셋에서 추정됐으며 트리 i에 대한 교차 검증 오류다.

토론

결정 트리의 하향식 유도top down induction는 아마도 데이터 마이닝 내 머신러닝의 가장 광범위하게 연구된 방법일 것이다. 연구자들은 학습 과정에서 생각할 수 있는 거의 모든 측면(예를 들어 속성 선택에 대한 다양한 기준 또는 수정된 프루닝 방법)에 대해 다양한 경우의 수를 연구했다. 하지만 다양한 데이터셋에 대해 정확성이 크게 향상되는 경우는 거의 없었다. 위에서 논의한 바와 같이 결정 트리를 학습하고자 CART 시스템에서 사용하는 프루닝 방법(Breiman 외, 1984)은 종종 C4.5의 프루닝 방법보다 더 작은 트리를 생성할 수 있다. 이것은 Oates & Jensen(1997)에 의해 경험적으로 증명됐다.

C4.5의 결정 트리 프로그램과 이의 후속인 C5.0은 로스 퀸란Ross Quinlan에 의해 1970년대 후반부터 20년 동안 고안됐다. C4.5의 완전한 내용은 1990년대 초 버전인데 이때 전체 소스 코드와 서적으로 출판됐다. C4.5 릴리즈 8에 대한 MDL 휴리스틱은 Quinlan(1996)에 의해 만들어졌다. 최신 버전인 C5.0은 현재 오픈소프 코드로 개방돼 있다.

결정 트리에 대한 설명에서 트리의 각 노드의 데이터를 하위 집합으로 분할하는 데 하나의 속성만을 사용한다고 가정했다. 하지만 한 번에 여러 속성을 포함하는 테스트를 허용할 수도 있다. 예를 들어 수치 속성을 사용하면 각 테스트가 속성값의 선형 조합상에 있을 수 있다. 그런 다음 최종 트리는 4.6절에서 설명된 종류의 선형 모델 계층으로 구성되며 분할은 더 이상 축 평행으로 제한되지는 않는다. CART 시스템에는 이런 테스트를 생성하는 옵션이 있다. 종종 표준 트리보다 더 정확하고 작지만 생성하는 데 훨씬 더 오래 걸리고 해석하기도 어렵다. 8.3절의 주성분 분석principal component analysis에서 이들을 생성하는 방법 하나를 간략히 언급한다.

6.2 분류 규칙

4.4절에서 기술된 규칙을 생성하기 위한 기본 커버링 알고리듬을 '분리 정복 기술separate-and-conquer technique'이라고 부르는데, 이는 클래스의 인스턴스를 포함하는(클래스에 없는 인스턴스는 제외) 규칙을 식별하고 분리하고 남은 것들에 대해 계속 진행하기 때문이다. 이런 알고리듬은 많은 규칙 생성 시스템에서 기본으로 사용되고 있다. 여기서 각 단계에서 규칙에 추가할 테스트를 선택하기 위한 간단한 정확성 기반 측정을 설명했다. 그러나 다른 많은 가능성이 있으며 사용되는 특정 기준은 생성된 규칙에 중요한 영향을 미친다. 6.2절에서는 테스트 선택에 대한 다양한 기준을 검토한다. 또한 누락된 값과 수치 속성을 받아들여 기본 규칙 생성 알고리듬을 보다 실용적인 상황으로 확장할 수 있는 방법도 살펴본다.

하지만 이런 모든 규칙 생성 구조의 실제 문제는 훈련 데이터를 오버피팅하려는 경향이 있고 독립적인 테스트 세트에 대해 정규화를 잘하지 않으려 하며 특히 노이즈 데이터에 대해서는 더 그렇다. 노이즈 데이터에 대해 좋은 규칙 세트를 생성하려면 개별 규칙의 실제 가치를 측정하는 방법이 필요하다. 규칙의 가치를 평가하는 표준 접근 방식은 훈련 세트에서 보류된 독립적인 인스턴스 세트에서 오류율을 평가하는 것이며 이는 다음에 설명하도록 하겠다. 그런 다음 2가지 산업적 강점 규칙 학습자industrial-strength rule learner를 설명한다. 하나는 단순한 분리 및 정복 기술을 전역 최적화 단계에 조합하는 것이며, 또 다른 하나는 반복적으로 부분적 결정 트리를 만들고 이들로부터 규칙을 확장해 나가는 것이다. 마지막으로 예외 및 예외의 예외 상황을 반영해 어떻게 규칙을 만드는지 생각할 것이다.

테스트 선택의 기준

4.4절에서 기본 규칙 학습자를 소개할 때 부정적인 예를 포함하지 않도록 규칙에 추가할 수 있는 테스트를 결정할 방법을 찾아야 했다. 이를 위해 아래 비율을 극대화시킬 테스트를 사용했다.

$$p/t$$

여기에서 t는 새로운 규칙이 커버할 전체 인스턴스의 개수이며 p는 이 인스턴스 중 긍정적인 것들의 개수다. 즉 문제에서의 클래스에 속해 있다. 이는 긍정 예제가 커버하는 비율이 높을수록 더 정확한 규칙이 된다는 사실에 기초한 규칙의 '정확성'을 극대화하려 한다. 하나의 대안으로는 정보 취득을 계산하는 것이다.

$$p\left[\log\frac{p}{t} - \log\frac{P}{T}\right]$$

여기서 p와 t는 각각 이전의 긍정 인스턴스의 개수 및 새로운 규칙이 커버하는 전체 인스턴스의 개수이며, P와 T는 각각에 상응하는 새로운 테스트가 추가되기 '전에^{before}' 규칙을 만족시키는 인스턴스의 개수다. 이에 대한 근거는 이것이 현재 긍정 예제들에 대한 전체 정보 취득을 나타내는데 이 정보 취득들은 새로운 테스트를 만족시키는 사례의 수에 각각에 대한 정보 취득 값을 곱한 값이다.

규칙에 추가할 테스트를 선택하는 기본 기준은 가능한 한 많은 긍정 예를 포함하는 동시에 가능한 한 부정 예를 포함하는 테스트를 찾는 것이다. 규칙에 포함된 모든 예제 중 긍정 예제의 비율인 원래의 정확성 기반 휴리스틱은 규칙에 포함된 긍정 예제의 수에 관계없이 부정 예제가 포함되지 않을 때 최댓값을 얻는다. 따라서 규칙을 정확하게 만드는 테스트는 전자의 규칙이 다루는 긍정 예제가 아무리 적거나 후자가 다루는 긍정 예제가 아무리 많더라도 이를 부정확하게 만드는 테스트보다 선호된다. 예를 들어 하나의 긍정 예제를 다루는 테스트 중에서 선택할 수 있다면 이 기준은 하나의 부정 예제와 함께 1,000개의 긍정 예제를 다루는 테스트보다 선호한다.

반면에 정보 기반 경험은 그렇게 만들어진 규칙이 정확한지 여부에 관계없이 많은 긍정 예제를 다루는 데 중점을 둔다. 물론 두 알고리듬 모두 만들어진 최종 규칙이 정확할 때까지 테스트를 계속 추가하기 때문에 정확성 측정을 사용해 규칙을 더 일찍 완료하는 반면 정보 기반 측정이 사용되는 경우 더 많은 항^{term}이 추가돼야 한다. 따라서 정확성 기반 측정은 특수 사례를 찾아 이를 완전히 제거해 나중에 더 큰 그림을 저장하는 반면(어색한 특수 사례가 이미 처리됐기 때문에 일반 사례가 더 단순해질 때) 정보 기반 측정은 높은 커버리지의 규칙을 먼저 만들고 특수한 사례를 나중까지 남겨 놓는다. 정확한 규칙 세트를 생성하는 데 있어서 어느 전략이 다른 전략보다 더 우월하다는 것은 없다. 또한 아래에 설명된 대로 규칙이 프루닝되고 부정확한 규칙이 용인될 수 있는 것 때문에 전체 상황은 더 복잡해진다.

유실값, 수치 속성

분할 정복$^{divide\ and\ conquer}$ 결정 트리 알고리듬과 마찬가지로 유실값과 수치 속성의 끔찍한 실제 고려 사항을 다뤄야 한다. 사실 더 이상 할 말은 없다. 이제 이러한 문제들이 결정 트리 유도에 대해 어떻게 해결되는지 알고 있으므로 적절한 규칙 유도를 위한 해결책은 쉽게 주어진다.

커버링 알고리듬을 사용해 규칙을 생성할 때 누락된 값은 테스트와 일치하지 않는 것처럼 처리하는 것이 가장 좋다. 이는 학습 알고리듬이 성공한 것으로 알려진 테스트를 사용해 긍정적인 인스턴스를 분리하도록 장려하기 때문에 의사 결정 목록이 생성될 때 특히 적합하다. 누락된 값이 있는 인스턴스는 누락되지 않은 다른 속성을 포함하는 규칙에 의해 처리되거나 대부분의 다른 인스턴스가 처리될 때까지 결정이 연기돼 다른 속성을 포함하는 테스트가 나타날 수 있다. 결정 목록에 대한 포함 알고리듬은 이 점에서 결정 트리 알고리듬에 비해 결정된 이점이 있다. 까다로운 예제는 프로세스 후반까지 남겨 둘 수 있으며 다른 예제의 대부분은 이미 분류돼 인스턴스 세트에서 제거됐기 때문에 덜 까다로워 보일 것이다.

수치 속성은 트리에서 했던 것과 동일한 방식으로 다뤄질 수 있다. 각 수치 속성에 대해 인스턴스들은 속성값에 따라, 그리고 각 임계치로 정렬되며 이진의 '보다 작은$^{less-than}$/보다 큰$^{greater-than}$' 테스트가 고려되고 이진 속성이 그렇듯 정확히 동일한 방식으로 평가된다.

좋은 규칙 생성

훈련 세트의 모든 인스턴스상에서 올바른 분류를 보장하는 완벽한 규칙을 만들기는 원치 않고 오히려 훈련 세트의 오버피팅을 회피하고 그렇게 함으로써 새로운 인스턴스상에서 수행을 잘할 수 있는 기회를 세울 수 있는 '분별 있는' 규칙을 생성하기 원한다고 가정하자. 어떤 규칙이 가치가 있는지 어떻게 선택할 것인가? 잘못된 타입의 일부 성가신 인스턴스를 배재하기 위한 지속적인 규칙에의 항^{term} 추가, 동시에 올바른 인스턴스도 점점 더 제외하는 것이 언제 역효과를 낳는지 어떻게 말할 수 있나?

가능한 규칙들의 예제들을 보도록 하자. 어떤 것은 좋은^{good}, 어떤 것은 나쁜^{bad} 예제이며 표 1.1의 콘택트 렌즈 예제에서 가져왔다. 먼저 첫 번째 규칙을 생각해 보자.

```
If astigmatism = yes and tear production rate = normal
   then recommendation = hard.
```

이는 맞는 결과를 6개 사례 중 4개를 도출한다. 이의 성공률은 즉 4/6가 된다. 만일 여기에 '완전한' 규칙을 만들기 위한 항을 더 추가한다고 가정하자.

```
If astigmatism = yes and tear production rate = normal
   and age = young then recommendation = hard
```

이 규칙의 성공률은 2/2다. 어떤 것이 더 나은가? 두 번째 것이 훈련 데이터상으로는 더 정확하다. 하지만 단지 2개의 사례만 커버하는 반면 첫 번째는 6개를 커버한다. 두 번째 데이터는 훈련 데이터에 대한 오버피팅일 것이다. 실제 규칙 학습자에 대해 적절한 버전의 규칙 선택, 가급적 미래 테스트 데이터에 대한 정확성의 극대화를 위한 원칙 있는 방법이 필요하다.

성장 세트growing set 정리 세트pruning set로 훈련 데이터를 두 부분으로 나눈다고 가정하자. 성장 세트는 기본 알고리듬을 사용한 규칙의 형태가 사용된다. 그런 다음 테스트는 규칙으로부터 삭제되며 효과는 정리 세트상의 잘린 규칙을 수행하고 원래 규칙보다 더 잘 수행하는지를 갖고 평가된다. 이 프루닝(정리) 프로세스는 규칙이 더 이상의 테스트 삭제를 통해 개선될 수 없을 때까지 반복된다. 전체 절차는 클래스마다 반복되며 각 클래스에 최적의 규칙이 얻어진다. 그리고 정리 세트의 규칙 평가를 통해 전체 중 제일 최상의 규칙을 정한다. 이 규칙은 그 후 규칙 세트에 추가되며 이를 커버하는 인스턴스는 훈련 데이터(세트의 성장 및 프루닝으로부터)에서 제거된다. 이 프로세스는 반복된다.

전체를 쌓은 다음 부분을 버리는 것보다 규칙을 세울 때 프루닝을 하는 건 어떨까? 즉 왜 사후 프루닝을 하지 않고 사전 프루닝을 하는가? 결정 트리를 프루닝할 때와 마찬가지로 트리를 최대치로 성장시키고 이를 프루닝하는 게 가끔 최선일 때가 있다. 그래서 규칙도 마찬가지로 완전한 규칙을 만든 뒤 여기서 정리를 하는 게 최선일 때가 있다. 누가 알겠는가? 마지막 항을 추가하는 게 정말 좋은 규칙의 화룡점정이 되고 사전 프루닝을 했더라면 놓치고 지나갔을 상황이 될지를 말이다.

세트의 성장 및 프루닝의 분리는 필수적인데 이는 이를 형성하는 데 사용된 그 데이터에 대한 규칙을 잘못 평가하게 만들기 때문이다. 이는 오버피팅된 규칙을 선호하게 만들어 심각한 오류로 이어지게 한다. 보통 훈련 세트는 분리되며 2/3의 인스턴스가 성장에, 그리고 1/3이 프루닝에 할당된다. 이 방법의 단점은 물론 학습이 성장 세트 내 인스턴스로부터만 발생해 알고리듬이 중요한 규칙을 놓칠 수 있다는 것인데 이는 일부 키 인스턴스가 프루닝 세트에 할당됐기 때문이다. 더욱이 잘못된 규칙이 선호될 수도 있는데 이는 정리 세트가 데이터의 1/3만 포함하며 전체를 나타내기에는 부족하기 때문이다. 이런 문제들은 알고리듬의 각 사이클(즉 각 규칙이 최종으로 선택된 후)에서 훈련 데이터의 성장 및 정리로의 재분리resplitting를 통해 개선될 수 있다.

프루닝을 위해 분리된 세트를 사용하는 아이디어(규칙 세트뿐만 아니라 결정 트리에도 사용 가능한)를 '에러 감소 프루닝reduced-error pruning'이라고 한다. 위의 변형으로 규칙이 성장하자마자 즉시 가지를 치는데 이를 '증분 에러 감소 프루닝incremental reduced-error pruning'이라고 한다. 다른 가능성은 정리되지 않은 전체 규칙을 먼저 세우고 그 이후 개별 테스트를 폐기하면서 정리해 나간다. 그런데 이 방법은 매우 느리다.

물론 정리 세트를 기반으로 한 규칙의 가치를 평가하는 데는 여러 가지 방법이 있다. 간단한 측정법은 규칙 세트 중의 규칙이라면 예측된 클래스를 다른 클래스로부터 분별할 때 얼마나 규칙이 동작하는지 고려하는 것이며 폐쇄 시스템이라는 가정하에 동작한다. 이 측정법이 커버하는 t인스턴스로부터 p인스턴스를 얻는다고 가정하면 P인스턴스가 전체 T인스턴스로부터 도출될 것이다. 커버가 되지 않은 인스턴스들은 $N - n$의 부정 인스턴스를 포함하며 여기서 규칙이 커버하는 부정 인스턴스의 개수는 $n = t - p$가 되며 $N = T - P$는 전체 부정 인스턴스의 수가 된다. 따라서 $p + (N - n)$ 인스턴스상에서 올바른 결정을 내릴 전체 규칙은 따라서 다음과 같은 성공률을 갖는다.

$$[P + (N - n)]/T$$

이 값은 테스트 세트에서 평가되며 에러 감소 프루닝을 사용할 때 규칙의 성공 여부를 측정하는 데 사용된다.

이 측정 방식은 비판의 여지가 있는데 부정 예제의 커버리지를 긍정 예제의 커버리지만큼 중요하게 취급하지 않기 때문이며 이는 평가되는 것이 결국 다른 많은 측정과 같이 작용하게 될 하나의 규칙인 상황에서는 비현실적이다. 예를 들어 전체 커버리지가 3000(즉 $n = 1000$이 틀린 것) 중에서 $p = 2000$ 인스턴스를 받은 규칙은 전체 커버리지가 1001(즉 $n = 1$이 틀린 것) 중에 $p = 1000$인 것보다 더 성공적이라고 평가할 수 있는데 이는 $[P + (N - n)]/T$는 전자에서는 $[1000 + N]/T$가 되지만 후자에서는 $[999 + N]/T$가 되기 때문이다. 이는 상식에 반하는 것인데 이는 전자가 후자보다 덜 예측률이 떨어지는데 틀릴 확률이 전자는 33.3%(1000/3000)이며 후자가 0.1%(1/1000)이기 때문이다.

사용된 알고리듬(그림 4.8)에서의 원래 공식에서처럼 성공률 p/t를 측정 단위로 사용하는 것은 역시 완벽한 해결책은 아니다. 왜냐하면 1001에서 1000을 얻는 훨씬 유용한 규칙보다 전체 커버리지가 1(따라서 $n = 0$) 중에서 단일 인스턴스($p = 1$)를 가져오는 데 더 선호되기 때문이다. 또 다른 사용된 휴리스틱은 $(p - n)/t$인데 이는 동일한 문제를 안고 있다. 왜냐하면 $(p - n)/t = 2p/t - 1$이며 이 결과가 다른 규칙들과 비교할 때 성공률과 똑

```
Initialize E to the instance set
Split E into Grow and Prune in the ratio 2:1
  For each class C for which Grow and Prune both contain an instance
    Use the basic covering algorithm to create the best perfect rule for class C
    Calculate the worth w(R) for the rule on Prune, and of the rule with the
    final condition omitted w(R-)
    While w(R-) > w(R), remove the final condition from the rule and repeat the
    previous step
  From the rules generated, select the one with the largest w(R)
  Print the rule
  Remove the instances covered by the rule from E
Continue
```

그림 6.3 증분 에러 감소 프루닝에 의한 규칙 생성 알고리듬

같기 때문이다. 모든 사례에서의 직관에 해당하는 규칙에서 가치의 단순한 척도를 찾기
는 어려워 보인다.

규칙의 가치를 측정하고자 어떤 휴리스틱이 사용되든 증분 에러 감소 프루닝 알고리듬
은 동일하다. 이 아이디어에 기초한 가능한 규칙 학습 알고리듬이 그림 6.3에 나타나 있
다. 이는 결정 리스트를 생성하고 각 클래스에 대한 규칙을 순서대로 만들며 각 단계에서
프루닝 데이터상에서 가치 있는 규칙의 최적 버전을 선택한다. 규칙 생성(그림 4.8)을 위
한 기본 알고리듬은 측정값 p/t를 사용해 규칙에 추가할 조건을 선택하고 각 클래스에 대
해 좋은 규칙을 만드는 데 사용된다.

이 방법은 규칙 유도 구조를 만들고자 사용됐는데 이 구조는 많은 양의 데이터를 빠르
게 처리할 수 있고 작동도 빠르게 할 수 있다. 이는 매 단계에서 각 클래스에 대해 규칙을
생성하고 최적의 것을 선택하는 것보다 순서대로 클래스에 대해 규칙을 생성함으로써 더
속도가 빨라질 수 있다. 적합한 순서는 가장 희귀한 클래스가 먼저 처리되고 가장 일반적
인 클래스가 나중에 처리되도록 훈련 세트에서 오름차순으로 만드는 것이다. 매우 낮은
정확도의 규칙이 생성될 때 전체 프로세스를 중지함으로써 또 다른 중요한 속도 향상을
얻을 수 있으므로 매우 작은 커버리지로 마지막에 많은 규칙을 생성하는 데 시간을 소비
하지 않는다. 하지만 가장 간단한 종료 조건(예를 들어 규칙에 대한 정확도가 예측하는 클래스에
대한 디폴트 정확도보다 낮을 때 정지하는 조건)은 최상의 성능을 주지는 않는다. 동작할 것 같
은 조건 중 하나는 MDL 원칙에 기반한 더 복잡한 것이며 이는 다음에서 설명한다.

전역 최적화의 사용

일반적으로 이러한 방식으로 증분 에러 감소 프루닝을 사용해 만들어진 규칙들은 잘 동작하며, 특히 대량의 데이터셋에서 잘 작동한다. 하지만 의미 있는 성능 이점은 유도된 규칙 세트상의 전역 최적화 단계 수행으로 얻어진다는 것을 발견했다. 그 기본 아이디어는 개개의 규칙들을 수정, 또는 교체를 통해 규칙 세트의 정확도를 증가시키는 것이다. 실험에서 각 규칙 세트의 크기와 성능은 사후 유도 최적화postinduction optimization에 의해 의미 있게 개선됐다. 반면에 프로세스 자체는 다소 복잡해졌다.

정교한 산업 강도 레벨의 규칙 학습자가 어떻게 될지에 대한 아이디어를 제공하고자 그림 6.4는 RIPPERRepeated Incremental Pruning to Produce Error Reduction라는 알고리듬을 보여 준다. 클래스들은 증가된 크기에서 체크되고 이 클래스에 대한 규칙들의 초기 세트들이 증분 에러 감소 프루닝을 통해 생성된다. 추가적인 중지 조건이 예제 및 규칙들의 디스크립션 길이DL, Description Length에 따라 도입된다. 디스크립션 길이인 DL은 규칙 세트와 관련해 예제 세트를 전송하는 데 필요한 비트 수를 사용하는 복잡한 공식이며 비트 수는 규칙을 k 조건과 함께 보내는 데 필요하다. 정수 k를 전송하려면 속성에서 가능한 중복성을 보상하고자 50%의 임의 계수를 곱한다. 클래스에 대한 규칙 세트를 생성한 후 각 규칙을 재고려해 2개의 다른 변형을 다시 생성해 생성 에러 감소 프루닝을 사용한다. 그러나 이 단계에서는 클래스에 대한 다른 규칙이 적용되는 인스턴스가 정리 세트에서 제거되고 나머지 인스턴스에서의 성공률은 프루닝 기준으로 사용된다. 만일 두 변형 중 하나가 더 나은 DL을 만들었다면 이것이 규칙을 대체한다. 다음으로 새로 발견된 클래스의 인스턴스를 정리하고자 원래의 제작 단계를 다시 활성화한다. 다음 클래스에 대한 규칙 생성을 진행하기 전에 각 규칙이 DL 감소에 기여하는지 확인하기 위한 최종 확인이 이뤄진다.

부분 결정 트리에서 규칙 얻기

전역 최적화를 피하면서 깔끔하고 정확한 규칙 세트를 만드는 규칙 유도 기법이 있다. 이 기법은 결정 트리를 위한 분할 정복divide and conquer 전략과 규칙 학습에 대한 분리 정복

(A)

```
Initialize E to the instance set
For each class C, from smallest to largest
    BUILD:
        Split E into Growing and Pruning sets in the ratio 2:1
        Repeat until (a) there are no more uncovered examples of C; or(b) the
            description length (DL) of ruleset and examples is 64 bits greater
            than the smallest DL found so far, or(c) the error rate exceeds
            50%:
        GROW phase: Grow a rule by greedily adding conditions until the rule is
            100% accurate by testing every possible value of each attribute and
            selecting the condition with greatest information gain G
        PRUNE phase: Prune conditions in last-to-first order. Continue as long
            as the worth W of the rule increases
    OPTIMIZE:
        GENERATE VARIANTS:
        For each rule R for class C,
            Split E afresh into Growing and Pruning sets
            Remove all instances from the Pruning set that are covered by other
            rules for C
            Use GROW and PRUNE to generate and prune two competing rules from the
                newly split data:
                R1 is a new rule, rebuilt from scratch;
                R2 is generated by greedily adding antecedents to R.
            Prune using the metric A (instead of W) on this reduced data
        SELECT REPRESENTATIVE:
        Replace R by whichever of R, R1 and R2 has the smallest DL.
    MOP UP:
        If there are residual uncovered instances of class C, return to the
            BUILD stage to generate more rules based on these instances.
    CLEAN UP:
        Calculate DL for the whole ruleset and for the ruleset with each rule in
            turn omitted; delete any rule that increases the DL
        Remove instances covered by the rules just generated
Continue
```

(B) *DL*: 본문 참조

$G = p[\log(p/t) - \log(P/T)]$

$W = \dfrac{p + 1}{t + 2}$

$A = \dfrac{p + n'}{T}$; 이 규칙에 대한 정확도

p = 이 규칙에 의해 커버되는 긍정 예제의 개수(true positives)
n = 이 규칙에 의해 커버되는 부정 예제의 개수(false negatives)
$t = p + n$; 이 규칙에 의해 커버되는 전체 예제의 개수
$n' = N - n$; 이 규칙에 의해 커버되지 않는 부정 예제의 개수(true negatives)
P = 이 클래스 내 긍정 예제의 개수
N = 이 클래스 내 부정 예제의 개수
$T = P + N$; 이 클래스 내 전체 예제 개수

그림 6.4 RIPPER: (A) 규칙 학습자에 대한 알고리듬 (B) 각 심벌의 의미

separate and conquer을 조합한 것이다. 규칙을 세울 때에는 분리 정복 전략을 사용하며 커버하는 인스턴스들을 제거하고 아무것도 남지 않을 때까지 나머지 인스턴스들에 대해 반복해 규칙들을 생성한다. 하지만 이는 각 규칙이 생성되는 방법에 있어서 표준 접근법과는 다

르다. 핵심은 단일 규칙을 만들고 현재 인스턴스 세트에 대한 정리된 결정 트리가 세워지고 가장 넓은 커버리지를 갖는 리프가 규칙에서 만들어지며 트리가 폐기된다는 것이다.

결정 트리를 반복적으로 세워 대부분을 폐기한다는 것은 처음 보는 것만큼 이상하지는 않다. 한 번에 하나씩 접속사를 제거해 규칙을 점진적으로 정리하는 대신 정리된 트리를 사용해 규칙을 얻으면 기본 분리 정복 규칙 학습자separate-and-conquer learner의 문제인 과대 프루닝overprune을 피할 수 있다. 결정 트리와 결합해 분리 정복 방법을 사용하는 것은 유연성과 속도를 추가시킨다. 단일 규칙을 얻고자 전체 결정 트리를 구축하는 것은 실제로 낭비이지만 이 점을 희생하지 않고도 프로세스를 크게 가속화시킬 수 있다.

핵심 아이디어는 전체를 탐험하는 것 대신 부분 결정 트리를 세우는 것이다. 부분 결정 트리는 미정의 하위 트리에 해당하는 브랜치를 포함하는 일반적인 결정 트리다. 이런 트리를 만들고자 구축과 프루닝 동작이 더 이상 단순화될 수 없는 '안정적인' 하위 트리를 찾고자 통합된다. 한 번 이 하위 트리가 발견되면, 트리를 세우는 작업은 중단되고 단일 규칙을 읽어 들인다.

트리 구축 알고리듬tree-building algorithm이 그림 6.5에서 요약돼 있다. 이 알고리듬은 인스턴스 세트를 부분 트리로 반복적으로 분할을 한다. 첫 번째 단계는 테스트 하나를 선택하고 이에 따라 인스턴스를 하위 세트로 분할한다. 이 선택은 결정 트리를 세울 때 사용되는 것과 동일한(4.3절) 정보 취득 휴리스틱을 사용해 만들어진다. 그런 다음 하위 세트는 이들의 평균 엔트로피의 오름차순으로 확장된다. 이런 이유는 나중의 하위 세트는 확장되지 못한 채 끝나기 쉽기 때문이며 낮은 평균 엔트로피의 하위 세트는 더더욱 작은 하위 트리로 끝나기 쉬워 더 일반적인 규칙을 만든다. 이는 하위 세트가 리프까지 확장될 때까지 반복적으로 수행되며 리프까지 확장되면 백트래킹backtracking으로 작업은 계속된다. 하

```
Expand-subset (S):
  Choose a test T and use it to split the set of examples into subsets
  Sort subsets into increasing order of average entropy
  while (there is a subset X that has not yet been expanded
         AND all subsets expanded so far are leaves)
    expand-subset(X)
  if (all the subsets expanded are leaves
      AND estimated error for subtree ≥ estimated error for node)
    undo expansion into subsets and make node a leaf
```

그림 6.5 부분 트리로의 확장을 위한 알고리듬

지만 모든 하위가 리프까지 확장된 내부 노드가 나타나자마자 알고리듬은 노드가 단일 리프로 대체하는 게 더 나은지를 체크한다. 이는 그냥 결정 트리 프루닝(6.1절)의 표준 하위 트리 교체 수행이다. 만일 교체가 수행되면 알고리듬은 표준적인 방법으로 백트래킹을 시도하며 새롭게 교체된 노드들의 형제 노드들을 탐색한다. 하지만 백트래킹 도중 노드가 지금까지 확장된 모든 하위 항목이 리프가 아닌 경우와 만난다면(그리고 이는 잠재 하위 트리 교체가 수행되지 않으면 즉시 발생할 것이다) 남은 하위 세트들은 탐색되지 않은 채 남겨지며 인접 하위 트리는 정의되지 않은 채로 남는다. 알고리듬의 반복적인 구조로 인해 이 동작은 자동으로 트리 생성을 정지시킨다.

그림 6.6은 단계별 예제를 보여 준다. 그림 6.6(A) ~ (C)까지 단계에서 트리 구축은 일반적인 방법으로 반복적으로 진행된다. 각 점에서 가장 낮은 엔트로피 형제가 확장을 위해 선택된 경우는 예외로 한다((A)와 (B) 사이의 노드 3). 음영 처리된 타원 노드들은 아직 확장이 되지 않은 부분들이다. 사각형들은 리프다. (B)와 (C) 사이에 사각형 노드들은 형제

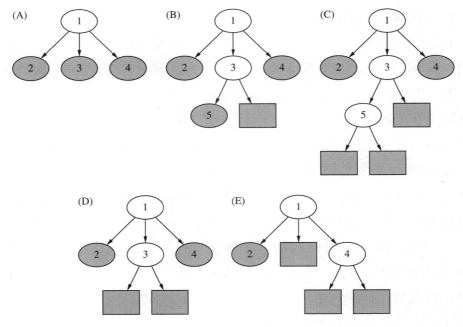

그림 6.6 부분 트리 구축의 예제

노드인 노드 5보다 낮은 엔트로피를 가질 것이다. 하지만 더 확장될 수는 없는데 이는 리프이기 때문이다. 백트래킹이 발생하고 노드 5가 확장을 위해 선택된다. (C)에 한번 도달하며 모든 하위가 리프까지 확장된 노드(노드 5)가 있고 이것이 프루닝의 트리거가 된다. 노드 5에 대한 하위 트리 교체를 해야 한다고 판단돼 (D) 단계로 넘어간다. 이제 노드 3은 하위 트리 교체 대상으로 고려되며 이 수행 역시 하기로 한다. 백트래킹은 계속되며 노드 2보다 낮은 엔트로피를 갖고 있는 노드 4는 2개의 리프로 확장된다. 이제 노드 4에 대한 하위 트리 교체를 고려한다. 노드 4가 아직 교체되지 않았다고 가정한다. 이 시점에서 프로세스는 (E)의 3개의 리프로 구성된 부분 트리로 종료된다.

만일 데이터에 노이즈가 없고 모든 프루닝 수행으로부터 알고리듬을 방지하고자 충분한 인스턴스를 포함한다면 전체 결정 트리 중 하나의 경로만 탐색하면 된다. 이렇게 하면 매번 전체 결정 트리를 구축하는 나이브 방법에 비교하면 최대의 성능 향상을 얻을 수 있다. 프루닝이 발생함에 따라 얻는 성능은 감소한다. 수치 속성 데이터셋에 대해 알고리듬의 점근적 시간 복잡도는 전체 결정 트리를 빌드하는 것과 같은데 이는 복잡도는 처음 속성값을 정렬하는 데 필요한 시간이 지배하기 때문이다.

부분 트리가 만들어지면 단일 규칙이 추출된다. 각 리프는 가능한 규칙에 대응하며 우리는 리프로 확장된 하위 트리(일반적으로 작은 소수)의 '최상의' 리프를 찾는다. 실험에 따르면 가장 많은 수의 인스턴스를 포함하는 리프를 선택해 가장 일반적인 규칙을 목표로 하는 게 가장 좋다.

데이터셋이 유실값을 포함한다면 이 값들은 결정 트리가 구축될 때와 마찬가지로 정확하게 다뤄질 수 있다. 인스턴스가 유실 속성값 때문에 주어진 어떤 브랜치에도 할당이 되지 않는다면 이는 이 브랜치로 내려가는 훈련 인스턴스의 개수에 비례하는 가중치로 각 브랜치에 할당되고, 훈련 인스턴스의 총 개수로 노드에서의 알려진 값으로 정규화된다. 테스팅 중에 동일한 절차가 각 분리된 규칙에 적용되므로 각 가중치를 각 규칙과 테스트 인스턴스에 적용하는 것에 연관시킨다. 이 가중치는 리스트의 다음 규칙으로 전달되기 전에 인스턴스의 전체 가중치로부터 제외된다. 이 가중치가 0으로 줄어들면 예측된 클래스의 확률은 가중치에 따라 마지막 분류에 연결된다.

이는 노이즈 데이터의 학습 결정 리스트에 대해 단순하지만 놀라우리만치 효과적인 방법이다. 다른 많은 규칙 생성 구조와 비교할 때 이 방법의 장점은 단순함인데 이는 복잡한 전역 최적화 단계가 필요 없기 때문이다.

예외를 갖는 규칙

3.4절에서 예외, 예외의 예외 등등을 허용하는 것이 이 규칙들의 자연스러운 확장임을 알았다. 전체 규칙 세트는 아무 규칙이 적용되지 않으면 사용되는 디폴트 분류 규칙의 예외로서 고려될 수 있다. '좋은' 규칙을 생성하는 방법은 앞에서 설명한 측정법 중 하나를 사용해 예외를 갖는 규칙 생성을 위해 필요한 메커니즘을 정확히 제공한다.

먼저 디폴트 클래스^{default class}가 최상 레벨의 규칙으로 선택된다. 이는 훈련 데이터에서 가장 자주 발생하는 클래스로 사용한다. 그러면 디폴트 클래스가 아닌 다른 클래스와 관련된 규칙이 발견된다. 이런 모든 규칙 중에서 가장 차별적인 힘을 갖는 규칙을 찾는 것은, 예를 들어 테스트 세트상에서 최고의 평가를 받은 것을 찾는 것은 자연스러운 일이다. 이 규칙이 아래와 같은 형식을 가진다고 가정하자.

```
if <condition> then class = <new class>
```

이는 훈련 데이터를 두 하위 세트로 분리하는 데 사용된다. 하나는 규칙의 컨디션이 true인 것에 대한 인스턴스를 포함하며 다른 하나는 false에 대한 것이다. 만일 두 하위 세트 각각 하나 이상의 클래스를 포함한다면 알고리듬은 하위 세트에서 반복적으로 실행된다. 컨디션이 true인 하위 세트에 대해 '디폴트 클래스'는 규칙에 의해 정의된 새로운 클래스다. 컨디션이 false인 하위 세트에 대한 디폴트 클래스는 이전과 동일하다.

어떻게 이 알고리듬이 3.4절의 표 1.4에서 주어진 아이리스 데이터에 대해 예외가 있는 규칙에 작동하는지 알아보자. 규칙을 그림 6.7에서 보이는 것처럼 나타낼 것이다. 이 규칙은 사실 그림 3.8에서 글자로 적힌 규칙과 동일하다. Iris sentosa의 디폴트는 왼쪽 꼭대기에 있는 노드다. 수평으로 점선 처리된 경로들은 예외를 보여 주며 다음 박스는 Iris versicolor로 종료되며 디폴트에 대한 예외가 된다. 이 아래는 이에 대한 대안으로 두 번째 예외(대안들은 수직의 굵은 선을 따라 배치돼 있다)가 Iris virginica로 종료된다. 수평으로 위쪽 경로를 따라가면 I. virginica라는 종결로서 오른쪽 상단 박스의 조건이 유지될 때마다 이를 재정의하는 Iris versicolor 규칙에 대한 예외가 발생한다. 아래는 하나의 대안이 며 동일한 종결로 이어진다. 가운데 박스로 돌아가서 이 박스는 자체의 예외를 가지며 오른쪽 아래의 박스는 Iris versicolor로 종결된다. 오른쪽 아래 각 박스들의 숫자는 규칙을 만족시키는 예제들의 수를 조건을 만족시키지만 결론이 아닌 수로 나눈 '커버리지'를 의미한다. 예를 들어 상단 중앙 상자의 조건은 예제 중 52개에 적용되고 그중 49개는 Iris versicolor다. 이 표현의 장점은 박스에서 왼쪽으로 향하는 규칙의 효과에 대해 좋은 느낌을 받을 수 있다는 것이다. 오른쪽 박스는 몇 가지 예외적인 경우만 커버한다.

이러한 규칙을 만들려면 먼저 데이터셋에서 가장 자주 발생하는 클래스를 사용해 기본값을 I. sentosa로 설정한다. 이 데이터셋의 경우 모든 클래스가 50회 발생하기 때문에 이는 임의의 선택이다. 그림 6.7에서 볼 수 있듯이 이 기본 '규칙'은 150건 중에서 50건이 정확하다. 그런 다음 클래스에서 예측하는 최상의 규칙을 찾는다. 이 경우에서는 다음과 같다.

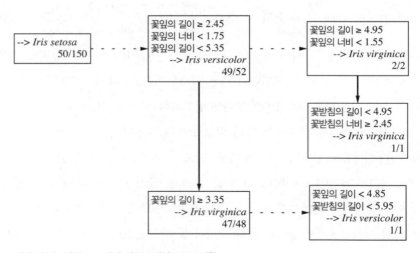

예외 경로는 점선으로, 대체 경로는 실선으로 표시함

그림 6.7 아이리스 데이터에 대한 예외 규칙

```
if petal-length ≥ 2.45 and petal-length < 5.355 and petal-width < 1.75
   then Iris-versicolor
```

이 규칙은 52개의 인스턴스를 커버하며 그중 49개가 Iris versicolor다. 데이터는 2개 군으로 나뉘는데 규칙의 조건을 만족시키는 52개의 인스턴스와 그렇지 않은 나머지 98 개다.

먼저 전자의 하위 세트에서 작업한다. 이 인스턴스들에 대한 디폴트 클래스는 Iris versicolor다. 여기에는 3개의 예외가 존재하며 모두 I. virginica로 종결된다. 이 하위 세트에 대해 Iris versicolor로 예측하지 않는 최상의 규칙은 다음과 같이 정의할 수 있다.

```
if petal-length ≥ 4.95 and petal-width < 1.55 then Iris-virginica
```

이는 다른 것은 커버하지 않고 I. vriginicas의 2/3를 커버한다. 다시 말하지만 이 규칙은 하위 세트를 조건을 만족하는 인스턴스와 그렇지 않은 것으로 2개의 군으로 분리한다. 다행히도 이 경우에서는 모든 조건을 만족시키는 이들 인스턴스들은 I. virginica 클래스를 갖고 있으며 이에 따라 더 이상의 예외는 필요가 없다. 하지만 남은 인스턴스들은 여전히 49개의 Iris versicolor와 함께 세 번째 I. virginica를 갖고 있고 이 시점에서는 이것이 디폴트가 된다. 최적의 규칙은 다음과 같이 찾아진다.

```
if sepal-length < 4.95 and sepal-width ≥ 2.45 then Iris-virginica
```

이 규칙은 나머지 I. virginica만을 커버한다. 따라서 이 역시 예외는 없다. 더욱이 하위 세트의 컨디션을 만족시키지 않는 모든 남은 인스턴스는 Iris versicolor를 갖고 있고 이것이 디폴트가 된다. 이제 더 이상 할 것은 없다.

이제 조건을 충족하지 않는 인스턴스인 초기 규칙에 의해 생성된 두 번째 하위 세트로 되돌아간다.

```
petal-length ≥ 2.45 and petal-length < 5.355 and petal-width < 1.75
```

디폴트 클래스인 I. sentosa를 예측하지 않는 이 인스턴스들에 대한 규칙들 중 최상의 것은 다음과 같다.

```
if petal-length ≥ 3.35 then Iris-virginica
```

이는 예제 세트 내 47개(3개는 첫 번째 규칙에 의해 제거)의 Iris virginicas를 커버하며 또한 1개의 Iris versicolor를 커버한다. 이는 예외 사항을 고려해야 하는데 이를 반영한 최종 규칙은 다음과 같다.

```
if petal-length < 4.85 and sepal-length < 5.95 then Iris-versicolor
```

다행히도 조건을 만족시키지 않는 인스턴스 세트는 모두 디폴트인 I.sentosa다. 따라서 절차는 종료된다.

만들어진 규칙들은 대부분의 예제들은 상위 레벨의 규칙들에 의해 커버되고 하위 레벨의 규칙들이 예외를 나타내는 속성을 갖고 있다. 예를 들어 마지막 예외 구문과 깊이 중첩된 else 구문은 둘 다 하나의 예제를 커버하며 제거한다 해도 영향은 거의 없을 것이다. 남아 있는 중첩된 예외 규칙들도 단 2개의 예제만을 커버한다. 따라서 더 깊은 구조를 모두 무시하고 첫 번째 수준, 또는 두 번째 수준만 보면 규칙이 수행하는 작업에 대한 훌륭한 느낌을 얻을 수 있을 것이다.

토론

지금까지 기술해 온 분류 규칙 제작에 대한 모든 알고리듬은 기본 커버링 또는 분리 정복 접근법을 사용한다. 단순한 경우로, 노이즈가 없는 경우 이는 PRISM(Cendrowska, 1987)이라는 간단하고 이해하기 쉬운 알고리듬을 만든다. 닫힌 시스템 가정하의 2-클래스 문제에 적용할 때 1개의 클래스에 대한 규칙만 만들면 된다. 그러면 규칙들은 분리된 정규 형태이며 모호함 발생이 없이 테스트 인스턴스상에서 수행될 수 있다. 다중 클래스 문제에 적용할 때는 분리 규칙 세트가 각 클래스에 대해 만들어진다. 그러면 테스트 인스턴스가 하나 이상의 클래스에 할당 또는 할당되지 않으며, 독특한 예측이 찾아졌다면 더 깊은 휴리스틱이 필요하다.

노이즈 상황에서 오버피팅을 줄이려면 훈련 세트상에서도 '완벽하지' 않은 규칙을 만들어야 한다. 이를 위해 규칙에 대한 '좋음^{goodness}' 또는 가치에 대한 측정이 필요하다. 이런 측정으로 기본 커버링 알고리듬의 클래스별 접근을 포기하고 예측하는 클래스에 관계 없이 최상의 규칙을 생성한 다음 이 규칙에 포함된 모든 예제를 제거하고 계속 진행할 수 있다. 이것은 독립적인 분류 규칙 세트가 아닌 결정 목록을 생성하는 방법을 제공하며 결정 목록은 해석될 때 모호성을 생성하지 않는다는 이점이 있다.

증분 에러 감소 프루닝$^{incremental\ reduced\text{-}error\ pruning}$의 아이디어는 Fürnkranz & Widmer (1994)가 제시했으며 빠르고 효과적인 규칙 유도의 기초를 형성한다. RIPPER 규칙 학습 자는 Cohen(1995)에 기인하지만 그가 보여 준 설명은 DL이 정지 조건에 정확히 어떻게 영향을 미치는지의 구현과는 조금 달라 보인다. 여기서 제시한 것은 알고리듬의 기본 개념이다. 구현 단계에서는 더 많은 세부 사항이 존재한다.

한 규칙의 가치를 측정하는 것은 어려운 문제다. 정보이론적$^{information\text{-}theoretical}$ 또는 확률적 근거를 기반으로 하는 여러 가지 측정 방법이 제안됐다. 그러나 가장 좋은 방법이 무엇인지에는 아직 합의가 없는 것 같다. 다양한 기준에 대한 광범위한 이론적 연구가 Fürnkranz & Flach(2005)에 의해 수행됐다.

부분 결정 트리에 기반한 학습 구조는 Frank & Witten(1998)에 의해 개발됐다. 표준 벤치마크 데이터셋에서 C4.5 규칙 학습자가 생성한 규칙만큼 정확하고 RIPPER보다 더 정확한 규칙 세트를 생성한다. 그러나 생성되는 규칙 세트는 RIPPER보다 더 크다. 다른 체계에 비해 주요 이점은 성능이 아니라 단순성이다. 하향식 결정 트리 유도와 분리 정복 규칙 학습을 결합해 전역 최적화 없이도 좋은 규칙 세트를 생성한다.

예외가 있는 규칙을 만들기 위한 절차는 이를 ripple-down이라 명명한 Gaines & Comton(1995)에 의해 Induct 시스템의 옵션으로 개발됐다. 대규모 의료 데이터셋(22,000개의 인스턴스, 32개의 속성 및 60개 클래스)을 사용한 실험에서 사람들은 일반 규칙의 동등한 시스템보다 예외가 있는 대규모 규칙 시스템을 더 쉽게 이해할 수 있다는 것을 발견했는데 이는 그들이 관련한 복잡한 의료 진단에 대해 생각하는 방식이기 때문이다. Richard & Compton(1998)은 고전적인 지식 공학에 대한 대안으로 자신들의 역할을 기술한다.

6.3 연관 규칙

4.5절에서 최소한의 지지도 및 신뢰 임계값을 충족하는 연관 규칙 생성을 위한 Apriori 알고리듬을 공부했다. 이는 빈도가 높은 항목 세트를 찾기 위한 제너레이트 앤드 테스트 generate-and-test 방법을 따르며 빈도가 높은 것으로 알려진 짧은 항목 세트로부터 연속적으로 긴 후보 항목 세트를 생성한다. 각 후보 항목 집합의 서로 다른 크기를 사용하려면 빈도가 최소 지지도 임계값을 초과하는지 여부를 확인하고자 데이터셋을 스캔해야 한다. 비록 알고리듬의 일부 개선이 데이터셋의 스캔 수를 줄이고자 제시됐지만, 이 생성 프로세스의 결합 특성은 특히 항목의 개수가 많거나 항목 자체가 큰 경우 비용이 상당히 발생할 수 있다. 이 두 조건은 낮은 지지도 임계값을 사용할 때 소규모 데이터셋에서도 쉽게 발생한다. 더욱이 임계값이 아무리 높아도 데이터가 너무 커 메인 메모리에 탑재되지 않으면 반복적으로 스캔해야 하는 것은 바람직하지 않다. 그리고 많은 연관 규칙 애플리케이션들은 정말 대형 데이터셋을 포함하고 있다.

이러한 효과는 적절한 데이터 구조를 사용해 개선할 수 있다. 확장된 접두사 트리 (prefix tree: 빈번한 패턴 트리 또는 'FP-트리')를 사용해 데이터 집합의 압축된 버전을 주 메모리에 저장하는 FP^{Frequent Pattern}-성장이라는 방법을 설명한다. 데이터셋을 FP-트리에 적용하는 데는 두 번의 단계만 필요하다. 그런 다음 알고리듬 후보 항목 세트를 생성한 다음 전체 데이터베이스에 대해 테스트해야 하는 대신 재귀적 방식으로 처리해 큰 항목 집합을 직접 확장한다.

빈번한 패턴 트리 구축

Apriori 방법과 같이 FP-성장 알고리듬은 데이터셋에서 개별 항목(즉 속성값 쌍)이 발생하는 횟수를 계산해 시작한다. 이 초기 단계 후 두 번째 단계에서 트리 구조가 생성된다. 처음에는 트리가 비어 있고 데이터셋의 각 인스턴스가 삽입될 때 구조가 나타난다.

큰 항목 집합을 찾고자 빠르게 처리할 수 있는 간결한 트리 구조를 얻는 핵심은 삽입하기 전에 첫 번째 단계에서 이미 기록된 데이터셋에서 발생 빈도의 내림차순으로 각 인스턴스 항목을 정렬하는 것이다. 최소 지지도 임계값을 충족하지 않는 각 인스턴스의 개별 항목은 트리에 삽입되지 않으므로 데이터 집합에서 효과적으로 제거된다. 많은 인스턴스가 가장 자주 개별적으로 발생하는 항목을 공유해 트리의 루트에 가까운 높은 수준의 압축이 이뤄지는 게 우리의 바람이다.

최소 지지도 임계값 6을 사용해 표 6.1A에 재현된 날씨 데이터로 프로세스를 나타낸다. 알고리듬은 복잡하며 이러한 사소한 예에 합당한 수준을 훨씬 초과하지만 작게 나타내는 게 이를 설명하는 가장 좋은 방법이다. 표 6.1B는 첫 번째 단계에서 수집된 개별 항목과 빈도를 나타낸다. 이들은 내림차순으로 정렬되며 빈도가 최소 임계값을 초과하는 항목은 볼드체로 표시된다. 표 6.1C는 표 6.1A와 같이 번호가 매겨진 원래 인스턴스를 보여 주며 각 인스턴스의 항목들은 내림차순으로 정렬돼 있다. 마지막으로 최종 결과를 미리 살펴보고자 표 6.1D는 빈도가 최소 지지도 임계값을 충족하는 2개의 다중 아이템 세트를 보여 준다. 표 6.1B에 굵게 표시된 6개의 단일 항목 집합과 함께 최종적으로 구하려는 값이 되며 총 8개의 항목 집합이다. FP-트리 방법을 사용해 표 6.1D에서 2개의 다중 항목 집합을 찾고자 많은 작업을 해야 한다.

그림 6.8A는 최소 지지도 임계값이 6인 데이터의 결과인 FP-트리 구조를 보여 준다. 트리 자체는 실선 화살표로 표시된다. 각 노드의 숫자는 해당 노드의 항목을 포함해 항목의 정렬된 접두사가 데이터셋에서 발생하는 횟수를 보여 준다. 예를 들어 트리의 왼쪽에서 세 번째 분기를 따라 가면 정렬 후 두 인스턴스가 접두사 습도^{humidity} = high(표 6.1C의 두 번째 및 마지막 인스턴스)로 시작하는 것을 볼 수 있다. 해당 분기를 계속 내려가면 다음 노드는 동일한 두 인스턴스가 다음으로 가장 빈번한 항목으로 바람^{windy} = true를 갖고 있음을 기록한다. 분기의 가장 낮은 노드는 이 두 인스턴스 중 하나(표 6.1C의 마지막 노드)에도 mild인 온도 5를 포함하고 있음을 보여 준다. 다른 인스턴스(표에서 두 번째)는 다음으로 가장 빈번한 항목이 최소 지지도 제약 조건을 충족하지 않아 트리에서 생략되기 때문에 이 단계에서 삭제된다.

다이어그램 왼쪽에 있는 '헤더 테이블$^{header table}$'은 데이터셋에 있는 개별 항목의 빈도

표 6.1 FP-트리에서 날씨 데이터 삽입의 준비: (A) 오리지널 데이터 (B) 볼드 처리된 빈도별 아이템 세트의 빈도순 정렬 (C) 빈도순으로 정렬된 각 인스턴스 데이터 (D) 2개의 다중 아이템의 빈도 아이템 세트

		Outlook	Temperature	Humidity	Windy	Play
(A)	1	Sunny	Hot	High	False	No
	2	Sunny	Hot	High	True	No
	3	Overcast	Hot	High	False	Yes
	4	Rainy	Mild	High	False	Yes
	5	Rainy	Cool	Normal	False	Yes
	6	Rainy	Cool	Normal	True	No
	7	Overcast	Cool	Normal	True	Yes
	8	Sunny	Mild	High	False	No
	9	Sunny	Cool	Normal	False	Yes
	10	Rainy	Mild	Normal	False	Yes
	11	Sunny	Mild	Normal	True	Yes
	12	Overcast	Mild	High	True	Yes
	13	Overcast	Hot	Normal	False	Yes
	14	Rainy	Mild	High	True	No

(B)	**Play = yes**	9
	Windy = false	8
	Humidity = normal	7
	Humidity = high	7
	Windy = true	6
	Temperature = mild	6
	Play = no	5
	Outlook = sunny	5
	Outlook = rainy	5
	Temperature = hot	4
	Temperature = cool	4
	Outlook = overcast	4

(C)	1	**Windy = false, humidity = high**, play = no, outlook = sunny, temperature = hot
	2	**Humidity = high, windy = true**, play = no, outlook = sunny, temperature = hot
	3	**Play = yes, windy = false, humidity = high**, temperature = hot, outlook = overcast
	4	**Play = yes, windy = false, humidity = high, temperature = mild**, outlook = rainy
	5	**Play = yes, windy = false, humidity = normal**, outlook = rainy, temperature = cool
	6	**Humidity = normal, windy = true**, play = no, outlook = rainy, temperature = cool
	7	**Play = yes, humidity = normal, windy = true**, temperature = cool, outlook = overcast

332

	8	**Windy = false, humidity = high, temperature = mild**, play = no, outlook = sunny
	9	**Play = yes, windy = false, humidity = normal**, outlook = sunny, temperature = cool
	10	**Play = yes, windy = false, humidity = normal, temperature = mild**, outlook = rainy
	11	**Play = yes, humidity = normal, windy = true, temperature = mild**, outlook = sunny
	12	**Play = yes, humidity = high, windy = true, temperature = mild**, outlook = overcast
	13	**Play = yes, windy = false, humidity = normal**, temperature = hot, outlook = overcast
	14	**Humidity = high, windy = true, temperature = mild**, play = no, outlook = rainy
(D)	**Play = yes & windy = false**	6
	Play = yes & humidity = normal	6

를 보여 준다(표 6.1B). 이러한 항목은 내림차순으로 나타나며 적어도 최소의 지원이 있는 항목만 포함된다. 헤더 테이블의 각 항목은 트리에서 첫 번째 항목을 가리키고 동일한 이름을 가진 트리의 후속 항목이 함께 연결돼 목록을 형성한다. 헤더 테이블에서 나온 이 목록은 그림 6.8A에서 점선 화살표로 표시된다.

트리에서 가장 왼쪽 브랜치에 있는 항목 세트 게임 가능 여부^{play} = yes(개수: 9) 및 게임 가능 여부^{play} = yes & 바람^{windy} = false(개수: 6)에 해당하는 최소 지지도 임계값을 충족하는 개수가 2개 노드에서만 있음을 트리에서 알 수 있다. 헤더 테이블의 각 항목은 그 자체로 임계값을 충족하는 단일 항목 집합이며 표 6.1B에 있는 모든 볼드체 항목과 표 6.1D에 설정된 첫 번째 항목을 최종 답변의 일부로 식별한다. 결과를 미리 알고 있으므로 하나만 더 이동하면 되는 것을 알 수 있다(표 6.1D에서 두 번째 항목). 그러나 그림 6.8A의 데이터 구조에는 힌트가 없으며 이를 발견하는 데 많은 작업이 필요하다.

대형 아이템 세트 검색

헤더 테이블에서 트리 구조로 연결되는 링크의 목적은 트리에 이미 있는 2개를 제외하고

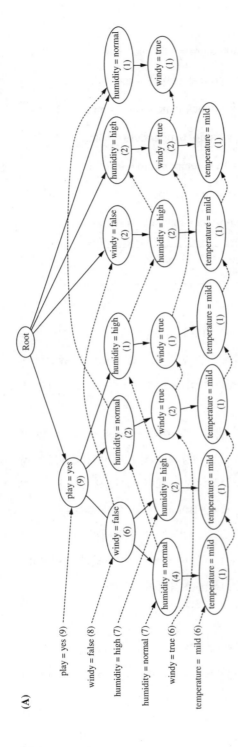

(A)

play = yes (9)

windy = false (8)

humidity = high (7)

humidity = normal (7)

windy = true (6)

temperature = mild (6)

그림 6.8 날씨 데이터에 대한 접두사 트리의 확장: (A) 전체 데이터 (B) 온도(temperature) = mild인 경우 데이터 (C) 습도(humidity) = normal인 경우의 데이터

334

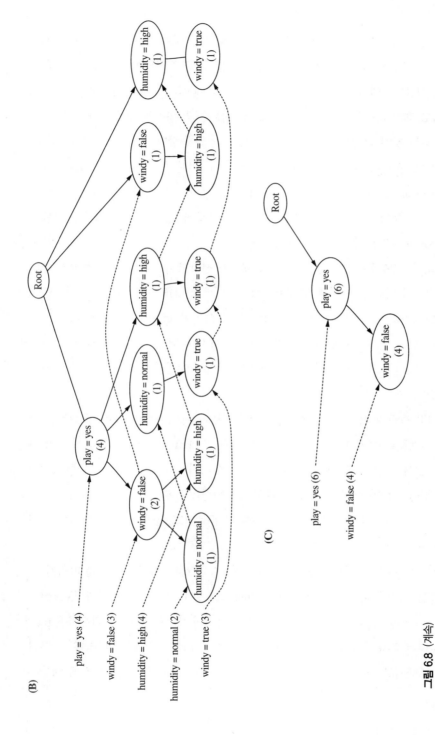

(B)

play = yes (4)

windy = false (3)

humidity = high (4)

humidity = normal (2)

windy = true (3)

(C)

play = yes (6)

windy = false (4)

그림 6.8 (계속)

다른 대형 항목 세트를 찾고자 트리 순회를 용이하게 하는 것이다. 이는 대형 아이템 세트를 성장시키고자 트리를 재귀적으로 처리하는 분할 정복$^{divide\ and\ conquer}$ 접근 방식에 의해 수행된다. 각 헤더 테이블 목록은 테이블의 맨 아래에서 시작해 위쪽으로 차례로 표시된다. 실제로 헤더 테이블은 임의의 순서로 처리할 수 있지만 트리에서 가장 긴 경로를 먼저 처리하는 것이 더 쉬우며 이는 빈도가 낮은 항목에 해당한다. 헤더 테이블의 맨 아래에서 시작해 큰 항목 세트 목록에 temperature = mild를 즉시 추가할 수 있다. 그림 6.8B는 temperature = mild을 포함하는 데이터셋의 인스턴스에 대한 FP-트리인 다음 단계의 결과를 보여 준다. 이 트리는 데이터셋을 다시 스캔해 생성된 것이 아니라 다음과 같이 그림 6.8A의 트리를 추가로 처리해 생성됐다.

temperature = mild를 포함하는 더 큰 항목 세트가 성장할 수 있는지 확인하고자 헤더 테이블에서 링크를 따라간다. 이를 통해 temperature = mild을 포함하는 모든 인스턴스를 찾을 수 있다. 여기에서 그림 6.8B의 새 트리가 생성되며 temperature = mild를 조건으로 하는 인스턴스 세트에 해당하는 오리지널 트리에서 투영된 개수가 표시된다. 이는 temperature = mild 노드에서 트리 위로 카운트를 전파해 수행되며 각 노드는 자식 카운트의 합계를 받는다.

이 새로운 FP-트리의 헤더 테이블을 한 번 살펴보면 temperature = mild 조건에 따라 최소 지지도 임계값을 충족하는 개별 항목이 없기 때문에 temperature = mild 패턴이 더 이상 커질 수 없음을 알 수 있다. 그러나 이를 발견하려면 그림 6.8B의 전체 트리를 생성해야 하는데 이는 상향식$^{bottom\ up}$으로 효과적으로 생성되고 왼쪽 헤더 테이블의 개수가 트리의 숫자로부터 계산되기 때문이다. 이때 재귀가 종료되고 원래 FP-트리의 나머지 헤더 테이블 항목에서 처리가 이어진다.

그림 6.8C는 두 번째 예인 humidity = normal에 대한 헤더 테이블 링크를 따라간 결과인 FP-트리를 보여 준다. 여기서 windy = false 노드는 오리지널 트리의 왼쪽 브랜치에 humidity = normal인 4개의 인스턴스에 해당하는 4의 개수를 가진다. 비슷하게 play = yes는 windy = false의 4개 인스턴스와 그림 6.8A에서 play = yes에 뿌리를 둔 하위 트리의 중간 브랜치로부터의 humidity = normal을 포함하는 2개의 인스턴스에 해당하

는 6의 개수를 가진다.

이 FP-트리에 대한 헤더 목록을 처리하면 humidity = normal 아이템 세트가 play = yes를 포함하도록 확장될 수 있음을 보여 주는데 이는 최소 지지도 제약을 만족시키는 두 아이템이 여섯 번 함께 발생하기 때문이다. 이것은 실제로 출력을 마무리하는 표 6.1D에 설정된 두 번째 항목에 해당한다. 그러나 다른 적합한 항목 아이템이 없는지 확인하려면 그림 6.8A의 전체 헤더 링크 테이블을 계속 처리해야 한다.

재귀 트리 마이닝 프로세스가 완료되면 최소 지지도 임계값을 충족하는 모든 대형 아이템 세트가 발견된 것이다. 그런 다음 4.5절에 설명된 접근 방식을 사용해 연관 규칙을 만든다. 연구에 따르면 FP-성장 알고리듬은 구현 세부 사항과 데이터셋의 특성에 따라 다르지만 Apriori 방법보다 큰 아이템 세트를 찾을 때 훨씬 빠르다.

토론

투영된 FP-트리를 재귀적으로 생성하는 프로세스는 트리의 각 노드와 헤더 테이블의 각 요소에서 재귀의 깊이별로 색인화된 빈도 목록을 사용해 단일 접두사 트리 구조 내에서 효율적으로 구현할 수 있다. 트리 구조 자체는 일반적으로 오리지널 데이터셋보다 훨씬 작으며 데이터셋이 조밀하면 높은 수준의 압축을 달성한다. 이것은 각 노드에서 유지돼야 하는 포인터와 카운터에 의해 부과된 오버 헤드보다 크다. 지지도 임계값이 매우 낮게 설정된 경우에만 데이터셋을 압축하는 FP-트리의 기능이 저하된다. 이러한 조건에서 트리는 노드 공유가 거의 없이 무성하기만 한다. FP-트리가 메인 메모리를 초과하는 대규모 데이터셋에서 디스크 상주 트리는 관계형 데이터베이스 시스템 용으로 개발된 인덱싱 기술을 사용해 구성할 수 있다.

Zaki, Parthasarathy, Ogihara & Li(1997)의 선구적 작업에 따라 Han, Pei & Yin(2000)이 후보 생성 없이 대형 아이템 세트를 찾기 위한 FP-트리 데이터 구조 및 FP-성장 알고리듬을 도입했다. Han, Pei, Yin, Mao(2004)는 보다 포괄적인 설명을 제공했으며 이는 다양한 방법으로 확장됐다. Wang, Han & Pei(2003)는 닫힌 아이템 세트, 즉 동일한 지원을 갖는 적절한 상위 세트^{superset}가 없는 세트를 마이닝하고자 CLOSET1이라는 알고리듬을 개발한다. 대형 닫힌 아이템 세트를 찾는 것은 대형 아이템 세트의 전체 세트를 찾는 것과 본질적으로 동일한 정보를 제공하지만 중복 규칙이 거의 생성되지 않으므로 사용자가 마이닝 프로세스의 출력을 검토할 때 직면하게 되는 추가되는 작업이 거의 없어진다. Generalized Sequential Patterns, 즉 GSP는 이벤트 시퀀스 데이터베이스에서 패턴을 마이닝하기 위한 Apriori 알고리듬에 기반한 방법이다(Srikant & Agrawal, 1996). FP-성장에 대한 유사한 접근 방식은 PrefixSpan(Pei et al., 2004) 및 CloSpan(Yan, Han, & Afshar, 2003)이라는 알고리듬에 의한 이벤트 시퀀스와 gSpan(Yan & Han, 2002) 및 CloseGraph(Yan & Han, 2003)이 사용됐다.

　　Ceglar & Roddick(2006)은 연관 규칙 마이닝에 대한 포괄적인 조사를 제공한다. 일부 저자는 연관 규칙 마이닝을 분류와 통합하는 작업을 수행했다. 예를 들어, Liu, Hsu & Ma(1998)는 '클래스 연관 규칙'이라고 부르는 일종의 연관 규칙을 채굴하고 CBA라고 하는 기술을 사용해 발견된 규칙에 대한 분류기를 작성한다. Mutter, Hall & Frank(2004)는 분류를 사용해 신뢰 기반 연관 규칙 마이닝의 출력을 평가하고 규칙 세트의 런타임 및 크기가 우려되는 경우 분류 규칙에 대한 표준 학습자가 일반적으로 CBA보다 선호된다는 것을 발견했다.

6.4 WEKA 수행

- 결정 트리

  J48(C4.5의 수행)

  SimpleCart(simpeCART에서 최소 비용 복잡성 프루닝 à la CART, 패키지)

  REPTree(감소된 오류 프루닝)

- 분류 규칙

  JRip(RIPPER 규칙 학습자)

Part(부분 결정 트리에서의 규칙)

Ridor(ridor 패키지에 있는 리플다운^{ripple-down} 규칙 학습기)

- 연관 규칙

  FPGrowth(빈번한 패턴 트리)

  GeneralizedSequentialPatterns(generalizedSequentialPatterns 패키지에서 순차 데이터
  에서 큰 항목 트리 찾기)

  CBA(classAssociationRules package 패키지에서 클래스 연관 규칙 마이닝)

07

인스턴스 기반 및 선형 모델의 확장

인스턴스 기반 학습 및 피팅 선형 모델은 모두 통계에서 예측 작업을 해결하고자 수십 년 동안 사용돼 온 고전적인 기술이다. 7장에서는 이러한 기본 방법을 확장해 더 까다로운 작업을 처리하는 방법을 알아본다.

최근접 이웃 분류기를 사용하는 기본 인스턴스 기반 학습은 노이즈가 있거나 불규칙한 인스턴스 앞에서는 상당히 변덕스럽다. 그리고 이의 예측 성능은 당면한 작업에 매치되는 거리 함수에 좌우된다. 이 학습법은 전체 학습 데이터를 저장해야 하는데 이는 실제로 바람직하지 않거나 실행 가능하지 않을 수 있다. 또한 '학습된' 내용에 인사이트insight를 제공하지 않는다. 이러한 결함을 해결하고자 학습 예제 수를 줄이는 방법, 노이즈가 있는 예제로부터 보호하는 방법, 중요도를 고려하고자 속성에 가중치를 부여하는 방법, 통찰력을 제공하는 규칙에 대한 예제를 일반화하는 방법 및 서로 다른 유형의 데이터의 거리 함수를 일반화하는 방법 등을 보여 줄 것이다.

선형 모델의 경우 결과가 오리지널 속성의 선형 함수가 아닌 상황에 적용 가능성을 확장하는 여러 방법을 논의한다. 방법 중 하나는 오리지널 속성을 기반으로 새로운 속성을 형성하거나 훨씬 더 복잡한 함수를 형성하고자 많은 선형 모델의 출력을 결합해 모델의 수학적 복잡성을 증가시키는 것이다. 나이브하게 적용된 첫 번째 접근 방식은 학습 문제의 계산을 크게 증가시킨다. 그러나 이 문제를 해결하는 '커널 트릭kernel trick'이라는 깔끔한 수학적 장치가 있다. 벡터 머신 지원, 커널 회귀 및 커널 퍼셉트론kernel perceptron과 같은 여러 커널 기반 학습 방법을 논의한다. 선형 모델 출력의 비선형 변환을 기반으로 하는 두 번째 접근법은 인공 신경망으로 알려져 있다. 분류 및 회귀를 위해 널리 사용되는 신경망 유형인 다층 퍼셉트론MLP, Multi Layer Perceptron을 논의한다. 또한 여기서 논의하는 많은 모델(기본 선형 모델과 확장 버전 모두)을 학습하기 위한 간단하고 빠른 기술인 확률적 경사 하강법stochastic gradient descent도 설명한다.

또한 선형 모델을 확장하는 다른 2가지 방법도 설명한다. 하나는 트리 학습기를 사용해 인스턴스 공간을 영역으로 나누고 모델을 트리의 리프에 맞추고 이른바 모델 트리를 생성해 로컬 선형 모델을 구축하는 것이다. 또 다른 방법은 인스턴스 기반 학습을 선형 모델과 결합해 로컬 가중 회귀를 생성하는 것이다. 전자의 접근 방식은 7장에서 논의된 대부분의 다른 접근 방식과 달리 이해하기 쉬운 모델을 생성한다. 후자는 자연스럽게 점진적 방식을 수용한다.

7.1 인스턴스 기반 학습

4.7절에서 가장 가까운 이웃 규칙을 사용해 인스턴스 기반 학습의 기본 형식을 구현하는 방법을 살펴봤다. 이 간단한 계획에는 몇 가지 실제적인 문제가 있는데 첫째, kD-트리 또는 볼 트리와 같은 정교한 데이터 구조를 사용하지 않는 한 전체 세트를 각 테스트 인스턴스에 대해 검색해야 하기 때문에 대규모 훈련 세트의 경우 속도가 느리다. 둘째, 노이즈 제거에 도움이 되는 '평균화' 없이 테스트 인스턴스의 클래스가 가장 가까운 이웃에 의해 결정되기 때문에 노이즈가 많은 데이터에서 성능이 좋지 않다. 셋째, 모든 속성이 거리 공식에 동일하게 기여하기 때문에 다른 속성이 다른 범위로 결과에 영향을 미칠 때(극

단적인 경우 일부 속성이 완전히 관련이 없는 경우) 성능이 저하된다. 넷째, 일부 인스턴스 기반 학습 시스템이 실제로 명시적 일반화를 수행한다고 3.5절(및 그림 3.10에 설명)에서 암시했지만 명시적 일반화를 수행하지 않는다.

견본 수 줄이기

일반 최근접 이웃 규칙은 많은 중복된 견본을 저장한다. 그러나 지금까지 본 모든 예제를 저장하는 것은 거의 대부분 불필요했다. 이에 대한 간단한 변형 버전은 이미 본 예제와 관련해 각 예제를 분류하고 잘못 분류된 예제만 저장하는 것이다. 여기서는 분류에 사용된 이미 본 인스턴스의 참조를 위해 견본exemplar이라는 용어를 사용한다. 적절하게 분류된 인스턴스를 버리는 것은 견본 수를 줄이고 샘플 데이터베이스를 정리하는 효과적인 방법임이 입증됐다. 이상적으로는 인스턴스 공간의 각 중요 영역에 대해 하나의 견본만 저장된다. 그러나 학습 과정의 초기 단계에서 나중에 중요하다고 판명된 예는 삭제돼 예측 정확도가 약간 떨어질 수 있다. 저장된 인스턴스 수를 늘리면 모델의 정확도가 향상되고 시스템의 실수가 줄어든다.

안타깝게도 잘못 분류된 인스턴스만 저장하는 전략은 노이즈가 발생하면 제대로 작동하지 않는다. 노이즈가 있는 예제는 잘못 분류될 가능성이 매우 높기 때문에 저장된 견본 세트는 유용하지 않은 견본을 누적하기 쉽다. 이는 실험적으로 쉽게 관찰될 수 있다. 따라서 이는 인스턴스 기반 학습자로 나아갈 발판 그 이상은 되지 못한다.

노이즈가 있는 견본의 프루닝

노이즈가 있는 견본은 반복적으로 새 인스턴스를 잘못 분류하는 효과가 있어 이를 고려하지 않은 최근접 이웃 체계의 성능을 저하시킨다. 이를 처리하는 방법에는 2가지가 있다. 하나는 가장 가까운 이웃 대신 미리 결정된 상수 k에 대해 k개의 가장 가까운 이웃을 찾고 알 수 없는 인스턴스에 다수 클래스를 할당하는 것이다. 여기서 유일한 문제는 적절한 k 값을 결정하는 것이다. 일반적인 최근접 이웃 학습은 $k = 1$에 해당한다. 노이즈가 많을수록 k의 최적 값이 커지며 이를 진행하는 방법 중 하나는 여러 다른 값으로 교차 검증 테스트를 수행하고 가장 좋은 것을 선택하는 것이다. 이는 계산 시간은 많이 걸리지만 종종 좋은 예측 성능을 제공한다.

두 번째 해결책은 저장된 각 견본의 성능을 모니터링하고 제대로 수행되지 않는 견본은 버리는 것이다. 이는 각 견본이 내린 정확한, 그리고 부정확한 분류 결정의 수를 기록해 수행할 수 있다. 성공률에 대해 미리 결정된 2개의 임계값이 설정된다. 견본의 성능이 하한 임계 아래로 떨어지면 해당 세트에서 삭제된다. 성능이 상한 임계값을 초과하면 새 인스턴스의 클래스를 예측하는 데 사용된다. 성능이 임계값 사이에 있는 경우 예측에 사용되지 않지만 새 인스턴스에 가장 가까운 예제가 될 때마다 새 인스턴스 분류에 사용될 때마다(따라서 성능 기록이 충분했다면 예측에 사용됐을 것임) 이 인스턴스가 새로운 인스턴스로 분류된 것처럼 성공 통계가 업데이트된다.

이를 달성하고자 5.2절에서 도출한 베르누이 프로세스$^{Bernoulli\ process}$의 성공 확률에 대한 신뢰 한계를 사용한다. 실제 기본 성공률 p에 대한 신뢰 한계의 기초가 되는 증거로 총 시행 횟수 N에서 특정 수의 성공 S를 취했다. 예를 들어 5%의 특정 신뢰 수준이 주어지면 상한과 하한을 계산할 수 있고 그 사이에 p가 있다고 95% 확신할 수 있다.

특정 예제를 언제 받아들일지 결정하는 문제에 이를 적용하고자 다른 인스턴스의 분류에 n번 사용됐고 이들 중 s번 성공했다고 가정하자. 이를 통해 특정 신뢰 수준에서 이 예제의 실제 성공률에 대한 경계를 추정할 수 있다. 이제 예제의 클래스가 총 N개의 훈련 인스턴스 중 c번 발생했다고 가정하자. 이를 통해 기본 성공률에 대한 경계, 즉 속성값에 대한 정보 없이 이 클래스의 인스턴스를 성공적으로 분류할 확률을 추정할 수 있다. 우리는 견본의 성공률에 대한 신뢰 하한이 기본 성공률에 대한 신뢰 상한을 초과한다고 말할 수 있다. 동일한 방법을 사용해 실적이 저조한 사례를 거부하는 기준을 만들어 성공률에 대한 신뢰 상한이 기본 성공률에 대한 신뢰 하한 아래에 있게 해야 한다.

적절하게 임계값을 선택하면 이 구조는 잘 작동한다. IB3$^{Instance-Based\ learner\ version3}$이라 불리는 특정 구현에서 신뢰도 수준 5%가 수락 여부를 결정하는 데 사용되는 반면 12.5% 수준은 거부에 사용된다. 백분율 수치가 낮을수록 신뢰 구간이 더 넓어지므로 한 구간의 하한이 다른 구간의 상한 위에 놓이기가 더 어렵기 때문에 이는 더 엄격한 기준이 된다. 수락 기준은 거부 기준보다 엄격하므로 인스턴스를 수락하기가 더 어렵다. 거부 기준이 덜 엄격한 이유는 분류 정확도가 적당히 낮은 인스턴스를 삭제해도 손실이 거의 없기 때문이다. 이들은 나중에 유사한 인스턴스로 대체될 것이다. 이러한 임계값을 사용하면 인스턴스 기반 학습의 성능이 향상되는 동시에 저장되는 견본(특히 노이즈가 많은 견본)의 수를 크게 줄일 수 있다.

가중치 속성

모든 속성값을 0에서 1 사이로 조정하도록 수정된 유클리드 거리 함수는 속성이 결과와 똑같이 연관된 도메인에서 잘 작동한다. 그러나 이러한 도메인은 규칙이 아니라 예외다. 대부분의 도메인에서 일부 속성은 관련이 없으며 일부 관련 속성은 다른 속성보다 중요도가 떨어진다. 인스턴스 기반 학습의 다음 개선 사항은 기능 가중치를 동적으로 업데이트해 점진적으로 각 속성의 관련성을 학습하는 것이다.

일부 구조^{scheme}에서 가중치는 속성이 다른 클래스보다 한 클래스에 더 중요할 수 있다는 점에서 클래스에 따라 달라진다. 이를 충족시키고자 각 클래스에 대해 해당 멤버를 다른 모든 클래스의 멤버와 구별하는 디스크립션^{description}이 생성된다. 이로 인해 알려지지 않은 테스트 인스턴스가 여러 다른 클래스에 할당되거나 클래스가 전혀 지정되지 않을 수 있다는 문제가 발생하는데 이 문제는 규칙 유도에 대한 설명에서 자주 봤던 문제이며 이러한 상황을 해결하고자 휴리스틱 솔루션이 적용된다.

가중 유클리드 거리 메트릭은 각 차원의 특성 가중치 w_1, w_2, ..., w_n을 통합한다.

$$\sqrt{w_1^2(x_1-y_1)^2 + w_2^2(x_2-y_2)^2 + \cdots + w_n^2(x_n-y_n)^2}$$

클래스별 특성 가중치의 경우 각 클래스에 대해 별도의 가중치 집합이 있다.

모든 속성 가중치는 각 훈련 인스턴스가 분류된 후 업데이트되고 가장 유사한 예제(또는 각 클래스의 가장 유사한 예제)가 업데이트의 기준으로 사용된다. 훈련 인스턴스 x와 가장

유사한 예제 y를 호출한다. 각 속성 i에 대해 차이 $|x_i - y_i|$는 결정에 대한 해당 속성의 기여도를 측정한 것이며 차이가 작으면 속성이 긍정적으로, 크면 부정적으로 기여할 수 있다. 기본 아이디어는 이 차이의 크기와 분류가 실제로 올바른지 여부에 따라 i번째 가중치를 업데이트하는 것이다. 분류가 정확하면 관련 가중치가 증가하고 정확하지 않으면 감소하며 증가 또는 감소의 양은 차이의 크기에 따라 결정된다. 차이가 작으면 커지고 차이가 크면 작아진다. 가중치 변경은 일반적으로 재정규화 단계가 뒤따라온다. 이와 동일한 효과를 가지고 있으며 더 간단한 전략은 결정이 정확한 경우에는 가중치를 그대로 두고 부정확한 경우에는 대부분 차이가 나는 이들 속성에 대한 가중치를 증가시켜 차이를 강조하는 것이다.

속성 가중치 체계가 작동하는지 여부에 대한 좋은 테스트는 데이터셋의 모든 예제에 관련 없는 속성을 추가해 보는 것이다. 이상적으로는 관련 없는 속성의 도입이 예측의 품질이나 저장된 견본의 수에 영향을 주지 않아야 한다.

견본의 일반화

노이즈가 많거나 중복되는 학습 견본을 제거하면 데이터 구조를 어느 정도 이해하는 데 도움이 된다. 그러나 해석 가능성을 더 높이려면 견본의 일반화가 필요하다.

일반화된 견본은 고차원이기 때문에 초사각형hyper-rectangle이라는 인스턴스 공간의 직사각형 영역이다. 새 인스턴스를 분류할 때 아래 설명된 대로 거리 함수를 수정해 초사각형까지의 거리를 계산할 수 있다. 새 견본이 올바르게 분류되면 동일한 클래스의 가장 가까운 예제와 병합해 일반화된다. 가장 가까운 견본은 단일 인스턴스 또는 초사각형일 수 있다. 전자의 경우 이전 인스턴스와 새 인스턴스를 포함하는 새로운 초사각형이 생성된다. 후자의 경우 초사각형이 확대돼 새 인스턴스를 포함한다. 마지막으로 예측이 정확하지 않고 잘못된 예측의 원인이 되는 초사각형인 경우 초사각형의 경계가 변경돼 새 인스턴스에서 축소된다.

중첩 또는 오버래핑된 초사각형으로 인한 과도한 일반화를 허용할지 여부를 처음에 결정해야 한다. 허용하면 안 되는 경우 새로운 예제를 일반화하기 전에 기능 공간의 영역이 제안된 새 초사각형과 충돌하는지 여부를 확인한다. 충돌하는 경우 일반화가 중단되고 예제가 그대로 저장된다. 주의할 점은 오버래핑되는 초사각형은 동일한 예제가 규칙 세트에 있는 둘 이상의 규칙에 포함되는 상황과 정확히 유사하다는 점이다.

일부 구조에서 일반화된 견본은 일부 표현에서 규칙에 예외가 있을 수 있는 것과 동일한 방식으로 서로 완전히 포함될 수 있다는 점에서 중첩될 수 있다. 이를 위해 예제가 잘못 분류될 때마다 생성을 수행하려는 추가 시도에서 올바른 예측을 생성한 경우 두 번째 최근접 이웃을 사용해 대체 휴리스틱fallback heuristic이 시도된다. 이 세컨드 찬스second-chance 메커니즘은 초사각형의 중첩을 불러온다. 예제가 동일한 클래스의 견본들을 이미 포함하고 있는 잘못된 클래스의 사각형에 포함되는 경우 이 둘은 오리지널 초사각형 내에 중첩된 새로운 '예외' 초사각형으로 일반화된다. 중첩된 일반화 견본의 경우 동일한 클래스의 모든 예제가 대부분의 문제 공간을 포함하는 단일 사각형으로 일반화되는 것을 방지하고자 학습 프로세스는 자주 적은 수의 시드 인스턴스로 시작된다.

일반화된 견본에 대한 거리 함수

일반화된 견본을 사용하면 인스턴스에서 일반화된 견본과 다른 인스턴스까지의 거리를 계산하고자 거리 함수를 일반화해야 한다. 인스턴스에서 초사각형까지의 거리는 점이 초사각형 내에 있는 경우 0으로 정의된다. 외부 지점에서 초사각형까지의 거리를 계산하고자 거리 함수를 생성하는 가장 간단한 방법은 그 안에서 가장 가까운 인스턴스를 선택하고 여기까지의 거리를 측정하는 것이다. 그러나 이는 특정 단일 예제에 대한 의존성을 다시 증가시키며 따라서 일반화의 이점을 감소시킨다. 더 정확하게는 초사각형 안에 있는 새로운 인스턴스는 일반화의 혜택을 계속 받는 반면, 외부에 있는 인스턴스는 그렇지 못하며 (이럴 경우는) 대신 초사각형의 가장 가까운 부분으로부터의 거리를 사용하는 것이 더 나을 수 있다.

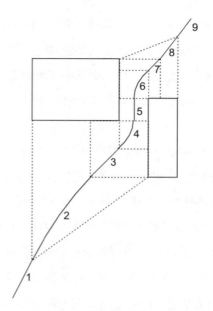

그림 7.1 두 직사각형 클래스 사이의 경계

그림 7.1은 직사각형의 가장 가까운 지점까지의 거리를 측정하고자 거리 메트릭이 조정된 경우 두 직사각형 클래스 사이에 형성되는 암시적 경계를 보여 준다. 2차원에서도 경계에는 총 9개의 영역이 포함되며(쉽게 식별할 수 있도록 번호가 매겨져 있다) 고차원 초사각형의 경우에는 상황이 더 복잡해진다.

왼쪽 아래부터 진행하면 경계가 선형인 첫 번째 영역이 두 직사각형의 범위 밖에 있는데 큰 직사각형의 양쪽 경계 왼쪽과 작은 직사각형의 두 경계 아래쪽에 위치한다. 두 번째 영역은 큰 직사각형의 가장 왼쪽 경계 오른쪽에 있는 직사각형의 범위 내에 있지만 작은 직사각형의 두 경계 아래에 있다. 이 영역 경계는 포물선인데 두 사각형의 경계로부터 같은 거리에 있는 점의 궤적이 포물선이기 때문이다. 세 번째 영역은 경계가 위쪽으로 투영될 때 큰 직사각형의 아래쪽 경계와 오른쪽으로 투영될 때 작은 직사각형의 왼쪽 경계와 만나는 곳이다. 경계는 이 두 경계에서 같은 거리에 있기 때문에 선형이 된다. 네 번째 영역은 경계가 더 큰 직사각형의 오른쪽에 있지만 해당 직사각형의 하단 아래에 있는 곳이다. 이 경우 경계는 더 큰 직사각형의 오른쪽 아래 모서리와 작은 직사각형의 왼쪽 모서리에서 같은 거리에 있는 점의 궤적이기 때문에 포물선 형태가 된다. 다섯 번째 영역은 두 직사각형 사이에 있다. 여기서 경계는 수직이다. 패턴은 다이어그램의 오른쪽 상단 부분에서 반복된다. 첫 번째 포물선, 그다음 선형, 포물선(이 특정 포물선은 직선과 거의 구별할 수 없지만), 마지막으로 경계가 두 사각형 범위에서 벗어나면 선형이 된다.

이 간단한 상황은 확실하게 복잡한 경계를 정의한다. 물론 경계를 명시적으로 나타낼 필요는 없다. 최근접 이웃 계산에 의해 암시적으로 생성된다. 그럼에도 솔루션은 여전히 좋지 않은데 초사각형 내에서 가장 가까운 인스턴스로부터의 거리를 얻는 것은 특정 인스턴스의 위치에 과도하게 의존하는 반면, 초사각형의 가장 가까운 지점까지의 거리를 취하는 것은 직사각형의 해당 모서리에 지나치게 의존한다. 가장 가까운 예는 코너에서 멀리 떨어져 있다.

마지막 문제는 겹치거나 중첩된 초사각형까지의 거리를 측정하는 것이다. 인스턴스가 둘 이상의 초사각형 내에 속할 수 있으므로 상황이 복잡해진다. 이 경우에 사용하기에 적합한 휴리스틱은 인스턴스를 포함하는 가장 구체적인 초사각형의 클래스, 즉 인스턴스 공간의 가장 작은 영역을 포함하는 클래스를 선택하는 것이다.

중첩 또는 오버랩이 허용되는지 여부에 관계없이 노이즈가 있는 견본 및 속성 가중치에 대한 위 절에서 설명한 대로 견본의 관찰된 예측 정확도와 서로 다른 특징의 상대적 중요성을 모두 고려해 거리 함수를 수정해야 한다.

일반화된 거리 함수

거리 함수를 정의하는 방법에는 여러 가지가 있으나 특정 선택에 대한 합리적인 근거를 찾기는 어렵다. 멋진 솔루션은 미리 정의된 기본 작업 시퀀스를 통해 하나의 인스턴스가 다른 인스턴스로 변환되는 것을 고려하고 작업이 무작위로 선택되는 경우 이러한 시퀀스가 발생할 확률을 계산하는 것이다. 가능한 모든 변환 경로를 고려하고 확률에 따라 가중치를 부여하면 견고성이 향상되며 구조는 세트의 모든 인스턴스에 대한 변환을 고려해 인스턴스와 다른 인스턴스 집합 간의 거리를 계산하는 문제로 자연스럽게 일반화된다. 이러한 기술을 통해 각 인스턴스가 '영향권'을 행사하는 것으로 간주할 수 있지만 특정 예제가 결정의 '안' 또는 '밖'에 존재하는 k-최근접 이웃 규칙에 의해 암시되는 딱딱한 컷오프가 아닌 부드러운 경계가 있는 구^{sphere}로 간주할 수 있다.

이러한 측정을 사용하면 클래스를 알 수 없는 테스트 인스턴스가 주어지면 각 클래스의 모든 학습 인스턴스 세트까지의 거리가 차례로 계산되고 가장 가까운 클래스가 선택된다. 다른 변환 세트를 정의해 이 변환 기반 접근 방식 내에서 명목 및 수치 속성을 균일한 방식으로 처리할 수 있으며 원형 척도로 측정되는 호의 각도 또는 요일과 같은 비정상적인 속성 유형을 고려할 수도 있다.

토론

최근접 이웃 방법은 Aha(1992)의 작업을 통해 머신러닝에서 인기를 얻었다. Aha(1992)는 노이즈가 있는 예제의 프루닝과 속성 가중치와 결합할 때 인스턴스 기반 학습이 다른 방법과 비교해 잘 수행된다는 것을 보여 줬다. 수치 예측 문제가 아닌 분류의 맥락에서만 설명했지만 이것들에도 똑같이 적용된다는 점은 주목할 가치가 있다. 예측은 k개의 최근접 이웃의 예측값을 결합하고 거리별로 가중치를 적용해 얻을 수 있다.

인스턴스 공간에서 볼 때 표준 규칙 및 트리 기반 표현은 속성에 의해 정의된 축에 평행한 클래스 경계만 나타낼 수 있는데 이는 명목 속성이 아닌 숫자 속성에 대한 핸디캡이다. 비축 평행 클래스$^{nonaxis-parallel\ class}$ 경계는 근사 정도를 결정하는 직사각형의 수인 여러 개의 축 평행 직사각형으로 경계 위 또는 아래 영역을 덮는 방식으로만 근사화할 수 있다. 반대로 인스턴스 기반 방법은 임의의 선형 경계를 쉽게 나타낼 수 있다. 두 클래스 각각 하나의 예제를 사용하더라도 최근접 이웃 규칙이 내포하는 경계는 임의의 방향의 직선, 즉 예제를 연결하는 선의 수직 이등분선이다.

평범한 인스턴스 기반 학습은 대표적인 예제를 선택하는 경우를 제외하고는 명시적인 지식 표현을 생성하지 않는다. 그러나 예제의 일반화와 결합하면 다른 머신러닝 구조에서 생성된 것과 비교할 수 있는 일련의 규칙을 얻을 수 있다. 일반화된 예제를 통합하도록 수정된 거리 메트릭이 규칙에 속하지 않는 예제를 처리하는 데 사용될 수 있기 때문에 규칙은 더 보수적인 경향이 있다. 이렇게 하면 전체 예제 공간 또는 모든 훈련 예제를 포괄하는 규칙을 생성해야 하는 부담이 줄어든다. 반면에 여기서 설명한 인스턴스 기반 학습 체계의 점진적 특성은 훈련 세트의 일부만 보고 나서 규칙이 형성된다는 것을 의미하며 이는 필연적으로 품질을 떨어뜨린다.

일반화를 수행하는 가장 좋은 방법이 무엇인지 명확하지 않기 때문에 일반화를 포함하는 인스턴스 기반 학습의 변형에 대한 정확한 알고리듬을 제공하지 않았다. Salzberg(1991)는 중첩된 예시를 사용한 일반화가 다양한 문제에 대해 높은 수준의 정확도를 달성할 수 있다고 제안했으나 Wettschereck & Dietterich(1994)가 이 결과가 우연이었고 다른 도메인 결과에는 적용되지 않았다고 주장했다. Martin(1995)은 성능 저하의 원인이 되는 초사각형이 중첩되거나 오버래핑될 때 발생하는 것이 일반화가 아니라 과잉 일반화라는 아이디어를 연구하고 중첩 및 오버래핑을 피하면 많은 도메인에서 우수한 결과를 얻을 수 있음을 입증했다. 변환에 기반한 일반화된 거리 함수는 Cleary & Trigg(1995)에 의해 연구 발표됐다.

예제 일반화는 앞서 설명한 트리 및 규칙 유도 방식의 경우처럼 검색이 일반에서 특정으로 진행되는 것이 아니라 특정에서 일반으로 진행되는 학습 전략의 드문 예다. 예제를 엄격하게 증분 방식으로 고려하도록 강요함으로써 특정 대 일반 검색이 반드시 장애가 돼야 할 특별한 이유가 없으며 기본 인스턴스 기반 접근 방식을 사용해 규칙을 생성하는 배치 지향 접근 방식이 존재한다. 더욱이 보수적인 일반화 생성 및 '가장 가까운' 일반화를 선택해 다루지 않는 인스턴스에 대처하는 아이디어는 일반적으로 트리 및 규칙 유도자에게 유용할 수 있다.

7.2 선형 모델의 확장

4.6절에서는 모든 속성이 수치인 상황에서 분류에 간단한 선형 모델을 사용하는 방법을 설명했다. 이의 가장 큰 단점은 클래스 간의 선형 경계만 나타낼 수 있어 많은 실제 응용 프로그램에서 사용되기에는 너무 단순하다는 것이다. 서포트 벡터 머신support vector machine은 선형 모델을 사용해 비선형 클래스 경계를 구현한다(널리 사용되는 용어이지만 서포트 벡터 머신은 잘못된 이름이다. 이것은 머신이 아니라 알고리듬이다). 어떻게 이것이 가능할까? 방법은 간단하다. 비선형 매핑을 사용해 입력을 변환한다. 즉 인스턴스 공간을 새 공간으로 변환한다. 비선형 매핑을 사용하면 새 공간의 직선이 오리지널 인스턴스 공간에서 직선으로 보이지 않는다. 새 공간에서 구성된 선형 모델은 오리지널 공간에서 비선형 결정 경계를 나타낼 수 있다.

이 아이디어를 4.6절의 일반 선형 모델에 직접 적용한다고 가정하자. 예를 들어 오리지널 속성 세트는 이러한 속성에서 구성할 수 있는 n개의 팩터 곱의 모든 결과를 제공하는 것으로 대체될 수 있다. 3개 팩터가 있는 곱의 모든 결과들을 포함하는 2가지 속성의 예는 다음과 같다.

$$x = w_1 a_1^3 + w_2 a_1^2 a_2 + w_3 a_1 a_2^2 + w_4 a_2^3$$

여기서 x는 출력, a_1과 a_2는 두 속성의 값, 그리고 학습될 4개의 가중치 w_i가 있다. 4.6절에 설명된 대로 결과는 각 클래스에 대해 하나의 선형 시스템을 훈련하고 가장 큰 출력 x를 제공하는 클래스에 알 수 없는 인스턴스를 할당해 분류에 사용할 수 있는데 이는 다중 반응 선형 회귀multiresponse linear regression의 표준 기술이다. 그러면 a_1과 a_2가 테스트 인스턴스의 속성값이 된다. 이러한 결과로 확장된 공간에서 선형 모델을 생성하고자 각 학습 인스턴스는 두 속성값의 가능한 모든 3팩터의 결과를 계산해 새 공간에 매핑시킨다. 그런 다음 학습 알고리듬이 변환된 인스턴스에 적용되며 인스턴스를 분류하고자 분류 전에 동일한 변환에 의해 처리된다. 더 많은 결합 속성을 추가하는 것을 막을 수는 없는데, 예를 들어 상수 항이 포함된 경우 오리지널 속성과 이들의 모든 2팩터 곱의 결과는 학습할 총 10개의 가중치를 산출한다(또는 상수 값이 있는 추가 속성을 추가하면 동일한 효과가 나타난다). 실제로 충분히 고차원인 다항식은 임의의 결정 경계를 필요한 정확도로 근사할 수 있다.

사실이라고 하기에는 너무 좋아 보이지만 사실이다. 짐작했겠지만 실제 설정에서 변환에 의해 도입된 많은 계수 때문에 이 절차에 문제가 발생한다. 첫 번째 문제는 계산의 복잡성이다. 오리지널 데이터셋에 10개의 속성이 있는 경우 5팩터 곱의 모든 결과를 포함한다고 가정한다. 그러면 학습 알고리듬이 2,000개 이상의 계수를 결정해야 한다. 선형 회귀와 마찬가지로 실행 시간이 속성 개수에서 세제곱이 되면 훈련이 불가능하며 이는 실용성에 대한 문제다. 두 번째 문제는 원칙 중 하나인 '오버피팅' 문제다. 계수의 개수가 훈련 인스턴스 수에 비해 큰 경우 결과 모델은 '너무 비선형'이 돼 훈련 데이터에 오버피팅이 된다. 모델에 너무 많은 매개 변수가 있는 것이다.

최대 마진 초평면

서포트 벡터 머신은 2가지 문제를 모두 해결한다. 이들은 특별한 종류의 선형 모델인 최대 마진 초평면maximum margin hyperplane을 찾는 알고리듬을 기반으로 한다. 이미 초평면이 무엇인지 알고 있다. 이것은 선형 모델의 또 다른 용어일 뿐이다. 최대 마진 초평면을 시각화하고자 클래스가 선형으로 분리 가능한 2개의 클래스 데이터셋을 가정해 보자. 즉 모든 훈련 인스턴스를 올바르게 분류하는 초평면이 인스턴스 공간에 있는 것이다. 최대 마진 초평면은 클래스 사이에서 가장 큰 분리를 제공하는 초평면이다. 그림 7.2에는 클래스가 각각 흰 원과 검은 원으로 표시되는 예제가 있다. 기술적으로 점 집합을 잇는 선은 가장 촘촘한 볼록 다각형이다. 집합의 모든 점을 다른 모든 점에 연결할 때 그 윤곽이 나타난다. 두 클래스가 선형으로 분리 가능하다고 가정했기 때문에 이 윤곽은 겹칠 수가 없다. 클래스를 구분하는 모든 초평면 중에서 최대 마진 초평면은 두 윤곽에서 가능한 한 멀리 떨어져 있는 것이며 선체를 연결하는 가장 짧은 선의 수직 이등분선(그림에서 점선으로 표시됨)이다.

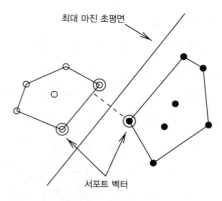

최대 마진 초평면

서포트 벡터

그림 7.2 최대 마진 초평면

 최대 마진 초평면에 가장 가까운 인스턴스(최소 거리에 있는 인스턴스)를 서포트 벡터라고 한다. 항상 각 클래스에 대해 최소 1개의 서포트 벡터가 있으며 종종 둘 이상이 되기도 한다. 중요한 것은 서포트 벡터 세트가 학습 문제에 대한 최대 마진 초평면을 고유하게 정의한다는 것이다. 두 클래스에 대한 서포트 벡터가 주어지면 최대 마진 초평면을 쉽게 구성할 수 있다. 다른 모든 훈련 인스턴스는 관련이 없으며 이것들은 초평면의 위치와 방향을 변경하지 않고 삭제할 수 있다.

 두 클래스를 분리하는 초평면은 2개 속성의 경우 다음과 같이 작성될 수 있다.

$$x = w_0 + w_1 a_1 + w_2 a_2$$

이때 a_1과 a_2는 속성값이며 여기에는 학습될 3개의 가중치 w_i가 있다. 그러나 최대 마진 초평면을 정의하는 방정식은 서포트 벡터 측면에서 다른 형식으로 작성할 수 있다. 학습 인스턴스의 클래스 값 y를 1(*yes*인 경우에 이 클래스에 있음) 또는 −1(*no*의 경우 그렇지 않음)로 작성한다. 그런 다음 최대 마진 초평면을 쓸 수 있다.

$$x = b + \sum_{i(\text{서포트 벡터})} \alpha_i y_i \mathbf{a(i)} \cdot \mathbf{a}$$

 여기서 y_i는 학습 인스턴스 $\mathbf{a(i)}$의 클래스 값이고 b와 α_i는 학습 알고리듬에 의해 결정돼야 하는 숫자 매개 변수다. 여기서 $\mathbf{a(i)}$ 및 $\mathbf{a}$는 벡터다. 벡터 $\mathbf{a}$는 테스트 인스턴스를 나타낸다. 벡터 $[a_1, a_2]$는 이전 공식에서 테스트 인스턴스를 나타낸다. 벡터 $\mathbf{a(i)}$는 그림 7.2에서 원으로 표시된 서포트 벡터이며 이들은 훈련 세트의 선택된 구성원이다. 항 $\mathbf{a(i)} \cdot \mathbf{a}$는 지원 벡터 중 하나를 갖는 테스트 인스턴스의 내적을 나타내며 $\mathbf{a(i)} \cdot \mathbf{a} = \sum_j a(i)_j a_j$이다. 내적 표기법에 익숙하지 않은 경우에도 다음 내용의 요점을 이해할 수 있어야 한다. $\mathbf{a(i)}$를 i번째 지원 벡터에 대한 전체 속성값 집합으로 생각하면 된다. 마지막으로 b와 α_i는 가중치 w_0, w_1, w_2가 이전 공식에서 초평면을 결정하는 매개 변수인 것과 마찬가지로 초평면을 결정하는 매개 변수다.

훈련 인스턴스에 대한 지원 벡터를 찾고 매개 변수 b와 α_i를 결정하는 것은 제한된 2차 최적화constrained quadratic optimization 문제로 알려진 표준 클래스의 최적화 문제에 속하는 것으로 밝혀졌다. 이러한 문제를 해결하기 위한 상용 소프트웨어 패키지가 있지만 학습 지원 벡터 머신을 위한 특수 목적 알고리듬을 적용하면 계산 복잡성이 줄어들고 학습 속도가 빨라질 수 있다. 이러한 알고리듬에 대한 자세한 내용은 이 책의 범위를 벗어난다.

비선형 클래스 경계

비선형 클래스 경계를 모델링하는 데 서포트 벡터 머신을 도입했다. 그러나 지금까지는 선형 사례만 설명했다. 최대 마진 초평면을 결정하기 전에 위에서 설명한 속성 변환이 훈련 데이터에 적용될 때 어떤 일이 발생하는지 생각해 보자. 선형 모델에 이러한 변환을 직접 적용하는 데는 2가지 문제가 있는데 하나는 계산 복잡성, 다른 하나는 오버피팅이다.

서포트 벡터를 사용하면 오버피팅이 줄어드는데 필연적으로 불안정성과 관련이 있기 때문이다. 오버피팅되는 알고리듬을 사용하면 1개 또는 2개의 인스턴스 벡터를 변경하면 결정 경계의 큰 부분이 완전히 변경된다. 그러나 최대 마진 초평면은 상대적으로 안정적이다. 서포트 벡터인 훈련 인스턴스가 추가되거나 삭제될 때만 이동하는데 이는 비선형 변환이 포함된 고차원 공간에서도 마찬가지다. 오버피팅은 결정 경계의 유연성이 너무 높기 때문에 발생한다. 지원 벡터는 전체 훈련 포인트 세트를 전역적으로 대표하며 종종 상대적으로는 적은 수이기 때문에 유연성이 거의 없다. 따라서 오버피팅이 발행할 가능성이 적다.

계산 복잡성은 어떤가? 이는 여전히 문제다. 변환된 공간이 고차원 공간이므로 변환된 서포트 벡터와 테스트 인스턴스에 많은 구성 요소가 있다고 가정한다. 앞의 방정식에 따르면 인스턴스가 분류될 때마다 모든 지원 벡터와 함께 내적을 계산해야 한다. 비선형 매핑에 의해 생성된 고차원 공간에서 이는 많은 비용이 든다. 내적을 얻으려면 각 속성에 대해 하나의 곱셈과 하나의 덧셈이 필요하며 새 공간의 속성 수는 엄청날 수 있다. 최적화 알고리듬이 동일한 내적을 매우 자주 계산해야 하기 때문에 이 문제는 분류 중뿐만 아니라 훈련 중에도 발생한다.

다행히도 원래 속성 집합에서 비선형 매핑이 수행되기 전에 내적을 계산할 수 있다는 것이 밝혀졌다. 이전 방정식의 고차원 버전은 다음과 같다.

$$x = b + \sum \alpha_i y_i (\mathbf{a(i)} \cdot \mathbf{a})^n$$

여기서 n은 변환의 팩터 수다(이전에 사용한 예제에서는 3개). $(\mathbf{a(i)} \cdot \mathbf{a})^n$ 항을 확장하면 테스트 및 훈련 벡터가 먼저 n개 팩터의 모든 곱을 포함해 변환되고 내적은 같은 모든 고차원 용어가 결과로써 포함돼 있음을 알 수 있다(실제로 계산을 수행하면 몇 가지 상수 인자(이항 계수)가 도입된다는 것을 알 수 있다. 그러나 주로 우리와 관련된 공간의 차원이며 상수는 축의 크기를 조정할 뿐이다). 이러한 수학적 동등성 때문에 내적은 원래의 낮은 차원 공간에서 계산될 수 있으며 문제가 실현 가능해진다. 구현 측면에서 제한된 2차 최적화를 위한 소프트웨어 패키지를 사용하고 $\mathbf{a(i)} \cdot \mathbf{a}$를 평가할 때마다 대신 $(\mathbf{a(i)} \cdot \mathbf{a})^n$을 평가한다. 최적화와 분류 알고리듬 모두에서 이러한 벡터는 이 내적 형식에서만 사용되기 때문에 간단하다. 서포트 벡터를 포함한 훈련 벡터와 테스트 인스턴스는 모두 계산 내내 원래의 낮은 차원 공간에 남아 있다.

두 벡터 $\mathbf{x}$와 $\mathbf{y}$의 내적을 계산하고 그 결과를 n 거듭제곱하는 함수 $(\mathbf{x} \cdot \mathbf{y})^n$을 다항식 커널 polynomial kernel이라고 한다. n값을 선택하는 제일 좋은 방법은 n을 1(선형 모델)로 시작해 추정된 오류가 개선되지 않을 때까지 증가시키는 것이며 일반적으로 아주 작은 값이면 충분하다. 낮은 차수 항을 포함하고자 커널 $(\mathbf{x} \cdot \mathbf{y} + 1)^n$을 사용할 수 있다.

대신 다른 커널 함수를 사용해 다른 비선형 매핑을 구현할 수 있다. 자주 제안되는 2가지는 방사형 기저 함수[RBF, Radial Basis Function] 커널과 시그모이드 커널이다. 어떤 것이 가장 좋은 결과를 내는지는 상황에 따라 다르지만 실제로는 차이가 거의 없다. RBF 커널을 사용하는 서포트 벡터 머신은 RBF 네트워크(나중에 설명한다)라고 하는 신경망 유형에 해당하고 시그모이드 커널을 사용하는 시스템은 다른 유형의 신경망인 1개의 은닉층이 있는 다층 퍼셉트론을 구현한다는 점이 흥미롭다(역시 나중에 설명한다).

수학적으로 모든 함수 $K(\mathbf{x}, \mathbf{y})$는 $K(\mathbf{x}, \mathbf{y}) = \Phi(\mathbf{x}) \cdot \Phi(\mathbf{y})$로 작성할 수 있는 경우 커널 함수이며 여기서 Φ는 인스턴스를 (잠재적으로 고차원적) 기능 공간에 매핑하는 함수이다. 즉 커널 함수는 Φ에 의해 생성된 특성 공간에서의 내적을 나타낸다. 실무자들은 때때로 적절한 커널 함수가 아닌 함수를 적용해(특정 매개 변수 설정이 있는 시그모이드 커널이 그 예다) 이론적 보장이 없음에도 불구하고 정확한 분류기를 생성할 수 있다

이 절에서 훈련 데이터가 인스턴스 공간이나 비선형 매핑으로 확장된 새 공간에서 선형적으로 분리될 수 있다고 가정했다. 서포트 벡터 머신은 훈련 데이터를 분리할 수 없는 경우에 일반화할 수 있다. 이는 계수 α_i에 상한 C를 배치해 수행되지만 불행히도 이 매개 변수는 사용자가 선택해야 하며 최상의 설정은 실험을 통해서만 결정할 수 있다. 또한 사소한 경우를 제외하고는 데이터가 선형적으로 분리 가능한지를 사전에 결정할 수 없다.

마지막으로 결정 트리 학습자와 같은 다른 방법과 비교할 때 서포트 벡터 머신에 대한 가장 빠른 훈련 알고리듬도 비선형 설정에 적용될 때 느리지만 미묘하고 복잡한 결정 경계를 얻을 수 있기 때문에 종종 매우 정확한 분류기를 생성한다.

서포트 벡터 회귀

최대 마진 초평면의 개념은 분류에만 적용된다. 그러나 서포트 벡터 머신 알고리듬은 분류 사례에서 발생하는 많은 속성을 공유하는 숫자 예측을 위해 개발됐는데 보통 몇 가지

지원 벡터로 표현할 수 있고 커널 함수를 사용해 비선형 문제에 적용할 수 있는 모델을 생성한다. 일반 서포트 벡터 머신과 마찬가지로 관련된 개념을 설명하지만 실제로 작업을 수행하는 알고리듬을 설명하지는 않을 것이다.

4.6절에서 다룬 선형 회귀와 마찬가지로 기본 아이디어는 예측 오류를 최소화해 훈련 포인트를 잘 근사하는 함수를 찾는 것이다. 중요한 차이점은 사용자 지정 매개 변수 ε까지의 모든 편차가 단순히 폐기되는 점이다. 또한 오차를 최소화할 때 함수의 평탄도를 최대화하는 동시에 오버피팅의 위험이 줄어든다. 또 다른 차이점은 최소화되는 것이 일반적으로 선형 회귀에 사용되는 제곱 오차 대신 예측의 절대 오차라는 것이다(그러나 대신 제곱 오차를 사용하는 알고리듬 버전이 있다).

사용자 지정 매개 변수 ε은 오류가 무시되는 회귀 함수 주변의 튜브tube를 정의한다. 선형 지원 벡터 회귀의 경우 튜브는 실린더가 된다. 모든 트레이닝 포인트가 너비 2ε의 튜브에 맞을 수 있는 경우 알고리듬은 이를 둘러싸는 가장 평평한 튜브의 중앙에 함수를 출력한다. 이 경우 감지된 총 오류는 0이 된다. 그림 7.3A는 하나의 속성, 숫자 클래스, 8개의 인스턴스가 있는 회귀 문제를 보여 준다. 이 경우 ε는 1로 설정됐으므로 회귀 함수(점선으로 표시) 주변의 튜브 너비는 2다. 그림 7.3B는 ε이 2로 설정됐을 때 학습 과정의 결과를 보여 준다. 보다시피 튜브가 넓을수록 더 평탄한 함수의 학습이 가능하다.

ε 값은 함수가 훈련 데이터에 얼마나 가깝게 맞는지 제어한다. 값이 너무 크면 무의미한 예측 변수가 생성된다. 극단적인 경우 2ε이 훈련 데이터의 클래스 값 범위를 초과하면 회귀선regression line이 수평이 되고 알고리듬은 평균 클래스 값만 예측한다. 반면에 ε 값이

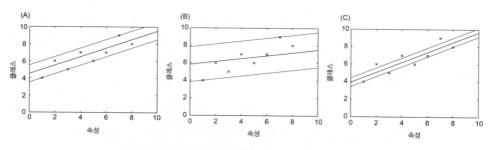

그림 7.3 서포트 벡터 회귀: (A) $\varepsilon = 1$ (B) $\varepsilon = 2$ (C) $\varepsilon = 0.5$

작은 경우 모든 데이터를 포함하는 튜브가 없을 수 있다. 이 경우 일부 훈련 포인트에는 0이 아닌 오류가 있으며 예측 오류와 튜브의 평탄도 사이에 절충점이 있다. 그림 7.3C에서 ε은 0.5로 설정됐으며 모든 데이터를 포함하는 너비 1의 튜브는 없다.

선형 사례의 경우 서포트 벡터 회귀support vector regression 함수를 다음과 같이 작성할 수 있다.

$$x = b + \sum_{i(\text{서포트 벡터})} \alpha_i \mathbf{a(i)} \cdot \mathbf{a}$$

분류와 마찬가지로 내적은 비선형 문제에 대한 커널 함수로 대체될 수 있다. 서포트 벡터는 튜브 내에 엄격하게 포함되지 않는 모든 점, 즉 튜브 외부와 테두리에 있는 점이다. 분류와 마찬가지로 다른 모든 포인트는 계수 0을 가지며 학습 프로세스의 결과를 변경하지 않고 학습 데이터에서 삭제할 수 있다. 분류 사례에서와 마찬가지로 이른바 희소 모델을 얻는다. 분류 사례와 달리 α_i는 음수일 수 있다.

알고리듬은 오류를 최소화할 뿐만 아니라 동시에 회귀 함수의 평탄도를 최대화하려 시도한다고 이미 설명했다. 모든 훈련 데이터를 포함하는 튜브가 있는 그림 7.3A와 B에서 알고리듬은 이를 수행해 가장 평평한 튜브를 출력한다. 그러나 그림 7.3C에는 오류가 0인 튜브는 없으며 예측 오류와 튜브의 평탄도 사이에 트레이드오프가 있다. 이 트레이드오프는 계수 α_i의 절댓값에 상한 C를 적용해 제어된다. 상한은 회귀 함수의 모양에 대한 서포트 벡터의 영향을 제한하며 사용자가 ε에 추가해 지정해야 하는 매개 변수다. C가 클수록 함수가 데이터에 더 적합할 수 있다. 일반화에서 벗어난 경우 $\varepsilon = 0$에서 알고리듬은 계수 크기 제약 조건에서 최소 절대 오차 회귀를 수행하고 모든 훈련 인스턴스가 서포트 벡터가 된다. 반대로 ε이 튜브가 모든 데이터를 포함할 수 있을 만큼 충분히 크면 오류는 0이 되고 만들 트레이드오프가 없으며 알고리듬은 C 값에 관계없이 데이터를 포함하는 가장 평평한 튜브를 출력한다.

커널 리지 회귀

4장, '알고리듬 – 기본 방식'에서는 수치를 예측하는 기술로 고전적인 최소 제곱 선형 회귀$^{least squares linear regression}$를 소개했었다. '비선형 클래스 경계' 절에서는 서포트 벡터 머신의 아이디어가 회귀에 어떻게 적용될 수 있는지 그리고 서포트 벡터 공식에서 내적을 커널 함수로 대체해 비선형 문제를 어떻게 해결할 수 있는지 살펴봤는데 이를 '커널 트릭'이라고도 한다. 제곱 손실을 사용하는 고전적인 선형 회귀의 경우 모델을 찾는 데 간단한 행렬 연산만 필요하지만 사용자 지정 손실 매개 변수 ε을 사용하는 서포트 벡터 회귀는 그렇지 않다. 커널 트릭의 힘을 표준 최소 제곱 회귀의 단순성과 결합하는 것이 좋으며 커널 리지 회귀$^{kernel ridge regression}$가 그 역할을 한다. 벡터 회귀를 지원하는 것과 달리 ε보다 작은 오류를 무시하지 않고 절대 오류 대신 제곱 오류를 사용한다.

4장에서와 같이 주어진 테스트 인스턴스 $\mathbf{a}$에 대한 선형 회귀 모델의 예측 클래스 값을 속성값의 가중 합계로 표현하는 대신 훈련 인스턴스 $\mathbf{a}_j$의 각 내적에 대한 가중치 합계로 표현할 수 있고, 문제에서의 테스트 인스턴스는 다음과 같다.

$$\sum_{j=1}^{n} \alpha_j \mathbf{a}_j \cdot \mathbf{a}$$

여기서 함수가 원점을 통과하며 절편이 필요하지 않다고 가정한다. 여기에는 서포트 벡터 머신의 상황과 유사한 각 트레이닝 인스턴스에 대한 계수 α_j가 포함된다. 여기서 j는 서포트 벡터뿐만 아니라 트레이닝 데이터의 모든 인스턴스에 걸쳐 있다. 다시 말하지만 내적은 비선형 모델을 생성하고자 커널 함수로 대체될 수 있다.

학습 데이터에 대한 모델 예측의 제곱 오차의 합은 다음과 같다.

$$\sum_{i=1}^{n} \left(y_i - \sum_{j=1}^{n} \alpha_j \mathbf{a}_j \cdot \mathbf{a}_i \right)^2$$

이것은 4장에 있는 제곱 손실이며 다시 적절한 α_j를 선택해 최소화를 시도한다. 그러나 이제는 각 속성뿐만 아니라 각 학습 인스턴스에 대한 계수가 있으며 대부분의 데이터 셋에는 속성보다 훨씬 많은 인스턴스가 있는데 이는 비선형 모델을 얻고자 내적 대신 커널 함수를 사용할 때 훈련 데이터에 오버피팅에 대한 심각한 위험이 있음을 뜻한다.

여기서부터 커널 리지 회귀가 적용된다. 제곱 손실을 최소화하는 대신 페널티 항을 도입해 모델 복잡성에 대한 적합도를 조정한다.

$$\sum_{i=1}^{n} \left(y_i - \sum_{j=1}^{n} \alpha_j \mathbf{a}_j \cdot \mathbf{a}_i \right)^2 + \lambda \sum_{i,j=1}^{n} \alpha_i \alpha_j \mathbf{a}_j \cdot \mathbf{a}_i$$

두 번째 항은 큰 계수에 페널티를 준다. 이렇게 하면 해당하는 큰 오류 감소가 발생하지 않는 한 모델이 큰 계수를 제공해 개별 훈련 인스턴스에 너무 많은 방점을 두는 것을 방지한다. 매개 변수 λ는 적합도와 모델 복잡성 사이의 균형을 제어한다. 행렬 연산을 사용해 모델의 계수를 풀려는 경우 페널티는 퇴화 사례를 안정화하는 추가 이점도 있다. 이러한 이유로 표준 최소 제곱 선형 회귀에도 종종 적용된다.

커널 리지 회귀가 계산 단순성의 서포트 벡터 머신에 비해 장점이 있지만 한 가지 단점은 계수 벡터에 희소성이 없는, 즉 '서포트 벡터'라는 개념이 없다는 것이다. 서포트 벡터 머신은 전체 학습 세트가 아닌 서포트 벡터 세트에 대해서만 합산해야 하므로 예측 시간에 차이가 있다.

속성보다 인스턴스가 더 많은 일반적인 상황에서 커널 리지 회귀는 커널이 아닌 내적을 사용하는 경우에도 표준 선형 회귀보다 계산 비용이 더 많이 드는데 이는 모델의 계수 벡터를 찾는 데 사용되는 역행렬 연산의 복잡성 때문이다. 표준 선형 회귀에서는 복잡도가 $O(m^3)$인 $m \times m$ 행렬의 역행렬을 구해야 한다. 여기서 m은 데이터의 속성 수다. 반면 커널 리지 회귀는 복잡도가 $O(n^3)$인 $n \times n$ 행렬을 포함한다. 여기서 n은 훈련 데이터의 인스턴스 수다. 그럼에도 비선형 적합이 필요하거나 훈련 인스턴스보다 더 많은 속성이 있는 경우 커널 리지 회귀를 사용하는 것이 유리하다.

커널 퍼셉트론

4.6절에서 선형 분류기를 학습하기 위한 퍼셉트론 알고리듬을 소개했다. 커널 트릭을 사용해 이 알고리듬을 업그레이드해 비선형 결정 경계를 학습할 수도 있다. 이를 확인하고

자 먼저 선형 사례를 다시 살펴본다. 퍼셉트론 알고리듬은 인스턴스별로 훈련 데이터 인스턴스를 반복하고 이러한 인스턴스 중 하나가 지금까지 학습된 가중치를 기반으로 잘못 분류될 때마다 가중치 벡터를 업데이트한다. 가중치 벡터는 인스턴스의 속성값을 더하거나 빼기만 하면 업데이트되는데 이는 최종 가중치 벡터가 잘못 분류된 인스턴스의 합이라는 것을 의미한다. 퍼셉트론은 다음 식이 0보다 크거나 작은지의 여부에 따라 예측한다.

$$\sum_i w_i a_i$$

여기서 w_i는 i번째 속성의 가중치이며 a_i는 분류하려는 인스턴스의 관련 속성값이다. 대신에 다음을 사용할 수 있다.

$$\sum_i \sum_j y(j) a'(j)_i a_i$$

여기서 $a'(j)$는 j번째 잘못 분류된 훈련 인스턴스이고 $a'(j)_i$는 i번째 속성값이고 $y(j)$는 클래스 값 (+1 또는 −1)이다. 이를 구현하고자 더 이상 명시적 가중치 벡터를 추적하지 않는다. 지금까지 잘못 분류된 인스턴스를 저장하고 위의 표현식을 사용해 예측을 수행하기만 하면 된다.

아무것도 얻지 못한 것 같다. 사실 알고리듬은 예측이 이루어질 때마다 잘못 분류된 모든 훈련 인스턴스를 반복하기 때문에 훨씬 느리다. 그러나 이 공식을 면밀히 살펴보면 인스턴스 간의 내적 측면에서 표현할 수 있음을 알 수 있다. 먼저 합산 기호를 바꿔 다음 식을 만든다.

$$\sum_j y(j) \sum_i a'(j)_i a_i$$

두 번째 합산은 두 인스턴스 간의 내적이며 다음과 같이 쓸 수 있다.

$$\sum_j y(j) \mathbf{a'(j)} \cdot \mathbf{a}$$

이제 됐다. 서포트 벡터 머신에 대한 유사한 표현이 커널 사용을 가능하게 했다. 사실 여기서 정확히 동일한 트릭을 적용하고 내적 대신 커널 함수를 사용할 수 있다. 이 함수를 $K(\ldots)$로 작성하면 아래와 같다.

$$\sum_j y(j)K(\mathbf{a'}(\mathbf{j}), \mathbf{a})$$

이러한 방식으로 퍼셉트론 알고리듬은 학습 과정에서 잘못 분류된 인스턴스를 추적하고 이 표현식을 사용해 각 예측을 구성함으로써 비선형 분류기를 학습할 수 있다.

커널 함수에 의해 암시적으로 생성된 고차원 공간에 분리 초평면이 존재하는 경우 이 알고리듬은 (비선형 분류기) 하나를 학습한다. 하지만 서포트 벡터 머신 분류기가 찾은 최대 마진 초평면은 학습하지 않는다. 이것은 분류 성능이 일반적으로 더 나쁘다는 것을 뜻한다. 장점으로는 알고리듬 구현이 쉽고 점진적 학습을 지원한다는 것이다.

이 분류기를 커널 퍼셉트론이라고 한다. 선형 모델을 학습하기 위한 모든 종류의 알고리듬은 비슷한 방식으로 커널 트릭을 적용해 업그레이드할 수 있다. 예를 들어 로지스틱 회귀는 커널 로지스틱 회귀^{kernel logistic regression} 전환될 수 있다. 이는 회귀 문제에도 동일하게 적용되며 선형 회귀는 커널을 사용해 업그레이드할 수도 있다. 다시 말하지만 선형 및 로지스틱 회귀에 대한 이러한 고급 방법의 단점(직접적으로 수행되는 경우)은 솔루션이 '희소^{sparse}'가 아니라는 것이며 모든 훈련 인스턴스가 솔루션 벡터에 기여하게 된다. 서포트 벡터 머신과 커널 퍼셉트론에서는 훈련 인스턴스 중 일부만 솔루션에 영향을 미치므로 계산 효율성에 큰 차이를 만들 수 있다.

퍼셉트론 알고리듬에 의해 발견된 솔루션 벡터는 인스턴스가 만나는 순서에 따라 크게 달라진다. 알고리듬을 보다 안정적으로 만드는 한 가지 방법은 학습 중에 발생하는 모든 가중치 벡터를 사용해 최종 예측에 투표하도록 하는 것이다. 각 가중치 벡터는 특정 수의 투표에 기여한다. 직관적으로 가중치 벡터의 '정확성'은 시작 후 후속 인스턴스를 올바르게 분류해 변경할 필요가 없는 연속 시행 횟수로 대략적으로 측정할 수 있다. 이 측정값은 가중치 벡터에 부여된 투표 수로 사용될 수 있으며 서포트 벡터 시스템과 거의 같은 성능을 발휘하는 투표된 퍼셉트론^{voted perceptron}이라는 알고리듬을 제공한다(앞서 언급했듯이 투표된 퍼셉트론의 다양한 가중치 벡터는 명시적으로 저장할 필요가 없으며 여기에서도 커널 트릭을 적용할 수 있다).

다층 퍼셉트론

커널을 사용하는 것이 퍼셉트론을 기반으로 비선형 분류기를 만드는 유일한 방법은 아니다. 사실 커널 함수는 머신러닝에서 상당히 최근에 개발된 것이며 이전에 신경망 지지자들은 비선형 분류에 대해 다른 접근 방식을 사용했다. 그들은 계층적 구조에서 많은 단순 퍼셉트론 유사 모델을 연결했다. 이 접근 방식은 딥러닝의 형태로 극적인 부활을 보였으며, 10장, '딥러닝'에서 다룬다.

4.6절에서는 퍼셉트론이 인스턴스 공간에서 초평면을 나타낸다고 설명했으며 그것이 종종 인공 '뉴런'으로 묘사된다고 언급했었다. 물론 인간과 동물의 뇌는 이미지 인식과 같은 매우 복잡한 분류 작업을 성공적으로 수행하지만 뇌의 각 개별 뉴런의 기능은 확실히 이러한 기능을 수행하기에 충분하지 않다. 그러면 어떻게 해결을 할까? 대답은 뇌의 뉴런이 대규모로 상호 연결돼 있어 문제가 뉴런 수준에서 해결될 수 있는 하위 문제로 분해돼야 한다는 것이다. 이 관찰은 인공 뉴런 네트워크(신경망)의 개발에 영감을 줬다.

그림 7.4의 간단한 데이터셋을 생각해 보자. 그림 7.4A는 각각 흰색과 검은색 점으로 표현된 클래스 0과 1을 갖는 4개의 인스턴스를 갖는 2차원 인스턴스 공간을 보여 주고 있다. 이 공간을 통해 직선을 어떻게 그려도 모든 검은 점과 모든 흰색 점을 분리하는 점을 찾을 수는 없다. 즉 문제는 선형으로 분리할 수 없으며 간단한 퍼셉트론 알고리듬은 분리하는 초평면을 생성하지 못한다(이 2차원 인스턴스 공간에서 초평면은 직선일 뿐이다). 상황은 그림 7.4B와 C에서 달라진다. 이 두 문제는 선형적으로 분리될 수 있다. 1차원 인스턴스 공간에서 두 점을 보여 주는 그림 7.4D도 마찬가지다(1차원의 경우 분리 초평면이 분리점으로 퇴화된다).

명제 논리에 익숙하다면 그림 7.4의 4가지 상황이 4가지 유형의 논리적 연결에 해당한다는 것을 알 수 있을 것이다. 그림 7.4A는 논리적 XOR을 나타내며 속성 중 정확히 하나의 값이 1인 경우에만 클래스가 1이다. 그림 7.4B는 논리적 AND를 나타내며 두 속성 모두 값이 1인 경우에만 클래스가 1이다. 그림 7.4C는 OR을 나타내며 두 속성의 값이 0인 경우에만 클래스가 0이다. 그림 7.4D는 NOT을 나타내며 속성의 값이 1인 경우에만 클래스가 0이다. 마지막 3개는 선형으로 분리될 수 있으므로 퍼셉트론은 AND, OR,

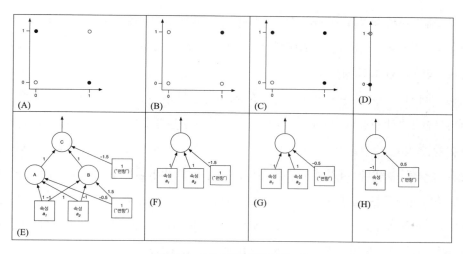

그림 7.4 데이터셋과 연관 퍼셉트론

NOT을 나타낼 수 있다. 실제로 해당 데이터셋에 대한 퍼셉트론은 각각 그림 7.4F, G, H
에 표시된다. 그러나 단순한 퍼셉트론은 선형적으로 분리할 수 없기 때문에 XOR을 나타
낼 수 없다. 이러한 유형의 문제에 대한 분류기를 구축하려면 단일 퍼셉트론으로는 충분
하지 않으며 이에 대한 보완이 필요하다.

그림 7.4E는 A, B, C로 표시된 3개의 퍼셉트론 또는 단위가 있는 네트워크를 보여 준
다. 처음 2개는 데이터의 속성을 나타내는 네트워크의 입력 계층이라고도 하는 곳에 연
결된다. 단순 퍼셉트론에서와 같이 입력 레이어에는 바이어스라고 하는 추가 상수 입력
이 있다. 그러나 세 번째 장치는 입력 레이어에 연결돼 있지 않다. 입력은 유닛 A와 B(0
또는 1)의 출력과 다른 상수 바이어스 유닛으로 구성된다. 이 세 단위는 다층 퍼셉트론의
은닉층을 구성한다. 장치가 환경에 직접 연결되지 않기 때문에 '은닉'이라고 한다. 이 계
층은 시스템이 XOR을 표현할 수 있도록 한다. 4가지 가능한 입력 신호 조합을 모두 시
도해 이를 확인할 수 있다. 예를 들어 속성 a_1에 값 1이 있고 a_2에 값 1이 있는 경우 유닛
A는 1을 출력하고($1 \times 1 + 1 \times 1 - 0.5 \times 1 > 0$) 유닛 B는 0을($-1 \times 1 + -1 \times 1 + 1.5$
$\times 1 < 0$), 그리고 유닛 C는 0을 출력한다($1 \times 1 + 1 \times 0 + -1.5 \times 1 < 0$). 이는 정답

이다. 세 유닛의 동작을 자세히 살펴보면 첫 번째는 OR, 두 번째는 NAND(AND와 결합되지 않음), 세 번째는 AND를 나타낸다. 이는 함께 $(a_1$ OR $a_2)$ AND $(a_1$ NAND $a_2)$를 나타내며, 정확히 XOR의 정의다.

이 예에서 알 수 있듯이 명제 논리의 모든 표현은 다층 퍼셉트론으로 변환될 수 있다. 왜냐하면 3개의 연결 AND, OR, NOT이면 표현에 충분한데 퍼셉트론을 사용해 각각을 표현할 수 있는 방법을 이미 봤기 때문이다. 개별 유닛을 함께 연결해 임의로 복잡한 표현을 형성할 수 있다. 따라서 다층 퍼셉트론은 결정 트리와 같은 표현력을 갖는다. 사실 2개 층의 퍼셉트론 (입력 층은 계산하지 않음)이면 충분하며 이 경우 은닉 계층의 각 단위는 AND의 변형(결합을 형성하기 전에 일부 입력을 부정할 수 있다고 가정하기 때문에 변형)에 해당하며 출력 계층에서 단일 단위로 표시되는 OR로 결합된다. 즉 이 특정 신경망 설정에서 은닉 계층의 각 노드는 결정 트리의 리프 또는 결정 규칙 세트의 단일 규칙과 동일한 역할을 한다.

가장 큰 문제는 다층 퍼셉트론을 어떻게 배우는 가다. 여기에는 2가지 측면이 있다. 네트워크 구조 학습과 연결 가중치 학습이다. 고정된 네트워크 구조에서는 가중치를 결정하는 비교적 간단한 알고리듬이 밝혀졌는데 이 알고리듬을 역전파back propagation라고 하며 '역전파' 절에서 자세히 다룰 것이다. 하지만 네트워크 구조를 식별하려는 알고리듬은 그 외에도 많이 있고 문제의 이러한 측면은 보통 실험을 통해 해결되며 전문 지식과 결합될 수 있다. 때로는 네트워크가 식별 가능한 하위 작업(예: 이미지 인식 문제에서 객체의 다른 구성 요소 인식)을 나타내는 별개의 모듈로 분리돼 도메인 지식을 학습 프로세스에 통합하는 방법을 시작할 수 있다. 종종 단일 은닉층만 필요하며 해당 레이어에 대한 적절한 단위 수는 추정된 정확도를 최대화해 결정된다.

역전파

일부 데이터가 있고 기본 분류 문제에 대한 정확한 예측 인자인 다층 퍼셉트론을 찾는다고 가정하자. 고정된 네트워크 구조가 주어지면 네트워크의 연결에 대한 적절한 가중치를 결정해야 한다. 은닉층가 없는 경우 4.6절의 퍼셉트론 학습 규칙을 사용해 적절한 값을 찾을 수 있다. 그러나 숨겨진 유닛이 있다고 가정하자. 우리는 출력 단위가 무엇을 예측해야 하는지 알고 있으며 퍼셉트론 규칙에 따라 해당 단위로 이어지는 연결의 가중치를 조정할 수 있다. 그러나 은닉 유닛에 대한 올바른 출력을 알 수 없으므로 규칙을 적용할 수 없다.

대략적으로 말하면 솔루션은 최종 예측에 대한 각 유닛의 기여도에 따라 은닉 단위로 이어지는 연결의 가중치를 수정하는 것이며 이를 달성하는 경사 하강법이라는 표준 수학적 최적화 알고리듬이 있다. 표준 경사 하강법 알고리듬은 도함수derivatives를 취해야 하며 단순 퍼셉트론이 입력의 가중 합을 0/1 예측으로 변환하는 데 사용하는 단계 함수step function는 미분할 수 없다. 단계 함수를 다른 것으로 대체할 수 있는지 확인해야 한다.

그림 7.5A는 단계 함수를 보여 준다. 입력이 0보다 작으면 0을 출력하며 그렇지 않으면 1을 출력한다. 이것과 모양은 비슷하지만 좀 더 차별화된 버전이 그림 7.5B에 나와 있다. 신경망 용어에서는 이를 시그모이드 함수라고 하며 다음과 같이 정의된다.

$$f(x) = \frac{1}{1 + e^{-x}}$$

로지스틱 회귀에 사용된 로짓 변환을 설명할 때 4.6절에서 이를 언급한 적이 있다. 실제로 다층 퍼셉트론을 배우는 것은 로지스틱 회귀와 밀접한 관련이 있다.

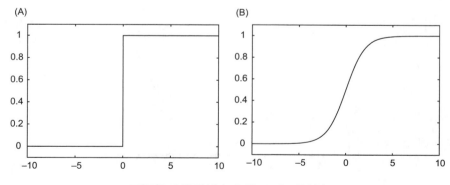

그림 7.5 스텝 함수(A) VS 시그모이드 함수(B)

표준 경사 하강법 절차를 적용하려면 가중치를 조정해 최소화해야 하는 오류 함수도 미분할 수 있어야 한다. 5.7절에 언급된 개별 0-1 손실로 측정된 오분류 횟수는 이 기준을 충족하지 않는다. 대신, 다층 퍼셉트론은 일반적으로 네트워크 출력의 제곱 오차를 최소화해 기본적으로 클래스 확률의 추정치로 취급해 훈련된다(다른 손실 함수도 적용할 수 있다. 예를 들어 제곱 오차 대신 음의 로그 가능성$^{log-likelyhood}$을 사용하는 경우 시그모이드 기반 퍼셉트론을 학습하는 것은 로지스틱 회귀와 동일하다).

가장 널리 사용되기 때문에 제곱 오차 손실 함수를 사용한다. 단일 학습 인스턴스의 경우 다음과 같다.

$$E = \frac{1}{2}(y - f(x))^2$$

여기서 $f(x)$는 출력 단위에서 얻은 네트워크의 예측이고 y는 인스턴스의 클래스 라벨(이 경우 0 또는 1로 가정)이다. 계수 1/2는 편의상 포함되는 것이며 도함수를 취하기 시작하면 사라진다.

경사 하강법은 최소화할 함수의 미분(이 경우 오류 함수)에서 제공하는 정보를 이용한다. 예를 들어 그림 7.6에 표시된 $w^2 + 1$과 동일한 가상 오류 함수를 고려하자. x축은 최적화할 가상 매개 변수 w를 나타낸다. $w^2 + 1$의 미분은 $2w$이다. 중요하게 봐야 하는 것은 미

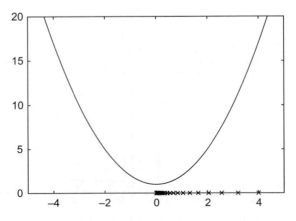

그림 7.6 에러 함수 $w^2 + 1$을 사용한 경사 하강법

분을 기반으로 특정 지점에서 함수의 기울기를 알아낼 수 있다는 것이다. 미분이 음수이면 함수는 오른쪽으로 아래로 기울어진다. 양수이면 왼쪽으로 아래로 기울어진다. 미분의 크기는 감소가 얼마나 가파른지 결정한다. 경사 하강법은 이 정보를 사용해 함수의 매개 변수를 조정하는 반복적인 최적화 절차다. 미분 값을 가져와서 학습률이라는 작은 상수를 곱한 다음 현재 매개 변수 값에서 결과를 뺀다. 이는 최솟값에 도달할 때까지 새 매개 변수 값에 대해 반복된다.

예제로 돌아가서 학습률이 0.1로 설정되고 현재 매개 변수 값 w가 4라고 가정하자. 이 시점에서 미분 값은 이 값의 2배인 8이다. 학습률을 곱하면 0.8이 되고 이를 4에서 빼면 3.2가 되며 이는 새 매개 변수 값이 된다. 3.2에 대해 프로세스를 반복하면 2.56, 2.048 등이 된다. 그림 7.6의 작은 십자선(x표시 선)은 이 과정에서 나타난 값들을 보여 주며 매개 변수 값의 변화가 너무 작아지면 프로세스가 중지된다. 예제에서 이것은 값이 0에 가까워질 때 발생하며 이는 가상 오류 함수의 최솟값이 있는 x축의 위치에 해당하는 값이다.

학습률은 단계 크기를 결정하므로 검색이 수렴되는 속도를 결정한다. 너무 크고 오류 함수에 최솟값이 여러 개 있는 경우 검색이 초과해 최솟값을 완전히 놓치거나 심하게 진동을 할 수 있다. 너무 작으면 진행이 느려질 수 있다. 경사 하강법은 국소^{local} 최솟값만 찾을 수 있음에 주의하자. 함수에 최솟값이 여러 개 있고 다층 퍼셉트론에 대한 오류 함수가 일반적으로 많은 경우 최적의 값을 찾지 못할 수도 있다. 이것은 서포트 벡터 머신 같은 것에 비해 표준 다층 퍼셉트론의 치명적 단점이다.

경사 하강법을 사용해 다층 퍼셉트론의 가중치를 찾으려면 각 매개 변수, 즉 네트워크의 각 가중치에 대해 제곱 오차의 미분을 결정해야 한다. 먼저 은닉층이 없는 간단한 퍼셉트론부터 시작해 보자. 특정 가중치와 관련해 오류 함수를 미분하면 다음이 생성된다.

$$\frac{dE}{dw_i} = (f(x) - y)\frac{f(x)}{dw_i}$$

여기서 $f(x)$는 퍼셉트론의 출력이며 x는 입력의 가중치가 반영된 합이다.

우변의 두 번째 요소를 계산하려면 시그모이드 함수 $f(x)$의 미분이 필요하다. 이것은

$f(x)$ 자체로 작성할 수 있는 간단한 형식으로 나타난다.

$$\frac{df(x)}{dx} = f(x)(1 - f(x))$$

이 미분을 나타내고자 $f'(x)$를 사용한다. 그러나 x가 아니라 w_i에 대한 미분을 구하려고 한다.

$$x = \sum_i w_i a_i$$

이기 때문에 $f(x)$의 w_i에 대한 미분은 다음과 같다.

$$\frac{df(x)}{dw_i} = f'(x)a_i$$

이를 오류 함수의 미분에 다시 연결하면 다음과 같다.

$$\frac{dE}{dw_i} = (f(x) - y)f'(x)a_i$$

이 식은 특정 예제 벡터 **a**(앞에서 설명한 바와 같이 편향을 나타내고자 1로 확장됨)로 인한 가중치 w_i의 변화를 계산하는 데 필요한 모든 것을 제공한다. 각 훈련 인스턴스에 대해 이 계산을 반복한 후 특정 가중치 w_i와 관련된 변경 사항을 더하고 학습률을 곱한 다음 w_i의 현재 값에서 결과를 뺀다.

지금까지는 괜찮다. 그러나 이 모든 것은 은닉층이 없다는 가정하에 가능하며 은닉층이 있으면 문제는 복잡해진다. $f(x_i)$가 i번째 은닉 유닛의 출력이고 w_{ij}는 입력 j에서 i번째 은닉 유닛으로의 연결 가중치, w_i는 i번째 은닉 유닛에서 출력 유닛까지의 가중치라고 가정하자. 이는 그림 7.7에 묘사돼 있으며 단순화를 위해 모든 장치에 대한 바이어스 입력을 생략했다. 이전과 마찬가지로 $f(x)$는 출력 계층에서 단일 단위의 출력이다. 가중치 w_i에 대한 업데이트 규칙은 a_i가 i번째 숨겨진 단위의 출력으로 대체된다는 점을 제외하고는 본질적으로 위와 동일하다.

$$\frac{dE}{dw_i} = (f(x) - y)f'(x)f(x_i)$$

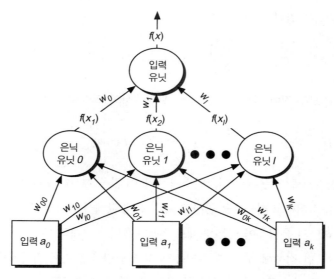

그림 7.7 은닉층이 있는 다층 퍼셉트론(편향은 생략됨)

그러나 가중치 w_{ij}를 업데이트하려면 해당 미분을 계산해야 한다. 체인 규칙을 적용하면 다음과 같다.

$$\frac{dE}{dw_{ij}} = \frac{dE}{dx}\frac{dx}{dw_{ij}} = (f(x) - y)f'(x)\frac{dx}{dw_{ij}}$$

처음 2개 팩터는 이전 식과 동일하다. 세 번째 팩터를 계산하고자 미분을 더 진행한다.

$$x = \sum_i w_i f(x_i)$$

이기 때문에 다음과 같이 된다.

$$\frac{dx}{dw_{ij}} = w_i \frac{df(x_i)}{dw_{ij}}$$

이 된다. 더욱이

$$x_i = \sum_j w_{ij} a_j$$

이며 따라서 다음과 같다.

$$\frac{df(x_i)}{dw_{ij}} = f'(x_i)\frac{dx_i}{dw_{ij}} = f'(x_i)a_j$$

이제 끝났다. 모두 집어넣으면 가중치 w_{ij} 관점에서의 오류 함수의 미분 값이 산출된다.

$$\frac{dE}{dw_{ij}} = (f(x) - y)f'(x)w_if'(x_i)a_j$$

이전과 마찬가지로 모든 훈련 인스턴스에 대해 이 값을 계산하고 특정 가중치 w_{ij}와 관련된 변경 사항을 더하고 학습률을 곱하고 w_{ij}의 현재 값에서 결과를 뺀다.

이 파생은 하나의 은닉층이 있는 퍼셉트론에 적용된다. 2개의 은닉층이 있는 경우 동일한 전략을 두 번 적용해 첫 번째 은닉층의 입력 연결과 관련된 가중치를 업데이트해 출력 단위에서 두 번째 은닉층을 통해 첫 번째 은닉층으로 오류를 전파할 수 있다. 이러한 오류 전파 메커니즘으로 인해 이 버전의 경사 하강법 전략을 역전파^{back propagation}라고 한다.

네트워크의 출력 계층에 2개의 클래스 문제에 적합한 하나의 유닛만 있다고 암묵적으로 가정했다. 3개 이상의 클래스의 경우 나머지 클래스와 구별되는 각 클래스에 대해 별도의 네트워크를 학습할 수 있다. 은닉층의 모든 유닛을 모든 출력 유닛에 연결해 각 클래스에 대한 출력 유닛을 생성함으로써 단일 네트워크에서보다 간결한 분류기를 얻을 수 있다. 특정 훈련 인스턴스에 대한 제곱 오차는 모든 출력 유닛에 대한 제곱 오차의 합이다. 동일한 기술을 적용해 각 대상에 대해 별도의 출력 유닛을 생성해 여러 대상 또는 속성값을 동시에 예측할 수 있다. 직관적으로 이것은 기본 학습 작업이 어떤 식으로든 관련이 있는 경우 각 클래스 속성에 대해 별도의 분류기를 구축하는 것보다 더 나은 예측 정확도를 제공할 수 있다.

가중치는 모든 훈련 인스턴스가 네트워크를 통해 공급되고 모든 해당 가중치 변경이 누적된 후에만 업데이트된다고 가정을 했다. 이는 배치 학습^{batch learning}인데 모든 훈련 데이터가 함께 처리되기 때문이다. 하지만 동일한 공식을 사용해 각 훈련 인스턴스가 처리된 후 점진적으로 가중치를 업데이트할 수 있으며 모든 업데이트 후에 전체 오류가 반드시 감소하는 것은 아니기 때문에 이를 **확률적 역전파**stochastic backpropagation라고 한다. 이는 새로운 데이터가 연속 스트림으로 도달되고 모든 훈련 인스턴스가 한 번만 처리되는 학습에 사용될 수 있다. 역전파의 2가지 변형 버전에서는 속성을 표준화하는 것(예를 들어 평균은 0이고 단위 표준 편차가 있다고 정하는 것)이 종종 도움이 된다. 학습이 시작되기 전에 각 가중치는 평균이 0인 정규 분포를 기반으로 무작위로 선택된 작은 값으로 초기화된다.

다른 학습 구조와 마찬가지로 역전파로 훈련된 다층 퍼셉트론은 특히 네트워크가 기본 학습 문제의 구조를 나타내는 데 실제로 필요한 것보다 훨씬 큰 경우 오버피팅으로 어려움을 겪을 수 있다. 이를 완화하고자 많은 수정이 제안됐는데 **얼리 스토핑**early stopping이라는 매우 간단한 방법은 규칙 학습자에서 오류 감소 프루닝과 같이 작동한다. 홀드 아웃 세트는 역전파 알고리듬의 추가 반복 수행을 중지할 시기를 결정하는 데 사용된다. 홀드 아웃 세트의 오류가 측정되고 오류가 증가하기 시작하면 알고리듬은 종료되는데 이는 학습 데이터에 대한 오버피팅을 나타내기 때문이다. **가중치 감소**weight decay라고 하는 또 다른 방법은 리지 회귀에서처럼 네트워크에 있는 모든 비편향 가중치의 제곱합으로 구성된 페널티 항을 오차 함수에 추가한다. 이렇게 하면 오류를 크게 줄이는 데 기여하지 않는 큰 가중치에 페널티를 적용해 네트워크 예측에 대한 관련 없는 연결의 영향을 제한시킨다.

표준 경사 하강 법은 다층 퍼셉트론에서 가중치를 학습하는 가장 간단한 기술이지만 결코 가장 효율적인 방법은 아니다. 실제로는 표준 개인용 컴퓨터에서 실행될 때 다소 느린 경향이 있다. 성능을 향상하는 트릭은 가중치를 업데이트할 때 **모멘텀 항**momentum term을 포함시키는 것이다. 새 가중치 변경에 이전 이터레이션의 업데이트 값을 작은 비율로 추가시킨다. 이는 방향을 덜 갑작스럽게 변경함으로써 검색 프로세스를 원활하게 한다. 보다 정교한 방법은 오류 함수의 2차 도함수에서 얻은 정보도 사용하는 것이며 이렇게 하면 훨씬 더 빨리 수렴할 수 있다. 그러나 이러한 알고리듬조차도 다른 분류 학습 방법에 비해 매우 느릴 수 있다.

은닉 유닛을 포함하는 다층 퍼셉트론의 심각한 단점은 본질적으로 불투명하다는 것이다. 훈련된 신경망에서 규칙을 추출하는 몇 가지 기술이 있지만 데이터에서 직접 규칙 집합을 유도하는 표준 규칙 학습자에 비해 이점이 있는지 여부는 명확하지 않다. 특히 처음부터 다층 퍼셉트론을 학습하는 것보다 데이터에서 직접 규칙 집합을 유도하는 것이 일반적으로 훨씬 더 빠르게 수행할 수 있다는 점을 고려하면 더욱 그렇다.

다층 퍼셉트론이 가장 눈에 띄는 유형의 신경망이지만 그 외에도 제안된 다른 많은 것이 존재한다. 다중 레이어 퍼셉트론multilayer perceptron은 주기를 포함하지 않고 네트워크의 출력이 현재 입력 인스턴스에만 의존하기 때문에 피드 포워드 네트워크feed forward network라는 네트워크의 클래스에 속한다. 순환 신경망에는 주기가 있다. 이전 입력에서 파생된 계산 결과는 네트워크로 피드백돼 일종의 메모리를 제공한다.

RBF 네트워크

또 다른 인기 있는 피드 포워드 네트워크 유형은 RBFRadial Basis Function 네트워크다. 입력 계층을 제외한 2개의 계층이 있으며 은닉 유닛이 계산을 수행하는 방식에서 다중 계층 퍼셉트론과는 다르다. 각 은닉 유닛은 기본적으로 입력 공간의 특정 지점을 나타내며 주어진 인스턴스에 대한 출력 또는 활성화는 해당 지점과 인스턴스 사이의 거리에 따라 달라진다. 직관적으로 이 두 점이 가까울수록 활성화가 더 강해진다. 이것은 비선형 변환 함수를 사용해 거리를 유사성 측정값으로 변환함으로써 달성된다. 은닉 유닛마다 너비가 다를 수 있는 종 모양의 가우스 활성화 함수activation function가 보통 이러한 목적으로 사용된다. 주어진 은닉 유닛이 동일한 활성화를 생성하는 인스턴스 공간의 포인트가 초구면hyper sphere 또는 초타원체를 형성하기 때문에 은닉 유닛을 RBF라고 한다(다중 퍼셉트론에서 이는 초평면이다).

RBF 네트워크의 출력 레이어는 다중 레이어 퍼셉트론의 레이어와 동일하다. 은닉 유닛 출력의 선형 조합을 취하고 분류 문제에서 시그모이드 함수(또는 비슷한 모양을 가진 것)를 통해 연결한다.

이 네트워크가 학습하는 매개 변수는 (1) RBF의 중심과 너비 (2) 은닉 계층에서 얻은 출력의 선형 조합을 형성하는 데 사용되는 가중치다. 다층 퍼셉트론에 비해 중요한 이점은 첫 번째 매개 변수 세트가 두 번째 세트와 독립적으로 결정될 수 있고 여전히 정확한 분류기를 생성할 수 있다는 것이다.

첫 번째 매개 변수 집합을 결정하는 한 가지 방법은 클러스터링을 사용하는 것이다. 4.8절에 설명된 간단한 k-means 클러스터링 알고리듬을 적용해 각 클래스를 독립적으로 클러스터링해 각 클래스에 대한 k 기본 함수를 얻을 수 있다. 직관적으로 결과 RBF는 프로토타입 인스턴스를 나타낸다. 두 번째 매개 변수 세트는 첫 번째 매개 변수를 고정시켜 학습한다. 여기에는 앞서 논의한 기법 중 하나(예: 선형 또는 로지스틱 회귀)를 사용해 간단한 선형 분류기를 학습하는 것이 포함된다. 훈련 인스턴스보다 훨씬 적은 수의 은닉 유닛이 있다면 이는 매우 빠르게 진행될 수 있다. 이 두 단계 프로세스는 매우 빠르지만 일반적으로 경사 하강법과 같은 전략을 사용해 모든 네트워크 매개 변수를 훈련하는 것만큼 정확하지는 않다.

RBF 네트워크의 단점은 속성 가중치 매개 변수가 전체 최적화 프로세스에 포함되지 않는 한 거리 계산에서 모두 동일하게 처리되기 때문에 모든 속성에 동일한 가중치를 부여한다는 것이다. 서포트 벡터 머신은 동일한 문제를 공유한다. 실제로 가우스 커널(즉 'RBF 커널')이 있는 서포트 벡터 머신은 특정 유형의 RBF 네트워크다. 여기서 하나의 기저 함수는 모든 훈련 인스턴스에 집중되고 모든 기저 함수는 동일한 너비를 가지며 출력은 최대 마진 초평면의 계산에 의해 선형적으로 결합된다. 이는 일부 RBF만이 0이 아닌 가중치(서포트 벡터를 나타내는 가중치)를 갖는 효과가 있다.

확률적 경사 하강법

신경망에서 가중치를 학습하기 위한 최적화 방법으로 경사 하강법 및 확률적 역전파를 도입했다. 경사 하강법은 실제로 목적 함수를 미분할 수 있을 때마다 적용할 수 있는 범용 최적화 기술이다. 그런데 실제로는 '하위 하강subgradient'이라는 것을 사용해 목적 함수를 완전히 미분할 수 없는 경우에도 적용할 수 있는 것으로 밝혀졌다.

이에 대한 하나의 처방은 경사 하강법을 사용해 선형 서포트 벡터 머신 또는 로지스틱 회귀와 같은 선형 모델을 학습하는 것이다. 경사 하강법을 사용해 이러한 모델을 학습하는 것이 비선형 신경망을 최적화하는 것보다 더 쉬운데 오류 함수에는 일반적으로 비선형 네트워크의 경우 다수의 로컬 최솟값이 아닌 전역 최솟값이 있기 때문이다. 선형 문제의 경우 계산적으로 간단하고 매우 빠르게 수렴하는 확률적 경사 하강법 절차를 설계해 선형 서포트 벡터 머신 및 로지스틱 회귀와 같은 모델을 대규모 데이터셋에서 학습할 수 있다. 또한 확률적 경사 하강법을 사용하면 온라인 설정에서 모델을 점진적으로 학습할 수 있다.

서포트 벡터 머신의 경우 최소화해야 하는 오류 함수를 '힌지 손실$^{hinge\ loss}$'이라고 한다. 그림 7.8에 설명된 것처럼 이것은 $z = 1$에서 수평 부분에 결합된 하향 경사 선형 세그먼트를 포함하기 때문에 이름이 붙여졌다. 보다 정확히는 $E(z) = \max\{0, 1 - z\}$이다. 비교를 위해 그림은 또한 불연속적인 0 - 1 손실과 연속적이고 미분 가능한 제곱 손실을 보여 준다. 이러한 함수는 마진 $z = yf(x)$의 함수로 플로팅된다. 여기서 클래스 y는 −1 또는 +1이고 $f(x)$는 선형 모델의 출력이 된다. 오분류^{missclassification}는 $z < 0$일 때 발생하므로 모든 손실 함수는 음수 영역에서 가장 심각한 페널티를 받는다. 선형으로 분리 가능한 경우 데이터를 성공적으로 분리하는 함수의 힌지 손실은 0이며 최대 마진 초평면은 힌지

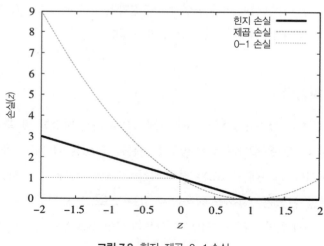

그림 7.8 힌지, 제곱, 0−1 손실

376

손실이 없는 최소 가중치 벡터로 제공된다.

힌지 손실은 0 − 1 손실과 달리 연속적이지만 모든 곳에서 미분할 수 있는 제곱 손실과 달리 $z = 1$에서 미분할 수 없다. 이러한 미분성 부족은 훈련 예제가 처리된 후 경사 하강법을 사용해 모델의 가중치를 업데이트하는 경우 문제가 되는데 이는 손실 함수의 미분이 필요하기 때문이다. 여기서 하위 하강이 적용된다. 기본 아이디어는 경사를 계산할 수 없더라도 이와 유사한 것을 대체할 수 있으면 최솟값을 여전히 찾을 수 있다는 점이다. 힌지 손실의 경우 기울기는 미분할 수 없는 지점을 0으로 간주한다. 사실 $z \geq 1$에 대해 힌지 손실이 0이므로 미분할 수 있는 함수 ($z < 1$) 부분에 집중하면서 평소대로 진행할 수 있다.

힌지 손실을 사용하는 선형 서포트 벡터 머신의 가중치 업데이트는 $\Delta w_i = \eta x_i y$이며 여기서 η는 학습률이다. 확률적 경사 하강법의 경우 각 훈련 인스턴스에 대해 z를 계산하는 데 필요한 모든 것은 현재 가중치 벡터와 인스턴스 사이의 내적을 취하고 그 결과에 인스턴스의 클래스 값을 곱한 다음 결괏값이 더 작은지 확인하는 것이다. 1보다 높으면 가중치가 그에 따라 업데이트된다. 퍼셉트론과 마찬가지로 가중치 벡터를 하나의 요소로 확장하고 항상 값이 1인 각 훈련 인스턴스에 추가 속성을 포함해 편향 항[bias term]을 포함할 수 있다.

토론

서포트 벡터 머신은 통계 학습 이론(Vapnik, 1999) 연구에서 비롯됐으며 Burges(1998)의 튜토리얼은 연구를 위한 좋은 출발점이다. 데이터가 선형적으로 분리될 수 없는 경우에 대한 일반화를 포함한 설명은 Cortes & Vapnik(1995)에 의해 발표됐다. 서포트 벡터 회귀의 표준 버전을 도입했는데 Schölkopf, Bartlett, Smola & Williamson(1999)은 2개가 아닌 1개의 매개 변수가 있는 조금 다른 버전을 제공한다. Smola & Schölkopf(2004)는 서포트 벡터 회귀에 대한 광범위한 자습서를 제공한다. Fletcher(1987)는 제한된 2차 최적화 문제에 대한 솔루션을 다루고 Platt(1998)는 서포트 벡터 머신을 훈련하도록 특별히 설계된 순차 최소 최적화 알고리듬을 설명한다.

리지 회귀는 Hoerl & Kennard(1970)에 의해 통계에 도입됐으며 이제 표준 통계 서적에서 찾을 수 있다. Hastie 외(2009)는 커널 리지 회귀에 대한 좋은 설명을 제공한다. 커널 리지 회귀는 예측 불확실성의 추정치를 추가로 제공하는 베이지안 접근법인 가우스 프로세스 회귀라는 기술과 동일하다. 가장 효율적인 일반 행렬 반전 알고리듬의 복잡성은 실제로 $O(n^3)$가 아닌 $O(n^{2.807})$이다.

(투표된) 커널 퍼셉트론은 Freund & Schapire(1999)에 기인한다. Cristianini & Shawe-Taylor(2000)는 서포트 벡터 학습 알고리듬의 기본이 되는 최적화 이론을 포함해 벡터 머신 및 기타 커널 기반 방법을 지원하는 좋은 입문을 제공한다. 주로 고급 수학이 튀어나오기 때문에 여기서는 이런 학습 구조를 거의 훑어보지 않는다. 커널을 사용해 비선형 문제를 해결하는 아이디어는 주성분 분석(8.3절에 설명됨)과 같은 많은 알고리듬에 적용됐다. 커널은 본질적으로 특정 수학적 속성을 가진 유사성 함수이며 집합, 문자열, 트리 및 확률 분포와 같은 모든 종류의 구조에 대해 커널 함수를 정의할 수 있다. Shawe-Taylor & Cristianini(2004)와 Schölkopf & Smola(2002)는 커널 기반 학습을 자세히 다루고 있다.

신경망에 대한 문헌은 광범위하며 Bishop(1995)은 다층 퍼셉트론과 RBF 네트워크에 대한 훌륭한 소개를 제공한다. 신경망에 대한 관심은 서포트 벡터 머신이 나타난 후 처음에는 감소했다. 아마도 후자는 동일한(또는 더 큰) 정확도를 달성하고자 조정할 매개 변수가 전자보다 적은 경우가 많았기 때문일 것이다. 그러나 최근 연구에 따르면 다층 퍼셉트론은 많은 실제 데이터셋에서보다 현대적인 학습 기술로 경쟁력 있는 성능을 달성하고 딥러닝을 수행할 때 특히 탁월하다.

분류기를 학습하기 위한 그라디언트 방법은 많이 쓰인다. 특히 확률적 경사 하강 방법은 대규모 데이터셋과 온라인 학습 시나리오에 적용할 수 있기 때문에 연구됐다. Kivinen, Smola & Williamson(2002), Zhang(2004), Shalev-Shwartz, Singer & Srebro (2007)는 학습 지원 벡터 머신에 적용할 때 이러한 방법을 연구했다. Kivinen 외(2002) 및 Shalev-Shwartz 외(2007)는 현재 이터레이션을 기반으로 경사 하강법에 대한 학습률을 설정하기 위한 휴리스틱을 제공하고 사용자가 훈련 데이터에 대한 적합도를 결정하는 단일 매개 변수에 대한 값만 제공하도록 요구한다(이른바 매개 변수의 정규화). 순수^{vanilla} 방식에서는 수행할 수 있는 업데이트 수를 제한해 정규화를 수행한다.

7.3 로컬 선형 모델을 통한 수치 예측

수치 예측에 사용되는 트리는 리프에 도달하는 인스턴스의 평균값을 나타내는 클래스 값 또는 리프에 도달하는 인스턴스의 클래스 값을 예측하는 선형 회귀 모델 중 하나를 저장하는 것을 제외하고 일반적인 결정 트리와 유사하다. 이 경우 이를 모델 트리라고 한다. 다음에서는 회귀 트리가 정말 특별한 경우이기 때문에 모델 트리를 얘기할 것이다.

회귀 및 모델 트리는 먼저 결정 트리 유도 알고리듬을 사용해 초기 트리를 구축함으로써 구성된다. 그러나 대부분의 결정 트리 알고리듬은 정보 취득을 최대화하고자 분할 속성을 선택하는 반면, 수치 예측은 대신 각 분기 아래의 클래스 값에서 하위 집합 내 변동을 최소화하는 것이 적절하다. 기본 트리가 형성되면 일반 결정 트리와 마찬가지로 각 리프에서 트리의 프루닝을 고려한다. 회귀 트리와 모델 트리 유도의 유일한 차이점은 후자의 경우 각 노드가 상수 값 대신 회귀 평면으로 대체된다는 것이다. 해당 평면을 정의하는 데 사용되는 속성은 일반적으로 정리될 하위 트리의 결정에 참여하는 속성이다. 즉 현재 항목 아래의 노드와 루트 노드의 경로에서 발생하는 항목일 수 있다.

모델 트리에 대한 광범위한 설명에 따라 모델 트리에서 규칙을 생성하는 방법을 간략히 설명하고 로컬 선형 모델 생성을 기반으로 한 수치 예측에 대한 또 다른 접근 방식(로컬 가중치 선형 회귀)을 기술한다.

모델 트리

모델 트리를 사용해 테스트 인스턴스의 값을 예측할 때 트리는 각 노드에서 라우팅 결정을 내리고자 인스턴스의 속성값을 사용해 보통 방식으로 리프까지 이어진다. 리프에는 일부 속성값을 기반으로 하는 선형 모델이 포함되며 이는 원시 예측값을 산출하고자 테스트 인스턴스에 대해 평가된다.

그러나 이 원시 값을 직접 사용하는 대신 잘라 낸 트리의 리프에서 인접한 선형 모델 간에 필연적으로 발생하는 날카로운 불연속성을 줄이고자 평탄화 프로세스smoothing process 를 사용하는 것이 유익한 것으로 밝혀졌는데 이것은 적은 수의 학습 인스턴스로 구성된 모델이 갖는 문제다. 평탄화는 트리가 구축될 때 리프뿐만 아니라 각 내부 노드에 대한 선형 모델을 생성해 수행할 수 있다. 그런 다음 리프 모델을 사용해 테스트 인스턴스에 대한 원시 예측값을 얻으면 해당 값이 루트로 돌아가는 경로를 따라 필터링돼 해당 노드에 대한 선형 모델에서 예측 한 값과 결합해 각 노드에서 평탄화된다.

적절한 평탄화 계산식은 다음과 같다.

$$p' = \frac{np + kq}{n + k}$$

여기서 p'는 다음 상위 노드로 전달된 예측, p는 아래에서 이 노드로 전달된 예측, q는 이 노드에서 모델이 예측한 값, n은 아래 노드에 도달하는 훈련 인스턴스의 수이며 k는 평탄 상수smoothing constant다. 실험에 따르면 평탄화는 예측의 정확도를 크게 높인다.

그러나 불연속성이 남아 있고 결과 함수가 부드럽지 않다. 사실 트리를 만든 후에 내부 모델을 각 리프 모델에 통합해 정확히 동일한 평탄화 프로세스를 수행할 수 있으며 그런 다음 분류 프로세스 중에 리프 모델만 사용된다. 단점은 내부 노드의 모델이 통합될 때 이전에 0이었던 많은 계수가 0이 아니기 때문에 리프 모델이 더 크고 이해하기 어려운 경향이 있다는 점이다.

트리의 구축

분할 기준은 특정 노드에 도달하는 훈련 데이터의 T 부분을 분할하는 데 가장 적합한 속성을 결정하는 데 사용된다. 이는 T에 있는 클래스 값의 표준 편차를 해당 노드에서 오류의 척도로 처리하고 해당 노드에서 각 속성을 테스트한 결과로써 예상되는 오류 감소를 계산하는 것을 기반으로 한다. 예상되는 오류 감소를 최대화시키는 속성은 노드에서 분할 작업에 쓰인다.

표준 편차 감소를 위해 SDR^{Standard Deviation Reduction}이라고 부르는 예상 오차 감소는 다음과 같이 계산된다.

$$\text{SDR} = sd(T) - \sum_i \frac{|T_i|}{|T|} \times sd(T_i)$$

여기서 T_1, T_2, ...는 선택한 속성에 따른 노드 분할의 결과 세트다.

분할 프로세스는 노드에 도달하는 인스턴스의 클래스 값이 아주 약간 변할 때, 즉 표준 편차가 오리지널 인스턴스 세트 표준 편차와의 차이가 아주 미미하면(말하자면 5% 미만) 종료된다. 분할은 또한 4개 이하의 인스턴스만 남아 있는 경우에도 종료된다. 실험은 얻은 결과가 이러한 매개 변수 선택의 정확도에 매우 민감하지 않음을 보여 준다.

트리의 프루닝

앞서 언급했듯이 평활화 과정에 사용하고자 리프뿐만 아니라 각 내부 노드에 대해서도 선형 모델이 필요하다. 프루닝 전에 프루닝되지 않은 트리의 각 노드에 대해 모델이 계산된다. 모델은 다음과 같다.

$$w_0 + w_1 a_1 + w_2 a_2 + \cdots + w_k a_k$$

여기서 a_1, a_2, ..., a_k들은 속성값들이다. 가중치 w_1, w_2, ..., w_k는 표준 회귀를 사용해 계산된다. 그러나 여기에는 속성의 하위 집합만 사용된다. 예를 들어 이들은 이 노드 아래의 하위 트리에서 테스트된 속성일 수 있으며 루트 노드의 경로를 따라 발생하는 속성일 수 있다. 속성들이 수치 속성이라고 암묵적으로 가정했다. 명목 속성의 처리는 '명목 속성' 절에서 따로 설명한다.

프루닝 절차는 각 노드에서 테스트 데이터에 대한 예상 오류의 추정치를 사용한다. 첫째, 예측값과 실제 클래스 값의 차이의 절댓값은 각 노드에 도달하는 훈련 인스턴스상에서 평균화된다. 트리가 이 데이터셋에 대해 명쾌하게 구축됐기 때문에 이 평균은 보이지 않는 사례들에 대해 예측 오류를 과소평가한다. 이를 보상하고자 계수 $(n + v)/(n - v)$를 곱한다. 여기서 n은 노드까지 도달하는 훈련 인스턴스의 수이며 v는 노드에서 클래스 값을 제공하는 선형 모델에서의 파라미터의 수다.

노드에서 테스트 데이터에 대한 예측 오류는 앞에서 기술한 대로 예측을 위한 선형 모델을 사용해 계산된다. 보상 계수 $(n + v)/(n - v)$로 인해 추정 오류를 최소화하기 위한 항을 삭제해 선형 모델을 더 단순화시킬 수 있다. 항을 삭제하면 곱셈 계수가 감소해 훈련 인스턴스상의 평균 에러에서 불가피한 증가를 상쇄하기에 충분하다. 항들은 에러 추정이 감소됨에 따라 탐욕스럽게greedily 하나씩 삭제된다.

마지막으로 선형 모델이 각 내부 노드에 대해 자리를 잡으면 트리는 예측 추정 오류가 감소되는 동안 리프에서부터 역으로 프루닝된다. 해당 노드에서 선형 모델에 대한 예측 오류가 하위 트리로부터의 예측 오류와 비교되며 후자를 계산하고자 각 브랜치의 오류는 브랜치를 타고 내려가며 훈련 인스턴스의 비율에 의해, 선형적인 오류 추정치를 결합에 의해 브랜치로 가중치의 반영하며 이를 통해 노드의 전체 단일 값으로 결합된다. 다른 대안으로는 하위 트리의 훈련 오류를 계산할 수 있으며 여기에 위에서의 트리 내 파라미터 수의 임의 추정치를 기반으로 하는 수정 계수를 곱할 수 있다. 각 분할점에 대해 하나씩 추가할 수 있다.

명목 속성

모델 트리를 구성하기 전에 모든 명목 속성nominal attribute들은 이진 변수로 변환된 다음 수치로 처리된다. 각 명목 속성에 대해 세트 내의 각 가능 값에 대응하는 평균 클래스 값은 훈련 인스턴스로부터 계산되며 이들의 평균값에 따라 정렬된다. 그런 다음 명목 속성이 k개의 가능 값을 가지고 있다면 이는 $k - 1$개의 합성 이진 속성synthetic binary attributes으로 대체되고 만일 값이 첫 번째 i중 하나이면 i번째는 0이 되며 그렇지 않으면 1이 된다. 따라서 모든 분할은 이진binary 값이며 이는 수치 속성 또는 수치 속성으로 취급되는 합성 이진 속성을 포함한다.

k개의 값을 가지는 명목 변수에 대한 노드에서의 최적의 분할이 각 속성값에 대한 평

균 클래스 값들의 정렬을 통해 $k-1$ 위치에서 얻어지는 것들 중 하나임을 증명할 수 있다. 이 정렬 작업은 각 노드에서 반복돼야 한다. 하지만 트리의 하위 노드에서의 적은 인스턴스 수로 인해 불가피한 노이즈의 증가가 있다(어떤 경우에는 노드들은 일부 속성들에 대한 모든 값을 대변하지 않는다). 그리고 모델 트리를 구축하기 전에 한 번의 정렬 수행 정도로 많은 것이 손실되지는 않는다.

유실값

유실값$^{missing value}$을 고려하려면 SDR 공식이 수정돼야 한다. 유실값 보상이 반영된 최종 공식은 다음과 같다.

$$ SDR = \frac{m}{|T|} \times \left[sd(T) - \sum_{j \in \{L,R\}} \frac{|T_j|}{|T|} \times sd(T_j) \right] $$

여기서 m은 해당 속성에 대해 유실값이 없는 인스턴스의 개수이며 T는 이 노드에 도달하는 인스턴스들의 세트다. T_L, T_R은 이 속성에 대한 분할의 결과 세트인데 이는 속성에서의 모든 테스트가 이제는 이진이기 때문이다.

훈련과 테스트 인스턴스를 같이 처리할 때 분할을 위한 속성 하나가 선택되면 이 속성에 대한 값들에 따른 인스턴스를 하위 세트로 나누는 작업이 필요하다. 유실값이 생기면 분명 문제는 발생한다. 이러한 상황을 처리하고자 대리 분할$^{surrogate splitting}$이라는 재미있는 기술이 개발됐다. 핵심은 원래 속성 대신 분할할 다른 속성을 찾아 대신 분할하는 것이다. 속성은 원래 속성과 가장 높은 상관 관계가 있는 속성이 선택된다. 하지만 이 기술은 구현하기 복잡하고 실행하는 데도 많은 시간이 걸린다.

이보다 간단한 휴리스틱은 클래스 값을 대리 속성으로 사용하는 것이며 짧게 말하면 대리 속성은 분할될 것과 연계될 가능성이 높은 속성이다. 물론 이것은 훈련 세트 처리가 가능할 때만 가능한데 테스트 예제의 경우는 클래스가 알려지지 않았기 때문이다. 테스트 예제에 대한 간단한 해결책은 단순히 알려지지 않은 속성을 노드(이진 속성에 대해 가장 인기 있는 하위 노드의 선택에 영향이 있는)까지 도달하는 훈련 예제에 대한 해당 속성의 평균

값으로 대체하는 것이다.

훈련 과정에서 클래스 값을 대리 속성으로 사용하는 법을 자세히 살펴보자. 먼저 값이 알려진 속성의 모든 값에 대한 인스턴스를 다룬다. 분할하는 속성값에 따른 인스턴스의 정렬을 통해 일반적인 방식으로의 분할에 대한 임계점을 설정하고 각 가능한 분할 점에 대해 앞의 공식으로 SDR 값을 계산하고 최대로 오류를 감소시킬 분할 포인트를 선택한다. 분할 속성의 값이 알려진 것에 대한 인스턴스만이 분할 포인트로 사용된다.

그런 다음 이 인스턴스들을 테스트에 따라 L과 R 두 세트로 나눈다. L 또는 R 중 어느 쪽의 평균 클래스 값이 더 큰지 확인하고 이 두 평균의 평균을 계산한다. 그런 다음 속성 값을 알 수 없는 인스턴스를 클래스 값이 전체 평균을 초과하는지 여부에 따라 L 또는 R로 배치된다. 이렇게 되면 더 큰 평균 클래스를 갖는 L 또는 R로 이동하게 되며 그렇지 않으면 평균 클래스 값이 더 작은 쪽으로 이동한다. 분할이 중지되면 모든 유실값은 리프에 도달하는 훈련 인스턴스 내 해당 속성의 평균값으로 대체된다.

모델 트리 유도에 대한 의사 코드

그림 7.9는 지금까지 기술한 모델 트리 알고리듬에 대한 의사 코드를 보여 준다. 2개의 주요 부분은 연속적인 노드의 분할을 통한 트리의 생성이며 이는 'split' 함수에서 수행되고 리프에서 위쪽으로 따라가는 프루닝 작업은 'prune'에서 수행한다. 'node' 데이터 구조에는 내부 노드인지 리프인지를 나타내는 유형 플래그, 왼쪽 및 오른쪽 자식에 대한 포인터, 해당 노드에 도달하는 인스턴스 세트, 해당 노드에서 분할에 사용되는 속성, 노드에 대한 선형 모델을 나타내는 구조가 포함된다.

메인 프로그램의 시작 및 분할 시작 시 호출되는 sd 함수는 인스턴스 집합의 클래스 값에 대한 표준 편차를 계산한다. 그런 다음 앞에서 설명한 합성 바이너리 속성을 얻는 절차를 따른다. 새 노드를 만들고 최종 트리를 출력하는 표준 절차는 나타나지 않는다. 'split'에서 'sizeof'는 세트에서의 요소 수를 리턴한다. 유실값은 앞에서 설명한 대로 처리된다. SDR은 '유실값' 절의 시작 부분에 있는 수식에 따라 계산된다. 코드에는 나타나지

```
MakeModelTree (instances)
{
  SD = sd(instances)
  for each k-valued nominal attribute
    convert into k-1 synthetic binary attributes
  root = newNode
  root.instances = instances
  split(root)
  prune(root)
  printTree(root)
}
split(node)
{
  if sizeof(node.instances) < 4 or sd(node.instances) < 0.05*SD
    node.type = LEAF
  else
    node.type = INTERIOR
    for each attribute
      for all possible split positions of the attribute
        calculate the attribute's SDR
    node.attribute = attribute with maximum SDR
    split(node.left)
    split(node.right)
}
prune(node)
{
  if node = INTERIOR then
    prune(node.leftChild)
    prune(node.rightChild)
    node.model = linearRegression(node)
    if subtreeError(node) > error(node) then
      node.type = LEAF
}
subtreeError(node)
{
  l = node.left; r = node.right
  if node = INTERIOR then
    return (sizeof(l.instances)*subtreeError(l)
           + sizeof(r.instances)*subtreeError(r))/sizeof(node.instances)
  else return error(node)
}
```

그림 7.9 모델 트리 유도에 대한 의사 코드

않지만 속성을 분할하면 인스턴스가 2개 미만인 리프에서 생성되는 경우 무한대로 설정된다. 'prune'에서 'linearRegression' 루틴은 반복적으로 하위 트리를 타고 내려가 속성을 수집하고 노드 내 인스턴스상에서 해당 속성의 함수로서 선형 회귀를 수행하고 이렇게 해 오류 추정을 개선시키면 앞에서 언급한 것과 같이 항을 삭제한다. 결국 'error' 함수는 다음을 리턴한다.

$$\frac{n + v}{n - v} \times \frac{\sum_{\text{instances}} |\text{예측된 클래스 값의 편차}|}{n}$$

여기서 노드에서의 n은 인스턴스의 개수이며 v는 노드의 선형 모델에서의 파라미터 개수다.

그림 7.10은 2개의 수치 속성과 2개의 명목 속성이 있는 문제에 대해 이 알고리듬에 의해 형성된 모델 트리의 예를 보여 준다. 예측해야 할 것은 서보 증폭기, 모터motor, 리드 스크류lead screw, 슬라이딩 캐리지sliding carriage를 포함하는 시뮬레이션된 서보 시스템servo system의 시간 증가다. 명목 속성은 중요한 역할을 한다. 각 5개 값의 명목 속성인 'motor'와 'screw'에 대한 4개의 합성 이진 속성이 생성됐으며 이들은 서로 일치하는 값들의 두 세트 형태로 표 7.1에 나타나 있다.

이 값들의 순서(motor에 대한 D, E, C, B, A와 동시에 screw에 대한 D, E, C, B, A)는 훈련 데이터로부터 지정된다. motor = D에 대한 모든 예제에서의 평균화된 증가 시간은 motor = E에 대한 것보다 더 작으며 motor = E는 motor = C보다 또 더 작다. 표 7.1에서의 계

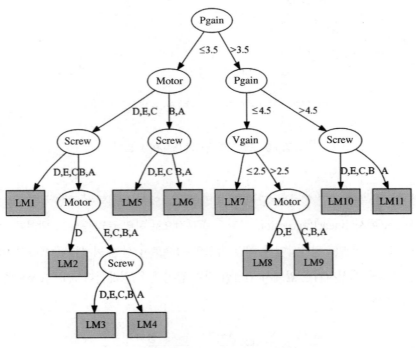

그림 7.10 명목 속성을 갖고 있는 데이터셋에 대한 모델 트리

표 7.1 모델 트리에서의 선형 모델

모델		LM1	LM2	LM3	LM4	LM5	LM6	LM7	LM8	LM9	LM10	LM11
상수항		0.96	1.14	1.43	1.52	2.69	2.91	0.88	0.98	1.11	1.06	0.97
Pgain		−0.38	−0.38	−0.38	−0.38	−0.38	−0.38	−0.24	−0.24	−0.24	−0.25	−0.25
Vgain		0.71	0.49	0.49	0.49	0.56	0.45	0.13	0.15	0.15	0.10	0.14
Motor = D	vs E, C, B, A	0.66	1.14	1.06	1.06	0.50	0.50	0.30	0.40	0.30	0.14	0.14
Motor = D, E	vs C, B, A	0.97	0.61	0.65	0.59	0.42	0.42	−0.02	0.06	0.06	0.17	0.22
Motor = D, E, C	vs B, A	0.32	0.32	0.32	0.32	0.41	0.41	0.05				
Motor = D, E, C, B	vs A					0.08	0.05					
Screw = D	vs E, C, B, A	0.13										
Screw = D, E	vs C, B, A	0.49	0.54	0.54	0.54	0.39	0.40	0.30	0.20	0.16	0.08	0.08
Screw = D, E, C	vs B, A		1.73	1.79	1.79	0.96	1.13	0.22	0.15	0.15	0.16	0.19
Screw = D, E, C, B	vs A											

수 크기에서 분명히 알 수 있는 것은 motor=D 대비 E, C, B, A와 screw=D, E, C, B 대비 A는 LM2, LM3, LM4 모델(모델 간에서)에서 주요 역할을 하고 있다는 것이다. motor 및 screw 모두 일부 모델에서는 큰 역할을 하지는 못한다.

모델 트리로부터의 규칙

모델 트리는 그 근본은 각 리프에 선형 모델이 있는 결정 트리다. 결정 트리처럼 3.4절에서 설명된 복제 트리 문제를 동일하게 겪을 수 있으며 때로는 트리 대신 규칙 세트를 사용해 구조가 훨씬 더 간결하게 표현될 수 있다. 수치 예측을 위한 규칙을 생성할 수 있을까? 트리로부터 결정 규칙을 확장하고자 부분 결정 트리와 결합해 분리 정복separate-and-conquer을 사용하는 6.2절에서 기술된 규칙 학습자를 다시 소환해 보자. 동일한 전략이 수치 예측에 대한 결정 리스트 생성을 위해 모델 트리에도 적용될 수 있다.

먼저 모든 데이터로부터 부분 모델 트리를 구축한다. 리프 중의 하나를 골라 규칙으로 만든다. 그리고 리프에 포함된 데이터를 제거한다. 그런 다음 이 과정을 나머지 데이터를 갖고 동일하게 반복한다. 문제는 부분 모델 트리를 어떻게 구축하느냐, 즉 확장되지 않는 노드로 트리를 만드는 것이다. 이는 다음에 확장할 노드를 어떻게 선택하느냐에 대한 문제로 귀결된다. 그림 6.5의 알고리듬(6.2절)에서는 클래스 속성에 엔트로피가 제일 작은 노드를 선택한다. 예측이 수치인 모델 트리에서는 대신 분산을 사용한다. 이는 동일한 근거를 기반으로 하는데 분산이 낮을수록 하위 트리는 더 얕고 규칙은 더 짧아진다. 나머지 알고리듬은 모델 트리 학습자의 분할 선택 방법과 결정 트리 학습자를 대체하는 프루닝 전략을 통해 동일하게 유지된다. 모델 트리의 리프는 선형 모델이므로 해당 규칙의 오른쪽에는 선형 모델이 위치하게 된다.

규칙 세트의 생성 시 이런 방식으로 모델 트리를 사용할 때 한 가지 주의 사항이 있다. 평탄화된 모델 트리를 사용해도 최종 규칙 세트의 예측에서 오류가 줄어들지 않는 것으로 나타났다. 이는 아마도 평탄화 작업이 연속 데이터에 대해서는 잘 작동하지만 분리 정복 구조가 이전 규칙이 커버하는 데이터를 제거하고 분포에 구멍을 남기기 때문일 것이다. 평탄화를 모두 진행시키려면 규칙 세트가 모두 생성된 후에 수행해야 한다.

로컬 가중 선형 회귀

수치 예측에 대한 또 다른 접근법은 로컬 가중 선형 회귀locally weighted linear regression 방법이다. 모델 트리를 통해 트리 구조가 인스턴스 공간을 영역으로 나누고 각 영역에 대한 선형 모델이 찾아진다. 실제로 훈련 데이터는 인스턴스 공간의 분할 방식을 결정한다. 반면에 로컬 가중 회귀는 더 높은 가중치를 특정 테스트 인스턴스의 이웃에 있는 인스턴스에 제공함으로써 예측 시간에 로컬 모델을 생성한다. 보다 구체적으로 설명하면 테스트 인스턴스까지의 거리에 따라 훈련 인스턴스에 가중치를 부여하고 가중치가 부여된 데이터에서 선형 회귀를 수행한다. 테스트 인스턴스에 가까운 훈련 인스턴스는 많은 가중치를 받고 멀수록 적은 가중치를 받는다. 달리 말하면 선형 모델은 특정 테스트 인스턴스에 맞춤으로 만들어지고 인스턴스의 클래스 값을 예측하고자 사용된다.

로컬 가중 회귀를 사용하려면 훈련 인스턴스들에 대한 거리 기반 가중치 구조를 결정해야 한다. 일반적으로는 테스트 인스턴스로부터의 유클리드 거리 값의 역수에 따라 인스턴스에 가중치를 부여하는 것이다. 다른 방법으로는 유클리드 거리와 함께 가우스 커널 함수를 사용하는 것이다. 하지만 가중치 함수 선택이 중요하다는 명확한 증거는 없다. 더 중요한 것은 거리 함수의 스케일을 조정하는 데 사용되는 '평탄화 파라미터'의 선택이다. 거리는 이 파라미터의 역수와의 곱으로 조정된다. 만약 이 값이 작은 값으로 설정되면 테스트 인스턴스에 가까운 인스턴스만이 상당한 가중치를 받는다. 큰 값으로 설정되면 더 먼 인스턴스도 모델에 상당한 영향을 미친다. 평탄화 파라미터를 선택하는 방법 중 하나는 k번째로 가까운 훈련 인스턴스의 거리로 설정해 훈련 데이터의 볼륨이 커짐에 따라 그 값이 더 작아지도록 하는 것이다. 만일 가중치 함수가 선형이라면(예를 들어 $max(0, 1$ – 평탄화된 거리)) 가중치는 k번째로 가장 가까운 인스턴스보다 먼 모든 인스턴스에 대해서는 0이다. 그런 다음 가중치 함수는 제한된 서포트만 수행하며 $k - 1$번째로 가까운 이웃만이 선형 모델 구축 시 고려 대상이 된다. k값의 최적의 선택은 데이터에 얼마만큼 노이즈가 있느냐에 달려 있다. 노이즈가 많을수록 이웃이 선형 모델에 포함돼야 한다. 일반적으로 교차 검증을 통해 적절한 평탄화 파라미터를 찾는다.

모델 트리와 마찬가지로 로컬 가중 선형 회귀는 비선형 함수를 근사화시킬 수 있다. 주요 장점 중 하나는 점진적 학습에 이상적으로 적합하다는 것인데 모든 훈련은 예측 시간에 수행된다. 따라서 새로운 인스턴스가 언제든지 훈련 데이터에 추가될 수 있다. 하지만 다른 인스턴스 기반 방법과 마찬가지로 테스트 인스턴스에 대한 예측 도출이 느리다. 그 이유는 첫째, 가중치를 계산하려면 훈련 인스턴스가 스캔돼야 한다. 그런 다음 가중치가 부여된 선형 회귀가 이 인스턴스상에서 수행된다. 또한 다른 인스턴스 기반 방법과 마찬가지로 로컬 가중 회귀는 훈련 데이터셋의 전역 구조 정보를 거의 제공하지 않는다. 만일 평탄화 파라미터가 k번째로 가까운 이웃을 기반으로 하고 가중치 함수가 가중치 0을 더 먼 인스턴스에 부여한다면 4.7절에서 설명된 kD-트리와 볼 트리가 관련 이웃을 찾는 프로세스의 가속화를 위해 사용될 수 있다는 점을 기억하라.

로컬 가중 학습은 선형 회귀에만 국한되지 않으며 가중치를 다루는 모든 학습 기술에 적용될 수 있다. 특히 분류에 사용이 용이하다. 대부분의 알고리듬은 가중치를 처리하기 쉽게 돼 있다. 이를 위한 트릭은 (정수) 가중치는 동일한 인스턴스의 복사본 제작을 통해 시뮬레이션을 하는 것이다. 학습 알고리듬이 모델을 계산할 때 적절한 수의 동일한 섀도 인스턴스shadow instance가 같이 동반하는 것처럼 만들어라. 이는 정수 가중치가 아닌 경우에도 통한다. 4.2절에서 기술한 예를 들어 나이브 베이즈 알고리듬에서 인스턴스로부터 파생된 개수에 인스턴스 가중치를 곱하면 로컬 가중 학습에 사용할 수 있는 나이브 베이즈 버전이 된다.

로컬 가중치를 적용한 나이브 베이즈는 실제로 잘 동작하며 성능은 나이브 베이즈 자체와 k-최근접 이웃 기술을 모두 능가한다. 또한 나이브 베이즈를 개선시키기 위한 좀 더 정교한 방법들보다 더 우위에 있다. 로컬 가중 학습은 표준 나이브 베이즈가 하는 것처럼 전체 인스턴스 공간에서 전역적이 아닌 이웃 안에서만 독립성을 가진다고 가정한다.

원칙적으로 로컬 가중 학습은 선형 회귀 및 나이브 베이즈보다 더 복잡한 결정 트리와 다른 모델에도 적용할 수 있다. 그러나 적용 이익이 많지는 않은데 이는 로컬 가중 학습은 기본적으로 단순 모델을 임의의 목표를 근사시킬 수 있게 해 좀 더 유연하게 되도록 허용하는 방법이기 때문이다. 깔려 있는 학습 알고리듬이 이미 이를 수행할 수 있다면 로컬 가중 학습을 적용할 필요는 없어진다. 하지만 이를 적용하면 선형 서포트 벡터 머신 및 로지스틱 회귀와 같은 다른 단순 모델을 개선할 수 있다.

토론

회귀 트리는 Breiman 외(1984)의 CART 시스템에 도입됐다. '분류 및 회귀 트리classification and regression tree'를 위한 CART는 회귀 트리를 유도하는 구조뿐만 아니라 C4.5와 같은 이산 클래스에 대한 결정 트리 유도자도 통합시켰다. 명목 속성을 처리하는 방법 및 유실 값을 처리하기 위한 대리 장치와 같은, 이 절에서 설명하는 많은 기술이 CART에 포함됐다. 모델 트리의 추가는 상당히 최근에 일어났으며 Quinlan(1992)에 의해 처음 설명됐다. 규칙 세트(부분 트리는 아니지만)를 생성하고자 모델 트리를 사용하는 방법은 Hall, Holmes & Frank(1999)에 의해 연구됐다.

모델 트리 유도의 포괄적인 설명(및 구현)은 Wang & Witten(1997)이 제공했다. 신경망은 또한 생성되는 구조가 불투명하고 솔루션의 특성을 이해하는 데 사용할 수 없다는 단점이 있지만 수치를 예측하는 데도 일반적으로 사용된다. 신경망의 구조로부터 통찰력을 생성하는 기술이 있지만 내부 표현의 임의의 특성은 동일한 데이터에서 훈련된 이상적인 구조의 네트워크 간에 극적인 변형들이 있을 수 있음을 의미한다. 유도되는 함수를 선형 패치로 나눔으로써 모델 트리는 재현할 수 있고 적어도 어느 정도 이해할 수 있는 표현을 제공한다.

로컬 가중 학습에는 다양한 변형들이 존재한다. 예를 들어 통계 학자들은 선형 모델 대신 로컬 2차 모델locally quadrantic model 사용을 도입해 분류 문제에 로컬 가중치 로지스틱 회귀를 적용했다. 또한 문헌에서 다양한 잠재적 가중치 및 거리 함수를 찾을 수 있다. Atkeson, Schaal & Moore(1997)는 주로 회귀 문제의 맥락에서 로컬 가중치 학습에 대한 훌륭한 설문 조사를 만들었다. Frank, Hall & Pfahringer(2003)는 나이브 베이즈와 함께 로컬 가중 학습의 사용을 실험 평가했다.

7.4 WEKA 수행

- 인스턴스 기반 학습

  IBk

  KStar

  NNge(NNge 패키지에서 사각형의 일반화)

- 선형 모델 및 확장

  SMO와 변수들

  LibSVM(LibSVM 패키지에 있는 외부 libsvm 라이브러리)

  LibLINEAR(LibLINEAR 패키지에 있는 liblinear 외부 라이브러리)

  GaussianProcesses(커널 리지 회귀와 예측 가능한 불확실성의 측정의 결합)

  VotedPerceptron(투표된^{voted} 커널 퍼셉트론)

  MLPClassifier 및 MLPRegressor와 더불어 multiLayerPerceptrons 패키지에
     있는 MultiLayerPerceptron

  RBFNetwork, RBFClassifier, RBFRegressor(모두 RBFNetwork 패키지에 존재)

  SGD(Stochastic Gradient Descent for several loss function: 여러 손실 함수에 대한 확률적
     경사 하강법)

- 수치 예측$^{Numeric\ prediction}$

  M5P(모델 트리)

  M5Rules(모델 트리로부터의 규칙)

  LWL(로컬 가중 학습)

08

데이터 변환

7장에서 머신러닝 방법의 다양한 영역들을 살펴봤는데 결정 트리, 분류, 연관 규칙, 선형 모델, 인스턴스 기반 스키마, 수치 예측 기술, 클러스터링 알고리듬이 있었다. 모두 실제 데이터 마이닝 문제에 바로 적용할 수 있는 훌륭한 기술이다.

하지만 성공적인 데이터 마이닝은 학습 알고리듬 이상의 것을 포함해야 하며 이를 데이터상에서 수행시켜야 한다. 우선 많은 학습 스키마는 다양한 파라미터를 갖고 있으며, 적절한 값들이 이를 위해 선택돼야 한다. 대부분의 경우 결과는 파라미터 값의 적절한 선택을 통해 획기적으로 개선될 수 있으며 적절한 선택은 다루는 데이터에 좌우된다. 예를 들어 결정 트리는 프루닝되거나 되지 않을 수 있으며 전자의 경우 프루닝 파라미터가 선택돼야 할 것이다. 인스턴스 기반 학습의 k-최근접 이웃 방법에서는 k에 대한 값을 선택해야 한다. 보다 일반적으로 학습 스키마 자체는 가능한 스키마의 범위에서 선택돼야 한다. 모든 경우 올바른 선택은 데이터 자체에 달려 있다.

몇 가지 학습 스키마 및 데이터상의 몇 가지 파라미터 값을 시험하고 어떤 것이 가장 효과적인지 확인하고 싶을 것이다. 하지만 조심하라. 최선의 선택이 반드시 훈련 데이터에서 잘 수행되리라는 보장은 없다. 학습된 모델이 이로부터 파생된 특정 훈련 데이터와 너무 가깝게 묶이면 발생할 오버피팅 문제에 대해 반복해서 경고했다. 훈련 데이터의 성능이 학습된 모델이 실제로 적용될 새로운 데이터상에서도 성능 레벨을 표시한다고 가정하는 것은 잘못됐다.

다행히도 5장, '신뢰성 – 학습에 대한 평가'에서 이에 대한 솔루션을 만나 봤다. 여기에는 예상 실제 성능을 추측하기 위한 2개의 좋은 방법이 있는데 훈련 데이터로부터 충분히 분리된 대량 데이터셋의 사용(데이터가 많을 경우), 그리고 데이터가 부족할 경우에 사용하는 교차 검증(5.3절)이 그것이다. 후자의 경우 보통 단일 10겹 교차 검증이 실제로 사용되지만 보다 신뢰할 수 있는 추정치를 얻으려면 전체 절차를 10회는 반복해야 한다. 학습 스키마에 대한 적절한 파라미터가 선택되면 전체 훈련 세트(모든 가능한 훈련 인스턴스)를 사용해 새로운 데이터에 적용될 마지막 학습 모델을 만든다.

조정 프로세스tuning process 중에 선택된 파라미터를 통해 얻은 성능은 최종 모델의 신뢰할 수 있는 추정 성능이 아닌데 이는 최종 모델은 잠재적으로 조정에 사용된 데이터에 오버피트되기 때문이다. 이는 5.5절에서 논의했다. 얼마나 잘 수행됐는지 확인하려면 학습 및 조정 중에 사용된 모든 데이터로부터 또 다른 대규모 데이터셋이 필요하다. 교차 검증도 마찬가지다. 파라미터 조정을 위한 '내부inner' 교차 검증과 오류 추정을 위한 '외부outer' 교차 검증이 필요하다. 10겹 교차 검증을 수행하면 이는 고려해야 할 각 파라미터 세팅에 대한 학습 스키마 수행을 100회 수행하는 것을 뜻한다. 요약하면 학습 스키마의 성능을 평가할 때 진행되는 모든 파라미터의 조정은 훈련 프로세스의 필수 파트인 것처럼 처리돼야 한다.

머신러닝 기술을 실제 데이터에 적용시킬 때 성공률을 실질적으로 향상할 또 다른 중요한 프로세스들이 있는데 그것이 8장의 주제다. 이 프로세스들은 일종의 데이터 엔지니어링을 구성한다. 입력 데이터를 선택한 학습 스키마에 적합한 형식으로 엔지니어링을 하고 출력을 좀 더 효과적으로 만든다. 이것들을 성공률을 높이기 위한 실제 머신러닝 문제에 적용할 수 있는 트릭 주머니bag of trick로 볼 수 있다. 이것들은 작동을 할 수도 있고

안 할 수도 있기 때문에 현재의 최신 상태에서 작동을 잘할 것인지 여부를 미리 말하기는 어렵다. 이런 시행착오만이 가장 믿을 만한 가이드가 되는 상황에서는 특히 수완이 있고 트릭에 대한 이해가 있어야 한다.

8장에서는 입력을 좀 더 최적화시켜 학습 방법에 더 잘 적용할 수 있게 하는 6가지의 다른 방법(속성 선택, 속성 이산, 데이터 투영, 샘플링, 데이터 정제, 다중 클래스 문제의 2-클래스 문제로의 전환)을 살펴본다. 먼저 고려할 사항은 속성 선택이다. 많은 실제 상황에서는 학습 스키마에 대해 다뤄야 할 속성들이 너무 많다. 그중 일부(아마도 압도적 다수가 될 것이다)는 관련성이 없거나 중복된다. 따라서 학습에 사용하고자 데이터는 속성의 하위 세트를 선택하고자 사전 처리돼야 한다. 물론 많은 학습 스키마 자체가 적절히 속성을 선택하려 하며 무관한, 또는 중복된 속성들은 무시한다. 하지만 실제로는 이들의 성능은 빈번히 이 사전 선택을 통해 향상된다. 예를 들면 실험에서는 불필요한 속성들의 추가는 결정 트리, 규칙, 선형 회귀, 인스턴스 기반 학습자 등과 같은 학습 스키마의 성능 저하를 야기시키는 것을 보여 준다.

수치 속성의 이산^{discretization}은 작업이 수치 속성을 포함하지만 선택한 학습 스키마가 카테고리형 속성만 다룰 수 있는 경우에는 절대적으로 중요하다. 수치 속성을 다룰 수 있는 스키마여도 속성들이 사전에 이산화돼 있으면 좀 더 나은 결과를 나타낸다. 반대의 상황인 카테고리형 속성을 수치로 표현해야 하는 경우도 (빈번하진 않지만) 발생한다. 이런 경우에 사용되는 기술도 다룰 예정이다.

데이터 투영^{data projection}에는 다양한 기술이 들어 있다. 2장, '입력 – 콘셉트, 인스턴스, 속성'에 있는 관계형 데이터와 7장, '인스턴스 기반 및 선형 모델의 확장'에 있는 서포트 벡터 머신을 살펴볼 때 이전에 접한 변환 중 한 가지는 이해하기 쉽도록, 그리고 머신학습 구조에 맞는 형태로 기존 정보를 보여 주는 것을 목적으로 하는 새로운 합성 속성을 추가하는 것이다. 당면한 특정 머신러닝 문제의 의미론에 국한되지 않은 더 일반적인 기술은 주성분 분석^{principal component analysis} 및 랜덤 투영^{random projection}이 포함된다. 또한 회귀 문제에 대한 데이터 투영 기술로 분류에 대한 판별 해석^{discriminant analysis} 및 부분 최소 제곱 회귀^{partial least squares regression}도 다룰 것이다.

실제 많은 데이터 마이닝 애플리케이션에서 입력의 샘플링은 중요한 단계이며 대규모 문제들을 실제로 처리할 수 있는 유일한 방법이 샘플링이기도 하다. 이는 단순해 보이지만 샘플링 기술의 간략한 부분을 포함시켰는데 여기에는 향후 데이터셋의 총 사이즈를 알 수 없을 때 주어진 사이즈로의 랜덤 샘플을 점진적으로 만드는 방법도 포함됐다.

명확하지 않는 데이터는 데이터 마이닝에 악영향을 준다. 2장에서 데이터 파악의 중요성을 강조했다. 데이터 파악은 모든 서로 다른 속성, 이들의 코딩 규칙, 중복 데이터와 유실값이 갖는 의미, 노이즈 측정, 타이핑 오류, 의도적일지라도 존재하는 시스템적 오류에 대한 이해를 의미한다. 다양하고 단순한 시각화는 때때로 작업에 도움이 된다. 또한 훈련 시간에 단일 클래스의 인스턴스만 사용할 수 있는 '원 클래스 학습$^{one\ class\ learning}$'이라는 기술 클래스를 포함해 데이터를 정제하고 비정상 값을 감지하고 이상점을 발견하는 자동화 메서드도 있는데 이는 나중에 설명할 것이다.

마지막으로는 만들어진 추정치의 재조정을 통해 클래스 확률을 추정하는 학습 스키마 출력의 정제^{refine}를 알아볼 것이다. 이는 비용에 민감한 분류에서처럼 정확한 확률이 필요할 때 주로 중요하지만 분류 성능도 향상할 수 있다.

8.1 속성 선택

대부분의 머신러닝 알고리듬은 결정을 내리는 데 사용하기 위한 가장 적절한 속성을 학습하도록 설계돼 있다. 예를 들어 결정 트리 방법은 각 점에서 분할을 위한 가장 유망한 속성을 선택하며 이론상으로 무관하거나 도움이 되지 않는 속성은 선택하지 않는다. 더 많은 기능을 갖는 것은 (이론상으로) 더 차별적인 결과를 가져와야 한다. '이론과 실제의 차이점은 무엇입니까?' 오래된 질문이 묻는다. '이론과 실제는 차이가 없습니다.' 대답은 이어진다. '이론상으론 말이죠. 하지만 실제로는 (차이가) 있습니다.' 즉 실제로는 데이터 속성에 무관하거나 혼동을 주는 속성을 추가하는 것은 때로는 머신러닝 시스템에 혼란을 주는 경우가 많다.

결정 트리 학습자(C4.5)의 실험에서 표준 데이터셋에 편향되지 않은 동전 던지기를 통해 생성된 랜덤 이진 속성을 추가하는 것은 분류 성능에 영향(일반적으로 테스트된 상황에서 5~10% 하향)을 주는 것으로 나타났다. 이는 학습된 트리의 어떤 지점에서 데이터 처리 시 랜덤 오류를 야기시키는 무관한 속성이 일관되게 브랜치branch상에서 선택되기 때문에 발생한다. 어떻게 결정 트리 학습자가 각 노드에서의 분할에 대해 최적의 속성을 선택하도록 똑똑하게 설계됐을 때에도 이런 하향이 발생할까? 그 이유는 다소 미묘하다. 트리를 더 타고 내려갈 때 결정 선택을 위한 가용한 데이터는 점점 줄어든다. 어떤 시점에서 데이터가 거의 없으면 랜덤 속성이 우연히 좋아 보일 수 있다. 각 레벨에서의 노드의 수는 깊이에 따라 기하급수적으로 증가하기 때문에 경계선 어딘가에서 불량 속성이 양호하게 보일 가능성은 트리가 깊어짐에 따라 증가한다. 진짜 문제는 불가피하게 선택한 속성에 대한 데이터가 얼마 되지 않는 깊이에 도달할 때다. 이는 파편화fragment 문제로 알려져 있다. (이런 경우) 데이터셋이 크다고 반드시 도움이 되지는 않으며 더 깊이 들어가 보면 될 것이다.

분할 정복 트리 학습자divide and conquer tree learner와 분리 정복 규칙 학습자separate and conquer rule learner 모두 이 문제로부터 자유롭지 않은데 이들 모두 판단의 근거가 되는 데이터의 양을 엄청나게 감소시키기 때문이다. 인스턴스 기반 학습자들은 관계없는 속성에 매우 취약한데 이는 항상 로컬 이웃에서 작업이 일어나며 각 결정에 대해 몇 가지 훈련 인스턴스만 고려하기 때문이다. 실제로 인스턴스 기반 학습에 대한 사전 결정 수준의 성능 생성을 위한 훈련 인스턴스의 개수가 관련 없는 속성의 개수를 통해 기하급수적으로 증가하는 것으로 나타났다. 대조적으로 나이브 베이즈는 인스턴스 공간을 분할하지 않으며 관련 속성들을 완강히 무시한다. 이는 모든 속성은 서로 독립적이라는 설계에 의해 가정되며 임의의 '디스트랙터distracter[1]' 속성에 딱 맞는 가정이다. 하지만 이와 똑같은 가정을 통해도 나이브 베이즈는 다른 방식으로 많은 비용이 발생하는데 이는 중복 속성 추가에 의해 작동이 손상되기 때문이다.

---

1   정확한 속성 이외의 다른 선택 가능 속성들(부정확한 속성)을 디스트랙터 속성이라고 한다. – 옮긴이

관련 없는 디스트랙터 속성들이 결정 트리 및 규칙 학습자의 성능을 저하시킨다는 사실은 처음 보면 조금 놀랍다. 더 놀라운 것은 관련 속성들 역시 성능을 저하시킬 수 있다는 것이다. 예를 들어 2-클래스two-class 데이터셋에서 대부분의 시간 동안(65%) 예측할 클래스와 동일한 값을 가지며 나머지 시간에는 반대 값을 갖는 새로운 속성이 추가됐고 랜덤으로 인스턴스 간에 배포된다고 가정하자. 표준 데이터셋을 사용한 실험에 의하면 이는 분류 정확도의 저하(테스트된 상황에서 1~5%)를 가져올 수 있다. 문제는 트리 상단에서 분할을 위한 새로운 속성이 (자연스럽게) 선택되는 것이다. 이는 아래 노드에서 가용한 인스턴스 세트의 파편화 효과를 갖고 있으며 이에 다른 선택들은 희소 데이터에 기반하도록 돼 버린다.

대부분 머신학습 구조의 관련 없는 속성들의 부정적인 영향으로 인해 가장 관련 있는 속성을 제외한 모두 제거하고자 노력하는 속성 선택 단계를 통해 학습을 선행하는 것이 일반적이다. 관련 속성을 선택하는 가장 좋은 방법은 학습 문제 및 어떤 속성이 실제로 의미하는 바에 대한 깊은 이해를 바탕으로 수동 수행을 하는 것이다. 하지만 자동 수행 방법도 유용하다. 맞지 않은 속성의 삭제를 통해 데이터의 차원을 줄여 학습 알고리듬의 성능을 개선한다. 속성 선택에서 포함된 계산을 통해 여기에 초과 가중치가 적용될 수 있지만 자동 수행은 또한 속도를 빠르게 한다. 더 중요한 것은 차원 축소가 더 콤팩트하고 더 쉽게 해석 가능한 목표 콘셉트의 표현을 만들어 내며 사용자의 관심을 가장 관련 있는 변수에 집중시킨다는 것이다.

스키마에 무관한 선택

좋은 속성의 하위 집합을 선택할 때 서로 다른 2가지 기본 접근법이 있다. 하나는 데이터의 일반적인 특성을 기반으로 독립적인 평가를 만드는 것이며, 다른 하나는 최종적으로는 학습에 적용될 머신러닝 알고리듬을 사용해 하위 세트를 평가하는 것이다. 첫 번째는 필터 메서드filter method라고 불리는데 속성 세트가 학습이 시작되기 전에 가장 유망한 하위 집합을 만들어 내고자 필터링되기 때문이다. 두 번째는 래퍼 메서드wrapper method라고 하는 데 학습 알고리듬이 선택 절차^{selection procedure}에 래핑^{wrapping}되기 때문이다. 속성이 클래스 선택과 연관이 있을 때 결정하는 데 좋은 방법이 있다면 속성의 하위 세트의 독립적인 평가를 만드는 것은 쉬울 것이다. 하지만 여러 가지 다른 방법이 제안됐어도 일반적으로 통용되는 '관련성' 측정 방법은 없다.

속성 선택의 스키마 독립적인^{scheme-independent} 방법 중 하나는 인스턴스 공간을 모든 훈련 인스턴스를 분리하는 방법으로 분할하기 위한 충분한 속성만을 사용하는 것이다. 예를 들어 1개 또는 2개의 속성만을 사용하는 경우 일반적으로 속성값의 같은 조합을 갖는 몇 가지 인스턴스가 있다. 또 다른 방법으로는 속성의 모든 세트 인스턴스를 독자적으로 구분해 모든 속성에 대해 동일한 값을 갖는 인스턴스가 없도록 하는 것이다(이는 반드시 사례화할 필요는 없다. 하지만 데이터셋은 때때로 다른 클래스나 동일한 속성값을 갖는 인스턴스를 포함한다). 이는 모든 인스턴스를 유니크하게 구분하게 해주는 가장 작은 속성 하위 세트를 선택하는 데 직관적이다. 이는 상당한 계산 비용이 들지만 철저한 검색을 사용해 쉽게 찾을 수 있다. 하지만 불행히도 이 속성 세트의 일관성으로의 강한 편향은 통계적으로 정당하지는 않고 오버피팅으로 이어질 수 있으며 알고리듬이 사실 거의 노이즈에 의해 발생하는 비일관성의 수정을 위해 불필요하게 길어질 수 있다.

머신러닝 알고리듬을 속성 선택에 사용할 수 있다. 예를 들어 먼저 결정 트리 알고리듬을 전체 데이터셋에 적용한다. 그리고 나서 이 트리에서 실제 사용된 속성들만 선택한다. 두 번째 단계가 다른 트리를 구축한 경우에 이 선택이 아무 효과가 없지만 다른 학습 알고리듬에 영향을 미친다. 예를 들어 최근접 이웃 알고리듬은 관련 없는 속성에 취약한 것으로 악명이 높으며 성능은 결정 트리 구축자를 먼저 속성 선택에 대한 필터로 사용함으로써 개선시킬 수 있다. 그 결과로 만들어진 최근접 이웃 스키마는 필터링에 의해 사용되는 결정 트리 알고리듬보다 더 잘 수행될 수 있다. 또 다른 예로 4장에 기술된 간단한 1R 스키마가 다른 속성(1R과 같은 오류 기반 방법은 랭킹 속성에 대해 최적의 선택이 아닐 수도 있으며 지도 이산^{supervised discretization} 관련 문제 관련 문제를 다룰 때 살펴볼 것이다.)상의 브랜치 효과를 평가해 결정 트리 학습자에 대한 속성을 선택하는 데 사용됐다. 종종 결정 트리는 2개 또는 3개의 상위 속성만 이의 구축에 사용될 때 잘 수행되며 이해하기도 훨씬 쉽다.

또 다른 가능성은 선형 모델을 구축하는 알고리듬(즉 서포트 벡터 머신)을 사용하고 계수의 크기에 기반해 속성의 순위를 매기는 것이다. 더 정교한 버전은 학습 알고리듬을 반복적으로 적용한다. 이는 모델을 빌드하고 계수를 기반으로 속성의 순위를 매기고 낮은 순위들을 제거하고 모든 속성이 제거될 때까지 프로세스를 반복한다. 이러한 '재귀적 특징 제거 방법recursive feature elimination'은 단일 모델을 기반으로 하는 단순한 순위 속성보다는 특정 데이터셋(예를 들어 암의 분류를 위한 중요한 유전자 식별시)상에서 더 나은 결과를 만들어 내는 것으로 밝혀졌다. 두 방법 모두 속성이 동일한 척도로 측정되도록 하는 게 중요하다. 그렇지 않으면 계수 비교를 할 수 없다. 이런 기술들은 단지 순위를 생성할 뿐이다. 사용 속성의 적절한 개수를 정의하려면 다른 방법이 사용돼야 한다.

인스턴스 기반의 학습 방법을 사용해 속성을 선택할 수도 있다. 인스턴스를 훈련 세트로부터 무작위로 샘플링하고 동일한 클래스와 다른 클래스의 인접 레코드(니어 히트near hit 및 니어 미스near misses)[2]를 체크한다. 니어 히트가 특정 속성에 대해 다른 값을 갖는다면 이 속성은 관련이 없는 것으로 보이며 가중치는 줄여야 한다. 반면 니어 미스가 값이 다른 경우 이 속성은 관련이 있는 것으로 보이고 가중치를 높여야 한다. 물론 이는 7.1절에 설명된 인스턴스 기반 학습에 대한 가중치 속성에 사용되는 표준 절차다. 이런 작업을 여러 번 반복한 다음 선택을 수행하며 가중치가 양수인 경우만 선택된다. 인스턴스 기반 학습의 표준 증분 공식과 같이, 프로세스가 반복될 때마다 다른 결과가 얻어지는데 이는 예제의 다른 순서 때문이다. 이는 모든 훈련 인스턴스의 사용 및 니어 히트와 니어 미스의 고려를 통해 피할 수 있다.

더 심각한 단점은 방법이 중복 속성을 감지하지 못한다는 것인데 이는 다른 속성과 상관 관계가 있기 때문이다. 극단적인 경우 2개의 동일한 속성이 동일한 방식으로 처리되며 둘 다 거부되든지 둘 다 선택된다. 이 때문에 가장 가까운 니어 히트와 니어 미스를 계산할 때 (현재의) 속성 가중치를 고려해 이 이슈를 해결하는 방법으로 보이는 수정이 제안됐다.

---

2   니어 히트/니어 미스는 원래 안전 분야에서 '사고가 거의 날 뻔한'의 의미로 쓰이지만 여기에서는 인접한 레코드를 가리키며 인접 레코드가 관련값을 갖는 경우는 니어 히트, 그렇지 않은 경우를 니어 미스라고 표현했다. - 옮긴이

관련 없는 속성과 마찬가지로 중복 속성을 제거하는 또 다른 방법은 클래스와 개별적으로 연관되지만 상호 상관은 거의 없는 속성의 하위 세트는 선택하는 것이다. 명목 속성 A와 B 사이의 상관 관계는 대칭 불확도$^{symmetirc\ unsertainity}$를 사용해 측정할 수 있다.

$$U(A, B) = 2\frac{H(A) + H(B) - H(A, B)}{H(A) + H(B)}$$

여기서 H는 4.3절에서 설명한 엔트로피 함수다. 엔트로피는 각 속성값과 연관된 확률을 기반으로 한다. A와 B의 결합 엔트로피인 $H(A, B)$의 값은 모든 조합의 결합 확률에서 계산된다. 대칭 불확실성은 항상 0과 1 사이의 값을 가진다. 상관 기반 선택은 아래 식을 사용해 속성 세트의 품질^{goodness}을 정의한다

$$\sum_j U(A_j, C) \Big/ \sqrt{\sum_i \sum_j U(A_i, A_j)}$$

여기서 C는 클래스 속성이며 인덱스 i와 j는 세트 내 모든 속성들을 커버한다. 만일 하위 세트에 있는 모든 m 속성이 완벽하게 상호 연관되면 분자는 m이 되고 분모 $\sqrt{m^2}$도 m이 된다. 따라서 측정값은 1이 되며 이는 얻을 수 있는 최대치(최소치는 0)다. 분명 이는 이상적이지는 않은데 중복 속성을 피하고 싶기 때문이다. 하지만 모든 이 세트의 하위 세트 또한 값으로 1을 가질 것이다. 이 조건으로 속성의 품질이 좋은 하위 세트를 검색할 때 가장 작은 하위 집합 편향 관계들을 끊어 버리는 것이 좋다.

속성 공간의 검색

속성 선택에 대한 대부분의 방법에는 클래스를 가장 잘 예측할 가능성이 높은 하위 집합에 대한 속성 공간 검색이 포함된다. 그림 8.1은 (이제 너무나 친숙한) 날씨 데이터셋의 속성 공간을 보여 준다. 가능한 속성의 하위 집합 개수는 기하급수적으로 증가하므로 가장 단순한 문제를 제외한 모든 문제에 대해서는 그리 실용적이지 못하다.

일반적으로 공간은 위에서 아래로 또는 아래에서 위로 두 방향 중 하나로 탐욕스럽게

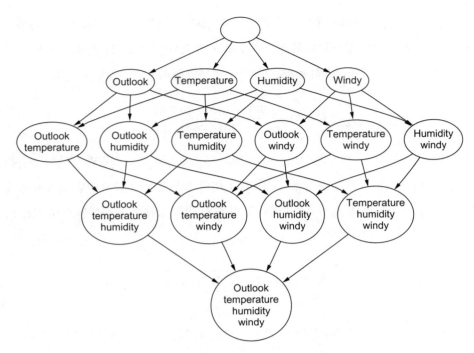

그림 8.1 날씨 데이터셋에 대한 속성 공간

greedly 검색된다. 각 단계에서 단일 속성을 추가하거나 삭제해 현재 속성의 하위 세트에 대한 로컬 변경이 일어난다. 속성 없이 시작해 한 번에 하나씩 아래쪽 방향으로 추가하는 선택을 정방향 선택forward selection이라고 한다. 그리고 전체 세트로 시작해 한 번에 하나씩 속성을 제거해 위로 올라가는 것을 역방향 제거backward elimination라고 한다.

정방향 선택에서는 아직 현재 하위 속성에 존재하지 않은 각 속성이 임시로 추가되고 속성의 결과 세트가 평가된다(예를 들어 다음 절에서 언급할 교차 검증 등을 사용한다). 이 평가는 하위 세트에 대한 예측 성능의 수치 측정값을 생성한다. 차례로 각 속성을 추가하는 효과는 이 측정을 통해 정량화되고 최적의 값이 선택되면 절차는 계속된다. 하지만 현재의 하위 세트에 추가할 때 개선된 속성이 없으면 검색은 종료된다. 이는 표준 탐욕 검색greedy search의 절차이며 로컬에서 최적 속성 집합을 찾도록 보장한다. 역방향 제거는 완전히 유사한 방식으로 동작한다. 두 경우 모두 작은 속성 세트를 대상으로 작은 편향이 가끔 도입된다. 이는 만약 검색이 계속 검색된다면 평가의 측정은 증가해야 하는 것뿐만 아니라 적어도 최소한 사전 정의된 수량만큼 증가해야 한다는 정책을 통해 정방향 선택에 대해 수행될 수 있다. 유사한 수정이 역방향 제거에도 적용된다.

보다 정교한 검색 스키마가 존재한다. 정방향 선택과 역방향 제거는 양방향 검색 bidirectional search으로 조합될 수 있다. 다시 말하지만 아무것도 없이 시작하거나 모든 속성으로 시작할 수 있다. 최상 우선best-first 검색은 성능이 떨어지기 시작할 때 단지 종료만 하지 않고 지금까지 평가된 모든 속성 하위 세트의 목록을 성능 측정 순서대로 정렬, 유지해 이전 구성을 다시 방문할 때 이 정렬을 대신 방문시키는 방법이다. 어떤 중지 기준에 의해 방해받지 않는 한 충분한 시간이 주어지면 전체 공간을 탐색한다. 빔 검색beam search은 비슷하지만 각 단계에서 속성의 하위 세트 목록을 잘라내어 고정된 수(빔의 너비)의 유망한 후보만 포함시킨다. 유전 알고리듬genetic algorithm 검색은 자연스러운 선택의 원칙을 기반으로 하는데 이는 후보 하위 세트들의 현재 목록에 대한 랜덤 섭동perturbation을 사용해 성능을 기반으로 결합을 시켜 좋은 품질의 기능 하위 집합들을 진화시킨다.

스키마별 선택

스키마별 선택을 통한 속성 하위 세트의 성능은 해당 속성만 사용하는 학습 스키마의 분류 성능 관점에서 측정된다. 속성의 하위 세트가 주어지면 5.3절에서 기술했던 보통의 교차 검증 절차를 사용해 정확도가 측정된다. 물론 홀드 아웃 세트상의 성능(5.2절)이나 부트스트랩 측정기(5.4절)와 같은 다른 평가 방법도 동일하게 사용될 수 있다.

전체 속성 선택 프로세스는 다소 계산 집약적이다. 만약 각 평가가 10겹 교차 검증을 포함한다면 학습 절차는 10회 수행돼야 한다. k 속성을 사용하는 경우 휴리스틱 정방향 선택 또는 역방향 제거는 평가 시간을 최악의 경우 k^2에 비례하는 팩터와 곱한다. 그리고 더 정교한 검색에 대해 페널티가 2^k개의 가능한 하위 집합을 검사하는 포괄적인 알고리듬을 위해 2^k까지 더 커질 것이다.

많은 데이터셋에서 좋은 결과가 입증됐다. 일반 항에서는 역방향 제거가 정방향 선택보다 더 많은 속성 세트를 만들지만 어떤 경우에서는 더 정확한 분류를 수행한다. 그 이유는 성능 측정이 단지 추정이고 단일 긍정 추정으로 인해 두 검색의 절차가 모두 조기 중단되기 때문이다. 역방향 제거는 속성이 너무 많이 남아 있으며 정방향 선택은 아직 충분하지 않은 채, 하지만 정방향 선택은 초점이 포함된 결정 스키마의 이해에 맞추어져 있을 때 유용한데, 이는 가끔 분류의 정확도에 영향은 적게 주면서 속성의 개수를 감소시키기 때문이다. 실험에 따르면 보다 정교한 검색 기술은 일반적으로 받아들여지는 것은 없지만 특정 경우에는 훨씬 더 나은 결과를 생성할 수 있다.

검색 프로세스를 가속화하는 한 가지 방법은 다른 후보의 하위 세트보다 더 높은 정확도로 이어질 가능성이 적다는 것이 분명해지면 속성의 하위 세트에 대한 평가를 멈추는 것이다. 이 하위 세트를 기반으로 분류기 사이에서 수행되는 쌍을 이룬 통계적 유의성 테스트를 위한 작업이며 모든 다른 후보 분류기는 다른 하위 세트들을 기반으로 한다. 특정 테스트 인스턴스에서의 두 분류기 사이의 성능차는 두 번째보다 더 나쁜지, 같은지, 더 좋은지에 따라 −1, 0, 1 값을 갖는다.

쌍을 이루는 t-test(5.6절에서 설명됨)를 전체 테스트 세트에 걸쳐 이러한 수치를 적용해 효과적으로 각 인스턴스에 대한 결과를 독립적인 성능 차이의 추정치로 다룰 수 있다. 그런 다음 분류기에 대한 교차 검증은 다른 것보다 훨씬 더 나쁘다는 것이 밝혀지자마자 조기에 종료될 수 있으며 물론 발생하지 않을 수도 있다. 적어도 작은 사용자 지정 임계점에 의해 분류기가 다른 것보다 더 나을 확률을 계산하기 위한 t-test의 수정을 통해 분류기를 폐기하기 원할 수도 있다. 이 확률이 매우 작아지면 이것이 후자보다 더 나은 성능을 발휘할 가능성이 낮기 때문에 전자의 분류기를 폐기할 수 있다.

이런 방법론을 경쟁 검색race search이라고 하며 다양한 기본 검색 전략으로 구현될 수 있다. 이것이 정방향 선택과 같이 사용되면 모든 가능한 단일 속성 추가를 동시에 경쟁race 시키고 충분한 기능을 하지 못한 것을 제거한다. 역방향 제거에서는 모든 단일 속성 삭제를 경쟁시킨다. 스키마타schemata 검색은 특별히 경쟁을 위해 설계된 더 복잡한 방법이다. 이는 반복된 일련의 경주를 수행시키는데 각 반복에서 특정 속성이 포함돼야 할지 결정한다. 평가의 각 포인트에서 이 경쟁에 대한 다른 속성들은 랜덤으로 포함되든지 또는 배제된다. 한 경쟁에서 승자가 결정되면 이 승자를 시작점으로 다음 경쟁이 시작된다. 또 다른 검색 전략은 먼저 정보 취득(이들이 이산적이라고 가정)과 같은 것을 사용해 속성의 순위를 매기고 그런 다음 경쟁의 순위를 매기는 것이다. 이 경우 경쟁에는 속성 미참여, 그다음에는 최상위 1개 참여, 그 다음다음에는 최상위 2개 참여… 식으로 진행된다.

스키마별 검색을 가속화하는 간단한 방법은 먼저 정보 획득과 같은 기준으로 순위를 매겨 나머지는 스키마별 선택 적용 전에 폐기해 주어진 속성의 개수를 사전 선택하는 것이다. 이는 유전자 발현 및 텍스트 분류 데이터와 같은 고차원 데이터셋에서 잘 동작하는 것으로 나타났는데 여기서는 수천 개가 아닌 수백만 개의 속성이 사용된다. 정방향 선택의 경우 더 정교한 버전은 현재 속성을 고정 크기 하위 세트로 확장하기 위한 가용 속성의 수를 제한하는 버전이며, 고정 크기 하위 세트는 모든 (사용되지 않은) 속성을 검색 프로세스의 각 단계를 고려해 가용하게 만들기보다 순위가 매겨진 속성 목록에서 가져온다 (속성 선택은 슬라이딩 윈도우를 사용한다).

어떤 방법을 사용하든 스키마별 속성 선택은 성능이 균일하게 향상되는 것은 아니다. 프로세스의 복잡도(이는 속성 선택 루프 내의 목표 머신러닝 알고리듬을 포함시키는 피드백 효과로 인해 크게 증가한다)로 인해 가치가 있는 조건을 예측하기는 매우 어렵다. 많은 머신러닝 상황에서와 같이 여러분만의 특정 데이터 소스를 사용한 시행착오가 최종 중재자가 된다.

스키마별 속성 선택이 학습 프로세스의 필수 부분인 분류기 유형은 결정 테이블이다. 3.1절에서 언급했듯이 결정 테이블 학습의 포괄적 문제는 포함할 올바른 속성을 선택하는 것이다. 일반적으로 여러 속성 하위 세트에 대한 (결정) 테이블의 교차 검증 성능을 측정하고 가장 성능이 좋은 하위 집합을 선택해 수행한다. 다행히도 리브-원-아웃leave-one-out 교차 검증은 이런 종류의 분류기에 대해 비용이 많이 들지 않는다. 훈련 데이터로부터 도출된 결정 테이블로부터 교차 검증 오류를 얻는 것은 테이블의 각 항목과의 관련을 통해 클래스 카운트를 다루는 일인데 이는 인스턴스가 추가되거나 삭제돼도 테이블의 스키마는 변하지 않기 때문이다. 속성 공간은 일반적으로 베스트 퍼스트best-first 검색 방법으로 검색되는데 이 전략은 정방향 선택과 같은 다른 전략에 비해 로컬 최댓값에 갇힐 가능성이 적기 때문이다.

성공 사례로 이 설명을 마무리할까 한다. 간단한 스키마별 속성 선택 접근법이 좋은 결과를 보여 준 학습 방법 중 하나는 나이브 베이즈다. 이 방법은 랜덤 속성을 잘 다루지만 속성 간에 종속성이 있을 때 특히 중복 속성이 추가되면 방향이 잘못될 가능성이 있다. 하지만 정방향 선택 알고리듬을 사용하고 나서 좋은 결과가 보고됐는데 이 알고리듬은 역방향 제거 방식보다 중복 속성이 추가될 때를 더 잘 감지할 수 있으며 아주 간단하며 속성의 하위 세트의 품질을 정의하는 거의 '나이브'한 메트릭과 결합하면 학습 세트에 대해 학습된 알고리듬의 성능이 된다. 5장, '신뢰성 – 학습에 대한 평가'에서 강조했듯이 훈련 세트 성능은 테스트 세트 성능의 분명 신뢰할 만한 지표는 아니다. 하지만 나이브 베이즈는 다른 학습 알고리듬보다 오버피트에 대한 가능성이 더 적다. 실험에 따르면 나이브 베이즈에 대한 이런 간단한 수정은 트리 또는 규칙 기반 분류기뿐만 아니라 표준 데이터셋에 대한 성능을 현저히 향상하며, 나이브 베이즈가 이미 잘 수행해 놓은 것에 부정적 영향을 미치지 않는다. 이 학습 방법을 '선택적 나이브 베이즈selective Naïve Bayes'라고 하며 실제로 안정적으로 잘 수행되는 머신러닝 기술이다.

8.2 수치 속성의 이산

일부 분류 및 클러스터링 알고리듬은 명목 속성만 다루며 수치 척도로 측정된 속성은 처리할 수 없다. 일반 데이터셋에서 이를 사용하려면 먼저 수치 속성numeric attribute을 작은 숫자의 고유 범위로 '이산discretized'시켜야 한다. 수치 속성을 처리하는 학습 알고리듬조차 때로는 완전히 만족스럽지 않은 방식으로 처리한다. 통계적 클러스터링 방법은 종종 수치 속성이 정규 분포(실제로 그럴듯한 가정이 아닌 경우가 많음)를 갖고 있으며 나이브 베이즈 분류기 수치 속성의 표준 확장도 동일한 가정을 채택한다고 하자. 대부분의 결정 트리와 결정 규칙 학습자가 수치 속성을 처리할 수 있지만 일부 구현은 수치 속성이 있는 경우 속성값을 반복적으로 정렬하기 때문에 더 느리게 동작한다. 이런 이유를 보면 질문이 떠오른다. '학습이 일어나기 전에 수치 속성을 이산화하는 좋은 방법은 무엇이 있을까?'

이미 수치 속성의 이산화 방법 몇 가지를 접했다. 4장, '알고리듬 – 기본 방식'에 설명된 1R 학습 체계는 간단하지만 효과적인 기술을 사용하는데 속성값을 기준으로 인스턴스를 정렬하고 클래스 값이 변경되는 지점의 범위에 값을 할당한다. 단, 다수 클래스의 특정 인스턴스 수(6개)가 각 범위에 있어야 하는데 이는 모든 주어진 범위에는 혼합된 클래스 값이 포함될 수 있음을 의미한다. 이것이 학습이 시작되기 전에 모든 연속 속성에 적용되는 '전역global' 이산 방법이다.

반면에 결정 트리 학습자는 로컬에 기반한 수치 속성을 다루며 트리의 각 노드에 있는 속성들을 확인하고 구축이 됐다면 브랜치를 더 만드는 게 나을지, 그 점에서 연속 속성을 분할하는 게 더 나을지 확인한다. 6장, '트리와 규칙'에서 검토한 트리 구축 방법은 연속 속성의 이진 분할만 고려하지만 해당 지점에서 발생하는 전체 이산화를 생각할 수 있으며 수치 속성에 대한 다중 분할을 생성한다. 로컬 대 전역에 대한 접근 방식의 장단점은 분명하다. 로컬 이산은 각 트리 노드에서 제공하는 실제 상황에 맞게 조정되며 적절하다고 생각되면 트리의 다른 위치에서 동일한 속성의 다른 이산화를 생성한다. 그러나 그 결정은 깊이가 깊어짐에 따라 더 적은 데이터에 기반하기 때문에 안정성은 저하된다. 일반적인 역방향 프루닝 기법과 마찬가지로 트리가 프루닝 전에 단일 인스턴스의 리프까지 완전히 구축됐다면 많은 이산화 결정은 매우 불충분한 데이터를 기반으로 할 것이 분명하다.

학습 스키마를 적용하기 전에 전역 이산화를 사용하는 경우 학습자에게 이산화된 데이터를 제공하는 2가지 방법이 있다. 가장 분명한 방법은 이산화 속성을 명목 속성처럼 취급하는 것이며 각 이산화 간격은 명목 속성 하나의 값으로 표현된다. 하지만 이산화된 속성은 수치 속성에서 파생되기 때문에 해당 값이 정렬되고 이를 명목 속성으로 취급하면 잠재적으로 가치 있는 정렬 정보는 삭제된다. 물론 학습 스키마가 정렬된 속성을 직접 처리할 수 있다면 솔루션은 명확하다. 각 이산화된 속성은 '정렬된ordered' 유형으로 선언된다.

학습 스키마가 정렬된 속성을 처리할 수 없는 경우에도 정렬 정보를 활용할 간단한 방법이 있는데 학습 스키마가 적용되기 전에 각 이산화된 속성을 이진 속성 집합으로 변환하는 것이다. 이산화된 속성이 k개의 값이 있다면 $k-1$개의 이진 속성으로 변환된다. 원래 속성의 값을 특정 인스턴스에 대해 i라고 하면 이 새로운 속성의 첫 번째 $i-1$은 false로 설정되고 나머지는 true로 설정된다. 즉 $(i-1)$번째 바이너리 속성은 이산화된 속성이 i보다 작은지 여부를 나타낸다. 결정 트리 학습자가 이 속성으로 분할하면 인코딩하는 순서 정보를 암시적으로 활용한다. 이 변환은 적용되는 특정 이산화 방법과는 무관하다. 이는 단순히 이진 속성 세트를 사용해 정렬된 속성을 코딩하는 방법이다.

비지도 이산화

이산화 문제의 접근에는 2가지 기본 방식이 있다. 하나는 훈련 세트의 인스턴스 클래스에 대한 지식이 없는 상태에서 속성을 양자화^{quantize}하는 것이며 이를 이른바 비지도 이산화^{unsupervised discretization}라고 한다. 또 다른 하나는 이산화 시 클래스를 고려하는 것인데 이를 지도 이산화^{supervised discretization}라고 한다. 전자는 클래스가 알려지지 않거나 존재하지 않는 클러스터링 문제를 다룰 때의 유일한 가능성이다.

수치 속성을 이산화하는 분명한 방법은 범위를 미리 정해진 수로 동일한 간격(고정된, 그리고 데이터에 독립적인 척도)으로 나누는 것이다. 이는 데이터 수집 시에 자주 수행된다. 그러나 모든 비지도 이산화 방법과 마찬가지로 너무 거친 그러데이션^{gradation}을 사용하거나 다른 클래스의 여러 인스턴스를 불필요하게 하나로 묶는 선택으로 학습 과정에서 유용하다고 판명된 구분^{distinction}을 깰 우려가 있다.

등간격 구간화^{equal-interval binning}는 종종 인스턴스를 불균형적으로 배포한다. 어떤 구간에서는 인스턴스가 몰리고 어떤 구간에서는 인스턴스가 없을 수 있다. 이것은 좋은 의사 결정 스키마를 구축하는 데 큰 장애가 된다. 이를 위해 간격의 크기가 서로 다르도록 허용하고 동일한 수의 훈련 예제가 각각에 할당되게 하는 게 때로는 더 낫다. 이 방법을 등빈도 구간화^{equal-frequency binning}라고 하며 이는 해당 축을 따라 예제의 분포를 기반으로 속성의 범위를 미리 결정된 수의 구간으로 나누는 방법이며 때로는 히스토그램 평활화^{histogram equalization}라고도 하는데 이는 결과 구간의 콘텐츠의 히스토그램을 취하면 그 히스토그램은 완전히 평활^{flat}해지기 때문이다. 구간 개수를 리소스로 보는 경우 이 방법은 제일 잘 활용된다.

하지만 등빈도 구간화는 여전히 인스턴스의 클래스를 인식하지 못하므로 경계 인식에 오류가 있을 수 있다. 예를 들어 구간 내의 모든 인스턴스에 하나의 클래스가 있고 다음 상위 구간의 모든 인스턴스에 원래 클래스가 있는 첫 번째 구간을 제외하고 다른 클래스가 있는 경우 클래스 분할을 살리고자 첫 번째 인스턴스를 포함하는 것이 좋으며 균질성 homogenity을 위해 등빈도 속성equal-frequency property을 희생시킨다. 지도 이산화(프로세스에서 클래스를 고려하는)는 확실이 이점이 있다. 그럼에도 등빈도 구간은 적어도 나이브 베이즈 학습 스키마와 같이 사용하면 구간 수를 인스턴스 수의 제곱근으로 설정하는 데이터 종속 방식으로 선택될 때 우수한 결과를 얻을 수 있음이 밝혀졌다. 이 방법을 비례 k-구간 이산화proportional k-interval discretization라고 한다.

엔트로피 기반 이산화

결정 트리가 형성되는 동안 수치 속성을 분할하는 데 사용된 기준은 실제로 잘 작동하기 때문에 중지할 시간이 될 때까지 간격을 반복적으로 분할해 보다 일반적인 이산화로 확장하는 게 좋다. 6장, '트리와 규칙'에서 속성값을 기준으로 인스턴스를 정렬하는 방법을 살펴봤고 가능한 각 분할 지점에 대해 결과 분할의 정보 취득을 고려했다. 속성을 이산화하고자 첫 번째 분할이 결정되면 분할 프로세스가 범위의 위쪽 및 아래쪽 부분에서 반복되는 방식으로 반복될 수 있다.

실제로 동작되는 방식을 보고자 날씨 데이터의 온도 속성의 이산화에 대한 예제를 다시 보도록 하자. 그 값들은 다음과 같다.

64	65	68	69	70	71	72	75	80	81	83	85
Yes	No	Yes	Yes	Yes	No	No	Yes	No	Yes	Yes	No
						Yes	Yes				

(반복된 값들은 서로 합쳐졌다) 중단 점에 대해 가능한 각각 11개의 위치 정보 취득은 일반

적인 방식으로 계산된다. 예를 들어 테스트의 정보 값 온도^{temperature} < 71.5에서는 4개의 *yes*와 2개의 *no* 및 5개의 *yes*와 3개의 *no*로 분할한다.

$$Info([4,2], [5,3]) = (6/14) \times info([4,2]) + (8/14) \times info([5,3]) = 0.939bits$$

이는 분할에 따라 *yes* 및 *no*의 개별 값을 지정하는 데 필요한 정보의 양을 나타낸다. 하위 구간을 가능한 한 순수하게 만드는 이산화를 추구한다. 따라서 정보 값이 가장 작은 지점에서 분할하도록 선택한다(이것은 분할되지 않은 정보 값과 분할된 정보 값 사이의 차이로 정의되는 정보 이득이 가장 큰 경우 분할하는 것과 같다). 이전과 마찬가지로 개념의 경계를 구분하는 값 사이에 임계 수치를 배치한다.

그림 8.2에서 A로 표시된 그래프는 첫 번째 단계에서 가능한 각 컷 포인트의 정보 값을 보여 준다. 가장 깨끗한 구분(가장 작은 정보 값)은 온도가 84(0.827비트)인 지점이며 이는 앞선 목록에서 가장 최종 값인 '인스턴스 없음'만 잘라 낸다. 인스턴스 클래스는 더 쉽게 해석되도록 가로축 아래에 작성됐다. 더 낮은 온도 범위(64~83)에서 알고리듬을 다시 호출하면 B로 표시된 그래프가 생성된다. 이는 최솟값이 80.5(0.800비트)이며 둘 다 *yes* 인스턴스인 다음에 오는 두 값을 분리한다. 다시 더 낮은 범위(64~80)에서 알고리듬을 호출하면 C로 표시(다른 것과 구별하고자 점선으로 표시)된 그래프가 생성된다. 최솟값은

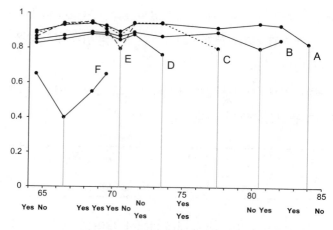

그림 8.2 엔트로피 방법을 사용한 온도 속성의 이산

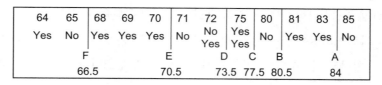

64	65	68	69	70	71	72	75	80	81	83	85
Yes	No	Yes	Yes	Yes	No	No Yes	Yes Yes	No	Yes	Yes	No

| | | F | | | | E | | D | C | B | | A | |
| | | 66.5 | | | | 70.5 | | 73.5 | 77.5 | 80.5 | | 84 | |

그림 8.3 온도 속성의 이산 결과

77.5(0.801비트)이며 인스턴스를 분리하지 않는다. 그래프 D의 최솟값은 73.5(0.764비트)이며 2개의 *yes* 인스턴스로 나뉜다. 그래프 E(다시 점선으로 표시됨)는 온도의 범위 64∼72에 대해 최솟값이 70.5(0.79비트)로 2개의 *no*와 1개의 *yes*로 나눈다. 마지막으로 64∼70 범위에 대한 그래프 F의 최솟값은 66.5(0.4비트)가 된다.

온도 속성의 최종 이산화는 그림 8.3에 나타나 있다. 재귀가 각 분할의 첫 번째 구간에서만 발생한다는 사실이 이 예제가 보여 주는 것이다. 일반적으로 상한 구간과 하한 구간은 모두 더 분할해야 한다. 각 눈금 아래에는 이를 나타내는 그림 8.2의 그래프 라벨이 있고 그 아래에는 분할점의 실제값이 있다.

이론적으로 동일한 클래스의 두 인스턴스 간에 정보 값을 최소화하는 컷 포인트가 결코 발생하지 않음을 알 수 있다. 이는 최적화로 이어지는데 서로 다른 클래스의 인스턴스를 분리하는 잠재적 분할만을 고려해야 한다. 클래스 라벨이 다수의 클래스를 기반으로 하는 구간에 할당된다면 인접한 구간이 서로 다른 라벨을 수신한다는 보장이 없어진다. 동일한 다수 클래스와 구간 병합(예를 들어 그림 8.3의 처음 두 구간)을 고려하려고 할 수 있다. 그러나 나중에 알게 되겠지만 일반적으로 이는 좋은 작업은 아니다.

이제 고려해야 할 문제는 중단 기준이다. 온도 예제에서 식별된 대부분의 구간은 모든 인스턴스가 동일한 클래스를 갖고 있다는 점에서 '순수'했고 그러한 간격을 분할하려고 시도하는 것은 분명 의미는 없다(암묵적으로 분할하지 않기로 결정한 마지막 구간은 예외였고 70.5부터 73.5까지의 구간이었다). 그러나 일반적으로 상황은 그렇게 간단하지 않다.

엔트로피 기반의 분할 이산화 절차를 중단하는 좋은 방법은 5장, '신뢰성 – 학습에 대한 평가'에서 봤던 MDL 원칙인 것으로 밝혀졌다. 그 원칙에 따라 '이론'의 크기와 그 이론이 주어진 모든 데이터를 명시하는 데 필요한 정보의 크기를 최소화하기를 원한다. 이런 경우 만약 분할한다면 '이론'은 분할 포인트가 되고 분할을 한 상황과 분할을 하지 않은 상황을 비교하고 있는 것이다. 두 경우 모두 인스턴스는 알려져 있지만 클래스 라벨은 알려지지 않았다고 가정한다. 만일 분할하지 않으면 각 인스턴스의 라벨을 인코딩해 클래스를 전송할 수 있다. 그렇게 하면 먼저 분할점($\log_2[N-1]$비트. 여기서 N은 인스턴스 수)을 인코딩한 다음 해당 지점 아래 인스턴스의 클래스를 인코딩하고 그런 다음 위에 있는 인스턴스의 클래스를 인코딩한다. 만약 분할이 잘 된 경우(예를 들어 아래에 있는 모든 클래스가 *yes*이고 위의 모든 클래스가 *no*인 경우) 분할을 통해 얻을 것은 많다고 생각할 수 있다. 동일한 수의 *yes*와 *no* 인스턴스가 있는 경우 각 인스턴스는 분할되지 않고 1비트의 비용이 들지만 분할 자체와 관련된 클래스 값은 인코딩돼야 하기 때문에 0비트를 거의 초과하지 않는다. 그러나 이 페널티는 모든 인스턴스를 통해 상쇄된다. 이 경우 예제가 많다면 분할점을 인코딩해야 하는 페널티는 분할을 통해 절약되는 정보보다 훨씬 크다.

5.10절에서 MDL 원칙을 적용할 때 악마는 디테일에 있다는 점을 얘기했다. 비교적 간단한 이산화의 경우 상황은 단순하지는 않지만 다루기는 쉽다. 정보의 양은 특정 합리적인 가정하에서는 정확히 얻을 수 있다. 세부적으로 다루지는 않겠지만 결론적으로 그 분할에 대한 정보 취득이 인스턴스 수 N, 클래스 k, 인스턴스의 엔트로피 E, 각 하위 간격 E_1과 E_2의 인스턴스 엔트로피, 각 하위 구간 k_1과 k_2에 표시되는 클래스의 수에 의존하는 특정값을 초과하는 경우 특정 컷 포인트는 가치가 있다.

$$Gain > \frac{\log_2(N-1)}{N} + \frac{\log_2(3^k - 2) - kE + k_1E_1 + k_2E_2}{N}$$

첫 번째 항목은 분할 지점을 지정하는 데 필요한 정보이며 두 번째 구성 요소는 상위 및 하위 구간으로의 클래스 전송을 위한 보정 부분이다.

온도 예제에 적용할 경우 이 기준은 분할을 방지한다. 첫 번째 분할에서는 마지막 예제만 제거하며 클래스를 전송할 때 실제 정보를 거의 얻지 못한다고 생각할 수 있다. 사실 MDL 기준은 한 가지 예만 포함하는 구간을 생성하지는 않는다. 온도를 이산화하지 못하면 모든 경우 동일한 이산화된 값이 주어지기 때문에 최종 결정 스키마에서 어떠한 역할도 못하게 된다. 이런 상황에서 엔트로피 이산은 정말 적절하다. 날씨 데이터에 대한 좋은 결정 트리 또는 규칙에서 온도는 나타나지 않는다. 사실상 이산화의 실패는 선택 속성과 동일하다.

다른 이산화 방법

MDL 중지 기준을 사용하는 엔트로피 기반 방법은 지도 이산화에 대한 최상의 기법 중 하나다. 그러나 이 외에도 많은 다른 방법이 조사됐는데 예를 들어 일부 중지 조건이 충족될 때까지 간격을 반복적으로 분할해 하향식top-down으로 진행하는 것 대신 먼저 각 인스턴스를 자체 간격으로 배치한 다음 인접 구간을 병합할지 여부를 고려해 상향식으로 작업할 수 있다. 통계 기준을 적용해 병합하기에 가장 좋은 두 구간을 확인하고 통계가 사전 설정된 특정 신뢰 수준을 초과할 경우 병합해 잠재적 병합이 테스트를 통과하지 못할 때까지 작업을 반복할 수 있다. χ^2 테스트는 이런 목적을 위해 사용돼 왔다. 사전 설정된 유의미한 임계값을 지정하는 대신 더 복잡한 기법을 사용해 적절한 (임계) 수준을 자동으로 결정할 수 있다.

다소 다른 접근 방식으로는 각 간격이 주요 클래스에 대응한다고 가정했을 때 각 훈련 인스턴스의 클래스를 예측 시 이산화가 만드는 오류의 수를 계산하는 것이다. 예를 들어 앞에서 설명한 1R 방법은 오류 기반이며 엔트로피가 아닌 오류에 초점을 맞춘다. 그러나 오류 개수 측면에서 가능한 최선의 이산화는 가능한 가장 큰 수의 간격을 사용해 얻으며 이러한 퇴행 사례는 간격 수를 제한해 피해야 한다.

오류 수를 최소화하는 방식으로 속성을 k 간격으로 이산화하는 가장 좋은 방법을 생각해 보자 무차별 대입 방법은 k에서 기하급수적으로 증가하므로 실행 불가능하다. 그러나 동적 프로그래밍의 아이디어에 기반한 좋은 계획이 있다. 동적 프로그래밍은 오류 카운트뿐만 아니라 주어진 추가 불순도 함수impurity function에 적용되며 kN^2에 비례하는 시간 내에 불순물을 최소화하는 방식으로 N 인스턴스를 k 간격으로 분할할 수 있다. 이것은 최상의 엔트로피 기반 이산화entropy-based discretization를 찾는 방법을 제공해 앞에서 설명한 탐욕스러운 재귀 엔트로피 기반 방법에 비해 이산화의 품질(실제로 무시할 수 있는)을 향상할 수 있다. 오류 기반 이산화에 대한 상황은 훨씬 더 좋다. N의 시간 선형에서 오류 수를 최소화하는 데 사용할 수 있는 알고리듬이 있기 때문이다.

엔트로피 기반 VS 오류 기반 이산화

최적의 이산화를 아주 빠르게 찾을 수 있으므로 오류 기반 이산화를 사용하는 게 어떨까? 하지만 오류 기반 이산화에는 심각한 단점이 있다. 즉 동일한 라벨(그림 8.3의 처음 2개처럼)로는 인접한 간격을 생성할 수 없는데 이는 이러한 두 구간을 병합하면 오류 개수에 영향을 미치지 않지만 오류 개수를 줄이고자 다른 곳에서 간격을 확보해 버릴 수 있기 때문이다.

동일한 라벨로 인접 구간을 생성하려는 이유는 무엇일까? 그 이유는 예제를 보면 이해가 쉽다. 그림 8.4는 0에서 1까지의 2가지 숫자 속성을 가진 단순한 2-클래스 문제에 대한 인스턴스 공간을 보여 준다. 첫 번째 속성($a1$)이 0.3보다 작거나 또는 이 속성이 0.7보다 작고 두 번째 속성($a2$)이 0.5보다 작은 경우 인스턴스는 하나의 클래스(점)에 속한다. 그렇지 않으면 다른 클래스(삼각형)에 속한다. 그림 8.4의 데이터는 이 규칙에 따라 인위적으로 생성됐다.

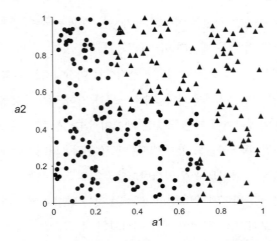

그림 8.4 2-클래스(two-class) 및 2개 속성(two-attribute) 문제에 대한 클래스 분산

이제 이산화된 속성에서 클래스를 학습하고자 두 속성을 모두 분리하려 한다고 가정하자. 가장 좋은 이산화는 $a1$을 3개의 구간(0 ~ 0.3, 0.3 ~ 0.7, 0.7 ~ 1)으로 나누고 $a2$를 2개의 구간(0 ~ 0.5 및 0.5 ~ 1)으로 나누는 것이다. 이러한 명목 속성을 고려할 때 간단한 결정 트리 또는 규칙 알고리듬으로 클래스를 구분하는 방법을 쉽게 배울 수 있다. $a2$를 이산시키는 것은 문제가 되지 않는다. 그러나 $a1$의 경우 첫 번째 구간과 마지막 구간에는 서로 반대되는 라벨(각각 점 및 삼각형)이 있다. 두 번째 라벨은 0.3에서 0.7까지의 영역에서 가장 많이 발생하는 라벨이 있을 것이다(사실 이것은 그림 8.4의 데이터에 점으로 표시돼 있다). 어느 쪽이든 이 라벨은 반드시 인접한 라벨 중 하나와 동일해야 하며 물론 이것은 중간 영역에 클래스 확률이 무엇이든 간에 그래야 한다. 따라서 오차 카운트를 최소화하는 방법으로는 이런 이산화가 이뤄지지 않을 것이다. 동일한 라벨로 인접 구간을 생성할 수 없기 때문이다.

요점은 $a1$의 값이 0.3에서 경계를 통과할 때 변하는 것은 다수 클래스가 아니라 클래스 분포라는 것이다. 대다수 클래스는 점으로 남아 있다. 그러나 분포는 경계 전 100%에서 이후 50%로 크게 변경된다. 그리고 0.7에서 경계가 교차함에 따라 분포가 다시 50%에서 0%로 변경된다. 엔트로피 기반 이산화 방법은 대부분의 클래스가 변하지 않더라도 분포의 변화에 민감하다. 하지만 오류 기반 방법은 그렇지 않다.

이산을 수치 속성으로 변환

이산화에는 역converse의 문제가 있다. 일부 학습 알고리듬(특히 회귀와 관련된 가장 가까운 이웃 인스턴스 기반 방법과 숫자 예측 기법)은 당연히 숫자형 속성만 처리한다. 어떻게 이를 명목 속성nominal attribute으로 확장할 수 있을까?

인스턴스 기반 학습에서 4.7절에서 기술한 바와 같이 이산 속성은 관련된 실제값에 관계없이 0과 동일한 두 명목 값과 1과 다른 두 값 사이의 '거리'를 정의해 수치로 처리할 수 있다. 거리 함수를 수정하는 대신 속성 변환을 통해 이를 달성할 수 있는데 먼저 k-값 명목 속성을 k 합성 이진 속성으로 교체한다. 각 값에 대해 k-값 명목 속성은 속성이 해당 값을 갖고 있는지 여부를 나타낸다. 속성의 크기가 적절하게 조정되면 거리 함수에 동일한 효과를 준다. 속성의 다양한 가능한 값과 연관될 수 있는 단계적 차이[shades of difference]가 아니라 '동일한' 또는 '다른' 정보만 인코딩되기 때문에 거리는 속성값에 민감하지 않다. 속성에 상대적 중요성을 반영하는 가중치가 있는 경우 더 세부적으로 구별할 수 있다.

속성값을 정렬할 수 있으면 더 많은 가능성이 발생한다. 수치 예측 문제의 경우 명목 속성의 각 값에 해당하는 평균 클래스 값을 훈련 인스턴스에서 계산하고 순서를 결정하는 데 사용할 수 있다. 이 기술은 7.3절에서 모델 트리에 도입됐다(분류 문제에 대한 속성값을 정렬하는 유사한 방법을 생각해 내기는 어렵). 정렬된 명목 속성은 정수로 대체될 수 있다. 그러나 이것은 정렬 순서뿐만 아니라 속성의 메트릭도 의미한다. 앞에서 설명한 방식으로 k-값 명목 속성에 대해 $k - 1$ 합성 이진 속성을 만들어 이 메트릭의 의미를 피할 수 있다. 이 인코딩은 여전히 속성의 다른 값 사이의 순서를 의미한다. 인접한 값은 합성 속성 중 하나에서만 다르지만 인접하지 않은 값은 여러 부분이 다르며 반드시 속성값 사이의 거리가 동일하다는 것을 의미하지는 않는다.

8.3 투영

유용한 데이터 마이닝 도구는 데이터 변환[data transformation]을 위한 이산화 같은 기술로 가득 차 있는 툴 박스[tool box]가 있다. 2장, '입력 – 콘셉트, 인스턴스, 속성'에서 강조했듯이 데이터 마이닝은 단순히 데이터셋을 가져와서 학습 알고리듬을 적용하는 문제와는 거리가 멀다. 모든 문제는 다르다. 데이터와 그 의미를 생각하고 적절한 관점에 도달하고자 다양한 관점(창의적으로)에서 검토해야 한다. 다른 방식으로 변환하면 시작하는 데 도움이 된다. 수학에서 투영[projection]은 어떤 식으로든 데이터를 변환하는 일종의 함수 또는 매핑이다.

투영을 직접 구현해 툴 박스를 만들 필요는 없다. 부록 B에 설명된 것과 같은 머신러닝을 위한 포괄적인 환경에서는 사용하기 적합한 다양한 도구가 포함돼 있다. 이러한 시스템이 구현되는 방법을 자세히 이해할 필요는 없다. 알아야 할 것은 도구가 무엇을 하고 어떻게 적용될 수 있는가 하는 것이다.

데이터는 종종 속성 세트의 일반적인 수학적 변환을 요청한다. 기존 특성에 지정된 수학적 함수를 이용해 새로운 속성을 정의하는 것이 유용할 수 있다. 2개의 날짜 속성의 차이를 구해 나이를 나타내는 세 번째 속성, 즉 오리지널 속성의 의미에 의해 작동되는 의미 변환sematic transformation의 예를 제공할 수 있다. 다른 변환은 학습 알고리듬의 알려진 속성에 의해 제안될 수 있다. A와 B라는 2가지 속성을 포함하는 선형 관계가 의심되고 알고리듬이 축 병렬 분할axis-parallel split만 가능하다면(대부분의 결정 트리와 규칙 학습자가 그렇듯) 비율 A/B는 새로운 속성으로 정의될 수 있다. 변환은 반드시 수학적인 것은 아니지만 요일, 공휴일 또는 화학 원자 번호와 같은 삼라만상의 지식을 포함할 수 있다. 이런 작업은 스프레드시트에서 동작operation으로 표현되거나 임의의 컴퓨터 프로그램에 의해 구현되는 기능으로 표현될 수 있다. 또는 값을 연결해 여러 명목 속성을 하나로 축소할 수 있으며 단일 $k_1 \times k_2$-값 속성을 각각 k_1 및 k_2값을 갖는 속성들로부터 생성할 수 있다. 이산화는 수치 속성을 명목 속성으로 변환하며 앞에서 다른 방향으로 변환하는 것도 살펴봤다.

다른 변환의 종류로 데이터셋에 클러스터링 절차를 적용한 다음 클러스터에 대한 임의의 라벨링을 사용해 모든 주어진 인스턴스에 대한 값이 이를 포함하는 클러스터인 새로운 속성을 정의한다. 또는 확률적 클러스터링으로 클러스터의 수만큼 새로운 속성을 포함시켜 각 클러스터의 멤버십 확률membership probability을 사용해 인스턴스를 확장할 수 있다.

때로는 학습 알고리듬의 강건성robustness을 테스트하고자 데이터에 노이즈를 추가한다. 명목 속성을 취해 해당 값의 지정된 백분율을 변경한다. 중요한 데이터셋은 익명화해야 하는 경우가 많기 때문에 관계, 속성 이름, 문자열 속성값의 이름을 변경해 데이터를 난독화obfuscate한다. 인스턴스 순서를 랜덤화하거나 데이터 집합을 다시 샘플링해 랜덤 샘플을 생성한다.

주어진 인스턴스의 백분율을 제거하거나 또는 명목 속성의 특정 값 또는 특정 임계값보다 크거나 낮은 수치를 가진 모든 인스턴스를 제거해 데이터셋을 줄인다. 또는 데이터셋에 분류 방법을 적용하고 잘못 분류된 인스턴스를 삭제해 이상치를 제거한다.

각기 다른 유형의 입력에는 자체 변환이 필요하다. 만일 희소 데이터sparse data 파일(2.4절 참고)을 입력할 수 있다면 데이터셋을 비희소 데이터non-sparse data 형식으로 변환하거나 그 반대로 변환할 수 있다. 텍스트 입력 및 시계열time series 입력은 다음 절에서 설명될 자체적인 특수 변환specialized conversion을 호출한다. 그러나 우선 수치 속성을 가진 데이터를 마이닝에 더 유용할 수 있는 저차원 형태로 변환하는 일반적인 기술들을 살펴볼 것이다.

주성분 분석

k개의 수치 속성이 있는 데이터셋에서는 데이터를 k차원 공간의 점의 구름cloud of point으로 시각화할 수 있다(하늘에는 별이 떠 있고 파리 떼가 어느 순간 정지해 있으며 이 파리 떼가 종이 위에 있다고 상상해 보자). 속성은 공간의 좌표를 나타낸다. 하지만 여러분이 사용하는 축, 좌표계 자체는 임의적이다. 용지에 수평 및 수직 축을 배치하고 이 좌표를 사용해 산점도scatter plot의 점을 나타내거나 x축을 나타내기 위한 임의의 직선을 그리고 이 축과 직선을 그려 y축을 나타낼 수 있다. 파리 떼의 위치를 기록하려면 북-남 축과 동-서 축, 위-아래를 사용하는 기존의 좌표계를 사용할 수 있다. 하지만 다른 좌표계도 고려할 수 있다. 파리 같은 생물체들은 북쪽, 남쪽, 동쪽 등 방향을 알지 못하지만 중력의 영향을 받는다면 위-아래를 특별한 무언가로 감지할 수도 있다. 그리고 하늘의 별에 대해서 누군가 '정확한' 좌표계가 무엇인지 말할 수 있을까?

데이터셋으로 돌아가서, 이러한 예제와 마찬가지로 모든 데이터의 점을 다른 좌표계로 변환하는 것을 막을 방법은 없다. 하지만 데이터 마이닝에서는 종종 선호하는 좌표계가 있으며 일부 외부 규칙이 아닌 바로 그 (좌표계의) 데이터에 의해 정의된다. 사용하는 좌표가 무엇이든 간에 위 구름은 각 방향으로 일정한 분산을 가지며 이는 해당 방향의 평균값 주위의 산포 정도를 나타낸다. 각 축을 따라 분산을 더한 다음, 점을 다른 좌표계로 변환하고 동일한 작업을 수행하면 두 경우 모두에서 동일한 총분산을 얻을 수 있다는 것은 신기한 일이며 특히 좌표계가 직교하는 경우, 즉 축이 다른 축과 '직각인' 경우 이는 100%

얻을 수 있다.

주성분 분석principal component analysis의 아이디어는 다음과 같이 점의 구름에 의존하는 특수 좌표계를 사용하는 것이다. 첫 번째 축을 점의 제일 큰 분산 방향으로 배치해 축을 따라 분산을 최대화시킨다. 두 번째 축은 이에 수직으로 배치된다. 2차원에서는 첫 번째 축에 의해 방향이 결정되지만 3차원에서는 첫 번째 축에 수직인 평면에 아무 곳이나 놓일 수 있으며 더 높은 차원에서는 항상 첫 번째 축에 수직이기만 하면 훨씬 더 많은 선택지가 있다. 이 제약 조건에 따라 두 번째 축을 따라 분산을 최대화하는 방법으로 선택한다. 그리고 나머지 분산에 대한 점유율을 극대화하고자 각 축을 선택한다.

이걸 어떻게 하냐고? 적절한 컴퓨터 프로그램이 도와주면 어렵지 않다. 그리고 적절한 수학적 도구가 주어지면 이해하는 데 어려움은 없을 것이다. 기술적으로(이탤릭체로 된 항을 이해하는 사람들의 경우) 여러분은 점의 오리지널 좌표에 대한 **공분산**[3] **행렬**covariance matrix을 계산하고 대각선화시켜 고유 **벡터**eigenvector를 찾는다. 각 **고윳값**eigenvalue이 축을 따라 분산을 제공하기 때문에 이들은 고윳값 순서로 정렬된 변환된 공간의 축이다.

그림 8.5는 10차원 공간의 점에 해당하는 10개의 수치 속성으로 특정 데이터셋을 변환한 결과를 보여 준다. 오리지널 데이터셋을 10차원의 점의 구름이라고 생각해 보라. 그리는 것은 불가능하다. 먼저 첫 번째 축은 가장 큰 분산의 방향을 따라 선택하고 두 번째 축은 다음으로 큰 분산의 방향을 따라 첫 번째 축의 수직으로 선택한다. 그림 8.5A의 표는 새 좌표축을 따라 분산을 제공한다. 분산의 합은 좌표계에 관계없이 일정하므로 분산의 합은 해당 총계의 백분율로 표시된다. 축들을 **성분**component이라 부르며 각 성분이 분산의 몫을 '설명accounts for'한다고 말한다. 그림 8.5B는 각 성분이 성분 번호와 비교 설명하는 분산을 표시한다. 모든 구성 요소를 머신러닝을 위한 새로운 속성으로 사용하거나 처음 몇 개의 주 구성 요소를 선택한 후 나머지 구성 요소를 삭제할 수 있다. 이 경우 3개의 주성분이 데이터 집합의 분산 중 84%를 차지하며 7개가 95% 이상을 차지한다.

---

3   공분산(共分散): 2개의 확률 변수의 상관 정도를 나타내는 분산을 가리키며 이를 행렬로 표현한 것이 공분산 행렬이다. – 옮긴이

컴포넌트 수	분산	누적
1	61.2%	61.2%
2	18.0%	79.2%
3	4.7%	83.9%
4	4.0%	87.9%
5	3.2%	91.1%
6	2.9%	94.0%
7	2.0%	96.0%
8	1.7%	97.7%
9	1.4%	99.1%
10	0.9%	100.0%

(A)   (B)

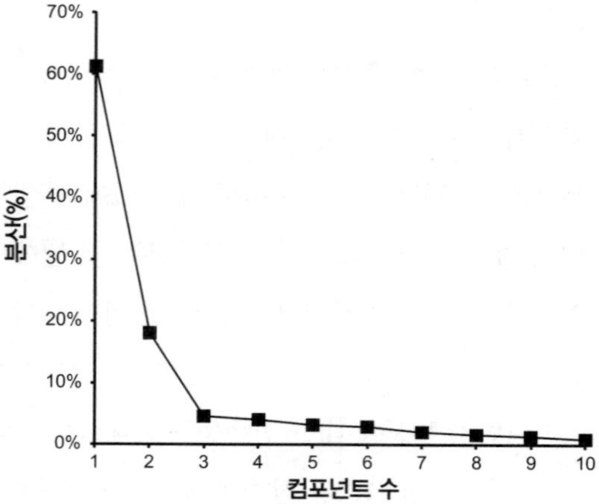

그림 8.5 데이터셋의 주 성분 변환: (A) 각 성분의 분산, (B) 분산의 그래프

수치 데이터셋에서는 데이터 마이닝 전에 데이터 정리 및 차원 감소의 형태로 주성분 분석을 사용하는 게 일반적이다. 예를 들어 수치 속성을 주성분 축 또는 분산의 특정 비율(예를 들어 95%)을 설명하는 하위 세트로 바꿀 수 있다. 속성의 척도는 주성분 분석의 결과에 영향을 미치며, 모든 속성을 0 평균 및 단위 분산에 대해 먼저 표준화하는 게 보통이다.

또 다른 가능성은 결정 트리 학습자에 주성분 분석을 반복적으로 적용하는 것이다. 각 단계에서 보통 결정 트리 학습자는 축 중 하나에 평행한 방향으로의 분할을 선택한다. 하지만 주성분 변환을 먼저 수행하고 그런 다음 학습자가 변환된 공간에서 축을 선택한다고 가정하자. 이것은 오리지널 공간의 사선을 따라 분할하는 것과 같다. 변환이 각 분할 전에 새로 수행될 경우 분할이 축 또는 서로 평행하지 않은 방향으로 진행되는 사선형 결정 트리oblique decision tree가 될 것이다.

랜덤 투영

주성분 분석은 데이터를 저차원 공간low-dimensional space으로 변환한다. 하지만 이는 많은 비용이 들며 찾는 데 걸리는 시간은 차원수의 세제곱에 비례한다. 따라서 속성이 많은 데이터셋에서는 이 작업을 실행할 수 없다. 이에 대한 간단한 대안은 미리 정해진 차원 수를 통한 하위 공간으로 데이터를 랜덤으로 투영하는 것이다. 랜덤 투영 행렬은 쉽게 찾을 수 있다. 하지만 이게 정말 좋을까?

사실 이론은 랜덤 투영이 거리 관계를 평균적으로 잘 보존한다는 것을 보여 준다. 이는 kD-트리나 볼 트리와 함께 사용돼 엄청난 수의 차원을 가진 공간에서 최근접 이웃 탐색을 할 수 있다는 것을 의미한다. 먼저 속성 수를 줄이고자 데이터를 변환한다. 그런 다음 변형된 공간에 대한 트리를 만든다. 최근접 이웃 분류의 경우 다중 랜덤 행렬을 사용하는 앙상블 분류기를 구축해 결과를 보다 안정적이고 랜덤 투영 선택에 덜 의존하도록 만들 수 있다.

당연히 랜덤 투영은 다양한 표준 분류기에 대한 데이터를 사전 처리하는 데 사용할 때 주성분 분석에서 신중하게 선택한 것보다 랜덤 투영이 더 좋지 않은 성능을 나타낸다. 그러나 실험에 따르면 차이는 크지 않으며 차원의 수가 증가함에 따라 감소하는 경향이 있다. 물론 랜덤 투영은 계산 비용에서는 훨씬 저렴하다.

부분 최소 제곱 회귀

앞에서 언급한 바와 같이 주성분 분석은 학습 알고리듬을 적용하기 전에 전처리 단계로 수행되는 경우가 많다. 학습 알고리듬이 선형 회귀 분석인 경우 결과 모델은 주성분 회귀 분석으로 알려져 있다. 주성분 자체는 오리지널 속성의 선형 조합이기 때문에 주성분 회귀 분석의 출력은 오리지널 속성 관점에서 다시 표현될 수 있다. 실제로 '주principal' 성분 component뿐만 아니라 모든 성분을 사용하는 경우 결과는 오리지널 입력 데이터에 최소 제곱 회귀를 적용해 얻은 것과 동일하다. 전체 성분 세트보다 적게 사용하면 회귀가 줄어든다.

부분 최소 제곱은 좌표계를 구성할 때 클래스 속성과 예측 변수 속성을 고려한다는 점에서 주성분 분석과는 다르다. 이 아이디어는 고분산high varience뿐만 아니라 클래스의 강한 상관 관계를 갖는 파생 방향을 계산하는 것이다. 이것은 지도 학습에 사용할 수 있는 가능한 작은 변환된 속성 세트를 찾을 때 유용하다.

내적 연산만 포함하는 부분 최소 제곱 방향을 계산하는 간단한 반복 방법이 있다. 평균과 단위 분산을 0으로 표준화한 입력 속성으로 시작해 처음 부분 최소 제곱 방향에 대한 속성 계수는 각 속성 벡터와 클래스 사이의 내적을 차례로 취해 찾을 수 있다. 두 번째 방향을 찾는 데 동일한 방법이 사용되지만 오리지널 속성값은 첫 번째 방향을 해당 속성의 단일 예측자로 사용하는 단순 단변량 회귀 분석simple univariate regression의 예측과 속성값의 차이로 대체된다. 이러한 차이를 잔차residual라고 한다. 이 프로세스는 나머지 각 방향에 대해 동일한 방식으로 이어지며 이전 반복 특성에 대한 잔차가 현재 부분 최소 제곱 방향을 찾기 위한 입력을 형성한다.

여기 절차를 명확히 이해하는 데 도움을 주는 간단한 예제가 있다. 표 1.5 및 표 8.1A에 있는 CPU 성능 데이터의 처음 5개 인스턴스의 경우 CHMIN 및 CHMAX값(0 평균 및 단위 분산 표준화 후)과 PRP(표준화되지 않음)를 나타낸다. 이 작업은 다른 2가지 측면에서 대상 특성 PRP에 대한 수식을 찾는 것이다. 첫 번째 부분 최소 제곱 방향에 대한 속성 계수는 클래스와 각 속성 사이에 내적을 차례로 취하면 찾을 수 있다. PRP와 CHMIN 열 간의 내적은 0.4472이고 PRP와 CHMAX 사이의 내적은 22.981이다. 따라서 첫 번째 부분 최소 제곱 방향은 다음과 같다.

$$PLS1 = -0.4472CHMIN + 22.981CHMAX$$

표 8.1 CPU 성능 데이터의 첫 5개 인스턴스: (A) 오리지널 값 (B) 첫 번째 부분 최소 제곱 방향 (C) 첫 번째 방향으로부터의 잔차

	(A)			(B)	(C)		
	CHMIN	CHMAX	PRP	PLS1	CHMIN	CHMAX	PRP
1	1.7889	1.7678	198	39.825	0.0008	0.0008	198
2	−0.4472	−0.3536	269	−0.0999	−0.0019	−0.0019	269
3	−0.4472	−0.3536	220	−0.0999	−0.0019	−0.0019	220
4	−0.4472	−0.3536	172	−0.0999	−0.0019	−0.0019	172
5	−0.4472	−0.7071	132	0.2562	0.005	0.005	132

표 8.1B는 이 공식으로부터 PLS1에 대한 값들을 보여 준다.

다음 단계는 두 번째 부분 최소 제곱 방향을 찾기 위한 입력 데이터를 준비하는 것이다. 이를 위해 PLS1은 차례로 CHMIN과 CHMAX로 회귀돼 PLS1에서 이러한 각각의 속성을 개별적으로 예측하는 선형 방정식을 생성한다. 계수는 PLS1과 문제 속성과의 내적으로 찾아지며 그 결과를 PLS1과 해당 결과와의 내적 결과로 다시 나눠 구한다. 결과적으로 발생하는 단변량 회귀 방정식은 다음과 같다.

$$CHMIN = 0.0438PLS1$$
$$CHMAX = 0.0444PLS1$$

표 8.1C는 두 번째 부분 최소 제곱 방향을 찾을 준비를 위한 CPU 데이터를 보여 준다. CHMIN과 CHMAX의 오리지널 값은 잔차 값으로 대체됐는데, 즉 오리지널 값과 위에 주어진 해당 단변량 회귀 방정식의 출력 값의 차이(목푯값 PRP는 동일하게 유지)가 된다. 전체 절차는 이 데이터를 입력으로 사용해 두 번째 부분 최소 제곱 방향을 산출하고자 반복된다.

$$PLS2 = -23.6002CHMIN 1 + -0.4593CHMAX$$

마지막 부분 최소 제곱 방향이 발견된 후에 속성 잔차는 모두 0이 된다. 이것은 주성분 분석과 마찬가지로 전체 방향 세트가 오리지널 데이터의 모든 분산을 설명한다는 사실을 반영한다.

부분 최소 제곱 방향이 선형 회귀 분석의 입력으로 사용하는 경우 결과 모델을 **부분 최소 제곱 회귀 모델**partial least squares regression model이라고 한다. 주성분 회귀 분석과 마찬가지로 모든 방향을 사용하는 경우 솔루션은 오리지널 데이터에 선형 회귀 분석을 적용해 얻은 것과 동일하다.

독립 성분 분석

주성분 분석은 데이터의 공분산을 캡처하는 기능 공간에 대한 좌표계를 찾는다. 대조적으로 독립 성분 분석independent component analysis은 데이터를 통계적으로 독립적인statistically independent 소스로 데이터를 분해하는 투영을 찾는다.

사람들이 음악과 다른 사람들의 목소리가 섞여 있는 '칵테일 파티 문제'를 생각해 보자. 이 과제의 목표는 이 신호들을 분리하는 것이다. 물론 정보의 선형적 혼합을 풀어야 하는 다른 많은 시나리오가 있다. 독립 성분 분석은 통계적으로 독립적인 변환 변수 집합을 제공하는 혼합 신호의 선형 투영linear projection을 찾는다.

주성분 분석은 때때로 상관correlated 변수를 선형 비상관uncorrelated 변수로 변환하려는 것으로 간주된다. 그러나 상관 관계와 통계적 독립성은 서로 다른 영역이다. 비상관 변수의 상관 계수는 0이며 공분산 행렬의 0 항목에 해당한다. 두 변수(상관과 비상관 변수)의 결합 확률이 한계 확률marginal probabilities의 산물일 경우 두 변수는 독립 변수로 간주된다(9.1절에서 한계 확률를 논의한다).

상호 정보mutual information라는 양은 한 변수에서 다른 변수가 주어진 정보의 양을 나타내며 선형 변환된 공간에서 데이터 치수 사이의 상호 정보를 최소화하는 것에 기초해 데이터의 투영을 찾기 위한 대체 기준으로 사용할 수 있다. 주어진 모델 $\mathbf{s} = \mathbf{Ax}$(여기서 $\mathbf{A}$는 직교 행렬, $\mathbf{x}$는 입력 데이터, $\mathbf{s}$는 소스 신호로의 분해decomposition)이며 이는 데이터 변환 작업에 대응하는 $\mathbf{s}$의 차원들 간 상호 정보의 최소화하는 작업으로 보일 수 있다. 따라서 추정되는 소스 $p(\mathbf{s})$의 분포 확률은 가우시안과 가능한 한 멀리 떨어져 있고 추정치 $\mathbf{s}$는 비상관으로 제한된다.

독립 성분 분석 수행에 가장 널리 쓰이는 기술은 '빠른 ICAfast ICA'이며 여기에서는 네겐트로피negentropy $J(\mathbf{s}) = H(\mathbf{z}) - H(\mathbf{s})$라는 개념이 사용된다. 여기서 $\mathbf{z}$는 $\mathbf{s}$와 동일한 공분산 분산 행렬을 갖는 가우시안 랜덤 변수이며 $H(.)$는 다음과 같이 정의된 미분 엔트로피differential entropy다.

$$H(\mathbf{x}) = -\int p(\mathbf{x})\log p(\mathbf{x})d\mathbf{x}$$

네겐트로피는 가우스 분포에서 $\mathbf{s}$ 분포의 이탈을 측정한다. 빠른 ICA는 네겐트로피에 대한 간단한 근사를 사용해 학습을 더 빠르게 할 수 있다.

선형 판별 분석

선형 판별 분석[linear discriminant analysis]은 데이터의 선형 변환을 찾는 또 다른 방법이며 데이터 선형 변환은 표현해야 하는 차원의 수를 줄여 준다. 이는 종종 차원의 축소 기법으로 사용되지만 또한 자체로도 분류 기법으로 사용될 수도 있다. 주성분 및 독립 성분 분석과는 달리 이 기법은 라벨링된 데이터를 사용한다. 데이터는 평균 $\boldsymbol{\mu}_c$ 및 공통 공분산 행렬 $\boldsymbol{\Sigma}$를 통해 각 클래스 c에 대한 다변량 가우시안 분산으로 모델링된다. 각 클래스에 대한 공분산 행렬이 같다고 가정되기 때문에 클래스에 대한 후방 분포[posterior distribution]는 선형 형태를 가지며 각 클래스에 대해 선형 판별 함수 $y_c = \mathbf{x}^\mathrm{T} \sum^{-1} \boldsymbol{\mu}_c - 1/2 \boldsymbol{\mu}_c^\mathrm{T} \sum^{-1} \boldsymbol{\mu}_c + \log(n_c/n)$가 계산된다. 여기서 n_c는 클래스 c의 예제 수이며 n은 예제의 총 수다. 데이터는 가장 큰 y_c값을 선택해 분류된다. 부록 A.2는 다변량 가우시안 분포의 더 자세한 정보를 담고 있다.

2차 판별 분석

2차 판별 분석[quadrantic discriminant analysis]은 자체 공분산 행렬 $\boldsymbol{\Sigma}_c$와 평균 $\boldsymbol{\mu}_c$를 부여해 간단하게 얻어진다. 결정 경계는 클래스에 대한 후방 확률[posterior probability]에 의해 곧 기술될 2차 방정식으로 정의된다. 각 클래스 c에 대한 2차 판별 분석 함수는 다음과 같다.

$$f_c(\mathbf{x}) = -\frac{1}{2}\log\left|\sum_c\right| - \frac{1}{2}(\mathbf{x} - \boldsymbol{\mu}_c)\sum_c^{-1}(\mathbf{x} - \boldsymbol{\mu}_c)^\mathrm{T} + \log \pi_c$$

여기에서 이 함수는 각 클래스에 대한 연관된 가우시안 모델의 로그를 취해 만들어진 것이며 상수 항은 무시됐는데 서로 비교할 것이기 때문이다.

피셔의 선형 판별 분석

위에서 논의한 형태의 선형 판별 분석은 유명한 통계학자 R.A. 피셔[R.A. Fisher]에 의해 개발된 접근법에 그 뿌리를 두고 있으며 그는 다른 관점에서 선형 판별에 접근했다. 그는 클래스(동일한 클래스로부터의 데이터에 대한 분산과 연관된) 간 분산을 최대화시키는 데이터에 대한 선형 투영을 찾는 데 관심이 있었다. 이 접근법은 피셔의 선형 판별 분석FLDA, Fisher's Linear Discriminant Analysis으로 알려져 있으며 2-클래스two-class 또는 다중 클래스에 대한 공식으로 만들 수 있다.

2-클래스의 경우 입력 벡터 $\mathbf{x}$에 대한 스칼라 투영 $y = \mathbf{a}\mathbf{x}$ 계산에 사용될 투영 벡터 $\mathbf{a}$를 구한다. 이는 각 클래스의 평균인 $\boldsymbol{\mu}_1$ 및 $\boldsymbol{\mu}_2$를 일반적인 방식으로 계산해 얻어진다. 그런 다음 클래스 간 산란 행렬between-class scatter matrix $\mathbf{S}_B = (\boldsymbol{\mu}_2 - \boldsymbol{\mu}_1)(\boldsymbol{\mu}_2 - \boldsymbol{\mu}_1)^\mathrm{T}$가 계산된다(여기서 두 벡터의 외적 사용에 주목하라. 이는 앞에서 사용된 내적 대한 행렬, 스칼라 결과를 준다). 클래스 내부 산란 행렬within-class scatter matrix에 따라

$$\mathbf{S}_W = \sum_{i:c_i=1} (\mathbf{x}_i - \boldsymbol{\mu}_1)(\mathbf{x}_i - \boldsymbol{\mu}_1)^\mathrm{T} + \sum_{i:c_i=2} (\mathbf{x}_i - \boldsymbol{\mu}_2)(\mathbf{x}_i - \boldsymbol{\mu}_2)^\mathrm{T}$$

$\mathbf{a}$는 레일리 몫Rayleigh quotient을 최대화시켜 찾을 수 있다.

$$J(\mathbf{a}) = \frac{\mathbf{a}^\mathrm{T} \mathbf{S}_B \mathbf{a}}{\mathbf{a}^\mathrm{T} \mathbf{S}_W \mathbf{a}}$$

이를 통해 솔루션인 $\mathbf{a} = \mathbf{S}_W^{-1}(\boldsymbol{\mu}_2 - \boldsymbol{\mu}_1)$가 도출된다. 피셔의 선형 판별 분석과 주성분 분석과의 차이는 그림 8.6에 잘 나타나 있는데 2차원에서 2-클래스 문제에 대한 두 방법을 통해 1차원 선형 투영이 얻어진다.

클래스가 3개 이상인 경우 문제는 투영 행렬 $\mathbf{A}$를 찾는 일이다. 이 경우 $\mathbf{y} = \mathbf{A}^\mathrm{T}\mathbf{x}$에 의해 주어진 저차원 투영에서 전체 산포에 대해 동일한 클래스에 있을 때 근접한 점의 구름을 만들어 낸다. 이를 하고자 각 클래스에 대한 평균 $\boldsymbol{\mu}_c$를 계산하고 전역 평균인 $\boldsymbol{\mu}$를 계산하고 클래스 내부 및 클래스 간 산란 행렬scatter matrix을 찾는다.

$$\mathbf{S}_W = \sum_{j=1}^{C} \sum_{i:c_i=j} (\mathbf{x}_i - \boldsymbol{\mu}_j)(\mathbf{x}_i - \boldsymbol{\mu}_j)^\mathrm{T}$$

$$\mathbf{S}_B = \sum_{c=1}^{C} n_c (\boldsymbol{\mu}_c - \boldsymbol{\mu})(\boldsymbol{\mu}_c - \boldsymbol{\mu})^\mathrm{T}$$

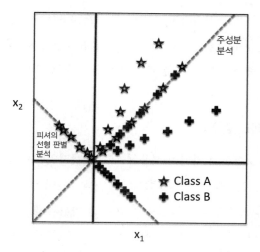

그림 8.6 피셔 선형 판별 분석과 주성분 분석의 비교

$\mathbf{A}$는 아래 레일리 몫의 최대치를 만드는 값이다.

$$J(\mathbf{A}) = \frac{|A^\mathrm{T}\mathbf{S}_B A|}{|A^\mathrm{T}\mathbf{S}_W A|}$$

이 결정 요인의 비율은 위에서 사용한 비율 $J(\mathbf{a})$의 일반화된 것이다. 결정 요인은 여러 차원에서 계산되고 곱셈이 되지만 산란 행렬의 주요 방향을 따라 계산된다.

이를 해결하는 데는 정교한 선형 대수가 필요하다. 아이디어는 행렬 $\mathbf{A}$의 각 열에 대한 '일반화된 고윳값 문제^{generalized eigenvalue problem}'로 알려진 것을 구성하는 것이다. 최적 $\mathbf{A}$의 열들은 방정식 $\mathbf{S}_B a_i = \lambda_i \mathbf{S}_W a_i$에 대한 가장 큰 고윳값 λ_i에 해당하는 일반화된 고유 벡터 a_i다(부록 A.1은 고윳값과 고유 벡터에 대한 자세한 정보를 제공한다). 솔루션은 $\mathbf{a} = \mathbf{S}_W^{-1/2}\mathbf{U}$의 형태를 가지며 여기에서 고유 벡터 $\mathbf{S}_W^{-1/2}\mathbf{S}_B\mathbf{S}_W^{-1/2}$에서 얻어진다.

피셔의 선형 판별 분석은 차원 감소 수행에 많이 사용된다. 하지만 C개의 클래스에 대해 최대 $C-1$ 차원 투영으로 제한된다. 8장 끝 부분의 '참고 자료' 절에서 $C-1$ 차원을 넘어서며 비선형 투영도 제공할 수 있는 변형을 설명한다.

위의 분석은 평균 및 산란 행렬의 사용을 기반으로 하지만 일반 선형 판별 분석처럼 내재된 가우시안 분포를 가정하지는 않는다. 물론 4.6절에서 설명한 논리 회귀^{logistic} ^{regression}는 선형 이진 분류기를 만드는 데 적합한 방법이다. 논리 회귀는 가장 많이 사용되는 통계 적용 방법 중 하나이며 9.7절에서 이의 멀티클래스 버전을 논의할 것이다.

텍스트에서 속성 벡터로 전환

2.4절에서 텍스트를 포함한 문자열 속성을 소개했고 문자열 속성이 가끔 전체 도큐먼트가 됨을 언급했다. 문자열 속성은 기본적으로 명목 속성이며 값의 수가 지정되지는 않는다. 단순히 명목 속성으로 취급되는 경우 두 문자열 속성의 값이 동일한지 여부에 따라 모델을 구축할 수 있다. 그러나 이는 문자열의 내부 스키마를 캡처하거나 텍스트의 원하는 부분을 가져오지는 않는다.

문자열 속성의 텍스트를 단락, 문장 또는 구^{phrase}로의 분해를 생각할 수 있다. 하지만 일반적으로 단어가 가장 유용한 단위다. 문자열 속성의 텍스트는 일반적으로 일련의 단어이며 포함된 단어로 가장 잘 표현되는 경우가 많다. 예를 들어 문자열 속성을 단어가 나타나는 빈도를 나타내는 각 단어에 대해 하나씩 숫자 속성 세트로 변환할 수 있다. 단어 세트(즉 새로운 속성 세트)는 데이터셋으로부터 결정되며 일반적으로 상당히 크다. 속성을 개별적으로 처리해야 하는 문자열 속성이 여러 개 있는 경우 새 속성 이름은 사용자가 결정한 접두사로 구분해야 한다.

단어로의 변환(토큰화^{tokenization})은 말처럼 쉬운 작업이 아니다. 토큰은 비알파벳이 아닌 문자가 삭제된 연속 알파벳 시퀀스로 구성될 수 있다. 숫자가 있으면 숫자 시퀀스도 유지될 수 있다. 숫자는 + 또는 − 기호를 포함하고 소수점을 포함할 수 있으며 지수 표기법을 가질 수 있다. 즉 정의된 숫자 구문에 따라 구문 분석을 해야 한다. 영숫자^{alphanumeric} 시퀀스는 단일 토큰으로 간주될 수 있다. 공백 문자는 토큰 구분 기호가 될 것이며 공백(탭과 줄 바꾸기 문자 포함)일 수도 있고 구두점도 구분 기호가 될 수 있다. 마침표를 구분 기호로 하기는 어려울 수 있는데 때로는 단어의 일부로 간주돼야 하지만(예를 들어 이니셜, 제목, 약어 및 숫자 포함) 때로는 그렇지 않아야 한다(예를 들어 문장 구분 기호인 경우). 하이픈

hyphen과 아포스트로피apostrophe도 마찬가지로 문제가 있다.

모든 단어는 사전에 추가되기 전에 소문자로 변환될 수 있다. 기능 단어 또는 불용어 (예를 들어 the, and, but)의 미리 결정된 고정 목록에 있는 단어는 무시할 수 있다. 불용어 목록은 언어에 따라 다르다. 사실 대문자 표기 규칙(독일어는 모든 명사를 대문자로 표시), 숫자 구문(유럽에서는 소수점에 쉼표 사용), 구두점 규칙(스페인어에는 초기 물음표가 있음) 및 문자 집합도 마찬가지다. 텍스트는 복잡한 것이다.

단발어hapax legomena[4]와 같은 사용 빈도가 낮은 단어들도 종종 삭제된다. 불용어를 제거한 후 가장 자주 사용하는 k개의 단어 또는 각 클래스의 상위 k개 단어를 유지하는 것이 도움이 될 수도 있다.

이러한 모든 토큰화 옵션과 함께 각 단어 속성의 값이 무엇이어야 하는지의 문제도 있다. 값은 단어 수(단어가 문자열에 나타나는 횟수)이거나 단순히 단어의 존재 또는 부재를 의미할 수 있으며 단어 빈도를 정규화해 각 도큐먼트의 속성 벡터에 동일한 유클리드 길이를 제공할 수 있다. 이와는 다른 방법으로 도큐먼트 j의 단어 i에 대한 빈도 f_{ij}는 다양한 표준 방식으로 변환될 수 있는데 그중 하나는 표준 로그 용어 빈도 측정값으로서 $\log(1 + f_{ij})$이다. 정보 검색에 널리 사용되는 척도는 TF × IDF 또는 'TF-IDF Term Frequency times Inverse Document Frequency'다. 여기서 term frequency라는 용어는 다른 도큐먼트에서 단어가 얼마나 일반적으로 사용되는지에 따라 달라지는 요소에 영향을 받는다. TF-IDF 측정 항목은 일반적으로 다음과 같이 정의된다.

$$f_{ij} = \log \frac{\text{도큐먼트의 수}}{\text{단어 } i \text{를 포함하는 도큐먼트의 수}}$$

기본 아이디어는 다음과 같다. 도큐먼트는 기본적으로 도큐먼트에 자주 나타나는 첫 번째 요소를 설명하는 단어로 특징지어지며 단, 모든 또는 거의 모든 도큐먼트에서 사용되는 단어가 식별자로서 쓸 수 없는 경우를 제외한다. 이 경우는 두 번째 요소를 설명한다. TF × IDF는 이 특정 공식뿐만 아니라 동일한 유형의 측정값의 일반 클래스를 참조

---

4 단발어는 주어진 말뭉치에서 한 번만 나오는 단어를 뜻한다.

하는 데도 사용된다. 예를 들어 빈도 인자 f_{ij}는 $\log(1 + f_{ij})$와 같은 대수^{logarithmic} 항으로 대체될 수 있다.

시계열

시계열^{time series} 데이터에서 각 인스턴스는 서로 다른 시간 단계를 나타내며 속성은 날씨 예측 또는 주식 시장 예측과 같이 해당 시간과 관련된 값을 제공한다. 때때로 현재 인스턴스의 속성값을 과거 또는 미래의 다른 인스턴스에 있는 해당 값으로 대체할 수 있어야 한다. 더 일반적인 방법은 현재 값과 일부 이전 인스턴스 값 간의 차이로 속성값을 바꾸는 것이다. 예를 들어 현재 값과 이전 값 사이의 차이(종종 델타^{Delta}라고 함)는 값 자체보다 종종 더 많은 정보를 제공한다. 변경된 값을 알 수 없는 첫 번째 인스턴스는 제거되거나 유실값으로 대체될 수 있다. 델타 값은 본질적으로 시간 단계의 크기에 따라 달라지는 일부 상수에 의해 스케일링된 1차 미분이다. 연속적인 델타 변환은 더 높은 차원의 미분을 사용한다.

일부 시계열에서 인스턴스는 정규 샘플을 보여 주지 않는다. 하지만 각 인스턴스의 시간은 타임스탬프에 의해 주어진다. 타임스탬프 간의 차는 인스턴스에 대한 스탭^{step}의 크기이며 이런 연속되는 차이가 다른 속성에서도 이어지면 정규화를 위해 스텝 간의 차이는 스텝의 크기로 값을 나눠야 한다. 다른 경우에서 각 속성은 인스턴스보다 서로 다른 시간을 나타낼 수 있으며 따라서 시계열은 속성의 흐름이지 인스턴스의 흐름이 아니다. 그렇다면 어떤 차이를 찾을 때 인스턴스에 대한 하나의 속성값에서 다음 인스턴스의 속성값의 차이로 찾아야 한다.

8.4 샘플링

많은 양의 데이터를 포함하는 애플리케이션에서는 데이터의 처리를 위해 훨씬 작은 크기의 랜덤 샘플을 찾아야 한다. 랜덤 샘플은 오리지널 데이터셋 내에서 각 인스턴스가 포함될 가능성이 균등한 샘플을 의미한다. N개의 인스턴스 배치^{batch}가 주어지면 원하는 크기의 샘플을 쉽게 생성할 수 있는데 1과 N 사이의 균일한 임의의 정수를 생성하고 원하는 크기가 수집될 때까지 해당 인스턴스를 검색하면 된다. 이것은 대체를 동반한 샘플링인데 동일한 인스턴스가 두 번 이상 선택될 수 있기 때문이다(사실 5.4절에서 부트 스트랩 알고리듬 대신 대체 샘플링을 사용했었다). 대체 없이 샘플링을 하려면 각 인스턴스를 선택할 때 이미 선택됐는지 여부를 기록하고, 이미 선택됐다면 뒤에 오는 것은 폐기한다. 샘플 크기가 전체 데이터셋보다 훨씬 작다면 대체 발생 샘플링과 그렇지 않은 샘플링 간에 차이는 거의 없다.

저수지 샘플링

샘플링은 복잡한 절차가 아니기 때문에 논의나 설명이 거의 필요 없다. 하지만 주어진 크기의 랜덤 샘플을 생성하는 것이 어려워지는 상황이 있다. 훈련 인스턴스가 하나씩 들어오지만 인스턴스의 총 개수(N 값)를 미리 알 수 없는 경우 어떻게 할까? 아니면 전체 샘플링 작업을 반복적으로 수행하지 않고 언제든지 연속적인 인스턴스 스트림에서 주어진 크기의 샘플에 대해 학습 알고리듬을 실행할 수 있어야 할 경우는 어떻게 할까? 아니면 훈련 인스턴스의 수가 너무 많아서 샘플을 채취하기 전에 모두 저장하는 것은 비현실적일까?

이러한 모든 상황의 공통점은 모든 인스턴스를 저장하고 샘플링 절차를 시작하기 전에 마지막 인스턴스가 도착할 때까지 기다리지 않고 입력 스트림의 랜덤 샘플의 생성을 요구한다. 주어진 크기의 랜덤 샘플을 생성하고 각 인스턴스가 선택에 균등한 기회를 가지게 할 수 있을까? 답은 '예' 다. 이를 위한 간단한 알고리듬이 있다.

기본 아이디어는 생성될 샘플의 크기인 r 크기의 '저수지^{reservoir}'를 사용하는 것이다. 시작하려면 입력 스트림의 인스턴스가 가득 찰 때까지 저수지에 저장한다. 저장 중에 입력 스트림이 멈춘다면 동일한 크기의 입력 스트림에서 크기 r의 랜덤 샘플이 가끔 있을 수도 있지만 대부분의 경우 더 많은 인스턴스가 들어올 것이며 다음에 들어올 것들 중에

$r/(r+1)$의 확률로 샘플이 포함돼야 한다. 실제로 입력 스트림이 $(N = r + 1)$에서 중지되면 모든 인스턴스는 동일한 확률을 가진다. 결과적으로 $r/(r+1)$ 확률로 저장소의 랜덤 인스턴스를 이 새 인스턴스로 대체한다. 그리고 같은 맥락에서 계속해서 저수지 내의 요소를 확률 $r/(r+2)$로 다음 인스턴스로 대체한다. 일반적으로 입력 스트림의 i번째 인스턴스는 확률 r/i로 임의의 위치에 있는 저수지에 배치된다. 일단 이 사례가 처리되면 특정 사례가 저수지에 있을 확률이 똑같다는 것을 귀납법으로 쉽게 보여 줄 수 있다. 즉 r/i이다. 따라서 절차의 어느 지점에서나 저수지는 입력 스트림에서 크기 r의 무작위 샘플을 포함한다. 저장소에 원하는 무작위 샘플이 포함돼 있다는 사실을 알면 언제든지 중지할 수 있다.

이 방법은 대체가 발생하지 않는 샘플링이다. 대체가 발생하는 샘플링은 조금 더 어렵다(비록 대량의 데이터셋과 작은 저수지의 경우에는 두 개의 차이가 거의 없지만). 만약 정말로 대체가 발생하는 사이즈 r의 샘플링을 원한다면 독립적인 각 크기가 1인 저수지 r개를 준비할 수 있다. 이들 모두에 대해 알고리듬을 동시에 실행시키면 언제나 이들의 조합은 대체가 발생하는 샘플링이 될 것이다.

8.5 정제

실제 머신러닝을 괴롭히는 문제는 데이터의 품질이다. 대규모 데이터베이스의 오류는 일반적이며 속성값과 클래스 값 역시 신뢰할 수 없고 손상될 수도 있다. 이 문제를 해결하는 방법 중의 하나는 데이터를 열심히 확인하는 것이지만 머신러닝 기술 자체가 때로는 이런 문제 해결에 도움을 줄 수 있다.

결정 트리의 개선

훈련 데이터에서 유도된 결정 트리는 훈련 세트에서 잘못 분류된 인스턴스를 버리고 다시 학습을 하고 잘못 분류된 인스턴스가 없을 때까지 이를 반복함으로써 정확도 손실 없이 단순화될 수 있다는 것은 상당히 유용한 기술이다. 표준 데이터셋에 대한 실험은 이것이 표준 결정 트리 유도 체계인 C4.5의 분류 정확도에 거의 영향을 미치지 않는 것을 보여 줬다. 하지만 어떤 경우에는 약간의 개선을 보여 주며 또 어떤 경우에는 조금 악화되기도 한다. 차이가 통계적으로 유의미한 경우는 거의 없으며 유리한 점은 어느 쪽으로도 방향을 틀 수 있다. 이 기술이 영향을 미치는 것은 결정 트리의 크기다. 트리의 결과는 오리지널 트리보다 항상 작지만 수행 성능은 동일하다.

그 이유는 무엇일까? 결정 트리 유도 방법이 하위 트리를 제거할 때 해당 하위 트리가 데이터에 의해 '정당화justified'됐는지 여부를 결정하는 통계 테스트를 적용한다. 프루닝은 테스트 세트의 성능을 향상할 것이라는 믿음으로 훈련 세트의 약간의 희생을 감수한다. 프루닝되지 않은 트리에 의해 올바르게 분류된 일부 훈련 인스턴스는 이제 프루닝된 트리에 의해 잘못 분류된다. 실제로 이런 훈련 인스턴스는 무시된다.

그러나 이 결정은 프루닝된 하위 트리에서 로컬로만 적용됐다. 그 효과는 나무 위로 더 퍼져 나가는 것을 허용하지 않았으며 아마 다른 선택의 결과는 브랜치상의 속성으로 나타날 것이다. 훈련 세트에서 잘못 분류된 인스턴스를 제거하고 결정 트리를 다시 학습하는 것은 논리적으로 프루닝의 결정하는 것이다. 프루닝 전략이 좋다면 성능에 영향을 주면 안 되며 더 나은 속성 선택을 허용함으로써 트리를 향상할 수 있다.

전문가와 상의하는 게 최상이라는 것은 의심의 여지가 없다. 잘못 분류된 훈련 인스턴스는 검증을 위해 제시될 수 있으며 잘못된 것으로 확인된 인스턴스는 삭제되거나 더 나은 방법으로 수정될 수 있다.

인스턴스가 잘못 분류되지 않았다고 가정하자. 인스턴스가 훈련 세트와 테스트 세트 모두에서 손상된 경우(예를 들어 한 클래스 값이 다른 클래스 값으로 대체된 경우) 오류가 있는 훈련 세트에 대한 훈련이 (또한 오류가 있는) 테스트 세트에서 더 나은 성능을 얻을 것으로 예상된다.

흥미롭게도 클래스가 아닌 속성에 인위적으로 노이즈를 추가할 때 동일한 노이즈가 학습 세트에 동일한 방식으로 추가되면 테스트 세트 성능이 향상되는 것으로 나타났다. 다시 말하면 속성 노이즈가 문제인 경우 성능이 '더러운' 세트에서 평가돼야 한다면 '깨끗한'

세트로 훈련하는 것은 좋은 방법이 아니라는 것이다. 학습은 기회가 주어진다면 어떤 측면에서 속성 잡음을 보상하는 방법을 배울 수 있다. 본질적으로 어떤 속성이 신뢰할 수 없는지를 알 수 있으며 모두 신뢰할 수 없는 경우 신뢰할 수 있는 결과를 얻고자 함께 사용하는 가장 좋은 방법도 알 수 있다. 훈련 세트에 대한 속성으로부터 노이즈를 제거하는 것은 노이즈에 대처할 수 있는 방법을 학습하기에는 좋은 방법은 아니며, 클래스 노이즈(속성 노이즈보다는 클래스 노이즈)를 통해 가능한 노이즈가 없는 인스턴스를 학습하는 것이 가장 좋다.

강건 회귀 분석

노이즈 데이터로 인한 문제들은 수년간 선형 회귀를 괴롭혀 왔다. 통계 학자들은 때때로 데이터 값이 이상이 있는지 확인하고 이를 수동으로 제거한다. 선형 회귀의 경우 특이치 outlier를 시각적으로 식별할 수 있지만 이 특이치가 오류인지 그냥 놀라운 정상 값인지 분명하지는 않다. 이상치는 일반적인 최소 제곱 회귀에 극적으로 영향을 주는데 이는 제곱 거리 측정이 회귀선으로부터 멀리 떨어진 점의 영향을 강조하기 때문이다.

특이치 문제를 해결하는 통계적 방법을 강건robust이라고 한다. 회귀를 좀 더 강건하게 만드는 방법 중 하나는 일반적인 제곱 값 대신 절댓값 거리 측정을 사용하는 것이다. 이는 특이치의 효과를 약화시킨다. 또 다른 방법은 특이치를 자동으로 식별해 고려 대상에서 제외하는 것이다. 예를 들어 회귀선을 형성한 다음 선에서 가장 먼 지점으로부터의 10%를 고려 대상에서 제외할 수 있다. 또 다른 방법은 회귀선에서 발산하는 제곱의 중앙값(평균이 아니다)을 최소화하는 것이다. 이 추정치는 매우 강건하며 실제로 X방향의 특이치와 Y방향의 특이치(특이치에 대해 생각하는 정상적인 방향)에 잘 맞아 들어간다.

그림 8.7에 나타난 벨기에에서 걸린 국제 통화 수 세트는 강건 회귀를 설명하는 데 예제로 자주 사용된다. 이 데이터는 경제부가 발행한 벨기에 통계 조사에서 가져온 것이다. 그래프는 수년 동안 상승하는 것처럼 보이지만 1964년부터 1969년까지 데이터는 많이 튀어 보인다. 이 기간 동안 데이터는 국제전화가 아닌 총 통화 수로 잘못 집계한 것으로

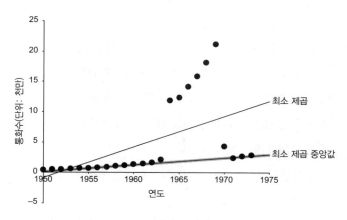

그림 8.7 1950~1973년 동안 벨기에에서 걸린 국제통화의 수

드러났다. 1963년과 1970년도 부분적으로 영향을 받았다. 이 오류로 인해 Y 방향에서 많은 비율로 특이치가 발생한다.

당연히 일반적인 최소 제곱 회귀선은 이 비정상적인 데이터의 영향을 받는다. 그러나 제곱의 최소 중앙값^{median} 선은 그렇게 영향을 받지 않는다. 이 선은 간단하면서도 직관적이다. 기하학적으로 이는 스트립의 두께가 수직 방향으로 측정되는 관측치의 절반을 덮는 가장 좁은 스트립을 찾는 것과 일치하며 이는 그림 8.7의 회색으로 표시된다. 제곱의 최소 중앙값 선은 이 영역의 정확한 중심에 위치한다. 이 개념은 회귀의 일반적인 최소 제곱 정의보다 설명 및 시각화가 쉽다. 하지만 이 기술에도 심각한 단점이 있는데 계산 비용이 커서 실제 문제를 해결할 수 없는 경우가 많다는 것이다.

비정상의 검출

정확하지 않은 데이터 자동 감지의 모든 형태를 통한 심각한 문제는 정상적인 데이터도 비정상으로 감지할 위험이 있다는 것이다. 이는 전문가와 직접 상담하지 않으면 특정 인스턴스가 실제 오류인지 아니면 단지 적용 중인 모델 유형에 맞지 않은 것인지 알 방법이 없다. 통계 회귀에서는 시각화가 도움이 된다. 시각화는 잘못된 종류의 곡선이 플로팅된다면 비전문가가 봐도 이상 여부를 알 수 있다(예를 들어 포물선을 그리는 데이터에 직선이 맞춰지고 있는 상황). 그림 8.7의 특이치는 확실히 눈에 띄는 경우다. 그러나 대부분의 분류 문제는 쉽게 시각화하기가 어려운데 '모델 유형'의 개념은 회귀선보다 더 미묘하다. 그리고 결정 트리 모델에 맞지 않은 인스턴스를 폐기해 표준 데이터셋에서 좋은 결과를 얻는 것으로 알려져 있지만 특정 새 데이터셋을 다룰 때에는 마음이 편안하지는 않다. 새로운 데이터셋이 결정 트리 모델링에 적합하지 않다는 의혹이 남을 것이다.

지금까지 시도된 해결책 중 하나는 결정 트리 최근접 이웃 학습자, 선형 판별 함수 등 여러 가지 학습 스키마를 사용해 데이터를 필터링하는 것이다. 보수적인 접근 방식은 오류가 있는 것으로 간주돼 데이터가 제거되기 전에 3가지 체계 모두 인스턴스 분류에 실패하도록 요청하는 것이다. 어떤 경우는 이런 방식으로 데이터를 필터링하고 필터링된 데이터를 최종 학습 스키마의 입력으로 사용하면 단순히 3가지 학습 스키마를 사용하고 그 결과 중 하나를 고르는 것보다 더 나은 성능을 제공한다. 필터링된 데이터에 대해 3가지 스키마를 모두 훈련시키고 결과에 대해 투표를 하면 더 나은 결과를 얻을 수 있다. 하지만 투표 기술에 위험이 있는데 일부 학습 알고리듬은 다른 유형보다 특정 유형의 데이터에 더 적합하며 가장 적절한 계획이 투표를 통해 탈락할 수도 있다. 12장, '앙상블 학습'에서 스태킹stacking이라는 다른 분류기들의 출력을 조합하는 더 정교한 방법을 살펴보겠다. 8장에서는 평소와 같이 데이터를 파악하고 다양한 방식으로 바라보는 정도로 한다.

필터링 접근 방식의 한 가지 가능한 위험은 나머지 클래스의 정확도를 향상하고자 특정 클래스(또는 클래스 그룹)의 인스턴스를 희생시키는 것이다. 이를 방지할 수 있는 일반적인 방법은 없지만 실제로는 일반적으로 발생하는 문제는 아닌 것으로 밝혀졌다.

마지막으로 자동 필터링이 처음부터 데이터를 올바르게 가져오는 데 적합한 대안은 아니라는 점을 다시 한번 주목해야 한다. 그리고 이것이 시간과 비용이 너무 많이 드는 경우 의심으로 필터링된 이들 인스턴스에 대한 육안 검사에 한계가 있을 수 있다.

원 클래스 학습

대부분의 분류 문제에서 훈련 데이터는 예측 시간에 발생할 수 있는 모든 클래스에 대해 사용할 수 있으며 학습 알고리듬은 서로 다른 클래스에 대한 데이터를 사용해 클래스를 판별하는 결정 경계를 정한다. 그러나 일부 문제는 훈련 시에 단일 클래스의 인스턴스만 표시하는 반면, 예측 시 라벨을 알 수 없는 새 인스턴스는 대상 클래스 또는 학습 중에 사용할 수 없었던 새 클래스에 속할 수 있다. 그런 다음 다른 2가지 예측이 가능한데 바로 타깃(target: 인스턴스가 학습 중에 경험한 클래스에 속함을 의미)과 언노운(unknown: 인스턴스가 해당 클래스에 속하지 않는 것으로 표시됨)이다. 이러한 유형의 학습 문제를 원 클래스 분류one-class classification라고 한다.

많은 경우 훈련에 사용할 수 있는 다른 클래스의 데이터가 있기 때문에 원 클래스 문제를 2-클래스two-class 문제로 재구성할 수 있다. 그러나 훈련 중에 부정적인 데이터를 사용하는 것이 불가능하거나 부적절한 원 클래스 애플리케이션이 있다. 예를 들어 패스워드 강화를 생각해 보자. 올바로 패스워드를 입력하는 것뿐만 아니라 타이핑을 하는 리듬까지 맞아야 통과가 되는 생체 인식 시스템으로 컴퓨터 로그인 프로세스를 강화시키는 경우다. 이는 원 클래스 문제다. 단일 사용자를 인증해야 하며 훈련 시간 동안 해당 사용자의 데이터만 사용할 수 있다. 다른 사람에게 패스워드를 제공하지 않고 데이터(타이핑의 리듬)를 제공하도록 요청할 수 없다.

훈련 시간에 여러 클래스의 인스턴스를 사용할 수 있는 애플리케이션에서도 대상 클래스에만 집중하는 게 좋은데 훈련 중에 사용할 수 있는 모든 클래스와 다른 새로운 클래스가 예측 시간에 발생할 경우가 그런 상황이다. 타이핑 리듬 시나리오를 계속 얘기하면 입력 텍스트가 고정되지 않는 상황에서 (패스워드) 입력자를 인식한다고 가정하자. 현재 입력자가 정해지지 않은 텍스트 블록의 입력 리듬 패턴에서 입력자를 인식해야 한다. 이 작업은 한 사용자를 다른 사용자 그룹과 구별하는 문제와는 전혀 다른데 시스템이 이전에 본 적이 없는 공격자를 거부할 준비가 돼 있어야 하기 때문이다.

특이치 검출

원 클래스 분류는 종종 특이치(또는 신규치) 검출로 불리는데 이는 학습 알고리듬이 훈련 데이터의 분포와 관련해 정상과 비정상으로 보이는 데이터를 구별하는 데 사용되기 때문이다. 이 절의 앞부분에서 일반적인 제곱 거리 측정값을 절댓값으로 대체해 회귀를 더욱 강력하게 만들고 여러 가지 학습 스키마를 사용해 이상을 감지하는 방법을 얘기했다.

원 클래스 분류에 대한 일반적인 통계적 접근 방식은 훈련 데이터의 주어진 백분율 p에서 거리 d를 벗어난 인스턴스로 특이치를 식별하는 것이다. 그 외에도 확률 밀도는 가우시안과 같은 통계적 분포를 훈련 데이터에 피팅을 통해 목표 클래스에 대해 추정될 수 있으며 확률 값이 낮은 모든 테스트 인스턴스는 이상 값으로 표시될 수 있다. 문제는 현재 데이터에 대한 적절한 분포를 식별하는 것이다. 이것이 불가능하다면 커널 밀도 추정 (9.3절 참고)과 같은 비모수적non-parmetric 접근법을 채택할 수 있다. 밀도 추정 접근 방식의 장점은 예측 시간에 임계값을 조정해 적절한 이상 값 비율을 얻을 수 있다는 것이다.

다중 클래스 분류기는 대상 데이터 주변에 경계를 맞추고 그 밖에 있는 인스턴스를 특이치로 간주해 원 클래스 상황에 맞게 조정될 수 있다. 경계는 서포트 벡터 머신과 같은 기존 다중 클래스 분류기의 내부 작업을 조정해 생성할 수 있다. 이러한 방법은 대상 데이터가 특이치로 분류될 가능성이 있는 정도를 결정하는 매개 변수에 크게 의존한다. 너무 보수적으로 선택하면 대상 클래스의 데이터가 오류로 거부돼 버린다. 너무 자유롭게 선택하면 모델이 합법적인 데이터가 너무 많아져 오버피팅으로 거부한다.

인위적 데이터의 생성

하나의 클래스 결정 경계를 직접 형성하고자 다중 클래스 분류기의 내부 작업을 수정하는 대신 특이치 클래스에 대한 인위적 데이터를 생성하고 기성off-the-shelf 분류기를 적용하는 방법도 있다. 이렇게 하면 분류기를 사용할 수 있을 뿐만 아니라 분류기가 등급 확률 추정치를 생성하는 경우 임계값을 변경해 거부율을 조정할 수 있게 된다.

가장 간단한 방법은 균일하게 분포된 데이터를 생성하고 이를 대상으로부터 판별할 수 있는 분류기를 학습하는 것이다. 그러나 다른 양의 인위적 데이터에 대해 다른 결정 경계를 얻을 수 있다. 만일 너무 많이 생성되면 대상 클래스를 압도하고 학습 알고리듬은 항상 인위적 클래스를 예측해 버린다. 이 문제는 학습의 목적이 분류 오류를 최소화하는 것이 아니라 정확한 클래스 확률 추정으로 간주한다면 피할 수 있다. 예를 들어 좋은 클래스 확률 추정치를 산출하는 배깅된 결정 트리$^{bagged\ decision\ tree}$(12.2절 참고)를 사용할 수 있다.

일단 클래스 확률 추정 모델이 이러한 방식으로 얻어지면 대상 클래스에 대한 확률 추정의 다른 임계값은 대상 클래스를 둘러싼 다른 결정 경계에 해당된다. 즉 원 클래스 분류에 대한 밀도 추정 접근 방식에서와 같이 특이치 비율을 예측 시간에 맞춰 조정해 해당 애플리케이션에 적합한 결과를 얻을 수 있다.

하지만 한 가지 중요한 문제가 있다. 속성 수가 증가함에 따라 인스턴스 공간의 적절한 커버리지를 얻고자 충분한 인위적 데이터를 생성하는 것이 바로 불가능해지며 특정 인위적 인스턴스가 대상 클래스 내부 또는 근처에서 발생할 확률은 일종의 판별 분류를 만들어 내는 포인트로 감소한다.

이에 대한 해결책은 대상 클래스에 최대한 가까운 인위적 데이터를 생성하는 것이다. 이 경우 더 이상 균등하게 분포되지 않기 때문에 이 인위적 데이터의 분포('참조' 분포라고 한다)는 결과 원 클래스 모델에 대한 멤버십 점수를 계산할 때 고려해야 한다. 즉 대상 클래스에 대한 멤버십 점수를 얻으려면 2-클래스 분류기의 클래스 확률 추정치를 참조 분포와 결합해야 한다.

좀 더 자세히 설명하고자 T는 훈련 데이터가 있고 원 클래스 모델을 찾는 대상 클래스를 나타내고 A는 알려진 참조 분포를 사용해 데이터를 생성하는 인위적 클래스를 나타낸다고 하자. 우리가 얻고자 하는 것은 모든 인스턴스 X에 대한 대상 클래스의 밀도 함수인 $P(X|T)$다. 물론 참조 분포의 밀도 함수인 $P(X|A)$를 알고 있다. 그리고 실제 클래스 확률 함수 $P(T|X)$를 알고 있다고 가정하자. 실제로 훈련 데이터에서 학습한 클래스 확률 추정기를 사용해 이 함수를 추정해야 하는데 베이즈의 규칙을 간단히 적용해 $P(T)$, $P(T|X)$ 및 $P(X|A)$ 측면에서 $P(X|T)$를 표현할 수 있다.

$$P(X|T) = \frac{(1 - P(T))P(T|X)}{P(T)(1 - P(T|X))} P(X|A)$$

이 방정식을 실제로 사용하려면 $P(X|A)$를 선택하고 여기에서 사용자가 지정한 양의 인위적 데이터를 생성하고 A로 라벨을 지정한 다음 T로 라벨링되고 지정된 대상 클래스에 대한 훈련 세트의 인스턴스와 결합한다. 대상 인스턴스의 수는 $P(T)$의 추정치이며 표준 학습 알고리듬을 이 두 클래스 데이터셋에 적용해 클래스 확률 추정기 $P(T|X)$를 얻을 수 있다. 특정 인스턴스 X에 대해 $P(X|A)$ 값을 계산할 수 있으므로 모든 인스턴스 X에 대한 목표 밀도 함수 $P(X|T)$의 추정치를 계산할 수 있다. 분류를 수행하려면 거부율을 원하는 값으로 조정하도록 조정된 적절한 임계값을 선택한다.

기준 밀도 $P(X|A)$를 선택하는 방법에 대해 아직 한 가지 문제가 남아 있다. 인위적 데이터를 생성하고 인스턴스 X에 대한 값을 계산할 수 있어야 하며 또 다른 요구 사항은 생성하는 데이터가 대상 클래스에 가까워야 한다는 것이다. 사실 이상적으로 기준 밀도는 목표 밀도와 동일하다. 이 경우 $P(T|X)$는 모든 학습 알고리듬이 유도할 수 있는 상수 함수가 되며 따라서 결과로 나오는 2-클래스 학습 문제는 무시할 수 있다. 하지만 이는 대상 클래스의 밀도를 알아야 하므로 비현실적이다. 그러나 이 관찰은 진행 방법에 대한 단서를 제공하는데 밀도 추정 기술을 대상 데이터에 적용하고 결과 함수를 사용해 인위적 클래스를 모델링한다. $P(X|A)$와 $P(X|T)$ 사이의 일치가 좋을수록 결과로 나오는 2-클래스 확률 추정 작업이 더 쉬워진다.

실제로는 클래스 확률 추정을 위한 강력한 방법의 가용성과 밀도 추정을 위한 이러한 기술의 상대적 부족을 고려할 때 먼저 $P(X|A)$를 얻고자 간단한 밀도 추정 기술을 대상 데이터에 적용한 다음 인위적 데이터와 대상 클래스의 데이터를 결합해 얻은 2-클래스 문제에 최첨단 클래스 확률 추정 방법을 사용한다.

8.6 다중 클래스의 이진 클래스로의 변환

4장, '알고리듬 – 기본 방식' 및 7장, '인스턴스 기반 및 선형 모델의 확장'을 돌이켜보면 일부 학습 알고리듬(예를 들어 표준 서포트 벡터 머신)은 2-클래스 문제에서만 작동했었다. 대부분의 경우 정교한 다중 클래스의 변형 버전이 개발됐지만 구현에 매우 느리거나 어려울 수 있다. 이의 대안으로 다중 클래스 문제를 여러 개의 2-클래스 문제로 변환하는 것이 일반적인 관행이며 데이터셋은 여러 개의 2-클래스 문제로 분할되고 알고리듬은 각각에서 실행되며 결과 분류기의 출력이 결합된다. 이 아이디어를 구현하는 몇 가지 자주 쓰이는 기술이 있다. 분류를 위해 선형 회귀를 사용하는 방법을 논의할 때 이미 다뤘던 매우 간단한 것부터 시작한 다음 페어와이즈pairwise 분류 및 고급 기술(오류 수정 출력 코드 및 중첩된 이분법의 앙상블)로 넘어간다. 이 기술들은 기본 학습 알고리듬이 다중 클래스 문제를 직접 처리할 수 있는 경우에도 적용된다.

간단한 방법

4.6절의 선형 분류의 시작 부분에서 다중 반응 선형 회귀를 위한 다중 클래스 데이터셋을 변환해 각 클래스에 대해 2-클래스 회귀를 수행하는 방법을 배웠다. 이 아이디어는 기본적으로 다른 모든 클래스의 결합에 대해 각 클래스를 구별해 여러 개의 2-클래스 데이터셋을 생성한다. 이 기술은 일반적으로 one-vs-rest 방법(또는 다소 오해의 소지가 있는 one-vs-all)이라고 한다. 각 클래스에 대해 원본 데이터에 있는 각 인스턴스의 복사본을 포함하지만 수정된 클래스 값을 포함하는 데이터셋이 생성된다. 인스턴스에 해당 데이터셋과 관련된 클래스가 있으면 *yes* 태그가 지정되고 그렇지 않으면 *no*가 지정된다. 그런 다음 분류기는 이러한 각 이진 데이터셋 및 예측과 함께 신뢰도 수치를 출력하는 분류기(예를 들어 클래스가 *yes*일 확률)에 대해 구축된다. 분류하는 동안 테스트 인스턴스가 각 이진 분류기로 공급되며 최종 클래스는 *yes*를 가장 확실하게 예측하는 분류기와 관련된 클래스가 된다.

물론 이 방법은 분류기에 의해 생성된 신뢰도 수치의 정확성에 민감하다. 일부 분류자가 자신의 예측에 대해 과장된 의견을 갖고 있으면 전체 결과가 저하된다. 그렇기 때문에 기본 학습 알고리듬에서 매개 변수 설정을 신중하게 조정하는 것이 중요할 수 있다. 예를 들어 분류를 위한 표준 서포트 벡터 머신에서는 일반적으로 각 지원 벡터의 영향에 대한 상한을 제공하고 훈련 데이터에 대한 적합성과 커널 값(예를 들어 다항식 커널의 지수 크기)을 제어하는 매개 변수 C를 조정해야 한다. 이는 내부 교차 검증을 기반으로 수행될 수 있다. 경험적으로 one-vs-rest 방법은 적절한 매개 변수 조정이 수행될 때 적어도 커널 기반 분류기의 경우 상당히 경쟁력이 있다. 8.7절 '클래스 확률의 조정'에서 논의된 신뢰도 점수를 교정하는 기술을 개별 2-클래스 모델에 적용하는 것도 유용할 수 있다.

다중 클래스 문제에 대한 또 다른 간단하고 일반적인 방법은 페어와이즈 분류다. 여기서 분류기는 이 두 클래스의 인스턴스만 사용해 모든 클래스 쌍에 대해 빌드된다. 알 수 없는 테스트 예제의 출력은 가장 많은 투표를 받은 클래스를 기반으로 한다. 이 스키마는 일반적으로 분류 오류 측면에서 정확한 결과를 산출한다. 또한 서로 다른 분류기에서 개별 확률 추정치를 보정하는 페어와이즈 결합pairwise coupling이라는 방법을 적용해 확률 추정치를 생성하는 데 사용할 수도 있다.

k개의 클래스가 있는 경우 페어와이즈 분류는 총 $k(k-1)/2$개의 분류기를 만든다. 이것은 불필요하게 계산 집약적으로 들리지만 그렇지 않다. 실제로 클래스가 균등하게 채워지면 페어와이즈 분류기는 적어도 다른 다중 클래스 방법만큼 빠르게 학습할 수 있는데 그 이유는 각 페어와이즈 학습 문제는 고려 중인 두 클래스와 관련된 인스턴스만 포함하기 때문이다. n개의 인스턴스가 k개의 클래스 간에 균등하게 나뉘면 문제당 $2n/k$ 인스턴스에 해당한다. n개의 인스턴스가 있는 2-클래스 문제에 대한 학습 알고리듬이 실행하는 데 n초에 비례하는 시간이 걸린다고 가정하자. 그러면 페어와이즈 분류의 실행 시간은 $k(k-1)/2 \times 2n/k$초, 즉 $(k-1)n$에 비례한다. 즉 메서드는 클래스 수에 따라 선형으로 확장된다. 학습 알고리듬에 더 많은 시간이 걸리면(예를 들어 n^2에 비례함) 페어와이즈 접근 방식의 이점이 더욱 두드러진다.

오류 수정 출력 코드

위에서 설명한 간단한 방법은 가끔은 매우 효과적이다. 특히 페어와이즈 분류는 매우 유용한 기술이 될 수 있다. 어떤 경우에는 결정 트리 학습자와 같은 기본 학습 알고리듬이 다중 클래스 문제를 직접 처리할 수 있는 경우에도 정확도를 향상할 수 있다. 이는 페어와이즈 분류가 실제로 많은 분류기의 앙상블을 생성한다는 사실 때문일 수 있다. 앙상블 학습은 정확한 분류기를 얻기 위한 잘 알려진 전략이며, 12장, '앙상블 학습'에서 여러 앙상블 학습 방법을 논의할 것이다. 다중 클래스 문제를 여러 개의 두 클래스 하위 작업으로 분해해 앙상블 분류기를 생성하는 데 사용할 수 있는 페어와이즈 분류 이외의 방법이 밝혀졌는데 그중 하나는 다음에 논의할 오류 수정 출력 코드error-correcting output code를 기반으로 한다.

다중 클래스 문제의 2-클래스 분해는 해당 문제에 해당하는 이른바 '출력 코드output code' 로 볼 수 있다. 이러한 코드가 어떻게 생겼는지 알아보고자 간단한 one-vs-rest 방법을 다시 살펴보자. 4개의 클래스 a, b, c, d가 있는 다중 클래스 문제를 생각해 보자. 변환은 표 8.2A와 같이 시각화할 수 있다. 여기서 *yes*와 *no*는 각각 1과 0에 매핑된다. 각각의 오리지널 클래스 값은 4비트 코드 워드(클래스당 1비트)로 변환되며 4개의 분류기는 비트를 독립적으로 예측한다. 이러한 코드 단어의 관점에서 분류 프로세스를 해석하면 잘못된 이진 비트가 가장 높은 신뢰도를 받을 때 오류가 발생한다.

그러나 표시된 특정 코드의 단어들을 사용할 필요는 없다. 실제로 각 클래스가 4비트로 표현돼야 하는 이유도 없다. 대신 클래스가 7비트로 표시되는 표 8.2B의 코드를 보자. 데이터셋에 적용할 때 4개가 아닌 7개의 분류기를 구축해야 한다. 구매할 수 있는 항목을

표 8.2 다중 클래스의 2-클래스로의 변환: (A) 표준 방법 (B) 오류 수정 코드

(A)	클래스	클래스 벡터	(B)	클래스	클래스 벡터
	a	1000		a	1111111
	b	0100		b	0000111
	c	0010		c	0011001
	d	0001		d	0101010

확인하려면 특정 인스턴스의 분류를 생각하자. 클래스 a에 속하고 개별 분류기의 예측이 각각 1 0 1 1 1 1 1이라고 가정한다. 분명히 이 코드 단어를 표 8.2B의 코드와 비교했을 때 두 번째 분류자는 실수가 있다. 1 대신 0을 예측하고 *yes* 대신 *no*를 예측했다. 그러나 예측된 비트를 각 클래스와 관련된 코드의 단어와 비교하면 인스턴스가 다른 클래스보다 a에 분명히 더 가깝다. 이는 예측된 코드의 단어를 표 8.2B의 것으로 변환하고자 변경해야 하는 비트 수로 정량화할 수 있다. 해밍 거리Hamming distance 또는 비트 문자열 간의 불일치는 클래스 a, b, c, d 각각에 대해 1, 3, 3, 5다. 두 번째 분류기가 실수를 했다고 안전하게 결론을 내리고 인스턴스의 실제 클래스로 a를 올바르게 식별할 수 있다.

표 8.2A의 코드 단어에서는 동일한 종류의 오류 정정이 불가능하다. 이러한 4비트 단어 이외의 4비트 예측 문자열은 적어도 이들 중 2개와 동일한 거리를 갖기 때문이다. 출력 코드는 '오류 수정'이 아니다.

무엇이 코드가 오류 수정인지 여부를 결정할까? 서로 다른 클래스를 나타내는 코드 단어 간의 해밍 거리를 생각해 보자. 수정할 수 있는 오류의 수는 코드 단어 쌍(예를 들어 d) 사이의 최소 거리에 따라 달라진다. 이 코드는 최대 $\lfloor (d-1)/2 \rfloor$ 1비트 오류를 수정하도록 보장할 수 있다. 올바른 코드 단어의 이 비트 수가 뒤집혀도 가장 가깝고 올바르게 식별되기 때문이다. 표 8.2A에서 각 코드 단어 쌍에 대한 해밍 거리는 2다. 따라서 최소 거리 d도 2이며 오류를 0개 이하로 수정할 수 있다. 그러나 표 8.2B의 코드에서 최소 거리는 4다(사실 거리는 모든 쌍에 대해 4다). 즉 1비트 오류 수정이 보장된다.

좋은 오류 수정 코드의 한 가지 속성을 정의했는데 코드 단어는 해밍 거리 측면에서 잘 분리돼야 한다는 것이다. 코드 테이블의 행을 구성하기 때문에 이 속성을 행 분리row separation라고 한다. 좋은 오류 수정 코드가 충족해야 하는 두 번째 요구 사항은 열 분리column separation다. 각 열과 다른 모든 열의 보수complement 사이의 거리와 마찬가지로 모든 열 쌍 사이의 해밍 거리는 커야 한다. 표 8.2B에서 7개의 열은 1비트 이상 서로 분리돼 있다.

두 열이 동일하거나 하나가 다른 열의 보완물인 경우 해당 분류기가 동일한 오류를 생성하므로 열을 분리해야 한다. 즉 많은 비트 위치가 동시에 올바르지 않은 경우 오류가 서로 관련돼 있으면 오류 수정이 잘 되지 않는다. 열 사이의 거리가 멀수록 더 많은 오류를 수정할 수 있다.

4개 미만의 클래스를 사용하면 좋은 행 분리와 좋은 열 분리를 동시에 달성할 수 없기 때문에 실제로 효과적인 오류 수정 코드를 구성하기가 어렵다. 예를 들어 3개의 클래스에는 8개의 가능한 열(2^3)만 있으며 그중 4개는 나머지 4개를 보완한다. 또한 모두 0 또는 모두 1인 열은 식별력을 제공하지 않는다. 이렇게 하면 가능한 열이 3개만 남고 결과 코드는 오류를 전혀 수정하지 않는다(사실 이는 표준 'one-vs-rest' 인코딩이다).

클래스가 적으면 표 8.2B와 같은 완전한 오류 수정 코드를 작성할 수 있다. k 클래스에 대한 전체 코드에서 열은 보완 및 사소한 all-zero 또는 all-one을 제외하고 가능한 모든 k 비트 문자열로 구성된다. 각 코드 워드는 $2^{k-1} - 1$ 비트를 포함한다. 코드는 다음과 같이 구성된다. 첫 번째 클래스에 대한 코드 단어는 모두 하나로 구성된다. 두 번째 클래스의 경우 2^{k-2}의 0과 $2^{k-2} - 1$의 1이 있다. 세 번째는 2^{k-3}개의 0, $2^{k-3} - 1$개의 1, 2^{k-1}개의 0, $2^{k-1} - 1$의 1이 있다. i번째 코드 워드는 2^{k-i} 0과 1의 교대로 실행되며 마지막 실행은 1회 짧다.

더 많은 클래스를 사용하면 열 수가 기하급수적으로 증가하고 너무 많은 분류자를 작성해야 하기 때문에 완전한 코드를 실행할 수 없다. 이 경우보다 정교한 방법이 있으며 적은 수의 열에서 좋은 오류 수정 속성을 가진 코드를 만들 수 있거나 임의의 코드가 사용된다.

오류 수정 출력 코드는 인스턴스 기반 학습자와 같은 로컬 학습 알고리듬에서는 작동하지 않는다. 로컬 학습 알고리듬은 근처 학습 인스턴스를 보고 인스턴스의 클래스를 예측한다. 최근접 이웃 분류기의 경우 모든 출력 비트는 동일한 훈련 인스턴스를 사용해 예측된다. 이 문제는 서로 다른 속성 하위 세트를 사용해 각 출력 비트를 예측하고 예측을 역상관decorrelating시킴으로써 피할 수 있다.

중첩 이분법의 앙상블

오류 수정 출력 코드는 때때로 다중 클래스 문제에 대한 정확한 분류자를 생성한다. 그러나 기본 알고리듬은 분류를 생성하지만 우리는 종종 클래스 확률 추정도 원한다. 예를들어 5.8절에서 논의된 최소 예상 비용 접근 방식을 사용해 비용에 민감한 분류를 수행한다. 다행히도 기본 2-클래스 모델이 해당 2-클래스 하위 작업에 대한 확률을 생성할 수 있는 한, 클래스 확률 추정을 계산하는 자연스러운 방법을 제공하는 멀티 클래스 문제를 2-클래스 문제로 분해하는 방법이 있다.

　아이디어는 원래 다중 클래스 문제의 전체 클래스 집합을 더 작은 하위 집합으로 재귀적으로 분할하고 인스턴스의 전체 데이터 집합을 이러한 클래스 하위 세트에 해당하는 집합으로 분할하는 것이다. 이는 클래스의 이진 트리를 생성한다. 앞에서 논의한 가상의 4-클래스[4 class] 문제를 생각해 보자. 루트 노드에는 {a, b, c, d} 클래스의 전체 세트가 있다. 이 클래스는 {a, c} 및 {b, d}와 같은 분리된 하위 집합으로 분할된다. 두 하위 집합은 이진 트리에서 2개의 후속 노드를 형성한다. 그런 다음 이러한 하위 집합은 하나의 요소 집합으로 더 분할돼 노드 {a, c}에 대한 후속 작업 {a} 및 {c}와 노드 {b, d}에 대한 후속 작업 {b} 및 {d}가 생성된다. 단일 요소 하위 집합에 도달하면 분할 프로세스가 중지된다.

　각 내부 노드와 두 후속 노드가 루트 노드에서 클래스 {a, c} 및 {b, d}를 구분하는 이분법을 정의하고 이분법이 중첩되기 때문에 클래스의 결과 이진 트리는 **중첩 이분법**[nested dichotomies]이라고 한다. 이분법은 계층 내에서 중첩된다. 중첩된 이분법을 특정 유형의 희소 출력 코드로 볼 수 있다. 표 8.3은 방금 설명한 예제의 출력 코드 매트릭스를 보여 준다. 트리 스키마의 각 내부 노드에 대해 하나의 이분법이 있다. 따라서 예제에 3개의 내

표 8.3 코드 매트릭스 양식에서 중첩 이분법

클래스	클래스 벡터
a	00X
b	1X0
c	01X
d	1X1

446

부 노드가 포함돼 있는 경우 코드 매트릭스에는 3개의 열이 있다. 위에서 고려한 클래스 벡터와 달리 행렬에는 해당 클래스의 인스턴스가 관련된 2-클래스 학습 문제에서 단순히 생략됐음을 나타내는 X로 표시된 요소가 포함돼 있다.

이런 종류의 출력 코드의 장점은 무엇일까? 분해^{decomposition}는 계층적이며 분리된 부분 집합을 생성하기 때문에 계층 스키마의 각 이분법에 대한 2-클래스 추정치를 가정해 여러 클래스의 오리지널 세트에 있는 각 요소에 대한 클래스 확률 추정 값을 계산하는 간단한 방법이 있다. 이 방법이 통하는 이유는 9.2절에서 베이지안 네트워크를 논의할 때 다시 만날 확률 이론의 체인 규칙 때문이다.

특정 인스턴스 x, 즉 조건부 확률 $P(a|x)$에 대해 클래스 a에 대한 확률을 계산한다고 가정하자. 이 클래스는 위 예제의 클래스 계층 스키마에 있는 4개의 리프 노드 중 하나에 해당된다. 먼저 계층 스키마의 내부 노드에서 3개의 2-클래스 데이터셋에 대한 클래스 확률 추정치를 산출하는 2-클래스 모델을 학습한다. 그런 다음 루트 노드의 2-클래스 모델에서 조건부 확률 $P(\{a, c\}|x)$, 즉 x가 a 또는 c에 속한다는 추정치를 얻을 수 있다. 또한 $P(\{a\}|x, \{a, c\})$ (x가 a 또는 c에 속한다는 것을 이미 알고 있는 경우 x가 a에 속할 확률)의 추정치를 단일 요소 세트 $\{a\}$ 및 $\{c\}$를 구별하는 모델에서 얻을 수 있다. 이제 연쇄 규칙에 따라 $P(\{a\}|x) = P(\{a\}|\{a, c\}, x) \times P(\{a, c\}|x)$가 된다. 따라서 오리지널 다중 클래스 문제의 개별 클래스(클래스 트리의 리프 노드)에 대한 확률을 계산하려면 루트 노드에서 이 리프 노드로 진행할 때 발생한 내부 노드에서 수집된 확률 추정 값을 곱하기만 하면 되며 확률은 대상 클래스를 포함하는 클래스의 모든 하위 세트를 추정한다.

내부 노드의 개별 2-클래스 모델이 정확한 확률 추정치를 생성한다고 가정하면 체인 규칙을 사용해 얻은 다중 클래스 확률 추정이 일반적으로 정확할 것이라고 믿을 수 있다. 그러나 추정 오류가 누적돼 매우 깊은 계층 스키마에 문제는 분명 발생할 것이다. 더 기본적인 문제는 위의 예에서 클래스의 특정 계층적 분해를 임의로 결정했다는 것이다. 여기에 아마 관련 도메인의 지식이 반영되지는 않았을 것이며 이 경우 특정 클래스가 관련돼 있는 것으로 알려져 있기 때문에 하나의 특정 계층이 선호될 수 있지만 일반적인 경우는 아니다.

그럼 무엇을 할 수 있을까? 선험적으로 특정한 분해를 선호할 이유가 없다면 아마도 그것들 모두를 고려해 중첩 이분법 앙상블ensemble of nested dichotomy을 산출해야 할 것이다. 불행히도 사소하지 않은 수의 클래스에 대해 너무 많은 잠재적 이분법이 있으므로 철저한 접근 방식을 실현할 수 없다. 그러나 가능한 트리 스키마의 무작위 샘플을 취하고 각 트리 스키마의 각 내부 노드에 대해 2-클래스 모델을 구축하는 하위 집합을 생각할 수 있다(모델 캐싱을 사용해 여러 트리에서 동일한 2-클래스 문제가 발생할 수 있음을 고려하라). 그리고 최종 추정치를 얻고자 각 개별 클래스에 대한 확률 추정치를 평균화한다.

경험적 실험에 따르면 이러한 접근 방식은 정확한 다중 클래스 분류기를 생성하고 다중 클래스 문제를 직접 처리할 수 있는 결정 트리와 같은 분류기의 경우에도 예측 성능을 향상할 수 있다. 표준 오류 수정 출력 코드와 달리 이 기술은 기본 학습자가 복잡한 결정 경계를 모델링할 수 없는 경우에도 잘 작동한다. 그 이유는 일반적으로 더 적은 수의 클래스로 더 쉽게 학습할 수 있으므로 트리의 리프 노드에 가까워질수록 결과가 더 성공적으로 이뤄지기 때문이다. 이것은 또한 앞에서 설명한 페어와이즈 분류 기술이 초평면 hyper-plane에 해당하는 것과 같은 단순한 모델에 특히 잘 작동하는 이유를 보여 주며 가능한 가장 단순한 이분법을 만든다. 중첩된 이분법은 페어와이즈 분류에서 발생하는 학습 문제의 단순성(결국 최하위 이분법에는 개별 클래스 쌍이 포함됨)과 표준 오류 수정 출력 코드에 구현된 중복성 사이에 유용한 힘의 균형을 유지하는 것으로 보인다.

8.7 클래스 확률의 조정

클래스 확률 추정은 분류보다 분명히 더 어렵다. 클래스 확률을 생성하는 방법이 주어지면 정확한 클래스가 최대 확률로 예측되는 한 분류 오류는 최소화된다. 그러나 분류 방법은 정확한 확률 추정치를 생성하는 방법을 의미하지 않는다. 올바른 분류를 산출하는 추정치는 5.7절에서 논의된 이차적quadrantic 또는 정보적 손실에 따라 평가할 때 상당히 실망스러울 수 있다. 그러나 여러 번 강조했듯이 단순히 클래스 중 하나에 배치하는 것보다 주어진 인스턴스에 대해 정확한 조건부 클래스 확률을 얻는 것이 더 중요하다. 최소 예상 비용 접근 방식을 기반으로 한 비용에 민감한 예측은 정확한 클래스 확률 추정이 유용하게 사용된 예다.

두 클래스가 있는 데이터셋에 대한 확률 추정의 경우를 생각하자. 예측 확률이 분류에 일반적으로 사용되는 0.5 임계값의 올바른 쪽에 있으면 분류 오류가 발생하지 않는다. 그러나 이것이 확률 추정치 자체가 정확하다는 것을 의미하지는 않는다. 확률 추정은 너무 낙관적일 수 있다(0 또는 1에 너무 가깝거나 또는 너무 비관적이거나). 이러한 유형의 편향은 측정된 이차적 또는 정보적 손실을 증가시키며 주어진 비용 매트릭스를 기반으로 예상되는 분류 비용을 최소화하려고 할 때 문제를 야기한다.

그림 8.8은 2-클래스 문제에 대해 과도하게 낙관적인 확률 추정의 효과를 보여 준다. x축은 단어 빈도를 나타내는 약 1,000개의 속성이 있는 텍스트 분류 문제의 두 클래스 중 하나에 대한 4.2절의 다항 나이브 베이즈 모델의 예측 확률을 보여 주며 y축은 대상 클래스의 관찰된 상대 빈도를 보여 준다. 10겹 교차 검증을 실행해 예측 확률과 상대적 빈도를 수집했다. 상대 빈도를 추정하고자 예측된 확률은 먼저 동일 빈도 이산화를 사용해 20개의 범위로 이산화됐다. 그런 다음 한 구간에 해당하는 관측값(한쪽은 예측 확률, 다른 쪽은 0/1값)이 합쳐지고 합산된 값은 플롯에서 20개의 점으로 표시된다.

신뢰도 다이어그램reliablility diagram이라는 이런 종류의 그림은 추정된 확률이 얼마나 신뢰할 수 있는지 보여 준다. 잘 보정된 클래스 확률 추정기의 경우 관찰된 곡선이 대각선과

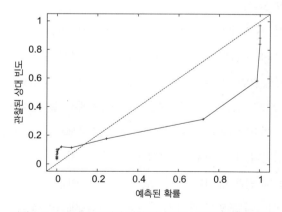

그림 8.8 2-클래스 문제에 대한 지나치게 낙관적인 확률 추정

일치하지만 여기에서는 분명히 그렇지 않다. 나이브 베이즈 모델은 너무 낙관적이어서 0과 1에 너무 가까운 확률을 생성한다. 이것만이 문제가 아니며 곡선이 분류에 사용되는 0.5 임계값에 해당하는 선에서 상당히 멀리 떨어져 있다. 이것은 분류 성능이 모델이 생성하는 낮은 확률 추정치의 영향을 받는다는 것을 의미한다.

대각선에 가까운 곡선을 찾는다는 사실에서 해결책은 분명해진다. 경험적으로 관찰된 곡선을 대각선으로 매핑하고자 확률 추정 값의 사후 보정을 사용해 체계적인 오산 추정 miss-estimation을 수정해야 한다. 이를 수행하는 대략적인 방법은 교정을 위해 신뢰도 다이어그램의 데이터를 직접 사용하고 예측된 확률을 해당 이산화 간격에서 관찰된 상대 빈도에 매핑하는 것이다. 이에 대한 데이터는 내부 교차 검증 또는 홀드 아웃 세트를 사용해 얻을 수 있으므로 실제 테스트 데이터는 그대로 유지된다.

이산화 기반 조정은 상당히 빠르지만 적절한 이산화 간격을 결정하는 것이 쉽지 않다. 너무 적으면 매핑이 너무 거칠어지고 너무 많으면 각 간격에 상대 빈도를 신뢰할 수 있는 추정치에 충분하지 않은 데이터가 포함된다. 그러나 다른 보정 방법을 고안할 수 있다. 핵심은 2-클래스 문제에 대한 확률 추정치를 보정하는 것이 하나의 입력(추정된 클래스 확률)과 하나의 출력(보정된 확률)이 있는 함수 추정 문제라는 것을 인식하는 것이다. 원칙적으로 임의의 다항식과 같은 복잡한 함수를 사용해 매핑을 추정할 수 있다. 그러나 관찰된 관계가 최소한 단조 증가monotonically increasing한다고 가정하는 것이 합리적이며 이 경우 증가 함수를 사용해야 한다.

보정 함수가 구분 지속적piecewise constant이고 단조 증가한다고 가정하면 관찰된 클래스 '확률'(비닝binning이 적용되지 않은 경우 0 또는 1)과 결과로 보정된 클래스 확률 사이의 제곱 오차를 최소화하는 효율적인 알고리듬이 있다. 구분 지속적 단조 증가 함수를 추정하는 것은 PAV$^{Pair-Adjacent\ Violator}$ 접근 방식을 기반으로 하는 빠른 알고리듬이 있는 등장성 회귀 isotonic regression의 한 예다. 데이터는 추정된 확률과 0/1값으로 구성되며 추정된 확률에 따라 정렬됐다고 가정한다. 기본 PAV 알고리듬은 가중치 평균(처음에는 0/1값의 평균이 됨)을 계산하고 이를 사용해 원래 데이터 포인트를 대체한다. 이는 모든 충돌이 해결될 때까지 반복된다. 병합된 데이터 포인트 내에서의 순서는 프로세스의 결과에 영향을 미치치 않는 것을 알 수 있다. 결과는 단계적으로 단조 증가하는 함수가 된다. 이 나이브 알고리듬은 데이터 포인트에서 이차 함수 형태이지만 선형 시간으로 작동하는 훌륭한 변형 버전이 있다.

단조 관계를 전제로 하는 또 다른 조정 방법은 추정된 클래스 확률의 로그 확률과 대상 클래스 확률 간의 선형 관계를 생각해 보는 것이다. 여기서 적절한 로지스틱 함수를 사용하면 논리 회귀를 사용해 보정 함수를 추정할 수 있다. 논리 회귀에 대한 입력으로 오리지널 값보다는 추정된 클래스 확률의 로그 확률을 사용하는 것이 중요하다.

파라미터가 2개뿐인 논리 회귀가 PAV 접근 방식보다 더 간단한 모델을 사용한다는 점을 감안하면 조정에 사용할 수 있는 데이터가 거의 없을 때 더 적합할 수 있지만 데이터 양이 많으면 PAV 기반 조정이 일반적으로 선호된다. 논리 회귀는 다중 클래스 버전의 논리 회귀가 있기 때문에 다중 클래스 문제에 대한 확률을 보정하는 데 쉽게 적용할 수 있다는 장점이 있다. 등장성 회귀의 경우 2개 이상의 클래스가 있는 문제에 대해 one-vs-rest 방법을 사용하는 것이 일반적이지만 위의 8.6절에서 논의된 중첩된 이분법의 페어와 이즈 결합 또는 앙상블이 대안이 될 수 있다.

추정 확률과 실제 확률 간의 관계가 단조 관계가 아닌 상황이 존재한다. 그러나 더 복잡한 조정 방법으로 전환하거나 이산화 기반 조정을 사용하지 말고(단조 관계를 전제로 하지 않는) 기본 클래스 확률 추정 방법이 문제에 대해 충분한 해결책이 되지 않는다는 의미로 받아들여야 한다.

8.8 심화 자료 및 참고 문헌

기능 선택feature selection이라는 이름으로 속성 선택attribute selection은 수십 년 동안 패턴 인식 분야에서 연구됐다. 예를 들어 후진 소거법backward elimination은 1960년대 초에 도입됐다 (Marill & Green, 1963). Kittler(1978)는 패턴 인식을 위해 개발된 기능 선택 알고리듬을 연구했다. 최상 우선 탐색best-first search 및 유전자 알고리듬은 표준 인위적 지능 기술이다 (Goldberg, 1989; Winston, 1992).

새로운 속성이 추가될 때 결정 트리 학습기의 성능을 결정하는 실험은 John(1997)에 의해 보고됐으며 이는 속성 선택에 대한 좋은 설명을 제공한다. Langley & Sage(1997)는 인스턴스 기반 학습자가 주어진 성능 수준에 도달하려면 학습 인스턴스 수가 속성 수에 따라 기하급수적으로 증가해야 한다는 것을 보여 줬다. 인스턴스를 고유하도록 다듬는 가장 작은 속성 세트를 찾는 아이디어는 Almuallin & Dietterich(1991, 1992)가 제시했으며 Liu & Setiono(1996)에 의해 추가로 개발됐다. Kibler & Aha(1987)와 Cardie(1993)는 모두 최근접 이웃 학습을 위한 특징을 식별하고자 결정 트리 알고리듬의 사용을 연구했다. Holmes & Nevill-Manning(1995)은 기능을 선택하는 데 1R을 사용했다. Kira & Rendell(1992)은 인스턴스 기반 방법을 사용해 기능을 선택했으며 RELIEF for Recursive Elimination of Features라는 체계를 만들었다. Gilad-Bachrach, Navot, Tishby(2004)는 중복 속성에서 더 잘 작동하도록 이 체계를 수정하는 방법을 보여 줬다. 상관 기반 기능 선택correlation-based feature selection 방법은 Hall(2000)이 개발했다.

특징 선택을 위한 래퍼 방법wrapper method의 사용은 John, Kohavi, Pfleger(1994)와 Kohavi & John(1997)이 시작했으며 유전 알고리듬은 Vafaie & DeJong(1992) 및 Cherkauer & Shavlik(1996)에 의해 래퍼 프레임워크에 적용됐다. 선택적 나이브 베이즈 학습 스키마는 Langley & Sage(1994)에 기인한다. Guyon, Weston, Barnhill & Vapnik(2002)은 서포트 벡터 머신과 함께 재귀적 기능 제거 체계를 제시하고 평가했다. 경쟁 검색raced search 방법은 Moore & Lee(1994)가 개발했다. Gütlein, Frank, Hall & Karwath(2009)는 간단한 순위 기반 방법을 사용해 속성이 많은 데이터셋에 대한 체계별 선택 속도를 높이는 방법을 연구했다.

Dougherty, Kohavi, Sahami(1995)는 엔트로피 기반 방법과 등폭 비닝binning 및 1R 방법을 비교한 실험 결과와 함께 지도 및 비지도 이산화에 대한 간략한 정보를 제공한다. Frank와 Witten(1999)은 이산화된 속성에서 순서정보를 사용하는 효과를 설명했다. 나이브 베이즈에 대한 비례 k-구간 이산화는 Yang과 Webb(2001)에 의해 제안되었다. MDL 중지의 기준을 포함하여 이산화에 대한 엔트로피 기반 방법은 Fayyad와 Irani(1993)에 의해 개발되었다. χ^2 검정을 사용하는 상향식 통계 방법은 Kerber(1992)가 처음 제안하였으며, 자동으로 결정된 유의 수준으로의 확장은 Liu 및 Setiono(1997)가 설명했다. Fulton, Kasif, Salzberg(1995)는 이산화를 위한 동적 계획법의 사용을 조사하고 일반 불순물 함수(예: 엔트로피)에 대한 2차 시간 경계와 오류 기반 이산화에 대한 선형 함수를 유도했다. 오류 기반 이산화의 약점을 보여 주려고 사용된 예제들은 이러한 현상을 처음으로 명확하게 식별한 Kohavi와 Sahami(1996)의 사례를 적용한 것이다.

주성분 분석은 대부분의 통계 교과서에서 찾을 수 있는 표준 기법이다. Fradkin & Madigan(2003)은 랜덤 투영의 성능을 분석했다. 부분 최소 제곱 회귀 알고리듬은 Hastie 외 (2009)가 만들었다. TF × IDF 메트릭은 Witten 외(1999b)가 만들었다.

Hyvärinen & Oja(2000)는 fast ICA 방법을 만들었다. Duda 외(2001)와 Murphy(2012)는 피셔의 선형 판별 분석에 대한 해법의 기초가 되는 대수를 연구했다. Sugiyam(2007)는 '로컬 피셔 판별 분석local Fisher discriminant analysis'이라는 연구에서 2가지 방식으로 확장했는데 첫째, 산포 행렬 계산의 수단 대신 데이터 포인트 자체 간의 계산을 사용해 축소된 표현의 차원을 높일 수 있다. 둘째, Scholköpf & Smola(2002)의 커널 트릭을 적용해 비선형 투영을 얻었다.

위에서 설명한 선형 데이터 투영 유형에 대한 많은 다른 방법들이 있다. 예를 들어 다중 레이어 퍼셉트론은 숨겨진 레이어를 데이터의 투영으로 취급할 수 있기 때문에 데이터 투영을 학습하는 방법을 제공한다. 10장, '딥러닝'에서는 '자동 인코더auto encoder'라는 신경망 유형을 기반으로 하는 감독되지 않은 차원 감소를 위한 접근 방식을 포함해 심층 신경망을 검토한다.

자체 훈련 데이터를 필터링하고자 C4.5를 사용하는 연구는 John(1995)에 의해 발표됐다. 여러 다른 학습 알고리듬을 포함하는 합의 필터에 대한 보다 보수적인 접근 방식은 Brodley & Fried(1996)에 의해 연구됐다. Rousseeuw & Leroy(1987)는 최소 중앙값 제곱법을 포함해 통계적 회귀에서 이상 값의 탐지를 연구했다. 또한 그림 8.7의 전화 데이터도 제공했다. 훈련 인스턴스의 속성에서 노이즈를 제거하면 특히 더 높은 노이즈 레벨에서 유사하게 노이즈가 많은 테스트 인스턴스에서 분류기의 성능이 저하될 수 있음을 알아낸 사람은 Quinlan(1986)이었다.

Barnett & Lewis(1994)는 통계 데이터에서 특이치의 일반적인 주제를 다뤘으며 Pearson(2005)은 분포를 목표 데이터에 맞추는 통계적 접근 방식을 발표했다. Schölkopf, Williamson, Smola, Shawe-Taylor & Platt(2000)는 신규성 감지를 위한 서포트 벡터 머신의 사용을 설명하는 반면, Abe, Zadrozny & Langford(2006)는 특히 인위적 데이터를 부수적으로 사용한다. 인위적 데이터를 사용한 밀도 추정과 클래스 확률 추정을 결합하는 것은 Hastie 외(2009)가 비지도 학습에 대한 일반적인 접근법으로 제안했고 Hempsstalk, Frank & Witten(2008)은 이를 단일 클래스 분류의 맥락에서 설명했다. Hempstalk & Frank(2008)는 훈련 시간에 여러 클래스를 사용할 수 있을 때 단일 클래스와 다중 클래스 분류의 공정한 비교를 논의했으며 우리는 예측 시간에 완전히 새로운 클래스를 판별하기를 원한다.

Vitter(1985)는 저장 장치 샘플링의 아이디어를 탐색했다. Vitter는 우리가 설명한 방법을 '알고리듬 R'이라고 불렀다. 계산 복잡도는 $O(N)$이며 여기서 N은 스트림의 인스턴스 수인데 이는 저장소의 배치 여부 및 위치를 결정하려면 모든 인스턴스에 대해 랜덤 번호가 생성돼야 하기 때문이다. Vitter는 샘플을 생성하고자 생성돼야 하는 난수의 수를 줄임으로써 R에 따라 개선되는 몇 가지 다른 알고리듬을 설명한다.

Rifkin & Klautau(2004)는 적절한 매개 변수 튜닝이 적용되면 다중 클래스 분류를 위한 one-vs-rest 방법이 잘 작동할 수 있음을 보여 준다. Friedman(1996)은 페어와이즈 분류 기술을 발표했고 Fuörnkranz(2002)는 이를 추가로 분석했으며 Hastie & Tibshirani(1998)는 페어와이즈 결합을 사용해 확률을 추정하도록 확장했다. Fuörnkranz(2003)는 앙상블 학습을 위한 기술로서 페어와이즈 분류를 평가한다. 분류에 오류 수정 출력 코드를 사용하는 아이디어는 Dietterich & Bakiri(1995), Ricci & Aha(1998)의 논문이 그러한 코드를 최근접 이웃 분류기에 적용하는 방법을 보여 준 후 널리 퍼졌다. Frank & Kramer(2004)는 다중 클래스 문제에 대한 내포된 이분법들의 앙상블을 소개했다. Dong, Frank, Kramer(2005)는 훈련 시간을 줄이고자 제한되지 않은 랜덤 계층 스키마보다는 균형 잡힌 중첩 이분법을 사용하는 것을 연구했다.

클래스 확률 추정치를 보정하는 방법의 중요성은 지금은 잘 확립돼 있다. Zadrozny &

Elkan(2002)은 조정 작업에 PAV 접근법과 논리 회귀 분석을 적용했으며 다중 클래스 문제를 처리하는 방법도 조사했다. Niculescu-Mizil & Caruana(2005)는 논리 회귀 분석의 한 변형 버전과 PAV 기반 방법을 기본 클래스 확률 추정기의 세트와 비교했고 후자가 충분히 큰 보정 집합에 더 바람직하다는 것을 발견했다. 그들은 또한 다층 퍼셉트론 및 배깅 결정 트리bagged decision tree가 잘 보정된 확률을 생성하며 추가 보정 단계가 필요하지 않다는 것을 발견했다. Stout(2008)는 오차 제곱을 최소화하는 것에 기초한 등방성 회귀를 위한 선형 시간 알고리듬을 설명했다.

8.9 WEKA 수행

속성 선택

- CfsSubsetEval(상관 기반 속성 하위 세트 평가자)
- ConsistencySubsetEval(consistencySubsetEval 패키지에서 주어진 속성 세트에 대한 클래스 일관성을 측정)
- ClassifierSubsetEval(classifierBasedAttributeSelection 패키지에서 속성의 하위 집합을 평가하고자 분류자를 사용)
- SVMAttributeEval(SVMAttributeEval 패키지에서 서포트 벡터 머신이 학습한 계수의 크기에 따라 속성 순위 지정)
- ReliefF(속성 순위 지정을 위한 인스턴스 기반 접근 방식)
- WrapperSubsetEval(분류기와 교차 검증 사용)
- GreedyStepwise(순방향 선택 및 역방향 제거 검색)
- LinearForwardSelection(linearForwardSelection 패키지에서 검색의 각 단계에서 속성 선택의 슬라이딩 윈도우를 사용한 전방 선택)
- BestFirst(탐욕 언덕 오르기greedy hill-climbing와 역추적을 이용한 검색 방법)
- RaceSearch(raceSearch 패키지에서 레이스 검색 방법론을 사용)

- Ranker(평가에 따라 개별 속성 순위 지정)

학습 결정 테이블: 결정 테이블

이산화

- Discretize(지도 및 비지도 버전)
- PKIDiscretize(비례적인 k-구간 이산화)

분류를 위한 판별 분석

- LDA, FLDA and QDA(discriminantAnalysis 패키지에 있음)
- MultiClassFLDA(identificationAnalysis 패키지에 있음)

기타 전처리 및 후 처리 작업

- PrincipalComponents과 RandomProjection
- 산술 연산, 시계열 작업, 혼란[obfuscation], 클러스터 멤버십 값 생성, 노이즈 추가, 수치, 이진 및 명목 속성 간의 다양한 변환, 다양한 데이터 정리 작업
- PLSFilter(부분 최소 제곱 변환)
- 리샘플링 및 저수지 샘플링
- MultiClassClassifier(오류 수정 출력 코드를 포함해 2-클래스 분류기로 다중 클래스 문제를 처리하는 다양한 방법 포함)
- FastICA(StudentFilters 패키지의 독립 구성 요소 분석)
- StringToWordVector(텍스트의 속성 벡터로의 변환)
- END(ensemblesOfNestedDichotomies 패키지의 중첩된 이분법 앙상블)

09

확률적 방법

확률적 방법은 데이터 마이닝 및 머신러닝을 위한 수많은 기술의 기초를 만든다. 4.2절 '간단한 확률 모델링'에서 사건의 가능성을 최대화하는 모델을 선택한다는 아이디어를 접했고 이후 여러 번 가능성을 최대화하는 통상적인 아이디어를 언급했다. 9장에서는 가능성^{likelyhood}의 개념을 공식화하고 그것들을 최대화하는 것이 어떻게 많은 추정 문제를 뒷받침하는지 볼 것이며, 베이지안 네트워크와 머신러닝에 사용되는 다른 유형의 확률 모델을 살펴볼 것이다. 확률의 기본 규칙의 기초를 확립하는 것부터 시작하자.

9.1 기초 지식

확률 모델링에서 예제 데이터 또는 인스턴스는 종종 기본 랜덤 변수의 이벤트, 관찰 또는 실현으로 간주된다. 이산 랜덤 변수 A가 주어지면 $P(A)$는 A가 속할 수 있는 각 범주, 클래스 또는 상태에 대한 확률을 인코딩하는 함수를 의미한다. 마찬가지로 연속 랜덤 변수 x, $p(x)$의 경우 x의 가능한 모든 값에 확률 밀도를 할당하는 함수다. 반대로 $P(A = a)$는 특정 이벤트 $A = a$를 관찰할 단일 확률이다. 이 표기법은 종종 $P(a)$로 단순화되지만 a가 무작위 변수로 정의됐는지 관찰로 정의됐는지 기억해야 한다. 연속 랜덤 변수 x의 값이 x_1이라는 관찰의 경우와 유사하다. 이 확률 밀도를 $p(x_1)$로 쓰는 것이 일반적이지만 이 것은 길지만 더 명확한 표기법 $p(x = x_1)$의 단순화 버전이며 이는 $x = x_1$에서 함수를 평가해 얻은 스칼라 값임을 강조한다.

이 책과 관련된 확률 이론의 몇 가지 규칙이 있다. 이름은 다양하지만 곱 규칙^{product rule}, 합계(또는 말지널화^{marginalization}) 규칙, 베이즈 규칙으로 불린다. 앞으로 보게 되겠지만 이 겉보기에 단순한 규칙은 우리를 혼란에 빠트릴 수 있다.

아래에서는 이산 또는 이진 이벤트를 사용해 표기법을 간단하게 유지한다. 그러나 규칙은 이진, 불연속 또는 연속 이벤트 및 변수에 적용될 수 있다. 연속 변수의 경우 가능한 상태에 대한 합계가 적분으로 대체된다.

'확률의 기본 규칙'이라고도 하는 곱 규칙^{product rule}은 확률 변수 A와 B의 공동 확률을 쓸 수 있다는 뜻이다.

$$P(A, B) = P(A \mid B)P(B)$$

곱 규칙은 A와 B가 이벤트 또는 랜덤 변수의 그룹 또는 하위 집합인 경우에도 적용된다.

합 규칙^{sum rule}은 변수 x_1, x_2, ..., x_n의 결합 확률이 주어지면 주어진 변수에 대한 말지널 확률^{marginal probability}은 다른 모든 변수에 대해 합산(또는 적분)해 얻을 수 있다. 예를 들어 X_1의 말지널 확률을 얻으려면 다른 모든 변수의 모든 상태를 합산한다.

$$P(X_1) = \sum_{x_2} \ldots \sum_{x_N} P(X_1, X_2 = x_2, \ldots, X_N = x_N)$$

합계는 해당 변수들에 대한 모든 가능한 값들에 대해 진행된다. 이에 대한 표기는 다음과 같이 단순화된다.

$$p(x_1) = \sum_{x_2} \ldots \sum_{x_N} P(x_1, x_2, \ldots, x_N)$$

연속적인 이벤트 및 변수 x_1, x_2, ..., x_N에 대해 방정식은 합계보다는 적분을 통해 얻을 수 있다.

$$p(x_1) = \int_{x_2} \ldots \int_{x_N} p(x_1, x_2, \ldots, x_N) dx_1 \ldots dx_N$$

이는 모든 랜덤 변수 랜덤 변수의 모든 하위 세트의 마지널 분포marginal distribution를 제공한다.

4장, '알고리듬 – 기본 방식'에서 소개된 유명한 베이즈 규칙Bayes' rule은 A와 B의 맞교환을 통한 곱 규칙을 적용해 얻어질 수 있으며 $P(B|A)P(A) = P(A|B)P(B)$임을 감안하면 다음과 같다.

$$P(B|A) = \frac{P(A|B)P(B)}{P(A)}$$

$P(A|B)$와 $P(B)$에 대한 모델을 갖고 있고 이벤트 $A = a$를 감안해 $P(B|A = a)$를 계산하려 한다고 가정해 보자. $P(A = a|B)$는 가능성으로 참조되며 $P(B)$는 B의 사전 분포prior distribution, $P(B|A = a)$는 사후 분포posterior distribution로 참조된다. $P(A = a)$는 다음과 같은 합 규칙으로부터 얻어진다.

$$P(A = a) = \sum_b P(A = a, B = b) = \sum_b P(A = a|B = b)P(B = b)$$

이러한 개념은 랜덤 변수 및 랜덤 수치로 취급되는 파라미터에도 적용할 수 있다.

최대 가능성 추정

일련의 관측치 x_1, x_2, ..., x_n이 주어졌을 때 확률 모델의 파라미터 세트 θ를 추정하는 문제를 생각해 보자. 연속 값 관측이라고 가정하지만 동일한 개념이 불연속 데이터에도 적용된다. 최대 가능성maximum likelihood 기법은 (1) 예제들이 서로 의존하지 않고 하나의 발생이 다른 항목에 영향을 미치지 않으며 (2) 각각 정확히 동일한 방식으로 모델링될 수 있다고 가정한다. 이러한 가정은 종종 사건이 독립적이고 동일하게 분포^{i.i.d., independent and} ^{identically distributed}한다고 요약된다. 이것이 완전히 사실인 경우는 드물지만 유용한 추론을 지원할 수 있는 많은 상황에서 충분히 사실로 고려할 수 있다. 또한 9장의 뒷부분에서 볼 수 있듯이 종속성 구조는 보다 정교한 모델에 의해 캡처될 수 있다(예를 들어 상호 의존적인 그룹의 큰 인스턴스의 일부로서 관찰을 통해).

i.i.d 가정은 모든 관측치에 대한 결합 확률 밀도 함수의 모델은 각 관측치에 독립적으로 적용된 동일한 확률 모델 $p(x_i;\theta)$의 곱으로 구성된다는 가정을 내포한다. n개의 관찰에 대해 다음과 같이 쓸 수 있다.

$$p(x_1, x_2, \ldots, x_n; \theta) = p(x_1; \theta)p(x_2; \theta)\ldots p(x_n; \theta)$$

각 함수 $p(x_i;\theta)$는 동일한 파라미터 값 θ를 가지며 파라미터 추정의 목적은 이 형식의 결합 확률 모델을 최대화하는 것이다. 관측치가 변경되지 않으므로 이 값은 파라미터 θ의 선택을 변경해야만 변경할 수 있다. 이 값을 데이터의 가능성으로 생각하고 다음과 같이 정리할 수 있다.

$$L(\theta; x_1, x_2, \ldots, x_n) = \prod_{i=1}^{n} p(x_i; \theta)$$

데이터가 고정돼 있기 때문에 자유롭게 선택할 수 있는 파라미터에 대한 가능성 함수 ^{likelyhood function}로 생각하는 것이 더 유용할 것이다.

많은 확률을 곱하면 매우 작은 숫자가 될 수 있으므로 가능성의 로그 또는 로그 가능성 ^{log-likelihood}으로 작업한다.

$$\log L(\theta; x_1, x_2, \ldots, x_n) = \sum_{i=1}^{n} \log p(x_i; \theta)$$

이 식은 곱을 합으로 바꿔 준다. 로그는 단조 증가 함수이므로 로그 가능성을 최대화하는 것은 가능성을 최대화하는 것과 같다. '최대 가능성' 학습은 이를 수행하는 파라미터를 검색하는 기술을 뜻한다.

$$\theta_{\mathrm{ML}} = \arg\max_{\theta} \sum_{i=1}^{n} \log p(x_i; \theta)$$

동일한 공식이 조건부 확률 및 조건부 가능성에도 적용된다. 예를 들어 분류 작업에서 인스턴스의 클래스 라벨과 같이 각 x_i에 수반되는 라벨 y_i가 주어지면 최대 조건부 가능성 학습은 다음의 결정에 해당한다.

$$\theta_{\mathrm{MCL}} = \arg\max_{\theta} \sum_{i=1}^{n} \log p(y_i|x_i; \theta)$$

최대 사후 파라미터 추정

최대 가능성은 모든 파라미터 값이 동일하게 선험적일 가능성이 있다고 가정한다. 관찰을 고려하기 전에 일부 파라미터 값이 다른 파라미터 값보다 더 가능성이 있다고 판단하지 않는다. 그러나 모델의 파라미터가 특정 사전 분포를 따른다고 믿을 이유가 있다고 가정한다. 모델의 각 인스턴스를 지정하는 랜덤 변수로 생각하면 베이즈의 규칙을 적용해 데이터와 파라미터의 결합 확률을 사용해 파라미터의 사후 분포를 계산할 수 있다.

$$p(\theta|x_1, x_2, \ldots, x_n) = \frac{p(x_1, x_2, \ldots, x_n|\theta)p(\theta)}{p(x_1, x_2, \ldots, x_n)}$$

파라미터에 대한 사후 분포를 계산하기 때문에 세미콜론 대신 |나 주어진 표기법을 사용해 왔다. 분모는 상수이며, i.i.d로 가정한다. 관측치에서 파라미터의 사후 확률은 가능성likelyhood과 사전의 곱에 비례한다고 가정한다.

$$p(\theta|x_1, x_2, \ldots, x_n) \propto \prod_{i=1}^{n} p(x_i; \theta)p(\theta)$$

다시 로그로 전환해 최대 사후 파라미터 추정maximum a posteriori parameter estimation 절차는 다음 값을 찾는다.

$$\theta_{\text{MAP}} = \arg\max_{\theta} \left[\sum_{i=1}^{n} \log p(x_i; \theta) + \log p(\theta) \right]$$

다시 말하지만 조건부 확률 모델을 학습하는 데 동일한 아이디어를 적용할 수 있다.

최대 사후 파라미터 추정에는 파라미터의 포인트 추정이 포함되며 가능성 및 사전 분포하에서 평가된다는 점을 강조하고자 세미콜론 표기법으로 되돌아갔다. 이는 일반적으로 포인트 추정을 최적화하는 대신 파라미터의 불확실성을 통합해 파라미터의 분포를 명시적으로 바꾸는 완전한 베이지안 방법(아래에서 설명)과 대조된다. 세미콜론 대신 '주어진' 표기법을 사용하는 것이 전체 베이지안 방법에서 더 일반적으로 사용되며 여기서는 이 규칙을 따를 것이다.

9.2 베이지안 네트워크

4.2절의 나이브 베이즈 분류기와 4.6절의 논리 회귀 모델은 모두 결정 분류[hard classification]가 아닌 확률 추정치를 생성한다. 각 클래스 값에 대해 주어진 인스턴스가 해당 클래스에 속할 확률을 추정한다. 대부분의 다른 유형의 분류기는 필요한 경우 이러한 종류의 정보를 생성하도록 강제할 수 있다. 예를 들어 리프에 있는 각 클래스의 상대적 빈도를 계산해 결정 트리에서 확률을 얻을 수 있고 특정 규칙이 다루는 인스턴스를 검사해 의사 결정 목록에서 확률을 얻을 수 있다.

확률 추정은 때로는 일반 예측보다 더 유용하다. 확률 추정은 예측에 순위를 매기고 예측 비용을 최소화할 수 있게 한다(5.8절 참고). 사실 분류 학습을 데이터로부터 클래스 확률 추정을 학습하는 작업으로 취급하자는 주장도 있다. 추정되는 것은 다른 속성의 값이 주어진 클래스 속성값의 조건부 확률 분포다. 이상적으로 분류 모델은 이 조건부 분포를 간결하고 쉽게 이해할 수 있는 형태로 나타낸다.

이러한 방식으로 볼 때 나이브 베이즈 분류기, 논리 회귀 모델, 결정 트리 등은 조건부 확률 분포를 나타내는 대체 방법일 뿐이다. 물론 그들은 표현력이 다르다. 나이브 베이즈 분류기 및 논리 회귀 모델은 단순 분포만 나타낼 수 있는 반면 결정 트리는 임의 분포를 나타내거나 적어도 근삿값을 나타낼 수 있다. 하지만 결정 트리에는 단점이 있다. 결정 트리는 훈련 세트를 더 작은 조각으로 분할해 필연적으로 덜 신뢰할 수 있는 확률 추정치를 산출하고 3.4절에서 기술된 하위 트리 복제 문제로 어려움을 겪는다. 규칙 세트는 이러한 단점을 해결하고자 어느 정도 적용될 수 있지만 좋은 규칙 학습기의 설계는 이론적 정당성이 부족한 휴리스틱의 역할이 큰 것이 사실이다.

이것은 우리의 운명을 받아들이고 이러한 결점을 안고 가야 하는 것을 뜻할까? 아니다! 통계에 기반한 대안이 있다. 확률 분포를 그래프 방식으로 간결하고 이해하기 쉽게 표현하는 이론적으로 잘 확립된 방법이며 이 구조를 베이지안 네트워크라고 한다. 그것들은 각 속성마다 하나씩 노드의 네트워크로 그려지며, 순환이 없는(방향성 비순환 그래프) 방식으로 방향성 에지^{Edge}로 연결된다.

9.3절에서는 베이지안 네트워크를 해석하는 방법과 데이터에서 학습하는 방법을 설명하고자 몇 가지 간단한 가정을 할 것이다. 모든 속성이 명목 속성이고 불연속 랜덤 변수에 해당하며 유실값이 없으므로 데이터가 완전하다고 가정한다. 일부 고급 학습 알고리듬은 데이터에 있는 것 외에 새로운 속성(값을 관찰할 수 없는 잠재 변수에 해당하는 숨겨진 속성)을 생성할 수 있다. 문제의 두드러진 특징을 나타내는 경우 더 나은 모델을 지원할 수 있으며 베이지안 네트워크는 예측 시에 이를 사용하는 방법을 제공한다. 그러나 학습과 예측 모두에 훨씬 더 복잡하고 많은 시간이 소요되므로 이는 9.4절에서 살펴볼 것이다.

예측하기

그림 9.1은 날씨 데이터의 간단한 베이지안 네트워크를 보여 주고 있다. 여기에는 4가지 속성(Outlook, Temperature, Humidity, Windy)과 클래스 속성인 **Play**가 노드로 존재한다. 게임 가능 여부 노드로부터 에지가 파생돼 각 다른 노드로 향한다. 하지만 이 그래프의 베이지안 네트워크는 전체의 절반만 보여 준다. 그림 9.1 내의 각 노드에는 표가 그려져 있다. 표 안에 있는 정보는 주어진 인스턴스에 대한 클래스 확률 예측에 사용되는 확률 분포를 정의한다. 그림 9.1 내의 각 노드에는 표가 그려져 있다. 표 안에 있는 정보는 주어

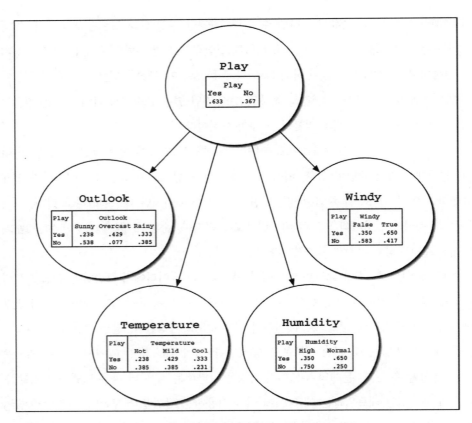

그림 9.1 날씨 데이터에 대한 간단한 베이지안 네트워크

진 인스턴스에 대한 클래스 확률 예측에 사용되는 확률 분포를 정의한다.

이 확률 분포를 계산하는 방법을 보기 전에 표의 정보를 생각해 보자. 아래쪽 4개의 테이블(Outlook, Temperature, Humidity, Windy)에는 수직선으로 구분된 두 부분이 있다. 왼쪽에는 Play의 값이 있고 오른쪽에는 노드가 나타내는 각 속성값에 대한 해당 확률이 있다. 일반적으로 왼쪽에는 노드를 가리키는 모든 에지에 대한 열이 포함되며, 이 경우에는 게임 가능 여부 속성에 대한 노드에서 나오는 에지만 있다. 그렇기 때문에 게임 가능 여부 자체와 관련된 테이블에는 왼쪽이 없으며 부모도 없다. 일반적으로 각 확률 행은 상위 속성값의 한 조합에 해당하며 행의 항목은 이 조합이 주어진 노드 속성값의 확률을 보여 준다. 실제

464

로 각 행은 노드 속성값에 대한 확률 분포를 정의하며 행의 항목 합계는 1이 된다.

그림 9.2는 3개의 노드(바람, 온도, 습도)에 2개의 상위 노드가 있는 동일한 문제에 대해 더 복잡한 네트워크를 보여 준다. 각 상위에 대해 왼쪽에 하나의 열이 있고 속성에 값만큼 오른쪽에 열이 있다. 온도 노드와 관련된 테이블의 첫 번째 행을 생각해 보자. 왼쪽은

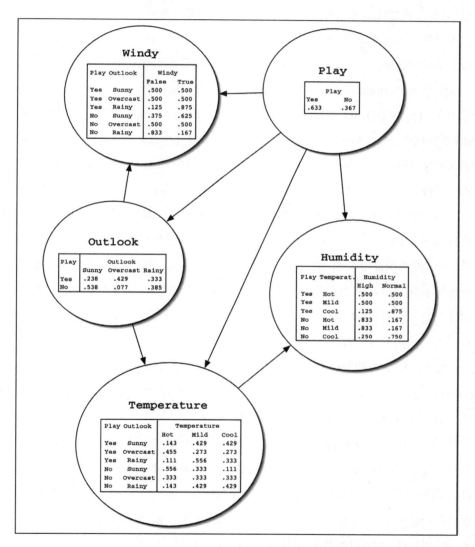

그림 9.2 날씨 데이터에 대한 또 다른 베이지안 네트워크

각 부모 속성, Play 및 Outlook에 대한 값을 제공한다. 오른쪽은 각 Temperature 값에 대한 확률을 제공한다. 예를 들어 첫 번째 숫자 (0.143)는 Play와 Outlook이 각각 yes와 Sunny 값을 갖고 있다는 점을 고려할 때 온도가 hot 값을 취할 확률이다.

주어진 인스턴스에 대한 각 클래스 값의 확률을 예측하는 데 테이블이 어떻게 사용될까? 유실값이 없다고 가정하기 때문에 이는 결코 어렵지 않다. 인스턴스는 각 속성의 값을 지정한다. 네트워크의 각 노드에 대해 상위의 속성값에 의해 결정된 행을 기반으로 노드의 속성값의 확률을 조회한다. 그런 다음이 모든 확률을 함께 곱한다.

예를 들어 Outlook = rainy, Temperature = cool, Humidity = high, Windy = True 인 값을 갖는 인스턴스를 생각해 보자. play(게임 가능 여부) = no의 확률을 계산하고자 그림 9.2의 네트워크는 Play 노드에서 0.367, Outlook에서 0.385, Temperature에서 0.429, Humidity에서 0.250, Windy에서 0.167의 확률을 제공한다. 이들의 곱은 0.0025이다. play = yes에 대한 동일한 계산은 0.0077이 나온다. 그러나 이것이 구하려는 답은 아니다. 최종 확률의 합은 1이어야 하지만 0.0025와 0.0077의 합은 1이 나오지 않으며 이것들은 실제로 P(play = no, E)와 P(play = yes, E)의 결합 확률joint probabilities이다. 여기서 E는 인스턴스의 속성값에 의해 주어진 모든 증거를 나타낸다. 결합 확률은 E의 속성값과 각 클래스 값을 나타내는 인스턴스를 관찰할 가능성을 측정한다. 클래스 속성을 포함해 가능한 모든 속성값 조합의 공간을 전부 사용하는 경우에만 합계가 1이 되며 이는 예제에서 확실히 드러나지는 않는다.

솔루션은 아주 간단하다(이미 4.2절에서 확인했다). 조건 확률 P(play = no|E)와 P(play = yes|E)를 얻고자 결합 확률을 합으로 나누는 정규화를 하는 것이다. 이를 통해 play = no에 대한 확률은 0.245이며 play = yes는 0.755이다.

한 가지 미스터리가 남았다. 왜 모든 확률을 함께 곱할까? 곱셈 단계의 유효성은 단일 가정, 즉 노드의 각 부모에 대한 값이 주어졌을 때 다른 비하위 집합에 대한 값을 알고 있다고 해서 가능한 각 항목과 관련된 확률이 변경되지는 않는다는 사실에 달려 있다. 다시 말하면 다른 비하위 집합은 부모가 제공한 정보보다 노드 값의 가능성에 대한 정보를 제공하지 않는다. 이는 다음과 같이 쓸 수 있다.

$$P(\text{노드} | \text{부모 및 기타 비하위}) = P(\text{노드} | \text{부모})$$

이는 노드 및 포함된 속성들의 모든 값들을 갖고 있을 것이다. 통계에서 이러한 속성을 조건부 독립conditional independence이라고 한다. 곱셈은 각 노드가 조부모, 증조부모 및 실제로 부모가 주어진 다른 비하위 집합과 조건부로 독립적인 경우에 유효하다. 확률의 곱 규칙 product rule이 변수 집합에 어떻게 적용될 수 있는지 위에서 논의했다. 단일 변수와 나머지 변수 사이에 곱 규칙을 재귀적으로 적용하면 n 속성 A_i의 결합 확률이 다음 곱으로 분해 될 수 있음을 나타내는 체인 규칙chain rule이 발생한다.

$$P(A_1, A_2, \ldots, A_n) = P(A_1) \prod_{i=1}^{n-1} P(A_{i+1} | A_i, A_{i-1}, \ldots, A_1)$$

베이지안 네트워크에서 확률의 곱셈은 체인 규칙의 직접적인 결과를 따른다.

분해는 속성 순서에 관계없이 유지된다. 베이지안 네트워크는 비순환 그래프이기 때문에 노드는 노드의 모든 조상에게 i보다 작은 a_i 인덱스를 제공하도록 정렬될 수 있다. 그런 다음 조건부 독립 가정independent assumption으로 인해 모든 베이지안 네트워크를 다음 형식으로 작성할 수 있다.

$$P(A_1, A_2, \ldots, A_n) = \prod_{i=1}^{n} P(A_i | \text{Parents}(A_i))$$

여기서 변수에 부모가 없다면 변수의 비조건 확률을 사용한다. 이는 정확히 앞에서 적용한 곱셈 규칙이다.

그림 9.1과 9.2의 두 베이지안 네트워크는 근본적으로 다르다. 첫 번째(그림 9.1)는 각 노드에 대해 부모 집합이 두 번째 노드에 해당하는 부모 집합의 하위 집합이기 때문에 더 강력한 독립 가정을 만든다(그림 9.2). 사실 그림 9.1은 4.2절의 단순 나이브 베이즈 분류기와 거의 동일하다(확률은 약간 다르지만 각 카운트가 제로 빈도zero-frequency 문제를 피하고자 0.5로 초기화됐기 때문이다). 그림 9.2의 네트워크 조건부 확률 테이블에는 더 많은 행이 있으므로 더 많은 파라미터가 있어 데이터를 생성한 기본 실제 확률 분포를 보다 정확하게 표현할 수 있다.

베이지안 네트워크의 유향 에지$^{directed\ edge}$가 인과적 효과를 나타낸다고 가정하기가 쉽다. 하지만 조심하라! Play의 특정 값은 Outlook의 특정 값에 대한 전망을 향상할 수 있지만 반드시 전망 결과를 유발하는 않으며 그 반대일 가능성이 더 높다. 동일한 문제에 대해 서로 다른 베이지안 네트워크를 구성해 정확히 동일한 확률 분포를 나타낼 수 있으며 이는 조건부 독립성을 활용하고자 공동 확률 분포가 인수 분해되는 방식을 변경함으로써 수행된다. 유향 에지가 인과 효과를 모델링하는 네트워크는 종종 파라미터가 가장 적은 가장 단순한 네트워크다. 따라서 특정 도메인에 대해 베이지안 네트워크를 구성하는 전문 인력들은 종종 유향 에지로 인과 효과를 표현해 이익을 얻는다. 그러나 인과 구조를 알 수 없는 데이터에서 모델을 유도하고자 머신러닝 기술을 적용할 경우 데이터에서 관찰되는 상관 관계를 기반으로 네트워크를 구축하기만 하면 된다. 상관 관계에서 인과관계를 추론하는 것은 항상 위험한 일이다.

베이지안 네트워크의 학습

베이지안 네트워크에 대한 학습 알고리듬을 구성하는 방법은 데이터를 기반으로 주어진 네트워크를 평가하는 함수와 가능한 네트워크 공간을 검색하는 방법의 2가지 구성 요소를 정의하는 것이다. 주어진 네트워크의 품질은 네트워크에 주어진 데이터의 확률로 측정된다. 네트워크가 각 인스턴스에 일치할 확률을 계산하고 모든 인스턴스에 대해 이러한 확률을 곱한다. 실제로 이것은 적절하게 표현하기에는 너무 작은 숫자를 빠르게 산출하기 때문에 (산술 언더플로$^{arithmetic\ underflow}$라고 한다) 확률의 곱보다는 로그의 합을 사용한다. 결과 수치는 데이터가 제공된 네트워크의 로그 가능성$^{log-likelyhood}$이다.

네트워크의 구조(에지 세트)가 주어졌다고 가정하자. 조건부 확률 테이블에서 숫자를 추정하는 것은 쉽다. 훈련 데이터에서 관련된 속성값 조합의 상대 빈도를 계산하기만 하면 된다. 제로 빈도 문제를 피하고자 각 카운트는 4.2절에 설명된 대로 상수로 초기화된다. 예를 들어 게임 가능 여부 = yes 및 온도 = cool(그림 9.2의 습도 노드 테이블의 세 번째 행의 마지막 숫자)이 주어졌을 때 습도 = normal일 확률을 찾으려면 날씨 데이터의 속성값 조합, 습도 = high와 게임 가능 여부 및 온도에 대해 동일한 값인 인스턴스가 없음을 통해 표 1.2에서 다음과 같은 3가지 인스턴스가 있음을 확인하자. 두 습도 값에 대한 카운트를 0.5로 초기화하면 습도 = normal에 대해 $(3 + 0.5)/(3 + 0 + 1) = 0.875$ 확률이 생성된다.

베이지안 네트워크에서 조건부 및 비조건부 확률을 추정하는 방법을 보다 단순하게 생각해 보자. 완전한 네트워크 할당의 V개의 변수와 N개의 네트워크에 베이지안 네트워크의 로그 가능성은 다음과 같다.

$$\sum_{i=1}^{N} \log P(\{\tilde{A}_1, \tilde{A}_2, \ldots, \tilde{A}_V\}_i) = \sum_{i-1}^{N} \sum_{v=1}^{V} \log P(\tilde{A}_{v,i} | \text{Parents}(\tilde{A}_{v,i}); \Theta_v)$$

여기서 각 조건부 또는 무조건부 분포의 파라미터는 Θ_v로 주어지며 ~를 사용해 변수의 실제 관측치를 나타낸다. 미분을 취해 최대 가능성 파라미터 값을 찾을 수 있다. 로그 가능성은 예 i와 변수 v에 대한 이중 합$^{double sum}$이므로 주어진 파라미터 집합 Θ_v에 대해 미분을 취하면 Θ_v와 무관한 합의 모든 항은 0이 된다. 이것은 추정 문제가 각 조건적 또는 무조건 확률 분포에 대한 파라미터를 개별적으로 추정하는 문제로 분리된다는 것을 뜻한다. 부모가 없는 변수의 경우 무조건 확률을 추정해야 한다. 부록 A.2에서는 k 클래스에 대한 확률 π_k에 의해 주어진 파라미터를 사용해 이산 분포를 추정하는 것이 공식 $\pi_k = n_k/N$에 해당하는 이유의 증명을 제공한다. 여기서 n_k는 클래스 k 및 N은 총 예제 수다. 이는 또한 다음과 같이 표기된다.

$$P(A = a) = \frac{1}{N} \sum_{i=1}^{N} \mathbf{1}(\tilde{A}_i = a)$$

여기서 $\mathbf{1}(\tilde{A}_i = a)$는 $\tilde{A}_i = a$에 대해 i번째 관찰된 값일 때 1을 반환하고 그렇지 않으면 0을 반환하는 표시기 함수다. $P(B|A)$에 대한 조건부 확률 테이블 항목의 추정은 위에 설명된 직관적인 계산 절차와 유사한 표기법을 사용해 표현할 수 있다.

$$P(B = b | A = a) = \frac{P(B = b, A = a)}{P(A = a)} = \frac{\sum_{i=1}^{N} \mathbf{1}(\tilde{A}_i = a, \tilde{B}_i = b)}{\sum_{i=1}^{N} \mathbf{1}(\tilde{A}_i = a)}$$

이 파생 버전은 A가 랜덤 변수의 하위 집합으로 일반화된다. 위의 표현식은 최대 가능성 추정치를 제공하며 제로 빈도 문제를 다루지 않는다.

네트워크의 노드는 각 속성(클래스 포함)에 대해 하나씩 미리 결정된다. 네트워크 구조를 학습하는 것은 가능한 에지 세트의 공간을 검색하고 각 세트에 대한 조건부 확률 테이블을 추정하고 네트워크 품질의 척도로 데이터를 기반으로 결과 네트워크의 로그 가능성을 계산하는 것과 같다. 베이지안 네트워크 학습 알고리듬은 주로 네트워크 구조 공간을 검색하는 방식에서 다르다. 아래에 몇 가지 알고리듬이 소개돼 있다.

한 가지 주의 사항이 있다. 훈련 데이터를 기반으로 로그 가능성이 최대화되면 더 많은 에지를 추가하는 게 바람직하지만 결과 네트워크는 단순 오버피팅이 될 것이다. 이 문제를 해결하고자 다양한 방법을 사용할 수 있다. 첫 번째는 교차 검증을 사용해 적합도를 추정하는 것이다. 두 번째는 파라미터 수, 즉 모든 확률 테이블의 총 독립 추정치 수를 기반으로 네트워크의 복잡성에 대한 페널티를 추가하는 것이다. 각 테이블에 대해 독립 확률의 수는 총 항목 수에서 마지막 열의 항목 수를 뺀 값이다. 모든 행의 합계가 1이 돼야 하므로 다른 열에서 결정할 수 있다. K를 파라미터의 수, LL은 로그 가능성, N은 데이터의 인스턴스 수라고 하자. 네트워크 품질을 평가하기 위한 2가지 자주 사용되는 측정법은 다음의 Akaike 정보 기준AIC, Akaike Information Criterion과

$$\text{AIC score} = -LL + K$$

다음의 MDL 메트릭 기반 MDL 공식이다.

$$\text{MDL score} = -LL + \frac{K}{2} \log N$$

두 경우 모두 로그 가능성이 부정되므로 목표는 이러한 점수를 최소화하는 것이다.

세 번째 방법은 네트워크 구조에 대한 사전 분포를 할당하고 데이터에 의해 네트워크

에 부여된 확률과 사전 확률을 결합해 가장 가능성이 높은 네트워크를 찾는 것이다. 이 것은 네트워크 스코어링에 대한 최대 사후 접근 방식^{maximum a posteriori approach}이다. 사용된 사전 분포에 따라 다양한 형태를 취할 수 있다. 그러나 진정한 베이지안은 예측을 위해 하나의 특정 네트워크를 단일화하는 것이 아니라 가능한 모든 네트워크 구조에 대해 평균을 낼 것이다. 불행히도 이것은 일반적으로 많은 계산이 필요하다. 간단한 접근 방식은 주어진 네트워크의 하위 구조인 모든 네트워크 구조에 대해 평균을 내는 것이다. 결과 확률 추정치에 모든 하위 네트워크의 정보가 암시적으로 포함되도록 조건부 확률 테이블을 계산하는 방법을 변경해 매우 효율적으로 구현할 수 있다. 이 접근 방식의 세부 사항은 다소 복잡하므로 여기서 설명하지 않겠다.

스코어링에 적합한 메트릭을 사용하면 좋은 네트워크 구조를 검색하는 작업을 크게 단순화할 수 있다. 네트워크를 기반으로 한 단일 인스턴스의 확률은 다양한 조건부 확률 테이블의 모든 개별 확률의 곱이라는 것을 떠올려 보자. 데이터셋의 전체 확률은 모든 인스턴스에 대한 이러한 곱들의 곱이다. 곱에서의 항^{term}은 상호 변경이 가능하기 때문에 동일한 테이블과 관련된 모든 요소를 그룹화하도록 곱을 다시 작성할 수 있다. 결과물 대신 합계를 사용하는 로그 가능성도 마찬가지다. 이는 가능성^{likelihood}이 네트워크의 각 노드에 대해 개별적으로 최적화될 수 있음을 의미한다. 이는 최적화 중인 노드에 다른 노드의 에지를 추가하거나 제거해 수행할 수 있으며 유일한 제약 사항은 반복을 도입해서는 안된다는 것이다. 페널티 항이 여러 구성 요소로 분할되고 각 노드에 대해 하나씩, 각 노드가 독립적으로 최적화될 수 있기 때문에 일반 로그 가능성 대신 AIC 또는 MDL과 같은 로컬 스코어링 메트릭이 사용되는 경우에도 동일한 트릭이 작동한다.

특정 알고리듬

이제 베이지안 네트워크를 학습하기 위한 실제 알고리듬으로 들어가겠다. *K*2라는 간단하고 매우 빠른 학습 알고리듬은 주어진 속성(즉 노드) 순서로 시작한다. 그런 다음 각 노드를 차례로 처리하고 이전에 처리된 노드의 에지를 현재 노드에 추가하는 것을 탐욕적으로greedily 각 단계에서 네트워크의 점수를 극대화하는 에지의 추가를 고려한다. 더 이상 개선 사항이 없으면 다음 노드로 포커스를 돌린다. 오버피팅 방지를 위한 추가 메커니즘으로 각 노드의 상위 수를 미리 정의된 최댓값으로 제한할 수 있다. 이전에 처리된 노드의 에지만 고려되고 고정된 순서가 있기 때문에 이 절차는 반복을 도입할 수 없다. 그러나 결과는 초기 순서에 따라 다르므로 다른 임의 순서로 알고리듬을 여러 번 실행하는 것이 좋다.

나이브 베이즈 분류기는 클래스 속성에서 각 다른 속성으로 이어지는 에지가 있는 네트워크다. 분류를 위한 네트워크를 구축할 때 이 네트워크를 검색의 시작점으로 사용하는 것이 때로는 도움이 된다. 이것은 클래스 변수가 순서 지정에서 첫 번째 변수가 되도록 강제하고 에지 세트를 적절하게 초기화함으로써 $K2$에서 수행할 수 있다.

잠재적으로 유용한 또 다른 트릭은 데이터의 모든 속성이 클래스 속성을 나타내는 노드의 마르코프 블랭킷Markov blanket에 있는지 확인하는 것이다. 노드의 마르코프 블랭킷에는 모든 부모, 자식, 자식 부모가 포함된다. 노드는 마르코프 블랭킷의 노드에 대해 값이 주어지면 다른 모든 노드와 조건부로 독립적임을 알 수 있다. 따라서 노드가 클래스 속성의 마르코프 블랭킷에 없으면 그 값은 분류와 완전히 관련이 없다. 그림 9.3에 베이지안 네트워크와 마르코프 블랭킷의 예가 나와 있다. 반대로 $K2$가 클래스 노드의 마르코프 블랭킷에서 관련 속성을 포함하지 않는 네트워크를 찾은 경우 이 단점을 수정하는 에지를 추가하는 것이 도움이 될 수 있다. 이를 수행하는 간단한 방법은 어떤 옵션이 반복을 피하는지에 따라 속성의 노드에서 클래스 노드로 또는 클래스 노드에서 속성의 노드로 에지를 추가하는 것이다.

더 정교하지만 느린 버전의 $K2$는 노드를 정렬하는 것이 아니라 임의의 노드 쌍 사이에 에지를 추가하거나 삭제하는 것을 탐욕스럽게 고려하는 것이다(물론 비순환성을 보장하면서 말이다). 단계를 추가한다면 기존 모서리의 방향도 반전하는 것이다. 탐욕 알고리듬과 마찬가지로 결과 네트워크는 스코어링 기능의 로컬 최댓값만 나타낸다. 이러한 알고리듬을 다른 임의의 초기 구성으로 여러 번 실행하는 것을 항상 권장한다. 시뮬레이션된 어닐링annealing, 타부 검색tabu searching 또는 유전 알고리듬과 같은 정교한 최적화 전략도 사용할

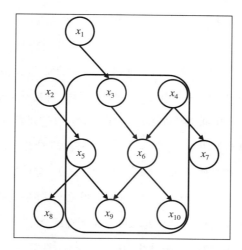

그림 9.3 10개의 베이지안 네트워크 변수 중 6개를 커버하는 마르코프 블랭킷

수 있다.

베이지안 네트워크 분류기에 대한 또 다른 좋은 학습 알고리듬은 TAN^{Tree Augmented Naïve} Bayes이다. 이름에서 알 수 있듯이 나이브 베이즈 분류기를 사용해 에지를 추가한다. 클래스 속성은 나이브 베이즈 네트워크의 각 노드의 단일 상위다. TAN은 각 노드에 두 번째 상위를 추가를 고려한다. 클래스 노드와 모든 해당 에지가 고려 대상에서 제외되고 두 번째 부모가 추가되지 않은 노드가 정확히 하나 있다고 가정하면 결과 분류자는 부모가 없는 노드에 뿌리를 둔 트리 구조를 갖는다. 이러한 제한된 유형의 네트워크에는 네트워크의 최대 가중치 스패닝 트리 계산을 기반으로 네트워크 가능성을 최대화하는 에지 세트를 찾는 효율적인 알고리듬이 있으며 이 알고리듬의 런타임은 인스턴스 수에 선형이고 속성 수에 2차 관계다.

TAN 알고리듬에 의해 학습 된 네트워크 유형을 ODE^{One-Dependence Estimator}라고 한다. 더 간단한 유형의 네트워크는 SPODE^{Super-Parent One Dependence Estimator}가 있다. 여기에서 클래스 노드와 별도로 정확히 하나의 다른 노드가 상위 상태로 승격되고 다른 모든 비클래스 노드의 상위가 된다. 이러한 단일 의존 추정기의 단순한 앙상블은 매우 정확한 분류기를 생성한다. 이러한 추정기 각각에서 다른 속성이 추가 부모 노드가 된다. 그런 다음 예측 시에 서로 다른 단일 의존 추정기의 클래스 확률 추정치를 단순 평균화한다. 이 방식을 AODE$^{\text{Averaged One Dependence Estimator}}$라고 한다. 일반적으로 앙상블에서는 데이터에서 특정 지원을 받는 추정자만 사용되지만 보다 정교한 선택 체계가 가능하다. 각 SPODE에 구조 학습이 포함되지 않기 때문에 AODE는 매우 효율적인 분류기다.

AODE는 강력한 가정을 만들지만 나이브 베이즈의 더 강력한 가정은 완화시킨다. 모델은 단일 조부모$^{\text{single super-parent}}$ 속성 대신 n개의 조부모 세트를 도입하고 가능한 모든 세트에서 평균화해 AnDE 알고리듬을 생성함으로써 훨씬 더 완화될 수 있다. n을 늘리면 분명히 계산 복잡성이 증가한다. $n = 2$(A2DE)가 실제로 계산 복잡성과 예측 정확도 사이에 유용한 절충안을 산출한다는 근거가 있다.

지금까지 설명한 모든 스코어링 메트릭은 각 인스턴스에 대한 공동 확률 $P(a_1, a_2, \ldots, a_n)$를 최대화하도록 설계됐다는 점에서 가능성 기반이다. 그러나 분류에서 실제로 최대화하고 싶은 것은 다른 속성의 값이 주어졌을 때 클래스의 조건부 확률, 즉 조건부 가능성이다. 불행히도 베이지안 네트워크의 테이블에 필요한 최대 조건부 가능성 확률 추정치를 위한 폐쇄형 솔루션은 없다. 반면에 주어진 네트워크와 데이터셋에 대한 조건부 가능성을 계산하는 것은 간단하다. 결국 이것이 논리 회귀가 하는 일이다. 따라서 네트워크에서 표준 최대 가능성 확률 추정치를 사용하고 특정 네트워크 구조를 평가 시에는 조건부 가능성을 사용하는 것이 제안됐다.

분류에 베이지안 네트워크를 사용하는 또 다른 방법은 해당 클래스와 관련된 데이터를 기반으로 각 클래스 값에 대해 별도의 네트워크를 구축하고 베이즈의 규칙을 사용해 예측을 결합하는 것이다. 네트워크 세트를 베이지안 멀티넷$^{\text{Bayesian multinet}}$이라고 한다. 특정 클래스 값에 대한 예측을 얻으려면 해당 네트워크의 확률에 클래스의 사전 확률을 곱한다. 각 클래스에 대해 이 작업을 수행하고 이전에 했던 것처럼 결과를 정규화한다. 이 경우 각 클래스 값에 대해 네트워크를 학습하고자 조건부 가능성^{likelihood}은 사용하지 않는다.

우리가 도입한 모든 네트워크 학습 알고리듬은 스코어 기반이다. 여기서 제외한 다른 전략들은 속성의 하위 집합을 기반으로 개별 조건부 독립 가정^{independence assertion}을 테스트해 네트워크를 함께 구성하는 것이다. 이것은 조건부 독립 테스트에 의한 구조 학습으로 알려져 있다.

패스트 러닝을 위한 데이터 구조

베이지안 네트워크 학습에는 많은 계산이 필요하다. 검색에서 고려되는 각 네트워크 구조에 대해 조건부 확률 테이블을 작성하는 데 필요한 개수를 얻고자 데이터를 새로 스캔해야 한다. 대신 데이터를 반복해서 스캔할 필요가 없는 데이터 구조에 저장할 수 있을까? 확실한 방법은 카운트를 미리 계산하고 테이블에 0이 아닌 것을 저장하는 것인데 4.5절에 언급된 해시 테이블^{hash table}이 그 예다. 그럼에도 중요 데이터셋에는 0이 아닌 수많은 수가 있다.

다시 표 1.2의 날씨 데이터를 생각해 보자. 5개의 속성이 있는데 2개에는 3개의 값이 있고 3개에는 2개의 값이 있다. 이것은 $4 \times 4 \times 3 \times 3 \times 3 = 432$개의 가능한 카운트를 제공한다. 곱의 각 구성 요소는 속성에 해당하며 속성이 개수에서 누락될 수 있으므로 곱에 대한 기여도는 값의 수보다 하나 더 많다. 이러한 모든 개수는 4.5절에 설명된 대로 항목 세트로 처리하고 최소 적용 범위를 1로 설정해 계산할 수 있다. 그러나 0인 수를 저장하지 않더라도 이 간단한 체계는 바로 메모리 문제에 부딪힌다. 6.3절에 설명된 FP-growth 데이터 구조는 항목 세트 마이닝의 경우 데이터를 효율적으로 표현하도록 설계됐다. 다음에서는 베이지안 네트워크에 대해 사용된 구조를 설명한다.

카운트는 4.7절에 설명된 최근접 이웃 검색에 사용되는 kD 트리와 유사한 AD^{All-Dimension} 트리라는 구조에 효과적으로 저장될 수 있다. 간단하게 하고자 습도, 바람, 게임 가능 여부 속성만 있는 날씨 데이터의 축소 버전을 사용해 이를 설명한다. 그림 9.4A는 데이터의 요약을 보여 준다.

가능한 카운트 수는 $3 \times 3 \times 3 = 27$이지만 8개만 표시된다. 예를 들어 *play* = *no*의 카운트는 5다.

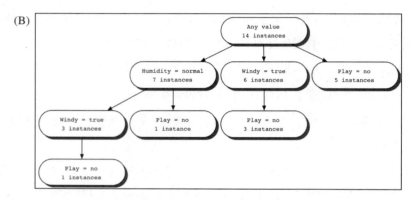

(A)	습도	바람	게임 가능 여부	카운트
	High	True	Yes	1
	High	True	No	2
	High	False	Yes	2
	High	False	No	2
	Normal	True	Yes	2
	Normal	True	No	1
	Normal	False	Yes	4
	Normal	False	No	0

그림 9.4 날씨 데이터 (A) 간략 버전 (B) 대응하는 AD 트리

그림 9.4B는 이 데이터에 대한 AD 트리를 보여 준다. 각 노드는 루트에서 해당 노드로의 경로를 따라 테스트되는 속성값을 표시하는 인스턴스 수를 나타낸다. 예를 들어 가장 왼쪽 리프는 습도 = normal, 바람 = true, 게임 가능 여부 = no 값을 가진 인스턴스가 하나 있다는 것을 의미하고 가장 오른쪽 리프는 게임 가능 여부 = no인 인스턴스가 5개 있다는 것을 의미한다.

27개의 카운트를 모두 명시적으로 열거하는 트리를 구성하는 것은 어렵지 않다. 그러나 그것은 평범한 테이블상에서는 아무것도 얻지 못할 것이고 그림 9.4B의 트리는 8개의 카운트만을 포함하고 있기 때문에 분명히 이와는 다르다. 예를 들어 습도 = high를 테스트하는 브랜치가 없다. 트리는 어떻게 구성됐으며 어떻게 모든 카운트를 얻을 수 있을까?

데이터의 각 속성에 인덱스가 할당됐다고 가정하자. 간략 버전의 날씨 데이터에서 습도 인덱스 1, 바람 인덱스 2, 재생 인덱스 3을 제공한다. AD 트리는 지수 $j > i$를 갖는 모든 속성값으로 속성 i에 해당하는 각 노드를 확장해 생성된다. 여기에 2가지 중요한 제한 사항이 있는데 개수가 0인 확장과 마찬가지로 각 속성에 대한 가장 카운트가 많은 확장 populous expansion은 생략된다(임의로 연결이 끊긴다). 루트 노드에는 인덱스 0이 제공되므로 동일한 제한에 따라 모든 속성이 확장된다.

예를 들어 그림 9.4B에는 루트 노드에서 바람 = false에 대한 확장이 포함돼 있지 않다. 8개의 인스턴스에서 가장 카운트가 많은 확장이기 때문에 false 값이 true 값보다 데이터에서 더 자주 발생한다. 마찬가지로 습도 = 정상으로 라벨이 지정된 노드에서 바람 = false에 대한 확장이 없다. 왜냐하면 false는 습도 = normal인 모든 인스턴스 중에서 바람에 대한 가장 일반적인 값이기 때문이다. 실제로 이 예에서 두 번째 제한(즉 카운트가 0인 확장은 생략됨)은 적용되지 않았는데 이는 첫 번째 제한은 그림 9.4A에서 분리 0에 도달하는 유일한 경로인 테스트 습도 = normal 및 바람 = false로 시작하는 모든 경로를 배제하기 때문이다.

트리의 각 노드는 특정 속성값 조합의 발생을 나타낸다. 트리에서 발생하는 조합에 대한 개수를 검색하는 것은 간단하다. 그러나 각 속성에 대해 가장 카운트가 많은 확장이 생략됐기 때문에 트리는 0이 아닌 많은 수를 명시적으로 나타내지 않는다. 예를 들어 습도 = high 및 게임 가능 여부 = yes 조합은 데이터에서 세 번 발생하지만 트리에는 노드가 없다. 그럼에도 어떤 개수도 트리가 명시적으로 저장한 개수에서 계산할 수 있음이 밝혀졌다.

간단한 예제를 하나 보자. 그림 9.4B에는 습도 = normal, 바람 = true, 게임 가능 여부 = yes에 대한 노드가 없다. 그러나 습도 = normal이고 바람 = true인 3개의 인스턴스를 보여 주며 그중 하나는 yes와 다른 게임 가능 여부 값을 갖고 있다. 게임 가능 여부 = yes에 대해 2개의 인스턴스가 있어야 한다. 이제 더 까다로운 경우인 습도 = high, 바람 = true, 게임 가능 여부 = no는 몇 번 발생할까? 습도 = high에 대한 브랜치가 없기 때문에 언뜻 보기에는 알 수 없을 것 같다. 그러나 바람 = true 및 게임 가능 여부 = no(3)의 카운트를 계산하고 습도 = normal, 바람 = true, 게임 가능 여부 = no(1)의 카운트를 빼서 숫자를 추론할 수 있다. 이것은 올바른 값인 2를 제공한다.

이 아이디어는 속성의 하위 세트와 속성값의 조합에 적용되지만 재귀적으로 적용해야 할 수도 있다. 예를 들어 습도 = high, 바람 = false, 게임 가능 여부 = no에 대한 카운트를 얻으려면 바람 = false, 게임 가능 여부 = no에 대한 카운트와 습도 = normal, 바람 = false, 게임 가능 여부 = no에 대한 카운트가 필요하다. 게임 가능 여부 = no(5)에 대한 카운트에서 바람 = true 및 게임 가능 여부 = no(3)에 대한 카운트를 빼서 전자를 얻어 2를 제공하고, 습도 = normal, windy = true, 게임 가능 여부 = no를 습도 = normal 및 play = no(1)에 대한 카운트를 빼서 후자 0을 얻는다. 따라서 습도 = high, 바람 = false, 게임 가능 여부 = no인 2 − 0 = 2 인스턴스가 있어야 하며 결과는 옳다.

AD 트리는 데이터에 수천 개의 인스턴스가 포함된 경우에만 효과가 있으며 날씨 데이터에 도움이 되지 않는다. 작은 데이터셋에 대해 아무런 이점이 없다는 사실은 실제로 트리를 리프 노드까지 확장하는 것이 거의 의미가 없음을 의미한다. 일반적으로 컷오프 파라미터 k가 사용되며 k개 미만의 인스턴스를 포함하는 노드는 다른 노드에 대한 포인터 목록이 아닌 이러한 인스턴스에 대한 포인터 목록을 갖고 있다. 이것은 트리를 더 작고 효율적으로 만든다.

이 절에서는 베이지안 네트워크 학습 주제의 표면만 훑어봤다. 그리고 유실값, 숫자 속성 및 숨겨진 속성에 대한 열린 질문을 남겼다. 회귀 작업에 베이지안 네트워크를 사용하는 방법은 설명하지 않았다. 이러한 항목 중 일부는 9장의 뒷부분에서 설명한다. 베이지안 네트워크는 그래프 모델graphical model이라는 더 광범위한 통계 모델 클래스의 특수한 경우로, 여기에는 방향이 지정되지 않은 에지가 있는 네트워크(마르코프 네트워크라고 한다)가 포함된다. 그래프 모델은 머신러닝 커뮤니티에서 많은 관심을 끌었으며 9.6절에서 논의한다.

9.3 분류 및 확률 밀도 추정

증분 휴리스틱 클러스터링 접근 방식은 4.8절에 설명돼 있다. 일부 실제 상황에서 잘 작동하지만 단점이 있으며 컷오프 값을 사용해 모든 단일 인스턴스가 자체적으로 클러스터가 되는 것을 방지한다. 이 외에도 증분 알고리듬에 내재된 불확실성이 있다. 결과는 예제의 순서에 어느 정도 의존할까? 병합 및 분할의 로컬 구조 조정 작업이 운이 없는 순서로 인한 잘못된 초기 결정의 영향을 되돌릴 수 있을 만큼 충분한가? 최종 결과가 범주 유틸리티의 로컬 최댓값을 나타내는가? 여기에 최종 구성이 전역 최댓값에서 얼마나 멀리 있는지 결코 알 수 없는 문제를 추가하라. 물론 클러스터링 절차를 여러 번 반복하고 최상의 것을 선택하는 표준 트릭은 알고리듬의 점진적 특성을 파괴할 것이다. 마지막으로 결과의 계층적 특성이 실제로 어떤 클러스터가 최상의 클러스터인지에 대한 질문을 하지 않는가? 그림 4.21에는 군집이 너무 많아 분리하기가 어렵다.

클러스터링 문제에 대한 보다 원칙적인 통계적 접근 방식은 이러한 단점 중 일부를 극복하게 한다. 확률적 관점에서 클러스터링의 목표는 데이터(그리고 필연적으로 이전 기대치)를 고려할 때 가장 가능성이 높은 클러스터 세트를 찾는 것이다. 한정된 양의 증거가 문제에 대해 완전히 확고한 결정을 내리기에 충분하지 않기 때문에 인스턴스(훈련 인스턴스 포함)는 한 클러스터 또는 다른 클러스터에 범주적으로 배치돼서는 안 된다. 대신 각 클러스터에 속할 확률이 있으며 이는 빠른 판단을 내리는 계획과 종종 관련된 취약성을 제거하는 데 도움이 된다.

통계 클러스터링의 기초는 유한 혼합 모델finite mixture model이라고 하는 통계 모델이다. '혼합mixture'은 해당 클러스터의 구성원에 대한 속성값을 제어하는 k개의 클러스터를 나타내는 k개의 확률 분포 세트다. 즉 각 분포는 특정 인스턴스가 해당 클러스터의 구성원으로 알려진 경우 특정 속성값 집합을 가질 확률을 제공한다. 각 클러스터마다 다른 분포가 있고 특정 인스턴스는 '진짜로' 클러스터 중 하나에만 속하지만 어떤 인스턴스인지는 알 수 없다. 마지막으로 군집은 같지 않으며 상대적인 모집단을 반영하는 확률 분포가 있다.

가우시안 혼합에 대한 기대 극대화 알고리듬

가장 간단한 유한 혼합 상황finite mixture situations 중 하나는 각 군집에 대해 가우시안 또는 정규 분포를 갖지만 평균과 분산이 다른 하나의 수치 속성만 있는 경우다. 클러스터링 문제는 인스턴스 집합(이 경우 각 인스턴스는 숫자 일뿐이다)과 미리 지정된 클러스터 수를 가져와서 각 클러스터의 평균과 분산, 클러스터 간 모집단 분포를 계산하는 것이다. 혼합 모델은 여러 정규 분포를 결합하며 확률 밀도 함수는 각 성분에 대한 봉우리가 있는 산맥처럼 보인다.

그림 9.5는 간단한 예를 보여 준다. 두 군집 A와 B가 있으며 각각은 군집 A에 대해 평균 및 표준 편차 μ_A 및 σ_A, 군집 B에 대해 μ_B 및 σ_B를 갖는 정규 분포를 가진다. 표본은 확률이 p_A이고 확률이 있는 군집 A를 사용해 이러한 분포에서 가져오며 확률이 p_B인 군집 B(여기서 $p_A + p_B = 1$)로 인해 표시된 것과 같은 데이터셋이 생성된다. 이제 클래스가 없는 데이터셋(숫자만)이 주어지고 모델을 특성화하는 5개의 파라미터(μ_A, σ_A, μ_B, σ_B 및 p_A)를 결정하도록 요청받는다고 상상해 보라(파라미터 p_B는 p_A에서 직접 계산할 수 있다). 이것이 유한 혼합 문제다.

각 인스턴스의 두 분포 중 어느 것이 유래됐는지 알고 있다면 5개의 파라미터를 쉽게 찾을 수 있다. 공식을 사용해 군집 A 샘플과 군집 B 샘플에 대한 평균 및 표준 편차를 개

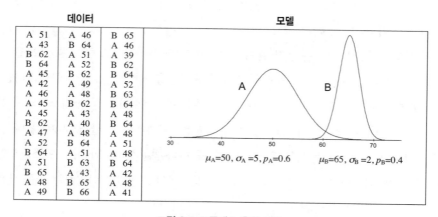

그림 9.5 2-클래스 혼합 모델

별적으로 추정하면 된다.

$$\mu = \frac{x_1 + x_2 + \cdots + x_n}{n},$$

$$\sigma^2 = \frac{(x_1 - \mu)^2 + (x_2 - \mu)^2 + \cdots + (x_n - \mu)^2}{n - 1}$$

(두 번째 공식에서 분모로 n이 아닌 $n - 1$을 사용하면 최대 가능성 추정치보다 분산의 편향되지 않은 추정이 보장된다. 하지만 n을 사용해도 실제로는 거의 차이가 없다.) 여기서 x_1, x_2, $\ldots$, x_n은 분포 A 또는 B의 표본이다. 다섯 번째 파라미터 p_A를 추정하려면 A 군집에 있는 인스턴스의 비율을 취한다.

5개의 파라미터를 알고 있다면 주어진 인스턴스가 각 분포에서 나올 (후방) 확률을 쉽게 찾을 수 있다. 인스턴스 x_i가 주어지면 클러스터 A에 속할 확률은 다음과 같다.

$$P(A|x_i) = \frac{P(x_i|A) \cdot P(A)}{P(x_i)} = \frac{N(x_i; \mu_A, \sigma_A)p_A}{P(x_i)}$$

여기서 $N(x; \mu_A, \sigma_A)$는 군집 A에 대한 정규 또는 가우시안 분포 함수다.

$$N(x; \mu, \sigma) = \frac{1}{\sqrt{2\pi}\sigma} e^{-\frac{(x-\mu)^2}{2\sigma^2}}$$

실제로 $P(A|x_i)$와 $P(B|x_i)$ 모두에 대한 분자를 계산한 다음 합계인 $P(x_i)$로 나눠 정규화한다. 이 전체 절차는 4.2절의 나이브 베이즈 학습 구조에서 수치 속성이 처리되는 방식과 동일하다. 그리고 거기에 설명된 주의 사항은 여기에도 적용되며 엄밀히 말하면 $N(x_i; \mu_A, \sigma_A)$는 확률 $P(x|A)$가 아닌데 x가 특정 실수 x_i가 될 확률이 0이기 때문이다. 대신 $N(x_i; \mu_A, \sigma_A)$는 사후posterior를 계산하는 데 사용되는 정규화 프로세스에 의해 확률로 변환되는 확률 밀도다. 최종 결과는 특정 군집이 아니라 x_i가 군집 A 또는 군집 B에 속하는 (사후) 확률이다.

문제는 이들 중 어느 것도 알지 못한다는 것이며 각 훈련 인스턴스의 출처 분포도 혼합 모델의 5개 파라미터도 알 수 없다. 그래서 k-means 클러스터링 알고리듬에 사용된 절차를 채택하고 이를 반복한다. 5개의 파라미터에 대한 초기 추측으로 시작하고 이를 사용해 각 인스턴스에 대한 군집 확률을 계산하고 이러한 확률을 사용해 파라미터를 재추정하고 반복한다(원하는 경우 대신 인스턴스의 클래스에 대한 추측으로 시작할 수 있다). 이것은 기대의 최대화expectation maximization 또는 EM 알고리듬의 인스턴스다. 첫 번째 단계인 클러스터 확률('기대'하는 클래스 값)의 계산은 '기대치'다. 두 번째 분포 파라미터의 계산은 주어진 데이터에 대한 분포 가능성의 '최대화maximization'다.

각 인스턴스에 대해 알려진 것은 클러스터 자체가 아니라 클러스터 확률일 뿐이라는 사실을 설명하고자 파라미터 추정 방정식을 약간 조정해야 한다. 이러한 확률은 가중치처럼 작동한다. w_i가 인스턴스, i가 군집 A에 속할 확률이면 군집 A의 평균과 표준 편차는 다음과 같다.

$$\mu_A = \frac{w_1 x_1 + w_2 x_2 + \cdots + w_n x_n}{w_1 + w_2 + \cdots + w_n}$$

$$\sigma_A^2 = \frac{w_1(x_1 - \mu)^2 + w_2(x_2 - \mu)^2 + \cdots + w_n(x_n - \mu)^2}{w_1 + w_2 + \cdots + w_n}$$

여기서 x_i는 군집 A에 속한 것뿐만 아니라 '모든' 인스턴스다(이것은 위에 주어진 표준 편차에 대한 추정치와 약간 다르다. 모든 가중치가 같으면 분모는 $n - 1$이 아니라 n이다. 편향되지 않은 추정 값이 아닌 최대 가능성 추정치를 사용한다).

이제 반복을 종료하는 방법을 생각해 보자. k-means 알고리듬은 인스턴스의 클래스가 한 반복에서 다음 반복으로 변경되지 않으면 '고정점fixed point'에 도달할 때 중지된다. EM 알고리듬에서는 일이 그렇게 쉽지 않다. 알고리듬은 고정된 점으로 수렴하지만 실제로는 도달하지 않는다. 5개의 파라미터에 대한 값이 주어졌을 때 데이터가 이 모델에서 나올 전체 (한계) 가능성을 계산해 얼마나 근접했는지 알 수 있다. 말지널 가능성은 가우시안 혼합물의 두 성분을 합산(또는 마지널화marginalizing)해 얻는다.

$$\prod_{i=1}^{n} P(x_i) = \prod_{i=1}^{n} \sum_{c_i} P(x_i|c_i) \cdot P(c_i)$$

$$= \prod_{i=1}^{n} (N(x_i; \mu_A, \sigma_A)p_A + N(x_i; \mu_B, \sigma_B)p_B)$$

이것은 개별 인스턴스의 말지널 확률 밀도의 곱이며 적절한 (이전) 클래스 확률에 의해 가중치가 부여된 각 정규 분포 $N(x; \mu, \sigma)$ 아래 확률 밀도의 합에서 구한다. 클러스터 멤버십 변수 c는 이른바 숨겨진 (또는 잠재) 변수다. 인스턴스의 말지널 확률 밀도를 얻고자 이를 합산한다.

이 전반적인 가능성은 클러스터링의 '양호함^{goodness}'의 척도이며 EM 알고리듬이 반복될 때마다 증가한다. 위의 방정식과 식 $N(x_i; \mu_A, \sigma_A)$ 및 $N(x_i; \mu_B, \sigma_B)$는 확률 밀도이며 확률이 아니므로 반드시 0과 1 사이에 있지는 않지만 결과 크기는 여전히 클러스터링의 품질을 반영한다. 실제 구현에서는 로그 가능성으로 계산되는데 이것은 개별 구성 요소의 로그를 합산해 수행된다. 그러나 전체적인 결론은 여전히 유효하다. 로그 가능성의 증가가 무시할 수 있을 때까지 반복해야 한다. 예를 들어 실제 구현에서는 연속적인 로그 가능도의 값 간의 차이가 10회 연속 반복에 대해 10^{-10} 미만이 될 때까지 반복할 수 있다. 일반적으로 로그 가능성은 처음 몇 번의 반복에 걸쳐 매우 급격히 증가한 다음 사실상 고정된 지점으로 다소 빠르게 수렴된다.

EM 알고리듬은 최대 수렴이 보장되지만 이는 로컬 최댓값이며 반드시 전역 최댓값과 같을 필요는 없다. 전역 최댓값을 얻으려면 파라미터 값에 대해 다른 초기 추측을 사용해 전체 절차를 여러 번 반복해야 한다. 전체 로그 가능성 수치를 사용해 얻은 다양한 최종 구성을 비교할 수 있으며 로컬 최댓값 중 가장 큰 것을 선택하기만 하면 된다.

혼합 모델의 확장

이제 두 분포에 대한 가우시안 혼합 모델을 봤으므로 더 현실적인 상황으로 확장하는 방법을 생각해 보자. 기본 방법은 똑같지만 수학적 표기법이 방대하기 때문에 자세히 설명하지는 않을 것이다.

두 군집 문제에서 여러 군집이 있는 상황으로 알고리듬을 변경하는 것은 정규 분포 k를 미리 제공한다면 매우 쉬워진다.

모델은 속성 간의 독립성이 가정되는 한 인스턴스당 단일 수치 속성에서 여러 속성으로 쉽게 확장될 수 있다. 나이브 베이즈 방법에서처럼 각 속성에 대한 확률을 곱해 인스턴스에 대한 결합 확률(밀도)을 얻는다.

데이터셋이 상관 속성을 포함하는 것이 미리 알려지면 독립 가정이 더 이상 유지되지 않는다. 대신 2개의 속성을 이변량^{bivariate} 정규 분포에 의해 공동으로 모델링할 수 있다. 이 분포는 각각 자체 평균값을 갖지만 2개의 표준 편차는 4개의 숫자 파라미터가 있는 '공분산 행렬'로 대체된다. 부록 A.2에서는 다변량 가우시안 분포를 수학적으로 보여 준다. 대각선 공분산 모델의 특수한 경우는 나이브 베이지안 해석으로 이어진다. 다변량 분포를 사용해 여러 상관 속성을 처리할 수 있다. 파라미터의 수는 공동으로 변하는 속성 수의 제곱에 따라 증가한다. n개의 독립적인 속성에는 $2n$개의 파라미터, 각각에 대한 평균 및 표준 편차가 있다. n개의 공분산 속성을 사용하면 $n + n(n + 1)/2$개의 파라미터, 각각에 대한 평균, 대칭이므로 $n(n + 1)/2$개의 다른 수치를 포함하는 $n \times n$개의 공분산 행렬이 있다. 이 파라미터 수의 증가는 나중에 설명하겠지만 오버피팅으로 심각한 결과를 초래한다.

명목 속성을 제공하려면 정규 분포를 버려야 한다. 대신 v개의 가능한 값이 있는 명목 속성은 각각의 확률을 나타내는 v로 특성화된다. 클러스터마다 다른 숫자 세트가 필요하며 모두 kv개의 파라미터가 필요하다. 상황은 나이브 베이즈 방법과 매우 유사하다. 기대와 최대화의 두 단계는 이전에 살펴본 작업과 정확히 일치한다. 기대(분포 파라미터가 주어지면 각 인스턴스가 속한 클러스터를 추정)는 알 수 없는 인스턴스의 클래스를 결정하는 것과 같다. 최대화(분류된 인스턴스에서 파라미터 추정)는 학습 인스턴스에서 속성값 확률을 결정하는 것과 같지만 EM 알고리듬 인스턴스에서 범주가 아닌 확률적으로 클래스에 할당된다는 작은 차이가 있다. 4.2절에서 확률 추정치가 0으로 판명될 수 있는 문제에 직면했고 여기서도 같은 문제가 발생한다. 다행스럽게도 해결책은 간단한데 라플라스 추정기$^{Laplace\ estimator}$를 사용하면 된다.

나이브 베이즈는 속성이 독립적이라고 가정하는데 이것이 '나이브(Naïve, 순진한)'라고 불리는 이유다. 각각 v_1 및 v_2개의 가능한 값이 있는 상관된 명목 속성 쌍은 v_1 및 v_2개의 가능한 값이 있는 단일 공변 속성$^{single\ covarient\ attribute}$으로 대체될 수 있다. 다시 말하지만 종속 속성의 수가 증가함에 따라 파라미터의 수가 증가하며 이는 확률 추정 및 오버피팅에 영향을 미친다.

분류할 데이터에 수치 속성과 명목 속성이 모두 존재하더라도 특별한 문제는 없다. 공변 수치 및 명목 속성은 처리하기가 더 어렵기 때문에 여기서 설명하지 않는다.

유실값은 다양한 방법으로 수용될 수 있다. 원칙적으로 그것들은 알려지지 않은 값으로 취급돼야 하며 클러스터 평균과 분산뿐만 아니라 그것들을 추정하고자 EM 프로세스가 조정돼야 한다. 간단한 방법은 전처리 단계에서 수단별 또는 모드별로 대체하는 것이다.

이러한 모든 기능 향상으로 확률적 클러스터링은 매우 정교해진다. EM 알고리듬은 전체적으로 기본 작업을 수행하는 데 사용된다. 사용자는 찾을 클러스터의 수, 각 속성의 유형(수치 또는 명목), 공통으로 모델링할 속성 및 유실값에 대해 수행할 작업을 지정해야 한다. 또한 다른 분포를 사용할 수 있다. 정규 분포는 일반적으로 수치 속성에 대해 좋은 선택이다. 그러나 미리 결정된 최솟값(가중치의 경우 0)이 있지만 상한이 없는 속성(예를 들어 가중치)에는 적합하지 않다. 이 경우 '로그 정규log-normal' 분포가 더 적합하다. 위와 아래로 제한된 숫자 속성은 '로그 오즈log-odds' 분포로 모델링할 수 있다. 실제값이 아닌 정수 개인 속성은 푸아송Poisson 분포로 가장 잘 모델링된다. 포괄적인 시스템에서는 이러한 분포를 각 속성에 대해 개별적으로 지정할 수 있다. 각각의 경우 분포는 수치 파라미터, 즉 이산 속성에 대해 가능한 모든 값의 확률과 연속 속성에 대한 평균 및 표준 편차를 포함한다.

이 절에서는 클러스터링을 얘기했다. 그러나 이러한 향상된 기능이 나이브 베이즈 알고리듬에도 적용될 수 있다. 포괄적인 확률 모델러는 클러스터링 및 분류 학습, 다양한 분포, 다양한 공분산 가능성 및 유실값 처리의 다양한 방법을 사용하는 명목 및 숫자 속성을 모두 수용할 수 있다. 사용자는 도메인 지식의 일부로 어떤 속성에 사용할 분포를 지정한다.

사전 분포를 사용한 클러스터링

그러나 오버피팅이라는 걸림돌이 있다. 어떤 속성이 서로 종속돼 있는지 확실하지 않은 경우 안전한 쪽에 있지 않고 모든 속성이 공변covarient이라고 지정하는 것은 어떨까? 이에 대한 대답은 파라미터가 많을수록 결과 구조가 학습 데이터에 오버피팅될 가능성이 커지고 공분산은 파라미터의 수를 극적으로 증가시킨다는 것이다. 오버피팅 문제는 머신러닝 전체에서 발생하며 확률적 클러스터링도 예외는 아니다. 이런 상황이 발생할 2가지 방법이 있는데 너무 많은 수의 군집을 지정하고 너무 많은 파라미터를 사용해 분포를 지정하는 것이다.

너무 많은 클러스터의 극단적인 경우는 모든 데이터 포인트에 대해 하나의 클러스터가 있을 때 발생한다. 분명히 이는 훈련 데이터에 오버피팅이 될 것이다. 실제로 혼합 모델에서는 정규 분포 중 하나가 너무 좁아져 하나의 데이터 포인트에만 집중될 때마다 문제가 발생한다. 결과적으로 구현은 일반적으로 클러스터에 2개 이상의 서로 다른 데이터 값이 포함돼 있다고 나타낸다.

파라미터가 많을 때마다 오버피팅 문제가 발생한다. 어떤 속성이 공변인지 확실하지 않은 경우 다른 가능성을 시도하고 발견된 클러스터링이 주어졌을 때 데이터의 전체 확률을 최대화한 항목을 선택할 수 있다. 안타깝게도 파라미터가 많을수록 전체 데이터 확률은 더 커지는 경향이 있는데 이는 반드시 더 나은 클러스터링 때문이 아니라 오버피팅 때문이다. 사용할 파라미터가 많을수록 좋은 클러스터링을 찾기가 더 쉬워진다.

새로운 파라미터를 도입하고자 어떻게든 모델에 페널티를 줄 수 있다면 좋을 것이다. 이를 수행하는 방법 중 하나는 모든 파라미터가 전체 가능성 수치에 영향을 미치는 사전 확률 분포를 갖는 베이지안 접근법을 채택하는 것이다. 어떤 의미에서 4.2절에서 본 라플라스 추정기는 이전에 명목 값에 대한 제로 확률 추정의 문제에 대응하고자 옹호한 것이다. 관측치가 거의 없을 때마다 0이거나 0에 가까운 확률을 더 크게 만들어 데이터의 전체 가능성을 감소시키므로 페널티를 부과한다. 사실 라플라스 추정기는 관련 파라미터에 대해 특정 사전 분포를 사용하는 것과 같다. 2개의 명목 속성을 공변하게 만들면 희소 데이터 문제가 악화된다. v_1 및 v_2가 가능한 값의 수인 $v_1 + v_2$ 파라미터 대신 이제 $v_1 v_2$가 있으므로 많은 수의 작은 관찰 빈도가 발생할 가능성이 크게 증가한다.

동일한 기술을 사용해 클러스터 수가 증가함에 따라 급격하게 감소하는 미리 지정된 사전 분포를 사용해 많은 수의 클러스터 도입에 페널티를 줄 수 있다.

오토클래스^{AutoClass}는 모든 파라미터에 대한 사전 분포와 함께 유한 혼합 모델을 사용하는 포괄적인 베이지안 클러스터링 체계다. 수치 및 명목 속성을 모두 허용하고 EM 알고리듬을 사용해 데이터에 가장 잘 맞는 확률 분포의 파라미터를 추정한다. EM 알고리듬이 전역 최적 값으로 수렴된다는 보장이 없기 때문에 여러 다른 초깃값 세트에 대해 절차가 반복된다. 하지만 그게 다가 아니다. AutoClass는 서로 다른 수의 군집을 고려하고 숫자 속성에 대해 서로 다른 양의 공분산 및 서로 다른 기본 확률 분포 유형을 고려할 수 있다. 여기에는 추가적으로 외부 수준의 검색이 포함된다. 예를 들어 처음에는 2, 3, 5, 7, 10, 15, 25 클러스터에 대한 로그 가능성을 평가한다. 그 후 로그 정규 분포를 결과 데이터에 맞추고 시도할 더 많은 값을 무작위로 선택한다. 예측할 수 있듯이 전체 알고리듬은 매우 계산 집약적이다. 실제로 구현은 미리 지정된 시간 제한으로 시작해 시간이 허용되는 한 계속 반복된다. 시간을 더 오래 줄수록 결과가 더 좋을 수 있다.

적절한 모델을 선택하는 더 간단한 방법(예를 들어 클러스터 수 선택)은 모델을 맞추는 데 사용되지 않은 별도의 검증 세트에서 가능성을 계산하는 것이다. 이것은 분류 모델의 경우와 같이 다중 훈련 검증 분할$^{train-validation\ splits}$(예를 들어 k-겹 교차 검증)로 반복될 수 있다. 실제로 이런 방식으로 모델을 선택하는 기능은 휴리스틱 클러스터링 방법에 비해 확률적 클러스터링 접근 방식의 큰 장점이다.

사용자에게 가장 가능성이 높은 클러스터링만 표시하는 것보다 확률에 따라 가중치를 적용해 모든 클러스터링을 표시하는 것이 좋다. 최근에는 데이터셋을 나타내는 가능한 계층 구조에 대한 확률 분포를 출력으로 생성하는 계층적 클러스터링을 위한 완전 베이지안$^{perfact\ Bayesian}$ 기술이 개발됐다. 그림 9.6은 특정 데이터셋에 대한 모든 트리 집합을 삼각형 모양으로 보여 주는 덴시트리^{DensiTree}로 알려진 시각화다. 이 트리는 모든 조상을 포함하는 동일한 종의 그룹을 의미하는 그리스어 클라도스^{klados}에서 파생한 생물학적 용어인 '클레이드^{clade}'라는 단어로 가장 잘 설명된다. 여기에는 명확하게 구별할 수 있는 5가지 클레이드가 있다. 첫 번째와 네 번째는 단일 리프에 해당하는 반면 다섯 번째 리프에는 2개의 리프가 있어 그 자체로 클레이드로 간주될 수 있다. 두 번째 및 세 번째 클레이드는 각각 5개의 리프를 갖고 있으며 토폴로지에 큰 불확실성이 있다. 이러한 시각화를 통해 사람들은 최소한 큰 그림의 관점에서 데이터의 계층적 클러스터링 가능성을 쉽게 파악할 수 있다.

연관된 속성으로의 클러스터링

많은 클러스터링 방법은 속성 간의 독립성을 가정한다. 예외는 오토클래스로, 사용자가 둘 이상의 속성이 종속적이며 공동 확률 분포로 모델링돼야 함을 미리 지정할 수 있다(그러나 제한 사항이 있다. 명목 속성은 숫자 속성과 같이 공동으로 다룰 수 있지만 두 속성을 함께 사용할 수는 없다. 또한 공동으로 변경되는 속성에 대한 유실값은 제공되지 않는다). 속성을 만들고자 데이터셋을 사전 처리하는 것이 유리할 수 있으며 이는 8.3절에 설명된 독립 구성 요소 변환과 같은 통계 기법을 사용해 보다 독립적으로 만들어 준다. 특정 클래스에 고유한 결합 변형은 이러한 기술로 제거되지 않는다. 모든 클래스에서 실행되는 전체 결합 변형만 제거한다.

모든 속성이 연속적인 경우보다 고급 클러스터링 방법을 사용하면 차원이 많을 때 파라미터 수가 폭발하지 않고 클러스터별로 결합 변형을 캡처할 수 있다. 위에서 논의한 것처럼 가우시안 혼합 모델의 각 공분산 행렬이 '가득 차 있는' 경우 혼합 성분component당 $n(n + 1)/2$ 파라미터를 추정해야 한다. 그러나 9.6절에서 볼 수 있듯이 주성분 분석은 확률적 모델로 공식화돼 PPCA Probabilistic Principal Component Analysis를 산출할 수 있으며 '주성분 분석기의 혼합mixture of principal component analyzer' 또는 '인자 분석기의 혼합mixture of factor analyzer'으로 알려진 접근 방식은 큰 공분산 행렬을 나타내는 더 적은 수의 파라미터를 사용하는 방법을 제공한다. 사실 전체 공분산 행렬에서 $n(n + 1)/2$ 파라미터를 추정하는 문제는 인수 분해된 공분산 행렬factorized covariance matrix에서 $n \times d$ 파라미터만 추정하는 문제로 변환될 수 있다. 여기서 d는 작게 선택할 수 있다. 이 아이디어는 공분산 행렬 $\mathbf{M}$을 $\mathbf{M} = (\mathbf{WW}^\mathrm{T} + \mathbf{D})$ 형식으로 분해하는 것이다. 여기서 $\mathbf{W}$는 일반적으로 $n \times d$ 크기의 길고 가느다란 행렬이며, 입력의 차원 n만큼 많은 행과 축소된 공간의 차수만큼의 열 d가 있다.

그림 9.6 주어진 데이터셋의 가능한 계층적 클러스터링을 보여 주는 덴시트리

표준 PCA는 설정 $\mathbf{D} = 0$에 해당한다. PPCA는 $\mathbf{D} = \sigma^2\mathbf{I}$ 형식을 사용하는 것에 해당한다. 여기서 σ^2는 스칼라 파라미터이고 $\mathbf{I}$는 단위 행렬이다. 요인 분석은 $\mathbf{D}$에 대각 행렬을 사용하는 것과 일치한다. 혼합 모델 버전은 각 혼합 성분에 이러한 유형의 인수분해를 제공한다.

커널 밀도 추정

혼합 모델은 확률 분포의 간결한 표현을 제공할 수 있지만 반드시 데이터에 적합하지 않다. 4장, '알고리듬 – 기본 방식'에서 확률 분포의 형태를 알 수 없는 경우 커널 밀도 추정 kernel density estimation으로 알려진 접근 방식을 사용해 기본 분포를 보다 정확하게 근사할 수 있다고 언급했다. 이것은 커널 밀도 추정기를 사용해 데이터 $\mathbf{x}_1$, $\mathbf{x}_2$, ..., $\mathbf{x}_n$의 기본 실제 확률 분포 $p(\mathbf{x})$를 추정하며 다음과 같은 일반적인 형식으로 작성할 수 있다.

$$\hat{p}(\mathbf{x}) = \frac{1}{n} \sum_{i=1}^{n} K_\sigma(\mathbf{x}, \mathbf{x}_i) = \frac{1}{n\sigma} \sum_{i=1}^{n} K \left[\frac{\mathbf{x} - \mathbf{x}_i}{\sigma} \right]$$

여기서 $K()$는 1로 통합되는 음이 아닌 커널 함수다. 여기서 이것이 true(unknown) 분포 $p(\mathbf{x})$의 추정임을 강조하고자 표기법 $\hat{p}(\mathbf{x})$를 사용한다. 파라미터 $\sigma > 0$은 커널의 대역폭 bandwidth이며 근사치를 위한 평탄 파라미터의 한 형태로 사용된다. σ를 첨자로 사용해 커널 함수가 정의되면 '스케일된' 커널 함수라고 하며 $K_\sigma(\mathbf{x}) = 1/\sigma \ K(\mathbf{x}/\sigma)$에 의해 제공된다. 커널을 사용해 밀도를 추정하는 것은 파젠 윈도 밀도 추정Parzen window density estimation이라고 도 한다.

많이 사용되는 커널 함수에는 가우시안, 박스box, 트라이앵글triangle, 예파네치니코프 Epanechnikov 커널이 있다. 가우시안 커널은 단순하고 매력적인 수학 형식으로 인해 인기가 있다. 박스 커널은 윈도 기능을 구현하는 반면 트라이앵글 커널은 더 부드럽지만 개념적 으로는 단순한 윈도를 구현한다. 예파네치니코프 커널은 평균 제곱 오차 메트릭에서 최 적으로 표시될 수 있다. 대역폭 파라미터는 추정기의 평탄도와 추정의 품질에 영향을 준 다. 알려진 분포에 대한 이론적 결과에 의해 동기 부여된 휴리스틱에서 검증 세트 및 교 차 검증 기술을 기반으로 한 경험적 선택에 이르기까지 적절한 대역폭을 제공하는 몇 가 지 방법이 있다. 많은 소프트웨어 패키지는 단순한 휴리스틱 기본값, 교차 검증 방법을 통한 대역폭 선택, 추가 분석 분석에서 파생된 플러그인 추정기 사용 중에서 선택하도록 한다.

커널 밀도 추정은 k-최근접 이웃 밀도 추정과 밀접한 관련이 있으며 데이터 양이 무한 대로 증가함에 따라 두 기술 모두 실제 분포 $p(\mathbf{x})$로 수렴된다는 것을 알 수 있다. 이 결과 는 구현하기 쉽다는 사실과 결합돼 많은 상황에서 커널 밀도 추정기를 만든다.

예를 들어 긍정적이거나 부정적인 예제만 (또는 다른 클래스의 몇 가지 예제 만 사용해) 데이 터에서 특잇값을 찾는 실제 문제를 생각해 보라. 효과적인 접근 방식 중 하나는 커널 밀 도 추정기를 사용해 풍부한 클래스에 대한 데이터의 확률 분포를 모델링하고 모델이 낮 은 확률을 특잇값으로 할당하는 새 데이터를 고려하는 가능한 최선의 작업을 수행하는 것이다.

분류를 위한 파라메트릭, 세미-파라메트릭, 비파라메트릭 밀도 모델의 비교

확률 밀도의 추정을 통한 분포 모델링의 2가지 극단적인 방법 사이에서 타협점으로 혼합 모델을 보는 사람들도 있을 것이다. 극단적 방법 중 하나는 가우시안 분포와 같은 단일 파라메트릭 형태이며 여기서는 관련 파라미터를 추정하는 것은 어렵지 않다. 하지만 데이터는 종종 훨씬 더 복잡한 분산으로부터 발생한다. 혼합 모델은 둘 이상의 가우시안을 사용해 분포를 근사화한다. 이의 한계점이 또 다른 극단적 방법이 되며 각 데이터 포인트에 대해 하나의 가우시안이 사용된다. 이것이 가우시한 커널 함수를 사용한 커널 밀도 추정이다.

그림 9.7은 이러한 모델 스펙트럼의 시각적 예시를 보여 준다. 3-클래스[3-class] 분류 문제의 각 클래스에 대한 밀도 추정치는 3가지 다른 기술을 사용해 생성됐다. 그림 9.7A는 각 클래스에 대해 단일 가우시안 분포를 사용하는데 이는 종종 '파라메트릭[parametric]' 기술이라고 하는 접근 방식이다. 그림 9.7B는 클래스당 2개의 성분[component]이 있는 가우시안 혼합 모델을 사용한다. 이 기법은 다양한 방법을 사용해 가우시안 수를 결정할 수 있는 '세미-파라메트릭[semiparametric]' 기법이다. 그림 9.7C는 '비파라메트릭[nonparametric]' 방법인 각 예에서 가우시안 커널을 사용하는 커널 밀도 추정을 사용한다. 여기에서 모델 복잡성은 데이터 양에 비례해 증가한다.

3가지 접근 방식 모두 각 클래스에 대한 밀도 모델을 정의하므로 베이즈 규칙을 사용해 주어진 입력에 대해 모든 클래스에 대한 사후 확률을 계산할 수 있다. 이러한 방식으

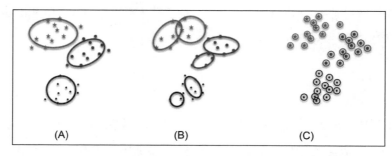

그림 9.7 3가지 유형의 모델에 대한 확률 윤곽선이며 모두 가우시안을 기반으로 한다.

로 밀도 추정기는 쉽게 분류기로 변환될 수 있다. 단순한 파라메트릭 모델의 경우 변환은 빠르고 어렵지 않다. 커널 밀도 추정기는 데이터의 양이 증가함에 따라 실제 기본 분포로 수렴되도록 보장되며 이는 이들로 구성된 분류기가 쓸 만한 속성을 가짐을 뜻한다. 최근접 이웃 분류의 계산상의 단점을 공유하지만 최근접 이웃 분류와 마찬가지로 대규모 데이터셋에 적용할 수 있는 데이터 구조가 존재한다.

중간 옵션인 혼합 모델은 데이터 양에 따라 증가하지 않고도 모델 복잡성을 제어할 수 있다. 이러한 이유로 이 접근 방식은 대규모 데이터셋을 다루는 음성 인식과 같은 분야에서 초기 모델링을 위한 표준 관행이었다. 먼저 데이터를 그룹으로 클러스터링해 음성 인식기를 만들 수 있으며 나중에 은닉 마르코프 모델을 사용해 더 복잡한 시간 관계 모델을 추가할 수 있다(9.6절에서 은닉 마르코프 모델과 같은 순차 및 시간적 확률 모델을 고려할 것이다).

9.4 은닉 변수 모델

이제 데이터에 존재하는 것 외에 새로운 속성을 추론할 수 있는 고급 학습 알고리듬(값을 관찰할 수 없는 이른바 숨겨진 (또는 잠재) 변수)을 살펴본다. 9.3절에서 언급했듯이 말지널 가능성marginal likelyhood이라는 양은 모델에서 이러한 변수를 합산(또는 통합)해 얻을 수 있다. 랜덤 변수를 관측치 또는 랜덤 변수의 하드 할당hard assignment과 혼동하지 않는 것이 중요하다. $p(x_i = \tilde{x}_i) = p(\tilde{x}_i)$는 관측치 $\tilde{x}_i$가 나타내는 값을 취하는 인스턴스 i와 관련된 랜덤 변수 x_i의 확률을 나타낸다. h_i를 사용해 숨겨진 이산 랜덤 변수를 나타내고 z_i를 사용해 숨겨진 연속 변수를 나타낸다. 그런 다음 $\tilde{x}_i$로 주어진 관측치가 있는 모델이 주어지면 말지널 가능성marginal likelihood은 다음과 같다.

$$L(\theta; \tilde{x}_1, \tilde{x}_2, \ldots, \tilde{x}_n) = \prod_{i=1}^{n} p(\tilde{x}_i; \theta) = \prod_{i=1}^{n} \int_{z_i} \sum_{h_i} p(\tilde{x}_i, z_i, h_i; \theta) dz_i$$

여기서 합부분은 h_i의 가능한 모든 이산 값을 차지하고 적분은 z_i의 전체 영역을 차지한다. 이 모든 통합 및 합산의 최종 결과는 파라미터 값에 대한 말지널 가능성을 제공하는 단일 수치(스칼라 수치)다.

숨겨진 변수 모델에 대한 최대 가능성 기반 학습은 은닉 변수가 없는 경우와 마찬가지로 말지널 가능성을 사용해 수행할 수 있지만 일반적으로 추가 변수는 모델을 정의하는 데 사용되는 파라미터화에 영향을 준다. 실제로 이러한 추가 변수는 때로는 중요하며 클러스터, 텍스트 마이닝 문제의 주제 또는 데이터 변동의 기초가 되는 요소 등 데이터에서 마이닝하려는 항목을 정확하게 나타내는 데 사용된다. 파라미터를 랜덤 변수로 처리하고 조작하기 쉬운 함수 및 말지널 가능성을 사용해 파라미터에 대한 통합을 포함하는 정교한 베이지안 모델을 정의할 수도 있다. 이렇게 하면 오버피팅이 덜 발생하는 모델을 만들 수 있다.

예측 로그 가능성과 예측 기울기

최적화하기 쉬운 말지널 가능성의 형태를 항상 얻을 수 있는 것은 아니다. 이의 대안은 다른 수치인 예측 로그 가능성^{expected log-likelihood}으로 작업하는 것이다. 모든 관측 데이터셋을 $\tilde{X}$로, 모든 이산 은닉 변수 세트를 H로, 모든 연속 은닉 변수 세트를 Z로 작성하면 예측 로그 가능성은 다음과 같이 표현할 수 있다.

$$E[\log L(\theta; \tilde{X}, Z, H)]_{P(H,Z|\tilde{X};\theta)} = \sum_{i=1}^{n} \left[\int_{z_i} \sum_{h_i} p(z_i, h_i|\tilde{x}_i; \theta) \log p(\tilde{x}_i, z_i, h_i; \theta) dz_i \right]$$

$$= E\left[\sum_{i=1}^{n} \log p(\tilde{x}_i, z_i, h_i; \theta) \right]_{p(z_i, h_i|\tilde{x}_i; \theta)}$$

여기서 $E[.]_{p(z_i, h_i|\tilde{x}_i;\theta)}$는 은닉 변수 $p(z_i, h_i|\tilde{x}_i; \theta)$에 대한 사후 분포에서 기댓값이 수행됨을 의미한다.

로그 말지널 가능성과 예측 로그 가능성 사이에는 밀접한 관계가 있음이 밝혀졌다. 모델 파라미터에 대한 예측 로그 가능성의 도함수는 로그 말지널 가능성의 도함수와 같다. 미적분에서 연쇄 규칙을 적용하고 단순성을 위해 단일 훈련 예제를 고려한 다음 정리는 이것이 사실임을 보여 준다.

$$\frac{\partial}{\partial \theta} \log p(\tilde{x}_i; \theta) = \frac{1}{p(\tilde{x}_i; \theta)} \frac{\partial}{\partial \theta} \int_{z_i} \sum_{h_i} p(\tilde{x}_i, z_i, h_i; \theta) dz_i$$

$$= \int_{z_i} \sum_{h_i} \frac{p(\tilde{x}_i, z_i, h_i; \theta)}{p(\tilde{x}_i; \theta)} \frac{\partial}{\partial \theta} \log p(\tilde{x}_i, z_i, h_i; \theta) dz_i$$

$$= \int_{z_i} \sum_{h_i} p(z_i, h_i | \tilde{x}_i; \theta) \frac{\partial}{\partial \theta} \log p(\tilde{x}_i, z_i, h_i; \theta) dz_i$$

$$= E \left[\frac{\partial}{\partial \theta} \log p(\tilde{x}_i, z_i, h_i; \theta) \right]_{p(z_i, h_i | \tilde{x}_i; \theta)}$$

마지막 수식은 로그 결합 가능성의 도함수 기댓값이다. 이 관계는 로그 말지널 가능성의 미분과 로그 결합 가능성의 예측 미분과 관련된다. 그러나 로그 한계와 예측 로그 결합 확률 사이에 직접적인 관계를 설정할 수도 있다. 부록 A.2의 변동 분석에서 다음을 보여 준다.

$$\log P(\tilde{x}_i; \theta) = E[\log p(\tilde{x}_i, z_i, h_i; \theta)]_{p(z_i, h_i | \tilde{x}_i; \theta)} + H[p(z_i, h_i | \tilde{x}_i; \theta)]$$

여기서 $H[.]$은 엔트로피다.

이 분석의 결과로 은닉 변수가 있는 확률 모델에서 학습을 수행하고자 계산될 수 있는 은닉 변수에 대한 사후 분포가 가능하다고 가정하고, 대신 예측 로그 가능성의 기울기를 계산하고 따라가는 방식으로 기울기 상승을 사용해 말지널 가능성을 최적화할 수 있다. 이는 예측되는 기울기를 따르는 것을 기반으로 은닉 변수 모델[hidden variable model]에서 학습하는 일반적인 접근 방식을 추구하며 다음과 같은 세 단계로 나눌 수 있다.

(1) 은닉 변수에 대한 사후를 계산하는 P-단계
(2) 사후에 주어진 기울기의 기대치를 계산하는 E-단계
(3) 기울기 기반 최적화를 사용해 파라미터에 대한 목표 함수를 최대화하는 G-단계

기대 최대화 알고리듬

은닉 변수가 있는 확률 모델에서 학습을 위한 핵심 수치로 예측 로그 결합 확률을 사용하는 것은 유명한 '기대 최대화[expectation maximization]' 또는 EM 알고리듬의 맥락에서 더 잘 알

려져 있으며 '가우시안 혼합에 대한 기대 최대화 알고리듬' 절에서 이를 만났었다. 다음으로 일반적인 EM 공식을 논의한다. 9.6절은 주성분 분석의 확률적 공식을 사용해 예측되는 기울기 접근법과 EM 접근법을 비교하고 대조하는 구체적인 예를 제공한다.

EM 알고리듬은 예측되는 기울기 접근 방식을 따른다. 그러나 EM은 M-단계가 닫힌 형식으로 계산될 수 있는 모델에서 자주 사용된다. 즉 파라미터에 대한 예측 로그 가능성의 미분을 0으로 설정해 정확한 파라미터 업데이트를 찾을 수 있다. 이러한 업데이트는 종종 분포의 파라미터를 계산하는 데 사용할 단순 최대 가능성 추정치와 동일한 형식을 취하며, 관찰된 카운트 대신 사후 분포에 가중치가 적용된 평균을 포함하는 관측된 데이터에 사용되는 방정식의 수정된 형태다.

EM 알고리듬은 (1) 예측 로그 가능성에 사용된 기대치를 계산하는 E-단계와 (2) 목표가 최대화되는 M-단계(일반적으로 폐쇄형 파라미터 업데이트를 사용)의 두 단계로 구성된다.

다음에서는 이산 은닉 변수 $\mathbf{H}$만 있다고 가정한다. 관측된 데이터 $\tilde{X}$의 확률은 기본 잠재 변수 모델 $P(X; H; \theta)$에서 발생하는 파라미터 θ의 로그 가능도 $\log P(\tilde{X}; \theta)$의 최대화를 통해 최대화시킬 수 있다. 파라미터를 θ^{old}로 초기화하고 다음 단계를 반복한다. 여기서 로그 가능성의 변경이나 파라미터의 변경 정도에 따라 수렴이 측정된다.

1. **E-단계**: $P(H|X; \theta^{old})$를 포함하는 필요한 기대치를 계산한다.
2. **M-단계**: $\theta^{new} = \arg\max_\theta [\sum_H P(H|X; \theta^{old})\log P(X, H; \theta)]$를 찾는다.
3. 알고리듬이 수렴하지 않으면 $\theta^{old} = \theta^{new}$로 바꾸고 1을 다시 수행한다.

M-단계는 예측되는 로그 가능성의 최대화에 해당된다. 이산 은닉 변수가 위에서 사용됐지만 접근 방식은 연속 변수로 일반화된다.

가우시안 혼합 모델, PPCA 및 은닉 마르코프 모델과 같은 많은 잠재 변수 모델의 경우 필요한 사후 분포를 정확하게 계산할 수 있어 많이 이용된다. 그러나 다른 많은 확률 모델의 경우 정확한 사후 분포를 계산하는 것은 불가능하다. E-단계에서 필요한 사후가 은닉 변수의 공동 사후이기 때문에 여러 숨겨진 랜덤 변수에서 쉽게 발생할 수 있다. 더 복잡한 모델에서 숨겨진 변수에 대한 실제 사후 분포의 근사를 계산하는 방법을 주제로 연구한 많은 자료가 있다.

베이지안 네트워크에 기대치 최대화 알고리듬 적용

베이지안 네트워크는 직관적인 그래프 구조를 사용해 속성 간의 통계적 종속성을 캡처하며 EM 알고리듬을 이러한 네트워크에 쉽게 적용할 수 있게 한다. 다수의 이산 랜덤 변수가 있는 베이지안 네트워크를 생각해 보자. 이 중 일부는 관찰되지만 그 외 것들은 관찰되지 않는다. 은닉 변수가 통합된 말지널 확률은 관찰된 데이터(예측 로그 가능성)가 주어진 은닉 변수의 사후 분포에 대한 예측 로그 결합 확률을 최대화시켜 최대화할 수 있다.

이산 변수로만 구성된 네트워크의 경우 이는 **E-단계**에 관찰된 변수 $\{\tilde{X}\}$ 또는 $P(\{H\} \mid \{\tilde{X}\}; \theta^{\text{current}})$가 주어지면 은닉 변수 $\{H\}$에 대한 분포의 계산이 포함됨을 의미한다. 네트워크가 트리인 경우 9.6절에 설명된 합산 알고리듬을 사용해 효율적으로 계산할 수 있다. 그렇지 않은 경우 접합 트리 알고리듬을 사용해 효율적으로 계산할 수 있다. 그러나 모델이 크면 정확한 추론 알고리듬을 다루기 어려울 수 있으며 이 경우 분산 근사 또는 샘플링 절차를 사용해 분포를 근사할 수 있다.

M-단계에서는 다음을 찾는다.

$$\theta^{\text{new}} = \arg\max_{\theta} \left[\sum_{\{H\}} P(\{H\} \mid \{\tilde{X}\}; \theta^{\text{old}}) \log P(\{\tilde{X}\}, \{H\}; \theta) \right]$$

베이지안 네트워크에 의해 주어진 로그 결합 확률은 변수들의 하위 세트 함수에 대한 합계로 분해된다. 또한 위의 표현식에는 결합 조건부 분포 또는 은닉 변수에 대한 사후를 사용하는 기댓값이 포함된다. EM 알고리듬을 사용해 주어진 파라미터에 대한 미분을 취하면 관련 파라미터의 기울기에 대한 함수에 참여하는 변수 분포의 한계 기대치를 포함하는 항만 남게 된다. 이것은 예를 들어 네트워크에서 관측되지 않은 변수 A의 무조건 확률을 찾으려면 아래에 대한 $P(A; \theta_A)$의 파라미터 θ_A를 이산 분포의 확률 합계가 1이라는 추가 제약과 함께 결정해야 한다는 것을 의미한다.

$$\frac{\partial}{\partial \theta_A} \left[\sum_A P(A|\{\tilde{X}\}; \theta^{old}) \log P(A; \theta_A) \right] = 0$$

이는 라그랑주 승수^{Lagrange multiplier}를 사용해 달성할 수 있다(부록 A.2에서는 이 기술을 사용해 이산 분포를 추정하는 예를 제공한다). 제한된 목표의 도함수를 0으로 설정하면 다음과 같은 닫힌 형식^{closed form} 결과가 제공된다.

$$\theta_{A=a}^{\text{new}} = P(A = a) = \frac{1}{N} \sum_{i=1}^{N} P(A_i = a|\{\tilde{X}\}_i; \theta^{\text{old}})$$

다시 말하면 무조건적 확률 분포는 변수 A_i가 관측된 경우의 계산과 동일한 방식으로 추정되지만 각 관측치는 확률로 대체된다. 이 절차를 전체 데이터셋에 적용하는 것은 현재 모델 설정에서 관찰된 개수를 예측 개수로 바꾸는 것과 같다. 많은 예의 구성이 동일한 경우 분포를 한 번만 계산하고 해당 구성이 관찰된 횟수를 곱하면 된다.

네트워크의 조건부 확률 테이블에 있는 항목을 추정하는 것도 쉬운 방법이다. 베이지안 네트워크에서 관측되지 않은 랜덤 변수 A가 주어졌을 때 관측되지 않은 랜덤 변수 B의 조건부 확률을 추정하려면 각 예에 대한 A의 결합(후방) 확률과 말지널(후방) 확률을 계산하면 된다. 데이터를 관찰할 때와 마찬가지로 업데이트 방정식은 다음과 같다.

$$P(B = b|A = a) = \frac{\sum_{i=1}^{N} P(A_i = a, B_i = b|\{\tilde{X}\}_i; \theta^{\text{old}})}{\sum_{i=1}^{N} P(A_i = a|\{\tilde{X}\}_i; \theta^{\text{old}})}$$

이것은 단지 예측 카운트 수의 비율이다. 일부 변수가 모두 관찰되면 추정된 확률을 관찰된 값으로 대체해 표현식을 조정할 수 있으며 효율을 위해 관찰에 확률 1을 할당한다. 나아가서 변수 B에 여러 부모가 있는 경우 A는 부모의 집합으로 대체될 수 있다.

9.5 베이지안 추정과 예측

특정 파라미터가 특정 분포에서 도출됐다고 믿을 만한 이유가 있다면 더욱더 베이지안 관점을 채택할 수 있다. 일반적인 전략은 하이퍼파라미터 α를 사용해 해당 분포를 나타내는 것이다. 데이터와 파라미터의 결합 분포는 다음과 같이 정의한다.

$$p(x_1, x_2, \ldots, x_n, \theta; \alpha) = \prod_{i=1}^{n} p(x_i|\theta)p(\theta; \alpha)$$

베이지안 스타일 예측은 사후 예측 분포라는 수치를 사용한다. 이 분포는 지금까지 주어진 유추된 관측치 파라미터에 대해 추론된 사후 확률보다 소외된 새 관측치에 대한 확률 모델로 구성된다. 변수 x_i를 관측치 $\tilde{x}_i$와 명시적으로 구별하는 표기법을 다시 사용하면 사후 예측 분포는 다음과 같이 된다.

$$p(x_{\text{new}}|\tilde{x}_1, \tilde{x}_2, \ldots, \tilde{x}_n; \alpha) = \int_{\theta} p(x_{\text{new}}|\theta)p(\theta|\tilde{x}_1, \tilde{x}_2, \ldots, \tilde{x}_n; \alpha)d\,\theta$$

파라미터에 대한 분포를 사용하는 베이지안 모델이 주어지면 '경험적 베이지안' 방법을 사용해 하이퍼파라미터^{hyperparameter} α에 적합한 값을 찾을 수 있다. 이러한 접근 방식 중 하나는 모델의 하이퍼파라미터와 관련해 로그 말지널 가능성을 최대화해 얻을 수 있다.

$$\alpha_{\text{MML}} = \arg \max_{\alpha} \left[\log \int \prod_{i=1}^{n} p(x_i|\theta)p(\theta; \alpha)d\theta \right]$$

이 절의 나머지 부분에서는 복잡하면서 구조화된 확률 모델을 만드는 몇 가지 기술을 보여 줄 것이다.

확률론적 추론 방법

복잡한 확률 모델(그리고 일부 단순해 보이는 모델에서도 사후 분포, 한계 분포, 최대 확률 구성과 같은 계산량)을 사용하면 결과를 효율적으로 달성하는 데 특수한 방법이 필요하며, 이를 다루는 분야가 확률론적 추론 분야다. 여기서는 확률 전파, 샘플링 및 시뮬레이션된 어닐링, 변형 추론 등을 포함해 널리 사용되는 확률적 추론 방법을 검토한다.

확률 전파

9.6절에서 논의된 베이지안 네트워크 및 마르코프 랜덤 필드와 같은 구조화된 확률 모델

은 결합 확률 분포를 변수 하위 집합에 대한 함수의 곱으로 구성된 인수분해 구조로 분해한다. 그런 다음 최대 확률 구성을 찾고자 말지널 확률을 계산하는 작업은 무차별 대입 계산을 해야 되므로 계산적으로 까다로울 수 있다. 어떤 경우에는 순진한 접근 방식조차 실제로는 전혀 불가능하다. 그러나 추론을 보다 효율적으로 수행하고자 모델의 구조를 활용하는 것은 종종 가능하다. 베이지안 네트워크 및 관련 그래프 모델에 기본 트리 연결 구조가 있는 경우 9.6절에 제시될 sum-product 및 max-product 알고리듬을 기반으로 하는 신뢰 전파(확률 전파라고도 함)를 적용해 정확한 말지널을 계산할 수 있으며 따라서 이는 가장 가능성이 높은 모델 구성이 된다.

샘플링, 시뮬레이션된 어닐링, 반복 조건 모드

파라미터에 대한 분포를 사용하는 완전 베이지안 방법 또는 순환 구조^{cycle structure}가 있는 그래프 모델을 사용하는 경우 샘플링 방법은 통계 및 머신러닝 모두에 널리 사용된다. 마르코프 체인 몬테카를로 방법^{Markov chain Monte Carlo method}은 계산하기 어려운 확률 분포에서 무작위 샘플을 생성하는 데 널리 사용된다. 예를 들어 위에서 살펴본 것처럼 학습 중에 필요한 기대치를 위해 사후 분포가 필요한 경우가 많지만 많은 설정에서 계산하기 어려울 수 있다. 깁스^{Gibbs} 샘플링은 실제 분포가 복잡한 연속 함수인 경우에도 결합 분포에서 샘플을 생성할 수 있는 보다 일반적인 메트로폴리스 헤스팅스^{Metropolis Hastings} 알고리듬의 자주 쓰이는 특수한 사례다. 그런 다음 이러한 샘플을 사용해 관심의 기대치를 근사화하고 다른 변수와 관련된 부분을 단순히 무시함으로써 변수들의 하위 집합의 말지널 확률 분포를 근사화할 수 있다.

깁스 샘플링은 개념적으로 매우 간단하다. 관심 있는 랜덤 변수에 초기 상태 집합을 할당한다. n개의 랜덤 변수를 사용해 이 초기 할당 또는 샘플 세트를 $x_1 = x_1^{(0)}, \ldots, x_n = x_n^{(0)}$로 쓸 수 있다. 그런 다음 아래로부터 주어진 조건부 분포에서 샘플링해 각 변수를 반복적으로 업데이트한다.

$$x_1^{(i+1)} \sim p(x_1 | x_2 = x_2^{(i)}, \ldots, x_n = x_n^{(i)}),$$
$$\vdots$$
$$x_n^{(i+1)} \sim p(x_n | x_1 = x_1^{(i)}, \ldots, x_{n-1} = x_{n-1}^{(i)})$$

실제로 이러한 조건부 분포는 계산하기 쉽다. 또한 9.2절에서 소개한 '마르코프 블랭킷' 개념은 필요한 변수의 수를 줄이는 데 사용될 수 있는데 이는 구조화된 모델에서의 조건은 변수의 훨씬 작은 하위 집합에 의존할 수 있기 때문이다.

편향되지 않은 샘플을 보장하려면 '번인burn-in'이라는 프로세스에서 샘플을 버리는 데이터를 순환해야 한다. 이 아이디어는 샘플링 절차에 의해 정의된 마르코프 체인이 고정분포에 접근하도록 허용하는 것이며 한계 내에서 실제로 이 분포에서 샘플을 얻고 분포가 우리가 샘플링을 원하는 기본 결합 확률에 해당함을 보여 줄 수 있다. 얼마나 많은 번인이 필요한지에 대한 수많은 이론이 있지만 실제로는 처음 100~1,000회 반복에서 발생하는 샘플을 버리는 것이 일반적이다. 때로는 하나 이상의 샘플 구성이 필요한 경우 약 100회 반복 후에 얻은 k개의 추가 샘플러 구성에 대해 평균을 취한다. 잠재적인 디리클레 할당latent Dirichlet allocation에 따라 9.6절에서 이 절차가 실제로 어떻게 사용되는지 볼 것이다.

시뮬레이션된 어닐링은 대략적인 가장 가능성 있는 구성 또는 설명configuration or explanation을 찾는 절차다. 위에서 설명한 깁스 샘플링 절차를 적용해 반복 종속 '온도' 항 t_i를 포함한다. 초기 할당 $x_1 = x_1^{(0)}, \ldots, x_n = x_n^{(0)}$으로 시작해 후속 샘플은 다음과 같은 형식을 따른다.

$$x_1^{(i+1)} \sim p(x_1 | x_2 = x_2^{(i)}, \ldots, x_n = x_n^{(i)})^{\frac{1}{t_i}},$$
$$\vdots$$
$$x_n^{(i+1)} \sim p(x_n | x_1 = x_1^{(i)}, \ldots, x_{n-1} = x_{n-1}^{(i)})^{\frac{1}{t_i}}$$

반복할 때마다 온도가 감소하는 경우는 $t_{i+1} < t_i$가 된다. 일정이 충분히 느리면 이 프로세스는 실제 전역 최솟값으로 수렴된다. 그러나 여기에 문제가 있는데 온도가 매우 천천히 내려가야 할 수도 있기 때문이다. 그러나 이는 샘플러를 효율적으로 구현하면 가능하다.

잘 알려진 또 다른 알고리듬은 다음과 같은 형식의 반복으로 구성된 **반복 조건 모드 프**

로시저다.

$$x_1^{(i+1)} \sim \arg\max_{x_1} p(x_1 | x_2 = x_2^{(i)}, \ldots, x_n = x_n^{(i)}),$$
$$\vdots$$
$$x_n^{(i+1)} \sim \arg\max_{x_n} p(x_n | x_1 = x_1^{(i)}, \ldots, x_{n-1} = x_{n-1}^{(i)})$$

이것은 매우 빠를 수 있지만 국소 최솟값에 취약하다. 더 흥미로운 그래프 모델을 구성하고 유사하고 탐욕 방식greedy way으로 신속하게 최적화할 때 유용할 수 있다.

변이 추론

다루기 어려운 분포에서 샘플링하는 대신 더 간단하고 다루기 쉬운 함수로 분포를 근사화할 수 있다. 은닉 변수 세트 H와 관측 변수 세트 X가 있는 확률 모델이 있다고 가정하자. $p = p(H | \tilde{X}; \theta)$는 모델의 정확한 사후 분포이고 $q = q(H | \tilde{X}; \Phi)$는 근사치라고 하자. 여기서 Φ는 이른바 '변이 파라미터'의 집합이다. 확률 모델에 대한 변형 방법 중 하나는 일반적으로 q를 p에 더 가깝게 만드는 방식으로 Φ를 최적화하는 것을 쉽게 하는 q에 대한 형식을 정의하는 것이다. EM 변동 이론은 로그 말지널 가능성의 하한을 최대화해 잠재 변수 모델을 최적화한다. 이 이른바 '변이 경계variational bound'는 부록 A.2에 설명돼 있으며 여기서 EM 알고리듬이 변이 분석을 통해 어떻게 보이는지 확인한다. 이를 통해 정확한 또는 근사 사후 분포를 사용해 EM 알고리듬을 만들 수 있다. 통계학자는 종종 변이 방법보다 샘플링 방법을 선호하지만 변이 방법은 더 빠를 수 있고 샘플링 방법과 결합할 수도 있기 때문에 머신러닝에서 널리 사용된다.

9.6 그래프 모델과 팩터 그래프

베이지안 네트워크는 속성을 나타내는 랜덤 변수의 결합 확률을 조건부 및 무조건적 확률 분포의 곱으로 분해하는 방법과 직접 일치하는 확률 모델의 직관적인 이미지를 제공한다. 9.3절의 가우시안 혼합 모델과 같은 혼합 모델은 결합 분포를 근사화하는 일반적인 방법이다. 9.6절에서는 이러한 모델을 베이지안 네트워크를 사용해 설명할 수 있는 방법을 보여 주고 파라미터를 임의의 수치로 처리하는 기술의 결과를 시각화할 수 있는 베이즈 네트워크의 일반화(이른바 '플레이트 표기법plate notation')를 소개한다. 추가적 일반화인 '팩터 그래프factor graph'는 훨씬 더 광범위한 종류의 확률적 그래프 모델을 표현하고 시각화할 수 있다. 이전과 마찬가지로 속성을 랜덤 변수로, 인스턴스를 관찰로 간주한다. 또한 그래프의 랜덤 변수를 사용해 클러스터의 라벨과 같은 데이터를 나타낸다.

그래프 모델 및 플레이트 표기법

간단한 2-클러스터two-cluster 가우시안 혼합 모델을 생각해 보자. 클러스터 멤버십에 대한 이진 랜덤 변수 C와 실숫값 속성에 대한 연속 랜덤 변수 x를 갖는 베이지안 네트워크의 형태로 나타낼 수 있다. 혼합 모델에서 결합 분포 $P(C, x)$는 이전 $P(C)$와 조건부 확률 분포 $P(x|C)$의 곱이다. 이 구조는 그림 9.8A의 베이지안 네트워크에 의해 나타내지며 여기서 C의 각 상태에 대해 서로 다른 가우시안이 연속 변수 x의 조건부 분포에 사용된다.

다중 베이지안 네트워크를 사용해 파라미터 추정이 수행될 때 발생하는 기본 결합 가능성을 시각화할 수 있다. N개의 관측치 $x_1 = x_1$, $x_2 = x_2$, $x_n = x_n$에 대한 확률 모델은 N 베이지안 네트워크로 개념화될 수 있으며 각 변수 x_i에 대해 하나씩 관측되거나 값 x_i로 인스턴스화된다. 그림 9.8B는 어떤 랜덤 변수가 관찰되는지 표시하고자 음영 처리된 노드를 사용해 이를 보여 준다.

'플레이트plate'는 특정 복제 수를 나타내는 베이지안 네트워크 관련 박스box 형태 표기를 의미한다. 그림 9.8C의 플레이트는 $i = 1, ..., N$ 네트워크를 나타내며 각각 x_i에 대해 관찰된 값을 가진다. 플레이트 표기법은 간단한 그림으로 전체 데이터의 결합 확률에 대한 모델을 캡처한다.

베이지안 네트워크와 베이지안 네트워크의 플레이트를 구성하는 더 복잡한 모델은 모델의 확률적 정의를 사용해 나타내는 확률 분포에 의해 관리되는 데이터를 무작위로 생

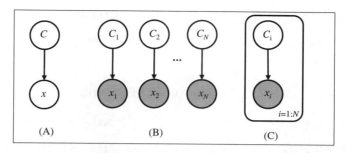

그림 9.8 (A) 혼합 모델에 대한 베이지안 네트워크 (B) 베이지안 네트워크의 다중 복제 (C) (B)의 플레이트 표기

성하는 데 사용할 수 있기 때문에 생성 모델이라고도 한다. 베이지안 계층적 모델링은 베이지안 방법의 적용에서 발생하는 확률 규칙을 사용하는 것을 포함하는데 이는 모델의 파라미터에 대한 레벨의 계층을 정의하고 관찰된 데이터에서 파라미터 값을 추론하기 위함이며 이는 랜덤 변수와 파라미터가 모두 랜덤 수치로 처리되는 그래프 모델로 나타낼 수 있다. 아래의 잠재 디리클레 할당 부분은 이 기술의 예를 보여 준다.

확률론적 주성분 분석

주성분 분석은 특수 유형의 선형 가우시안 은닉 변수 모델에서 파라미터 추정을 수행한 결과로 볼 수 있다. 이는 8장, '데이터 변환'에 제시된 이 표준 기술의 전통적인 관점을 여기서 논의한 확률적 공식과 연결하고, 10장, '딥러닝'에 소개될 볼츠만 머신^{Boltzmann} ^{machine} 및 자동 인코더를 기반으로 한 고급 기술로 이어진다. 확률적 공식은 유실값 처리에도 도움이 된다. 기본 아이디어는 가우시안 모델에서 선형으로 변환되는 가우시안 분산 연속 잠재 변수에 의해 생성된 데이터를 보여 주는 것이다. 결과적으로 주어진 데이터셋의 주성분은 데이터에 대한 해당 다변량 가우시안 분포 모델의 기본 인수 분해 공분산 모델에 해당한다. 이 인수 분해 모델은 기본 잠재 변수 모델의 은닉 변수가 통합될 때 분명해진다.

보다 구체적으로 은닉 변수 세트는 감소된 차원의 공간에서 입력 데이터를 나타내는 데 사용된다. 각 차원은 평균이 0이고 단위 분산이 있는 가우시안 분포에서 가져온 독립 랜덤 변수에 해당한다. $\mathbf{x}$를 관측 데이터의 d차원 벡터에 해당하는 확률 변수로, $\mathbf{h}$를 은닉 확률 변수의 k차원 벡터로 설정한다. k는 일반적으로 d보다 작다(반드시 그럴 필요는 없다). 그러면 기본 결합 확률 모델은 다음과 같은 선형 가우시안 형식을 갖게 된다.

$$p(\mathbf{x}, \mathbf{h}) = p(\mathbf{x}|\mathbf{h})p(\mathbf{h})$$
$$= N(\mathbf{x}; \mathbf{Wh} + \mu, \mathbf{D})N(\mathbf{h}; 0, \mathbf{I})$$

여기서 제로 벡터 $\mathbf{0}$과 단위 행렬 $\mathbf{I}$는 $p(\mathbf{h})$에 사용된 가우시안 분포에 대한 평균 및 공분산 행렬을 나타내고 $p(\mathbf{x}|\mathbf{h})$는 평균 $\mathbf{Wh} + \mu$ 및 대각 공분산 행렬 $\mathbf{D}$를 갖는 가우시안이다(이 평균의 표현식으로부터 '선형 가우시안'에서 '선형' 항이 유래됐다). 평균 μ는 파라미터로 포함되지만 데이터를 먼저 평균 중심화하면 0이 된다. 그림 9.9A는 PPCA에 대한 베이지안 네트워크를 보여 준다. 이는 나중에 논의되는 다른 모델을 이해하는 데 도움이 될 은닉 변수에 기반한 주성분 분석의 확률론적 해석을 보여 준다.

확률론적 PCA는 생성 모델의 한 형태이며 그림 9.9A는 관련된 기본 생성 프로세스를 시각화한다. 데이터는 독립적인 가우시안 분포에서 $\mathbf{h}$의 각 차원을 샘플링하고 행렬 $\mathbf{Wh}$ + μ를 사용해 데이터의 저차원 표현을 관찰된 고차원 표현으로 투영함으로써 생성한다. 대각 공분산 행렬 $\mathbf{D}$에 의해 지정된 노이즈는 더 높은 차원 표현의 각 차원에 별도로 추가된다.

주어진 $\mathbf{h}$의 조건부 분포 $\mathbf{x}$와 관련된 노이즈가 각 차원(즉 등방성)에서 동일하고 극히 작은 ($\mathbf{D} = \lim_{\sigma^2 \to 0} \sigma^2 \mathbf{I}$와 같은) 경우 동일한 원리를 제공하는 기존의 주성분 분석으로 얻은 것과 같은 성분인 추정 방정식 세트를 유도할 수 있다. 공분산 행렬 $\mathbf{D}$를 대각선으로 제한

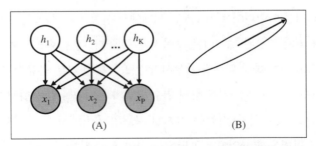

그림 9.9 (A) 확률 PCA에 대한 베이지안 네트워크 (B) 공분산 행렬의 주 고유벡터에 따른 가우시안 분포에 대한 동일 확률의 윤곽선

하면 팩터 분석이라는 모델이 생성된다. $\mathbf{D}$가 등방성(즉 $\mathbf{D} = \sigma^2\mathbf{I}$ 형식)이면 모델을 최적화하고 σ^2를 학습한 후 $\mathbf{W}$의 열이 스케일링되고 데이터의 공분산 행렬의 주 고유 벡터로 회전된다. 다변량 가우시안 분포에 대한 동일 확률의 윤곽선은 그림 9.9B와 같이 주축이 공분산 행렬의 주 고유 벡터에 해당하는 타원으로 그릴 수 있다.

가우시안 분포의 좋은 특성으로 인해 이러한 모델에서 $\mathbf{x}$의 말지널 확률 분포도 역시 간단한 대수 표현식을 사용해 분석적으로 계산할 수 있는 파라미터가 있는 가우시안이다. 예를 들어 $\mathbf{D} = \sigma^2\mathbf{I}$를 가진 모델은 $p(\mathbf{x}) = N(\mathbf{x}; \boldsymbol{\mu}, \mathbf{W}\mathbf{W}^T + \sigma^2\mathbf{I})$를 가지며 이는 결합 분포에서 $\mathbf{h}$와 관련된 불확실성을 통합해 얻은 결합 확률 모델에서 $\mathbf{x}$의 한계 분포다. $p(\mathbf{x}, \mathbf{h})$는 앞서 정의를 했다. PPCA 모델에서 은닉 변수 $\mathbf{h}$를 통합하면 공분산 행렬 $\mathbf{M}$의 특수 형식 $\mathbf{W}\mathbf{W}^T + \mathbf{D}$를 갖는 가우시안 분포가 정의된다. 부록 A.2는 이 분해를 공분산 행렬의 고유 벡터 분석과 관련시켜 다음과 같은 주성분 분석의 표준 행렬 분해 뷰^{view}를 생성한다.

PPCA를 사용한 추론

기본 선형 가우시안 공식의 결과로 추론을 만들고 파라미터 추정을 수행하는 데 필요한 다양한 다른 수치도 분석적으로 얻을 수 있다. 예를 들어 $\mathbf{M} = (\mathbf{W}\mathbf{W}^T + \sigma^2\mathbf{I})$가 주어지면 $\mathbf{h}$에 대한 사후 분포는 부록 A.2에 제공된 일부 가우시안 특성과 함께 베이즈 규칙에서 얻을 수 있다. 사후 확률은 다음과 같이 쓸 수 있다.

$$p(\mathbf{h}|\mathbf{x}) = N(\mathbf{h}; \mathbf{M}^{-1}\mathbf{W}^T(\mathbf{x} - \boldsymbol{\mu}), \sigma^2\mathbf{M}^{-1}) \tag{9.1}$$

모델 파라미터가 추정되면 새로운 예의 사후 평균을 계산할 수 있으며 이를 통해 축소된 차원 표현으로 사용할 수 있다. 가우시안 분포를 주 변화, 곱셈 및 분할하면 관찰된 값, 평균 벡터 및 공분산 행렬의 함수인 다른 가우시안 분포가 생성된다는 사실로 인해 수학(아직 어려울 수도 있지만)이 크게 단순화된다. 사실 데이터 분석을 위한 훨씬 더 정교한 방법과 모델은 기본 모델이 선형 가우시안 형식을 기반으로 할 때 핵심 수치를 쉽게 계산할 수 있는 방법에 의존한다.

PPCA에 대한 말지널 확률 로그 가능성

은닉 변수가 있는 확률 모델이 주어지면 베이지안 철학은 불확실하게 연관된 변수를 통합을 한다. 방금 살펴본 것처럼 선형 가우시안 모델을 사용하면 가우시안 분포 형태를 취하는 데이터의 말지널 확률 $p(\mathbf{x})$를 얻을 수 있다. 그러면 학습 문제는 모델에서 주어진 데이터의 확률을 최대화하는 것과 같다. 변수 $\mathbf{x}$가 $\tilde{\mathbf{x}}$인 것으로 관찰될 확률은 $p(\tilde{\mathbf{x}}) = p(\mathbf{x} = \tilde{\mathbf{x}})$로 표시된다. 관찰된 모든 데이터 $\tilde{\mathbf{X}}$가 주어진 파라미터의 로그 (말지널) 가능성은 다음 목적 함수를 사용해 최대화할 수 있다.

$$L(\tilde{\mathbf{X}}; \theta) = \log\left[\prod_{i=1}^{N} P(\tilde{\mathbf{x}}_i; \theta)\right] = \sum_{i=1}^{N} \log[N(\tilde{\mathbf{x}}_i; \mu, \ \mathbf{W}\mathbf{W}^{\mathbf{T}} + \sigma^2\mathbf{I})]$$

여기서 파라미터 $\theta = \{\mathbf{W}; \mu; \sigma^2\}$는 행렬, 벡터, 스칼라로 구성된다. 이제부터 데이터가 평균 중심, 즉 $\mu = \mathbf{0}$이라고 가정한다(그러나 이 접근법을 일반화할 때 평균을 모델의 명시적 파라미터로 유지하면 이점이 있을 수 있다).

PPCA에 대한 예측 로그 가능성

9.4절은 파라미터에 대한 은닉 변수 모델의 로그 말지널 가능성의 도함수가 예측되는 로그 결합 가능성의 도함수와 같으며 모델의 은닉 변수에 대한 정확한 사후 분포에 대한 기대치를 취한다. PPCA의 기본 가우시안 형식은 정확한 사후를 계산할 수 있음을 의미하며 예측되는 로그 가능성을 기반으로 모델을 최적화하는 대체 방법을 제공한다. 모델에서 모든 데이터와 모든 숨겨진 변수 $\mathbf{H}$의 로그 결합 확률은 다음과 같다.

$$L(\tilde{\mathbf{X}}, \mathbf{H}; \theta) = \log\left[\prod_{i=1}^{N} p(\tilde{\mathbf{x}}_i, \mathbf{h}_i; \theta)\right] = \sum_{i=1}^{N} \log[p(\tilde{\mathbf{x}}_i|\mathbf{h}_i; \mathbf{W})p(\mathbf{h}_i; \sigma^2)]$$

데이터 $\tilde{\mathbf{X}}$가 관찰되는 동안 은닉 변수 $\mathbf{h}_i$는 알 수 없으므로 주어진 파라미터 값 $\theta = \tilde{\theta}$에 대해 이 표현식은 스칼라 수량으로 평가되지 않는다. 예측 로그 가능성을 사용해 스칼라 값 함수로 변환한 다음 최적화할 수 있다. 9.4절에서 살펴본 것처럼 기대치에 대한 각 예의 사후 분포를 사용하는 데이터의 예측 로그 가능성은 다음과 같다.

$$E[L(\tilde{\mathbf{X}}, \mathbf{H}; \theta)]_{p(\mathbf{H}|\tilde{\mathbf{X}})} = \sum_{i=1}^{N} E[\log[p(\tilde{\mathbf{x}}_i, \mathbf{h}_i; \theta)]]_{p(\mathbf{h}_i|\tilde{\mathbf{x}}_i)}$$

PPCA에 대한 예측 기울기

경사 하강법은 9.4절에서 논의된 예측 경사도 접근법의 예인 예측 로그 가능성을 목표로 사용해 파라미터 행렬 $\mathbf{W}$를 학습하는 데 사용할 수 있다. 기울기^{gradient} 예제에 대한 합계이며 상당히 긴 도함수는 각 예제가 아래 식으로 합계에 기여한다는 것을 보여 준다.

$$\frac{\partial}{\partial \mathbf{W}} E[L(\tilde{\mathbf{x}}, \mathbf{h})] = E[\mathbf{W}\mathbf{h}\mathbf{h}^{\mathsf{T}}] - E[\tilde{\mathbf{x}}\mathbf{h}^T]$$

$$= \mathbf{W}E[\mathbf{h}\mathbf{h}^{\mathsf{T}}] - \tilde{\mathbf{x}}E[\mathbf{h}]^T \tag{9.2}$$

모든 경우에 모델 파라미터의 현재 설정을 사용해 사후 $p(\mathbf{h}|\tilde{\mathbf{x}})$에 대한 기대치를 취한다. 이 편미분은 두 기대치의 차이로 자연스럽게 해석된다. 두 번째 항은 관측치와 은닉 변수 표현으로 구성된 $\mathbf{W}$와 동일한 크기의 행렬을 생성한다. 첫 번째 항은 단순히 관측치를 모델의 입력 예측으로 생각할 수 있는 유사한 $\mathbf{W}\mathbf{h}$ 인자로 대체한다(9.7절의 조건부 확률 모델과 10.5절의 제한된 볼츠만 머신$^{\text{restricted Boltzman machime}}$을 검토할 때 이 해석을 다시 살펴볼 것이다).

이것은 모델이 기울기를 따라 올라가면서 데이터를 재구성한다는 것을 보여 준다. 최적화가 데이터를 완벽하게 재구성하는 모델에 수렴하면 식 (9.2)의 미분은 0이 된다. 조사된 다른 확률론적 모델은 예측의 차이로 구성된 주요 파라미터의 기울기에 대해 유사한 형태를 보여 주지만 다른 유형의 예측도 포함된다.

이 수치를 계산하려면 식 (9.1)에 의해 주어진 각 예에 대한 사후 분포의 평균에서 예측값 $E[\mathbf{h}] = \mathbf{M}^{-1}\mathbf{W}^{\mathsf{T}}(\mathbf{x} - \mu)$을 얻을 수 있으며 $E[\mathbf{h}\mathbf{h}^{\mathsf{T}}]$ 항은 $E[\mathbf{h}\mathbf{h}^{\mathsf{T}}] = \text{cov}[\mathbf{h}] + E[\mathbf{h}]E[\mathbf{h}]^{\mathsf{T}}$라는 사실을 사용해 찾을 수 있다. 여기서 $\text{cov}[\mathbf{h}]$는 사후 공분산 행렬이며 (9.1)에서 $\sigma^2\mathbf{M}^{-1}$로 알고 있는 값이다.

PPCA에 대한 EM

예측 로그 가능성을 사용하는 기울기 상승에 대한 대안은 고전적인 EM 알고리듬을 사용해 예측 기울기 기반 학습 절차로 모델을 수식화하는 것이다. M-단계 업데이트는 식 (9.2)의 미분을 0으로 설정하고 $\mathbf{W}$를 구해 얻을 수 있다. 이것은 닫힌 형식으로 표현할 수 있는데 첫 번째 항의 $\mathbf{W}$는 예측과 무관하므로 제외될 수 있으며 관련 항은 폐쇄형 M-단계로 재배열됐다. $\mathbf{D} = \sigma^2\mathbf{I}$ 및 일부 σ^2에 대한 값이 있는 제로 평균 모델에서 PPCA EM 알고리듬의 E-단계 및 M-단계는 다음과 같이 재작성될 수 있다.

$$\text{E-단계: } E[\mathbf{h}_i] = \mathbf{M}^{-1}\mathbf{W}^T\tilde{\mathbf{x}}_i, \ E[\mathbf{h}_i\mathbf{h}_i^T] = \sigma^2\mathbf{M}^{-1} + E[\mathbf{h}_i]E[\mathbf{h}_i^T],$$

$$\text{M-단계: } \mathbf{W}^{\text{New}} = \left[\sum_{i=1}^N \tilde{\mathbf{x}}_i \, E[\mathbf{h}_i]^{\mathbf{T}}\right]\left[\sum_{i=1}^N E[\mathbf{h}_i\mathbf{h}_i^{\mathbf{T}}]\right]^{-1}$$

각 예의 사후 분포 $p(\mathbf{h}_i|\tilde{\mathbf{x}}_i)$와 관련해 모든 예측치를 취하고 있으며 위에 따라 $\mathbf{M} = (\mathbf{W}\mathbf{W}^T + \sigma^2\mathbf{I})$이 된다.

EM 알고리듬은 σ^2가 0에 가까워질 때 한계를 사용해 더욱 단순화할 수 있다. 이것은 입력 노이즈가 없는 경우이며 $\mathbf{M} = \mathbf{W}\mathbf{W}^T$를 포함한다. 은닉 변수 $\mathbf{h}_i$ 중 하나에 대한 $P(\mathbf{h}_i|\tilde{\mathbf{x}}_i)$의 예측 벡터를 포함하는 행렬 $\mathbf{Z} = E[\mathbf{H}]$를 정의해 $E[\mathbf{H}\mathbf{H}^T] = E[\mathbf{H}]E[\mathbf{H}^T] = \mathbf{Z}\mathbf{Z}^T$가 되도록 한다. 이렇게 하면 E-단계 및 M-단계에 대한 간단한 방정식이 생성된다.

$$\text{E-단계: } \mathbf{Z} = E[\mathbf{H}] = (\mathbf{W}^T\mathbf{W})^{-1}\mathbf{W}^T\tilde{\mathbf{X}},$$

$$\text{M-단계: } \mathbf{W}^{\text{New}} = \tilde{\mathbf{X}}\mathbf{Z}^T[\mathbf{Z}\mathbf{Z}^T]^{-1}$$

두 방정식 모두 전체 데이터 행렬 $\tilde{\mathbf{X}}$에 대해 작동한다.

주성분 분석의 확률적 공식화를 통해 기존 가능성을 정의할 수 있으며 이는 최대 가능성 기반 학습 및 확률적 추론을 지원한다. 이는 결국 누락된 데이터를 처리하는 자연스러운 방법으로 이어진다. 또한 다음에 설명할 다른 모델들로도 이어진다.

잠재 의미 분석

8장, '데이터 변환'에서는 위에서 살펴본 것처럼 선형 가우시안 잠재 변수 모델의 한 형태로 볼 수 있는 주성분 분석을 소개했다. 이제 특잇값 분해를 사용해 컬렉션의 각 도큐먼트를 주제로 분해하는 '잠재 의미 분석^{LSA, Latent Semantic Analysis}'으로 알려진 영향력 있는 초기 형태의 데이터 기반 도큐먼트 분석을 설명한다. 도큐먼트와 용어가 주제 공간에 투영되는 경우 컬렉션 전체에서 단어의 동시 발생으로 인한 도큐먼트의 의미 구조를 캡처하는 비교를 할 수 있다. 이러한 방식으로 도큐먼트를 특성화하는 것을 '잠재 의미 색인화'라고 한다. 확률적 LSA(pLSA)는 유사한 목표를 다루지만 다항 분포를 기반으로 통계 모델을 적용한다. 잠재 디리클레 할당은 디리클레 분포가 기본 다항 분포에 위치하게 되는 계층적 베이지안 접근 방식을 사용하는 연관 모델이다.

이러한 기술의 도입에 동기를 부여하고자 원래 LSA 방법과 특잇값 분해 간의 관계를 살펴보겠다. t행과 d열이 있는 도큐먼트 행렬 $\mathbf{X}$에 의한 용어를 상상해 보자. 각 요소에는 열과 연관된 도큐먼트에서 행과 연관된 단어가 발생한 횟수가 포함돼 있다. LSA는 $\mathbf{X}$를 $\mathbf{X} = \mathbf{USV}^T$ 곱으로 분해한다. 여기서 $\mathbf{U}$와 $\mathbf{V}$에는 직교 열이 있고 $\mathbf{S}$는 일반적으로 내림차순으로 정렬되는 특잇값을 포함하는 대각 행렬이다. 이 인수 분해를 특잇값 분해라고 하며 모든 값 k에 대해 k개의 가장 큰 특잇값을 제외한 모든 값을 버릴 경우 최소 제곱의 의미에서 최적인 방식으로 데이터 행렬을 재구성할 수 있는 속성을 갖는다. 주어진 근사 레벨 k에 대해 $\mathbf{X} \approx \tilde{\mathbf{X}} = \mathbf{U}_k \mathbf{S}_k \mathbf{V}_k^T$를 쓸 수 있다.

그림 9.10은 이것이 어떻게 작동하는지 보여 준다. $\mathbf{U}_k$ 행렬은 $k \times d$ 행렬 $\mathbf{V}_k^T$로 인코딩된 각 도큐먼트의 적절한 비율에 따라 결합된 k직교 '주제^{topic}'로 생각할 수 있다. 행렬

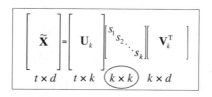

그림 9.10 d 행렬에 의한 t의 특잇값 분해

$\mathbf{A} = \mathbf{S}_k \mathbf{V}_k^T$는 각 도큐먼트와 관련된 주제의 활동 수준을 나타낸다. 따라서 LSA의 학습 단계는 단순히 데이터 행렬에 대해 특잇값 분해를 수행한다.

근사 데이터 행렬 $\tilde{\mathbf{X}}$의 두 열에 대한 내적(또는 스칼라)은 두 도큐먼트에서 항^{term} 사용의 유사성을 측정한다. 특잇값 분해를 계산하는 데 사용되는 모든 도큐먼트 쌍 사이의 내적은 다음과 같다.

$$\tilde{\mathbf{X}}^T \tilde{\mathbf{X}} = \mathbf{V}_k \mathbf{S}_k^2 \mathbf{V}_k^T$$

분해에 사용된 원본 컬렉션에 없는 새 도큐먼트 (또는 질의) $\mathbf{x}_q$를 분석하고자 다음을 사용해 모델에서 정의한 주제 활동의 의미 공간에 투영할 수 있다.

$$\mathbf{a}_q = \mathbf{S}_k^{-1} \mathbf{U}_k^T \mathbf{x}_q \tag{9.3}$$

차원 감소를 위한 주성분 분석 사용

특잇값 분해는 다른 분석 기술을 적용하기 전에 데이터를 축소된 차원의 공간에 투영하는 데 널리 사용된다. 예를 들어 고차원 공간에서 분해되는 경향이 있는 가장 가까운 이웃 기술을 효과적으로 적용하고자 데이터를 저차원 공간에 투영할 수 있다.

LSA는 사실 주성분 분석의 한 형태다. 확률 모델로 볼 때 도큐먼트를 더 낮은 차원의 의미 공간으로 투영하는 것은 사실상 도큐먼트에 대한 잠재 변수 표현$^{\text{latent variable representation for the document}}$이다. PPCA의 등가량은 숨겨진 변수에 대한 사후 분포의 예측값으로 제공된다. 이를 통해 도큐먼트 또는 질의 벡터를 더 낮은 차원의 공간에 투영하는 것이 의미하는 바를 직관적으로 볼 수 있다.

관측된 변수 $\mathbf{x}$에 노이즈가 없는 PPCA 모델의 경우 $\mathbf{z} = E[\mathbf{h}] = (\mathbf{W}^T \mathbf{W})^{-1} \mathbf{W}^T \mathbf{x}$를 사용해 잠재 변수에 대한 사후 평균값을 계산해 입력 벡터 $\mathbf{x}$를 축소된 차원 랜덤 벡터 $\mathbf{z}$로 투영할 수 있음을 확인했다. 부록 A.2는 PCA, PPCA, 특잇값 분해, 고유 분해 간의 관계를 자세히 설명하고 평균 중심 데이터에 대한 $\mathbf{U}$ 행렬(식 (9.3))이 해당 공분산 행렬의 고유 분해 행렬 Φ 데이터, 즉 $\mathbf{U} = \Phi$와 같다는 것을 보여 준다. 식 (9.3)의 대각 행렬 $\mathbf{S}$는 $\mathbf{S} =$

$\mathbf{\Lambda}^{\frac{1}{2}}$에 의한 고윳값 $\mathbf{\Lambda}$의 대각선 행렬과 관련이 있다. 또한 공분산 행렬의 고유 분해는 해당 PPCA에서 $\mathbf{W} = \mathbf{\Phi}\mathbf{\Lambda}^{\frac{1}{2}}$를 의미한다. 따라서 관측된 변수에 대한 노이즈 없는 주성분 분석의 확률적 해석하에서 $\mathbf{W} = \mathbf{US}$가 된다. $\mathbf{U}$가 직교하고 $\mathbf{S}$가 대각선이라는 사실을 사용하면 특잇값 분해를 사용해 평균 중심 데이터의 주성분 분석을 계산하고 결과를 선형 가우시안 은닉 변수 모델로 해석하면 다음과 같은 결과의 사후 평균을 기준으로 감소된 차원 공간으로의 투영에 대한 수식을 만든다.

$$\begin{aligned} \mathbf{z} &= (\mathbf{W}^T\mathbf{W})^{-1}\mathbf{W}^T\mathbf{x} \\ &= (\mathbf{SU}^T\mathbf{US})^{-1}\mathbf{SU}^T\mathbf{x} \\ &= (\mathbf{S}^2)^{-1}\mathbf{SU}^T\mathbf{x} \\ &= \mathbf{S}^{-1}\mathbf{U}^T\mathbf{x} \end{aligned}$$

이는 도큐먼트의 의미적 표현인 $\mathbf{a}_q$를 계산하기 위한 식 (9.3)의 LSA 프로젝션과 동일한 표현이며 주성분 분석을 사용해 차원 축소를 위한 일반적인 표현을 나타낸다. 즉 데이터 행렬의 특잇값 분해, 공분산 행렬의 고유 분해, EM 알고리듬 또는 예측 경사 하강법을 사용해 주성분 분석을 수행할 수 있으며 큰 데이터셋 또는 유실값이 있는 데이터로 작업할 때 각 방법에는 장점과 단점이 있다.

입력 데이터 $\mathbf{X}$는 도큐먼트에서 발생할 필요가 없다. LSA는 실제 문제에 특잇값 분해를 적용하는 구체적인 예일 뿐이다. 실제로 이러한 예측을 계산하는 일반적인 아이디어는 머신러닝 및 데이터 마이닝 전반에 널리 사용된다. 위에서 논의된 관계 때문에 방법은 동일한 기본 분석을 참조하더라도 다른 용어를 사용해 종종 논의된다.

확률적 LSA

PPCA는 데이터의 연속 값 표현과 기본 가우시안 모델을 기반으로 한다. 이와는 반대로 '관점 모델aspect model'이라고도 하는 pLSA 접근 방식은 다항 분포를 사용하는 공식을 기반으로 한다. 원래는 단어와 도큐먼트의 동시 발생에 적용됐다. 다항 분포는 단어 발생 횟수를 모델링하기 위한 자연 분포다. pLSA 프레임 워크에서 $i = 1, \ldots, n$ 도큐먼트에 대해 이산 랜덤 변수 d_i의 관측치를 사용해 각 도큐먼트의 인덱스를 인코딩하는 것으로 간주한다. 각 변수 d_i에는 n개의 상태가 있으며 도큐먼트의 말뭉치에는 각 상태에 대한 변수에 대한 하나의 관측이 있다. 주제는 이산 변수 z_{ij}로 표현되고 단어는 랜덤 변수 w_{ij}로 표현된다. 여기서 단어 m_i는 각 도큐먼트와 연관되고 각 단어는 주제와 연관되며 비대칭 및 대칭 공식의 2가지 변형이 있다.

그림 9.11A는 비대칭 공식을 보여 준다. 대칭 공식은 화살표를 d에서 z로 반전시킨다. D는 도큐먼트 인덱스 관찰에 대한 랜덤 변수 집합이고 W는 도큐먼트에서 관찰된 모든 단어에 대한 랜덤 변수 집합이다. 비대칭 공식은 다음과 같다.

$$P(W, D) = \prod_{i=1}^{n} P(d_i) \prod_{j=1}^{m_n} \sum_{z_{ij}} P(z_{ij}|d_i)P(w_{ij}|z_{ij})$$

훈련 도큐먼트에 대한 인덱스인 d는 그래프에서 랜덤 변수이기 때문에 pLSA는 새 도

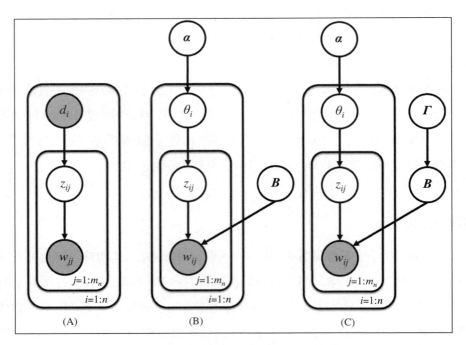

그림 9.11 (A) pLSA (B) LDA^b (C) 평탄화된 LDA^b

큐먼트의 생성 모델이 아니다. 그러나 은닉 변수가 있는 유효한 확률 모델에 해당하므로 EM 알고리듬을 사용해 파라미터를 추정하고 주제 변수에 대한 분포 측면에서 말뭉치의 각 도큐먼트 표현을 얻을 수 있다.

잠재 디리클레 할당

pLSA는 잠재 디리클레 할당$^{latent\ Dirichlet\ allocation}$으로 알려진 3가지 수준의 계층적 베이지안 모델로 확장될 수 있다. 일반적으로 LDA라고 하는 선형 판별 분석과 구별하고자 이를 LDA^b(베이지안의 경우 'b')라고 한다. LDA^{b}는 부분적으로 pLSA에서 관찰된 오버피팅을 줄이고자 제안됐으며 여러 방법으로 확장됐다. LDA^{b}의 확장을 사용해 시간 경과에 따른 추세를 파악하고 '핫'한 또는 '콜드'한 주제를 식별할 수 있다. 이러한 분석은 최근 소셜 미디어의 폭발과 분석에 대한 관심으로 오늘날 특히 흥미로운 주제가 됐다.

잠재 디리클레 할당은 도큐먼트 색인 변수 d_i를 도큐먼트에 대한 다항 파라미터의 벡터인 랜덤 파라미터 $\boldsymbol{\theta}_i$로 대체해 pLSA를 재구성하는 계층적 베이지안 모델이다. $\boldsymbol{\theta}_i$의 분포는 벡터이기도 한 하이퍼파라미터 α가 있는 디리클레 분포의 영향을 받는다(부록 A.2는 디리클레 분포와 이산 분포의 파라미터에 대한 우선순위로서의 사용에 대해 설명한다). 마지막으로 이산 주제 변수 z_{ij}와 단어 w_{ij} 사이의 관계는 하이퍼파라미터, 즉 행렬 $\mathbf{B}$에 대한 명시적 종속성도 제공된다. 그림 9.11B는 해당 그래프 모델을 보여 준다. 관찰된 모든 단어 W 집합에 대한 확률 모델은 다음과 같다.

$$P(\mathbf{W}|\boldsymbol{\alpha}, \mathbf{B}) = \prod_{i=1}^{n} \int P(\boldsymbol{\theta}_i|\boldsymbol{\alpha}) \left[\prod_{j=1}^{m_n} \sum_{z_{ij}} P(z_{ij}|\boldsymbol{\theta}_i) P(w_{ij}|z_{ij}, \mathbf{B}) \right] d\boldsymbol{\theta}_i$$

$$= \prod_{i=1}^{n} \int P(\boldsymbol{\theta}_i|\boldsymbol{\alpha}) \left[\prod_{j=1}^{m_n} P(w_{ij}|\boldsymbol{\theta}_i, \mathbf{B}) \right] d\boldsymbol{\theta}_i$$

여기서 $\boldsymbol{\theta}_i$ 및 z_{ij}와 관련된 불확실성을 말지널화^{marginalize}한다. $P(\boldsymbol{\theta}_i|\boldsymbol{\alpha})$는 k차원 디리클레 분포로 주어지며 이는 또한 k차원 주제 변수 z_{ij}로 이어진다. 크기가 V인 어휘의 경우 $P(w_{ij}|z_{ij}, \mathbf{B})$는 각 주제가 주어진 각 단어의 확률을 인코딩하므로 사전 정보는 $k \times V$ 차

원 행렬 B에 의해 캡처된다.

모델의 한계 로그 가능성은 변형 EM 절차를 통한 하이퍼파라미터 α 및 **B**의 조정으로 경험적 베이지안을 사용해 최적화될 수 있다. EM의 E-단계를 수행하려면 관찰되지 않은 임의의 양에 대한 사후 분포가 필요하다. 각 도큐먼트에 대한 랜덤 θ, 단어 관찰 **w**, 숨겨진 주제 변수 **z**를 사용하는 위 방정식으로 정의된 모델의 경우 사후 분포는 다음과 같다.

$$P(\theta, z|\mathbf{w}, \alpha, \mathbf{B}) = \frac{P(\theta, z, \mathbf{w}|\alpha, \mathbf{B})}{P(\mathbf{w}|\alpha, \mathbf{B})}$$

불행히도 이 식은 다루기가 힘들다. M-단계의 경우 E-단계에서 예측되는 충분한 통계를 사용해 최대 가능성 추정치를 계산해 수행할 수 있는 하이퍼파라미터 α 및 **B**를 업데이트해야 한다. 가변 EM 절차는 각 θ_i 및 각 z_{ij}에 대해 별도의 근사 사후를 계산하고 사용하는 것과 같다.

'축소된 깁스 샘플링collapsed Gibbs sampling'이라는 방법은 LDA[b]를 수행하는 변형 방법에 대한 특히 효과적인 대안으로 밝혀졌다. 먼저 그림 9.11B의 모델이 원래 LDA[b]의 평탄 버전으로 캐스팅된 그림 9.11C에 표시된 모델로 확장될 수 있음을 생각하라. 그런 다음 B의 주제 파라미터에 대해 **Γ**에 의해 제공된 파라미터를 사용해 이전에 다른 디리클레를 추가한다. 이는 오버피팅의 효과를 더욱 감소시키는 공식이다. 표준 깁스 샘플링에는 숨겨진 랜덤 변수 z_{ij}, θ_i 및 행렬 **B**의 요소를 반복적으로 샘플링하는 것이 포함된다. 축소된 깁스 샘플링은 θ_i와 **B**를 분석적으로 통합해 얻을 수 있으며 이러한 분포를 정확하게 처리한다. 결과적으로 **Γ**, α 및 도큐먼트 말뭉치의 관찰된 단어의 현재 추정치에 따라 깁스 샘플러는 필요한 근사 사후를 계산하고자 각 z_{ij}를 반복적으로 업데이트해 진행한다. 샘플이나 변동 근사를 사용하면 θ_i 및 **B**에 대한 추정치를 얻는 것이 비교적 간단해진다.

도큐먼트 컬렉션에서 주제를 추출하고자 평탄화되고 축소된 LDA[b] 모델을 사용하는 전체적인 접근 방식은 다음과 같이 요약할 수 있다. 먼저 그림 9.11C의 구조를 따르는 도큐먼트와 단어의 공동 배포를 위한 계층적 베이지안 모델을 정의한다. 깁스 샘플링을 사용해 모델의 모든 도큐먼트에 대한 모든 주제의 관절 사후에서 샘플링하는 대략적인 추

표 9.1 과학 논문집에서 발췌한 자주 사용되는 단어(Word)와 사용자 태그(일부)

Topic 2	Topic 39	Topic 102	Topic 201	Topic 210
Species	Theory	Tumor	Resistance	Synaptic
Global	Time	Cancer	Resistant	Neurons
Climate	Space	Tumors	Drug	Postsynaptic
CO_2	Given	Human	Drugs	Hippocampal
Water	Problem	Cells	Sensitive	Synapses
Geophysics, geology, ecology	Physics, math, applied math	Medical sciences	Pharmacology	Neurobiology

론을 수행하는 베이지안 E-단계 또는 θ_i와 $\mathbf{B}$가 통합된 $P(z_{ij}|w_{ij}, \Gamma, \alpha)$가 있다고 생각할 수 있다. 그다음에는 Γ, α 및 샘플의 함수인 업데이트 방정식을 사용하고 이러한 샘플을 사용해 θ_i 및 $\mathbf{B}$의 추정치를 업데이트하는 M-단계가 이어진다. 이 절차는 계층적 베이지안 모델 내에서 수행되므로 업데이트된 파라미터를 사용해 베이지안 예측 분산을 생성할 수 있다.

표 9.1은 Griffiths &와 Steyvers(2004)가 1991년부터 2001년까지 국립 과학 아카데미 회보에 발표된 논문의 28,154개 초록에 LDA[b]를 적용해 발굴한 주제 표본에서 가장 확률이 높은 단어를 보여 주고 저자가 하위 범주 정보로 태그를 지정했다. 이러한 태그에 대한 분포를 분석하면 각 주제에 대해 가장 가능성이 높은 사용자 태그가 식별되며 이는 표 9.1 하단에 나와 있다. 사용자 태그는 주제를 만드는 데 사용되지 않았지만 추출된 주제가 사람이 만든 라벨과 얼마나 잘 일치하는지 확인할 수 있다.

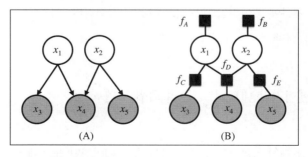

그림 9.12 (A) 베이지안 네트워크 (B) 이에 상응하는 팩터 그래프

팩터 그래프

베이지안 네트워크는 결합 확률 분포를 조건부 분포와 무조건적 분포의 곱으로 분해하는 특별한 종류의 확률 모델이다. 팩터 그래프는 일반 함수를 전체 인수 집합의 하위 집합에서 작동하는 로컬 함수의 곱으로 인수 분해해 일반 함수를 나타내는 훨씬 더 일반적인 프레임 워크를 제공한다.

$$F(x_1,\ldots,x_n) = \prod_{j=1}^{S} f_j(X_j)$$

여기서 X_j는 원래 인수 $\{x_1, \ldots, x_n\}$, $f_j(X_j)$는 X_j의 함수이며, $j = 1, \ldots, S$는 인수 하위 집합을 열거한다. 팩터 그래프는 각 팩터 노드를 변수에 연결하는 간선과 함께 각 변수 x_k에 대한 변수 노드(원)와 각 함수에 대한 팩터 노드(직사각형)로 구성된다.

그림 9.12A와 B는 베이지안 네트워크와 인수 분해에 해당하는 인수 그래프를 보여준다.

$$F(x_1,\ldots,x_5) = f_A(x_1)f_B(x_2)f_C(x_3,x_1)f_D(x_4,x_1,x_2)f_E(x_5,x_2)$$
$$= P(x_1)P(x_2)P(x_3|x_1)P(x_4|x_1,x_2)P(x_5|x_2)$$

팩터 그래프는 베이지안 네트워크에서 주어진 변수에 대한 마르코프 블랭킷과 같은 개념을 쉽게 식별할 수 있도록 한다. 예를 들어 그림 9.13은 그림 9.3의 베이지안 네트워크에 해당하는 팩터 그래프에서 변수 x_6에 대한 마르코프 블랭킷을 보여 준다. 이는 팩터를 통해 연결된 모든 노드로 구성된다. 팩터 그래프는 더 광범위한 분해 및 모델 클래스를 나타낼 수 있기 때문에 베이지안 네트워크보다 더 강력하다. 여기에는 곧 만날 마르코프 랜덤 필드가 포함된다.

팩터 그래프, 베이지안 네트워크, 논리 회귀 모델

동일한 변수 세트(나중에 동일한 문제의 논리 회귀 공식에 대한 요인 그래프와 함께)의 나이브 베이즈 모델에 대한 팩터 그래프와 순진하게 구축된 베이지안 모델에 대한 팩터 그래프를

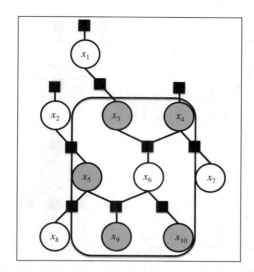

그림 9.13 10-변수 팩터 그래프에서의 변수 x_6에 대한 마르코프 블랭킷

비교하는 것은 이해에 큰 도움이 된다. 그림 9.14A와 B는 여러 부모 x_i, $i = 1, \ldots, n$이 있는 자식 노드 y가 있는 네트워크에 대한 베이지안 네트워크와 그 팩터 그래프를 보여 준다. 그림 9.14B는 $P(y|x_1, \ldots, x_n)$에 대한 다량의 조건부 확률 테이블을 포함하며 추정되거나 지정돼야 하는 많은 파라미터가 있는데 이는

$$P(y, x_1, \ldots, x_n) = P(y|x_1, \ldots, x_n) \prod_{i-1}^{n} P(x_i)$$

에서 파라미터 수는 상위 변수에 따라 기하급수적으로 증가하기 때문이다. 반면에 그림 9.14C와 D는 베이지안 네트워크와 나이브 베이즈 모델에 대한 팩터 그래프를 보여 준다. 모델이 y와 단 하나의 x_i를 포함하는 함수의 곱으로 분해되기 때문에 여기에서 파라미터의 수는 자식 수에서 선형인데 이는 기본 인수분해가 다음과 같기 때문이다.

$$P(y, x_1, \ldots, x_n) = P(y) \prod_{i-1}^{n} P(x_i|y)$$

팩터 그래프는 서로 다른 복잡성을 매우 명확하게 보여 준다. 그림 9.14B의 그래프는

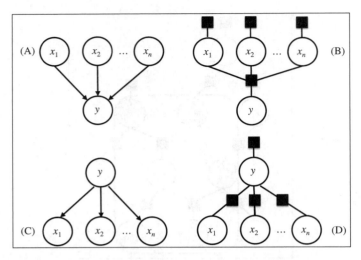

그림 9.14 (A)와 (B) 베이지안 네트워크와 이에 상응하는 팩터 그래프. (C)와 (D) 나이브 베이즈 모델과 이에 상응하는 팩터 그래프

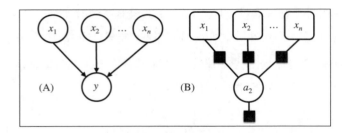

그림 9.15 (A) 결합 분포 y와 그 상위를 나타내는 베이지안 네트워크 (B) 상위에 의해 주어진 y의 조건부 분포를 위한 논리 회귀 팩터 그래프

$n + 1$ 변수를 포함하는 팩터를 갖고 있는 반면 그림 9.14D의 팩터는 2개 이하의 변수를 포함한다.

팩터 그래프를 확장해 조건 모델에 대한 중요한 구별을 명확히 할 수 있다. 그림 9.15A의 베이지안 네트워크는 많은 x_i가 주어진 경우 y의 조건부 분포에 대한 다량의 테이블을 포함하지만 논리 회귀 모델을 사용해 $P(y|x_1, ..., x_n)$의 파라미터 수를 지수에서 선형으로 줄일 수 있으며 이는 그림 9.15B에 나와 있다.

모든 변수가 이진 변수라고 가정해 보자. 각 이진 변수 x_i에 대해 별도의 함수 $f_i(y, x_i)$가 주어지면 논리 회귀 모델에 의해 정의된 조건부 분포는 다음과 같은 형식을 갖는다.

$$P(y|x_1,\ldots,x_n) = \frac{1}{Z(x_1,\ldots,x_n)} \exp\left(\sum_{i=1}^{n} w_i f_i(y, x_i)\right)$$
$$= \frac{1}{Z(x_1,\ldots,x_n)} \prod_{i=1}^{n} \phi_i(x_i, y)$$

여기서 분모 Z는 조건부 분포의 합을 1로 만들고 $\phi_i(x_i, y) = \exp(w_i f_i(y, x_i))$를 만드는 데이터 종속 정규화 항이다. 이는 나이브 베이즈 모델과 유사한 팩터 그래프에 해당하지만 그림 9.15B에 표시된 팩터화된 조건부 분포를 사용한다. 여기서 곡선 직사각형은 랜덤 변수로 명시적으로 정의되지 않은 변수를 나타낸다. 이 그래프는 조건부 확률 함수 $P(y|x_1, \ldots, x_n)$를 나타내며 각 함수가 변수 쌍에만 연결돼 있기 때문에 파라미터의 수가 선형으로 스케일링된다.

마르코프 랜덤 필드

마르코프 랜덤 필드$^{\text{Markov random field}}$는 랜덤 변수 X세트에 대한 또 다른 인수 분해 모델을 정의한다. 여기서 이러한 변수는 이른바 '클리크^{clique}'인 X_c로 나뉘고 각 클리크에 대해 인자 $\Psi_c(X_c)$가 정의된다.

$$P(X) = \frac{1}{Z} \prod_{c=1}^{C} \Psi_c(X_c)$$

클리크는 클리크의 다른 모든 노드에 모두 연결되는 무방향 그래프의 노드 그룹이다. 분할 함수로 알려진 Z는 모델을 정규화해 확률 분포를 확인하고 모델의 모든 변수에 대해 가능한 모든 값에 대한 합계로 구성된다. 이는 다음과 같이 쓸 수 있다.

$$Z = \sum_{x \in X} \prod_{c=1}^{C} \Psi_c(X_c)$$

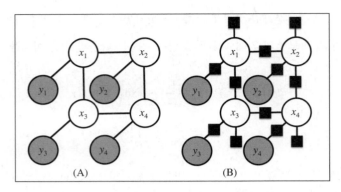

그림 9.16 (A) 마르코프 랜덤 필드 구조를 나타내는 무방향 그래프 (B) 이에 상응하는 팩터 그래프

그림 9.16A와 B는 마르코프 랜덤 필드에 해당하는 무방향 그래프와 그 팩터 그래프를 보여 준다. 팩터 그래프는 모델을 생성하는 데 사용되는 기본 함수의 특성을 명시한다. 예를 들어 함수가 각 노드와 연관돼 있음을 보여 주는데 무방향 그래프 표기법에서는 명확하지 않다. 그림 9.16의 마르코프 랜덤 필드 구조는 이미지에 널리 사용됐다. 이 일반적인 구조는 전체 이미지에 걸쳐 반복되며 각 노드는 픽셀의 속성(예를 들어 라벨 또는 깊이)을 나타낸다.

그림 9.16은 네 변수에 대한 결합 확률을 다음과 같이 분해한다.

$$P(x_1, x_2, x_3, x_4) = \frac{1}{Z} f_A(x_1) f_B(x_2) f_C(x_1) f_D(x_2) f_E(x_1, x_2) f_F(x_2, x_3) f_G(x_3, x_4) f_H(x_4, x_1)$$

$$= \frac{1}{Z} \prod_{u=1}^{U} \phi_u(X_u) \prod_{v=1}^{V} \Psi_v(X_v)$$

여기서 $\phi_u(X_u) = \phi_u(x_i)$는 한 변수의 단항 함수 집합을 나타내는 반면 $\Psi_v(X_v) = \Psi_v(x_i, x_j)$는 두 변수의 페어와이즈 함수 집합을 나타낸다. 아래 첨자 u와 v는 함수와 단일 변수 세트 $X_u = \{x_i\}_u$ 및 변수 쌍 $X_v = \{x_i, x_j\}_v$를 색인화한다.

이 표현은 다음 형식의 에너지 함수 $F(X)$를 사용해 동등하게 표현할 수 있다.

$$F(X) = \sum_{u=1}^{U} U(X_u) + \sum_{v=1}^{V} V(X_v)$$

그러면 마르코프 랜덤 필드는 다음과 같이 쓸 수 있다.

$$P(X) = \frac{1}{Z}\exp(-F(X)) = \frac{1}{Z}\exp\left(-\sum_{u=1}^{U}U(X_u) - \sum_{v=1}^{V}V(X_v)\right)$$

Z는 변수 X의 할당에 대해 일정하므로 아래 모델의 음의 로그 확률을 작성할 수 있다.

$$-\log P(x_1, x_2, x_3, x_4) = -\log\left[\prod_{u=1}^{U}\phi_u(X_u)\prod_{V=1}^{V}\psi_V(X_V)\right] - \log Z$$
$$\alpha\sum_{u=1}^{U}U(X_u) + \sum_{V=1}^{V}V(X_V)$$

이것은 텍스트 도큐먼트에서 이미지 분할 및 엔티티 해상도와 같은 작업을 수행하고자 이러한 형태의 에너지 함수를 최소화하는 일반적으로 사용되는 전략으로 이어진다. 이러한 최소화 작업이 특정 범주의 최적화 문제를 나타내는 용어인 '서브모듈러submodular'인 경우 그래프 절단에 기반한 알고리듬을 사용해 정확한 최솟값을 찾을 수 있으며 그렇지 않으면 트리 가중치 메시지 전달과 같은 방법이 사용된다.

sum-product와 max-product 알고리듬을 사용한 계산

모든 확률 모델에 대한 주요 관심 수치는 말지널 확률과 모델에 대한 가장 가능성 있는 (사용)이유다. 트리 구조 그래프 모델의 경우 이들에 대한 정확한 솔루션은 sum-product[1] 및 max-product[2] 알고리듬을 통해 효율적으로 찾을 수 있다. 9.8절에서 논의된 은닉 마르코프 모델에 적용될 때 이들은 각각 forewards-backwards 및 비터비Viterbi 알고리듬으로 알려져 있다. 여기서는 동기부여를 위한 몇 가지 간단한 예제로 시작한 다음 알고리듬 자체를 제시할 것이다.

---

1   sum-product 알고리듬: 신뢰 전파(belief propagation)라고도 하며 이는 베이즈 네트워크 또는 마르코프 네트워크 등의 그래프 모델상에 작용하는 메시지 전달 알고리듬이다. 이 알고리듬은 이미 관측한 노드의 상태를 토대로 아직 관측하지 않은 노드의 말지널 분포를 각각 계산하는 알고리듬이다. 쉽게 말해서 그래프상에서 관측된 특정 확률 변수의 분포가 주어졌을 때 그로부터 직간접적으로 영향을 받는 모든 관측되지 않은 확률 변수의 belief를 추정하는 것이다. 즉 완전히 간결하게 말하자면 그래픽 모델에서 일부 노드에 대한 확률 분포 또는 값이 주어졌을 때 그 외 다른 노드에 해당하는 확률 변수의 분포를 추정하는 문제라고 할 수 있다.(https://eehoeskrap.tistory.com/182) – 옮긴이

2   max-product 알고리듬: 비터비(Viterbi) 알고리듬이라고도 하며 은닉 마르코프 모델 등에서 관측된 사건들의 순서를 야기한 가장 가능성 높은 은닉 상태들의 순서(비터비 경로(Viterbi path))를 찾기 위한 동적 계획법을 말한다. – 옮긴이

말지널 확률

베이지안 네트워크가 주어지면 초기 단계는 관측치가 전혀 주어지지 않은 각 노드의 말지널 확률을 결정하는 것이다. 이러한 단일 노드 한곗값은 네트워크를 지정하는 데 사용된 조건부 및 무조건적 확률과는 다르다. 실제로 베이지안 네트워크를 다루기 위한 소프트웨어 패키지는 종종 기본 조건 및 비조건적 확률 측면에서 네트워크의 정의를 취하고 사용자에게 시각적 인터페이스의 각 노드에 대한 단일 노드의 말지널을 보여 준다. 변수 x_i에 대한 말지널은 다음과 같다.

$$P(x_i) = \sum_{x_{j \neq i}} P(x_1, \ldots, x_n)$$

여기서 합은 모든 변수 $x_j \neq x_i$의 상태를 초과하며 sum-product 알고리듬으로 계산할 수 있다. 사실 동일한 알고리듬이 일부 변수가 관찰되고 다른 변수의 신뢰를 계산하고 싶을 때와 같은 다른 많은 상황에서 사용되며 학습에 필요한 사후 분포를 찾는 데도 사용된다 (예를 들어 EM 알고리듬 사용).

그림 9.12A의 베이지안 네트워크에서 $x_4 = \tilde{x}_4$인 관측치가 주어졌을 때 변수 x_3의 말지널 확률 확률을 계산하는 작업을 생각해 보자. 변수를 조건으로 하기 때문에 말지널 확률 조건 확률을 계산해야 한다. 이것은 변수 x_4의 상태가 주어지면 모델이 x_3에 대한 업데이트된 신뢰를 추론하는 데 사용되는 질의를 수행하는 실제 개념에 해당한다.

그래프의 다른 변수는 관찰되지 않았으므로 원하는 결과를 얻으려면 그래프 모델에서 통합해야 한다.

$$P(x_3|\tilde{x}_4) = \frac{P(x_3, \tilde{x}_4)}{P(\tilde{x}_4)} = \frac{P(x_3, \tilde{x}_4)}{\sum_{x_3}(x_3, \tilde{x}_4)}$$

여기서 주요 관심 확률은 다음과 같다.

$$P(x_3, \tilde{x}_4) = \sum_{x_1} \sum_{x_2} \sum_{x_5} P(x_1, x_2, x_3, \tilde{x}_4, x_5)$$
$$= \sum_{x_1} \sum_{x_2} \sum_{x_5} P(x_1)P(x_2)P(x_3|x_1)P(\tilde{x}_4|x_1, x_2)P(x_5|x_2)$$

그러나 이 합계는 개별 확률에 대한 곱으로 구성된 공동 확률을 포함하는 다량의 데이터 구조를 포함한다. sum-product 알고리듬은 훨씬 더 나은 솔루션을 참조한다. 확률의 곱을 계산하기 전에 합계를 가능한 한 오른쪽으로 이동시켜라. 여기서 필요한 말지널화 marginalization는 다음과 같이 계산할 수 있다.

$$P(x_3, \tilde{x}_4) = \sum_{x_1} P(x_3|x_1)P(x_1) \sum_{x_2} P(\tilde{x}_4|x_1, x_2)P(x_2) \sum_{x_5} P(x_5|x_2)$$
$$= \sum_{x_1} P(x_3|x_1)P(x_1)P(\tilde{x}_4|x_1)$$
$$= \sum_{x_1} P(x_1, x_3, \tilde{x}_4)$$

sum-product 알고리듬

이 간단한 예에서 설명하는 접근 방식은 원하는 경우 조건부 말지널로 변환할 수 있는 말지널을 계산하는 알고리듬으로 일반화할 수 있다. 개념적으로는 팩터 그래프로 정의된 변수와 함수 간의 메시지 전송을 기반으로 한다.

연결이 하나뿐인 변수 또는 함수 노드로 시작한다. 함수 노드는 연결된 변수에 $\mu_{f \to x}(x)$ = $f(x)$ 메시지를 보내고 변수 노드는 $\mu_{x \to f}(x)$ = 1을 보낸다. 메시지를 보낸 노드를 제외한 모든 이웃으로부터 메시지를 받을 때까지 각 노드는 대기한다. 그런 다음 함수 노드는 다음 형식의 메시지를 변수 x로 보낸다.

$$\mu_{f \to x}(x) = \sum_{x_1, \ldots, x_K} f(x, x_1, \ldots, x_K) \prod_{k \in N(f) \, x} \mu_{x_k \to f}(x_k)$$

여기서 $N(f) \backslash x$는 수신 변수 x를 제외한 함수 노드 f의 이웃 집합을 나타낸다. K개의 다른 이웃 노드의 이러한 변수를 x_1, ..., x_k로 쓴다. 변수가 관찰되면 그와 관련된 함수에 대한 메시지는 더 이상 변수의 상태에 대한 합계가 필요하지 않으며 함수는 관찰된 상태로 평가되며 연관된 변수 노드가 새로운 수정된 함수로 변환되는 것으로 생각할 수 있다. 그러면 관측된 변수에 대한 함수 메시지로의 변수가 없어진다.

변수 노드는 이 형식의 메시지를 함수로 보낸다.

$$\mu_{x \to f}(x) = \mu_{f_1 \to x}(x) \ldots \mu_{f_K \to x}(x) = \prod_{k \in N(x) f} \mu_{f_k \to x}(x)$$

여기서 곱은 수신자 함수 f(즉 $fk \in N(x) f$)를 제외한 모든 이웃 함수 $N(x)$로부터의 메시지에 대한 것이다. 알고리듬이 끝나면 각 노드의 말지널 확률은 모든 변수들과 연결된 함수들로부터 인입된 메시지의 곱이 된다.

$$P(x_i) = \mu_{f_1 \to x}(x) \ldots \mu_{f_K \to x}(x)\mu_{f_{K+1} \to x}(x) = \prod_{k=1}^{K+1} \mu_{f_k \to x}(x)$$

이것은 변수 대 함수 노드 메시지와의 유사성을 강조하고자 $K + 1$ 기능 메시지에 대한 곱으로 작성된다. K 메시지의 곱으로 구성된 주어진 함수 f에 메시지를 보낸 후 변수는 말지널을 계산하고자 f에서 들어오는 메시지를 하나 더 받기만 하면 된다.

그래프의 일부 변수가 관측되면 알고리듬은 각 변수와 관측치의 말지널 확률을 산출한다. 각 변수에 대한 말지널 확률 조건 분포는 관측 확률로 결과를 정규화해 얻을 수 있으며 결과 분포에서 x_i를 합산해 모든 노드에서 얻을 수 있다. 이 분포는 $P(x_i, \{\tilde{x}_{j \in o}\})$ 형태다. 여기서 O는 관찰된 변수의 지수의 집합이다.

확률 모델의 경우와 같이 많은 확률을 빠르게 곱하면 매우 작은 숫자가 된다. sum-product 알고리듬은 종종 리스케일링으로 구현된다. 다른 방법으로는 로그 공간에서 계산을 수행할 수 있다(모두 max-product 알고리듬에 있기 때문이다. 아래 참고). $c = \log(\exp(a) + \exp(b))$ 형식의 계산으로 이어진다. 지수를 계산할 때 정밀도 손실을 방지하려면

$$c = \log(e^a + e^b) = a + \log(1 + e^{b-a}) = b + \log(1 + e^{a-b})$$

에 주의하면서 지수가 더 작은 식을 선택한다.

sum-product 알고리듬 예제

sum-product 알고리듬의 기본 개념은 합을 최대한 오른쪽으로 밀어붙이는 것이며 이는 모든 변수에 대해 동시에 효율적으로 수행된다. 알고리듬이 그림 9.12A의 베이지안 네트워크와 그림 9.17의 해당 계수 그래프에서 $P(x_3, \tilde{x}_4)$를 계산하는 데 사용되는 경우 관련

된 주요 메시지는 다음을 포함한다.

$$P(x_3, \tilde{x}_4) = \sum_{x_1} P(x_3|x_1) \underbrace{P(x_1)}_{1d} \sum_{x_2} P(\tilde{x}_4|x_1, x_2) \underbrace{P(x_2)}_{1c} \underbrace{\sum_{x_5} P(x_5|x_2)}_{2a} \cdot \underbrace{1}_{1a}$$

이 수치화된 메시지들은 다음과 같이 쓸 수 있다.

1a: $\mu_{x_5 \to f_E}(x_5) = 1$, 1c : $\mu_{f_B \to x_2}(x_2) = f_B(x_2)$,   1d: $\mu_{f_A \to x_1}(x_1) = f_A(x_1)$

2a: $\mu_{f_E \to x_2}(x_2) = \sum_{x_5} f_E(x_5, x_2)$

3a: $\mu_{x_2 \to f_D}(x_5) = \mu_{f_B \to x_2}(x_2) \mu_{f_E \to x_2}(x_2)$

4a: $\mu_{f_D \to x_1}(x_1) = \sum_{x_2} f_D(\tilde{x}_4|x_1, x_2) \mu_{x_2 \to f_D}(x_5)$

5a: $\mu_{x_1 \to f_C}(x_1) = \mu_{f_A \to x_1}(x_1) \mu_{f_D \to x_1}(x_1)$

6a: $\mu_{f_C \to x_3}(x_3) = \sum_{x_1} f_C(x_3, x_1) \mu_{x_1 \to f_C}(x_1)$

전체 알고리듬은 그림 9.17에 표시된 다른 메시지를 사용해 그래프의 모든 단일 변수 말지널을 생성하지만 위에 열거되지는 않는다. 이 간단한 예제는 $\tilde{x}_4$가 관찰될 때 체인 구조 팩터 그래프chain-structured factor graph로 변환되는 베이지안 네트워크를 기반으로 하며 메시지 전달 구조는 아래에서 논의되는 은닉 마르코프 모델 및 **조건부 랜덤 필드**conditional random field에 사용된 계산과 유사하다. 긴 체인 또는 대형 트리 구조 네트워크의 경우 이러한 계산은 근사 방법에 의존하지 않고 필요한 수량을 효율적으로 계산하는 데 필수적이다.

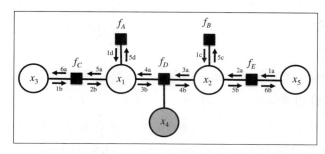

그림 9.17 예제 팩터 그래프에서 메시지 시퀀스

MPE(Most Probable Explanation) 예제

$x_4 = \tilde{x}_4$로 주어진 예제에서 다른 모든 변수의 가장 있을 만한 설정은 아래에 대한 검색을 포함한다.

$$\{x_1^*, x_2^*, x_3^*, x_5^*\} = \underset{x_1, x_2, x_3, x_5}{\arg \max} P(x_1, x_2, x_3, x_5 | \tilde{x}_4)$$

여기서

$$P(x_1^*, x_2^*, x_3^*, x_5^* | \tilde{x}_4) = \underset{x_1, x_2, x_3, x_5}{\max} P(x_1, x_2, x_3, x_5 | \tilde{x}_4)$$

결합 확률은 상수에 의해 조건부와 관련돼 있으므로 $P(x_1, x_2, x_3, \tilde{x}_4, x_5)$의 최댓값을 똑같이 잘 찾을 수 있다. max는 sum과 유사한 방식으로 동작하기 때문에 sum-product에서 팁을 가져와 $\max(ab, ac) = a \max(b, c)$에 유의하면서 최대한 오른쪽으로 max 연산을 밀 수 있다. 여기서

$$\underset{x_1}{\max} \underset{x_2}{\max} \underset{x_3}{\max} \underset{x_5}{\max} P(x_1, x_2, x_3, \tilde{x}_4, x_5)$$
$$= \underset{x_3}{\max} \underset{x_1}{\max} P(x_1)P(x_3|x_1) \underset{x_2}{\max} P(x_2)P(\tilde{x}_4|x_1, x_2) \underset{x_5}{\max} P(x_5|x_2)$$

x_2의 가능한 각 상태에 대해 가능한 x_5 상태 중에서 가장 큰 확률을 찾는 맨 오른쪽의 x_5에 대한 최댓값을 생각해 보자. 여기에는 x_2의 각 구성에 대해 최대 x_5 값을 제공하는 테이블 생성이 포함된다. 왼쪽의 다음 연산인 x_2에 대한 최댓값은 x_2에 대한 표의 현재 최댓값에 $P(x_2)$ $P(\tilde{x}_4|x_1, x_2)$에 대한 해당 확률을 곱하는 것이다. 따라서 x_1의 각 상태에 대해 x_2의 각 상태에 대한 최댓값을 찾아야 한다. 이는 오른쪽에서 지금까지 전파된 모든 정보를 기반으로 가능한 각 상태에 대해 얻은 가장 큰 값으로 x_1 상태에 대한 메시지를 생성해 모델링할 수 있다.

이 과정은 결국 x_3에 대한 최종 max 값을 가질 때까지 계속된다. 이것은 x_3의 각 상태에 대한 스코어와 함께 데이터 구조의 항목에 대응하는 가장 가능성 있는 설명의 확률인 단일 값을 제공한다. 최종 max 값을 계산하는 데 사용되는 변수를 변경하면 동일한 최댓값이 생성되므로 모든 변수에서 추출할 수 있다. 그러나 각 변수에 대해 arg max를 사

용하면 원하는 가장 가능성 있는 설명 x_1^*, x_2^*, x_3^*, x_5^*을 얻을 수 있는데 이는 확률이 가장 큰 모든 변수의 설정이다. 이러한 아이디어를 일반화하고 효율적으로 수행하면 임의의 트리 구조 그래프에서 이러한 계산을 정확하게 수행하기 위한 일반적인 템플릿인 max-product 알고리듬이 생성된다.

max-product 또는 max-sum 알고리듬

max-product 알고리듬은 트리 구조 확률 모델에서 가장 가능성 있는 설명을 찾는 데 사용할 수 있다. 일반적으로 수치적 안정성 문제를 완화하고자 로그 공간에서 구현되며 max-sum 알고리듬으로 더 잘 특성화된다. 로그 함수는 단조 증가이기 때문에 $\log(\max_x p(x)) = \max_x \log p(x)$ 및 위에서 언급했듯이 $\max(c + a, c + b) = c + \max(a, b)$가 된다. 이러한 속성을 사용하면 트리 구조 확률 모델에서 최대 확률 구성을 다음과 같이 계산할 수 있다.

sum-product 알고리듬에서와 같이 그래프에서 연결이 하나뿐인 변수 또는 팩터는 $\mu_{x \to f}(x) = 0$으로 구성된 함수 대 변수 메시지 또는 $\mu_{f \to x}(x) = \log f(x)$으로 구성된 변수 대 함수 메시지를 전송해 시작한다. 그래프의 각 함수 및 변수 노드는 메시지를 수신할 노드를 제외한 모든 인접 노드로부터 메시지를 수신할 때까지 대기한다. 그런 다음 함수 노드는 다음 형식의 메시지를 변수 x로 보낸다.

$$\mu_{f \to x}(x) = \max_{x_1, \ldots, x_K} \left[\log f(x, x_1, \ldots, x_K) + \sum_{k \in N(f) \setminus x} \mu_{x_k \to f}(x_k) \right]$$

여기서 표기 $N(f) \setminus x$는 위에서의 sum-product 알고리듬에 대한 것과 같다. 또한 변수는 이 형태의 메시지를 함수로 보낸다

$$\mu_{x \to f}(x) = \sum_{k \in N(x) \setminus f} \mu_{f_k \to x}(x)$$

여기서 합계는 수신자 함수를 제외한 모든 함수의 메시지에 대한 것이다. 알고리듬이 종료되면 다음 식을 사용해 모든 노드에서 가장 가능성 있는 구성의 확률을 추출할 수

있다.

$$p^* = \max_x \left[\sum_{k \in N(x)} \mu_{f_k \to x}(x) \right]$$

가장 가능성 있는 설정 자체는 각 변수에 다음 계산을 적용해 얻을 수 있다.

$$x^* = \arg\max_x \left[\sum_{k \in N(x)} \mu_{f_k \to x}(x) \right]$$

구체적인 예에서 이것이 어떻게 작동하는지 이해하려면 그림 9.17에 설명된 메시지 시퀀스를 따르되 위에서 정의한 최대 곱 메시지와 앞에서 조사한 sum-product 메시지 대신에 max 및 arg max에 대한 최종 계산을 사용하라.

max-product 알고리듬은 트리 구조화된 베이지안 네트워크뿐만 아니라 각각 9.7 및 9.8절에서 논의된 조건부 랜덤 필드 및 숨겨진 마르코프 모델의 라벨 시퀀스에 대한 최종 예측 수행에 널리 사용된다.

9.7 조건부 확률 모델

4.6절의 회귀 모델이 가장 단순하고 자주 사용되는 조건부 확률 모델conditional probability model 유형에 해당한다는 사실에 놀랄 것이다. 다음 '확률 모델로서의 선형 회귀 및 다항 회귀' 절에서는 확률 렌즈를 통해 선형 회귀를 살펴보고 논리 회귀에 대한 다중 클래스 확장을 조사해 이를 스칼라 및 행렬–벡터 형식으로 표현한다. 행렬–벡터 형식으로의 도약은 모델링 및 학습의 핵심 측면을 간결한 방식으로 표현할 수 있음을 보여 준다. 이를 통해 고도로 최적화되고 최신 컴퓨팅 하드웨어를 활용하는 매트릭스 벡터 조작을 위해 라이브러리 또는 하드웨어를 사용해 컴퓨터 구현을 가속화할 수 있다. 그래프 처리 장치 GPU, Graphics Processing Unit는 표준 구현보다 훨씬 빠른 실행 속도를 제공할 수 있다.

확률 모델로서의 선형 회귀 및 다항 회귀

다른 변수 x_i의 관측치가 주어진 경우 연속 변수 y_i의 관측치에 대한 조건부 확률 분포가 선형 가우시안이라고 가정하자.

$$p(y_i|x_i) = \frac{1}{\sqrt{2\pi}\sigma}\exp\left[-\frac{\{y_i - (\theta_0 + \theta_1 x_i)\}^2}{2\sigma^2}\right]$$

여기서 파라미터 θ_0 및 θ_1은 기울기와 절편을 나타낸다. 관찰된 x_i에 상응하는 관찰된 y_i에 대한 조건부 분포는 다음과 같이 정의할 수 있다.

$$p(y_1, \ldots, y_N|x_1, \ldots, x_N) = \prod_{i=1}^{N} p(y_i|x_i)$$

일반적으로 로그 가능성^{log-likelyhood}을 대신해 작업한다.

$$L_{y|x} = \log \prod_{i=1}^{N} p(y_i|x_i) = \sum_{i=1}^{N} \log p(y_i|x_i)$$

이는 다음과 같이 단순화된다.

$$
\begin{aligned}
L_{y|x} &= \sum_{i=1}^{N} \log\left\{\frac{1}{\sigma\sqrt{2\pi}}\exp\left[-\frac{\{y_i - (\theta_0 + \theta_1 x_i)\}^2}{2\sigma^2}\right]\right\} \\
&= -N\log\left[\sigma\sqrt{2\pi}\right] - \sum_{i=1}^{N} \frac{\{y_i - (\theta_0 + \theta_1 x_i)\}^2}{2\sigma^2}
\end{aligned}
$$

첫 번째 항은 데이터와 무관하다. 따라서 로그 가능성을 최대화하는 파라미터를 찾으려면 제곱 오차를 최소화하는 파라미터를 찾는 것으로 충분하다.

$$\arg\max_{\theta_0, \theta_1}(L_{y|x}) = \arg\min_{\theta_0, \theta_1}\left(\sum_{i=1}^{N}\{y_i - (\theta_0 + \theta_1 x_i)\}^2\right)$$

이것은 보통의 선형 회귀다.

여기서 x_i는 스칼라이지만 메서드는 벡터 $\mathbf{x}_i$로 일반화된다. 범주형 변수^{categorical variables}는 이른바 '원−핫^{one-hot}' 방법을 사용해 $\mathbf{x}$ 차원의 하위 집합으로 인코딩할 수 있다. 범주 라벨에 해당하는 차원에 1을 배치하고 변수에 할당된 다른 모든 차원에 0을 배치한다. 모든 입력 변수가 범주형인 경우 이는 고전적인 분산 분석^{ANOVA, Analysis Of Variance} 방법에 해당한다.

파라미터상의 우선순위의 사용

파라미터 $\mathbf{w}$ 앞에 가우시안을 배치하면 리지 회귀^{ridge regression}(7.2절)(이는 '무게 감쇠^{weight decay}'라고도 함) 방법이 사용된다. D차원 벡터 $\mathbf{x}$를 사용해 예측하는 회귀를 생각해 보자. 회귀의 편향 항은 $\mathbf{x}$의 첫 번째 차원을 모든 예에 대한 상수 1로 정의해 나타낼 수 있다. $[\theta_1 \dots \theta_D] = \mathbf{w}^T$의 정의 및 스칼라 가우시안에 대한 일반적인 $N(x; \mu, \sigma)$ 표기법을 사용해 기본 확률 모델을 표현하면 다음과 같이 된다.

$$\prod_{i=1}^{N} p(y_i|x_i; \theta)p(\theta; \tau) = \left[\prod_{i=1}^{N} N(y_i; \mathbf{w}^T x_i, \sigma^2) \right] \left[\prod_{d=1}^{D} N(w_d; 0, \tau^2) \right]$$

여기서 τ는 우선순위를 지정하는 하이퍼파라미터다. $\lambda \equiv \sigma^2/\tau^2$를 설정하면 로그 조건 가능성을 기반으로 한 사후 모수 추정의 최댓값이 제곱 오차 손실 함수를 최소화하는 것과 동일함을 보여 줄 수 있다.

$$F(\mathbf{w}) = \sum_{i=1}^{N} \{y_i - \mathbf{w}^T x_i\}^2 + \lambda \mathbf{w}^T \mathbf{w} \tag{9.4}$$

여기에는 $[R_{L_2}(\mathbf{w}) = \mathbf{w}^T\mathbf{w} = \|\mathbf{w}\|_2^2]$에 의해 주어진 L_2 기반 정규화 항이 포함된다('정규화'는 오버피팅 방지를 위한 또 다른 항이다).

가중치에 대한 분포에 대해 라플라스 우선순위^{Laplace prior}를 사용하고 가능성 함수의 로그를 취하면 L_1 기반 정규화 항 $[R_{L_1}(\mathbf{w}) = \|\mathbf{w}\|_1]$이 생성된다. 이유를 확인하려면 라플라스 분포의 형식이 아래와 같음을 주의한다.

$$P(w; \mu, b) = L(w; \mu, b) = \frac{1}{2b} \exp\left(-\frac{|w - \mu|}{b} \right)$$

여기서 μ와 b는 파라미터이다. $\mu_j = 0$을 사용하는 라플라스 분포로 각 가중치에 대한 사전 확률을 모델링하면 다음과 같다.

$$-\log\left[\prod_{d=1}^{D} L(w_d; 0, b)\right] = \log(2b) + \frac{1}{b}\sum_{d=1}^{D}|w_d| \propto ||\mathbf{w}||_1$$

라플라스 분포는 가우시안 분포보다 더 많은 확률을 0에 배치하기 때문에 회귀 문제에서 정규화와 변수 선택을 모두 제공할 수 있다. 이 기술은 LASSO[Least Absolute Shrinkage and Selection Operator]라는 회귀 접근 방식으로 널리 알려졌다.

'엘라스틱 넷[elastic net]'으로 알려진 대체 접근 방식은 다음을 사용해 L_1 및 L_2 정규화 기술을 결합한다.

$$\lambda_1 R_{L_1}(\boldsymbol{\theta}) + \lambda_2 R_{L_2}(\boldsymbol{\theta}) = \lambda_1||\mathbf{w}||_1 + \lambda_2||\mathbf{w}||_2^2$$

이것은 가우시안 분포와 라플라 시안 분포의 곱으로 구성된 사전 분포에 해당한다. 그 결과 손실이 볼록[convex]한 경우 볼록 최적화 문제(즉 로컬 최솟값이 전역 최솟값이어야 하는 문제)가 발생하며 이는 논리 또는 선형 회귀와 같은 모델에 적용된다.

선형 및 다항 회귀의 행렬 벡터 공식

이 절에서는 행렬 연산을 사용해 선형 회귀를 공식화한다. 식 (9.4)의 손실(페널티 항 제외)이 아래와 같이 기록될 수 있음을 확인한다.

$$
\begin{aligned}
&\sum_{i=1}^{N}\{y_i - (\theta_0 + \theta_1 x_{1i} + \theta_2 x_{2i} + \ldots + \theta_D x_{Di})\}^2 \\
&= \left(\begin{bmatrix} y_1 \\ \vdots \\ y_N \end{bmatrix} - \begin{bmatrix} 1 & x_{11} & x_{21} & & x_{D1} \\ \vdots & \vdots & \vdots & \cdots & \vdots \\ 1 & x_{1N} & x_{2N} & & x_{DN} \end{bmatrix}\begin{bmatrix} \theta_0 \\ \vdots \\ \theta_D \end{bmatrix}\right)^T \left(\begin{bmatrix} y_1 \\ \vdots \\ y_N \end{bmatrix} - \begin{bmatrix} 1 & x_{11} & x_{21} & & x_{D1} \\ \vdots & \vdots & \vdots & \cdots & \vdots \\ 1 & x_{1N} & x_{2N} & & x_{DN} \end{bmatrix}\begin{bmatrix} \theta_0 \\ \vdots \\ \theta_D \end{bmatrix}\right) \\
&= (\mathbf{y} - \mathbf{Aw})^T(\mathbf{y} - \mathbf{Aw})
\end{aligned}
$$

여기서 벡터 $\mathbf{y}$는 누적된 개별 y_i이고, $\mathbf{w}$는 모델에 대한 파라미터(또는 가중치)의 벡터다. $\mathbf{w}$에 대한 편미분을 취하고 결과를 0으로 설정하면 파라미터에 대한 닫힌 형식 표현식이 생성된다.

$$\frac{\partial}{\partial \mathbf{w}}(\mathbf{y}-\mathbf{Aw})^T(\mathbf{y}-\mathbf{Aw}) = 0$$
$$\Rightarrow \mathbf{A}^T\mathbf{Aw} = \mathbf{A}^T\mathbf{y}$$
$$\mathbf{w} = (\mathbf{A}^T\mathbf{A})^{-1}\mathbf{A}^T\mathbf{y} \tag{9.5}$$

이것들은 유명한 방정식이다. $\mathbf{A}^T\mathbf{Aw} = \mathbf{A}^T\mathbf{y}$는 정규 방정식^{normal equation}으로 알려져 있으며 수량 $\mathbf{A}^+ = (\mathbf{A}^T\mathbf{A})^{-1}\mathbf{A}^T$는 의사역^{pseudoinverse}으로 알려져 있다. $\mathbf{A}^T\mathbf{A}$가 항상 반전 가능한 것은 아니지만 이 문제는 정규화를 사용해 해결할 수 있다.

리지 회귀에 대해 우선순위가 추가, 목적함수가 생성되며

$$F(\mathbf{w}) = (\mathbf{y}-\mathbf{Aw})^T(\mathbf{y}-\mathbf{Aw}) + \lambda \mathbf{w}^T\mathbf{w} \tag{9.6}$$

행에 벡터 $\mathbf{x}_i$가 있고 위에 정의된 대로 λ가 있는 적절하게 정의된 행렬 $\mathbf{A}$의 경우에 대해서다. $F(\mathbf{w})$의 편미분을 0으로 설정하면 폐쇄형 솔루션이 생성된다.

$$\frac{\partial}{\partial \mathbf{w}}F(\mathbf{w}) = 0$$
$$\Rightarrow \mathbf{A}^T\mathbf{Aw} + \lambda\mathbf{w} = \mathbf{A}^T\mathbf{y}$$
$$\mathbf{w} = (\mathbf{A}^T\mathbf{A} + \lambda\mathbf{I})^{-1}\mathbf{A}^T\mathbf{y}$$

의사 역방정식에 대한 이러한 수정을 사용하면 종종 매우 작은 λ를 사용해 존재하지 않을 솔루션을 찾을 수 있다. 수치적 불안정성을 피하는 정규화 방법으로 종종 제시되지만 파라미터에 대한 사전 분석은 더 많은 통찰력을 제공한다. 예를 들어 서로 다른 용어에 대해 서로 다른 강도의 가우시안 우선순위를 사용하는 것이 적절할 수 있다. 사실 편향 가중치에 페널티를 부과하지 않는 것이 일반적이다. 이는 식 (9.6)의 $\lambda\mathbf{w}^T\mathbf{w}$ 항을 $\mathbf{w}^T\mathbf{Dw}$로 대체해 구현할 수 있다. 여기서 $\mathbf{D}$는 각 가중치에 사용할 λ_i를 포함하는 대각 행렬로 해를 $\mathbf{w} = (\mathbf{A}^T\mathbf{A} + \mathbf{D})^{-1}\mathbf{A}^T\mathbf{y}$로 변환한다. 편미분에 대한 위의 표현은 상당히 간단하지만 구현하는 동안 수적으로 불안정한 결과를 피하고자 주의를 기울여야 한다.

선형 회귀 모델은 비선형 다항식 모델로 변환될 수 있다. 다항 회귀 모델이 비선형 예측을 산출하지만 추정 문제는 파라미터에서 선형이다. 이를 확인하려면 적절하게 정의된

행렬 **A**를 사용해 다항식의 고차항을 인코딩하고 벡터 **c**를 사용해 고차항에 사용되는 항목을 포함해 계수를 인코딩해 문제를 행렬 형식으로 표현한다.

$$
\begin{aligned}
&\sum_{i=1}^{N}\{y_i-(\theta_0+\theta_1 x_i+\theta_2 x_i^2+\cdots+\theta_K x_i^K)\}^2 \\
&= \left(\begin{bmatrix} y_1 \\ \vdots \\ y_N \end{bmatrix} - \begin{bmatrix} 1 & x_1 & x_1^2 & \cdots & x_1^K \\ \vdots & \vdots & \vdots & & \vdots \\ 1 & x_N & x_N^2 & \cdots & x_N^K \end{bmatrix} \begin{bmatrix} \theta_0 \\ \vdots \\ \theta_K \end{bmatrix}\right)^{\mathbf{T}} \left(\begin{bmatrix} y_1 \\ \vdots \\ y_N \end{bmatrix} - \begin{bmatrix} 1 & x_1 & x_1^2 & \cdots & x_1^K \\ \vdots & \vdots & \vdots & & \vdots \\ 1 & x_N & x_N^2 & \cdots & x_N^K \end{bmatrix} \begin{bmatrix} \theta_0 \\ \vdots \\ \theta_K \end{bmatrix}\right) \\
&= (\mathbf{y}-\mathbf{Ac})^T(\mathbf{y}-\mathbf{Ac})
\end{aligned}
$$

식 (9.5)은 닫힌 형식에서의 파라미터에 대한 풀이에 사용된다.

기본 예측 문제를 선형으로 유지하면서 선형 예측 방법을 비선형 방법으로 변환하는 이 트릭은 일반화가 가능하다. 보통 이런 접근 방식은 기본 함수 확장이라는 이름으로 진행된다. 다항 회귀의 경우 행렬 **A**(x의 거듭제곱)의 행에 의해 주어진 다항식 기저basis가 사용된다. 그러나 입력 $\phi(\mathbf{x})$의 비선형 함수를 사용해 다음 형식의 모델을 정의할 수 있다.

$$
p(y|\mathbf{x}) = N(y; \mathbf{w}^T\phi(\mathbf{x}), \sigma^2)
$$

이는 또한 선형 모수 추정 문제에 대한 폐쇄형 솔루션을 제공한다. 아래에서 확률 모델 커널화를 논의할 때 이를 다시 설명한다.

다중 클래스 논리 회귀

이진 논리 회귀는 4.6절에서 소개됐다. 이제 클래스 값이 랜덤 변수 $y \in \{1, ..., N\}$의 인스턴스로 인코딩되고 이전과 마찬가지로 기능 벡터가 변수 **x**의 인스턴스인 다중 클래스 분류 문제를 생각해 보자. 클래스의 순서는 의미가 없다고 가정한다.

다음과 같은 파라미터 형식을 사용해 간단한 선형 확률 분류기를 만들 수 있다.

$$
p(y|\mathbf{x}) = \frac{\exp\left(\sum_{k=1}^{K} w_k f_k(y, \mathbf{x})\right)}{\sum_y \exp\left(\sum_{k=1}^{K} w_k f_k(y, \mathbf{x})\right)} = \frac{1}{Z(\mathbf{x})}\exp\left(\sum_{k=1}^{K} w_k f_k(y, \mathbf{x})\right) \tag{9.7}
$$

이는 모델의 파라미터로 K 기능 함수 $f_k(y, \mathbf{x})$ 및 K 가중치, w_k를 사용한다. 이것은 다항 논리 회귀를 공식화하는 방법 중 하나다. 기능 함수로 입력 벡터 $\mathbf{x}$에서 추출된 복잡한 특성을 인코딩할 수 있다. 최대 조건부 가능성 $\mathbf{x}$와 y의 인스턴인 관측치 및 $\mathbf{x}$, $\{\tilde{y}_1, ..., \tilde{y}_N, \tilde{\mathbf{x}}_1, ..., \tilde{\mathbf{x}}_N\}$를 사용해 학습을 수행하려면 목적 함수를 다음과 같이 작성하라.

$$L_{y|x} = \log \prod_{i=1}^{N} p(\tilde{y}_i|\tilde{\mathbf{x}}_i) = \sum_{i=1}^{N} \log p(\tilde{y}_i|\tilde{\mathbf{x}}_i)$$

안타깝게도 이 조건부 가능성을 최대화하는 파라미터 값에 대한 폐쇄형 솔루션은 없으며 일반적으로 기울기 기반 절차를 사용해 최적화가 수행된다. 단 하나의 관측치에 대해 로그 조건부 확률의 가중치 중 하나에 대해 편미분을 취하면

$$\begin{aligned}
\frac{\partial}{\partial w_j} p(\tilde{y}|\tilde{\mathbf{x}}) &= \frac{\partial}{\partial w_j} \left\{ \log \left(\frac{1}{Z(\tilde{\mathbf{x}})} \exp \left(\sum_{k=1}^{K} w_k f_k(\tilde{y}, \tilde{\mathbf{x}}) \right) \right) \right\} \\
&= \frac{\partial}{\partial w_j} \left\{ \left[\underbrace{\sum_{k=1}^{K} w_k f_k(\tilde{y}, \tilde{\mathbf{x}})}_{\text{easy part}} \right] - \underbrace{\log Z(\tilde{\mathbf{x}})}_{\text{cool part}} \right\} \\
&= f_{k=j}(\tilde{y}, \tilde{\mathbf{x}}) - \frac{\partial}{\partial w_j} \left\{ \sum_{y} \exp \left(\sum_{k=1}^{K} w_k f_k(y, \tilde{\mathbf{x}}) \right) \right\}
\end{aligned}$$

미분은 두 항으로 나뉜다. 첫 번째 방법은 $w_k \neq w_j$가 0인 가중치를 포함하는 모든 항이 0이고 합이 한 항만 남기 때문에 어렵지 않다. 두 번째는 겉보기에 위압적이긴 하지만 직관적이고 해석 가능한 결과를 산출하는 결과를 갖고 있다.

$$\begin{aligned}
\frac{\partial}{\partial w_j} - \log Z(\tilde{\mathbf{x}}) &= - \frac{\partial}{\partial w_j} \left\{ \sum_{y} \exp \left(\sum_{k=1}^{K} w_k f_k(y, \tilde{\mathbf{x}}) \right) \right\} \\
&= - \frac{\sum_{y} \exp \left(\sum_{k=1}^{K} w_k f_k(y, \tilde{\mathbf{x}}) \right) f_j(y, \tilde{\mathbf{x}})}{\sum_{y} \exp \left(\sum_{k=1}^{K} w_k f_k(y, \tilde{\mathbf{x}}) \right)} \\
&= - \sum_{y} p(y|\tilde{\mathbf{x}}) f_j(y, \tilde{\mathbf{x}}) = - \mathrm{E}[f_j(y, \tilde{\mathbf{x}})]_{p(y|\tilde{\mathbf{x}})}
\end{aligned}$$

이것은 현재 파라미터 설정을 사용해 모델에 의해 주어진 확률 분포 $p(y|\tilde{\mathbf{x}})$하에서의 기능 함수 $f_j(y|\tilde{\mathbf{x}})$의 예측치 $E[.]_{p(y|\tilde{\mathbf{x}})}$에 해당한다. 기능 함수를 벡터 형식의 함수 $\mathbf{f}(\tilde{y}|\tilde{\mathbf{x}})$로 작

성한다. 그러면 가중치 $\mathbf{w}$ 벡터의 경우 $\mathbf{w}$에 대한 전체 데이터셋에 대한 조건부 로그 가능성의 편도 함수는 다음과 같이 된다.

$$\frac{\partial}{\partial \mathbf{w}} L_{y|x} = \sum_{i=1}^{N} [\mathbf{f}(\tilde{y}_i|\tilde{\mathbf{x}}_i) - E[\mathbf{f}(y_i|\tilde{\mathbf{x}}_i)]_{P(y_i|\tilde{\mathbf{x}}_i)}]$$

이것은 주어진 예에서 관찰된 기능 벡터와 현재 모델 설정에서 예측되는 기능 벡터 값 간의 차이의 합으로 구성된다. 모델이 완벽하고 각 예를 확률 1로 올바르게 분류하면 편도 함수는 0이 된다. 학습 절차는 관찰된 데이터에 더 가까운 예측을 생성하도록 모델 파라미터를 조정한다.

다중 클래스 논리 회귀의 행렬 벡터 공식

각 클래스와 관련된 가중치에 대해 벡터 $\mathbf{w}_c$를 사용하는 다중 클래스 선형 확률 분류기에 대한 식 (9.7)의 모델을 다음과 같이 작성할 수 있다.

$$p(y = c|\mathbf{x}) = \frac{\exp(\mathbf{w}_c^T \mathbf{x})}{\sum_y \exp(\mathbf{w}_y^T \mathbf{x})}$$

여기서 y는 인덱스이고, 가중치는 길이가 K인 벡터로 인코딩되며 특성 $\mathbf{x}$는 기능 함수 $f_k(y, \mathbf{x})$를 평가한 결과 $f_k(y = i, \mathbf{x})$ 및 $f_k(y = j, \mathbf{x})$에 의해 주어진 특성에 차이가 없도록 재정의됐다. 이 형식은 소프트맥스 함수^{softmax function}라는 신경망 모델의 마지막 레이어에 널리 사용된다.

클래스 라벨과 관계된 정보는 다항식 벡터 $\mathbf{y}$로 인코딩될 수 있으며 이는 정확한 클래스 라벨을 나타내는 차원에 있는 단일 1을 제외하면 모두 0이며, 즉 두 번째 클래스에 대해 $\mathbf{y} = [0 \ 1 \ 0 \ \dots \ 0]^T$가 된다. 가중치는 벡터 $\mathbf{W} = [\mathbf{w}1 \ \mathbf{w}2 \ \dots \ \mathbf{w}_k]^T$를 만들며 편향은 벡터 $\mathbf{b} = [b_1 \ b_2 \ \dots \ b_k]^T$를 만든다. 그러면 모델은 다음과 같이 확률 벡터를 생성한다.

$$p(\mathbf{y}|\mathbf{x}) = \frac{\exp(\mathbf{y}^T \mathbf{W}^T \mathbf{x} + \mathbf{y}^T \mathbf{b})}{\sum_{\mathbf{y} \in Y} \exp(\mathbf{y}^T \mathbf{W}^T \mathbf{x} + \mathbf{y}^T \mathbf{b})}$$

여기서 분모는 각 가능 라벨 $\mathbf{y} \in Y$의 합이며, $Y = \{[1\ \ 0\ \ 0\ \ \ldots\ \ 0]^T, [0\ \ 1\ \ 0\ \ \ldots\ \ 0]^T, \ldots, [0\ \ 0\ \ 0\ \ \ldots\ \ 1]^T\}$다. $\mathbf{x}$를 $\mathbf{x} = [\mathbf{x}^T\ 1]^T$로, 파라미터를 아래 행렬 형태로 재정의하면 다음과 같다.

$$\theta = [\mathbf{W}\ \mathbf{b}] = \begin{bmatrix} \mathbf{w}_1^T & b_1 \\ \mathbf{w}_2^T & b_2 \\ \vdots & \vdots \\ \mathbf{w}_k^T & b_k \end{bmatrix}$$

조건 모델은 다음과 같이 압축된 행렬-벡터 형태로 정리된다.

$$p(\mathbf{y}|\mathbf{x}) = \frac{\exp(\mathbf{y}^T\theta\mathbf{x})}{\sum_{\mathbf{y}\in Y} \exp(\mathbf{y}^T\theta\mathbf{x})} = \frac{1}{Z(\mathbf{x})}\exp(\mathbf{y}^T\theta\mathbf{x})$$

그러면 파라미터 행렬 θ의 관점에서의 로그 조건 가능성의 기울기는 다음과 같이 표현된다.

$$
\begin{aligned}
\frac{\partial}{\partial\theta}\log\prod_i p(\tilde{\mathbf{y}}_i|\tilde{\mathbf{x}}_i;\theta) &= \sum_{i=1}^{N}\left[\frac{\partial}{\partial\theta}(\tilde{\mathbf{y}}_i^T\theta\tilde{\mathbf{x}}_i) - \frac{\partial}{\partial\theta}\log Z(\tilde{\mathbf{x}}_i)\right] \\
&= \sum_{i=1}^{N}\tilde{\mathbf{y}}_i\tilde{\mathbf{x}}_i^T - \sum_{i=1}^{N}\sum_{\mathbf{y}\in Y}P(\mathbf{y}|\tilde{\mathbf{x}}_i)\mathbf{y}\tilde{\mathbf{x}}_i^T \\
&= \sum_{i=1}^{N}\tilde{\mathbf{y}}_i\tilde{\mathbf{x}}_i^T - \sum_{i=1}^{N}E[\mathbf{y}\tilde{\mathbf{x}}_i^T]_{P(\mathbf{y}|\tilde{\mathbf{x}}_i)}
\end{aligned}
$$

여기서 표기 $E[\mathbf{y}\tilde{\mathbf{x}}_i^T]_{p(\mathbf{y}|\tilde{\mathbf{x}}_i)}$는 $P(\mathbf{y}|\tilde{\mathbf{x}}_i)$하에서 랜덤 벡터 $\mathbf{y}$의 예측치를 표시하며 $P(\mathbf{y}|\tilde{\mathbf{x}}_i)$는 현재 파라미터 설정에서 관측된 입력 $\tilde{\mathbf{x}}_i$에 대해 모델이 산출하는 조건부 확률의 벡터다. 첫 번째 항은 절차가 시작될 때 한 번만 계산되는 행렬에 해당한다. 두 번째는 모델이 관찰된 데이터와 일치하는 예측을 수행하는 방법을 학습함에 따라 첫 번째 항에 더 가깝게 접근하는 행렬에 해당한다.

이러한 방정식을 벡터 및 행렬 연산으로 공식화하면 고도로 최적화된 수치 라이브러리를 적용할 수 있다. 벡터 및 행렬 연산을 위한 라이브러리는 빅 데이터 기술의 핵심 촉진자다. 특히 대규모 데이터셋을 사용한 딥러닝을 위한 최첨단 방법은 GPU가 지원하는 극적인 성능 향상에 크게 의존한다.

최종 예측은 N 클래스 중 $N - 1$에 대한 확률 도출만 필요하다는 사실을 고려하지 않았으며 나머지의 모든 합은 1이어야 한다는 사실에서 추론된다. 다항 논리 회귀 모델은 이의 사용을 공식화할 수 있으며 더 적은 파라미터가 포함된다.

파라미터에 대한 우선순위 및 정규화된 손실 함수

논리 회귀는 오버피팅을 방지하고자 일부 정규화 또는 파라미터 이전에 자주 수행된다. 확률적 관점에서 이것은 모든 입력 벡터 X의 집합이 주어진 경우 모든 라벨 Y의 집합에 대한 조건부 확률이 아래와 같이 다시 작성될 수 있음을 뜻한다.

$$p(Y, \theta | X) = p(\theta; \sigma) \prod_{i=1}^{N} p(y_i | \mathbf{x}_i, \theta)$$

여기서 $p(\theta; \sigma)$는 모수에 대한 사전 분포다. 관측된 데이터 $\tilde{Y}$, $\tilde{X}$가 주어지면 이 식을 최대화하는 θ 값을 찾는 것은 조건부 확률 모델을 사용한 최대 사후 모수 추정의 인스턴스다. 그런 다음 목표는 최소화다.

$$-\log p(\tilde{Y}, \theta | \tilde{X}) = -\sum_{i=1}^{N} \log p(\tilde{y}_i | \tilde{\mathbf{x}}_i) - \log p(\theta; \lambda)$$

첫 번째 항은 손실 함수에 해당하는 음의 로그 가능성이고 두 번째 항은 '정규화' 항이라고도 하는 파라미터에 대한 우선순위priors의 음의 로그다. L_2 정규화는 논리 회귀 모델의 가중치에 자주 사용된다. 우선순위는 편향에도 적용될 수 있지만 실제로는 이것을 하지 않는 편이 더 낫다(또는 동등하게 우선순위로서 균일한 분포를 사용하는 것).

이른바 'L_2 정규화'는 L_2 표준을 기반으로 하며 이는 그냥 유클리드 거리 $\|\mathbf{W}\|_2 = \sqrt{\mathbf{w}^T \mathbf{w}}$ 이다. 평균이 0이고 각 가중치에 대한 공통 분산이 있는 가우시안 분포가 가중치에 대한 사전으로 사용되는 경우 해당 정규화 항은 λ에 의해 가중치가 부여된 제곱 L_2 거리에 상수를 더한 것이다.

$$-\log p(\theta; \sigma) = \lambda ||\mathbf{w}||_2^2 + const$$

상수는 최적화 중에 무시할 수 있으며 정규화된 손실 함수에서 종종 무시한다. 그러나 $\lambda = 2$ 또는 $1/2\ \sigma^2$를 정규화 항으로 사용하면 가우시안 분포의 σ^2 파라미터로 보다 직접적인 대응이 가능하다.

M의 가중치 파라미터를 사용해 정규화된 다중 클래스 논리 회귀^{multiclass logistic regression}를 푸는 것은 최소화하는 가중치와 편향을 찾는 것과 같다.

$$-\sum_{i=1}^{N} \log p(\tilde{y}_i | \tilde{\mathbf{x}}_i; \mathbf{W}, \mathbf{b}) + \lambda \sum_{j=1}^{M} w_j^2$$

정규화 항은 가중치를 작게 가져가도록 권장한다. 다층 퍼셉트론의 맥락에서 이러한 종류의 정규화를 가중치 감쇠^{weight decay}라고 하며 통계에서는 리지 회귀라고 한다.

회귀에서 앞서 소개한 엘라스틱 넷 정규화는 $\lambda_2 R_{L_2}(\theta) + \lambda_1 R_{L_1}(\theta)$을 사용하는 L_1 및 L_2 정규화를 연결한다. 이는 라플라스 분포와 가우시안 분포의 곱으로 구성된 가중치의 분포에 해당한다. 행렬 표현과 관련해 $w_{r,c}$에 의해 주어진 행 및 열 항목이 있는 가중치 행렬 $\mathbf{W}$가 주어지면 다음과 같이 쓸 수 있다.

$$R_{L_2}(\theta) = \sum_r \sum_c (w_{r,c})^2, \frac{\partial}{\partial \mathbf{W}} R_{L_2}(\theta) = 2\mathbf{W},$$

$$R_{L_1}(\theta) = \sum_r \sum_c |w_{r,c}|, \frac{\partial}{\partial w_{r,c}} R_{L_1}(\theta) = \begin{cases} 1, & w_{r,c} > 0 \\ 0, & w_{r,c} = 0 \\ -1, & w_{r,c} < 0 \end{cases}$$

여기서 기술적으로 정의되지 않았음에도 불구하고 0 이전의 L_1의 미분을 0으로 설정했다. 이러한 유형의 정규화의 목표는 희소성을 유도하는 것이기 때문에 이것은 일반적인 관행이다. 가중치가 0이면 기울기는 0이 된다. 편향 항에는 정규화가 적용되지 않았다. 이 정규화는 손실이 볼록^{convex}인 경우 볼록 최적화 문제를 유발하며 이는 논리 회귀 및 선형 회귀의 경우가 된다.

점진적 하강 및 이차 방법

음의 로그 확률을 최소화하는 문제로 파라미터에 대한 사전 학습을 통해 최대 가능성 학습을 공식화함으로써 경사 하강법을 사용해 모델의 파라미터를 최적화할 수 있다. 조건부 확률 모델 $p(y|\mathbf{x}; \boldsymbol{\theta})$이 파라미터 벡터 $\boldsymbol{\theta}$와 데이터 $\tilde{y}_i$, $\tilde{\mathbf{x}}_i$, $i = 1, \ldots, N$과 같이 주어지면 $p(\boldsymbol{\theta}; \lambda)$에 의해 주어지는 파라미터 우선순위에 따라 하이퍼파라미터 λ를 갖고 학습률 η에 대한 점진적 하강 절차는 다음과 같다.

$$\boldsymbol{\theta} = \boldsymbol{\theta}_o // \text{initialize parameters}$$
$$\text{while converged} = = \text{FALSE}$$
$$\mathbf{g} = \frac{\partial}{\partial \boldsymbol{\theta}} \left[-\sum_{i=1}^{N} \log p(\tilde{y}_i|\tilde{\mathbf{x}}_i; \boldsymbol{\theta}) - \log p(\boldsymbol{\theta}; \lambda) \right]$$
$$\boldsymbol{\theta} \leftarrow \boldsymbol{\theta} - \eta\mathbf{g}$$

수렴은 일반적으로 손실 또는 파라미터의 변경을 모니터링하고 그중 하나가 안정화되면 종료함으로써 결정된다. 부록 A.1은 테일러 급수 전개^{Taylor series expansion}를 사용해 학습률 파라미터 η를 해석하고 정당화하는 방법을 보여 준다.

이 외에 경사 하강법은 각 반복에서 헤세 행렬^{Hessian matrix} $\mathbf{H}$를 계산하고 위의 업데이트를 아래 식으로 대체해 2차 도함수화할 수 있다.

$$\mathbf{H} = \frac{\partial^2}{\partial \boldsymbol{\theta}^2} \left[-\sum_{i=1}^{N} \log p(\tilde{y}_i|\tilde{\mathbf{x}}_i; \boldsymbol{\theta}) - \log p(\boldsymbol{\theta}; \lambda) \right]$$
$$\boldsymbol{\theta} \leftarrow \boldsymbol{\theta} - \mathbf{H}^{-1}\mathbf{g}.$$

일반화된 선형 모델

선형 회귀 및 논리 회귀는 선형 및 논리 회귀를 통합하고 일반화하고자 제안된 '일반화된 선형 모델^{generalized linear model}'로 알려진 조건 확률 모델의 특별한 경우다. 이 공식에서 선형 모델은 선형 회귀에 사용되는 가우시안 분포 이외의 분포를 사용하는 반응 변수^{response variables}와 관련될 수 있으며 지수 족^{exponential family}의 모든 분포에 대해 일반화된 선형 모델을 생성할 수 있다(부록 A.2에서는 지수 족 분포를 소개한다).

이러한 맥락에서 데이터는 응답 변수 y_i와 p차원 벡터 $\mathbf{x}_i$, $i = 1, \ldots, n$으로 구성된 설명 변수explanatory variables의 관점에서 생각할 수 있다. 반응 변수는 이진 데이터에서 범주형 또는 순서형 데이터에 이르기까지 다양한 방식으로 표현될 수 있다. 그런 다음 반응 변수에 사용되는 분포의 예측값 $E[y]$가 매개 변수 β를 사용하는 초기 선형 예측 $\eta_i = \beta^T \mathbf{x}_i$로 구성된 모델이 정의되고 그런 다음 평균 함수 g^{-1}을 사용해 평탄하고smooth 가역적이며invertible 잠재적으로 비선형인 변환이 일어난다.

$$\mu_i = E[y_i] = g^{-1}(\beta^T \mathbf{x}_i)$$

평균 함수는 연결 함수 g의 역inverse이다. 일반화된 선형 모델링에서 모든 관측치에 대한 전체 설명 변수 세트는 $n \times p$ 행렬 $\mathbf{X}$로 배열되므로 전체 데이터셋에 대한 선형 예측 벡터는 $\eta = \mathbf{X}\beta$다. 기본 분포의 분산도 일반적으로 평균 함수로 모델링할 수 있다. 다른 분포, 연결 함수 및 해당 평균 함수는 확률 모델을 정의하는 데 상당한 유연성을 제공한다. 표 9.2는 몇 가지 예를 보여 준다.

위에서 논의한 논리 회귀의 다중 클래스 확장은 응답 변수 y에 대해 다항 분포를 사용하는 일반화된 선형 모델의 또 다른 예다. 이 모델은 확률 분포로 정의되기 때문에 최대 가능성 기법maximum likelihood technique을 사용해 파라미터를 추정할 수 있다.

이 모델들은 매우 간단하므로 계수 β_j를 해석할 수 있다. 응용 통계학자는 추정 값뿐만

표 9.2 일반화된 선형 모델에서 사용된 연결 함수, 평균 함수, 분산

연결 이름	연결 함수 $\eta = \beta^T \mathbf{x} = g(\mu)$	평균 함수 $\mu = g^{-1}(\beta^T \mathbf{x}) = g^{-1}(\eta)$	대표 분산
Identity	$\eta = \mu$	$\mu = \eta$	가우시안
Inverse	$\eta = \mu^{-1}$	$\mu = \eta^{-1}$	지수
Log	$\eta = \log_e \mu$	$\mu = \exp(\eta)$	푸아송
Log-log	$\eta = -\log(-\log_e \mu)$	$\mu = \exp(-\exp(-\eta))$	베르누이
Logit	$\eta = \log_e \frac{\mu}{1-\mu}$	$\mu = \frac{1}{1+\exp(-\eta)}$	베르누이
Probit	$\eta = \Phi^{-1}(\mu)$	$\mu = \Phi(\eta)$	베르누이

주의: $\Phi(.)$은 누적 정규 분포다.

아니라 추정치의 표준 오차 및 통계적 유의성 테스트와 같은 기타 정보에도 조사를 할 것이다.

정렬된 클래스의 예측 생성

많은 상황에서 클래스 값은 범주형이지만 자연스레 순서를 갖고 있다. 순서형 클래스 속성을 다루고자 클래스 확률을 누적 분포로 표현할 수 있으며 이를 모델링해 각 클래스에 대한 기본 확률 분포 함수를 구성한다. M개의 순서 범주로 모델을 정의하고자 $P(Y_i \leq j)$ 형식의 $M-1$개 누적 확률 모델이 주어진 인스턴스 i의 범주를 나타내는 랜덤 변수 Y_i에 사용된다. 그런 다음 누적 분포 모델 간의 차이를 사용해 $P(Y_i = j)$에 대한 모델을 얻는다. 여기서는 생존 함수survival function로 알려진 $P(Y_i > j) = 1 - P(Y_i \leq j)$ 형식의 보완적 누적 확률을 사용하는데 이는 때때로 파라미터의 해석을 단순화시키기 때문이다. 그런 다음 클래스 확률은 다음과 같이 구한다.

$$P(Y_i = 1) = 1 - P(Y_i > 1)$$
$$P(Y_i = j) = P(Y_i > j - 1) - P(Y_i > j)$$
$$P(Y_i = M) = P(Y_i > M - 1)$$

위에서 설명한 일반화된 선형 모델은 순서형 범주 데이터로 더 일반화될 수 있다. 사실 일반적인 접근 방식은 비선형적으로 변환하고 결과를 선형 예측자와 동일시하는 평탄화되고 가역적 링크 함수로 보완적 누적 확률을 모델링해 다양한 모델 클래스에 적용할 수 있다. 이진 예측의 경우 모델은 종종 다음 형식을 취한다.

$$\text{logit}(\gamma_{ij}) = \log \frac{\gamma_{ij}}{1 - \gamma_{ij}} = b_j + \mathbf{w}^T \mathbf{x}_i$$

여기서 $\mathbf{w}$는 가중치 벡터, $\mathbf{x}_i$는 기능 벡터, γ_{ij}는 예 i가 이산화된 순서 범주 j보다 클 확률을 나타낸다. 이러한 모델을 '비례 배당률proportional odd' 모델 또는 '정렬된 로짓orderd logit' 모델이라고 한다. 위의 모델은 각 부등식에 대해 서로 다른 편향을 사용하지만 동일한 가중치 집합을 사용한다. 이것은 일관된 확률 세트를 보장한다.

커널을 사용하는 조건부 확률 모델

선형 모델은 커널 회귀에서 7.2절에서 언급된 '커널 트릭kernel trick'을 적용하거나 또는 위 절에서 언어 및 다항식 회귀의 매트릭스 공식에 대해 언급한 기본 확장을 통해 비선형 모델로 변환할 수 있다. 이것은 커널 회귀와 커널 논리 회귀 모두에 적용될 수 있다.

모든 훈련 예제(또는 훈련 벡터의 일부 하위 집합)에 대해 커널 함수 $k(\mathbf{x}, \mathbf{x}_j)$를 사용해 요소가 결정되는 벡터 $\mathbf{k}(\mathbf{x})$로 특성 $\mathbf{x}$를 대체한다고 가정한다.

$$\mathbf{k}(\mathbf{x}) = \begin{bmatrix} k(\mathbf{x}, \mathbf{x}_1) \\ \vdots \\ k(\mathbf{x}, \mathbf{x}_V) \\ 1 \end{bmatrix}$$

'1'이 여기서 추가됐는데 파라미터 행렬에서 편향 항bias term 역할을 하기 위함이다. 커널 회귀는 그러면 다음과 같이 된다.

$$p(y|\mathbf{x}) = N(y; \mathbf{w}^T \mathbf{k}(\mathbf{x}), \sigma^2)$$

분류를 위한 유사한 논리 회귀는 다음과 같다.

$$p(\mathbf{y}|\mathbf{x}) = \frac{\exp(\mathbf{y}^T \boldsymbol{\theta}\mathbf{k}(\mathbf{x}))}{\sum_{\mathbf{y}} \exp(\mathbf{y}^T \boldsymbol{\theta}\mathbf{k}(\mathbf{x}))} = \frac{1}{Z(\mathbf{k}(\mathbf{x}))} \exp(\mathbf{y}^T \boldsymbol{\theta}\mathbf{k}(\mathbf{x}))$$

훈련 세트의 모든 예제는 서로 다른 커널 벡터를 가질 수 있으므로 $\mathbf{K}_{ij} = k(\mathbf{x}, \mathbf{x}_j)$에 의해 주어진 항목으로 커널 행렬 $\mathbf{K}$를 계산해야 한다. 대규모 데이터셋의 경우 이 작업은 시간과 메모리를 많이 사용할 수 있다.

서포트 벡터 머신은 확률적으로 공식화되지 않았지만 유사한 형태를 갖고 있으며 다중 클래스 서포트 벡터 머신은 다중 클래스 커널 논리 회귀만큼 쉽게 공식화되지 않는다. 기본 힌지 손실 및 가중치 정규화 항을 사용하기 때문에 지원 벡터 머신은 종종 많은 항에 0 가중치를 할당한다. 또한 결정 표면의 경계에 있는 벡터에만 제로가 아닌 가중치를 배치하는 기능이 있다. 많은 애플리케이션에서 이로 인해 테스트 시간에 필요한 커널 평가

수가 크게 감소한다. 가우시안 또는 (제곱) L_2 정규화가 사용되는 경우에도 커널 논리 회귀나 커널 리지 회귀는 이러한 희소 솔루션을 생성하지 않는다. 일반적으로 모든 모델에 대해 0이 아닌 가중치가 있지만 커널 논리 회귀는 지원 벡터 머신을 능가할 수 있으며 이러한 방법을 희소하게 만들고자 몇 가지 기술이 제안됐다. 이 내용은 9장 끝에 있는 추가 자료 절에 언급돼 있다.

9.8 순차 및 임시 모델

일련의 관찰에 대한 확률 모델을 만드는 작업을 생각해 보자. 단어의 경우 어휘에 있는 단어 수만큼 많은 상태로 랜덤 변수를 정의할 수 있다. 연속적인 경우 적절한 연속 분포를 생성하고자 일부 파라미터 형식이 필요하다.

마르코프 모델과 *n*-gram 방법

이산 순차 데이터^{discrete sequential data}에 간단하면서 효과적인 확률 모델 중 하나는 '마르코프 모델'이 있다. 1차 마르코프 모델은 시퀀스의 각 기호가 선행 기호가 주어진 조건부 확률을 사용해 예측될 수 있다고 가정한다(첫 번째 기호의 경우 무조건적 확률이 사용된다). 주어진 관찰 변수 O = $\{O_1, ..., O_T\}$라고 하면 이는 다음과 같이 쓸 수 있다.

$$P(O) = P(O_1) \prod_{t=1}^{T} P(O_{t+1}|O_t)$$

일반적으로 이러한 모델에서 사용되는 모든 조건부 확률은 동일하다. 대응하는 베이지안 네트워크는 각 연속쌍 사이에 방향성 모서리가 있는 선형 변수 체인으로 구성된다. 그림 9.18A는 이의 예를 잘 보여 준다. 이 방법은 자연스럽게 2차 모델(그림 9.18B)과 고차 모델로 일반화된다. *N*-gram 모델은 (N − 1)차 마르코프 모델의 사용에 해당한다. 예를 들어 1차 모델은 2-gram(또는 '바이그램^{bigram}')을 사용한다. 3차 모델은 트라이그램^{trigram}

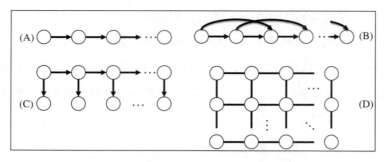

그림 9.18 (A)와 (B): 변수들의 시퀀스에 대한 1차 및 2차 마르코프 모델 (C): 은닉 마르코프 모델 (D): 마르코프 랜덤 필드

을 사용하고 0차 모델은 단일 관측치 또는 '유니그램unigram'에 해당한다. 이러한 모델은 DNA와 같은 생물학적 시퀀스를 모델링하고 텍스트 마이닝 및 컴퓨터 언어학 응용 프로그램에 널리 사용된다.

모든 확률 모델은 특정 변수 구성에 대한 데이터가 없을 때 무엇을 해야 하는지에 대한 문제를 제기한다. 4.2절에서 봤듯이 0값 파라미터는 문제를 일으킨다. 이것은 고차 마르코프 모델에서 특히 심각하며 베이지안 분석에서 파생될 수 있는 라플라스 또는 디리클레 평탄화와 같은 평탄화 기술이 중요해졌다. n-gram을 평탄화하기 위한 몇 가지 특수한 방법에 대한 지표pointer는 9.9 '심화 자료 및 참고 문헌' 절을 참고하라.

대형 n-gram 모델은 기계 번역 및 음성 인식에서 철자 교정 및 정보 추출에 이르기까지 다양한 애플리케이션에 매우 유용하다. 실제로 구글은 1조 단어의 단어에서 40번 이상 나타나는 10억 개의 5단어 시퀀스에 대한 영어 단어 수를 제공했다. 200번 미만으로 나타나는 단어를 삭제한 후에도 1,300만 개의 고유 단어가 남아 있고(유니그램), 3억 바이그램, 트라이그램, 포그램four-gram, 파이브그램five-gram이 각각 약 10억 개다.

은닉 마르코프 모델

은닉 마르코프 모델Hidden Markov model은 최소한 1980년대부터 패턴 인식에 널리 사용됐으며 최근까지 대부분의 주요 음성 인식 시스템은 은닉 마르코프 모델과 결합된 대형 가우시안 혼합 모델로 구성됐다. 생물학적 서열 분석의 많은 문제는 다양한 확장 및 일반화를 통해 은닉 마르코프 모델의 관점에서 공식화될 수 있다.

은닉 마르코프 모델은 다음과 같이 결합 분포를 요인화하는 T관측에 대한 이산 관측 변수 O = $\{O_1, ..., O_T\}$ 및 이산 은닉 변수 H = $\{H_1, ..., H_T\}$ 세트의 결합 확률 모델이다.

$$P(\mathrm{O}, \mathrm{H}) = P(H_1) \prod_{t=1}^{T} P(H_{t+1}|H_t) \prod_{t=1}^{T} P(O_t|H_t)$$

각 O_t는 N개의 가능한 값이 있는 이산 랜덤 변수이고, 각 H_t는 M개의 가능한 값이 있는 이산 랜덤 변수다. 그림 9.18C는 변수가 적절한 수의 시간 단계에 걸쳐 동적으로 복제되기 때문에 '동적' 베이지안 네트워크로 알려진 베이지안 네트워크의 유형으로서 히든 마르코프 모델을 보여 준다. 그것들은 1차 마르코프 모델의 명백한 확장이며 전이 행렬transition matrix $P(H_{t+1}|H_t)$가 각 시간 단계에서 동일한 '시간 균일time homogeneous' 모델을 사용하는 것이 일반적이다. $\mathbf{A}$는 요소가 $P(H_{t+1} = j|H_t = i)$를 인코딩하는 전이 행렬이고 $\mathbf{B}$는 요소 b_{ij}가 $P(O_t = j|H_t = i)$에 해당하는 방출 행렬emission matrix $\mathbf{B}$로 정의된다. 특수한 $t = 1$의 경우 초기 상태 확률 분포는 요소 $\pi_i = P(H_t = i)$가 있는 벡터 π로 인코딩된다. 전체 파라미터 집합은 행렬 2개와 벡터 1개를 포함하는 집합인 $\theta = \{\mathrm{A}, \mathrm{B}, \pi\}$이다. 특정 관찰 시퀀스를 일련의 관찰 Õ = $\{O_1 = o_1, ..., O_T = o_T\}$로 작성한다.

은닉 마르코프 모델은 3가지 주요 문제를 제기한다.

1. 파라미터가 θ인 모델에서 시퀀스의 확률인 $P(\tilde{\mathrm{O}}, \theta)$의 계산

2. 가장 확률적인 설명을 찾기, 즉 관찰을 설명하는 구문 $H^* = \{H_1 = h_1, H_2 = h_2 ..., H_T = h_T\}$의 가장 최적의 시퀀스

3. 관찰된 시퀀스의 데이터셋이 주어진 모델에 대한 가장 최적의 파라미터 θ 찾기

첫 번째 문제는 sum-product 알고리듬을 사용해 풀 수 있고 두 번째는 max-product 알고리듬을 사용해 풀 수 있으며 세 번째 문제는 sum-product 알고리듬을 사용해 필요한 기대치를 계산하는 EM 알고리듬을 사용해 해결할 수 있다. 관측된 시퀀스에 해당하는

숨겨진 변수 시퀀스에 대해 라벨이 지정된 데이터가 있는 경우 베이지안 네트워크에서와 동일한 방식으로 해당 개수에서 필요한 조건부 확률 분포를 계산할 수 있다.

동적 베이지안 네트워크로 보이는 은닉 마르코프 모델을 사용할 때 파라미터 추정 작업과 베이지안 네트워크에서 조건부 확률 테이블을 학습하는 데 사용되는 업데이트 간의 유일한 차이점은 각 시간 단계에서 얻은 통계에 대해 평균을 낼 수 있다는 것이다. 동일한 방출 및 전이 매트릭스가 각 단계에서 사용된다. 기본 은닉 마르코프 모델 공식은 보다 일반적인 동적 베이지안 네트워크 모델을 사용해 시간이 지남에 따라 더 복잡한 확률 모델을 결합할 때 참조 지점 역할을 한다.

조건부 랜덤 필드

은닉 마르코프 모델은 시퀀스 데이터로 작업할 때 유용한 유일한 모델은 아니다. 조건부 랜덤 필드는 정황context을 고려하는 통계 모델링 기술이며 종종 선형 체인으로 구성된다. 데이터 마이닝의 시퀀스 처리 작업에 널리 사용되지만 이미지 처리 및 컴퓨터 비전에서도 널리 사용된다. 그림 9.19는 이메일 텍스트에서 회의 장소와 날짜를 추출하는 문제를 보여 주며 체인 구조의 조건부 랜덤 필드를 사용해 해결할 수 있다. 이 모델의 주요 이점은 예측을 수행하는 데 사용할 입력 시퀀스의 임의의 복잡한 기능을 제공할 수 있다는 것인데, 예를 들어 단어를 조직 목록에 일치시키고 알려진 약어의 변형을 처리할 수 있다.

체인 구조의 조건부 랜덤 필드에 대한 추론은 위에서 논의한 sum-product 및 max-product 알고리듬을 사용해 효율적으로 수행할 수 있다. sum-product 알고리듬은 이를 학습하는 데 필요한 예측 기울기를 계산할 때 사용할 수 있으며 max-product 알고리듬은 새로운 시퀀스에 위치 또는 공간을 나타내는 'where'와 같은 태그, 또는 모임과 연관된 'time' 태그를 사용해 라벨을 지정한다.

일반적인 정의로 시작한 다음 선형 조건부 랜덤 필드의 더 간단한 경우로 초점을 옮겨 보자. 그림 9.20D는 팩터 그래프로 표시된 체인 구조 조건부 랜덤 필드를 보여 주며 이는 그림 9.20B에 표시된 마르코프 랜덤 필드 및 그림 9.20C의 은닉 마르코프 모델과 대

Hello Pascal,
How about we meet next Tuesday at noon?
I will reserve room AA3195. If you cannot
make it call me on my cell phone at:
514-555-5555.
Cheers,
Chris

Christopher Pal
Associate Professor
Dept. of Computer and Software Engineering
Polytechnique Montréal
University of Montréal, Pavillon Lassonde
Montréal, Québec, Canada, H3T 1J4
Telephone : (514) 340-5121, ext. 7174

Meeting Record

Date	Tuesday, March 1, 2016
Time	12:00pm
Where	AA3195
Duration	unknown

Contact Record

Last Name	Christopher
First Name	Pal
Cell Phone	(514) 555-5555
Office Phone	(514) 340-5121 ext. 7174
Organization	Polytechnique Montréal
Address	University of Montréal, Pavillon Lassonde Montréal, Québec, Canada, H3T 1J4

그림 9.19 세부 미팅 사항에 대한 이메일 마이닝

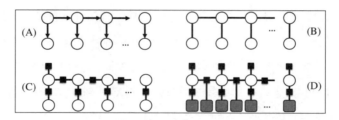

그림 9.20 (A) 은닉 마르코프 모델을 표현한 동적 베이지안 네트워크 (B) 유사하게 구조화된 마르코프 랜덤 필드 (C) (A)에 대한 팩터 그래프 (D) 선형 체인 조건부 랜덤 필드에 대한 팩터 그래프

조될 수 있으며 또한 팩터 그래프로 표시된다. 원은 그림 9.20D에서 관찰된 변수를 나타내는 데 사용되지 않는다. 기본 조건부 랜덤 필드 모델이 이를 그래프에서 랜덤 변수로 명시적으로 인코딩하지 않기 때문이다.

마르코프 랜덤 필드에서 조건부 랜덤 필드까지

베이지안 네트워크와 마르코프 랜덤 필드 모두 데이터에 대한 공동 확률 모델을 정의하는 반면, 조건부 랜덤 필드('구조화된 예측' 기술이라고도 함)는 다중 예측에 대한 공동 조건부 분포를 정의한다. X 확률 변수 집합에 대해 이미 마르코프 랜덤 필드가 지수화된 에너지 함수 $F(X)$를 사용해 X에 대한 결합 분포를 인수 분해하는 방법을 봤다.

$$P(X) = \frac{1}{Z} \exp(-F(X))$$

$$Z = \sum_X \exp(-F(X))$$

여기서 합계는 X에 있는 모든 변수의 모든 상태에 대한 것이다. 조건부 랜덤 필드는 일부 관찰에 조건을 적용해 조건부 분포를 생성한다.

$$P(Y|X) = \frac{1}{Z(X)} \exp(-F(Y,X))$$

$$Z(X) = \sum_Y \exp(-F(Y,X))$$

여기서 합계는 Y에 있는 모든 변수의 모든 상태에 대한 것이다. 마르코프 및 조건부 랜덤 필드는 모두 일반 모델 구조에 대해 정의할 수 있지만 에너지 함수에는 일반적으로 단항 및 페어와이즈 포텐셜^{pairwise potential}이라는 1개 또는 2개의 변수만 포함된다. 개념적으로 Y에서 변수의 U 단항 및 V 쌍 함수를 기반으로 $P(Y|X)$에 대한 조건부 랜덤 필드를 생성하고자 에너지 함수는 다음과 같은 형식을 취한다.

$$F(Y, \tilde{X}) = \sum_{u=1}^{U} U(Y_u, \tilde{X}) + \sum_{v=1}^{V} V(Y_v, \tilde{X})$$

이러한 에너지 함수는 부정화^{negation}, 지수화, 정규화에 의해 이른바 잠재적 함수로 변환될 수 있다. 조건부 확률 모델은 다음 형식을 취한다.

$$P(Y|\tilde{X}) = \frac{1}{Z(\tilde{X})}\exp\left[\sum_{u=1}^{U}U(Y_u,\tilde{X}) + \sum_{v=1}^{V}V(Y_v,\tilde{X})\right]$$

(9.8)

$$= \frac{1}{Z(\tilde{X})}\prod_{u=1}^{U}\phi_u(Y_u,\tilde{X})\prod_{v=1}^{V}\Psi_v(Y_v,\tilde{X})$$

이와 같은 격자 구조 모델Lattice-structured은 앞에서 언급했듯이 이미지 처리 애플리케이션에 사용되며 체인 구조의 조건부 랜덤 필드로 시퀀스를 처리하는 것이 훨씬 더 간단하다. 논리 회귀는 그림 9.15B에 표시된 인수 분해를 사용해 마르코프 랜덤 필드의 조건적 버전에서 자연스럽게 발생하는 단순한 조건부 랜덤 필드로 생각할 수 있다.

선형 체인 조건부 랜덤 필드

정수를 사용해 관련 상태를 인코딩하고 관찰된 입력 시퀀스 $\tilde{X} = \{\tilde{x}_1, ..., \tilde{x}_N\}$를 사용해 이산 랜덤 변수 시퀀스 $Y = \{y_1, ..., y_N\}$의 관찰 $\tilde{Y} = \{y_1 = \tilde{y}_1, ..., y_N = \tilde{y}_N\}$을 생각해 보자. 이는 모든 데이터 유형이 될 수 있다. 조건부 랜덤 필드는 입력 시퀀스가 주어진 라벨 시퀀스의 조건부 확률 $P(Y|X)$를 정의한다. 이것은 Y와 X를 랜덤 변수로 취급하고 $P(Y, X)$에 대한 공동 확률 모델을 정의하는 은닉 마르코프 모델과 대조된다. 위의 X는 X가 주어진 Y의 조건부 분포를 정의하고 $P(X)$에 대한 명시적 모델을 가질 필요가 없기 때문에 의도적으로 무작위 변수의 시퀀스로 정의되지 않았다. 물론 $P(X)$에 대한 암시적 모델은 데이터의 경험적 분포 또는 각 관측에 디렉Dirac 또는 크로네커Kronecker 델타 함수를 배치해 생성된 분포로 정의할 수 있으며 예제 수로 정규화할 수 있다. X를 시퀀스로 정의하지 않으면 이것이 어떤 유형의 변수인지, 그리고 그것이 단지 변수 세트인지 또는 공식적으로 정의된 랜덤 변수 세트인지 여부가 열린 채로 남겨진다. 그림 9.20D는 이 점을 강조하고자 음영 사각형을 사용한다. 이 체인 모델에서 주어진 길이 N 시퀀스에 대해 식 (9.8)은 다음과 같이 재작성된다.

$$P(Y|\tilde{X}) = \frac{1}{Z(\tilde{X})}\prod_{u=1}^{N}\phi_u(y_u,\tilde{X})\prod_{v=1}^{N}\Psi_v(y_v, y_{v+1},\tilde{X})$$

선형 체인 구조에 초점을 맞추면 은닉 마르코프 모델의 방출 및 전이 행렬과 몇 가지 유사점이 나타난다. 기능에는 2가지 유형이 있다. 단일 변수(상태) J의 세트는 기능 $u_j(y_i, X, i)$이 있으며 단일 y_i의 함수들이며 이들은 각 y_i에 대해 시퀀스 $i = 1, 2, …, N$에서 계산된다. 그리고 $i > 1$에 대해 K페어와이즈(전이) 세트에는 기능 $v_k(y_{i-1}, y_i, X, i)$이 있다. 각 유형은 연관된 단일 가중치 θ_j^u와 페어와이즈 가중치 θ_k^v를 갖고 있다. 이러한 기능은 관찰된 전체 시퀀스 $\tilde{X}$ 또는 일부 하위 집합의 함수일 수 있다. 입력에 대한 이러한 전역 의존성은 은닉 마르코프 모델에 비해 조건부 랜덤 필드의 주요 이점이다. 마르코프 모델 전이 행렬과 비슷한 것이 위치별 페어와이즈 포텐셜 함수이다. 이들은 관측 시퀀스에 의존하고 페어와이즈 가중치 θ_k^v 및 페어와이즈 기능의 곱에 대한 합계로 구성된 행렬 세트로 작성할 수 있다.

$$\Psi_i[y_i, y_{i+1}] = \exp\left[\sum_{k=1}^{K} \theta_k^v v_k(y_i, y_{i+1}, \tilde{X}, i)\right]$$

단일 포텐셜 함수unary potential function는 은닉 마르코프 모델 방출 행렬에서 발생하는 항과 유사한 역할을 하며 지수화된 가중치 조합을 포함하는 다음 벡터 세트로 작성할 수 있다.

$$\phi_i[y_i] = \exp\left[\sum_{j=1}^{J} \theta_j^u u_j(y_i, \tilde{X}, i)\right]$$

때로는 단일 및 페어와이즈 기능과 해당 파라미터를 별도로 유지하는 것보다 주어진 위치 i에 대한 모든 기능을 사용하는 것이 유용하다. 이렇게 하려면 $\mathbf{f}(y_i, y_{i+1}, X, i)$를 모든 단일 변수 및 페어와이즈 특징을 포함하는 길이-L 벡터로 정의하고 전역 기능 벡터를 이러한 각 위치 종속 기능 벡터의 합이 되도록 정의한다.

$$\mathbf{g}(Y, X) = \sum_{i=1}^{N} \mathbf{f}(y_i, y_{i+1}, X, i)$$

이제 조건부 랜덤 필드는 콤팩트한 형태로 정리될 수 있다.

$$P(Y|X) = \frac{\exp(\boldsymbol{\theta}^T \mathbf{g}(Y, X))}{\sum_Y \exp(\boldsymbol{\theta}^T \mathbf{g}(Y, X))}$$

이 모델에 대한 조건부 가능성 최대화를 기반으로 한 학습 문제로 돌아가면 논리 회귀의 더 단순한 경우에 비유를 들 수 있다. M개의 입력 시퀀스 $A = \{\tilde{X}_1, ..., \tilde{X}_M\}$ 및 해당 출력 시퀀스 $B = \{\tilde{Y}_1, ..., \tilde{Y}_M\}$ 집합에 대한 조건부 랜덤 필드의 로그 가능성 기울기는 다음과 같다.

$$\frac{\partial}{\partial \boldsymbol{\theta}} \log P(B|A) = \sum_{m=1}^{M} [\mathbf{g}(\tilde{Y}_m, \tilde{X}_m) - E_m[\mathbf{g}(Y_m, \tilde{X}_m)]]$$

여기서 $E_m[.]$은 $P(Y_m|\tilde{X}_m)$에 대한 예측치다. 이 표현식에 정규화 용어를 추가해 파라미터에 가우시안 분포 또는 L_2 정규화를 포함하는 것이 표준 관행이다. 논리 회귀와 달리 이 예측치에는 단일 라벨 변수에 대한 분포뿐만 아니라 라벨 시퀀스의 공동 분포가 포함된다. 그러나 체인 구조 그래프에서는 sum-product 알고리듬을 사용해 효율적이고 정확하게 계산할 수 있다.

체인 구조 조건부 랜덤 필드의 학습

선형 체인 조건부 랜덤 필드의 기울기를 계산하려면 L_2 정규화된 로그 가능성의 각 파라미터를 스칼라 형식으로 노출하는 것이 유용하다.

$$\log P(B|A) = \sum_{m=1}^{M} \sum_{i=1}^{N_m} \sum_{l=1}^{L} \theta_l g_l(\tilde{y}_{m,i}, \tilde{y}_{m,i+1}, \tilde{X}_m) - \sum_{m=1}^{M} \log Z(\tilde{X}_m) - \sum_{l=1}^{L} \frac{\theta_l^2}{2\sigma^2}$$

여기서 σ는 정규화 파라미터다. 단일 파라미터 및 훈련 예제에 대한 미분을 취하면 각 예제의 기울기에 대한 기여도는 다음과 같다.

$$\frac{\partial}{\partial \theta_l} \log P(\tilde{Y}_m|\tilde{X}_m) = \sum_{i=1}^{N_m} g_l(\tilde{y}_i, \tilde{y}_{i+1}, \tilde{X}) - \sum_{i=1}^{N_m} \sum_{y_i} \sum_{y_{i+1}} g_l(y_i, y_{i+1}, \tilde{X}) P(y_i, y_{i+1}|\tilde{X}) - \frac{\theta_l}{\sigma^2}$$

이것은 $P(y_i, y_{i+1}|\tilde{X})$와 관련해 정규화 항의 편도 함수를 뺀 모델의 현재 예측하에서 관찰된 기능의 발생과 예측 간의 차이다. 단항 함수에 대해서도 유사한 항이 발생하지만 $P(y_i|\tilde{X})$와 관련된 예측이다. 이러한 분포는 단일 및 페어와이즈 변수 말지널 확률 조건 분포이며 합산 알고리듬을 사용해 효율적으로 계산할 수 있다.

텍스트 마이닝에 대한 조건부 랜덤 필드의 사용

그림 9.19의 텍스트 정보 추출 시나리오는 자연어에서 정보를 추출하고자 데이터 마이닝을 적용한 한 예일 뿐이다. 이러한 정보는 위치, 개인 이름, 조직, 돈, 백분율, 날짜, 시간과 같은 다른 명명된 엔티티 또는 발표자 이름, 세미나 실, 시작 시간, 종료 시간과 같은 세미나 발표의 필드일 수 있다. 이러한 작업에서 입력 기능은 종종 현재, 이전, 다음 단어로 구성된다. 문자 n-gram, 품사 태그 시퀀스, 현재 위치의 왼쪽 또는 오른쪽에 있는 윈도에 특정 키워드의 존재, 이름과 성, 경어와 같은 알려진 단어 목록을 사용해 다른 기능을 정의할 수 있다. 위치 및 조직, 대문자 및 영숫자alphanumeric 문자와 같은 기능은 정규 표현식을 사용해 정의할 수 있으며 조건부 임의 필드를 기반으로 하는 기본 확률 모델에 통합할 수 있다.

9.9 심화 자료 및 참고 문헌

확률론적 머신러닝 및 데이터 마이닝 분야는 방대하며 기본적으로 모든 고전 및 현대 통계 기술을 포함한다. 9장에서는 데이터 마이닝 및 머신러닝에서 기본 개념과 널리 사용되는 확률적 기법에 중점을 뒀다. 통계적 및 확률적 방법에 초점을 맞춘 훌륭한 책으로는 Hastie, Tibshirani, Friedman(2009), Murphy(2012)가 있다. Koller & Friedman(2009)의 책은 확률적 그래프 모델의 고급 기술과 원리를 전문으로 한다.

베이지안 네트워크 학습을 위한 $K2$ 알고리듬은 Cooper & Herskovits(1992)에 의해 도입됐으며 베이지안 스코어링 메트릭은 Heckerman 외(1995)에 의해 도입됐다. Friedman,

Geiger & Goldszmidt(1997)는 트리 증강 나이브 베이즈 알고리듬을 도입했으며 멀티넷 multinet도 설명했다. Grossman & Domingos(2004)는 네트워크 스코어링에 조건부 가능성을 사용하는 방법을 보여 줬다. Guo & Greiner(2004)는 베이지안 네트워크 분류기에 대한 스코어링 메트릭의 광범위한 비교를 제공한다. Bouckaert(1995)는 하위 네트워크에 대한 평균을 설명한다. AODE는 Webb, Boughton & Wang(2005)에 의해, AnDE는 Webb 외(2012)에 의해서 설명됐다. AD 트리는 Moore & Lee(1998)에 의해 도입되고 분석됐으며 kD 트리와 볼 트리에 대한 작업은 4.10절에서 언급된 것과 동일한 Andrew Moore가 수행한 것이다. Komare & Moore(2000)는 많은 속성을 가진 데이터셋에도 더 효율적인 점진적 학습을 위한 AD 트리를 소개한다.

AutoClass 프로그램은 Cheeseman & Stutz(1995)에 의해 설명됐으며 2가지 구현이 생성됐는데 LISP로 작성된 원래 구현과 10배 또는 20배 더 빠르지만 다소 제한적인 C의 후속 공개 구현이 그것인데 이 버전에서는 예를 들어 숫자 속성에 대해서는 정규 분포 모델만 구현된다. DensiTrees는 Bouckaert(2010)에 의해 개발됐다.

커널 밀도 추정은 효과적이고 개념적으로 간단한 확률 모델이다. Epanechnikov(1969)는 평균 제곱 오차 메트릭에서 Epanechnikov 커널의 최적성을 보여 줬다. Jones, Marron & Sheather(1996)는 이른바 '플러그인' 추정치를 사용해 커널 대역폭을 선택할 것을 권장했다. Duda, Hart(1973)와 Bishop(2006)은 이론적으로 커널 밀도 추정이 데이터 양이 증가함에 따라 실제 분포로 수렴된다는 것을 보여 줬다.

Dempster, Laird & Rubin(1977)의 작업에서 유래된 EM 알고리듬은 은닉 또는 잠재 변수 모델 학습의 핵심이다. Modern Variational View는 부록 A.2와 Bishop(2006)에서 논의된 것처럼 근사 사후 분포의 사용에 대한 확실한 이론적 정당성을 제공한다. 이 관점은 1990년대에 Neal & Hinton(1998), Jordan, Ghahramani, Jaakkola, Saul(1998) 등의 작업으로 시작됐다. Salakhutdinov, Roweis & Ghahramani(2003)는 EM 접근법을 탐색하고 이를 보다 정교한 예측 켤레 기울기expected conjugate gradient 기반 최적화를 포함해 예측 기울기와 비교한다.

마르코프 체인 몬테카를로Markov chain Monte Carlo 방법은 베이지안 통계 모델링에서 널리 사용되며 Gilks(2005)를 참조하라. Geman(1984)은 먼저 깁스 샘플링 절차를 설명했으며 샘플링, 기본 기능적 형태의 랜덤 필드 및 통계 물리학 간의 유사성 때문에 물리학자 조사이어 깁스Josiah Gibbs의 이름을 따서 깁스라 명명했다. Hastings(1970)의 Metropolis, Rosenbluth & Teller(1953) 알고리듬의 일반화는 현재 방법의 기반을 마련하는 데 영향을 미쳤다. Besag(1986)는 대략적인 가장 가능성 있는 설명을 찾기 위한 반복된 조건부 모드 iterated conditional modes 접근 방식을 제안했다.

플레이트 표기법은 인공 지능(Buntine, 1994), 머신러닝(Blei, Ng & Jordan, 2003) 및 계산 통계(Lunn, Thomas, Best, & Spiegelhalter, 2000)에서 복잡한 확률적 그래프 모델을 정의하는 데 널리 사용됐으며 BUGSBayesian Inference Using Gibbs Sampling 소프트웨어 프로젝트(Lunn 외, 2000)의 기초를 형성한다. 우리가 제시한 팩터 그래프와 sum-product 알고리듬은 Kschischang, Frey, Loeliger(2001) 및 Frey(1998)의 기원을 따른다. sum-product 및 max-product 알고리듬은 트리에만 적용된다. 그러나 베이지안 네트워크 및 반복을 포함하는 기타 모델은 변수를 클러스터링해 접합 트리junction tree라는 구조로 만들 수 있으며 Lauritzen & Spiegelhalter(1988)의 접합 트리 알고리듬은 정확한 추론을 이끌어 낸다. Ripley(1996)는 실제 예제와 함께 접합 트리 알고리듬을 다뤘다. Huang & Darwiche(1996)의 절차 가이드는 알고리듬을 구현해야 하는 사람들에게 훌륭한 리소스다. 접합 트리의 확률 전파는 정확한 결과를 산출하지만 클러스터가 너무 커져서 때때로 실현 불가능한 경우가 있다. 이 경우 샘플링 또는 변형 방법을 사용해야 한다.

Roweis(1998)는 PPCA에 대한 초기 EM 공식을 제공한다. 그는 제로 입력 노이즈 사례를 조사하고 위에 제시된 단순화된 EM 알고리듬에 대한 놀라운 수학적 정보를 제공한다. Tipping & Bishop(1999a, 1999b)은 추가 분석을 제공하고 모델을 최적화하고 관측 노이즈의 분산을 학습한 후 행렬 $\mathbf{W}$의 열이 데이터의 공분산 행렬의 주 고유 벡터로 스케일링되고 회전됨을 보여 준다. 주성분 분석의 확률적 공식화는 주성분 분석기의 혼합물(Dony & Haykin, 1995, Tipping & Bishop, 1999a, 1999b) 및 요인 분석기의 혼합물(Ghahramani & Hinton, 1996)과 같은 추가 일반화의 확률적 공식화에 대한 포문을 열었다. 특히 유용한 것은 누락된 데이터를 쉽게 처리할 수 있는 PPCA 및 요인 분석의 기능이다. 데이터가 무작위로 누락되면 Ilin & Raiko(2010)에 의해 자세히 설명된 것처럼 관찰되지 않은 값과 관련된 분포에 대해 소외될 수 있다.

PPCA는 공분산 행렬 분해에 해당한다. 연속 가우시안 모델에서 파라미터 수를 줄이는 또 다른 방법은 희소 역공분산 모델sparse inverse covariance models을 사용하는 것이다. 이 모델은 혼합 모델 및 EM과 결합될 때 상관 속성이 있는 또 다른 형태의 클러스터링을 생성한다. Edwards(2012)는 불연속 및 연속 구성 요소가 있는 혼합 모델을 포함해 그래프 모델링에 대한 멋진 소개를 제공한다. 다른 처리와 달리 그는 또한 그래프 가우시안 모델을 검사하고 역공분산 행렬의 희소성 구조와 그래프 모델 간의 대응 관계를 자세히 조사했다. 이러한 개념은 평균 μ 및 공분산 행렬 Σ를 사용하는 일반적인 '모멘트' 파라미터화보다는 $\beta = \Sigma^{-1}\mu$ 및 $\Omega = \Sigma^{-1}$ 측면에서 가우시안 분포의 '정식canonical' 파라미터화를 사용하면 더 잘 이해된다.

LSA는 Deerwester, Dumais, Landauer, Furnas & Harshman(1990)에 의해 도입됐으며 pLSA는 Hofmann(1999)에서 시작됐다. 잠재 디리클레 할당(LDA[b])은 Blei 외(2003)에 의해 제안됐다. LDA[b]에 대한 매우 효과적인 'collapsed Gibbs sampling' 접근법은 Teh 외(2006)에 의해 제안됐으며 그는 또한 개념을 변형 방법으로 확장했다. Blei & Lafferty(2006)의 동적 주제 모델Dynamic topic model은 시간 경과에 따른 추세를 찾을 때 LDA[b]을 적용하지 않고 주제의 시간적 진화를 명시적으로 다룬다. 그들은 『사이언스 Science』 저널에서 주제별 동향을 조사했다. Griffiths & Steyvers(2004)는 베이지안 모델 선택을 사용해 국립 과학 아카데미 논문집의 LDA[b] 분석에서 주제 수를 결정했다. Griffiths & Steyvers(2004) 및 Teh 외(2006)는 축소된 깁스 샘플링 및 LDA[b]에 대한 변형 접근법에 대한 자세한 내용을 제공한다. 계층적 디리클레 프로세스(Teh 외, 2006) 및 관련 기술은 계층적 베이지안 모델에서 주제 또는 클러스터 수를 결정하는 문제에 대한 대안을 제공한다. 이러한 기술적으로 정교한 방법은 자주 사용되고 있으며 고품질 구현을 온라인에서 사용할 수 있다.

논리 회귀는 때때로 응용 통계의 워크홀스workhorse라고도 불린다. Hosmer & Lemeshow(2004)는 유용한 자료를 제공한다. Nelder & Wedderburn(1972)의 작업은 일반화된 선형 모델링 프레임워크로 이어졌다. McCullagh(1980)는 일반화된 로짓 함수를 사용하기 때문에 순서가 있는 로짓 모델이라고도 하는 순서 회귀를 위한 비례 배당률 모델을 개발했다. Frank & Hall(2001)은 임의의 머신러닝 기술을 순서가 지정된 예측에 적용하는 방법을 보여 줬다. McCullagh & Nelder(1989)의 널리 인용된 단행본은 일반화된 선형 모델의 프레임워크에 대한 추가 세부 정보를 제공하는 또 다른 좋은 출처다.

Tibshirani(1996)는 유명한 LASSO[Least Absolute Shrinkage and Selection Operator]를 개발했다. Zou & Hastie(2005)는 '엘라스틱 넷[elastic net]' 정규화 접근 방식을 개발했다.

커널 논리 회귀는 선형 분류기를 비선형 분류기로 변환하고 확률적 희소 커널 기술은 벡터 머신을 지원하는 훌륭한 대안이다. Tipping(2001)은 학습 중에 커널 가중치가 0이 되도록 장려하는 방식으로 파라미터에 대한 우선순위를 조작하는 '관련성 벡터 머신[relevance vector machine]'을 제안했다. Lawrence, Seeger & Herbrich(2003)는 Williams & Rasmussen(2006)의 의미에서 빠르고 희소한 가우시안 프로세스 방법으로 문제를 해결하는 '유익한 벡터 머신[informative vector machine]'를 제안했다. Zhu & Hastie(2005)는 탐욕스러운 검색 방법을 사용하는 '임포트 벡터 머신[import vector machine]'으로 희소 커널 논리 회귀를 공식화했다. 그러나 이들 중 어느 것도 Cortes & Vapnik(1995)의 서포트 벡터 머신의 인기에 접근하지 못했다. 아마도 SVM(및 L_2 정규화된 커널 논리 회귀)과는 달리 목적 함수가 볼록[convex]하지 않기 때문일 수 있다. 볼록 최적화 문제는 손실 함수에서 단일 최솟값(가능성의 최댓값)을 갖는다. SVM에서 확률이 필요한 경우 Platt(1999)는 논리 회귀를 분류 점수에 맞추는 방법을 보여 준다.

n-gram을 평탄화하는 일부 기술은 모델의 조건부 확률 파라미터에 사전 분포를 적용하는 데서 발생한다. 다른 기술들은 낮은 차수의 n-gram의 가중 조합이 사용되는 보간 기법과 같은 다른 관점에서 나온다. 굿—튜링[Good-Turing] 디스카운팅(Good, 1953)(컴퓨팅의 아버지 중 한 명인 앨런 튜링[Alan Turing]과 공동 발명) 기술과 위튼 벨[Witten Bell] 평탄화(Witten & Bell, 1991) 기술은 이러한 아이디어를 기반으로 한다. Brants & Franz(2006)는 9.8절에 언급된 방대한 구글 n-gram 컬렉션을 논의하며 LDC[Linguistic Data Consortium]에서 24GB 압축 텍스트 파일로 제공된다.

Rabiner & Juang(1986)과 Rabiner(1989)는 각각 은닉 마르코프 모델에 대한 고전적인 소개와 튜토리얼을 제공했다. 이 모델은 음성 인식 시스템에서 수십 년 동안 광범위하게 사용돼 왔으며 다른 많은 문제에도 널리 적용된다. 인간 게놈 시퀀싱 프로젝트는 1990 년경부터 2000년대 초반까지 이어졌으며(International Human Genome Sequencing Consortium, 2001, Venter 외, 2001), 은닉 마르코프 모델(Burge & Karlin, 1997, Kulp, Haussler, Rees & Eeckman, 1996)을 사용해 유전자 인식 및 모델링 분야에서 열풍을 일으켰다. Murphy(2002)는 동적 베이지안 네트워크가 숨겨진 마르코프 모델을 확장하는 방법의 자세한 정보를 제공했다.

Lafferty, McCallum & Pereira(2001)는 조건부 랜덤 필드에 대한 중요한 논문을 발표했다. Sutton & McCallum(2006)은 자세한 정보를 제공하는 훌륭한 자료를 만들었다. Sha & Pereira(2003)는 조건부 랜덤 필드의 글로벌 특징 벡터 보기를 제시했으며 우리는 이 관점을 종합했다. 원래 애플리케이션은 라벨링 문제를 시퀀싱하는 것이었지만 이후 데이터 마이닝에서 많은 시퀀스 처리 작업에 널리 사용됐다. Kristjansson, Culotta, Viola & McCallum(2004)은 이메일 텍스트에서 정보를 추출하는 특정 문제를 조사했다. Stanford Named Entity Recognizer(NER)는 조건부 임의 필드를 기반으로 한다. Finkel, Grenager & Manning(2005)은 구현에 대한 세부 정보를 제공한다.

마르코프 논리 네트워크(Richardson & Domingos, 2006)는 1차 논리에서 가중치 절weighted clause을 사용해 인코딩된 프로그램에서 동적으로 인스턴스화된 카르코프 랜덤 필드를 생성하는 방법을 제공한다. 이 접근 방식은 Domingos & Lowd(2009)의 책에 설명된 대로 집단 또는 구조화된 분류, 링크 또는 관계 예측, 엔티티, 신원 명확화에 사용됐다.

소프트웨어 패키지 및 구현

주성분 분석, 가우시안 혼합 모델, 은닉 마르코프 모델의 구현은 많은 소프트웨어 패키지에서 사용할 수 있다. 예를 들어 MatLab의 통계 도구 상자에는 우리가 논의한 방법을 기반으로 한 주성분 분석 및 확률적 변형이 구현돼 있으며 가우시안 혼합 모델 및 모든 표준 은닉 마르코프 모델의 핸들링이 포함돼 있다.

케빈 머피[Kevin Murphy]의 MatLab 기반 Probabilistic Modeling Toolkit은 MatLab 함수 및 도구의 대규모 오픈 소스 컬렉션이다. 이 소프트웨어에는 베이지안 네트워크 조작 및 추론 방법을 위한 코드를 포함해 여기서 논의한 많은 방법에 대한 구현이 포함돼 있다.

Hugin Expert A/S(덴마크 컴퓨터 보안 회사)의 Hugin 소프트웨어 패키지와 Norsys(캐나다 소프트웨어 회사)의 Netica 소프트웨어는 베이지안 네트워크를 조작하기 위한 잘 알려진 상용 소프트웨어다. 여기에는 이러한 네트워크와 상호 작용할 수 있는 뛰어난 그래픽 사용자 인터페이스가 포함돼 있다.

BUGS[Bayesian Inference Using Gibbs Sampling] 프로젝트는 마르코프 체인 몬테카를로 방법을 사용해 복잡한 통계 모델의 베이지안 분석을 위한 다양한 소프트웨어 패키지를 만들었다. WinBUGS(Lunn 외, 2000)는 소프트웨어의 안정적인 버전이지만 최신 OpenBUGS 프로젝트는 핵심 BUGS 구현의 오픈 소스 버전이다(Lunn, Spiegelhalter, Thomas, & Best, 2009).

VIBES 소프트웨어 패키지(Bishop, Spiegelhalter, & Winn, 2002)는 변형 방법을 사용해 그래프 모델에서의 추론을 가능하게 한다. 마이크로소프트 리서치[Microsoft Research]는 변형 방법, 깁스 샘플링 또는 기대 전파(expectation propagation, Minka, 2001)로 알려진 다른 메시지 전달 방법을 사용해 그래프 모델을 정의하고 추론을 수행할 수 있는 'infer.net'이라는 프로그래밍 언어를 만들었다. 기대 전파는 베이지안 네트워크를 생성하는 데 사용되는 전형적인 이산 및 이진 모델을 넘어서 분포 및 모델에 대한 신뢰 전파를 일반화하며, 마이크로소프트 리서치의 존 윈[John Winn]과 톰 민카[Tom Minka]가 infer.net 프로젝트를 이끌었다.

R 프로그래밍 언어와 소프트웨어 환경은 통계적 컴퓨팅과 시각화를 위해 만들어졌다(Ihaka & Gentleman, 1996). 이는 오클랜드 대학교[University of Auckland]에서 시작됐으며 벨 랩스[Bell Labs]에서 S 프로그래밍 언어의 오픈 소스 구현을 제공한다. SAS, SPSS, Stata와 같은 잘 알려진 상용 패키지와 유사하며 일반화 선형 모델 및 기타 회귀 기술과 같은 많은 고전적 통계 방법의 구현을 포함한다. 범용 프로그래밍 언어이기 때문에 9장에서 설명하는 모델의 많은 확장 및 구현이 온라인으로 제공된다. 브라이언 D. 리플레이[Brian D. Ripley]는

R. 리플레이[R. Ripley]의 개발을 감독했으며 현재는 옥스퍼드 대학교[Oxford University]에서 은퇴했다. 그는 S 프로그래밍에 관한 많은 책(Venables & Ripley, 2000, 2002)의 공동 저자이자 패턴 인식 및 신경망에 관한 오래됐지만 매우 수준 높은 교과서(Ripley, 1996)를 공동 집필했다.

MALLET[MAchine Learning for LanguagE Toolkit](McCallum, 2002)은 잠재 디리클레 할당 및 조건부 랜덤 필드의 뛰어난 자바[Java] 프로그램을 제공한다. 또한 도큐먼트 분류 및 클러스터링에서 주제 모델링, 정보 추출, 텍스트 처리에 자주 사용되는 기타 머신러닝 기술에 이르기까지 다양한 통계적 자연어 처리 방법을 제공한다.

오픈 소스 알케미[Alchemy] 소프트웨어 패키지는 마르코프 로직 네트워크에 널리 사용된다(Richardson & Domingos, 2006).

사이킷런[scikit-learn](Pedregosa외, 2011)은 빠르게 성장하는 많은 머신러닝 방법의 파이썬 기반 구현 세트다. 여기에는 분류, 회귀, 군집화, 차원 축소(인자 분석 및 PPCA 포함), 모델 선택, 전처리를 위한 많은 확률적 및 통계적 방법의 구현이 포함돼 있다.

9.10 WEKA 구현

- 베이지안 네트워크

  BayesNet(분류에 대해 은닉 변수가 없는 베이지안 네트워크) A1DE와 A2DE(AnDE 패키지에 있음)

- 조건부 확률 모델

  LatentSemanticAnalysis(latentSematicAnalysis 패키지에 있음)

  ElasticNet(elasticNet 패키지에 있음)

  KernelLogisticRegression(kernelLogisticRegression 패키지에 있음)

- 클러스터링

  EM(EM 알고리즘을 이용한 클러스터링 및 밀도 추정)

10

딥러닝

최근에는 머신러닝에 대한 이른바 '딥러닝' 접근 방식이 음성 인식 및 컴퓨터 비전에 큰 영향을 미쳤으며 자연어 처리와 같은 다른 분야도 혜택을 보기 시작했다. 중요한 것은 지금까지보다 훨씬 많은 양의 데이터가 필요하다는 사실이다. 최근에는 파라미터가 많은 고용량 모델과 관련된 설정이 성공했다. 이 유연한 모델은 수작업으로 설계된 기능을 사용하는 기존 머신러닝 기술보다 더 효과적으로 방대한 데이터셋에 담겨 있는 정보를 활용한다.

10장은 딥러닝의 개념과 그것이 왜 효과적인지를 논하는 것으로 시작한다. 그런 다음 몇 가지 구체적인 결과와 실험과 함께 핵심 기술을 도입할 것이다. 딥러닝과 관련된 주요 접근법을 제시하고 현대 심층 네트워크 아키텍처를 훈련시키는 일반적인 문제 및 이의 측면을 논의한다.

머신러닝에 기초한 데이터에서 예측을 하는 데는 3가지 접근법이 있다.

- 사용자가 미리 지정한 일련의 기능에서 직접 예측하는 고전 머신러닝classical machine

learning 기술

- 표현 학습representation learning 기법은 특징을 최종 예측에 매핑하기 전에 일부 중간 표현으로 변환하고
- 딥러닝 기법은 여러 변환 단계를 사용해 매우 복잡한 기능을 생성하는 표현 학습의 한 형태다.

머신러닝을 적용하기 전에 기능을 중간 표현으로 변환하는 많은 방법을 봐왔다. 대표적인 예로는 주성분 분석과 최근접 이웃 학습이 있다. 피셔Fisher의 선형 판별 분석linear discriminant analysis은 표현 학습의 또 다른 예이며 중간 표현의 차별적 목표는 라벨링된 데이터를 사용해 학습된 표현을 적응시키는 데 사용된다. 이에 대한 결과는 분류를 직접 만들거나 보다 유연하고 비선형적인 분류기에 대한 입력 역할을 하는 데 사용될 수 있다.

이와는 대조적으로 단순한 3층 퍼셉트론은 은닉층을 관심의 과제에 적응시켜 표현을 학습하고 은닉층 파라미터가 출력층 파라미터에 적응하도록 같이 훈련시킨다. 은닉층의 주 기능을 일련의 변환에 추가해 '심층deep' 망을 구성한다. 각 층의 변환은 추론의 한 형태이며 복잡한 추론이 계산 단계의 시퀀스로 얼마나 쉽게 모델링될 수 있는지 생각할 수 있다. 여기서 논의할 심층 순환 신경망에는 피드백 루프가 포함돼 있으며 그 깊이는 기능의 모음 및 추상화의 반복적인 절차와 달리 학습되는 기본 알고리듬의 복잡성과 관련이 있다.

딥 다층 퍼셉트론, 딥 컨볼루션 신경망CNN, Convolutional Neural Network, 반복 신경망은 딥러닝에 대한 현재의 관심의 중심이며, 그 외 다른 방법들은 아래에서 볼 수 있듯이 딥러닝의 사례로 특징지어질 수 있다. 대부분의 딥러닝 방법은 다층 퍼셉트론을 빌딩 블록build block으로 사용한다.

10장에서는 딥러닝 방법이 최첨단 대안을 능가하는 주목할 만한 경험적 성공을 조명한다. 딥러닝을 사용하는 주된 이유는 대안적 접근 방식에 비해 경험적 효과가 좋기 때문이다. 하지만 다른, 더 이론적인 동기가 있다. 신경망과 회로 분석 사이에는 개념적 수준에서 복잡성 이론의 이론적 결과를 이끌어 내는 유추analogy가 있다. 일부 신경망은 논리

적 기능의 변형을 구현하며 특정 파라미터 설정에서 7.2절에서 봤듯이 논리 게이트와 똑같이 행동할 수 있다. 다단계 네트워크로 콤팩트하게 표현할 수 있는 기능은 더 얕은 아키텍처로 표현될 때 훨씬 더 많은 요소element가 필요할 수 있다.

딥러닝은 출력 계층이 학습에 필요한 손실 함수를 정의하는 네트워크 아키텍처로 근본적인 문제를 수식화한다. 출력 유닛은 확률적 예측으로 공식화될 수 있으며 이러한 예측이 파라미터화되면 모델 아래에서 손실을 음의 로그 가능성으로 정의할 수 있다. 매개변수는 일반적으로 9.7절에 도입된 기술을 사용해 파라미터에 우선순위를 배치하거나(동등하게) 손실 함수에 정규화항을 추가해 정규화한다. 또한 정규화에 대한 몇 가지 새로운 접근법을 논의할 것이다.

딥러닝 방법은 종종 역전파 알고리듬이 학습에 필요한 기울기 계산 역할을 하는 네트워크에 기반을 두고 있다. 확률적 경사 하강의 변화는 기울기를 계산하고 훈련 세트의 하위 집합인 예제의 작은 '미니 배치mini batch'에서 모델 파라미터를 업데이트하는 데 사용된다.

딥러닝은 신경망 연구와 응용의 르네상스를 열었다. 많은 유명 언론(예를 들어 「뉴욕 타임스」)은 주요 벤치마크 문제에 대한 딥러닝 기술의 놀라운 성공을 발표했다. 2012년경부터 음성 인식 및 컴퓨터 비전의 오랜 문제와 ILSVRCImageNet Large Scale Visual Recognition Challenge 및 LFWLabeled Faces in the Wild 같은 경쟁 대회에서 인상적인 결과가 나왔다. 음성 처리, 컴퓨터 비전, 신경망 커뮤니티 자체에서도 그 영향은 상당했다. 자세한 내용은 10장의 끝부분에 있는 참고 자료 절을 참고하라.

그래픽 처리 유닛의 형태로 고속 계산을 쉽게 사용할 수 있는 것은 딥러닝 기술의 성공에 매우 중요한 역할을 했다. 행렬 벡터 형태로 수식화될 때 최적화된 그래픽 라이브러리 및 하드웨어를 사용해 계산을 가속화할 수 있다. 네트워크 모델이 더 복잡해짐에 따라 일부 수량은 다차원 숫자 배열을 사용해야만 나타낼 수 있는데 이를 텐서tensor라고도 하며 임의의 수의 인덱스를 허용하는 행렬을 일반화시킨 것이다. 텐서를 지원하는 딥러닝 소프트웨어는 복잡한 네트워크 구조의 생성을 가속화하고 쉽게 학습할 수 있도록 하는 데 매우 중요하다. 10장의 마지막 부분에서 관련 소프트웨어 패키지를 소개한다.

10장은 행렬-벡터 형태로 역전파를 구현하기 위한 방정식을 제공한다. 행렬 인수와 파생어를 가진 함수를 다루는 데 익숙하지 않은 독자에게 부록 A.1은 유용한 배경을 요약 제공한다.

10.1 심층 순방향 네트워크

신경망은 수십 년 동안 표준 머신러닝 기술로 간주돼 왔지만 4가지 주요 발전이 그들의 부활에 중요한 역할을 했다.

- 머신러닝 방법에 대한 적절한 평가
- 엄청나게 많은 양의 데이터
- 더 깊고 큰 네트워크 아키텍처
- GPU 기법을 이용한 가속 훈련

첫 번째 포인트인 '평가^{evaluation}'는 동일한 데이터셋을 사용해 다른 그룹에 대한 결과와 비교하는 것이 표준 관행이었다. 그러나 데이터가 공개됐을 때에도 연구자들이 다른 테스트 및 훈련 분할과 같은 실험을 위해 다른 프로토콜을 사용했기 때문에 결과는 종종 비교하기 쉽지 않았다. 게다가 다른 방법들을 다시 시행하는 데 상당한 시간이 소비됐는데 이것은 종종 근거의 취약함이 되곤 했다. 대규모 공통 테스트 세트를 통한 머신러닝 과제의 증가는 결과가 보다 직접적으로 비교되도록 보장하고 팀들이 자신의 방법에 시간과 에너지를 소비하도록 한다. 평가 데이터의 양이 증가함에 따라 더 깊고 복잡하며 유연한 모델이 실현 가능해졌다. 오버피팅을 방지하고자 각별한 주의가 필요한 대용량 모델을 사용하면 테스트 세트가 최종 테스트를 위해서만 준비돼 있는지 확인하는 것이 더욱 중요하다. 이런저런 이유로 라벨이 감춰진 테스트 데이터로 결과를 원격 서버로 제출해 평가받는 경합 대회도 조직됐다. 경우에 따라 테스트 데이터 자체도 숨겨져 있으며 이 경우 참가자는 실행할 수 있는 코드를 제출해야 한다.

표 10.1 MNIST 평가에 대한 수행 요약

분류자	테스트 오류율(%)	참조
선형 분류기(단층 신경망)	12.0	LeCun 외(1998)
K-최근접 이웃, 유클리드(L2)	5.0	LeCun 외(1998)
2층 신경망, 300 은닉, 평균 제곱 오류	4.7	LeCun 외(1998)
서포트 벡터 머신, 가우시안 커널	1.4	MNIST 웹사이트
Convolutional net, LeNet-5 (변형 없음)	0.95	LeCun 외(1998)
변형 사용 방법		
가상 서포트 벡터 머신, deg-9 다항식, (2픽셀 지터링(jittering) 및 데스크윙(deskewing))	0.56	DeCoste and Scholkopf(2002)
컨볼루션 신경망(엘라스틱 변형)	0.4	Simard, Steinkraus, and Platt(2003)
6층 순방향 신경망(GPU상)(엘라스틱 변형)	0.35 0.35	Ciresan, Meier, Gambardella, and Schmidhuber(2010)
라지/딥 컨볼루션 신경망(엘라스틱 변형)	0.23	Ciresan, Meier, Masci, Maria Gambardella, and Schmidhuber(2011)
35개 컨볼루션 네트워크 커미티		Ciresan, Meier, and Schmidhuber(2012)

MNIST 평가

대규모 벤치마크 평가의 중요성을 이해하고자 손으로 쓴 숫자의 혼합인 국립 표준 기술 연구소MNIST, Mixed National Institute of Standards and Technology 데이터베이스를 생각해 보자. 여기에는 28 × 28 픽셀의 그레이스케일 이미지로 인코딩된 6만 개의 훈련 및 1만 개의 손으로 쓴 숫자 테스트 인스턴스가 포함돼 있다. 이 데이터는 성인이 훈련 데이터를 생성하고 고등학생이 테스트 세트를 다듬는 초기 NIST 데이터셋을 리믹스한 것이다. 표 10.1은 이 데이터에 대한 몇 가지 결과를 제공한다. 10.3절에서 논의된 깊은 아키텍처인 르넷LeNet 컨볼루션 네트워크(표 10.1의 5행)는 1998년에도 많은 표준 머신러닝 기술을 수행했다는 점을 생각하자.

표의 하반부는 입력 이미지의 합성 변형으로 훈련 세트를 증강하는 방법의 결과를 보여 준다. 이미 큰 데이터셋의 크기를 더 확장하고자 변환을 사용하는 것은 딥러닝에서 중요한 기술이다. 더 많은 파라미터를 가진 대형 네트워크는 높은 표현 능력을 갖고 있다. 데이터의 가용한 합성 변형은 사용할 수 있는 데이터의 양을 증가시켜 오버피팅을 방지하고 네트워크의 일반화를 돕는다. 물론 서포트 벡터 머신^{SVM}과 같은 다른 방법들도 추가 데이터로 모델 복잡성을 확장할 수 있다. 단순히 더 많은 지원 벡터를 추가하면 SVM 기반 방법이 고전 네트워크 아키텍처를 능가할 수 있다. 그러나 표 10.1이 보여 주듯이 합성으로 형성된 이미지를 가진 순방향 심층 네트워크나 CNN을 훈련시키는 것은 훨씬 더 좋은 결과를 낳는다. 큰 테스트 세트 때문에 0.01 이상의 오차율 차이가 통계적으로는 유의미하다.

마지막 4가지 항목은 심층 네트워크의 효과를 보여 준다. 흥미롭게도 합성 변환을 사용해 6개의 층을 사용하고 그래픽 처리 장치에서 훈련된 표준 다층 퍼셉트론은 (크고 깊은) CNN의 성능과 일치한다. 이는 보통 신경망이 깊은 데이터 증강$^{data\ augmentation}$이 사용될 때 효과적일 수 있음을 보여 준다. 왜냐하면 합성 변환된 데이터로 그러한 네트워크를 훈련시키는 것은 그럴듯한 왜곡에 대한 견고성을 장려하기 때문이다. 이와는 대조적으로 CNN은 네트워크 설계 자체 내에 번역 불변성을 포함시켰다(10.3절 참조). 표 10.1의 가장 좋은 결과는 컨볼루션 네트워크의 앙상블을 기반으로 한다. 앙상블은 여러 설정에서 최상의 성능을 얻고자 사용된다.

손실과 정규화

7.2절에서는 다층 퍼셉트론에 대해 다른 활성화 함수를 사용할 수 있다고 언급했다. 우리는 손실 함수가 계산되는 최종 계층 파라미터화와 중간 계층 활성화 함수를 구분한다. 과거에는 분류 라벨이 0 또는 1로 제한돼 있어도 때로는 제곱 오류에 대해 시그모이드 ^{sigmoid}를 출력 활성화 함수로 사용하고 최종 계층 손실 함수를 기본으로 사용하는 것이 일반적인 관행이었다. 그러나 이후 설계는 출력 활성화 기능을 이진, 범주형 또는 연속형인지 여부에 관계없이 확률적 예측을 하는 데 사용되는 분포 함수의 음의 로그로 정의함

으로써 주어진 데이터 유형에 대한 자연 확률적 인코딩을 포용한다. 그러면 예측은 선형 및 로지스틱 회귀와 마찬가지로 베르누이, 이산 또는 가우시안 분포에 의해 정의된 기본 확률 모델과 정확하게 일치하지만 유연성은 더 크다.

이런 식으로 보면 로지스틱 회귀는 숨겨진 유닛이 없는 단순한 신경망이다. $i = 1, ..., N$ 라벨 y_i를 가중치 $\mathbf{W}$ 행렬과 바이어스 $\mathbf{b}$ 벡터로 구성된 파라미터 θ가 있는 특징 $\mathbf{x}_i$로부터 예측하기 위한 기본 최적화 기준은 다음과 같다.

$$\sum_{i=1}^{N} - \log p(y_i|\mathbf{x}_i; \mathbf{W}, \mathbf{b}) + \lambda \sum_{j=1}^{M} w_j^2 = \sum_{i=1}^{N} L(f_i(\mathbf{x}_i; \theta), y_i) + \lambda R(\theta)$$

여기서 첫 번째 항인 $L(f_i(\mathbf{x}_i; \theta). y_i)$은 부정 조건부 로그 유사성 또는 손실이며 두 번째 $\lambda R(\theta)$는 오버피팅을 방지하는 데 사용되는 가중치 정규화 도구다.

손실(또는 정규화) 기반 목적 함수로서의 이 수식화는 애플리케이션의 요구에 따라 결정되는 확률적 손실 또는 기타 손실 함수를 선택할 수 있는 자유를 제공한다. 경험적 위험 empirical risk이라고 불리는 훈련 데이터에 대한 평균 손실을 사용하면 딥 모델deep model을 훈련함으로써 제기되는 근본적인 최적화 문제의 다음과 같은 수식화로 이어진다. 즉 경험적 위험을 최소화하고 정규화 용어를 추가시킨다.

$$\arg \min_{\theta} \left[\frac{1}{N} \sum_{i=1}^{N} L(f_i(\mathbf{x}_i; \theta), \mathbf{y}_i) + \lambda R(\theta) \right]$$

여기서 정규화 가중치를 분포에 대한 공식 확률 모델에서 파생된 해당 파라미터와 관련시키는 경우 팩터 N이 설명돼야 한다. 딥러닝에서 우리는 알고리듬이 데이터를 넘겨받은 경로 개수의 함수로서 그래프에서 손실 또는 기타 성능 메트릭을 보여 주는 학습 곡선을 조사하는 데 종종 관심이 있다. N으로 나누면 동일한 척도가 되기 때문에 훈련 세트에 대한 평균 손실과 동일한 그래프에 설정된 유효성 검사 세트에 대한 평균 손실을 비교하는 것이 훨씬 쉽다.

네트워크가 얼마나 깊이 학습하는지 보려면 $f_k(\mathbf{x}) = f_k(a_k(\mathbf{x}))$이 있는 네트워크의 최종 출력 기능을 구성하는 것을 생각해 보라. 이 기능은 $a_k(\mathbf{x})$로 구성된 입력 활성화에 적용된

표 10.2 손실 함수, 해당 분포(corresponding distribution), 활성화

손실명, $L(f_i(\mathbf{x}_i; \theta), \mathbf{y}_i) =$	분산명, $P(f_i(\mathbf{x}_i; \theta), \mathbf{y}_i) =$	출력 활성 함수, $f_k(a_k(\mathbf{x})) =$
제곱 오차, $\sum_{k=1}^{K}(f_k(\mathbf{x}) - y_k)^2$	가우시안, $N(\mathbf{y}; \mathbf{f}(\mathbf{x}; \theta), \mathbf{I})$	$\dfrac{1}{(1 + \exp(-a_k(\mathbf{x})))}$
크로스 엔트로피 $-\sum_{k=1}^{K}[y_k \log f_k(\mathbf{x}) + (1 - y_k)\log(1 - f_k(\mathbf{x}))]$	베르누이, $\text{Bern}(\mathbf{y}; \mathbf{f}(\mathbf{x}; \theta))$	$\dfrac{1}{(1 + \exp(-a_k(\mathbf{x})))}$
소프트맥스, $-\sum_{k=1}^{K} y_k \log f_k(\mathbf{x})$	분산 또는 카테고리, $\text{Cat}(\mathbf{y}; \mathbf{f}(\mathbf{x}; \theta))$	$\dfrac{\exp(a_k(\mathbf{x}))}{\sum_{j=1}^{K} \exp(a_j(\mathbf{x}))}$

다. 입력은 자주 $\mathbf{a}(\mathbf{x})$ 함수가 벡터 인수를 취해 그 결과로 벡터를 반환하는 $\mathbf{a}(\mathbf{x}) = \mathbf{W}\mathbf{h}(\mathbf{x})$ + $\mathbf{b}$ 형태의 계산을 포함하며 여기서 $a_k(\mathbf{x})$ 함수는 $\mathbf{a}(\mathbf{x})$의 요소 중 하나에 불과하다. 표 10.2는 일반적으로 사용되는 출력 손실 함수, 출력 활성화 함수, 파생된 기본 분포를 제공한다.

딥 레이어드 네트워크 구조

딥 뉴럴 네트워크 많은 층을 통해 계산이 수행된다. 은닉층의 출력을 $\mathbf{h}^{(l)}(\mathbf{x})$로 표기하면 L 개의 은닉층을 갖고 있는 네트워크의 계산은 다음과 같다.

$$\mathbf{f}(\mathbf{x}) = \mathbf{f}\left[\mathbf{a}^{(L+1)}\left(\mathbf{h}^{(L)}\left(\mathbf{a}^{(L)}\left(\ldots\left(\mathbf{h}^{(2)}\left(\mathbf{a}^{(2)}\left(\mathbf{h}^{(1)}\left(\mathbf{a}^{(1)}(\mathbf{x})\right)\right)\right)\right)\right)\right)\right)\right]$$

각 사전 활성 함수$^{\text{preactivation function}}$ $\mathbf{a}^{(l)}(\mathbf{x})$는 행렬 $\mathbf{W}^{(l)}$ 및 편향 $\mathbf{b}^{(l)}$을 통한 선형 연산이며, 파라미터 θ와 결합한다.

$$\mathbf{a}^{(l)}(\mathbf{x}) = \mathbf{W}^{(l)}\mathbf{x} + \mathbf{b}^{(l)},$$
$$\mathbf{a}^{(l)}(\hat{\mathbf{x}}) = \theta^{(l)}\hat{\mathbf{x}} \quad, \ l = 1$$
$$\mathbf{a}^{(l)}(\hat{\mathbf{h}}^{(l-1)}) = \theta^{(l)}\hat{\mathbf{h}}^{(l-1)} \quad, \ l > 1$$

'모자' 표기인 $\hat{\mathbf{x}}$는 1이 벡터 $\mathbf{x}$에 추가됐다는 것을 뜻한다. 은닉층 활성 함수 $\mathbf{h}^{(l)}(\mathbf{x})$는 종종 각 레벨별로 동일한 형태를 갖지만 이것이 요구 사항은 아니다.

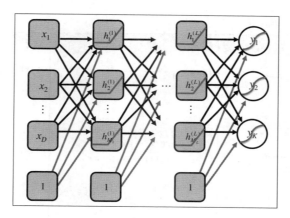

그림 10.1 순방향 뉴럴 네트워크

그림 10.1은 예시 네트워크를 보여 준다. 은닉 변수들이 랜덤 변수인 베이지언 네트워크와 같은 그래프 모델과는 대조적으로 은닉 유닛은 여기서 중간 결정론적 계산이며 이 것이 왜 원으로 표기가 되지 않은 이유다. 하지만 출력 변수 y_k는 원으로 표기됐는데 이는 확률적으로 계산됐기 때문이다.

활성 함수

활성 함수$^{activation function}$는 일반적으로 요소별 방식$^{element-wise\ fashion}$으로 사전 활성 벡터상에서 작동한다.

표 10.3은 함수 형태 및 유도를 통해 보통의 은닉층 활성 함수를 나타낸다.

시그모이드 함수가 주로 쓰이고 하이퍼볼릭 탄젠트^{tanh} 함수가 종종 부분적으로 사용됐는데 0에서 안정된 상태를 갖고 있기 때문이다. 하지만 최근에는 rectify() 함수 또는 ReLUs$^{Rectified\ Linear\ Units}$가 많은 다른 설정에서 더 나은 결과를 나타내고 있음이 발견됐다. 이 함수는 음의 변숫값이 0이기 때문에 이 모델에서의 일부 유닛은 0으로 활성화돼 여러 상황에서 유용한 '희박' 성질을 제공한다. 게다가 기울기는 상당히 단순해 0 또는 1 값만 가진다. 활성화됐을 때 활성화 함수가 정확히 1인 기울기를 갖는다는 사실은 '사라지

표 10.3 활성 함수 및 이의 미분

함수명과 그래프	함수	미분
sigmoid(x)	$h(x) = \dfrac{1}{1 + \exp(-x)}$	$h'(x) = h(x)[1 - h(x)]$
tanh(x)	$h(x) = \dfrac{\exp(x) - \exp(-x)}{\exp(x) + \exp(-x)}$	$h'(x) = 1 - h(x)^2$
softplus(x)	$h(x) = \log(1 + \exp(x))$	$h'(x) = \dfrac{1}{1 + \exp(-x)}$
rectify(x)	$h(x) = \max(0, x)$	$h'(x) = \begin{cases} 1 & \text{if } x \geq 0 \\ 0 & \text{if } x < 0 \end{cases}$
pw_linear(x)	$h(x) = \begin{cases} x & \text{if } x \geq 0 \\ ax & \text{if } x < 0 \end{cases}$	$h'(x) = \begin{cases} 1 & \text{if } x \geq 0 \\ a & \text{if } x < 0 \end{cases}$

거나 폭발하는 기울기 문제'vanishing or exploding gradient problem'를 제시하며 이에 대해서는 아래 재귀 네트워크에서 자세히 다룰 것이다. 불연속 선형 함수(표 10.3의 마지막 항목)와 더불어 ReLU도 $\mathbf{h}^{(l)}(\mathbf{x})$에 대해서도 딥러닝 시스템에서 많이 사용되는 함수다. ReLU처럼 0에서 미분 치는 존재하지 않으며 경사 하강 대신에 하위 경사가 사용해 이를 적용할 수 있는데 예를 들어 $h'(0)$은 a로 세팅될 수 있다.

많은 딥러닝 소프트웨어 패키지는 불연속 선형 함수를 포함한 활성화 함수를 쉽게 사

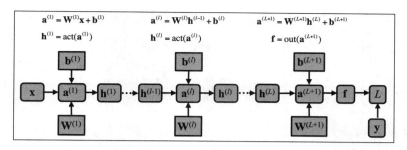

그림 10.2 심층 네트워크에서 전방위 전파를 보여 주는 계산 그래프

용하도록 해준다. 어떤 패키지는 내장된 기호 계산^{symbolic computation}을 사용해 역전파 알고리듬에 필요한 기울기를 자동으로 정해 준다.

그림 10.2는 몇 가지의 은닉층을 갖고 있는 권위 있는 심층 네트워크 구조의 일반적인 형태를 보여 주는 계산 그래프다. 이 그림은 어떻게 예측이 계산되고 어떻게 손실 L이 얻어지며 어떻게 역전파 알고리듬의 순방향 경로가 계산되는지 보여 준다. 은닉층 활성화 함수는 $\text{act}(\mathbf{a}^{(l)})$로, 그리고 마지막 층의 활성 함수는 $\text{out}(\mathbf{a}^{(L+1)})$로 주어진다.

역전파 수정

역전파는 미적분의 체인 룰을 기반으로 한다. 다항 논리 회귀 모델에 정확히 상응하는 소프트맥스 출력을 갖는 단층 네트워크에 대한 손실 $L(\mathbf{f}(\mathbf{x}; \theta), \mathbf{y})$을 생각해 보자. 해당 클래스 라벨에 대한 단일 차원은 $y_k = 1$이고 다른 차원은 0인 다항식 벡터 $\mathbf{y}$를 사용할 것이다. $a_k(\mathbf{x}; \theta_k) = \theta_k^T \mathbf{x}$인 $\mathbf{f} = [f_1(\mathbf{a}), \ldots, f_k(\mathbf{a})]$로, $\mathbf{a}(\mathbf{x}; \theta) = [a_1(\mathbf{x}; \theta_1), a_2(\mathbf{x}; \theta_2), \ldots, a_k(\mathbf{x}; \theta_k)]$로 정의를 한다. 이때 θ_k는 파라미터 행렬 θ의 k번째 행을 포함하는 열 벡터다. $\mathbf{f}(\mathbf{a}(\mathbf{x}))$에 대한 소프트맥스 손실은 다음과 같이 주어진다.

$$L = - \sum_{k=1}^{K} y_k \log f_k(\mathbf{x}), \quad f_k(\mathbf{x}) = \frac{\exp(a_k(\mathbf{x}))}{\sum_{c=1}^{K} \exp(a_c(\mathbf{x}))}$$

$a_k(\mathbf{x}; \mathbf{w}_k, \mathbf{b}) = \mathbf{w}_k^T \mathbf{x} + \mathbf{b}$ 형태의 모델 복제는 1을 마지막에 포함시키고자 $\mathbf{x}$를 정의하며

그렇게 하면 편향 파라미터 **b**가 각 파라미터 벡터 $\boldsymbol{\theta}_k$의 마지막 요소가 된다. 벡터 형태의 체인 룰은 주어진 파라미터 벡터 $\boldsymbol{\theta}_k$의 편미분을 다음과 같이 제공한다.

$$\frac{\partial L}{\partial \boldsymbol{\theta}_k} = \frac{\partial \mathbf{a}}{\partial \boldsymbol{\theta}_k} \frac{\partial \mathbf{f}}{\partial \mathbf{a}} \frac{\partial L}{\partial \mathbf{f}} = \frac{\partial \mathbf{a}}{\partial \boldsymbol{\theta}_k} \frac{\partial L}{\partial \mathbf{a}}$$

(항의 순서는 이 책에서의 체인 룰 초기 적용과 비교하면 거꾸로 됐음을 주의하라.)

a의 손실에 대한 편미분의 각 컴포넌트는 다음과 같다.

$$\begin{aligned}
\frac{\partial L}{\partial a_j} &= \frac{\partial}{\partial a_j} \left[-\sum_{k=1}^{K} y_k \left[a_k - \log \left[\sum_{c=1}^{K} \exp(a_c) \right] \right] \right] \\
&= - \left[y_{k=j} - \frac{\exp(a_{k=j})}{\sum_{c=1}^{K} \exp(a_c)} \right] \\
&= - \left[y_j - p(y_j|\mathbf{x}) \right] \\
&= - \left[y_j - f_j(\mathbf{x}) \right]
\end{aligned}$$

이는 벡터 형태가 다음과 같이 정리됨을 포함한다.

$$\frac{\partial L}{\partial \mathbf{a}} = - [\mathbf{y} - \mathbf{f}(\mathbf{x})]$$

여기서 $\Delta = [\mathbf{y} - \mathbf{f}(\mathbf{x})]$는 종종 오류로 참조된다.

다음으로

$$\frac{\partial a_j}{\partial \boldsymbol{\theta}_k} = \begin{cases} \dfrac{\partial}{\partial \boldsymbol{\theta}_k} \boldsymbol{\theta}_k^T \mathbf{x} = \mathbf{x} & , j = k \\ 0 & , j \neq k \end{cases}$$

이기 때문에 이는 아래를 포함한다.

$$\frac{\partial \mathbf{a}}{\partial \boldsymbol{\theta}_k} = \mathbf{H}_k = \begin{bmatrix} 0 & x_1 & 0 \\ \vdots & \vdots & \vdots \\ 0 & x_n & 0 \end{bmatrix}$$

여기서 벡터 **x**는 행렬의 k번째에 저장된다. 행렬 $\boldsymbol{\theta}$의 관점에서 **a**의 편미분으로의 작업을 하지 않은 점에 주목해야 하는데 이는 수치의 다차원 배열이며 행렬로 표현할 수 없기 때문이다(텐서다).

위에서 유도된 값을 사용해 아래처럼 계산할 수 있다.

$$\frac{\partial L}{\partial \theta_k} = \frac{\partial \mathbf{a}}{\partial \theta_k} \frac{\partial L}{\partial \mathbf{a}} = - \begin{bmatrix} 0 & x_1 & 0 \\ \vdots & \vdots & \vdots \\ 0 & x_n & 0 \end{bmatrix} [\mathbf{y} - \mathbf{f(x)}]$$

$$= -\mathbf{x}(y_k - f_k(x))$$

이는 파라미터 행렬의 k번째 열에 있는 벡터에 대한 기울기(칼럼 벡터)를 제공한다. 하지만 잠깐만 파라미터 $\boldsymbol{\theta}$에 대한 전체 행렬의 기울기를 조금만 변형하면 간결하게 바꿀 수 있다.

$$\frac{\partial L}{\partial \boldsymbol{\theta}} = -[\mathbf{y} - \mathbf{f(x)}]\mathbf{x}^{\mathsf{T}}$$

$$= -\Delta \mathbf{x}^{\mathsf{T}}$$

이는 $\Delta = [\mathbf{y} - \mathbf{f(x)}]$와 $\mathbf{x}^{\mathsf{T}}$의 곱으로 기울기 행렬의 계산을 공식화한다.

이제 모든 L개의 은닉층에 대한 동일한 활성화 함수를 사용하는 네트워크와 소프트맥스 출력층을 생각해 보자. 파라미터 $(L + 1)$번째 행렬의 k번째 파라미터 벡터의 기울기는 다음과 같다.

$$\frac{\partial L}{\partial \boldsymbol{\theta}_k^{(L+1)}} = \frac{\partial \mathbf{a}^{(L+1)}}{\partial \boldsymbol{\theta}_k^{(L+1)}} \frac{\partial L}{\partial \mathbf{a}^{(L+1)}}, \quad \frac{\partial L}{\partial \mathbf{a}^{(L+1)}} = -\Delta^{(L+1)}$$

$$= -\frac{\partial \mathbf{a}^{(L+1)}}{\partial \boldsymbol{\theta}_k^{(L+1)}} \Delta^{(L+1)}$$

$$= -\mathbf{H}_k^L \Delta^{(L+1)}$$

여기서 $\mathbf{H}_k^L$는 상응하는 은닉층의 활성화를 포함하는 k열에 있는 행렬이며 $\Delta^{(L+1)} = [\mathbf{y} - \mathbf{f(x)}]$는 출력층의 오류 항이다. 전체 파라미터 업데이트는 다음과 같이 재구성될 수 있다.

$$\frac{\partial L}{\partial \boldsymbol{\theta}^{(L+1)}} = -\Delta^{(L+1)} \tilde{\mathbf{h}}_{(L)}^T$$

이 오류 항은 역전파가 된다. 파라미터 L번째 행렬의 k번째 열의 기울기를 고려하면 이를 통한 역전파는 필수는 아니다. 따라서 다음과 같다.

$$\frac{\partial L}{\partial \theta_k^{(L)}} = \frac{\partial \mathbf{a}^{(L)}}{\partial \theta_k^{(L)}} \frac{\partial \mathbf{h}^{(L)}}{\partial \mathbf{a}^{(L)}} \frac{\partial \mathbf{a}^{(L+1)}}{\partial \mathbf{h}^{(L)}} \frac{\partial L}{\partial \mathbf{a}^{(L+1)}}$$

$$= -\frac{\partial \mathbf{a}^{(L)}}{\partial \theta_k^{(L)}} \frac{\partial \mathbf{h}^{(L)}}{\partial \mathbf{a}^{(L)}} \frac{\partial \mathbf{a}^{(L+1)}}{\partial \mathbf{h}^{(L)}} \Delta^{(L+1)}, \quad \Delta^{(L)} \equiv \frac{\partial \mathbf{h}^{(L)}}{\partial \mathbf{a}^{(L)}} \frac{\partial \mathbf{a}^{(L+1)}}{\partial \mathbf{h}^{(L)}} \Delta^{(L+1)}$$

$$= -\frac{\partial \mathbf{a}^{(L)}}{\partial \theta_k^{(L)}} \Delta^{(L)}$$

여기서 $\Delta^{(L)}$은 $\Delta^{(L+1)}$로 정의된다. 유사하게 $l \leq L$에 대해 다른 $\Delta^{(l)}$들은 $\Delta^{(l+1)}$로 재귀적으로 다음과 같이 정의될 수 있다.

$$\Delta^{(l)} = \frac{\partial \mathbf{h}^{(l)}}{\partial \mathbf{a}^{(l)}} \frac{\partial \mathbf{a}^{(l+1)}}{\partial \mathbf{h}^{(l)}} \Delta^{(l+1)}$$

$$\Delta^{(l)} = \mathbf{D}^{(l)} \mathbf{W}^{T(l+1)} \Delta^{(l+1)}$$

마지막 단순화는 관련된 편미분이 작성 가능한 행렬에 해당한다는 사실을 사용한다.

$$\frac{\partial \mathbf{h}^{(l)}}{\partial \mathbf{a}^{(l)}} = \mathbf{D}^{(l)}, \quad \frac{\partial \mathbf{a}^{(l+1)}}{\partial \mathbf{h}^{(l)}} = \mathbf{W}^{T(l+1)}$$

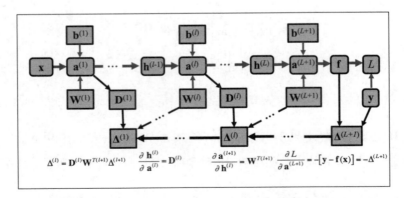

그림 10.3 심층 네트워크에서의 백 프로파게이션(전방 컴퓨팅은 회색 화살표로 표시)

여기서 $\mathbf{D}^{(l)}$은 사전 활성 입력에 대한 은닉층 활성 함수의 편미분을 포함한다. 이 행렬은 보통 대각선 형태인데, 이는 활성 함수가 보통 요소 유닛으로 동작하기 때문이다. $\mathbf{W}^{T(l+1)}$ 항은 $\mathbf{a}^{(l+1)}(\mathbf{h}^{(l)}) = \mathbf{W}^{(l+1)}\mathbf{h}^{(l)} + \mathbf{b}^{(l+1)}$로부터 나온 결과다. l번째 네트워크층 파라미터의 k번째 벡터에 대한 기울기는 따라서 다음 형태를 따라 행렬곱을 사용해 계산될 수 있다.

$$\frac{\partial L}{\partial \boldsymbol{\theta}_k^{(l)}} = - \mathbf{H}_k^{(l-1)} \mathbf{D}^{(l)} \mathbf{W}^{T(l+1)} \dots \mathbf{D}^{(L)} \mathbf{W}^{T(L+1)} \Delta^{(L+1)} \tag{10.1}$$

이러한 방정식, $\mathbf{f}(\mathbf{x})$의 정의, 손실 함수, 모든 정규화 항이 주어지면 일반적인 방식으로 수식화된 심층 네트워크는 경사 하강법을 사용해 최적화할 수 있다. $\Delta^{(l)}$에 대한 재귀 정의는 어떻게 알고리듬이 정보를 손실로부터 후방^{back}으로 전파시키는지 나타낸다.

위의 방정식은 수치 최적화에 적용될 수 있다. 예를 들어 행렬 간의 곱셈은 $\Delta^{(l)} = \mathbf{D}^{(l)} (\mathbf{W}^{T(l+1)} \Delta^{(l+1)})$ 계산을 통한 행렬과 벡터의 곱셈으로 계산을 간단히 할 수 있다. 모든 은닉 층 활성화 함수가 $\mathbf{D}^{(l)}$의 대각선 형태임을 관찰한다면 행렬과 벡터의 곱은 요소별 곱인 $\Delta^{(l)} = \mathbf{d}^{(l)} \odot (\mathbf{W}^{T(l+1)} \Delta^{(l+1)})$으로 변환될 수 있으며 여기서 $\odot$는 요소별^{elementwise}의 의미이며 벡터 $\mathbf{d}^{(l)}$은 $\mathbf{D}^{(l)}$의 대각선으로부터의 추출에 의해 생성된다. 위 관찰을 사용해 전체 파라미터 행렬 업데이터가 각 레벨에서 다음과 같은 간단한 형태를 갖는 것을 볼 수 있다.

$$\frac{\partial L}{\partial \boldsymbol{\theta}^{(l)}} = - \Delta^{(l)} \hat{\mathbf{h}}_{(l-1)}^T$$

$l = 1$, $\hat{\mathbf{h}}_{(0)} = \hat{\mathbf{x}}$일 때 입력 데이터에 1이 추가된다.

그림 10.4가 경사 기반 학습에 대해 필요한 마지막 계산을 보여 줄 때 그림 10.3은 후방 계산 또는 오류 '전파' 단계를 보여 준다.

계산 그래프 및 복잡한 네트워크 구조

단순한 순방향 네트워크 학습은 두 과정에서 발생하는데 전방향 전달과 역방향 전달이다. 또한 벡터 표기를 사용해 경사 계산이 간단한 행렬 곱으로 분해되는 것을 위에서 봤다.

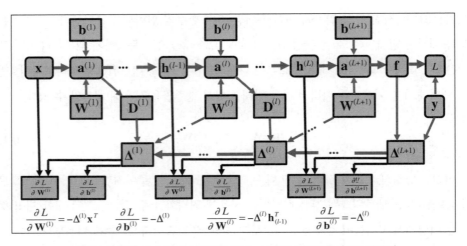

그림 10.4 전방 및 후방 전파 단계를 따르는 파라미터 업데이트(회색 화살표)

  하지만 그래프에 있는 층이 단순하지 않고 복잡하게 얽혀 있다면 어떨까? 중간 결과로 적용된 함수로 구성된 더 복잡한 계산이 계산 그래프에 의해 다시 표현될 수 있다. 부록 A.1에 있는 '그래프와 역전파 계산' 절에 계산 그래프를 사용해 시각화된 역전파 경사 찾기에 대한 좀 더 심도 있는 계산의 예제가 있다.

  역전파에 대한 일반적인 메커니즘의 효과적 구현은 상당히 복잡해질 수 있다. 계산 그래프의 개념을 사용하면 정보의 순방향 전파 단계를 정의하는 데 사용되는 그래프에서 화살표를 반전해 찾은 경로를 따라 기울기 정보를 '간단하게' 전파해야 한다. 많은 소프트웨어 패키지는 계산 그래프 내에서 인터리빙interleaving[1]된 순방향 전파 및 역방향 전파 단계를 사용한다. 일부는 시스템이 필요한 파생물을 자동으로 얻을 수 있는 방식으로 복잡한 네트워크 구조를 정의하고 그래픽 처리 장치를 호출하는 라이브러리를 사용해 효율적으로 계산을 수행할 수 있도록 한다.

  원칙적으로는 심층 네트워크에서의 학습은 경사 하강법 또는 고차 도함수를 활용하는

---

1   인터리빙(interleaving): 사전적 의미는 '끼워 넣기'이며 IP 네트워크, 즉 유선 통신 네트워크 또는 무선 통신 구간을 통해 트래픽을 전송할 때 발생할 수 있는 군집 에러를 랜덤 에러로 변환해 에러 정정을 용이하게 하고자 사용되는 기법이다(위키백과 참고). – 옮긴이

보다 정교한 방법을 통해 이뤄질 수 있다. 그러나 실제로 '미니 배치'를 기반으로 한 확률적 경사 하강법의 변형이 가장 널리 사용되는 방법이므로 소프트웨어 패키지 및 구현체가 사용된다는 가정하에 최적화된다. 10.2절에서 이 방법과 심층 네트워크 훈련의 다른 주요 실제 측면을 설명한다.

역전파 구현 확인

역전파 알고리듬의 구현은 기울기의 분석 값을 수치적으로 계산된 값과 비교해 정확성을 확인할 수 있다. 예를 들어 작은 변화값perturbation ε를 각 파라미터 θ에 더하고 뺀 다음 손실의 미분에 대한 대칭 유한 차분 근사symmetric finite difference approximation를 계산할 수 있다.

$$\frac{\partial L}{\partial \theta} \approx \frac{L(\theta + \varepsilon) - L(\theta - \varepsilon)}{2\varepsilon}$$

여기서 오류에 대한 근사는 $O(\varepsilon^2)$이다.

10.2 심층 네트워크의 훈련과 평가

딥러닝으로 작업할 때 각각 분리된 훈련, 테스트, 검증 세트를 갖는 것이 중요하다. 검증 세트는 모델 선택을 위해 모델의 하이퍼파라미터를 조정하고 조기 종료를 수행해 오버피팅을 방지하는 데 사용된다.

조기 종료

7장, '인스턴스 기반 및 선형 모델의 확장'에서는 '조기 종료early stopping'가 훈련 중 오버피팅을 완화하는 간단한 방법이라고 언급했다. 딥러닝은 데이터가 많은 경우에 오버피팅에 취약한 고용량 아키텍처를 사용하며 정규화 및 드롭아웃(drop out: 아래에서 설명)과 같은 오버피팅을 줄이는 다른 방법을 사용하는 경우에도 조기 종료가 표준 관행이다. 이는 에포

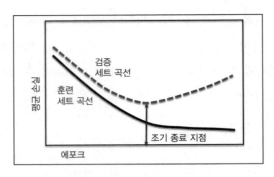

그림 10.5 훈련 및 검증 세트에 대한 일반적인 학습 곡선

크^{epoch} 함수로 훈련 및 검증 세트에 대한 평균 손실을 나타내는 학습 곡선의 모니터링을 통해 수행된다. 핵심은 검증 세트 평균 손실이 악화되기 시작하는 지점을 찾는 것이다.

그림 10.5는 미니 배치 기반 확률적 경사 하강법에서는 일반적으로 노이즈가 더 많긴 하지만 한 쌍의 훈련 세트와 검증 세트 곡선을 보여 주고 있다. 이를 방지하고자 테스트 세트에 적용할 최종 버전을 선택하기 위한 업데이트 기간 동안 모델 파라미터를 유지할 수 있다.

사람들은 신경망 출력에 대한 표준 손실 함수 공식 중 하나를 자주 사용하는데 이미 소프트웨어 도구에 통합돼 있기 때문이다. 그러나 학습의 기본 목표는 다를 수 있는데 분류 오류를 최소화하거나 정밀도와 재현율의 일부 조합을 최적화하는 것 등이 될 수 있다. 이러한 경우 모델이 훈련 세트를 오버피팅하는지 여부에 대한 명확한 판단을 얻으려면 실제 평가 메트릭과 평균 손실을 모니터링하는 것이 중요하다. 또한 더 많은 양을 추가하고 적절한 지점에서 중지해 모델이 데이터를 완벽하게 분류할 수 있는지 여부를 결정하는 것이 도움이 될 수 있다.

평가, 교차 평가, 하이퍼파라미터 튜닝

하이퍼파라미터는 조기 종료로 검증 세트에서 최상의 성능을 이끌어 내는 설정을 식별해 조정된다. 일반적인 하이퍼파라미터에는 파라미터 정규화의 강도, 은닉 유닛 및 계층의 수와 관련한 모델 복잡성, 활성화 함수의 형태, 학습 알고리듬 자체의 파라미터가 포함된다. 많은 선택 사항이 포함돼 있기 때문에 검증 세트에 대한 성능 모니터링은 기존의 머신러닝 방법보다 훨씬 더 중요한 역할을 한다.

테스트 세트 데이터를 반복해 사용하는 실험은 새로운 데이터에 대한 성능 추정치가 잘못될 수 있기 때문에 실제 최종 평가를 위한 테스트 세트를 따로 설정해야 한다. 이러한 이유로 이를 연구하는 커뮤니티 등의 조직에서는 '테스트 세트 라벨'을 숨긴 채로 실험을 하는 공개적인 도전을 선호하게 됐으며 이는 의심할 여지없이 이 분야의 진전에 도움이 된 활동이었다. 그러나 참가자가 여러 엔트리를 동시에 제출할 때 논란이 발생했고 일부 모델에서는 참가자가 경쟁 서버에 코드를 제출 시 '데이터 자체'를 숨기게 됐다.

검증 세트를 사용하는 것은 학습 기법을 평가하거나 하이퍼파라미터를 선택하고자 k-겹 교차 검증을 사용하는 것과 다르다. 5.3절에서 설명했듯이 교차 검증에는 여러 학습 및 테스트 파티션 생성이 포함된다. 그러나 딥러닝을 위한 데이터셋은 너무 방대하고 단일 대형 테스트 세트가 모델의 성능을 적절하게 나타내므로 교차 검증의 필요성이 줄어든다. 그래픽 처리 장치를 사용하더라도 훈련에는 종종 며칠 또는 몇 주가 걸리므로 교차 검증은 어쨌든 비현실적이다.

최상의 결과를 얻으려면 일반적으로 훈련 세트에서 추출한 단일 검증 세트를 사용해 하이퍼파라미터를 조정해야 한다. 그러나 딜레마가 있는데 최종 훈련에서 검증 세트를 생략하면 테스트 성능이 저하될 수 있다. 결합된 훈련 및 검증 데이터로 훈련하는 것이 유리하지만 이는 오버피팅의 위험이 있다. 한 가지 해결책은 최고의 검증 세트 성능을 이끌어 낸 동일한 수의 에포크 후에 훈련을 중지하는 것이다. 다른 하나는 결합된 훈련 세트에 대한 평균 손실을 모니터링하고 검증 세트를 사용해 조기 종료가 수행된 수준에 도달하면 중지하는 것이다.

딥러닝의 하이퍼파라미터는 종종 수동으로 또는 그리드 검색을 통한 휴리스틱 방식으로 조정된다. 이를 대체할 또 다른 방법은 랜덤 검색으로 하이퍼파라미터 공간 위에 일반 그리드를 배치하는 대신 샘플을 가져오는 확률 분포가 지정된다. 또 다른 방식은 머신러닝 및 베이지안 기술을 사용해 일련의 실험 실행을 시도한 다음 하이퍼파라미터 구성을 추론하는 것이다.

지금까지 정규화 용어에 사용되는 가중치와 같은 튜닝 모델 하이퍼파라미터에 대해 얘기해 왔다. 그러나 아래에서 발생하는 많은 파라미터와 선택 사항은 조정할 수 있는 학습 알고리듬 하이퍼파라미터로 볼 수 있다. 이것들은 실제로 비공식적인 수동 시험에서 종종 선택되지만 유효성 검사 세트를 가이드로 사용하는 자동 검색으로 결정할 수 있다.

미니 배치 기반 확률론적 경사 하강

7.2절에서는 확률적 경사 하강법stochastic gradient descent을 소개했다. L_2 정규화를 사용하는 논리 회귀에 사용되는 것과 같은 볼록 함수convex functions 및 시간 t에 따라 감소하는 학습률의 경우 근사 기울기가 $1/t$ 차수의 속도로 수렴한다는 것을 알 수 있었다. 10장의 앞부분에서 딥러닝 아키텍처가 종종 미니 배치 기반 확률적 경사 하강법mini-batch-based stochastic descent을 사용해 최적화된다는 사실을 언급했다. 이제 이 기술을 설명하겠다.

확률적 경사 하강법은 하나의 예제에서 계산된 경사도에 따라 모델 파라미터를 업데이트한다. 미니 배치 변형mini-batch variant 버전은 데이터의 작은 하위 집합을 사용하고 배치의 예제에 대한 평균 기울기에서 파라미터에 대한 업데이트를 기반으로 한다. 이는 일반적인 절차처럼 작동한다. 파라미터를 초기화하고, 파라미터 업데이트 루프를 입력하고, 검증 세트를 모니터링해 종료한다. 그러나 표준 확률적 경사 하강법과 달리 메인 루프는 훈련 세트에서 얻은 미니 배치를 반복하고 각 배치를 처리한 후 파라미터를 업데이트한다. 일반적으로 이러한 배치는 훈련 세트의 분리된 부분 집합으로 랜덤으로 선택되며 필요한 시간에 따라 각 에포크 후에 섞일 수 있다.

훈련 세트의 완료를 나타내는 미니 배치 세트를 통한 각 전달마다 에포크가 있다. 경험적 리스크에 정규화 항을 더한 것을 목적 함수로 사용해 미니 배치를 처리한 후 파라미터를 다음과 같이 업데이트한다.

$$\theta^{new} \leftarrow \theta - \eta_t \left[\frac{1}{B_k} \sum_{i \in I} \left[\frac{\partial}{\partial \theta} L(f(\mathbf{x}_i; \theta), y_i) \right] + \frac{B_k}{N} \lambda \frac{\partial}{\partial \theta} R(\theta) \right]$$

여기서 η_t는 학습률(learning rate: 이는 에포크 t에 종속적임)이고, k번째 배치는 B_k 예제를 가지며 이는 원 데이터 인덱스인 $I = I(t, k)$로 나타내진다. N은 훈련 세트의 크기이며 $L(f(\mathbf{x}_i; \boldsymbol{\theta}), \mathbf{y}_i)$는 예제 $\mathbf{x}_i$, 라벨 $\mathbf{y}_i$, 파라미터 $\boldsymbol{\theta}$의 손실을 나타낸다. $R(\boldsymbol{\theta})$는 가중치 λ를 갖는 정규화 함수다. 단일 미니 배치에 전체 학습 세트가 포함된 극단적인 상황에서는 배치 경사 하강법을 위한 표준 업데이트가 있으며 또 다른 방법으로는 배치 크기가 1인 표준 단일 예제 확률적 경사 하강 업데이트standard single-example stochastic gradient descent update가 있다.

미니 배치에는 일반적으로 200개에서 수백 개의 예제가 포함돼 있지만 큰 모델의 경우 선택은 계산 리소스에 의해 제한될 수 있다. 배치 크기는 종종 학습의 안정성과 속도에 영향을 미치며 어떤 크기는 특정 모델 및 데이터셋에 특히 적합한 경우도 있다. 때로는 긴 최적화를 시작하기 전에 잘 작동하는 것을 찾고자 잠재적인 배치 크기 세트에 대해 검색이 수행되기도 한다.

배치의 클래스 라벨의 혼합이 결과에 영향을 미칠 수 있다. 불균형 데이터의 경우 라벨이 균형을 이루는 미니 배치를 사용해 모델을 사전 훈련시킨 다음 불균형 라벨 통계를 사용해 상위 계층을 미세 조정한다. 여기에는 예제를 순환하면서 편향되지 않은 방식으로 학습 절차에 제공되는 샘플링 체계를 구현하는 것이 포함되기도 한다.

일반 경사 하강법과 마찬가지로 모멘텀을 호출하면 손실 함수에서 최적화가 정체를 벗어날 수 있다. 손실의 현재 기울기가 $\nabla_{\boldsymbol{\theta}} L(\boldsymbol{\theta})$이면 이동 평균을 계산하고 파라미터를 $\Delta\boldsymbol{\theta} = -\eta\nabla_{\boldsymbol{\theta}}L(\boldsymbol{\theta}) + \alpha\Delta\boldsymbol{\theta}^{\text{old}}$로 업데이트해 모멘텀을 구현한다. 여기서 $\alpha \in [0, 1]$이다. 미니 배치 접근 방식은 데이터의 작은 하위 집합에서 작동하기 때문에 이 평균화를 통해 최근에 확인된 다른 미니 배치의 정보가 현재 파라미터 업데이트에 영향을 줄 수 있다. 모멘텀 값 0.9가 시작점으로 자주 사용되지만 훈련 과정에서 학습률을 수정하는 데 사용되는 스케줄, 학습률을 직접 조정하는 것이 일반적이다.

미니 배치 기반 경사 하강을 위한 의사 코드

데이터 $\mathbf{x}_i$, $\mathbf{y}_i$, $i = 1, ..., N$, 손실 함수 $L(f(\mathbf{x}_i; \boldsymbol{\theta}), \mathbf{y}_i)$, 파라미터 $\boldsymbol{\theta}$, 가중치 λ인 파라미터

$$
\begin{aligned}
&\boldsymbol{\theta} = \boldsymbol{\theta}_o \quad // \text{파라미터 초기화} \\
&\Delta\boldsymbol{\theta} = 0 \\
&t = 0 \\
&\text{while converged == FALSE} \\
&\quad \{I_1,\ldots,I_K\} = \text{shuffle}(X) \quad // \; K \text{ 미니 배치 생성} \\
&\quad \text{for } k = 1\ldots K \\
&\qquad \mathbf{g} = \frac{1}{B_k} \sum_{i \in I_k} \left[\frac{\partial}{\partial\boldsymbol{\theta}} L(f(\mathbf{x}_i;\boldsymbol{\theta}),\mathbf{y}_i) \right] + \frac{B_k}{N} \lambda \frac{\partial}{\partial\boldsymbol{\theta}} R(\boldsymbol{\theta}) \\
&\qquad \Delta\boldsymbol{\theta} \leftarrow -\eta_t \mathbf{g} + \alpha\Delta\boldsymbol{\theta} \\
&\qquad \boldsymbol{\theta} \leftarrow \boldsymbol{\theta} + \Delta\boldsymbol{\theta} \\
&\quad \text{end} \\
&\quad t = t + 1 \\
&\text{end}
\end{aligned}
$$

그림 10.6 미니 배치 기반 경사 하강을 위한 의사 코드

정규화 항 $R(\boldsymbol{\theta})$가 주어지면 경험적 리스크에 정규화 항을 더한 식을 최적화할 것이다.

$$
1/N \sum_{i=1}^{N} L(f(\mathbf{x}_i;\boldsymbol{\theta}),\mathbf{y}_i) + \lambda R(\boldsymbol{\theta})
$$

그림 10.6의 의사 코드는 이를 표현하고 있다. 의사 코드는 세트 I_k로 인덱싱된 K 미니 배치를 사용하며 각각은 B_k의 예제를 포함한다. 학습률 η_t는 시간 t에 의존적이다. 경사 벡터는 $\mathbf{g}$이며 $\Delta\boldsymbol{\theta}$는 모멘텀 항을 포함한다. 미니 배치는 종종 while 루프에 들어가기 전에 생성되는데 경우에 따라 루프 내에서 셔플하면 좀 더 개선된 결과를 얻는다.

학습률과 스케줄

학습률 η은 미니 배치 기반 확률적 경사 하강법을 사용할 때 중요한 선택 포인트다. 0.001과 같은 작은 값이 작동하지 않은 것은 아니지만 로그 간격 검색(예를 들어 간격 $[10^{-8}, 1]$)을 수행한 다음 더 미세한 그리드 또는 이진 검색을 수행하는 것이 일반적이다.

학습률은 학습률 스케줄 η_t를 제공하고자 에포크 t에 걸쳐 조정될 수 있다. 고정 학습률은 처음 몇 세대에 사용되며 다음과 같은 감소 스케줄이 적용된다.

$$\eta_t = \frac{\eta_0}{1 + \varepsilon t}, \ \text{or} \ \eta_t = \frac{\eta_0}{t^\varepsilon}, \ (0.5 < \varepsilon \leq 1)$$

그러나 훈련 중에 수동으로 학습률을 조정하기 위한 많은 휴리스틱이 있다. 예를 들어 ImageNet 2012 챌린지에서 우승한 알렉스넷^{AlexNet} 모델은 유효성 검사 오류 비율이 개선되지 않을 때 비율을 10으로 나눈다. 의도는 모델이 주어진 학습률로 좋은 진전을 보일 수 있지만 파라미터 단계가 너무 크기 때문에 손실 함수에서 로컬 최솟값을 뛰어넘어 균등하게 고정시키는 것이다. 유효성 검사 세트에서 성능을 모니터링하는 것은 학습률을 언제 변경해야 하는지 파악하는 데 많은 도움을 준다.

고차 항에 대한 손실의 테일러^{Taylor} 확장에 기반한 2차 분석은 학습의 마지막 단계에서 더 작은 비율이 바람직한 이유를 설명하며 확률적 경사 하강법을 사용하는 경우 배치 경사 하강법과 일치하는 결과를 산출하기 위한 접근 방식에 대해 학습률을 줄여야 함을 알 수 있다.

파라미터 우선순위의 정규화

파라미터 정규화를 위한 많은 표준 기술이 심층 네트워크에 적용된다. 앞에서 파라미터에 대한 가우시안에 해당하는 L_2 정규화가 '가중치 감소$^{weight \ decay}$'라는 이름으로 신경망에 사용됐다고 언급했다. 논리 회귀와 마찬가지로 이러한 정규화는 일반적으로 편향이 아닌 네트워크의 가중치에만 적용된다. 또는 L_2 및 L_1 정규화의 가중 조합인 $\lambda_2 R_{L_2}(\theta) + \lambda_1 R L_1(\theta)$을 9장, '확률적 방법'에서 논의한 엘라스틱 넷$^{elastic \ net}$ 모델에서와 같이 네트워크의 가중치에 적용할 수 있다. 딥러닝에 사용되는 손실 함수는 일반적으로 볼록하지 않을 수 있지만 그럼에도 이러한 정규화는 구현될 수 있다.

드롭아웃

드롭아웃^{dropout}은 훈련 중에 유닛과 그 연결을 랜덤으로 삭제하는 정규화의 한 형태로 은닉 유닛이 함께 적응해 오버피팅에 맞서 싸우는 정도를 줄이려는 의도다. 이것은 일부 연결이 누락된 공유 파라미터가 있는 기하급수적인 네트워크의 샘플링에 해당한다고 논의돼 왔다. 그런 다음 연결이 끊어지지 않고 가중치가 축소된 원래 네트워크를 사용해 테스트 시간에서의 평균을 계산한다. 유닛이 훈련 중에 확률 p로 유지되면 출력 가중치는 테스트 시간에 p의 계수로 조정되거나 곱해진다. 사실상 드롭아웃을 수행함으로써 n개의 유닛이 있는 신경망이 2^n개의 더 작은 네트워크의 앙상블처럼 동작하도록 만들 수 있다.

드롭아웃을 구현하는 방법 중 하나는 네트워크의 각 은닉층 l에 대한 이진 마스크 벡터 $\mathbf{m}^{(l)}$을 사용하는 것이고, $\mathbf{h}^{(l)}$의 드롭아웃 버전은 요소별 곱셈을 사용해 원래 버전에서 유닛을 마스킹하며 $\mathbf{h}_d^{(l)} = \mathbf{h}^{(l)} \odot \mathbf{m}^{(l)}$로 표시한다. 만약 활성화 함수가 대각선 경사 행렬들로 이어지면 역전파 업데이트는 $\Delta^{(l)} = \mathbf{d}^{(l)} \odot \mathbf{m}^{(l)} \odot (\mathbf{W}^{(l+1)} \Delta^{(l+1)})$가 된다.

배치 정규화

배치 정규화batch normalization는 훈련을 가속화하는 방법이며 많은 연구에서 벤치마크 문제에 대한 최선의 결과를 얻는 데 이를 사용하는 것이 중요하다는 것을 알았다. 배치 정규화를 사용하면 신경망에서 계층의 각 요소가 미니 배치 내의 통계를 기반으로 제로 평균 및 유닛 분산으로 정규화된다. 이는 네트워크의 표현력representational power을 변경할 수 있으므로 각 활성화에는 학습된 확장 및 이동 파라미터가 제공된다. 미니 배치 기반 확률적 경사 하강법은 각 레이어의 각 은닉 유닛 h_j의 배치에 대한 평균 μ_j 및 분산 σ_j^2를 계산한 다음 유닛을 정규화해 수정되며 학습된 스케일링 파라미터 γ_j를 사용해 스케일링하고 학습된 이동 파라미터 β_j로 이동한다.

$$\hat{h}_j \leftarrow \gamma_j \frac{h_j - \mu_j}{\sqrt{\sigma_j^2 + \varepsilon}} + \beta_j$$

물론 스케일링 및 이동 파라미터를 업데이트하려면 이러한 추가 파라미터를 통해 손실의 기울기를 역전파해야 한다.

파라미터 초기화

훈련이 시작되기 전에 파리미터를 초기화하는 데 사용되는 전략은 매우 중요하다. 편향 항은 종종 0으로 초기화되지만 가중치 행렬을 초기화하는 것은 까다롭다. 예를 들어 모두 0으로 초기화되면 하이퍼볼릭 탄젠트(tanh) 활성화 함수가 0 기울기를 생성함을 보여주기도 한다. 가중치가 모두 같으면 은닉 유닛이 동일한 경사를 생성하고 동일하게 작동해 모델의 자원을 낭비한다.

한 가지 해결책은 구간 $[-b, b]$에 걸쳐 균일 한 분포에서 가중치 행렬의 모든 요소를 초기화하는 것이다. b의 값을 선택하고자 다른 방법이 제안됐으며 종종 더 많은 입력을 가진 유닛은 더 작은 가중치를 가져야 한다는 생각에서 동기를 얻었다. 예를 들어 주어진 레이어 l에 대해 '팬 인 크기fan-in size[2]'로 알려진 $h^{(l-1)}(x)$ 차원의 제곱근의 역으로 b를 스케일링할 수 있다. 팬 아웃 크기fan-out size[3]도 통합할 수 있다.

ReLU의 가중치 행렬은 표준 편차가 0.01인 제로 평균 등방성 가우시안 분포를 사용해 성공적으로 초기화됐다. 이 전략은 10장의 뒷부분에서 설명하는 가우스 제한 볼츠만 머신RBM, Gaussian Restricted Boltzmann Machine 훈련에도 사용됐다.

비지도 사전 훈련

비지도 사전 훈련unsupervised pretraining은 특히 라벨이 지정된 데이터의 양이 모델의 용량에 비해 작은 경우 순방향 네트워크를 초기화하고 정규화하는 효과적인 방법이 될 수 있다. 일반적인 아이디어는 학습된 모델의 파라미터를 네트워크로 전송하거나 초기화 또는 정규화하는 데 사용할 수 있는 방법을 통해 공개되지 않은 데이터의 분포를 모델링하는 것이며 10.4절 및 10.5절의 비지도 학습 주제로 돌아가 볼 것이다. 그러나 좋은 파라미터 초기화 기술과 함께 심층 네트워크에서 기울기 흐름을 개선하는 ReLU와 같은 활성화 함수를 사용하면 정교한 사전 훈련 방법의 필요성이 줄어든다.

---

2 팬 인(fan-in): 자신이 사용하는 모듈의 수를 의미한다. – 옮긴이
3 팬 아웃(fan-out): 자신이 호출하는 모듈의 수를 의미한다. – 옮긴이

데이터 증강 및 합성 변환

데이터 증강^{data augmentation}은 최상의 결과를 위해 중요할 수 있다. 표 10.1에서 알 수 있듯이 변환된 훈련 데이터로 대용량 데이터셋을 확장해도 딥 아키텍처뿐만 아니라 성능을 크게 높일 수 있다. 시각적 문제에 대한 간단한 변형은 이미지를 약간씩 변환하는 것이다. 분류할 개체를 큰 이미지에서 잘라 낼 수 있는 경우 임의의 경계 상자를 그 주위에 배치해 수직 및 수평 방향으로 작은 변환을 추가할 수 있다. 잘린 이미지를 줄이면 더 큰 변환을 적용할 수 있다. 회전, 배율 변경, 자르기와 같은 다른 변환도 가능하다. 사실 파라미터가 추가됨에 따라 복잡성이 증가하는 까다로운 변환 계층이 있다. 증강 전략 중 하나는 원본 이미지에 이들을 적용한 다음 왜곡된 결과에서 주어진 크기의 패치를 자르는 것이다.

10.3 컨볼루션 신경망

컨볼루션 신경망^{CNN}은 이미지 분석에 매우 성공한 것으로 입증된 특별한 종류의 순방향 네트워크다. 이미지를 분류할 때(예를 들어 경계 감지용 필터 적용) 이것들을 필터링하면 공간적으로 구성된 유용한 기능 세트를 제공할 수 있다. 신경망의 다른 파라미터와 함께 이러한 많은 필터를 결합해 학습할 수 있다고 생각해 보라. 각 필터는 이미지의 상대적으로 작은 공간 영역에 가중치 세트를 곱하고 그 결과를 바닐라[4] 순방향 네트워크에 대해 위에서 설명한 것과 같은 활성화 함수에 공급해 구현할 수 있다. 이 필터링 작업은 동일한 가중치를 사용해 이미지 주위에서 단순하게 반복되기 때문에 이른바 컨볼루션 작업을 사용해 구현할 수 있다. 그 결과가 CNN으로, 경사 하강법과 역전파 알고리듬을 사용해 필터와 분류기를 모두 학습할 수 있다.

　CNN에서 이미지가 여러 학습 가능한 필터에 의해 필터링되면 각 필터 뱅크^{filter bank}의

4　바닐라(vanilla): 바닐라는 아무것도 첨가하지 않은 처음 상태의 아이스크림을 의미하며, 바닐라 네트워크는 가장 단순한 형태의 네트워크를 의미한다. - 옮긴이

출력은 때때로 평균 또는 최댓값을 사용해 작은 공간 영역에서 집계된다. 겹치지 않는 영역 내에서 또는 서브 샘플링을 사용해 집계를 수행해 공간적으로 구성된 특징의 저해상도 레이어를 생성할 수 있다. 이 과정을 '데시메이션decimation[5]'이라고도 한다. 이것은 특징이 탐지된 정확한 위치에 대한 작은 차이는 감내하는 어느 정도의 불변성을 모델에 제공한다. 예를 들어 집계가 최대 작업을 사용하는 경우 이것이 풀링 영역pooling zone에서 감지되면 기능이 활성화된다.

합성 변환이 어떻게 딥 피드 포워드 네트워크가 MNIST 평가에서 놀라운 성능을 제공하는지 그리고 이미지의 작은 영역을 자르는 것이 유용하고 구현하기 쉬운 변환이 될 수 있는지 확인했다. 이것은 모든 분류 기술에 적용될 수 있지만 CNN 훈련에 특히 효과적이다. 임의의 자르기 위치를 사용하거나 이미지의 모서리 및 중앙에서 자르기와 같은 결정적 전략을 사용할 수 있으며 동일한 전략을 테스트 시에도 사용할 수 있다. 여기서 모델의 예측은 테스트 이미지의 결과물에 대해 평균을 낸다. 이러한 네트워크는 어느 정도의 변환 불변성을 갖도록 설계됐지만 이러한 전역 변환을 통해 데이터를 늘리면 성능이 크게 향상될 수 있다.

그림 10.7은 일반적인 네트워크 구조를 보여 준다. 원본 이미지의 더 작은 부분은 최종 예측을 하기 전에 여러 은닉층을 가질 수 있는 완전히 연결된 비컨볼루션 다층 퍼셉트론으로 전달되기 전에 컨볼루션 필터링, 풀링, 데시메이션의 반복 단계를 거친다.

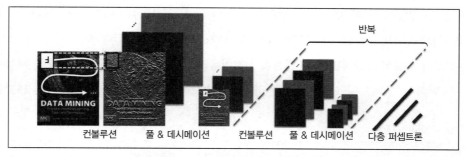

그림 10.7 통상적인 컨볼루션 신경망 구조

---

5   데시메이션: 표본화율을 낮추어 데이터를 줄이는 작업을 일컫는다. – 옮긴이

CNN은 일반적으로 미니 배치 기반 확률적 경사 하강법을 사용해 최적화되며 심층 네트워크 학습에 대한 위의 실제 논의도 여기에 적용된다. 사용할 수 있는 CPU와 GPU 메모리의 양과 관련된 리소스 문제는 특히 비디오를 처리할 때 고려해야 할 중요한 사항이다.

이미지넷 평가와 심층 컨볼루션 네트워크

이미지넷ImageNet 대회는 심층 CNN을 대중에게 알리는 데 매우 중요한 역할을 해왔다. 문제는 인터넷에서 찾을 수 있는 일반적인 이미지에서 사물 범주를 인식하는 것이다. 2012 ILSVRC에서의 분류 작업은 플리커Flickr 및 기타 검색 엔진에서 얻은 이미지를 1,000개의 가능한 개체 범주 클래스 중 올바른 것으로 분류하는 것이었다. 이 작업은 딥러닝의 표준 벤치마크가 됐다. 이미지는 이러한 카테고리에 속하는 물체의 유무에 따라 손으로 라벨이 지정됐다. 훈련 세트에는 120만 개의 이미지가 있으며 클래스당 732~1,300개의 교육 이미지를 사용할 수 있다. 5만 개 이미지의 무작위 하위 집합이 유효성 검사 세트로 사용됐고 10만 개의 이미지가 테스트 세트에 사용됐으며 클래스당 각각 50개 및 100개 이미지가 사용됐다.

심층 CNN을 기반으로 하지 않은 시각적 인식 방법은 이 벤치마크에서 성능이 정체됐다. '상위 5개 오류'는 확률이 가장 높은 5가지 예측 중 대상 라벨이 나타나지 않는 횟수의 비율이며 많은 방법이 25% 미만으로 떨어질 수 없다. 표 10.4는 이미지넷 대회에 대한 네트워크 깊이의 함수로서 다양한 CNN 아키텍처의 성능을 요약한다. CNN은 25% 정체 구간보다 성능이 크게 뛰어나며 네트워크 깊이를 늘리면 성능이 더욱 향상될 수 있다. 더 작은 필터는 딥 네트워크에서 우수한 결과를 가져오는 것으로 밝혀졌다. 19개 및 152개

표 1.4 아이리스 데이터

이름	층 수	상위 5개 에러(%)	레퍼런스
AlexNet	8	15.3	Krizhevsky 외 (2012)
VGG Net	19	7.3	Simonyan and Zisserman (2014)
ResNet	152	3.6	He 외 (2016)

의 레이어가 있는 필터는 크기 3 × 3의 필터를 사용한다. 사람이 인정한 성능은 이미지 넷에 대해 5.1% 상위 5개 오류로 측정됐으므로 심층 CNN은 이 작업에서 사람들을 능가할 수 있다.

이미지 필터링에서 학습 가능한 컨볼루션 층까지

이미지가 필터링되면 출력은 각 공간 위치에서 필터의 응답을 포함하는 또 다른 이미지 형태가 된다(예를 들어 가장자리가 강조된 이미지). 또한 이러한 이미지를 이미지에서 특정 특징(예를 들어 가장자리)이 감지된 위치를 나타내는 특징 맵feature map으로 생각할 수 있다. 그러나 심층 네트워크에서는 초기 필터링된 이미지 또는 특징 맵에 더 많은 수준의 필터링이 적용된다. 많은 연속적인 필터 응용 프로그램에서 이것은 훨씬 더 복잡한 입력에 반응하는 공간적으로 조직된 뉴런을 생성하며 '특징 맵' 항은 더 자세해진다.

　이미지를 입력으로 사용하는 신경망의 레이어로 볼 때 이러한 필터링 작업은 공간적으로 구성된 뉴런이 뉴런의 수용 필드로 알려진 입력의 제한된 영역 내에 있는 특징에만 응답하도록 제한한다. 이러한 뉴런 그룹이 동일한 유형의 입력에 동일한 방식으로 반응할 때 파라미터를 공유한다고 말한다. 그러나 특징 맵을 형성하는 각 뉴런은 이미지의 해당 공간적으로 제한된 수용 필드에서 특정 입력이 감지될 때만 반응한다.

　1D 벡터 $\mathbf{x}$를 사용한 간단한 예를 생각해 보자. 필터링 연산은 다음과 같은 특수 구조를 갖는 행렬 $\mathbf{W}$를 곱해 구현할 수 있다.

$$\mathbf{y} = \mathbf{Wx}$$
$$= \begin{bmatrix} w_1 & w_2 & w_3 & & & \\ & w_1 & w_2 & w_3 & & \\ & & & \ddots & & \\ & & & w_1 & w_2 & w_3 \end{bmatrix}$$

여기서 비어 있는 곳은 0을 의미한다. 이 행렬은 0이 아닌 계수 3개와 '대각선stride' 1개만 있는 단순 필터에 해당한다. 입력의 시작과 끝의 샘플 또는 2D 사례에서의 이미지 가장자리에 있는 픽셀을 고려하고자 시작과 끝 또는 이미지 경계 주변에 0을 배치할 수 있으며 위 **x**의 시작과 끝에 0을 추가할 수도 있다. 이 경우 출력은 입력과 동일한 크기를 갖는다. 제로 패딩zero-padding을 생략하면 컨볼루션의 유효한 부분은 입력 데이터에서 계산된 응답을 필터링하도록 제한된다.

2D 이미지의 행이 하나의 긴 열 벡터로 압축된 경우 이와 동일한 3 × 3 필터의 버전은 훨씬 더 큰 행렬 **W**에 의해 만들어질 수 있으며 각 행을 따라 3개의 계수로 구성된 다른 두 세트가 있다. 그 결과는 2D 필터의 행렬 인코딩에 의해 수행되는 곱셈과 덧셈을 구현한다. 이것은 신호 처리에서 교차 상관 또는 슬라이딩 내적cross-correlation or sliding dot product 이라고 알려진 다른 방식의 연산으로 생각할 수 있으며 이는 컨볼루션으로 알려진 계산과 밀접한 관련이 있다.

위의 필터가 첫 번째 벡터 요소에 −1의 인덱스 또는 일반적으로 −K의 인덱스를 제공해 중앙에 위치한다고 가정하자. 여기서 K는 필터의 '반경'이다. 1D 필터링은 다음과 같다.

$$\mathbf{y}[n] = \sum_{k=-K}^{K} \mathbf{w}[k]\mathbf{x}[n+k]$$

이 필터링을 2D 이미지 **X** 및 필터 **W**로 직접 일반화하면 교차 상관 **Y** = **W** * **X**가 제공되며 이에 대한 r행과 c열의 결과는 다음과 같다.

$$\mathbf{Y}[r,c] = \sum_{j=-J}^{J} \sum_{k=-K}^{K} \mathbf{W}[j,k]\mathbf{X}[r+j,c+k]$$

그림 10.8 오리지널 이미지 및 2개의 소벨(Sobel) 연산자로 필터링된 이미지 그리고 최종 결과

필터를 적용한 이미지의 컨볼루션인 $\mathbf{Y} = \mathbf{W} * \mathbf{X}$는 필터를 뒤집어서 얻는다.

$$\mathbf{Y}[r, c] = \sum_{j=-J}^{J} \sum_{k=-K}^{K} \mathbf{W}[-j, -k] \mathbf{X}[r+j, c+k]$$

예를 들어 이미지에서 가장자리를 감지하는 작업을 생각해 보자. 잘 알려진 기술은 이른바 '소벨^{Sobel}' 필터로 이를 필터링하는 것이다. 이 필터는 다음과 교차 상관 또는 컨볼루션을 포함한다.

$$\mathbf{G}_x = \begin{bmatrix} -1 & 0 & 1 \\ -2 & 0 & 2 \\ -1 & 0 & 1 \end{bmatrix}, \quad \mathbf{G}_y = \begin{bmatrix} -1 & -2 & -1 \\ 0 & 0 & 0 \\ 1 & 2 & 1 \end{bmatrix}$$

이러한 특정 필터는 이미지의 파생물과 매우 유사하게 작동한다. 그림 10.8은 그 결과를 보여 준다. 오리지널 사진과 수직 모서리를 강조하는 소벨 연산자 $\mathbf{G}_x$로 필터링된 버전, 수평 가장자리를 강조하는 소벨 연산자 $\mathbf{G}_y$로 필터링된 버전, 그리고 $\mathbf{G} = \sqrt{\mathbf{G}_x^2 + \mathbf{G}_y^2}$를 계산한 결과다. 가운데 두 이미지는 중간 회색이 0에 해당하고 마지막 이미지에서 강도가 반전돼 큰 값을 더 어둡게 만들고 흰색 0이 되도록 배율이 조정됐다.

컨볼루션 네트워크는 미리 결정된 필터를 사용하는 대신 컨볼루션 필터 세트와 이를 입력으로 사용하는 분류기를 결합해 학습하며, 모든 것은 역전파에 의해 함께 학습된다. 이미지를 신경망 층 내에서 연속적으로 필터로 컨볼빙함으로써 공간적으로 구성된 숨겨진 레이어를 생성할 수 있으며, 이는 위에서 논의한 바와 같이 이미지 내에서 특정 피처^{feature} 유형이 탐지된 위치를 나타내는 피처 활동 맵으로 간주될 수 있다. 필터와 활성화 함수는 그림 10.8과 같이 특별히 구성돼 있지 않지만 오리지널 이미지를 사용해 훈련된 CNN의 초기 계층에서 가장자리와 같은 필터와 텍스처와 같은 필터가 자주 관찰된다. CNN의 각 층은 아래층에 의해 생성된 특징 맵의 필터링을 포함하기 때문에 하나가 위쪽으로 이동하면 주어진 뉴런 또는 피처 감지기의 수용 필드가 더 커진다. 결과적으로 학습 후 상위 수준의 계층은 중간 수준 계층의 작은 개체와 네트워크 위쪽에 있는 매우 큰 개체에 해당하는 더 큰 특징을 감지한다. 그림 10.9는 되돌림^{deconvolution}을 사용해 활성화를

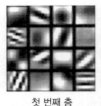

첫 번째 층

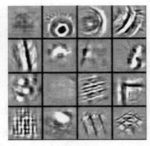

두 번째 층

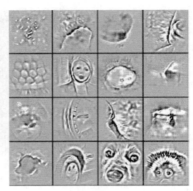

세 번째 층

그림 10.9 컨볼루션 신경 망의 각기 다른 층에서의 랜덤 뉴런 예제. Zeiler & Fergus(2013)의 시각화 방식을 사용했다(기본 이미지는 매튜 자일러(Mattew Zeiler)가 제공).

이미지 공간으로 다시 투영하는 각 계층에서 일부 무작위 뉴런의 가장 강력한 활성화의 예를 보여 준다.

컨볼루션 네트워크의 결과에 적용되는 공간 풀링 작업은 특징이 감지된 정확한 위치에 어느 정도의 로컬 공간 불변성$^{local\ spatial\ invariance}$을 부여하는 데 자주 사용된다. 평균화를 통해 풀링을 수행하는 경우 컨볼루션을 사용해 구현할 수 있다. CNN은 종종 여러 층의 컨볼루션을 적용한 다음 풀링 및 데시메이션 레이어를 적용한다. 풀링과 데시메이션의 약 세 단계가 있는 것이 일반적이다. 마지막 풀링 및 데시메이션 레이어 후에 결과 피처 맵$^{feature\ map}$은 일반적으로 다중 레이어 퍼셉트론에 공급된다. 데시메이션은 특징 맵의 크기를 줄이므로 이러한 작업을 수행할 때마다 후속 활동 맵의 크기가 줄어든다. 매우 깊은 컨볼루션 네트워크 아키텍처(8개 이상의 레이어 포함)는 일반적으로 풀링 및 데시메이션 작업을 적용하기 전에 컨볼루션 층을 여러 번 반복한다.

그림 10.10은 컨볼루션, 풀링, 데시메이션의 주요 연산의 수치 예를 보여 준다. 먼저 이미지는 왼쪽에 표시된 (뒤집어진) 필터와 컨볼루션된다. 이미지 매트릭스의 곡선 직사각형 영역은 임의의 이미지 위치 세트를 나타낸다. 다음 행렬은 컨볼루션 연산의 결과를 보여 주며 여기서 작은 2 × 2 영역 내의 최댓값은 볼드체로 표시된다. 다음으로 결과는 이

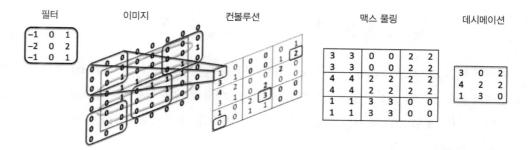

필터 이미지 컨볼루션 맥스 풀링 데시메이션

그림 10.10 컨볼루션 신경망에서의 컨볼루션, 풀링, 데이메이션의 예시

경우 맥스 풀링max-pooling을 사용해 풀링된다. 그런 다음 풀링된 행렬은 최종 결과를 산출하고자 투 팩터 데시메이션 처리를 한다.

컨볼루션 층과 기울기

컨볼루션 네트워크를 최적화하는 데 필요한 기울기를 계산하는 방법을 생각해 보겠다. 주어진 레이어에서 $i = 1, ..., N^{(l)}$ 기능 필터 및 해당 특징 맵을 갖고 있다. 컨볼루션 커널 행렬 $\mathbf{K}_i$는 커널 가중치 행렬 $\mathbf{W}_i$에 대해 반전된 가중치를 포함한다. 활성화 함수 act()와 각 기능 유형 i에 대해 스케일링 계수 g_i 및 편향 행렬 $\mathbf{B}_i$에 대해 특징 맵은 행렬 $\mathbf{H}_i(\mathbf{A}_i(\mathbf{X}))$ 이며 다음과 같은 특징 맵 이미지 집합으로 시각화할 수 있다.

$$\mathbf{H}_i = g_i \, \text{act}[\mathbf{K}_i{}^*\mathbf{X} + \mathbf{B}_i] = g_i \, \text{act}[\mathbf{A}_i(\mathbf{X})]$$

손실 $L = L(\mathbf{H}_1^{(l)}, ..., \mathbf{H}_{N^{(l)}}^{(l)})$은 주어진 레이어에 대한 $N^{(l)}$ 특징 맵의 함수다. $\mathbf{h} = \text{vec}(\mathbf{H})$, $\mathbf{x} = \text{vec}(\mathbf{X})$, $\mathbf{a} = \text{vec}(\mathbf{A})$를 정의하며 여기서 vec() 함수 주어진 행렬 인수의 누적 열이 있는 벡터를 반환한다. 사전 활성화의 입력 행렬에서 요소별로 작동하고 스케일 파라미터가 1이고 편향이 0인 act() 함수를 선택한다. 컨볼루션 유닛의 $\mathbf{X}$에 대한 은닉층 출력의 편도 함수는 다음과 같다.

$$\frac{\partial L}{\partial \mathbf{X}} = \sum_i \sum_j \sum_k \frac{\partial a_{ijk}}{\partial \mathbf{X}} \frac{\partial \mathbf{H}_i}{\partial a_{ijk}} \frac{\partial L}{\partial \mathbf{H}_i} = \sum_i \frac{\partial \mathbf{a}_i}{\partial \mathbf{x}} \frac{\partial \mathbf{h}_i}{\partial \mathbf{a}_i} \frac{\partial L}{\partial \mathbf{h}_i} = \sum_i [\mathbf{W}_i {}^* \mathbf{D}_i]$$

여기서 $\mathbf{D}_i = dL/\partial \mathbf{A}_i$는 i번째 기능 유형에 대한 사전 활성화 값에 대한 요소별 act() 함수 입력의 편도 함수를 포함하는 행렬이며 j행과 k열에 의해 주어진 공간 위치에 따라 구성된다. 결과는 도함수 $\mathbf{D}_i$의 이미지와 유사한 행렬을 사용해 각 (제로 패딩된) 필터 $\mathbf{W}_i$의 컨볼루션 합계다. 은닉층 출력의 편도 함수는 다음과 같다.

$$\frac{\partial L}{\partial \mathbf{W}_i} = \sum_j \sum_k \frac{\partial a_{ijk}}{\partial \mathbf{W}_i} \frac{\partial \mathbf{H}_i}{\partial a_{ijk}} \frac{\partial L}{\partial \mathbf{H}_i} = [\mathbf{X}^\dagger * \mathbf{D}_i]$$

여기서 $\mathbf{X}^\dagger$는 입력 $\mathbf{X}$의 열 및 행의 변환 버전이다(만일 컨볼루션이 선형 행렬 연산으로 나타내지면 이는 행렬 변환을 포함할 것이다).

풀링, 서브 샘플링, 기울기

공간적으로 구성된 특징 맵에 풀링 작업을 적용하는 것을 생각해 보자. 입력은 h_{ijk} 요소가 있는 각 특징 맵에 대한 행렬 $\mathbf{H}_i$로 구성된다. 최대 풀링 및 평균 풀링 특징 맵은 다음과 같은 요소 p_{ijk}가 있는 행렬 $\mathbf{P}_i$이다.

$$p_{i,j,k} = \max_{\substack{r \in R_{j,k}, \\ c \in C_{j,k}}} h_{i,r,c}, \quad p_{i,j,k} = \frac{1}{m} \sum_{\substack{r \in R_{j,k}, \\ c \in C_{j,k}}} h_{i,r,c}$$

여기서 $R_{j,k}$ 및 $C_{j,k}$는 각 위치에 대한 풀링 영역을 인코딩하는 인덱스 집합이며 j, k, m은 풀링 영역의 요소 수다. 이러한 풀링 작업은 서브 샘플링 단계를 포함하지 않지만 일반적으로 입력 행렬 $\mathbf{H}_i$보다 약간 작은 행렬 $\mathbf{P}_i$를 생성하거나 제로 패딩zero padding해 경계 효과를 나타낸다. 서브 샘플링 단계는 매 n번째 출력을 샘플링하거나 매 n번째 풀링 계산만 평가해 불필요한 계산을 방지한다.

최대 또는 평균 풀링으로 구성된 층을 통한 역전파 기울기의 결과는 무엇일까? 전자의 경우 각 구역 j, k('위닝 유닛winning unit') 내에서 최댓값을 담당하는 유닛은 다음과 같이 지정된다.

$$\{r^*, c^*\}_{j,k} = \underset{r \in R_{j,k}, \ c \in C_{j,k}}{\arg\max} \ h_{i,r,c}$$

겹치지 않는 구역의 경우 기울기는 풀링된 층 $\mathbf{P}_i$에서 원래 층 $\mathbf{H}_i$로 다시 전파돼 각 p_{ijk}에서 각 구역의 위닝 유닛으로만 흐른다. 이것은 다음과 같이 적을 수 있다.

$$\frac{\partial L}{\partial h_{i,r_j,c_k}} = \begin{cases} 0 & r_j \neq r_j^*, c_k \neq c_k^* \\ \dfrac{\partial L}{\partial p_{i,j,k}} & r_j = r_j^*, c_k = c_k^* \end{cases}$$

후자의 경우 평균 풀링, 평균화 작업은 영역에서 픽셀의 (가중된) 평균을 계산하는 고정 커널을 사용하는 특수한 유형의 컨볼루션이므로 위의 결과를 사용해 필요한 기울기를 계산한다. 이러한 다양한 부분은 주어진 아키텍처에 따라 CNN을 구현할 수 있는 빌딩 블록building blocks이 된다.

구현

컨볼루션은 그래픽 하드웨어상에서 구현하는 데 특히 적합하다. 그래픽 하드웨어는 CPU 구현에 비해 컨볼루션을 수십 배 이상 가속화할 수 있으므로 CNN 훈련에 중요한 역할을 한다. 몇 주가 아닌 실험적인 처리 시간은 모델 개발 시간에 큰 차이를 만든다.

대체 아키텍처를 탐색할 수 있는 방식으로 CNN을 학습하기 위한 소프트웨어를 구성하는 것도 어려울 수 있다. 초기 GPU 구현은 확장하기 어려웠지만 새로운 도구는 빠른 계산과 유연한 고급 프로그래밍 기본 요소를 모두 허용한다. 이러한 도구 중 일부는 10장의 마지막에서 설명한다. 이들 중 다수는 대규모 네트워크에 대한 기울기 계산 및 역전파 알고리듬을 거의 완전히 자동화할 수 있도록 한다.

10.4 오토인코더

신경망은 비지도 학습에도 사용할 수 있다. '오토인코더autoencoder'는 입력의 효율적인 코딩을 학습하는 네트워크다. 목적은 단순히 입력을 재구성하는 것이지만 압축되거나 축소된 차원 표현의 매개체를 통해 이뤄진다. 출력이 확률을 사용해 공식화되는 경우 목적 함수는 $p(\mathbf{x} = \hat{\mathbf{x}}|\tilde{\mathbf{x}})$를 최적화하는 것이다. 즉 모델은 자체 입력을 예측하도록 훈련됐지만 네트워크의 숨겨진 유닛으로 생성된 표현을 통해 매핑해야 한다.

그림 10.11은 $p(\hat{\mathbf{x}}|\tilde{\mathbf{x}}) = p(\mathbf{x} = \hat{\mathbf{x}}|\tilde{\mathbf{x}}; \mathbf{f}(\tilde{\mathbf{x}}))$인 간단한 오토인코더를 보여 준다. 최종 확률 예측의 파라미터는 두 단계에서 동일한 행렬 $\mathbf{W}$ 사용한 인코딩 단계 $\mathbf{e}(\tilde{\mathbf{x}}) = \text{act}(\mathbf{W}\hat{\mathbf{x}} + \mathbf{b}^{(1)})$에 이어 디코딩 단계 $\mathbf{d} = \text{out}(\mathbf{W}^T \mathbf{e} + \mathbf{b}^{(2)})$로 구성된 신경망을 사용해 생성되는 마지막 레이어의 활성화 함수 $\mathbf{f}(\tilde{\mathbf{x}}) = \mathbf{f}(\mathbf{d}(\mathbf{e}(\tilde{\mathbf{x}})))$에 의해 제공된다. 각 함수에는 자체 바이어스 벡터 $\mathbf{b}^{(i)}$가 있다. 오토인코더의 아이디어는 데이터를 저차원 표현으로 압축하는 것이므로 인코딩에 사용되는 은닉 유닛의 수 L은 입력 및 출력 레이어의 수 M보다 적다. 목적 함수로 데이터셋에 대한 음의 로그 확률을 사용해 오토인코더를 최적화하면 일반적인 형태가 된다. 다른 신경망과 마찬가지로 미니 배치 기반 확률적 경사 하강법과 함께 역전파를 사용해 오토인코더를 최적화하는 것이 일반적이다.

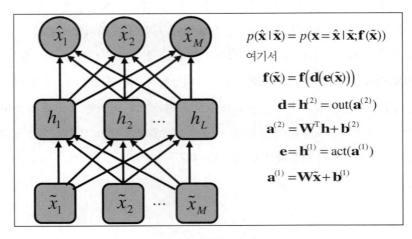

그림 10.11 간단한 오토인코더

그림 10.11의 인코더 활성화 함수 act()와 출력 활성화 함수 out() 모두 시그모이드 함수로 정의할 수 있다. 활성화 함수가 없는 $\mathbf{h}^{(i)} = \mathbf{a}^{(i)}$ 결과 '선형 오토인코더'는 제곱 오차 손실 함수를 가정하고 평균 중심화를 사용해 데이터를 정규화해 주성분 분석과 동일한 부분 공간을 찾는다. 이 오토인코더는 비선형 활성화 기능을 가진 모든 모델이 동일한 재구성 오류를 달성하고자 더 많은 파라미터가 있는 가중치 행렬이 필요하다는 점에서 최적임을 보여 줄 수 있다. 시그모이드 함수와 같은 비선형 활성화 함수를 사용하더라도 최적화는 네트워크가 시그모이드의 선형 영역에서 작동해 주성분 분석의 동작을 복제하는 솔루션화하려는 경향이 있다.

이것은 다소 실망스러워 보일 수 있다. 선형 오토인코더는 주성분 분석보다 나은 결과를 가져오지 못한다. 그러나 인코딩을 생성하고자 숨겨진 층이 하나라도 있는 신경망을 사용하면 훨씬 더 유연한 변환을 구성할 수 있으며 더 깊은 모델이 더 유용한 표현을 학습할 수 있다는 증거가 증가하고 있다. 보다 유연한 모델에서 오토인코더를 구축할 때 네트워크의 병목 현상을 사용해 불완전한 표현을 생성해 입력보다 낮은 차원의 인코딩을 얻을 수 있는 메커니즘을 제공하는 것이 일반적이다.

심층 오토인코더^{deep autoencoder}는 동일한 수의 차원을 사용하는 주성분 분석보다 적은 재구성 오류로 저차원 표현을 학습할 수 있다. 이는 데이터 은닉층의 표현 $\mathbf{h}_c^{(L)}$을 생성하고자 L층을 사용해 구축하고 추가 L층 $\mathbf{h}_d^{(L+1)} \ldots \mathbf{h}_d^{(2L)}$의 표현을 원래 형태로 다시 디코딩하며 이것이 그림 10.12에 나타나 있다. 각 $i = 1, \ldots, L$에 대한 $j = 1, \ldots, 2L$의 가중치 행렬 층의 인코딩 및 디코딩은 $\mathbf{W}_{L+i} = \mathbf{W}_{L+1-i}^T$에 의해 제한된다.

$p(\mathbf{x} = \hat{\mathbf{x}} | \tilde{\mathbf{x}}) = p(\hat{\mathbf{x}}; \mathbf{f}_d(\tilde{\mathbf{x}}))$에 대한 심층 인코더는 다음과 같은 형식을 가진다.

$$\mathbf{f}(\mathbf{x}) = \mathbf{f}_d(\mathbf{a}_d^{(2L)}(\ldots \mathbf{h}_d^{(L+1)}(\mathbf{a}_d^{(L+1)}(\mathbf{h}_c^{(L)}(\mathbf{a}_e^{(L)}(\ldots \mathbf{h}_e^{(1)}(\mathbf{a}_e^{(1)}(\mathbf{x}))))))))$$

그림 10.13은 이러한 방식으로 학습된 2D 공간에 투영된 데이터를 특정 데이터셋에 대한 2D 주성분 분석과 비교한다. 기본 오토인코더는 비선형이므로 네트워크는 데이터의 원래 그룹을 더 잘 분리하는 방식으로 학습된 공간을 정렬할 수 있다.

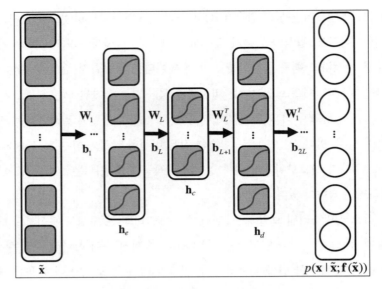

그림 10.12 변환의 다층 심층 오토인코더

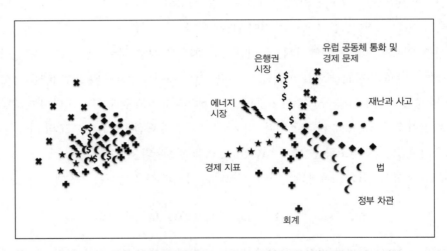

그림 10.13 저차원 주성분 공간(왼쪽)과 심층 오토인코더로 학습된 것(오른쪽)과의 비교

Hinton and Salakhutdinov, (2006)에서 발췌

598

RBMs를 통한 심층 오토인코더의 사전 훈련

심층 오토인코더는 비선형 차원 감소를 위한 효과적인 프레임워크다. 이러한 네트워크가 구축되면 인코더의 최상위 계층인 코드 계층 h_c가 지도를 받는 분류 절차에 입력될 수 있다. 신경망 분류기를 사용하는 경우 경사 하강법을 사용해 전체 심층 오토인코더 네트워크를 미세 조정할 수 있다. 실제로 오토인코더 접근 방식은 신경망 분류기를 사전 훈련하는 데 사용된다.

그러나 인코더와 디코더 모두에 은닉층이 여러 개인 오토인코더를 최적화하는 것은 어렵다. 너무 큰 가중치로 심층 신경망을 초기화하면 로컬 최솟값이 낮아진다는 것은 잘 알려져 있다. 너무 작은 가중치로 초기화하면 작은 기울기로 인해 학습 속도가 느려질 수 있다. 한 가지 접근 방식은 활성화 기능 및 초기화 선택에 대해 매우 주의하는 것이다. 그러나 이것도 실제로는 어려운 것으로 밝혀졌다.

또 다른 접근 방식은 2층 RBM(제한된 볼츠만 머신 : 10.5절 참고)을 쌓아가는 사전 훈련을 기반으로 한다. RBM은 비지도 학습을 수행할 수 있는 이진 은닉 변수와 이진 또는 연속 관측 변수가 있는 확률적 PCA의 일반화된 형태다. 이들은 10.5절에서 더 자세히 논의된다. 사전 훈련에 사용하려면 먼저 데이터에서 2층 RBM을 학습한다. 그다음에는 데이터를 숨겨진 계층 표현에 투영하고 이를 사용해 다른 RBM을 훈련하며 인코딩 계층에 도달할 때까지 프로세스를 반복한다. 이를 수행하는 방법의 자세한 내용은 10.5절에 설명돼 있다. 그런 다음 각 2계층 네트워크의 매개 변수를 사용해 비확률적 시그모이드 은닉 유닛을 포함한 구조와 유사한 구조를 가진 오토인코더의 파라미터를 초기화한다.

오토인코더 및 계층별 훈련의 노이즈 제거

보통의 오토인코더를 포함하는 탐욕적 계층별 훈련greedy layerwise training 전략을 사용해 심층 오토인코더를 훈련할 수도 있지만, 적당한 깊이에서도 네트워크에 대해 이를 수행하는 데 어려움에 부딪혔으며 결과적으로 스태킹stacking 노이즈 제거 오토인코더를 기반으로 하는 절차가 더 잘 작동하는 것으로 확인됐다. 노이즈 제거 오토인코더는 입력에 종합적으로 추가된 다양한 유형의 노이즈를 제거하도록 훈련됐다. 오토인코더 입력은 다음과 같은 노이즈로 손상될 수 있다.

- 가우시안 노이즈
- 일부 요소가 0으로 설정된 마스킹 노이즈
- 일부 요소가 최소 및 최대 입력값(예를 들어 0 및 1)으로 설정되는 솔트 앤 패퍼 노이 즈salt-andpepper noise

확률적 은닉층과 함께 오토인코더를 사용하려면 역전파 기반 학습을 약간 수정해야 한다. 본질적으로 이러한 절차는 드롭아웃과 유사하다. 대조적으로 RBM과 같은 보다 일반적인 확률론적 모델은 대략적인 확률론적 추론 기법에 의존하며 심층 확률론적 모델을 학습하는 절차는 매우 정교하다(10.5절 참고).

재구축 학습과 차별적 학습의 결합

오토인코더를 사용해 분류 또는 회귀를 위한 특성 표현을 학습하는 경우 입력을 재구성하고 분류하는 모델을 정의할 수 있다. 이 하이브리드 모델은 재구성(비지도) 및 차별(지도) 기준으로 구성된 복합 손실을 갖고 있고 $L(\theta) = (1 - \lambda)L_{sup}(\theta) + \lambda L_{unsup}(\theta)$로 표현되며 여기서 하이퍼파라미터 $\lambda \in [0, 1]$은 두 목표 간의 균형을 제어한다. 극단적인 경우 $\lambda = 0$은 순전히 지도된 훈련 절차를 산출하는 반면 $\lambda = 1$은 순전히 비지도된 훈련 절차를 산출한다. 일부 데이터가 라벨 없이만 사용할 수 있는 경우에는 복원 손실만 최적화할 수 있다. 하이브리드 모델의 경우 활성화 함수 및 최종 예측으로 이어지는 단일 가중치 집합 또는 예측을 하기 전에 여러 계층을 사용해 $\mathbf{h}_c$를 입력으로 사용해 예측을 수행하고자 그림 10.12의 딥 오토인코더를 보강하는 것을 생각할 수 있다. 결합된 목적 함수를 사용한 훈련은 차별적 작업에 대한 성능을 향상할 수 있는 정규화 형식을 제공한다. ReLU와 같이 수치적으로 잘 작동하는 활성화 함수와 결합하면 이 절차를 통해 더 적은 문제로 더 깊은 모델을 학습할 수 있다. 물론 검증 세트에서 λ를 조정하는 데 주의해야 하며 생성 및 차별적 형태로 정의할 수 있는 아래의 확률적 방법을 사용해 유사한 접근 방식을 취할 수 있다.

10.5 확률적 심층 네트워크

지금까지 고려한 네트워크는 결정론적 요소로 구성됐다. 이제 볼츠만 머신$^{\text{Boltzmann machine}}$으로 알려진 비지도 학습 모델로 시작해 확률적 네트워크를 살펴본다. 이 확률적 신경망 모델은 마르코프 랜덤 필드의 한 유형이다(9.6절 참고). 순방향 신경망의 유닛과 달리 볼츠만 머신의 유닛은 베이지안 네트워크에서 사용되는 것과 같은 랜덤 변수에 해당한다. 볼츠만 머신의 과거 변형 버전은 전적으로 이진 변수를 사용해 정의됐지만 연속 및 이산 변수가 있는 모델도 가능하다. 이미지넷 대회에서 CNN의 인상적인 결과가 나오기 전까지는 인기를 얻었지만 그 이후로 작업하기가 더 어려워 인기가 떨어졌다. 그러나 확률적 방법에는 다중 모달 분포를 캡처하는 기능과 같은 장점들이 있다.

볼츠만 머신

볼츠만 머신을 만들고자 변수를 D차원 이진 벡터 $\mathbf{v} \in \{0, 1\}^D$로 정의된 가시적인 것과 K차원 이진 벡터 $\mathbf{h} \in \{0, 1\}^K$로 정의된 은닉된 것으로 분할하는 것으로 시작한다. 그러면 볼츠만 머신은 다음과 같은 형태의 공동 확률 모델로 정리된다.

$$p(\mathbf{v}, \mathbf{h}; \theta) = \frac{1}{Z(\theta)} \exp(-E(\mathbf{v}, \mathbf{h}; \theta))$$

$$Z(\theta) = \sum_{\mathbf{v}} \sum_{\mathbf{h}} \exp(-E(\mathbf{v}, \mathbf{h}; \theta))$$

$$E(\mathbf{v}, \mathbf{h}; \theta) = -\frac{1}{2}\mathbf{v}^T \mathbf{A} \mathbf{v} - \frac{1}{2}\mathbf{h}^T \mathbf{B} \mathbf{h} - \mathbf{v}^T \mathbf{W} \mathbf{h} - \mathbf{a}^T \mathbf{v} - \mathbf{b}^T \mathbf{h}$$

여기서 $E(\mathbf{v}, \mathbf{h}; \theta)$는 에너지 함수이고, $Z(\theta)$는 유효한 결합 확률을 정의하도록 E를 정규화해 유효환 결합 확률을 정의토록 한다. 행렬 $\mathbf{A}$, $\mathbf{B}$, $\mathbf{W}$는 가시적-가시적, 은닉-은닉,

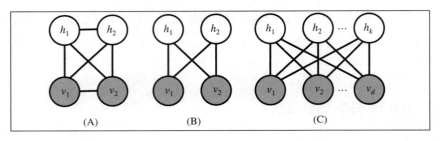

그림 10.14 볼츠만 머신: (A) 모두 연결됨 (B) 제한됨 (C) (B)의 일반화된 모습

가시적–은닉의 상호 작용을 각각 인코딩하며 벡터 **a** 및 **b**는 각 변수와 관련된 편향을 인코딩한다. 행렬 **A**와 **B**는 대칭이며 대각선 요소는 0이다. 이 구조는 그림 10.14A에 설명된 것처럼 모든 변수 간에 쌍으로 연결되는 이진 마르코프 랜덤 필드다.

볼츠만 머신(및 일반적으로 이진 마르코프 랜덤 필드)의 주요 기능은 다른 변수가 주어진 경우 한 변수의 조건부 분포가 다른 변수 상태의 가중 선형 조합인 시그모이드 함수라는 것이다.

$$p(h_j = 1 | \mathbf{v}, \mathbf{h}_{\neg j}; \theta) = \text{sigmoid}\left(\sum_{i=1}^{D} W_{ij}v_i + \sum_{k=1}^{K} B_{jk}h_k + b_j\right)$$

$$p(v_i = 1 | \mathbf{h}, \mathbf{v}_{\neg i}; \theta) = \text{sigmoid}\left(\sum_{j=1}^{K} W_{ij}h_j + \sum_{d=1}^{D} A_{id}v_d + c_i\right)$$

여기서 표기 $\neg i$는 i가 아닌 첨자가 있는 모든 요소를 나타낸다. A와 B의 진단 요소는 0이므로 $h_{k=j}$ 및 $v_{d=i}$가 포함된 항은 어쨌든 0이므로 합계가 생략할 필요가 없다. 이러한 방정식이 각 변수에 대해 별도의 시그모이드 함수라는 사실은 깁스Gibbs의 샘플러(9.5절)를 쉽게 구성할 수 있도록 해 조건부 확률 $p(\mathbf{h} | \tilde{\mathbf{v}})$ 및 결합 확률 $p(\mathbf{h}, \mathbf{v})$에 대한 근삿값을 계산하는 데 사용할 수 있다.

손실을 볼츠만 머신 모델하에 단일 예제 $\tilde{\mathbf{v}}$에 대한 마지널 확률의 음의 로그 가능도로 정의하면 $L = -\log p(\tilde{\mathbf{v}}; \theta) = -\log \sum_{\mathbf{h}} p(\tilde{\mathbf{v}}, \mathbf{h}; \theta)$가 된다. 그런 다음 일부 미적분을 기반으로 하는 편도 함수는 다음과 같이 표시될 수 있다.

$$\frac{\partial L}{\partial \mathbf{W}} = -\left[\mathrm{E}[\tilde{\mathbf{v}}\mathbf{h}^T]_{P(\mathbf{h}|\tilde{\mathbf{v}})} - \mathrm{E}[\mathbf{v}\mathbf{h}^T]_{P(\mathbf{h},\mathbf{v})} \right]$$

$$\frac{\partial L}{\partial \mathbf{A}} = -\left[\tilde{\mathbf{v}}\tilde{\mathbf{v}}^T - \mathrm{E}[\mathbf{v}\mathbf{v}^T]_{P(\mathbf{h},\mathbf{v})} \right]$$

$$\frac{\partial L}{\partial \mathbf{B}} = -\left[\mathrm{E}[\mathbf{h}\mathbf{h}^T]_{P(\mathbf{h}|\tilde{\mathbf{v}})} - \mathrm{E}[\mathbf{h}\mathbf{h}^T]_{P(\mathbf{h},\mathbf{v})} \right]$$

$$\frac{\partial L}{\partial \mathbf{a}} = -\left[\tilde{\mathbf{v}} - \mathrm{E}[\mathbf{v}]_{P(\mathbf{h},\mathbf{v})} \right]$$

$$\frac{\partial L}{\partial \mathbf{b}} = -\left[\mathrm{E}[\mathbf{h}]_{P(\mathbf{h}|\tilde{\mathbf{v}})} - \mathrm{E}[\mathbf{h}]_{P(\mathbf{h},\mathbf{v})} \right]$$

이러한 도함수에서 기대치를 계산하는 데 필요한 $p(\mathbf{h}|\tilde{\mathbf{v}})$ 및 $p(\mathbf{h}, \mathbf{v})$ 분포는 분석적 형식으로 사용할 수 없지만 그에 가까운 샘플을 대신 사용할 수 있다. N개의 예제를 사용해 전체 훈련 세트에 대한 음의 로그 가능성의 기울기를 계산하고자 항의 합은 데이터 $P_{data}(\tilde{\mathbf{v}})$의 경험적 분포 또는 델타 함수를 배치하고 이를 N으로 나눠 얻은 분포를 사용한다. $p(\mathbf{h}|\tilde{\mathbf{v}})$ 형식의 기대치를 포함하는 훈련 세트에 대한 합계는 때때로 단일 기대치로 작성되고 데이터 종속 기대치data-dependent expectation라고 부르는 반면 $p(\mathbf{h}, \mathbf{v})$를 포함하는 기대치는 데이터에 의존하지 않으며 이는 모델의 기대치model's expectation라고 한다.

분포에 대한 이러한 방정식과 근사치를 사용해 경사 하강법을 통해 최적화를 구현할 수 있다. 확률적 모델의 기울기는 9장, '확률적 방법'에서 본 것처럼 논리 회귀, 조건부 랜덤 필드, 심지어 확률적 주성분 분석과 같은 모델에서와 같이 기대치의 차이를 계산하는 것으로 귀결된다.

제한된 볼츠만 머신

은닉 변수 간의 연결과 가시적 변수 간의 연결을 제거하면 동일한 분포 $p(\mathbf{v}, \mathbf{h}; \theta) = Z^{-1}(\theta) \exp(-E(\mathbf{v}, \mathbf{h}; \theta))$를 갖는 제한된 볼츠만 머신RBM, Restrict Boltzman Machine이 생성된다. 그러나 이 에너지 함수

$$E(\mathbf{v}, \mathbf{h}; \theta) = -\mathbf{v}^T\mathbf{W}\mathbf{h} - \mathbf{a}^T\mathbf{v} - \mathbf{b}^T\mathbf{h}$$

는 그림 10.14B에서 변형된 버전으로 보여 주며 그림 10.14C는 더 일반적인 형태를 나타낸다.

결합 행렬 **A**와 **B**를 제거하면 은닉 변수의 전체 벡터인 **h**에 대한 정확한 추론 단계를 한 번에 수행할 수 있다. $p(\mathbf{h}|\mathbf{v})$는 각 차원에 대해 서로 다른 시그모이드의 곱이 되고 각 시그모이드는 관찰된 입력 벡터 **v**에만 의존한다. $p(\mathbf{v}|\mathbf{h})$는 비슷한 형태를 가진다.

$$p(\mathbf{h}|\mathbf{v}) = \prod_{k=1}^{K} p(h_k|\mathbf{v}) = \prod_{k=1}^{K} \text{Bern}(h_k; \text{sigmoid}(b_k + \mathbf{W}_{.k}^{T}\mathbf{v}))$$

$$p(\mathbf{v}|\mathbf{h}) = \prod_{i=1}^{D} p(v_i|\mathbf{h}) = \prod_{i=1}^{D} \text{Bern}(v_i; \text{sigmoid}(a_i + \mathbf{W}_{i.}\mathbf{h}))$$

여기서 $\mathbf{W}_{.k}^{T}$는 가중치 행렬 **W**의 k번째 열 전치transpose로 구성된 벡터이고 $\mathbf{W}_{i.}$는 **W**의 i번째 행을 의미한다. 이들은 기본 결합 모델에서 파생된 조건부 분포이며 방정식을 사용해 **W**, **a**, **b**에 대한 손실의 기울기를 계산할 수 있다. 학습에 필요한 기대치는 제한이 없는 모델보다 계산하기 더 쉬우며 $p(\mathbf{h}|\hat{\mathbf{v}})$에 대해 정확한 표현을 얻을 수 있지만 $p(\mathbf{h}, \mathbf{v})$는 다루기 어렵고 근삿값이어야 한다.

대조적 발산

볼츠만 머신에 대해 깁스 샘플러를 실행하려면 종종 많은 반복이 필요하다. '대조적 발산contrastive divergence'이라는 기술은 샘플러를 무작위가 아닌 관찰된 데이터로 초기화하고 제한된 수의 깁스 업데이트를 수행하는 자주 사용되는 대안이다. RBM에서는 $p(\mathbf{h}|\hat{\mathbf{v}}^{(0)} = \tilde{\mathbf{v}})$ 분포에서 $\hat{\mathbf{h}}^{(0)}$ 샘플을 생성한 다음 $p(\mathbf{v}|\hat{\mathbf{h}}^{(1)})$에서 $\hat{\mathbf{v}}^{(1)}$에 대한 샘플을 생성할 수 있다. 이 단일 단계는 실제로 잘 작동하지만 은닉 유닛과 가시적 유닛의 샘플링을 번갈아가며 여러 단계를 계속할 수 있다.

구분 변수 및 연속 변수

지금까지 논의된 RBM은 이진 변수로 구성됐다. 그러나 원-핫one-hot 벡터 $\mathbf{v}_{(r)}$을 사용해 가시적 구분 변수^{categorical variables} $r = 1, \ldots, R$을 인코딩해 구분형 또는 연속 속성으로 확장할 수 있으며 다음 에너지 함수를 사용해 은닉 이진 변수 $\mathbf{h}$를 정의할 수 있다.

$$E(\mathbf{v}, \mathbf{h}; \theta) = -\sum_{r=1}^{R} \left[\mathbf{v}_{(r)}^T \mathbf{W}_{(r)} \mathbf{h} + \mathbf{a}_{(r)}^T \mathbf{v}_{(r)} \right] - \mathbf{b}^T \mathbf{h}$$

이 모델에 의해 정의된 결합 분포는 복잡하지만 이진 RBM의 경우 다른 층에 주어진 1개 층에 대한 모델 아래의 조건부 분포는 다음의 형식을 갖는다.

$$p(\mathbf{h}|\mathbf{v}_{(r=1,\ldots,R)}) = \prod_{k=1}^{K} \mathrm{Bern}\left(h_k; \mathrm{sigmoid}\left(b_k + \sum_{r=1}^{R} \mathbf{W}_{(r)\cdot k}^T \mathbf{v}_{(r)} \right) \right)$$

$$p(\mathbf{v}_{(r=1,\ldots,R)}|\mathbf{h}) = \prod_{r=1}^{R} \mathrm{Cat}\left(\mathbf{v}_{(r)}; \mathrm{softmax}(\mathbf{a}_{(r)} + \mathbf{W}_{(r)\cdot} \mathbf{h}) \right)$$

연속 관측 변수 $\mathbf{v}$층과 은닉 이진 변수 $\mathbf{h}$층이 있는 모델은 다음 에너지 함수를 사용해 구성할 수 있다.

$$E(\mathbf{v}, \mathbf{h}; \theta) = -\mathbf{v}^T \mathbf{W} \mathbf{h} - \frac{1}{2}(\mathbf{v} - \mathbf{a})^2 - \mathbf{b}^T \mathbf{h}$$

조건부 분포는 다음과 같다.

$$p(\mathbf{h}|\mathbf{v}) = \prod_{k=1}^{K} \mathrm{Bern}\left(h_k; \mathrm{sigmoid}(b_k + \mathbf{W}_{\cdot k}^T \mathbf{v}) \right)$$

$$p(\mathbf{v}|\mathbf{h}) = \prod_{i=1}^{D} N(v_i; a_i + \mathbf{W}_{i\cdot} \mathbf{h}, 1) = N(\mathbf{v}; \mathbf{a} + \mathbf{W}\mathbf{h}, \mathbf{I})$$

여기서 은닉이 주어진 관측 변수의 조건부 분포는 평균이 편향 항과 이진 은닉 변수의 선형 변환에 의존하는 가우시안이다. 이 가우시안에는 항등 공분산 행렬이 있으므로 각 차원에 대해 독립적인 가우시안의 곱으로 작성할 수 있다.

심층 볼츠만 머신

심층 볼츠만 머신^{deep Boltzman machine}은 그림 10.15A에 설명된 대로 RBM 연결을 사용해

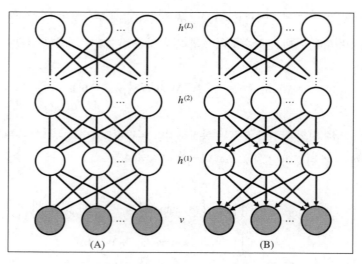

그림 10.15 (A) 심층 볼츠만 머신 (B) 심층 신뢰도 네트워크(deep belief network)

랜덤 변수의 결합 층을 포함한다. 베르누이 확률 변수$^{Bernoulli\ random\ variables}$를 가정하면 에너지 함수는 다음과 같다.

$$E(\mathbf{v}, \mathbf{h}^{(1)}, \ldots, \mathbf{h}^{(L)}; \theta) = -\mathbf{v}^T \mathbf{W}^{(1)} \mathbf{h}^{(1)} - \mathbf{a}^T \mathbf{v} - \mathbf{b}^{(1)T} \mathbf{h}^{(1)}$$
$$- \left[\sum_{l=2}^{L} \left[\mathbf{h}^{(l-1)T} \mathbf{W}^{(l)} \mathbf{h}^{(l)} + \mathbf{b}^{(l)T} \mathbf{h}^{(l)} \right] \right]$$

여기서 층은 행렬 $\mathbf{W}^{(l)}$과 결합되고 $\mathbf{a}$ 및 $\mathbf{b}^{(l)}$은 가시 계층과 각 은닉 계층에 대한 편향이다. 중간층 행렬의 기울기는 다음과 같다.

$$\frac{\partial L}{\partial \mathbf{W}^{(l)}} = -\left[\mathrm{E}[\mathbf{h}^{(l-1)} \, \mathbf{h}^{(l)T}]_{P(\mathbf{h}^{(l-1)}, \, \mathbf{h}^{(l)T} | \tilde{\mathbf{v}})} - \mathrm{E}[\mathbf{h}^{(l-1)} \, \mathbf{h}^{(l)T}]_{P(\mathbf{h}^{(l-1)}, \, \mathbf{h}^{(l)T}, \mathbf{v})} \right]$$
$$\frac{\partial L}{\partial \mathbf{b}^{(l)}} = -\left[\mathrm{E}[\mathbf{h}^{(l)}]_{P(\mathbf{h}^{(l)} | \tilde{\mathbf{v}})} - \mathrm{E}[\mathbf{h}^{(l)}]_{P(\mathbf{h}^{(l)}, \mathbf{v})} \right]$$

예상에 필요한 확률 분포는 깁스 샘플링 또는 변형 방법과 같은 근사 추론 기법을 사용해 계산할 수 있다.

606

이 네트워크에서 각 층의 마르코프 블랭킷을 조사하면 위와 아래층이 주어지며, 주어진 층의 변수가 다른 레이어와 독립적임을 알 수 있다. 조건부 분포는 다음과 같다.

$$p(\mathbf{h}^{(l)}|\mathbf{h}^{(l-1)}, \mathbf{h}^{(l+1)}) = \prod_{k_l=1}^{K_l} p(h_k^l|\mathbf{h}^{(l-1)}, \mathbf{h}^{(l+1)})$$

$$= \prod_{k=1}^{K_l} \text{Bern}\left(h_k^l; \text{sigmoid}(b_k^l + \mathbf{W}_{\cdot k}^{(l)T}\mathbf{h}^{(l-1)} + \mathbf{W}_{k\cdot}^{(l+1)}\mathbf{h}^{(l+1)})\right)$$

이를 통해 '블록 깁스 샘플링block Gibbs sampling'이라는 방법을 사용해 레이어의 모든 변수를 병렬로 업데이트할 수 있다. 이것은 표준 깁스 샘플링보다 빠르다. 또한 빠른 학습을 위해 충분한 품질의 샘플을 생성한다.

샘플링 또는 변형 방법을 사용하는 심층 볼츠만 머신의 전체 학습 절차는 느릴 수 있으며 (이 때문에) 결과적으로 학습 전에 가중치를 초기화하는 데 종종 탐욕 점진적 접근 방식이 사용된다. 심층 볼츠만 머신은 2계층 볼츠만 머신을 쌓고 경사 하강법 및 대조 발산 기반 샘플링contrastive divergence-based sampling 절차를 사용해 2계층 모델을 학습함으로써 점진적으로 훈련할 수 있다.

스태킹stacking을 통해 심층 RBM을 점진적으로 훈련할 때 모델의 하향식 연결 부족을 처리하고자 하위 수준 모델의 입력 변수를 두 배로 늘리고 관련 행렬을 원본과 동일하게 제한할 수 있다. 상위 수준 모델의 출력 변수를 두 배로 늘리고 동일한 방식으로 행렬을 제한한다. 첫 번째 볼츠만 머신을 학습한 후에는 재작성된 볼츠만 머신의 시그모이드 모델을 기반으로 $p(\mathbf{h}^{(1)}|\mathbf{v})$의 치수에 대한 독립적인 베르누이 분포의 샘플을 사용하거나 시그모이드 활성화 값을 사용해 다음 머신을 학습할 수 있다. 두 경우 모두 모델의 하향식 영향이 캡처되지 않는다는 사실을 보상하고자 두 배의 가중치 행렬을 사용해 빠른 근사 추론 상향 통과를 수행할 수 있다. 최종 레이어에 대한 샘플러 또는 시그모이드 활동을 생성할 때 가중치를 두 배로 늘릴 필요가 없다. 이후 레벨도 비슷하게 학습할 수 있다.

심층 신뢰도 네트워크

모든 심층 베이지안 네트워크는 기술적으로 심층 신뢰도 네트워크^{deep belief network}이지만 '심층 신뢰도 네트워크'라는 용어는 RBM을 점진적으로 훈련해 구성할 수 있는 특정 유형의 딥 아키텍처와 밀접하게 관련돼 있다. 이 절차는 성장하는 모델의 하위 부분을 베이지안 신뢰도 네트워크로 변환하고 모델의 상위 부분에 RBM을 추가한 다음 훈련, 변환, 누적 프로세스를 계속하는 것을 기반으로 한다. 위에서 살펴본 것처럼 RBM은 2층 결합 모델로, 일부 대수를 사용해 은닉된 관찰된 조건부 모델 또는 기본 결합 분포와 일치하는 관찰된 층에서 은닉된 주어진 조건부 모델을 작성할 수 있다. 따라서 두 계층에 대한 공동 RBM 모델을 학습하고, 모델을 위의 계층에 대해 아래 계층에 대한 조건부 공식으로 변환한 다음 모델 위에 새 계층을 추가하는 절차를 통해 심층 신뢰도 네트워크를 얻을 수 있다. 상위 2개 레이어를 새로운 결합 RBM 모델로 파라미터화한 다음 새 파라미터를 학습한다. 그림 10.15B는 작성할 수 있는 일반적인 형식을 보여 준다.

$$P(\mathbf{v}, \mathbf{h}^{(1)}, \ldots, \mathbf{h}^{(L)}; \theta) = P(\mathbf{v}|\mathbf{h}^{(1)}) \left[\prod_{l=1}^{L-2} P(\mathbf{h}^{(l)}|\mathbf{h}^{(l+1)}) \right] P(\mathbf{h}^{(L-1)}, \mathbf{h}^{(L)})$$

이전과 마찬가지로 모델은 가시 레이어 $\mathbf{v}$ 및 $l = 1, \ldots, L$ 은닉층 $\mathbf{h}^{(l)}$로 정의된다. 조건부 분포는 시그모이드 파라미터화를 사용하는 베르누이 분포의 모든 곱이다.

상위 2개 층은 RBM으로 파라미터화된다. 이 층들이 방향이 지정된 경우 $P(\mathbf{h}^{(L-1)}, \mathbf{h}^{(L)})$ = $P(\mathbf{h}^{(L-1)}|\mathbf{h}^{(L)})P(\mathbf{h}^{(L)})$ 형식으로 분해할 수 있다. 여기서 조건부 분포는 시그모이드 파라미터화된 또 다른 베르누이 곱이고 $P(\mathbf{h}^{(L)})$는 각 $P(\mathbf{h}^{(L)})$에 대한 개별 분포에 대한 곱이다. 그 결과는 심층 시그모이드 신뢰도 네트워크로 알려져 있다.

그림 10.15B에 표시된 네트워크는 계층별로 구성되고 훈련될 수 있다. 이를 확인하려면 가시적 변수 $\mathbf{v}$와 은닉 변수 $\mathbf{h}^{(1)}$ 다음에 $\mathbf{h}^{(2)}$가 맨 위에 있는 두 층의 RBM을 고려하라. $P(\mathbf{v}, \mathbf{h}^{(1)}, \mathbf{h}^{(2)})$에 대한 조인트 모델은 3계층 볼츠만 머신으로 정의하거나 다음을 사용해 아래 두 계층의 파라미터를 재구성해 상단에 RBM이 있는 신뢰도 네트워크로 정의할 수 있다.

$$P(\mathbf{v}, \mathbf{h}^{(1)}, \mathbf{h}^{(2)}) = P(\mathbf{v}|\mathbf{h}^{(1)})P(\mathbf{h}^{(1)}, \mathbf{h}^{(2)})$$

$$= \prod_{i=1}^{D} \text{Bern}\left(v_i; \text{sigmoid}(a_i + \mathbf{W}_i^{(1)}\mathbf{h})\right) \cdot \frac{1}{Z(\theta)} \exp(-E(\mathbf{h}^{(1)}, \mathbf{h}^{(2)}; \theta)) \qquad (10.2)$$

여기서 $P(\mathbf{h}^{(1)}, \mathbf{h}^{(2)})$는 통상 다음의 형식을 갖는다.

$$Z(\theta) = \sum_{\mathbf{h}^{(1)}} \sum_{\mathbf{h}^{(2)}} \exp(-E(\mathbf{h}^{(1)}, \mathbf{h}^{(2)}; \theta))$$

$$-E(\mathbf{h}^{(1)}, \mathbf{h}^{(2)}; \theta) = \mathbf{h}^{(1)\mathrm{T}}\mathbf{W}^{(2)}\mathbf{h}^{(2)} + \mathbf{b}^{(1)T}\mathbf{h}^{(1)} + \mathbf{b}^{(2)T}\mathbf{h}^{(2)}$$

그리고 파라미터 $\mathbf{W}^{(1)}$과 $P(\mathbf{v}|\mathbf{h}^{(1)})$의 $\mathbf{a}$는 파라미터 $P(\mathbf{h}^{(1)}, \mathbf{h}^{(2)})$의 $\mathbf{W}^{(1)}$, $\mathbf{b}^{(1)}$, $\mathbf{b}^{(2)}$에 독립적이다.

이러한 네트워크는 다음과 같이 훈련할 수 있다. 먼저 관찰된 데이터를 사용해 2층 볼츠만 머신을 훈련한다. 그런 다음 위에 층을 추가하고 아래층에서 학습한 가중치의 전치로 가중치를 초기화한다. 다음 계층을 훈련하려면 아래 계층에 대해 위 계층에 대한 조건부 분포를 계산하고 샘플을 생성하거나 시그모이드 함수의 활성화를 사용해 훈련 데이터의 각 예제를 첫 번째 은닉 계층 표현으로 변환한다. RBM의 속성은 상위 계층이 주어진 하위 계층의 조건부 분포를 얻고자 추가로 활용될 수 있으며 이 방향의 조건부 모델의 매개 변수는 고정될 수 있다. 두 번째 볼츠만 머신이 학습되면 모델은 형식(식 10.2)과 데이터 변환, 최상위 볼츠만 머신을 조건부 모델로 변환, 레이어 추가, 원하는 대로 반복될 수 있는 최상위 층의 볼츠만 머신의 학습 프로세스를 갖는다.

위 계층의 유닛 수가 다른 경우 아래 행렬의 전치^{transpose}를 초기화에 사용할 수 없으며 특정 이론적 보장이 더 이상 적용되지 않는다. 그러나 실제로 이 절차는 랜덤 초기화와 잘 작동하는 것으로 알려져 있다.

10.6 순환 신경망

순환 신경망$^{recurrent\ neural\ network}$은 방향성 주기를 형성하는 연결이 있는 네트워크다. 결과적으로 내부 상태를 가지므로 손글씨 인식, 음성 인식, 기계 번역과 같은 일련의 데이터

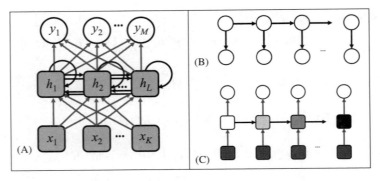

그림 10.16 (A) 순환 신경망으로 변환된 순방향 네트워크 (B) 은닉 마르코프 모델 (C) (A)를 풀어서 얻어진 순환망

와 관련된 학습 문제를 해결할 수 있는 주요 기술 후보가 된다. 그림 10.16A는 모든 은닉 유닛 h_i에서 h_j까지 연결을 추가해 피드 포워드 네트워크가 순환 네트워크^{recurrent network}로 어떻게 변환될 수 있는지 보여 준다. 각 은닉 유닛은 자신과 다른 은닉 유닛 모두에 연결돼 있다.

기본 계산을 수행하는 일련의 단계를 따라 시간이 지남에 따라 반복되는 네트워크를 전개한다고 가정하자. 은닉 마르코프 모델과 마찬가지로 순환 네트워크는 시간이 지남에 따라 유닛을 연결하고자 각 단계에서 동일한 가중치와 편향을 사용해 풀고 구현할 수 있다. 그림 10.16B는 시간에 따라 펼쳐지고 동적 베이지안 네트워크로 작성된 은닉 마르코프 모델을 보여 주며 그림 10.16C는 그림 10.16A를 풀어 얻은 반복 네트워크를 보여 준다. 순환 신경망은 일반적으로 이산 랜덤 변수를 사용하는 은닉 마르코프 모델과 달리 결정론적 연속 공간에서 작동한다. 심층 순방향 네트워크^{deep feedforward network}는 네트워크가 진행됨에 따라 더 추상적인 기능을 계산하는 것으로 생각하는 것이 일반적이지만 순환 네트워크의 정보 처리는 보다 일반적인 알고리듬을 실행하는 단계와 비슷하다.

순환 신경망과 아래에서 논의되는 특정 항목(장단기 메모리^{LSTM, Long Short-Term Memory} 순환 신경망으로 알려짐)은 제한 없는 필기 인식에서 음성 인식 및 기계 번역에 이르기까지 많은 작업에서 특히 성공적이었다.

이러한 네트워크는 선형 행렬 연산을 현재 관측치와 이전 시간 단계의 은닉 유닛에 적용하고 결과 선형 항은 활성화 함수 act()의 인수 역할을 한다.

$$\mathbf{h}_t = \text{act}(\mathbf{W}_h \mathbf{x}_t + \mathbf{U}_h \mathbf{h}_{t-1} + \mathbf{b}_h)$$
$$\mathbf{o}_t = \text{act}(\mathbf{W}_o \mathbf{h}_t + \mathbf{b}_o)$$

(10.3)

동일한 행렬 $\mathbf{U}_h$가 각 시간 단계$^{\text{time step}}$에서 사용된다. 이를 통해 이전 단계 $\mathbf{h}_{t-1}$의 은닉 유닛은 $\mathbf{h}_t$ 계산에 영향을 미치고 현재 관측치는 $\mathbf{U}_h \mathbf{h}_{t-1}$ 및 편향 항 $\mathbf{b}_h$로 합산되는 항 $\mathbf{W}_h \mathbf{x}$ 항에 영향을 준다. $\mathbf{W}_h$와 $\mathbf{b}_h$는 일반적으로 시간이 지남에 따라 복제된다. 출력 계층은 은닉 유닛의 선형 변환에 적용되는 고전적인 신경망 활성화 함수로 모델링되며 연산은 각 시간 단계에서 복제된다.

훈련 데이터의 특정 시퀀스에 대한 손실은 각 시간 단계에서, 또는 시퀀스 끝에서 한 번만 계산할 수 있다. 두 경우 모두 많은 처리 단계 후에 예측이 이뤄진다. 이것은 중요한 문제를 가져오는데 순방향 네트워크에 대한 식 (10.1)은 계층 l에서 파라미터의 기울기를 $\mathbf{D}^{(l)} \mathbf{W}^{T(l+1)}$ 형식의 행렬 곱셈의 곱으로 분해한다. 순환 네트워크는 각 시간 단계에서 동일한 행렬을 사용한다. 많은 단계에서 기울기는 매우 쉽게 0으로 감소하거나 무한대로 폭발할 수 있으며 큰 멱^{power}으로 취해진 모든 수의 크기(1이 아닌)가 0에 가까워지거나 무한대로 증가하는 것과 같다.

기울기 폭발과 소멸

L_1 또는 L_2 정규화를 사용하면 가중치를 작게 해 기울기가 급격하기 증가하는 기울기 폭발$^{\text{exploding gradient}}$ 문제를 완화할 수 있다. 또 다른 전략은 기울기의 표준이 임계값을 초과하는지 여부를 감지하고 그렇다면 표준값을 축소하는 것이다. 이를 기울기 (표준) 클리핑^{clipping}이라고도 한다. 즉 기울기 벡터 $\mathbf{g} = \partial L / \partial \boldsymbol{\theta}$ 및 임계값 T에 대해

$$\text{if} \|\mathbf{g}\| \geq T \text{ then}$$
$$\mathbf{g} \leftarrow \frac{T}{\|\mathbf{g}\|} \mathbf{g}$$

T는 하이퍼파라미터로, 클리핑이 사용되지 않은 여러 이전 업데이트에서 평균 표준으로 설정할 수 있다.

이른바 'LSTM' 순환 신경망 아키텍처는 특히 기울기 소멸$^{vanishing\ gradient}$ 문제를 해결하고자 만들어졌다. 은닉 유닛, 요소별 곱, 유닛 간 합의 특별한 조합을 사용해 '메모리 셀$^{memory\ cell}$'을 제어하는 게이트를 구현한다. 이러한 셀은 장기간 수정 없이 정보를 유지하도록 설계됐다. 그들은 자신의 입력 및 출력 게이트를 갖고 있으며 이는 이전 시간 단계에서 현재 관찰 및 숨겨진 유닛의 함수인 학습 가능한 가중치에 의해 제어된다. 결과적으로 기울기 계산에서 역전파 된 오류 항을 저장하고 성능 저하 없이 역방향으로 전파할 수 있다. 원래의 LSTM 공식은 입력 게이트와 출력 게이트로 구성됐지만 나중에 망각 게이트$^{forget\ gate}$와 '핍홀 가중치$^{peephole\ weights}$'가 추가됐다.

LSTM RNN은 다음과 같이 작동한다. 각 시간 단계에는 입력 $\mathbf{i}_t$, 망각 $\mathbf{f}_t$, 출력 $\mathbf{o}_t$로 돼 있으며 각각은 시간 t에서 기본 입력 $\mathbf{x}_t$의 함수이고 시간 $t-1$, $\mathbf{h}_{t-1}$에서 숨겨진 유닛의 함수다. 게이트는 $\mathbf{x}_t$에 자체 게이트별 $\mathbf{W}$ 행렬 $\mathbf{h}_{t-1}$과 자체 $\mathbf{U}$ 행렬을 곱하고 자체 편향 벡터 $\mathbf{b}$를 더한 다음 시그모이드 요소별 비선형 성질을 적용한다.

각 시간 단계 t에서 입력 게이트 $\mathbf{i}_t = \mathrm{sigmoid}(\mathbf{W}_i\mathbf{x}_t + \mathbf{U}_i\mathbf{h}_{t-1} + \mathbf{b}_i)$는 $\mathbf{s}_t = \tanh(\mathbf{W}_c\mathbf{x}_t + \mathbf{U}_c\mathbf{h}_{t-1} + \mathbf{b}_c)$에 의해 주어진 잠재적 입력이 메모리 유닛 $\mathbf{c}_t$에 배치하기에 충분히 중요한지 여부를 결정하는 데 사용된다. $\mathbf{s}_t$ 자체의 계산은 편향 벡터 $\mathbf{b}_c$와 함께 가중치 행렬 $\mathbf{W}_c$ 및 $\mathbf{U}_c$를 사용해 현재 입력 값 $\mathbf{x}_t$와 이전 은닉 유닛 벡터 $\mathbf{h}_{t-1}$의 선형 조합으로 수행된다. 망각 게이트$^{forget\ gates}$ $\mathbf{f}_t$를 사용하면 $\mathbf{W}_f$ 및 $\mathbf{U}_f$ 행렬에 기반한 유사한 선형 입력과 바이어스 $\mathbf{b}_f$가 포함된 $\mathbf{f}_t = \mathrm{sigmoid}(\mathbf{W}_f\mathbf{x}_t + \mathbf{U}_f\mathbf{h}_{t-1} + \mathbf{b}_f)$를 사용해 메모리 유닛의 내용을 지울 수 있다. 출력 게이트는 활성화 함수에 의해 변환된 메모리 유닛의 내용인 $\mathbf{y}_t$가 은닉 유닛 $\mathbf{h}_t$에 배치돼야 하는지 여부를 결정한다. 이들은 일반적으로 바이어스 벡터 $\mathbf{b}_o$와 함께 가중치 행렬 $\mathbf{W}_o$ 및 $\mathbf{U}_o$를 사용해 현재 입력 값 $\mathbf{x}_t$와 이전 은닉 유닛 벡터 $\mathbf{h}_{t-1}$의 선형 조합에 적용된 시그모이드 활성화 함수 $\mathbf{o}_t = \mathrm{sigmoid}(\mathbf{W}_o\mathbf{x}_t + \mathbf{U}_o\mathbf{h}_{t-1} + \mathbf{b}_o)$에 의해 제어된다.

이 최종 게이팅은 출력 게이트와 변환된 메모리 콘텐츠 $\mathbf{h}_t = \mathbf{o}_t \circ \mathbf{y}_t$ 사이의 요소별 곱으로 구현된다. 여기서 메모리 유닛은 일반적으로 게이팅된 출력 이전에 하이퍼볼릭 탄젠

표 10.5 장단기 메모리(Long Short-term memory) 순환 신경망의 주성분

LSTM 유닛 입력	$h_t = o_t \circ y_t$
출력 게이트 유닛	$o_t = \text{sigmoid}(W_o x_t + U_o h_{t-1} + b_o)$
변환된 메모리 셀 내용	$y_t = \tanh(c_t)$
메모리 셀 유닛에 대한 게이트 업데이트	$c_t = f_t \circ c_{t-1} + i_t \circ s_t$
망각 게이트 유닛	$f_t = \text{sigmoid}(W_f x_t + U_f h_{t-1} + b_f)$
입력 게이트 유닛	$i_t = \text{sigmoid}(W_i x_t + U_i h_{t-1} + b_i)$
메모리 셀에 대한 잠재 입력	$s_t = \tanh(W_c x_t + U_c h_{t-1} + b_c)$

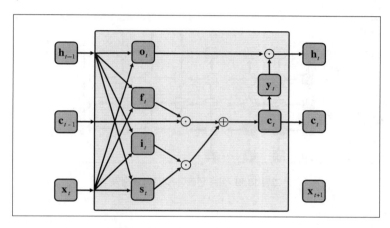

그림 10.17 장단기 메모리 유닛의 구조

트(tanh) 함수 $y_t = \tanh(c_t)$에 의해 변환된다. 메모리 유닛은 $c_t = f_t \circ c_{t-1} + i_t \circ s_t$, 망각 게이트 f_t와 메모리 유닛 c_{t-1}의 이전 내용 사이의 요소별 곱과 입력 게이트의 요소별 곱 및 새로운 잠재적 입력 s_t의 합에 의해 업데이트된다. 표 10.5는 이러한 구성 요소를 정의하고 그림 10.17은 중간 수량에 대한 계산 그래프를 보여 준다.

다른 순환 네트워크 구조

다른 다양한 순환 네트워크 아키텍처가 제안됐다. 예를 들어 식 (10.3)은 조정된 선형 활성화 함수와 함께 사용할 수 있으며 유닛 행렬의 스케일된 버전을 사용해 반복 가중치 행

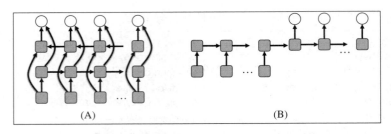

그림 10.18 순환 신경망 (A) 양방향(bidirectional) (B) 인코더-디코더

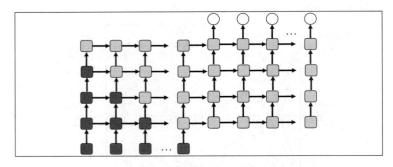

그림 10.19 심층 인코더-디코더 순환망

렬을 초기화하고 편향을 0으로 초기화할 수 있다. ID 초기화는 오류 파생물이 수정되지 않은 상태로 네트워크를 통해 흐른다는 것을 의미한다. 더 작은 크기의 유닛 행렬로 초기화하면 스케일된 특성 행렬은 모델이 더 긴 범위의 종속성에서 해방시키는 효과가 있으며 이런 접근법을 IRNN이라고 한다.

또 다른 방법은 별도의 메모리 셀 분리를 통해 게이트 순환 장치 또는 GRU를 사용해 LSTM 네트워크를 단순화하는 것이다. 일부 문제의 경우 GRU는 LSTM에 필적하는 성능을 제공할 수 있으며 메모리 요구 사항은 더 낮다.

순환 네트워크는 양방향으로 만들어질 수 있으며 양방향으로 정보를 전파한다. 그림 10.18A는 일반적인 구조를 보여 준다. 양방향 네트워크는 단백질 2차 구조 예측 및 필기 인식을 포함한 다양한 애플리케이션에 사용됐다. 최신 소프트웨어 도구는 계산 그래프로 역전파를 통해 학습에 필요한 기울기를 자동으로 결정한다.

그림 10.18B는 '인코더-디코더' 네트워크를 보여 준다. 이러한 네트워크를 사용하면 가변 길이 입력에 대한 고정 길이 벡터 표현을 만들 수 있으며 고정 길이 인코딩을 사용해 다른 가변 길이 시퀀스를 출력으로 생성할 수 있다. 이것은 입력이 한 언어의 문자열이고 출력이 다른 언어의 해당 문자열인 기계 번역에 특히 유용하다. 충분한 데이터가 주어지면 그림 10.19와 같은 심층 인코더-디코더 아키텍처는 수십 년 동안 수작업으로 엔지니어링된 시스템과 경쟁하는 결과를 얻을 수 있다. 연결 구조는 모델의 부분 계산이 그림에서 더 어두운 노드로 표시된 웨이브 형태의 그래프를 통해 흐를 수 있음을 의미한다.

10.7 심화 자료 및 참고 문헌

역전파 알고리듬은 Werbos(1974) 박사 논문 이후 현재 형태까지 발전돼 왔다. 딥러닝에 대한 광범위한 문헌에서 Schmidhuber(2015)는 알고리듬의 핵심 요소를 훨씬 더 되짚어 봤으며 '딥 네트워크'의 아이디어로 Ivakhnenko & Lapa(1965)의 작업으로까지 거슬러 올라갔다. 현대의 CNN은 Fukushima(1980)가 제안한 '신인지론^{neocognitron}'에 뿌리를 두고 있는 것으로 널리 알려져 있다. 하지만 LeNet 컨볼루션 네트워크 아키텍처에 대한 LeCun, Bottou, Bengio & Haffner(1998)의 작업이 CNN에 매우 큰 영향을 미쳤다.

신경망 기술의 인기는 여러 주기를 거쳤다. 일부 요인은 사회적이지만 트렌드 뒤에는 중요한 기술적 이유가 있다. 단일 계층 신경망은 XOR 문제를 해결할 수 없었다. Minsky & Papert(1969)가 비판한 이 문제는 4.10절에서 언급했듯이 1980년대 중반까지 신경망 개발에 발목을 잡았다. 그러나 하나의 추가 계층이 있는 네트워크는 모든 기능을 근사할 수 있으며(Cybenko, 1989, Hornik, 1991) Rumelhart, Hinton & Williams의 영향력 있는 작업(1986)은 잠시 동안 신경망 방법을 다시 대중화시켰다가 2000년대 초에 인기가 사그라들었다. 실제로 신경망 연구를 위한 최고의 포럼으로 널리 알려져 있는 신경 정보 처리 시스템 콘퍼런스인 NIPS$^{Neural Information Processing Systems conference}$의 조직자는 제목에 '신경망'이라는 용어가 존재하는 논문은 다수가 거부됐다는 사실을 발견했다. 이는 이 기간 동안 핵심 신경망 논문의 인용 분석을 보면 알 수 있으며 최근 딥러닝에 대한 관심의 부활은 정말 '혁명'처럼 느껴진다.

대부분의 복잡한 부울 함수는 표현을 위해 지수의 2단계 논리 게이트가 필요한 것으로 알려져 있다(Wegener, 1987). 솔루션은 깊이가 더 있는 것으로 보인다. Bengio(2009)에 따르면 "깊이 k 아키텍처로 간결하게 표현할 수 있는 기능은 더 얕은 아키텍처로 표현하고자 매우 많은 수의 요소가 필요할 수 있다."

많은 신경망 책(Haykin, 1994, Bishop, 1995, Ripley, 1996)은 벡터 행렬 용어로 역전파를 공식화하지 않는다. 그러나 최근 온라인 코스(예를 들어 Hugo Larochelle) 및 Rojas(1996) 텍스트는 10장에서 수행한 공식을 채택한다.

확률적 경사 하강법은 Robbins & Monro(1951)까지 거슬러 올라간다. Bottou(2012)는 확률적 경사 하강법 학습을 위한 유용한 팁과 요령을 제공하는 반면 Bengio(2012)는 심층 네트워크 훈련을 위한 실용적인 권장 사항을 제공한다. Bergstra & Bengio(2012)는 하이퍼파라미터 설정의 랜덤 검색 사용에 대한 경험적 및 이론적 배경을 제공한다. Snoek, Larochelle, Adams(2012)는 탐색할 다음 하이퍼파라미터 설정을 추론하고자 베이지안 학습 방법의 사용을 제안하고, Spearmint 소프트웨어 패키지는 심층 네트워크 하이퍼파라미터와 일반 머신러닝 알고리듬 하이퍼파라미터 모두에 대한 베이지안 최적화를 수행한다.

LeCun 외(1998)의 고전적 작업과 Glorot & Bengio(2010)의 최근 작업에서 논의된 것처럼 좋은 파라미터 초기화는 신경망의 성공에 중요하다. Krizhevsky 외(2012)의 ReLU의 컨볼루션 네트워크는 표준 편차가 0.01인 제로 평균 등방성 가우시안 분포를 사용해 가중치를 초기화하고 대부분의 은닉 컨볼루션 레이어와 모델의 완전 연결된 은닉층에 대한 편향을 1로 초기화했다. 이들은 이 초기화가 ReLU에 긍정적인 입력을 제공함으로써 학습의 초기 단계를 가속화한다는 것을 관찰했다.

드롭아웃의 기원과 이의 자세한 내용은 Srivastava, Hinton, Krizhevsky, Sutskever & Salakhutdinov(2014)에서 확인할 수 있다. Ioffe & Szegedy(2015)는 배치 정규화를 제안하고 구현에 대한 자세한 내용을 제공한다. Glorot & Bengio(2010)는 다양한 가중치 행렬 초기화 휴리스틱과 다양한 종류의 활성화 기능이 있는 네트워크에 대해 팬인fan-in

및 팬 아웃fan-out 개념을 사용해 이를 정당화하는 방법을 다룬다.

  손으로 쓴 숫자의 28 × 28 픽셀 이미지를 포함하는 MNIST 데이터셋은 딥러닝 연구 커뮤니티에서 아이디어를 탐색하는 데 자주 사용된다. 그러나 2012년에 딥러닝이 주목을 받은 것은 훨씬 더 높은 해상도의 이미지넷 대회에서였다(Russakovsky 외, 2015). 토론토 대학교University of Toronto의 우승작은 256 × 256 픽셀의 해상도로 이미지를 처리했다. 그때까지 CNN은 합리적인 시간 내에 그러한 높은 해상도로 대량의 이미지를 처리할 수 없었다. Krizhevsky 외(2012)는 극적인 승리에서 GPU 가속 CNN을 사용했다. 이것은 이미지넷 벤치마크에서 시각적 인식 성능의 급속한 발전에 많은 개발에 박차를 가했다.

  2014년 대회에서 옥스퍼드 비주얼 지오메트리 그룹Oxford Visual Geometry Group과 구글 팀은 훨씬 더 깊은 아키텍처를 사용해 성능을 더욱 향상했다. 옥스퍼드 그룹의 경우 16개의 19개의 가중치 레이어, 작은 3 × 3 컨볼루션 필터를 사용했고(Simonyan & Zisserman, 2014) 구글 팀은 최대 5 × 5개의 필터가 있는 22개의 레이어(Szegedy 외, 2015)를 사용했다. 2015 이미지넷 챌린지는 152개의 레이어가 있는 아키텍처(He 외, 2015)를 사용하고 층을 건너뛰는 바로 가기 연결과 결합된 작은 3 × 3 필터를 사용하는 마이크로소프트 리서치 아시아Microsoft Research Asia의 팀이 승리했으며 컨볼루션의 다중층이 적용된 이후 이들은 이후 풀링 및 데시메이션도 수행했다.

  Hinton & Salakhutdinov(2006)는 역전파를 통해 최적화된 심층 오토인코더가 비선형 차원 감소에 효과적일 수 있다는 사실이 1980년대부터 알려졌다고 언급했으며 당시 주요 제한 요인은 훈련에 사용되는 데이터셋의 작은 크기와 낮은 계산 속도와 함께 로컬 최솟값이라는 오래된 문제였다. 2006에 MNIST 숫자와 20개의 뉴스 그룹 컬렉션과 같은 데이터셋은 충분히 크고 컴퓨터는 충분히 빨랐으며 Hinton & Salakhutdinov는 주 구성 요소 분석에 비해 심층 오토인코더의 장점을 보여 주는 흥미로운 결과를 제시할 수 있었다. 그들의 실험 작업은 생성적 사전 훈련generative pretraining을 사용해 가중치를 초기화해 로컬 최솟값 문제를 방지했다.

  Bourlard & Kamp(1988)는 오토인코더와 주성분 분석 간의 관계에 대한 심층 분석을 제공한다. Vincent, Larochelle, Lajoie, Bengio & Manzagol(2010)은 스택 노이즈 제거

오토인코더를 제안했으며 스태킹 RBM을 기반으로 하는 스택형 표준 오토인코더와 모델 모두를 능가하는 것으로 나타났다. Cho & Chen(2014)은 하이브리드 비지도 및 지도 학습을 사용해 수정된 선형 유닛으로 심층 오토인코더를 훈련해 모션 캡처 시퀀스에 대한 최첨단 결과를 생성했다.

마르코프 랜덤 필드의 역사는 1920년대에 이른바 강자성체의 '이징 모델$^{Ising model}$'과 함께 통계 물리학에 뿌리를 두고 있다. 볼츠만 머신에 대한 우리의 표현은 Hinton & Sejnowski(1983)를 따르지만 행렬-벡터 표기법을 사용하며 우리가 한 설명은 Salakhutdinov & Hinton(2009)과 같은 공식에 더 유사하다. Smolensky(1986)에서 제안된 Harmonium 네트워크는 현재 일반적으로 RBM이라고 하는 것과 본질적으로 동일하다.

대조적 발산$^{constrative\ divergence}$은 Hinton(2002)에 의해 제안됐다. RBM 스택을 사용해 심층 네트워크를 초기화하고자 지도되지 않은 사전 훈련을 사용하는 아이디어는 Hinton & Salakhutdinov(2006)에 의해 대중화됐다. Salakhutdinov & Hinton(2009)은 심층 제한 볼츠만 머신의 탐욕적 훈련을 위해 위에서 논의한 가변 배가 절차(variable doubling procedure) 및 기타 뉘앙스를 포함해 심층 신뢰도 네트워크를 위한 심층 볼츠만 머신 사용 및 훈련 절차에 대한 자세한 내용을 제공한다. Neal(1992)은 S자형 신뢰도 네트워크를 도입했다. Welling, Rosen-Zvi & Hinton(2004)은 지수 가족$^{exponential\ family}$ 모델을 사용해 볼츠만 머신을 범주형 및 연속 변수$^{continuous\ variables}$로 확장하는 방법을 보여 줬다. 10.4절의 딥 볼츠만 머신에 대한 탐욕적 계층별 훈련 절차는 Hinton & Salakhutdinov(2006)가 제안하고 Murphy(2012)가 개선한 절차를 기반으로 한다.

제한된 볼츠만 머신에 대한 하이브리드 지도 및 비지도 학습 절차는 McCallum, Pal, Druck & Wang(2006)에 의해 제안됐으며 Larochelle & Bengio(2008)에 의해 추가로 연구됐다. Vincent 외(2010)는 지도되지 않은 사전 훈련에 대한 오토인코더 접근 방식을 제안했다. 또한 다양한 계층별 스태킹 및 훈련 전략을 탐색하고 스태킹된 RBM을 스태킹된 오토인코더와 비교했다.

Graves 외(2009)는 순환 신경망이 필기 인식에 특히 효과적인 방법을 보여 주고

Graves, Mohamed & Hinton(2013)은 음성에 반복 신경망을 적용한다. 10.6절에 제시된 기울기 클리핑의 형태는 Pascanu, Mikolov & Bengio(2013)에 의해 제안됐다.

기울기 소멸 문제는 자신의 학위 논문에서 셉 호흐라이터$^{Sepp\ Hochreiter}$가 심층 네트워크 학습의 핵심 문제로 공식적으로 확인했다(Hochreiter, 1991). 장기 의존성 학습의 어려움에 대한 영향은 Bengio, Simard & Frasconi(1994)에 의해 논의됐다. 이 문제에 대한 추가 분석은 Hochreiter, Bengio, Frasconi & Schmidhuber(2001)에 의해 제공된다.

Hochreiter & Schmidhuber(1997)는 순환 신경망을 위한 '장-단기 메모리' 아키텍처에 대한 중요한 논문을 발표했으며 우리의 설명은 Graves & Schmidhuber(2005)의 공식을 따른다. Greff, Srivastava, Koutník, Steunebrink & Schmidhuber(2015)의 논문 'LSTM: A search space odyssey'는 다양한 변형 버전을 탐색하며 다음과 같은 사실을 발견했다. (1) 이들 중 어느 것도 표준 LSTM 아키텍처를 크게 능가하는 것은 없다. (2) 망각 게이트와 출력 활성화 기능이 가장 중요한 구성 요소다. 망각 게이트는 Gers, Schmidhuber & Cummins(2000)에 의해 추가됐다.

IRNN은 Le, Jaitly, Hinton(2015)이 제안한 반면 Chung, Gulcehre, Cho, Bengio(2014)는 게이트 반복 유닛을 제안했으며 Schuster & Paliwal(1997)은 양방향 순환 신경망을 제안했다. Chen & Chaudhari(2004)는 단백질 구조 예측을 위해 양방향 네트워크를 사용한 반면 Graves 외(2009)는 필기 인식에 사용했다. Cho 외(2014)는 기계 번역에 인코더-디코더 네트워크를 사용했으며 Sutskever, Vinyals & Le(2014)는 심층 인코더-디코더 네트워크를 제안해 대량의 데이터와 함께 사용했다.

딥러닝의 발전과 이 분야의 더 광범위한 역사에 대한 추가 설명은 LeCun, Bengio & Hinton(2015), Bengio(2009), Schmidhuber(2015)의 리뷰를 참고하라.

10.8 딥러닝 소프트웨어와 네트워크의 구현

테아노

테아노^{Theano}는 딥러닝 연구를 촉진한다는 구체적인 목표로 개발된 파이썬 프로그래밍 언어의 라이브러리다(Bergstra 외, 2010, Theano Development Team, 2016). 또한 수학적 프로그래밍을 위한 강력한 범용 도구다. 테아노는 다양한 다른 기능들 사이에 심벌릭 미분 $^{Symbolic\ differentiaion}$ 및 GPU 지원을 추가해 넘파이^{NumPy}(과학 컴퓨팅을 위한 기본 파이썬 패키지)를 확장한다. 딥러닝 모델의 기초가 되는 수학적 표현을 생성하기 위한 고급 언어와 딥러닝 기술을 활용하고 GPU 라이브러리를 호출해 빠르게 실행되는 코드를 생성하는 컴파일러를 제공한다. 테아노는 여러 GPU에서의 실행을 지원한다. 이를 통해 사용자는 입력 및 대상에 대한 기호 변수를 선언하고 사용할 때만 숫자 값을 제공할 수 있다. 가중치 및 편향과 같은 공유 변수는 넘파이 배열에 저장된 숫자 값과 연관된다. 테아노는 변수에 연산을 적용하는 것과 관련된 수학적 표현을 정의한 결과 기호 그래프를 생성한다. 이러한 그래프는 변수, 상수, 적용 및 연산 노드로 구성된다. 상수 및 상수 노드는 변수의 하위 클래스이며 상수로 유지되는 데이터를 보유하는 변수 노드는 컴파일러에 의해 다양한 최적화를 받을 수 있다. 테아노는 BSD 라이선스를 사용하는 오픈 소스 프로젝트다.

텐서 플로

텐서 플로$^{Tensor\ Flow}$는 일반적으로 딥러닝과 관련된 수치 계산 유형을 위한 C++ 및 파이썬 기반 소프트웨어 라이브러리다(Abadi 외, 2016). 테아노에서 크게 영감을 받았으며 마찬가지로 데이터 흐름 그래프를 사용해 다차원 데이터 배열의 통신하는 방식을 나타낸다. 이러한 다차원 배열을 '텐서^{tensor}'라고 한다. 텐서 플로 역시 여러 GPU에서 심벌릭 미분 및 실행을 지원한다. 2015년에 출시됐으며 아파치 2.0$^{Apache\ 2.0}$ 라이선스에 따라 사용할 수 있다.

토치

토치[Torch]는 C와 Lua(Collobert, Kavukcuoglu, & Farabet, 2011)로 알려진 고급 스크립팅 언어를 사용해 구축된 오픈 소스 머신러닝 라이브러리다. 다차원 배열 데이터 구조를 사용하고 다양한 기본 수치 선형 대수 조작을 지원한다. 여기에는 신경망 훈련에 필요한 일반적인 순방향 및 역방향 방법을 허용하는 모듈이 포함된 신경망 패키지가 있다. 또한 자동 미분[automatic differentiation]을 지원한다.

CNTK

CNTK[Computational Network Toolkit]는 컴퓨팅 네트워크를 조작하기 위한 C++ 라이브러리다 (Yu 외, 2014). 마이크로소프트 리서치에서 제작했지만 퍼미시브 라이선스[permissive licence]하에 릴리스됐다. 음성 및 언어 처리에 널리 사용됐지만 이미지에 사용되는 유형의 컨볼루션 네트워크도 지원한다. 여러 컴퓨터에서 실행하고 여러 GPU의 사용을 지원한다.

CAFFE

CAFFE는 C++ 및 파이썬 기반 BSD 라이선스 CNN 라이브러리다(Jia 외, 2014). 깨끗하고 확장 가능한 디자인으로 2012 이미지넷 챌린지에서 우승한 Krizhevsky 외(2012)의 유명한 알렉스넷[AlexNet]의 오리지널 오픈 소스 구현물의 인기 있는 대안이 됐다.

Deeplearning4j

Deeplearning4j는 아파치 2.0 라이선스에 따라 사용할 수 있는 자바 기반 오픈 소스 딥러닝 라이브러리다. 다차원 배열 클래스를 사용하며 넘파이에서 제공하는 것과 유사한 선형 대수 및 행렬 핸들링을 제공한다.

그 외의 패키지: Lasagne, Keras, cuDNN

Lasagne는 테아노 위에 구축된 경량 파이썬 라이브러리로 신경망 계층 생성을 단순화한다. 마찬가지로 케라스[Keras]는 테아노 또는 텐서플로에서 실행되는 파이썬 라이브러리다 (Chollet, 2015). 이를 통해 계층 측면에서 네트워크 아키텍처를 신속하게 정의할 수 있으며 이미지 및 텍스트 전처리 기능도 포함된다. cuDNN은 딥 네트워크를 더 빠르게 훈련시킬 수 있는 엔비디아[NVIDIA] 장치용으로 고도로 최적화된 GPU 라이브러리다. 심층 네트워크의 성능을 극적으로 가속화할 수 있으며 위의 다른 패키지에서 종종 호출된다.

10.9 WEKA 구현

딥러닝은 WEKA에서 3가지 방법으로 구현될 수 있다.

- deepLeaningForJ 패키지를 사용할 수 있는 서드파티 DeepLearningForJ 패키지용 래퍼 분류기를 사용한다.
- RPlugin 패키지의 MLRClassifier를 사용해 R에서 딥러닝 구현을 활용한다.
- PyScript 패키지를 사용해 파이썬 기반 딥러닝 라이브러리에 접근한다.

11

지도 및 비지도 학습을 넘어서

현대의 머신러닝은 지도 학습과 비지도 학습이라는 고전적 교리를 초월하는 시나리오를 허용한다. 예를 들어 많은 실제 애플리케이션에서 라벨이 지정된 데이터는 매우 드물지만 라벨이 없는 데이터는 많다. '반지도 학습semisupervised learning'은 라벨이 없는 데이터의 정보를 이용해 지도 학습의 정확성을 향상한다. 이것은 마술처럼 들리지만 작동이 가능하다. 11장에서는 반지도 학습에 대한 몇 가지 확립된 접근 방식을 검토한다. EM 스타일 클러스터링을 분류에 적용하고, 생성 및 차별적 방법을 결합하고 공동 훈련cotraining을 수행한다. 또한 공동 훈련과 EM 기반 반지도 학습을 단일 알고리듬으로 병합하는 방법도 살펴볼 것이다.

많은 실제 애플리케이션이 갖고 있는 또 다른 비표준 시나리오는 다중 인스턴스 학습이다. 여기에서 각 예제는 분류할 객체의 측면을 나타내는 인스턴스 주머니bag지만 전체 예제에 대한 라벨은 여전히 하나뿐이다. 이러한 데이터에서 학습하면 심각한 알고리듬 문제가 발생하며 이를 실용화하려면 약간의 탐색적 창의력heuristic ingenuity이 필요할 수 있다. 여기서는 3가지 접근 방식을 살펴볼 것이다. 하나는 각 인스턴스 주머니의 정보를 단일 인스턴스로 집계해 다중 인스턴스 데이터를 단일 인스턴스 데이터로 변환, 또 하나는 데이터 주머니를 처리할 수 있는 단일 인스턴스 알고리듬을 업그레이드하는 것이며, 마지막은 단일 인스턴스에 해당하지 않는 다중 인스턴스 학습으로의 전용 접근 방식이다.

11.1 반지도 학습

2장, '입력 – 콘셉트, 인스턴스, 속성'에서 머신러닝 프로세스를 소개할 때 지도 학습과 비지도 학습을 뚜렷하게 구분했었다. 최근 연구자들은 반지도 학습이라고도 하는 이 둘 사이의 영역을 탐색하기 시작했다. 여기서 목표는 분류지만 입력에는 라벨이 없는 데이터와 라벨이 지정된 데이터가 모두 포함된다. 물론 라벨이 클래스가 무엇인지 알려 주기 때문에 라벨이 지정된 데이터 없이는 분류를 수행할 수 없다. 그러나 라벨이 지정되지 않은 많은 데이터 풀data pool로 라벨이 지정된 소량의 데이터를 보강하는 것이 때로는 그럴 듯하게 들린다. 라벨이 지정되지 않은 데이터는 클래스를 학습하는 데 도움이 될 수 있다. 어떻게 그럴까?

먼저 왜 이것을 원하는지 생각해 보자. 많은 상황에서 엄청난 양의 원시 데이터가 존재하지만 클래스를 할당하려면 사람의 통찰력이 필요하기 때문에 많은 비용이 든다. 텍스트 마이닝은 몇 가지 고전적인 예를 제공한다. 웹 페이지를 미리 정의된 그룹으로 분류한다고 가정하자. 대학교 홈 페이지에서 여러분은 교수진 페이지, 대학원생 페이지, 코스 정보 페이지, 연구 그룹 페이지 및 학과 페이지에 관심이 있을 수 있으며 대학 웹 사이트에서 수천 또는 수백만 개의 관련 페이지를 쉽게 다운로드할 수 있다. 그러나 훈련 데이터에 라벨을 지정하는 것은 매우 힘든 수동 프로세스다. 머신러닝을 사용해 텍스트에서 이름을 찾아내고 개인 이름, 회사 이름, 지명을 구분한다고 가정해 보자. 텍스트의 메가바이트 또는 기가바이트를 쉽게 다운로드할 수 있지만 이름을 선택하고 분류해 학습 데이터로 만드는 것은 수동으로만 할 수 있다. 뉴스 기사를 분류하고 전자 메일을 분류하고 사용자의 독서 관심사를 학습하는 등의 애플리케이션은 매우 많다.

이번에는 텍스트는 제쳐두고 텔레비전 방송 뉴스에서 특정 유명인을 인식하는 방법을 배우고 싶다고 가정해 보자. 수백 또는 수천 시간의 뉴스 캐스트를 쉽게 녹화할 수 있지만 라벨 지정은 역시 수동이다. 이러한 시나리오에서 라벨이 지정되지 않은 대규모 데이터 풀을 활용해 라벨이 지정된 몇 가지 예로부터 뛰어난 성능을 얻을 수 있다면 이는 매우 매력적일 것이다. 특히 라벨을 지정해야 하는 대학원생이라면 더욱더 그렇다.

분류를 위한 클러스터링

어떻게 라벨링이 안 된 데이터가 분류의 개선을 위해 사용될까? 여기에 간단한 아이디어가 있다. 나이브 베이즈를 사용해 라벨이 지정된 일부 데이터셋에서 클래스를 학습한 다음 9.3절의 기대 최대화EM, Expectation Maximization 반복 클러스터링 알고리듬을 사용해 라벨이 없는 큰 데이터셋으로 확장한다. 절차는 이렇다. 첫째, 라벨이 지정된 데이터를 사용해 분류기를 훈련한다. 둘째, 라벨이 지정되지 않은 데이터에 이를 적용해 클래스 확률로 라벨을 지정한다('기대' 단계). 셋째, 모든 데이터에 대한 라벨을 사용해 새 분류기를 훈련한다('최대화' 단계). 넷째, 수렴될 때까지 반복한다. 이를 반복 클러스터링으로 생각할 수 있으며 여기서 시작점과 클러스터 라벨이 라벨링된 데이터에서 수집된다. EM 절차는 각 반복에서 동일하거나 더 큰 가능성을 가진 모델 파라미터를 찾는 것을 보장한다. 경험적으로만 답할 수 있는 핵심 질문은 이러한 높은 가능성 모수 추정치가 분류 정확도를 향상할 것인지 여부다.

직관적으로 이것은 특히 데이터에 많은 속성이 있고 이들 사이에 강력한 관계가 있는 경우 잘 작동한다. 도큐먼트 분류 문제를 생각해 보자. 특정 구문은 클래스를 나타낸다. 일부는 라벨링된 도큐먼트에서 발생하는 반면 다른 일부는 라벨이 없는 도큐먼트에서만 발생한다. 그러나 둘 다 포함된 도큐먼트가 있을 수 있으며 EM 절차에서는 이를 사용해 학습된 모델을 일반화해 라벨이 지정된 데이터셋에 나타나지 않는 구문을 활용한다. 예를 들어 논문 지도자supervisor와 박사 논문 주제PhD topic는 모두 관련 대학원생의 홈페이지를 가리킬 수 있다. 라벨링된 도큐먼트에서 전자(논문 지도자)만 발생한다고 가정하자. EM

은 모델을 반복적으로 일반화해 후자(박사 논문 주제)만 포함하는 도큐먼트를 올바르게 분류할 것이다.

이것은 모든 분류기 및 반복 클러스터링 알고리듬에서 작동할 수 있다. 그러나 이는 기본적으로 부트스트래핑^{bootstrapping} 과정이며 피드백 루프가 긍정인지 확인해야 한다. 딱 떨어지는 결정^{hard decision}보다는 확률을 사용하면 바로 잘못된 결론에 도달하는 대신 절차가 천천히 수렴될 수 있기 때문에 위험성은 적어 보인다. 9.3절에 설명된 기본 확률론적 EM 기반 클러스터링 절차와 함께 나이브 베이즈는 속성 간의 독립성 또는 클래스에 주어진 속성 간의 조건부 독립성이라는 동일한 기본 가정을 공유하기 때문에 적합한 선택이다.

물론 독립 가정은 일반적으로 위반된다. 작은 예제조차도 두 단어로 된 '박사 논문 주제'를 사용했지만 실제 구현에서는 개별 단어를 속성으로 사용할 가능성이 높으며 단일 용어 '박사 논문' 또는 '주제' 중 하나를 대체했다면 예제는 훨씬 덜 매력적이었을 것이다. '박사 과정 학생'이라는 문구는 대학원생 홈페이지보다 교수진을 더 잘 나타낼 가능성이 많다. '연구 주제^{research topic}'라는 문구는 조금 덜 차별적이다. 예제가 동작하는 클래스를 고려할 때 '박사'와 '주제'가 조건부로 독립적이지 않으며 대학원생 페이지를 특징짓는 것은 그들의 조합인 것이다.

그럼에도 이러한 방식으로 나이브 베이즈와 EM을 결합하는 것은 도큐먼트 분류 영역에서 잘 작동한다. 특정 분류 작업에서 라벨이 지정되지 않은 훈련 인스턴스의 3분의 1 미만과 라벨이 없는 훈련 인스턴스의 5배를 사용해 기존 학습자만큼의 성과를 달성했다. 이것은 라벨이 있는 인스턴스의 비용이 부담스럽다면 라벨이 없는 인스턴스는 사실상 좋은 절충안이다. 라벨이 지정된 도큐먼트가 적으면 라벨이 없는 도큐먼트를 다량으로 통합해 분류 정확도를 크게 향상시킬 수 있다.

성능을 향상하고자 절차에 대한 2가지 개선이 제안됐다. 첫 번째는 라벨이 지정된 도큐먼트가 많을 때 라벨이 없는 데이터의 통합이 정확도를 높이기보다는 오히려 떨어트릴 수 있다는 실험적 증거를 기반으로 한다. 수작업으로 라벨이 지정된 데이터는 자동으로 라벨이 지정된 데이터보다 본질적으로 노이즈가 적다(또는 그래야 한다). 해결책은 라벨이 없는 데이터의 기여도를 줄이는 가중치 파라미터를 도입하는 것이다. 이것은 라벨링된 인스턴스와 라벨링되지 않은 인스턴스의 가중 가능성을 최대화함으로써 EM의 최대화 단계에 통합될 수 있다. 파라미터가 0에 가까우면 라벨이 없는 도큐먼트는 EM의 우상향 표면의 모양에 거의 영향을 주지 않으며 1에 가까우면 알고리듬은 표면이 두 종류의 도큐먼트에 똑같이 영향을 받는 원본 버전으로 되돌아간다.

두 번째는 각 클래스가 여러 클러스터를 가질 수 있도록 하는 것이다. 9.3절에서 설명했듯이 EM 클러스터링 알고리듬은 데이터가 클러스터당 하나씩 서로 다른 확률 분포의 혼합에서 무작위로 생성된다고 가정한다. 지금까지 혼합물 성분과 등급 간의 일대일 대응이 가정됐다. 대부분의 도큐먼트는 여러 주제를 다루기 때문에 대부분의 경우(도큐먼트 분류를 포함해) 현실적이지 못하다. 클래스당 여러 클러스터를 사용하는 경우 라벨이 지정된 각 도큐먼트는 처음에 확률적 방식으로 각 구성 요소에 무작위로 할당된다. EM 알고리듬의 최대화 단계는 이전과 동일하게 유지되지만 각 예제에 클래스를 확률적으로 라벨을 지정할 뿐만 아니라 클래스 내의 구성 요소에 확률적으로 할당하도록 예상 단계가 수정된다. 클래스당 클러스터 수는 도메인에 따라 다르며 교차 유효성 검사cross-validation로 설정할 수 있는 파라미터다.

공동 훈련

라벨이 없는 데이터가 분류 성능을 향상할 수 있는 또 다른 경우는 분류 작업에 대해 2가지 서로 다른 독립적인 관점이 있는 경우다. 고전적인 예는 도큐먼트, 이번에는 웹 도큐먼트와 관련이 있다. 여기서 2가지 관점이라 함은 웹 페이지의 콘텐츠 및 다른 페이지의 링크이며 이 2가지 관점은 유용하면서 서로 다른 것으로 잘 알려져 있다. 성공적인 웹 검색 엔진은 비밀 레시피를 사용해 두 관점을 모두 활용한다. 다른 웹 페이지에 대한 링크에 라벨을 지정하는 텍스트는 해당 페이지의 내용에 대한 단서를 제공한다. 특히 링크가 독립적인 경우 페이지의 자체 콘텐츠보다 더 많이 드러날 수 있다. 직관적으로 '내 조언자my advisor'라고 표시된 링크는 대상 페이지가 교수진faculty member의 홈페이지라는 강력한 증거다.

공동 훈련이라는 아이디어는 이렇다. 라벨이 지정된 몇 가지 예제가 주어지면 먼저 각 관점(이 경우 콘텐츠 기반 및 하이퍼 링크 기반 모델)에 대해 다른 모델을 학습한다. 그런 다음 각각을 개별적으로 사용해 라벨이 없는 예제에 라벨을 지정한다. 각 모델에 대해 가장 확실하게 긍정으로 표시하고 가장 확실하게 부정으로 표시하는 예를 선택하고 이를 라벨이 지정된 예제 풀에 추가한다. 더 좋은 방법은 다른 것보다 한 종류를 더 선택해 라벨이 지정된 풀에서 긍정적인 사례와 부정적인 사례의 비율을 유지하는 것이다. 두 경우 모두 라벨이 지정되지 않은 풀이 소진될 때까지 전체 절차를 반복해 라벨이 지정된 예제의 가상 풀augmented pool에서 두 모델을 모두 학습시킨다.

학습자로서 나이브 베이즈를 사용하는 몇 가지 실험적 증거가 있다. 이 부트스트래핑 절차의 성능은 라벨이 지정된 데이터에서 단일 모델을 학습하고자 두 관점에서 모든 기능을 사용하는 절차의 성능을 능가하며, 중복되지만 완전히 상관되지는 않은 인스턴스의 2가지 다른 보기를 사용한다. 비디오와 오디오를 별도로 사용하는 텔레비전 뉴스 캐스트에서 유명인을 발견하는 것부터 시각, 소리, 거리 센서가 있는 이동 로봇에 이르기까지 다양한 영역이 제안됐다. 관점의 독립성은 잘못된 라벨에 동의하는 두 가설의 가능성을 줄인다.

EM과 공동 훈련

독립적인 2가지 기능 세트가 있는 데이터셋에서 실험 결과 공동 훈련이 앞서 설명한 EM을 사용하는 것보다 더 나은 결과를 제공한다는 것을 보여 줬다. 그러나 2가지를 co-EM이라는 수정된 버전의 공동 훈련으로 결합하면 더 나은 성능을 얻을 수 있다. 공동 훈련은 서로 다른 관점 A와 B를 나타내는 2가지 분류기를 훈련하고 둘 다 사용해 가장 긍정적으로 또는 부정적으로 분류하는 라벨이 없는 예제를 선택해 새 예제를 훈련 풀에 추가한다. 새로운 예제는 수가 적고 결정적으로 라벨링이 돼 있다. 반면 co-EM은 라벨링이 된 데이터에 대해 분류기 A를 훈련시키고 이를 사용해 라벨링이 되지 않은 모든 데이터에 확률적으로 라벨을 지정한다. 다음으로 분류기 A의 임시 라벨을 사용해 라벨이 지정된 데이터와 라벨이 없는 데이터 모두에 대해 분류기 B를 훈련시킨 다음, 분류기 A에서 사용할 모든 데이터의 라벨을 확률적으로 재지정한다. 이 프로세스는 분류기가 수렴할 때까지 반복된다. 이 절차는 분류기 A와 B에 의해 생성된 클래스 라벨을 적용하지 않고 각 반복에서 확률을 재추정하기 때문에 공동 훈련보다 일관되게 더 나은 성능을 보여 주고 있다.

공동 훈련과 같은 co-EM의 적용 범위는 여전히 여러 독립적인 관점에 대한 요구 사항에 의해 제한된다. 그러나 기능이 독립적인 관점으로 자연스럽게 분할되지 않더라도 이러한 분할을 만들고 분할된 데이터에 대해 공동 훈련(또는 더 나은 경우에는 co-EM)을 사용해 이점을 얻을 수 있다는 몇 가지 증거가 있다. 이것은 분할이 무작위로 이뤄진 경우에도 작동하는 것 같다. 기능 세트가 최대한 독립적이 되도록 분할을 엔지니어링해 성능을 확실히 향상할 수 있다. 어떻게 이것이 작동할까? 연구자들은 이 알고리듬이 부분적으로 성공한다는 가설을 세웠다. 이는 분할이 기본 분류기가 만드는 가정을 더 강력하게 만들기 때문이다.

기본 분류기를 나이브 베이즈로 제한할 특별한 이유는 없다. SVM^{Support Vector Machine}은 특히 텍스트 분류에 유용하다. 그러나 EM 이터레이션^{iteration}이 작동하려면 분류기가 데이터에 확률적으로 라벨을 지정해야 한다. 또한 훈련을 위해 확률적으로 가중된 예제를 사용할 수 있어야 한다. SVM은 2가지를 모두 수행하도록 쉽게 조정할 수 있다. 7.3절에서 지역 가중치가 있는 선형 회귀^{locally weighted linear regression}의 가중치 인스턴스를 다루고자 학습 알고리듬을 조정하는 방법을 설명했다. SVM에서 확률 추정치를 얻는 방법은 출력에 대해 4.6절에 설명된 대로 논리 회귀를 효과적으로 수행해 1차원 논리 모델을 출력에 맞추는 것이다. SVM 분류기와 함께 co-EM을 사용한 텍스트 분류는 그 결과가 우수하다고 보고됐다. 이는 SVM의 다른 변형 버전보다 성능이 뛰어나며 라벨이 지정된 데이터와 라벨이 없는 데이터의 다양한 비율에 대해 매우 강력하다.

신경망 접근법

10장, '딥러닝'에서는 비지도 사전 훈련을 사용해 심층 네트워크를 초기화하는 아이디어를 소개했다. 라벨이 지정된 매우 큰 데이터셋의 경우 순전히 지도 모델에서 수정된 선형 활성화 함수를 사용하면 비지도 사전 훈련의 필요성이 감소했다. 그러나 라벨이 없는 데이터의 더 큰 소스에 비해 라벨이 지정된 데이터의 양이 적은 경우 비지도 사전 훈련 방법이 효과적일 수 있다.

10장에서는 또한 네트워크가 자체 입력인 자동 인코더를 예측하도록 훈련하는 방법도 보여 줬다. 라벨이 지정된 데이터를 사용할 수 있는 경우 이 데이터를 사용해 예측을 수행하는 다른 분기로 자동 인코더를 보강할 수 있다. 이를 통해 네트워크의 재건적 reconstructive 자동 인코딩 부분을 더 쉽게 학습할 수 있고 차별적 성능을 높일 수 있다는 증거가 있다. 이 증거에 따르면 라벨이 지정되지 않은 데이터는 정규화의 한 형태가 돼 더 높은 용량의 네트워크를 사용할 수 있다. 복합 손실 함수의 상대적 중요성에 가중치를 부여하는 것이 중요할 수 있으며 모델이 새로운 데이터에 잘 일반화되도록 보장하고자 검증 세트를 사용해 최상의 모델 복잡성(계층 및 유닛 수 등)을 찾는 데 주의를 기울여야 한다.

동일한 표현을 사용해 여러 종류의 예측을 만드는 네트워크를 설계하는 것은 한 작업의 데이터를 활용해 다른 작업을 지원하는 또 다른 방법이다. 작업 중 하나가 일반적으로 입력으로 사용되는 다른 기능 또는 기능 집합을 예측하는 것이라면 지도 및 비지도 학습을 모두 사용하는 네트워크 구성을 만들 수 있다.

11.2 다중 인스턴스 학습

4.9절에서 이미 비표준 학습 시나리오 중 하나인 다중 인스턴스 학습multi-instance learning을 접했다. 이것은 예제가 개별 벡터가 아닌 기능 벡터 주머니bag 지도 학습의 한 형태로 볼 수 있다. 또한 '교사teacher'가 각 개별 인스턴스가 아닌 인스턴스 주머니에 라벨을 제공하는 약한 지도 학습의 한 형태로 볼 수도 있다. 11.2절에서는 앞에서 설명한 간단한 기술

보다 고급 다중 인스턴스 학습에 대한 접근 방식을 설명한다. 먼저 데이터를 변환해 다중 인스턴스 학습을 단일 인스턴스 학습으로 변환하는 방법을 생각해 본다. 그런 다음 단일 인스턴스 학습 알고리듬을 다중 인스턴스 사례로 업그레이드하는 방법을 설명한다. 마지막으로 단일 인스턴스 학습에서 갖고 있지 않은 몇 가지 방법을 살펴본다.

단일 인스턴스 학습으로의 전환

4.9절에서는 입력 또는 출력을 집계해 표준 단일 인스턴스 학습 알고리듬을 다중 인스턴스 데이터에 적용하는 몇 가지 방법을 제시했다. 단순함에도 이러한 기술은 실제로 놀랍도록 잘 작동한다. 하지만 이것도 실패할 상황이 분명히 있다. 주머니에 있는 수치 속성의 최솟값과 최댓값을 계산하고 결과를 단일 인스턴스로 처리해 입력값을 집계하는 방법을 생각해 보자. 이렇게 하면 속성이 개별적으로 그리고 독립적으로 요약 통계에 집중되기 때문에 엄청난 정보 손실이 발생한다. 너무 많은 정보를 버리지 않고 주머니를 단일 인스턴스로 변환할 수 있을까?

이에 대한 대답은 '예'다. 이른바 '압축된condensed' 표현에 존재하는 속성의 수가 상당히 증가할 수 있다. 기본 아이디어는 인스턴스 공간을 영역으로 분할하고 단일 인스턴스 표현에서 영역당 하나의 속성을 만드는 것이다. 가장 간단한 경우 속성은 부울 속성일 수 있다. 주머니에 특정 속성에 해당하는 영역에 하나 이상의 인스턴스가 있는 경우 속성값은 true로 설정되고 그렇지 않으면 false로 설정된다. 그러나 더 많은 정보를 보존하고자 축약 표현에는 해당 영역에 있는 주머니의 인스턴스 수를 나타내는 개수인 수치 속성이 대신 포함될 수 있다.

생성되는 속성의 정확한 유형에 관계없이 주된 문제는 입력 공간을 분할하는 것이다. 간단한 접근 방식은 동일한 크기의 하이퍼 큐브로 분할하는 것이다. 불행히도 이것은 공간에 차원(즉 속성)이 매우 적을 때만 동작하며 주어진 세분성granuality을 달성하는 데 필요한 큐브의 수는 공간의 차원에 따라 기하급수적으로 증가한다. 이 접근 방식을 보다 실용적으로 만드는 한 가지 방법은 비지도 학습을 사용하는 것이다. 학습 데이터의 모든 주머니에서 모든 인스턴스를 가져와서 클래스 라벨을 버리고 큰 단일 인스턴스 데이터셋을 형성하기만 하면 된다. 그런 다음 k-means와 같은 클러스터링 기술로 처리한다. 이렇게 하면 서로 다른 클러스터에 해당하는 영역이 생성된다(k-means의 경우 k개 영역). 그리고 각 주머니에 대해 압축 표현 내에서 영역당 하나의 속성을 만들고 앞에서 설명한 대로 사용한다.

클러스터링은 클래스 멤버십에 대한 정보를 무시하기 때문에 훈련 데이터에서 지역 집합을 추론하는 다소 무거운 방법이다. 종종 더 나은 결과를 제공하는 대체 접근 방식은 결정 트리 학습을 사용해 인스턴스 공간을 분할하는 것이다. 트리의 각 리프는 인스턴스 공간의 한 영역에 해당한다. 그러나 클래스 라벨이 개별 인스턴스가 아닌 전체 인스턴스 주머니에 적용될 때 결정 트리를 어떻게 학습할 수 있을까? 답은 바로 4.9절의 출력 집계에 설명된 접근 방식을 사용하는 것이다. 주머니의 클래스 라벨을 가져와서 각 인스턴스에 첨부한다. 이를 통해 결정 트리 학습 준비가 된 단일 인스턴스 데이터셋이 생성된다. 많은 클래스 라벨이 올바르지 않다. 다중 인스턴스 학습의 요점은 주머니 레벨의 라벨이 인스턴스 레벨 라벨과 어떤 관련이 있는지 명확하지 않다는 것이다. 그러나 이러한 클래스 라벨은 인스턴스 공간의 파티션을 얻는 데만 사용된다. 다음 단계는 다중 인스턴스 데이터셋을 각 주머니의 인스턴스가 공간 전체에 분산되는 방식을 나타내는 단일 인스턴스로 변환하는 것이다. 그런 다음 원래 공간의 영역에 해당하는 압축 표현에서 개별 속성의 중요성을 결정하는 또 다른 단일 인스턴스 학습 방법(아마도 결정 트리 학습)이 적용된다.

결정 트리와 클러스터링을 사용하면 인스턴스가 지역에 속하거나 속하지 않는 '분명한 hard' 파티션 경계가 생성된다. 이러한 분할은 인스턴스를 가장 가까운 참조 포인트에 할당해 일부 참조 포인트와 결합된 거리 함수를 사용해 얻을 수도 있다. 이것은 암시적으로 공간을 하나의 기준점에 해당하는 영역으로 나눈다(사실 이것은 k-means 군집화에서 정확히 일어나는 일이다. 군집 중심은 기준점이다). 그러나 여유 없는 hard 경계에 대한 주의를 해야 하며 거리를 사용해 영역 구성원 기능을 '여유 있게 soft' 만들어(유사성 점수로 변환시켜) 주머니의 축약 표현에서 속성값을 계산할 수 있다. 필요한 것은 각 주머니와 참조 포인트 간의 유사성 점수를 단일 값으로 집계하는 방법이며, 예를 들어 해당 주머니의 각 인스턴스와 참조 포인트 간의 최대 유사성을 취한다.

　가장 간단한 경우에는 훈련 데이터의 각 인스턴스를 기준점으로 사용할 수 있다. 이는 축약된 표현에 많은 속성을 생성하지만 해당 단일 인스턴스 표현의 인스턴스 주머니에서 많은 정보를 보존한다. 이 방법은 다중 인스턴스 문제에 성공적으로 적용됐다.

　접근 방식이 어떻게 구현됐는지에 관계없이 기본 아이디어는 인스턴스 공간에서 이 주머니의 인스턴스 분포를 설명해 인스턴스 주머니를 단일 인스턴스로 변환하는 것이다. 또는 입력이 아닌 출력을 집계해 일반 학습 방법을 다중 인스턴스 데이터에 적용할 수 있다. 4.9절에서 간단한 방법을 설명했다. 학습 데이터의 주머니 인스턴스를 주머니 레벨 클래스 라벨을 첨부해 단일 데이터셋으로 결합한다. 각 주머니에 동일한 총 무게를 부여하고자 인스턴스에 가중치를 부여한다. 그런 다음 단일 인스턴스 분류 모델을 구축할 수 있다. 분류 시간에 개별 인스턴스에 대한 예측이 결합된다(예를 들어 예측된 클래스 확률의 평균화).

　이 접근 방식은 실제로 잘 작동하지만 주머니 수준 클래스 라벨을 인스턴스에 연결하는 것은 간단하다. 일반적으로 다중 인스턴스 학습의 가정은 일부 인스턴스(아마도 하나만)만이 관련 주머니의 클래스 라벨을 담당한다는 것이다. 실제 기본 상황을 보다 정확하게 표현하고자 클래스 라벨을 어떻게 수정할까? 이것은 분명히 어려운 문제다. 문제가 해결됐다면 다중 인스턴스 학습에 대한 다른 접근 방식을 조사하는 것은 의미가 없다. 적용된 방법 중 하나는 반복이다. 각 인스턴스에 해당 주머니의 클래스 라벨을 할당해 시작하고 단일 인스턴스 분류 모델을 학습한다. 그런 다음 인스턴스의 클래스 라벨을 이 인스턴스에 대한 단일 인스턴스 분류 모델의 예측 라벨로 바꾼다. 클래스 라벨이 한 이터레이션에서 다음 이터레이션으로 변경되지 않을 때까지 전체 절차를 반복한다.

　합리적인 결과를 얻으려면 약간의 주의가 필요하다. 예를 들어 주머니의 모든 인스턴스가 주머니의 라벨과 다른 클래스 라벨을 수신한다고 가정한다. 이러한 상황은 적어도 하나의 인스턴스(예를 들어 이 클래스에 대해 예측 확률이 가장 큰 인스턴스)에 주머니의 라벨을 적용해 방지해야 한다.

　이 반복적 접근 방식은 2-클래스 값이 있는 오리지널 다중 인스턴스 시나리오에 대해 조사됐다. 여기서 주머니는 인스턴스 중 하나가 긍정positive인 경우에만 긍정이다. 이 경우 부정negative 주머니의 모든 인스턴스가 실제로 부정이라고 가정하고 긍정 주머니의 인스턴스 클래스 라벨만 수정하는 것이 좋다. 예측 시 주머니는 인스턴스 중 하나가 긍정으로 분류되면 긍정으로 분류된다.

학습 알고리듬의 개선

단일 인스턴스 구성을 적용할 수 있도록 입력 또는 출력을 수정해 다중 인스턴스 학습을 처리하는 것은 수정 없이 직접 사용할 수 있는 이러한 기술을 바로 쓸 수 있기 때문에 매력적이다. 그러나 가장 효율적인 방법은 아닐 수 있다. 대안은 단일 인스턴스 알고리듬의 내부를 다중 인스턴스 설정에 적용하는 것이다. 문제의 알고리듬이 최근접 이웃 분류기 또는 SVM에서와 같이 거리 (또는 유사성) 함수의 적용을 통해서만 데이터를 고려하는 경우 이는 놀라운 방식으로 수행될 수 있으며 두 인스턴스 주머니 사이의 점수를 계산하는 다중 인스턴스 데이터에 대한 거리 (또는 유사성) 함수를 제공해 이를 조정할 수 있다.

SVM과 같은 커널 기반 방법의 경우 유사성은 특정 수학적 속성을 충족하는 적절한 커널 함수여야 한다. 다중 인스턴스 데이터에 사용된 것은 이른바 세트 커널set kernel이다. SVM이 단일 인스턴스 데이터에 적용할 수 있는 인스턴스 쌍에 대한 커널 함수(예를 들어 7.2절에서 고려한 함수 중 하나)가 주어지면 세트 커널은 비교되는 2개의 주머니에서 모든 인스턴스 쌍에 대해 이를 합산한다. 이 아이디어는 일반적이며 모든 단일 인스턴스 커널 함수에 적용할 수 있다.

최근접 이웃 학습은 점 집합에 대해 정의된 하우스도르프Hausdorff 거리의 변형을 적용해 다중 인스턴스 데이터에 적용됐다. 2개의 주머니와 인스턴스 쌍 사이의 거리 함수(예를 들어 유클리드 거리)가 주어지면 가방 사이의 하우스도르프 거리는 한 주머니의 인스턴스에서 다른 주머니의 가장 가까운 인스턴스까지 거리 중 가장 큰 거리다. 최댓값보다는 n번째로 큰 거리를 사용해 이상 값에 대해 더 강력하게 만들 수 있다.

유사성 점수를 기반으로 하지 않는 학습 알고리듬의 경우 다중 인스턴스 데이터로 업그레이드하려면 더 많은 작업이 필요하다. 규칙 학습 및 결정 트리 학습을 위한 다중 인스턴스 알고리듬이 있지만 여기서는 설명하지 않겠다. 관련 알고리듬이 본질적으로 훈련 데이터의 손실 함수를 최소화해 일부 함수의 파라미터에 적용되는 수치 최적화 전략인 경우 다중 인스턴스 사례에 알고리듬을 적용하는 것이 더 간단하다. 논리 회귀와 다층 퍼셉트론이 이 범주에 속한다. 둘 다 인스턴스 수준의 예측을 집계하는 기능을 추가해 다중 인스턴스 학습에 적용된다. 이른바 '소프트 최댓값soft-maximum'은 이 목적에 적합한 미분을 할 수 있는 함수다. 이는 (소프트) 최댓값을 주머니 수준 예측으로 취해 인스턴스 수준 예측을 집계한다.

전용 다중 인스턴스 방법

일부 다중 인스턴스multi-instance 학습 체계는 단일 인스턴스 알고리듬을 직접 기반으로 하지 않는다. 다음은 2.2절에 언급된 약물 활성 예측 문제를 위해 특별히 개발된 초기 기술이다. 예제에서 분자의 형태(모양)는 최소한 하나의 활성 형태를 갖는 경우에만 양성으로 간주된다. 기본 아이디어는 훈련 데이터의 각 포지티브 주머니에서 하나 이상의 인스턴스를 포함하고 음성 주머니의 인스턴스는 포함하지 않는 단일 초사각형hyperrectangle을 학습하는 것이다. 이러한 직사각형은 모든 양성 주머니가 겹치지만 음성 인스턴스를 포함하지 않는 인스턴스 공간 영역을 둘러싸고 있으며 이 영역은 모든 활성 분자에 공통적이지만 비활성 분자로 표시되지는 않는다. 원래 고려된 특정 약물 활성 데이터는 각 인스턴스를 설명하는 166개의 속성이 있는 고차원이었다. 이 경우 적절한 초사각형을 찾기가 계산적으로 어렵다. 결과적으로 이 특정 문제에 맞춰진 휴리스틱 접근 방식이 개발됐다.

초사각형 대신 다른 기하학적 모양을 사용할 수도 있다. 실제로 초구면hyperspheres을 사용해 동일한 기본 아이디어가 적용됐다. 훈련 인스턴스는 잠재적인 구의 중심으로 취급된다. 각각에 대해 훈련 데이터의 주머니에 대해 가장 적은 수의 오류를 생성하는 반경이 발견된다. 원래의 다중 인스턴스 가정은 예측을 수행하는 데 사용되며 주머니는 공 내부에 인스턴스가 하나 이상 있는 경우에만 양수로 분류된다. 단일 구는 일반적으로 좋은 분류 성능을 내기에는 강력하지 않다. 그러나 이 방법은 독립형 알고리듬이 아니다. 오히려 강력한 앙상블 분류기(구면 앙상블[ball ensemble])를 얻고자 부스팅 알고리듬(12.4절 참고)과 함께 사용되는 '약한' 학습자로 옹호된다.

지금까지 논의된 전용 다중 인스턴스 방법에는 딱 떨어지는 결정 경계[hard decision boundary]가 있으며 이는 인스턴스는 구면 또는 초사각형 내부 또는 외부에 있다. 다른 다중 인스턴스 알고리듬은 확률 이론과 관련해 여유 있는[soft] 개념 디스크립션을 사용한다. 이른바 다양한 밀도 방법은 원래의 다중 인스턴스 가정을 염두에 두고 다시 설계된 고전적인 예다. 기본적이고 가장 일반적으로 사용되는 형태는 인스턴스 공간에서 단일 참조 지점을 학습하는 것이다. 인스턴스가 긍정일 확률은 이 지점까지의 해당 거리로 계산된다. 인스턴스가 참조 지점과 일치하고 이 지점에서 거리가 증가함에 따라 감소하는 경우 1이 되며, 일반적으로 종 모양의 함수를 기반으로 한다.

주머니가 긍정일 확률은 일반적으로 'noisy-OR' 함수를 사용해 포함된 인스턴스의 개별 확률을 결합해 얻는다. 이것은 논리적 OR의 확률적 버전이다. 모든 인스턴스 수준 확률이 0이면 noisy-OR 값(따라서 주머니 수준 확률)은 0다. 하나 이상의 인스턴스 수준 확률이 1이면 값은 1이며 그렇지 않으면 값은 그 사이에 떨어진다.

다양한 밀도는 이 확률 모델을 기반으로 계산된 학습 데이터에서 주머니의 클래스 라벨 확률로 정의된다. 이전에 논의된 2가지 기하학적 방법과 마찬가지로 기준점이 긍정 주머니가 겹치고 긍정 주머니가 없는 영역에 있을 때 최대화된다. 기울기 상승과 같은 수치 최적화 루틴을 사용해 다양한 밀도 측정을 최대화하는 기준점을 찾을 수 있다. 일반적으로 모든 속성이 똑같이 중요하지는 않기 때문에 참조 지점의 위치 외에도 다양한 밀도 구현은 각 차원에서 거리 함수의 척도를 최적화한다. 이는 예측 성능을 크게 향상할 수 있다.

11.3 심화 자료 및 참고 문헌

Nigam, McCallum, Thrun & Mitchell(2000)은 분류를 위한 클러스터링 아이디어를 연구해 EM 클러스터링 알고리듬이 라벨이 없는 데이터를 사용해 나이브 베이즈가 구축한 초기 분류기를 개선하는 방법을 보여 줬다. 공동 훈련의 개념은 오래된 것이다. Blum & Mitchell(1998)은 이를 개척하고 서로 다른 독립적인 관점에서 라벨이 지정된 데이터와 라벨이 없는 데이터를 사용하기 위한 이론적 모델을 개발했다. Nigam & Ghani(2000)는 누락된 값을 채우고자 표준 EM의 전통적인 사용과 관련해 공동 훈련의 효과와 적용 가능성을 분석했다. 그들은 또한 co-EM 알고리듬을 도입했다. 지금까지 공동 훈련과 co-EM은 주로 작은 2-클래스 문제에 적용됐다. Ghani(2002)는 오류 수정 출력 코드를 사용해 여러 클래스가 있는 다중 클래스 상황을 해결했다. Brefeld & Scheffer(2004)는 나이브 베이즈가 아닌 SVM을 사용하도록 co-EM을 확장했다.

정보들을 간단한 요약 통계로 집계해 입력 데이터를 압축하는 것은 다중 관계 학습에서 잘 알려진 기법으로 Krogel & Wrobel(2002)의 RELAGGS 시스템에서 사용되며 다중 인스턴스 학습은 이보다 일반적 설정의 특수 사례로 볼 수 있다(de Raedt, 2008). 인스턴스 공간 분할에서 파생된 지역 기반 속성으로 단순 요약 통계를 대체하는 아이디어는 Weidmann, Frank, Pfahringer(2003), Zhou & Zhang(2007), Frank & Pfahringer(2013)에 의해 연구됐다. 참조 포인트를 사용해 주머니를 압축하는 것은 Chen, Bi & Wang(2006)이 연구했고 Foulds & Frank(2008)에 의해 더 넓은 맥락에서 평가됐다. Andrews 외(2002)는 원래 다중 인스턴스 가정을 기반으로 SVM 분류기를 학습하고자 반복 학습 프로세스를 사용해 개별 인스턴스의 클래스 라벨의 수정 작업을 제안했다.

하우스도르프 거리의 변형을 기반으로 한 최근접 이웃 학습은 Wang & Zucker(2000)에 의해 연구됐다. Gärtner 외(2002)는 다중 인스턴스 데이터에 대한 SVM 분류기를 학습하고자 세트 커널을 실험했다. 여기에서 다루지 않은 규칙 및 결정 트리 학습을 위한 다중 인스턴스 알고리듬은 Chevaleyre & Zucker(2001), Blockeel, Page, Srinivasan(2005), Bjerring & Frank(2011)에 의해 발표됐다. 로지스틱 회귀는 Xu & Frank(2004)와 Ray &

Craven(2005)에 의해 다중 인스턴스 학습에 적용됐다. 다중 레이어 퍼셉트론은 Ramon & de Raedt(2000)에 의해 채택됐다.

초사각형과 구(sphare)는 Dietterich 외(1997)와 Auer & Ortner(2004)에 의해 다중 인스턴스 학습을 위한 콘셉트 디스크립션으로 간주됐다. 다양한 밀도 방법은 Maron(1998) 박사 논문의 주제이며(Maron & Lozano-Pere'z, 1997)에도 설명돼 있다. Foulds & Frank(2010b)는 더 빠르고 휴리스틱 한 변종을 평가했다.

다중 인스턴스 문헌multi-instance literature은 학습할 개념의 유형에 대해 다양한 가정을 정의한다. 예를 들어 주머니 수준과 인스턴스 수준 클래스 라벨이 어떻게 연결되고 만에 하나 인스턴스 중 하나가 긍정이면 어떻게 주머니가 긍정으로 라벨링된다는 오리지널 가정을 통해 시작하는지를 정의한다. 다중 인스턴스 학습의 가정에 대한 검토는 Foulds & Frank(2010a)에서 찾을 수 있다.

11.4 WEKA 수행

다중 인스턴스 학습 방법들이다(별도로 언급되지 않았다면 multiInstanceLearning 패키지에 들어 있다).

- TLC(분할 메서드를 사용해 단일 인스턴스 출력을 생성)
- MILES(multiInstanceFilters 패키지에서 soft membership을 사용해 단일 인스턴스 출력을 생성)
- MISVM(재라벨링 인스턴스에 의한 SVM의 학습 반복 메서드)
- MISMO(다중 인스턴스 커널을 통한 SVM)
- CitationKNN(하우스도르프 거리를 이용한 최근접 이웃 방법)
- MITI(다중 인스턴스 데이터로부터 결정 트리를 학습)
- MIRI(다중 인스턴스 데이터로부터 규칙 세트를 학습)
- MILR(다중 인스턴스 데이터에 대한 논리 회귀)

- **MIOptimalBall**(다중 인스턴스 분류에 대한 구^{ball}의 학습)

- **MIDD**(noisy-OR 함수를 사용한 다양한 밀도 방법)

- **QuickDDIterative**(MIDD의 더 빠른, 휴리스틱 버전)

12

앙상블 학습

정확도를 극대화하려면 동일한 데이터에서 학습한 여러 모델의 예측을 결합해야 하는 경우가 많으며 이제 이를 달성하기 위한 여러 가지 놀라운 기술을 사용할 것이다. 그중 하나가 학습 데이터를 가져와서 여러 학습 세트를 도출하고 각각에서 모델을 학습하고 이를 결합해 학습된 모델의 앙상블을 생성하는 것이 유리한 경우가 많으며 실제로 이를 수행하는 기술은 매우 강력하다. 예를 들어 상대적으로 약한 학습 구조를 매우 강력한 학습 구조로 변환할 수 있다(정확한 의미는 뒤에서 설명하겠다). 해석력의 상실은 앙상블 학습을 적용할 때 단점이지만 이러한 방법이 학습한 내용을 기반으로 이해하기 쉽고 구조화된 설명을 도출하는 방법이 따로 있다. 마지막으로 여러 학습 구조를 사용할 수 있는 경우 데이터셋에 대해 가장 성능이 좋은 것을 선택하지 않고 (교차 검증 사용) 모두 사용하고 결과를 결합하는 것이 유리할 수 있다.

이러한 결과의 대부분은 적어도 처음에는 눈에 띄지 않으며 직관적이지 못하다. 그러면 다양한 모델을 함께 사용하는 것이 어떻게 좋은 생각이 될까? 가장 잘 수행되는 모델

하나를 선택하는 것보다 어떻게 더 잘할 수 있을까? 이 모든 것이 단순함을 옹호하는 오 캄의 면도기$^{Occam's\ Razor}$와 상반된다. 이러한 기술 중 하나가 수행하는 것처럼 보이는 것처럼 어떻게 무관심한 모델을 결합해 최고의 성능을 얻을 수 있을까? 그러나 1명의 전문가 가 내리는 결정보다 현명한 결정을 내리는 전문가 위원회를 생각해 보자. 대안적인 설명 에 직면했을 때 모든 것을 유지해야 한다는 에피쿠로스^{Epicurus}의 견해를 상기하라. 전반 적으로 유능한 사람은 없지만 제한된 영역에서 뛰어난 전문가 그룹을 생각해 보자. 이러 한 방법이 어떻게 작동하는지 이해하는 데 어려움을 겪으면서 연구자들은 훨씬 더 큰 개 선으로 이어진 모든 종류의 단서 및 실마리를 찾아냈다.

12.1 다중 모델의 결합

현명한 사람들이 비판적인 결정을 내릴 때 그들은 일반적으로 자신의 판단이나 신뢰할 수 있는 고문^{advisor}의 판단에 의존하지 않고 여러 전문가의 의견을 고려한다. 예를 들어 중요한 새로운 정책 방향을 선택하기 전에 현명한 리더는 광범위하게 자문을 구한다. 한 전문가의 의견만 맹목적으로 따르라는 조언을 받을 수 있고 민주적 환경에서 서로 다른 관점에 대한 논의는 합의를 도출할 수 있다. 그렇지 않은 경우 투표를 요청할 수 있다. 이 경우 모두 다른 전문가 의견이 결합된다.

데이터 마이닝에서 머신러닝으로 생성된 모델은 전문가라고 할 수 있다. 전문가는 강 력하다! 훈련 데이터의 양과 품질, 그리고 학습 알고리듬이 당면한 문제에 적합한지 여 부에 따라 전문가는 실제로는 아쉽게도 무지한 전문가일 수 있지만, 그럼에도 이 용어 를 사용한다. 보다 신뢰할 수 있는 결정을 내리는 확실한 접근 방식은 여러 모델의 출력 을 결합하는 것이다. 여러 머신러닝 기술은 모델의 앙상블을 학습하고 조합해 이를 수행 한다. 이 중 두드러진 것은 배깅^{bagging}, 부스팅^{boosting}, 스태킹^{stagging}이라는 구조다. 이들은 모두 단일 모델에 대한 예측 성능을 향상할 수 있다. 그리고 분류 작업과 수치 예측 문제 에 적용할 수 있는 일반적인 기술이다.

배깅bagging, 부스팅boosting, 스태킹stacking은 지난 수십 년 동안 개발됐으며 종종 놀라운 성능을 보여 준다. 머신러닝 연구자들은 그 이유를 이해하는 데 어려움을 겪었으며 연구 중에 더 나은 새로운 방법이 등장했다. 실제 전문가 집단들은 시끄러운 산만함으로부터 거의 이익을 얻지 못하지만 분류기의 랜덤 변형을 추가해 배깅을 흔들면 성능이 향상될 수 있다는 것을 알았다. 면밀히 분석한 결과 부스팅(아마도 3가지 방법 중 가장 강력한 방법)이 추가 모델additive model의 기존 통계 기법과 밀접한 관련이 있으며 이러한 실현은 절차의 개선으로 이어졌다.

이러한 결합 모델은 분석하기가 다소 어렵다는 단점을 공유한다. 수십 또는 수백 개의 개별 모델로 구성될 수 있으며 잘 수행되지만 어떤 요소가 개선된 의사결정에 기여하는지 직관적으로 이해하는 것은 쉽지 않다. 그러나 위원회의 성과에 대한 이점을 이해 가능한 모델과 결합하는 방법이 개발됐다. 일부는 결정 트리 모델을 생성하며 다른 것들은 선택적 경로를 제공하는 트리의 새로운 변형을 보여 준다.

12.2 배깅

다른 모델의 결정을 결합한다는 것은 다양한 출력을 단일 예측으로 통합하는 것을 의미한다. 분류의 경우 이를 수행하는 가장 간단한 방법은 투표를 하는 것이다(아마도 가중치 투표가 될 것이다). 수치 예측의 경우 평균(가중 평균)을 계산한다. 배깅과 부스팅은 모두 이 접근법을 채택하지만 서로 다른 방식으로 개별 모델을 도출한다. 배깅에서는 모델이 동일한 가중치를 받는 반면, 부스팅에서는 가중치가 더 성공적인 모델에 더 많은 영향을 주고자 사용된다. 마치 경영진이 과거에 예측이 얼마나 성공적이었는지에 따라 다른 전문가의 조언에 다른 가치를 부여할 수 있는 것과 같다.

배깅을 도입하고자 동일한 크기의 여러 훈련 데이터셋이 문제 도메인에서 랜덤으로 선택됐다고 가정하자. 특정 머신러닝 기술을 사용해 각 데이터셋에 대한 결정 트리를 구축한다고 생각해 보자. 이러한 트리가 거의 동일하고 각각의 새 테스트 인스턴스에 대해 동일한 예측을 수행할 것으로 예상할 수 있다. 그러나 놀랍게도 이 가정은 특히 훈련 데이터셋이 상당히 작은 경우 일반적으로 매우 잘못됐다. 이것은 다소 혼란스러운 사실이며 조직 전체에 그림자를 드리우는 것 같다. 그 이유는 결정 트리 유도(적어도 4장, '알고리듬 – 기본 방식'에 설명된 표준 하향식 방법)가 불안정한 프로세스이기 때문이며 훈련 데이터를 약간 변경하면 특정 노드에서 다른 속성이 선택되기 쉬우며 해당 노드 아래의 하위 트리 구조에 상당한 영향을 줄 수 있기 때문이다. 이는 결정 트리 중 일부는 정확한 예측을 하고 일부는 그렇지 않은 테스트 인스턴스가 있음을 암시한다.

이전 전문가 얘기로 돌아가서 전문가를 개별 결정 트리로 간주할 수 있다. 각 테스트 인스턴스에 대해 투표하도록 해 트리를 결합할 수 있다. 한 클래스가 다른 클래스보다 더 많은 표를 받으면 올바른 클래스로 간주된다. 일반적으로 더 많은 표를 고려할수록 투표에 의한 예측은 더 신뢰할 수 있게 된다. 새로운 훈련 세트가 발견되고 이를 위해 트리가 구축되며 그들의 예측이 투표에 참여하는 경우 결정은 거의 악화되지 않는다. 특히 결합된 분류기는 데이터셋 중 하나에서만 구성된 의사결정 트리보다 정확도가 떨어지는 경우는 거의 없다(그러나 개선이 보장되지는 않는다. 결합된 결정이 더 나쁜 경로론적 상황이 존재함을 이론적으로 보여 줄 수 있다).

편향–분산 분해

여러 가설을 결합한 효과는 편향-분산 분해^{bias-variance decomposition}라는 이론적 장치를 통해 볼 수 있다. 같은 크기의 독립적인 훈련 세트를 무한히 보유하고 이를 사용해 무한한 수의 분류기를 만들 수 있다고 가정한다. 테스트 인스턴스는 모든 분류기가 처리하고 단일 답변은 다수결로 결정된다. 이 이상적인 상황에서는 학습 구조가 완벽하지 않기 때문에 오류가 계속 발생한다. 오류율은 머신러닝 방법이 당면한 문제와 얼마나 잘 일치하는지에 따라 달라지며 데이터에 노이즈의 영향도 있으며 이 데이터는 아마도 학습이 가능할 것이다. 무한한 수의 독립적으로 선택된 테스트 예제에 대해 결합된 분류기의 오류를 평균해 예상 오류율을 평가했다고 가정한다. 특정 학습 알고리듬의 오류율을 학습 문제에 대한 편향이라고 하며 학습 방법이 문제와 얼마나 잘 일치하는지 측정한다(어쨌든 실제로는 일반적으로 알려지지 않았기 때문에 바이어스 용어에 '노이즈' 구성 요소를 포함한다). 이 기술적 정의는 1.5절에서 도입된 모호한 바이어스 개념을 정량화하는 방법이다. 무한한 수의 학습 세트를 고려해도 제거할 수 없는 학습 알고리듬의 '지속적' 오류다. 물론 실제 상황에서 정확히 계산할 수는 없으며 근사치만 가능하다.

실제 상황에서 학습된 모델의 두 번째 오류 원인은 필연적으로 유한하고 따라서 실제 인스턴스 모집단을 완전히 대표하지 않는 특정 훈련 세트의 사용에서 비롯된다. 주어진 크기의 가능한 모든 훈련 세트와 가능한 모든 테스트 세트에 대한 오류 구성 요소의 예상 값을 해당 문제에 대한 학습 방법의 분산variance이라고 하며 분류기의 총 예상 오차는 편향과 분산의 합으로 구성된다. 이것이 편향-분산 분해다.

여기에서 이제 세부 사항을 설명하고자 한다. 편향-분산 분해는 제곱 오차를 기반으로 하는 수치 예측의 맥락에서 도입됐으며 이를 수행하는 널리 허용되는 방법이 있다. 그러나 분류에 대한 상황은 명확하지 않으며 여러 분해 방법이 경쟁적으로 제안됐다. 오류 분석에 사용된 특정 분해에 관계없이 여러 분류기를 결합하면 일반적으로 분산 구성 요소를 줄여 예상 오류를 줄인다. 포함되는 분류기가 많을수록 분산 감소가 커진다. 물론 이투표 방식을 실행하면 어려움이 발생하며 일반적으로 훈련 세트가 하나뿐이며 더 많은 데이터를 얻는 것은 불가능하거나 비용이 많이 든다.

배깅은 주어진 학습 세트를 사용해 이전에 설명한 프로세스를 시뮬레이션해 학습 방법의 불안정성을 무력화한다. 매번 새롭고 독립적인 훈련 데이터셋을 샘플링하는 대신 일부 인스턴스를 삭제하고 다른 인스턴스를 복제해 원래 훈련 데이터를 변경한다. 인스턴스는 원래 데이터셋에서 교체와 함께 랜덤으로 샘플링돼 동일한 크기의 새 데이터셋을 만든다. 이 샘플링 절차는 필연적으로 일부 인스턴스를 복제하고 나머지는 삭제한다. 이 아이디어가 눈에 확 들어온다면 학습 방법의 일반화 오류를 추정하기 위한 부트스트랩 방법을 설명할 때 5장, '신뢰성 – 학습에 대한 평가'에서 접했기 때문일 것이다(5.4절). 실제로 배깅이라는 용어는 부트스트랩 집계를 의미한다. 배깅은 이러한 인위적으로 파생된 데이터셋 각각에 학습 구조(예를 들어 결정 트리 유도자)를 적용하고 이들로부터 생성된 분류기는 예측될 클래스에 투표한다. 이 알고리듬은 그림 12.1에 요약돼 있다.

```
Let n be the number of instances in the training data.
For each of t iterations:
  Sample n instances with replacement from training data.
  Apply the learning algorithm to the sample.
  Store the resulting model.
```

Classification

```
For each of the t models:
  Predict class of instance using model.
Return class that has been predicted most often.
```

그림 12.1 배깅 알고리듬

위에서 설명한 배깅과 이상적인 절차의 차이는 훈련 데이터셋을 도출하는 방법이다. 배깅은 도메인에서 독립 데이터셋을 얻는 대신 원래 훈련 데이터를 리샘플링한다. 리샘플링에 의해 생성된 데이터셋은 서로 다르지만 모두 하나의 데이터셋을 기반으로 하기 때문에 확실히 독립적이지 않다. 그러나 배깅은 종종 원래의 훈련 데이터에서 구축된 단일 모델보다 훨씬 더 나은 성능을 발휘하는 결합된 모델을 생산하며 실질적으로 더 나빠지는 일은 결코 없다는 것이 밝혀졌다.

배깅은 수치 예측을 위한 학습 체계(예를 들어 모델 트리)에도 적용될 수 있다. 유일한 차이점은 결과에 대한 투표 대신 실수인 개별 예측이 평균화된다는 것이다. 편향−분산 분해는 새 데이터에 대한 예측의 평균 제곱 오차의 기댓값을 분해해 수치 예측에 적용된다. 편향은 동일한 크기의 가능한 모든 훈련 데이터셋에서 빌드된 모델에 대해 평균화할 때 예상되는 평균 제곱 오차로 정의되며 분산은 단일 모델에서 빌드된 특정 훈련 데이터로 인해 예상되는 오차의 구성 요소다. 이론적으로 독립적 훈련 세트에서 구축된 무한히 많은 모델의 평균이 항상 평균 제곱 오차의 예상 값을 감소시킨다는 것을 알 수 있다(앞서 언급했듯이 유사한 결과는 분류에 대해 참true이 아니다).

비용을 고려한 배깅

배깅은 입력 데이터의 작은 변화가 상당히 다른 분류기로 이어질 수 있다는 점에서 기본 학습 계획이 불안정한 경우 가장 도움이 되며 실제로는 분류기의 앙상블에서 다양성을 증가시켜 결과를 개선할 수 있다.

배깅은 입력 데이터의 작은 변화가 다른 분류기로 이어질 수 있다는 점에서 기본 학습 구조가 불안정할 때 많은 도움이 된다. 실제로 학습 체계를 가능한 한 불안정하게 만들고 어느 정도의 정확도를 유지함으로써 분류기의 앙상블에서 다양성을 증가시켜 결과를 향상할 수 있다.

예를 들어 이미 불안정한 결정 트리를 배깅할 때 프루닝으로 더 나은 성능을 달성하는 경우가 많아서 더욱 불안정해진다. 또 다른 개선점은 예측이 분류를 위해 결합된 방식을 변경함으로써 얻을 수 있다. 원래 공식화된 배깅은 투표를 사용한다. 그러나 모델이 단순한 분류가 아니라 확률 추정치를 출력할 수 있을 때 대신 이러한 확률의 평균치를 구하는 것이 직관적으로 이치에 맞는다. 이것은 종종 분류를 개선할 뿐만 아니라 배깅된 분류기는 확률 추정치를 생성하는데 이는 종종 개별 모델에서 생산된 것보다 더 정확하다. 배깅의 구현은 일반적으로 예측을 결합하는 이 방법을 사용한다.

5.8절에서는 예측의 예상 비용을 최소화해 분류기 비용을 민감하게 만드는 방법을 보여 줬다. 정확한 확률 추정치는 각 예측의 예상 비용을 얻는 데 사용되기 때문에 필요하다. 배깅은 결정 트리 및 기타 강력하지만 불안정한 분류기로부터 매우 정확한 확률 추정치를 산출하기 때문에 비용에 민감한 분류 시 생각할 수 있는 후보다. 그러나 단점은 배깅된 분류기가 분석하기 어렵다는 점이다.

메타코스트^{MetaCost}라는 방법은 비용에 민감한 예측을 위한 이해 가능한 모델과 배깅의 예측적 이점을 결합한다. 배깅을 이용한 앙상블 분류기를 구축하고 배깅에서 얻은 확률 추정치를 바탕으로 모든 훈련 인스턴스에게 예상 비용을 최소화하는 예측을 제공해 훈련 데이터를 다시 라벨링하고자 배치한다. 그런 다음 메타코스트는 원래 클래스 라벨을 버리고 라벨이 다시 붙여진 데이터로부터 하나의 새로운 분류기, 예를 들어 하나의 프루닝된 결정 트리를 학습한다. 이 새로운 모델은 클래스 라벨에 내장됐기 때문에 자동으로 비용을 고려하게 된다. 그 결과는 예측이 어떻게 이뤄지는지 분석할 수 있는 단일 비용 민감 분류기$^{single\ cost-sensitive\ classifier}$다.

5.8절에서는 방금 언급한 비용 민감 분류 기법 외에도 비용 매트릭스를 반영하고자 훈

련 데이터의 각 클래스의 비율을 변경해 비용 민감 분류기를 학습하는 비용 민감 학습 방법을 기술했다. 메타코스트는 이 방법보다 더 정확한 결과를 내는 것 같지만 더 많은 계산이 필요하다. 이해할 수 있는 모델이 필요하지 않다면 메타코스트의 후처리 단계는 불필요하며, 최소 예상 비용 방법과 직접 결합해 배깅된 분류기를 사용하는 것이 좋다.

12.3 랜덤화

배깅은 학습 알고리듬의 입력에 랜덤화를 도입해 다양한 분류기 앙상블을 생성하며 가끔은 우수한 결과를 낳는다. 그러나 랜덤화를 도입해 다양성을 창출하는 다른 방법들이 있으며 일부 학습 알고리듬에는 이미 랜덤 구성 요소가 내장돼 있다. 예를 들어 역전파 알고리듬을 사용해 다층 퍼셉트론을 학습할 때 네트워크 가중치는 랜덤로 선택된 작은 값으로 설정된다. 알고리듬이 오류 함수의 다른 로컬 최솟값을 찾을 수 있기 때문에 학습된 분류기는 랜덤 숫자에 따라 달라진다. 분류 결과를 보다 안정되게 만드는 방법 중 하나는 학습기를 랜덤 숫자 시드^{random number seed}를 사용해 여러 번 실행하고 투표 또는 평균으로 분류기의 예측을 결합하는 것이다.

거의 모든 학습 방법은 거기에 맞는 종류의 랜덤화가 있다. 각 노드에서 분할할 가장 좋은 속성을 선택하는 결정 트리 학습자와 같이 모든 단계에서 가장 좋은 옵션을 탐욕스럽게 선택하는 알고리듬을 생각해 보자. 단일 승자 대신 랜덤로 N개의 최상의 옵션 중 하나를 선택하거나 랜덤으로 옵션의 하위 집합을 선택하고 그중에서 최상의 옵션을 선택해 랜덤화를 시킬 수 있다. 물론 트레이드오프가 있는데 더 많은 랜덤화는 학습자에게 더 많은 다양성을 발생시키지만 데이터를 덜 사용하게 해 아마도 각 개별 모델의 정확성을 떨어뜨릴 것이다. 최적의 랜덤화는 실험에 의해서만 처방될 수 있다.

비록 배깅과 랜덤화가 비슷한 결과를 낳지만 때때로 그것들이 서로 다른 방법으로 상호 보완적인 무작위성을 도입하기 때문에 이들을 결합하는 것이 도움이 된다. 랜덤 포레스트 학습을 위한 인기 있는 알고리듬은 배깅 알고리듬의 각 이터레이션에서 랜덤 결정 트리를 구축하고 때로는 우수한 예측 변수를 생성한다.

랜덤화 VS 배깅

랜덤화는 학습 알고리듬을 수정해야 하기 때문에 배깅보다는 더 많은 작업을 요구하지만 더 다양한 학습자에게 수익성 있게 적용될 수 있다. 앞에서 배깅이 입력의 작은 변화에 안정적인 학습 알고리듬으로도 실패한다는 점에 주목했다. 예를 들어 샘플링에 의해 훈련 데이터가 교란되면 출력이 거의 변하지 않기 때문에 최근접 이웃 분류기를 주머니에 넣는 것은 무의미하다. 그러나 랜덤화는 안정적인 학습자에게 적용될 수 있는데 방법은 너무 많은 성능을 희생하지 않고 분류기를 다양하게 만드는 방식으로 랜덤화하는 것이다. 최근접 이웃 분류기의 예측은 인스턴스 사이의 거리에 따라 달라지며 인스턴스는 어떤 속성을 계산하는 데 사용되는지에 크게 의존하므로 최근접 이웃 분류기는 서로 다른 랜덤으로 선택된 속성의 하위 집합을 사용해 랜덤으로 분류할 수 있다. 실제로 이 접근법은 분류기의 앙상블을 구성하는 랜덤 서브 스페이스 방법random subspace method이라고 불리며 랜덤 포레스트 학습 방법으로 제안됐다. 이는 배깅과 마찬가지로 학습 알고리듬을 수정할 필요가 없다. 물론 랜덤 서브 스페이스는 인스턴스와 속성의 측면에서 학습 프로세스에 무작위성을 도입하고자 배깅과 함께 사용될 수 있다.

보통의 배깅으로 돌아가면 이 아이디어는 앙상블 멤버들 사이에 다양성을 만들고자 학습 알고리듬의 불안정성을 이용하는 것이다. 그러나 달성된 다양성의 정도는 학습 알고리듬에 내장된 랜덤화나 부스팅(12.4절에서 논의) 때문에 랜덤 포레스트random forest와 같은 다른 앙상블 학습 방법보다 적다. 부트스트랩 샘플링은 분포가 원래 데이터와 유사한 교육 데이터셋을 생성하기 때문이다. 결과적으로 배깅으로 학습된 분류기는 개별적으로 꽤 정확하지만 그들의 낮은 다양성은 앙상블의 전반적인 정확성을 떨어뜨릴 수 있다.

학습 알고리듬에서 랜덤화를 도입하면 다양성이 증가하지만 개별 분류기의 정확성이 희생된다. 앙상블 멤버가 다양하고 개별적으로 정확할 수 있다면 더 작은 앙상블을 사용할 수 있다. 물론 이것은 계산상의 이점을 가진다.

회전 포레스트

회전 포레스트^{rotation forest}라고 불리는 앙상블 학습 방법은 다양하지만 정확한 분류기를 만드는 목표를 갖고 있다. 임의의 부분 공간과 배깅 접근법을 주요 구성 요소 기능 생성과 결합해 결정 트리의 앙상블을 구성한다. 각 이터레이션에서 입력 속성은 랜덤으로 k개의 분해 서브셋으로 분할된다. 주성분 분석은 원래 축의 회전인 부분 집합에서 속성의 선형 조합을 생성하고자 차례로 각 부분 집합에 적용된다. 주요 구성 요소의 k집합은 파생된 속성에 대한 값을 계산하는 데 사용된다. 이들은 각 이터레이션에서 트리 학습자에 대한 입력을 포함한다. 각 하위 집합에서 얻은 모든 구성 요소가 유지되기 때문에 원래 속성만큼 파생된 속성이 많이 있다. 동일한 특징 서브셋이 서로 다른 이터레이션에서 선택되는 경우 동일한 계수의 생성을 억제하고자 주성분 분석은 클래스 값의 랜덤으로 선택된 서브셋으로부터 훈련 인스턴스에 적용된다(그러나 트리 학습자에게 입력되는 유도된 속성의 값은 훈련 데이터의 모든 인스턴스로부터 계산된다). 다양성을 더욱 증가시키고자 주성분 변환이 적용되기 전에 데이터의 부트스트랩 샘플이 각 이터레이션에서 생성될 수 있다.

실험을 통해 회전 포레스트가 무작위 숲과 비슷한 성능을 제공할 수 있으며 나무가 훨씬 적다는 것을 알아냈다. 앙상블 멤버 쌍의 오차와 분류기 간의 일치를 측정하기 위한 다양성 분석(5.8절에서 소개한 카파 통계^{Kappa statistic}에 의해 측정됨)은 배깅과 비교했을 때 회전 포레스트의 다양성 증가와 오류 감소를 최소화한다. 그러나 이것은 앙상블 전체에 있어서 훨씬 더 나은 성능으로 해석되는 것처럼 보인다.

12.4 부스팅

배깅이 학습 알고리듬에 내재된 불안정성을 이용한다고 설명했다. 직관적으로 여러 모델을 결합하는 것은 이러한 모델들이 서로 현저하게 다르고 각각이 데이터의 합리적인 비율을 올바르게 처리할 때에만 도움이 된다. 이상적으로는 모델들이 서로 보완을 한다. 전문가들이 서로 복제하기보다는 보완적인 기술과 경험을 가진 조언자들을 찾는 것처럼 말이다.

여러 모델을 결합하는 부스팅 방법은 서로를 보완하는 모델을 명시적으로 찾음으로써 이 인사이트를 활용한다. 유사점은 배깅과 같이 부스팅은 개별 모델의 출력을 결합하고자 투표(분류용) 또는 평균(예측용)을 사용한다. 다시 말하지만 그것은 배깅과 마찬가지로 같은 유형의 모델, 예를 들어 결정 트리를 결합한다. 하지만 부스팅은 반복적이다. 개별 모델을 별도로 제작하는 반면, 각 새로운 모델을 활성화하는데 이전에 제작된 모델의 성능에 영향을 받는다. 부스팅은 새로운 모델들이 이전 모델들에 의해 잘못 처리된 사례들의 전문가가 되도록 장려한다. 마지막 차이점은 모든 모델에 동일한 가중치를 부여하기보다는 성능에 따라 모델의 기여도를 높이는 것이다.

에이다부스트

부스트라는 아이디어에는 여러 가지 변종이 있다. 여기서는 분류를 위해 특별히 설계된 *AdaBoost.M1*이라는 널리 사용되는 방법을 설명한다. 배깅과 마찬가지로 분류 학습 알고리듬에도 적용할 수 있다. 문제를 단순화하고자 학습 알고리듬이 가중치를 부여한 인스턴스를 처리할 수 있다고 가정한다. 인스턴스의 가중치는 양수다(이 가정은 나중에 다시 살펴보자). 인스턴스 가중치의 존재는 분류기의 오류가 계산되는 방식을 변경한다. 잘못 분류된 인스턴스의 가중치 합계는 잘못 분류된 인스턴스의 분수 대신 모든 인스턴스의 총 가중치로 나눈다. 인스턴스를 가중치로 사용하면 학습 알고리듬이 특정 인스턴스 세트, 즉 높은 가중치를 가진 인스턴스에 집중할 수 있다. 그러한 사례는 정확하게 분류할 수 있는 더 큰 인센티브가 있기 때문에 특히 중요해진다. 6.1절에 설명된 C4.5 알고리듬은 분수 인스턴스의 개념을 이미 사용해 유실값을 처리하기 때문에 수정 없이 가중된 인스턴스를 수용할 수 있는 학습 방법의 예가 된다.

그림 12.2에 요약된 부스트 알고리듬은 훈련 데이터의 모든 인스턴스에 동일한 가중치를 할당하는 것으로 시작한다. 그런 다음 학습 알고리듬을 호출해 이 데이터에 대한 분류기를 만들고 분류기의 출력에 따라 각 인스턴스의 가중치를 다시 할당한다. 정확하게

Model generation

```
Assign equal weight to each training instance.
For each of t iterations:
  Apply learning algorithm to weighted dataset and store resulting model.
  Compute error e of model on weighted dataset and store error.
  If e equal to zero, or e greater or equal to 0.5:
    Terminate model generation.
  For each instance in dataset:
    If instance classified correctly by model:
      Multiply weight of instance by e / (1 - e).
  Normalize weight of all instances.
```

Classification

```
Assign weight of zero to all classes.
For each of the t (or less) models:
  Add -log(e / (1 - e)) to weight of class predicted by model.
Return class with highest weight.
```

그림 12.2 부스팅을 위한 알고리듬

분류된 인스턴스의 무게가 감소되고 잘못 분류된 인스턴스의 무게가 증가되며 결국 낮은 무게와 높은 무게를 가진 '쉬운easy' 인스턴스 세트와 '어려운hard' 인스턴스를 생성한다. 다음 이터레이션 및 모든 후속 이터레이션에서 분류기는 다시 가중치가 할당된 데이터에 대해 구축되며 결과적으로 '힘든' 인스턴스를 올바르게 분류하는 데 초점을 맞춘다. 그런 다음 이 새로운 분류기의 출력에 따라 인스턴스의 가중치가 증가하거나 감소한다. 그 결과 어떤 어려운 사례는 훨씬 더 어려워지고 쉬운 사례는 더 쉬워질 수도 있다. 반면에 다른 어려운 사례는 더 쉬워질 수도 있고 쉬운 사례는 더 어려워질 수도 있다. 모든 가능성은 실제로 일어날 수 있다는 것이다. 각 반복 후 가중치는 지금까지 생산된 분류기에 의해 인스턴스가 얼마나 자주 잘못 분류됐는지를 반영한다. 각 사례에 대해 '어려움hardness'를 측정함으로써 이 절차는 서로를 보완하는 일련의 전문가를 생성하는 놀라운 방법을 제공한다.

반복할 때마다 가중치가 얼마나 변경돼야 하는가? 그 대답은 현재의 분류기의 전반적인 오류에 달려 있다. 보다 구체적으로, e가 가중 데이터에 대한 분류기의 오류를 나타낸다면(0과 1 사이의 분수) 가중치는 올바르게 분류된 인스턴스에 대해 다음에 의해 업데이트된다.

$$\text{Weight} \leftarrow \text{Weight} \times e/(1-e)$$

가중치는 잘못 분류된 인스턴스에 대해 변경되지 않는다. 물론 이것은 앞서 주장한 바와 같이 잘못된 분류된 사례의 가중치를 증가시키지는 않는다. 그러나 모든 가중치가 업데이트된 후 그들의 합계가 이전과 동일하게 유지되도록 재규격화된다. 각 인스턴스의 무게는 새로운 가중치의 합으로 나눠지고 이전 가중치의 합으로 곱해진다. 이것은 자동으로 각 오분류된 인스턴스의 무게를 증가시키고 정확하게 분류된 각 인스턴스의 무게를 줄인다.

가중 훈련 데이터의 오류가 0.5를 초과하거나 같을 때마다 부스팅 절차는 현재 분류기를 삭제하고 더 이상 반복을 수행하지 않는다. 오류가 0일 때도 같은 일이 발생하는데 그 이유는 모든 인스턴스 가중치가 0이 되기 때문이다.

부스트 방법이 어떻게 일련의 분류기를 생성하는지 설명했다. 예측을 형성하고자 그들의 출력은 가중치를 가진 투표를 사용해 결합된다. 가중치를 결정하려면 그것이 구축된 가중 훈련 데이터(0에 가까운 e)에 잘 수행되는 분류기는 높은 가중치를 받아야 하고 (0.5 가까운 e) 나쁘게 수행되는 분류기는 낮은 가중치를 받아야 한다. AdaBoost.M1알고리듬은 아래 가중치를 사용한다.

$$Weight = -\log\frac{e}{1-e}$$

이는 0과 무한대 사이의 양수다.

공교롭게도 이 공식은 훈련 데이터에서 완벽하게 수행되는 분류기가 삭제돼야 하는 이유를 설명한다. e가 0일 때 가중치가 정의되지 않기 때문이다. 예측을 하고자 특정 클래스에 투표하는 모든 분류기의 가중치를 합산하고 총계가 가장 큰 클래스를 선택한다.

여기서는 학습 알고리듬이 가중된 사례에 대처할 수 있다는 가정하에 시작했다. 모든 알고리듬은 가중된 인스턴스를 처리하고자 적용될 수 있다. 7.3절 말미에 로컬 가중 선형 회귀하에서 어떻게 되는지 설명했다. 학습 알고리듬을 변경하는 대신 배깅이 사용하는 것과 동일한 기술인 리샘플링resampling을 통해 가중 데이터로부터 비가중 데이터셋을 생성하는 것이 가능하다. 각 인스턴스를 배깅하는 경우는 동일한 확률로 선택되는 반면, 인스턴스를 증가시키는 경우는 가중치에 비례하는 확률로 선택된다. 결과적으로 높은 가중치를 가진 인스턴스는 자주 복제되고 낮은 가중치를 가진 인스턴스는 선택되지 않을 수 있다. 새로운 데이터셋이 원래 데이터만큼 커지면 가중 데이터 대신 학습 구조에 공급된다. 그만큼 간단하다.

이 절차의 단점은 가중치가 낮은 일부 인스턴스가 리샘플링된 데이터셋에 포함되지 않기 때문에 학습 구조가 적용되기 전에 정보가 손실된다는 것이다. 하지만 이것은 장점으로 바뀔 수 있다. 학습 방식이 오류가 0.5를 초과하는 분류기를 생성하는 경우 가중 데이터를 직접 사용하면 부스트가 종료돼야 하는 반면, 리샘플링을 통해 이미 리샘플링된 데이터셋을 폐기하고 다른 랜덤 시드^{random seed}로부터 새로운 데이터를 생성해 오류가 0.5 미만인 분류기를 생성할 수 있다. 때로는 알고리듬의 원래 가중치 적용 버전을 사용할 때보다 더 많은 부스트의 반복을 다시 샘플링해 수행할 수 있다.

부스팅 파워

부스트의 아이디어는 계산 학습 이론으로 알려진 머신러닝 연구의 한 분야에서 시작됐다. 이론가들은 성과 보장을 도출할 수 있기 때문에 부스트에 관심이 많다. 예를 들어 더 많은 이터레이션이 수행됨에 따라 훈련 데이터에 대한 결합된 분류기의 오류는 매우 빠르게 0에 접근한다는 것을 알 수 있다(반복 횟수에 따라 기하급수적으로 빠르게 접근). 불행하게도 5.1절에서 설명한 바와 같이 훈련 오류에 대한 보장은 새로운 데이터에 반드시 좋은 포메이션을 나타내지 않기 때문에 흥미로운 부분은 아니다. 그러나 개별 분류기가 존재하는 훈련 데이터의 양에 비해 너무 '복잡'하거나 훈련 오류가 너무 빨리 커지면 새로운 데이터에서만 부스팅이 실패한다는 것을 이론적으로 알 수 있다. 문제는 개별 모델 복잡성과 데이터에 맞는 적합성 사이의 적절한 균형을 찾는 데 있다.

부스팅은 가끔 멋진 방법으로 새로운 테스트 데이터의 오류를 줄여 준다. 한 가지 놀라운 발견은 더 많은 부스트 이터레이션을 수행하는 것이 훈련 데이터에 대해 결합된 분류기의 분류 오류가 0으로 떨어진 후 새로운 데이터의 오류를 줄일 수 있다는 것이다. 연구자들은 이 결과에 어리둥절해했다. 오캄의 면도날과 모순되는 것처럼 보이기 때문이다.

오캄은 경험적 증거를 똑같이 잘 설명하는 2가지 가설 중 더 단순한 가설을 선호해야 한다고 선언한다. 훈련 오류를 줄이지 않고 더 많은 부스트 이터레이션을 수행하는 것은 훈련 데이터를 더 잘 나타내지 못하며 결합 분류기에 복잡성만 더한다. 모순은 분류기의 예측에 대한 신뢰를 부여함으로써 해결할 수 있다. 구체적으로 말하면 참true인 클래스에 대한 추정된 신뢰와 실제 클래스 이외의 가장 유력한 예측 클래스의 차이, 즉 마진margin으로 알려진 양 사이의 차이로 신뢰성을 측정한다. 여유가 클수록 분류기는 참인 클래스를 예측하는 데 신뢰도가 높다. 훈련 오류가 0으로 떨어진 지 한참 후에는 부스팅이 마진을 증가시킬 수 있다는 것이 밝혀졌다. 이 효과는 다른 부스트 반복 횟수에 대해 모든 훈련 인스턴스의 마진 값의 누적 분포를 표시해 마진 곡선margin curve으로 알려진 그래프를 제공함으로써 시각화할 수 있다. 따라서 경험적 증거에 대한 설명이 마진을 고려한다면 오캄의 면도기는 언제나처럼 날카로워진다.

부스트의 아름다운 점은 결합된 강력한 분류기가 가중치가 다시 부여된 데이터에서 50% 미만의 오류를 달성하는 한 매우 간단한 분류기로 구축될 수 있다는 것이다. 보통은 이 정도면 쉽다. 2개의 클래스로 문제를 학습하는 데는 확실히 그렇다. 단순한 학습 방식은 약한 학습자라고 불리며 부스트는 약한 학습자를 강한 학습자로 전환시킨다. 예를 들어 결정 그루터기stump라는 한 단계만 있는 매우 간단한 의사결정 트리를 활성화해 2-클래스 문제에 대한 좋은 결과를 얻을 수 있다. 또 다른 방법은 결정 트리의 단일 경로와 같은 단일 연결 규칙을 학습하고 규칙이 해당 규칙을 커버하는지 여부에 따라 인스턴스를 분류하는 알고리듬에 부스트를 적용하는 것이다. 물론 다중 클래스 데이터셋은 오류율을 0.5 이하로 달성하기가 더 어렵게 만든다. 결정 트리는 여전히 부스팅될 수 있지만 보통 결정 그루터기보다 더 복잡해야 한다. 다중 클래스 상황에서 매우 간단한 모델을 성공적으로 활성화할 수 있는 보다 정교한 알고리듬이 개발됐다.

부스트는 종종 배깅으로 생성된 것보다 오리지널 데이터에서 훨씬 더 정확한 분류기를 생성한다. 그러나 배깅과는 달리 부스트는 때때로 실제 상황에서 실패하며 동일한 데이터로 작성된 단일 분류기보다 훨씬 덜 정확한 분류기를 생성할 수 있다. 이것은 결합된 분류기가 데이터를 오버피팅하는 것을 의미한다.

12.5 가법 회귀

처음 부스트가 연구됐을 때 그것은 냉담한 학습자들로부터 관심을 끌어낼 수 있어 보였기 때문에 연구자들 사이에 강한 관심을 불러일으켰다. 통계학자들은 곧 그것이 가법 모델additive model을 맞추기 위한 탐욕 알고리듬으로 재조명될 수 있다는 것을 발견했다. 가법 모델은 통계에서 오랜 역사를 갖고 있다. 일반적으로 이 용어는 다른 모델에서 얻은 기여를 합산해 예측을 생성하는 모든 방법을 총칭한다. 대부분의 가법 모델에 대한 학습 알고리듬은 독립적으로 기본 모델을 구축하지 않고 서로 보완하도록 보장하며 특정 기준에 따라 예측 성능을 최적화하는 기본 모델의 앙상블을 형성하려고 한다.

부스트는 순방향 단계적 가법 모델링forward stagewise additive modeling을 구현한다. 이 알고리듬 클래스는 빈 앙상블로 시작하며 새로운 멤버를 순차적으로 통합한다. 각 단계에서 앙상블에 이미 있는 것을 변경하지 않고 전체적으로 앙상블의 예측 성능을 극대화하는 모델이 추가된다. 앙상블의 성능을 최적화하면 다음 모델은 앙상블이 제대로 수행하지 못하는 훈련 사례에 초점을 맞춰야 함을 의미한다. 이것이 바로 그 사례들에게 더 큰 가중치의 부가를 통해 부스팅이 하는 일이다.

수치 예측

여기 수치 예측numeric prediction을 위한 잘 알려진 순방향 단계적 가법 모델링 방법이 있다. 첫째, 표준 회귀 모델, 예를 들어 회귀 트리를 구축하는 것이다. 훈련 데이터에 나타나는 오류, 즉 예측값과 관측값의 차이를 잔차residual라고 한다. 그런 다음 관측된 잔차를 예측하는 두 번째 모델인 다른 회귀 트리를 학습해 이러한 오류를 수정한다. 이를 위해 두 번째 모델을 배우기 전에 원래 클래스 값을 잔차로 대체하라. 두 번째 모델에 의해 만들어진 예측을 첫 번째 모델에 추가하면 훈련 데이터의 오류가 자동으로 감소한다. 두 번째 모델은 완벽하지 않으며 잔차의 잔차를 예측하는 법을 배우는 세 번째 모델을 계속하기 때문에 일반적으로 일부 잔차가 남아 있다. 그 절차는 3.4절에서 만난 분류에 예외를 두는 규칙을 사용하는 것을 연상시킨다.

선형 회귀 모델처럼 개별 모델이 예측의 제곱 오차를 최소화하면 이 알고리듬은 앙상블 전체의 제곱 오차를 최소화한다. 실제로 그것은 또한 기초 학습자가 7.3절에 설명된 회귀 및 모델 트리 학습자와 같은 휴리스틱 근사치를 대신 사용할 때 잘 작동한다. 실제로 선형 회귀 모델의 합은 다시 선형 회귀 모델이고 회귀 알고리듬 자체가 제곱 오차를 최소화하기 때문에 표준 선형 회귀를 가법 회귀additive regression의 기본 학습자로 사용하는 것은 의미가 없다. 그러나 기본 학습자가 제곱 오차를 최소화하는 단일 속성을 기반으로 하는 회귀 모델인 경우 다른 얘기다. 통계학자들은 이 단순한 선형 회귀를 표준 다중 속성 방법과는 대조적으로 적절하게 다중 선형 회귀라고 부른다. 사실 단순한 선형 회귀와 함께 가법 회귀를 사용하고 앙상블의 제곱 오차가 감소할 때까지 반복하는 것은 최소 제곱 다중 선형 회귀 함수와 동일한 가법 모델을 더 이상 산출하지 않는다.

순방향 단계적 가법 회귀 분석은 추가된 각 모델이 훈련 데이터를 점점 더 가깝게 적합시키기 때문에 오버피팅되기 쉽다. 중지할 시기를 결정하려면 교차 검증을 사용한다. 예를 들어 사용자 지정 최댓값까지의 반복 횟수에 대해 교차 검증을 수행하고 교차 검증된 제곱 오차 추정치를 최소화하는 값을 선택한다. 교차 검증은 향후 데이터의 오류에 대한 상당히 신뢰할 수 있는 추정치를 산출하기 때문에 이는 좋은 중지 기준이다. 공교롭게도 이 방법을 기본 학습자로서 단순한 선형 회귀와 함께 사용하면 다중 선형 회귀와 내장 속성 선택을 효과적으로 결합할 수 있는데 이는 다음으로 중요한 속성의 기여도는 교차 검증된 오류를 감소시키는 경우에만 포함되기 때문이다.

구현 편의를 위해, 순방향 단계적 가법 회귀는 일반적으로 모든 후속 모델이 잔차에 맞도록 훈련 데이터에서 클래스의 평균을 단순히 예측하는 레벨-0 모델로 시작한다. 이는 모델의 전체 예측을 빼서 다음 모델의 목푯값을 생성하는 대신 예측을 0과 1 사이의 사용자 지정 상수 계수에 곱해 축소하는 오버피팅 방지의 또 다른 가능성을 시사한다. 이렇게 하면 모델의 잔차 적합도가 감소하고 결과적으로 오버피팅의 가능성이 감소한다. 물론 좋은 가법 모델에 도달하는 데 필요한 반복 횟수를 증가시킬 수 있다. 곱셈을 줄이면 학습 과정이 효과적으로 줄어들어 적절한 순간에 멈출 가능성이 높아지지만 실행 시간도 증가한다.

가법 논리 회귀

선형 회귀가 가능한 것처럼 가법 회귀도 분류에 적용할 수 있다. 그러나 4.6절을 통해 논리 회귀가 선형 회귀보다 분류에 더 적합하다는 것을 알고 있다. 또한 순방향 단계적 모델링 방법을 수정해 가법 논리 회귀$^{additive\ logistic\ regression}$ 분석을 수행함으로써 가법 모델에 유사한 적용을 할 수 있음을 확인했다. 로짓 변환을 사용해 확률 추정 문제를 4.6절에서와 같이 회귀 문제로 변환하고 가법 회귀와 마찬가지로 모델의 앙상블을 사용해 회귀 작업을 해결한다. 각 단계에서 앙상블 분류기에 주어진 데이터의 확률을 최대화하는 모델을 추가한다.

f_j를 앙상블의 j번째 회귀 모델이라고 하고 $f_j(\mathbf{a})$는 이의 인스턴스 $\mathbf{a}$에 대한 예측이라고 하자. 2-클래스 문제로 가정할 경우 첫 번째 클래스에 대한 확률을 얻기 위한 가법 모델 $\sum f_j(\mathbf{a})$를 사용하면 다음과 같다.

$$p(1|\mathbf{a}) = \frac{1}{1 + e^{-\sum f_j(\mathbf{a})}}$$

이것은 4.6절에서 사용된 표현과 매우 유사하다. 단, 여기서 인스턴스 $\mathbf{a}$에 대한 벡터 표기법을 사용해 표기되고 원래 가중된 속성값의 합이 임의로 복잡한 회귀 모델 f의 합으로 대체된다.

그림 12.3은 가법 논리 회귀를 수행하고 개별 모델 f_j를 생성하는 이른바 로짓부스트^{LogitBoost} 알고리듬의 2-클래스 버전을 보여 준다. 여기서 y_i는 첫 번째 클래스에서의 인스

Model generation

```
for j = 1 to t iterations:
  for each instance a[i]:
    set the target value for the regression to
      z[i] = (y[i] - p(1|a[i])) / [p(1|a[i]) * (1 - p(1|a[i])]
    set the weight of instance a[i] to p(1|a[i]) * (1 - p(1|a[i])
  fit a regression model f[j] to the data with class values z[i] and weights w[i]
```

Classification

```
predict class 1 if p(1 | a) > 0.5, otherwise predict class 0
```

그림 12.3 가법 논리 회귀에 대한 알고리듬

턴스에 대한 1이고 두 번째에서의 인스턴스에 대해서는 0이다. 각 이터레이션에서 이 알고리듬은 더미 클래스 값 z_i 및 가중치 w_i에 기반한 원래 데이터셋의 가중치 버전에 회귀 모델 f_j를 맞춘다. $p(1|\mathbf{a})$가 이전 이터레이션에서 구축된 f_j를 사용해 계산된다고 가정한다.

이 알고리듬의 도출은 이 책의 범위를 넘어서지만 각 모델 f_j가 해당 회귀 문제에 대한 제곱 오차를 최소화해 결정되면 알고리듬이 앙상블에 대한 데이터의 확률을 최대화한다는 것을 알 수 있다. 실제로 다중 선형 회귀가 f_j를 형성하고자 사용되는 경우 알고리듬은 최대 가능성 선형-논리 회귀 모델에 수렴되며 이는 4.6절에서 언급한 반복적으로 가중치가 다시 설정된 최소 제곱 방법이 구체화된 것이다.

표면적으로 로짓부스트는 에이다부스트^{AdaBoost}와는 상당히 다르게 보이며 전자가 직접 가능성을 최적화하는 반면, 후자는 그것에 근사치로 간주될 수 있는 지수 손실 함수를 최적화한다는 점에서 그들이 생성하는 예측 변수가 주로 다르다. 실제적인 관점에서 보면 차이점은 로짓부스트가 회귀분석 기법을 기본 학습자로 사용하는 반면 에이다부스트는 분류 알고리듬으로 작동한다는 것이다.

여기서는 로짓부스트의 2-클래스 버전만 보여 줬지만 알고리듬은 다중 클래스 문제로 확대할 수 있다. 가법 회귀와 마찬가지로 개별 f_j의 예측을 미리 결정된 곱셈으로 축소하고 교차 검증을 사용해 적절한 반복 횟수를 결정함으로써 오버피팅의 위험을 줄일 수 있다.

12.6 가독 앙상블

배깅, 부스팅, 랜덤화는 모두 분류기의 앙상블을 만들어 낸다. 이로 인해 데이터에서 어떤 정보를 추출했는지 분석하기가 매우 어려워진다. 같은 예측 성능을 가진 단일 모델이 있으면 좋을 것 같다. 한 가지 가능성은 인스턴스 공간에서 랜덤으로 점들을 샘플링해 앙상블 분류기가 예측한 클래스 라벨을 할당한 다음 이 새로운 데이터셋에서 의사결정 트리 또는 규칙 세트를 학습해 인공 데이터셋을 생성하는 것이다. 앙상블과 유사한 예측 성능을 얻으려면 거대한 데이터셋이 필요할 수 있지만 한계에 도달하면 이 전략은 앙상블 분류기의 성능을 복제할 수 있어야 하며 앙상블 자체가 결정 트리로 구성돼 있다면 확실히 그럴 것이다.

옵션 트리

또 다른 접근법은 분류기의 앙상블을 콤팩트하게 나타낼 수 있는 단일 구조를 도출하는 것이다. 앙상블이 결정 트리로 구성돼 있으면 이를 수행할 수 있으며 그 결과를 옵션 트리option tree라고 한다. 옵션 트리는 결정 노드와 옵션 노드의 2가지 유형의 노드를 포함하고 있다는 점에서 결정 트리와 다르다. 그림 12.4는 하나의 옵션 노드만 있는 기상 데이터의 간단한 예를 보여 준다. 인스턴스를 분류하려면 트리를 통해 인스턴스를 필터링한다. 결정 노드에서는 평소처럼 브랜치 중 하나만 가져가지만 옵션 노드에서는 모든 브랜치를 가져간다. 이것은 인스턴스가 둘 이상의 리프로 끝나는 것을 의미하며 그 리프에서 얻은 분류는 어떻게든 전반적인 분류로 결합돼야 한다. 이것은 단순히 투표로 수행할 수 있으며 옵션 노드에서 다수결로 노드를 예측할 수 있다. 이 경우 2가지 옵션만 있는 옵션 노드를 갖는 것은 말이 안 된다(그림 12.4와 같이). 왜냐하면 두 브랜치가 모두 동의할 경우에만 과반수가 될 것이기 때문이다. 또 다른 가능성은 가중치가 없는 평균 또는 보다 정교한 베이지안 접근법을 사용해 다른 경로에서 얻은 확률 추정치를 평균화하는 것이다.

옵션 트리는 정보 취득에 따라 비슷하게 유용한 여러 개의 분할이 있는 경우 기존 결정 트리 학습자를 수정해 옵션 노드를 생성할 수 있다. 특정 사용자가 지정한 허용 오차 내에서 모든 선택을 옵션으로 만들 수 있다. 프루닝을 하는 동안의 옵션 노드의 오류는 옵션의 평균 오류다.

또 다른 방법은 노드를 점진적으로 추가해 옵션 트리를 성장시키는 것이다. 이것은 일반적으로 부스팅 알고리듬을 사용해 수행되며 결과 트리를 일반적으로는 옵션 트리 대신 교차alternating 결정 트리라고 한다. 이러한 맥락에서 결정 노드는 스플리터 노드spliter node라고 불리며 옵션 노드는 예측 노드라고 한다. 아직 스플리터 노드가 추가되지 않은 경우

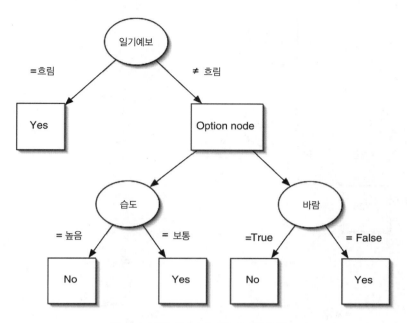

그림 12.4 날씨 데이터에 대한 간단한 옵션 트리

예측 노드는 리프다. 표준 교차 결정 트리는 2-클래스 문제에 적용되며 각 예측 노드는 양수 또는 음수 값과 관련된다. 인스턴스에 대한 예측을 얻으려면 모든 적용 가능한 브랜치를 필터링하고 만나는 예측 노드의 값을 합산하라. 합이 양수인지 음수인지에 따라 한 클래스 또는 다른 클래스를 예측하라.

날씨 데이터에 대한 간단한 예제 트리가 그림 12.5에 나와 있으며 여기에서는 양수 값이 게임하기^{play} = no에 해당되며 음수 값은 게임하기 = yes에 해당된다. 일기예보 = 맑음, 습도 = 보통, 바람 = false를 통한 인스턴스를 분류하고자 이에 해당하는 리프들까지 필터링하며 −0.255, 0.213, −0.430, −0.331의 값을 취해 내려간다. 이 값들의 합은 음수이며 따라서 게임하기 = yes가 예측된다. 교차 결정 트리는 예제에서와 같이 항상 루트에 예측 노드를 갖고 있다.

교차 트리는 부스팅 알고리듬을 사용해 성장하는데 앞에서 설명한 로짓 부스트 방법과 같이 수치 예측에 대한 기본 학습자를 채용한 부스팅 알고리듬이 그 예이다. 기본 학습자

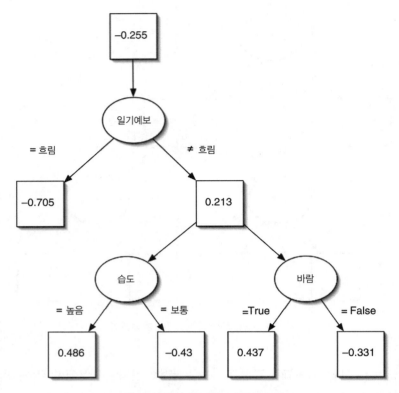

그림 12.5 날씨 데이터에 대한 변경 결정 트리

가 각 부스트 이터레이션 내 단일 결합 규칙을 만들어 낸다고 가정하자. 그러면 교차 결정 트리는 단지 각 규칙을 트리에 추가함으로써 생성될 수 있다. 예측 노드와 연계된 수치 점수는 규칙의 결과로부터 얻어진다. 하지만 결과 트리는 빠르게 커지는데 이는 서로 다른 부스팅 이터레이션으로부터의 규칙들의 서로 다를 가능성 때문이다. 따라서 교차 결정 트리에 대한 학습 알고리듬은 스플리터 노드의 추가와 2개의 해당 예측 노드(이진 분할로 가정)를 통해 트리에 존재하는 경로 중 하나를 확장한 규칙들만 고려한다. 알고리듬의 표준 버전에서는, 트리에서의 모든 가능한 위치들은 변경될 수 있으며 채용된 특정 부스팅 알고리듬 성능 측정에 따라 노드가 추가된다. 하지만 학습 프로세스를 빠르게 하고자 휴리스틱은 완전 탐색 대신 사용될 수 있다.

논리 모델 트리

옵션 트리와 교차 트리는 단일 구조를 기반으로 매우 우수한 분류 성능을 내지만 특정 예측이 도출되는 방식은 보기 어렵기 때문에 옵션 노드가 많을 때는 여전히 해석이 어려울 수 있다. 그러나 어떤 옵션도 포함하지 않는 매우 효과적인 결정 트리를 구축하는 데에도 부스팅을 사용할 수 있는 것으로 밝혀졌다. 예를 들어 로짓 부스트 알고리듬은 리프에서 선형 논리 회귀 모델을 사용해 트리를 유도한다. 이러한 값을 논리 모델 트리$^{logistic\ model\ tree}$ 라고 하며 7.3절에 설명된 회귀 분석 모델 트리와 동일한 방식으로 해석된다.

로짓 부스트는 가법 논리 회귀 분석을 수행한다. 부스팅 알고리듬의 각 이터레이션이 모든 속성을 살펴보고, 가장 작은 오차로 단순 회귀 함수를 찾아 가법 모델에 추가함으로써 간단한 회귀 함수에 적합하다고 가정하자. 수렴할 때까지 로짓 부스트 알고리듬을 실행하면 최대 가능성 다중 논리 회귀 분석 모델$^{maximum\ likelihood\ multiple\text{-}logistic\ regression\ model}$이 된다. 그러나 미래 데이터에 대한 최적의 성능을 위해서는 일반적으로 수렴을 기다릴 필요는 없으며 오히려 종종 해롭다. 적절한 부스팅 이터레이션 횟수는 교차 검증을 사용해 주어진 반복 횟수에 대한 예상 성능을 추정하고 성능 증가가 중단될 때 프로세스를 중지함으로써 결정할 수 있다.

이 알고리듬의 간단한 확장으로 논리 모델 트리가 만들어진다. 데이터에 선형 논리 회귀 함수를 사용해 모델링할 수 있는 추가 구조가 없을 때 부스트 프로세스가 종료된다. 그러나 예를 들어 정보 취득과 같은 표준 결정 트리 기준을 사용해 데이터를 분할해 얻은 데이터의 하위 집합으로 타깃이 제한될 경우 선형 모델이 적합할 수 있는 구조가 여전히 있을 수 있다. 따라서 더 단순한 선형 모델을 추가해 더 이상의 개선을 얻을 수 없다면 데이터는 분할되고 각 부분 집합에서 별도로 다시 활성화된다. 이 과정은 지금까지 생성된 논리 모델을 취해 각 부분 집합에 있는 데이터에 대해 별도로 세분화한다. 다시 각 부분 집합에서 교차 검증을 실행해 해당 부분 집합에서 수행할 적절한 반복 횟수를 결정한다.

하위 집합이 상당히 작아질 때까지 프로세스가 반복적으로 적용된다. 결과 트리는 분명히 훈련 데이터에 오버피팅될 것이며 결정 트리 학습의 표준 방법 중 하나를 사용해 트리 데이터를 정리할 수 있다. 실험에서는 프루닝 작업이 매우 중요하다는 것을 보여 준다. 교차 검증을 사용해 올바른 트리 크기를 선택하는 6.1절에서 논의된 비용 복잡성 가지치기 방법을 사용해 알고리듬은 리프에 선형 논리 모델을 사용해 작지만 매우 정확한 트리를 생성한다.

12.7 스태킹

스택 일반화stacked generalization 또는 간단히 스태킹stacking은 여러 모델을 결합하는 다른 방법이다. 몇 년 전에 개발됐지만 스태킹은 머신러닝 문헌에서 배깅과 부스트보다 덜 언급되고 있는데 부분적으로는 이론적으로 분석하기 어렵고 또 한편으로는 일반적으로 받아들여지는 최선의 방법이 없기 때문이다. 기본 아이디어는 많은 다른 변형 버전으로 적용될 수 있다.

배깅 및 부스팅과 달리 스택은 일반적으로 결정 트리 세트와 같은 동일한 유형의 모델을 결합하는 데는 사용되지 않는다. 대신 서로 다른 학습 알고리듬에 의해 구축된 모델에 적용된다. 결정 트리 유도자, 나이브 베이즈 학습자, 인스턴스 기반 학습 구조가 있으며 주어진 데이터셋에 대한 분류기를 구성하려고 한다고 가정하자. 일반적인 절차는 교차 검증을 통해 각 알고리듬의 예상 오차를 추정하고 향후 데이터에 대한 예측 모델을 형성할 수 있는 가장 좋은 알고리듬을 선택하는 것이다. 하지만 더 좋은 방법은 없을까? 3가지 학습 알고리듬을 사용할 수 있다면 3가지 알고리듬을 모두 예측에 사용하고 출력을 함께 결합할 수 없을까?

출력을 결합하는 방법 중 하나는 투표이며 배깅에 사용되는 것과 같은 메커니즘이다. 그러나 (가중치 없는) 투표는 학습 계획이 비교적 잘 수행될 경우에만 이치에 맞는다. 세 분류기 중 2개가 엄청나게 잘못된 예측을 한다면 곤경에 처할 것이다. 대신 스택은 투표 절차를 대체하는 메타 학습자meta learner의 개념을 도입한다. 투표의 문제는 어떤 분류기를 신뢰해야 할지 명확하지 않다는 것이다. 스택은 기본 학습자의 출력을 가장 잘 결합하는 방법을 찾고자 또 다른 학습 알고리듬인 메타 학습자를 사용해 신뢰할 수 있는 분류기가 무엇인지 알아내려 한다.

레벨 1 모델이라고도 하는 메타 모델에 대한 입력은 기본 모델 또는 레벨 0 모델의 예측이다. 레벨 1 인스턴스는 레벨 0 학습자만큼 많은 속성을 가지며 속성값은 해당 레벨 0 인스턴스에 대한 학습자의 예측을 제공한다. 스태킹된 학습자가 분류에 사용될 때 인스턴스는 먼저 레벨 0 모델에 입력되고, 각각은 클래스 값을 추측한다. 이러한 추측은 레벨 1 모델에 입력돼 최종 예측에 결합된다.

레벨 1 학습자를 훈련시키는 문제가 남아 있다. 이를 위해서는 레벨 0 훈련 데이터(레벨 0 학습자 훈련에 사용)를 레벨 1 훈련 데이터(레벨 1 학습자 훈련에 사용)로 변환하는 방법을 찾아야 한다. 각 레벨 0 모델이 훈련 인스턴스를 분류하고 인스턴스의 실제 클래스 값을 예측해 레벨 1 훈련 인스턴스를 산출하도록 하라. 하지만 불행하게도 이는 잘 작동하지 않는다. 이는 항상 분류기 A의 출력을 믿고 B와 C를 무시하는 것과 같이 규칙을 배울 수 있게 할 것이다. 이 규칙은 특정 기본 분류기 A, B, C에 적합할 수 있으며 만약 그렇다면 이는 학습될 것이다. 하지만 훈련 데이터에 적절해 보인다고 해서 반드시 시험 데이터에 잘 작용할 필요는 없다. 왜냐하면 그것은 필연적으로 결정을 더 현실적으로 내리는 것보다 훈련 데이터를 과도하게 충족시키는 분류자를 선호하는 법을 배우게 될 것이기 때문이다.

따라서 스택은 단순히 레벨-0 훈련 데이터를 이 방식으로 레벨 1 데이터로 변환하지 않는다. 5장, '신뢰성 – 학습에 대한 평가'에서 다시 한번 살펴보자. 배운 것을 평가하면 훈련 세트의 오류를 사용하는 것보다 분류자의 성능을 평가하는 방법이 더 낫다는 것이다. 그 방법 중 하나는 어떤 인스턴스를 홀드 아웃하고 독립적인 평가를 위해 이를 사용하는 것이다. 이를 스택에 적용해 몇 가지 인스턴스를 예약해 레벨 1 학습자를 위한 훈련 데이터를 구성하고 나머지 데이터에서 레벨 0 분류기를 구축한다. 레벨 0 분류기가 구축되면 홀드 아웃 세트의 인스턴스를 분류해 레벨 1 훈련 데이터를 형성하는 데 사용된다. 레벨 0 분류기는 이러한 인스턴스에 대해 훈련되지 않았기 때문에 예측은 편향되지 않는다. 따라서 레벨 1 훈련 데이터는 레벨 0 학습 알고리듬의 실제 성능을 정확하게 반영한다. 이 홀드 아웃 절차에 의해 레벨 1 데이터가 생성되면 레벨 0 학습자를 다시 적용해 전체 교육 세트에서 분류자를 생성해 데이터를 약간 더 잘 사용하고 더 나은 예측을 유도할 수 있다.

홀드 아웃 방법은 불가피하게 훈련 데이터의 일부의 레벨 1 모델을 제거한다. 5장, '신뢰성 – 학습에 대한 평가'에서는 오류 추정을 위해 이 문제를 회피하기 위한 수단으로 교차 검증이 도입됐다. 이는 모든 레벨 0 학습자에 대한 교차 검증을 수행해 스택과 함께 적용할 수 있다. 훈련 데이터의 각 인스턴스는 교차 검증의 테스트 차수 중 부정확하게 발생하며 해당 훈련 폴드로부터 구축된 레벨 0 유도기의 예측은 레벨 1 훈련 인스턴스를 구축하는 데 사용된다. 이렇게 하면 레벨 1 훈련 인스턴스가 생성된다. 물론 이 훈련 인스턴스는 교차 검증의 각 폴드에 대해 훈련돼야 하기 때문에 느리지만 레벨 1 분류기는 훈련 데이터를 완전히 사용할 수 있게 된다.

테스트 인스턴스가 주어지면 대부분의 학습 구조는 단일 범주형 예측$^{single\ categorical}$ ^{prediction} 대신 모든 클래스 라벨에 대한 확률을 출력할 수 있다. 이는 확률을 사용해 레벨 1 데이터를 형성함으로써 스택 성능을 향상하는 데 활용할 수 있다. 표준 절차와의 유일한 차이점은 레벨 0 학습자가 예측한 클래스를 나타내는 각 명목 레벨 1 속성이 레벨 0 학습자가 출력하는 클래스 확률을 나타내는 여러 숫자 속성으로 대체된다는 것이다. 즉 레벨 1 데이터의 속성 수에 클래스 수를 곱한 것이다. 이 절차는 레벨 1 학습자가 각 레벨 0 학습자는 자신들의 예측과 연관돼 있다는 신뢰성에 관여하고 있고 따라서 두 레벨 학습자 간의 커뮤니케이션을 증폭시키는 이점이 있다.

여기서 질문이 나올 수 있다. 레벨 1 학습자에게 적합한 알고리듬은 무엇인가? 원칙적으로는 어떤 학습 방식도 적용할 수 있다. 그러나 대부분의 작업은 이미 레벨 0 학습자가 수행하기 때문에 레벨 1 분류기는 기본적으로 중재자일 뿐이며 이 목적을 위해 다소 간단한 알고리듬을 선택하는 것이 타당하다. 스태킹을 만든 데이비드 울퍼트$^{David\ Wolpert}$의 말에 따르면 '상대적으로 글로벌하고 매끄러운$^{relatively\ global,\ smooth}$' 레벨 1의 일반화는 잘 수행해야 한다. 단순한 선형 모델이나 리프에 선형 모델을 가진 트리는 대개 잘 작동한다.

스택은 숫자 예측에도 적용할 수 있다. 이 경우 레벨 0 모델과 레벨 1 모델은 모두 숫자 값을 예측한다. 기본 메커니즘은 동일하다. 유일한 차이점은 레벨 1 데이터 특성에 있다. 숫자의 경우 각 레벨 1 속성은 레벨 0 모델 중 하나에 의해 만들어진 수치 예측을 나타내며 클래스 값 대신 수치 목푯값이 레벨 1 훈련 인스턴스에 전달된다.

12.8 심화 자료 및 참고 문헌

앙상블 학습은 머신러닝 연구에서 인기 있는 연구 주제이며 관련 출판물이 많다. 배깅 bagging이라는 용어는 Breiman(1996b)이 만들었는데 그는 분류와 수치 예측 모두에 대해 이론 및 경험적으로 배깅의 특성을 연구했다.

   12.2절에 제시된 분류에 대한 편향 분산 분석은 Dietterich & Kong(1995)에 의한 것이다. 여기서는 이 버전이 접근하기 쉽고 뛰어나기 때문에 선택했다. 그러나 앞에서 언급했듯이 투표에 의한 독립적인 훈련 세트의 모델을 집계하는 것은 실제로 단일 훈련 세트의 모델에 비해 전체 분류 오류를 증가시킬 수 있기 때문에 그 분산은 부정적인 것으로 판명될 수 있다. 분산은 일반적으로 제곱된 양, 즉 표준 편차의 제곱이므로 음수가 될 수 없기 때문에 이것은 심각한 단점이다. 브레이만Breiman은 기술 보고서에서 분류에 대해 다른 바이어스 분산 분해를 제안했다. 이 보고서의 3가지 다른 버전이 웹에 공개됐기 때문에 문헌에 약간의 혼란이 발생했다. '아크Arcing 분류기'라는 제목의 공식 버전은 구조적으로 부정적인 분산을 생성할 수 없는 보다 복잡한 분해를 설명한다. 그러나 '편향, 분산, 아크 분류기'라는 제목의 원래 버전은 디트리히Dietterich와 콩Kong의 공식(브레이만이 편향 항을 편향 + 노이즈로 나누는 것은 제외), 그리고 원 제목을 가진 중간 버전도 있지만 브레이만이 부정적 분산을 생성할 수 있기 때문에 옛 정의를 버렸다고 설명하는 새로운 분석도 있다. 그러나 새로운 버전(및 다른 저자가 제안한 분석에서)에서 집합 분류기의 편향은 단일 훈련 세트로 구축된 분류기의 편향을 초과할 수 있으며 이는 직관적으로 보이지는 않는다.

   여기서는 비용에 민감한 분류를 사용할 때 배깅이 훌륭한 결과를 가져올 수 있다는 사실을 얘기했다. 메타코스트MetaCost 알고리듬은 Domingos(1999)에 의해 도입됐다.

   랜덤 서브 스페이스random subspace 방법은 Ho(1998)가 앙상블 분류기를 학습하기 위한 접근법으로 제시했고, Bay(1999)가 제시한 최근접 이웃 분류기의 앙상블 학습 방법으로 적용했다. Dietterich(2000)는 랜덤화를 평가하고 이를 배깅 및 부스트와 비교했다. 랜덤 포레스트는 Breiman(2001)에 의해 도입됐다. 회전 포레스트는 Rodriguez, Kuncheva, Alonso(2006)가 도입한 보다 최근의 앙상블 학습 방법이다. Kuncheva & Rodriguez(2007)의 후속 연구에 따르면 그 성능을 담당하는 주요 요인은 주성분 변환(랜덤 투영과 같은 다른 특징 추출 방법과는 반대로)의 사용과 원래 입력 속성의 랜덤 부분 공간에 주성분 분석을 적용하는 것이다.

Freund & Schapire(1996)는 AdaBoost.M1 부스트 알고리듬을 개발해 그 성능에 대한 이론적 한계를 도출했다. 이후 그들은 마진^{margin}의 개념을 사용해 일반화 오류에 대한 기준선을 제공했다(Schapire, Freund, Bartlett, & Lee, 1997). Drucker(1997)는 수치 예측을 위해 AdaBoost.M1을 적용했다. 로짓부스트 알고리듬은 Friedman, Hastie, Tibshirani(2000)에 의해 개발됐다. Friedman(2001)은 노이즈 데이터에서 보다 탄력적으로 부스팅하는 방법을 기술했다.

Domingos(1997)는 인공 훈련 사례를 사용해 앙상블에서 해석 가능한 단일 모델을 도출하는 방법을 기술했다. 베이지안 옵션 트리는 Buntine(1992년)에 의해 도입됐고, 다수결 투표는 Kohavi & Kunz(1997년)에 의해 옵션 트리에 통합됐다. Freund & Mason(1999)은 교차 결정 트리를 도입했다. 다중 클래스 교대 결정 나무를 이용한 실험은 Holmes, Pfahringer, Kirkby, Frank &및 Hall(2002)에 의해 보고됐다. Landwehr, Hall, Frank(2005)는 로짓 부스트 알고리듬을 사용해 물류 모델 트리를 개발했다.

스택 일반화는 신경망 문헌에서 Wolpert(1992)가 아이디어를 처음 제시했으며 Breiman(1996a)의 수치 예측에 적용됐다. Ting & Witten(1997a)은 서로 다른 레벨 1 모델을 경험적으로 비교한 결과 간단한 선형 모델이 잘 작동한다는 것을 발견했다. 그들은 또한 확률을 레벨 1 데이터로 사용하는 이점을 입증했다. Dzeroski & Zenko(2004)는 선형 회귀 대신 모델 트리를 사용해 향상된 성능을 얻었다. 스택과 배깅의 조합도 연구됐다 (Ting & Witten 1997b).

12.9 WEKA 수행

- 배깅

    Bagging(분류기의 배깅: 회귀에 대한 작업도 마찬가지)

    MetaCost(metaCost 패키지에서 비용에 민감한 분류기 생성)

- 랜덤화

    RandomCommittee(서로 다른 랜덤 숫자 시드를 사용한 앙상블)

    RandomSubSpace(랜덤으로 선택된 속성의 하위 세트를 사용)

    RandomForest(랜덤 트리의 앙상블을 배깅)

    RotationForest(rotationForest 패키지에서 회전 랜덤 하위 스페이스를 사용하는 앙상블)

- 부스팅: **AdaBoostM1**

- 가법 회귀:

    AdditiveRegression

    LogitBoost(가법 논리 회귀)

- 가독 앙상블(interpretable ensembles):

    ADTree(alternatingDecisionTrees 패키지에 있는 교차 결정 트리)

    LADTree(alternatingDecisionTrees 패키지에서 로짓부스트를 사용해 교차 결정트리를 학습)

    LMT(논리 모델 트리)

- 스태킹(예측들의 취합 방법을 학습)

13

응용 영역, 그 너머의 세계

머신러닝은 데이터로부터 지식 마이닝에 대한 떠오르는 신기술이며 많은 사람이 진지하게 받아들이기 시작한 기술이기도 하다. 앞으로 해결해야 할 주요 과제는 애플리케이션이다. 기회는 많다. 데이터가 있는 곳이면 어디에서든 데이터를 통해 모든 것을 배울 수 있다. 사람들이 스스로 헤아릴 수 없을 만큼 많은 데이터가 있을 때마다 학습의 메커니즘은 자동화돼야 한다. 하지만 영감은 분명 자동적이지 않을 것이다. 애플리케이션은 컴퓨터 프로그램이나 머신러닝 전문가, 데이터 자체에서가 아니라 데이터를 갖고 작업하는 사람들과 그 데이터가 야기하는 문제에서 나올 것이다. 이것이 이 책을 쓴 이유다. 그리고 그것이 부록 B에 기술된 WEKA 시스템이 머신러닝 전문가가 아닌 사람들이 이러한 기술을 일상생활에서 발생하는 문제에 적용할 수 있도록 도와줄 것이다. 여기서 말하고자 하는 것은 간단하다. 알고리듬은 여기 있다. 나머지는 정말 여러분에게 달렸다.

물론 기술의 개발은 아직 끝나지 않았다. 머신러닝은 뜨거운 연구 주제이고 새로운 아이디어와 기법이 계속해서 등장하고 있다. 다양한 연구 전선의 분위기를 전달하고자 데이터 마이닝 분야의 일부 주제 영역을 살펴보면서 2부를 마무리한다.

13.1 머신러닝의 적용

2006년 국제 데이터 마이닝 콘퍼런스는 상위 10개 데이터 마이닝 알고리듬을 식별하기 위한 설문 조사를 실시했다. 지금 시점에서는 다소 오래된 것이지만 표 13.1에 표시된 결과는 여전히 의미가 있다. 표 13.1에 있는 대부분의 알고리듬을 이 책에 다뤘다는 데에서 보람이 느껴진다. 회의 주최 측은 알고리듬을 대략적인 범주로 나눴는데 책에 나온 항목들도 보인다. 일부 과제는 다소 임의적이다. 예를 들어 나이브 베이즈는 확실히 통계적 학습 방법이다. 그럼에도 이 표는 다른 형태의 학습에 대한 분류에 대해 강조하는 것이 분명하며 우리가 또한 지적한 C4.5의 두드러진 점과 마찬가지다. 지금까지 언급되지 않은 표 13.1의 한 알고리듬은 링크 마이닝을 위한 페이지랭크^{PageRank} 알고리듬이며 이 알고리듬이 목록에 있어서 약간 놀랐다. 13.6절에는 이에 대한 간략한 설명이 포함돼 있다.

머신러닝의 생산적인 사용은 단지 어떤 데이터를 찾아 맹목적으로 학습 알고리듬을 적용하는 문제가 아니라고 거듭 강조해 왔다. 물론 WEKA 워크벤치와 같은 도구의 존재는 그 일을 쉽게 할 수 있게 하지만 그 안에는 위험이 있다. 이 방법론을 따르는 것처럼 보이는 많은 출판물을 봤으며 저자들은 특정 데이터셋에 대한 많은 학습 알고리듬을 실행한 다음 그러한 머신러닝 방법이 그러한 문제에 가장 적합하다고 주장하는 기사를 쓴다. 그러한 알고리듬이 무엇을 하는지, 데이터의 본질, 통계적 중요성을 거의 이해하지 못한다.

표 13.1 2006년도 설문에서의 데이터마이닝 상위 10개 알고리듬

	알고리듬	카테고리	이 책에서 다루는 부분
1	C4.5	Classification	4.3, 6.1
2	K-means	Clustering	4.8
3	SVM	Statistical learning	7.2
4	Apriori	Association analysis	4.5, 6.3
5	EM	Statistical learning	9.3, 9.4
6	PageRank	Link mining	13.6
7	Adaboost	Ensemble learning	12.4
8	kNN	Classification	4.7, 7.1
9	Naïve Bayes	Classification	4.2
10	CART	Classification	6.1

그러한 연구들은 유용성이 의심스럽다.

관련은 있지만 다소 다른 이슈가 수년에 걸쳐 보고된 머신러닝 방법의 개선과 연관이 있다. 저명한 통계학자이자 머신러닝 연구원인 데이비드 핸드^{David Hand}는 2006년 '분류기 기술과 진전의 환상^{Classifier technology and the illusion of progress}'이라는 제목의 논문에서 지도된 분류를 위해 많은 알고리듬이 고안됐으며 앞선 연구자들보다 새로운 방법의 우월성을 확립하는 것으로 보이는 많은 비교 연구가 수행됐다고 지적한다. 그러나 그는 이러한 연구들의 출판이 보여 주는 지속적인 진전은 사실 대부분 환상이라고 주장한다. 이 메시지는 15년 전에 4장, '알고리듬 - 기본 방식'을 시작한 1R 머신러닝 구조를 떠올리게 하는데 이 방법은 위에서 지적했듯이 결코 머신러닝 '방법'으로 의도된 것이 아니라 단순한 데이터셋을 작업하고자 고출력 귀납 추론 방법을 넣는 것은 파리를 잡고자 망치를 사용하는 것과 같다는 점을 증명하려고 고안됐다. 이 통찰은 이 책에 만연해 있는 단순성 우선 방법론의 기초가 되고 있는데 그중 핸드의 최근 논문은 유익하다.

측정된 성공한 분류에서 주어진 도큐먼트화된 개선들을 고려할 때 어떻게 진전이 환상일 수 있을까? 기본적으로 성능의 차이가 매우 작으며 실제 응용 분야에서는 다른 불확실성의 원천에 의해 늪에 빠질 가능성이 높다는 주장이다. 이것에는 많은 이유가 있다. 단순한 방법은 수행되지 않을 수도 있지만 대부분 수행된다. 극도로 단순한 모델은 항상 대다수의 클래스를 선택하며 모든 학습 방법이 개선될 수 있는 기준선을 설정한다. 정교한 방법으로 달성된 기준상에서의 개선과 동일한 비율로 간단한 방법으로 달성한 기준상에서의 개선을 고려하라. 다양하게 랜덤으로 선택된 데이터셋의 경우 매우 간단한 방법이 가장 정교한 기법에 의해 산출된 개선의 90% 이상을 달성한 것으로 밝혀졌다. 이것은 그리 놀라운 일이 아니다. 결정 트리 및 규칙과 같은 표준 분류 체계에서, 첫 번째 분기 또는 규칙이 결정되는 프로세스의 시작 부분에서 예측 정확도의 엄청난 비례적 이득이 달성되고 일반적으로 하위 연속 이득은 매우 적다.

작은 개선 사항들은 다른 요인들에 의해 우선순위에서 쉽게 밀린다. 머신러닝의 기본 가정은 훈련 데이터가 미래의 데이터를 선택할 분포를 나타낸다는 것, 다시 말해 일반적으로 데이터가 독립적이고 동일하게 분포된다는 가정(흔히 IID^{Independent and Identically}

Distributed로 불린다)이다. 하지만 현실에서는 유동적이다. 아직까지 데이터는 항상 과거지향적이며 어떤 때는 너무 오래되기도 한다. 1.3절에 소개된 대출 시나리오를 생각해 보자. 상당한 양의 훈련 데이터를 수집하려면(철저한 훈련은 상당한 양이 필요하다) 결과를 알기 위해서 많은 대출이 발행될 때까지 기다려야 하고 그 대출 기간이 끝날 때까지 기다려야 한다(2년? 5년?). 우리가 훈련에 사용할 때쯤이면 이미 데이터는 상당히 과거의 데이터가 돼 버릴 것이다. 그 사이에 무엇이 달라졌냐고? 바로 새로운 행동 방식이다. 은행은 사양의 기반이 되는 측정값 정의 방식을 바꿀 수 있는 것이다. 새로운 사양이 등장하고 정책이 바뀐다. 오래 전 자료가 오늘날의 문제를 정말 대표할까?

또 다른 근본적인 문제 훈련 데이터에서 클래스 라벨의 신뢰성이다. 랜덤한 또는 체계적인 오류가 있을 수 있으며 이런 경우보다 더 복잡한 모델은 고차 항이 매우 부정확할 수 있기 때문에 더 간단한 모델을 고수해야 한다. 클래스 라벨을 결정할 때 누군가는 어딘가에서 회색 세계를 흑백 세계로 매핑하고 있을 수 있으며 이는 판단을 필요로 하고 모순을 불러일으킨다. 그리고 상황이 바뀔 수도 있다. 예를 들어 3개월 동안 지불을 하지 못하는 사람을 가리켜 '파산자defaulter'라는 개념은 오늘날과는 미묘하게 다를 수 있다. 아마도 오늘날의 경제 환경에서는 압박을 받는 고객들에게 보석 담당자를 부르기 전에 또 다른 2개월의 여유가 주어질 것이다. 요점은 학습이 반드시 실패할 것이라는 점이 아니다. 그 변화는 상당히 미묘할 수도 있고 배운 모델들은 여전히 잘 작동할 수도 있다. 핵심은 단순한 모델보다 정교한 모델에 의해 얻은 여분의 몇 퍼센트의 향상은 다른 요소들에 의해 밀릴 수도 있다는 것이다.

머신러닝과 비교 실험을 볼 때 또 다른 문제는 누가 운전을 하고 있느냐 하는 것이다. 다양한 방법을 동원해 결과를 기록하는 것만이 문제가 아니다. 많은 머신러닝 기법은 당면한 문제에 맞게 조정하는 것, 즉 최적화를 통해 좋은 결과를 얻는다. 수정에 사용되는 데이터가 테스트에 사용되는 데이터와 완전히 분리되기를 바란다(그렇지 않으면 결과는 믿을 수가 없다). 하지만 어떤 특정한 방법의 전문가, 어쩌면 그것을 개발한 사람이 다른 사람보다 더 많은 성과를 짜낼 수 있는 것은 당연하다. 만약 연구를 출판하려고 한다면 그들은 확실히 가능한 한 최선의 방법으로 새로운 방법을 제시하려고 할 것이다.

결론은 실제적인 것이더라도 실험상 성능의 작은 이득은 실제 데이터 마이닝 문제에 머신러닝을 적용할 때 다른 요인에 의해 늪에 빠질 수 있다는 것이다. 실제 데이터셋에서 가치 있는 일을 하고 싶다면 전체 문제 맥락을 고려해야 한다.

13.1절을 마무리하기 전에 딥러닝을 사용해 얻은 획기적인 결과 이전에 핸드의 논문을 주목해야 한다. 이 논문의 결과들은 교육 데이터가 충분히 제공되고 학습 시 충분한 주의가 필요하다면 매우 복잡한 모델이 일부 애플리케이션에서 상당한 이점을 얻을 수 있다는 것을 보여 준다.

13.2 대규모 데이터셋으로부터의 학습

오늘날의 기업과 과학 기관에서 대규모 데이터베이스가 엄청나게 확산되면서 머신러닝 알고리듬과 대규모 데이터베이스는 불가분의 관계가 됐다. 알고리듬이 대규모 데이터셋에 적용되면 2개의 개별 치수가 중요해지는데 그것이 바로 공간과 시간이다.

데이터가 너무 커서 메인 메모리 공간에 저장할 수 없다고 가정하자. 이것은 학습 구조가 점진적으로 작동해 모델을 생성할 때 한 번에 하나의 인스턴스를 처리하는 경우는 어려움이 없다. 인스턴스는 입력 파일에서 읽을 수 있고 모델은 업데이트될 수 있으며 다음 인스턴스도 읽어 들일 수 있고 메인 메모리에 둘 이상의 훈련 인스턴스를 보유하지 않고도 계속할 수 있다. 이것은 '데이터 스트림 학습data stream learning'이라고 하며 13.3절에서 논의한다. 기본 인스턴스 기반 구조 및 로컬 가중 회귀 분석과 같은 다른 방법은 예측 시간에 모든 훈련 인스턴스에 액세스해야 한다. 이 경우 메모리에서 데이터셋의 가장 자주 사용되는 부분만 유지하고 파일의 관련 인스턴스에 신속하게 액세스할 수 있도록 정교한 캐싱 및 인덱싱 메커니즘을 사용해야 한다.

학습 알고리듬을 대용량 데이터셋에 적용할 때 다른 중요한 차원은 시간이다. 학습 시간이 훈련 인스턴스의 수와 함께 선형적으로(또는 거의 선형적으로) 스케일링되지 않으면 결국 매우 큰 데이터셋을 처리하는 것은 불가능할 것이다. 일부 애플리케이션에서 속성 수는 중요한 요인이며 속성 수에서 선형으로 스케일링하는 방법만 허용된다. 또한 예측 시간이 중요한 문제일 수 있다. 다행히도 훈련과 테스트 모두에서 놀랍도록 잘 확장되는 많은 학습 알고리듬이 있다. 예를 들어 나이브 베이즈의 훈련 시간은 인스턴스의 수와 속성의 수 모두에서 선형이다. 하향식 의사결정 트리 유도자의 경우 6.1절에서 훈련 시간은 속성 수에서 선형이며 트리가 균일하게 무성한 경우(하위 트리 상승을 사용하지 않는 경우) 인스턴스 수에서 로그 선형임을 봤다.

데이터셋이 너무 커서 특정 학습 알고리듬을 적용할 수 없을 때 학습을 실현할 수 있는 3가지 방법이 있다. 첫 번째는 사소한 것인데 전체 데이터 집합에 스키마를 적용하는 대신 작은 부분 집합만 사용해 훈련하는 것이다. 물론 서브 샘플링을 사용할 때 정보는 손실된다. 하지만 학습된 모델의 예측 성능은 모든 훈련 데이터가 통합되기 훨씬 전에 종종 평활화되기 때문에 손실은 무시할 수 있다. 이 경우 다른 크기의 훈련 세트를 위한 홀드 아웃 테스트 세트에서 모델의 성능을 관찰함으로써 쉽게 검증할 수 있다.

학습 문제가 단순하고 학습 자료의 양이 적기 때문에 수익 감소 법칙law of diminishing return 이라고 불리는 이런 절차는 정확한 모델을 학습하기에 충분하지만 학습 알고리듬은 기본 도메인의 상세 구조 파악이 어려울 수도 있다. 이는 나이브 베이즈가 종종 어려운 도메인에 적용될 때 관찰되며, 추가 훈련 데이터는 모델의 성능을 향상하지 못할 수 있지만 결정 트리의 정확도는 계속 상승할 수 있다. 이 경우 예측 성능이 주요 목표라면 더 복잡한 학습 알고리듬으로 전환해야 한다. 하지만 오버피팅을 조심하라. 훈련 데이터의 성능을 평가하지 않도록 주의하라.

병렬화parallelization는 학습의 시간 복잡성을 줄이는 또 다른 방법이다. 문제를 작은 부분으로 나누고 각각 별도의 프로세서를 사용해 해결하고 결과를 함께 결합하는 것이 기본 아이디어다. 이를 위해서는 병렬화된 학습 알고리듬을 만들어야 하며 어떤 알고리듬들은 자연스럽게 평행화의 의존성을 갖고 있다. 예를 들어 최근접 이웃 방법은 데이터를 여러 조각으로 분할하고 각 프로세서가 훈련 세트의 부분에서 가장 가까운 이웃을 찾도록 함으로써 여러 프로세서 사이에 쉽게 배포할 수 있다. 결정 트리 학습자는 각 프로세서가 전체 트리의 하위 트리를 만들도록 해 병렬화할 수 있다. (부스트는 아니지만) 배깅과 스태킹은 자연스럽게 병렬 알고리듬이 된다. 그러나 병렬화는 부분적인 치료법일 뿐이다. 왜냐하면 고정된 수의 프로세서로는 알고리듬의 점근적 시간 복잡성을 개선할 수 없기 때문이다. 비록 현대 그래픽 카드에는 엄청난 수의 (매우 간단한) 프로세서가 포함돼 있지만 말이다.

대규모 데이터셋에 알고리듬을 적용하는 간단한 방법은 데이터를 제한된 크기의 청크chunk로 분할하고 각각 모델을 별도로 학습해 투표 또는 평균을 사용해 결과를 모으는 것이다. 병렬 배깅과 같은 방식 또는 순차적인 부스트와 같은 방식을 이 목적으로 사용할 수 있다. 부스팅은 이전 청크에서 배운 분류기를 기반으로 새로운 청크를 가중시킬 수 있어 청크 간에 정보를 전달할 수 있다는 장점이 있다. 두 경우 모두 메모리 소비는 데이터셋 크기에 따라 선형적으로 증가한다. 이는 일부 데이터 검증은 제쳐두고, 검증 세트에 대한 전체 성과를 높이는 경우 새로운 청크에서 전체 분류기에 모델을 추가하는 것으로 이뤄질 수 있다. 또한 유효성 검사 세트는 여러 개의 상이한 청크 크기를 병렬로 실행하고 유효성 검사 세트에서 성능을 모니터링함으로써 적절한 청크 크기를 식별하는 데 사용될 수 있다.

학습 패러다임이 매우 큰 데이터셋을 처리할 수 있게 하는 가장 좋으면서도 어려운 방법은 계산 복잡성이 낮은 새로운 알고리듬을 개발하는 것이다. 어떤 경우에는 복잡성이 낮은 정확한 알고리듬을 도출하는 것이 불가능할 가능성도 있으며 수치 속성을 다루는 결정 트리 학습자가 이 범주에 속한다. 이들의 점근적 시간 복잡성은 수치 속성값에 대한 정렬 프로세스에 의해 좌우되며 이는 주어진 데이터셋에 대해 적어도 한 번 수행돼야 한다. 그러나 실제 솔루션에 근접하지만 훨씬 적은 시간을 필요로 하는 확률적 알고리듬이 도출될 수 있다.

배경 지식은 학습 알고리듬에 의해 처리돼야 하는 데이터의 양을 크게 줄일 수 있다. 어떤 속성이 클래스인지에 따라, 대규모 데이터셋의 대부분의 속성은 배경 지식을 고려할 때 무관한 것으로 판명될 수 있다. 보통 이는 학습 구조에 전달된 데이터를 신중하게 운영하고 당면한 학습 문제에 대한 사전 정보를 최대한 활용할 수 있도록 하는 데 도움이 된다. 배경 지식이 부족한 경우에는 7.1절에 설명된 속성 필터링 알고리듬이 데이터의 양을 크게 줄일 수 있으며 예측 성능의 사소한 손실을 희생할 수 있다. 이러한 것 중 일부를 예로 들면 결정 트리 또는 1R 학습 방식을 사용하는 속성 선택과 같이 속성 수에 선형인 것들이다.

일반 마이크로컴퓨터에서 머신러닝 알고리듬을 간단하게 구현해 처리할 수 있는 데이터의 양을 실감해 보고자 WEKA의 결정 트리 학습자 J48, C4.5의 구현, 5메가의 인스턴스의 데이터셋, 40개 속성(거의 모든 숫자), 25개의 값을 가진 클래스 실행했다.[1] 여기서는 6Gbytes의 힙 공간을 가진 자바 가상 기계[2]를 실행하는 최신 머신[3]을 사용했다(이 중 절반은 단지 데이터 읽기에만 필요했다). 1,388개의 노드를 가진 결과 트리는 만드는 데 18분이 걸렸다. 일반적으로 자바는 동등한 C/C++ 코드보다 약간 느리지만 걸리는 시간은 두 배 미만이다.

오늘날에는 '대규모'라는 형용사에 걸맞은 데이터셋이 존재한다. 천체물리학, 핵물리학, 지구과학, 분자생물학의 과학적 데이터셋은 테라바이트로 측정된다. 금융 거래 기록을 포함하는 데이터셋도 마찬가지다. 이러한 데이터셋 전체에 머신러닝을 위한 표준 프로그램을 적용하는 것은 매우 어려운 제안이다.

13.3 데이터 스트림 학습

대규모 데이터셋을 처리하는 한 가지 방법은 데이터 입력을 연속적인 스트림으로 처리하는 학습 알고리듬을 개발하는 것이다. 지난 10년 동안 개발된 데이터 스트림 마이닝의 새로운 패러다임으로부터 메인 메모리의 수배 크기인 데이터셋에 자연스럽게 대처하는 알고리듬이 개발됐으며 무한정 크기로 처리할 수 있을 것이다. 핵심 가정은 각 인스턴스를 딱 한 번만 검사할 수 있고(또는 기껏해야 한 번) 그 후 폐기해 후속 인스턴스를 위한 공간을 만들어야 한다는 것이다. 학습 알고리듬은 인스턴스가 처리되는 순서에 대한 제어가 없으며 각 인스턴스가 도착함에 따라 모델을 점진적으로 업데이트해야 한다. 대부분의 모

---

1   http://kdd.ics.uci.edu/databases/kddcup99/kddcup99.html에서의 1999 KDD 컵 데이터를 사용했다.

2   Oracle 64bit JVM(1.8) 서버 모드

3   4GHz Intel Core i7 processor Apple MacOSX

델은 또한 '언제나' 속성을 만족시키며 학습 과정에서 어느 시점에서든 적용될 준비는 돼 있다. 이러한 알고리듬은 데이터 스트림으로부터의 실시간 학습에 이상적이며 진화하는 입력 스트림의 변화에 모델을 적용시키면서 실시간으로 예측을 한다. 이 방법은 일반적으로 물리적 센서에 의해 생성된 데이터로부터 온라인 학습에 적용된다.

이러한 애플리케이션의 경우 알고리듬은 무기한으로 작동해야 하지만 제한된 양의 메모리를 사용해야 한다. 인스턴스가 처리되는 즉시 폐기된다고 규정했지만 적어도 일부 인스턴스에 대해서는 적어도 기억할 필요가 있으며 그렇지 않으면 모델은 정적이 될 것이다. 시간이 지날수록 모델은 계속 성장할 수 있다. 그러나 그것은 구속 없이 자라도록 허용돼서는 안 된다. 빅데이터를 처리할 때 메모리의 사용에 있어서 모든 측면에 제한이 적용되지 않는 한 메모리는 빠르게 소진된다. 공간에서 시간으로 이동하면서 실시간 응용을 위한 알고리듬은 인스턴스가 도착하는 것보다 빨리 처리해야 하며 일정하고 바람직하게는 짧은 시간 제한 내에서 각 인스턴스를 처리해야 한다. 이는 추가 수준의 복잡성을 도입하는 여러 사례에 대해 비용을 청산할 수 없는 한, 예를 들어 트리 모델에서 종종 발생하는 복잡한 재구성을 허용하지 않는다.

나이브 베이즈는 스트림에 실질적인 변화가 없는 한 데이터 스트림을 처리하고자 가색할 필요가 없는 알고리듬의 드문 예다. 훈련은 점진적으로 이뤄지며 고정된 수치 파라미터 세트의 업데이트가 포함된다. 모델이 구조가 추가되지 않아 메모리 사용량이 작으며 동일한 특성을 가진 다른 분류기로는 1R과 기본 퍼셉트론이 있다. 다중 신경망은 대개 고정된 구조를 갖고 있으며 7.2절에서 보았듯이 역전파는 일괄 처리(배치) 작업보다는 각 훈련 인스턴스가 처리된 후에 가중치를 점진적으로 업데이트하므로 온라인 학습에 적합하다. 예외가 있는 규칙은 전체 세트를 재설계하기보다는 기존 규칙에 예외를 표현함으로써 점진적인 수정이 이뤄지므로 데이터 스트림 학습에 적합하게 표현될 수 있다. 하지만 예외 수가 증가함에 따라 메모리 사용이 불가피하게 증가하는 것은 주의해야 한다. 인스턴스 기반 알고리듬 및 로컬 가중 선형 회귀와 같은 연관 방법도 점진적이지만 고정 메모리 영역 내에 작동하도록 해야 한다.

표준 알고리듬이 스트림 처리에 어떻게 적용될 수 있는지를 전달하고자 가독성을 띤 형태로 진화하는 구조를 가진 결정 트리의 사례를 조사할 것이다. 결정 트리의 점진적 유도에 대한 초기 연구는 트리를 만들고 재구성이 더 나을 것이라는 충분한 근거가 축적됐을 때 트리를 재구성하는 방법을 고안했다. 그러나 구조 조정 작업을 위해서는 많은 양의 정보를 유지해야 하며 경우에 따라서는 모든 훈련 데이터가 필요할 수도 있다. 이런 조정 작업은 느리게 진행되는 경향이 있다. 때로는 트리 전체를 처음부터 다시 만드는 것보다 느릴 때도 있다. 이런 방법이 흥미롭기는 하지만 데이터 스트림의 처리를 위한 무한대의 시간이 주어지지 않는다.

이들의 문제는 가능한 한 많은 정보를 가능한 한 많이 짜내는 일반적인 패러다임을 채택한다는 것이다. 데이터 스트림을 사용하는 경우 이런 패러다임이 반드시 적절하지는 않다. 스트림을 사용하는 경우 인스턴스에 대한 일부 정보를 버리는 게 허용되며 필요시 항상 다시 불러올 수 있기 때문이다. 2000년에 '회프딩 트리$^{\text{Hoeffding tree}}$'라는 새로운 패러다임이 도입됐는데 데이터가 정적이고 예시 수가 충분히 크면 결정 트리와 동등한 것으로 입증될 수 있는 모델을 구축한다.

회프딩 트리는 회프딩 바운드$^{\text{Hoeffding bound}}$라는 기본 아이디어에 기초한다. 충분한 독립적인 관찰을 고려할 때 무작위 변수의 실제 평균은 추정 평균과 일정량 이상 다르지 않을 것이라는 것은 직관적으로 이해가 될 것이다. 사실 회프딩 바운드는 n회 관측 후 확률 $1 - \delta$을 가진 경우 R 범위의 랜덤 변수의 실제 평균은 추정 평균과 ε의 차이보다 작지 않을 것이라고 명시하며 여기서 ε는 다음과 같다.

$$\varepsilon = \sqrt{\frac{\ln(1/\delta)}{2n} \cdot R}$$

이 경계는 값의 기초가 되는 확률 분포와 상관없이 유지된다. 일반적으로 이는 분배 의존적$^{\text{distribution-dependent}}$ 경계보다 더 보수적이다. 비록 더 엄격한 경계가 특정한 분포로 알려져 있지만 회프딩 공식은 경험적으로 잘 작동한다.

결정 트리 유도의 기본 문제는 각 단계에서 분기할 속성을 선택하는 것이다. 회프딩 바운드를 적용하고자 먼저 속성 선택이 부정확할 확률인 δ의 작은 값(10^{-1}이라고 하자)을 설정한다. 추정되는 랜덤 변수는 최상위의 두 속성 간의 정보 취득 차이이며 R은 가능한 클래스 라벨 수의 기본 2개의 로그 값이다. 예를 들어 최상의 두 속성 간 취득 차이가 0.3으로 추정되고 위의 공식이 0.1의 값을 산출하면 바운드는 취득의 실제 차이가 높은 확률로 0.2를 초과한다는 것을 보장하며 이는 최상의 속성에 대한 긍정 분리를 나타낸다. 따라서 분리하는 것이 안전하다.

최상의 두 속성 간의 정보 취득 차이가 ε에 비해 작으면 분할해도 안전하지 않다. 그러나 n이 계속 증가함에 따라 감소할 것이기 때문에 더 많은 예시가 보일 때까지 단순히 기다리기만 하면 되며 물론 이것은 두 가지 가장 좋은 속성과 얼마나 멀리 떨어져 있는지에 대한 추정치는 바꿀 수 있다.

이 간단한 테스트는 회프딩 트리의 핵심이며 확률 $1 - \delta$로 특정 속성이 다른 모든 속성보다 더 큰 정보 취득을 나타낸다고 결정한다. 다시 말해 특정 속성과 가장 가까운 경쟁자 사이의 차이는 ε를 초과한다. 더 많은 예제에서 보이듯 바운드는 빠르게 붕괴되는데 예를 들어 $\delta = 10^{-7}$인 2-클래스 문제($R = 1$)의 경우 처음 1,000개의 예제 이후에는 바운드가 0.1 이하로 떨어지며 처음 100,000 이후에는 0.01 이하로 떨어진다. 리프의 수가 무한정 늘어남에 따라 각 리프의 오류 확률이 δ 아래로 떨어지더라도 잘못된 결정을 내릴 확률은 지속적으로 증가한다며 누군가는 반대할 수 있다. 이건 맞는 말인데 한정된 메모리에서의 작업을 제외하면 리프의 수는 무한정 늘어날 수는 없다. 최대 트리 크기가 주어지면 주어진 바운드 내에서 전체 오류 확률을 유지하는 것은 δ에 대한 적절한 값을 선택하는 문제일 뿐이다. 기본 원칙은 정보 취득 이외의 측정에, 그리고 결정 트리 이외의 학습 방법에 적용할 수 있다.

다른 이슈들도 많이 있다. 상위 두 속성이 매우 유사한 정보 취득을 보여 주는 상황에서 트리의 추가 개발을 허용하는 타이 브레이킹^{tie-breaking} 전략이 도움이 된다. 실제로 2가지 동일한 속성이 존재하면 트리의 추가 개발은 완전히 막힐 수 있다. 이를 방지하고자 회프딩 바운드가 다음 최선의 옵션에 아무리 가깝더라도 미리 지정된 타이 브레이킹 파라미터 아래로 떨어질 때마다 노드를 분할해야 한다. 효율성을 높이고자 회프딩 테스트는 k개의 새로운 인스턴스가 도달한 후, 그리고 혼합된 클래스가 리프에 도달했을 경우에만 각 리프에 대해 주기적으로 수행될 수 있다(그렇지 않으면 분할할 필요가 없다). 사전 프루닝도 간단한 선택지가 된다. 알고리듬은 예를 들어 노드에서의 최상의 속성 정보 이득이 0을 초과하는 경우에만 분할함으로써 전혀 분할하지 않는 장점을 평가해 이를 통합할 수 있다. 일괄 작업 학습 설정에서의 사전 프루닝과 달리 이것은 영구적인 결정이 아니다. 노드는 분할이 유용할 것으로 보일 때까지 분할되지 않는다.

이제 메모리 사용을 생각해 보자. 리프 내에 저장해야 하는 것은 각 클래스 라벨이 각 속성값에 대해 해당 리프에 도달하는 횟수를 계산하는 것이다. 이로 인해 별도의 처리가 필요한 수치 속성에 문제가 발생한다. 비지도 이산화는 쉽지만 지도된 사전 이산화predsicretization는 비지도 이산화보다는 더 까다롭다. 가우시안 근사Gaussian approximation는 클래스당 수치 속성에 대해 만들어지며 평균 및 분산에 대한 간단한 증분 업데이트 알고리듬을 사용해 업데이트할 수 있다. 메모리 요구 사항의 무한 증가를 방지하려면 트리의 총 노드 수를 제한하는 전략이 필요하다. 이는 추가 개발이 가져올 정확성 향상 측면에서 충분하지 못하게 보이는 리프를 비활성화함으로써 이뤄질 수 있다. 잠재 취득potential gain은 리프가 일으킬 수 있는 예상 실수의 개수에 의해 제한되므로 리프의 유망성을 측정할 수 있는 수단 후보 중 하나다. 리프는 주기적으로 가장 유망하지 않은 것부터 순서를 재조정하고 이에 따라 비활성화될 수 있다. 공간을 절약할 수 있는 또 다른 선택지는 예측이 좋지 않을 것 같은 속성을 포기하고 관련 통계를 모델에서 제거하는 것이다.

13.3절은 분류를 위한 결정 트리에 초점을 맞췄지만 연구자들은 회귀, 클러스터링, 앙상블, 결합 규칙assiciation rules 등 모든 고전 데이터 마이닝 문제의 스트림 기반 버전을 연구했다. WEKA와 밀접한 관련이 있는 대규모 온라인 분석을 위한 MOAMassive Online Analysis라는 오픈 소스 시스템에는 평가 도구뿐만 아니라 온라인 학습 알고리듬 세트가 포함돼 있다.[4]

---

4   http://moa.cs.waikato.ac.nz 참고. 여기서 moa의 뜻은 뉴질랜드에서 서식하는 WEKA와 같이 날지 못하는 새의 종류로 현재는 멸종됐다.

13.4 도메인 지식 통합

이 책을 통해 실제 마이닝을 수행할 때 데이터의 파악이 중요하다는 것을 강조해 왔다. 대상 영역에 대한 지식은 성공적인 마이닝을 위해 필수적이다. 데이터에 대한 데이터^{data} about data를 종종 메타데이터^{metadata}라고 하며 머신러닝의 영역 중 하나는 학습 방법이 이 메타데이터를 유용하게 활용하는 방법의 개발이다.

메타데이터가 어떻게 적용될지 예시를 멀리 볼 필요는 없다. 2장, '입력 – 콘셉트, 인스턴스, 속성'에서 속성을 명목과 수치로 나눴다. 하지만 또한 더 많은 훌륭한 구분이 가능하다는 점에 주목했다. 속성이 수치인 경우는 순서가 암시되지만 여기에는 0점이 있고 때로는 없는 경우도 있다(시간 간격에는 차이가 0인 게 있지만 날짜에는 없다). 순서조차 기준이 없을 수 있다. 각도 360과 0도는 같고, 180도는 −180도 또는 900도와 같기 때문에 각도는 다른 순서를 가질 수 있다.

이산 방식은 수치 속성을 수용하는 학습 방식과 마찬가지로 일반적인 선형 순서를 가정하지만 순환 순서^{circular ordering}로 확장하는 일이 종종 있다. 범주형 데이터도 순서를 매길 수 있다. 알파벳 순서라는 전통적인 순서가 없다면 얼마나 삶이 불편해질지 상상해 보라(홍콩 전화번호부에서 목록을 찾아보면 흥미롭고 사소한 문제가 생긴다). 그리고 일상생활의 리듬에도 순환 순서가 반영되는데 요일, 월이 그 예다. 문제를 더욱 복잡하게 하고자 하위 세트에 대한 부분 순서^{partial ordering}와 같은 다른 종류의 순서가 많이 있다. 부분 집합 A는 부분집합 B를 포함할 수 있거나 부분 집합 B는 부분 집합 A를 포함할 수 있거나 다른 것을 포함할 수 없다. 이러한 정보를 만족스럽고 일반적인 방법으로 고려하고자 일반 학습 계획을 확장하는 활발한 연구가 진행되고 있다.

메타데이터는 종종 속성 간의 관계를 포함하며 의미, 인과, 기능의 3가지 관계를 구별한다. 두 속성 사이의 의미 관계는 첫 번째 속성이 규칙에 포함되면 두 번째 속성도 포함돼야 함을 나타낸다. 이 경우 두 속성이 같이 있어야 이치에 맞는다는 것이 선험적으로 알려져 있다. 예를 들어 분석한 농업 자료에서 우유 생산이라는 속성은 개별 소가 얼마나 많은 우유를 생산하는지 측정하며, 조사 목적은 다른 3가지 속성인 소 식별자, 가축 집단

식별자, 농부 식별자 등이 의미적 관계성을 갖고 있다는 것을 의미했다. 즉 우유 생산 가치는 우유를 생산한 소의 맥락에서만 이해할 수 있으며 소는 주어진 농부가 소유한 특정 무리와 연결돼 있다. 의미 관계는 물론 해결해야 할 문제에 의존한다. 그것들은 데이터셋뿐만 아니라 그것을 갖고 무엇을 하려고 하는지에 의존한다.

인과관계casual relation는 한 속성이 다른 속성을 야기할 때 발생한다. 다른 속성에 의해 야기되는 속성을 예측하려는 시스템에서 예측을 더 의미 있게 하고자 다른 속성을 포함해야 한다는 것을 알고 있다. 예를 들어 이전에 언급된 농업 데이터에는 우유 생산과 같은 측정된 속성을 통해 농부, 가축 집단, 소 식별자로부터 특정 소가 유지됐는지 또는 농부가 판매했는지를 기록하는 속성으로 이어지는 체인이 있다. 학습된 규칙은 이러한 의존 사술을 인식해야 한다.

기능 의존성functional dependency은 많은 데이터베이스에서 발생하며 데이터베이스를 만드는 사람들은 데이터베이스의 관계를 정규화하고자 데이터베이스를 식별하려고 노력한다. 데이터에서 학습할 때 한 속성의 기능적 의존성이 다른 속성에 대한 중요성은 후자가 규칙에 사용되는 경우 전자를 고려할 필요가 없다는 것이다. 학습 구조는 종종 이미 알려진 기능적 의존성을 재발견한다. 이것은 무의미한, 더 정확하게는 동의적 규칙을 생성할 뿐만 아니라 다른 흥미로운 패턴이 기능적 관계에 의해 보이지 않을 수 있다. 그러나 자동 데이터베이스 설계에서는 예제의 질의로부터 기능 의존성을 추론하는 문제에 대한 많은 연구가 이뤄졌으며 학습 기법에 의해 생성된 동의적 규칙을 잡는 데 유용하다고 입증돼야 한다.

우리가 만난 알고리듬을 사용해 유도할 때 이러한 종류의 메타데이터, 즉 사전 도메인 지식을 고려하는 것은 깊거나 어려운 기술적 도전을 제시하지 않는다. 유일한 진짜 문제(이게 큰 문제다)는 어떻게 메타데이터를 일반적이고 쉽게 이해할 수 있도록 표현해 사람이 생성하고 알고리듬을 적용해 사용할 수 있도록 하는 것이다.

머신러닝 기법이 생성하는 것과 동일한 표현으로 메타데이터 지식을 전달하는 것은 매력적으로 보인다. 여기서는 규칙에 초점을 맞추고 있는데 이것이 이 작업 대부분의 기준이다. 메타데이터를 지정하는 규칙은 도메인 사전 지식에 해당한다. 훈련 사례를 고려할 때 추가 규칙은 우리가 이미 만난 규칙 유도 계획 중 하나에 의해 도출될 수 있다. 이런 식으로 시스템은 (예시로부터) '경험'과 (도메인 지식으로부터) '이론'을 결합할 수 있을 것이다. 그것은 경험적 증거에 근거해 프로그래밍된 지식을 확인하고 수정할 수 있을 것이다. 느슨하게 말하면 자신이 알고 있는 것을 시스템에 말하고 몇 가지 예를 제시하며 나머지는 스스로 계산한다.

규칙으로 표현된 사전 지식을 충분히 그리고 유연하게 활용하기 위해서는 논리적 추론을 할 수 있는 시스템이 필요하다. 시스템이 없다면 지식은 학습 알고리듬이 활용하기에 올바른 형태로 표현돼야 하는데 이는 실제 사용에 너무 까다로울 가능성이 높다. 인과적 메타데이터를 고려해야 하는데, 즉 속성 A가 B를 유발하고 B가 C를 유발한다면 시스템이 명시적으로 진술하지 않고도 A가 C를 유발한다는 것을 추론하기를 원한다. 이 간단한 예에서 새로운 사실을 명시적으로 언급하는 것은 거의 문제가 되지 않지만 실제로 광범위한 메타데이터로 사용자는 사전 지식의 모든 논리적 결과를 표현하는 것은 비현실적일 것이다.

미리 지정된 도메인 지식에서의 추론과 훈련 예제 유도의 조합은 메타데이터를 수용하는 유연한 방법으로 보인다. 극단적으로 예제가 부족하거나 존재하지 않을 때 차감 deduction은 새로운 규칙을 생성하는 주요(또는 유일한) 수단이다. 다른 한편으로는 예제가 풍부하지만 메타데이터가 부족할 때(또는 존재하지 않을 때) 이 책에 기술된 머신러닝 방법으로 충분하다. 실무에서의 상황은 이 둘 사이의 영역에 퍼져 있다.

도메인 지식 추론과 훈련 예제 유도의 조합은 설득력 있는 비전이며 3.4절에서 언급된 귀납적 논리 프로그래밍 방법은 형식 논리 언어로 된 문장을 통해 도메인 지식을 명시적으로 지정하는 일반적인 방법을 제공한다. 그러나 현재의 논리 프로그래밍 솔루션은 실제 환경에서 심각한 단점이 있는데 이는 깨지기 쉽고 견고성이 결여된 경향이 있으며 실제 크기의 데이터셋에서 실현 불가능할 정도로 계산 작업이 많을 수 있다. 아마도 이는 이 로직들이 1차 논리first-order logic를 사용한다는 사실, 즉 변수를 규칙에 도입할 수 있게 하는 사실 때문일 것이다. 우리가 본 머신러닝 방식은 입력과 출력이 속성과 상숫값으로 표현돼 있고 변수 없이 명제 논리로 머신을 수행한다. 이는 검색 공간을 크게 줄이고 순환성과 종료의 모든 어려운 문제를 피한다.

일부 사람들은 단순화된 추론 시스템을 채택함으로써 완전한 논리 프로그래밍 솔루션을 따라다니는 취약성과 계산 불가피성 없이 목표한 바를 실현하기를 열망한다. 다른 사람들은 9.2절에서 논의된 베이지안 네트워크의 일반적 메커니즘에 믿음을 두고 있으며 인과적 제약은 초기 네트워크 구조에서 표현될 수 있으며 숨겨진 변수는 자동으로 가정되고 평가될 수 있다. 확률적 논리 학습은 논리 프로그래밍과 통계적 추론을 결합해 현실 세계의 복잡성과 불확실성을 모두 해결할 수 있는 방법을 제공한다. 다양한 유형의 도메인 지식의 유연한 사양을 허용하는 시스템이 널리 배포될지 여부를 보는 것은 흥미로울 것이다.

13.5 텍스트 마이닝

데이터 마이닝은 데이터에서 패턴을 찾는 것이다. 마찬가지로 텍스트 마이닝text mining은 텍스트에서 패턴을 찾는 것이며 특정 목적에 유용한 정보를 추출하고자 텍스트를 분석하는 과정이다. 이 책에서 언급한 자료와 비교하면 텍스트는 구조화되지 않고 비정형적이며 다루기가 어렵다. 그럼에도 현대에서 텍스트는 공식적인 정보 교환을 위한 가장 일반적인 수단이다. 일부만 성공을 할지라도 그로부터 정보를 추출하려는 동기는 설득력이 있다.

텍스트와 데이터 마이닝 간의 표면적 유사성이 실제 차이를 파악하기 어렵게 한다. 1장에서 데이터 마이닝을 데이터로부터 잠재적으로 유용하며 미리 알려지지 않고 묵시적인 추출로 특성화했다. 하지만 텍스트 마이닝을 통해 얻은 정보들은 텍스트로 분명하고 명시적으로 기술돼 있다. 전혀 감춰진 것이 아니며 대부분 작성자들은 명확하고 모호하지 않게 표현하려고 많은 노력을 기울인다. 인간의 관점에서 보면 '미리 알려지지 않은'에 존재하는 의미는 텍스트 자체를 읽으려는 사람들에게 불가능을 안겨 주는 '시간적 제약'이다. 문제는 물론 정보가 자동 처리가 가능한 특정 방식이 아니라는 점이다. 텍스트 마이닝은 전문을 읽을 시간이 없는 사람들 또는 컴퓨터가 소비하기에 적합한 형태로 내놓으려 한다.

데이터와 텍스트 마이닝 모두 잠재적으로 유용한 정보를 추출하려고 한다. 어떤 의미에서 이것은 실행 가능하다는, 다시 말하면 자동 실행의 기초를 제공할 수 있다. 데이터 마이닝의 경우 이 개념은 상대적으로 도메인 독립적인 방식으로 표현될 수 있으며 실행 가능한 패턴은 동일한 소스의 새로운 데이터에 대한 사소하지 않은 예측을 할 수 있는 실행 가능한 패턴이다. 이의 성과는 성공과 실패의 수를 카운트해 측정할 수 있으며 동일한 문제에 대한 다른 데이터 마이닝 방법과 비교하고자 통계 기법을 적용할 수 있다. 그러나 많은 텍스트 마이닝에서 '실행 가능한' 것이 당면한 특정 도메인과 독립적인 방식으로 무엇을 의미하는지 특성화시키기는 어렵다. 이는 공정하고 객관적인 성공 척도를 찾기 어렵게 만든다.

이 책에서 강조했듯이 '잠재적으로 유용한potentially useful' 것은 종종 실제 데이터 마이닝에서는 다르게 해석이 된다. 성공 여부의 핵심은 추출한 정보가 데이터를 설명하는 데 도움이 돼야 된다는 것이다. 이것은 결과가 자동 실행의 기초가 아니라(또는) 사람이 실제로 써야 할 때를 위한 것이어야 한다. 이 기준은 데이터 마이닝과 달리 입력 자체가 가독성이 있기 때문에 텍스트 마이닝에는 다소 적용된다. 이해할 수 있는 출력을 가진 텍스트 마이닝은 자체의 하위 필드인 텍스트 본문 중에서 중요한 기능을 요약하는 것, 즉 텍스트 요약과 같다.

도큐먼트 분류와 클러스터링

이미 하나의 중요한 텍스트 마이닝 문제에 직면했는데 바로 도큐먼트 분류이며 이는 각 인스턴스가 도큐먼트를 나타내고 인스턴스 클래스가 도큐먼트의 주제를 의미한다. 각 단어의 존재 또는 부재는 부울 속성으로 취급하거나 도큐먼트는 단어 빈도를 고려해 세트가 아닌 단어의 주머니로 취급할 수 있다. 4.2절에서 이러한 구별을 본 적이 있으며 거기에서 나이브 베이즈를 단어의 주머니 표현으로 확장하는 방법을 배웠고 알고리듬의 다항식 버전을 산출했다.

물론 수많은 단어가 존재하며 그 대부분은 도큐먼트 분류에 그렇게 유용하지 않다. 이는 전형적인 선택의 문제를 제시한다. 예를 들어 종종 스톱 워드stop-word라고 불리는 기능 단어는 대개 선험으로 제거될 수 있고 자주 발생하지만 그 단어들의 수는 그렇게 많지 않다. 다른 단어들은 너무 드물게 발생해 분류에 유용하지 않을 것 같다. 역설적이지만 이런 단어들이 도큐먼트 또는 말뭉치의 거의 절반이 이런 단어들로 구성됐다. 이러한 단어 클래스가 제거된 후에도 압도적인 수의 단어가 남아 있어 8.1절에 설명된 방법을 사용해 추가 기능 선택이 필요할 수 있다. 또 다른 문제는 단어 주머니(또는 단어의 집합) 모델이 단어 순서와 맥락 효과를 무시한다는 것이다. 공통 구문을 찾고 단일 유닛으로 취급하는 확실한 사례가 있다.

도큐먼트 분류는 지도 학습이다. 범주는 사전에 알려져 있으며 각 훈련 도큐먼트에 대해 미리 제공된다. 이 문제의 비지도 버전을 도큐먼트 클러스터링이라고 한다. 여기서는 미리 정의된 클래스가 없지만 동류 도큐먼트 그룹을 찾는다. 도큐먼트 클러스터링은 유사한 도큐먼트 사이에 링크를 생성해 정보 검색을 지원할 수 있으며 이는 도큐먼트 중 하나가 질의와 관련이 있다고 간주되면 관련 도큐먼트를 검색할 수 있게 한다.

도큐먼트 분류 영역에는 많은 애플리케이션이 있다. 비교적 쉬운 분류 작업인 언어 식별은 국제 컬렉션의 도큐먼트에 대해 중요한 메타데이터를 제공한다. 언어 식별에 잘 작동하는 간단한 표현은 n-gram으로 구성되는 프로파일 또는 그 안에 나타나는 n연속 문자($n = 3$과 같은 작은 값의 경우)의 시퀀스로 각 도큐먼트를 특징짓는 것이다. 가장 빈번히 나타나는 300 정도의 n-gram은 언어와 매우 관련이 있다. 더 어려운 애플리케이션은 도큐먼트의 저자가 불확실한 상태에서 추측해야 하는 저자의 비문ascription이다. 여기서 콘텐츠 단어가 아닌 스톱 워드는 분산이 저자 의존적이지만 주제에는 독립적이기 때문에 공짜인 셈이다. 세 번째 문제는 이 어휘에서 태그가 지정된 많은 수의 훈련 도큐먼트를 고려할 때 가능한 문구의 제어된 어휘에서 도큐먼트에 핵심 문구를 할당하는 것이다.

정보의 추출

텍스트 마이닝 문제의 또 다른 축은 메타데이터의 추출이다. 메타데이터는 데이터의 데이터로 위에서 언급됐으며 텍스트의 영역에서 용어term는 일반적으로 작품의 저자, 제목, 주제 분류, 주제 제목, 키워드와 같은 두드러진 특징을 가리킨다. 메타데이터는 고도로 구조화된(따라서 실행 가능한) 도큐먼트 요약의 일종이다. 메타데이터의 개념은 종종 사물이나 '속성entity'을 의미하는 단어나 구를 포함하도록 확장돼 실제 속성 추출의 개념으로 이어진다. 보통 도큐먼트는 전화번호, 팩스번호, 주소, 이메일 주소, 이메일 서명, 요약, 목차, 참조 목록 표, 그림, 인용, 웹 주소 등으로 가득하다. 또한 국제 표준 도서 번호ISBN, International Standard Book Number, 주식 기호, 화학 구조, 수학 방정식 등 수많은 도메인 특화 속성이 있다. 이러한 용어들은 단일 어휘 항목으로 작용하며 많은 도큐먼트 처리 작업에서 이런 용어들이 제대로 인식만 된다면 크게 개선될 수 있다. 이 용어들은 도큐먼트 사이의 검색, 연결, 상호 참조에 도움을 준다.

텍스트의 속성을 어떻게 식별할까? 로트 학습rote learning, 즉 사전 조회dictionary lookup는 특히 개인 이름과 조직의 목록, 지명 사전에서의 위치 정보, 약어 및 약어 사전과 같은 기존 자원과 결합될 때 사용되는 아이디어 중 하나다. 또 다른 아이디어는 이름과 약어에 대문자 및 구두점 패턴을 사용하는 것인데 제목(Ms.), 접미사(Jr), 남작 접두사(von) 또는 외국어 이름에 대한 일반적이지 않은 언어 통계language statistics가 대상이 된다. 정규 표현식regular expression은 URL과 같은 인위적 구성에 충분하다. 명시적인 문법은 날짜와 금액을 인식하고자 만들어질 수 있다. 심지어 가장 간단한 과제조차 실제 도큐먼트가 제공하는 거대한 변화에 대처하는 법을 배울 기회를 준다. 한 가지 예로서 테이블에서 이름을 찾는 것을 쉽게 생각할 것이다. 하지만 전 리비아 지도자 무아마르 카다피Muammar Qaddafi의 이름을 의회 도서관에서 찾아본다면 무려 47가지의 다른 방식으로 검색된다.

많은 짧은 도큐먼트들은 특정 종류의 객체, 또는 이벤트를 나타내며 속성들을 도큐먼트의 전체 내용을 나타내는 상위 수준의 구성으로 결합한다. 구조화된 정보의 개별 조각으로 채워진 슬롯이 있는 템플릿으로 표현될 수 있는 복합 구조를 식별하는 작업을 정보 추출information extraction이라고 한다. 속성이 발견되면 텍스트를 구문 분석해 그 사이의 관계를 결정한다. 일반적인 추출 문제는 미리 결정된 명제propositions의 술어 구조를 찾아야 한다. 이것들은 보통 작은 유한 상태 문법small finite-state grammar과 같은 얕은 파싱 기법에 포착될 만큼 간단하지만 문제는 모호한 대명사 참조와 부착된 전치사 구와 다른 수정자들에 의해 복잡할 수 있다. 머신러닝은 템플릿의 슬롯slot에 대한 필러filler를 추출하는 규칙을 찾음으로써 정보 추출에 적용됐다. 이러한 규칙은 패턴-액션 형식, 슬롯-필러에 대한 제약을 표현하는 패턴 및 로컬 콘텍스트의 단어로 제공될 수 있다. 이러한 제약에서는 단어 자체, 품사 태그, 의미 클래스가 포함될 수 있다.

정보 추출을 한 단계 더 진행하면 추출된 정보는 정보 추출 방법에 대한 규칙이 아니라 텍스트 자체의 내용을 특성화하는 규칙을 학습하기 위한 후속 단계에서 사용할 수 있다. 이 규칙으로 텍스트의 나머지 부분에서 특정 슬롯을 채우는 값을 예측할 수 있다. 컴퓨팅 관련 작업에 대한 인터넷 채용 공고와 같이 엄격하게 제한된 상황에서 수동으로 구성된 몇 가지 훈련 예제를 기반으로 한 정보 추출은 추론된 규칙의 품질 측면에서 수동으로 구성된 전체 데이터베이스와 경쟁할 수 있다.

텍스트 마이닝이 다루는 내용에 대한 실제 교감은 없으며 광범위하게 해석하면 모든 자연어 처리natural language processing가 텍스트 마이닝의 범위에 속한다. 텍스트 마이닝이 소개된 이래, 조건부 랜덤 필드conditional random field는 이 영역에서 지배적인 위치로 남아 있다. 9장, '확률적 방법'에서 언급한 구조화되지 않은 이메일에서 회의 정보를 추출하는 문제는 한 가지 예일 뿐이며 다른 많은 정보 추출 작업은 유사한 조건부 랜덤 필드 공식을 갖고 있다.

자연어 처리

오랜 역사를 가진 연구 분야인 자연어 처리는 딥러닝에 대한 활발한 응용 분야다. 우리는 잠재 의미 분석LSA, Latent Semantic Analysis 및 잠재 디리클레 할당LDAb, Latent Dirichlet Allocation이 도큐먼트 컬렉션의 탐색 주제 분석을 어떻게 허용하는지 봤다. 최근에는 신경 언어 모델링 기술이 단어 간의 관계를 보존하고자 LSA보다 훨씬 더 잘 수행할 수 있다는 것이 관찰됐다. 그리고 LDA[b]는 대용량 데이터로 확장하는 데 어려움이 있다.

구글의 연구원들은 방대한 양의 데이터(초기 실험에는 7억 8,300만 단어, 이후 실험에는 300억 단어)로 훈련된 단일 은닉 계층 네트워크를 기반으로 *word2vec*이라는 언어 모델 세트를 만들었다(연관된 소프트웨어는 온라인에서 구할 수 있다). 이러한 모델 중 하나는 문맥에 따라 단어를 예측하도록 신경 단어 주머니neural bag-of-word 모델을 학습시켜 단어의 연속적인 표현을 생성한다. 콘텍스트 창의 단어 순서가 캡처되지 않기 때문에 이를 '연속 단어 모음continuous collection of word'이라고 한다. 또 다른 모델인 'skip-gram'은 소스 단어 전후의 특정 거리 내에 가까운 단어를 예측하는 선형 투영 계층(얕은 신경망의 한 형태)을 사용해 각 단어를 로그화 분류기logarithmic classifier에 공급한다. 여기서 출력 예측을 위한 상태 수는 어휘 크기와 같고 이 척도의 데이터를 사용하면 어휘 범위는 10^5에서 10^9까지이므로 출력은 '계층적 소프트맥스hierarchical softmax'라는 이진 트리로 분해된다. V-단어의 어휘가 있다면 V 출력 노드가 아닌 $\log_2(V)$만 평가하면 된다.

이 작업에서 특히 주목할 만한 점은 학습된 표현이 벡터 연산으로 수행되는 의미에 대한 추론을 허용하는 단어에 대한 투영을 산출하는 것이다. 예를 들어 파리, 프랑스, 이탈리아, 로마라는 단어를 학습된 표현에 투영하면 벡터의 더하기 및 빼기가 Paris − France + Italy ≈ Rome 관계를 만든다. 보다 정확하게는 모든 단어가 이 표현에 투영될 때 로마가 가장 가까운 단어인 것으로 밝혀졌다.

많은 연구 및 개발 그룹은 처음부터 최대한 많은 것을 학습하고자 대량의 텍스트 데이터를 마이닝하고 있으며 자동으로 학습된 기능으로 수동 엔지니어링을 대체한다. 대규모 신경망은 감정 분류 및 번역에서 대화 및 질문 답변에 이르기까지 다양한 작업에 적용되고 있다. 10장, '딥러닝'의 뒷부분에서 논의된 인코더–디코더 아키텍처는 그러한 예 중 하나다. 구글 연구원들은 방대한 데이터를 기반으로 처음부터 언어를 번역하는 데 이를 사용했다.

13.6 웹 마이닝

월드 와이드 웹World Wide Web은 방대한 텍스트 저장소다. 거의 모든 것이 명시적인 구조적 마크업으로 구성돼 있기 때문에 보통 '일반' 텍스트와는 다르다. 어떤 마크업은 내부적인 도큐먼트 구조 또는 형식을 나타내기도 한다. 이 두 정보 소스 모두 웹 도큐먼트 마이닝에 추가적인 활용 여지를 제공한다. 웹 마이닝Web mining은 텍스트 마이닝과 비슷하지만 추가 정보를 활용하고 웹에 있는 주제 디렉터리 및 기타 정보를 활용해 결과를 향상한다.

내부 마크업internal markup을 생각해 보자. 관계형 데이터(전화번호부, 제품 카탈로그 등)가 포함된 인터넷 리소스는 HTML 포맷 명령을 사용해 포함된 정보를 사용자에게 명확하게 제공한다. 그러나 이런 리소스에서 자동으로 데이터를 추출하는 것은 쉽지 않다. 이를 위해 소프트웨어 시스템은 래퍼wrapper라는 간단한 구문 분석 모듈을 사용해 페이지 구조를 분석하고 필요한 정보를 추출한다. 래퍼가 수작업으로 코딩되는 경우가 많은데 이는 정보를 알고리듬적으로 추출할 수 있는 고정되고 사전에 결정된 구조를 가진 페이지에 의존하기 때문에 주요 웹 마이닝에 속하지는 않지만 페이지는 규칙을 거의 따르지 않는다. 페이지의 규칙은 다양하며 웹 사이트는 진화한다. 독자에게 중요하지 않은 오류는 자동 추출 절차를 완전히 잘못 처리한다. 변경이 발생하면 래퍼의 수동 조정은 기존 코드를 둘러보고 다른 곳에 손상을 일으키지 않도록 패치를 적용해야 하는 악몽이 될 수 있다.

래퍼 유도

래퍼 유도wrapper induction 입력은 예제에서 래퍼를 자동으로 학습하는 것을 의미한다. 입력은 각 페이지에서 파생된 정보를 나타내는 튜플과 함께 페이지의 학습 세트가 되며 출력은 페이지를 구문 분석해 튜플을 추출하는 규칙 세트다. 예를 들어 규칙은 웹 페이지 디자이너가 정보의 주요 항목을 설정하는 데 사용한 특정 HTML 구분 기호(각종 태그들)를 찾을 수 있으며 각 속성이 표시되는 순서를 학습한다. 이는 모든 구분 기호 선택을 반복하고 일관된 래퍼가 발견되면 멈춰 수행할 수 있다. 그러면 인식은 최소한의 단어 세트에만 의존해 입력의 외부 텍스트 및 참조marker에 대한 방어 기제를 제공한다. 또 다른 방식으로는 5.10절 끝에 있는 에피쿠로스의 조언을 따르고 우발적인 변화를 방지하고자 여러 단서를 사용하는 강력한 래퍼를 찾을 수 있다. 자동 래퍼 유도의 가장 큰 장점은 스타일 변형으로 인해 오류가 발생할 때 이를 학습 데이터에 추가하고 그 결과를 반영하는 새 래퍼의 재유도가 간단하다는 것이다. 래퍼 유도는 작은 변경이 발생할 때 인식 문제를 줄이고 구조가 급격하게 변경될 때 새로운 추출 규칙 세트는 훨씬 쉽게 생성할 수 있도록 한다.

페이지 랭크

웹의 문제점 중 하나는 많은 사이트가 쓰레기 같은 내용이라는 것이다. 옥석을 가리고자 구글 창립자들이 페이지 랭크^{PageRank}라는 측정 항목을 도입했다. 다른 검색 엔진과 다른 많은 웹 마이닝 애플리케이션에서도 다양한 모습으로 사용된다. 페이지 랭크는 웹 페이지 또는 사이트의 명성^{prestige}을 측정하려고 하며 이때 명성의 사전적 정의는 '성공 또는 영향력을 통해 높은 지위를 달성'이 된다. 우리의 바람은 이런 시도가 '인정받은 전문가의 정보 또는 조언'으로 정의되는 권위^{authority}를 얻는 것이다. 페이지 랭크 알고리듬은 표 13.1에서 상위 10개 데이터 마이닝 알고리듬 중 하나이며 아직 이에 대해 설명하지 않았음을 상기하자! 데이터 마이닝 알고리듬으로 분류되는지는 의심이 들지만 이 역시 동일하게 설명될 가치는 있다.

  페이지 랭크의 핵심은 하이퍼 링크 형태의 외부 마크업이다. 네트워크 집단^{community}에서 사람들은 링크로 성공에 대한 보상을 한다. 당신이 내 페이지에 링크를 건다는 것은 아마 내 페이지가 유용하다고 생각하기 때문일 것이다. 이것은 성공으로 생각되는 웹 페이지다. 많은 사람이 링크를 걸수록 명성은 올라가며 그만큼 내 페이지는 영향력이 큰 것이다. 그림 13.1은 웹에서의 아주 일부분을 보여 준다. 어느 것이 가장 권위 있다고 생각되는가? 페이지 F에는 5개의 수신 링크가 있으며 이는 5명이 링크할 가치가 있다는 것을 의미한다. 따라서 페이지가 다른 페이지보다 더 신뢰할 수 있는 페이지일 가능성이 높다. B는 4개의 링크로 2위의 권위를 보여 준다.

단순하게 링크의 수만 계산하는 것은 조잡한 측정법이다. 어떤 웹 페이지는 수천 개의 나가는 링크가 있는 반면 다른 것은 1개 또는 2개다. 하지만 어떤 링크는 매우 드문 링크인 경우도 있는데 이런 경우 중요도가 다른 링크보다 훨씬 높을 수도 있다. 페이지에서 내 페이지로 연결되는 링크는 페이지에 나가는 링크가 거의 없는 경우 더 많은 명성을 할당한다. 그림 13.1에서 페이지 A에서 나가는 많은 링크는 단순히 A가 링크만 많은 페이지이기 때문에 각각의 링크에서 가중치는 덜 받는다는 것을 의미한다. F의 관점에서 보면 D와 E의 링크가 A의 링크보다 더 가치 있을 수 있다. 그리고 또 다른 요소가 있는데 명성 있는 페이지로부터의 링크는 더 가중치가 높다. B가 더 권위가 높기 때문에 B에서 F로의 연결은 다른 것보다 F로의 링크는 더 가중치가 높을 수 있다. 이 요소는 특정 순환성을 포함하며 추가 분석 없이 잘 작동하는지는 확실하지 않다. 하지만 실무에서는 작동한다.

세부 사항은 다음과 같다. 페이지의 페이지 랭크는 명성을 측정하는 0과 1 사이의 숫자로 정의한다. 페이지에 대한 각 링크는 해당 페이지 랭크에 반영된다. 반영되는 값은 페이지 랭크를 해당 페이지의 나가는 링크 수로 나눈 값이다. 페이지의 페이지 랭크는 페이지에 대한 모든 링크 수량을 합산해 계산된다. 그림 13.1에서 D에 대한 값은 A에 대한

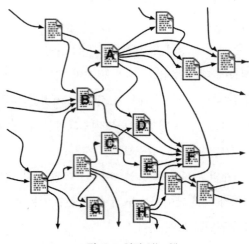

그림 13.1 얽혀 있는 웹

694

값의 5분의 1을(5개의 나가는 링크가 있기 때문) C값의 2분의 1에 더해 계산된다.

단순한 반복 방법을 사용해 계산의 회귀 특성을 해결한다. 먼저 각 페이지에 초깃값을 랜덤으로 할당한다. 그런 다음 들어오는 링크를 통해 앞서 설명한 적절한 수량을 합산해 각 페이지 랭크를 다시 계산한다. 초깃값이 페이지 랭크의 실젯값의 근사치로 생각된다면 새 값이 더 나은 근사치이며 계속해서 세 번째, 네 번째 근삿값을 구한다. 각 단계에서 웹의 모든 페이지에 대해 페이지 랭크를 다시 계산한다. 모든 페이지에 대해 다음 이터레이션이 이전 페이지와 동일하게 페이지 랭크를 제공하는 것 같으면 중지한다.

아래 설명된 2가지 수정 사항에 따라 이 이터레이션은 상당히 빠르게 수렴된다. 정확한 세부 정보는 비밀로 숨겨져 있지만 오늘날 검색 엔진은 10^{-9}에서 10^{-12}의 최종 값에 대한 정확도를 추구한다. 초기 실험에서 세부 사항이 상용화되기 전의 오늘날보다 훨씬 작은 버전의 웹에 대해 50회의 이터레이션이 리포팅됐으며 지금은 이의 몇 배가 필요할 것이다. 구글은 전체 웹에 대한 페이지 랭크의 계산을 수행하고자 수일 동안 프로그램을 실행시키는 것으로 알고 있으며 작업은 몇 주마다 수행된다.

여기서 설명한 계산에는 2가지 문제가 있다. 페이지 랭크가 그림 13.1의 얽힌 웹을 통해 흐르며 들어오는 링크를 통해 페이지로 들어오고 나가는 링크를 통해 나가는 모습을 상상할 수 있다. 그런데 들어오는 링크가 없으면(H페이지)? 또는 나가는 링크가 없다면(G페이지)?

이 그림의 구조가 어떻게 동작하는지를 알려면 링크를 무작위로 클릭하는 웹 서퍼를 상상해 보라. 현재 페이지를 가져와서 나가는 링크를 무작위로 선택하고 해당 링크의 대상 페이지로 이동한다. 나가는 링크가 많으면 특정 링크를 가져올 확률은 줄어든다. 이는 페이지 랭크에서 원하는 동작이다. 주어진 페이지의 페이지 랭크는 임의의 웹 서퍼가 해당 페이지에 도착할 확률에 비례한다는 것이 밝혀졌다.

이제 나가는 링크가 없는 페이지에서의 문제가 분명해진다. 웹 서퍼가 들어오면 나갈 수 없기 때문에 페이지 랭크의 함정이 되며 웹 서퍼는 여기에 갇히게 된다. 들어오는 링크가 없는 페이지는 어떻게 될까? 웹 서퍼는 절대로 이 페이지에 올 수 없다. 실제로 내부 링크와 웹에 대해 나가는 링크는 있지만 나머지 웹에서 들어오는 링크가 없는 페이지 그룹에는 도달하지 않는다.

이 2가지 문제는 위에서 설명한 반복 계산이 이전에 주장했던 것처럼 수렴되지 않음을 의미한다. 하지만 해결책은 간단하다. 순간 이동teleportation이다. 약간의 작은 확률로 웹 서퍼는 현재 페이지의 링크를 따라가는 대신 무작위로 다른 페이지로 순간 이동을 하도록 한다. 이러면 2가지 문제를 모두 해결한다. 웹 서퍼가 **G**에 갇혀 있으면 결국 그곳에서 순간 이동을 한다. 서핑을 해서 **H**에 도달할 수 없으면 결국 **H**로 순간 이동한다.

순간 이동 확률은 반복 알고리듬의 수렴 속도와 정확성에 큰 영향을 미친다. 극단적으로 확률이 1이면 서퍼가 항상 순간 이동을 하는 것이며 링크 구조가 페이지 랭크에 영향을 미치지 않고 반복도 필요 없게 된다. 0이면 서퍼의 순간 이동은 없게 되며 계산은 전혀 수렴되지 못한다. 초기에 발표된 실험은 0.15의 순간 이동 확률을 사용했으며 일부는 검색 엔진이 수렴을 촉진하고자 이 값을 조금 더 증가시켰다고 추측된다.

무작위로 선택한 페이지로 순간 이동하는 대신 각 페이지에 대해 미리 결정된 확률을 선택할 수 있으며 순간 이동하기로 결정한 후에는 그 확률을 사용해 착륙 위치를 결정할 수 있다. 이는 계산에 영향을 미치지 않지만 결과에 영향을 미친다. 페이지가 다른 페이지보다 더 작은 확률로 차별을 받았다면 그럴 자격이 있는 것보다 더 작은 페이지 랭크로 끝날 것이며 이는 계산 결과에 영향을 미칠 수 있다. 이는 특정 사이트(예를 들어 페이지 랭크 시스템을 악용해 불공정한 이점을 얻으려는 사이트)를 식별하는 데 사용할 수 있으며 이를 통해 법적 분쟁까지 갈 수 있다.

13.7 이미지와 음성

최근까지 이미지와 음성은 데이터 마이닝 연구자들에게 관심사는 아니었다. 하지만 딥러닝 르네상스는 모든 것을 바꿔 놨다. 일반적으로 신호 처리는 방대한 양의 데이터를 쉽게 사용할 수 있는 영역으로 심층 네트워크가 잘 동작하는 연속적으로 높은 수준으로 구축되는 저수준 기능의 자동 추출에 매우 적합한 것으로 보인다. 세상에는 신호 데이터signal data는 풍부하지만 일반적으로 라벨이 없다. 라벨링된 데이터의 대규모 수집은 실무자들에게 많은 신호 처리 작업, 이미지 인식, 얼굴 확인, 인식에 딥러닝 기술 적용 기회를 제공하고 있다.

이미지

10장, '딥러닝'에서는 딥러닝 기술이 컴퓨터 비전 분야의 측면을 어떻게 혁신했는지 얘기했다. 이러한 영향은 학계 그룹과 테크 기업들이 대규모 데이터 마이닝 및 라벨링에 상당한 투자를 했기 때문에 가능했으며 신중하게 선별된 데이터셋의 가용성을 통해 엄청난 능력으로 지도된supervised 또는 차별적인 딥러닝 기술을 통해 인식 성능을 많은 애플리케이션의 유용성 영역으로 끌어올릴 수 있었다. 아래에 강조된 예제 외에도 뇌종양 분할에서 스테레오 카메라의 깊이 계산에 이르기까지 다양한 작업에 컨볼루션 신경망 아키텍처가 사용됐다. '참고 문헌' 절에서 특정 예제의 정보를 제공한다.

　심층 컨볼루션 신경망 기술은 대상 카테고리 인식 분야를 변화시켰다. 이미지넷 ImageNet과 같은 대규모 시각적 인식 문제에서는 사람이 동의할 만한 그리고 사람의 수행을 압도하는 결과를 보여 줬다. 이미지넷의 이미지들은 인터넷에서 마이닝되고 대규모 학술 프로젝트를 통해 라벨링됐다. 구글은 방대한 스트리트 뷰 이미지 컬렉션에서 번지수를 마이닝하고 라벨을 지정해 얻은 숫자 데이터셋을 만들었다. 다시 말하지만 딥 컨볼루션 네트워크는 사람이 동의할 만한 결과로 사람이 수행하는 결과를 압도한다.

　대상 카테고리 인식과 대상 사물 식별에는 중요한 차이가 있다. 사진에서 자동차를 식별하는 것은 자동차가 인식하는 것과는 상당히 다르다. 여기에서도 딥러닝 기반 방법은 인식 성능을 지속적으로 개선하고 있다. 스케일에 불변하는 변환을 기반으로 하는 접근 방식인 'SIFT 서술자scale-invariant feature transform descriptor'는 이미 대상 식별 시스템에 들어가 있다. 이러한 서술자는 이미지에서 발견되는 '관심 포인트(코너 같은 것)'에서 계산되며 이는 서로 다른 시점에서 동일한 객체의 이미지를 쉽게 찾고 로컬라이징할 수 있다. 이러한 포인트들이 발견되면 적절한 배율과 방향을 선택하는 데 도움이 되는 기술을 기반으로 사람의 시각에서 영감을 얻은 서술자가 계산된다. 여기에는 특정 방향과 회전으로 패치를 잘라낸 다음 패치를 사용해 이미지 그라디언트의 히스토그램histogram을 만드는 것이 포함된다. SIFT 서술자는 3D 재구성, 파노라마 이미지 생성, 로봇 매핑 애플리케이션에서 많이 사용되지만 개체의 특정 인스턴스를 식별하고 추적하는 데도 널리 사용된다.

사물 인식의 중요한 특수 사례인 얼굴 인식은 수십 년 동안 집중적으로 연구 주제로 연구됐으며 심층 컨볼루션 네트워크가 이 분야를 변화시켰다. 메사추세츠 대학교University of Massachusetts에서 수집한 '실제 환경에서 라벨링된 얼굴labeled faces in the wild'과 같은 데이터베이스를 사용해 얼굴 인식 작업에서 사람보다 더 나은 성능을 달성했다. 얼굴 인식에서는 얼굴 사진 두 장을 받고 같은 사람인지 아닌지를 묻는다. 두 장의 이미지를 입력으로 삼고 컨볼루션 신경망의 내부 표현을 사용해 비교하는 특수 '샴 네트워크Siamese network' 아키텍처를 사용해 만족할 만한 결과를 얻을 수 있다. 이미지는 일반적으로 얼굴을 중앙에 배치하고 공통 좌표계에 등록하고자 전처리된다. 얼굴의 키 포인트 또는 특징 감지 방법은 이미지 등록 및 뒤틀림 처리를 돕거나 입력으로 사용할 키 영역의 로컬라이징에 사용된다.

1장, '데이터마이닝… 이게 다 뭐죠?'에서의 데이터 마이닝 및 윤리에 대한 논의를 고려할 때 얼굴 확인 및 인식에 어려운 윤리적 문제를 제기한다는 것은 주목할 필요가 있다. 미국 정부는 국제 테러리즘에 맞서 싸우는 데 이 기술을 사용한다. 공항에서는 출입국 심사에서 줄 서기를 줄이는 데 사용한다. 광범위한 비디오 감시에 적용할 수 있는 잠재적인 애플리케이션은 보안과 개인 정보 보호 및 기타 시민의 자유 사이 균형에 큰 영향을 미친다. 개인 수준에서 스토커는 얼굴 인식을 위한 사용자 웹 서비스를 환영할 것이다.[5]

음성

음성 인식은 빠른 속도로 널리 사용되는 기술이 돼 가고 있다. 주요 기업은 대규모 데이터셋을 사용해 시스템을 다양한 스피커 및 소음원에 영향을 덜 받도록 렌더링한다. 고전적인 구조는 신호 처리 프런트 엔드front end를 사용해 오디오 입력의 스팩트럼 분석에서

---

5   아마 스토커 입장에서는 대상을 얼굴 인식 애플리케이션으로 확실하게 특정할 수 있기 때문에 그렇지 않을까 한다. - 옮긴이

인간 청각 시스템으로부터 영감을 얻은 기능을 계산하고 관측 가능성을 위한 가우시안 혼합 모델이 있는 은닉 마르코프 모델의 대규모 시스템으로 결과를 전달한다. 정교한 언어 모델을 사용해 오디오에 있는 단어를 명확히 한다. 여기서도 딥러닝 방법이 상당한 영향을 미치고 있으며 많은 대규모 산업 그룹이 기존 음성 인식 파이프라인의 요소를 반복 신경망과 같은 딥러닝 기술로 대체하고 있다.

13.8 대립 상황

머신러닝을 활용한 주요 애플리케이션 중 하나는 정크 메일 필터링이다. 이 책의 두 번째 판(2004년 말)을 썼을 때 원치 않는 이메일은 핫한 주제였으며 세 번째 판(2010년 초)이 작성될 때 스팸 이메일의 지속적인 증가(일부 추산에 따르면 전체 이메일의 95%를 차지)에도 불구하고 문제는 어느 정도 완화됐다. 이는 주로 학습 기술을 사용하는 스팸 필터링이 널리 사용되기 때문이다. 처음에는 정크 메일 필터링이 도큐먼트 분류의 표준 문제를 제시하는 것처럼 보이며 도큐먼트에 포함된 텍스트를 기반으로 도큐먼트를 '햄'과 '스팸'으로 나누며 이는 풍부한 훈련 데이터에 기반한다. 그러나 대립 측면adversarial aspect을 포함하기 때문에 일반 도큐먼트 분류와는 다르다. 분류되는 도큐먼트는 상상할 수 없을 정도로 방대한 모든 도큐먼트 세트에서 무작위로 선택되지 않으며 여기에는 시스템을 능가하도록 특별히 설계된 필터링 처리를 피하고자 신중하게 만들어진 이메일이 포함돼 있다.

초기 스팸 필터는 섹스, 럭셔리, 돌팔이 등을 연관시키는 '스팸' 단어가 포함된 메시지를 버리기만 했다. 물론 많은 합법적인 메일은 성별, 돈, 의학 등과 관련돼 있으며 균형을 유지해야 한다. 따라서 당시에 필터 설계자는 훈련 과정에서 적절한 균형을 유지하는 방법을 학습한 베이지안 텍스트 분류 체계를 적용했다. 스패머는 스팸성 단어를 오타로 숨기는 기술로 이에 대응했다. 필터만 볼 수 있도록 흰색 배경에 흰색으로 인쇄된 합법적인 텍스트로 필터를 무력화시켰다. 스팸 텍스트를 이미지나 대부분 메일 수신인이 자동으로 다운로드하는 URL에 넣기도 한다.

스팸 탐지 알고리듬을 객관적으로 비교하기 어렵다는 점에서 문제가 복잡하다. 훈련 데이터는 많지만 개인 정보 문제로 인해 대표 이메일의 대규모 공개 말뭉치를 공개할 수 없다. 그리고 강력한 시간적 효과가 있다. 스팸은 문자를 빠르게 변경해 교차 검증 같은 민감한 통계 테스트를 무효화시킨다. 마지막으로 스패머들도 머신러닝을 활용할 수 있다. 예를 들어 필터가 차단하는 것과 통과하는 것에 대한 예제를 수집할 수 있다면 이를 회피하기 위한 방법을 배우기 위한 훈련 데이터로 사용할 수 있다.

불행히도 오늘날 세상에는 이런 대립적인 학습 상황의 예들은 더 많이 있다. 정크 메일과 밀접한 관련이 있는 검색 엔진 스팸은 인터넷 검색 엔진을 속여 검색 결과 목록의 상위로 랭크시키는 기능을 한다. 순위가 높은 페이지는 광고 기회를 제공하고 수익 추구자에게는 수익의 기회가 되며 페이지 소유자에게는 재정적인 혜택을 제공한다. 바이러스 및 백신 설계자 사이의 전쟁도 한 예다. 여기에서 동기는 금전적 이득보다는 서비스의 방해 및 혼란이 된다.

컴퓨터 네트워크 보안 관련 이슈는 지속적으로 증가한다. 보호하는 측에서는 네트워크, 운영체제, 애플리케이션을 강화하고 공격자는 3가지 영역 모드에서 취약점을 찾으려 한다. 침입 감지 시스템은 해커의 정찰 활동으로 인해 발생할 수 있는 비정상적 활동 패턴을 탐지한다. 공격자들은 이런 감시를 인식하고 간접적으로 작업하거나 장기간에 걸쳐 활동 영역을 넓히거나 반대로 매우 빠르게 공격해 자신의 흔적을 읽기 어렵게 하려고 한다. 침입 탐지 시스템이 놓친 컴퓨터 네트워크 데이터에서 공격자 추적 간의 의미 연결을 발견하고자 머신러닝이 이 문제에 적용되고 있다. 이는 상당히 대규모 문제로서 컴퓨터 네트워크 보안을 모니터링하는 데 사용되는 감사 로그audit log는 중간 규모 조직에서도 하루에 기가바이트에 이를 수 있다.

많은 자동화된 위협 탐지 시스템은 현재 데이터를 알려진 공격 유형과 일치시키는 작업을 기반으로 한다. 미국 연방 항공국은 비행 기록에 따라 항공 승객을 선별하고 추가 위탁 수하물 검색을 위해 개인에게 신호를 보내는 CAPPSComputer Assisted Passenger Pre-Screening System를 개발했다. 정확한 세부 사항은 공개되지 않았지만 CAPPS는 예를 들어 현금 지불에 더 높은 위협 점수를 할당할 것으로 생각된다. 그러나 이 접근 방식은 알려지거나 예상되는 위협만 찾을 수 있으며 연구원들은 의심스러운 활동을 탐지하고자 이상치 및 이상치 탐지와 같은 비지도 접근 방식을 사용하고 있다. 잠재적인 위협을 표시할 뿐만 아니라 이상 탐지 시스템을 금융 사기 및 자금 세탁과 같은 불법 활동 탐지에도 적용할 수 있다.

오늘날 데이터 마이닝은 국토 방어라는 이름으로 방대한 양의 데이터를 선별하는 데에도 사용된다. 재무 거래, 의료 기록, 네트워크 트래픽과 같은 이기종 정보를 채굴해 프로필을 만들고 소셜 네트워크 모델을 구축하고 테러리스트의 통신을 탐지하고 있다. 이러한 활동은 심각한 프라이버시 문제를 일으키며 이를 위한 프라이버시 보호 데이터 마이닝 기술의 발전을 가져왔다. 이러한 알고리듬은 일반적으로 임의의 값으로 왜곡해 원본 데이터에 직접 액세스하지 않고 데이터의 패턴을 식별하려고 한다. 개인 정보를 보호하고자 마이닝 프로세스가 원본 데이터를 재구성할 수 있는 충분한 정보를 받지 못하도록 보장해야 하는데 이는 말처럼 쉬운 일은 아니다.

간단히 말해서 모든 대립적 데이터 마이닝이 악의적 활동을 방지하기 위한 것은 아니다. 복잡하고 노이즈가 많은 실시간 도메인의 멀티 에이전트 시스템에는 자율 에이전트를 포함하며 팀에서 협력하고 적대자와 경쟁해야 한다. 만약 이를 시각화하는 데 문제가 있다면 축구를 생각해 보자. 로보 사커[Robo-soccer]는 머신러닝이 이러한 어려운 문제에 어떻게 적용될 수 있는지를 탐구하는 인기 있는 도메인이며 주로 이 책의 범위를 벗어난 강화 학습 기법을 사용한다. 선수들은 낮은 수준의 기술을 연마해야 할 뿐만 아니라 서로 다른 상대의 행동 패턴에 맞춰 협력하고 적응하는 법을 배워야 한다.

마지막으로 머신러닝은 자신의 신원을 숨기려고 시도한 다작 작가[prolific author]의 가면을 벗김으로써 실제 역사작 문학 미스터리를 해결하는 데도 사용됐다. 벤 이시 차이[Ben Ish Chai]는 19세기 후반 바그다드의 대표적인 랍비[rabbi] 학자였다. 그의 방대한 문학 유산 중에는 법률 질의에 응답해 쓰인 약 500통의 히브리어-아랍어 편지로 구성된 2개의 개별 컬렉션이 있지만 그는 하나의 컬렉션을 쓴 것으로 알려져 있었다. 그는 둘 중 하나는 자신이 쓴 게 아니라고 주장했고 역사가들은 그의 주장을 (벤 이시 차이가) 의도적으로 스타일을 바꿔 원저자를 위장한다고 의심했다. 이 사례가 머신러닝에 시사하는 문제는 의문의 저자를 확인할 말뭉치가 없다는 것이다. 알려진 후보들이 몇 명 있지만 그 편지들은 다른 사람들도 똑같이 잘 썼을 수도 있다. 알려진 저자의 작품 A와 미지의 저자 작품 X를 구분하기 위한 모델을 만들고 두 가지를 구별하는 데 가장 유용한 특징을 반복적으로 제거하고 더 많은 특징이 제거될수록 교차 검증 정확도가 저하되는 속도를 조사하는 언마스킹unmasking이라는 새로운 기술이 개발됐다.

가설은 작품 X가 자신의 정체성을 감추려는 작품 A의 저자에 의해 쓰여졌다면 작품 X와 작품 A 사이에 어떤 차이가 있든 간에 작품 X와 완전히 다른 작가의 작품과의 차이에 비해 비교적 적은 수의 특징만이 나타날 것이라고 작품 B의 저자는 말한다. 다시 말하면 작품 X를 작품 A 및 B와 비교할 때 특징이 제거됨에 따라 정확도 곡선이 작품 B보다 작품 A의 경우가 훨씬 빠르게 감소한다. 이에 따라 벤 이시 차이가 실제로 미스터리의 편지를 썼다는 결론이 났다. 이 기술은 대립 상황에서 머신러닝의 독창적이고 창의적인 놀라운 사용 예다.

13.9 유비쿼터스 데이터 마이닝

이 책을 시작할 때 데이터에 압도돼 살고 있다는 점을 지적했다. 이것이 월드 와이드 웹보다 일반인의 삶에 더 큰 영향을 미치는 곳은 없다. 정보의 폭발 속도에 보도를 맞출 수 있는 사람은 아무도 없다. 데이터 마이닝은 데이터베이스가 있는 기업들에서 시작된 반면, 텍스트와 웹 마이닝은 머신러닝 기술을 기업에서 가정으로 옮기고 있다. 웹상의 데이터에 압도당할 때마다 마이닝 기술은 이를 길들이기 위한 도구를 제공한다. 적용하는 곳은 무수히 많다. 친구를 찾아 연락하고 금융 포트폴리오를 유지하고 전자제품 마트에서 싼 물건을 사고 어떤 종류의 데이터 검출기를 사용하고… 이 모든 것들은 명시적인 프로그래밍 없이 자동적으로 달성될 수 있다. 다음에 무엇을 클릭할지 링크를 예측하고 도큐먼트를 정리하고 메일을 정렬하고 검색 결과의 우선순위를 정하는 데 이미 마이닝 기술이 사용되고 있다. 정보가 압도적으로 많지만 조직적이지 않고 무정부적인 세상에서 텍스트와 웹 마이닝은 절실히 필요한 해결책일 수도 있다.

많은 사람이 웹은 훨씬 더 큰 패러다임, 즉 유비쿼터스 컴퓨팅으로의 변화의 전조일 뿐이라고 생각한다. 모바일폰, 개인용 디지털 비서, 개인용 스테레오 및 비디오 플레이어, 디지털카메라, 모바일 웹 액세스 등 모든 곳에 소형 휴대용 장치가 있으며 이미 일부 장치는 이 모든 기능을 통합한다. 그들은 물리적인 시간과 공간에서 우리의 위치를 알고 우리의 사회적 공간에서 소통하고 우리의 개인적인 계획 공간을 조직하고 과거를 회상하고 글로벌 정보 공간에 포용하도록 도와준다. 오늘날 미국의 한 중산층 가정에서 수십 개의 프로세서를 쉽게 찾을 수 있고 그들은 종종 서로 그리고 세계적인 정보 인프라와 의사소통을 한다. 따라서 데이터 마이닝의 잠재력은 급증할 것이다.

대중 음악은 기술의 진보를 선도한다. 소니의 오리지널 워크맨은 오늘날 유비쿼터스 휴대용 전자제품의 길을 개척했다. 애플의 아이팟은 대규모 휴대용 스토리지를 개척했다. 냅스터의 네트워크 기술은 피어 투 피어 프로토콜의 개발을 촉진시켰다. 파이어플라이와 같은 추천 시스템은 소셜 네트워크에 컴퓨팅을 심어 주었다.

콘텐츠 인식 음악 서비스가 휴대용 기기로 이동하고 있다. 네트워크상에서 데이터 마이닝을 위한 애플리케이션은 음악 경향을 발견, 선호도 및 취향 추적, 청취 행동 분석 등의 작업을 수행한다.

유비쿼터스 컴퓨팅은 디지털 공간을 실제 활동으로 밀접하게 엮어 낸다. 많은 사람에게 극도의 좌절, 난해한 기술, 인식된 개인적 불충분, 기계 고장에 대한 그들 자신의 컴퓨터 경험을 추론하는 것은 악몽처럼 들린다. 하지만 지지자들은 그렇게 될 수 없다고 지적한다. 만약 그렇다면 이는 효과가 없을 것이기 때문이다. 오늘날 선지자들은 숨겨진 기계들이 뒤에서 조용히 협력해 우리들의 삶을 더 부유하고 쉽게 만드는 '평온한' 컴퓨팅의 세계를 예견한다. 평온한 컴퓨팅은 기업 재정과 학교 숙제의 큰 문제들을 넘어 차 키는 어디에 있는지 주차장은 어디에 있는지 지난주 메이시^{Macy}에서 본 셔츠가 아직도 선반에 진열되어 있는지 등의 사소한 것까지 관여한다. 시계는 정전 후 정확한 시간을 찾을 것이고 전자레인지는 인터넷에서 새로운 조리법을 다운로드할 것이며 어린이 장난감은 새로운 게임과 새로운 어휘로 자동 업그레이드될 것이다. 의류 라벨은 세탁 방법을 추적하고 커피 컵은 곰팡이를 지우라고 경고하며 조명 스위치는 아무도 방에 없으면 에너지를 자동으로 절약하고 연필은 우리가 그리는 것을 모두 디지털화할 것이다. 이 새로운 세계에 데이터 마이닝은 어디에든 있을 것이다.

아직 존재하지 않은 미래의 사례를 지적하는 것은 쉽지 않다. 그러나 사용자 인터페이스 기술의 발전은 시사적이다. 직접 조작하는 방식의 컴퓨터 인터페이스에서 많은 반복 작업은 표준 애플리케이션 도구로 자동화할 수 없으므로 사용자가 직접 동일한 인터페이스에서 반복 수행을 해야 하며 이는 이전에 언급된 좌절감을 불러온다. 숙련된 프로그래머는 스크립트를 작성해 이러한 작업을 수행할 수 있지만 운영체제가 층층이 복잡함을 쌓으면 이런 스크립트 명령의 힘은 약화되고 일반 컴퓨터가 아닌 어플라이언스(유비쿼터스 기기) 환경이면 이런 힘은 완전히 사라진다.

데모를 통한 프로그래밍programming by demonstration에 대한 연구는 일반 사용자들이 프로그래밍 지식을 전혀 요구하지 않고 예측 가능한 작업을 자동화할 수 있게 해준다. 사용자는 작업을 컴퓨터에 전달할 수 있도록 수행 방법만 알면 된다. 'Familiar'라고 불리는 한 시스템은 사용자가 매킨토시 컴퓨터에서 기존 애플리케이션과 관련된 반복 작업을 자동화하는 것을 돕는다. 이는 애플리케이션 전반에 걸쳐 작동하며 완전히 새로운 애플리케이션과 함께 작동할 수 있다. 애플의 '애플 스크립트'를 사용해 각 애플리케이션에서 정보를 수집하고 그 정보를 이용해 예측을 수행한다. 이 에이전트는 노이즈에 흔들리지 않으며 예측을 알리기 위한 설명을 생성하고 피드백을 통합한다. 이는 상당히 개방적이며 개별 사용자를 위한 특화 작업을 학습한다. 또한 각 사용자의 스타일에 민감하다. 만약 두 사람이 작업을 가르치고 있었고 우연히 똑같은 시연을 했다면 Familiar는 반드시 동일한 동일한 프로그램을 추론하는 것은 아닐 것이며 이는 그들의 상호작용 이력에서 배우기 때문에 그들의 습관에 맞춰져 있다.

Familiar는 표준 머신러닝 기술을 사용해 사용자의 의도를 추론한다. 규칙은 각 지점에서 사용자에게 최상의 예측을 제시할 수 있도록 예측을 평가하는 데 사용된다. 이러한 규칙은 조건부여서 사용자가 유형에 따라 파일을 정렬하고 크기에 따라 라벨링을 하는 것과 같은 분류 작업을 가르칠 수 있다. 에이전트는 상호작용 이력을 기록함으로써 개별 사용자에게 적응한다.

하지만 많은 어려움이 발생한다. 첫 번째는 데이터가 부족하다는 것이다. 사용자는 작업의 반복 작업을 싫어하며 에이전트가 즉시 사용자 자신이 하는 일을 따라 해야 한다고 생각한다. 데이터 마이너는 100개의 인스턴스 데이터셋을 아주 작게 생각하는 반면, 사용자는 여섯 번의 시연을 해야 한다는 사실에 좌절한다. 두 번째 어려움은 과다한 속성이다. 컴퓨터 데스크톱 환경에는 특정 작업이 의존할 수 있는 수백 가지 기능이 있다. 즉 작은 데이터셋은 예측 가능성이 매우 높지만 관련성이 없는 속성을 포함할 가능성이 압도적으로 높으며 대체 가설을 비교하고자 전문적인 통계 테스트가 필요하다. 세 번째는 데이터 마이닝 애플리케이션을 특징짓는 반복적이고 개선 중심의 개발 스타일은 실패하리라는 점이다. 에이전트가 개선될 때마다 사용자가 반응하는 방식에 영향을 주어 테스트 데이터가 변경되기 때문에 데모 프로그래밍 같은 대화형 문제를 위한 고정된 테스트 말뭉치를 만드는 것은 원칙적으로 불가능하다. 네 번째는 기존 애플리케이션이 애플리케이션 및 사용자 데이터에 대한 제한된 접근을 제공한다는 것이다. 종종 성공적인 작동을 위한 오리지널 데이터에는 액세스할 수 없고 애플리케이션 깊숙이 묻혀 있는 경우가 있다.

머신러닝은 이미 현장에서 널리 사용되고 있다. 텍스트 및 웹 마이닝은 메일 이메일을 읽고 웹을 서핑할 때 지금까지 논의한 기술들을 삶으로 갖다준다. 미래는 상상할 수 있는 것 이상일 것이다. 확산되는 컴퓨팅 인프라는 학습을 위한 무한한 기회를 제공할 것이며 머신러닝은 배후에서 기본 역할을 수행할 것이다.

13.10 심화 자료 및 참고 문헌

Wu 외(2008)는 2006년 홍콩에서 개최된 ICDM^{International Conference on Data Mining}에서 발표하고자 데이터 마이닝에서 상위 10개 알고리듬을 식별하는 프로세스를 설명하고 모든 알고리듬을 설명하는 책을 만들었다(Wu & Kumar, 2009). '진전의 환상^{illusion of progress}'이라는 분류에 관한 논문은 Hand(2006)에 의해 작성됐으며 매우 간단한 방법이 가장 정교한 체계가 산출한 분류 개선의 90% 이상을 달성한다는 사실을 발견한 사람이 바로 이 사람이다.

방대한 데이터셋의 주제를 다루는 상당한 양의 문헌이 있으며 여기서 몇 가지 참고 자료만 언급한다. Fayyad & Smyth(1995)는 과학 실험에서 얻은 방대한 데이터에 데이터 마이닝을 적용하는 방법을 설명한다. Shafer, Agrawal & Metha(1996)는 하향식 의사결정 트리 유도자의 병렬 버전을 설명한다. Mehta, Agrawal & Rissanen(1996)이 대규모 하드디스크의 상주 데이터셋에 대한 순차 의사결정 트리 알고리듬을 개발했다. 알고리듬을 더 작은 단위로 분할하고 결과를 배깅 또는 부스팅해 대용량 데이터셋에 적용하는 기술은 Breiman(1999)에 의해 설명됐다. Frank, Holmes, Kirkby & Hall(2002)은 관련 프루닝 및 선택 구조를 설명했다.

결정 트리의 증분에 대한 초기 작업은 Utgoff(1989)와 Utgoff, Berkman & Clouse(1997)에 의해 발표됐다. 회프딩 트리는 Domingos & Hulten(2000)에 의해 소개됐다. 확장 및 개선을 포함한 이 책에서의 설명은 Kirkby(2007)의 박사 학위 논문을 많이 따랐다. MOA 시스템은 Bifet, Holmes, Kirkby & Pfahringer(2010)가 발표했다.

그 중요성에도 메타데이터를 실제 데이터 마이닝에 통합하는 문제에 대한 연구는 비교적 적은 것 같다. Giraud-Carrier(1998)는 도메인 지식을 명제 규칙propositional rule으로 인코딩하고 추론 및 귀납에 사용하는 방법을 연구했다. 1차 논리 규칙으로 대표되는 지식을 다루는 귀납 논리 프로그래밍의 관련 영역은 Bergadano & Gunetti(1996)에 의해 연구됐다. 확률론적 논리 학습은 de Raedt(2008)에서 다루고 있다.

텍스트 마이닝은 광범위한 영역이며 전체 영역에 대한 포괄적인 조사는 거의 없으며 Witten(2004)이 하나를 제공한다. 대부분 텍스트 분류에 많은 기능 선택 및 머신러닝 기술이 적용됐다(Sebastiani, 2002). Martin(1995)은 도큐먼트 클러스터링을 정보 검색에 적용하는 방법을 발표했다. Cavnar & Trenkle(1994)은 n-gram 프로그램을 사용해 도큐먼트가 작성된 언어를 높은 정확도로 확인하는 방법을 보여 줬다. 저자 등록을 위한 서포트 벡터 머신의 사용은 Diederich, Kindermann, Leopold & Paass(2003)에 의해 발표됐다. Dumais, Platt, Heckerman & Sahami(1998)는 동일한 기술을 사용해 많은 수의 교육 도큐먼트를 기반으로 제어된 어휘의 핵심 구문을 도큐먼트에 할당했다. Turney(1999), Frank, Paynter, Witten, Gutwin, Nevill-Manning(1999), Medelyan & Witten(2008)은 머신러닝을 사용해 도큐먼트 텍스트에서 핵심 구문을 추출하는 방법을 조사했다.

Appelt(1999)는 정보 추출과 관련된 많은 문제를 설명한다. 대부분의 저자는 Soderland, Fisher, Aseltine & Lehnert(1995), Huffman(1996), Freitag(2002)와 같이 템플릿에 대한 슬롯 채우기를 추출하는 규칙을 찾고자 머신러닝을 적용했다. Califf & Mooney(1999), Nahm & Mooney(2000)는 인터넷 뉴스 그룹에 게시된 구인 광고에서 정보를 추출하는 문제를 연구했다. Witten, Bray, Mahoui & Teahan(1999a)은 압축 기술을 기반으로 텍스트 실행에서 정보를 찾는 접근 방식을 발표했다. Mann(1993)은 의회 도서관에서 받은 도큐먼트에 대해 무아마르 카다피의 다양한 변형을 활용했다.

Chakrabarti(2003)는 웹 마이닝 기술에 대한 포괄적인 책을 저술했다. Kushmerick, Weld & Doorenbos(1997)는 래퍼 유도 기술을 개발했다. 구글의 창립자는 페이지 랭크 알고리듬을 도입한 초기 논문을 작성했다(Brin & Page, 1998). 동시에 Kleinberg(1998)는 겉으로는 유사성이 있지만 내부는 현저하게 다른 결과를 생성하는 HITS^{Hypertext-Induced Topic Selection}라는 시스템을 연구했다.

정크 메일 필터링에 대한 첫 번째 논문은 Sahami, Dumais, Heckerman & Horvitz (1998)가 작성했다. 컴퓨터 네트워크 보안에 대한 자료는 Yurcik 외(2003)에서 발췌했다. CAPPS 시스템에 대한 정보는 미국 하원 항공 소위원회(2002)에서 가져온 것이며 위협 탐지를 위한 비지도 학습의 사용은 Bay & Schwabacher(2003)에 의해 설명됐다. 개인 정보 보호 데이터 마이닝 기술의 문제는 Datta, Kargupta & Sivakumar(2003)에 의해 논의됐다. Stone & Veloso(2000)는 머신러닝 관점에서 로보 축구를 하는 데 사용되는 종류의 멀티 에이전트 시스템을 조사했다. 벤 이시 차이의 얘기와 그를 가려내는 데 사용된 기법은 Koppel & Schler(2004)에서 가져온 것이다.

Bengio, Ducharme, Vincent & Janvin(2003)은 신경 확률적 언어 모델에 대한 초기 프레임워크를 제안했다. 접근 방식의 핵심 요소는 단어를 연속적인 벡터 표현으로 투영하는 것이다. 일반적인 아이디어를 확장해 Collobert & Weston(2008)은 동일한 기본 네트워크 및 공유된 단어 표현을 사용해 많은 자연어 처리 작업을 수행하기 위한 대규모 통합 신경망 아키텍처를 제시하고 그 성능이 많은 일반적인 작업에서 경쟁력이 있음을 보여줬다. 영향력 있는 word2vec 기법은 Mikolov, Chen, Corrado, Dean(2013a, 2013b)에 의해 제안됐으며 Morin & Bengio(2005)는 언어 모델링을 위한 계층적 소프트 맥스 기법을 연구했다.

Russakovsky 외(2015)는 이미지넷^{ImageNet}의 도전과 물체 카테고리 인식 분야에서 눈에 띄는 컨볼루션 신경망의 부상을 검토했다. Netzer 외(2011)가 발표한 구글 스트리트 뷰 번지수 문제는 인간의 성능을 98% 정확도로 추정하고 있으며 현재 문헌에 설명된 컨볼루션 신경망을 사용한 많은 실험이 이 수치를 초과한다. 데이비드 로외^{David Lowe}는 SIFT 설명자를 발명했다. Lowe(2004)는 구현 및 적용에 대한 세부 정보를 제공하며 잘 작동하고 특허까지 받았다.

얼굴 확인을 위한 페이스북의 'DeepFace' 샴^{Siamese} 아키텍처는 얼굴 키포인트 탐지기를 사용하고 정교한 3D 워핑 절차를 거쳐 얼굴의 정면을 만들어 낸다(Taigman, Yang, Ranzato & Wolf, 2014). 물론 페이스북은 라벨링된 거대한 데이터베이스를 구축했는데 4,000명(각 평균 약 1,000명)으로부터 440만 개의 얼굴 라벨링 데이터를 갖고 있다. 샴 신경 구조는 Bromley, Guyon, LeCun, Säckinger & Shah(1994)에 의해 제안됐다. 인간 성능에 필적하는 얼굴 검증을 생성한 최초의 시스템은 1만 명의 유명인 얼굴에 대한 20만 개의 이미지 데이터베이스를 사용하는 Sun, Chen, Wang, Tang(2014)의 컨볼루션 신경망이었다. 이 시스템은 더 적은 수의 얼굴 랜드 마크를 사용하고 핵심 포인트를 중심으로 한 이미지에서 패치를 잘라낸다. 많은 모델의 앙상블이 최고의 성능을 발휘했다.

다른 많은 응용 프로그램 중에서 Havaei 외(2016)는 뇌종양 분할을 위해 심층 컨볼루션 신경망을 사용했다. Zbontar & LeCun(2015)은 스테레오 비전에 대한 인상적인 결과를 제시했다.

유비쿼터스 컴퓨팅의 비전과 우리가 언급한 예는 Weiser(1996)와 Weiser & Brown (1997)에서 인용했다. 데모를 통한 다양한 프로그래밍 방법에 대한 자세한 내용은 Cypher(1993) 및 Lieberman(2001)의 개요에서 찾을 수 있다. Mitchell, Caruana, Freitag, McDermott & Zabowski(1994)는 도제 학습^{learning apprentices}에 대해 발표했다. Paynter(2000)는 Familiar에 대해 설명했다. 순열 테스트(Good, 1994)는 작은 샘플 문제에 적합한 통계 테스트다. Frank(2000)는 이의 머신러닝 적용을 설명했다.

13.11 WEKA 수행

- HoeffdingTree(결정 트리를 생성하고 점진적으로 수정함)

부록 A: 이론적 기초

A.1 행렬 대수

기본 연산 및 속성

d차원을 갖는 열 벡터 $\mathbf{x}$는 다음과 같이 쓸 수 있다.

$$\mathbf{x} \equiv \begin{bmatrix} x_1 \\ x_2 \\ \vdots \\ x_d \end{bmatrix} = \begin{bmatrix} x_1 & x_2 & \cdots & x_d \end{bmatrix}^T$$

여기서 전치 연산인 T는 열 벡터를 로우 벡터row vector로 전환시키며 이는 콘텍스트 데이터 내에서 벡터를 정의하는 데 상당히 유용하다. 이 책에서는 벡터라고 하면 로우 벡터를 뜻한다.

$\mathbf{A}$의 전치인 $\mathbf{A}^T$는 원 $\mathbf{A}$의 모든 로우를 $\mathbf{A}^T$의 열으로 모두 복사된 값들로 구성된다. 따라서 m행 및 n열로 구성된 행렬은 n행 및 m열로 변환된다.

$$\mathbf{A} \equiv \begin{bmatrix} a_{11} & a_{12} & \cdots & a_{1n} \\ a_{21} & a_{21} & \cdots & a_{2n} \\ \vdots & \vdots & \ddots & \vdots \\ a_{m1} & a_{m2} & \cdots & a_{mn} \end{bmatrix} \Rightarrow \mathbf{A}^T = \begin{bmatrix} a_{11} & a_{21} & \cdots & a_{m1} \\ a_{12} & a_{21} & \cdots & a_{m2} \\ \vdots & \vdots & \ddots & \vdots \\ a_{1n} & a_{2n} & \cdots & a_{nm} \end{bmatrix}$$

동일한 차원의 벡터 $\mathbf{x}$와 벡터 $\mathbf{y}$의 내적dot product or inner product의 결과는 스칼라 값이 된다.

$$\mathbf{x} \cdot \mathbf{y} = \langle \mathbf{x}, \mathbf{y} \rangle = \mathbf{x}^T \mathbf{y} = \sum_{i=1}^{D} x_i y_i$$

예를 들어 유클리드 노름norm은 $\mathbf{x}$ 자신의 내적에 제곱근으로 다음과 같이 표현될 수 있다. $\|\mathbf{x}\|_2 = \sqrt{\mathbf{w}^T \mathbf{w}}$.

텐서 곱 또는 외적outer product은 $\otimes$로 표기하며 이는 m차원의 벡터 $\mathbf{x}$와 n차원의 벡터 $\mathbf{y}$의 외적은 다음과 같이 표현된다.

$$\mathbf{x} \otimes \mathbf{y} \equiv \mathbf{x}\mathbf{y}^T = \begin{bmatrix} x_1 \\ x_2 \\ \vdots \\ x_m \end{bmatrix} \begin{bmatrix} y_1 & y_2 & \cdots & y_n \end{bmatrix} = \begin{bmatrix} x_1 y_1 & x_1 y_2 & \cdots & x_1 y_n \\ x_2 y_1 & x_2 y_2 & \cdots & x_2 y_n \\ \vdots & \vdots & \ddots & \vdots \\ x_m y_1 & x_m y_2 & \cdots & x_m y_n \end{bmatrix}$$

N개의 행과 K개의 열을 가진 행렬 $\mathbf{A}$와 K개의 행과 N개의 열을 가진 행렬 $\mathbf{B}$가 있다고 하자. $\mathbf{A}$행렬의 각 행을 $\mathbf{a}_n^T$으로 표기하고 $\mathbf{B}$의 경우는 $\mathbf{b}_m$으로 표기한다면 행렬곱 $\mathbf{AB}$는 다음과 같이 쓸 수 있다.

$$\mathbf{AB} = \begin{bmatrix} \mathbf{a}_1^T \\ \mathbf{a}_2^T \\ \vdots \\ \mathbf{a}_N^T \end{bmatrix} \begin{bmatrix} \mathbf{b}_1 & \mathbf{b}_2 & \cdots & \mathbf{b}_M \end{bmatrix} = \begin{bmatrix} \mathbf{a}_1^T \mathbf{b}_1 & \mathbf{a}_1^T \mathbf{b}_2 & \cdots & \mathbf{a}_1^T \mathbf{b}_M \\ \mathbf{a}_2^T \mathbf{b}_1 & \mathbf{a}_2^T \mathbf{b}_2 & \cdots & \mathbf{a}_2^T \mathbf{b}_M \\ \vdots & \vdots & \ddots & \vdots \\ \mathbf{a}_N^T \mathbf{b}_1 & \mathbf{a}_N^T \mathbf{b}_2 & \cdots & \mathbf{a}_N^T \mathbf{b}_M \end{bmatrix}$$

행렬 $\mathbf{A}$의 각 열을 $\mathbf{a}_k$라고 하고 $\mathbf{B}$의 각 로우를 $\mathbf{b}_k^T$라고 하면 $\mathbf{AB}$의 곱은 다음과 같이 텐서 곱의 항으로 정리된다.

$$\mathbf{AB} = \begin{bmatrix} \mathbf{a}_1 & \mathbf{a}_2 & \cdots & \mathbf{a}_K \end{bmatrix} \begin{bmatrix} \mathbf{b}_1^T \\ \mathbf{b}_2^T \\ \vdots \\ \mathbf{b}_K^T \end{bmatrix} = \sum_{k=1}^{K} \mathbf{a}_k \mathbf{b}_k^T$$

동일한 크기의 두 행렬의 요소별 곱$^{elementwise product}$ 또는 아다마르 곱$^{Hadamard product}$은 다음과 같다.

$$
\mathbf{A} \circ \mathbf{B} = \begin{bmatrix} a_{11} & a_{12} & \cdots & a_{1n} \\ a_{21} & a_{21} & \cdots & a_{2n} \\ \vdots & \vdots & \ddots & \vdots \\ a_{m1} & a_{m2} & \cdots & a_{mn} \end{bmatrix} \circ \begin{bmatrix} b_{11} & b_{12} & \cdots & b_{1n} \\ b_{21} & b_{21} & \cdots & b_{2n} \\ \vdots & \vdots & \ddots & \vdots \\ b_{m1} & b_{m2} & \cdots & b_{mn} \end{bmatrix}
$$

$$
= \begin{bmatrix} a_{11}b_{11} & a_{12}b_{12} & \cdots & a_{1n}b_{1n} \\ a_{211}b_{21} & b_{21}b_{21} & \cdots & a_{2n}b_{2n} \\ \vdots & \vdots & \ddots & \vdots \\ a_{m1}b_{m1} & a_{m2}b_{m2} & \cdots & a_{mn}b_{mn} \end{bmatrix}
$$

정방 행렬 (n개의 로우와 n개의 열으로 구성) $\mathbf{A}$는 정방 행렬 $\mathbf{B} = \mathbf{A}^{-1}(\mathbf{AB} = \mathbf{BA} = \mathbf{I})$이 존재하면 가역적^{invertible}이며 여기서 $\mathbf{I}$는 대각선의 값만 1이고 그 외의 값은 0인 단위 행렬이다. 정방 행렬이면서 가역적이지 않은 행렬을 특이 행렬^{singular}이라고 한다. 정방 행렬 $\mathbf{A}$는 결정자^{determinant} $\det(\mathbf{A})$가 0인 경우에만 특이 행렬이다. 역^{inverse}에 대한 다음 방정식은 제로 행렬식이 역이 나올 수 없음을 의미하는 이유를 보여 준다.

$$
\mathbf{A}^{-1} = \frac{1}{\det(\mathbf{A})} \mathbf{C}^T
$$

여기서 $\det(\mathbf{A})$는 $\mathbf{A}$의 결정자이며 $\mathbf{C}$는 보조인자 행렬$^{cofactor\ matrix}$로 알려진 또 다른 행렬이다. 마지막으로 행렬 $\mathbf{A}$가 직교라면 $\mathbf{A}^{-1} = \mathbf{A}^T$ 관계가 된다.

벡터와 스칼라 함수의 미분

m차원의 열 벡터 $\mathbf{x}$의 스칼라 함수 y가 다음과 같이 주어졌다고 하자.

$$\frac{\partial y}{\partial \mathbf{x}} \equiv \begin{bmatrix} \dfrac{\partial y}{\partial x_1} \\[2mm] \dfrac{\partial y}{\partial x_2} \\ \vdots \\ \dfrac{\partial y_1}{\partial x_m} \end{bmatrix} = \mathbf{g}$$

이 수치는 기울기인 $\mathbf{g}$로 알려져 있다. 여기에서는 열 벡터로 정의했었지만 때로는 로우 벡터로 정의하기도 한다. 기울기를 로우 벡터로 정의하는 것은 아래에 정의된 다른 수치에 대한 특정 방향을 의미하므로 뒤따르는 미분은 여기서 주어진 것의 전치transpose로 정의됨을 명심하라. 위의 정의와 방향을 사용해 $\boldsymbol{\theta}^{new} = \boldsymbol{\theta}^{old} - \mathbf{g}$와 같은 표현식을 사용해 벡터 형태의 경사 하강법과 같은 알고리듬에서 자주 사용되는 파라미터 업데이터 유형을 작성할 수 있다. 여기서 $\boldsymbol{\theta}$는 파라미터(열) 벡터다.

n차원 벡터 함수 y와 스칼라 x가 주어지면 다음과 같다.

$$\frac{\partial \mathbf{y}}{\partial x} \equiv \begin{bmatrix} \dfrac{\partial y_1}{\partial x} & \dfrac{\partial y_2}{\partial x} & \cdots & \dfrac{\partial y_n}{\partial x} \end{bmatrix}$$

m차원 벡터 $\mathbf{x}$와 n차원 벡터 $\mathbf{y}$에 대해 야코비안 행렬Jacobian matrix은 다음과 같이 주어진다.

$$\frac{\partial \mathbf{y}}{\partial \mathbf{x}} \equiv \begin{bmatrix} \dfrac{\partial y_1}{\partial x_1} & \dfrac{\partial y_2}{\partial x_1} & \cdots & \dfrac{\partial y_n}{\partial x_1} \\[2mm] \dfrac{\partial y_1}{\partial x_2} & \dfrac{\partial y_2}{\partial x_2} & \cdots & \dfrac{\partial y_n}{\partial x_2} \\ \vdots & \vdots & \ddots & \vdots \\ \dfrac{\partial y_1}{\partial x_m} & \dfrac{\partial y_2}{\partial x_m} & \cdots & \dfrac{\partial y_n}{\partial x_m} \end{bmatrix}$$

야코비안은 다른 정의가 위에 있지만 종종 이 수치의 전치로 정의된다. 의미에 주의하라. $m \times n$차원 행렬 $\mathbf{X}$에 대한 스칼라 함수 $y = f(\mathbf{X})$의 미분은 기울기 행렬gradient matrix로 알려져 있으며 다음과 같이 정의된다.

$$
\frac{\partial f}{\partial \mathbf{X}} \equiv \begin{bmatrix} \dfrac{\partial y}{\partial x_{11}} & \dfrac{\partial y}{\partial x_{12}} & \cdots & \dfrac{\partial y}{\partial x_{1n}} \\[2mm] \dfrac{\partial y}{\partial x_{21}} & \dfrac{\partial y}{\partial x_{22}} & \cdots & \dfrac{\partial y}{\partial x_{2n}} \\ \vdots & \vdots & \ddots & \vdots \\ \dfrac{\partial y}{\partial x_{m1}} & \dfrac{\partial y}{\partial x_{m2}} & \cdots & \dfrac{\partial y}{\partial x_{mn}} \end{bmatrix} = \mathbf{G}
$$

이 값들의 방향성에 대한 우리의 선택은 기울기 행렬은 동일한 오리지널 행렬과 구조를 가진다는 것을 뜻하며 따라서 파라미터 행렬 $\mathbf{X}$의 업데이트는 $\mathbf{X}^{\text{new}} = \mathbf{X}^{\text{old}} - \mathbf{G}$의 형태를 취한다.

많은 양이 스칼라, 벡터 또는 행렬로 표현될 수 있지만 그렇게 할 수 없는 것도 많다. Minka(2000)의 표 형식 시각화에서 영감을 얻은 스칼라, 벡터, 행렬, 텐서의 수치는 다양한 수치 조합의 미분 결과를 표 A.1에 나타냈다.

체인 룰

모두 스칼라인 x의 함수인 y가 있고 y의 함수인 z가 있을 때 이에 대한 체인 룰Chain rule은 다음과 같다.

$$
\frac{\partial z}{\partial x} = \frac{\partial z}{\partial y}\frac{\partial y}{\partial x}
$$

표 A.1 다양한 미분의 결과 수치(After Minka, 2000)

		스칼라 $\dfrac{\partial f}{\cdot}$	벡터 $\dfrac{\partial \mathbf{f}}{\cdot}$	행렬 $\dfrac{\partial \mathbf{F}}{\cdot}$
스칼라 $\dfrac{\cdot}{\partial x}$	스칼라: $\dfrac{\partial f}{\partial x} = g$	벡터: $\dfrac{\partial \mathbf{f}}{\partial x} \equiv \left[\dfrac{\partial f_i}{\partial x}\right] = \mathbf{g}^T$	행렬: $\dfrac{\partial \mathbf{F}}{\partial x} \equiv \left[\dfrac{\partial f_{ij}}{\partial x}\right] = \mathbf{G}^T$
벡터 $\dfrac{\cdot}{\partial \mathbf{x}}$	벡터: $\dfrac{\partial f}{\partial \mathbf{x}} \equiv \left[\dfrac{\partial f}{\partial x_i}\right] = \mathbf{g}$	행렬: $\dfrac{\partial \mathbf{f}}{\partial \mathbf{x}} \equiv \left[\dfrac{\partial f_i}{\partial x_j}\right] = \mathbf{G}$	텐서: $\dfrac{\partial \mathbf{F}}{\partial \mathbf{x}} \equiv \left[\dfrac{\partial \mathbf{F}_{ij}}{\partial x_k}\right]$
행렬 $\dfrac{\cdot}{\partial \mathbf{X}}$	행렬: $\dfrac{\partial f}{\partial \mathbf{X}} \equiv \left[\dfrac{\partial f}{\partial x_{ij}}\right] = \mathbf{G}$	텐서: $\dfrac{\partial \mathbf{f}}{\partial \mathbf{X}} \equiv \left[\dfrac{\partial f_i}{\partial x_{jk}}\right]$	텐서: $\dfrac{\partial \mathbf{F}}{\partial \mathbf{X}} \equiv \left[\dfrac{\partial f_{ij}}{\partial x_{kl}}\right]$

곱셈은 교환 법칙이 가능하기 때문에 두 항이 바뀔 수 있다. 이제 m차원 벡터 $\mathbf{x}$, n차원 벡터 $\mathbf{y}$, o차원 벡터 $\mathbf{z}$가 주어지고 $\mathbf{z} = \mathbf{z}(\mathbf{y}(\mathbf{x}))$이면 다음과 같다.

$$\frac{\partial \mathbf{z}}{\partial \mathbf{x}} \equiv \begin{bmatrix} \dfrac{\partial z_1}{\partial x_1} & \dfrac{\partial z_2}{\partial x_1} & \cdots & \dfrac{\partial z_o}{\partial x_1} \\ \dfrac{\partial z_1}{\partial x_2} & \dfrac{\partial z_2}{\partial x_2} & \cdots & \dfrac{\partial z_o}{\partial x_2} \\ \vdots & \vdots & \ddots & \vdots \\ \dfrac{\partial z_1}{\partial x_m} & \dfrac{\partial z_2}{\partial x_m} & \cdots & \dfrac{\partial z_o}{\partial x_m} \end{bmatrix}$$

여기서 $m \times n$행렬은 아래 식을 사용해 계산될 수 있다.

$$\frac{\partial z_i}{\partial x_j} = \sum_{k=1}^{n} \frac{\partial y_k}{\partial x_j} \frac{\partial z_i}{\partial y_k} = \left[\frac{\partial \mathbf{y}}{\partial x_j} \right] \left[\frac{\partial z_i}{\partial \mathbf{y}} \right]$$

벡터는 그럼 다음 형태로 나타난다.

$$\frac{\partial \mathbf{z}}{\partial \mathbf{x}} = \begin{bmatrix} \dfrac{\partial y_1}{\partial x_1} & \dfrac{\partial y_2}{\partial x_1} & \cdots & \dfrac{\partial y_n}{\partial x_1} \\ \dfrac{\partial y_1}{\partial x_2} & \dfrac{\partial y_2}{\partial x_2} & \cdots & \dfrac{\partial y_n}{\partial x_2} \\ \vdots & \vdots & \ddots & \vdots \\ \dfrac{\partial y_1}{\partial x_m} & \dfrac{\partial y_2}{\partial x_m} & \cdots & \dfrac{\partial y_n}{\partial x_m} \end{bmatrix} \begin{bmatrix} \dfrac{\partial z_1}{\partial y_1} & \dfrac{\partial z_2}{\partial y_1} & \cdots & \dfrac{\partial z_o}{\partial y_1} \\ \dfrac{\partial z_1}{\partial y_2} & \dfrac{\partial z_2}{\partial y_2} & \cdots & \dfrac{\partial z_o}{\partial y_2} \\ \vdots & \vdots & \ddots & \vdots \\ \dfrac{\partial z_1}{\partial y_n} & \dfrac{\partial z_2}{\partial y_n} & \cdots & \dfrac{\partial z_o}{\partial y_n} \end{bmatrix}$$

$$\frac{\partial \mathbf{z}}{\partial \mathbf{x}} = \frac{\partial \mathbf{y}}{\partial \mathbf{x}} \frac{\partial \mathbf{z}}{\partial \mathbf{y}}$$

이는 벡터에 대한 체인 룰을 만들며 여기서 체인은 스칼라 버전에서 자주 수행되는 것처럼 오른쪽이 아닌 왼쪽으로 확장된다. 최종 함수가 스칼라로 평가되는 특별한 경우(손실 함수 최적화를 할 때 자주 발생함) 다음과 같은 식이 된다.

$$\frac{\partial z}{\partial x_j} = \sum_{k=1}^{n} \frac{\partial y_k}{\partial x_j} \frac{\partial z}{\partial y_k}$$

$$\frac{\partial z}{\partial \mathbf{x}} = \frac{\partial \mathbf{y}}{\partial \mathbf{x}} \frac{\partial z}{\partial \mathbf{y}}$$

규칙의 일반화를 통해 $\mathbf{x}$에서 $\mathbf{z}$까지의 또 다른 벡터 함수 $\mathbf{w}$가 있다면 다음과 같다.

$$\frac{\partial \mathbf{w}}{\partial \mathbf{x}} = \frac{\partial \mathbf{y}}{\partial \mathbf{x}} \frac{\partial \mathbf{z}}{\partial \mathbf{y}} \frac{\partial \mathbf{w}}{\partial \mathbf{z}}$$

다른 행렬의 함수인 행렬의 미분 값을 찾고자 체인 룰을 일반화시킨다. 예를 들어 행렬 $\mathbf{X}$에 대해 만약 행렬 $\mathbf{Y} = f(\mathbf{X})$이면 함수 $g(\mathbf{Y})$의 미분은 다음과 같다.

$$\frac{\partial g(\mathbf{Y})}{\partial \mathbf{X}} = \frac{\partial g(f(\mathbf{X}))}{\partial \mathbf{X}}$$

$$\frac{\partial g(\mathbf{Y})}{\partial x_{ij}} = \sum_{k=1}^{K} \sum_{l=1}^{L} \frac{\partial g(\mathbf{Y})}{\partial y_{kl}} \frac{\partial y_{kl}}{\partial x_{ij}}$$

그래프와 역전파 계산

계산 네트워크는 역전파를 사용하는 딥러닝에 필요한 기울기 계산법을 보여 주는 데 효과적이다. 또한 관련된 컴퓨팅을 부분적으로 또는 완전히 자동화하는 딥러닝을 위한 많은 소프트웨어 패키지가 이를 기반으로 만들어졌다.

스칼라인 중간 수치를 계산하는 예제를 시작하며 이를 각 노드 변수의 전체 계층을 나타내는 벡터를 포함하는 네트워크로 확장한다. 그림 A.1은 함수 $z_1(y_1, z_2(y_2(y_1), z_3(y_3(y_2(y_1)))))$의 계산 그래프를 통해 어떻게 기울기가 구해지는지 보여 준다. c에 종속적인 중간 결과 $b_1, \ldots, b_k$를 포함하는 스칼라 함수에 대한 체인 룰은 다음과 같다.

$$\frac{\partial a(b_1, \ldots, b_k)}{\partial c} = \sum_{k=1}^{n} \frac{\partial a}{\partial b_k} \frac{\partial b_k}{\partial c}$$

이 예제에서 y_1에 대한 z_1의 편미분은 다음과 같이 3개의 항으로 구성된다.

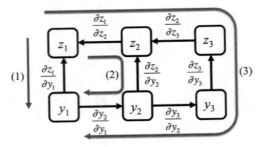

그림 A.1 계산 그래프를 사용한 편미분의 분해

$$\frac{\partial z_1}{\partial y_1} = \underbrace{\frac{\partial z_1}{\partial y_1}}_{(1)} + \underbrace{\frac{\partial z_1}{\partial z_2}\frac{\partial z_2}{\partial y_2}\frac{\partial y_2}{\partial y_1}}_{(2)} + \underbrace{\frac{\partial z_1}{\partial z_2}\frac{\partial z_2}{\partial z_3}\frac{\partial z_3}{\partial y_3}\frac{\partial y_3}{\partial y_2}\frac{\partial y_2}{\partial y_1}}_{(3)}$$

$$= \frac{\partial z_1}{\partial y_1} + \frac{\partial z_1}{\partial z_2}\left[\frac{\partial z_2}{\partial y_2} + \frac{\partial z_2}{\partial z_3}\frac{\partial z_3}{\partial y_3}\frac{\partial y_3}{\partial y_2}\right]\frac{\partial y_2}{\partial y_1}$$

이를 계산하는 데 필요한 합계는 원래 함수를 평가하고자 수행된 하위 계산을 따라 되돌아가는 것을 포함한다. 이는 그림 A.1에서 보듯이 그래프의 노드 간의 전달을 통해 효율적으로 구현될 수 있다.

그래프의 흐름에 따라 이동한다는 이 상위 개념은 전체 계층을 포함하는 심층 네트워크로 일반화된다. 그림 A.1이 z_1에 대한 스칼라와 다른 노드에 각각 벡터를 사용해 그려졌다면 편미분은 벡터 버전으로 대체될 수 있다. 벡터 관점에서 벡터의 편미분의 경우 계산이 왼쪽으로 증가해 결과를 내기 때문에 곱셈의 순서를 반대로 해야 한다.

$$\frac{\partial z_1}{\partial \mathbf{y}_1} = \frac{\partial z_1}{\partial \mathbf{y}_1} + \frac{\partial \mathbf{y}_2}{\partial \mathbf{y}_1}\left[\frac{\partial \mathbf{z}_2}{\partial \mathbf{y}_2} + \frac{\partial \mathbf{y}_3}{\partial \mathbf{y}_2}\frac{\partial \mathbf{z}_3}{\partial \mathbf{y}_3}\frac{\partial \mathbf{z}_2}{\partial \mathbf{z}_3}\right]\frac{\partial z_1}{\partial \mathbf{z}_2}$$

이를 확인하려면 (1) 벡터 $\mathbf{x}$를 인수로 사용하지만 중간 벡터 $\mathbf{y}$의 계산을 포함하는 스칼라 함수 z의 편미분에 대한 체인 룰을 생각해야 한다.

$$\frac{\partial z(\mathbf{y})}{\partial x_j} = \sum_{k=1}^{n} \frac{\partial y_k}{\partial x_j} \frac{\partial z}{\partial y_k}$$

$$\frac{\partial z}{\partial \mathbf{x}} = \frac{\partial \mathbf{y}}{\partial \mathbf{x}} \frac{\partial z}{\partial \mathbf{y}}$$

$$= \mathbf{Dd}$$

그리고 (2) 동일한 스칼라 함수 $z(\mathbf{x})$에 대한 체인 룰이지만 중간 벡터 $\mathbf{Y}$의 계산을 포함하는 버전은 다음과 같다.

$$\frac{\partial z(\mathbf{Y})}{\partial \mathbf{x}} = \sum_{l=1}^{L} \frac{\partial \mathbf{y}_l}{\partial \mathbf{x}} \frac{\partial z}{\partial \mathbf{y}_l}$$

$$= \sum_{l=1}^{L} \mathbf{D}_l \mathbf{d}_l$$

벡터와 행렬의 함수 미분

이 절에서는 벡터와 행렬 함수의 유용한 미분 결과를 모았다. 피터슨과 페더슨(Peterson & Pedersen, 2012)은 다음과 같은 리스트를 정리했다.

$$\frac{\partial}{\partial \mathbf{x}} \mathbf{A}\mathbf{x} = \mathbf{A}^T$$

$$\frac{\partial}{\partial \mathbf{x}} \mathbf{x}^T \mathbf{x} = 2\mathbf{x}$$

$$\frac{\partial}{\partial \mathbf{a}} \mathbf{a}^T \mathbf{x} = \frac{\partial}{\partial \mathbf{a}} \mathbf{x}^T \mathbf{a} = \mathbf{x}$$

$$\frac{\partial}{\partial \mathbf{x}} \mathbf{x}^T \mathbf{A}\mathbf{x} = \mathbf{A}\mathbf{x} + \mathbf{A}^T \mathbf{x}$$

$$\frac{\partial}{\partial \mathbf{A}} \mathbf{y}^T \mathbf{A}\mathbf{x} = \mathbf{y}\mathbf{x}^T$$

$$\frac{\partial}{\partial \mathbf{x}} (\mathbf{a}-\mathbf{x})^T (\mathbf{a}-\mathbf{x}) = -2(\mathbf{a}-\mathbf{x})$$

주목할 점은 야코비안을 전치로 정의했다면 첫 번째 등식은 $\mathbf{A}$와 동일하다는 것이다. 대칭 행렬 $\mathbf{C}$(예를 들어 역 공분산 행렬)에 대해서는 다음과 같다.

$$\frac{\partial}{\partial \mathbf{a}}(\mathbf{a}-\mathbf{b})^T \mathbf{C}(\mathbf{a}-\mathbf{b}) = 2\mathbf{C}(\mathbf{a}-\mathbf{b})$$

$$\frac{\partial}{\partial \mathbf{b}}(\mathbf{a}-\mathbf{b})^T \mathbf{C}(\mathbf{a}-\mathbf{b}) = -2\mathbf{C}(\mathbf{a}-\mathbf{b})$$

$$\frac{\partial}{\partial \mathbf{w}}(\mathbf{y}-\mathbf{A}\mathbf{w})^T \mathbf{C}(\mathbf{y}-\mathbf{A}\mathbf{w}) = -2\mathbf{A}^T\mathbf{C}(\mathbf{y}-\mathbf{A}\mathbf{w})$$

벡터 테일러급수의 전개, 이차 방법 및 학습률

경사 하강법, 학습률의 해석, 좀 더 정교한 이차 방법second-order methods은 함수의 테일러급수 전개의 시각으로 볼 수 있다. 아래 서술된 접근법은 뉴턴의 방법으로도 알려져 있다.

점 x_o에 근사한 함수의 테일러 전개는 다음과 같다.

$$f(x) = f(x_o) + \frac{f'(x_o)}{1!}(x-x_o) + \frac{f''(x_o)}{2!}(x-x_o)^2 + \frac{f^{(3)}(x_o)}{3!}(x-x_o)^3 + \cdots$$

x의 2차(제곱)항까지 근사를 사용해 미분을 취해 결과를 0으로 설정하고 x를 구하면 다음과 같다.

$$0 = \frac{d}{dx}\left[f(x_o) + f'(x_o)(x-x_o) + \frac{f''(x_o)}{2}(x-x_o)^2\right]$$
$$= f'(x_o) + f''(x_o)(x-x_o), \text{ thus solving for } \delta x \equiv (x-x_o)$$
$$\Rightarrow \delta x = -\frac{f'(x_o)}{f''(x_o)}, \text{ or } x = x_o - \frac{f'(x_o)}{f''(x_o)}$$

이는 행렬 파라미터가 있는 스칼라 함수에 대한 테일러급수의 벡터 버전으로 일반화된다.

$$f(\boldsymbol{\theta}) = f(\boldsymbol{\theta}_o) + \mathbf{g}_o^T(\boldsymbol{\theta}-\boldsymbol{\theta}_o) + \frac{1}{2}(\boldsymbol{\theta}-\boldsymbol{\theta}_o)^T \mathbf{H}_o(\boldsymbol{\theta}-\boldsymbol{\theta}_o) + \cdots,$$

$$\mathbf{g}_o = \frac{df}{d\boldsymbol{\theta}_o}, \mathbf{H}_o = \frac{d}{d\boldsymbol{\theta}_o}\frac{df}{d\boldsymbol{\theta}_o} = \frac{d^2f}{d\boldsymbol{\theta}_o^2}$$

앞 절에 제공된 등식을 사용해 매개 변수 벡터 θ에 대한 미분을 취하고 0으로 설정한 다음 함수에 대한 2차 근사가 0이 되는 지점을 해결하면 다음과 같은 결과가 나타난다.

$$\frac{df(\theta)}{d\theta} = 0 = \mathbf{g}_o + \mathbf{H}_o(\theta - \theta_o), \Delta\theta \equiv (\theta - \theta_o)$$

$$\Rightarrow \Delta\theta = -\mathbf{H}_o^{-1}\mathbf{g}_o$$

즉 $\theta^{new} = \theta_o - \mathbf{H}_o^{-1}\mathbf{g}_o$의 업데이트에 대해 경사 하강에 사용되는 학습률은 이차 방법 second-order method에서 역 헤세 행렬Hessian matrix에 대한 간단한 대각 행렬의 근사로 생각할 수 있다. 다시 말하면 단순히 학습률을 사용하는 것은 $\mathbf{H}_o^{-1} = \eta\mathbf{I}$가 되도록 근사치를 만드는 것과 유사하다.

본격적인 이차 방법은 각 이터레이션에서 효과적인 단계를 수행한다. 그러나 수행 비용은 상당한데 이는 수량 계산을 해야 하기 때문이다. 논리 회귀와 같은 볼록convex 문제의 경우 L-BFGS로 알려진 널리 사용되는 이차 방법이 헤세 행렬의 근사치를 만든다. 여기서 L은 제한된 메모리Limited memory를 의미하며 BFGS는 이 방식의 발명가인 Broyden Fletcher Goldfarb Shanno의 머리글자를 땄다. 또 다른 접근법은 켤레 기울기conjungate gradient 알고리듬으로 알려져 있으며 $\mathbf{H}_o$의 역을 계산하는 것과는 반대로 $\mathbf{x} = \Delta\theta$를 풀 때 $\mathbf{H}_o\mathbf{x} = -\mathbf{g}_o$식의 선형 시스템과의 작업을 포함한다.

볼록 문제가 아닌 경우(예를 들어 다층 신경망 학습) 이의 해결을 위해 헤세 행렬은 긍정에 대한 정의가 보장되지 않으며 이는 역으로 될 수도 없음을 뜻한다. 결과적으로 휴리스틱 적응 학습률과 모멘텀 항의 사용은 신경망 방법에 대해 효과적이면서 널리 쓰인다.

고유 벡터, 고윳값, 공분산 행렬

고유 벡터, 고윳값 및 공분산 행렬의 대각화diagonalization, 주성분 분석 방법 사이에는 강력한 연관성이 있다. λ가 행렬 $\mathbf{A}$의 스칼라 고윳값이면 $\mathbf{A}\mathbf{x} = \lambda\mathbf{x}$와 같은 $\mathbf{A}$의 고유 벡터라고 하는 벡터 $\mathbf{x}$가 있다. 각 열의 고유 벡터 구성을 위해 행렬 $\mathbf{\Phi}$를 정의하고 Λ를 대각선에 해당하는 고윳값이 있는 행렬로 정의하면 행렬 방정식 $\mathbf{A}\mathbf{\Phi} = \mathbf{\Phi}\Lambda$는 A의 고윳값과 고유 벡터를 정의한다.

많은 수치 선형 대수 소프트웨어 패키지(예를 들어 Matlab)는 이 방정식에 대한 해를 구할 수 있다. Φ의 고유 벡터가 대칭 행렬에 대한 직교이면 Φ의 역은 전치와 같으며 이는 $\Phi^T A \Phi = \Lambda$ 관계를 그대로 사용할 수 있음을 뜻한다. 공분산 행렬의 고유 벡터를 찾으려면 공분산 행렬 $A = \Sigma$를 설정하라. 이렇게 하면 공분산 행렬 Σ의 고유 벡터가 행렬 Φ에 저장되고 단위 길이를 갖도록 정규화돼 $\Phi^T \Sigma \Phi = \Lambda$가 되는 직교 벡터 집합으로 정의된다. Λ는 고윳값의 대각 행렬이기 때문에 $\Phi^T \Sigma \Phi$ 연산을 사용해 공분산 행렬을 대각화했다.

이러한 결과는 언뜻 보기에 난해해 보일 수 있지만 널리 사용된다. 예를 들어 컴퓨터 비전에서 얼굴 인식을 위한 고유 분석 기반 주성분 분석은 '고유 얼굴^{eigenface}'이라고 하는 것을 산출한다. 일반 기술은 다른 많은 맥락에서 널리 사용되며 잘 인용된 고유 분석 기반 논문이 다양한 분야에서 나타나고 있다.

특잇값 분해

특잇값 분해$^{singular\ vaule\ decomposition}$는 데이터 마이닝 및 머신러닝 설정에서 널리 사용되는 행렬 분해의 한 유형이며 많은 수치 선형 대수 패키지에서 핵심 루틴으로 구현된다. 이것은 행렬 X를 $X = USV^T$와 같이 3개의 행렬의 곱으로 분해하며 여기서 U는 직교 열을 갖고 S는 (일반적으로) 대각선을 따라 정렬된 특잇값을 포함하는 대각 행렬이고 V도 직교 열을 가진다. k개의 가장 큰 특잇값만 유지함으로써 인수 분해를 통해 k의 각 값에 대해 최소 제곱 방식으로 최적인 방식으로 데이터 행렬을 재구성할 수 있다. 따라서 주어진 k에 대해 $X \approx U_k S_k V_k^T$로 쓸 수 있다. 그림 9.10은 이것이 어떻게 시각적으로 작동하는지 보여 준다.

이전의 고유 분해에 대한 논의에서 $\Phi^T \Sigma \Phi = \Lambda$를 사용해 공분산 행렬 Σ를 대각화하는 표현식을 개발했다. 여기서 Φ는 고유 벡터를 갖고 있으며 Λ는 고윳값의 대각선 행렬이다. 이것은 $\Sigma = \Phi \Lambda \Phi^T$로 분해되는 공분산 행렬의 분해를 찾는 것과 같다. 이것은 주성분 분석과 행렬 X의 열에 저장된 데이터에 적용된 특잇값 분해 간의 관계를 보여 준다. X의 열에 벡터로 저장된 평균 중심 데이터에 대한 공분산 행렬 Σ가 단순히 $\Sigma = \mathbf{X}\mathbf{X}^T$라는 사실을 사용할 것이다. 직교 행렬은 $\mathbf{U}\mathbf{U}^T = \mathbf{I}$라는 속성을 갖기 때문에 다음 대체를 통해 $\mathbf{X}$의 오른쪽 특이 벡터로 알려진 행렬 $\mathbf{\Phi}$가 공분산 행렬의 고윳값에 해당함을 알 수 있다. 즉 공분산 행렬을 $\Sigma = \mathbf{\Phi}\mathbf{\Lambda}\mathbf{\Phi}^T$로 분해하려면 데이터를 중앙에 배치하고 $\mathbf{X}$에서 특잇값 분해를 수행한다. 그러면 공분산 행렬은 $\Sigma = \mathbf{X}\mathbf{X}^T = \mathbf{U}\mathbf{S}\mathbf{D}^T\mathbf{D}\mathbf{S}^T\mathbf{U}^T = \mathbf{U}\mathbf{S}^2\mathbf{U}^T$이므로 $\mathbf{U} = \mathbf{\Phi}$ 및 $\mathbf{S} = \mathbf{\Lambda}^{\frac{1}{2}}$, 즉 이른바 특잇값은 고윳값의 제곱근이다.

A.2 확률론적 방법 예측의 기본 요소

랜덤 변수 X의 분산 기대치는 다음과 같다.

$$\mathrm{E}[X] = \sum_x xP(X = x)$$

여기서 합은 X에 대한 모든 가능한 값에 대한 것이다. 랜덤 변수 $Y = y$가 주어진 확률 변수 X에 대한 조건부 예측도 비슷한 형태를 갖는다.

$$\mathrm{E}[X|Y = y] = \sum_x xP(X = x|Y = y)$$

연속 랜덤 변수 X에 대해 주어진 확률 밀도 함수 $p(x)$는 다음과 같다.

$$\mathrm{E}[X] = \int_{-\infty}^{\infty} xp(x)dx$$

연속된 값의 변수 X의 경험적 예측치는 각 경험적 관찰 또는 예제에 디렉 델타 함수 Direc delta function를 배치하고 예제의 수로 정규화해 $p(x)$를 정의한다. 행렬의 기댓값은 기댓값의 행렬로 정의된다.

연속 확률 변수 X와 이산 확률 변수 y의 함수에 대한 예측치는 다음과 같다.

$$\mathrm{E}[f(X, Y)] = \int_{-\infty}^{\infty} \sum_y f(x, Y)p(x, Y = y)dx$$

랜덤 변수의 합계 예측은 예측의 합과 동일하며 이는 다음과 같이 표현된다.

$$E[X + Y] = E[X] + E[Y]$$

만일 스케일링 팩터 s와 편향 또는 상수 c가 있으면 이는 다음과 같다.

$$E[sX + c] = sE[X] + c$$

이의 변형은 다음과 같이 정의된다.

$$\begin{aligned}
\text{Var}[X] &= \sum_x (x - E[X])^2 p(X = x) \\
&= E[(X - E[X])(X - E[X])] \\
&= E[X^2 - 2XE[X] + (E[X])^2] \\
&= E[X^2] - 2E[X]E[X] + (E[X])^2 \\
&= E[X^2] - E[X]^2
\end{aligned}$$

결합 확률이 $p(x, y)$인 연속 랜덤 변수 X와 Y의 곱에 대한 예측치는 다음과 같다.

$$E[XY] = \int_{-\infty}^{\infty} \int_{-\infty}^{\infty} xyp(x, y)dxdy$$

X와 Y 사이의 공분산은 다음과 같이 주어진다.

$$\begin{aligned}
\text{Cov}[X, Y] &= E[(X - E[X])(Y - E[Y])] \\
&= \sum_x \sum_y (x - E[X])(y - E[Y])p(X = x, Y = y) \\
&= E[XY] - E[X]E[Y]
\end{aligned}$$

따라서 $\text{Cov}[X, Y] = 0 \Rightarrow E[XY] = E[X]\,E[Y]$가 되고 X와 Y는 상관 관계가 없다고 한다. 분명히 $\text{Cov}[X, X] = \text{Var}[X]$다. d차원의 연속 랜덤 변수 $\mathbf{x}$에 대한 공분산 행렬은 아래에서 구한다.

$$\text{Cov}[\mathbf{x}] = \begin{bmatrix} \text{Cov}(x_1, x_1) & \cdots & \text{Cov}(x_1, x_d) \\ \vdots & \vdots & \vdots \\ \text{Cov}(x_d, x_1) & \cdots & \text{Cov}(x_d, x_d) \end{bmatrix}$$

켤레 사전

보다 완전한 베이지안 방법에서는 변수와 파라미터를 모두 랜덤 수치로 취급한다. 파라미터에 대한 사전 분포를 사용하면 모델 매개 변수를 정규화하고 오버피팅을 방지하는 간단하고 정당한 방법을 제공할 수 있다. 베이지안 모델링 철학과 기법을 적용하면 기존의 최대 가능성 추정치를 간단하게 조정할 수 있다. 특히 적절하게 정의된 확률 모델에서 파라미터에 대해 켤레 사전 분포conjugate priro distribution를 사용한다는 것은 해당 파라미터에 대한 사후 분포가 이전과 동일한 형태로 유지된다는 것을 의미한다. 이것은 최대 가능성 추정치의 단순 가중 평균과 켤레 사전의 관련 파라미터를 사용해 매개 변수에 대한 기존의 최대 가능성 추정치를 쉽게 적용할 수 있도록 한다. 아래에서 베르누이, 범주형, 가우시안 분포에서 이것이 어떻게 작동하는지 살펴보겠다. 다른 보다 정교한 베이지안 조작도 켤레conjugacy를 사용해 단순화된다.

베르누이, 이항 베타 분포

베르누이Bernoulli 확률 분포는 이진 랜덤 변수에 대해 정의된다. $x \in \{0, 1\}$이라고 하고 $x = 1$일 확률을 π라고 하면 $x = 0$일 경우의 확률은 $1 - \pi$가 된다. 확률 분포는 다음과 같은 방식으로 기술될 수 있다.

$$P(x; \pi) = \pi^x (1-\pi)^{1-x}$$

이항binomial 분포는 베르누이 분포를 일반화시킨다. 일련의 이진 값 실험에서 특정 횟수의 성공 확률을 정의하며 각 실험의 결과는 베르누이 분포에 의해 관리된다. 이항 분포하에서 n개의 실험에서 정확히 k번 성공할 확률은 $k = 0, 1, 2, \ldots n$에 대해 다음과 같이 정의된다.

$$P(k; n, \pi) = \binom{n}{k} \pi^k (1-\pi)^{n-k}$$

여기서 아래는 이항 계수다.

$$\binom{n}{k} = \frac{n!}{k!(n-k)!}$$

직관적으로 이 분포의 정의가 실험 결과의 순서를 무시한다는 사실을 설명하고자 이항 계수, 즉 n개의 실험 시퀀스에서 $x = 1$이 발생했을 수 있는 k개의 결과가 필요하다. 이항 계수는 $x = 1$에서 k 결과를 얻을 수 있는 여러 가지 방법을 제공한다. 직관적으로 용어 π^k 는 $x = 1$인 경우 정확히 k개의 결과가 나올 확률이고 $\pi^k - k$는 $x = 0$인 경우 정확히 $n - k$개의 결과를 가질 확률이다. 이 두 항은 결과 시퀀스가 가능한 각 방법에 대해 유효하다. 그래서 그냥 가능성의 수를 곱한다.

베타 분포는 $0 \leq \pi \leq 1$의 범위에서 랜덤 변수 π에 대해 정의된다. 여기에는 두 형태 파라미터인 $\alpha, \beta > 0$을 사용하면 다음과 같이 된다.

$$P(\pi; \alpha, \beta) = \frac{1}{B(\alpha, \beta)} \pi^{\alpha-1}(1-\pi)^{\beta-1} \qquad (A.1)$$

여기서 $B(\alpha, \beta)$는 베타 함수이며 함수가 1로 통합되도록 하는 정규화 상수 역할을 한다. 베타 분포는 베르누이 및 이항 분포에 대한 켤레 사전 분포로 사용할 수 있기 때문에 유용하다. 이의 의미는 다음과 같다.

$$\pi_B = \left(\frac{\alpha}{\alpha + \beta}\right)$$

베르누이 분포에 대한 최대 가능성 추정 값이 π_{ML}에 의해 주어지면 베타 분포의 사후 평균 π는 다음과 같다는 것을 알 수 있다.

$$\pi_* = w\pi_B + (1 - w)\pi_{ML}$$

이때

$$w = \frac{\alpha + \beta}{\alpha + \beta + n}$$

n은 π_{ML}을 추정하는 데 사용되는 예제의 수다. 따라서 베르누이 모델에서 π_{ML}을 대체하는 정규화 또는 평활 추정치로 사후 평균값 π를 사용하는 것은 베타 베르누이[Beta-Bernoulli]

모델의 사후 예측 분포의 평균값이 다음과 같다는 사실에 의해 베이지안 원칙에 따라 정당화된다. 베타의 사후 평균 매개 변수를 베르누이에 연결하면 다음과 같다.

$$p(x|D) = \int_0^1 \text{Bern}(x|\pi) \ \text{Beta}(\pi|D)d\pi = \text{Bern}(x; \pi_*)$$

이는 각각 $x = 0$ 및 $x = 1$에 대한 상상적인 관찰로서의 α와 β의 직관적인 개념을 지원하며 베이지안 개념으로 정당화한다.

범주, 다항, 디리클레 분포

범주형 분포는 상태가 3개 이상인 이산형 랜덤 변수에 대해 정의되며 베르누이 분포를 일반화한다. K개의 범주에 대해 하나의 범주는 $A \in \{a_1, a_2, ..., a_k\}$ 또는 $x \in \{1, 2, ..., K\}$로 정의된다. 하지만 범주를 인코딩하는 데 사용되는 정수의 순서는 임의적이다. x가 상태 또는 범주 k에 있을 확률이 π_k에 의해 주어지고 벡터 표현에 대한 원 핫 인코딩을 사용하는 경우 $\mathbf{x}$의 모든 요소가 1과 동일한 차원을 제외하고 0인 경우 $\mathbf{x}$의 상태 또는 범주, 범주형 분포는 다음과 같다.

$$P(\mathbf{x}; \pi) = \prod_{k=1}^{K} \pi_k^{x_k}$$

다항 분포는 범주 분포를 일반화한다. 각 클래스 k에 대해 고정된 범주 확률 π_k를 갖는 이산 랜덤 변수의 다중 독립적 관측이 주어지면 다항 분포는 각 범주의 특정 인스턴스 수를 관측할 확률을 정의한다. 벡터 $\mathbf{x}$가 각 범주가 관찰된 횟수로 정의되면 다항 분포는 다음과 같이 표현된다.

$$P(\mathbf{x}; n, \pi) = \begin{pmatrix} n! \\ x_1! \cdots x_K! \end{pmatrix} \prod_{k=1}^{K} \pi_k^{x_k}$$

디리클레 분포는 랜덤 변수 또는는 $\pi_1, \pi_2, ..., \pi_k < 1$, $\pi_1, \pi_2, ..., \pi_k > 0$, $\pi_1 + \pi_2 + ..., \pi_k = 1$과 같은 파라미터 벡터 π에 대해 정의되며 이는 정확히는 위에서 언급한 범주 및 다항 분포를 정의하기 위한 π의 형태다. $\alpha_1, ..., \alpha_K > 0$, $K \geq 2$의 디리클레 분포는 다음

과 같다.

$$P(\boldsymbol{\pi}; \boldsymbol{\alpha}) = \frac{1}{B(\boldsymbol{\alpha})} \prod_{i=k}^{K} \pi_k^{\alpha_k - 1}$$

여기서 $B(\alpha)$는 다항 베타 함수이며 함수를 하나로 합치는 것을 보장하는 정규화 상수 역할을 한다.

$$B(\boldsymbol{\alpha}) = \frac{\prod_{k=1}^{K} \Gamma(\alpha_k)}{\Gamma\left(\sum_{k=1}^{K} \alpha_k\right)}$$

여기서 $\Gamma(\cdot)$는 감마 함수다.

디리클레 분포는 유용한데 이는 범주형 및 다항 분포에 대한 켤레 사전 분포로서 사용될 수 있기 때문이다. 이의 평균(벡터)은 다음과 같다.

$$\boldsymbol{\pi}_D = \frac{\boldsymbol{\alpha}}{\displaystyle\sum_{k=1}^{K} \alpha_k}$$

그리고 이는 베타 사전$^{\text{Beta prior}}$에 베르누이 분포의 경우를 일반화한다. 즉 범주 분포에 대한 기존의 최대 가능성 추정 값이 $\boldsymbol{\pi}_{\text{ML}}$에 의해 제공되면 범주형 가능성과 디리클레 사전^{prior}으로 구성된 모델의 사후 평균 $\boldsymbol{\pi}_*$는 다음과 같은 평균이 있는 디리클레 분포 형태를 갖는다.

$$\boldsymbol{\pi}_* = w\boldsymbol{\pi}_D + (1 - w)\boldsymbol{\pi}_{\text{ML}}$$

여기서

$$w = \frac{\alpha_K}{\alpha_K + n}, \quad \alpha_K = \sum_{k=1}^{K} \alpha_k$$

이때 n은 $\boldsymbol{\pi}_{\text{ML}}$을 측정하고자 사용된 예제의 수다. 따라서 범주형 확률 모델에서 $\boldsymbol{\pi}_{\text{ML}}$을 대체하기 위한 정규화 또는 평활 추정치로 사후 평균값 $\boldsymbol{\pi}_*$를 사용하는 것은 디리클레 사전이 있는 범주형 모델의 사후 예측 분포의 평균값이 다음과 같다는 사실에 의해 베이지안 원칙하에서 사용할 수 있다. 디리클레 사후의 사후 평균 매개 변수를 범주형 확률 모델에 연결하는 것과 같다. 즉 다음과 같다.

$$p(\mathbf{x}|D) = \int_{\boldsymbol{\pi}} \text{Cat}(\mathbf{x}|\boldsymbol{\pi})\ \text{Dirichlet}(\boldsymbol{\pi}|D)d\boldsymbol{\pi} = \text{Cat}(\mathbf{x};\boldsymbol{\pi}_*)$$

다시 말하지만 디리클레에 대한 파라미터 벡터 α_k를 가상 관측치로 생각하는 직관적인 개념은 베이지안 분석을 통해 완성된다.

이산 분포 파라미터의 추정

이진 분포가 특별한 경우인 이산 확률 분포의 파라미터 추정을 생각해 보자. 변수가 범주 k에 있을 확률을 π_k로 하고 분포의 모수를 길이 k 벡터 $\boldsymbol{\pi}$로 한다. 하나의 핫 벡터 $\mathbf{x}_i$, $i = 1$, ..., N을 사용해 각 예제를 인코딩하며 이는 관찰된 범주에 해당하는 하나의 차원을 제외하고 모두 0이다. 여기서 $x_{i,k} = 1$이다. 데이터 집합의 확률은 다음과 같이 표현할 수 있다.

$$P(\mathbf{x}_1, \ldots, \mathbf{x}_N; \boldsymbol{\pi}) = \prod_{i=1}^{N} \prod_{k=1}^{K} \pi_k^{x_{i,k}}$$

n_k가 데이터의 각 클래스 k가 관찰된 횟수인 경우 데이터의 로그 가능성은 다음과 같다.

$$\log P(n_1, \ldots, n_K; \boldsymbol{\pi}) = \sum_{k=1}^{K} n_k\ \log \pi_k$$

파라미터 벡터가 유효한 확률을 정의하는지 확인하고자 확률의 합이 1이 되는 제약 조건을 적용하는 라그랑주 승수 λ를 포함하는 항으로 로그 가능성을 증가시킨다.

$$L = \sum_{k=1}^{K} n_k\ \log \pi_k + \lambda \left[1 - \sum_{k=1}^{K} \pi_k \right]$$

λ에 대해 이 함수의 미분을 취하고 결과를 0으로 설정하면 모델의 확률에 대한 합이 1(원하는 대로)이 돼야 함을 알 수 있다. 그런 다음 각 매개 변수에 대한 함수의 미분을 0으로 설정하며 이 결과는 다음과 같다.

$$\frac{\partial L}{\partial \pi_k} = 0 \quad \Rightarrow \quad n_k = \lambda \pi_k$$

k에 대해 양변을 더해 λ를 구할 수 있다.

$$\sum_{k=1}^{K} n_k = \lambda \sum_{k=1}^{K} \pi_k \quad \Rightarrow \quad \lambda = \sum_{k=1}^{K} n_k = N$$

따라서 증강된 목적 함수의 기울기는 다음과 같은 경우 0 임을 확인할 수 있다.

$$\pi_k = \frac{n_k}{N}$$

이 간단한 결과는 확률을 추정하는 방법에 대한 직감과 일치해야 한다.

모수에 대한 디리클레 사전 지정$^{\text{prior specifying}}$이 추정 문제를 정규화하고 평활 확률 π_k^*를 계산하는 방법을 위에서 논의했다. 정규화는 동등하게 가상 데이터로 보거나 각 클래스 k에 대해 α_k를 계산해 다음과 같은 추정치를 제공할 수 있다.

$$\pi_k^* = \frac{n_k + \alpha_k}{N + \alpha_K}, \quad \alpha_K = \sum_{k=1}^{K} \alpha_k$$

이는 다음과 같이 쓸 수 있다.

$$\pi_k^* = \left[\frac{\alpha_K}{N + \alpha_K} \right] \left(\frac{\alpha_k}{\alpha_K} \right) + \left[\frac{N}{N + \alpha_K} \right] \left(\frac{n_k}{N} \right)$$

이는 또한 이전 확률 벡터 $\boldsymbol{\pi}_D$와 최대 가능성 추정치 $\boldsymbol{\pi}_{\text{ML}}$, $\boldsymbol{\pi}_* = w\boldsymbol{\pi}_D + (1 - w)\boldsymbol{\pi}_{\text{ML}}$의 가중 조합으로 평활 확률 벡터 $\boldsymbol{\pi}_*$를 표현한 위의 분석에서도 이어진다.

가우시안 분포

1차원 가우시안 확률 분포는 다음과 같은 형태를 갖는다.

$$P(x; \mu, \sigma) = \frac{1}{\sigma\sqrt{2\pi}} \exp\left[-\frac{(x - \mu)^2}{2\sigma^2} \right]$$

여기서 모델의 파라미터는 각각 평균 μ와 분산 σ^2(표준 편차 σ는 단순히 분산의 제곱근이다)을 의미한다. N개의 예제 $x_i = 1, \ldots, N$이 주어지고 이 파라미터들의 최대 가능성 추정은 다음과 같다.

$$\mu = \frac{1}{N} \sum_{i=1}^{N} x_i, \qquad \sigma^2 = \frac{1}{N} \sum_{i=1}^{N} (x_i - \mu)^2$$

분산의 추정 시 위 수식은 때때로 분모에 N 대신 $N-1$을 사용하도록 수정되며 이를 통해 편향되지 않은 추정을 얻는다. 이렇게 주어진 표준 편차는 다음과 같으며 특별히 표본sample의 크기가 10 미만인 경우에 해당한다.

$$\sigma = \sqrt{\frac{1}{N-1} \sum_{i=1}^{N} (x_i - \mu)^2}$$

이는 (수정된) **표본 표준 편차**sample standard deviation라고 알려져 있다.

가우시안 분산은 1차원에서 2차원 또는 그 이상의 차원으로 일반화될 수 있다. 각 차원에 대해 독립적인 가우시안 분포를 구성하는 2차원의 모델을 생각해 보자. 이는 행렬 표기법을 사용해 기술된 대각선의 공분한 행렬을 가진 모델과 동일하다. 이를 스칼라에서 2차원 가우시안 분포에 대한 행렬 표기로 변환할 수 있다.

$$
\begin{aligned}
P(x_1, x_2) &= \frac{1}{\sqrt{2\pi}\sigma_1} \exp\left[-\frac{(x_1 - \mu_1)^2}{2\sigma_1^2}\right] \frac{1}{\sqrt{2\pi}\sigma_2} \exp\left[-\frac{(x_2 - \mu_2)^2}{2\sigma_2^2}\right] \\
&= (2\pi)^{-1} (\sigma_1^2 \sigma_2^2)^{-1/2} \exp\left\{-\frac{1}{2}(\mathbf{x} - \boldsymbol{\mu})^T \begin{bmatrix} \sigma_1^2 & 0 \\ 0 & \sigma_2^2 \end{bmatrix}^{-1} (\mathbf{x} - \boldsymbol{\mu})\right\} \\
&= (2\pi)^{-1} |\boldsymbol{\Sigma}|^{-1/2} \exp\left\{-\frac{1}{2}(\mathbf{x} - \boldsymbol{\mu})^T \boldsymbol{\Sigma}^{-1} (\mathbf{x} - \boldsymbol{\mu})\right\}
\end{aligned}
$$

여기서 모델의 공분산 행렬은 $\boldsymbol{\Sigma}$, 벡터 $\mathbf{x} = [x_1, x_2]^T$, 평균 벡터 $\boldsymbol{\mu} = [\mu_1 \ \mu_2]^T$로 주어졌다. 이 방정식의 진행은 대각선 행렬의 역이 단순히 각 오리지널 행렬 요소에 대한 하나씩 구성된 대각선 행렬이기 때문에 사실이며 이는 스칼라 표기법이 어떻게 행렬 표기법으로 바뀌는지 설명한다. 공분산 행렬은 로우 i와 열 j로 구성된 행렬이다.

$$\Sigma_{ij} = \text{cov}(x_i, x_j) = \text{E}[(x_i - \mu_i)(x_j - \mu_j)]$$

여기서 E[.]는 예상치를 참조하며 $\mu_i = \text{E}[x_i]$가 된다. 평균은 다음과 같은 벡터 형태로 계산된다.

$$\boldsymbol{\mu} = \frac{1}{N} \sum_{i=1}^{N} \mathbf{x}_i$$

공분산 행렬 추측을 위한 방정식은 다음과 같다.

$$\boldsymbol{\Sigma} = \frac{1}{N} \sum_{i=1}^{N} (\mathbf{x}_i - \boldsymbol{\mu})(\mathbf{x}_i - \boldsymbol{\mu})^T$$

일반적으로 다변량 가우시안 분포^{multivariate Gaussian distribution}는 다음과 같이 작성할 수 있다.

$$P(x_1, x_2, \ldots, x_d) = (2\pi)^{-d/2} |\boldsymbol{\Sigma}|^{-1/2} \exp\left\{ -\frac{1}{2} (\mathbf{x} - \boldsymbol{\mu})^T \boldsymbol{\Sigma}^{-1} (\mathbf{x} - \boldsymbol{\mu}) \right\}$$

평균 $\boldsymbol{\mu}$ 및 공분산 행렬 $\boldsymbol{\Sigma}$가 있는 가우시안 분포로 변수를 모델링할 때 $P(\mathbf{x}) = N(\mathbf{x}; \boldsymbol{\mu}, \boldsymbol{\Sigma})$로 쓰는 것이 일반적이며 세미 콜론이 들어가는 것에 유의하라. 이는 평균과 공분산이 파라미터로 처리됨을 의미한다. 반대로 'I'(또는 '주어진') 기호는 파라미터가 변수로 취급되고 불확실성이 모델링될 때 사용된다. 파라미터를 랜덤 변수로 취급하는 것은 잠재 디리클레 할당과 같은 베이지안 기법에서 널리 사용된다.

선형 가우시안 모델의 유용한 속성들

평균 $\boldsymbol{\mu}$ 및 공분산 행렬 $\mathbf{A}$, $p(\mathbf{x}) = N(\mathbf{x}; \mu, \mathbf{A})$를 갖는 가우시안 랜덤 변수 $\mathbf{x}$와 $\mathbf{x}$가 주어진 조건부 분포가 평균 $\mathbf{Wx} + \mathbf{b}$이고 공분산 행렬 $\mathbf{B}$, $p(\mathbf{y}|\mathbf{x}) = N(\mathbf{y}; \mathbf{Wx} + \mathbf{b}, \mathbf{B})$인 가우시안 랜덤 변수 $\mathbf{y}$를 생각해 보자. $\mathbf{y}$의 마지널 분포와 $\mathbf{y}$가 주어진 $\mathbf{x}$의 조건부 분포는 다음과

같이 쓸 수 있다.

$$p(\mathbf{y}) = N(\mathbf{y}; \mathbf{W}\mathbf{x} + \mathbf{b}, \mathbf{B} + \mathbf{W}\mathbf{A}\mathbf{W}^T),$$
$$p(\mathbf{x}|\mathbf{y}) = N(\mathbf{x}; \mathbf{C}[\mathbf{W}^T\mathbf{B}^{-1}(\mathbf{y} - \mathbf{b}) + \mathbf{A}^{-1}\boldsymbol{\mu}], \mathbf{C})$$

여기서 $\mathbf{C} = (\mathbf{A}^{-1} + \mathbf{W}^T\mathbf{B}^{-1}\mathbf{W})^{-1}$이다.

확률적 PCA 및 공분산 행렬의 고유벡터

9.6절에서 주성분 분석을 설명할 때 우리는 공분산 행렬 $\boldsymbol{\Sigma}$를 대각화하는 아이디어를 설명하고 대각 행렬인 $\boldsymbol{\Phi}^T\boldsymbol{\Sigma}\boldsymbol{\Phi} = \Lambda$이 되는 고유 벡터 $\boldsymbol{\Phi}$의 행렬을 찾는 관점에서 이를 공식화했다. $\boldsymbol{\Sigma} = \boldsymbol{\Phi}\Lambda\boldsymbol{\Phi}^T$와 같은 공분산 행렬의 인수 분해를 찾는 것과 동일한 목표를 공식화할 수 있다. 9장의 확률적 PCA(PPCA)에서의 표현에서 주성분 분석에서 $P(\mathbf{x})$에 대한 한계 확률이 $\boldsymbol{\Sigma} = (\mathbf{W}^T\mathbf{W} + \sigma^2\mathbf{I})$에 의해 주어진 공분산 행렬을 포함한다는 것을 기억하라. 따라서 $\sigma^2 \to 0$일 때 $\mathbf{W} = \boldsymbol{\Phi}\Lambda^{\frac{1}{2}}$이면 고유 분해를 기반으로 하는 행렬 분해 방법에서 얻을 수 있는 것과 정확히 동일한 $\mathbf{W}$를 가질 수 있음을 알 수 있다. 중요한 것은 $\sigma^2 > 0$이다. 최대 가능성 학습이 일반적으로 직교하지 않은 $\mathbf{W}$를 생성한다는 것을 보여 줄 수 있다(Tipping & Bishop, 1999a, 1999b). 그러나 최근의 일부 연구에서는 최대 가능성 기반 최적화 절차 동안 직교성 제약 조건을 적용하는 방법을 보여 줬다.

분포의 지수족

분포의 지수족exponential family of distribution에는 가우시안, 베르누이, 이항, 베타, 감마, 범주, 다항, 디리클레, 카이 제곱Chi-squared, 지수, 푸아송 등이 포함된다. 일반적으로 사용되는 형식 외에도 이러한 분포는 모두 대수적으로 쉽게 작업할 수 있도록 표준화된 지수족 형식으로 작성할 수 있다.

$$p(\mathbf{x}) = h(\mathbf{x})\ \exp[\theta^T T(\mathbf{x}) - A(\theta)]$$

여기에서 θ는 자연 파라미터natural parameter의 벡터이며 $T(\mathbf{x})$는 충분 통계sufficient statistics 벡터

이고 $A(\theta)$는 누적 생성 함수로 알려져 있으며 $h(\mathbf{x})$는 $\mathbf{x}$의 추가 함수다. 예를 들어 1D 가우스 분포의 경우 이 파라미터들은 $\theta = [\mu/\sigma^2 \; -1/(2\sigma^2)]^T$, $T(\mathbf{x}) = [x \; x^2]^T$, $h(\mathbf{x}) = 1/\sqrt{2\pi}$ 2π, $A(\theta) = \mu^2/(2\sigma^2) + \ln|\sigma|$가 된다.

변동 방법과 EM 알고리듬

사후 분포를 정확하게 계산할 수 없는 복잡한 확률 모델의 경우 변동 EM^variational EM이라는 방법을 사용할 수 있다. 여기에는 EM 최적화 절차 중에 모델의 실제 사후 분포에 대한 근삿값의 조작도 포함된다. 아래의 변동 분석은 정확한 사후 분포를 포함하는 EM 알고리듬이 작동하는 이유와 방법을 보여 준다.

시작하기 전에 근사 분포와 함께 변동 방법을 사용할 때 실제 사후 분포에 대한 근사를 작성하는 데 사용되는 모수와 원래 모델의 모수를 구별하는 것이 도움이 된다. 숨겨진 변수 H 세트와 관측 변수 X 세트가 있는 확률 모델을 생각해 보자. 관측치는 $\tilde{X}$로 주어진다. $p = p(H|\tilde{X}; \theta)$를 모델의 정확한 사후 분포 그리고 $q = q(H|\tilde{X}; \Phi)$를 변형 파라미터 Φ가 설정된 변형 근사치라고 하자.

변동 방법이 실제로 어떻게 사용되는지 이해하고자 먼저 잘 알려진 '변동 경계^variational bound'를 조사한다. 이는 2가지 트릭을 사용해 만들어진다. 첫 번째는 같은 양으로 나누고 곱하는 것이다. 두 번째는 '옌센의 불평등^Jensen's inequality'으로 알려진 불평등을 적용하는 것이다. 이를 통해 로그 가능성 대한 변동 하한 $L(q)$을 구성할 수 있다.

$$
\begin{aligned}
\log p(\tilde{X}; \theta) &= \log \sum_H p(\tilde{X}, H; \theta) \\
&= \log \sum_H \frac{q(H|\tilde{X}; \Phi)}{q(H|\tilde{X}; \Phi)} p(\tilde{X}, H; \theta) \\
&\geq \sum_H q(H|\tilde{X}; \Phi) \; \log \frac{p(\tilde{X}, H; \theta)}{q(H|\tilde{X}; \Phi)} \\
&= \mathrm{E}[\log P(\tilde{X}, H; \theta)]_q + \mathrm{H}(q) \\
&= \mathrm{L}(q)
\end{aligned}
$$

여기서 $H(q)$는 q의 엔트로피이며 이는 다음과 같다.

$$H(q) = - \sum_H q(H|\tilde{X}; \Phi) \log q(H|\tilde{X}; \Phi)$$

경계 $L(q)$는 $q = p$일 때 같게 된다. '정확한' EM의 경우 이는 각 M 단계가 데이터의 가능성을 증가시킬 것임을 확인한다. 그러나 다음 M 단계를 준비하고자 하한을 다시 타이트하게 만들려면 새 정확한 사후를 후속 E 단계의 일부로 업데이트된 매개 변수로 다시 계산해야 한다.

q가 p에 대한 근사치일 때 마지널 로그 가능성과 분포 q하에서 예상되는 로그 가능성 사이의 관계는 부등식이 아니라 등식으로 작성될 수 있다.

$$\begin{aligned} \log P(\tilde{X}; \theta) &= \mathrm{E}[\log P(\tilde{X}, H; \theta)]_q + \mathrm{H}(q) + D_{\mathrm{KL}}(q\|p) \\ &= \mathrm{L}(q) + D_{\mathrm{KL}}(q\|p) \end{aligned}$$

$\mathrm{KL}(q\|p)$은 분포 q와 p 사이의 거리를 측정하는 KL$^{\text{Kullback-Leibler}}$ 발산으로 알려져 있다. 수학적 의미에서 진정한 거리가 아니라 항상 0을 초과하고 $q = p$일 때만 0이 되는 양이며 다음과 같이 주어진다.

$$D_{\mathrm{KL}}(q\|p) = \sum_H q(H|\tilde{X}; \Phi) \, \log \frac{q(H|\tilde{X}; \Phi)}{p(H|\tilde{X}; \theta)}$$

로그 마지널 가능성과 변동 경계 사이의 차이는 근사 q와 실제 p 사이의 KL 발산으로 주어진다. 즉 q가 근삿값이면 근삿값 q의 품질을 실제 사후 p로 개선해 경계를 강화할 수 있다. 따라서 위에서 살펴본 것처럼 q가 근사치가 아니라 p와 정확히 같을 때 $D_{\mathrm{KL}}(q\|p)$ = 0 및 다음과 같이 된다.

$$\log P(\tilde{X}; \theta) = \mathrm{E}[\log P(\tilde{X}, H; \theta)]_q + \mathrm{H}(q)$$

이 된다. EM 알고리듬 내에서 대략적인 사후 분포의 품질을 향상하고자 변동 추론 기법이 자주 사용되며 '변동 EM'이라는 용어는 이 일반적인 방법을 나타낸다. 그러나 변동 추론 절차의 결과는 때때로 그 자체로 유용하다. 변동 방법의 주요 특징은 변동 경계의 존재와 KL 발산의 의미에서 반복적으로 q를 p에 가깝게 만드는 알고리듬을 공식화할 수 있다는 사실이다.

평균장$^{mean-field}$ 접근 방식은 변동 방법 중 간단한 것이다. 각 변수에 별도의 변동 분포 (및 파라미터)를 제공하는 근사치와 실제 결합 분포 사이의 KL 차이를 최소화한다. 이는 '완전 팩터링된 변동 근사치$^{fully\ factored\ variational\ approximation}$'로 알려져 있으며 다음과 같이 쓸 수 있다.

$$q(H|\tilde{X}; \Phi) = \prod_j q_j(h_j|\tilde{X}; \phi_j)$$

각 변수 $q_j = q_j(h_j)$에 대한 개별 분포를 위한 몇 가지 초기 파라미터가 주어지면 다른 변수에 대한 현재 변동 근사치하에서 모델의 기대치를 고려해 각 변수를 반복적으로 업데이트한다. 이러한 업데이트는 다음과 같은 일반적인 형식을 취한다.

$$q_j(h_j|\tilde{X}; \phi_j) = \frac{1}{Z} \text{E}[\log\ P(X, H; \theta)] \prod_{i \neq j} q_i(h_i)$$

여기서 기대치는 h_j 이외의 모든 변수 h_i에 대한 근사 qs를 사용해 수행되고 Z는 h_j의 모든 값에 대해 분자를 합산해 얻은 정규화 상수다.

그래프 모델의 변동 방법에 대한 초기 작업은 Jordan, Ghahramani, Jaakkola & Saul (1999)에서 잘 나타나 있다. 분포가 히든 변수뿐만 아니라 모수 위에 배치되는 경우 변형 베이지안 방법과 변형 베이지안 EM을 사용해 더 완전한 베이지안 학습을 수행할 수 있다(Ghahramani and Beal, 2001). Winn & Bishop(2005)은 메시지 전달 알고리듬으로 볼 때 신뢰 전파와 변형 추론 방법을 잘 비교했다. 비숍^{Bishop}의 저서(Bishop, 2006)와 Koller & Friedman(2009)은 변형 관점을 기반으로 한 세부 정보와 고급 머신러닝 기술을 제공한다.

부록 B: WEKA 워크벤치

WEKA 워크벤치는 이 책에 설명된 거의 모든 알고리듬을 포함하는 머신러닝 알고리듬 및 데이터 전처리 도구 모음이다. 새로운 데이터셋에 대한 기존 방법을 유연한 방식으로 신속하게 시험해 볼 수 있도록 설계됐다. 입력 데이터 준비, 통계적 학습 계획 평가, 입력 데이터, 학습 결과 시각화를 포함해 실험 데이터 마이닝의 전체 프로세스를 광범위하게 지원한다. 다양한 학습 알고리듬뿐만 아니라 광범위한 전처리 도구가 포함돼 있다. 이 다양하고 포괄적인 툴킷은 공통 인터페이스를 통해 액세스되므로 사용자는 다양한 방법을 비교하고 당면한 문제에 가장 적합한 방법을 식별할 수 있다.

WEKA는 뉴질랜드 와이카토 대학교^{University of Waikato}에서 개발됐으며 'Waikato Environment for Knowledge Analysis'의 앞글자를 따서 이름을 지었다. WEKA는 또한 뉴질랜드 섬에서만 발견되는 호기심 많은 성격을 지닌 날지 못하는 새의 이름이기도 하다. 이 시스템은 자바로 작성됐으며 GNU General Public License 조건에 따라 배포된다. 거의 모든 플랫폼에서 실행되며 리눅스^{Linux}, 윈도우^{Windows}, 매킨토시^{Macintosh} 운영체제에서 테스트됐다.

B.1 주요 기능

WEKA는 데이터셋에 쉽게 적용할 수 있는 학습 알고리듬 구현을 제공한다. 또한 이산화 및 샘플링을 위한 알고리듬과 같은 데이터셋 변환을 위한 다양한 도구가 포함돼 있다. 프로그램 코드를 전혀 작성하지 않고도 데이터셋을 전처리하고 학습 계획에 입력하고 결과 분류기와 성능을 분석할 수 있다.

워크벤치는 회귀, 분류, 클러스터링, 연관 규칙 마이닝, 속성 선택과 같은 주요 데이터 마이닝 문제에 대한 방법을 제공한다. 데이터를 파악하는 것은 작업의 필수적인 부분이며 많은 데이터 시각화 기능과 데이터 전처리 도구가 제공된다. 모든 알고리듬은 파일에서 읽거나 데이터베이스 질의로 생성할 수 있는 단일 관계형 테이블의 형태로 입력을 받는다.

WEKA의 사용법 중 하나는 데이터셋에 학습 방법을 적용하고 그 결과를 분석해 데이터에 대해 더 많이 배우는 것이다. 또 다른 방법은 학습된 모델을 사용해 새 인스턴스에 대한 예측을 생성하는 것이다. 세 번째는 예측할 학습자를 선택하고자 여러 학습자를 적용하고 성과를 비교하는 것이다. 대화형 WEKA 인터페이스에서는 메뉴에서 원하는 학습 방법을 선택한다. 많은 메서드에는 속성 시트 또는 개체 편집기를 통해 액세스할 수 있는 조정 가능한 매개 변수가 있다. 모든 분류기의 성능을 측정하고자 공통 평가 모듈이 사용된다.

실제 학습 계획의 구현은 WEKA가 제공하는 가장 핵심 리소스이며 필터라는 데이터 전처리 도구는 두 번째로 핵심 부분이다. 분류기와 마찬가지로 메뉴에서 필터를 선택하고 요구 사항에 맞게 조정한다.

어떻게 사용할까?

WEKA를 사용하는 가장 쉬운 방법은 Explorer라는 그래픽 사용자 인터페이스를 사용하는 것이다. 이렇게 하면 메뉴 선택 및 양식 채우기를 사용해 모든 기능에 액세스할 수 있다. 예를 들어 파일에서 데이터셋을 빠르게 읽고 여기에서 결정 트리를 작성할 수 있다. Explorer는 작성할 양식으로 옵션을 제시해 안내를 한다. 마우스가 화면의 항목 위로 지나갈 때 유용한 도구 설명이 표시돼 해당 항목의 기능을 설명한다. 합리적인 기본값을 사용하면 최소한의 노력으로 결과를 얻을 수 있지만 결과가 의미하는 바를 이해하려면 수행 중인 작업을 생각해야 할 것이다.

WEKA에는 3가지 다른 그래픽 사용자 인터페이스가 있다. 지식 흐름 인터페이스를 사용하면 스트리밍 데이터 처리를 위한 구성을 설계할 수 있다. Explorer의 근본적인 단점은 모든 것을 메인 메모리에 보관한다는 것이다. 데이터셋을 열면 즉시 모두 로드된다. 즉 중소 규모 문제에만 적용할 수 있다. 그러나 WEKA에는 매우 큰 데이터셋을 처리하는 데 사용할 수 있는 몇 가지 증분 알고리듬이 포함돼 있다. Knowledge Flow 인터페이스를 사용하면 학습 알고리듬 및 데이터 소스를 나타내는 상자를 화면에서 끌어서 원하는 구성에 결합할 수 있다. 데이터 소스, 사전 처리 도구, 학습 알고리듬, 평가 방법, 시각화 모듈을 나타내는 컴포넌트를 연결해 데이터 스트림을 지정할 수 있다. 필터 및 학습 알고리듬이 점진적 학습이 가능한 경우 데이터가 점진적으로 로드되고 처리된다.

WEKA의 세 번째 인터페이스인 Experimenter는 분류 및 회귀 기술을 적용할 때 기본적인 실제 질문에 답할 수 있도록 설계됐다. 주어진 문제에 가장 적합한 방법과 매개 변수 값은 무엇일까? 일반적으로 이 질문에 선험적으로 답할 수 있는 방법은 없으며 워크벤치를 개발한 한 가지 이유는 WEKA 사용자가 다양한 학습 기술을 비교할 수 있는 환경을 제공하기 위해서였다. 이것은 Explorer를 사용해 대화식으로 수행할 수 있다. 그러나 Experimenter를 사용하면 데이터 집합에 대해 서로 다른 매개 변수 설정을 사용해 분류기 및 필터를 쉽게 실행하고 성능 통계를 수집하고 유의성 테스트를 수행할 수 있으므로 프로세스를 자동화할 수 있다. 고급 사용자는 Experimenter를 사용해 자바 원격 메서드 호출을 사용해 여러 컴퓨터에 컴퓨팅 부하를 분산할 수 있다. 이러한 방식으로 대규모 통계 실험을 설정하고 실행하도록 만들 수 있다.

워크벤치라는 네 번째 인터페이스는 다른 세 가지(및 사용자가 설치한 모든 플러그인)를 하나의 애플리케이션으로 결합하는 통합 그래픽 사용자 인터페이스다. 워크벤치는 대부분 설정이 가능하므로 사용자가 관련 설정과 함께 표시할 애플리케이션 및 플러그인을 지정할 수 있다.

이러한 대화형 인터페이스 안쪽에 WEKA의 기본 기능이 녹아 있다. 이것은 시스템의 모든 기능에 대한 액세스를 제공하는 콘텍스트 명령을 입력해 원시 형식으로도 액세스할 수 있다. WEKA를 시작할 때 WEKA GUI 선택기를 통해 Explorer, Knowledge Flow, Experimenter, 워크벤치, 커맨드 라인 인터페이스(여기서는 커맨드 라인 인터페이스는 고려하지 않는다)를 통해 5가지 사용자 인터페이스 중에서 선택해야 한다. 대부분의 사람들은 처음에는 Explorer를 선택한다.

그 밖에 할 수 있는 것은?

WEKA로 작업할 때 중요한 리소스는 온라인 도큐먼트이며 소스 코드에서 자동으로 생성되고 구조를 간결하게 반영한다. 온라인 도큐먼트는 WEKA가 지속적으로 성장하면서 소스 코드에서 자동으로 생성돼 사용할 수 있는 알고리듬의 유일한 전체 목록을 제공하기 때문에 온라인 도큐먼트는 항상 최신 상태다. 또한 다음 단계로 진행하고 자바 프로그램에서 라이브러리에 액세스하거나 자신의 학습 체계를 작성하고 테스트하려는 경우 이 온라인 도큐먼트는 필수적이다.

대부분의 데이터 마이닝 애플리케이션에서 머신러닝 컴포넌트는 훨씬 더 큰 소프트웨어 시스템의 작은 부분에 불과하다. 데이터 마이닝 애플리케이션을 작성하려는 경우 자체 코드 내에서 WEKA의 프로그램에 액세스할 수 있다. 이렇게 하면 최소한의 추가 프로그래밍으로 애플리케이션의 머신러닝 하위 문제를 해결할 수 있다.

머신러닝 알고리듬의 전문가가 되려는 경우(또는 실제로 이미 알고 있는 경우) 파일에서 데이터 읽기, 필터링 알고리듬 구현과 같은 일상적인 세부 사항을 처리할 필요 없이 자체 알고리듬을 구현하거나 또는 결과 평가를 위한 코드를 제공하고 싶을 것이다. WEKA에는 이미 이 모든 것이 포함돼 있으며 이를 최대한 활용하려면 기본 데이터 구조를 익혀야 한다.

고급 사용자를 위한 이러한 기회와 명령줄 인터페이스에 대해 설명하는 이 부록의 확장 버전은 http://old-www.cms.waikato.ac.nz/ml/weka/book.html에서 볼 수 있다.

B.2 패키지 관리 시스템

WEKA 소프트웨어는 이 책의 세 번째 판이 출판된 이후 상당히 발전했다. 많은 새로운 알고리듬과 기능이 시스템에 추가됐으며 그중 다수는 커뮤니티에서 기여했다. 제공되는 알고리듬이 너무 많아서 소프트웨어가 새로운 사용자에게 압도적이라고 생각할 수 있다고 느꼈다. 따라서 많은 알고리듬과 커뮤니티 기여분은 제거되고 플러그인 패키지에 재배치됐다. 사용자가 관심 있는 패키지를 찾아보고 선택적으로 설치할 수 있는 패키지 관리 시스템이 추가됐다.

패키지 관리 시스템을 도입한 또 다른 동기는 WEKA 소프트웨어에 기여하는 프로세스를 더 쉽게 만들고 WEKA 개발팀의 유지 관리 부담을 완화하는 것이었다. 플러그인 패키지의 기여자는 코드를 유지하고 설치 가능한 아카이브를 호스팅할 책임이 있으며 WEKA는 단순히 패키지 메타데이터를 추적한다. 패키지 시스템은 또한 WEKA의 경량 풋 프린트를 유지하고자 과거에 권장하지 않았던 타사 라이브러리 사용을 허용했다.

그래픽 패키지 관리자는 WEKA 'GUI Chooser'의 Tool 메뉴에서 액세스할 수 있다. 패키지 관리자에 처음 액세스하면 현재 사용할 수 있는 패키지 정보를 다운로드한다. 이를 위해서는 인터넷 연결이 필요하지만 패키지 메타데이터가 다운로드되면 패키지 관리자를 사용해 오프라인 상태에서 패키지 정보를 검색할 수 있다. 물론 패키지를 실제로 설치하려면 인터넷 연결이 필요하다.

패키지 관리자는 창 상단에 패키지 목록을 표시하고 목록에서 현재 선택한 패키지 정보를 표시하는 패널을 하단에 표시한다. 사용자는 사용할 수 있지만 아직 설치되지 않은 패키지, 설치된 패키지만 또는 모든 패키지를 표시하도록 선택할 수 있다. 목록에는 각 패키지의 이름, 패키지가 속한 광범위한 범주, 현재 설치된 버전(있는 경우), 사용 중인 WEKA 버전과 호환되는 사용할 수 있는 패키지의 최신 버전 및 필드가 표시된다. 설치된 패키지의 경우 패키지가 WEKA에 의해 성공적으로 로드됐는지 여부를 나타낸다. 언뜻 보기에는 명확하지 않지만 특정 패키지의 이전 버전을 설치할 수 있다. 목록의 Repository version 필드는 실제로 드롭 다운 박스다. 패키지 목록은 패키지 또는 카테고리 열 헤더를 클릭해 오름차순 또는 내림차순으로 정렬할 수 있다.

창 하단의 정보 패널에는 지정된 패키지의 각 버전에 대한 클릭 가능한 링크가 있다. 'Latest'은 항상 패키지의 최신 버전을 나타내며 사용할 수 있는 가장 높은 버전 번호와 동일하다. 이러한 링크 중 하나를 클릭하면 패키지 작성자, 라이선스, 설치 가능한 아카이브가 있는 위치 및 종속성과 같은 추가 정보가 표시된다. 각 패키지에 대한 정보는 WEKA의 패키지 메타데이터가 호스팅되는 웹 위치에서도 찾아볼 수 있다. 모든 패키지에는 작업할 수 있는 핵심 WEKA 시스템의 최소 버전인 하나 이상의 종속성이 나열된다. 일부 패키지는 다른 패키지에 대한 추가 종속성을 나열한다. 예를 들어 multi-InstanceLearning 패키지는 multi-InstanceFilters 패키지에 종속된다. multi-InstanceLearning을 설치하고 multi-InstanceFilter가 아직 설치되지 않았다고 가정하면 시스템은 사용자에게 multi-InstanceFilter가 필요하며 자동으로 설치됨을 알린다.

패키지 관리자는 WEKA의 공식 패키지로 알려진 것을 표시한다. 이들은 검토를 위해 WEKA 팀에 제출된 패키지이며 공식 중앙 메타데이터 저장소에 메타데이터가 추가됐다. 어떤 이유로든 패키지 작성자는 비공식적으로 사용할 수 있도록 결정할 수 있다. 이러한 패키지는 웹의 공식 목록이나 그래픽 패키지 관리자가 표시하는 목록에는 나타나지 않는다. 사용자가 비공식 패키지가 포함된 아카이브의 URL을 알고 있는 경우 패키지 관리자 창의 오른쪽 상단 모서리에 있는 버튼을 사용해 설치할 수 있다.

새 패키지 또는 기존 패키지의 새 버전이 사용 가능해질 때마다 패키지 관리자는 큰 노란색 경고 아이콘을 표시해 사용자에게 알린다. 이 아이콘 위로 마우스를 가져가면 새 패키지를 나열하는 도구 설명 팝업이 표시되고 사용자에게 저장소 캐시 새로 고침^{Refresh repository cache} 버튼을 클릭하라는 메시지가 표시된다. 이 버튼을 클릭하면 모든 패키지 정보의 새로운 사본이 사용자 컴퓨터로 다운로드된다.

패키지 관리자 창 상단에 있는 install 및 uninstall 버튼은 이름에서 알 수 있는 것과 동일하다. 목록에서 여러 항목을 선택해 한 번에 둘 이상의 패키지를 설치하거나 제거할 수 있다. 기본적으로 WEKA는 설치된 모든 패키지를 로드하려고 시도하며 어떤 이유로 패키지를 로드할 수 없는 경우 목록의 Loaded 열에 메시지가 표시된다. 사용자는 특정 패

키지를 선택한 다음 Toggle load 버튼을 클릭해 특정 패키지가 로드되지 않도록 선택할
수 있다. 그러면 WEKA가 다음에 시작될 때 로드되지 않아야 하는 패키지로 표시된다.
이는 불안정한 패키지가 오류를 생성하거나 다른 패키지와 충돌하거나 (아마도 타사 라이브
러리로 인해) WEKA가 제대로 작동하지 못하게 하는 경우에 유용할 수 있다.

B.3 Explorer

WEKA의 역사적인 그래픽 사용자 인터페이스인 Explorer(탐색기)는 메뉴 선택 및 양식
채우기를 사용해 모든 기능에 대한 액세스를 제공한다. 시작하려면 WEKA가 지원하는
다양한 데이터 마이닝 작업에 해당하는 6개의 다른 패널이 상단의 탭으로 선택된다. 적
절한 패키지를 설치해 추가 패널을 사용할 수 있다.

Explorer로의 데이터 로딩

Explorer로 수행할 수 있는 작업을 설명하고자 WEKA 다운로드에 포함된 날씨 데이터
에서 의사결정 트리를 작성한다고 가정하자. GUI Chooser의 구동을 위해 WEKA를 실
행하자. 오른쪽에 있는 5가지 선택 항목에서 Explorer를 선택한다(다른 것들은 앞에서 언급
했다. Simple CLI는 커맨드라인 인터페이스다).

다음에 보이는 것은 기본 Explorer 화면이다. 상단의 6개 탭은 Explorer가 지원하는
기본 작업이며 Preprocess 단계로부터 시작된다. 파일 열기 버튼을 클릭하면 파일을 선
택할 수 있는 표준 대화 상자가 나타난다. 여기서 weather.arff 파일을 선택하자. CSV 형
식이 있는 경우 ARFF 데이터 파일에서 CSV 데이터 파일로 변경하라.

파일을 로드하면 Preprocess 화면에서 데이터셋의 정보를 알려 준다. 여기에는 14개
의 인스턴스와 5개의 속성이 있다(가운데 왼쪽). 속성은 outlook, temperature, humidity,
windy, play(왼쪽 아래)라고 인식했다. 첫 번째 속성인 outlook은 기본적으로 선택되며(다
른 항목을 클릭해 선택할 수 있다) 누락된 값, 3개의 별개 값이 있으며 고윳값은 없다. 실제값

은 sunny, overcast, rainy가 각각 5, 4, 5회 발생한다(중앙 오른쪽). 오른쪽 아래의 히스토
그램은 outlook 속성의 각 값에 대해 클래스의 두 값인 play가 각각 발생하는 빈도를 보
여 준다. 속성 outlook은 히스토그램 위의 상자에 나타나기 때문에 사용되지만 다른 속
성의 히스토그램을 대신 그릴 수 있다. 여기서 play는 클래스 속성으로 선택되며 히스토
그램의 색상을 지정하는 데 사용되고 클래스 값이 필요한 모든 필터도 히스토그램을 사
용한다.

outlook 속성은 명목이다. 숫자 속성을 선택하면 최솟값 및 최댓값, 평균 및 표준 편차
가 표시된다. 이 경우 히스토그램은 이 속성의 함수로 클래스 분포를 표시한다.

체크박스를 클릭하고 Remove 버튼을 사용해 속성을 삭제할 수 있다. All은 모든 속성
을 선택하고 None은 모든 선택 사항을 해제하며 Invert는 현재 선택을 반전하며 Pattern
은 이름이 사용자가 제공한 정규식과 일치하는 속성을 선택한다. Undo 버튼을 클릭해
변경 사항을 취소할 수 있다. Edit 버튼은 데이터를 검사하고 특정 값을 검색하고 편집하
고 인스턴스와 속성을 삭제할 수 있는 편집기를 불러온다. 값과 열 머리글을 마우스 오른
쪽 버튼으로 클릭하면 해당 콘텍스트 메뉴가 나타난다.

결정 트리 작성

결정 트리를 구축하려면 Classify 탭을 클릭해 WEKA의 분류 및 회귀 구조에 액세스한
다. Classify 패널에서 왼쪽 상단에 있는 Choose 버튼을 클릭하고 나타나는 계층 메뉴의
트리 섹션을 열고 J48을 찾아 분류자를 선택한다. 메뉴 구조는 WEKA 코드의 모듈 구
성을 나타내며 선택해야 하는 항목은 항상 가장 하위 레벨에 있다. 선택하면 J48이 기본
매개 변수 값과 함께 선택 버튼 옆의 줄에 나타난다. 해당 라인을 클릭하면 J48 분류기
의 객체 편집기가 열리고 파라미터의 의미를 확인하고 원하는 경우 값을 변경할 수 있다.
Explorer는 일반적으로 합리적인 값을 추천한다.

분류기를 선택한 후 Start 버튼을 클릭해 호출하면 WEKA는 잠시 동안 작동한다. 작
동할 때 작은 새는 Explorer의 오른쪽 아래가 점프해 춤을 춘 후 J48에 대한 출력을 생성
한다.

출력의 시험

출력의 시작 부분은 데이터셋의 요약이 있으며 이를 평가하는 데 10겹 교차 검증이 사용된다. 이것이 기본값이며 Classify 패널을 자세히 보면 왼쪽의 Cross-validation 검사 상자가 선택돼 있는 것을 볼 수 있다. 그런 다음 콘텍스트 형식의 정리된 결정 트리가 나타난다. 여기에 표시된 모델은 항상 Preprocess 패널에서 사용할 수 있는 전체 데이터셋에서 생성된 모델이다.

출력의 다음 부분은 트리의 예측 성능에 대한 추정치를 제공한다. 이 경우 10겹의 계층화된 교차 검증을 사용해 얻는다. 분류 오류뿐만 아니라 평가 모듈은 여러 다른 성능 통계도 출력한다.

Classify 패널에는 몇 가지 다른 테스트 옵션이 있다 Use training set는 일반적으로 권장되지 않으며 Supplied test set은 테스트 세트를 포함하는 별도의 파일을 지정한다. Percentage split은 테스트를 위해 특정 비율의 데이터를 보유할 수 있다. More option 버튼을 클릭하고 적절한 항목을 선택해 각 인스턴스에 대한 예측을 출력할 수 있다. 일부 출력을 억제하고 엔트로피 평가 측정 및 비용에 민감한 평가와 같은 다른 통계를 포함하는 것과 같은 다른 유용한 옵션이 있다.

모델로 작업하기

강조 표시된 줄 하나가 포함된 Classify 패널의 왼쪽 아래에 있는 작은 창은 결과의 기록 목록이다. Explorer는 분류기를 실행할 때마다 새 줄을 추가한다. 이전 결과 집합으로 돌아가려면 해당 줄을 클릭하면 해당 실행에 대한 출력이 Classifier Output 출력 창에 나타난다. 이를 통해 다양한 분류기 또는 평가 구조를 쉽게 탐색하고 결과를 다시 검토해 비교할 수 있다.

항목을 마우스 오른쪽 버튼으로 클릭하면 별도의 창에서 결과를 보거나 결과 버퍼를 저장할 수 있는 메뉴가 나타난다. 더 중요한 것은 WEKA가 생성한 모델을 자바 개체 파일 형식으로 저장할 수 있다는 것이다. 이전에 저장한 모델을 다시 로드해 결과 목록에 새 항목을 생성할 수 있다. 이제 테스트 세트를 제공하면 새 세트에서 이전 모델을 재평가할 수 있다.

오른쪽 클릭 메뉴의 여러 항목을 사용해 결과를 다양한 방식으로 시각화할 수 있다. Explorer 인터페이스의 상단에는 별도의 Visualize 탭이 있지만 이는 다르다. 특정 모델의 결과가 아니라 데이터셋을 표시한다. 내역 목록에서 항목을 마우스 오른쪽 버튼으로 클릭하면 분류기 오류를 볼 수 있다. 모델이 트리 또는 베이지안 네트워크인 경우 해당 구조를 볼 수 있다. 또한 마진 곡선$^{margin\ curve}$과 다양한 비용 및 임계값 곡선을 보고 비용/이익 분석을 수행할 수 있다.

Explorer 살펴보기

지금까지 Explorer 상단의 6개 탭에서 2개를 살펴봤다. 요약하면 모든 기본 탭이 하는 일은 다음과 같다.

1. Preprocess: 데이터셋을 선택하고 다양한 방식으로 수정
2. Classify: 분류 또는 회귀를 수행하거나 이들을 평가하는 학습 구조를 훈련
3. Cluster: 데이터셋에 대한 클러스터를 학습
4. Associate: 데이터에 대한 연관 규칙을 학습하고 이를 평가
5. Select Attribute: 데이터셋에서 가장 연관성 있는 속성을 선택
6. Visualize: 서로 다른 2차원 플롯을 보여 주고 이와 상호 연동

각 탭은 모든 기능에 대한 액세스를 제공한다. 지금까지 둘러보기에서 Preprocess 및 Classify 패널은 거의 보지 않았다.

모든 패널의 맨 아래에는 Status 박스와 Log 버튼이 있다. Status 박스에는 진행 상황에 대한 정보를 제공하는 메시지가 표시된다. 예를 들어 Explorer가 파일을 로드하는 중이면 상태 박스에 로딩 중으로 표시된다. 이 상자 안의 아무 곳이나 마우스 오른쪽 버튼으로 클릭하면 WEKA에 사용할 수 있는 메모리 양을 표시하고 자바 가비지 수집기를 실

행하는 2가지 옵션이 있는 작은 메뉴가 나타난다. 어쨌든 가비지 수집기는 백그라운드 작업으로 지속적으로 실행된다.

Log 버튼을 클릭하면 WEKA가 이 세션에서 수행한 작업의 콘텍스트 로그가 타임 스탬프와 함께 열린다.

앞서 언급했듯이 창 오른쪽 아래에 있는 작은 새는 WEKA가 활성화되면 뛰고 춤을 춘다. × 옆의 숫자는 실행 중인 동시 프로세스 수를 나타낸다. 새가 서 있지만 움직이지 않으면 뭔가 문제가 있는 것이며 Explorer를 다시 시작해야 할 수도 있다.

파일의 읽기와 필터링

Preprocess 패널의 상단에는 파일, URL, 데이터베이스를 열기 위한 버튼이 있다. 처음에는 이름이. arff로 끝나는 파일만 파일 브라우저에 나타나며 다른 파일을 보려면 파일선택 상자에서 형식 항목을 변경하라.

Preprocess 패널의 저장 버튼을 사용해 데이터를 다양한 형식으로 저장할 수 있다. Generate 버튼을 사용해 인공 데이터를 생성할 수도 있다. 데이터셋을 로드하고 저장하는 것 외에도 전처리 패널을 사용해 필터링할 수도 있다. Preprocess 패널에서 선택(왼쪽 상단 근처)을 클릭하면 필터 목록이 제공된다. 간단한 필터를 사용해 데이터셋에서 지정된 속성을 삭제하는 방법, 즉 수동 속성 선택을 수행하는 방법을 설명할 것이다. 체크 박스를 사용해 관련 속성을 선택하고 제거 버튼을 누르면 동일한 효과를 더 쉽게 얻을 수 있다. 그럼에도 동일한 필터링 작업을 예제로서 명시적으로 기술한다.

Remove는 비지도 속성 필터이며 이를 보려면 먼저 비지도 카테고리를 확장한 다음 속성 카테고리를 확장해야 한다. 이렇게 하면 상당히 강력한 필터 목록이 표시되며 Remove를 찾으려면 더 아래로 스크롤해야 한다.

선택하면 매개 변수 값과 함께 Choose 버튼 옆의 행에 나타난다. 이 경우 행은 단순히 'Remove'로 표시된다. 해당 행을 클릭하면 필터 속성을 검사하고 변경할 수 있는 일반 객체 편집기가 나타난다.

자세히 알아보려면 'More' 버튼을 클릭하라. 이는 필터가 데이터셋에서 속성 범위를 제거한다는 것을 보여 준다. 여기에는 작동할 범위를 지정하는 attributeIndices 옵션과 필터가 특성을 선택하거나 삭제할지 여부를 결정하는 invertSelection이라는 다른 옵션이 있다. 개체 편집기에는 이 2가지에 대한 박스가 있다. 개체를 구성한 후에는 Choose 버튼 옆에 표시되는 Explorer 설정 결과 커맨드 라인을 살펴보기 바란다.

WEKA의 알고리듬은 처리할 수 있는 데이터 특성에 대한 정보를 제공할 수 있으며 처리할 수 있는 경우 일반 개체 편집기의 More 버튼 아래에 Capabilities 버튼이 나타난다. 클릭하면 수행할 수 있는 작업에 대한 정보가 표시된다. 이 경우 Remove는 다양한 유형(명목, 숫자, 관계형 등) 및 누락된 값과 같은 많은 속성 특성을 처리할 수 있음을 보여 주며 Remove가 작동하는 데 필요한 최소 인스턴스 수도 보여 준다.

기능에 대해 선택된 제약 조건 목록은 일반 개체 편집기 하단의 Filter 버튼을 클릭해 얻을 수 있다. 현재 데이터셋이 이 목록에서 선택됐지만 필터 Remove 기능에서 누락된 일부 특성을 표시하는 경우 Choose 버튼을 누를 때 나타나는 목록의 항목과 마찬가지로 Preprocess 패널의 선택 오른쪽에 있는 Apply 버튼이 회색으로 표시된다. 적용할 수는 없지만 회색으로 표시된 항목을 선택해 일반 개체 편집기를 사용해 옵션, 도큐먼트, 기능을 검사할 수 있다. 제약 조건 목록에서 개별 제약 조건을 선택 취소해 해제하거나 필터 제거 버튼을 클릭해 모든 제약 조건을 지울 수 있다.

클러스터링과 연관 규칙

Cluster 및 Association 패널을 사용해 연관 규칙을 찾기 위한 클러스터링 알고리듬 및 메서드를 호출할 수 있다. 클러스터링 시 WEKA는 클러스터 수와 각 클러스터에 포함된 인스턴스 수를 표시한다. 일부 알고리듬의 경우 개체 편집기에서 파라미터를 설정해 클러스터 수를 지정할 수 있다. 확률적 클러스터링 방법의 경우 WEKA는 훈련 데이터에 대한 클러스터의 로그 가능성을 측정한다. 이 양이 클수록 모델이 데이터에 더 적합하다. 군집 수를 늘리면 일반적으로 가능성이 증가하지만 오버피팅이 될 수 있다.

Cluster 패널의 컨트롤은 Classity의 컨트롤과 유사하다. 훈련 세트, 제공된 테스트 세트, 백분율 분할을 사용해 동일한 평가 방법 중 일부를 지정할 수 있다(마지막 2개는 로그 가능성과 함께 사용된다). 추가 방법인 클래스 대 클러스터 평가는 선택한 클러스터가 데이터의 사전 할당된 클래스와 얼마나 잘 일치하는지 비교한다. 'true' 클래스를 나타내는 속성(명목이어야 한다)을 선택한다. 데이터를 클러스터링한 후 WEKA는 각 클러스터에서 다수의 클래스를 결정하고 클러스터가 실제 클래스 대신 사용된 경우 발생할 수 있는 오류 수를 표시하는 혼동 행렬confusion matrix을 인쇄한다. 데이터셋에 클래스 속성이 있는 경우 속성 풀다운 목록에서 선택해 클러스터링 중에 이를 무시하고 클러스터가 실제 클래스 값과 얼마나 잘 일치하는지 확인할 수 있다. 마지막으로 시각화를 위해 클러스터를 저장할지 여부를 선택할 수 있다. 그렇게 하지 않는 유일한 이유는 공간 절약이다. 분류기와 마찬가지로 결과 목록을 마우스 오른쪽 버튼으로 클릭해 결과를 시각화하면 2차원 산점도scatter plot를 볼 수 있다. 클러스터 평가를 위해 클래스를 선택한 경우 클래스 할당 오류가 표시된다. Cobweb 클러스터링 체계의 경우 트리를 시각화할 수도 있다.

Associate 패널은 Classify 또는 Cluster보다 간단하다. WEKA에는 연관 규칙을 결정하기 위한 여러 알고리듬이 포함돼 있지만 이러한 규칙을 평가하는 방법은 없다.

속성 선택

Select attributes 패널은 속성 선택을 위한 여러 방법의 액세스를 제공한다. 여기에는 속성 평가자와 검색 방법이 포함된다. 둘 다 일반적인 방법으로 선택되고 개체 편집기로 구성된다. 클래스로 사용할 속성도 결정해야 한다. 속성 선택은 전체 학습 세트를 사용하거나 교차 검증을 사용해 수행할 수 있다. 후자의 경우 각 겹fold에 대해 개별적으로 수행되며 출력에는 각 속성이 선택된 횟수(예를 들어 겹 수)가 표시되며 결과는 기록 목록에 저장된다. 여기에서 항목을 마우스 오른쪽 버튼으로 클릭하면 선택한 속성에 따라 데이터셋을 시각화할 수 있다(Visualize reduced data 선택).

시각화

Visualize 패널은 분류 또는 클러스터링 모델의 결과가 아니라 데이터셋 자체를 시각화하는 데 도움이 되며 모든 속성 쌍의 2차원 산점도 행렬을 표시한다. 하단의 컨트롤을 사용해 데이터 포인트의 색상을 지정하고자 속성(일반적으로 클래스)을 선택할 수 있다. 명목상의 경우 색상은 불연속적이다. 숫자인 경우 색상 스펙트럼의 범위는 파란색(낮은 값)에서 주황색(높은 값)까지 이어져 나타난다. 클래스 값이 없는 데이터 포인트는 검은색으로 표시된다. 각 플롯의 크기, 포인트의 크기, X 및 Y 값에 적용되는 임의의 변위인 지터^{jitter}의 양을 바꿔 서로 위에 있는 포인트를 분리할 수 있다. 지터가 없으면 동일한 데이터 포인트에 있는 수천 개의 인스턴스가 하나의 인스턴스와 똑같이 보인다. 특정 속성을 선택해 플롯 행렬의 크기를 줄이고 효율성을 위해 데이터를 부분 샘플링할 수 있다. 컨트롤의 변경 사항은 Update 버튼을 클릭할 때까지 적용되지 않는다.

행렬의 플롯 중 하나를 클릭하면 확대된다. 오른쪽 상단에 있는 메뉴에서 Rectangle을 선택하고 표시된 것과 같이 보기 영역에서 직사각형을 드래그해 결과 패널의 모든 영역을 확대할 수 있다. 왼쪽 상단 근처의 Submit 버튼은 사각형의 크기를 보기 영역으로 다시 조정한다.

필터링 알고리듬

이제 WEKA 내에서 구현된 필터링 알고리듬을 자세히 살펴보겠다. 비지도 및 지도의 2가지 필터가 있다. 이 겉보기에 무해한 구별은 다소 근본적인 문제를 덮는다. 필터는 종종 훈련 데이터셋에 적용된 다음 테스트 파일에도 적용된다. 지도 필터의 경우(예를 들어 클래스 값을 사용해 이산화를 위한 적절한 간격을 도출하는 경우) 테스트 데이터에 적용하면 결과가 편향되며 테스트 데이터에 적용해야 하는 훈련 데이터에서 파생된 이산화 간격이다. 지도 필터를 사용할 때는 일반적으로 비지도 필터에서는 발생하지 않는 이슈의 결과가 공정하게 평가되도록 주의해야 한다.

수요가 많기 때문에 WEKA를 사용하면 비지도 필터와 마찬가지로 지도 필터를 사전 처리 작업으로 호출할 수 있다. 그러나 분류에 사용하려는 경우에는 다른 방법을 써야 한다. 메타 학습자^{meta-learner}는 학습 알고리듬을 필터링 메커니즘으로 래핑하는 방식으로 필터를 호출하는 Classify 패널에 제공된다. 이것은 훈련 데이터에 의해 생성된 필터를 사용해 테스트 데이터를 필터링한다. 이는 일부 필터에도 유용하다. 예를 들어 WEKA의 StringToWordVector 필터에서 사전^{dictionary}은 학습 데이터만으로 생성되며 테스트 데이터에서 새로운 단어는 삭제된다. 이런 방식으로 지도 필터를 사용하려면 Classify 패널의 Choose 버튼에 표시되는 메뉴의 meta 섹션에서 FilteredClassifier 메타 학습 구조를 호출한다.

각 유형 내에서 데이터셋의 속성에 대해 작동하는 attribute filter와 인스턴스에서 작동하는 instance filter 사이에 추가적인 차이가 있다. 특정 필터를 자세히 알아보려면 WEKA Explorer에서 필터를 선택하고 필터가 수행하는 작업과 사용하는 파라미터를 정의하는 관련 개체 편집기를 살펴보라.

학습 알고리듬

Classify 패널에서 Choose 버튼을 사용해 학습 알고리듬을 선택하면 마이너스 기호로 지정된 매개 변수를 포함해 분류기의 커맨드 라인 버전이 버튼 옆 줄에 나타난다. 이를 바꾸려면 해당 줄을 클릭해 적절한 개체 편집기를 가져온다. WEKA의 분류기는 베이지안 분류기, 트리, 규칙, 함수, 게으른 분류기^{lazy classifier}, 메타 분류기, 최종 기타 범주^{final miscellaneous category}로 나뉜다.

메타 러닝 알고리듬은 분류기를 가져와 더 강력한 학습자로 바꾸거나 다른 애플리케이션을 위해 다시 타기팅하며 부스팅, 배깅, 비용에 민감한 분류 및 학습, 자동 매개 변수 최적화 및 기타 여러 작업을 수행하는 데 사용된다. 이미 FilteredClassifier를 언급했다. 파라미터인 필터를 통해 전달된 데이터에 대해 분류기를 실행한다. 필터의 자체 파라미터는 학습 데이터만을 기반으로 하므로 감독 필터를 테스트 데이터에 적용하는 데 적합한 방법이다.

속성 선택

속성 선택은 Explorer의 Select attribites 탭에서 수행할 수 있다. 일반적으로 속성 하위 세트의 공간을 검색하고 각각을 평가해 수행된다. 잠재적으로 더 빠르지만 덜 정확한 접근 방식은 속성을 개별적으로 평가하고 정렬해 선택한 컷오프 지점 아래에 있는 속성을 버린다. WEKA는 2가지 방법을 모두 지원한다.

부분 집합 평가자는 속성의 부분 집합을 가져와서 검색을 안내하는 숫자 측정값을 반환한다. 다른 WEKA 개체와 같이 구성된다. 단일 속성 평가자는 Ranker 검색 방법과 함께 사용돼 Ranker가 주어진 숫자를 버리는 순위 목록을 생성한다.

검색은 속성 공간을 순회해 좋은 하위 집합을 찾는다. 품질은 선택한 속성 하위 집합 평가자에 의해 측정된다. 각 검색 방법은 평가자 개체와 마찬가지로 WEKA의 개체 편집기로 구성할 수 있다.

B.4 Knowledge Flow 인터페이스

Knowledge Flow 인터페이스를 사용해 사용자들은 툴 바에서 WEKA 컴포넌트를 선택하고 이를 캔버스에 옮기고 데이터를 분석하고 처리하는 지정 그래프로 접속시킬 수 있다. 데이터가 시스템을 통과하는 방식에 대해 생각하는 것을 좋아하는 사람들을 위해 Explorer에서 대안을 제공한다. 또한 Explorer에서 수행할 수 없는 스트리밍 데이터 처리를 위한 구성을 설계하고 실행할 수 있다. GUIChooser의 선택 항목에서 KnowledgeFlow를 선택해 Knowledge Flow 인터페이스를 호출하라.

시작하기

데이터 파일을 로드하고 J48 결정 트리 학습기를 사용해 교차 검증을 수행하는 단계별 예제를 살펴보겠다. 먼저 Knowledge Flow의 왼쪽에 있는 Design 팔레트에서 DataSources 폴더를 확장해 DataSources를 만들고 ARFFLoader를 선택한다. 마우스 커서가 십자선으로 변경돼 다음에 컴포넌트를 배치해야 함을 알려 준다. 캔버스의 아무 곳이나 클릭하면 ARFF 로더 아이콘 사본이 표시된다. ARFF 파일에 연결하려면 마우스 오른쪽 버튼을 클릭해 팝업 메뉴를 표시한 다음 Configure을 클릭해 편집기 대화 상자를 표시한다. 여기에서 Browse 버튼을 클릭해 ARFF 파일을 찾아보거나 Filename 필드에 경로를 입력할 수 있다.

이제 ClassAssigner 객체를 사용해 어떤 속성이 클래스인지 지정한다. 이것은 Design 팔레트의 Evaluation 폴더 아래에 있으므로 Evaluation 폴더를 확장하고 ClassAssigner 를 선택한 다음 캔버스에 배치한다. 데이터 소스를 클래스 할당자에 연결하려면 데이터 소스 아이콘을 마우스 오른쪽 버튼으로 클릭하고 메뉴에서 dataset를 선택하면 고무밴드 rubber-band가 나타난다. 클래스 할당자 컴포넌트 위로 마우스를 이동하고 마우스 왼쪽 버튼을 클릭한다. 두 컴포넌트를 결합하는 빨간색 선 라벨 데이터셋이 나타난다. 클래스 할당자를 연결한 후 마우스 오른쪽 단추를 클릭하고 Configure을 선택한 다음 클래스 속성의 위치를 입력해 클래스를 선택한다.

J48 분류기에서 교차 검증을 수행한다. 데이터 흐름 모델에서 먼저 CrossValidation FoldMaker를 연결해 분류기가 실행될 겹을 만든 다음 출력을 J48을 나타내는 개체에 전달한다. CrossValidationFoldMaker는 Evaluation 폴더에 있다. 그것을 선택하고 캔버스에 배치하고 후자를 마우스 오른쪽 버튼으로 클릭하고 메뉴에서 데이터셋을 선택해 클래스 할당자에 연결한다. 그런 다음 Classifiers 폴더 아래의 trees 폴더에서 J48을 선택하고 캔버스에 J48 컴포넌트를 배치한다. 일반적인 방법으로 J48을 교차 검증 겹 작성기cross-validation fold maker에 연결하지만 먼저 교차 검증 겹 작성기의 팝업 메뉴에서 trainingSet 을 선택한 다음 testSet을 선택해 두 번 연결한다. 다음 단계는 Evaluation 폴더에서 ClassifierPerformanceEvaluator를 선택하고 J48의 팝업 메뉴에서 batchClassifier 항목을 선택해 J48을 여기에 연결하는 것이다. 마지막으로 Visualization 폴더에서 캔버스에 TextViewer 컴포넌트를 배치한다. 성능 평가자의 팝업 메뉴에서 text 항목을 선택해 분류자 성능 평가자를 여기에 연결한다.

실행 흐름은 기본 도구 모음의 왼쪽에 있는 2개의 삼각형 모양의 'play(재생)' 버튼 중 하나를 클릭해 시작된다. 가장 왼쪽에 있는 재생 단추는 흐름에 있는 모든 데이터 원본을 병렬로 시작하며 다른 재생 버튼은 데이터 소스를 순차적으로 시작한다. 여기서 컴포넌트 이름의 시작 부분에 번호를 포함해 특정 실행 순서를 지정할 수 있다(팝업 메뉴의 이름 설정 항목을 통해 이름을 설정할 수 있다). 작은 데이터셋의 경우는 빠르게 진행된다. 진행 정보는 인터페이스 하단의 상태 영역에 나타난다. 상태 영역의 항목은 파라미터 설정(학습 구조에 대한) 및 경과 시간과 함께 흐름의 각 단계 진행률을 표시한다. 처리 단계에서 발생하는 오류는 해당 행이 빨간색으로 강조 표시돼 상태 영역에 표시된다. 콘텍스트 뷰어의 팝업 메뉴에서 Show results를 선택하면 Explorer와 동일한 형식으로 별도의 창에 교차 유효성 검사 결과가 표시된다.

예제를 완성하고자 GraphViewer를 추가하고 J48의 graph 출력에 연결해 교차 검증의 각 겹에 대해 생성된 트리의 그래픽 표현을 볼 수 있다. 이 추가 컴포넌트를 사용해 교차 유효성 검사를 다시 수행한 후 팝업 메뉴에서 Show results를 선택하면 각 교차 유효성 검사 겹에 대해 하나씩 트리 목록이 생성된다. 교차 검증 겹을 생성하고 분류기에 전달함으로써 Knowledge Flow 모델은 각 겹에 대한 결과에 연결하는 방법을 제공한다.

이러한 흐름은 실제로 기본 제공 템플릿으로 사용할 수 있다(GraphViewer 제외). 예제 템플릿은 지식 흐름 인터페이스 상단에 있는 도구 모음의 오른쪽에서 세 번째 아이콘인 템플릿 버튼에서 액세스할 수 있다. WEKA와 함께 제공되는 많은 템플릿이 있으며 패키지 관리자를 통해 설치한 특정 패키지는 메뉴에 추가 템플릿을 추가한다. 대부분의 템플릿 흐름은 WEKA 배포와 함께 제공되는 데이터셋을 읽어 들이도록 구성돼 있으므로 추가 수정 없이 실행할 수 있다.

Knowledge Flow 컴포넌트

대부분의 Knowledge Flow 요소는 Explorer를 통해 익숙해졌을 것이다. Classifiers 폴더에는 WEKA의 모든 분류기가 포함돼 있고 Filters 폴더에는 필터가 포함돼 있으며 Clusterers 폴더에는 클러스터가 포함돼 있고 AttSelection 폴더에는 속성 선택을 위한 평가자와 검색 방법이 포함돼 있으며 Associations 패널에는 연결 규칙 학습자가 포함돼 있다. Knowledge Flow의 모든 컴포넌트는 데이터가 점진적으로 처리되는 경우를 제외하고는 별도의 실행 스레드에서 실행된다. 이 경우 일반적으로 데이터 포인트당 처리량이 적기 때문에 단일 실행 스레드가 사용되며 각 스레드를 처리하고자 별도의 스레드를 시작하면 상당한 오버 헤드가 발생한다.

컴포넌트의 설정과 연결

개별 컴포넌트를 구성하고 연결해 지식 흐름을 설정한다. 다양한 컴포넌트 유형을 마우스 오른쪽 버튼으로 클릭해 사용할 수 있는 메뉴에는 Edit, Connection, Actions 최대 세 섹션이 있다. Edit 작업은 컴포넌트를 삭제하고 설정 패널을 연다. 팝업 메뉴에서 Set name을 선택해 컴포넌트에 이름을 지정할 수 있다. 분류기 및 필터는 Explorer에서와 같이 구성된다. 데이터 소스는 파일을 열거나(앞서 본 것처럼) 데이터베이스 연결을 설정해 구성하고 평가 컴포넌트는 교차 유효성 검사를 위한 접기 수와 같은 매개 변수를 설정해 구성한다. Connections은 소스 컴포넌트에서 연결 유형을 선택한 다음 대상 개체를 클릭해 컴포넌트를 함께 연결하는 데 사용된다. 모든 타깃이 적합한 것은 아니며 해당하는 항목이 강조 표시된다. 연결 메뉴의 항목은 컴포넌트가 해당 항목을 렌더링하는 다른 연결을 수신할 때까지 비활성화(회색으로 표시)된다.

데이터 소스로부터의 연결에는 dataset 연결과 instance 연결의 2가지 유형이 있다. 전자는 J48과 같은 분류기와 같은 일괄 작업을 위한 것이며 후자는 NaiveBayesUpdateable(나이브 베이즈 분류기의 증분 버전)과 같은 스트림 작업을 위한 것이다. 데이터 소스 컴포넌트는 2가지 유형의 연결을 모두 제공할 수 없으며 하나를 선택하면 다른 하나는 비활성화된다. dataset이 일괄 작업 분류기에 연결되면 분류기는 학습 세트로 사용할 것인지 테스트 세트로 사용할 것인지를 알아야 한다. 이렇게 하려면 먼저 Evaluation 패널에서 TestSetMaker 또는 TrainingSetMaker 컴포넌트를 사용해 데이터 소스를 테스트 또는 학습 세트로 만든다. 반면에 증분 분류기에 대한 instance 연결은 직접 이뤄지며 인스턴스가 분류기를 점진적으로 업데이트하기 때문에 학습과 테스트 사이에 구별이 없다. 이 경우 들어오는 각 인스턴스에 대해 예측이 이뤄지고 테스트 결과에 통합된다. 그런 다음 분류기는 해당 인스턴스에서 훈련된다. instance를 일괄 작업 분류기에 연결하면 테스트가 항상 가능하지만 훈련이 증분일 수 없기 때문에 테스트 인스턴스로 사용된다. 반대로 dataset 연결을 사용해 일괄 작업 모드에서 증분 분류기를 테스트할 수 있다.

필터 컴포넌트의 연결은 데이터 소스에서 입력을 받을 때 활성화되며 그 후 후속 dataset 또는 instance 연결을 만들 수 있다. instance 연결은 지도 필터supervised filter 또는 데이터를 점진적으로 처리할 수 없는 비지도 필터(예를 들어 Discretize)에 연결할 수 없다. 필터에서 테스트 또는 훈련 세트를 얻으려면 적절한 종류를 입력해야 한다.

분류기 메뉴에는 가지 유형의 연결이 있다. 첫 번째 유형, 즉 graph 및 text 연결은 분류기의 학습 상태에 대한 그래픽 및 콘텍스트 표현을 제공하며 학습 세트 입력을 수신할 때만 활성화된다. 다른 유형, 즉 batchClassifier 및 incrementalClassifier 연결은 성능 평가자가 데이터를 사용할 수 있도록 하며 테스트 세트 입력이 있을 때만 활성화된다. 활성화되는 것은 분류기의 유형에 따라 다르다.

평가 컴포넌트는 혼합 주머니다. TrainingSetMaker 및 TestSetMaker는 데이터셋을 훈련 또는 테스트 세트로 변환한다. CrossValidationFoldMaker는 데이터셋을 훈련 세트와 테스트 세트로 전환한다. ClassifierPerformanceEvaluator는 시각화 컴포넌트에 대한 콘텍스트 및 그래픽 출력을 생성한다. 다른 평가 컴포넌트는 필터처럼 작동한다. 입력에 따라 후속 dataset, instance, training set 또는 test set 연결을 활성화한다(예를 들어 ClassAssigner가 데이터셋에 클래스를 할당한다). 시각화 컴포넌트에는 연결이 없지만 일부에는 Show results 및 Clear results와 같은 작업이 있다.

점진적 학습

대부분의 측면에서 Knowledge Flow 인터페이스는 Explorer와 기능적으로 유사하다. 둘 다 비슷한 작업을 수행할 수 있다. 예를 들어 J48이 각 교차 검증 겹에 대해 만드는 트리를 볼 수 있다. 그러나 그 진정한 강점은 점진적 운영의 잠재력이다.

Knowledge Flow 인터페이스에 연결된 모든 컴포넌트가 점진적으로 작동하면 결과 학습 시스템도 마찬가지가 된다. Explorer처럼 학습이 시작되기 전에 데이터셋에서 읽지 않는다. 대신 데이터 소스 컴포넌트는 인스턴스별로 입력 인스턴스를 읽고 Knowledge Flow체인을 통해 전달한다.

Templete 메뉴에서 '점진적인 나이브 베이즈 학습 및 평가^{Learn and evaluate Naive Bayes} incrementally' 템플릿을 선택하면 점진적으로 작동하는 구성이 나타난다. 로더에서 클래스 할당자 컴포넌트로 instance 연결이 이뤄지며 이는 다시 업데이트 가능한 나이브 베이즈 분류기에 연결된다. 분류기의 콘텍스트 출력은 모델에 대한 콘텍스트 설명을 제공하는 뷰어에게 전달된다. 또한 해당 성능 평가자에 incrementalClassifier 연결이 이뤄진다. 그러면 스크롤 데이터 플롯을 생성하고자 스트립 차트 시각화 컴포넌트로 파이프되는 chart 유형의 출력이 생성된다.

이 특정 Knowledge Flow 구성은 컴퓨터의 주 메모리에 맞지 않는 파일을 포함해 모든 크기의 입력 파일을 처리할 수 있다. 그러나 그것은 모두 분류기가 내부적으로 어떻게 작동하는지에 달려 있다. 예를 들어 점진적이지만 많은 인스턴스 기반 학습자가 전체 데이터셋을 내부적으로 저장한다.

B.5 Experimenter

Explorer 및 Knowledge Flow 환경은 주어진 데이터셋에서 머신러닝 체계가 얼마나 잘 수행되는지 확인하는 데 도움이 된다. 그러나 제대로 된 조사 작업에는 일반적으로 다양한 매개 변수 설정을 사용해 서로 다른 데이터셋에서 여러 학습 계획을 실행하는 실질적인 실험이 포함되며 위의 인터페이스는 이에 적합하지 않다. Experimenter를 사용하면 대규모 실험을 설정하고 실행을 시작하고 종료한 후 다시 돌아와 수집된 성능 통계를 분석할 수 있다. 실험 과정을 자동화하고 통계는 파일 또는 데이터베이스에 저장될 수 있으며 그 자체로 추가 데이터 마이닝의 대상이 될 수 있다. GUIChooser 선택 항목에서

Experimenter를 선택해 이 인터페이스를 호출한다.

Knowledge Flow는 한 번에 전체 데이터셋에 로드되지 않는 머신러닝 실행을 허용해 공간의 한계를 초월하는 반면, 실험자는 시간 제한을 초월한다. 여기에는 고급 사용자가 Java RMI를 사용해 여러 시스템에 컴퓨팅 로드를 분산할 수 있는 기능이 포함돼 있다. 대규모 실험을 설정하고 실행하도록 할 수 있다.

시작하기

예를 들어 J48 의사결정 트리 방법을 Iris 데이터셋의 기준 방법 OneR 및 ZeroR과 비교하자. 실험자에는 Setup, Run, Analyze 3가지 패널이 있다. 실험을 구성하려면 먼저 New(맨 위 오른쪽)를 클릭해 새 실험을 시작한다(해당 행의 다른 두 버튼은 실험을 저장하고 이전에 저장 한 항목을 연다). 그런 다음 아래 줄에서 결과의 대상(이 경우 Experiment1 파일)을 선택하고 CSV 파일을 선택한다. 아래에서 데이터셋을 선택하며 Iris 데이터는 하나뿐이다. 데이터셋 오른쪽에서 테스트할 알고리듬을 선택하며 알고리듬은 3가지가 있다. Add를 클릭해 분류자를 선택하고 구성할 수 있는 표준 WEKA 개체 편집기를 가져온다. 이 작업을 반복해 3개의 분류기를 추가한다. 이제 실험이 준비됐다.

다른 설정은 모두 기본값이다. 이미 목록에 있는 분류기를 재구성하려면 선택한 항목 편집 버튼을 사용할 수 있다. 나중에 재사용할 수 있도록 특정 분류 자에 대한 옵션을 XML 형식으로 저장할 수도 있다. 항목을 마우스 오른쪽 버튼으로 클릭해 구성을 클립보드에 복사하고 클립 보드에서 구성을 추가하거나 입력할 수 있다.

실험의 수행

실험을 실행하려면 Run 탭을 클릭하면 Start 버튼이 포함된 패널이 표시되며 이를 클릭한다. 작업이 완료되면 간략한 보고서가 표시된다. Experiment1.csv 파일에는 스프레드시트로 직접 읽을 수 있는 CSV 형식의 결과가 포함돼 있다. 각 행은 10겹 교차 검증의 1겹을 나타낸다(Fold 열 참고). 교차 유효성 검사는 각 분류자(Scheme 열)에 대해 10번(Run

열) 실행된다. 따라서 파일에는 각 분류 자에 대해 100개의 행이 포함돼 모두 300개의 행(헤더 로우 포함)을 만든다. 각 로우에는 머신러닝 체계에 제공되는 옵션을 포함해 많은 정보가 포함돼 있으며 훈련 및 테스트 인스턴스의 수 및 정확, 부정확 및 분류되지 않은 인스턴스의 수(및 백분율) 평균 절대 오차, 평균 제곱근 오차 등이 있다.

스프레드 시트에는 많은 정보가 있지만 소화하기는 어렵다. 특히 이전에 제기된 질문에 대답하는 것은 쉽지 않다. J48은 이 데이터셋의 기준 방법인 OneR 및 ZeroR과 어떻게 비교될까? 이를 위해 Analyze 패널이 필요하다.

결과의 분석

CSV 형식으로 출력을 생성한 이유는 스프레드 시트에서 실험자가 생성한 원시 데이터를 탐색할 수 있도록 하기 위해서다. 실험자는 일반적으로 ARFF 형식으로 출력을 생성한다. 파일 이름을 비워 둘 수도 있으며 이 경우 실험자는 결과를 임시 파일에 저장하게 된다.

방금 수행한 실험을 분석하려면 Analyze 패널을 선택하고 상단 근처에 있는 Experiment 버튼을 클릭하며 다른 실험의 결과가 포함된 파일을 읽어 들일 수도 있다. 그런 다음 Perform test(왼쪽 하단 근처)를 클릭한다. 첫 번째 학습 구조(J48)와 다른 2가지(OneR 및 ZeroR)의 성능에 대한 통계적 유의성 테스트 결과가 오른쪽의 큰 패널에 표시된다.

구조 간 비교는 정확한 백분율 통계를 기반으로 하며 이 3가지는 출력 왼쪽에 표시되는 비교 필드로 기본적으로 선택된다. 이들은 작은 표의 제목으로 가로로 (1), (2), (3)으로 표시된다. 열의 라벨은 머리글에 공간이 부족한 경우 tree.J48, rules.OneR, rules.ZeroR과 같은 맨 아래에서 반복된다. 구조 이름 옆의 알 수 없는 정수는 사용 중인 구조의 버전을 의미하며 다른 버전의 알고리듬을 사용해 생성된 결과 간의 혼동을 피하고자 기본적으로 존재한다. iris 로우(100)의 시작 부분에 있는 괄호 안의 값은 실험 실행 횟수이며, 이는 10배 교차 검증을 의미한다.

데이터는 백분율로 표시되며 여기서는 방법 1의 경우 94.73%, 방법 2의 경우 92.53%, 방법 3의 경우 33.33% 결과를 보여 준다. 결과 옆에 있는 기호는 통계적으로 지정된 유의 수준(0.05 또는 5%)에서 기준 계획(이 경우 J48)보다 좋음(v) 또는 나쁨(*)을 나타낸다. 수정된 리샘플링된 t-test 여기에 사용된다. 여기서 방법 3은 성공률 뒤에 별표가 표시되기 때문에 방법 1보다 훨씬 좋지 않다. 2열과 3열의 맨 아래에는 구조가 데이터셋의 기준 구조보다(x), 같거나 (y) 같거나, (z) 더 나빴던 횟수($x/y/z$)가 있으며, 결과는 실험에 사용된다. 이 경우 데이터셋은 하나뿐이며 방법 2는 방법 1(기준선)과 한 번 같았고 방법 3은 이보다 한 번 나빴다(1열 바닥에 있는 ($v//^*$) 표기는 3개의 값 $x/y/z$의 의미를 상기시키기 위한 표기다).

Analyze 패널의 출력은 'Save output' 버튼을 클릭해 파일로 저장할 수 있으며 'Open Explorer' 버튼을 클릭해 얻은 실험 결과를 추가로 분석하고자 WEKA Explorer 창을 열 수도 있다.

고급 설정

Experimenter에는 설정 패널 상단 근처의 드롭 다운 상자에서 Advanced을 선택해 액세스할 수 있는 고급 모드가 있다. 이렇게 하면 학습 곡선을 생성하는 기능 등 실험을 제어하는 데 사용할 수 있는 옵션이 확대된다. 그러나 고급 모드는 사용하기 어려우며 대부분의 목적에는 단순 버전으로 충분하다. 예를 들어 고급 모드에서는 반복을 설정해 서로 다른 파라미터 값을 연속해서 사용해 알고리듬을 테스트할 수 있지만 알고리듬을 다른 파라미터 값으로 여러 번 목록에 넣으면 단순 모드에서도 동일한 효과를 얻을 수 있다.

고급 모드에서는 할 수 있지만 단순 모드에서는 할 수 없는 하나는 클러스터링 알고리듬을 사용해 실험을 하는 것이다. 여기서 실험은 확률 또는 밀도 추정치를 계산할 수 있는 클러스터로 제한되며 비교 목적을 위한 주요 평가 척도는 로그 가능성이다. 고급 모드의 또 다른 용도는 분산 실험을 설정하는 것이다.

Analyze 패널

연습에서는 Analyze 패널을 사용해 하나의 학습 구조(J48)와 다른 2가지(OneR 및 ZeroR)의 통계적 유의성 테스트를 수행했으며 테스트는 오류율에 관한 것이었다. 이것 외에 드롭 다운 메뉴에서 다양한 엔트로피 수치를 포함한 다른 통계를 선택할 수 있다. 또한 Show std deviation 체크박스를 선택해 평가 중인 속성의 표준 편차를 볼 수 있다.

Test base 메뉴를 사용해 기준 구조를 J48에서 다른 학습 구조 중 하나로 변경한다. 예를 들어 OneR을 선택하면 다른 항목이 이 구조와 비교된다. 학습 구조와는 별도로 Select base 메뉴에는 Summary 및 Ranking라는 2가지 다른 선택 사항이 있다. 전자는 각 학습 구조를 다른 모든 구조와 비교하고 셀에 다른 것보다 훨씬 더 나은 데이터셋의 개수를 포함하는 행렬을 출력한다. 후자는 승 (>) 및 패배 (<)를 나타내는 총 데이터셋 개수에 따라 구조의 순위를 매기고 리그 테이블을 출력한다. 출력의 첫 번째 열은 승리 횟수와 패배 횟수의 차이를 제공한다.

Row 및 column 필드는 비교 행렬comparison matrix의 차원을 결정한다. Select를 클릭하면 실험에서 측정된 모든 기능 목록이 나타난다. 행렬의 로우와 열으로 사용할 항목을 선택할 수 있다(둘 이상의 파라미터를 동시에 선택할 수 있으므로 Select Box에 선택 항목이 나타나지 않는다).

표시할 열의 하위 세트를 선택할 수 있는 버튼(기준 열은 항상 포함됨)과 출력 형식을 선택할 수 있는 다른 버튼이 있으며 일반 콘텍스트(기본값), LaTeX 조판 시스템용 출력 포맷, CSV 포맷, HTML, GNUPlot 그래프 플로팅 소프트웨어에 대한 입력에 적합한 데이터 및 스크립트, 일반 콘텍스트 형식의 유의성 표시signigicance symbol가 그것이다. 출력에서 평균을 표시하고 필터 클래스 이름을 약어로 표시할 수도 있다.

유의성을 계산하고자 쌍을 이룬 수정된 t-test 또는 표준 t-test을 사용할지 여부를 선택할 수 있는 옵션이 있다. 드롭 다운 상자에서 Sorting(오름차순) 기준 옵션을 선택해 결과 테이블에서 행이 정렬되는 방식을 변경할 수 있다. 기본값은 사용자가 Setup 패널에서 데이터셋 이름을 입력한 순서대로 표시하는 것이다. 그 외에 Comparison field에서 사용할 수 있는 측정치에 따라 로우를 정렬할 수 있다.

참고문헌

Abadi, M., Agarwal, A., Barham, P., Brevdo, E., Chen, Z., Citro, C., et al. (2016). TensorFlow: Large-scale machine learning on heterogeneous distributed systems. *arXiv preprint*, arXiv:1603.04467.

Abe, N., Zadrozny, B., & Langford, J. (2006). Outlier detection by active learning. *Proceedings of the 12th ACM SIGKDD international conference on knowledge discovery and data mining* (pp. 767–772). New York, NY: ACM Press.

Adriaans, P., & Zantige, D. (1996). *Data mining*. Harlow: Addison-Wesley.

Agrawal, R., Imielinski, T., & Swami, A. (1993a). Database mining: A performance perspective. *IEEE Transactions on Knowledge and Data Engineering*, 5(6), 914–925.

Agrawal, R., Imielinski, T., & Swami, A. (1993b). Mining association rules between sets of items in large databases. In P. Buneman, & S. Jajodia (Eds.), *Proceedings of the ACM SIGMOD international conference on management of data, Washington, DC* (pp. 207–216). New York, NY: ACM Press.

Agrawal, R., & Srikant, R. (1994). Fast algorithms for mining association rules in large databases. In J. Bocca, M. Jarke, & C. Zaniolo (Eds.), *Proceedings of the international conference on very large data bases, Santiago, Chile* (pp. 478–499). San Francisco, CA: Morgan Kaufmann.

Aha, D. (1992). Tolerating noisy, irrelevant, and novel attributes in instance-based learning algorithms. *International Journal of Man-Machine Studies*, 36(2), 267–287.

Almuallin, H., & Dietterich, T. G. (1991). Learning with many irrelevant features. *Proceedings of the ninth national conference on artificial intelligence, Anaheim, CA* (pp. 547–552). Menlo Park, CA: AAAI Press.

Almuallin, H., & Dietterich, T. G. (1992). Efficient algorithms for identifying relevant features. *Proceedings of the ninth Canadian conference on artificial intelligence, Vancouver, BC* (pp. 38–45). San Francisco, CA: Morgan Kaufmann.

Andrews, S., Tsochantaridis, I., & Hofmann, T. (2003). Support vector machines for multiple-instance learning. *Proceedings of the conference on neural information processing systems, Vancouver, Canada* (pp. 561–568). Cambridge, MA: MIT Press.

Ankerst, M., Breunig, M. M., Kriegel, H.-P., & Sander, J. (1999). OPTICS: Ordering points to identify the clustering structure. *Proceedings of the ACM SIGMOD international conference on management of data* (pp. 49–60). New York, NY: ACM Press.

Arthur, D., & Vassilvitskii, S. (2007). K-means11: The advantages of careful seeding. *Proceedings of the eighteenth annual ACM-SIAM symposium on discrete algorithms. New Orleans, Louisiana* (pp. 1027−1035). Philadelphia, PA: Society for Industrial and Applied Mathematics.

Asmis, E. (1984). *Epicurus' scientific method*. Ithaca, NY: Cornell University Press.

Asuncion, A., & Newman, D. J. (2007). *UCI machine learning repository*. Irvine, CA: University of California, School of Information and Computer Science. <http://www.ics.uci.edu/~mlearn/MLRepository.html>.

Atkeson, C. G., Schaal, S. A., & Moore, A. W. (1997). Locally weighted learning. *AI Review, 11*, 11−71.

Auer, P., & Ortner, R. (2004). A boosting approach to multiple instance learning. *Proceedings of the European conference on machine learning, Pisa, Italy* (pp. 63−74). Berlin: Springer-Verlag.

Baldi, P., & Hornik, K. (1989). Neural networks and principal component analysis: Learning from examples without local minima. *Neural Networks, 2*(1), 53−58.

Barnett, V., & Lewis, T. (1994). *Outliers in statistical data*. West Sussex: John Wiley and Sons.

Bay, S. D. (1999). Nearest neighbor classification from multiple feature subsets. *Intelligent Data Analysis, 3*(3), 191−209.

Bay, S. D., & Schwabacher, M. (2003). Near linear time detection of distance-based outliers and applications to security. *Proceedings of the workshop on data mining for counter terrorism and security, San Francisco*. Philadelphia, PA: Society for Industrial and Applied Mathematics.

Bayes, T. (1763). An essay towards solving a problem in the doctrine of chances. *Philosophical Transactions of the Royal Society of London, 53*, 370−418.

Beck, J. R., & Schultz, E. K. (1986). The use of ROC curves in test performance evaluation. *Archives of Pathology and Laboratory Medicine, 110*, 13−20.

Belhumeur, P. N., Hespanha, J. P., & Kriegman, D. J. (1997). Eigenfaces vs. fisherfaces: Recognition using class specific linear projection. *IEEE Transactions on Pattern Analysis and Machine Intelligence, 19*(7), 711−720.

Bengio, Y. (2009). Learning deep architectures for AI. *Foundations and Trends® in Machine Learning, 2*(1), 1127.

Bengio, Y. (2012). *Practical recommendations for gradient-based training of deep architectures. Neural networks: Tricks of the trade* (pp. 437−478). Heidelberg: Springer Berlin Heidelberg.

Bengio, Y., Ducharme, R., Vincent, P., & Janvin, C. (2003). A neural probabilistic language model. *Journal of Machine Learning Research, 3*, 1137−1155.

Bengio, Y., Simard, P., & Frasconi, P. (1994). Learning long-term dependencies with gradient descent is difficult. *IEEE Transactions on Neural Networks, 5*(2), 157−166.

Bergadano, F., & Gunetti, D. (1996). *Inductive logic programming: From machine learning to software engineering*. Cambridge, MA: MIT Press.

Bergstra, J., & Bengio, Y. (2012). Random search for hyper-parameter optimization. *The Journal of Machine Learning Research, 13*(1), 281–305.

Bergstra, J., Breuleux, O., Bastien, F., Lamblin, P., Pascanu, R., Desjardins, G., & Bengio, Y. (2010). Theano: A CPU and GPU math expression compiler. *Proceedings of the python for scientific computing conference (SciPy)* (Vol. 4, p. 3).Austin, TX: BibTeX, June 30July 3.

Berry, M. J. A., & Linoff, G. (1997). *Data mining techniques for marketing, sales, and customer support*. New York, NY: John Wiley.

Besag, J. E. (1986). On the statistical analysis of dirty pictures. *Journal of the Royal Statistical Society, Series B, 48*(3), 259–302.

Beygelzimer, A., Kakade, S., & Langford, J. (2006). Cover trees for nearest neighbor. *Proceedings of the 23rd international conference on machine learning* (pp. 97–104). New York, NY: ACM Press.

Bifet, A., Holmes, G., Kirkby, R., & Pfahringer, B. (2010). MOA: Massive online analysis. *Journal of Machine Learning Research, 9*, 1601–1604.

Bigus, J. P. (1996). *Data mining with neural networks*. New York, NY: McGraw Hill.

Bishop, C. M. (1995). *Neural networks for pattern recognition*. New York, NY: Oxford University Press.

Bishop, C. M. (2006). *Pattern recognition and machine learning*. New York, NY: Springer Verlag.

Bishop, C.M., Spiegelhalter, D. & Winn, J. (2002). VIBES: A variational inference engine for Bayesian networks. In *Advances in neural information processing systems* (pp. 777–784). Cambridge, MA: MIT Press

Blei, D. M., & Lafferty, J. D. (2006). Dynamic topic models. *Proceedings of the 23rd international conference on machine learning* (pp. 113–120). New York: ACM Press.

Blei, D. M., Ng, A. Y., & Jordan, M. I. (2003). Latent Dirichlet allocation. *The Journal of Machine Learning Research, 3*, 993–1022.

BLI (Bureau of Labour Information) (1988). Collective bargaining review *(November)*. Ottawa, ON: Labour Canada, Bureau of Labour Information.

Blockeel, H., Page, D., & Srinivasan, A. (2005). Multi-instance tree learning. *Proceedings of the 22nd international conference on machine learning, Bonn, Germany* (pp. 5764). New York, NY: ACM Press.

Blum, A., & Mitchell, T. (1998). Combining labeled and unlabeled data with co-training. *Proceedings of the eleventh annual conference on computational learning theory, Madison, WI* (pp. 92100). San Francisco, CA: Morgan Kaufmann.

Bottou, L. (2012). Stochastic gradient descent tricksIn (2nd ed.). G. Montavon, G. B. Orr, & K.-R. Muller (Eds.), *Neural networks: Tricks of the trade* (vol. 7700, Heidelberg: Springer, LNCS.

Bouckaert, R. R. (1995). Bayesian belief networks: From construction to inference. *PhD Dissertation*. The Netherlands: Computer Science Department, University of Utrecht.

Bouckaert, R. R. (2004). *Bayesian network classifiers in Weka*. New Zealand: Department of Computer Science, University of Waikato, Working Paper 14/2004.

Bouckaert, R. R. (2010). DensiTree: Making sense of sets of phylogenetic trees. *Bioinformatics, 26*(10), 1372−1373.

Bourlard, H., & Kamp, Y. (1988). Auto-association by multilayer perceptrons and singular value decomposition. *Biological Cybernetics, 59*, 291−294.

Brachman, R. J., & Levesque, H. J. (Eds.), (1985). *Readings in knowledge representation* San Francisco, CA: Morgan Kaufmann.

Brants, T., & Franz, A. (2006). *Web 1T 5-gram Version 1 LDC2006T13. DVD*. Philadelphia, PA: Linguistic Data Consortium.

Brefeld, U., & Scheffer, T. (2004). Co-EM support vector learning. In R. Greiner, & D. Schuurmans (Eds.), *Proceedings of the twenty-first international conference on machine learning, Banff, Alberta, Canada* (pp. 121−128). New York: ACM Press.

Breiman, L. (1996a). Stacked regression. *Machine Learning, 24*(1), 49−64.

Breiman, L. (1996b). Bagging predictors. *Machine Learning, 24*(2), 123−140.

Breiman, L. (1996c). *[Bias, variance, and] Arcing classifiers. Technical Report 460*. Berkeley, CA: Department of Statistics, University of California.

Breiman, L. (1999). Pasting small votes for classification in large databases and online. *Machine Learning, 36*(1−2), 85−103.

Breiman, L. (2001). Random forests. *Machine Learning, 45*(1), 5−32.

Breiman, L., Friedman, J. H., Olshen, R. A., & Stone, C. J. (1984). *Classification and regression trees*. Monterey, CA: Wadsworth.

Bridle, J. S. (1990). *Probabilistic interpretation of feedforward classification network outputs, with relationships to statistical pattern recognition. Neurocomputing* (pp. 227−236). Berlin: Springer Berlin Heidelberg.

Brin, S., Motwani, R., Ullman, J. D., & Tsur, S. (1997). Dynamic itemset counting and implication rules for market basket data. *ACM SIGMOD Record, 26*(2), 255−264.

Brin, S., & Page, L. (1998). The anatomy of a large-scale hypertext search engine. *Computer Networks and ISDN Systems, 33*, 107−117.

Brodley, C. E., & Fried, M. A. (1996). Identifying and eliminating mislabeled training instances. *Proceedings of the thirteenth national conference on artificial intelligence, Portland, OR* (pp. 799−805). Menlo Park, CA: AAAI Press.

Bromley, J., Guyon, I., LeCun, Y., Säckinger, E., & Shah, R. (1994). *Signature verification using a "Siamese" time delay neural network. Advances in neural information processing systems* (pp. 737−744). Burlington, MA: Morgan Kaufmann.

Brownstown, L., Farrell, R., Kant, E., & Martin, N. (1985). *Programming expert systems in*

OPS5. Reading, MA: Addison-Wesley.

Buntine, W. (1992). Learning classification trees. *Statistics and Computing, 2*(2), 63−73.

Buntine, W. (2002). *Variational extensions to EM and multinomial PCA. Machine Learning: ECML 2002* (pp. 23−34). Berlin: Springer Berlin Heidelberg.

Buntine, W. L. (1994). Operations for learning with graphical models. *Journal of Artificial Intelligence Research, 2,* 159−225.

Burge, C., & Karlin, S. (1997). Prediction of complete gene structures in human genomic DNA. *Journal of Molecular Biology, 268*(1), 78−94.

Burges, C. J. C. (1998). A tutorial on support vector machines for pattern recognition. *Data Mining and Knowledge Discovery, 2*(2), 121−167.

Cabena, P., Hadjinian, P., Stadler, R., Verhees, J., & Zanasi, A. (1998). *Discovering data mining: From concept to implementation.* Upper Saddle River, NJ: Prentice Hall.

Califf, M. E., & Mooney, R. J. (1999). Relational learning of pattern-match rules for information extraction. *Proceedings of the sixteenth national conference on artificial intelligence, Orlando, FL* (pp. 328−334). Menlo Park, CA: AAAI Press.

Cardie, C. (1993). Using decision trees to improve case-based learning. In P. Utgoff (Ed.), *Proceedings of the tenth international conference on machine learning, Amherst, MA* (pp. 25−32). San Francisco, CA: Morgan Kaufmann.

Cavnar, W. B., & Trenkle, J. M. (1994). N-Gram-based text categorization. *Proceedings of the third symposium on document analysis and information retrieval* (pp. 161−175). Las Vegas, NV: UNLV Publications/Reprographics.

Ceglar, A., & Roddick, J. F. (2006). Association mining. *ACM Computing Surveys, 38*(2), ACM, New York, NY.

Cendrowska, J. (1987). PRISM: An algorithm for inducing modular rules. *International Journal of Man-Machine Studies, 27*(4), 349−370.

Chakrabarti, S. (2003). *Mining the web: Discovering knowledge from hypertext data.* San Francisco, CA: Morgan Kaufmann.

Chang, C.-C., & Lin, C.-J. (2001). LIBSVM: A library for support vector machines. Software available at http://www.csie.ntu.edu.tw/~cjlin/libsvm.

Cheeseman, P., & Stutz, J. (1995). Bayesian classification (AutoClass): Theory and results. In U. M. Fayyad, G. Piatetsky-Shapiro, P. Smyth, & R. Uthurusamy (Eds.), *Advances in knowledge discovery and data mining* (pp. 153−180). Menlo Park, CA: AAAI Press.

Chen, J., & Chaudhari, N. S. (2004). Capturing long-term dependencies for protein secondary structure prediction. *International Symposium on Neural Networks* (pp. 494−500). Berlin: Springer Berlin Heidelberg.

Chen, M. S., Jan, J., & Yu, P. S. (1996). Data mining: An overview from a database perspective. *IEEE Transactions on Knowledge and Data Engineering, 8*(6), 866−883.

Chen, Y., Bi, J., & Wang, J. Z. (2006). MILES: Multiple-instance learning via embedded instance selection. *IEEE Transactions on Pattern Analysis and Machine Intelligence, 28*(12), 1931–1947.

Cherkauer, K. J., & Shavlik, J. W. (1996). Growing simpler decision trees to facilitate knowledge discovery. In E. Simoudis, J. W. Han, & U. Fayyad (Eds.), *Proceedings of 576 References the second international conference on knowledge discovery and data mining, Portland, OR* (pp. 315–318). Menlo Park, CA: AAAI Press.

Chevaleyre, Y., & Zucker, J.-D. (2001). Solving multiple-instance and multiple-part learning problems with decision trees and rule sets: Application to the mutagenesis problem. *Proceedings of the biennial conference of the Canadian society for computational studies of intelligence, Ottawa, Canada* (pp. 204–214). Berlin: Springer-Verlag.

Cho, K., & Chen, X. (2014). *Classifying and visualizing motion capture sequences using deep neural networks., IEEE international conference on computer vision theory and applications (VISAPP)* (Vol. 2, pp. 122–130). Setúbal: SciTePress.

Cho, K., van Merrienboer, B., Gulcehre, C., Bahdanau, D., Bougares, F., Scwenk, H., & Bengio, Y. (2014). Learning Phrase Representations using RNN Encoder–Decoder for Statistical Machine Translation. *Empirical Methods on Natural Language Processing.* arXiv preprint arXiv:1406.1078.

Chollet, F. (2015). Keras: Theano-based deep learning library. Code: https://github.com/fchollet/keras. Documentation: http://keras.io.

Chung, J., Gulcehre, C., Cho, K., & Bengio, Y. (2014). Empirical evaluation of gated recurrent neural networks on sequence modeling. *arXiv preprint*, arXiv:1412.3555.

Ciresan, D. C., Meier, U., Gambardella, L. M., & Schmidhuber, J. (2010). Deep, big, simple neural nets for handwritten digit recognition. *Neural Computation, 22*(12), 3207–3220.

Ciresan, D.C., Meier, U., Masci, J., Maria Gambardella, L., & Schmidhuber, J. (2011). Flexible, high performance convolutional neural networks for image classification. In *Proceedings of the International Joint Conference on Artificial Intelligence (IJCAI).* vol. 22, no. 1, pp. 12–37.

Ciresan, D., Meier, U., & Schmidhuber, J. (2012). Multi-column deep neural networks for image classification. In *Proceedings of Computer Vision and Pattern Recognition (CVPR).* pp. 3642–3649.

Cleary, J. G., & Trigg, L. E. (1995). K: An instance-based learner using an entropic distance measure. In A. Prieditis, & S. Russell (Eds.), *Proceedings of the twelfth international conference on machine learning, Tahoe City, CA* (pp. 108–114). San Francisco, CA: Morgan Kaufmann.

Cohen, J. (1960). A coefficient of agreement for nominal scales. *Educational and Psychological Measurement, 20,* 37–46.

Cohen, W. W. (1995). Fast effective rule induction. In A. Prieditis, & S. Russell (Eds.), *Proceedings of the twelfth international conference on machine learning, Tahoe City, CA* (pp. 115–123). San Francisco, CA: Morgan Kaufmann.

Collobert, R., Kavukcuoglu, K., & Farabet, C. (2011). Torch7: A matlab-like environment for machine learning. In *BigLearn, NIPS Workshop* (No. EPFL-CONF-192376).

Collobert, R., & Weston, J. (2008, July). A unified architecture for natural language processing: Deep neural networks with multitask learning. *Proceedings of the 25th international conference on machine learning* (pp. 160−167). New York, NY: ACM Press.

Cooper, G. F., & Herskovits, E. (1992). A Bayesian method for the induction of probabilistic networks from data. *Machine Learning, 9*(4), 309−347.

Cortes, C., & Vapnik, V. (1995). Support vector networks. *Machine Learning, 20*(3), 273−297.

Cover, T. M., & Hart, P. E. (1967). Nearest neighbor pattern classification. *IEEE Transactions on Information Theory IT, 13*, 21−27.

Cristianini, N., & Shawe-Taylor, J. (2000). *An introduction to support vector machines and other kernel-based learning methods*. Cambridge: Cambridge University Press.

Cybenko, G. (1989). Approximation by superpositions of a sigmoidal function. *Mathematics of Control, Signals and Systems, 2*(4), 303−314.

Cypher, A. (Ed.), (1993). *Watch what I do: Programming by demonstration* Cambridge, MA: MIT Press.

Dasgupta, S. (2002). Performance guarantees for hierarchical clustering. In J. Kivinen, & R. H. Sloan (Eds.), *Proceedings of the fifteenth annual conference on computational learning theory, Sydney, Australia* (pp. 351−363). Berlin: Springer-Verlag.

Dasu, T., Koutsofios, E., & Wright, J. (2006). Zen and the art of data mining. In *Proceedings of the KDD Workshop on Data Mining for Business Applications* (pp. 37−43). Philadelphia, PA.

Datta, S., Kargupta, H., & Sivakumar, K. (2003). Homeland defense, privacy-sensitive data mining, and random value distortion. *Proceedings of the workshop on data mining for counter terrorism and security, San Francisco* (pp. 27−33). Philadelphia, PA: Society for International and Applied Mathematics.

Day, W. H. E., & Edelsbrünner, H. (1984). Efficient algorithms for agglomerative hierarchical clustering methods. *Journal of Classification, 1*(1), 7−24.

de Raedt, L. (2008). *Logical and relational learning*. New York, NY: Springer-Verlag.

Decoste, D., & Schölkopf, B. (2002). Training invariant support vector machines. *Machine Learning, 46*(13), 161−190.

Deerwester, S. C., Dumais, S. T., Landauer, T. K., Furnas, G. W., & Harshman, R. A. (1990). Indexing by latent semantic analysis. *JAsIs, 41*(6), 391−407.

Demiroz, G., & Guvenir, A. (1997). Classification by voting feature intervals. In M. van Someren, & G. Widmer (Eds.), *Proceedings of the ninth European conference on machine learning, Prague, Czech Republic* (pp. 85−92). Berlin: SpringerüVerlag.

Dempster, A. P., Laird, N. M., & Rubin, D. B. (1977). Maximum likelihood from incomplete data via the EM algorithm. *Journal of the Royal Statistical Society, Series B, 39*(1), 1−38.

Devroye, L., Györfi, L., & Lugosi, G. (1996). *A probabilistic theory of pattern recognition*. New

York, NY: Springer-Verlag.

Dhar, V., & Stein, R. (1997). *Seven methods for transforming corporate data into business intelligence*. Upper Saddle River, NJ: Prentice Hall.

Diederich, J., Kindermann, J., Leopold, E., & Paass, G. (2003). Authorship attribution withsupport vector machines. *Applied Intelligence, 19*(1), 109−123.

Dietterich, T. G. (2000). An experimental comparison of three methods for constructingensembles of decision trees: Bagging, boosting, and randomization. *Machine Learning, 40*(2), 139−158.

Dietterich, T. G., & Bakiri, G. (1995). Solving multiclass learning problems via error-correctingoutput codes. *Journal Artificial Intelligence Research, 2,* 263−286.

Dietterich, T. G., & Kong, E. B. (1995). Error-correcting output coding corrects bias andvariance. *Proceedings of the twelfth international conference on machine learning,Tahoe City, CA* (pp. 313−321). San Francisco, CA: Morgan Kaufmann.

Dietterich, T. G., Lathrop, R. H., & Lozano-Perez, T. (1997). Solving the multipleinstanceproblem with axis-parallel rectangles. *Artificial Intelligence Journal, 89*(1−2), 31−71.

Domingos, P. (1997). Knowledge acquisition from examples via multiple models.In D. H. Fisher (Ed.), *Proceedings of the fourteenth international conference onmachine learning, Nashville, TN* (pp. 98−106). San Francisco, CA: Morgan Kaufmann.

Domingos, P. (1999). MetaCost: A general method for making classifiers cost-sensitive. In U. M. Fayyad, S. Chaudhuri, & D. Madigan (Eds.), *Proceedings of the fifth international conference on knowledge discovery and data mining. San Diego, CA* (pp. 155−164). New York, NY: ACM Press.

Domingos, P., & Hulten, G. (2000). *Mining high-speed data streams. International conference on knowledge discovery and data mining* (pp. 71−80). New York, NY: ACM Press.

Domingos, P., & Lowd, D. (2009). *Markov logic: An interface layer for AI*. San Rafael, CA: Morgan and Claypool.

Domingos, P., & Pazzani, M. (1997). Beyond independence: Conditions for the optimality of the simple Bayesian classifier. *Machine Learning, 29,* 103−130.

Dong, L., Frank, E., & Kramer, S. (2005). Ensembles of balanced nested dichotomies for multi-class problems. *Proc of the ninth European conference on principles and practice of knowledge discovery in databases, Porto, Portugal* (pp. 84−95). Berlin: Springer-Verlag.

Dony, R. D., & Haykin, D. (1997). Image segmentation using a mixture of principal components representation. *IEE Proceedings—Vision, Image and Signal Processing, 144*(2), 73−80.

Dougherty, J., Kohavi, R., & Sahami, M. (1995). Supervised and unsupervised discretization of continuous features. In A. Prieditis, & S. Russell (Eds.), *Proceedings of the twelfth international conference on machine learning, Tahoe City, CA* (pp. 194−202). San Francisco, CA: Morgan Kaufmann.

Drucker, H. (1997). Improving regressors using boosting techniques. In D. H. Fisher (Ed.), *Proceedings of the fourteenth international conference on machine learning, Nashville, TN* (pp. 107–115). San Francisco, CA: Morgan Kaufmann.

Drummond, C., & Holte, R. C. (2000). Explicitly representing expected cost: An alternative to ROC representation. In R. Ramakrishnan, S. Stolfo, R. Bayardo, & I. Parsa (Eds.), *Proceedings of the sixth international conference on knowledge discovery and data mining. Boston, MA* (pp. 198–207). New York, NY: ACM Press.

Duda, R. O., & Hart, P. E. (1973). *Pattern classification and scene analysis.* New York, NY: John Wiley.

Duda, R. O., Hart, P. E., & Stork, D. G. (2001). *Pattern classification* (2nd ed.). New York, NY: John Wiley.

Dumais, S. T., Platt, J., Heckerman, D., & Sahami, M. (1998). Inductive learning algorithms and representations for text categorization. *Proceedings of the ACM seventh international conference on information and knowledge management, Bethesda, MD* (pp. 148–155). New York, NY: ACM Press.

Dzeroski, S., & Zenko, B. (2004). Is combining classifiers with stacking better than selecting the best one? *Machine Learning, 54,* 255–273.

Edwards, D. (2012). *Introduction to graphical modeling.* New York, NY: Springer Science and Business Media.

Efron, B., & Tibshirani, R. (1993). *An introduction to the bootstrap.* London: Chapman and Hall.

Egan, J. P. (1975). Signal detection *theory and ROC analysis.* New York, NY: Series in Cognition and Perception Academic Press.

Epanechnikov, V. A. (1969). Non-parametric estimation of a multivariate probability density. *Theory of Probability and its Applications, 14,* 153–158.

Ester, M., Kriegel, H.-P., Sander, J., & Xu, X. (1996). A density-based algorithm for discovering clusters in large spatial databases with noise. *Proceedings of the second international conference on knowledge discovery and data mining (KDD-96)* (pp. 226–231). Portland, OR: AAAI Press.

Fan, R.-E., Chang, K.-W., Hsieh, C.-J., Wang, X.-R., & Lin, C.-J. (2008). LIBLINEAR: A library for large linear classification. *J Machine Learning Research, 9,* 1871–1874.

Fayyad, U. M., & Irani, K. B. (1993). Multi-interval discretization of continuous-valued attributes for classification learning. *Proceedings of the thirteenth international joint conference on artificial intelligence, Chambery, France* (pp. 1022–1027). San Francisco, CA: Morgan Kaufmann.

Fayyad, U. M., Piatetsky-Shapiro, G., Smyth, P., & Uthurusamy, R. (Eds.), (1996). *Advances in knowledge discovery and data mining* Menlo Park, CA: AAAI Press/MIT Press.

Fayyad, U. M., & Smyth, P. (1995). From massive datasets to science catalogs: Applications and challenges. *Proceedings of the workshop on massive datasets* (pp. 129−141). Washington, DC: NRC, Committee on Applied and Theoretical Statistics.

Finkel, J. R., Grenager, T., & Manning, C. (2005). Incorporating non-local information into information extraction systems by Gibbs sampling. *Proceedings of the 43rd annual meeting on association for computational linguistics* (pp. 363−370). Stroudsburg: Association for Computational Linguistics.

Fisher, D. (1987). Knowledge acquisition via incremental conceptual clustering. *MachineLearning, 2*(2), 139−172.

Fisher, R.A. (1936). The use of multiple measurements in taxonomic problems. AnnualEugenics 7 (part II): 179188. Reprinted in *Contributions to Mathematical Statistics*,1950. New York, NY: John Wiley.

Fix, E., & Hodges Jr., J.L. (1951). Discriminatory analysis; non-parametric discrimination: Consistency properties. Technical Report 21-49-004(4), USAF School of Aviation Medicine, Randolph Field, Texas.

Flach, P. A., & Lachiche, N. (1999). Confirmation-guided discovery of first-order rules with Tertius. *Machine Learning, 42*, 61−95.

Fletcher, R. (1987). *Practical methods of optimization* (2nd ed.). New York, NY: John Wiley.

Foulds, J., & Frank, E. (2008). Revisiting multiple-instance learning via embedded instance selection. *Proceedings of the Australasian joint conference on artificial intelligence, Auckland, New Zealand* (pp. 300−310). Berlin: Springer-Verlag.

Foulds, J., & Frank, E. (2010a). A review of multi-instance learning assumptions. *Knowledge Engineering Review, 25*(1), 1−25.

Foulds, J., & Frank, E. (2010b). Speeding up and boosting diverse density learning. *Proc 13th international conference on discovery science* (pp. 102−116). New York, NY: Springer.

Fradkin, D., & Madigan, D. (2003). Experiments with random projections for machine learning. In L. Getoor, T. E. Senator, P. Domingos, & C. Faloutsos (Eds.), *Proceedings of the ninth international conference on knowledge discovery and data mining, Washington, D.C* (pp. 517−522). New York, NY: ACM Press.

Frank, E. (2000). Pruning decision trees and lists. *PhD Dissertation*. New Zealand: Department of Computer Science, University of Waikato.

Frank, E., & Hall, M. (2001). A simple approach to ordinal classification. In L. de Raedt, & P. A. Flach (Eds.), *Proceedings of the twelfth European conference on machine learning. Freiburg, Germany* (pp. 145−156). Berlin: Springer-Verlag.

Frank, E., Hall, M., & Pfahringer, B. (2003). Locally weighted Naïve Bayes. In U. Kjærulff, & C. Meek (Eds.), *Proceedings of the nineteenth conference on uncertainty in artificial intelligence, Acapulco, Mexico* (pp. 249−256). San Francisco, CA: Morgan Kaufmann.

Frank, E., Holmes, G., Kirkby, R., & Hall, M. (2002). Racing committees for large datasets. In S. Lange, K. Satoh, & C. H. Smith (Eds.), *Proceedings of the fifth international conference on discovery science, Lübeck, Germany* (pp. 153−164). Berlin: Springer-Verlag.

Frank, E., & Kramer, S. (2004). Ensembles of nested dichotomies for multi-class problems. *Proceedings of the twenty-first international conference on machine learning, Banff, Alberta, Canada* (pp. 305−312). New York, NY: ACM Press.

Frank, E., Paynter, G. W., Witten, I. H., Gutwin, C., & Nevill-Manning, C. G. (1999). Domain-specific key phrase extraction. *Proceedings of the sixteenth international joint conference on artificial intelligence, Stockholm, Sweden* (pp. 668−673). San Francisco, CA: Morgan Kaufmann.

Frank, E., Wang, Y., Inglis, S., Holmes, G., & Witten, I. H. (1998). Using model trees for classification. *Machine Learning, 32*(1), 63−76.

Frank, E., & Witten, I. H. (1998). Generating accurate rule sets without global optimization. In J. Shavlik (Ed.), *Proceedings of the fifteenth international conference on machine learning, Madison, WI* (pp. 144−151). San Francisco, CA: Morgan Kaufmann.

Frank, E., & Witten, I. H. (1999). Making better use of global discretization. In I. Bratko, & S. Dzeroski (Eds.), *Proceedings of the sixteenth international conference on machine learning, Bled, Slovenia* (pp. 115−123). San Francisco, CA: Morgan Kaufmann.

Frank, E., & Xu, X. (2003). *Applying propositional learning algorithms to multi-instance data.* Technical Report 06/03. New Zealand: Department of Computer Science, University of Waikato.

Franz, A., & Brants, T. (2006). "All Our N-gram are Belong to You". Google Research Blog. Retrieved 2015-09-14.

Freitag, D. (2002). Machine learning for information extraction in informal domains. *Machine Learning, 39*(2/3), 169−202.

Freund, Y., & Mason, L. (1999). The alternating decision tree learning algorithm. In I. Bratko, & S. Dzeroski (Eds.), *Proceedings of the sixteenth international conference on machine learning, Bled, Slovenia* (pp. 124−133). San Francisco, CA: Morgan Kaufmann.

Freund, Y., & Schapire, R. E. (1996). Experiments with a new boosting algorithm. In L. Saitta (Ed.), *Proceedings of the thirteenth international conference on machine learning, Bari, Italy* (pp. 148−156). San Francisco, CA: Morgan Kaufmann.

Freund, Y., & Schapire, R. E. (1999). Large margin classification using the perceptron algorithm. *Machine Learning, 37*(3), 277−296.

Frey, B. J. (1998). *Graphical models for machine learning and digital communication.* MIT Press.

Friedman, J. H. (1996). *Another approach to polychotomous classification. Technical report.* Stanford, CA: Department of Statistics, Stanford University.

Friedman, J. H. (2001). Greedy function approximation: A gradient boosting machine. *Annals of Statistics, 29*(5), 1189−1232.

Friedman, J. H., Bentley, J. L., & Finkel, R. A. (1977). An algorithm for finding best matches in logarithmic expected time. *ACM Transactions on Mathematical Software, 3*(3), 209−266.

Friedman, J. H., Hastie, T., & Tibshirani, R. (2000). Additive logistic regression: A statistical view of boosting. *Annals of Statistics, 28*(2), 337−374.

Friedman, N., Geiger, D., & Goldszmidt, M. (1997). Bayesian network classifiers. *Machine Learning, 29*(2), 131−163.

Fukushima, K. (1980). Neocognitron: A self-organizing neural network model for a mechanism of pattern recognition unaffected by shift in position. *Biological Cybernetics, 36*(4), 193−202.

Fulton, T., Kasif, S., & Salzberg, S. (1995). Efficient algorithms for finding multiway splits for decision trees. In A. Prieditis, & S. Russell (Eds.), *Proceedings of the twelfth international conference on machine learning, Tahoe City, CA* (pp. 244−251). San Francisco, CA: Morgan Kaufmann.

Fürnkranz, J. (2002). Round robin classification. *Journal of Machine Learning Research, 2*, 721−747.

Fürnkranz, J. (2003). Round robin ensembles. *Intelligent Data Analysis, 7*(5), 385−403.

Fürnkranz, J., & Flach, P. A. (2005). ROC 'n' rule learning: Towards a better understanding of covering algorithms. *Machine Learning, 58*(1), 39−77.

Fürnkranz, J., & Widmer, G. (1994). Incremental reduced-error pruning. In H. Hirsh, & W. Cohen (Eds.), *Proceedings of the eleventh international conference on machine learning, New Brunswick, NJ* (pp. 70−77). San Francisco, CA: Morgan Kaufmann.

Gaines, B. R., & Compton, P. (1995). Induction of ripple-down rules applied to modeling large data bases. *Journal of Intelligent Information Systems, 5*(3), 211−228.

Gama, J. (2004). Functional trees. *Machine Learning, 55*(3), 219−250.

Gärtner, T., Flach, P. A., Kowalczyk, A., & Smola, A. J. (2002). Multi-instance kernels. *Proceedings of the international conference on machine learning, Sydney, Australia* (pp. 179−186). San Francisco, CA: Morgan Kaufmann.

Gelman, A., Carlin, J. B., Stern, H. S., & Rubin, D. B. (2014). *Bayesian data analysis* (Vol. 2). London: Chapman and Hall/CRC.

Geman, S., & Geman, D. (1984). Stochastic relaxation, gibbs distributions, and the bayesian restoration of images. *IEEE Transactions on Pattern Analysis and Machine Intelligence, 6*(6), 721−741.

Genkin, A., Lewis, D. D., & Madigan, D. (2007). Large-scale Bayesian logistic regression for text categorization. *Technometrics, 49*(3), 291−304.

Gennari, J. H., Langley, P., & Fisher, D. (1990). Models of incremental concept formation. *Artificial Intelligence, 40*, 11−61.

Gers, F. A., Schmidhuber, J., & Cummins, F. (2000). Learning to forget: Continual prediction with LSTM. *Neural Computation, 12*(10), 2451−2471.

Ghahramani, Z., & Beal, M. J. (1999). Variational inference for bayesian mixtures of factor analysers. *NIPS, 12*, 449–455.

Ghahramani, Z., & Beal, M. J. (2001). Propagation algorithms for variational Bayesian learning. *Proceedings of Advances in Neural Information Processing Systems, 13*, 507–513.

Ghahramani, Z., & Hinton, G. E. (1996). The EM algorithm for mixtures of factor analyzers *(Vol. 60). Technical Report CRG-TR-96-1*. University of Toronto.

Ghani, R. (2002). Combining labeled and unlabeled data for multiclass text categorization. In C. Sammut, & A. Hoffmann (Eds.), *Proceedings of the nineteenth international conference on machine learning, Sydney, Australia* (pp. 187–194). San Francisco, CA: Morgan Kaufmann.

Gilad-Bachrach, R., Navot, A., & Tishby, N. (2004). Margin based feature selection: Theory and algorithms. In R. Greiner, & D. Schuurmans (Eds.), *Proceedings of the twenty-first international conference on machine learning, Banff, Alberta, Canada* (pp. 337–344). New York, NY: ACM Press.

Gilks, W. R. (2005). *Markov chain monte carlo*. New York, NY: John Wiley and Sons, Ltd.

Giraud-Carrier, C. (1996). FLARE: Induction with prior knowledge. In J. Nealon, & J. Hunt (Eds.), *Research and development in expert systems XIII* (pp. 11–24). Cambridge: SGES Publications.

Glorot, X., & Bengio, Y. (2010). Understanding the difficulty of training deep feedforward neural networks. In *AISTATS*. vol. 9, pp. 249–256.

Glorot, X., Bordes, A., & Bengio, Y. (2011). Deep sparse rectifier networks. *AISTATS, 15*, pp. 315–323.

Gluck, M., & Corter, J. (1985). Information, uncertainty and the utility of categories. *Proceedings of the annual conference of the cognitive science society, Irvine, CA* (pp. 283–287). Hillsdale, NJ: Lawrence Erlbaum.

Goldberg, D. E. (1989). *Genetic algorithms in search, optimization and machine learning*. Reading, MA: Addison-Wesley.

Good, I. J. (1953). The population frequencies of species and the estimation of population parameters. *Biometrika, 40*(34), 237–264.

Good, P. (1994). *Permutation tests: A practical guide to resampling methods for testing hypotheses*. New York, NY: Springer-Verlag.

Goodfellow, I., Bengio, Y., & Courville, A. (2016). *Deep learning*. Cambridge, MA: MIT Press.

Graves, A. (2012). *Supervised sequence labelling*. Berlin: Springer Berlin Heidelberg.

Graves, A., & Schmidhuber, J. (2005). Framewise phoneme classification with bidirectional LSTM and other neural network architectures. *Neural Networks, 18*(5), 602–610.

Graves, A., Liwicki, M., Fernández, S., Bertolami, R., Bunke, H., & Schmidhuber, J. (2009). A novel connectionist system for unconstrained handwriting recognition. *IEEE Transactions on Pattern Analysis and Machine Intelligence, 31*(5), 855–868.

Graves, A., Mohamed, A.R., & Hinton, G. (2013). Speech recognition with deep recurrent neural networks. In *IEEE international Conference on Acoustics, Speech and Signal Processing (ICASSP)* (pp. 6645−6649).

Green, P., & Yandell, B. (1985). Semi-parametric generalized linear models. In *Proceedings 2nd international GLIM conference*, Lancaster, Lecture notes in Statistics No. 32 44−55. New York, NY: Springer-Verlag.

Greff, K., Srivastava, R. K., Koutník, J., Steunebrink, B. R., & Schmidhuber, J. (2015). LSTM: A search space odyssey. *arXiv preprint*, arXiv:1503.04069.

Griffiths, T. L., & Steyvers, M. (2004). Finding scientific topics. *Proceedings of the National Academy of Sciences, 101*(Suppl. 1), 5228−5235.

Grossman, D., & Domingos, P. (2004). Learning Bayesian network classifiers by maximizing conditional likelihood. In R. Greiner, & D. Schuurmans (Eds.), *Proceedings of the twenty-first international conference on machine learning, Banff, Alberta, Canada* (pp. 361−368). New York, NY: ACM Press.

Groth, R. (1998). *Data mining: A hands-on approach for business professionals*. Upper Saddle River, NJ: Prentice Hall.

Guo, Y., & Greiner, R. (2004). *Discriminative model selection for belief net structures*. Edmonton, AB: Department of Computing Science, TR04-22, University of Alberta.

Gütlein, M., Frank, E., Hall, M., & Karwath, A. (2009). Large-scale attribute selection using wrappers. *Proceedings of the IEEE symposium on computational intelligence and data mining* (pp. 332−339). Washington, DC: IEEE Computer Society.

Guyon, I., Weston, J., Barnhill, S., & Vapnik, V. (2002). Gene selection for cancer classification using support vector machines. *Machine Learning, 46*(1−3), 389−422.

Hall, M. (2000). Correlation-based feature selection for discrete and numeric class machine learning. In P. Langley (Ed.), *Proceedings of the seventeenth international conference on machine learning, Stanford, CA* (pp. 359−366). San Francisco, CA: Morgan Kaufmann.

Hall, M., & Frank, E. (2008). Combining Naïve Bayes and decision tables. *Proceedings of the 21st Florida artificial intelligence research society conference* (pp. 318−319). Miami, FL: AAAI Press.

Hall, M., Holmes, G., & Frank, E. (1999). Generating rule sets from model trees. In N. Y. Foo (Ed.), *Proceedings of the twelfth Australian joint conference on artificial intelligence, Sydney, Australia* (pp. 1−12). Berlin: Springer-Verlag.

Han, J., Kamber, M., & Pei, J. (2011). *Data mining: Concepts and techniques* (3rd ed.). San Francisco, CA: Morgan Kaufmann.

Han, J., Pei, J., & Yin, Y. (2000). Mining frequent patterns without candidate generation. In *Proceedings of the ACM-SIGMOD International Conference on Management of Data* (pp. 1−12). Dallas, TX.

Han, J., Pei, J., Yin, Y., & Mao, R. (2004). Mining frequent patterns without candidate generation: A frequent-pattern tree approach. *Data Mining and Knowledge Discovery, 8*(1),

53–87.

Hand, D. J. (2006). Classifier technology and the illusion of progress. *Statistical Science, 21*(1), 1–14.

Hand, D. J., Manilla, H., & Smyth, P. (2001). *Principles of data mining*. Cambridge, MA: MIT Press.

Hartigan, J. A. (1975). *Clustering algorithms*. New York, NY: John Wiley.

Hastie, T., & Tibshirani, R. (1998). Classification by pairwise coupling. *Annals of Statistics, 26*(2), 451–471.

Hastie, T., Tibshirani, R., & Friedman, J. (2009). *The elements of statistical learning* (2nd ed.). New York, NY: Springer-Verlag.

Hastings, W. K. (1970). Monte Carlo sampling methods using Markov chains and their applications. *Biometrika, 57*(1), 97–109.

Havaei, M., Davy, A., Warde-Farley, D., Biard, A., Courville, A., Bengio, Y., ... Larochelle, H. (2016). *Brain tumor segmentation with deep neural networks*. Medical Image Analysis.

Haykin, S. (1994). *Neural networks: A comprehensive foundation*. Upper Saddle River, NJ: Prentice Hall.

He, K., Zhang, X., Ren, S., & Sun, J. (2016). Deep residual learning for image recognition. In *Proceedings of the IEEE Conference on Computer Vision and Pattern Recognition (CVPR)*, pp. 770–778.

Heckerman, D., Geiger, D., & Chickering, D. M. (1995). Learning Bayesian networks: The combination of knowledge and statistical data. *Machine Learning, 20*(3), 197–243.

Hempstalk, K., & Frank, E. (2008). Discriminating against new classes: One-class versus multi-class classification. *Proceedings of the twenty-first Australasian joint conference on artificial intelligence, Auckland, New Zealand* (pp. 225–236). New York, NY: Springer.

Hempstalk, K., Frank, E., & Witten, I. H. (2008). One-class classification by combining density and class probability estimation. *Proceedings of the European Conference on Machine Learning and Principles and Practice of Knowledge Discovery in Databases, Antwerp, Belgium* (pp. 505–519). Berlin: Springer-Verlag.

Hinton, G. E. (2002). Training products of experts by minimizing contrastive divergence. *Neural Computation, 14*(8), 1771–1800.

Hinton, G. E., & Salakhutdinov, R. (2006). Reducing the dimensionality of data with neural networks. *Science, 313*(5786), 504–507.

Hinton, G.E., & Sejnowski, T.J. (1983, June). Optimal perceptual inference. In *Proceedings of the IEEE conference on computer vision and pattern recognition* (pp. 448–453). Washington, DC.

Ho, T. K. (1998). The random subspace method for constructing decision forests. *IEEE Transactions on Pattern Analysis and Machine Intelligence, 20*(8), 832–844.

Hochbaum, D. S., & Shmoys, D. B. (1985). A best possible heuristic for the k-center problem.

Mathematics of Operations Research, 10(2), 180—184.

Hochreiter, S. (1991). Untersuchungen zu dynamischen neuronalen Netzen. Diploma thesis, Institut f. Informatik, Technische Univ. Munich. Advisor: J. Schmidhuber.

Hochreiter, S., Bengio, Y., Frasconi, P., & Schmidhuber, J. (2001). Gradient flow in recurrent nets: The difficulty of learning long-term dependencies. In S. C. Kremer, & J. F. Kolen (Eds.), A *field guide to dynamical recurrent neural networks* (pp. 179—206). Piscataway, NJ: IEEE Press.

Hochreiter, S., & Schmidhuber, J. (1997). Long short-term memory. *Neural Computation, 9*(8), 1735—1780.

Hofmann, T. (1999, August). *Probabilistic latent semantic indexing. Proceedings of the 22nd annual international ACM SIGIR conference on Research and development in information retrieval* (pp. 50—57). New York, NY: ACM Press.

Holmes, G., & Nevill-Manning, C. G. (1995). Feature selection via the discovery of simple classification rules. In G. E. Lasker, & X. Liu (Eds.), *Proceedings of the international symposium on intelligent data analysis* (pp. 75—79). Baden-Baden: International Institute for Advanced Studies in Systems Research and Cybernetics.

Holmes, G., Pfahringer, B., Kirkby, R., Frank, E., & Hall, M. (2002). Multiclass alternating decision trees. In T. Elomaa, H. Mannila, & H. Toivonen (Eds.), *Proceedings of the thirteenth European conference on machine learning, Helsinki, Finland* (pp. 161—172). Berlin: Springer-Verlag.

Holte, R. C. (1993). Very simple classification rules perform well on most commonly used datasets. *Machine Learning, 11*, 63—91.

Hornik, K. (1991). Approximation capabilities of multilayer feedforward networks. *Neural Networks, 4*(2), 251—257.

Hosmer, D. W., Jr, & Lemeshow, S. (2004). *Applied logistic regression.* New York, NY: John Wiley and Sons.

Hsu, C. W., Chang, C. C., & Lin, C. J. (2003). *A practical guide to support vector classification.* Department of Computer Science, National Taiwan University.

Huang, C., & Darwiche, A. (1996). Inference in belief networks: A procedural guide. *International Journal of Approximate Reasoning, 15*(3), 225—263.

Huffman, S. B. (1996). Learning information extraction patterns from examples. In S. Wertmer, E. Riloff, & G. Scheler (Eds.), *Connectionist, statistical, and symbolic approaches to learning for natural language processing* (pp. 246—260). Berlin: Springer Verlag.

Hyvärinen, A., & Oja, E. (2000). Independent component analysis: Algorithms and applications. *Neural Networks, 13*(4), 411—430.

Ihaka, R., & Gentleman, R. (1996). R: A language for data analysis and graphics. *Journal of Computational and Graphical Statistics, 5*(3), 299—314.

Ilin, A., & Raiko, T. (2010). Practical approaches to principal component analysis in the presence of missing values. *The Journal of Machine Learning Research, 11*, 1957–2000.

International Human Genome Sequencing Consortium (2001). Initial sequencing and analysis of the human genome. *Nature, 409*(6822), 860–921.

Ioffe, S., & Szegedy, C. (2015). Batch normalization: Accelerating deep network training by reducing internal covariate shift. *arXiv preprint*, arXiv:1502.03167.

Ivakhnenko, A. G., & Lapa, V. G. (1965). *Cybernetic predicting devices*. New York, NY: CCM Information Corporation.

Jabbour, K., Riveros, J. F. V., Landsbergen, D., & Meyer, W. (1988). ALFA: Automated load forecasting assistant. *IEEE Transactions on Power Systems, 3*(3), 908–914.

Jia, Y., Shelhamer, E., Donahue, J., Karayev, S., Long, J., Girshick, R., . . . Darrell, T. (2014). Caffe: Convolutional architecture for fast feature embedding. *Proceedings of the ACM international conference on multimedia* (pp. 675–678). New York, NY: ACM Press.

Jiang, L., & Zhang, H. (2006). Weightily averaged one-dependence estimators. *Proceedings of the 9th Biennial Pacific Rim international conference on artificial intelligence* (pp. 970–974). Berlin: Springer-Verlag.

John, G. H. (1995). Robust decision trees: Removing outliers from databases. In U. M. Fayyad, & R. Uthurusamy (Eds.), *Proceedings of the first international conference on knowledge discovery and data mining, Montreal, Canada* (pp. 174–179). Menlo Park, CA: AAAI Press.

John, G. H. (1997). Enhancements to the data mining process. *PhD Dissertation*. Stanford, CA: Computer Science Department, Stanford University.

John, G. H., Kohavi, R., & Pfleger, P. (1994). Irrelevant features and the subset selection problem. In H. Hirsh, & W. Cohen (Eds.), *Proceedings of the eleventh international conference on machine learning, New Brunswick, NJ* (pp. 121–129). San Francisco, CA: Morgan Kaufmann.

John, G. H., & Langley, P. (1995). Estimating continuous distributions in Bayesian classifiers. In P. Besnard, & S. Hanks (Eds.), *Proceedings of the eleventh conference on uncertainty in artificial intelligence, Montreal, Canada* (pp. 338–345). San Francisco, CA: Morgan Kaufmann.

Johns, M. V. (1961). An empirical Bayes approach to nonparametric two-way classification. In H. Solomon (Ed.), *Studies in item analysis and prediction* (pp. 221–232). Palo Alto, CA: Stanford University Press.

Jones, M. C., Marron, J. S., & Sheather, S. J. (1996). A brief survey of bandwidth selection for density estimation. *Journal of the American Statistical Association, 91*(433), 401407.

Jordan, M. I., Ghahramani, Z., Jaakkola, T. S., & Saul, L. K. (1998). *An introduction to variational methods for graphical models* (pp. 105–161). The Netherlands: Springer.

Jordan, M. I., Ghahramani, Z., Jaakkola, T. S., & Saul, L. K. (1999). An introduction to variational methods for graphical models. *Machine Learning, 37*(2), 183–233.

Kass, R., & Wasserman, L. (1995). A reference Bayesian test for nested hypotheses and its relationship to the Schwarz criterion. *Journal of the American Statistical Association, 90*, 928–934.

Keerthi, S. S., Shevade, S. K., Bhattacharyya, C., & Murthy, K. R. K. (2001). Improvements to Platt's SMO algorithm for SVM classifier design. *Neural Computation, 13*(3), 637–649.

Kerber, R. (1992). Chimerge: Discretization of numeric attributes. In W. Swartout (Ed.), *Proceedings of the tenth national conference on artificial intelligence, San Jose, CA* (pp. 123–128). Menlo Park, CA: AAAI Press.

Kibler, D., & Aha, D. W. (1987). Learning representative exemplars of concepts: An initial case study. In P. Langley (Ed.), *Proceedings of the fourth machine learning workshop, Irvine, CA* (pp. 24–30). San Francisco, CA: Morgan Kaufmann.

Kimball, R., & Ross, M. (2002). *The data warehouse toolkit* (2nd ed.). New York, NY: John Wiley.

Kira, K., & Rendell, L. (1992). A practical approach to feature selection. In D. Sleeman, & P. Edwards (Eds.), *Proceedings of the ninth international workshop on machine learning, Aberdeen, Scotland* (pp. 249–258). San Francisco, CA: Morgan Kaufmann.

Kirkby, R. (2007). *Improving hoeffding trees. PhD Dissertation*. New Zealand: Department of Computer Science, University of Waikato.

Kittler, J. (1978). Feature set search algorithms. In C. H. Chen (Ed.), *Pattern recognition and signal processing*. The Netherlands: Sijthoff an Noordhoff.

Kivinen, J., Smola, A. J., & Williamson, R. C. (2002). Online learning with kernels. *IEEE Transactions on Signal Processing, 52*, 2165–2176.

Kleinberg, J. (1998) "Authoritative sources in a hyperlinked environment." *Proc ACMSIAM Symposium on Discrete Algorithms*. Extended version published in Journal of the ACM, Vol. 46 (1999), pp. 604–632.

Koestler, A. (1964). *The act of creation*. London: Hutchinson.

Kohavi, R. (1995a). A study of cross-validation and bootstrap for accuracy estimation and model selection. *Proceedings of the fourteenth international joint conference on artificial intelligence, Montreal, Canada* (pp. 1137–1143). San Francisco, CA: Morgan Kaufmann.

Kohavi, R. (1995b). The power of decision tables. In N. Lavrac, & S. Wrobel (Eds.), *Proceedings of the eighth European conference on machine learning, Iráklion, Crete, Greece* (pp. 174–189). Berlin: Springer-Verlag.

Kohavi, R. (1996). Scaling up the accuracy of Naïve Bayes classifiers: A decision-tree hybrid. In E. Simoudis, J. W. Han, & U. Fayyad (Eds.), *Proceedings of the second international conference on knowledge discovery and data mining, Portland, OR* (pp. 202–207). Menlo Park, CA: AAAI Press.

Kohavi, R., & John, G. H. (1997). Wrappers for feature subset selection. *Artificial Intelligence, 97*(1–2), 273–324.

Kohavi, R., & Kunz, C. (1997). Option decision trees with majority votes. In D. Fisher (Ed.),

Proceedings of the fourteenth international conference on machine learning, Nashville, TN (pp. 161–191). San Francisco, CA: Morgan Kaufmann.

Kohavi, R., & Provost, F. (Eds.), (1998). Machine learning: Special issue on applications of machine learning and the knowledge discovery process. *Machine Learning, 30*(2/3), 127–274.

Kohavi, R., & Sahami, M. (1996). Error-based and entropy-based discretization of continuous features. In E. Simoudis, J. W. Han, & U. Fayyad (Eds.), *Proceedings of the second international conference on knowledge discovery and data mining, Portland, OR* (pp. 114–119). Menlo Park, CA: AAAI Press.

Koller, D., & Friedman, N. (2009). *Probabilistic graphical models: Principles and techniques*. Cambridge, MA: MIT Press.

Komarek, P., & Moore, A. (2000). A dynamic adaptation of AD-trees for efficient machine learning on large data sets. In P. Langley (Ed.), *Proceedings of the seventeenth international conference on machine learning, Stanford, CA* (pp. 495–502). San Francisco, CA: Morgan Kaufmann.

Kononenko, I. (1995). On biases in estimating multi-valued attributes. *Proceedings of the fourteenth international joint conference on artificial intelligence, Montreal, Canada* (pp. 1034–1040). San Francisco, CA: Morgan Kaufmann.

Koppel, M., & Schler, J. (2004). Authorship verification as a one-class classification problem. In R. Greiner, & D. Schuurmans (Eds.), *Proceedings of the twenty-first international conference on machine learning, Banff, Alberta, Canada* (pp. 489–495). New York, NY: ACM Press.

Kristjansson, T., Culotta, A., Viola, P., & McCallum, A. (2004, July). Interactive information extraction with constrained conditional random fields. *AAAI, 4*, 412–418.

Krizhevsky, A., Sutskever, I., & Hinton, G.E. (2012). ImageNet classification with deep convolutional neural networks. In *Advances in Neural Information Processing Systems* (NIPS 2012).

Krogel, M.-A., & Wrobel, S. (2002). Feature selection for propositionalization. *Proceedings of the international conference on discovery science, Lübeck, Germany* (pp. 430–434). Berlin: Springer-Verlag.

Kschischang, F. R., Frey, B. J., & Loeliger, H. A. (2001). Factor graphs and the sumproduct algorithm. *Information Theory, IEEE Transactions on, 47*(2), 498–519.

Kubat, M., Holte, R. C., & Matwin, S. (1998). Machine learning for the detection of oil spills in satellite radar images. *Machine Learning, 30*, 195–215.

Kulp, D., Haussler, D., Rees, M.G., & Eeckman, F.H. (1996). A generalized hidden Markov model for the recognition of human genes in DNA. In *Proc. Int. Conf. on Intelligent Systems for Molecular Biology* (pp. 134–142). St. Louis.

Kuncheva, L. I., & Rodriguez, J. J. (2007). An experimental study on rotation forest ensembles. *Proceedings of the seventh international workshop on multiple classifier systems, Prague, Czech Republic* (pp. 459–468). Berlin/Heidelberg: Springer.

Kushmerick, N., Weld, D. S., & Doorenbos, R. (1997). Wrapper induction for information extraction. *Proceedings of the fifteenth international joint conference on artificial intelligence, Nagoya, Japan* (pp. 729–735). San Francisco, CA: Morgan Kaufmann.

Lafferty, J., McCallum, A., & Pereira, F. (2001). Conditional random fields: Probabilistic models for segmenting and labeling sequence data. In *The proceedings of the international conference on machine learning* (ICML) (pp. 282–289).

Laguna, M., & Marti, R. (2003). *Scatter search: Methodology and implementations in C.* Boston, MA: Kluwer Academic Press.

Landwehr, N., Hall, M., & Frank, E. (2005). Logistic model trees. *Machine Learning, 59*(12), 161–205.

Langley, P. (1996). *Elements of machine learning.* San Francisco, CA: Morgan Kaufmann.

Langley, P., Iba, W., & Thompson, K. (1992). An analysis of Bayesian classifiers. In W. Swartout (Ed.), *Proceedings of the tenth national conference on artificial intelligence, San Jose, CA* (pp. 223–228). Menlo Park, CA: AAAI Press.

Langley, P., & Sage, S. (1994). Induction of selective Bayesian classifiers. In R. L. de Mantaras, & D. Poole (Eds.), *Proceedings of the tenth conference on uncertainty in artificial intelligence, Seattle, WA* (pp. 399–406). San Francisco, CA: Morgan Kaufmann.

Langley, P., & Sage, S. (1997). Scaling to domains with irrelevant features. In R. Greiner (Ed.), *Computational learning theory and natural learning systems* (Vol. 4). Cambridge, MA: MIT Press.

Langley, P., & Simon, H. A. (1995). Applications of machine learning and rule induction. *Communications of the ACM, 38*(11), 55–64.

Larochelle, H., & Bengio, Y. (2008). Classification using discriminative restricted Boltzmann machines. In *Proceedings of the 25th International Conference on Machine learning* (ICML), pp. 536–543.

Lauritzen, S. L., & Spiegelhalter, D. J. (1988). Local computations with probabilities on graphical structures and their application to expert systems. *Journal of the Royal Statistical Society Series B (Methodological), 50,* 157–224.

Lavrac, N., Motoda, H., Fawcett, T., Holte, R., Langley, P., & Adriaans, P. (Eds.), (2004). Special issue on lessons learned from data mining applications and collaborative problem solving. *Machine Learning, 57*(1/2), 83–113.

Lawrence, N., Seeger, M., & Herbrich, R. (2003). Fast sparse Gaussian process methods: The informative vector machine. In *Proceedings of the 16th Annual Conference on Neural Information Processing Systems* (No. EPFL-CONF-161319, pp. 609–616).

Lawson, C. L., & Hanson, R. J. (1995). *Solving least squares problems.* Philadelphia, PA: SIAM Publications.

le Cessie, S., & van Houwelingen, J. C. (1992). Ridge estimators in logistic *regression. Applied Statistics, 41*(1), 191–201.

Le, Q. V., Jaitly, N., & Hinton, G. E. (2015). A simple way to initialize recurrent networks of rectified linear units. *arXiv preprint*, arXiv:1504.00941.

LeCun, Y., Bengio, Y., & Hinton, G. E. (2015). Deep learning. *Nature, 521*(7553), 436−444.

LeCun, Y., Bottou, L., Bengio, Y., & Haffner, P. (1998). Gradient-based learning applied to document recognition. *Proceedings of the IEEE, 86*(11), 2278−2324.

LeCun, Y., Bottou, L., Orr, G. B., & Müller, K. R. (1998). *Efficient BackProp. Neural Networks: Tricks of the Trade* (pp. 9−50). Berlin: Springer Berlin Heidelberg.

Li, M., & Vitanyi, P. M. B. (1992). Inductive reasoning and Kolmogorov complexity. *Journal Computer and System Sciences, 44*, 343−384.

Lichman, M. (2013). *UCI Machine Learning Repository*. Irvine, CA: University of California, School of Information and Computer Science.<http://archive.ics.uci.edu/ml>.

Lieberman, H. (Ed.), (2001). *Your wish is my command: Programming by example* San Francisco, CA: Morgan Kaufmann.

Littlestone, N. (1988). Learning quickly when irrelevant attributes abound: A new linearthreshold algorithm. *Machine Learning, 2*(4), 285−318.

Littlestone, N. (1989). Mistake bounds and logarithmic linear-threshold learning algorithms. *PhD Dissertation*. Santa Cruz, CA: University of California.

Liu, B. (2009). *Web data mining: Exploring hyperlinks, contents, and usage data*. New York, NY: Springer Verlag.

Liu, B., Hsu, W., & Ma, Y. M. (1998). Integrating classification and association rule mining. *Proceedings of the fourth international conference on knowledge discovery and data mining (KDD-98)* (pp. 80−86). New York, NY: AAAI Press.

Liu, H., & Setiono, R. (1996). A probabilistic approach to feature selection: A filter solution. In L. Saitta (Ed.), *Proceedings of the thirteenth international conference on machine learning, Bari, Italy* (pp. 319−327). San Francisco, CA: Morgan Kaufmann.

Liu, H., & Setiono, R. (1997). Feature selection via discretization. *IEEE Transactions on Knowledge and Data Engineering, 9*(4), 642−645.

Lowe, D. G. (2004). Distinctive image features from scale-invariant keypoints. *International Journal of Computer Vision, 60*(2), 91−110.

Luan, J. (2002). Data mining and its applications in higher education. *New Directions for Institutional Research, 2002*(113), 17−36.

Lunn, D., Spiegelhalter, D., Thomas, A., & Best, N. (2009). The BUGS project: Evolution, critique and future directions (with discussion). *Statistics in Medicine, 28*, 3049−3082.

Lunn, D. J., Thomas, A., Best, N., & Spiegelhalter, D. (2000). WinBUGS—a Bayesian modelling framework: Concepts, structure, and extensibility. *Statistics and Computing, 10*, 325−337.

Mann, T. (1993). *Library research models: A guide to classification, cataloging, and computers*. New York, NY: Oxford University Press.

Marill, T., & Green, D. M. (1963). On the effectiveness of receptors in recognition systems. *IEEE Transactions on Information Theory, 9*(11), 11−17.

Maron, O. (1998). *Learning from ambiguity. Ph.D. thesis.* Massachusetts Institute of Technology.

Maron, O., & Lozano-Peréz, T. (1997). A framework for multiple-instance learning. *Proceedings of the conference on neural information processing systems, Denver, CO* (pp. 570−576). Cambridge, MA: MIT Press.

Martin, B. (1995). *Instance-based learning: Nearest neighbour with generalisation. MSc Thesis.* Department of Computer Science, University of Waikato, New Zealand.

McCallum, A.K. (2002). Mallet: A machine learning for language toolkit. http://mallet.cs.umass.edu.

McCallum, A., & Nigam, K. (1998). A comparison of event models for Naïve Bayes text classification. *Proceedings of the AAAI-98 workshop on learning for text categorization, Madison, WI* (pp. 41−48). Menlo Park, CA: AAAI Press.

McCallum, A., Pal, C., Druck, G., and Wang, X. (2006). Multi-conditional learning: Generative/discriminative training for clustering and classification. In the *proceedings of AAAI* (Vol. 21, No. 1, p. 4−33). Menlo Park, CA; Cambridge, MA; London; AAAI Press; MIT Press; 1999.

McCullagh, P. (1980). Regression models for ordinal data. *Journal of the Royal Statistical Society. Series B (Methodological), 42*, 109−142.

McCullagh, P., & Nelder, J. A. (1989). *Generalized linear models* (Vol. 37). Boca Raton, FL: CRC Press.

Medelyan, O., & Witten, I. H. (2008). Domain independent automatic keyphrase indexing with small training sets. *Journal American Society for Information Science and Technology, 59*, 1026−1040.

Mehta, M., Agrawal, R., & Rissanen, J. (1996). SLIQ: A fast scalable classifier for data mining. In P. Apers, M. Bouzeghoub, & G. Gardarin (Eds.), Proceedings of the fifth international conference on extending database technology, *Avignon, France.* New York, NY: Springer-Verlag.

Melville, P., & Mooney, R. J. (2005). Creating diversity in ensembles using artificial data. *Information Fusion, 6*(1), 99−111.

Metropolis, N., Rosenbluth, A. W., Rosenbluth, M. N., Teller, A. H., & Teller, E. (1953). Equations of state calculations by fast computing machines. *Journal of Chemical Physics, 21*(6), 1087−1092.

Michalski, R. S., & Chilausky, R. L. (1980). Learning by being told and learning from examples: An experimental comparison of the two methods of knowledge acquisition in the context of developing an expert system for soybean disease diagnosis. *International Journal of Policy Analysis and Information Systems, 4*(2), 125−161.

Michie, D. (1989). Problems of computer-aided concept formationIn J. R. Quinlan (Ed.),

Applications of expert systems (Vol. 2, pp. 310−333). Wokingham: Addison-Wesley.

Mikolov, T., Chen, K., Corrado, G., & Dean, J. (2013a). Efficient estimation of word representations in vector space. *arXiv preprint*, arXiv:1301.3781.

Mikolov, T., Sutskever, I., Chen, K., Corrado, G. S., & Dean, J. (2013b). Distributed representations of words and phrases and their compositionality. *Advances in Neural Information Processing Systems, 26*, 3111−3119.

Minka, T. (2000). *Old and new matrix algebra useful for statistics.* MIT Media Lab note.

Minka, T. P. (2001). Expectation propagation for approximate Bayesian inference. *Proceedings of the seventeenth conference on uncertainty in artificial intelligence* (pp. 362−369). San Francisco, CA: Morgan Kaufmann Publishers Inc.

Minsky, M., & Papert, S. (1969). *Perceptrons.* Cambridge, MA: MIT Press.

Mitchell, T. M. (1997). *Machine Learning.* New York, NY: McGraw Hill.

Mitchell, T. M., Caruana, R., Freitag, D., McDermott, J., & Zabowski, D. (1994). Experience with a learning personal assistant. *Communications of the ACM, 37*(7), 81−91.

Moore, A. W. (1991). Efficient memory-based learning for robot control. *PhD Dissertation.* Computer Laboratory, University of Cambridge, UK.

Moore, A. W. (2000). The anchors hierarchy: Using the triangle inequality to survive highdimensional data. In C. Boutilier, & M. Goldszmidt (Eds.), *Proceedings of the sixteenth conference on uncertainty in artificial intelligence, Stanford, CA* (pp. 397−405). San Francisco, CA: Morgan Kaufmann.

Moore, A. W., & Lee, M. S. (1994). Efficient algorithms for minimizing cross validation error. In W. W. Cohen, & H. Hirsh (Eds.), *Proceedings of the eleventh international conference on machine learning, New Brunswick, NJ* (pp. 190−198). San Francisco, CA: Morgan Kaufmann.

Moore, A. W., & Pelleg, D. (1998). Cached sufficient statistics for efficient machine learning with large datasets. *Journal Artificial Intelligence Research, 8*, 67−91.

Moore, A. W., & Pelleg, D. (2000). X-means: Extending k-means with efficient estimation of the number of clusters. In P. Langley (Ed.), *Proceedings of the seventeenth international conference on machine learning, Stanford, CA* (pp. 727−734). San Francisco, CA: Morgan Kaufmann.

Morin, F., & Bengio, Y. (2005). Hierarchical probabilistic neural network language model. In *Proceedings of the international workshop on artificial intelligence and statistics* (pp. 246−252).

Murphy, K. P. (2002). Dynamic Bayesian networks: Representation, inference and learning. *Doctoral dissertation.* Berkeley, CA: University of California.

Murphy, K. P. (2012). *Machine learning: A probabilistic perspective.* Cambridge, MA: MIT Press.

Mutter, S., Hall, M., & Frank, E. (2004). Using classification to evaluate the output of confidence-based association rule mining. *Proceedings of the seventeenth Australian joint conference on artificial intelligence, Cairns, Australia* (pp. 538–549). Berlin: Springer.

Nadeau, C., & Bengio, Y. (2003). Inference for the generalization error. *Machine Learning, 52*(3), 239–281.

Nahm, U.Y., & Mooney, R.J. (2000). Using information extraction to aid the discovery of prediction rules from texts. *Proceedings of the Workshop on Text Mining at the Sixth International Conference on Knowledge Discovery and Data Mining* (pp. 51–58). Boston, MA. Workshop proceedings at: http://www.cs.cmu.edu/~dunja/WshKDD2000.html.

Neal, R. M. (1992). Connectionist learning of belief networks. *Artificial Intelligence, 56*(1), 71–113.

Neal, R. M., & Hinton, G. E. (1998). A view of the EM algorithm that justifies incremental, sparse, and other variants. *Learning in graphical models* (pp. 355–368). Netherlands: Springer.

Nelder, J., & Wedderburn, R. (1972). Generalized linear models. *Journal of the Royal Statistical Society. Series A, 135*(3), 370–384.

Netzer, Y., Wang, T., Coates, A., Bissacco, A., Wu, B., & Ng, A.Y. (2011). Reading digits in natural images with unsupervised feature learning. In *NIPS workshop on deep learning and unsupervised feature learning* (Vol. 2011, p. 4). Granada, Spain.

Niculescu-Mizil, A., & Caruana, R. (2005). Predicting good probabilities with supervised learning. *Proceedings of the 22nd international conference on machine learning, Bonn, Germany* (pp. 625–632). New York, NY: ACM Press.

Nie, N. H., Hull, C. H., Jenkins, J. G., Steinbrenner, K., & Bent, D. H. (1970). *Statistical package for the social sciences*. New York, NY: McGraw Hill.

Nigam, K., & Ghani, R. (2000). Analyzing the effectiveness and applicability of co-training. *Proceedings of the ninth international conference on information and knowledge management, McLean, VA* (pp. 86–93). New York, NY: ACM Press.

Nigam, K., McCallum, A. K., Thrun, S., & Mitchell, T. M. (2000). Text classification from labeled and unlabeled documents using EM. *Machine Learning, 39*(2/3), 103–134.

Nilsson, N. J. (1965). Learning machines. New York, NY: McGraw Hill.

Nisbet, R., Elder, J., & Miner, G. (2009). *Handbook of statistical analysis and data mining applications*. New York, NY: Academic Press.

Oates, T., & Jensen, D. (1997). The effects of training set size on decision tree complexity. *Proceedings of the fourteenth international conference on machine learning, Nashville, TN* (pp. 254–262). San Francisco, CA: Morgan Kaufmann.

Ohm, P. (2009). Broken promises of privacy: Responding to the surprising failure of anonymization. *University of Colorado Law Legal Studies Research Paper No. 09-12*, August.

Omohundro, S. M. (1987). Efficient algorithms with neural network behavior. *Journal of*

Complex Systems, 1(2), 273−347.

Pascanu, R., Mikolov, T., & Bengio, Y. (2013). On the difficulty of training recurrent neural networks. In *Proceedings of the 30th International Conference on Machine Learning (ICML)*, pp. 1310−1318.

Paynter, G. W. (2000). Automating iterative tasks with programming by demonstration. *PhD Diessertation*. Department of Computer Science, University of Waikato, New Zealand.

Pearson, R. (2005). *Mining Imperfect Data*. USA: Society for Industrial and Applied Mechanics.

Pedregosa, F., Varoquaux, G., Gramfort, A., Michel, V., Thirion, B., Grisel, O., ... Cournapeau, D. (2011). Scikit-learn: Machine learning in Python. *Journal of Machine Learning Research, 12*, 2825−2830.

Pei, J., Han, J., Mortazavi-Asi, B., Wang, J., Pinto, H., Chen, Q., ... Hsu, M. C. (2004). Mining sequential patterns by pattern-growth: The PrefixSpan approach. *IEEE Trans Knowledge and Data Engineering, 16*(11), 1424−1440.

Petersen, K. B., & Pedersen, M. S. (2012). *The matrix cookbook*. Technical University of Denmark, Version Nov. 2012.

Piatetsky-Shapiro, G., & Frawley, W. J. (Eds.), (1991). *Knowledge discovery in databases* Menlo Park, CA: AAAI Press/MIT Press.

Platt, J. (1998). Fast training of support vector machines using sequential minimal optimization. In B. Schölkopf, C. Burges, & A. Smola (Eds.), *Advances in kernel methods: Support vector learning*. Cambridge, MA: MIT Press.

Platt, J. (1999). Probabilistic outputs for support vector machines and comparisons to regularized likelihood methods. *Advances in Large Margin Classifiers, 10*(3), 61−74.

Power, D. J. (2002). What is the true story about data mining, beer and diapers? *DSS News, 3*(23).<http://www.dssresources.com/newsletters/66.php>.

Provost, F., & Fawcett, T. (1997). Analysis and visualization of classifier performance: Comparison under imprecise class and cost distributions. In D. Heckerman, H. Mannila, D. Pregibon, & R. Uthurusamy (Eds.), *Proceedings of the third international conference on knowledge discovery and data mining, Huntington Beach, CA* (pp. 43−48). Menlo Park, CA: AAAI Press.

Pyle, D. (1999). *Data preparation for data mining*. San Francisco, CA: Morgan Kaufmann.

Quinlan, J. R. (1986). Induction of decision trees. *Machine Learning, 1*(1), 81−106.

Quinlan, J. R. (1992). Learning with continuous classes. In N. Adams, & L. Sterling (Eds.), *Proceedings of the fifth Australian joint conference on artificial intelligence, Hobart, Tasmania* (pp. 343−348). Singapore: World Scientific.

Quinlan, J. R. (1993). *C4.5: Programs for machine learning*. San Francisco, CA: Morgan Kaufmann.

Quinlan, J. R. (1996). Improved use of continuous attributes in C4.5. *Journal of Artificial Intelligence Research, 4*, 77−90.

Rabiner, L. R. (1989). A tutorial on hidden Markov models and selected applications in speech recognition. *Proceedings of the IEEE, 77*(2), 257–286.

Rabiner, L. R., & Juang, B. H. (1986). An introduction to hidden Markov models. *ASSP Magazine, IEEE, 3*(1), 4–16.

Ramon, J., & de Raedt, L. (2000). Multi instance neural networks. *Proceedings of the ICML workshop on attribute-value and relational learning* (pp. 53–60). Stanford, CA.

Ray, S., & Craven, M. (2005). Supervised learning versus multiple instance learning: An empirical comparison. *Proceedings of the International Conference on Machine Learning, Bonn, Germany* (pp. 697–704). New York, NY: ACM Press.

Read, J., Pfahringer, B., Holmes, G., & Frank, E. (2009). Classifier chains for multi-label classification. *Proc 13th European conference on principles and practice of knowledge discovery in databases and 20th European conference on machine learning, Bled, Slovenia* (pp. 254–269). Berlin: Springer Verlag.

Rennie, J. D. M., Shih, L., Teevan, J., & Karger, D. R. (2003). Tackling the poor assumptions of Naïve Bayes text classifiers. In T. Fawcett, & N. Mishra (Eds.), *Proceedings of the twentieth international conference on machine learning, Washington, DC* (pp. 616–623). Menlo Park, CA: AAAI Press.

Ricci, F., & Aha, D. W. (1998). Error-correcting output codes for local learners. In C. Nedellec, & C. Rouveird (Eds.), *Proceedings of the European conference on machine learning, Chemnitz, Germany* (pp. 280–291). Berlin: Springer-Verlag.

Richards, D., & Compton, P. (1998). Taking up the situated cognition challenge with ripple-down rules. *International Journal of Human-Computer Studies, 49*(6), 895–926.

Richardson, M., & Domingos, P. (2006). Markov logic networks. *Machine Learning, 62*(12), 107–136.

Rifkin, R., & Klautau, A. (2004). In defense of one-vs-all classification. *Journal of Machine Learning Research, 5*, 101–141.

Ripley, B. D. (1996). *Pattern recognition and neural networks*. Cambridge: Cambridge University Press.

Rissanen, J. (1985). The minimum description length principleIn S. Kotz, & N. L. Johnson (Eds.), *Encyclopedia of statistical sciences* (Vol. 5, pp. 523–527). New York, NY: John Wiley.

Robbins, H., & Monro, S. (1951). A stochastic approximation method. *The Annals of Mathematical Statistics, 22*, 400–407.

Rodriguez, J. J., Kuncheva, L. I., & Alonso, C. J. (2006). Rotation forest: A new classifier ensemble method. *IEEE Transactions on Pattern Analysis and Machine Intelligence, 28*(10), 1619–1630.

Rojas, R. (1996). *Neural networks: A systematic introduction*. Berlin: Springer.

Rousseeuw, P. J., & Leroy, A. M. (1987). *Robust regression and outlier detection*. New York, NY: John Wiley.

Roweis, S. (1998). EM algorithms for PCA and SPCA. *Advances in Neural Information Processing Systems, 10*, 626–632.

Rumelhart, D. E., Hinton, G. E., & Williams, R. J. (1986). Learning internal representation by error propagation. *Parallel Distributed Processing, 1*, 318–362.

Russakovsky, O., Deng, J., Su, H., Krause, J., Satheesh, S., Ma, S., ... Fei-Fei, L. (2015). Imagenet large scale visual recognition challenge. *International Journal of Computer Vision, 115*(3), 211–252.

Russell, S., & Norvig, P. (2009). *Artificial intelligence: A modern approach* (3rd ed.). Upper Saddle River, NJ: Prentice Hall.

Sahami, M., Dumais, S., Heckerman, D., & Horvitz, E. (1998). A Bayesian approach to filtering junk e-mail. *Proceedings of the AAAI-98 Workshop on Learning for Text Categorization, Madison, WI* (pp. 5562). Menlo Park, CA: AAAI Press.

Saitta, L., & Neri, F. (1998). Learning in the "real world.". *Machine Learning, 30*(2/3), 133–163.

Salakhutdinov, R., & Hinton, G. E. (2009). Deep Boltzmann machines. *International Conference on Artificial Intelligence and Statistics, 9*, 448–455.

Salakhutdinov, R., & Hinton, G. E. (2012). An efficient learning procedure for deep Boltzmann machines. *Neural Computation, 24*(8), 1967–2006.

Salakhutdinov, R., Roweis, S., & Ghahramani, Z. (2003). Optimization with EM and expectation-conjugate-gradient. *ICML, 20*, 672–679.

Salzberg, S. (1991). A nearest hyperrectangle learning method. *Machine Learning, 6*(3), 251–276.

Schapire, R. E., Freund, Y., Bartlett, P., & Lee, W. S. (1997). Boosting the margin: A new explanation for the effectiveness of voting methods. In D. H. Fisher (Ed.), *Proceedings of the fourteenth international conference on machine learning, Nashville, TN* (pp. 322–330). San Francisco, CA: Morgan Kaufmann.

Scheffer, T. (2001). Finding association rules that trade support optimally against confidence. In L. de Raedt, & A. Siebes (Eds.), *Proceedings of the fifth European conference on principles of data mining and knowledge discovery, Freiburg, Germany* (pp. 424–435). Berlin: Springer-Verlag.

Schmidhuber, J. (2015). Deep learning in neural networks: An overview. *Neural Networks, 61*, 85–117.

Schölkopf, B., Bartlett, P., Smola, A. J., & Williamson, R. (1999). *Shrinking the tube: A new support vector regression algorithm, Advances in Neural Information Processing Systems* (Vol. 11, pp. 330–336). Cambridge, MA: MIT Press.

Schölkopf, B., & Smola, A. J. (2002). *Learning with kernels: Support vector machines, regularization, optimization, and beyond.* Cambridge, MA: MIT Press.

Schölkopf, B., Williamson, R., Smola, A., Shawe-Taylor, J., & Platt, J. (2000). *Support vector method for novelty detection, Advances in Neural Information Processing Systems* (12, pp. 582–588). MIT Press.

Schuster, M., & Paliwal, K. K. (1997). Bidirectional recurrent neural networks. *IEEE Transactions on Signal Processing, 45*(11), 2673–2681.

Sebastiani, F. (2002). Machine learning in automated text categorization. *ACM Computing Surveys, 34*(1), 1–47.

Seewald, A. K. (2002). How to make stacking better and faster while also taking care of an unknown weakness. *Proceedings of the Nineteenth International Conference on Machine Learning, Sydney, Australia* (pp. 54–561). San Francisco, CA: Morgan Kaufmann.

Seewald, A. K., & Fu ̈rnkranz, J. (2001). An evaluation of grading classifiers. In F. Hoffmann, D. J. Hand, N. M. Adams, D. H. Fisher, & G. Guimarães (Eds.), *Proceedings of the fourth international conference on advances in intelligent data analysis, Cascais, Portugal* (pp. 115–124). Berlin: Springer-Verlag.

Sha, F., & Pereira, F. (2003). Shallow parsing with conditional random fields. In *Proceedings of the Conference of the North American Chapter of the Association for Computational Linguistics on Human Language Technology Volume 1* (pp. 134–141). Association for Computational Linguistics.

Shafer, R., Agrawal, R., & Metha, M. (1996). SPRINT: A scalable parallel classifier for data mining. In T. M. Vijayaraman, A. P. Buchmann, C. Mohan, & N. L. Sarda (Eds.), *Proceedings of the second international conference on very large databases, Mumbai (Bombay), India* (pp. 544–555). San Francisco, CA: Morgan Kaufmann.

Shalev-Shwartz, S., Singer, Y., & Srebro, N. (2007). Pegasos: Primal estimated subgradient solver for SVM. *Proceedings of the 24th international conference on Machine Learning* (pp. 807–814). New York, NY: ACM Press.

Shawe-Taylor, J., & Cristianini, N. (2004). *Kernel methods for pattern analysis*. Cambridge: Cambridge University Press.

Shearer, C. (2000). The CRISP-DM model: The new blueprint for data mining. *J Data Warehousing, 5*, 13–22.

Simard, P.Y., Steinkraus, D., & Platt, J.C. (2003). Best practices for convolutional neural networks applied to visual document analysis. In *Proceedings of 7th International Conference on Document Analysis and Recognition (ICDAR)*, vol. 3, pp. 958–962.

Simonyan, K., & Zisserman, A. (2014). Very deep convolutional networks for largescale image recognition. In *the proceedings of ICLR* 2015. arXiv preprint arXiv:1409.1556.

Slonim, N., Friedman, N., & Tishby, N. (2002). Unsupervised document classification using sequential information maximization. *Proceedings of the 25th international ACM SIGIR conference on research and development in information retrieval* (pp. 129–136). New York, NY: ACM Press.

Smola, A. J., & Scholköpf, B. (2004). A tutorial on support vector regression. *Statistics and Computing, 14*(3), 199–222.

Smolensky, P. (1986). Information processing in dynamical systems: foundations of harmony theory. In D. E. Rumelhart, & J. L. McClelland, and the PDP Research Group (Eds.), *Parallel distributed processing: explorations in the microstructure of cognition* (Vol. 1, pp. 194–281). Cambridge, MA: MIT Press.

Snoek, J., Larochelle, H., & Adams, R. P. (2012). Practical Bayesian optimization of machine learning algorithms. *Advances in neural Information Processing Systems, 464,* 2951–2959.

Soderland, S., Fisher, D., Aseltine, J., & Lehnert, W. (1995). Crystal: Inducing a conceptual dictionary. *Proceedings of the fourteenth international joint conference on artificial intelligence, Montreal, Canada* (pp. 1314–1319). Menlo Park, CA: AAAI Press.

Spiegelhalter, D., Thomas, A., Best, N., & Lunn, D. (2003). *WinBUGS user manual.*

Srikant, R., & Agrawal, R. (1996). Mining sequential patters: Generalizations and performance improvements. *Proceedings of the Fifth International Conference on Extending Database Technology.* Avignon, France. P. M. Apers, M. Bouzeghoub, and G. Gardarin, Eds. *Lecture Notes In Computer Science,* Vol. 1057. Springer-Verlag, London, 3–17.

Srivastava, N., Hinton, G. E., Krizhevsky, A., Sutskever, I., & Salakhutdinov, R. (2014). Dropout: a simple way to prevent neural networks from overfitting. *Journal of Machine Learning Research, 15*(1), 1929–1958.

Stevens, S. S. (1946). On the theory of scales of measurement. *Science, 103,* 677–680.

Stone, P., & Veloso, M. (2000). Multiagent systems: A survey from a machine learning perspective. *Autonomous Robots, 8*(3), 345–383.

Stout, Q. F. (2008). Unimodal regression via prefix isotonic regression. Computational Statistics and Data Analysis, 53, 289–297.

Su, J., Zhang, H., Ling, C. X., & Matwin, S. (2008). Discriminative parameter learning for Bayesian networks. *Proceedings of the 25th International Conference on Machine Learning* (pp. 1016–1023). Helsinki: ACM Press.

Sugiyama, M. (2007). Dimensionality reduction of multimodal labeled data by local fisher discriminant analysis. *The Journal of Machine Learning Research, 8,* 1027–1061.

Sun, Y., Chen, Y., Wang, X., & Tang, X. (2014). Deep learning face representation by joint identification-verification. In *Advances in Neural Information Processing Systems* (pp. 1988–1996).

Sutskever, I., Vinyals, O., & Le, Q.V. (2014). Sequence to sequence learning with neural networks. In *Advances in neural information processing systems* (pp. 3104–3112).

Sutton, C., & McCallum, A. (2004). Collective segmentation and labeling of distant entities in information extraction. University of Massachusetts Amherst, Dept. of Computer Science *Technical Report TR-04-49.*

Sutton, C., & McCallum, A. (2006). An introduction to conditional random fields for relational learning. *Introduction to statistical relational learning,* 93–128.

Swets, J. (1988). Measuring the accuracy of diagnostic systems. *Science, 240,* 1285–1293.

Szegedy, C., Liu, W., Jia, Y., Sermanet, P., Reed, S., Anguelov, D., ... Rabinovich, A., (2015). Going deeper with convolutions. In *Proceedings of the IEEE Conference on Computer Vision and Pattern Recognition (CVPR)*, pp. 1-9.

Taigman, Y., Yang, M., Ranzato, M.A., & Wolf, L. (2014). Deepface: Closing the gap to human-level performance in face verification. In *Proceedings of the IEEE Conference on Computer Vision and Pattern Recognition (CVPR)*, pp. 1701-1708.

Teh, Y.W., Newman, D., & Welling, M. (2006). A collapsed variational Bayesian inference algorithm for latent Dirichlet allocation. In *Advances in neural information processing systems*, pp. 1353-1360.

Theano Development Team, Al-Rfou, R., Alain, G., Almahairi, A., Angermueller, C., Bahdanau, D.,Belopolsky, A. (2016). Theano: A Python framework for fast computation of mathematical expressions. arXiv preprint arXiv:1605.02688.

Tibshirani, R. (1996). Regression shrinkage and selection via the lasso. *Journal of the Royal Statistical Society. Series B (Methodological)*, 267-288.

Ting, K. M. (2002). An instance-weighting method to induce cost-sensitive trees. *IEEE Transactions on Knowledge and Data Engineering, 14*(3), 659-665.

Ting, K. M., & Witten, I. H. (1997a). Stacked generalization: When does it work?. *Proceedings of the fifteenth international joint conference on artificial intelligence, Nagoya, Japan* (pp. 866-871). San Francisco, CA: Morgan Kaufmann.

Ting, K. M., & Witten, I. H. (1997b). Stacking bagged and dagged models. In D. H. Fisher (Ed.), *Proceedings of the fourteenth international conference on machine learning, Nashville, TN* (pp. 367-375). . San Francisco, CA: Morgan Kaufmann.

Tipping, M. E. (2001). Sparse Bayesian learning and the relevance vector machine. The *Journal of Machine Learning Research, 1*, 211-244.

Tipping, M. E., & Bishop, C. M. (1999a). Mixtures of probabilistic principal component analyzers. *Neural Computation, 11*(2), 443-482.

Tipping, M. E., & Bishop, C. M. (1999b). Probabilistic principal component analysis. *Journal of the Royal Statistical Society: Series B (Statistical Methodology), 61*(3), 611-622.

Turk, M., & Pentland, A. (1991). Eigenfaces for recognition. *Journal of Cognitive Neuroscience, 3*(1), 71-86.

Turney, P. D. (1999). *Learning to extract key phrases from text. Technical Report ERB-1057.* Ottawa, Canada: Institute for Information Technology, National Research Council of Canada.

U.S. House of Representatives Subcommittee on Aviation. (2002). Hearing on aviation security with a focus on passenger profiling, February 27, 2002. <http://www.house.gov/transportation/aviation/02-27-02/02-27-02memo.html>.

Utgoff, P. E. (1989). Incremental induction of decision trees. *Machine Learning, 4*(2), 161-186.

Utgoff, P. E., Berkman, N. C., & Clouse, J. A. (1997). Decision tree induction based on efficient tree restructuring. *Machine Learning, 29*(1), 5–44.

Vafaie, H., & DeJong, K. (1992). Genetic algorithms as a tool for feature selection in machine learning. *Proceedings of the international conference on tools with artificial intelligence* (pp. 200–203). Arlington, VA: IEEE Computer Society Press.

van Rijsbergen, C. A. (1979). *Information retrieval.*. London: Butterworths.

Vapnik, V. (1999). *The nature of statistical learning theory* (2nd ed.). New York, NY: Springer-Verlag.

Venables, W. N., & Ripley, B. D. (2000). *S Programming*. Springer.

Venables, W. N., & Ripley, B. D. (2002). *Modern Applied Statistics with S* (4th ed.). New York, NY: Springer.

Venter, J. C., et al. (2001). The sequence of the human genome. *Science, 291*(5507), 1304–1351.

Vincent, P., Larochelle, H., Lajoie, I., Bengio, Y., & Manzagol, P. A. (2010). Stacked denoising autoencoders: Learning useful representations in a deep network with a local denoising criterion. *The Journal of Machine Learning Research, 11*, 3371–3408.

Vitter, J. S. (1985). Random sampling with a reservoir. *ACM Transactions on Mathematical Software, 1*(11), 37–57.

Wang, J., Han, J., & Pei, J. (2003). CLOSET1: Searching for the best strategies for mining frequent closed itemsets. *Proceedings of the International Conference on Knowledge Discovery and Data Mining (KDD'03)*, Washington, DC.

Wang, J., & Zucker, J.-D. (2000). Solving the multiple-instance problem: A lazy learning approach. *Proceedings of the international conference on machine learning, Stanford, CA* (pp. 1119–1125). San Francisco, CA: Morgan Kaufmann.

Wang, Y., & Witten, I. H. (1997). Induction of model trees for predicting continuous classes. In M. van Someren, & G. Widmer (Eds.), *Proceedings of the of the poster papers of the european conference on machine learning* (pp. 128–137). Prague: University of Economics, Faculty of Informatics and Statistics.

Wang, Y., & Witten, I. H. (2002). Modeling for optimal probability prediction. In C. Sammut, & A. Hoffmann (Eds.), *Proceedings of the nineteenth international conference on machine learning, Sydney, Australia* (pp. 650–657). San Francisco, CA: Morgan Kaufmann.

Webb, G. I. (1999). Decision tree grafting from the all-tests-but-one partition. *Proceedings of the sixteenth international joint conference on artificial intelligence* (pp. 702–707). San Francisco, CA: Morgan Kaufmann.

Webb, G. I. (2000). MultiBoosting: A technique for combining boosting and wagging. *Machine Learning, 40*(2), 159–196.

Webb, G. I., Boughton, J., & Wang, Z. (2005). Not so naïve Bayes: Aggregating onedependence estimators. *Machine Learning, 58*(1), 5–24.

Webb, G. I., Boughton, J. R., Zheng, F., Ting, K. M., & Salem, H. (2012). Learning by extrapolation from marginal to full-multivariate probability distributions: decreasingly naive Bayesian classification. *Machine Learning, 86*(2), 233−272.

Wegener, I. (1987). *The complexity of Boolean functions*. New York, NY: John Wiley and Sons.

Weidmann, N., Frank, E., & Pfahringer, B. (2003). A two-level learning method for generalized multi-instance problems. *Proceedings of the European conference on machine learning, Cavtat, Croatia* (pp. 468−479). Berlin: Springer-Verlag.

Weiser, M. (1996). Open house. *Review*, the web magazine of the Interactive Telecommunications Program of New York University.

Weiser, M., & Brown, J. S. (1997). The coming age of calm technology. In P. J. Denning, & R. M. Metcalfe (Eds.), *Beyond calculation: The next fifty years* (pp. 75−86). New York, NY: Copernicus.

Weiss, S. M., & Indurkhya, N. (1998). *Predictive data mining: A practical guide*. San Francisco, CA: Morgan Kaufmann.

Welling, M., Rosen-Zvi, M., & Hinton, G.E. (2004). Exponential family harmoniums with an application to information retrieval. In *Advances in neural information processing systems* (pp. 1481−1488).

Werbos, P. (1974). *Beyond Regression: New Tools for Prediction and Analysis in the Behavioral Sciences. PhD thesis*. Harvard University.

Wettschereck, D., & Dietterich, T. G. (1995). An experimental comparison of the nearestneighbor and nearest-hyperrectangle algorithms. *Machine Learning, 19*(1), 5−28.

Wild, C. J., & Seber, G. A. F. (1995). *Introduction to probability and statistics*. New Zealand: Department of Statistics, University of Auckland.

Williams, C. K., & Rasmussen, C. E. (2006). *Gaussian processes for machine learning*. MIT Press, 2(3), 4.

Winn, J. M., & Bishop, C. M. (2005). Variational message passing. *Journal of Machine Learning Research, 6*, 661−694.

Winston, P. H. (1992). *Artificial intelligence*. Reading, MA: Addison-Wesley.

Witten, I. H. (2004). Text mining. In M. P. Singh (Ed.), *Practical handbook of internet computing*. Boca Raton, FL: CRC Press, 14-1−14-22.

Witten, I. H., & Bell, T. C. (1991). The zero-frequency problem: Estimating the probabilities of novel events in adaptive text compression. *IEEE Transactions on Information Theory, 37*(4), 1085−1094.

Witten, I. H., Bray, Z., Mahoui, M., & Teahan, W. (1999a). Text mining: A new frontier for lossless compression. In J. A. Storer, & M. Cohn (Eds.), *Proceedings of the data compression conference, Snowbird, UT* (pp. 198207). Los Alamitos, CA: IEEE Press.

Witten, I. H., Moffat, A., & Bell, T. C. (1999b). *Managing gigabytes: Compressing and indexing documents and images* (second edition). San Francisco, CA: Morgan Kaufmann.

Wolpert, D. H. (1992). Stacked generalization. *Neural Networks, 5*, 241−259.

Wu, X., & Kumar, V. (Eds.), (2009). *The top ten algorithms in data mining* London: Chapman and Hall.

Wu, X. V., Kumar, J. R., Quinlan, J., Ghosh, Q., Yang, H., Motoda, G. J., ... Steinberg, D. (2008). Top 10 algorithms in data mining. *Knowledge and Information Systems, 14*(1), 1−37.

Xu, B., Wang, N., Chen, T., & Li, M. (2015). Empirical Evaluation of Rectified Activations in Convolutional Network. *arXiv preprint*, arXiv:1505.00853.

Xu, X., & Frank, E. (2004). Logistic regression and boosting for labeled bags of instances. *Proceedings of the 8th Pacific-Asia conference on knowledge discovery and data mining, Sydney, Australia* (pp. 272−281). Berlin: Springer-Verlag.

Yan, X., & Han, J. (2002). gSpan: Graph-based substructure pattern mining. *Proceedings of the IEEE international conference on data mining (ICDM '02)*. Washington, DC: IEEE Computer Society.

Yan, X., & Han, J. (2003). CloseGraph: Mining closed frequent graph patterns. *Proceedings of the Ninth ACM SIGKDD International Conference on Knowledge Discovery and Data Mining*.

Yan, X., Han, J., & Afshar, R. (2003). CloSpan: Mining closed sequential patterns in large datasets. *Proceedings of the SIAM International Conference on Data Mining (SDM'03)*, San Francisco, CA.

Yang, Y., Guan, X., & You, J. (2002). CLOPE: A fast and effective clustering algorithm for transactional data. *Proceedings of the Eighth ACM SIGKDD International Conference on Knowledge Discovery and Data Mining*, pp. 682−687.

Yang, Y., & Webb, G. I. (2001). Proportional k-interval discretization for Naïve Bayes classifiers. In L. de Raedt, & P. Flach (Eds.), *Proceedings of the Twelfth European Conference on Machine Learning, Freiburg, Germany* (pp. 564−575). Berlin: Springer-Verlag.

Yu, D., Eversole, A., Seltzer, M., Yao, K., Huang, Z., Guenter, B., Droppo, J. (2014). An introduction to computational networks and the computational network toolkit. *Tech. Rep. MSR-TR-2014-112*, Microsoft Research, Code: http://codebox/cntk.

Yurcik, W., Barlow, J., Zhou, Y., Raje, H., Li, Y., Yin, X., ... Searsmith, D. (2003). Scalable data management alternatives to support data mining heterogeneous logs for computer network security. *Proceedings of the workshop on data mining for counter terrorism and security, San Francisco, CA*. Philadelphia, PA: Society for International and Applied Mathematics.

Zadrozny, B., & Elkan, C. (2002). Transforming classifier scores into accurate multiclass probability estimates. *Proceedings of the eighth ACM international conference on knowledge discovery and data mining, Edmonton, Alberta, Canada* (pp. 694−699). New York, NY: ACM Press.

Zaki, M.J., Parthasarathy, S., Ogihara, M., & Li, W. (1997). New algorithms for fast discovery of association rules. *Proceedings Knowledge Discovery in Databases* (pp. 283−286).

Zbontar, J., & LeCun, Y. (2015). Computing the stereo matching cost with a convolutional neural network. *Proceedings of the IEEE conference on computer vision and pattern recognition* (pp. 1592−1599).

Zeiler, M. D., & Fergus, R. (2014). Visualizing and understanding convolutional networks. *Proceeding of ECCV 2014* (pp. 818−833). New York, NY: Springer International Publishing.

Zhang, H., Jiang, L., & Su, J. (2005). Hidden Naïve Bayes. *Proceedings of the 20th national conference on artificial intelligence* (pp. 919−924). Menlo Park, CA: AAAI Press.

Zhang, T. (2004). Solving large scale linear prediction problems using stochastic gradient descent algorithms. *Proceedings of the 21st international conference on machine learning* (pp. 919−926). Omni Press.

Zhang, T., Ramakrishnan, R., & Livny, M. (1996). BIRCH: An efficient data clustering method for very large databases. *Proceedings of the ACM SIGMOD international conference on management of data, Montreal, Quebec, Canada* (pp. 103−114). New York, NY: ACM Press.

Zheng, F., & Webb, G. (2006). Efficient lazy elimination for averaged one-dependence estimators. *Proceedings of the 23rd international conference on machine learning* (pp. 1113−1120). New York, NY: ACM Press.

Zheng, Z., & Webb, G. (2000). Lazy learning of Bayesian rules. *Machine Learning, 41*(1), 53−84.

Zhou, Z.-H., & Zhang, M.-L. (2007). Solving multi-instance problems with classifier ensemble based on constructive clustering. *Knowledge and Information Systems, 11*(2), 155−170.

Zhu, J., & Hastie, T. (2005). Kernel logistic regression and the import vector machine. *Journal of Computational and Graphical Statistics, 14*(1), 185−205.

Zou, H., & Hastie, T. (2005). Regularization and Variable Selection via the Elastic Net. *Journal of the Royal Statistical Society, Series B, 67*, 301−320.

│ 찾아보기 │

데이터 마이닝 4/e
실용적인 머신러닝 기술

발 행 | 2022년 5월 31일

지은이 | Ian H. Witten · Eibe Frank · Mark A . Hall · Christopher J. Pal
옮긴이 | 김 성 준

펴낸이 | 권 성 준
편집장 | 황 영 주
편 집 | 이 지 은
　　　　김 다 예
디자인 | 윤 서 빈

에이콘출판주식회사
서울특별시 양천구 국회대로 287 (목동)
전화 02-2653-7600, 팩스 02-2653-0433
www.acornpub.co.kr / editor@acornpub.co.kr